여러분의 합격을 응원하는
해커스경찰의 특별 혜택!

FREE 경찰 **형법 특강**

해커스경찰(police.Hackers.com) 접속 후 로그 ] 클릭하여 이용

KB141510

해커스경찰 온라인 단과강의 **20% 할인쿠폰**

8DA4CDB8452C6DR3

해커스경찰(police.Hackers.com) 접속 후 로그인 ▶ 상단의 [내강의실] 클릭 ▶

[쿠폰/포인트] 클릭 ▶ 쿠폰번호 입력 후 이용

* 등록 후 7일간 사용 가능(ID당 1회에 한해 등록 가능)

합격예측 **온라인 모의고사 응시권 + 해설강의 수강권**

747D5FC2B9AADBS8

해커스경찰(police.Hackers.com) 접속 후 로그인 ▶ 상단의 [내강의실] 클릭 ▶

[쿠폰/포인트] 클릭 ▶ 쿠폰번호 입력 후 이용

* ID당 1회에 한해 등록 가능

쿠폰 이용 관련 문의 **1588-4055**

단기 합격을 위한
해커스 커리큘럼

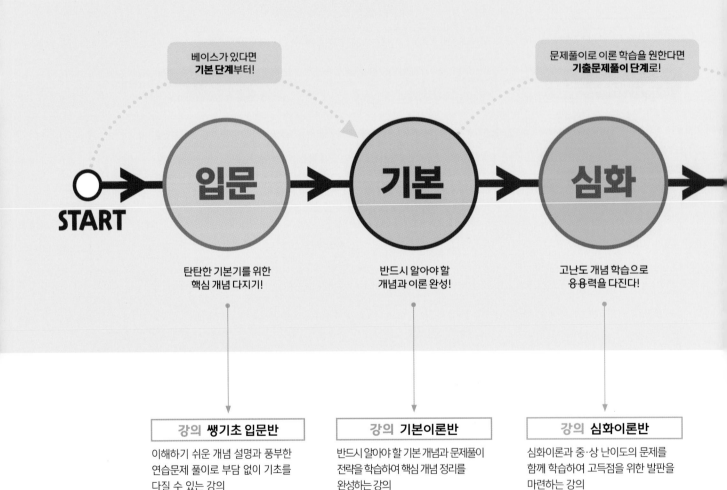

베이스가 있다면 **기본 단계부터!**

문제풀이로 이론 학습을 원한다면 **기출문제풀이 단계로!**

START

입문 ➔ **기본** ➔ **심화** ➔

탄탄한 기본기를 위한 핵심 개념 다지기!

반드시 알아야 할 개념과 이론 완성!

고난도 개념 학습으로 응용력을 다진다!

강의 쌩기초 입문반

이해하기 쉬운 개념 설명과 풍부한 연습문제 풀이로 부담 없이 기초를 다질 수 있는 강의

강의 기본이론반

반드시 알아야 할 기본 개념과 문제풀이 전략을 학습하여 핵심 개념 정리를 완성하는 강의

강의 심화이론반

심화이론과 중·상 난이도의 문제를 함께 학습하여 고득점을 위한 발판을 마련하는 강의

* 커리큘럼은 과목별·선생님별로 상이할 수 있으며, 자세한 내용은 해커스경찰 사이트에서 확인하세요.

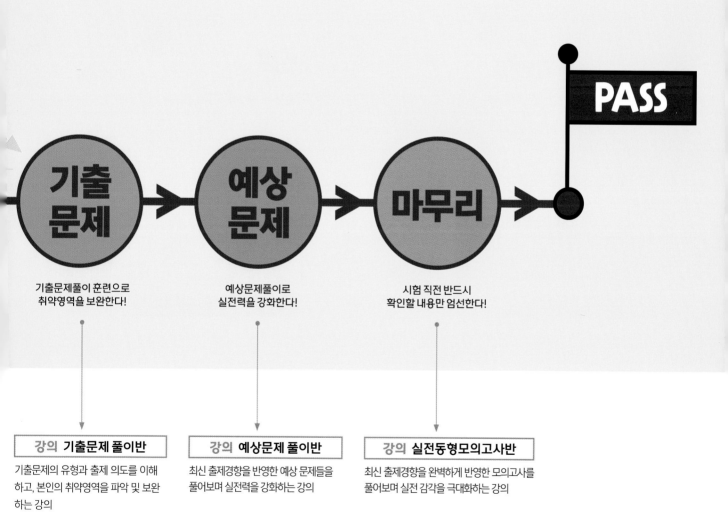

PASS

기출 문제

기출문제풀이 훈련으로
취약영역을 보완한다!

예상 문제

예상문제풀이로
실전력을 강화한다!

마무리

시험 직전 반드시
확인할 내용만 엄선한다!

강의 **기출문제 풀이반**

기출문제의 유형과 출제 의도를 이해
하고, 본인의 취약영역을 파악 및 보완
하는 강의

강의 **예상문제 풀이반**

최신 출제경향을 반영한 예상 문제들을
풀어보며 실전력을 강화하는 강의

강의 **실전동형모의고사반**

최신 출제경향을 완벽하게 반영한 모의고사를
풀어보며 실전 감각을 극대화하는 강의

강의 **봉투모의고사반**

시험 직전에 실제 시험과 동일한 형태의
모의고사를 풀어보며 실전력을 완성하는 강의

"갓대환 유튜브 명강의 모두보기!"

01 [경찰공무원] 시험 당일 실력 발휘를 못한다면?

02 증거재판주의 총정리!

03 경찰공무원 형사법 ㅣ 기본VS심화 어떤 것을 들어야 하나요?

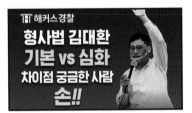

04 6개월 단기 합격생은 이렇게 했습니다.

05 친족상도례

06 형사법 고소불가분

해커스경찰 police.Hackers.com

해커스경찰

갓대환
형사법 형법
핵심요약집

H 해커스경찰

김대환

약력

현 | 해커스 경찰학원 형사법 · 형법 · 형사소송법 강의
전 | 경찰공제회 경찰 채용 형법 · 형사소송법 강의
　　　김대환 경찰학원 형법 · 형사소송법 강의
　　　아모르이그잼경찰 / 메가CST 형사소송법 대표교수
　　　경찰대학교 행정학과 졸업(16기)
　　　용인대학교 경찰행정학과 석사 수료
　　　사법시험 최종합격(제46회, 2004)
　　　사법연수원 수료(제36기)

저서

갓대환 형사법 기본서 1권 형법, 해커스경찰
갓대환 형사법 기본서 2권 형사소송법(수사와 증거), 해커스경찰
갓대환 형사법 기본서 3권 형사소송법(공판), 해커스경찰
갓대환 형사법 핵심요약집 형법, 해커스경찰
갓대환 형사법 핵심요약집 형사소송법(수사와 증거), 해커스경찰
갓대환 형사법 핵심요약집 형사소송법(공판), 해커스경찰
갓대환 형사법 기출총정리, 해커스경찰
갓대환 형법 기출1200제, 해커스경찰
갓대환 형사소송법 기출1000제, 해커스경찰
갓대환 형법 기적의 특강, 해커스경찰
갓대환 형사소송법 기적의 특강, 해커스경찰
갓대환 형사법 진도별 문제풀이 1000제 1차 시험 대비, 해커스경찰
갓대환 형사법 진도별 문제풀이 1000제 2차 시험 대비, 해커스경찰
갓대환 형사법 심화문제집, 해커스경찰
갓대환 형사법 전범위 모의고사, 해커스경찰
갓대환 형법/형사소송법 진도별 문제풀이 500제, 해커스경찰
갓대환 형법/형사소송법 기본서, 해커스경찰
갓대환 핵심 요약집 형법/형사소송법, 해커스경찰
갓대환 형법 기출 1200제, 멘토링
갓대환 형법 기적의 특강 with 5개년 최신판례, 멘토링
갓대환 형법, 형사소송법 승진 삼삼 모의고사, 멘토링
갓대환 형법, 형사소송법 경찰 오오 모의고사, 멘토링
갓대환 형법 적중 모의고사: 시즌1, 시즌2
갓대환 형법/형사소송법 단원별 문제풀이

기적의 적중률로 합격을 이끌어 내라!

저자는 2007년부터 노량진에서 형법강의를 시작하였으며, 현재는 형사소송법까지 강의하고 있습니다. 2022년부터 과목개편이 있어, 형법과 형사소송법을 포함한 교재인 형사법으로 출간하였습니다.

공무원 시험은 판례와의 싸움입니다. 시험문제마다 '다툼이 있으면 판례에 의함'이라는 전제가 붙어 있습니다. 중요한 판례는 모두 담아서 굳이 기본서를 다시 확인할 필요가 없도록 하였습니다. 또한 판례의 키워드만 적시한 기존의 요약서와는 달리 판결요지까지 수록하였으며, 그중에 중요한 내용은 색자와 볼드로 구분하여 그것만 읽어도 판례를 이해할 수 있도록 구성하였습니다.

〈2024 해커스경찰 갓대환 형사법 핵심요약집 형법〉의 특징을 간략히 소개하면 다음과 같습니다.

첫째, 2023년 최신 판례와 최신 기출문제를 반영하였습니다.

둘째, 판례마다 경찰채용, 경찰간부, 경찰승진, 국가직 7급·9급, 사법시험, 변호사시험 등의 기출문제를 반영하여 표시하였습니다.

셋째, 판례비교표의 왼쪽에는 범죄가 인정된 경우를, 오른쪽에는 범죄가 인정되지 않은 경우를 좌우 대비 형식으로 구별하여 수록하였습니다.

더불어 경찰공무원 시험 전문 해커스경찰(police.Hackers.com)에서 학원강의나 인터넷 동영상강의를 함께 이용하여 꾸준히 수강한다면 학습효과를 극대화할 수 있을 것입니다.

이 책이 세상 밖으로 나올 수 있도록 도와주신 모든 분들께 고마움을 전합니다. 더불어 이 책이 공무원 수험준비로 힘든 생활 속에서도 열심히 공부하는 모든 수험생들에게 합격의 초석이 되길 간절히 기원합니다.

2024년 4월
김대환

목차

목차

해커스경찰

police.Hackers.com

2024 해커스경찰
갓대환 형사법 핵심요약집
형법

형법 총론

2024 해커스경찰
갓대환 형사법 핵심요약집
형법

제1편

형법의 기초이론

제1장 형법의 기본개념

제1절 형법의 의의와 성격

01 형법의 의의

개념	범죄를 법률요건으로 하고, 형사제재(형벌과 보안처분)를 법률효과로 하는 법규범의 총체
협의의 형법	'형법'이라는 명칭이 붙여진 형법전(刑法典)
광의의 형법	명칭이나 형식을 불문하고 범죄와 형사제재(**형벌과 보안처분**)를 규정한 모든 법규범

02 형법의 성격

법체계적 지위		형법은 형사법(刑事法)이자 공법(公法)이며, 사법법(司法法)이자 실체법(實體法)에 해당함
규범적 성격	가설적 규범	형법의 규범체계는 "사람을 살해하면, 사형, 무기 또는 5년 이상의 징역에 처한다."라는 형식을 취함
	행위규범 및 재판규범	① 형법은 일반 국민에게 일정한 행위를 금지 또는 명령함으로써 행위의 준칙을 제시하는 **행위규범**에 해당함 ② 형법은 법관 등 사법관계자들의 사법활동에 대하여 일정한 기준을 제시하는 **재판규범**에 해당함
	평가규범 및 의사결정규범	형법은 인간의 공동생활에 대한 외적 규율이 되는 평가규범이며, 의사결정에 있어서 하나의 기준이 되는 의사결정규범에 해당함

제2절 형법의 기능

규제적 기능	사회의 질서유지 내지 사회방위기능
보호적 기능	법익 및 사회윤리적 행위가치의 보호기능
보장적 기능	국가가 행사하는 형벌권의 한계를 명확하게 규정하여 자의적인 형벌로부터 국민의 인권을 보장하는 기능(**죄형법정주의와 직결됨**)(《주의》 오늘날에는 형법의 보호적 기능이 가장 강조된다. ✕)

제2장 죄형법정주의

> **헌법**
>
> 제12조 ① 모든 국민은 신체의 자유를 가진다. 누구든지 법률에 의하지 아니하고는 체포·구속·압수·수색 또는 심문을 받지 아니하며, 법률과 적법한 절차에 의하지 아니하고는 처벌·보안처분 또는 강제노역을 받지 아니한다.
>
> 제13조 ① 모든 국민은 행위시의 법률에 의하여 범죄를 구성하지 아니하는 행위로 소추되지 아니하며, 동일한 범죄에 대하여 거듭 처벌받지 아니한다.
>
> 제75조 대통령은 법률에서 구체적으로 범위를 정하여 위임받은 사항과 법률을 집행하기 위하여 필요한 사항에 관하여 대통령령을 발할 수 있다.
>
> 제95조 국무총리 또는 행정 각부의 장은 소관사무에 관하여 법률이나 대통령령의 위임 또는 직권으로 총리령 또는 부령을 발할 수 있다.

> **형법**
>
> 제1조【범죄의 성립과 처벌】① 범죄의 성립과 처벌은 행위시의 법률에 의한다.

제1절 죄형법정주의의 의의

개념	어떤 행위가 범죄가 되고, 그 범죄에 대하여 어떤 종류와 범위의 형벌을 과할 것인가를 행위 이전에 미리 성문의 법률로 규정하여야 한다는 원칙
기능	국가형벌권의 자의적인 행사로부터 국민의 자유와 안전을 보장하는 기능을 함(형법의 보장적 기능)

⚖ 판례 | 죄형법정주의의 의의

1 "법률이 없으면 범죄도 없고 형벌도 없다."라는 말로 표현되는 **죄형법정주의**는 이미 제정된 정의로운 법률에 의하지 아니하고는 처벌되지 아니한다는 원칙으로서 이는 무엇이 처벌될 행위인가를 국민이 예측 가능한 형식으로 정하도록 하여 **개인의 법적 안정성을 보호하고** 성문의 형벌법규에 의한 실정법질서를 확립하여 **국가형벌권의 자의적 행사로부터 개인의 자유와 권리를 보장하려는 법치국가 형법의 기본원칙이다**(헌재 2010.9.30, 2009헌바2). 11. 국가직 9급

2 "법률이 없으면 범죄도 없고 형벌도 없다."라는 말로 표현되는 **죄형법정주의**는 법치주의, 국민주권 및 권력분립의 원리에 입각한 것으로서 **일차적으로 무엇이 범죄이며 그에 대한 형벌이 어떠한 것인가는 반드시 국민의 대표로 구성된 입법부가 제정한 성문의 법률로써 정하여야 한다는 원칙**이고, 헌법도 제12조 제1항 후단에 "법률과 적법한 절차에 의하지 아니하고는 처벌을 받지 아니한다."라고 규정하여 죄형법정주의를 천명하고 있는바, **여기서 말하는 '법률'이란 입법부에서 제정한 형식적 의미의 법률을 의미한다**(헌재 1998.3.26, 96헌가20). 14. 경찰채용, 16. 법원직 9급

제2절 죄형법정주의의 내용

법률주의	의의: 무엇이 범죄이고 그에 대하여 어떠한 형벌을 과할 것인가를 행위 이전에 미리 성문의 법률(국회에서 제정한 **형식적 의미의 법률**)로 규정하여야 한다는 원칙
소급효금지의 원칙	① 의의: 범죄와 형벌은 행위시의 법률에 의하여 규정되어 있어야 한다는 원칙 ② 행위자에게 불리한 법률의 소급적용은 허용되지 않지만, **행위자에게 유리한 법률의 소급적용은 허용됨**(《주의》 행위자에게 유리·불리를 불문하고 소급적용은 허용되지 않는다. ×)
유추해석금지의 원칙	① 의의: 법률에 규정이 없는 사항에 대하여 그것과 유사한 성질을 가지는 사항에 관한 법률을 적용하는 것을 금지하는 원칙 ② 행위자에게 불리한 경우에는 유추해석이 금지되지만, **행위자에게 유리한 경우에는 원칙적으로 유추해석이 허용됨**
명확성의 원칙	의의: 무엇이 범죄이고 그에 대하여 어떠한 형벌을 과할 것인가를 법률로 명확하게 규정하여야 한다는 원칙
적정성의 원칙 (책임주의)	① 의의: 범죄와 형벌을 규정하는 법률의 내용은 인간의 존엄과 가치를 실질적으로 보장할 수 있도록 적정하여야 한다는 원칙(**실질적 의미의 죄형법정주의**) ② "책임이 없는 자에게 형벌을 과할 수 없고, 또한 책임의 정도를 초과하는 형벌을 과할 수 없다."라는 책임주의도 적정성의 원칙과 일맥상통함

⚖ 판례 | 법률주의 관련 판례

1 헌법 제12조 제1항이 규정하고 있는 죄형법정주의 원칙은 범죄와 형벌을 **입법부가 제정한 형식적 의미의 법률로 규정하는 것을 그 핵심적 내용으로 한다**(헌재 2014.5.29, 2010헌마606).

2 사회현상의 복잡다기화와 국회의 전문적·기술적 능력의 한계 및 시간적 적응능력의 한계로 인하여 형사처벌에 관련된 모든 법규를 예외 없이 형식적 의미의 법률에 의하여 규정한다는 것은 사실상 불가능할 뿐만 아니라 실제에 적합하지도 아니하기 때문에, 특히 **긴급한 필요가 있거나 미리 법률로써 자세히 정할 수 없는 부득이한 사정이 있는 경우에 한하여** 위임법률이 구성요건의 점에서는 **처벌대상인 행위가 어떠한 것인지 이를 예측할 수 있을 정도로 구체적으로 정하고**, 형벌의 점에서는 **형벌의 종류 및 그 상한과 폭을 명확히 규정하는 것을 전제로** 위임입법이 허용되며, 이러한 위임입법은 죄형법정주의에 반하지 않는다(대판 2013.3.28, 2012도16383 **퍼시픽랜드 돌고래쇼 사건**). 11. 국가직 9급, 14. 경찰채용·경찰승진, 16. 법원직 9급·국가직 7급

법률주의 등에 위반되지 않는 경우	법률주의 등에 위반되는 경우
① "근로시간 면제한도를 근로시간 면제심의위원회에서 심의·의결하여 **고용노동부장관 고시로 정한다.**"라는 노동조합법 제24조 제4항 규정(헌재 2014.5.29, 2010헌마606)	① "식품접객영업자 등 대통령령으로 정하는 영업자와 그 종업원은 영업의 위생관리와 질서유지, 국민의 **보건위생 증진을 위하여 총리령으로 정하는 사항을 지켜야 한다.**"라는 식품위생법 제44조 제1항 규정(헌재 2016.11.24, 2014헌가6)
② '행정관청이 노동위원회의 의결을 얻어 위법한 **단체협약의 시정을 명한 경우 그 시정명령에 위반한 자**'를 처벌하는 노동조합법 제93조 제2호 규정(헌재 2012.8.23, 2011헌가22)	② "임원이 되려는 자는 **정관으로 정하는 기간에는** 선거운동을 위하여 조합원을 호별로 방문하거나 특정 장소에 모이게 할 수 없다."라는 중소기업협동조합법 제53조 제3항 규정과 "누구든지 임원 선거와 관련하여 **정관으로 정하는** 선전 벽보의 부착, 선거 공보와 인쇄물의 배부 및 합동 연설회 또는 공개 토론회 개최 외의 행위를 할 수 없다."라는 동조 제5항 규정(헌재 2016.11.24, 2015헌가29)
③ "누구든지 건설폐기물을 배출, 수집·운반, 보관, 중간처리하고자 하는 자는 **대통령령이 정하는 기준 및 방법**에 의하여야 한다."라는 건설폐기물법 제13조 제1항 규정(헌재 2010.5.27, 2009헌바183) 16. 법원직 9급	③ "제1항에 따른 **대통령령에는 필요한 벌칙을 둘 수 있다.**"라는 수산업법 제53조 제2항 규정(헌재 2010.9.30, 2009헌바2)
④ "식품접객영업자 등 대통령령이 정하는 영업자 및 그 종업원은 영업의 위생적 관리 및 질서유지와 국민보건위생의 증진을 위하여 **보건복지부령이 정하는 사항**을 지켜야 한다."라는 식품위생법 제31조 제1항 규정(헌재 2010.3.25, 2008헌가5)	④ "누구든지 임원 선거와 관련하여 **정관으로 정하는 행위 외의 선거운동**을 할 수 없다."라는 농업협동조합법 제50조 제4항 규정(헌재 2010.7.29, 2008헌바106)
⑤ 공공기관의 운영에 관한 법률 제53조가 "공기업의 임직원으로서 공무원이 아닌 사람은 형법 제129조의 적용에 있어서는 이를 공무원으로 본다."라고 규정하고 그 **구체적인 공기업의 지정은 기획재정부장관의 고시에 의하도록 한 경우**(대판 2013.6.13, 2013도1685 **한수원 직원 수뢰 사건**) 13. 법원행시, 14. 경찰채용·경찰승진, 17. 국가직 7급	⑤ '이 법 또는 이 법에 의한 명령의 시행을 위하여 필요한 사항으로서 **노동부령이 정하는 사항**을 보고하지 아니하거나 허위의 보고를 한 자'라는 산업안전보건법 제10조 제1항 규정(헌재 2010.2.25, 2008헌가6)
⑥ 특정범죄 가중처벌 등에 관한 법률(이하 '특가법'이라 한다) 제4조 제1항의 위임을 받은 특가법 시행령 제2조 제48호(개정법 제42호)가 농업협동조합중앙회를 **정부관리기업체의 하나로 규정한 경우**(대판 2008.4.11, 2007도8373) 14. 경찰채용	⑥ "의료업무에 관한 광고의 범위 기타 의료광고에 필요한 사항은 **보건복지부령으로 정한다.**"라는 의료법 제46조 제4항 규정(헌재 2007.7.26, 2006헌가4)
⑦ 구 식품위생법 제11조 제2항이 "허위표시·과대광고·과대포장의 범위 기타 필요한 사항은 **보건복지부령으로 정한다.**"라고 규정하고, 이에 따라 같은 법 시행규칙 제6조 제1항 각 호에서 **허위표시·과대광고 등의 범위를 규정한 경우**(대판 2002.11.26, 2002도2998) 14. 경찰채용	⑦ '새마을금고의 정관에 위반하는 행위를 함으로써 금고 또는 연합회에 손해를 끼친 자'를 처벌하는 새마을금고법 제66조 제1항 제2호 규정(헌재 2001.1.18, 99헌바112)
⑧ 구 어선법 시행규칙에서 **어선검사증서에 기재할 사항을 구체적으로 규정하면서 기재할 사항에 총톤수를 포함시킨 경우**(대판 2018.6.28, 2017도13426) 21. 해경채용·해경간부	⑧ 의료법 제41조가 각종 병원에 두어야 하는 당직의료인의 수와 자격에 아무런 제한을 두고 있지 않음에도, "병원에 두어야 하는 당직의료인의 수는 입원환자 200명까지는 의사 등의 경우 1명, 간호사의 경우 2명을 두되, 입원환자 200명을 초과하는 200명마다 의사 등의 경우 1명, 간호사의 경우 2명을 추가한 인원수로 한다."라는 **의료법 시행령 제18조 제1항 규정**[대판 2017.2.16, 2015도16014(전합) **야간 당직의사 없는 병원 사건 I**]

법률주의 등에 위반되지 않는 경우	법률주의 등에 위반되는 경우
⑨ 게임산업법 및 동법 제28조 제3호(이하 '이 사건 의무조항'이라 한다)의 의무조항이 위임하는 '경품의 지급기준'에 관하여 대통령령으로 정하여질 내용은 게임물의 사행화는 억제하되 게임이용자의 흥미는 유발시킬 있는 정도의 최소한의 금액이 그 기준이 되고, '경품의 제공방법'은 경품의 환전이나 재매입 등의 우려가 없는 등 사행성을 제거할 수 있는 방법이 될 것이라는 점에 대한 대강의 예측이 가능하다. 따라서 이 사건 의무조항은 **죄형법정주의 내지 포괄위임금지원칙에 위배되지 아니한다**(헌재 2020.12.23, 2017헌바463 **인형 경품 사건**). 21. 경찰채용 ⑩ 결혼중개업법 제10조의2 제4항에 의하여 대통령령에 규정하도록 위임된 '**신상정보의 제공 시기**'는 적어도 이용자와 상대방의 만남 이전이 될 것임을 충분히 예측할 수 있으므로, 결혼중개업법 시행령 제3조의2 제3항이 결혼중개업법 제10조의2 제4항에서 위임한 범위를 일탈하여 **위임입법의 한계를 벗어났다고 볼 수 없다**(대판 2019.7.25, 2018도7989). 21. 경찰채용	⑨ '(총포·도검·화약류 등 단속법이 금속성 탄알 등을 쏠 수 있는 것을 총포로 규정하고 있음에도 불구하고) 금속성 탄알 등을 쏠 수 없는 총의 부품까지 총포로 **규정**'한 동법 시행령 제3조 제1항 제3호 규정 [대판 1999.2.11, 98도2816(전합)] ⑩ '(근로기준법이 임금·퇴직금 청산기일의 연장합의의 한도에 관하여 아무런 제한을 두고 있지 않음에도 불구하고) **기일연장을 3월 이내로 제한**'한 동법 시행령 제12조 규정[대판 1998.10.15, 98도1759(전합)] ⑪ '(외국환관리법 및 동법 시행령에서 규정한 허가규제기준을 넘어) 범죄, 도박 등 선량한 풍속 및 사회질서에 반하는 행위와 관련한 지급 등의 경우 **재정경제원장관의 허가를 요하는 것으로 규정**'한 외국환관리규정 제6-15조의4 제2호 (나)목 규정[대판 1998.6.18, 97도2231(전합)] 12. 경찰승진

⚖ 판례 | 소급효금지의 원칙 관련 판례

1 [1] 공소시효가 아직 완성되지 않은 경우 진행 중인 공소시효를 연장하는 법률은, 공익이 개인의 신뢰보호이익에 우선하는 경우에는 헌법상 정당화될 수 있다. [2] 공소시효가 이미 완성된 경우 그 공소시효를 연장하는 법률은, 공익적 필요는 심히 중대한 반면에 개인의 신뢰를 보호하여야 할 필요가 상대적으로 적어 개인의 신뢰이익을 관철하는 것이 객관적으로 정당화될 수 없는 경우에는 **예외적으로 허용될 수 있다**(헌재 1996.2.16, 96헌가2 **5·18특별법 위헌제청 사건**). 11·13. 국가직 7급, 12. 변호사, 14. 경찰간부, 17. 국가직 9급

2 [1] 공소시효를 정지·연장·배제하는 내용의 특례조항을 신설하면서 소급적용에 관한 명시적인 경과규정을 두지 아니한 경우에 그 조항을 소급하여 적용할 수 있다고 볼 것인지에 관하여는 이를 해결할 보편타당한 일반원칙이 존재할 수 없는 터이므로 적법절차원칙과 소급금지원칙을 천명한 헌법 제12조 제1항과 제13조 제1항의 정신을 바탕으로 하여 법적 안정성과 신뢰보호원칙을 포함한 법치주의 이념을 훼손하지 아니하도록 신중히 판단하여야 한다. [2] 2011.11.17. 법률 제11088호로 개정되어 2011.11.17. 시행된 **성폭력범죄의 처벌 등에 관한 특례법**(이하 '성폭법'이라 한다)은 제20조 제3항에서 "13세 미만의 여자 및 신체적인 또는 정신적인 장애가 있는 여자에 대하여 강간 등을 범한 경우에는 공소시효를 적용하지 아니한다."라고 규정하여 공소시효 배제조항을 신설하면서도 이에 대하여 경과규정을 두지 않은 경우 (2007.12.21. 법률 제8730호로 개정된 형사소송법이 종전의 공소시효기간을 연장하면서도 그 부칙 제3조에서 "이 법 시행 전에 범한 죄에 대하여는 종전의 규정을 적용한다."라고 규정함으로써 소급효를 인정하지 아니한다는 원칙을 밝힌 점, 특별법에 소급적용에 관한 명시적인 경과규정이 없는 경우에는 일반법에 규정된 경과규정이 적용되어야 하는 점 등에 비추어) **장애인 준강간죄에 대하여는 성폭법 제20조 제3항을 소급하여 적용할 수 없다**(대판 2015.5.28, 2015도1362). 16. 경찰채용

3 [1] 아동·청소년의 성보호에 관한 법률(2010.4.15. 법률 제10260호로 개정된 것, 이하 '아청법'이라 한다)은 고지명령제도에 관한 제38조의2, 제38조의3을 신설하였는데, 그 법률 부칙 제1조는 "이 법은 공포한 날부터 시행한다. 다만, 제31조의2, 제38조의2 및 제38조의3의 개정규정은 2011년 1월 1일부터 시행한다."라고 규정하였으며, **부칙 제4조는 "제38조의2 및 제38조의3의 개정규정은 같은 개정규정 시행 후 최초로 아동·청소년 대상 성범죄를 범하여 고지명령을 선고받은 고지대상자부터 적용한다."라고 정하였다.** [2] 아청법 **(2012.12.18. 법률 제11572호로 전부개정되어 2013.6.19. 시행된 것)** 역시 부칙 제8조 제1항이 "제50조 제1항, 제51조의 개정규정은 2008년 4월 16일부터 2010년 12월 31일 사이에 제2조 제2호의 개정규정의 아동·청소년 대상 성범죄를 범하고 유죄판결이 확정되어 종전의 규정에 따라 공개명령을 받은 사람에 대하여도 적용하되, 공개기간이 종료된 자는 제외한다."라고 규정하고, 제2항은 "이 경우 검사는 여성가족부장관의 요청을 받아 제1항에 규정된 사람에 대하여 제1심판결을 한 법원에 고지명령을 청구한다."라고 정하고 있을 뿐, 2011.1.1. 이전에 아동·청소년 대상 성폭력범죄를 범하고 아직 유죄판결이 확정되지 아니한 자에 대하여는 위와 같이 일정한 요건 아래 그 유죄판결 확정 후 고지명령을 청구하는 절차 이외에 곧바로 **판결과 동시에 고지명령을 선고할 수 있는 근거를 따로 두고 있지 아니하다.** [3] 따라서 **법률 제11572호 아청법이 시행된 뒤에도 여전히 법률 제10260호 아청법 부칙규정이 정한 대로 2011.1.1. 이후 '아동·청소년 대상 성폭력범죄를 저지른 자'에 대하여만 판결과 동시에 고지명령을 선고할 수 있다**(대판 2014.2.13, 2013도14349). 16. 경찰간부, 17. 경찰승진

4 도주차량으로 운전면허취소처분을 받은 자가 자동차를 운전하였다고 하더라도 그 후 피의사실에 대하여 무혐의 처분을 받고 이를 근거로 행정청이 운전면허취소처분을 철회하였다면 위 운전행위는 무면허운전에 **해당하지 않는다**(대판 2008.1.31, 2007도9220). 12. 법원행시

5 부(父)가 혼인 외의 출생자를 인지하는 경우에 있어서는 그 자(子)의 출생시에 소급하여 인지의 효력이 생기는 것이며, 이와 같은 **인지의 소급효는 친족상도례에 관한 규정의 적용에도 미친다**(대판 1997.1.24, 96도1731 **인지의 소급효 사건).** 11. 경찰승진, 11·12. 법원행시, 11·12·16. 변호사, 11·14. 사법시험, 12·13. 국가직 7급, 13. 경찰채용, 14. 법원직 9급

6 **위헌결정**으로 인하여 형벌에 관한 법률 또는 법률조항이 소급하여 그 효력을 상실한 경우에는 당해 조항을 적용하여 공소가 제기된 피고사건은 범죄로 되지 아니한 때에 해당한다고 할 것이어서, 법원은 그 피고사건에 대하여 형사소송법 제325조 전단에 따라 **무죄를 선고하여야 한다**(대판 2011.9.29, 2009도12515). 12. 사법시험, 12·16. 법원직 9급, 13. 경찰승진, 14. 법원행시, 16. 변호사, 20. 국가직 7급

7 **헌법불합치결정**에 의하여 헌법에 합치되지 아니한다고 선언되고 그 결정에서 정한 개정시한까지 법률 개정이 이루어지지 않은 경우, 그 법률조항은 소급하여 효력을 상실하고 법원은 피고사건에 대하여 형사소송법 제325조 전단에 따라 **무죄를 선고하여야 한다**[대판 2011.6.23, 2008도7562(전합) **집시법 헌법불합치 사건].** 14. 국가직 7급, 18. 법원직 9급, 20. 경찰승진

8 운전면허 취소처분을 받은 사람이 운전면허 취소처분이 취소되기 전에 자동차를 운전한 행위는 도로교통법에 규정된 무면허운전의 죄에 해당하지 아니한다. 자동차 운전면허 취소처분을 받은 사람이 자동차를 운전하였으나 운전면허 취소처분의 원인이 된 교통사고 또는 법규 위반에 대하여 범죄사실의 증명이 없는 때에 해당한다는 이유로 무죄판결이 확정된 경우에는 그 취소처분이 취소되지 않았더라도 도로교통법에 규정된 무면허운전의 죄로 처벌할 수는 없다(대판 2021.9.16, 2019도11826 **음주무죄 무면허유죄 사건).**

소급효금지의 원칙에 위반되지 않는 경우	소급효금지의 원칙에 위반되는 경우
① 신상정보 공개·고지명령은 형벌과는 구분되는 비형벌적 보안처분으로서 어떠한 형벌적 효과나 신체의 자유를 박탈하는 효과를 가져오지 아니하므로 소급처벌금지원칙이 적용되지 아니한다. 그렇다면, 2012.12.18. 개정된 성폭법 시행 당시 신상정보 공개·고지명령의 대상에 포함되지 않았던 사람들을 동법 부칙 제7조 제1항에 의하여 이후 소급하여 신상정보 공개·고지명령의 대상이 되도록 하였더라도 소급처벌금지원칙에 위배되는 것은 아니다(헌재 2016.12.29, 2015헌바196 **성폭법 부칙 제7조 제1항 위헌소원 사건**). 17. 국가직 9급	① [1] 노역장유치는 벌금형에 부수적으로 부과되는 환형처분으로서, 그 실질은 신체의 자유를 박탈하여 징역형과 유사한 형벌적 성격을 가지고 있으므로, 형벌불소급원칙의 적용대상이 된다. 따라서 법률 개정으로 동일한 벌금형을 선고받은 사람에게 노역장유치기간이 장기화되는 등 불이익이 가중된 때에는, 범죄행위시의 법률에 따라 유치기간을 정하여 선고하여야 한다. [2] 형법 제70조 제2항의 노역장유치조항은 1억원 이상의 벌금을 선고받는 자에 대하여 유치기간의 하한을 중하게 변경시킨 것이므로, 이 조항 시행(2014.5.14.) 전에 행한 범죄행위에 대해서는 범죄행위 당시에 존재하였던 법률을 적용하여야 한다. 그런데 2014.5.14. 개정 형법 부칙 **제2조 제1항은 노역장유치조항의 시행 전에 행해진 범죄행위에 대해서도 공소제기의 시기가 노역장유치조항의 시행 이후이면 이를 적용하도록 하고 있으므로**, 이는 범죄행위 당시보다 불이익한 법률을 소급 적용하도록 하는 것으로서 헌법상 **형벌불소급원칙에 위반된다**(헌재 2017.10.26, 2015헌바239, 2016헌바177 **노역장유치 하한 가중 위헌소원 사건**).
② **도로교통법(2011.6.8. 법률 제10790호로 개정되어 2011.12.9. 시행된 것)** 제148조의2 제1항 제1호는 도로교통법 제44조 제1항을 2회 이상 위반한 사람으로서 다시 같은 조 제1항을 위반하여 술에 취한 상태에서 자동차 등을 운전한 사람에 대해 1년 이상 3년 이하의 징역이나 500만원 이상 1천만원 이하의 벌금에 처하도록 규정하고 있는바, 도로교통법 제148조의2 제1항 제1호에서 정하고 있는 '**도로교통법 제44조 제1항을 2회 이상 위반한**' 것에 개정된 도로교통법이 시행된 2011.12.9. 이전에 구 도로교통법 제44조 제1항을 위반한 음주운전 전과까지 포함되는 것으로 해석하는 것이 형벌불소급의 원칙이나 일사부재리의 원칙 또는 비례의 원칙에 위배된다고 할 수 없다(대판 2012.11.29, 2012도10269 **음주운전 삼진아웃 사건**). 16·18. 경찰간부	② [1] 포괄일죄에 관한 기존 처벌법규에 대하여 그 표현이나 형량과 관련한 개정을 하는 경우가 아니라 **애초에 죄가 되지 아니하던 행위를 구성요건의 신설로 포괄일죄의 처벌대상으로 삼는 경우에는 신설된 포괄일죄 처벌법규가 시행되기 이전의 행위에 대하여는 신설된 법규를 적용하여 처벌할 수 없다.** [2] 이는 신설된 처벌법규가 상습범을 처벌하는 구성요건인 경우에도 마찬가지라고 할 것이므로, **구성요건이 신설된 상습강제추행죄가 시행되기 이전의 범행은 상습강제추행죄로는 처벌할 수 없고 행위시법에 기초하여 강제추행죄로 처벌할 수 있을 뿐이며**, 이 경우 그 소추요건도 상습강제추행죄에 관한 것이 아니라 강제추행죄에 관한 것이 구비되어야 한다(대판 2016.1.28, 2015도15669 **상습강제추행죄 신설 사건**). 17. 경찰채용. 18. 경찰간부
③ 아청법상 공개명령제도는 범죄행위를 한 자에 대한 응보 등을 목적으로 그 책임을 추궁하는 사후적 처분인 형벌과 구별되어 그 본질을 달리하는 것으로서 형벌에 관한 소급입법금지의 원칙이 그대로 적용되지 않으므로, **공개명령제도가 시행된 2010.1.1. 이전에 범한 범죄에도 공개명령제도를 적용하도록 아청법이 개정되었다고 하더라도 그것이 소급입법금지의 원칙에 반한다고 볼 수 없다**(대판 2011.3.24, 2010도14393). 17. 경찰채용. 18. 경찰간부	

④ 전자감시제도는 범죄행위를 한 자에 대한 응보를 주된 목적으로 그 책임을 추궁하는 사후적 처분인 형벌과 구별되어 그 본질을 달리하는 것으로서 형벌에 관한 소급입법금지의 원칙이 그대로 적용되지 않으므로, **특정 범죄자에 대한 보호관찰 및 전자장치 부착 등에 관한 법률이 개정되어 부착명령기간을 연장하도록 규정하고 있더라도 그것이 소급입법금지의 원칙에 반한다고 볼 수 없다**(대판 2010.12.23, 2010도11996). 12. 사법시험, 17. 국가직 7급

⑤ 법관이 형을 양정함에 있어서 참고할 수 있는 자료에 달리 제한이 있는 것도 아닌 터에 법원이 **양형기준이 발효하기 전에 공소가 제기된 범죄에 관하여 형을 양정함에 있어서 양형기준을 참고자료로 삼았다고 하여 피고인에게 불리한 법률을 소급하여 적용한 위법이 있다고 할 수 없다**(대판 2009.12.10, 2009도11448 **양형기준 소급적용 사건**). 11·14·16. 경찰채용, 12. 변호사, 14·20. 경찰승진·국가직 7급, 15. 법원행시, 15·16. 법원직 9급, 17. 국가직 9급, 18. 경찰간부

⑥ 형사처벌의 근거가 되는 것은 법률이지 판례가 아니고, 형법조항에 관한 판례의 변경은 그 법률조항의 내용을 확인하는 것에 지나지 아니하여 이로써 그 법률조항 자체가 변경된 것이라고 볼 수는 없으므로, 행위 당시의 판례에 의하면 처벌대상이 되지 아니하는 것으로 해석되었던 행위를 **판례의 변경에 따라 확인된 내용의 형법조항에 근거하여 처벌한다고 하여 형벌불소급의 원칙에 반한다고 할 수는 없다**(대판 1999.9.17, 97도3349, 헌재 2014.5.29, 2012헌바390). 11·12·13. 국가직 7급, 11·14. 경찰간부, 11·15. 경찰채용, 11·15·20. 법원행시, 11·16·20. 법원직 9급, 12. 변호사, 13. 국가직 9급, 13·15·16. 경찰승진

⑦ 보호관찰은 형벌이 아니라 보안처분의 성격을 갖는 것으로서 과거의 불법에 대한 책임에 기초하고 있는 제재가 아니라 장래의 위험성으로부터 행위자를 보호하고 사회를 방위하기 위한 합목적적인 조치이므로, 그에 관하여 반드시 행위 이전에 규정되어 있어야 하는 것은 아니며 **재판시의 규정에 의하여 보호관찰을 받을 것을 명할 수 있다고 보아야 할 것이고, 이와 같은 해석이 형벌불소급의 원칙 내지 죄형법정주의에 위배되는 것이라고 볼 수 없다**(대판 1997.6.13, 97도703 **보호관찰 소급적용 사건**). 13. 경찰채용, 13·15·16. 경찰승진, 15. 국가직 9급, 16. 법원직 9급, 20. 법원행시

③ 피고인에게 **실질적인 불이익을 추가하는 내용(전자장치 부착기간 하한을 2배 가중)의 특정 범죄자에 대한 보호관찰 및 전자장치 부착 등에 관한 법률 개정**이 있고, 그 규정의 소급적용에 관한 명확한 경과규정이 없는 한 그 규정의 **소급적용은 이를 부정하는 것이 입법자의 의사에 부합한다**(대판 2013.9.12, 2013도6424 **일부만 소급적용 부칙 사건**). 15. 법원행시

④ 게임법 시행령 제18조의3의 시행일 이전에 행해진 게임머니를 환전, 환전 알선, 재매입한 영업행위를 **처벌하는 것은 형벌법규의 소급효금지 원칙에 위배된다**(대판 2009.4.23, 2008도11017 **게임머니 판매 사건**). 11·12. 경찰채용, 14·18. 경찰간부

⑤ 포괄일죄인 뇌물수수 범행이 신설된 특정범죄 가중처벌 등에 관한 법률(이하 '특가법'이라 한다) 제2조 제2항(수뢰액의 2배 이상 5배 이하의 벌금형의 필요적 병과) 시행 전후에 걸쳐 행하여진 경우에 있어 **벌금형 산정의 기준이 되는 수뢰액은 위 규정이 신설된 2008.12.26. 이후에 수수한 금액으로 한정된다**(대판 2011.6.10, 2011도4260 **수방사 공사담당관 사건**). 12·20. 법원행시, 14. 사법시험, 15. 국가직 9급

⑥ [1] 가정폭력범죄의 처벌 등에 관한 특례법(이하 '가폭법'이라 한다)상 사회봉사명령은 가정폭력범죄행위에 대하여 형사처벌 대신 부과되는 것으로서 가정폭력범죄를 범한 자에게 의무적 노동을 부과하고 여가시간을 박탈하여 실질적으로는 신체적 자유를 제한하게 되므로 이에 대하여는 원칙적으로 형벌불소급의 원칙에 따라 행위시법을 적용함이 상당하다. [2] 법원이 가정폭력행위자에게 사회봉사명령을 부과하면서, **행위시법상 사회봉사명령 부과시간의 상한인 100시간을 초과하여 상한을 200시간으로 올린 신법을 적용한 것은 위법하다**(대결 2008.7.24, 2008어4 **사회봉사 200시간 사건**). 11·12·16·17. 경찰채용, 11·14. 국가직 7급, 11·15·16·20. 법원직 9급, 12·17. 변호사, 14. 국가직 9급, 16. 사법시험, 20. 경찰승진

소급효금지의 원칙에 위반되지 않는 경우	소급효금지의 원칙에 위반되는 경우
⑧ **도로교통법(2018.12.24. 법률 제16037호로 개정되어 2019.6.25. 시행된 것) 제148조의2 제1항**은 도로교통법 제44조 제1항 또는 제2항을 2회 이상 위반한 사람을 2년 이상 5년 이하의 징역이나 1,000만원 이상 2,000만원 이하의 벌금에 처하도록 정하고 있는데, **도로교통법 제44조 제1항 또는 제2항을 2회 이상 위반한 사람에 개정된 도로교통법이 시행된 2019.6.25. 이전에 구 도로교통법 제44조 제1항 또는 제2항을 위반한 전과가 포함된다.** 이와 같이 해석하더라도 형벌불소급의 원칙이나 일사부재리의 원칙에 위배되지 않는다(대판 2020.8.20, 2020도7154 **음주운전 이진아웃 사건**). 21. 경찰채용 ⑨ 디엔에이신원확인정보의 이용 및 보호에 관한 법률(2010.1.25. 법률 제9944호로 제정된 것) 시행 당시 디엔에이감식시료 채취 대상범죄로 이미 징역이나 금고 이상의 실형을 선고받아 그 형이 확정되어 수용 중인 사람들까지 위 법률을 적용한다고 하여 **소급입법금지원칙에 위배되는 것은 아니다**(헌재 2014.8.28, 2011헌마28 **DNA법 사건**). 21. 변호사	

⚖️ **판례 ❘ 유추해석금지의 원칙 관련 판례**

1 국가형벌권의 자의적인 행사로부터 개인의 자유와 권리를 보호하기 위하여 형벌법규는 엄격히 해석되어야 하고 명문의 형벌법규의 의미를 피고인에게 불리한 방향으로 **지나치게 확장해석하거나 유추해석하는 것은 죄형법정주의 원칙에 어긋나는 것으로 허용되지 않는다**(대판 2014.9.24, 2013도4503 **교복야동 사건**).
11. 법원직 9급

2 처벌을 희망하지 않는다는 의사표시 또는 처벌희망 의사표시의 철회는 이른바 소극적 소송조건에 해당하고, **소송조건에는 죄형법정주의의 파생원칙인 유추해석금지의 원칙이 적용된다**[대판 2009.11.19, 2009도6058(전합) **14세 가출녀 강간 사건**]. 18. 국가직 9급

3 위법성 및 책임의 조각사유나 소추조건 또는 처벌조각사유인 형면제사유에 관하여 그 범위를 제한적으로 **유추적용하게 되면** 행위자의 가벌성의 범위는 확대되어 행위자에게 불리하게 되는바, 이는 가능한 문언의 의미를 넘어 범죄구성요건을 유추적용하는 것과 같은 결과가 초래되므로 죄형법정주의의 파생원칙인 유추해석금지의 원칙에 위반하여 허용될 수 없다[대판 1997.3.20, 96도1167(전합) **공직선거법 자수 사건**]. 12. 사법시험, 12·14. 국가직 7급, 12·14·17. 국가직 9급, 14. 경찰승진, 15. 법원행시·법원직 9급, 16. 경찰간부, 16·17. 경찰채용

4 위법성 및 책임의 조각사유나 소추조건 또는 처벌조각사유인 형면제 사유에 관하여 그 범위를 제한적으로 **유추적용하게 되면** 행위자의 가벌성의 범위는 확대되어 행위자에게 불리하게 되는바, 이는 가능한 문언의 의미를 넘어 범죄구성요건을 유추적용하는 것과 같은 결과가 초래되므로 죄형법정주의의 파생원칙인 유추해석금지의 원칙에 위반하여 허용될 수 없다[대판 1997.3.20, 96도1167(전합) **공직선거법 자수 사건**]. 12·14. 국가직 7급, 12·14·17. 국가직 9급, 14. 경찰승진, 15. 법원행시·법원직 9급, 16. 경찰간부, 16·17·20 경찰채용

5 형벌법규는 문언에 따라 엄격하게 해석·적용하여야 하고 피고인에게 불리한 방향으로 지나치게 확장해석하거나 유추해석해서는 안 된다. 그러나 형벌법규의 해석에서도 **문언의 가능한 의미 안에서** 입법 취지와 목적 등을 고려한 법률 규정의 체계적 연관성에 따라 **문언의 논리적 의미를 분명히 밝히는 체계적·논리적 해석방법은** 규정의 본질적 내용에 가장 접근한 해석을 위한 것으로서 **죄형법정주의의 원칙에 부합한다**(대판 2018.5.11, 2018도2844 **신해철 집도의 사건**). 12. 국가직 9급, 20·21. 경찰간부

6 **동일한 법령에서의 용어는** 법령에 다른 규정이 있는 등 특별한 사정이 없는 한 **동일하게 해석·적용되어야 한다**[대판 2020.8.27, 2019도11294(전합) **가상화폐거래량 허위입력 사건**]. ➡ 형법 제227조의2 공전자기록등위작죄에도 '위작'이란 용어가 있고, 형법 제232조의2 사전자기록등위작죄에도 '위작'이라는 용어가 있는데, 이를 동일하게 해석하여야 한다는 취지의 판례이다.

7 유추해석은 피고인에게 유리한 경우에는 가능한 것이나 문리를 넘어서는 이러한 해석은 그렇게 해석하지 아니하면 그 **결과가 현저히 형평과 정의에 반하거나 심각한 불합리가 초래되는 경우에 한하여 가능하다**(대판 2004.11.11, 2004도4049 **공직선거법 조문 사건**). 22. 경찰채용

판례비교

유추해석금지의 원칙에 위반되지 않는 경우	유추해석금지의 원칙에 따라 엄격히 해석한 판례
① 미성년자의제강간·강제추행죄를 규정한 형법 제305조에서 규정한 형법 제297조와 제298조의 '**예에 의한다**'는 의미는 미성년자의제강간·강제추행죄의 처벌에 있어 그 법정형뿐만 아니라 미수범에 관하여도 강간죄와 강제추행죄의 예에 따른다는 취지로 해석된다(대판 2007.3.15, 2006도9453 **의제강간 미수 사건**). 11. 경찰승진, 11·14. 사법시험	① 타인의 사무를 처리하는 자의 지위를 취득하기 전에 부정한 청탁을 받은 행위를 처벌하는 별도의 구성요건이 존재하지 않는 이상, **타인의 사무처리자의 지위를 취득하기 전에 부정한 청탁을 받은 경우에 배임수재죄로는 처벌할 수 없다**(대판 2010.7.22, 2009도12878 **건설사업 평가위원 사건**). 16. 변호사
② 의료인의 자격이 없는 일반인이 필요한 자금을 투자하여 시설을 갖추고 유자격 의료인을 고용하여 그 명의로 의료기관 개설신고를 한 행위도 의료법 제33조 제2항(의사 등이 아닌 자의 의료기관 개설금지)에 위배된다(대판 2014.8.20, 2012도14360 **의료생활협동조합 사건**).	② **외국에서 통용하지 아니하는, 즉 강제통용력을 가지지 아니하는 지폐는** 그것이 비록 일반인의 관점에서 통용할 것이라고 오인할 가능성이 있다고 하더라도 형법 제207조 제3항에서 정한 외국에서 '통용하는' 외국의 지폐에 해당한다고 할 수 없다(대판 2004.5.14, 2003도3487 **10만 달러 100만 달러 사건**). 11·13. 경찰간부, 12. 국가직 9급, 13. 경찰승진, 16. 경찰채용
③ 국내에 있는 불특정 또는 다수인에게 **무상으로 의약품을 양도하는 수여행위도** 구 약사법 제44조 제1항의 '**판매**'에 포함된다고 보는 것이 체계적이고 논리적인 해석이다(대판 2011.10.13, 2011도6287 **타미플루 구매 사건**). 12·13·15·17. 경찰채용, 14. 경찰간부, 17. 경찰승진	③ 공문서위조죄나 허위공문서작성죄의 객체인 공문서는 공무원 또는 공무소가 그 직무에 관하여 작성하는 문서이고, 그 행위주체가 공무원과 공무소가 아닌 경우에는 형법 또는 특별법에 의하여 공무원 등으로 의제되는 경우를 제외하고는 **계약 등에 의하여 공무와 관련되는 업무를 일부 대행하는 경우가 있더라도 공무원 또는 공무소가 될 수 없다**(대판 2016.1.14, 2015도9133 **선박검사증서 허위발급 사건**).
④ 화물자동차운수사업법 제48조 제4호, 제39조의 처벌대상이 되는 '**자가용화물자동차를 유상으로 화물운송용에 제공하거나 임대하는 행위**'라 함은 자가용화물자동차를 '유상으로 화물운송용에 제공하는 행위'와 '임대하는 행위'를 의미한다고 보아야 한다(대판 2011.4.14, 2008도6693). 12. 경찰채용	

| 유추해석금지의 원칙에 위반되지 않는 경우 | 유추해석금지의 원칙에 따라 엄격히 해석한 판례 |

⑤ 총포 · 도검 · 화약류 등 단속법 시행령 제23조 제2항에서의 쏘아 올리는 꽃불류의 '사용'에는 쏘아 올리는 꽃불류의 '설치행위'도 포함하고 있는 것으로 해석된다(대판 2010.5.13, 2009도13332 **꽃불류 사건**). 12. 경찰채용

⑥ 링크를 포함한 일련의 행위 및 범의가 다른 웹사이트 등을 단순히 소개 · 연결할 뿐이거나 다른 웹사이트 운영자의 실행행위를 방조하는 정도를 넘어, 이미 음란한 부호 등이 불특정 · 다수인에 의하여 인식될 수 있는 상태에 놓여 있는 다른 웹사이트를 링크의 수법으로 사실상 지배 · 이용함으로써 그 실질에 있어서 음란한 부호 등을 직접 전시하는 것과 다를 바 없다고 평가되고, 이에 따라 **불특정 · 다수인이 이러한 링크를 이용하여 별다른 제한 없이 음란한 부호 등에 바로 접할 수 있는 상태가 실제로 조성되었다면 음란한 부호 등을 공연히 전시한다는 구성요건을 충족한다**(대판 2003.7.8, 2001도1335 **팬티신문 사건**). 11. 사법시험, 13. 경찰채용, 13 · 15. 경찰승진

⑦ 정보통신망에 의하여 처리 · 보관 또는 전송되는 타인의 정보를 훼손하거나 타인의 비밀을 침해 · 도용 또는 누설하는 행위를 금지 · 처벌하는 규정인 정보통신망법 제49조 및 제62조 제6호의 '타인'에는 생존하는 개인뿐만 아니라 이미 **사망한 자도 포함된다**(대판 2007.6.14, 2007도2162 **사망자 주민번호 전송 사건**). 11. 사법시험, 14. 경찰간부, 15. 경찰채용, 16. 국가직 9급

⑧ 특경법 제9조 제1항에 정해진 '저축을 하는 자'에는 사법상 법률효과가 귀속되는 '저축의 주체'가 아니라고 하더라도 '저축과 관련된 행위를 한 자'도 포함되고, 그러한 자가 금융기관 임직원들의 유치활동의 대상이 되어 당해 저축과 관련하여 특별한 이익을 수수하였다면 그 구성요건에 해당된다(대판 2006.3.9, 2003도6733 **시책비 사건**). 11. 경찰승진, 12. 경찰채용

⑨ **약사면허증 대여의 상대방, 즉 차용인이 무자격자인 경우는 물론이요 자격 있는 약사인 경우에도**, 그 대여 이후 면허증 차용인에 의하여 대여인 명의로 개설된 약국 등 업소에서 대여인이 직접 약사로서의 업무를 행하지 아니한 채 차용인에게 약국의 운영을 일임하고 말았다면 **약사면허증을 대여한 것에 해당한다**(대판 2003.6.24, 2002도6829 **약사면허증 대여 사건**). 12. 경찰간부

④ 공문서변조나 위조죄의 객체인 공문서는 공무원 또는 공무소가 그 직무에 관하여 작성하는 문서이고, 그 행위주체가 공무원과 공무소가 아닌 경우에는 형법 또는 기타 특별법에 의하여 공무원 등으로 의제되는 경우를 제외하고는 **계약 등에 의하여 공무와 관련되는 업무를 일부 대행하는 경우가 있다 하더라도 공무원 또는 공무소가 될 수는 없다**(대판 2008.1.17, 2007도6987 **후생계 경사 배임 사건**). 11 · 16. 경찰채용, 12. 경찰승진, 13. 법원행시, 15. 경찰간부

⑤ '공정증서원본(原本)'에는 공정증서의 정본(定本)이 포함된다고 볼 수 없으므로 부실의 사실이 기재된 공정증서의 정본을 그 정을 모르는 법원 직원에게 교부한 행위는 부실기재공정증서원본행사죄에 해당하지 아니한다(대판 2002.3.26, 2001도6503 **정본 · 원본 사건**). 14. 경찰승진, 16. 사법시험

⑥ 변사체검시방해죄에 있어 '변사자'라 함은 부자연한 사망으로서 그 사인이 분명하지 않은 자를 의미하고 그 사인이 명백한 경우는 변사자라 할 수 없으므로 **범죄로 인하여 사망한 것이 명백한 자의 사체는 변사체검시방해죄의 객체가 될 수 없다**(대판 2003.6.27, 2003도1331). 13. 경찰간부, 15. 법원행시

⑦ 피고인들이 판매하였다는 **컴퓨터 프로그램파일**은 형법 제243조에서 규정하고 있는 '**문서, 도화, 필름 기타 물건**'에 해당한다고 할 수 없다(대판 1999.2.24, 98도3140 **BIG 사건**). 11. 사법시험, 13. 경찰채용, 14. 법원행시, 15. 경찰승진

⑧ "시효는 공소의 제기로 진행이 정지되고, 공범의 1인에 대한 시효정지는 다른 공범자에 대하여 효력이 미치고 당해 사건의 재판이 확정된 때로부터 진행한다."라는 **형사소송법 제253조 제1항**은 공소제기 효력의 인적 범위를 확장하는 예외를 마련하여 놓은 것이므로 원칙적으로 엄격하게 해석하여야 하고 **피고인에게 불리한 방향으로 확장하여 해석해서는 아니 된다**(대판 2015.2.12, 2012도4842 **제3자뇌물교부 공범 사건**).

⑨ 친고죄에 관한 **고소의 주관적 불가분원칙을 규정하고 있는 형사소송법 제233조가 공정거래위원회의 고발에도 유추적용된다고 해석한다면** 이는 공정거래위원회의 고발이 없는 행위자에 대해서까지 형사처벌의 범위를 확장하는 것으로서 **허용될 수 없다**(대판 2010.9.30, 2008도4762 **합성수지 담합 사건**). 13. 경찰채용, 14. 경찰승진, 17. 경찰간부

⑩ 자신의 뇌물수수 혐의에 대한 결백을 주장하기 위하여 제3자로부터 사건 관련자들이 주고받은 이메일 출력물을 교부받아 **징계위원회에 제출하는 행위**는 '정보통신망에 의하여 처리 · 보관 또는 전송되는 **타인의 비밀**'인 이메일의 내용을 '**누설하는 행위**'에 해당한다(대판 2008.4.24, 2006도8644). 12. 경찰채용

⑪ 형법 제62조의2 제1항은 "형의 집행을 유예하는 경우에는 보호관찰을 받을 것을 명하거나 사회봉사 또는 수강을 명할 수 있다."라고 규정하고 있더라도, 법원은 집행유예를 선고할 경우에는 **보호관찰과 사회봉사 또는 수강을 동시에 명할 수 있다고 해석함이 상당하다**(대판 1998.4.24, 98도98). 18. 경찰간부

⑫ 음란물 영상의 토렌트 파일을 웹사이트 등에 게시하여 불특정 또는 다수인에게 무상으로 다운로드받게 하는 행위 또는 그 토렌트 파일을 이용하여 별다른 제한 없이 해당 음란물 영상에 바로 접할 수 있는 상태를 실제로 조성한 행위는 정보통신망법 제74조 제1항 제2호에서 처벌 대상으로 삼고 있는 '음란한 영상을 배포하거나 공공연하게 전시'한 것과 실질적으로 동일한 결과를 가져오므로 위와 같은 행위는 전체적으로 보아 **음란한 영상을 배포하거나 공공연하게 전시한다는 구성요건을 충족한다**(대판 2019.7.25, 2019도5283 **토렌트 사건**).

⑬ 도로교통법 제32조 제4호는 '버스여객자동차의 정류지임을 표시하는 기둥이나 표지판 또는 선이 설치된 곳으로부터 10m 이내인 곳'에는 차를 정차하거나 주차하여서는 아니 된다고 규정하고 있는 바, **유상으로 운행되는 버스여객자동차뿐만 아니라 무상으로 운행되는 버스여객자동차의 정류지임을 표시하는 기둥이나 표지판 또는 선이 설치된 곳으로부터 10m 이내인 곳에 차를 정차하거나 주차하는 경우에도 금지조항을 위반한 것**이라고 봄이 타당하다(대판 2017.6.29, 2015도12137).

⑭ 도로교통법 제96조 제1항의 '국내에 입국한 날'은 출입국관리법에 따라 **적법한 입국심사절차를 거쳐 입국한 날을 의미**하고, 그러한 적법한 입국심사절차를 거치지 아니하고 불법으로 입국한 경우에는 국제운전면허증을 소지하고 있는 경우라도 도로교통법 제96조 제1항이 예외적으로 허용하는 국제운전면허증에 의한 운전을 한 경우에 해당한다고 볼 수 없다(대판 2017.10.31, 2017도9230).

⑩ 반의사불벌죄에 있어 명문의 근거 없이 처벌을 희망하지 않는다는 의사표시에 피해자의 법정대리인의 동의가 필요하다고 보는 것은 유추해석에 의하여 소극적 소송조건의 요건을 제한하고 피고인 또는 피의자에 대한 처벌가능성의 범위를 확대하는 결과가 되어 죄형법정주의 내지 거기에서 파생된 **유추해석금지의 원칙에도 반한다**[대판 2009.11.19, 2009도6058(전합) **14세 가출녀 강간 사건**]. 13 · 14. 경찰채용, 14 · 16. 사법시험, 15. 법원행시, 17. 변호사

⑪ 국회에서의 증언 · 감정 등에 관한 법률 제15조 제1항 단서의 '재적위원'은 존속하고 있는 위원회에 적을 두고 있는 위원을 의미하고, 특별위원회가 존속하지 않게 된 경우 그 재적위원이었던 사람을 의미하는 것은 아니라고 해석하는 것이 타당하므로, 이와 달리 특별위원회가 소멸하였음에도 과거 특별위원회가 존속할 당시 재적위원이었던 사람이 연서로 고발할 수 있다고 해석하는 것은 소추요건인 고발의 주체와 시기에 관하여 그 범위를 행위자에게 불리하게 확대하는 것이어서 **유추해석금지의 원칙에 반한다**[대판 2018.5.17, 2017도14749(전합) **최순실 국정농단청문회 위증 사건**].

⑫ 형의 필요적 면제사유인 공직선거법 제262조의 '자수한 때'를 **'범행발각 전에 자수한 때'로 한정하여 해석할 수는 없다**[대판 1997.3.20, 96도1167(전합) **공직선거법 자수 사건**]. 15. 경찰승진, 17. 국가직 7급 · 경찰간부, 18. 경찰채용

⑬ **운전면허 없이 자동차 등을 운전한 곳이** 일반교통경찰권이 미치는 공공성이 있는 장소가 아니라 **특정인이나 그와 관련된 용건이 있는 사람만 사용할 수 있고 자체적으로 관리되는 곳이라면** 도로교통법에서 정한 '도로에서 운전'한 것이 아니므로 **무면허운전으로 처벌할 수 없다**(대판 2017.12.28, 2017도17762 **아파트 주차장 무면허운전 사건**). 19. 경찰채용

⑭ 항로(航路)는 공중(空中)의 개념을 내포한 말로 지상(地上)의 항공기가 이동할 때 '운항 중'이 된다는 이유만으로 그때 다니는 지상의 길까지 '항로'로 해석하는 것은 문언의 가능한 의미를 벗어나므로, 피고인이 푸시백(pushback) 중이던 비행기를 탑승구로 돌아오게 한 행위는 항공기의 '**항로를 변경하게 한 것**'에 해당하지 않는다[대판 2017.12.21, 2015도8335(전합) **땅콩회항 사건**]. 18. 국가직 9급, 18 · 20. 경찰채용, 20. 경찰간부

유추해석금지의 원칙에 위반되지 않는 경우	유추해석금지의 원칙에 따라 엄격히 해석한 판례

⑮ 형법 제170조 제2항에서 말하는 '자기의 소유에 속하는 제166조 또는 제167조에 기재한 물건'이라 함은 '자기의 소유에 속하는 제166조에 기재한 물건 또는 **자기의 소유에 속하든, 타인의 소유에 속하든 불문하고 제167조에 기재한 물건**'을 의미하는 것이라고 해석하는 것은 죄형법정주의의 원칙상 금지되는 유추해석이나 확장해석에 해당한다고 볼 수는 없을 것이다[대결 1994.12.20, 94모32(전합)].

⑯ 화상채팅 서비스가 청소년 보호법 제8조 등에 의한 청소년보호위원회 고시에서 규정하는 '불건전 전화서비스 등'에 포함된다고 해석하는 것이 형벌법규의 명확성 원칙에 반하거나 죄형법정주의에 의하여 금지되는 확장해석 내지 유추해석에 해당하지 아니한다(대판 2006.5.12, 2005도6525).

⑰ 전자장치를 이용하여 호흡기를 통하여 체내에 흡입함으로써 흡연과 같은 효과를 낼 수 있도록 만든 니코틴이 포함된 용액은 연초의 잎에서 추출한 니코틴을 그 원료로 하는 한 증기로 흡입하기에 적합하게 제조한 것이어서 그 자체로 담배사업법 제2조의 **'담배'에 해당한다**(대판 2018.9.28, 2018도9828 **전자담배 액상 제조 사건**).

⑱ 정당의 후보자 선출을 위한 **당내경선도** 국가공무원법 제65조 제2항에서 금지하는 **'선거'의 범위에 포함된다**(대판 2018.5.11, 2018도4075 **권석창 의원 사건**).

⑲ 게임법 제32조 제1항 제7호의 '환전'에는 '게임결과물을 수령하고 돈을 교부하는 행위'뿐만 아니라 **'게임결과물을 교부하고 돈을 수령하는 행위'도 포함된다**(대판 2012.12.13, 2012도11505 **게임머니 환전사건**). 19. 경찰채용

⑳ [1] **권한 없는 자에 의한 명령 입력행위를 '명령을 부정하게 입력하는 행위' 또는 '부정한 명령을 입력하는 행위'에 포함된다고 해석하는 것이 그 문언의 통상적인 의미를 벗어나는 것이라고 할 수도 없다.**
[2] 피고인 甲이 인터넷사이트 한국신용정보 주식회사에 A 명의로 접속하여 그의 신용정보 조회를 하면서 마치 A인 것처럼 자신이 부정발급 받은 A 명의의 삼성스카이패스 카드의 카드번호와 비밀번호 등을 입력하고 그 사용료 2천원을 지급하도록 부정한 명령을 입력하여 정보처리를 하게 하고 그 금액 상당의 재산상 이익을 취득한 경우 컴퓨터 등 사용사기죄가 성립한다(대판 2003.1.10, 2002도2363 **신용정보 조회 사건**). 16. 국가직 9급

⑮ 자동차관리법 제80조 제7호의2는 '자동차 이력 및 판매자정보를 허위로 제공한 자'만을 처벌하고 있는데, 여기서 **'허위 제공'의 의미를 '단순 누락'의 경우도 포함하는 것으로 해석하는 것**은 죄형법정주의 원칙에 어긋나서 **허용되지 않는다**(대판 2017.11.14, 2017도13421 **인터넷 자동차광고 사건**). 20. 경찰채용, 21. 경찰간부

⑯ 외국환거래법 제30조가 규정하는 몰수·추징의 대상은 범인이 해당 행위로 인하여 취득한 외국환 기타 지급수단 등을 뜻하고, 이는 범인이 외국환거래법에서 규제하는 행위로 인하여 취득한 외국환 등이 있을 때 이를 몰수하거나 추징한다는 취지로서, **해당 범죄행위로 인하여 결과적으로 이를 취득한 때를 말한다고 제한적으로 해석함이 타당하다**(대판 2017.5.31, 2013도8389). 17. 경찰채용

⑰ [1] '통신매체를 이용하지 아니한 채 직접 상대방에게 말, 글, 물건 등을 도달하게 하는 행위'는 성폭법 제13조에 규정된 '전화, 우편, 컴퓨터 그 밖의 통신매체를 통하여 성적 수치심이나 혐오감을 일으키는 말, 음향, 글, 그림, 영상 또는 물건을 상대방에게 도달하게 하는 행위'에 해당하지 아니한다. [2] 피고인 甲이 성적 수치심 등을 일으키는 내용의 편지를 자신이 직접 A의 주거지 출입문에 끼워 넣었다고 하더라도 이를 성폭법 제13조에 의하여 처벌할 수 없다(대판 2016.3.10, 2015도17847 **음란편지 사건**). 18. 국가직 9급, 20. 경찰채용

⑱ "연습운전면허를 받은 사람은 운전을 함에 있어 주행연습 외의 목적으로 운전하여서는 아니 된다."라는 준수사항을 지키지 않았다고 하더라도 준수사항을 지키지 않은 것에 대하여 연습운전면허의 취소 등 제재를 가할 수 있음은 별론으로 하고 그 운전을 무면허운전이라고 보아 처벌할 수는 없다(대판 2015.6.24, 2013도15031).

⑲ 국내 특정 지역의 수삼과 다른 지역의 수삼으로 만든 홍삼을 주원료로 하여 **그 특정 지역에서 제조한 홍삼절편의 제품명이나 제조·판매자명에 그 특정 지역의 명칭을 사용하였다고 하더라도 이를 곧바로 '원산지를 혼동하게 할 우려가 있는 표시를 하는 행위'라고 보기는 어렵다**(대판 2015.4.9, 2014도14191 **강화홍삼절편 사건**). 15. 경찰채용, 17. 경찰승진

㉑ 사전자기록등위작죄에서 정한 '위작'의 포섭 범위에 권한 있는 사람이 그 권한을 남용하여 허위의 정보를 입력함으로써 시스템 설치·운영 주체의 의사에 반하는 전자기록을 생성하는 행위를 포함하는 것으로 보더라도, 이러한 해석이 '위작'이란 낱말이 가지는 문언의 가능한 의미를 벗어났다거나 피고인에게 불리한 유추해석 또는 확장해석을 한 것이라고 볼 수 없다[대판 2020.8.27, 2019도11294(전합) 가상화폐거래량 허위입력 사건].

㉒ 법정·국회회의장모욕죄에 관한 형법 제138조에서의 '법원의 재판'에 헌법재판소의 심판이 포함된다고 보는 해석론은 문언이 가지는 가능한 의미의 범위 안에서 그 입법 취지와 목적 등을 고려하여 문언의 논리적 의미를 분명히 밝히는 체계적 해석에 해당할 뿐 피고인에게 불리한 확장해석이나 유추해석이 아니다(대판 2021.8.26, 2020도12017 통합진보당 해산심판 소동 사건).

㉓ 전화를 걸어 피해자의 휴대전화에 벨소리가 울리게 하거나 부재중 전화 문구 등이 표시되도록 하여 상대방에게 불안감이나 공포심을 일으키는 행위는 실제 전화통화가 이루어졌는지 여부와 상관없이 스토킹처벌법 제2조 제1호 다목이 정한 스토킹행위에 해당한다고 볼 수 있다(대판 2023.5.18, 2022도12037 28회 부재중 전화 표시 사건).
비교판례 – 상대방에게 전화를 걸 때 상대방 전화기에서 울리는 '전화기의 벨소리'는 정보통신망을 통하여 상대방에게 송신된 음향이 아니므로 반복된 전화기의 벨소리로 상대방에게 공포심이나 불안감을 유발케 하더라도 이는 정보통신망법 제65조 제1항 제3호[24년 현재 제74조 제1항 제3호] 위반이 될 수 없다(대판 2005.2.25, 2004도7615 전화벨소리 사건).

⑳ 추진위원회의 부위원장이나 추진위원이었다가 추진위원회 위원장의 유고 등을 이유로 운영규정에 따라 연장자 순으로 추진위원회 위원장 직무대행자가 된 자를 구 도시정비법 제86조 제6호, 제81조 제1항, 제84조의3 제5호, 제14조 제2항에서 규정한 '추진위원회 위원장'에 해당하는 것으로 해석할 수 없다(대판 2015.3.12, 2014도10612).

㉑ '대가를 약속받고 접근매체를 대여하는 행위'를 '대가를 받고 접근매체를 대여'함으로 인한 구 전자금융거래법 위반죄로 처벌할 수 없다(대판 2015.2.26, 2015도354).

㉒ 구 담배사업법 제27조의3 제1호의 적용대상이 되는 '소매인지정을 받지 아니한 자'는 처음부터 소매인지정을 받지 않거나 소매인지정을 받았으나 이후 소매인지정이 취소되어 소매인자격을 상실한 자만을 의미하는 것으로 보아야 하고, 영업정지처분을 받았으나 아직 적법하게 소매인지정이 취소되지 않은 자는 여기에 해당하지 않는다(대판 2015.1.15, 2010도15213 영업정지 중 담배판매 사건).

㉓ 식품위생법 제13조 제1항에서 금지하는 '식품에 관하여 의약품과 혼동할 우려가 있는 광고'란 라디오·텔레비전·신문·잡지·음악·영상·인쇄물·간판·인터넷 그 밖의 방법으로 식품 등의 품질·영양가·원재료·성분 등에 대하여 질병의 치료에 효능이 있다는 정보를 나타내거나 알리는 행위를 의미하므로, 식품 판매자가 식품을 판매하면서 특정 구매자에게 그 식품이 질병의 치료에 효능이 있다고 설명하고 상담하였다고 하더라도 이를 가리켜 법 제13조 제1항에서 금지하는 '광고'를 하였다고 볼 수 없고, 그와 같은 행위를 반복하였다고 하여 달리 볼 것은 아니다(대판 2014.4.30, 2013도15002 천년유청 사건). 15. 경찰채용

㉔ [1] 아청법 제2조 제5호에서 말하는 '아동·청소년이용음란물'은 '아동·청소년'이나 '아동·청소년 또는 아동·청소년으로 인식될 수 있는 사람이나 표현물'이 등장하여 그 아동·청소년 등이 성교, 유사성교, 성적 수치심이나 혐오감을 일으키는 행위, 자위행위 그 밖의 성적 행위를 하거나 하는 것과 같다고 평가될 수 있는 내용을 표현하는 것이어야 한다. [2] 피고인이 아동·청소년 또는 아동·청소년으로 인식될 수 있는 사람 부근에서 그들 몰래 본인의 신체 일부를 노출하거나 또는 자위행위를 하는 내용일 뿐 아동·청소년이 성적 행위를 하는 내용을 표현한 것이 아닌 필름 또는 동영상은 아동·청소년이용음란물에 해당한다고 보기 어렵다(대판 2013.9. 12, 2013도502 변태 사진사 사건).

유추해석금지의 원칙에 위반되지 않는 경우	유추해석금지의 원칙에 따라 엄격히 해석한 판례
	㉕ 전자금융거래법 제49조 제4항 제1호에서 말하는 접근매체의 **양수**는 양도인의 의사에 기하여 접근매체의 소유권 내지 처분권을 확정적으로 이전받는 것을 의미하고, 단지 대여받거나 일시적인 사용을 위한 위임을 받는 행위는 이에 포함되지 않는다고 봄이 상당한데, 같은 법 제6조 제3항 제1호는 접근매체의 양도·양수행위의 주체에 제한을 두지 않고 있으므로 반드시 접근매체의 명의자가 양도하거나 명의자로부터 양수한 경우에만 처벌대상이 된다고 볼 수 없다(대판 2013.8.23, 2013도4004 **은행통장 양도·양수 사건**). 13. 경찰채용 ㉖ 다른 사람의 신체 이미지가 담긴 **'영상'**은 성폭법상 카메라 등 이용촬영죄에서 **'다른 사람의 신체'에 포함된다고 해석할 수는 없다**(대판 2013.6.27, 2013도4279 **여중생 알몸영상 촬영 사건**). 14. 경찰간부, 15. 경찰채용 ㉗ 의료법 제17조 제1항(개정법 제18조 제1항)은 스스로 진찰을 하지 않고 처방전을 발급하는 행위를 금지하는 규정일 뿐 대면진찰을 하지 않았거나 충분한 진찰을 하지 않은 상태에서 처방전을 발급하는 행위 일반을 금지하는 조항이 아니다. 따라서 **전화 진찰을 하였다는 사정만으로 '자신이 진찰'하거나 '직접 진찰'을 한 것이 아니라고 볼 수는 없다**(대판 2013.4.11, 2010도1388 **전화진찰 사건 Ⅰ**). 16. 경찰채용 ㉘ **'음식류의 조리·판매보다는 주로 주류의 조리·판매를 목적으로 하는 소주방·호프·카페 등의 영업형태로 운영되는 영업'**은 식품위생법상 식품접객업의 종류 중에서는 일반음식점영업의 허가를 받은 영업자가 적법하게 할 수 있는 행위의 범주에 속하므로, 일반음식점영업자가 위와 같은 형태로 영업하였다고 하여 이를 **'주류만을 판매하는 행위'를 하여서는 아니 된다고 규정한 일반음식점영업자의 준수사항을 위반한 것으로 볼 수 없다**(대판 2012.6.28, 2011도15097 **방배동 바텐더 사건**). 13·15. 경찰채용 ㉙ 피부착명령청구자가 소년법에 의한 보호처분을 받은 전력이 있다고 하더라도, 이는 유죄의 확정판결을 받은 경우에 해당하지 아니함이 명백하므로 **피부착명령청구자가 2회 이상 성폭력범죄를 범하였는지를 판단함에 있어 그 소년보호처분을 받은 전력을 고려할 것이 아니다**[대판 2012.3.22, 2011도15057(전합) **보호처분과 전자발찌 사건**]. 13·16. 경찰채용, 14. 사법시험, 15. 법원직 9급, 16. 경찰간부, 17. 변호사

㉚ 블로그, 미니 홈페이지, 카페 등의 이름으로 개설된 사적 인터넷 게시공간의 운영자가 **게시된 타인의 글을 삭제할 권한이 있음에도 이를 삭제하지 아니하고 그대로 두었다고 하더라도** 그 운영자가 그 타인의 글을 국가보안법 제7조 제5항에서 규정하는 바와 같이 **'소지'하였다고 볼 수 없다**(대판 2012.1.27, 2010도8336 **다음카페 사이버한국방위사령부 사건**).

14. 사법시험·경찰간부, 15. 경찰채용, 16. 국가직 7급·국가직 9급, 17. 변호사

㉛ **'운전면허를 받지 아니하고'**라는 법률문언의 통상적인 의미에 **'운전면허를 받았으나 그 후 운전면허의 효력이 정지된 경우'가 당연히 포함된다고는 해석할 수 없다**(대판 2011.8.25, 2011도7725 **오토바이 면허정지 사건**). 14. 경찰간부, 15. 경찰채용, 16. 사법시험, 17. 경찰승진·변호사

㉜ **이미 배출시설을 설치한 자는 그 설치 당시에 신고대상자가 아니었다면** 그 후 법령의 개정에 따라 신고대상에 해당하게 되었다고 하더라도 가축분뇨법 제11조 제3항에서 규정하고 있는 신고대상자인 '배출시설을 설치하고자 하는 자'에 해당한다고 볼 수는 없다(대판 2015.7.23, 2014도15510). 15. 경찰채용

㉝ 공인중개사법상 '중개업'이라 함은 '일정한 보수를 받고' 중개를 업으로 행하는 것을 말하므로 중개사무소 개설등록을 하지 아니하고 **부동산 거래를 중개하면서 그에 대한 보수를 약속·요구하는 행위를 공인중개사법 위반죄로 처벌할 수는 없다**(대판 2011.5.13, 2010도16970 **전원주택부지 알선 사건**). 12. 경찰채용

㉞ 향토예비군설치법 소정의 훈련소집 대상 예비군대원 본인이 소집통지서의 수령의무자가 된다는 점은 일반인의 이해와 판단으로서도 충분히 알 수 있다고 할 것이나, **'그와 동일 세대 내의 세대주나 가족 중 성년자 또는 그의 고용주'는 '소집통지서를 수령할 의무 있는 자'에 포함되지 아니한다**(대판 2005.4.15, 2004도7977 **소집통지서 수령의무자 사건**). 12. 경찰채용

㉟ '여객자동차운송사업'이라 함은 자동차관리법 제3조의 규정에 의한 승용자동차 및 승합자동차를 사용하여 유상으로 여객을 운송하는 사업을 말하고, **여객자동차에 해당하지 않는 자동차인 화물자동차, 특수자동차 또는 이륜자동차 등을 사용하여 유상으로 여객을 운송하는 행위는** 여객자동차운수사업법 관련 규정의 해석상 **여객자동차운송사업에 포함되지 않는다**[대판 2004.11.18, 2004도1228(전합) **카니발 콜밴 사건**]. 12. 경찰채용

유추해석금지의 원칙에 위반되지 않는 경우	유추해석금지의 원칙에 따라 엄격히 해석한 판례
	㊱ 도로교통법상 '운전'의 개념은 목적적 요소를 포함하는 것이므로 고의의 운전행위만을 의미하고 자동차 안에 있는 사람의 의지나 관여 없이 자동차가 움직인 경우에는 운전에 해당하지 않으므로, **어떤 사람이 자동차를 움직이게 할 의도 없이 다른 목적을 위하여 자동차의 원동기(모터)의 시동을 걸었는데**, 실수로 기어 등 자동차의 발진에 필요한 장치를 건드려 원동기의 추진력에 의하여 자동차가 움직이거나 또는 불안전한 주차상태나 도로여건 등으로 인하여 **자동차가 움직이게 된 경우는 자동차의 운전에 해당하지 아니한다**(대판 2004.4.23, 2004도1109 **자동차 히터 가동 사건**). 14. 경찰간부
	㊲ 군형법 제64조 제1항의 상관면전모욕죄의 구성요건은 '상관을 그 면전에서 모욕하는 것'인데, 여기에서 '면전에서'라 함은 얼굴을 마주 대한 상태를 의미하는 것임이 분명하므로 **전화를 통하여 통화하는 것을 면전에서의 대화라고는 할 수 없다**(대판 2002.12.27, 2002도2539 **상관 전화모욕 사건**). 11. 사법시험, 12. 경찰간부, 14 · 15. 경찰채용, 16. 경찰승진
	㊳ 아동복지법 제18조 제5호(개정법 제17조 제2호)에서 "아동에게 음행을 시킨다."라는 것은 행위자가 아동으로 하여금 제3자를 상대방으로 하여 음행을 하게 하는 행위를 가리키는 것일 뿐, **행위자 자신이 직접 그 아동의 음행의 상대방이 되는 것까지를 포함하는 의미로 볼 수 없다**(대판 2000.4.25, 2000도223 **장장 8년간 사건**). 11. 경찰승진, 18. 경찰간부
	㊴ 형의 필요적 면제사유인 공직선거법 제262조의 '자수한 때'를 '범행발각 전에 자수한 때'로 한정하여 해석할 수는 없다[대판 1997.3.20, 96도1167(전합) **공직선거법 자수 사건**]. 15. 경찰승진, 17. 경찰간부 · 국가직 7급
	㊵ '법인격 없는 사단'에 대하여서 양벌규정을 적용할 것인가에 관하여 자동차운수사업법에 아무런 명문의 규정을 두고 있지 아니하므로 죄형법정주의의 원칙상 법인격 없는 사단에 대하여는 동법 제74조(양벌규정)에 의하여 처벌할 수 없다(대판 1995.7.28, 94도3325). 11. 국가직 9급, 12. 국가직 7급, 15. 경찰채용, 17. 경찰승진
	㊶ 만약 개별적인 미신고 자본거래는 외국환거래법 위반죄의 구성요건을 충족하지 못하지만 일정 거래금액을 합하면 그 구성요건을 충족하는 경우 그 전체 행위를 포괄일죄로 처단할 수 있다면, 과거의 자본거래에 대해서도 신고의무를 부과하는 셈이 되고, 이는 **죄형법정주의 원칙에 반하여 허용될 수 없다**(대판 2019.1.31, 2018도16474 **미신고 자본거래 사건**).

㊷ 주요방위산업체로 지정된 회사가 사업의 일부를 사내하도급 방식으로 다른 업체에 맡겨 방산물자를 생산하는 경우에 **하수급업체에 소속된 근로자는 노동조합법 제41조 제2항의 쟁의행위를 금지하는 '주요방위산업체에 종사하는 근로자'에 해당한다고 볼 수 없다**(대판 2017.7.18, 2016도3185).

㊸ 피고인의 의사에 의한 재산적 처분행위에 의하여 상대방이 재물의 점유를 취득함으로써 피고인이 군용물의 소지를 상실한 이상 그 후 편취자가 군용물을 돌려주지 않고 가버린 결과가 피고인의 의사에 반한다고 하더라도 처분행위 자체는 피고인의 하자 있는 의사에 기한 것이므로 **편취당한 것이 군용물분실죄에서의 의사에 의하지 않은 소지의 상실이라고 볼 수 없다**(대판 1999.7.9, 98도1719).

㊹ 컴퓨터 프로그램파일은 위 규정에서 규정하고 있는 문서, 도화, 필름 기타 물건에 해당한다고 할 수 없다(대판 1999.2.24, 98도3140).

㊺ 지방세법 제84조 제1항의 '조세범처벌법령'에 특가법도 포함된다고 해석하는 것은 수범자인 일반인의 입장에서 이를 쉽게 예견하기 어려운 점에 비추어 형벌법규의 명확성의 원칙에 위배되는 것이거나 형벌법규를 지나치게 확장·유추해석하는 것으로서 죄형법정주의에 반하여 **허용되지 않는다**(대판 2008.3.27, 2007도7561).

㊻ 대한민국 국적을 상실하기 전의 방문행위는 국가보안법 제6조 제2항의 탈출에 해당하지만 **대한민국 국적을 상실한 후의 방문행위는 국가보안법 제6조 제2항의 탈출 개념에 해당하지 않는다**(대판 2008.4.17, 2004도4899).

㊼ 허위의 주민등록번호를 생성하여 사용한 것이 아니라 타인에 의하여 **이미 생성된 주민등록번호를 단순히 사용한 것**에 불과하다면, 피고인의 이러한 행위는 피고인에게 불리한 유추해석을 금지하는 법리에 비추어 위 법조 소정의 구성요건을 충족시켰다고 할 수 없다(대판 2004.2.27, 2003도6535). 17. 경찰간부

㊽ 죄형법정주의의 정신에 비추어 형벌법규인 축산물가공처리법 소정의 '수축' 중의 하나인 **'양'의 개념 속에 '염소'가 당연히 포함되는 것으로 해석할 수 없다**(대판 1977.9.28, 77도405).

㊾ 저작권법 제98조 제1호 소정의 권리침해 태양 중 '배포'행위를 복제행위 등과 별도로 처벌하는 것은 유추해석이나 확장해석을 금하는 죄형법정주의의 원칙상 허용되지 않는다(대판 1999.3.26, 97도1769).

유추해석금지의 원칙에 위반되지 않는 경우	유추해석금지의 원칙에 따라 엄격히 해석한 판례
	(50) 전기통신금융사기로 인하여 피해자의 자금이 **사기이용계좌로 송금·이체된 후 계좌에서 현금을 인출하기 위하여 정보처리장치에 사기이용계좌 명의인의 정보 등을 입력하는 행위**는 '전기통신금융사기를 목적으로 하는 행위'가 아닐 뿐만 아니라 '전기통신금융사기의 대상이 된 사람의 정보를 이용한 행위'가 아니라서, 처벌조항이 정한 구성요건에 해당하지 않는다[대판 2016.2.19, 2015도15101(전합)]. (51) 환자의 안면부인 눈가와 미간에 보톡스를 시술한 피고인의 행위가 치과의사에게 **면허된 것 이외의 의료행위라고 볼 수 없고,** 시술이 미용 목적이라 하여 달리 볼 것은 아니다[대판 2016.7.21, 2013도850(전합)]. (52) 자의에 의해 스스로 **자신의 신체를 촬영한 촬영물까지 성폭법 제14조 제2항·제3항 소정의 '촬영물'에 포함시키는 것은 문언의 통상적인 의미를 벗어난 해석이다**(대판 2018.3.15, 2017도21656 **자위유도 영상통화 사건**). (53) 폭력행위 등 처벌에 관한 법률(이하 '폭처법'이라 한다) 제7조의 '이 법에 규정된 범죄'에 형법상의 폭력범죄까지 포함한다고 해석하는 것은 지나친 확장해석으로 허용될 수 없다(대판 2018.1.24, 2017도15914 **주머니칼 사건**). (54) 피고인이 '기업구매전용카드'를 이용하여 물품판매 또는 용역제공을 가장하여 거래하는 방법으로 자금을 융통하였다고 하여 구 여신전문금융업법 제70조 제2항 제2호 (가)목에서 정한 **'신용카드에 의한 거래'로 보기 어렵다**(대판 2013.7.26, 2012도4438 **기업구매카드 사건 Ⅱ**). 19. 경찰간부 (55) **'제공된 경품을 재매입하는 행위'**를 구 음반, 비디오물 및 게임물에 관한 법률(이하 '음비법'이라 한다) 제50조 제3호 소정의 제32조 제3호에서 금지하는 '문화관광부장관이 정하여 고시하는 방법에 의하지 아니하고 **경품을 제공하는 행위'에 해당한다고 볼 수 없다**(대판 2007.6.28, 2007도873). 16. 국가직 9급

㊋ 출입국관리법 제94조 제9호, 제18조 제3항의 '고용'의 의미는 취업활동을 할 수 있는 체류자격을 가지지 않은 외국인으로부터 노무를 제공 받고 이에 대하여 보수를 지급하는 행위를 말하므로 **사용사업주가** 근로자파견계약 또는 이에 준하는 계약을 체결하고 **파견사업주로부터 그에게 고용된 외국인을 파견받아 자신을 위한 근로에 종사하게 하였다고 하더라도 이를 출입국관리법 제94조 제9호, 제18조 제3항이 금지하는 고용이라고 볼 수 없다**(대판 2020. 5.14, 2018도3690 **외국인근로자 파견 사건**).

㊌ 유기징역형에 대한 법률상 감경을 하면서 형법 제55조 제1항 제3호에서 정한 것과 같이 장기와 단기를 모두 2분의 1로 감경하는 것이 아닌 **장기 또는 단기 중 어느 하나만을 2분의 1로 감경하는 방식이나 2분의 1보다 넓은 범위의 감경을 하는 방식 등은 죄형법정주의 원칙상 허용될 수 없다**[대판 2021.1.21, 2018도5475(전합) **임의적 감경 새로운 해석론 사건**].
<small>21. 법원행시·경찰채용·경찰간부·해경승진</small>

㊍ 동물보호법 시행규칙 제36조 제2호의 동물판매업에서 규정한 '소비자'는 반려동물을 구매하여 가정에서 반려 목적으로 기르는 사람을 의미한다고 할 것이므로 **'소비자'에 동물판매업자 등 반려동물을 구매하여 다른 사람에게 판매하는 영업을 하는 자도 포함된다고 볼 수 없다**(대판 2016.11.24, 2015도18765 **동물판매업 사건**). <small>21. 해경승진</small>

㊎ 어떤 단체가 특정 후보자를 지지·추천하는지 여부를 공직선거법 제250조 제1항에서 규정한 **허위사실공표죄의 '경력 등'에 관한 사실에 해당한다고 해석하는 것은 죄형법정주의에 반한다**(대판 2011.6.9, 2011도3717). <small>21. 경찰채용</small>

㊏ 대통령기록물법 제30조 제2항 제1호, 제14조에 의해 유출이 금지되는 대통령기록물에 원본 문서나 전자파일 이외에 그 **사본이나 추가 출력물까지 포함된다고 해석하는 것은 죄형법정주의 원칙상 허용되지 아니한다**(대판 2021.1.14, 2016도7104 **공직기강비서관 사건**). <small>21. 경찰채용</small>

㊐ 원인불명으로 재산상 이익인 가상자산을 이체받은 자가 가상자산을 사용·처분한 경우 이를 형사처벌하는 명문의 규정이 없는 현재의 상황에서 착오송금시 횡령죄 성립을 긍정한 판례를 유추하여 **신의칙을 근거로 피고인을 배임죄로 처벌하는 것은 죄형법정주의에 반한다**(대판 2021.12.16, 2020도9789 **비트코인 착오이체 사건**). <small>22. 경찰채용</small>

유추해석금지의 원칙에 위반되지 않는 경우	유추해석금지의 원칙에 따라 엄격히 해석한 판례
	⑥ 영유아보육법 제54조 제3항은 "제15조의5 제3항에 따른 안전성 확보에 필요한 조치를 하지 아니하여 영상정보를 분실·도난·유출·변조 또는 훼손당한 자는 2년 이하의 징역 또는 2천만 원 이하의 벌금에 처한다."라고 정하는데, 여기서 **처벌의 대상이 되는 자 중 '영상정보를 훼손당한 자'란** 어린이집을 설치·운영하는 자로서 영유아보육법 제15조의5 제3항에서 정한 **폐쇄회로 영상정보에 대한 안전성 확보에 필요한 조치를 하지 않았고 그로 인해 영상정보를 훼손당한 자를 뜻한다. 영상정보를 삭제·은닉 등의 방법으로 직접 훼손하는 행위를 한 자는 위 규정의 처벌대상이 아니고** 행위자가 어린이집을 설치·운영하는 자라고 해도 마찬가지이다(대판 2022. 3.17, 2019도9044 **어린이집 CCTV 하드디스크 은닉 사건**). 23. 법원행시
	⑥ 아동·청소년성착취물을 구입하거나 아동·청소년성착취물임을 알면서 이를 소지·시청한 자를 모두 처벌하는 현행 청소년보호법(제11조 제5항)과 달리, 이 사건에 적용되는 구 청소년보호법(2020.6.2. 법률 제17338호로 개정되기 전의 것) 제11조 제5항은 아동·청소년이용음란물임을 알면서 이를 소지한 자만 처벌하였고, **인터넷으로 단순히 시청하는 행위나 시청을 위해 접근하는 행위를 처벌하는 규정을 두지 않았으므로** 피고인이 텔레그램 메신저를 통해 아동청소년이용 음란물 자체가 아닌, 음란물이 게시된 텔레그램 채널의 '접속링크'를 받아 소지한 경우 **아동청소년성보호에관한법률위반(음란물 소지)죄가 성립가 성립하지 않는다**(대판 2022.12.15, 2022도15615).
	⑥ '**담배의 제조**'는 담배가공을 위한 일정한 작업의 수행을 전제하므로 그러한 **작업을 수행하지 않은 자의 행위를 무허가 담배제조로 인한 담배사업법 제27조 제1항 제1호, 제11조 위반죄로 의율하는 것은** 특별한 사정이 없는 한 문언의 가능한 의미를 벗어나 피고인에게 불리한 방향으로 해석한 것이어서 죄형법정주의의 내용인 **확장해석금지 원칙에 어긋난다**(대판 2023.1.12, 2019도16782 **셀프 수제담배업소 사건**).

판례 | 명확성의 원칙 관련 판례

1 처벌법규의 구성요건이 명확하여야 한다고 하여 모든 구성요건을 단순한 서술적 개념으로 규정하여야 하는 것은 아니고, **다소 광범위하여 법관의 보충적인 해석을 필요로 하는 개념을 사용하였다고 하더라도** 통상의 해석방법에 의하여 건전한 상식과 통상적인 법감정을 가진 사람이면 **당해 처벌법규의 보호법익과 금지된 행위 및 처벌의 종류와 정도를 알 수 있도록 규정하였다면 처벌법규의 명확성에 배치되는 것이 아니다**(대판 2014.1.29, 2013도12939). 12. 국가직 7급, 16. 경찰간부

2 법규범의 문언은 어느 정도 가치개념을 포함한 일반적·규범적 개념을 사용하지 않을 수 없는 것이기 때문에 **명확성의 원칙이란 기본적으로 최대한이 아닌 최소한의 명확성을 요구하는 것**으로서, 그 문언이 법관의 보충적인 가치판단을 통해서 그 의미내용을 확인할 수 있고, 그러한 보충적 해석이 해석자의 개인적인 취향에 따라 좌우될 가능성이 없다면 명확성의 원칙에 반한다고 할 수 없다(대판 2008.10.23, 2008초기264). 12. 경찰승진, 20. 국가직 9급

판례비교

명확성의 원칙에 위반되지 않는 경우	명확성의 원칙에 위반되는 경우
① '그 밖에 어떠한 명목으로든 금전이나 물질로 특정 정당 또는 정치단체를 지지하거나 반대하는 행위'라는 국가공무원복무규정 제27조 제2항 제4호 규정(대판 2014.5.16, 2012도12867 **민노당 가입 교사들 사건**) 16. 경찰간부	① '공중위생 또는 공중도덕상 유해한 업무에 취업시킬 목적으로 근로자파견을 한 자'를 처벌하는 파견근로자보호 등에 관한 법률 제42조 제1항 규정(헌재 2016.11.24, 2015헌가23)
② "교육감 선거에 관하여 그 성질에 반하지 않는 범위 안에서 **공직선거법의 시·도지사 선거에 관한 규정을 준용한다.**"라는 지방교육자치에 관한 법률 제22조 제3항 규정(대판 2012.11.29, 2010도9007 **전교조 기부금 사건**) 13. 경찰채용	② '여러 사람의 눈에 띄는 곳에서 공공연하게 알몸을 **지나치게** 내놓거나 **가려야** 할 곳을 내놓아 다른 사람에게 **부끄러운 느낌이나 불쾌감을 준 사람**'을 처벌하는 경범죄 처벌법 제3조 제1항 제33호 규정(헌재 2016.11.24, 2016헌가3 **아파트 공원 일광욕 사건**)
③ '조합원 또는 토지 등 소유자의 열람·등사 요청에 응하지 아니하는 추진위원회위원장 또는 조합임원'을 처벌하는 도시 및 주거환경정비법 제86조 제6호(대판 2012.2.23, 2010도8981) 13. 경찰채용	③ '아동의 덕성을 심히 해할 우려가 있는 도서, 간행물, 광고물 기타의 내용물을'이라는 아동복지법 제18조 제11호 규정(헌재 2002.2.28, 99헌가8) 16. 경찰채용
④ "발주자, 수급인, 하수급인 또는 **이해관계인**은 도급계약의 체결 또는 건설공사의 시공에 관하여 부정한 청탁을 받고 재물 또는 재산상의 이익을 취득하거나 부정한 청탁을 하면서 재물 또는 재산상의 이익을 제공하여서는 아니 된다."라는 건설산업기본법 제38조의2 규정(대판 2009.9.24, 2007도6185 **돈암6구역 재개발 비리 사건**) 11. 사법시험, 12. 경찰간부	④ 부정선거관련자처벌법 제5조 제4항에 의하면 "동조 제1항에 **예비·음모**와 미수는 **처벌한다.**"라고 규정하고 있으나 동 예비·음모의 형에 관하여 아무런 규정이 없으며, 이를 본범이나 미수범에 준하여 처벌함은 죄형법정주의 원칙상 허용할 수 없으니 결국 위 소위는 **처벌할 수 없다**(대판 1979.12.26, 78도957 **마산시위 발포명령 사건**). 11. 경찰승진·경찰간부, 14. 변호사, 14·15·17. 국가직 9급
⑤ '정보통신망을 통하여 공포심이나 **불안감**을 유발하는 말, 음향, 글, 화상 또는 영상을 반복적으로 상대방에게 도달하게 한 자'를 처벌하는 정보통신망법 제65조 제1항 제3호 규정(대판 2008.12.24, 2008도9581) 15. 경찰간부	

명확성의 원칙에 위반되지 않는 경우	명확성의 원칙에 위반되는 경우
⑥ '폭처법에 규정된 범죄를 목적으로 하는 단체 또는 집단을 구성하거나 그러한 단체 또는 집단에 가입하거나 그 구성원으로 **활동한 사람**'을 처벌하는 폭처법 제4조 제1항 규정(대판 2008.5.29, 2008도1857 **국제피제이파 사건**) 15·17. 경찰채용 ⑦ "사실의 인정은 **증거**에 의하여야 한다.", "**증거**의 증명력은 법관의 **자유판단**에 의한다."라는 형사소송법 제307조, 제308조 규정(대판 2006.5.26, 2006초기92) 12. 경찰채용 ⑧ '청소년에 대하여 **이성혼숙을 하게 하는 등 풍기를 문란하게 하는 영업행위를 하거나 그를 목적으로 장소를 제공하는 행위**'라는 청소년 보호법 제26조의2 제8호 규정(대판 2003.12.26, 2003도5980) 12. 경찰채용 ⑨ '**경찰에 관한 직무를 행하는 자 또는 이를 보조하는 자가 그 직무를 행함에 당하여 형사피의자 또는 기타 사람에 대하여 폭행을 가한 때**'를 처벌하는 형법 제125조 규정(헌재 2015.3.26, 2013헌바140) 16. 경찰채용 ⑩ '단체나 **다중의 위력으로써** 또는 단체나 집단을 가장하여 위력을 보임으로써, **흉기 기타 위험한 물건을 휴대하여**'라는 구 폭처법 제3조 제1항 규정(헌재 2008.11.27, 2007헌가24) 16. 경찰승진 ⑪ '폭처법에 규정된 범죄를 목적으로 하는 단체 또는 집단을 구성하거나 그러한 단체 또는 집단에 가입하거나 **그 구성원으로 활동한 사람**'을 처벌하는 폭처법 제4조 제1항 규정(헌재 2011.4.28, 2009헌바56 **청하위생파 사건**) 15·17. 경찰채용 ⑫ "누구든지 흥분·환각 또는 마취의 작용을 일으키는 유해화학물질로서 대통령령이 정하는 물질을 **섭취 또는 흡입**하거나 이러한 목적으로 소지하여서는 아니된다."라는 유해화학물질관리법 제35조 제1항 규정(대판 2000.10.27, 2000도4187) 18. 경찰승진 ⑬ '질병의 예방 및 치료에 효능·효과가 있거나 **의약품** 또는 건강기능식품으로 **오인·혼동할 우려가 있는** 내용의 표시·**광고한 자**'를 처벌하는 식품위생법 제13조 제1항 제1호 규정(헌재 2019.7.25, 2017헌바513) ⑭ '**유사군복**을 제조 또는 판매하거나 판매할 목적으로 소지한 자'를 처벌하는 군복 및 군용장구의 단속에 관한 법률 제8조 제2항, 제13조 제1항 제2호 규정(헌재 2019.4.11, 2018헌가14)	

⑮ '구강, 항문 등 신체의 일부 또는 도구를 이용한 **유사 성교행위**'를 처벌하는 성매매알선 등 행위의 처벌에 관한 법률 제19조 제2항 제1호 중 제2조 제1항 제1호 나목 규정(헌재 2018.12.27, 2017헌바519)

⑯ '공무 이외의 일을 위한 집단행위'는 적어도 건전한 상식과 통상적인 법감정을 가진 사람에게는 그 적용대상자들이 누구이며 구체적으로 어떠한 행위들이 금지되고 있는가를 미리 알려주고 그들이 불이익처분을 받는 일을 하지 않도록 상당한 주의·경고를 하고 있는 것으로 볼 수 있으므로 **죄형법정주의의 원칙에서 요구되는 명확성의 원칙에 의한 판단기준에 위배된다고 할 수 없다**(헌재 2007.8.30, 2003헌바51). 17. 국가직 7급

⑰ "**공무원은 그 지위를 이용하여 선거운동을 할 수 없다.**"라는 공직선거법 제85조 제2항 규정은 명확성 원칙에 위배된다고 할 수 없다(헌재 2020.3.26, 2018헌바3).

⑱ '**선거운동에 이용할 목적으로** 학교, 그 밖에 공공기관·사회단체·종교단체·노동단체·청년단체·여성단체·노인단체·재향군인단체·씨족단체 등의 기관·단체·시설에 금전·물품 등 재산상의 이익을 제공하거나 그 제공의 의사를 표시하거나 그 제공을 약속한 자'를 처벌하는 공직선거법 제230조 제1항 제2호 규정은 명확성 원칙에 위배된다고 할 수 없다(헌재 2020.3.26, 2018헌바3).

⑲ 형법 제243조의 '음란한 문서·도화'와 제244조의 '음란한 물건'의 '**음란**'은 불명확하다고 볼 수 없기 때문에 죄형법정주의에 반하지 아니한다(대판 1995. 6.16, 94도2413 **소설 <즐거운 사라> 사건**). 20. 법원직 9급

⑳ 내란선동이라 함은 내란이 실행되는 것을 목표로 하여 피선동자들에게 내란행위를 결의, 실행하도록 충동하고 격려하는 일체의 행위를 말한다. 내란선동은 주로 언동, 문서, 도화 등에 의한 표현행위의 단계에서 문제되는 것이므로 **내란선동죄의 구성요건을 해석함에 있어서는** 국민의 기본권인 표현의 자유가 위축되거나 그 본질이 침해되지 아니하도록 **죄형법정주의의 기본정신에 따라 엄격하게 해석하여야 한다**[대판 2015.1.22, 2014도10978(전합) **이석기 의원 사건**]. ➡ '선동'의 의미를 엄격하게 해석한다는 전제하에 내란선동죄는 죄형법정주의에 위반되지 아니한다. 21. 국가직 9급

명확성의 원칙에 위반되지 않는 경우	명확성의 원칙에 위반되는 경우
㉑ 도시 및 주거환경정비법 제69조 제1항 제6호에서 정한 '관리처분계획의 수립'에는 경미한 사항이 아닌 관리처분계획의 주요 부분을 실질적으로 변경하는 것이 포함된다고 해석함이 타당하고, 이러한 해석이 죄형법정주의 내지 형벌법규 명확성의 원칙을 위반하였다고 보기 어렵다(대판 2019.9.25, 2016도1306 **관리처분계획 변경 사건**). 21. 해경간부	

📖 판례 | 책임주의와 적정성의 원칙 관련 판례

1 **"책임 없는 자에게 형벌을 부과할 수 없다."** 라는 형벌에 관한 **책임주의는 형사법의 기본원리로서** 헌법상 법치국가의 원리에 내재하는 원리인 동시에, 국민 누구나 인간으로서의 존엄과 가치를 가지고 스스로의 책임에 따라 자신의 행동을 결정할 것을 보장하고 있는 헌법 제10조의 취지로부터 도출되는 원리이다(헌재 2009.7.30, 2008헌가17). 16. 변호사

2 어떤 유형의 범죄에 대하여 특별히 형을 가중할 필요가 있는 경우라 하더라도, **그 가중의 정도가 통상의 형사처벌과 비교하여 현저히 형벌체계상의 정당성과 균형을 잃은 것이 명백한 경우에는** 인간의 존엄성과 가치를 보장하는 헌법의 기본원리에 위배될 뿐 아니라 법의 내용에 있어서도 평등원칙에 반하는 **위헌적 법률이 된다.** 또 형사특별법은 그 입법목적에 따른 새로운 가중처벌사유가 추가될 때에만 그 가중처벌이 의미를 가지고, 동일한 목적을 위하여 **하나의 범죄행위에 대한 형을 거듭 가중함으로써 형벌체계상 지나치게 가혹한 형을 규정하는 것은** 형벌의 기능과 목적을 달성하는 데 필요한 정도를 현저히 벗어나 너무 무거운 형벌을 부과하여 **책임원칙에 반한다**(헌재 2015.2.26, 2014헌가16).

3 2회 이상 음주운전 금지규정을 위반한 사람을 2년 이상 5년 이하의 징역이나 1천만원 이상 2천만원 이하의 벌금에 처하도록 규정한 구 도로교통법 제148조의2 제1항 중 '제44조 제1항을 2회 이상 위반한 사람'에 관한 부분이 **전범을 이유로 아무런 시간적 제한 없이 무제한 후범을 가중처벌하는 예는 찾기 어렵고, 공소시효나 형의 실효를 인정하는 취지에도 부합하지 않으므로** 심판대상조항은 예컨대 10년 이상의 세월이 지난 과거 위반행위를 근거로 재범으로 분류되는 음주운전 행위자에 대해서는 **책임에 비해 과도한 형벌을 규정**하고 있다고 하지 않을 수 없다. 그러므로 심판대상조항은 책임과 형벌간의 비례원칙에 위반된다(헌재 2021.11.25, 2019헌바446 · 2020헌가17 · 2021헌바77 **음주 재범규정 위헌법률심판 사건**).

적정성의 원칙에 위반되지 않는 경우	적정성의 원칙에 위반되는 경우
① "법인의 대표자가 그 법인의 업무에 관하여 ~ 위반행위를 한 때에는 **그 법인에 대하여도 해당 조의 벌금형을 과한다.**"라는 구 농산물품질관리법 제37조는 (법인 대표자의 법규 위반행위에 대한 법인의 책임은, 법인 자신의 법규 위반행위로 평가될 수 있는 행위에 대한 법인의 직접책임으로서 대표자의 고의에 의한 위반행위에 대하여는 법인 자신의 고의에 의한 책임을, 대표자의 과실에 의한 위반행위에 대하여는 법인 자신의 과실에 의한 책임을 부담하는 것이므로) 대표자의 책임을 요건으로 하여 법인을 처벌하므로 **책임주의원칙에 반하지 아니한다**(헌재 2010.7.29, 2009헌가25). ② 군사기밀 보호법 제11조가 군사기밀 탐지·수집행위의 법정형을 10년 이하의 징역으로 규정하고 있는 것과 달리 이 사건 처벌규정인 **국가보안법** 제4조 제1항 제2호 나목의 법정형이 **사형·무기 또는 7년 이상의 징역**으로 규정되어 있다는 등의 사정만으로 위 조항이 지나치게 무거운 형벌을 규정하여 책임주의 원칙에 반한다거나 법정형이 형벌체계상 균형을 상실하여 평등원칙에 위배되는 조항이라고 할 수 없으며, **법관의 양형 판단 및 결정권을 중대하게 침해하는 것이라고 볼 수도 없다**(대판 2013.7.26, 2013도2511 **왕재산 간첩단 사건**). 16. 경찰채용	① "**상관을 살해한 자는 사형에 처한다.**"라는 군형법 제53조 제1항은 죄질과 그에 따른 행위자의 책임 사이에 비례관계가 준수되지 않아 **실질적 법치국가의 이념에 어긋나고 형벌체계상 정당성을 상실한 것이다**(헌재 2007.11.29, 2006헌가13). ② "**피해자를 치사하고 도주하거나 도주 후에 피해자가 사망한 때에는 사형·무기 또는 10년 이상의 징역에 처한다.**"라는 구 특가법 제5조의3 제2항 제1호에서 과실로 사람을 치상하게 한 자가 구호행위를 하지 아니하고 도주하거나 고의로 유기함으로써 치사의 결과에 이르게 한 경우에 살인죄와 비교하여 그 법정형을 더 무겁게 한 것은 형벌체계상의 정당성과 균형을 상실한 것으로서 **과잉입법금지의 원칙에 반한다**(헌재 1992.4.28, 90헌바24 **뺑소니 가중처벌 위헌 사건**). 14. 경찰승진 ③ "**법인의 대리인·사용인 기타의 종업원**이 그 법인의 업무에 관하여 ~ 위반행위를 한 때에는 그 행위자를 벌하는 외에 **그 법인에 대하여도 각 해당 조의 벌금형을 과한다.**"라는 구 도로법 제86조는 아무런 비난받을 만한 행위를 하지 않은 자에 대하여 다른 사람의 범죄행위를 이유로 처벌하는 것으로서 형벌에 관한 **책임주의에 반한다**(헌재 2009.7.30, 2008헌가17). 15. 경찰간부 ④ "**개인의 대리인·사용인 기타 종업원**이 그 개인의 업무에 관하여 ~ 위반행위를 한 때에는 **그 개인에 대하여도 해당 조의 벌금형을 과한다.**"라는 구 청소년보호법 제54조는 아무런 비난받을 만한 행위를 한 바 없는 자에 대해서까지, 다른 사람의 범죄행위를 이유로 처벌하는 것으로서 형벌에 관한 **책임주의에 반한다**(헌재 2009.7.30, 2008헌가10). 20. 법원행시 ⑤ **예비를 본죄(本罪)에 준하여 처벌**하는 '특가법 제6조 제7항 중 관세법 제271조 제3항 가운데 제269조 제2항에 관한 부분'은 구체적 행위의 개별성과 고유성을 고려한 양형판단의 가능성을 배제하는 가혹한 형벌로서 **책임과 형벌 사이의 비례성의 원칙에 위배되고**, 형벌체계의 균형성에 반하여 헌법상 평등원칙에 어긋난다(헌재 2019.2.28, 2016헌가13 **밀수입 예비 사건**).

적정성의 원칙에 위반되지 않는 경우	적정성의 원칙에 위반되는 경우
	⑥ [1] 음주운전 금지규정 위반 또는 음주측정거부 전력이 1회 이상 있는 사람이 다시 음주운전 금지규정 위반행위를 한 경우 또는 [2] 음주운전 금지규정 위반 전력이 1회 이상 있는 사람이 다시 음주측정거부 행위를 한 경우 이에 대한 처벌을 강화하기 위한 규정은 과거 위반 전력의 시기 및 내용이나 음주운전 당시의 혈중알코올농도 수준 또는 음주측정거부 당시의 음주 의심 정도와 발생한 위험 등을 고려할 때 **비난가능성이 상대적으로 낮은 음주운전 또는 음주측정거부 재범행위까지도 법정형의 금을 기준으로 처벌하도록 하고 있어, 책임과 형벌 사이의 비례성을 인정하기 어려워 책임과 형벌 간의 비례원칙에 위반된다**(헌재 2022.5.26, 2021헌가30 **음주 재범규정 2022년 위헌법률심판 사건 Ⅰ**) (同旨 헌재 2022.5.26, 2021헌가32 **음주 재범규정 2022년 위헌법률심판 사건 Ⅱ**). ⑦ 성폭법에서 규정한 **주거침입강제추행·준강제추행죄의 경우** 심판대상조항은 그 법정형이 형벌 본래의 목적과 기능을 달성함에 있어 필요한 정도를 일탈하였고, 각 행위의 개별성에 맞추어 그 책임에 알맞은 형을 선고할 수 없을 정도로 과중하므로 **책임과 형벌 간의 비례원칙에 위배된다**(헌재 2023.2.23, 2021헌가9 **들어가서 한번 만지면 최하 징역7년 사건**).

제3장 형법의 적용범위

제1절 시간적 적용범위

> **형법**
> 제1조【범죄의 성립과 처벌】① 범죄의 성립과 처벌은 **행위시의 법률**에 의한다.
> ② 범죄 후 법률이 변경되어 그 행위가 범죄를 구성하지 아니하게 되거나 **형이 구법(舊法)보다 가벼워진 경우에는 신법(新法)**에 따른다.
> ③ 재판이 확정된 후 법률이 변경되어 그 행위가 범죄를 구성하지 아니하게 된 경우에는 **형의 집행을 면제**한다.

> **형사소송법**
> 제326조【면소의 판결】다음 경우에는 **판결로써 면소**의 선고를 하여야 한다.
> 1.~3. <생략>
> 4. 범죄 후의 법령개폐로 **형이 폐지**되었을 때

01 서설

의의	행위시와 재판시 사이에 법률의 변경이 있는 경우에 행위시법(구법)과 재판시법(신법) 중 어느 것을 적용할 것인가의 문제

입법주의	① 행위시법주의(구법주의)
	  ㉠ 구법의 추급효(追及效)를 인정하는 입법주의
	  ㉡ 소급효금지의 원칙과 죄형법정주의를 근거로 함
	  ㉢ 형법 제1조 제1항
	② 재판시법주의(신법주의)
	  ㉠ 신법의 소급효(遡及效)를 인정하는 입법주의
	  ㉡ 구법보다 신법이 진보적이며 형법은 재판규범이라는 점을 근거로 함
	  ㉢ 형법 제1조 제2항

02 형법의 규정

원칙	제1조 제1항: 범죄의 성립과 처벌은 행위시의 법률에 의함
예외	① 제1조 제2항 　㉠ 범죄 후 법률이 변경되어 그 행위가 범죄를 구성하지 아니하게 되거나 형이 구법보다 가벼워진 경우에는 신법에 의함(재판시법주의). 15. 경찰승진 　㉡ 범죄 후 법률의 변경에 의하여 그 행위가 범죄를 구성하지 않는 경우 무죄판결이 아니라 형사소송법 제326조 제4호에 의하여 **면소판결** 선고 ② 제1조 제3항 　㉠ 재판이 확정된 후 법률이 변경되어 그 행위가 범죄를 구성하지 아니하게 된 경우에는 **형의 집행을 면제**함 11. 경찰간부, 11·15. 경찰승진 　㉡ 재판이 확정된 후 법률의 변경에 의하여 형이 구법보다 가벼워진 경우에는 형법에 명문의 규정이 없으므로 종전의 형을 그대로 집행함(《주의》 재판이 확정된 후 법률의 변경에 의하여 형이 구법보다 가벼워진 경우에는 가벼운 형을 집행한다. ×)

⚖판례 | 행위시법주의·재판시법주의 관련 판례

1 범죄의 성립과 처벌은 행위시의 법률에 의한다고 할 때의 '행위시'라 함은 '범죄행위의 종료시'를 의미한다 (대판 1994.5.10, 94도563 **변호사법 개정 사건**). 11. 법원직 9급, 12. 경찰채용, 13. 사법시험, 15·16·20. 경찰승진

2 포괄일죄로 되는 개개의 범죄행위가 법 개정의 전후에 걸쳐서 행하여진 경우에는 신·구법의 법정형에 대한 경중을 비교하여 볼 필요도 없이 범죄실행 종료시의 법이라고 할 수 있는 '**신법**'을 적용하여 포괄일죄로 **처단하여야 한다**(대판 2009.4.9, 2009도321 **게임법 개정 사건**). 11·12·13·15. 법원행시, 13. 경찰간부, 13·14·17. 경찰승진, 14·20. 경찰채용·국가직 9급, 15. 변호사, 16. 사법시험

3 범죄 후 법률의 변경이 있더라도 **형이 중하게 변경되는 경우나 형의 변경이 없는 경우**에는 형법 제1조 제1항에 따라 **행위시법을 적용하여야 한다**(대판 2015.10.29, 2015도5355 **윤일병 사망 사건**). 15. 변호사, 17. 국가직 9급

4 형의 경중의 비교는 원칙적으로 법정형을 표준으로 할 것이고 처단형이나 선고형에 의할 것이 아니다(대판 1992.11.13, 92도2194 **외국환관리법 개정 사건**). 11. 법원직 9급·경찰승진·경찰채용, 11·12. 국가직 9급, 13·14 사법시험

5 범죄행위시와 재판시 사이에 여러 차례 법령이 개정되어 형의 변경이 있는 경우에는 형법 제1조 제2항에 의하여 그 전부의 법령을 비교하여 그중 **가장 형이 가벼운 법령을 적용하여야 한다**(대판 2012.9.13, 2012도7760 **특강법 수회 개정 사건**). 11·15·16. 경찰승진, 12. 경찰채용·국가직 9급, 13·15. 법원행시, 15. 변호사

6 범죄 후 법률의 개정에 의하여 **법정형이 가벼워진 경우**에는 형법 제1조 제2항에 의하여 당해 범죄사실에 적용될 **가벼운 법정형(신법의 법정형)이 공소시효기간의 기준이 된다**(대판 2008.12.11, 2008도4376 **참깨 밀수 사건**). 11. 경찰간부, 12·14·15. 경찰채용, 12·17. 국가직 9급, 13. 사법시험, 13·15·16. 법원승진, 15. 변호사, 16. 경찰승진

7 형법 제1조 제2항 및 제8조에 의하면, 범죄 후 법률의 변경에 의하여 그 행위가 범죄를 구성하지 아니하는 경우 신법에 의한다고 규정하고 있으나, **신법에 경과규정을 두어 이러한 재판시법주의의 적용을 배제하는 것도 허용되는 것이다**(대판 1992.2.28, 91도2935 **수질환경보전법 제정 사건**). 11. 국가직 9급·법원직 9급, 15. 변호사

8 형법 제1조 제2항 및 제8조에 의하면, 범죄 후 법률의 변경에 의하여 형이 구법보다 가벼운 때에는 원칙적으로 신법에 따라야 하지만, **신법에 경과규정을 두어 이러한 신법의 적용을 배제하는 것도 허용되는 것으로서, 형벌법규의 형을 종전보다 가볍게 개정하면서 그 부칙에서 개정된 법의 시행 전의 범죄에 대하여는 종전의 형벌법규를 적용하도록 규정한다 하여 형벌불소급의 원칙이나 신법우선의 원칙에 반한다고 할 수 없다** (대판 2013.7.11, 2011도15056 **자본시장법 제정 사건**). 11. 법원직 9급, 11 · 12 · 14 · 15 · 17. 국가직 9급, 11 · 13 · 15 · 20. 법원행시, 11 · 14 · 15 · 16 · 20. 경찰승진, 12 · 13 · 14 · 15. 사법시험, 13. 국가직 7급, 15. 변호사

9 일반적으로 계속범의 경우 실행행위가 종료되는 시점에서의 법률이 적용되어야 할 것이나, 법률이 개정되면서 그 부칙에서 '개정된 법 시행 전의 행위에 대한 벌칙의 적용에 있어서는 종전의 규정에 의한다'는 **경과규정을 두고 있는 경우 개정된 법이 시행되기 전의 행위에 대해서는 개정 전의 법을, 그 이후의 행위에 대해서는 개정된 법을 각각 적용하여야 한다**(대판 2001.9.25, 2001도3990 **건축법 개정 사건**). 21. 경찰승진

⚖ 판례 | 동기설 폐지[대판 2022.12.22, 2020도16420(전합)]

1 범죄 후 법률이 변경되어 그 행위가 범죄를 구성하지 아니하게 되거나 형이 구법보다 가벼워진 경우에는 **신법에 따라야 하고(형법 제1조 제2항), 범죄 후의 법령 개폐로 형이 폐지되었을 때는 판결로써 면소의 선고를 하여야 한다(형사소송법 제326조 제4호).** 이러한 형법 제1조 제2항과 형사소송법 제326조 제4호의 규정은 입법자가 법령의 변경 이후에도 종전 법령 위반행위에 대한 형사처벌을 유지한다는 내용의 경과규정을 따로 두지 않는 한 그대로 적용되어야 한다.

2 따라서 범죄의 성립과 처벌에 관하여 규정한 **형벌법규 자체 또는 그로부터 수권 내지 위임을 받은 법령의 변경에 따라 범죄를 구성하지 아니하게 되거나 형이 가벼워진 경우에는,** 종전 법령이 범죄로 정하여 처벌한 것이 부당하였다거나 과형이 과중하였다는 반성적 고려에 따라 변경된 것인지 여부를 따지지 않고 원칙적으로 형법 제1조 제2항과 형사소송법 제326조 제4호가 적용된다. 형벌법규가 대통령령, 총리령, 부령과 같은 법규명령이 아닌 고시 등 행정규칙 · 행정명령, 조례 등(이하 '고시 등 규정'이라고 한다)에 구성요건의 일부를 수권 내지 위임한 경우에도 이러한 고시 등 규정이 위임입법의 한계를 벗어나지 않는 한 형벌법규와 결합하여 법령을 보충하는 기능을 하는 것이므로, 그 변경에 따라 범죄를 구성하지 아니하게 되거나 형이 가벼워졌다면 마찬가지로 형법 제1조 제2항과 형사소송법 제326조 제4호가 적용된다.

3 그러나 해당 형벌법규 자체 또는 그로부터 수권 내지 위임을 받은 법령이 아닌 **다른 법령이 변경된 경우 형법 제1조 제2항과 형사소송법 제326조 제4호를 적용하려면, 해당 형벌법규에 따른 범죄의 성립 및 처벌과 직접적으로 관련된 형사법적 관점의 변화를 주된 근거로 하는 법령의 변경에 해당하여야 하므로,** 이와 관련이 없는 법령의 변경으로 인하여 해당 형벌법규의 가벌성에 영향을 미치게 되는 경우에는 형법 제1조 제2항과 형사소송법 제326조 제4호가 적용되지 않는다.

4 한편 법령이 개정 내지 폐지된 경우가 아니라, **스스로 유효기간을 구체적인 일자나 기간으로 특정하여 효력의 상실을 예정하고 있던 법령이 그 유효기간을 경과함으로써 더 이상 효력을 갖지 않게 된 경우도 형법 제1조 제2항과 형사소송법 제326조 제4호에서 말하는 법령의 변경에 해당한다고 볼 수 없다.**

5 사실관계: 도로교통법 제44조 제1항 위반 전력이 있는 사람이 다시 술에 취한 상태로 전동킥보드를 운전한 행위에 대하여, 이 사건 법률 개정 전에는 구 도로교통법 제148조의2 제1항을 적용하여 2년 이상 5년 이하의 징역이나 1천만원 이상 2천만원 이하의 벌금으로 처벌하였으나, 이 사건 법률 개정 후에는 도로교통법 제156조 제11호를 적용하여 20만원 이하의 벌금이나 구류 또는 과료로 처벌하게 되었다. 이 사건 법률 개정은 이러한 내용의 신법 시행 전에 이루어진 구 도로교통법 제148조의2 제1항 위반행위에 대하여 종전 법령을 그대로 적용할 것인지에 관하여 별도의 경과규정을 두고 있지 아니하다.

6 사실관계의 결론: 신법 적용

7 다른 법령의 변경이 '해당 형벌법규에 따른 범죄의 성립 및 처벌과 직접적으로 관련된 형사법적 관점의 변화'를 주된 근거로 하지 않는 경우(제1조 제1항에 의하여 처벌)

2020.2.4. 법률 제16911호 개정으로 **개인의 파산사건 및 개인회생사건 신청의 대리를 법무사의 업무로 규정한 제6호의 내용이 추가된 법무사법 제2조**는 공소사실의 해당 형벌법규인 **변호사법 제109조 제1호 또는 그로부터 수권 내지 위임을 받은 법령이 아닌 별개의 다른 법령에 불과하다.** 변호사법 제109조 제1호 위반죄의 성립 요건과 구조를 살펴보더라도 법무사법 제2조의 규정이 보충규범으로서 기능하고 있다고 보기 어렵다. 법무사법 제2조는 법무사의 업무범위에 관한 규정으로서 기본적으로 형사법과 무관한 행정적 규율에 관한 내용이다. 따라서 이는 타법에서의 비형사적 규율의 변경이 문제된 형벌법규의 가벌성에 간접적인 영향을 미치는 경우에 해당할 뿐이므로 **원칙적으로 형법 제1조 제2항과 형사소송법 제326조 제4호의 적용 대상인 형사법적 관점의 변화에 근거한 법령의 변경에 해당한다고 볼 수 없다.** 법무사법 제2조가 변호사법 제109조 제1호 위반죄와 불가분적으로 결합되어 그 보호목적과 입법취지 등을 같이한다고 볼 만한 특별한 사정도 인정하기 어렵다(대판 2023.2.23, 2022도6434 **변호사법위반 후 법무사법 개정사건**). 법무사인 피고인이 개인회생·파산사건 관련 법률사무를 위임받아 취급하여 변호사법위반으로 기소된 후 아래 조문에서 보듯이 개인회생·파산사건 신청대리업무를 법무사의 업무로 추가하는 법무사법 개정이 이루어진 사건이다.

제2절 인적·장소적 적용범위

형법

제2조【국내범】본법은 대한민국 영역 내에서 죄를 범한 내국인과 외국인에게 적용한다.

제3조【내국인의 국외범】본법은 대한민국 영역 외에서 죄를 범한 내국인에게 적용한다.

제4조【국외에 있는 내국선박 등에서 외국인이 범한 죄】본법은 대한민국 영역 외에 있는 대한민국의 선박 또는 항공기 내에서 죄를 범한 외국인에게 적용한다.

제5조【외국인의 국외범】본법은 대한민국 영역 외에서 다음에 기재한 죄를 범한 외국인에게 적용한다.
1. **내란**의 죄
2. **외환**의 죄
3. **국기**에 관한 죄
4. **통화**에 관한 죄
5. **유가증권, 우표와 인지**에 관한 죄
6. **문서**에 관한 죄 중 제225조 내지 제230조
7. **인장**에 관한 죄 중 제238조

제6조【대한민국과 대한민국 국민에 대한 국외범】본법은 대한민국 영역 외에서 대한민국 또는 대한민국 국민에 대하여 전조에 기재한 이외의 죄를 범한 외국인에게 적용한다. 단, 행위지의 법률에 의하여 범죄를 구성하지 아니하거나 소추 또는 형의 집행을 면제할 경우에는 예외로 한다.

원칙	속지주의	① 형법은 대한민국 영역 내에서 죄를 범한 내국인과 외국인에게 적용됨 ② 형법은 대한민국 영역 외에 있는 대한민국의 선박 또는 항공기 내에서 죄를 범한 외국인에게 적용함(기국주의로서 속지주의의 연장) ③ 형법 제2조(속지주의)를 적용함에 있어서 공모공동정범의 경우 '공모지'도 범죄지로 보아야 한다(대판 1998.11.27, 98도2734 **히로뽕 3kg 수입 공모 사건**). 11·13·16. 사법시험, 14. 경찰간부, 15. 국가직 9급
	속인주의	형법은 대한민국 영역 외에서 죄를 범한 내국인에게 적용됨
	보호주의	① 국가보호주의: 형법은 대한민국 영역 외에서 제5조에 규정된 죄를 범한 외국인에게 적용됨(《주의》 사문서위조죄와 사인장위조죄도 제5조에 포함된다. ✗) 11·16. 경찰채용 ② 국민보호주의: 형법은 대한민국 영역 외에서 대한민국 또는 대한민국 국민에 대하여 제5조에 기재한 이외의 죄를 범한 외국인에게 적용함. 다만, 행위지의 법률에 의하여 범죄를 구성하지 아니하거나 소추 또는 형의 집행을 면제할 경우에는 예외로 함
예외		① 국내법상 예외 　㉠ 대통령은 내란 또는 외환의 죄를 범한 경우를 제외하고는 재직 중 형사상의 소추를 받지 않음 　㉡ 국회의원은 **현행범인인 경우를 제외**하고는 회기 중 국회의 동의 없이 체포 또는 구금되지 아니함. 국회의원이 회기 전에 체포 또는 구금된 때에는 현행범인이 아닌 한 국회의 요구가 있으면 회기 중 석방됨 　㉢ 국회의원은 국회에서 직무상 행한 발언과 표결에 관하여 국회 외에서 책임을 지지 않음 ② 국제법상 예외 　㉠ 외국의 원수, 그 가족 및 대한민국 국민이 아닌 수행자 　㉡ 신임받은 외국의 사절, 그 직원 및 가족(예 외국의 대사와 공사) 　㉢ 한미주둔군 지위협정에 의하여 재판권이 면제되는 미군 등(예외 많음)

판례비교

대한민국 법원이 재판권을 행사할 수 있는 경우 (실체판결 선고)	대한민국 법원이 재판권을 행사할 수 없는 경우 (형사소송법 제327조 제2호에 의하여 공소기각판결 선고)
① **대한민국 영역 내에서 배우자 있는 자가 간통한 이상** 그 간통죄를 범한 자의 배우자가 간통죄를 처벌하지 아니하는 국가의 국적을 가진 외국인이라 하더라도 간통행위자의 간통죄 성립에는 아무런 영향이 없고 그 외국인 배우자는 형사소송법의 규정에 따른 고소권이 있다(대판 2008.12.11, 2008도3656 **캐나다 배우자 사건**). 11. 경찰승진, 11·13·14. 법원행시, 12·13. 경찰채용, 14. 경찰간부 ② 외국인이 대한민국 공무원에게 알선한다는 명목으로 금품을 수수하는 행위가 대한민국 영역 내에서 이루어진 이상 비록 금품수수의 명목이 된 알선행위를 하는 장소가 대한민국 영역 외라 하더라도 형법 제2조에 의하여 대한민국의 형벌법규인 변호사법 제90조 제1호(개정법 제111조 제1항)가 적용되어야 한다(대판 2000.4.21, 99도3403 **美국적 변호사 사건**). 14·20. 경찰채용, 14. 경찰간부, 20. 경찰승진	① 캐나다 시민권자인 피고인이 캐나다에서 위조사문서를 행사하였다는 내용으로 기소된 경우, 위조사문서행사죄는 형법 제5조 제1호 내지 제7호에 열거된 죄에 해당하지 않고, 위조사문서행사를 형법 제6조의 대한민국 또는 대한민국 국민의 법익을 직접적으로 침해하는 행위라고 볼 수도 없으므로 피고인의 행위에 대하여는 우리나라에 재판권이 없다(대판 2011.8.25, 2011도6507 **캐나다교포 사기 사건**). 12. 법원직 9급, 13·14·16. 경찰채용, 14·16. 경찰간부, 17. 경찰승진

대한민국 법원이 재판권을 행사할 수 있는 경우 (실체판결 선고)	대한민국 법원이 재판권을 행사할 수 없는 경우 (형사소송법 제327조 제2호에 의하여 공소기각판결 선고)
③ 대한민국 내에 있는 미국문화원이 치외법권지역이고 그곳을 미국 영토의 연장으로 본다 하더라도 그곳에서 죄를 범한 대한민국 국민에 대하여 우리 법원에 먼저 공소가 제기되고 미국이 자국의 재판권을 주장하지 않고 있는 이상 속인주의를 함께 채택하고 있는 **우리나라의 재판권은 당연히 미친다**(대판 1986.6.24, 86도403 **을지로 미문화원 점거 사건**). 11. 사법시험, 13·16. 경찰간부, 13·17. 경찰승진 ④ 필리핀국에서 카지노의 외국인 출입이 허용되어 있다 하여도 형법 제3조에 따라 (내국인인) 피고인에게 우리나라 형법이 당연히 적용된다(대판 2001.9.25, 99도3337 **필리핀 도박 사건**). 11. 사법시험·국가직 9급, 12. 법원행시, 14·20. 경찰채용, 20. 경찰승진 ⑤ 형법 제3조는 속인주의를 규정하고 있고, 또한 국가정책적 견지에서 도박죄의 보호법익보다 좀 더 높은 국가이익을 위하여 예외적으로 내국인의 출입을 허용하는 폐광지역 개발 지원에 관한 특별법 등에 따라 카지노에 출입하는 것은 법령에 의한 행위로 위법성이 조각된다고 할 것이나, 도박죄를 처벌하지 않은 외국 카지노에서의 도박이라는 사정만으로 (내국인인 피고인에 대하여) 그 위법성이 조각된다고 할 수 없다(대판 2004.4.23, 2002도2518 **라스베가스 도박 사건**). 11. 사법시험, 11·13. 경찰채용, 11·16. 경찰승진, 14. 경찰간부·국가직 9급, 15. 변호사, 16. 법원행시 ⑥ 내국 법인의 대표자인 외국인이 내국 법인이 외국에 설립한 특수목적 법인에 위탁해 둔 자금을 정해진 목적과 용도 외에 임의로 사용한 데 따른 **횡령죄의 피해자는 당해 금전을 위탁한 내국 법인이므로,** 그 행위가 외국에서 이루어진 경우에도 행위지의 법률에 의하여 범죄를 구성하지 아니하거나 소추 또는 형의 집행을 면제할 경우가 아니라면 **그 외국인에 대해서도 우리 형법이 적용되어(형법 제6조) 우리 법원에 재판권이 있다**(대판 2017.3.22, 2016도17465 **파이시티 사건**). 17. 국가직 7급, 20. 경찰채용·법원행시	② [1] 중국 북경시에 소재한 대한민국 영사관 내부는 여전히 중국의 영토에 속할 뿐 이를 대한민국의 영토로서 그 영역에 해당한다고 볼 수 없을 뿐 아니라 **사문서위조죄**가 형법 제6조의 대한민국 또는 대한민국 국민에 대하여 범한 죄에 해당하지 아니함은 명백하다. [2] 따라서 원심이 **내국인이 아닌 피고인**이 위 영사관 내에서 A 명의의 여권발급신청서 1장을 위조하였다는 취지의 공소사실에 대하여 외국인의 국외범에 해당한다는 이유로 피고인에 대한 재판권이 없다고 판단한 것은 옳다(대판 2006.9.22, 2006도5010 **북경 한국영사관 사건**). 11. 국가직 9급, 12·16. 사법시험, 15. 경찰간부·변호사·법원행시, 20. 경찰채용 ③ 형법 제239조 제1항의 **사인위조죄**는 형법 제6조의 대한민국 또는 대한민국 국민에 대하여 범한 죄에 해당하지 아니하므로 **중국 국적자가 중국에서 대한민국 국적 주식회사의 인장을 위조한 경우에는** 외국인의 국외범으로서 그에 대하여 재판권이 없다(대판 2002.11.26, 2002도4929). 13·15·16. 사법시험, 14. 경찰채용 ④ 독일인이 독일 내에서 북한의 지령을 받아 베를린 주재 북한이익대표부를 방문하고 그곳에서 북한공작원을 만난 행위는 **외국인의 국외범**에 해당하여, 형법 제5조와 제6조에서 정한 요건에 해당하지 않는 이상 **우리 형법으로 처벌할 수 없다**[대판 2008.4.17, 2004도4899(전합) **송두율 교수 사건**]. 20. 경찰채용

🔎 판례 | 구성요건해당성이 없는 경우

구 의료법 제87조 제1항 제2호, 제27조 제1항은 대한민국 영역 외에서 의료행위를 하려는 사람에게까지 보건복지부장관의 면허를 받을 의무를 부과하고 나아가 이를 위반한 자를 처벌하는 규정이라고 보기 어려우므로 내국인이 대한민국 영역 외에서 의료행위를 하는 경우에는 구 의료법 제87조 제1항 제2호, 제27조 제1항의 구성요건해당성이 없다(대판 2020.4.29, 2019도19130 **돌팔이 베트남 시술 사건**). 21. 국가직 7급, 22. 해경간부

제3절 외국에서 받은 형집행의 효력

> **형법**
>
> 제7조【외국에서 받은 형의 집행】죄를 지어 외국에서 형의 전부 또는 일부가 집행된 사람에 대해서는 그 집행된 형의 전부 또는 일부를 선고하는 형에 산입한다.

⚖ 판례 | 외국에서의 형집행 관련 판례

1 형사 사건으로 외국 법원에 기소되었다가 무죄판결을 받은 사람은, 설령 그가 **무죄판결을 받기까지 상당 기간 미결구금되었더라도** 이를 유죄판결에 의하여 형이 실제로 집행된 것으로 볼 수는 없으므로, '외국에서 형의 전부 또는 일부가 집행된 사람'에 해당한다고 볼 수 없고, **그 미결구금기간은 형법 제7조에 의한 산입의 대상이 될 수 없다.** 또한 외국에서 형이 집행된 것이 아니라 단지 미결구금되었다가 무죄판결을 받은 사람의 미결구금일수를 형법 제7조의 유추적용에 의하여 그가 국내에서 같은 행위로 인하여 선고받는 형에 산입하여야 한다는 것은 허용되기 어렵다[대판 2017.8.24, 2017도5977(전합) **필리핀 5년 미결구금 사건**]. 20. 경찰채용·법원행시

2 [1] "범죄에 의하여 외국에서 형의 전부 또는 일부의 집행을 받은 자에 대하여는 형을 감경 또는 면제할 수 있다."라는 **형법 제7조의 입법형식**은 형을 필요적으로 감면하거나 형의 집행단계에서 필요적으로 산입하여 주는 방법 등과는 본질적으로 차이가 있고, **형의 감면 여부를 법관의 재량에 전적으로 위임하고 있어 개별적인 사건에 따라서는 신체의 자유에 대한 심각한 제한이 발생할 수 있다.** [2] 형법 제7조로 달성하고자 하는 국가형벌권의 적정한 행사라는 공익보다는, 동일한 범죄사실로 외국에서 형의 집행을 받았음에도 형이 [3] 형감면될 수 있는 가능성에 그치고 형이 필요적으로 감면되거나 형기가 의무적으로 산입되지 않는 등 외국에서의 처벌이 전혀 반영되지 않을 수 있어 받게 되는 신체의 자유 제한 등 개인의 불이익이 훨씬 더 중대하다고 할 것이므로, **형법 제7조는 과잉금지원칙에 위반되어 청구인의 신체의 자유를 침해한다.** 법 제7조에 대하여 헌법불합치결정을 선고하되, 다만 입법자의 개선입법이 있을 때까지 계속적용을 명하기로 한다. 입법자는 늦어도 2016.12.31.까지 개선입법을 이행하여야 하고, 그때까지 개선입법이 이루어지지 않으면 2017.1.1.부터 효력을 상실한다(헌재 2015.5.28, 2013헌바129 **홍콩 8개월 한국 6개월 사건**).

제4절 형법총칙의 적용범위

> **형법**
>
> 제8조【총칙의 적용】본법 총칙은 타 법령에 정한 죄에 적용한다. 단, 그 법령에 특별한 규정이 있는 때에는 예외로 한다.

해커스경찰

police.Hackers.com

제2편

범죄론

제1장 범죄의 기본개념

제1절 범죄의 의의와 종류

01 범죄의 성립요건·처벌조건·소추조건

성립요건	① 범죄란 구성요건에 해당하는 위법하고 책임이 있는 인간의 행위를 의미함 ② 구성요건, 위법성 및 책임이 범죄의 성립요건
처벌조건	① 이미 성립한 범죄의 가벌성만을 좌우하는 조건 　㉠ **객관적 처벌조건**: 성립한 범죄에 대하여 형벌권의 발생을 좌우하는 외부적인 객관적 사유 　　(예 사전수뢰죄에 있어서 공무원·중재인이 된 사실 등) 　㉡ **인적 처벌조건**: 성립한 범죄에 대하여 행위자의 특별한 신분관계로 인하여 형벌권의 발생 　　을 저지하는 인적 사유(예 친족상도례에 있어 친족이라는 신분 등) ② 처벌조건이 결여된 경우 법원은 **형면제판결** 선고
소추조건 (소송조건)	① 범죄가 성립하고 형벌권이 발생한 경우에도 그 범죄를 소추하기 위하여 소송법상 필요한 조건 　㉠ 친고죄: 피해자의 고소가 있어야 공소를 제기할 수 있는 범죄 　㉡ 반의사불벌죄: 피해자 등의 명시한 의사에 반하여 공소를 제기할 수 없는 범죄 　㉢ 전속고발범죄: 관계 공무원의 고발이 있어야 공소를 제기할 수 있는 범죄 ② 소추조건이 결여된 경우 법원은 **공소기각판결** 선고

☑ SUMMARY ∣ 친고죄 vs 반의사불벌죄 vs 전속고발범죄 11·13·15·16. 경찰승진, 12·13·16. 경찰간부

	친고죄	반의사불벌죄	전속고발범죄
절대적 친고죄	① 비밀침해죄 ② 업무상비밀누설죄 ③ 사자명예훼손죄 ④ 모욕죄 ⑤ 친고죄 규정이 있는 법률 　㉠ 특허법 　㉡ 저작권법 　㉢ 실용신안법 등	① 과실치상죄 ② (존속·외국원수)폭행·협박죄 ③ 명예훼손죄 ④ 출판물명예훼손죄 ⑤ 외국원수모욕·명예훼손죄 ⑥ 외국국기·국장모독죄 ⑦ 반의사불벌죄 규정이 있는 법률 　㉠ 근로기준법 　㉡ 부정수표 단속법 　㉢ 교통사고처리 특례법 　㉣ 정보통신망 이용촉진 및 정보보호 등 　　에 관한 법률 등	전속고발범죄 규정이 있는 법률 ① 관세법 ② 조세범 처벌법 ③ 출입국관리법 ④ 근로기준법 ⑤ 독점규제 및 공정거래에 관한 법률 등
상대적 친고죄	절도·사기·공갈·횡령·배임·장 물·권리행사방해죄 등 재산범죄 (강도죄·점유강취죄·손괴죄·강 제집행면탈죄는 제외)		

02 범죄의 성립요건

구성요건 해당성	어떤 행위가 범죄의 구성요건에 들어맞는 상태를 말하고, 이는 범죄가 성립하기 위한 첫 번째 요건에 해당함
위법성	구성요건에 해당하는 행위는 위법한 것으로 추정되지만, 아래와 같은 위법성조각사유가 있으면 위법성이 제거되어 범죄가 성립하지 않음 ① 정당방위 ② 긴급피난 ③ 자구행위 ④ 피해자의 승낙 ⑤ 정당행위
책임	구성요건에 해당하는 위법한 행위라도 아래 요소 중 하나라도 결여되면 범죄가 성립하지 않음 ① 책임능력 ② 위법성의 인식 ③ 책임고의와 책임과실 ④ 기대가능성(면책사유의 부존재)

03 범죄의 종류

1. 결과범과 거동범

결과범 (실질범)	① 구성요건적 행위만으로는 부족하고 이에 기한 일정한 결과가 발생하여야 성립하는 범죄(예 살인죄, 상해죄, 강도죄 등) ② 행위와 결과 사이에 인과관계가 인정되어야 기수이고, 인정되지 않으면 미수
거동범 (형식범)	① 결과발생을 요하지 않고 구성요건적 행위를 함으로써 성립하는 범죄(예 폭행죄, 주거침입죄, 위증죄, 무고죄, 명예훼손죄 등) ② 일정한 행위만 있으면 바로 기수가 되기 때문에 인과관계를 검토할 필요가 없음

2. 침해범과 위험범

침해범		보호법익이 현실적으로 침해되어야 성립하는 범죄(예 살인죄, 상해죄 등)
위험범	추상적 위험범	① 보호법익에 대한 현실적·구체적 위험발생을 요하지 않고 일반적·추상적 위험발생만으로 성립하는 범죄(예 현주건조물방화죄, 공용건조물방화죄, 위증죄, 명예훼손죄, 업무방해죄, 비밀침해죄 등) ② 위험발생은 구성요건요소가 아니고 또한 **고의의 인식대상도 아님**
	구체적 위험범	① 보호법익에 대한 현실적·구체적 위험을 발생시켜야 성립하는 범죄(예 자기소유 일반건조물방화죄, 일반물건방화죄 등) ② 위험발생은 구성요건요소이고 또한 **고의의 인식대상에 해당**함(주의 구체적 위험범에서 위험발생은 고의의 인식대상에 해당하지 않는다. ✕)

3. 즉시범과 계속범

즉시범 (상태범)	① 범죄의 기수에 이름과 동시에 바로 종료되는 범죄(예 살인죄, 절도죄, 상해죄, 범죄단체조직 죄, 무단이탈죄 등) ② 범죄의 기수시기와 종료시기가 일치함
계속범	① 범죄의 기수에 이른 이후에도 법익침해가 계속되는 동안에는 종료되지 않고 계속되는 범죄 (예 체포·감금죄, 주거침입죄, 약취·유인죄 등) ② 범죄의 기수시기와 종료시기가 일치하지 않음(기수에 이른 이후에도 종료시까지 공범이 성립 할 수 있고, 공소시효는 종료시부터 기산함)

> ⚖ **판례 | 계속범 판례**
>
> 아청법 제11조 제5항에서 정한 '소지'란 아동·청소년성착취물을 자기가 지배할 수 있는 상태에 두고 지배관계를 지속시키는 행위를 말하므로 **청소년성보호법위반(성착취물소지)죄는** 아동·청소년성착취물임을 알면서 소지를 개시한 때부터 지배관계가 종료한 때까지 하나의 죄로 평가되는 **이른바 계속범이다. 원칙적으로 계속범에 대해서는 실행행위가 종료되는 시점의 법률이 적용된다**(대판 2023.3.16, 2022도15319 성착취물소지죄 형량 강화사건).

4. 일반범·신분범·자수범

일반범		누구나 정범이 될 수 있는 범죄(예 살인죄, 절도죄, 강간죄 등)
신분범		구성요건적 행위의 주체에 일정한 신분을 요하는 범죄
	진정신분범	일정한 신분이 있는 자만이 정범이 될 수 있는 범죄(예 수뢰죄, 횡령죄, 배임죄, 위증죄 등) 13. 경찰채용, 13·15. 경찰승진
	부진정신분범	**신분이 없어도 범죄가 성립**하지만, 신분이 있으면 형이 가중 또는 감경되는 범죄(예 존속살해죄, 업무상횡령죄 등) 13. 경찰승진
자수범 (自手犯)		① 행위자 자신이 직접 구성요건적 실행행위를 해야만 '정범'이 될 수 있는 범죄(예 위증죄 등) ② **자수범**의 경우 타인을 이용하는 방식의 **간접정범은 성립할 수 없음**

> ⚖ **판례 | 부정수표단속법 허위신고죄(자수범)**
>
> 부정수표단속법의 목적이 부정수표 등의 발행을 단속처벌함에 있고(제1조), 허위신고죄를 규정한 위 법 제4조가 '수표금액의 지급 또는 거래정지처분을 면하게 할 목적'이 아니라 '수표금액의 지급 또는 거래정지처분을 면할 목적'을 요건으로 하고 있는데, 수표금액의 지급책임을 부담하는 자 또는 거래정지처분을 당하는 자는 오로지 발행인에 국한되는 점에 비추어 볼 때 **발행인 아닌 자는 위 법조가 정한 허위신고죄의 주체가 될 수 없고, 허위신고의 고의 없는 발행인을 이용하여 간접정범의 형태로 허위신고죄를 범할 수도 없다**(대판 1992.11.10, 92도1342).

5. 목적범

의의	구성요건상 고의 이외에 일정한 행위의 목적을 필요로 하는 범죄	
종류	진정목적범	일정한 목적이 있어야만 성립하는 범죄(예 사문서위조죄, 무고죄 등)
	부진정목적범	**목적이 없어도 범죄가 성립**하지만, 목적이 있으면 형이 가중 또는 감경되는 범죄(예 간음목적약취유인죄, 모해위증죄 등)

제2절 범죄의 주체와 객체

01 범죄의 주체

자연인	자연인(自然人)은 연령, 정신상태, 인격의 성숙 여하를 불문하고 범죄의 주체가 될 수 있음
법인	① 행위능력도 없고 윤리적 책임 비난을 할 수 없는 **법인(法人)은 범죄능력이 없어 범죄의 주체가 될 수 없음**(통설·판례) ② 법인은 범죄능력은 없으나 형벌의 실효성 확보를 위하여 각종 행정형법(예 도로법 등)에서 양벌규정의 형식으로 법인도 처벌함

⚖️ 판례 | 법인의 범죄능력 유무(소극)

1 [1] 배임죄에 있어서 타인의 사무를 처리할 의무의 주체가 법인이 되는 경우라도 **법인은 다만 사법상의 의무주체가 될 뿐 범죄능력이 없는 것이며,** 그 타인의 사무는 법인을 대표하는 자연인인 대표기관의 의사결정에 따른 대표행위에 의하여 실현될 수밖에 없어 그 대표기관은 마땅히 법인이 타인에 대하여 부담하고 있는 의무 내용대로 사무를 처리할 임무가 있다 할 것이므로 [2] 법인이 처리할 의무를 지는 타인의 사무에 관하여는 **법인이 배임죄의 주체가 될 수 없고** 그 법인을 대표하여 사무를 처리하는 자연인인 대표기관이 바로 타인의 사무를 처리하는 자, 즉 배임죄의 주체가 된다[대판 1984.10.10, 82도2595(전합) **상가 이중분양 사건**]. 11·13. 국가직 9급, 13. 변호사, 15. 경찰채용·법원행시

2 **법인은** 사법상의 권리의무의 주체가 될 수 있음은 별론으로 하더라도 법률에 명문의 규정이 없는 한 그 **범죄능력은 없고** 그 법인의 업무는 법인을 대표하는 자연인인 대표기관의 의사결정에 따른 대표행위에 의하여 실현될 수밖에 없다(대판 2007.10.26, 2006도7280 **법인소유 자동차 사건**).

3 **법인격 없는 사단과 같은 단체는** 법인과 마찬가지로 사법상의 권리의무의 주체가 될 수 있음은 별론으로 하더라도 법률에 명문의 규정이 없는 한 그 **범죄능력은 없고** 그 단체의 업무는 단체를 대표하는 자연인인 대표기관의 의사결정에 따른 대표행위에 의하여 실현될 수밖에 없다(대판 2009.5.14, 2008도11040 **친박연대 공천헌금 사건**).

⚖ 판례 | 양벌규정에 관한 판례

1 형벌의 자기책임원칙에 비추어 볼 때 **양벌규정은 법인이 사용인 등에 의하여 위반행위가 발생한 그 업무와 관련하여 상당한 주의 또는 관리감독의무를 게을리한 때에 한하여 적용된다고 봄이 상당하다**(대판 2011.7.14, 2009도5516 **개발제한구역 내 비닐하우스 설치 사건**). 15. 경찰간부, 16. 경찰채용·사법시험, 17. 경찰승진

2 **양벌규정에 의한 영업주의 처벌은** 금지 위반행위자인 종업원의 처벌에 종속하는 것이 아니라 **독립하여 그 자신의 종업원에 대한 선임감독상의 과실로 인하여 처벌되는 것이므로** 종업원의 범죄성립이나 처벌이 영업주 처벌의 전제조건이 될 필요는 없다(대판 2006.2.24, 2005도7673 **여행사 직원 사건**). 13. 변호사, 14. 경찰간부, 16. 사법시험, 20. 국가직 7급·경찰승진

3 증권거래법 제215조에서 **'법인의 대표자'는** 그 명칭 여하를 불문하고 당해 **법인을 실질적으로 경영하면서 사실상 대표하고 있는 자도 포함된다**(대판 2013.7.11, 2011도15056 **SM그룹 사건**).

4 [1] 약국에서의 영업으로 인한 사법상의 권리의무는 약국을 개설한 약사에게 귀속되므로 대외적으로 약국의 영업주는 약국을 개설한 약사라고 할 것이지만 [2] **약국을 실질적으로 경영하는 약사가 다른 약사를 고용하여 그 고용된 약사를 명의상의 개설약사로 등록하게 해두고** 실질적인 영업약사가 약사 아닌 종업원을 직접 고용하여 영업하던 중 종업원이 약사법 위반행위를 하였다면 양벌규정상의 형사책임은 그 **실질적 경영자가 지게 된다**(대판 2000.10.27, 2000도3570 **세계로 약국 사건**). 12. 국가직 7급, 14. 경찰간부, 17. 경찰승진

5 [1] 국가가 본래 그의 사무의 일부를 지방자치단체의 장에게 위임하여 처리하게 하는 **기관위임사무의 경우 지방자치단체는 국가기관의 일부로 볼 수 있고** [2] 지방자치단체가 그 고유의 자치사무를 처리하는 경우 지방자치단체는 국가기관의 일부가 아니라 국가기관과는 별도의 독립한 공법인으로서 양벌규정에 의한 처벌대상이 되는 법인에 해당한다(대판 2009.6.11, 2008도6530 **부산시 항만순찰 사건**; 대판 2005.11.10, 2004도2657 **부산시 서구 청소차운전 사건**). 12. 국가직 7급, 15. 경찰채용·경찰간부, 16. 변호사

6 지방자치단체 소속 공무원이 지정항만순찰 등의 업무를 위해 관할 관청의 승인 없이 개조한 승합차를 운행함으로써 자동차관리법을 위반한 경우, **항만순찰 등의 업무는** 지방자치단체의 장이 국가로부터 위임받은 **기관위임사무에 해당하므로** 지방자치단체는 자동차관리법 제83조의 **양벌규정에 따른 처벌대상이 될 수 없다**(대판 2009.6.11, 2008도6530 **부산시 항만순찰 사건**).

7 지방자치단체 소속 공무원이 **청소차를 운전하여** 운행하던 중 제한축중 10t을 초과하여 적재 운행함으로써 도로관리청의 차량운행 제한을 위반한 경우, 공무원이 수행하고 있던 업무는 지방자치단체 고유의 **자치사무에 해당되는 업무이므로** 지방자치단체인 피고인은 도로법 제86조의 **양벌규정에 따른 처벌대상이 된다**(대판 2005.11.10, 2004도2657 **부산시 서구 청소차운전 사건**).

8 양벌규정에 의한 법인의 처벌은 어디까지나 형벌의 일종으로서 행정적 제재처분이나 민사상 불법행위책임과는 성격을 달리하는 점, 형사소송법 제328조가 '피고인인 법인이 존속하지 아니하게 되었을 때'를 공소기각결정의 사유로 규정하고 있는 것은 형사책임이 승계되지 않음을 전제로 한 것이라고 볼 수 있는 점 등에 비추어 보면, **합병으로 인하여 소멸한 법인이 그 종업원 등의 위법행위에 대해 양벌규정에 따라 부담하던 형사책임은 그 성질상 이전을 허용하지 않는 것으로서 합병으로 인하여 존속하는 법인에 승계되지 않는다**(대판 2007.8.23, 2005도4471 **회계법인 합병 사건**). 12. 국가직 7급, 13. 변호사, 15. 국가직 9급, 16. 경찰채용·사법시험, 17. 경찰승진

9 회사 대표자의 위반행위에 대하여 징역형의 형량을 작량감경하고 병과하는 벌금형에 대하여 선고유예를 한 이상 양벌규정에 따라 그 회사를 처단함에 있어서도 같은 조치를 취하여야 한다는 논지는 독자적인 견해에 지나지 아니하여 **받아들일 수 없다**(대판 1995.12.12, 95도1893 **가짜 동규자차 사건**). 13. 변호사, 15. 법원행시, 16. 경찰채용

10 법인이 설립되기 이전의 행위에 대하여는 법인에게 어떠한 선임감독상의 과실이 있다고 할 수 없으므로, 특별한 근거규정이 없는 한 **법인이 설립되기 이전에 자연인이 한 행위에 대하여 양벌규정을 적용하여 법인을 처벌할 수는 없다**(대판 2018.8.1, 2015도10388 **의료기기 지식iN 광고사건**).

11 양벌규정은 법인의 대표자나 법인 또는 개인의 대리인, 사용인, 그 밖의 종업원 등 행위자가 법규위반행위를 저지른 경우, 일정 요건하에 이를 행위자가 아닌 법인 또는 개인이 직접 법규위반행위를 저지른 것으로 평가하여 행위자와 같이 처벌하도록 규정한 것으로서, 이때의 **법인 또는 개인의 처벌은 행위자의 처벌에 종속되는 것이 아니라 법인 또는 개인의 직접책임 내지 자기책임에 기초하는 것이다**(대판 2020.6.11, 2016도9367 **병원 사무국장 사망 사건**).

12 개인정보 보호법은 제2조 제5호, 제6호에서 공공기관 중 법인격이 없는 '중앙행정기관 및 그 소속 기관' 등을 개인정보처리자 중 하나로 규정하고 있으면서도 양벌규정에 의하여 처벌되는 **개인정보처리자로는 같은 법 제74조 제2항에서 '법인 또는 개인'만을 규정하고 있을 뿐이고**, 법인격 없는 공공기관에 대하여도 위 양벌규정을 적용할 것인지 여부에 대하여는 명문의 규정을 두고 있지 않으므로 죄형법정주의의 원칙상 '**법인격 없는 공공기관**'을 위 양벌규정에 의하여 처벌할 수 없고 그 경우 행위자 역시 위 양벌규정으로 처벌할 수 없다(대판 2021.10.28, 2020도1942 **경찰관 채무자 주소조회 사건**). 22. 경찰채용

02 범죄의 객체와 보호의 객체

범죄의 객체	① 구성요건적 행위실현의 구체적인 대상(예 살인죄에 있어서 '사람', 상해죄에 있어서 사람의 '신체' 등)
	② 범죄의 객체는 객관적 구성요건요소에 해당하고 또한 **고의의 인식대상**이 됨
보호의 객체 (보호법익)	형법에 의하여 보호하고자 하는 생활의 이익 또는 가치(예 살인죄에 있어서 '사람의 생명', 상해죄에 있어서 '사람의 건강' 등)

제2장 구성요건론

제1절 구성요건의 일반이론

01 구성요건의 의의

개념	형법상 금지 또는 요구되는 행위를 일반적·추상적으로 기술해 놓은 것(例 살인죄에 있어서 '사람을 살해한 자', 절도죄에 있어서 '타인의 재물을 절취한 자' 등)	
구별개념	구성요건해당성	구체적인 행위가 범죄의 구성요건에 들어맞는 상태를 의미함(例 태아를 살해한 것은 살인죄의 구성요건에 해당하지 않지만, 자살시도 중인 자를 살해한 것은 살인죄의 구성요건에 해당함)
	구성요건의 충족	구체적인 행위가 구성요건의 모든 요소를 갖추어 범죄의 기수에 이른 상태를 의미함

02 구성요건과 위법성의 관계

3단계 범죄체계	① 구성요건해당성·위법성·책임의 3단계로 구분하여 범죄의 성립 여부를 검토하는 체계(통설·판례) ② 구성요건과 위법성을 분리하여 판단함 ③ 구성요건에 해당하는 행위는 위법성이 추정되고, 추정된 위법성은 위법성조각사유가 있으면 제거됨
2단계 범죄체계	① 불법구성요건과 책임의 2단계로 구분하여 범죄의 성립 여부를 검토하는 체계(**소극적 구성요건표지이론**) 11. 경찰채용 ② 구성요건을 적극적 불법구성요건요소로, 위법성조각사유를 소극적 불법구성요건요소로 파악함 11. 경찰채용. 16. 경찰간부 ③ 위법성조각사유가 있으면 **처음부터 불법구성요건에 해당하지 않음** 11. 경찰채용

03 구성요건요소의 분류

분류 1	객관적 요소	외부에 나타난 현상을 기술한 것으로 외부적으로 그 존재를 인식할 수 있는 구성요건요소(例 주체, 객체, 행위, 결과, 인과관계 등)
	주관적 요소	행위자의 내심 속에 속하는 심리적·정신적 구성요건요소(例 고의, 과실, 목적, **불법영득의사** 등)
분류 2	기술적 요소	규범적 평가를 거치지 않더라도 의미·내용을 확정할 수 있는 구성요건요소(例 사람, 재물 등)

	규범적 요소	논리적 판단과 가치판단에 의하지 않으면 의미·내용을 확정할 수 없는 구성요건요소 ① 법률적 평가를 받는 규범적 구성요건요소(예 직계존속, 유가증권 등) ② 사회적·경제적 평가를 받는 규범적 구성요건요소(예 명예, 음란 등)
분류 3	기술된 요소	구성요건에 명문으로 기술되어 있는 구성요건요소(예 사람, 살해, 강간, 위조 등)
	기술되지 않은 요소	구성요건에 명문으로 기술되어 있지 않은 구성요건요소(예 고의, 불법영득의사, 인과관계 등)

제2절 결과반가치(결과불법)와 행위반가치(행위불법)

개념	① **결과반가치**: 행위가 초래한 외부적 사태에 대하여 내려지는 부정적 가치판단(예 甲이 A를 살해 하려고 총을 쏘았는데 이후 A가 사망하거나 사망하지 않은 경우, 행위반가치는 동일하지만 사망 한 것이 사망하지 않은 것보다 결과반가치가 안 좋음 ➡ 나쁜 결과) ② **행위반가치**: 행위에 대하여 사회윤리적 견지에서 내려지는 부정적 가치판단(예 甲이 자동차를 운행하다가 고의 또는 과실로 사고를 내어 A를 사망하게 한 경우, 결과반가치는 동일하지만 고의 행위가 과실행위보다 행위반가치가 안 좋음 ➡ 나쁜 행위)
양자의 관계	불법판단에 있어 결과반가치와 행위반가치를 모두 고려하여야 함. 불법이 성립하기 위해서는 양자 모두 있어야 하고, 어느 하나가 흠결되었을 때에는 **범죄가 성립하지 않거나 미수에 그침**(통설)
내용	① 결과반가치 ㉠ 법익침해: 기수범의 결과반가치 ㉡ 법익침해의 위험성: 미수범의 결과반가치 ② 행위반가치 ㉠ 객관적 요소: 주체, 객체, 행위, 수단, 방법 등 ㉡ 주관적 요소: 고의, 과실, 목적 등

제3절 인과관계와 객관적 귀속

01 인과관계

> **형법**
> 제17조【인과관계】 어떤 행위라도 죄의 요소되는 위험발생에 연결되지 아니한 때에는 그 **결과로 인하여 벌**
> **하지 아니한다.**

개념	① 발생된 결과를 행위자의 행위에 의한 것으로 귀속시키는 데 필요한 행위와 결과 사이의 연관관계 11. 경찰채용 ② 인과관계는 결과범(실질범)에서만 문제가 되며, 거동범(형식범)에서는 문제되지 않음

효과		① 인과관계가 부정되면 기수범으로 처벌되지 아니하고 (미수범 처벌규정이 있는 경우에 한하여) 미수범으로 처벌됨 ② 과실범의 경우 미수범 처벌규정이 없으므로 범죄가 성립하지 않음
학설	조건설	절대적 제약공식을 적용하여 행위와 결과 사이에 그 행위가 없었다면 결과가 발생하지 않았다고 볼 수 있는 관계가 있으면 인과관계를 인정하는 견해
	원인설	조건설에 의하여 확장된 인과관계의 인정범위를, 결과발생에 중요한 영향을 준 조건과 단순한 조건으로 구별하여 전자를 원인이라 하고 이에 대해서만 인과관계를 인정하는 견해
	상당인과 관계설	사회생활의 일반경험칙상 그러한 결과가 발생하는 것이 상당하다고 인정될 때 그 행위와 결과 사이에 인과관계를 인정하는 견해(판례) 11. 경찰채용
	합법칙적 조건설	① 행위와 결과 사이에 **합법칙성에 의한 연관관계**가 있는 경우에 인과관계를 인정하는 견해(과학적으로 수정된 조건설, 다수설) 11. 경찰채용 ② 합법칙적 조건설은 객관적 귀속이론에 의하여 결과를 행위자에게 귀속시키는 법적·규범적 판단인 **객관적 귀속을 다시 검토함** 11. 경찰채용

판례비교

인과관계가 인정되는 경우	인과관계가 인정되지 않는 경우
① 피고인이 피해자의 멱살을 잡아 흔들고 주먹으로 가슴과 얼굴을 1회씩 구타하고 멱살을 붙들고 넘어뜨리는 등 신체 여러 부위에 표피박탈, 피하출혈 등의 외상이 생길 정도로 **심하게 폭행**을 가함으로써 평소에 오른쪽 관상동맥폐쇄 및 심실의 허혈성심근섬유화증세 등의 심장질환을 앓고 있던 피해자의 심장에 더욱 부담을 주어 나쁜 영향을 초래하도록 하였다면, 비록 피해자가 관상동맥부전과 허혈성심근경색 등으로 사망하였더라도, 피고인의 폭행의 방법, 부위나 정도 등에 비추어 피고인의 폭행과 피해자의 사망간에 **상당인과관계가 있었다**(대판 1989. 10.13, 89도5560).	① 고등학교 교사인 피고인이 피해자의 뺨을 때리는 순간 평소의 허약상태에서 온 급격한 뇌압상승으로 피해자가 뒤로 넘어지면서 사명한 경우 피해자의 두개골이 비정상적으로 얇고 뇌수종을 앓고 있었던 데 연유하였고 피고인이 피해자가 허약함을 알고 있었으나 두뇌에 특별이상이 있음은 미처 알지 못하였다면 피고인의 소위와 피해자의 사망간에는 인과관계가 없거나 결과발생에 대한 예견가능성이 없었다고 할 것이다(대판 1978.11.18, 78도1691).
② 공사를 발주한 구청 소속의 현장감독 공무원인 피고인이 甲회사가 전문 건설업 면허를 소지한 乙회사의 명의를 빌려 원수급인인 丙회사로부터 콘크리트 타설공사를 하도급받아 전문 건설업 면허나 **건설기술 자격이 없는 개인인 丁에게 재하도급**주어 이 사건 공사를 시공하도록 한 사실을 알았거나 쉽게 알 수 있었음에도 불구하고, 그 직무를 유기 또는 태만히 하여 丁의 시공방법상의 오류와 그 밖의 안전상의 잘못으로 인하여 콘크리트 타설작업 중이던 건물이 붕괴되는 사고가 발생할 때까지도 이를 적발하지 아니하였거나 적발하지 못한 잘못이 있다면, 피고인의 위와 같은 직무상의 의무위반 행위는 이 사건 붕괴사고로 인한 치사상의 결과에 대하여 **상당인과관계가 있다**(대판 1995.9.15, 95도90).	② 탄광덕대인 피고인이 화약류취급책임자 면허가 없는 甲에게 화약고 열쇠를 맡기었던 바 甲이 경찰관의 화약고 검열에 대비하여 임의로 화약고에서 뇌관, 폭약 등을 꺼내어 이를 **노무자 숙소 아궁이에 감추었고**, 이 사실을 모르는 자가 위 아궁이에 불을 때다 위 폭발물에 인화되어 폭발위력으로 사람을 사상에 이르게 한 경우에는 피고인으로서는 위와 같은 사고를 예견할 수 있었다고 보기 어려울 뿐 아니라 피고인이 甲에게 위 열쇠를 보관 시키고 화약류를 취급하도록 한 행위와 위 사고발생간에는 **인과관계가 있다고 할 수 없다**(대판 1981.9.8, 81도53).

③ 화약류를 취급하는데 필요한 소정의 **면허를 받지 못한 자를 화약류취급책임자로 선임**하여 발파작업에 종사하게 함으로써 그 발파작업 중 그 책임자의 과실로 인하여 사상의 사고가 발생한 경우에는 위 사상과 그 선임자의 과실 사이에는 상당인과관계가 있어 그 **책임을 면하지 못한다**(대판 1966.6.28, 66도758).

④ 차의 운전자가 그 운전상의 주의의무를 게을리하여 열차건널목을 그대로 건너는 바람에 그 자동차가 열차좌측 모서리와 충돌하여 20m쯤 열차 진행방향으로 끌려가면서 튕겨나갔고 피해자는 타고 가던 자전거에서 내려 위 자동차 왼쪽에서 열차가 지나가기를 기다리고 있다가 위 **충돌사고로 놀라 넘어져 상처를 입었다**면 비록 위 자동차와 피해자가 직접 충돌하지는 아니하였더라도 자동차운전자의 위 과실과 피해자가 입은 상처 사이에는 **상당한 인과관계가 있다**(대판 1989.9.12, 89도866). 14. 경찰채용

⑤ 건설기술자를 현장에 배치할 의무를 위반하여 **건설기술자조차 현장에 배치하지 아니한 과실**은 공사현장 인접 소방도로의 지반침하 방지를 위한 그라우팅 공사 과정에서 발생한 가스폭발사고와 **상당한 인과관계가 있다**(대판 1997.1.24, 96도776).

⑥ [1] 모든 차의 운전자는 신호기의 지시에 따라 횡단보도를 횡단하는 보행자가 있을 때에는 횡단보도에의 진입 선후를 불문하고 일시정지하는 등의 조치를 취함으로써 보행자의 통행이 방해되지 아니하도록 하여야 한다. 다만, 자동차가 횡단보도에 먼저 진입한 경우로서 그대로 진행하더라도 보행자의 횡단을 방해하거나 통행에 아무런 위험을 초래하지 아니할 상황이라면 그대로 진행할 수 있다. [2] **원심**은, 피고인이 횡단보도의 보행자 신호가 녹색 등화로 바뀌었음에도 횡단보도 위에서 일시정지를 하지 아니한 업무상 과실로 피해자를 충격하여 피해자에게 상해를 입혔고, 위와 같은 **피고인의 과실과 피해자가 입은 상해 사이에 상당인과관계도 인정된다는 이유를 들어** 피고인이 도로교통법 제27조 제1항에서 정한 '횡단보도에서의 보행자 보호의무'를 위반하여 사고가 발생한 것으로 보기는 어렵다고 보아 **공소기각 판결을 선고한 제1심판결을 파기하여 제1심법원에 환송하였는 바**, 원심의 위와 같은 판단은 수긍할 수 있다(대판 2017.3.15, 2016도17442). 19. 경찰채용

③ 피고인이 선단의 책임선인 제1봉림호의 선장으로 조업 중이었다 하더라도 피고인으로서는 종선의 선장에게 조업상의 지시만 할 수 있을 뿐 선박의 안전관리는 각 선박의 선장이 책임지도록 되어 있었다면 그 같은 상황하에서 피고인이 풍랑 중에 종선에 **조업지시를 하였다는 것만으로는 종선의 풍랑으로 인한 매몰사고와의 사이에 인과관계가 성립할 수 없다**(대판 1989.9.12, 89도1084). 18. 경찰간부

④ 완전한 제동장치를 아니하고 화물(3t)을 적재한 채 단지 양쪽 뒷바퀴에 받침돌만 괴어 경사진 포장도로상에 세워 둔 **삼륜차의 한쪽 뒷바퀴를 구두발로 찬 행위**와 그 삼륜차의 후진으로 인한 **사고발생간에는 특별한 사정이 없는 한 인과관계를 인정할 수 없다**(대판 1970.9.22, 70도1526).

⑤ **전문적으로 대출을 취급하면서 차용인에 대한 체계적인 신용조사를 행하는 금융기관**이 금원을 대출한 경우에는, 비록 대출 신청 당시 차용인에게 변제기 안에 대출금을 변제할 능력이 없었고, 금융기관으로서 자체 신용조사 결과에는 관계없이 "변제기 안에 대출금을 변제하겠다."라는 취지의 차용인 말만을 그대로 믿고 대출하였다고 하더라도, 차용인의 이러한 기망행위와 금융기관의 대출행위 사이에 **인과관계를 인정할 수는 없다**(대판 2000.6.27, 2000도1155). 18. 경찰채용

⑥ 피고인이 트럭을 도로의 중앙선 위에 **왼쪽 바깥 바퀴가 걸친 상태로 운행하던 중** 피해자가 승용차를 운전하여 피고인이 진행하던 차선으로 달려오다가 급히 자기 차선으로 들어가면서 피고인이 운전하던 트럭과 교행할 무렵 다시 피고인의 차선으로 들어와 그 차량의 왼쪽 앞 부분으로 트럭의 왼쪽 뒷바퀴 부분을 스치듯이 충돌하고 이어서 트럭을 바짝 뒤따라가던 차량을 들이받았다면, 설사 피고인이 중앙선 위를 달리지 아니하고 **정상 차선으로 달렸다 하더라도 사고는 피할 수 없다** 할 것이므로 피고인 트럭의 왼쪽 바퀴를 중앙선 위에 올려놓은 상태에서 운전한 것만으로는 위 사고의 직접적인 원인이 되었다고 할 수 없다(대판 1991.2.26, 90도2856). 19. 경찰채용

⑦ 혈청에 의한 간기능검사를 시행하지 않거나 이를 확인하지 않은 피고인들의 과실과 피해자의 사망간에 인과관계가 있다고 하려면 피고인들이 **수술 전에 피해자에 대한 간기능검사를 하였더라면 피해자가 사망하지 않았을 것임이 입증되어야 할 것이다**(대판 1990.12.11, 90도694). 16. 국가직 9급

인과관계가 인정되는 경우	인과관계가 인정되지 않는 경우
⑦ 환자의 주치의사에게 과실(정신병인 조증으로 입원한 환자에게 투여한 클로르포르마진의 부작용으로 발생한 기립성저혈압을 치유하기 위하여 포도당액을 과다히 주사한 과실)이 있다면, 그러한 과실로 환자가 전해질이상 등으로 인한 쇼크로 사망하였음을 인정할 수 있고, 그 치료 과정에서 **야간당직의사의 과실이 일부 개입하였다고 하더라도 주치의사는 업무상과실치사죄의 책임을 면할 수는 없다**(대판 1994.12.9, 93도2524 **삼영정신병원 사건**). 15. 사법시험 ⑧ 자동차의 운전자가 통상 예견되는 상황에 대비하여 결과를 회피할 수 있는 정도의 주의의무를 다하지 못한 것이 교통사고 발생의 직접적인 원인이 되었다면 **비록 자동차가 보행자를 직접 충격한 것이 아니고 보행자가 자동차의 급정거에 놀라 도로에 넘어져 상해를 입은 경우라고 할지라도 업무상 주의의무 위반과 교통사고 발생 사이에 상당인과관계를 인정할 수 있다**(대판 2022.6.16, 2022도1401 **봉고3 운전자 뺑소니 사건**). 24. 경찰간부	⑧ 피고인이 파출소에 야간에 방화를 하여, 당시 숙직하고 있던 수사계장이 유치장 쪽 벽에 붙어 연소하고 있던 인쇄물을 철거하고 불붙은 의자를 밖으로 들어내는 등 **적극적으로 진화작업에 열중**한 나머지 안면부 경부 및 손등에 전치 5주일간의 가료를 요하는 2도 **화상을 입게 된 경우 피고인에게 현주건조물방화죄만 성립한다**(대판 1966.6.28, 66도1). ⑨ 피고인이 운영하는 한국임업은 공사 완성의 대가로 발주처로부터 공사대금을 지급받은 것이므로 설령 피고인이 발주처에 대하여 기술자격증 대여 사실을 숨기는 등의 행위를 하였다고 하더라도 그 **행위와 공사대금 지급 사이에 상당인과관계를 인정하기도 어렵다**(대판 2022.7.14, 2017도20911 **한국임업 사건**). 24. 경찰간부

02 객관적 귀속이론

개념		① (합법칙적 조건설에 의하여) 인과관계의 존재가 확정된 후에, 발생된 결과를 행위자에게 귀속시키기 위해서 법적·규범적 관점에서 결과귀속의 범위를 판단하는 이론 11. 경찰채용 ② 인과관계는 자연과학적 관점에서 확정되는 것임에 비하여, 객관적 귀속은 인과관계를 전제로 하여 규범적인 관점에서 평가함
법적 효과		객관적 귀속이 부정되는 경우에는 구성요건해당성이 배제되어 가벌성 자체가 탈락되거나 (미수범 처벌규정이 있으면) 미수범으로 처벌될 수 있음
판단기준	지배 가능성 이론	① 발생된 결과를 객관적으로 예측 가능하고 회피 가능한 경우에 한하여 행위자에게 귀속시킬 수 있음 ② 지배 불가능한 인과과정(예 주인이 일꾼을 번개치는 들판에 나가 일하게 함으로써 일꾼이 번개를 맞아 사망), 시간적으로 멀리 떨어진 조건(예 나중에 살인자가 된 아이의 출산행위), 지나치게 비유형적인 인과과정(예 피해자에게 경상을 입혔으나 병원에서 의사의 실수로 사망) 등의 경우 객관적 귀속이 부정됨
	위험창출 이론	① 어떤 행위가 법익침해의 원인을 야기하는 것만으로는 부족하고 법적으로 허용되지 않는 위험을 창출·강화시켜야 행위자에게 귀속시킬 수 있음 ② 허용된 위험(예 교통사고), 위험의 감소(예 피해자 머리 위로 철근이 떨어지는 것으로 보고 이를 막기 위해서 피해자를 밀어 넘어뜨려 상해를 가함) 또는 사회적으로 상당하고 경미한 위험(예 북한산 등산의 권유)의 경우 객관적 귀속이 부정됨
	위험실현 이론	행위자에 의하여 창출되거나 증가된 위험이 구성요건적 결과로 사실상 실현되었을 때 행위자에게 귀속시킬 수 있음

규범의 보호목적 이론	① 허용되지 않은 위험이 실현되어 결과가 발생한 때에도 구성요건의 범위나 규범의 보호목적에 포함되지 않는 때에는 행위자에게 귀속시킬 수 없음 ② 고의의 자손행위(예 강간 당한 피해자가 수치심 때문에 자살)나 피해자가 자초한 위험(예 甲이 A의 집에 방화하자 A가 현금을 가져오기 위하여 집에 들어갔다가 사망)의 경우에는 객관적 귀속이 부정됨

제4절 구성요건적 고의

형법

제13조【고의】죄의 성립요소인 사실을 **인식하지 못한 행위는 벌하지 아니한다.** 단, 법률에 특별한 규정이 있는 경우에는 예외로 한다.

의의		① 구성요건실현에 대한 인식(고의의 지적 요소)과 의사(고의의 의적 요소)를 의미함 ② 형법은 원칙적으로 고의행위만을 처벌하고, 과실범처럼 고의가 없는 행위는 예외적으로 처벌함
체계적 지위		① 고의는 **구성요건요소이면서(구성요건적 고의) 동시에 책임요소에 해당함(책임고의)** ② 구성요건적 고의가 인정되면 책임고의가 추정되지만(고의행위 그리고 고의책임), 위법성조각사유 전제사실에 대한 착오가 있는 경우 책임고의가 탈락됨(고의행위 그러나 과실책임)
내용	지적(知的) 요소	① 객관적 구성요건요소에 해당하는 사정을 인식하는 것을 의미함 ② 고의의 인식대상 여부 12. 경찰간부 　ⓐ 인식대상 ○: 주체, 객체, 행위, 결과, **인과관계** 등 객관적 구성요건요소 　ⓑ 인식대상 ✕: 목적, 상습성, 결과적 가중범에 있어 무거운 결과, 위법성, 책임능력, 처벌조건, 소추조건 등
	의적(意的) 요소	구성요건의 실현을 위한 의사를 의미함
존재시기		① 고의는 행위시에 존재하여야 함 ② 행위시에 고의가 존재하지 않는 **사전고의**(예 평소에 살의를 가지고 있다가 우연한 기회로 실수에 의한 교통사고로 죽게 한 경우)나 **사후고의**(예 실수에 의한 교통사고로 죽게 한 후에 차라리 잘 죽었다고 생각한 경우)**는 고의로 인정할 수 없음**(〈주의〉 사후고의는 고의에 해당하지 않으나 사전고의는 고의로 인정할 수 있다. ✕)
종류	확정적 고의	행위자가 구성요건에 해당하는 사실 및 그 결과발생을 확실하게 인식·의욕하는 고의(지적 요소와 의적 요소가 강하게 지배하는 고의)
	미필적 고의	① 행위자가 구성요건에 해당하는 사실 및 그 결과발생을 불확실하게 인식·용인하는 고의(지적 요소와 의적 요소가 약하게 지배하는 고의) ② **미필적 고의는 확정적 고의와 동일하게 취급**되지만, 인식 있는 과실과의 구별에 있어 논의의 실익이 있음

③ 미필적 고의와 인식있는 과실과의 구별을 위해 용인설(다수설, 판례)은 결과발생의 가능성을 인식하고 동시에 이러한 결과발생을 내심으로 용인(인용)하는 것을 미필적 고의로 인정한다는 견해로 구성요건적 결과를 용인하는 의사만으로도 고의가 인정되어 미필적 고의는 고의에 포함되나, 인식있는 과실은 고의에 포함되지 않는다는 견해이다. 가능성설(인식설)은 행위자가 결과발생의 구체적 가능성을 인식하고도 행위를 하였을 때 고의를 인정하는 견해이며, 개연성설은 결과발생의 가능성이 예상됨에도 불구하고 이를 무시하고 행위를 중단하지 않고 계속 수행하기로 결심한 경우에는 더 이상의 적극적 요소가 없어도 미필적 고의가 인정된다는 견해이고, 감수설(묵인설)은 법익침해의 구체적 위험성을 인식하고, 그럼에도 불구하고 구성요건실현의 위험성을 감수하겠다는 결정을 하였을 경우에 고의를 인정하고 결과가 발생하지 않는다고 신뢰한 때에는 인식있는 과실이 된다는 견해이다.

22. 경찰채용

✎ 택일적 고의: 고의의 대상이 2개 이상일 때 그중 택일적으로 구성요건을 실현하는 고의로, 이는 확정적 고의 또는 미필적 고의 등 어떤 형태로도 나올 수 있음
✎ 개괄적 고의: 고의의 종류가 아니라 인과관계 착오의 하나의 유형에 불과함

판례비교

고의가 인정되는 경우	고의가 인정되지 않는 경우
① 여관업을 하는 자로서는 이성혼숙하려는 자의 외모나 차림 등에 의하여 청소년이라고 의심할 만한 사정이 있는 때에는 신분증이나 기타 확실한 방법에 의하여 청소년인지 여부를 확인하고 청소년이 아닌 것으로 확인된 경우에만 이성혼숙을 허용하여야 할 것이므로, 위와 같은 경우 **신분증을 소지하지 않았다는 말을 듣고 단지 구두로만 연령을 확인하여 이성혼숙을 허용하였다면**, 적어도 청소년 이성혼숙에 관한 **미필적 고의가 있다고 보아도 좋을 것이다**(대판 2001.8.21, 2001도3295 **36세남 · 18세녀 사건**). 12. 국가직 9급, 14. 경찰승진 ② 피고인이 A가 제시하는 성년인 B 명의의 건강진단 결과서만을 확인한 채 고용대상자인 A 및 소개인들의 거짓말에 터잡아 **그녀가 성인이라고 가볍게 믿고 당일로 A와 고용계약을 체결한 후 일을 시킨 경우**, 피고인에게는 A가 청소년임에도 그녀를 고용한다는 점에 관하여 적어도 **미필적 고의가 있었다고 볼 것이다**(대판 2002.6.28, 2002도2425). 11. 국가직 7급, 14 · 17. 국가직 9급, 15. 경찰채용, 16. 경찰승진, 17. 법원행시	① (피고인이 운전면허취소통지를 받지 못한 데다가 면허가 취소된 날부터 보름이 갓 지난 2003.9.21. 차량을 운전한 점, 피고인이 이전에 이와 동일한 사정으로 면허취소처분을 받은 전력이 없는 점, 정기적성검사를 받는 주기는 피고인이 최초로 면허를 취득할 당시는 3년이던 것이, 도로교통법의 순차 개정에 따라 최초 정기적성검사 당시에는 5년으로, 1999.1.29. 이후로는 7년으로 각 연장된 점, 정기적성검사에 관하여 사전에 대상자에게 통보하는 제도가 마련되어 있지 아니한 점 등을 고려하여 볼 때) 피고인이 소지하고 있던 운전면허증 앞면에 **적성검사기간이 '2002.6.5.~2002.9.4.'로 기재되어 있고,** 뒷면 하단에는 "적성검사 또는 면허증 갱신기간 내에 적성검사 또는 면허증을 갱신하지 아니하면 범칙금이 부과되며 1년이 지나면 운전면허가 취소됩니다."라는 **경고문구가 있다는 점만으로는 피고인이 정기적성검사 미필로 면허가 취소된 사실을 미필적으로나마 인식하였다고 추단하기 어렵다**(대판 2004.12.10, 2004도6480 **태안 적성검사 미필 사건**). 13. 경찰채용, 14. 사법시험 · 법원행시

③ 피고인이 정기적성검사기간 내에 적성검사를 받지 아니하였다고 하여 구 도로교통법 위반으로 기소된 경우, 운전면허증 소지자가 운전면허증만 꺼내 보아도 쉽게 알 수 있는 정도의 노력조차 기울이지 않는 것은 적성검사기간 내에 적성검사를 받지 못하게 되는 결과에 대한 방임이나 용인의 의사가 존재한다고 봄이 타당한 점 등에 비추어 볼 때, 피고인이 적성검사기간 도래 여부에 관한 확인을 게을리하여 기간이 도래하였음을 알지 못하였더라도 **적성검사기간 내에 적성검사를 받지 않는 데 대한 미필적 고의는 있었다고 봄이 타당하다**(대판 2014.4.10, 2012도8374 **광주 적성검사 미필 사건**). 15. 경찰채용

④ (적성검사를 받지 아니하여 운전면허가 취소되고 그 취소사실의 통지에 갈음하여 적법한 공고가 이루어진 경우) 피고인이 운전면허가 취소된 뒤 자동차를 운전한 것은 무면허운전에 해당할 뿐만 아니라, 피고인이 소지하고 있던 **면허증에 그 유효기간과 적성검사를 받지 아니하면 면허가 취소된다는 사실이 분명하게 기재되어 있고** 이미 **적성검사를 받지 아니하여 면허가 취소된 전력이 있는데도** 면허증에 기재된 유효기간이 5년 이상 지나도록 적성검사를 받지 아니한 피고인으로서는 운전면허가 취소된 사실을 알고 있었다고 보아야 한다(대판 2002. 10.22, 2002도4203 **대구 적성검사 미필 사건**). 12. 경찰승진

⑤ 성을 사는 행위를 알선하는 것을 업으로 하는 자가 성매매알선을 위한 종업원을 고용하면서 고용대상자에 대하여 아동·청소년의 보호를 위한 위와 같은 **연령확인의무의 이행을 다하지 아니한 채** 아동·청소년을 고용하였다면, 특별한 사정이 없는 한 적어도 **아동·청소년의 성을 사는 행위의 알선에 관한 미필적 고의는 인정된다**고 봄이 타당하다(대판 2014.7.10, 2014도5173).

② 관할 경찰당국이 **운전면허취소통지에 갈음하여 적법한 공고를 거쳤다고 하더라도** 공고만으로 운전면허가 취소된 사실을 알게 되었다고 볼 수 없다 할 것이므로 피고인에게 무면허운전이라는 점에 대한 **고의가 있었다고 할 수 없다**(대판 1993.3.23, 92도3045). 14. 법원행시

③ 새로 목사로서 부임한 피고인이 **전임목사에 관한 교회 내의 불미스러운 소문의 진위를 확인**하기 위하여 이를 교회집사들에게 물어보았다면 이는 경험칙상 충분히 있을 수 있는 일로서 명예훼손의 고의 없는 단순한 확인에 지나지 아니하여 사실의 적시라고 할 수 없다 할 것이므로 이 점에서 피고인에게 명예훼손의 고의 또는 미필적 고의가 있을 수 없다(대판 1985.5.28, 85도588). 15. 경찰승진

④ 대구지하철화재 사고 현장을 수습하기 위한 청소 작업이 한참 진행되고 있는 시간 중에 실종자 유족들로부터 이의제기가 있었음에도 대구지하철공사 A가 즉각 청소 작업을 중단하도록 지시하지 아니하였고 수사기관과 협의하거나 확인하지 아니하였다고 하여 위 A에게 그러한 청소 작업으로 인하여 **증거인멸의 결과가 발생할 가능성을 용인하는 내심의 의사까지 있었다고 단정하기는 어렵다**(대판 2004.5.14, 2004도74).

⑤ 절도죄에 있어서 **재물의 타인성을 오신**하여 그 재물이 자기에게 취득(빌린 것)할 것이 허용된 동일한 물건으로 오인하고 가져온 경우에는 범죄사실에 대한 인식이 있다고 할 수 없으므로 범의가 조각되어 **절도죄가 성립하지 아니한다**(대판 1983.9.13, 83도1762 **잃어버린 고양이라고 오인한 사건**).

⑥ 어부인 피고인들이 어로저지선을 넘어 어업을 하였다고 하더라도 북괴경비정이 출현하는 경우 납치되어 가더라도 좋다고 생각하면서 어로저지선을 넘어서 어로작업을 한 것이 아니라면 북괴집단의 구성원들과 회합이 있을 것이라는 **미필적 고의가 있었다고 단정할 수 없다**(대판 1975.1.28, 73도2207). 12. 경찰승진

⑦ 피고인이 만 12세의 피해자를 강간할 당시 피해자가 자신을 중학교 1학년이라 **14세라고 하였고,** 피해자는 키와 체중이 동급생보다 큰 편이었으며, 이들이 모텔에 들어갈 때 특별한 제지도 받지 아닌 한 경우 성폭법 13세 미만 미성년자 강간죄의 **고의를 인정할 수 없다**(대판 2012.8.30, 2012도7377 **12세 가출녀 강간 사건**). 20. 국가직 9급

고의가 인정되는 경우	고의가 인정되지 않는 경우
⑥ 의무경찰이 학생들의 가두캠페인 행사관계로 직진하여 오는 택시의 운전자에게 좌회전 지시를 하였음에도 택시의 운전자가 계속 직진하여 와서 택시를 세우고는 항의하므로 그 의무경찰이 택시 약 30cm 전방에 서서 이유를 설명하고 있는데 그 운전자가 신경질적으로 갑자기 좌회전하는 바람에 택시 우측 앞 범퍼부분으로 의무경찰의 무릎을 들이받은 사안에서, 그로부터 불과 30cm 앞에서 서 있던 **의무경찰을 충격하리라는 사실을 쉽게 알고도 이러한 결과발생을 용인하는 내심의 의사, 즉 미필적 고의가 있었다**(대판 1995.1.24, 94도1949). ➜ 다만, 의경의 피해가 전치 5일간의 우슬관절부 경도좌상 정도에 불과하여 특수공무집행방해치상죄는 부정하였다. 16. 경찰승진 ⑦ 피고인이 경영하던 기업이 과다한 금융채무부담, 덤핑판매로 인한 **재무구조악화 등으로 특별한 금융혜택을 받지 않는 한 도산이 불가피한 상황**에 이르렀는데 피고인이 특별한 금융혜택을 받을 수 없음에도 위 상황을 숨기고 대금지급이 불가능하게 될 가능성을 충분히 인식하면서 피해자로부터 생산자재용 물품을 납품받았다면 **편취의 미필적 범의가 인정된다**(대판 1983.5.10, 83도340). 20. 국가직 9급	⑧ 임금 등 지급의무의 존부와 범위에 관하여 다툴 만한 근거가 있다면 사용자가 임금 등을 지급하지 않은 데에 상당한 이유가 있다고 보아야 하므로 사용자에게 근로기준법 제109조 제1항, 제36조 위반죄의 고의가 있었다고 보기 어렵다(대판 2022.6.30, 2022도742 **전도사 임금 체불사건**). 24. 경찰간부

⚖️ **판례 | 고의범 또는 과실범 관련 판례**

1 행정상의 단속을 주안으로 하는 법규라 하더라도 **명문규정이 있거나 해석상 과실범도 벌할 뜻이 명확한 경우를 제외하고는 형법의 원칙에 따라 고의가 있어야 벌할 수 있다**(대판 2010.2.11, 2009도9807 **발한실 사건**). 12. 경찰간부, 13·17. 변호사, 14·15. 경찰채용, 14·17. 경찰승진, 15·16. 사법시험, 16. 법원행시, 17. 국가직 9급

2 행위자가 범죄사실이 발생할 가능성을 용인하고 있었는지 여부는 행위자의 진술에 의존하지 않고 외부에 나타난 행위의 형태와 행위의 상황 등 구체적인 사정을 기초로 일반인이라면 해당 범죄사실이 발생할 가능성을 어떻게 평가할 것인지를 고려하면서 행위자의 입장에서 그 심리상태를 추인하여야 한다(대판 2018.1.25, 2017도13628 **가습기 살균제 사건 II**). 22 경찰승진

3 행위자가 범죄구성요건의 주관적 요소인 고의를 부인하는 경우 그 범의 자체를 객관적으로 증명할 수 없으므로 사물의 성질상 범의와 상당한 관련성 있는 간접사실 또는 정황사실을 증명하는 방법으로 이를 입증할 수밖에 없다(대판 2022.5.12, 2020도18062 **약국 도우미 사건**). 22. 경찰채용

제5절 구성요건의 착오(사실의 착오)

> **형법**
>
> 제13조【고의】죄의 성립요소인 사실을 인식하지 못한 행위는 벌하지 아니한다. 단, 법률에 특별한 규정이 있는 경우에는 예외로 한다.
>
> 제15조【사실의 착오】① 특별히 무거운 죄가 되는 사실을 인식하지 못한 행위는 **무거운 죄로 벌하지 아니한다.**

01 서설

의의	행위자가 인식한 사실과 현실적으로 발생한 사실이 일치하지 않는 것(인식사실과 발생사실의 불일치)
효과	구성요건의 착오가 있으면 구성요건적 고의가 조각되어 (과실범 처벌규정이 있으면) 과실범으로 처벌될 수 있음

02 구성요건의 착오의 유형

구체적 사실의 착오	행위자가 인식한 사실과 현실적으로 발생한 사실이 **동일한 구성요건**에 해당하지만 구체적으로 내용이 일치하지 않는 경우	
	객체의 착오	행위객체의 성질, 특히 객체의 동일성을 착오한 경우(예 A라고 생각하고 총을 쏴서 죽게 하였으나 사실은 B였던 경우)
	방법의 착오	행위의 수단·방법이 잘못되어 의도한 객체가 아닌 다른 객체에 대하여 결과가 발생한 경우(예 A를 향하여 총을 쏘았으나 빗나가 옆에 있던 B가 맞아 죽은 경우)
추상적 사실의 착오	행위자가 인식한 사실과 현실적으로 발생한 사실이 **서로 다른 구성요건**에 해당하는 경우	
	객체의 착오	① 가벼운 사실을 인식하고 무거운 결과를 발생시킨 경우(예 개라고 생각하고 총을 쏴서 죽게 하였으나 사실은 사람이었던 경우) ② 무거운 사실을 인식하고 가벼운 결과를 발생시킨 경우(예 사람이라고 생각하고 총을 쏴서 죽게 하였으나 사실은 개였던 경우)
	방법의 착오	① 가벼운 사실을 인식하고 무거운 결과를 발생시킨 경우(예 개를 향하여 총을 쏘았으나 빗나가 옆에 있던 사람이 맞아 죽은 경우) ② 무거운 사실을 인식하고 가벼운 결과를 발생시킨 경우(예 사람을 향하여 총을 쏘았으나 빗나가 옆에 있던 개가 맞아 죽은 경우)

03 구성요건의 착오에 관한 학설 12·13. 경찰승진, 16. 경찰채용

구체적 부합설	의의	행위자가 인식한 사실과 현실적으로 발생한 사실이 구체적으로 부합하는 경우에 한하여 고의기수를 인정하는 견해
	내용	① 구체적 사실의 착오 ㉠ 객체의 착오: 발생사실에 대한 고의기수 ㉡ 방법의 착오: 인식사실의 미수와 발생사실의 과실의 상상적 경합 ② 추상적 사실의 착오: 인식사실의 미수와 발생사실의 과실의 상상적 경합
법정적 부합설 (판례)	의의	행위자가 인식한 사실과 현실적으로 발생한 사실이 법정적으로 부합하면 (구체적으로 부합하지 않더라도) 고의기수를 인정하는 견해
	내용	① 구체적 사실의 착오: 발생사실에 대한 고의기수 ② 추상적 사실의 착오: 인식사실의 미수와 발생사실의 과실의 상상적 경합

04 구성요건의 착오 사례의 해결

구분		종류 및 사례	구체적 부합설	법정적 부합설	추상적 부합설
구체적 사실의 착오	객체의 착오	A라고 생각하고 총을 쏴서 죽게 하였으나 사실은 B였던 경우	B에 대한 살인죄	B에 대한 살인죄	B에 대한 살인죄
	방법의 착오	A를 향하여 총을 쏘았으나 빗나가 옆에 있던 B가 맞아 죽은 경우	**A에 대한 살인미수죄와 B에 대한 과실치사죄의 상상적 경합**	**B에 대한 살인죄**	B에 대한 살인죄
추상적 사실의 착오	객체의 착오	① 개라고 생각하고 총을 쏴서 죽게 하였으나 사실은 사람이었던 경우 ② 사람이라고 생각하고 총을 쏴서 죽게 하였으나 사실은 개였던 경우	① 손괴(불능)미수죄와 과실치사죄의 상상적 경합 ② 살인(불능)미수죄 - 과실손괴는 불가벌	① 손괴(불능)미수죄와 과실치사죄의 상상적 경합 ② 살인(불능)미수죄 - 과실손괴는 불가벌	① 손괴의 고의로 살인의 결과가 발생 시 - 손괴기수와 과실치사의 상상적 경합 ② 살인의 고의로 손괴의 결과가 발생 시 - 손괴기수와 살인미수의 상상적 경합(이견 있음)
	방법의 착오	① 개를 향하여 총을 쏘았으나 빗나가 옆에 있던 사람이 맞아 죽은 경우 ② 사람을 향하여 총을 쏘았으나 빗나가 옆에 있던 개가 맞아 죽은 경우	① 손괴(장애)미수죄와 과실치사죄의 상상적 경합 ② 살인(장애)미수죄 - 과실손괴는 불가벌	① 손괴(장애)미수죄와 과실치사죄의 상상적 경합 ② 살인(장애)미수죄 - 과실손괴는 불가벌	

⚖ 판례 | 구성요건의 착오 관련 판례

1 [1] 사람을 살해할 목적으로 총을 발사한 이상 그것이 목적하지 아니한 다른 사람에게 명중되어 사망의 결과가 발생하였다 하더라도 살의를 조각하지 않는다. [2] 피고인 甲이 **하사 A를 살해할 목적으로 발사한 총탄이 이를 제지하려고 甲 앞으로 뛰어들던 병장 B에게 명중되어 B가 사망한 경우 B에 대한 살인죄가 성립한다**(대판 1975.4.22, 75도727). 16. 국가직 9급

2 [1] 소위 타격의 착오가 있는 경우라 할지라도 행위자의 살인의 고의 성립에 방해가 되지 아니한다. [2] 피고인이 **형수 A를 향하여 살의를 갖고 몽둥이를 힘껏 후려친 가격으로** 마당에 고꾸라진 A女와 등에 업힌 조카 B의 머리 부분을 몽둥이로 내리쳐 **B를 현장에서 사망하게 한 소위를 살인죄로 의율한 원심조처는 정당하게 긍인된다**(대판 1984.1.24, 83도2813 **형수 · 조카 살해 사건**). 11 · 14. 경찰채용, 14. 법원직 9급

3 甲이 A 등 3명과 싸우다가 힘이 달리자 **식칼을 가지고 이들 3명을 상대로 휘두르다가** 이를 말리면서 **식칼을 뺏으려던 피해자 B에게 상해를 입혔다면 甲에게 상해의 범의가 인정되며** 상해를 입은 사람이 목적한 사람이 아닌 다른 사람이라 하여 과실상해죄에 해당한다고 할 수 없다(대판 1987.10.26, 87도1745 **포장마차 식칼 사건**). 12 · 17. 경찰간부, 14. 경찰채용

05 인과관계의 착오

의의		결과범에 있어서 행위자가 인식한 인과과정과 다른 인과과정으로 결과가 발생한 경우
종류	본질적 착오	본질적으로 다른 인과과정에 의하여 결과가 발생한 경우(예 A를 살해하려고 총을 쏘았으나 A가 상처를 입고 병원으로 후송되던 중 교통사고로 사망한 경우)
	비본질적 착오	인과과정의 차이는 있지만 본질적인 차이가 아닌 과정에 의하여 결과가 발생한 경우(예 A를 익사시키고자 강물에 던졌으나 사실은 다리 교각에 머리를 부딪쳐 뇌진탕으로 사망한 경우)
법적 취급		① 인과관계의 본질적 착오의 경우에는 고의기수가 인정되지 않지만, 비본질적 착오의 경우에는 **고의기수가 인정**됨(다수설) ② 본질적 또는 비본질적 착오 여부의 판단은 일반적 생활경험칙상 예견이 가능한지 여부를 기준으로 함

06 이른바 개괄적 고의와 개괄적 과실

개괄적 고의	의의	행위자가 제1행위에 의하여 이미 결과가 발생하였다고 믿었으나, 실제로는 연속된 제2행위에 의하여 결과가 발생한 경우(예 甲이 A의 목을 눌러 질식사시켰고 이후 땅에 묻었으나, 사실은 목이 눌린 때가 아니라 땅에 묻은 후 비로소 질식사한 경우)
	법적 취급	① **개괄적 고의설**: 제1행위와 제2행위를 포괄하는 하나의 개괄적 고의를 인정하여 살인죄로 처벌(판례) ② 미수·과실의 경합범설: 제1행위와 제2행위를 각각 독립된 것으로 보아 살인미수죄와 과실치사죄의 실체적 경합범으로 처벌 ③ 인과관계의 착오설: 인과관계의 착오의 한 유형에 해당하지만 비본질적 착오이므로 살인죄로 처벌(다수설)
개괄적 과실	의의	결과적 가중범에 있어서 (제1행위에 의하여 무거운 결과가 발생한 것이 아니라) 별도의 제2행위에 의해서 무거운 결과가 발생한 경우(예 甲이 상해의 고의로 A를 강타하였고 A가 실신하자 사망한 것으로 알고 창문 밖으로 던졌으나 사실은 A가 그로 인하여 추락사한 경우)
	법적 취급	① 결과적 가중범 부정설(개괄적 과실 부정설): 사망이라는 무거운 결과는 고의의 기본범죄인 제1행위가 아니라 행위자의 추가적인 제2행위에 의하여 발생한 것으로(제1행위와 사망이라는 무거운 결과 사이에 직접성을 인정할 수 없어) 결과적 가중범인 상해치사죄가 아니라 '상해죄와 과실치사죄'의 경합범으로 처벌 ② 결과적 가중범 긍정설(개괄적 과실 긍정설): 제2행위에 의해서 무거운 결과가 발생한 경우에도 결과적 가중범에서 요구되는 인과관계 및 객관적 귀속을 인정할 수 있어 결과적 가중범인 '상해치사죄'로 처벌(판례)

⚖️ 판례 | 개괄적 고의 또는 과실 관련 판례

1 피해자가 **피고인들의 살해의 의도로 행한 구타행위에 의하여 직접 사망한 것이 아니라 죄적을 인멸할 목적으로 행한 매장행위에 의하여 사망하게 되었다 하더라도** 전 과정을 개괄적으로 보면 피해자의 살해라는 처음의 예견된 사실이 결국은 실현된 것으로서 피고인들은 **살인죄의 죄책을 면할 수 없다**(대판 1988.6.28, 88도650 **개괄적 고의 사건**). 12. 사법시험, 12·14. 국가직 9급, 13·14·16·17. 변호사, 20. 경찰채용

2 피고인이 피해자에게 우측 흉골골절 및 늑골골절상 등의 상해를 가함으로써 피해자가 바닥에 쓰러진 채 정신을 잃고 빈사상태에 빠지자 **피해자가 사망한 것으로 오인하고,** 피고인의 행위를 은폐하고 피해자가 자살한 것처럼 가장하기 위하여 피해자를 **베란다 밑 약 13m 아래의 바닥으로 떨어뜨려 뇌손상 및 뇌출혈 등으로 사망에 이르게 하였다면** 피고인의 행위는 포괄하여 단일의 **상해치사죄에 해당한다**(대판 1994.11.4, 94도2361 **낙산비치호텔 사건**). 11·12. 사법시험, 13. 변호사, 14. 경찰승진·법원행시, 14·15·16·20. 경찰채용, 15. 국가직 9급

제3장 위법성론

제1절 위법성의 일반이론

01 위법성의 의의

개념		구성요건에 해당하는 행위가 법질서 전체의 입장에서 보았을 때 이와 객관적으로 모순·충돌하는 깃
비교	구성요건 해당성과의 관계	① 구성요건에 해당하는 행위는 위법성이 추정되고, 추정된 위법성은 위법성조각사유가 있으면 제거됨(3단계 범죄체계, 통설) ② 구성요건에 해당하는 행위는 위법성이 추정되므로 형법은 소극적으로 **위법성조각사유만 규정**함
	책임과의 관계	위법성은 법질서 전체의 입장에서 내리는 **'행위'에 대한 반가치판단**이지만, 책임은 비난가능성을 묻는 **'행위자'에 대한 반가치판단**임
판단방법		행위의 위법성 여부는 일반인의 관점에서 객관적으로 판단함(객관적 위법성론, 통설). 책임무능력자의 침해 또한 당연히 위법하고, 이에 대한 정당방위도 가능함(예 정신병자의 살인행위는 위법하고, 이에 대한 정당방위가 가능함) 주관적 위법성론은 행위의 위법성 여부를 행위자 개인의 관점에서 주관적으로 판단하는 견해이다. 이 견해에 따르면 법규범에 따라 의사를 결정할 능력이 있는 책임능력자의 행위만이 위법할 수 있다. 따라서 정신병자와 같은 책임무능력자의 침해는 위법하지 않으므로 이에 대하여 정당방위를 할 수 없다(그러나 긴급피난은 가능하다).

02 위법성조각사유(정당화사유)

의의		① 구성요건에 해당하는 행위의 위법성을 배제하는 특별한 사유 ② 정당방위, 긴급피난, 자구행위, 피해자의 승낙, 정당행위 등이 위법성조각사유에 해당함
구성요소	객관적 정당화상황	위법성조각사유의 객관적 전제사실로서 구성요건에 해당하는 행위의 **결과반가치를 상쇄시킴**(예 강도를 당하고 있는 정당방위상황, 집이 불타고 있는 긴급피난상황 등)
	주관적 정당화요소	위법성조각사유의 객관적 전제사실을 인식하고 이에 기하여 행위를 한다는 의사로서 구성요건에 해당하는 행위의 **행위반가치를 상쇄시킴**(예 강도에 대한 정당방위 의사, 불을 피하기 위한 긴급피난의사 등)

03 주관적 정당화요소

의의	위법성이 조각되기 위해서는 객관적 정당화상황만으로는 부족하고 주관적 정당화요소가 필요함(다수설)
내용	주관적 정당화요소는 정당화상황의 인식 이외에 특정한 정당화의사도 갖추어야 함(다수설)

결한 경우 효과	문제점	위법성조각사유의 객관적 전제사실은 존재하지만 행위자가 그것을 인식하지 못하고 행위를 한 경우 법적 취급의 문제발생
	사례	① A가 B를 상대로 강도행위를 하고 있는데, 甲이 그것을 모르고 A가 기분 나쁘게 쳐다 본다는 이유로 A에게 상해를 가한 경우 ➡ 우연방위 ② A가 자동차의 창문을 닫고 오랜 시간 잠을 자는 바람에 질식사할 위험이 있었는데, 甲이 그것을 모르고 돌로 창문을 깨뜨려 A가 생명을 구한 경우 ➡ 우연피난
	법적 취급	① **위법성조각설**: 주관적 정당화요소 불요설과 결과반가치 일원론의 입장에서 위법성이 조각됨 12. 경찰승진 ② **기수범설**: 구성요건에 해당하는 위법한 행위이고 결과까지 발생하였으므로 위법성이 조각되지 않아 기수범으로 처벌 12. 경찰승진 ③ **불능미수범설**: 객관적 정당화상황이 존재하므로 결과반가치는 배제되나 행위반가치는 그대로 존재하므로 구조상 유사한 형법 제27조의 불능미수규정을 유추적용하여 처벌(다수설)(《주의》 행위반가치가 배제되므로 불능미수규정을 유추적용하여 처벌한다. ✕) 12. 경찰승진

제2절 정당방위

형법

제21조【정당방위】① 현재의 부당한 침해로부터 **자기** 또는 **타인의 법익(法益)**을 방위하기 위하여 한 행위는 상당한 이유가 있는 경우에는 벌하지 아니한다.

② 방위행위가 그 정도를 초과한 경우에는 정황(情況)에 따라 그 **형을 감경하거나 면제할 수** 있다.

③ 제2항의 경우에 **야간**이나 그 밖의 불안한 상태에서 공포를 느끼거나 경악(驚愕)하거나 흥분하거나 당황하였기 때문에 그 행위를 하였을 때에는 **벌하지 아니한다.**

01 의의

개념	① 현재의 부당한 침해로부터 자기 또는 타인의 법익을 방위하기 위하여 한 상당한 이유 있는 행위(예 강도가 집에 침입하여 칼로 위협하자, 그 강도를 뒤에서 몰래 때려 제압한 경우) ② 침해자를 상대로 방위행위를 한다는 점에서 '부정(不正) 대 정(正)'의 관계로 표현함

원리	① 자기보호의 원리
	  ㉠ 타인의 부당한 침해로부터 스스로 자기 법익을 보호하는 것은 인간의 본능이라는 원리
	  ㉡ 개인적 법익을 보호하기 위하여 허용될 뿐, (순수한) **국가적·사회적 법익을 보호하기 위한 정당방위는 원칙적으로 허용되지 않음**

	② 법질서수호의 원리 　　㉠ 사회권적 측면에서, 방위자의 자기보호는 동시에 법질서를 파괴하려는 행위로부터 법질서를 수 　　　호하는 기능을 함(법은 불법에 양보할 필요가 없다) 　　㉡ 정당방위의 사회윤리적 제한의 문제가 발생함
효과	정당방위는 위법성이 조각되는 적법한 행위이므로 법원은 **무죄판결을 선고**하여야 함

02 성립요건

1. 정당방위상황

자기 또는 타인의 법익	① 자기 또는 타인의 모든 법익(例 생명, 신체, 자유, 명예, 재산 등)을 보호하기 위하여 정당방위를 할 수 있음 11. 경찰간부 ② 국가적·사회적 법익의 경우에도, 그것이 개인적 법익과 동등하게 취급되거나 개인적 법익과 관련되는 경우에는 정당방위를 할 수 있음
현재성	① 법익에 대한 침해가 급박한 상태에 있거나 발생 중이거나 또는 아직 계속되고 있는 경우를 의 미함 ② 침해의 현재성은 방위행위시가 아니라 효과발생시를 기준으로 함(例 방범용으로 감전장치를 설치하였고, 이후 절도범이 침입하다 감전된 경우 침해의 현재성 인정) 다만, 폭력행위 등 처벌 에 관한 법률에 "죄를 범한 사람이 흉기로 사람에게 위해를 가하려 할 때 이를 예방하기 위하여 한 행위는 벌하지 아니한다(폭력행위 등 처벌에 관한 법률 제8조 제1항)."고 규정하여 특별법에 는 예방적 정당방위 규정이 있음 22. 국가직 9급
부당한 침해	① 부당한 침해란 위법한 침해를 의미하므로 침해행위는 객관적으로 위법한 것이어야 함(적법한 행위인 정당방위나 긴급피난에 대하여는 정당방위를 할 수 없고 긴급피난만이 가능함) ② **부당한 침해**란 법익에 대한 실해 또는 위험을 야기하는 **인간의 행위를 의미함**(동물이나 자연 재해 등에 대하여는 정당방위를 할 수 없고 긴급피난만이 가능함)

2. 방위행위

방위행위	보호방위(소극적·수비적 방위행위)뿐만 아니라 **공격방위**(적극적·반격적 방위행위)도 **가능**
상대방	방위행위의 상대방은 원칙적으로 **부당한 침해를 가하는 자에 한정**됨(공격과 무관한 제3자에 대 한 반격은 정당방위가 아니고 긴급피난에 해당함)
방위의사	① 정당방위상황에 대한 인식과 방어행위 실현의 의사를 의미함 ② 방위의사가 결여된 우연방위의 경우 정당방위는 성립할 수 없고 불능미수범으로 처벌됨(불능 미수범설·다수설)

3. 상당한 이유

의의	방위행위는 사회상규에 비추어 상당성이 인정되어야 하고, 상당성은 필요성과 사회윤리적 제한 을 그 내용으로 함(다수설)
필요성	방위행위는 위험을 즉시 그리고 효과적으로 제거하는 데 적합한 수단이어야 하고(적합성의 원 칙), 침해자에게 경미한 손실을 입히는 수단을 선택하여야 함(상대적 최소침해의 원칙)

사회 윤리적 제한	책임 없는 자의 침해(예 정신병자나 음주만취자의 침해), 보증관계에 있는 자의 침해(예 부부 사이의 침해), 극히 경미한 침해(예 담배 한 개비 절취), 스스로 유발한 침해(예 정당방위상황을 이용하여 타인을 해할 목적으로 스스로 침해를 유발)에 대해서는 원칙적으로 정당방위가 제한되거나 허용되지 않음

⚖ 판례 | 정당방위의 성립요건

1 **정당방위가 성립하려면** 침해행위에 의하여 침해되는 법익의 종류, 정도, 침해의 방법, 침해행위의 완급과 방위행위에 의하여 침해될 법익의 종류, 정도 등 일체의 구체적 사정들을 참작하여 **방위행위가 사회적으로 상당한 것이어야 할 뿐만 아니라 자기 또는 타인의 법익침해를 방위하기 위한 행위로서 상당한 이유가 있어야 한다**(대판 2009.3.12, 2008도7156 불법체류 방글라데시인 사건). 16. 경찰간부

2 자기의 법익뿐 아니라 **타인의 법익에 대한 현재의 부당한 침해를 방위하기 위한 행위도** 상당한 이유가 있으면 형법 제21조의 **정당방위에 해당하여 위법성이 조각된다**(대판 2017.3.15, 2013도2168 쌍용차사태 권영국 변호사 사건).

3 정당방위의 성립요건으로서의 **방어행위에는** 순수한 수비적 방어뿐 아니라 **적극적 반격을 포함하는 반격방어의 형태도 포함된다**(대판 1992.12.22, 92도2540 김보은양 사건). 12. 사법시험·변호사, 12·17. 경찰승진, 15. 경찰채용, 16. 경찰간부, 20. 법원직 9급

4 **정당방위에 있어서는 반드시 방위행위에 보충의 원칙은 적용되지 않으나** 방위에 필요한 한도 내의 행위로서 사회윤리에 위배되지 않는 상당성 있는 행위임을 요한다(대판 1991.9.10, 91다19913 **만취 난동자 총격사망 사건**). 15. 경찰채용

5 형법 제21조 제1항에서 '침해의 현재성'이란 침해행위가 형식적으로 기수에 이르렀는지에 따라 결정되는 것이 아니라 자기 또는 타인의 법익에 대한 침해상황이 종료되기 전까지를 의미하는 것이므로 일련의 연속되는 행위로 인해 침해상황이 중단되지 아니하거나 일시 중단되더라도 추가 침해가 곧바로 발생할 객관적인 사유가 있는 경우에는 그 중 일부 행위가 범죄의 기수에 이르렀더라도 전체적으로 침해상황이 종료되지 않은 것으로 볼 수 있다(대판 2023.4.27, 2020도6874 **레이테크코리아 사건**). 쟁의행위 중 대표이사인 피해자가 근로자에 대한 폭행이 기수가 된 이후라도 전체적으로 종료된 것이라 볼 수 없으므로 다른 근로자인 피고인이 대표이사 어깨를 흔들어도 정당방위 상황에 해당할 수 있다는 의미이다.

판례비교

정당방위에 해당하지 않는 경우	정당방위에 해당하는 경우
① 피해자의 침해행위에 대하여 자기의 권리를 방위하기 위한 부득이한 행위가 아니고, **그 침해행위에서 벗어난 후 분을 풀려는 목적에서 나온 공격행위는 정당방위에 해당한다고 할 수 없다**(대판 1996.4.9, 96도241 배척 사건). 12. 경찰채용 ② 몸무게가 85kg 이상이나 되는 처남 A가 62kg의 피고인 甲을 침대 위에 넘어뜨리고 가슴 위에 올라타 목 부분을 누르자, 호흡이 곤란하게 된 **甲이 과도로 A에게 상해를 가한 경우**(대판 2000.3.28, 2000도228 처남과의 싸움 사건). 12. 경찰채용, 13. 국가직 9급, 16. 사법시험	① 피고인 甲과 자신의 남편과의 관계를 의심하게 된 A가 자신의 아들 등과 함께 甲의 아파트에 찾아가 현관문을 발로 차는 등 소란을 피우다가, 출입문을 열어주자 곧바로 甲을 밀치고 신발을 신은 채로 거실로 들어가 A 일행이 서로 합세하여 甲을 구타하기 시작하였고, 甲이 이를 벗어나기 위하여 손을 휘저으며 발버둥치는 과정에서 A 등에게 상해를 가한 경우(대판 2010.2.11, 2009도12958 **대구 불륜의 심 싸움 사건**) 11. 사법시험, 12. 국가직 7급, 14·17. 변호사, 18. 경찰간부

③ 인근에서 **자전거를 이용한 날치기 사건**이 발생한 직후 **검문을 하던 경찰관 A·B·C가** 날치기 사건의 범인과 흡사한 인상착의인 **피고인 甲을 발견하고 앞을 가로막으며 진행을 제지하였는데,** 甲이 경찰관들이 자신을 범인 취급한다고 느껴 A의 멱살을 잡아 밀치고 B·C에게 욕설을 하는 등 거세게 항의한 경우(대판 2012.9.13, 2010도6203 **인천 부평 불심검문 사건**) 13·14·16. 경찰채용, 16. 국가직 7급

④ 의정부출입국관리소 소속 A 등이 공장장인 乙의 동의나 승낙 없이 공장에 들어가 그 공장 내에서 일하고 있던 피고인 등을 상대로 불법체류자 단속업무를 개시하자, **피고인 甲이 A의 허벅지를 고의적으로 찔러 상해를 가한 경우**(대판 2009.3.12, 2008도7156 **불법체류 방글라데시인 사건**) 11·14. 사법시험, 14. 경찰채용

⑤ 타인의 집 대문 앞에 은신하고 있다가 **경찰관의 명령에 따라 순순히 손을 들고 나오면서 그대로 도주하는 범인을 경찰관이 뒤따라 추격하면서 등 부위에 권총을 발사하여 사망하게 한 경우**(대판 1991.5.28, 91다10084 **도주 폭력배 총격사망 사건**) 11. 경찰승진

⑥ 구의원 후보자 합동연설회장에서 후보자 A의 연설내용이 명예훼손 또는 후보자비방의 구성요건에 해당된다 하더라도 형법 제310조 또는 공직선거법 제251조 단서에 의하여 위법성이 조각됨에도, **피고인이 연단으로 올라가 연설 중인 A를 밀치고 연설마이크를 가로막는 등 연설을 방해한 경우**(대판 2003.11.13, 2003도3606 **합동연설회장 사건**) 13. 경찰승진, 15·16. 국가직 9급

⑦ 이혼소송 중인 남편이 찾아와 가위로 폭행하고 변태적 성행위를 강요하는 데에 격분하여, **처(피고인)가 칼로 남편의 복부를 찔러 사망에 이르게 한 경우**(대판 2001.5.15, 2001도1089 **변태적 남편 살해 사건**) 11·20. 법원행시, 13. 법원직 9급, 13·15. 경찰승진, 13·16. 국가직 9급, 14. 국가직 7급, 15·16. 경찰채용, 16. 경찰간부

⑧ 피고인이 집주인인 A가 방세를 돌려 줄테니 방을 비워달라고 요구하자, 억지를 쓰며 폭언을 하므로 A의 며느리 B가 화가 나 피고인 방의 창문을 쇠스랑으로 부쉈고, 이에 격분하여 배척(빠루)을 들고 나와 마당에서 구경하던 **마을주민 C·D를 배척으로 때려 상해를 가한 경우**(대판 1996.4.9, 96도241 **배척 사건**) 11. 경찰승진, 12·15. 경찰채용, 15. 국가직 9급

② 변호사인 甲이 쌍용자동차 공장을 점거·농성 중이던 조합원들이 불법적으로 체포되는 것을 목격하고 이에 항의하면서 전투경찰대원들의 불법 체포행위를 제지하였으며, 전투경찰대원들은 방패로 피고인을 강하게 밀어내었는데, 이 과정에서 **甲이 전투경찰대원인 A·B가 들고 있던 방패를 당기고 밀어 A·B에게 상해를 입힌 경우**(대판 2017.3.15, 2013도2168 **쌍용차사태 권영국 변호사 사건**)

③ 피고인 甲이 경찰관 A·B로부터 불심검문을 받게 되자 A에게 자신의 운전면허증을 교부하였고, 불심검문에 항의하면서 B에게 큰 소리로 욕설을 하자 (甲이 도망하거나 증거를 인멸할 염려가 있다고 보기 어려움에도) B가 "모욕죄의 현행범으로 체포하겠다."라고 고지한 후 甲의 오른쪽 어깨를 붙잡았고, 甲은 이에 강하게 반항하면서 B에게 상해를 가한 경우(대판 2011.5.26, 2011도3682 **서교동 불심검문 사건**) 12. 경찰승진, 13·15. 국가직 9급, 15·16. 경찰채용·경찰간부, 16. 변호사

④ 검사가 참고인조사를 받는 줄 알고 검찰청에 자진 출석한 변호사사무실 사무장을 합리적 근거 없이 긴급체포하자 **그 변호사가 이를 제지하는 과정에서 검사에게 상해를 가한 경우**(대판 2006.9.8, 2006도148 **사무장 긴급체포 사건**) 11. 국가직 7급, 11·13·14·16. 경찰승진, 12·17. 변호사, 13. 경찰채용·법원직 9급, 15. 사법시험·국가직 9급, 18. 경찰간부, 20. 법원행시

⑤ 사용자가, 적법한 직장폐쇄기간 중 일방적으로 업무에 복귀하겠다고 하면서 **자신의 퇴거요구에 불응한 채 계속하여 사업장 내로 진입을 시도하는 해고 근로자를 폭행·협박한 경우**(대판 2005.6.9, 2004도7218 **군산축협 파업 사건**) 16. 경찰간부

⑥ 甲·乙이 심야에 혼자 귀가 중인 피고인 A(女)의 음부를 만지며 반항하는 A의 옆구리를 무릎으로 차고 억지로 키스를 하자, A가 **엉겁결에 甲의 혀를 깨물어 설(舌) 절단상을 입힌 경우**(대판 1989.8.8, 89도358 **성추행범 혀 절단 사건**) 12. 경찰채용, 15. 경찰승진

⑦ 피고인 甲의 부(父) 乙이 양팔을 벌리고 A가 운전하는 차를 제지하였으나 A가 그대로 그 차를 앞쪽으로 전진시키자, **甲이 운전석 옆 창문을 통하여 A의 머리털을 잡아당겨 그의 흉부에 약간의 상처를 입게 한 경우**(대판 1986.10.14, 86도1091) 12. 경찰채용, 13. 경찰간부, 16. 경찰승진

정당방위에 해당하지 않는 경우	정당방위에 해당하는 경우
⑨ 의붓아버지의 강간행위에 의하여 정조를 유린당한 후 계속적으로 성관계를 강요받아 온 피고인(女)과 그 공범자가 사전에 공모한 후 **의붓아버지가 제대로 반항할 수 없는 상태에서 식칼로 심장을 찔러 살해한 경우**(대판 1992.12.22, 92도2540) 12. 사법시험·법원행시 ⑩ A가 먼저 피고인 甲을 구타하자 甲이 **26cm의 과도로 복부와 같은 인체의 중요한 부분을 3~4회나 찔러 A에게 상해를 입힌 경우**(대판 1989.12.12, 89도2049) 13. 국가직 7급, 15. 경찰승진 ⑪ 피고인이 피해자와 말다툼을 하다가 건초더미에 있던 낫을 들고 반항하는 피해자로부터 **낫을 빼앗아** 그 낫으로 피해자의 가슴, 배, 등, 뒤통수, 목, 왼쪽 허벅지 부위 등을 10여 차례 찔러 피해자로 하여금 다발성 자상에 의한 기흉 등으로 **사망하게 한 경우**(대판 2007.4.26, 2007도1794). 17. 변호사	⑧ 토지매수자가 토지를 경작하기 위하여 소를 이용하여 쟁기질을 하고 성장한 보리(피고인 소유로써 피고인이 수확할 권한이 있음)를 갈아 뭉게자, 피고인이 이를 막기 위하여 **소 앞을 가로막고 쟁기를 잡아당긴 경우**(대판 1977.5.24, 76도3460) 12. 경찰채용 ⑨ 타인이 보는 자리에서 자식으로서 인륜상 용납할 수 없는 폭언과 함께 폭행을 가하려는 피고인의 자(子)를 피고인이 1회 구타한 경우(대판 1974.5.14, 73도2401 **망나니 아들 사건**) 11. 법원행시, 15. 사법시험 ⑩ 절도범으로 오인받은 피고인이 군중들로부터 무차별 구타를 당하자, 피고인이 소지하고 있던 **손톱깎이 칼을 휘둘러 상해를 입힌 경우**(대판 1970.9.17, 70도1473) 15. 법원직 9급, 16. 경찰승진 ⑪ 경찰관 甲과 乙이 'A가 사람을 칼로 위협한다'는 신고를 받고 출동한 상황에서 A가 乙을 지속적으로 폭행하며 그의 총기를 빼앗으려하자 甲은 A가 칼로 자신과 乙을 공격할 수 있다고 생각하고 乙을 구출하기 위하여 A에게 실탄을 발사하여 흉부관통상으로 A를 사망케 한 경우, 피고인의 권총 사용이, **경찰관 직무집행법 제10조의4 제1항의 허용범위를 벗어난 위법한 행위라거나 피고인에게 업무상과실치사의 죄책을 지울만한 행위라고 선뜻 단정할 수는 없다**(대판 2004.3.25, 2003도3842). 21. 국가직 7급 ⑫ **경찰관이 농성 진압의 과정에서 경찰장비를 위법하게 사용함으로써 그 직무수행이 적법한 범위를 벗어난 것으로 볼 수밖에 없다면** 상대방이 그로 인한 생명·신체에 대한 위해를 면하기 위하여 직접적으로 대항하는 과정에서 **그 경찰장비를 손상시켰더라도** 이는 위법한 공무집행으로 인한 신체에 대한 현재의 부당한 침해에서 벗어나기 위한 행위로서 **정당방위에 해당한다**(대판 2022.11.30, 2016다26662, 2016다26679, 2016다26686 **쌍용자동차 헬기진압 사건**).

⚖ 판례 | 싸움, 공무집행방해와 정당방위

1 가해자의 행위가 피해자의 부당한 공격을 방위하기 위한 것이라기보다는 **서로 공격할 의사로 싸우다가 먼저 공격을 받고 이에 대항하여 가해하게 된 것이라고 봄이 상당한 경우**, 그 가해행위는 방어행위인 동시에 공격행위의 성격을 가지므로 **정당방위라고 볼 수 없다**(대판 2011.5.13, 2010도16970 **전원주택부지 알선 사건**).

13. 국가직 7급, 13·14. 법원직 9급, 13·16. 국가직 9급, 14. 변호사, 15. 경찰채용

2 가해자의 행위가 피해자의 부당한 공격을 방위하기 위한 것이라기보다는 **서로 공격할 의사로 싸우다가 먼저 공격을 받고 이에 대항하여 가해하게 된 것이라고 봄이 상당한 경우**, 그 가해행위는 방어행위인 동시에 공격행위의 성격을 가지므로 **정당방위 또는 과잉방위행위라고 볼 수 없다**(대판 2000.3.28, 2000도228 **처남과의 싸움 사건**). 16. 경찰승진·사법시험

3 외관상 서로 격투를 하는 것처럼 보이는 경우라고 할지라도 **실제로는 한쪽 당사자가 일방적으로 불법한 공격을 가하고 상대방은 이러한 불법한 공격으로부터 자신을 보호하고 이를 벗어나기 위한 저항수단으로 유형력을 행사한 경우라면**, 그 행위가 적극적인 반격이 아니라 소극적인 방어의 한도를 벗어나지 않는 한 사회통념상 허용될 만한 상당성이 있는 행위로서 **위법성이 조각된다**(대판 1999.10.12, 99도3377 **노인들 싸움 사건**). 13. 국가직 7급, 14. 국가직 9급

4 겉으로는 서로 싸움을 하는 것처럼 보이더라도 **실제로는 한쪽 당사자가 일방적으로 위법한 공격을 가하고 상대방은 이러한 공격으로부터 자신을 보호하고 이를 벗어나기 위한 저항수단으로서 유형력을 행사한 경우에는**, 그 행위가 새로운 적극적 공격이라고 평가되지 아니하는 한, 사회관념상 허용될 수 있는 상당성이 있는 것으로서 **위법성이 조각된다**(대판 2010.2.11, 2009도12958 **대구 불륜의심 싸움 사건**). 20. 법원직 9급

5 싸움을 함에 있어서 격투를 하는 자 중의 한사람의 공격이 그 격투에서 **당연히 예상할 수 있는 정도를 초과하여 살인의 흉기 등을 사용하여 온 경우에는** 이를 '부당한 침해'라고 아니할 수 없으므로 이에 대하여는 정당방위를 허용하여야 한다(대판 1968.5.7, 68도370 **배희칠랑 사건**). 12. 경찰채용

6 현행범인 체포행위가 적법한 공무집행을 벗어나 불법하게 체포한 것으로 볼 수 밖에 없다면, 현행범이 그 체포를 면하려고 반항하는 과정에서 **경찰관에게 상해를 가한 것은** 불법체포로 인한 신체에 대한 현재의 부당한 침해에서 벗어나기 위한 행위로서 **정당방위에 해당하여 위법성이 조각된다**(대판 2011.5.26, 2011도3682 **서교동 불심검문 사건**). 12. 국가직 9급, 12·14. 국가직 7급, 12·16. 경찰채용, 13. 사법시험·법원직 9급, 15. 경찰승진

7 검사나 사법경찰관이 긴급체포의 요건을 갖추지 못하였음에도 실력으로 수사기관에 자진출석한 자를 체포하려고 하였다면 적법한 공무집행이라고 할 수 없고, 자진출석한 자가 검사나 사법경찰관에 대하여 이를 거부하는 방법으로써 폭행을 하였다고 하여 공무집행방해죄가 성립하는 것은 아니다(대판 2006.9.8, 2006도148 **사무장 긴급체포 사건**). 11. 국가직 7급, 11·13·14·16. 경찰승진, 12. 변호사, 13. 경찰채용·법원직 9급, 15. 사법시험·국가직 9급

03 과잉방위와 오상방위

1. 과잉방위

의의	현재의 부당한 침해에 대한 방위행위는 있었으나 그 방위행위 정도가 상당성의 정도를 넘는 경우 (예) 단순 절도범에 대해서 심한 폭행을 가하여 중상을 입힌 경우)
효과	① 형벌감면적 과잉방위: 방위행위가 그 정도를 초과한 경우에는 정황에 따라 그 **형을 감경하거나 면제할 수 있음**(적법행위에 대한 기대가능성이 적어 책임이 감소 또는 소멸) ② 면책적 과잉방위: 과잉방위가 야간이나 그 밖의 불안한 상태에서 공포를 느끼거나 경악하거나 흥분하거나 당황하였기 때문에 그 행위를 하였을 때에는 **벌하지 않음**(적법행위에 대한 기대가능성이 없어 책임조각)

2. 오상방위

의의	① 객관적으로 정당방위상황이 아님에도(현재의 부당한 침해가 없음에도) 행위자가 정당방위상황이 있는 것으로 착각하고 방위행위에 나아간 경우(예 자기 집에 몰래 들어오는 친한 친구를 강도로 오인하고, 정당방위의사로 상해를 가한 경우) ② 오상방위에 더 나아가 상당성을 넘는 오상과잉방위도 오상방위와 동일하게 취급함
효과	① 구성요건적 고의는 인정되나, 책임고의가 조각되어 **과실범으로 처벌**(법효과제한적 책임설, 다수설) ② 형벌의 감면 또는 책임조각에 관한 형법 제21조 제2항·제3항은 오상방위에 대해서는 적용되지 않음(다수설)

제3절 긴급피난

> **형법**
> 제22조 【긴급피난】 ① **자기** 또는 **타인의 법익**에 대한 현재의 위난을 피하기 위한 행위는 상당한 이유가 있는 때에는 벌하지 아니한다.
> ② 위난을 피하지 못할 책임이 있는 자에 대하여는 전항의 규정을 적용하지 아니한다.
> ③ 전조 제2항과 제3항의 규정은 본조에 준용한다.

01 의의

개념	① 자기 또는 타인의 법익에 대한 현재의 위난을 피하기 위한 상당한 이유가 있는 행위(예 집에 불이 나자 이를 피하기 위하여 옆집의 창문을 깨고 그 주거에 침입한 경우) ② 아무 잘못이 없는 자에 대하여 피난행위를 한다는 점에서 '정(正) 대 정(正)'의 관계로 표현함
인정근거	① 이익교량설: 피난행위에 의하여 보호되는 이익이 침해된 이익보다 우월할 경우에 위법성이 조각된다는 견해 ② 목적설: 피난행위가 사회윤리적 관점에서 정당한 목적을 위한 상당한 수단이라고 평가될 때 위법성이 조각된다는 견해

효과	☑ SUMMARY 긴급피난의 법적 효과 20. 해경채용		
	구분		**내용**
	일원설	위법성조각설 (다수설, 판례)	피난행위로 인하여 보호받는 이익과 침해된 이익을 형량하여 **보호받는 이익의 우월성이 인정되는 경우에만 피난행위는 위법하지 않다**는 견해이다. 이익형량이 가능한 경우에는 위법성조각사유에 해당하지만 생명과 생명의 법익이 충돌하는 경우와 같이 **이익형량이 불가능한 경우**에는 불처벌의 근거를 적법행위에 대한 기대불가능성에서 찾는다.
		책임조각설	긴급피난은 적법한 제3자의 법익을 침해하는 것이므로 위법하지만, 자기유지의 본능 때문에 적법행위의 기대가능성이 없어 책임이 조각된다는 견해이다. 자기를 위한 긴급피난은 기대가능성이 없는 행위로 설명할 수 있으나 타인을 긴급피난은 다른 행위가능성이 없는 경우로서 기대불가능성으로 설명하기 어렵다는 비판을 받는다.
	이원설		우월적 이익을 보호가 위한 피난행위는 위법성조각적 긴급피난으로, 법익이 동가치이면 면책적 긴급피난으로 이분하는 견해이다. 형법 제22조 제1항에 위법성조각적 긴급피난과 면책적 긴급피난이 포함되어 있다고 보는 견해이다.

02 성립요건

1. 긴급피난상황

자기 또는 타인의 법익	① 자기 또는 타인의 모든 법익(예 생명, 신체, 자유, 명예, 재산 등)을 보호하기 위하여 긴급피난을 할 수 있음 11·15. 경찰승진 ② 정당방위와는 달리 **사회적·국가적 법익을 위한 긴급피난도 허용됨**(통설)
현재성	이미 발생한 위난상태에 처해있거나 위난의 발생이 거의 확실한 것으로 예상되는 경우를 의미
위난	**위난의 원인에는 제한이 없으므로** 사람의 행위이든지 동물·전쟁·자연현상에 의한 위난이든지 를 불문하며, **위난이 위법할 것을 요하지도 않음**

2. 피난행위

피난행위	위난을 피하기 위한 일체의 행위를 의미함
상대방	피난행위는 위난과 관계없는 제3자를 상대로 행해지는 것이 보통이지만(공격적 긴급피난), 위난 을 유발한 당사자를 상대로 행해질 수도 있음(방어적 긴급피난)
피난의사	① 긴급피난상황에 대한 인식과 피난행위를 하려는 의사를 의미함 ② 피난의사가 결여된 우연피난의 경우 긴급피난이 성립할 수 없고 불능미수범으로 처벌됨(불능 미수범설·다수설)

3. 상당한 이유

의의	긴급피난은 정(正) 대 정(正)의 관계로서 위난과 관계없는 제3자를 상대로 행해지는 것이 보통이 므로, 긴급피난의 상당성은 정당방위의 상당성보다 엄격하게 해석됨(통설)
보충성	피난행위가 법익을 보호하기 위한 유일한 수단이어야 하며(보충성의 원칙), 상대방에게 가장 경 미한 손해를 주는 방법을 선택하여야 함(상대적 최소피난의 원칙)
균형성	피난행위로 보호되는 이익이 침해되는 이익보다 본질적으로 **우월**하여야 함
적합성	피난행위가 목적을 달성하기 위하여 사회상규에 비추어 **적합한 수단**이어야 함

> ⚖ **판례 | 긴급피난의 성립요건**
>
> 긴급피난이란 자기 또는 타인의 법익에 대한 현재의 위난을 피하기 위한 상당한 이유 있는 행위를 말하고, 여기
서 **'상당한 이유 있는 행위'**에 해당하려면, 첫째 피난행위는 위난에 처한 법익을 보호하기 위한 **유일한 수단**이
어야 하고, 둘째 피해자에게 가장 **경미한 손해를 주는 방법**을 택하여야 하며, 셋째 피난행위에 의하여 **보전되**
는 이익은 이로 인하여 침해되는 이익보다 우월해야 하고, 넷째 피난행위는 그 자체가 사회윤리나 법질서 전체
의 정신에 비추어 **적합한 수단**일 것을 요하는 등의 요건을 갖추어야 한다[대판 2015.11.12, 2015도6809(전합) **세**
월호 사건]. 13. 국가직 9급, 16. 사법시험

긴급피난에 해당하지 않는 경우	긴급피난에 해당하는 경우
① 피해견(被害犬)이 피고인을 공격하지도 않았고 피해견이 평소 공격적인 성향을 가지고 있지 않았음에도, 피고인이 **자신의 진돗개를 보호하기 위하여** (몽둥이나 기계톱 등을 휘둘러 피해자의 개들을 쫓아버리는 방법으로 자신의 재물을 보호할 수 있었음에도) **피해견을 기계톱으로 내리쳐 등 부분을 절개하여 죽게 한 경우**(대판 2016.1.28, 2014도2477 **이웃집 맹견 기계톱 살해 사건**) 17. 변호사, 18. 경찰간부	① 선장이 태풍에 대비하여 선박과 선원들의 안전을 위하여 가장 적절하고 필요불가결하다고 인정되는 조치(**선박의 닻줄을 5샤클에서 7샤클로 늘여 놓은 조치**)를 취하여 피조개양식장에 물적 피해를 준 경우(대판 1987.1.20, 85도221 **금성호 사건**) 12. 국가직 7급, 14. 변호사, 16. 경찰승진, 17. 경찰간부
② 국회 외통위 한·미 FTA 비준 동의안 상정과정에서 여당 위원들이 야당 위원들의 출입을 막기 위해 회의장을 봉쇄하자 피고인들(민주당과 민주노동당 보좌진들)이 회의장 출입구를 뚫을 목적으로 해머로 출입문과 집기 등을 쳐서 부수고 소방호스를 이용하여 회의장 내에 물을 분사한 경우(대판 2013.6.13, 2010도13609 **한미FTA 비준동의안 심의방해 사건 Ⅰ**) 16. 경찰채용, 17. 경찰간부	② 임신의 지속이 모체의 건강을 해칠 우려가 현저할 뿐더러 기형아 내지 불구아를 출산할 가능성마저도 없지 않다는 판단하에 **의사가 부득이하게 낙태수술을 한 경우**(대판 1976.7.13, 75도1205) 12. 국가직 7급, 12·16. 경찰승진, 14. 법원직 9급, 17. 경찰간부
③ 아파트 입주자대표회의 회장이 다수 입주민들의 민원에 따라 위성방송 수신을 방해하는 케이블TV방송의 시험방송 송출을 중단시키기 위하여 **케이블TV 방송의 방송안테나를 절단하도록 지시한 경우**(대판 2006.4.13, 2005도9396 **안테나 절단 사건**) 13. 경찰채용, 14. 법원직 9급, 16. 국가직 7급, 16·17. 경찰간부	
④ 피고인들이 확성장치 사용, 연설회 개최, 불법행렬, 서명·날인운동, 선거운동기간 전 집회 개최 등의 방법으로 특정 후보자에 대한 **낙선운동을 함으로써 공직선거법에 의한 선거운동 제한규정을 위반한 경우**(대판 2004.4.27, 2002도315 **총선시민연대 낙선운동 사건**) 14. 사법시험, 15. 경찰승진	
⑤ 피고인이 강간 범행의 와중에서 피해자가 피고인의 손가락을 깨물며 반항하자 물린 손가락을 비틀며 잡아 뽑다가 피해자에게 **치아결손의 상해를 입힌 경우**(대판 1995.1.12, 94도2781 **강간범 치아결손 사건**) 12·14. 국가직 7급, 13. 국가직 9급, 15. 경찰승진·법원직 9급	
⑥ 집회 예정장소인 A대학교 출입문에서 **경찰관들이 A대학교에서의 집회에 참가하려는 자의 출입을 저지하자**, 피고인이 그 때문에 신고 없이 B대학교로 장소를 옮겨서 집회를 한 경우(대판 1990.8.14, 90도870 **한양대 ➡ 연세대 사건**) 11. 사법시험, 14. 법원직 9급, 15·16. 경찰승진	

⑦ 피고인의 **모(母)가 갑자기 기절을 하여 이를 치료하기 위하여 군무를 이탈한 경우**(대판 1969.6.10, 69도690) 14. 법원직 9급, 17. 경찰간부
⑧ 피고인이 乙에게 채무 없이 단순히 잠시 빌려준 피고인 발행 약속어음을 乙이 丙에게 배서양도하자 **피고인이 丙이 소지 중인 약속어음을 찢어버린 경우**(대판 1975.5.27, 74도3559)

03 과잉피난과 오상피난

1. 과잉피난

의의	현재의 위난에 대하여 피난행위는 있었으나 피난행위의 정도가 상당성의 정도를 넘은 경우
효과	① 형벌감면적 과잉피난: 피난행위가 그 정도를 초과한 경우에는 정황에 따라 그 **형을 감경하거나 면제할 수 있음**(적법행위에 대한 기대가능성이 적어 책임이 감소 또는 소멸) ② 면책적 과잉피난: 과잉피난이 야간이나 그 밖의 불안한 상태에서 공포를 느끼거나 경악하거나 흥분하거나 당황하였기 때문에 그 행위를 하였을 때에는 **벌하지 않음**(적법행위에 대한 기대가능성이 없어 책임조각)

2. 오상피난

의의	① 객관적으로 긴급피난상황이 아님에도(현재의 위난이 없음에도) 행위자가 긴급피난상황이 있는 것으로 착각하고 피난행위에 나아간 경우 ② 오상피난에 더 나아가 상당성을 넘는 오상과잉피난도 오상피난과 동일하게 취급함
효과	① 구성요건적 고의는 인정되지만, 책임고의가 조각되어 **과실범으로 처벌**(법효과제한적 책임설, 다수설) ② 형벌의 감면 또는 책임조각에 관한 형법 제22조 제3항은 오상피난에 대해서는 적용되지 않음(다수설)

04 의무의 충돌

의의	둘 이상의 법적 의무가 서로 충돌하여 행위자가 하나의 의무만을 이행할 수 있는 긴급상태에서 그중 어느 한 의무를 이행하고 다른 의무를 이행하지 못한 것이 범죄의 구성요건에 해당하는 경우(예 해수욕장에 아이 2명이 빠져 익사할 위험에 처해 있는데, 안전요원이 그중 한 아이만 구조하는 바람에 다른 아이가 익사한 경우)
성립범위	① 작위의무와 작위의무의 충돌: **의무의 충돌에 해당함** ② 작위의무와 부작위의무의 충돌: 의무의 충돌로 보는 견해(의무의 충돌설)와 긴급피난으로 해결하는 견해(긴급피난설)가 대립함 ③ 부작위의무와 부작위의무의 충돌: **의무의 충돌이 아님**(《주의》 의무의 충돌은 둘 이상의 부작위의무간의 충돌을 의미한다. ×)

법적 성격	초법규적 위법성조각사유설, 정당행위설, 긴급피난설이 대립함
성립요건	① 둘 이상의 법적 의무가 실질적으로 충돌하여 **하나의 의무를 이행함으로써 다른 의무를 이행하는 것이 불가능한 경우이어야 함** ② 행위자에게는 의무의 충돌에 대한 인식이 있어야 할 뿐만 아니라 높은 가치 또는 동가치의 의무 중 하나를 이행한다는 인식이 있어야 함 ③ 행위자는 충돌하는 의무 중 하나를 이행하여야 하며, 그 의무의 이행에 상당한 이유가 있어야 함
효과	의무의 충돌의 요건을 구비한 경우, 구성요건에 해당하는 부작위는 **위법성이 조각**되어 범죄가 성립하지 않음

제4절 자구행위

> **형법**
> 제23조【자구행위】① 법률에서 정한 절차에 따라서는 **청구권을 보전(保全)**할 수 없는 경우에 그 청구권의 실행이 불가능해지거나 현저히 곤란해지는 상황을 피하기 위하여 한 행위는 상당한 이유가 있는 때에는 **벌하지 아니한다.**
> ② 제1항의 행위가 그 정도를 초과한 경우에는 정황에 따라 **형을 감경하거나 면제할 수 있다.**

01 의의

개념	법률에서 정한 절차에 따라서는 청구권을 보전할 수 없는 경우에 그 청구권의 실행이 불가능해지거나 현저히 곤란해지는 상황을 피하기 위하여 한 상당한 이유가 있는 행위(예 1억원의 채무를 진 채무자가 도망을 쳤고, 이후 채권자가 거리에서 우연히 만난 그 채무자를 체포한 경우)
근거	자구행위는 국가가 개인의 청구권을 보호해 줄 수 없거나 곤란한 상황에서 개인이 국가를 대행하여 권리를 실현하는 행위로서 **위법성이 조각**됨
효과	자구행위는 위법성이 조각되는 적법한 행위이므로 법원은 **무죄판결**을 선고하여야 함

02 성립요건

1. 자구행위상황

청구권	① 청구권이란 특정인에게 작위 또는 부작위를 요구할 수 있는 법률상의 힘을 의미하고, 이에는 재산적 청구권은 물론 비재산적 청구권(예 인격권, 친족권, 상속권 등)도 포함됨 ② **원상회복이 불가능한 청구권**(예 생명, 신체, 자유, 명예, 정조 등)은 **자구행위에 의하여 보호되는 청구권에서 제외**됨 11. 경찰승진 ③ 청구권은 원칙적으로 자기의 청구권임을 요하지만, 청구권자로부터 위임을 받은 자도 예외적으로 자구행위가 가능함

청구권에 대한 침해	청구권에 대한 **과거의 불법한 침해**가 있어야 함. 현재의 침해에 대해서는 정당방위를 할 수 있음
청구권 보전의 불가능	① '법률에서 정한 절차'란 모든 국가기관에 의한 구제절차로서 민사집행법상 가압류·가처분 등의 보전절차 기타 공권력에 의한 구제수단을 의미함 ② '청구권을 보전할 수 없는 경우'란 시간적·장소적 관계로 국가기관의 구제를 기다릴 여유가 없는 긴급한 사정이 있는 경우를 의미함

2. 자구행위

자구행위	① 재물의 탈환, 의무자의 체포, 저항의 제거 등 청구권 보전을 위하여 필요한 행위를 의미함 ② 자구행위는 청구권의 보전수단이지 이행수단이 아니므로 상대방의 재산을 임의로 처분하거나 이행을 받아 스스로 변제에 충당하는 것은 허용되지 않음
자구의사	① 자구행위상황에 대한 인식과 청구권의 실행이 불가능해지거나 현저히 곤란해지는 상황을 피하기 위하여 한 의사를 의미함 ② 자구의사가 결여된 우연자구행위의 경우 자구행위는 성립할 수 없고 불능미수범으로 처벌됨(불능미수범설·다수설)

3. 상당성

보충성	자구행위는 청구권 보전을 위하여 다른 해결방법이 있는 때에는 허용되지 않으며(보충성의 원칙), 상대방에게 가장 경미한 손해를 주는 방법을 선택하여야 함(상대적 최소침해의 원칙)
균형성	자구행위는 긴급피난과 같은 엄격한 이익형량을 요하지 않으나, 청구권의 보전이익과 침해이익 사이에 극심한 불균형은 허용되지 않음
적합성	자구행위는 사회상규에 비추어 **적합한 수단**이어야 함

⚖ 판례 | 자구행위에 해당하지 않는 경우

1 인근 상가의 통행로로 이용되고 있는 토지의 사실상 지배권자인 피고인이 토지에 철주와 철망을 설치하고 **포장된 아스팔트를 걷어냄으로써 통행로로 이용하지 못하게 한 경우**(대판 2007.12.28, 2007도7717 **아스팔트 제거 사건**) 12. 사법시험, 14. 변호사, 17. 국가직 7급, 20. 경찰채용

2 피고인 등이 채무자 A가 부도를 낸 후 도피하자 자신들의 물품대금채권을 다른 채권자들보다 우선적으로 확보할 목적으로 부도를 낸 다음 날 새벽에 **A의 가구점의 시정장치를 쇠톱으로 절단하고 그곳에 침입하여** 시가 1,600만원 상당의 **가구들을 화물차에 싣고 가 다른 장소에 옮긴 경우**(대판 2006.3.24, 2005도8081 **가구점 부도 사건**) 12. 사법시험, 16. 국가직 9급

3 소유권의 귀속에 관한 분쟁이 있어서 민사소송이 계속 중인 건조물에 관하여 현실적으로 관리인이 있음에도 피고인이 **건조물의 자물쇠를 쇠톱으로 절단하고 침입한 경우**(대판 1985.7.9, 85도707) 12·13. 사법시험

4 피고인이 A에게 16만원 상당의 석고를 납품하였으나 A가 그 대금의 지급을 지체하여 오다가 갑자기 화랑을 폐쇄하고 도주하자, 피고인이 야간에 **폐쇄된 화랑의 베니아판 문을 드라이버로 뜯어내고 화랑 안에 있던 물건을 몰래 가지고 나온 경우**(대판 1984.12.26, 84도2582 **석고상 납품대금 사건**) 11. 사법시험

03 과잉자구행위와 오상자구행위

과잉 자구행위	① 자구행위가 상당성을 결여한 것으로서 위법성은 조각되지 않고, 다만 형을 감경 또는 면제할 수 있음(형벌감면적 과잉자구행위) ② 정당방위나 긴급피난과는 달리 책임이 조각되는 **면책적 과잉자구행위는 존재하지 않음**《주의》 과잉정당방위·과잉긴급피난·과잉자구행위가 야간 기타 불안스러운 상태하에서 공포, 경악, 흥분 또는 당황으로 인한 때에는 벌하지 않는다. ✕)
오상 자구행위	객관적으로 자구행위상황이 아님에도 행위자가 자구행위상황이 있는 것으로 착각하고 자구행위에 나아간 경우, 구성요건적 고의는 인정되지만 책임고의가 조각되어 과실범으로 처벌(법효과제한적 책임설, 다수설)

제5절 피해자의 승낙

> **형법**
> 제24조【피해자의 승낙】처분할 수 있는 자의 승낙에 의하여 그 법익을 훼손한 행위는 **법률의 특별한 규정이 없는 한 벌하지 아니한다.**

01 서설

의의		법익의 주체가 타인에게 자기의 법익을 침해할 것을 허용한 경우 일정한 조건하에 위법성을 조각시키는 동의
양해와의 구별	양해	① **구성요건해당성 자체를 조각시키는 동의**를 의미함 ② 강간죄, 주거침입죄, 절도죄, 횡령죄 등에 있어 피해자의 동의가 양해에 해당함
	승낙	① **위법성을 조각시키는 동의**를 의미함 ② 상해죄, 폭행죄, 감금죄 등에 있어 피해자의 동의가 승낙에 해당함

☑ SUMMARY ㅣ 동의(양해 또는 승낙)의 효과

구성요건해당성 조각	강간죄, 주거침입죄, 절도죄, 횡령죄 등
위법성 조각	상해죄, 폭행죄, 감금죄 등
감경적 구성요건에 해당	(살인죄에 대한) 승낙살인죄, (부동의낙태죄에 대한) 동의낙태죄 등
범죄성립에 영향이 없음	미성년자의제강간죄, 피감호자간음죄 등

02 피해자의 승낙

승낙 대상 법익		① 승낙의 대상은 원칙적으로 개인적 법익에 한하며 사회적·국가적 법익은 승낙대상이 아님. 다만, 판례는 추정적 승낙과 관련하여 사회적 법익도 승낙의 대상으로 판단함 ② 개인적 법익이라도 사람의 생명과 같은 절대적 법익은 승낙대상이 아님
유효한 승낙의 존재	승낙주체	법익의 주체인 피해자가 되는 것이 원칙이지만 예외적으로 처분권이 인정된 자(⑩ 친권 자, 법정대리인 등)도 승낙자가 될 수 있음
	승낙능력	① 사물에 대한 인식능력과 자신의 의사를 결정할 수 있는 의사결정능력(판단능력)이 있 어야 함 ② **민법상 행위능력 유무가 아니라,** 형법의 독자적 성격에 따라 개별적으로 판단함(⑩ 18세는 민법상 행위능력이 없으나 형법상 승낙능력이 얼마든지 인정될 수 있음)
	승낙의 유효성	자유로운 의사결정에 의한 진지한 승낙이어야 하고, 기망·착오·강박 등 하자 있는 의사 표시에 의한 승낙은 효력이 없음
	승낙의 사전표시	① 승낙은 어떤 방법으로든 외부에서 인식할 수 있도록 표시되면 충분하고, 묵시적인 표 시로도 충분함 ② 승낙은 사전에 표시되어야 하고 행위시까지 존재하여야 함
	승낙의 철회	사전에 표시된 승낙은 언제든지 자유롭게 철회할 수 있음
정당화 요소		① 피해자의 승낙이 있다는 인식은 주관적 정당화요소로서, 객관적으로 존재하는 승낙사실을 알지 못 하는 우연승낙의 경우 불능미수로 처벌함(불능미수범설·다수설) ② 존재하지 않는 피해자의 승낙이 존재한다고 착각한 오상승낙의 경우 구성요건적 고의는 인정되지 만, 책임고의가 조각되어 과실범으로 처벌함(법효과제한적 책임설, 다수설)
상당성		(정당방위·긴급피난·자구행위와는 달리 형법 제24조에는 '상당한 이유'라는 요건이 명시되어 있지 않지만) 위법성이 조각되기 위해서는 피해자의 승낙에 의한 행위가 **사회상규에 위배되지 않아야 함** (통설·판례)
효과		피해자의 승낙에 의한 행위는 **위법성이 조각**되는 적법한 행위이므로 법원은 **무죄판결**을 선고하여 야 함

⚖️ 판례 | 피해자의 승낙 관련 판례

1 형법 제24조의 규정에 의하여 위법성이 조각되는 피해자의 승낙은 개인적 법익을 훼손하는 경우에 법률상
이를 처분할 수 있는 사람의 승낙이어야 할 뿐만 아니라 그 **승낙이 윤리적·도덕적으로 사회상규에 반하는
것이 아니어야 한다**(대판 2008.12.11, 2008도9606 **보험사기 상해 사건**). 11·14·20. 국가직 9급, 12. 변호사, 13. 사법시험,
18. 경찰간부, 20. 경찰승진

2 위법성조각사유로서의 **피해자의 승낙은 언제든지 자유롭게 철회할 수 있고,** 그 철회의 방법에는 아무런 제
한이 없다(대판 2011.5.13, 2010도9962 **안산 상가철거 사건**). 15. 국가직 9급, 16. 변호사, 20. 경찰채용

3 무고죄는 국가의 형사사법권 또는 징계권의 적정한 행사를 주된 보호법익으로 하고, 다만 개인의 부당하게
처벌 또는 징계받지 아니할 이익을 부수적으로 보호하는 죄이므로 설사 **무고에 있어서 피무고자의 승낙이
있었다고 하더라도 무고죄의 성립에는 영향을 미치지 못한다**(대판 2005.9.30, 2005도2712 **합의주선용 무
고 사건**). 11. 국가직 9급, 14. 경찰승진·변호사, 16. 법원행시·국가직 7급

4 피고인이 동거 중인 피해자의 지갑에서 현금을 꺼내가는 것을 **피해자가 현장에서 목격하고도 만류하지 아니하였다면** 피해자가 이를 허용하는 묵시적 의사가 있었다고 봄이 상당하여 이는 절도죄를 구성하지 않는다(대판 1985.11.26, 85도1487). 16. 국가직 9급, 20. 경찰채용

5 피고인이 피해자에게 이 사건 밍크 45마리에 관하여 자기에게 그 권리가 있다고 주장하면서 이를 가져간 데 대하여 피해자의 **묵시적인 동의가 있었다면** 피고인의 주장이 후에 허위임이 밝혀졌더라도 피고인의 행위는 절도죄의 절취행위에는 해당하지 않는다(대판 1990.8.10, 90도1211). 19. 경찰간부

6 피고인이 계원들로 하여금 공소외 甲 대신 피고인을 계주로 믿게 하여 계금을 지급하고 불입금을 지급받아 위계를 사용하여 공소외 甲의 계운영업무를 방해하였다고 하여도 피고인에 대하여 다액의 채무를 부담하고 있던 공소외 甲으로서는 채권확보를 위한 피고인의 요구를 거절할 수 없었기 때문에 피고인이 계주의 업무를 대행하는데 대하여 이를 **승인 내지 묵인한 사실이 인정**된다면 피고인의 소위는 이른바 위 공소외 甲의 승낙이 있었던 것으로서 위법성이 조각되어 업무방해죄가 성립되지 않는다(대판 1983.2.8, 82도2486).

🏛 판례 | 유효한 피해자의 승낙이 있다고 할 수 없어 범죄가 성립하는 경우

1 피고인이 A의 상가건물에 대한 임대차계약 당시 A의 모(母) B에게서 인테리어 공사 승낙을 받았는데, 이후 B가 임대차보증금 잔금 미지급을 이유로 즉시 공사를 중단하고 퇴거할 것을 요구하자, 피고인이 도끼를 집어 던져 상가 유리창을 손괴한 경우(대판 2011.5.13, 2010도9962 **안산 상가철거 사건**)

2 **피고인 甲이 乙과 공모하여 교통사고를 가장하여 보험금을 편취할 목적으로 乙의 승낙을 받아 그에게 상해를 가한 경우**(대판 2008.12.11, 2008도9606 **보험사기 상해 사건**) ➡ 사회상규 위반 11·12·13·15. 사법시험, 11·15. 국가직 9급, 13. 경찰채용, 16. 경찰간부·국가직 7급

3 피고인이 피해자가 사용 중인 공중화장실의 용변칸에 노크하여 남편으로 오인한 **피해자가 용변칸 문을 열자 강간할 의도로 그 용변칸에 들어간 경우**(대판 2003.5.30, 2003도1256 **아빠야 사건**) 11·13. 사법시험, 12. 변호사·법원직 9급, 16. 법원행시·국가직 7급·경찰승진, 17. 경찰간부

4 피고인(산부인과 전문의 수련과정 2년차인 의사)이 **피해자의 병명을 자궁근종으로 오진하고 피해자에게 자궁적출술의 불가피성만을 강조하여**, 진단상의 과오가 없었으면 당연히 설명받았을 내용을 설명받지 못한 피해자로부터 수술 승낙을 받아 그의 자궁을 적출한 경우(대판 1993.7.27, 92도2345 **자궁적출 사건**) 13. 사법시험, 14. 국가직 7급, 16. 변호사, 18. 경찰간부, 20. 국가직 9급

5 건물의 소유자라고 주장하는 피고인과 그것을 점유관리하고 있는 피해자 사이에 **건물의 소유권에 대한 분쟁이 계속되고 있는 상황에서, 피고인이 그 건물에 들어간 경우**(대판 1989.9.12, 89도889) 16. 경찰간부

6 甲이 질병으로 고생하는 乙에게 잡귀 때문에 병이 있다고 하자 乙은 甲에게 **잡귀를 물리쳐 달라고 하여 안수기도**를 하던 중 乙의 뺨 등을 때리고 배와 가슴을 손과 무릎으로 힘껏 누르고 밟는 등의 행위를 하여 乙을 사망하게 한 경우(대판 1985.12.10, 85도1892). ➡ 폭행치사죄 인정

7 피할만한 여유도 없는 좁은 장소와 상급자인 피고인이 하급자인 피해자로부터 아프게 반격을 받을 정도의 상황에서 신체가 보다 더 건강한 피고인이 피해자에게 약 1분 이상 가슴과 배를 때렸다면 사망의 결과에 대한 예견가능성을 부정할 수도 없을 것이며 위와 같은 상황에서 이루어진 폭행이 **장난권투로서 피해자의 승낙에 의한 사회상규에 어긋나지 않는 것이라고도 볼 수 없다**(대판 1989.11.28, 89도201). 19. 경찰채용

8 피해자는 연예기획사 매니저와 사진작가의 1인 2역 행세를 한 **피고인의 거짓말에 속아 피고인이 요구한 나체 촬영과 성관계 등에 응하면 피고인이 자신을 모델 등으로 만들어 줄 것으로 오인, 착각에 빠졌는바**, 피해자는 이러한 심적 상태에서 피고인의 촬영 요구 등에 응하였다고 보이고, 피고인 또한 그와 같은 피해자의 심적 상태를 유발하고 이를 적극적으로 이용하였다고 할 것이므로 **피해자가 피고인에 대하여 자신의 신체 촬영을 승낙한 것은 피해자의 자유로운 의사에 기초한 것이라고 보기 어렵고 따라서 피고인의 위 행위는 피해자의 의사에 반한다고 볼 여지가 충분하다**(대판 2022.4.28, 2021도9041 **모델이 되게 해 주겠다 사건**). 23. 변호사

03 추정적 승낙

의의	피해자의 현실적인 승낙은 없지만 행위 당시의 객관적인 사정을 근거로 판단해 볼 때 그러한 사정을 **피해자가 알았다면 승낙했으리라고 추정**되는 경우
성질	긴급피난과 피해자의 승낙의 중간에 위치하는 독자적 구조를 가진 위법성조각사유에 해당함(다수설)
유형	① 피해자의 이익을 위한 경우: 행위자가 피해자의 고가치 이익을 보호하기 위하여 저가치의 이익을 침해한 경우 ② 피해자의 이익포기가 기대되는 경우: 행위자가 자기나 제3자의 이익을 위하여 행위하였지만 피해자의 승낙이 추정되는 경우
성립 요건	① 피해자의 승낙을 얻을 수 없을 것: 추정적 승낙은 피해자의 현실적인 승낙을 얻는 것이 불가능한 경우에만 허용됨(보충성) ② 승낙의 기대: 모든 사정을 객관적으로 평가해 볼 때 피해자가 사실을 알았더라면 틀림없이 승낙하였을 것이 기대되는 경우이어야 함 ③ 양심적 심사: 행위자는 피해자의 가정적 진의를 파악하기 위하여 모든 정황에 대하여 성실히 검토를 하여야 함(주관적 정당화요소)
효과	추정적 승낙에 의한 행위는 **위법성이 조각**되는 적법한 행위이므로 법원은 **무죄판결**을 선고하여야 함

⚖️ 판례 | 추정적 승낙 관련 판례

1 **추정적 승낙이란** 피해자의 현실적인 승낙이 없었다고 하더라도 행위 당시의 모든 객관적 사정에 비추어 볼 때 만일 피해자가 행위의 내용을 알았더라면 **당연히 승낙하였을 것으로 예견되는 경우**를 말한다(대판 2006.3.24, 2005도8081 **가구점 부도 사건**). 12. 변호사

2 사문서를 작성 · 수정함에 있어 그 명의자의 명시적이거나 묵시적인 승낙이 있었다면 사문서의 위 · 변조죄에 해당하지 않고, 한편 행위 당시 명의자의 현실적인 승낙은 없었지만 **행위 당시의 모든 객관적 사정을 종합하여** 명의자가 행위 당시 그 사실을 알았다면 **당연히 승낙했을 것이라고 추정되는 경우 역시 사문서의 위 · 변조죄가 성립하지 않는다**(대판 2011.9.29, 2010도14587 **통장 입금자명의 삭제 사건**). 12 · 15 · 16. 국가직 9급, 13 · 16. 사법시험

제6절 정당행위

> **형법**
> 제20조【정당행위】법령에 의한 행위 또는 업무로 인한 행위 기타 사회상규에 위배되지 아니하는 행위는 벌하지 아니한다.

01 서설

개념	법령에 의한 행위 또는 업무로 인한 행위 기타 사회상규에 위배되지 아니하여 국가적이나 사회적으로 정당화되는 행위
구조	법령에 의한 행위나 업무로 인한 행위는 사회상규에 위배되지 않는 행위의 예시에 해당함(예시설·다수설)
효과	정당행위는 **위법성이 조각**되는 적법한 행위이므로 법원은 **무죄판결**을 선고하여야 함

> **⚖ 판례 ┃ 초법규성 관련 판례**
> '사회상규에 반하지 않는 행위'라 함은 국가질서의 존중이라는 인식을 바탕으로 한 국민일반의 건전한 도의적 감정에 반하지 아니한 행위로서 **초법규적인 기준에 의하여 이를 평가할 것이다**(대판 1983.11.22, 83도2224 **경화카제인 수입 사건**). 20. 경찰채용

02 법령에 의한 행위

의의	법령의 근거에 의하여 권리 또는 의무로 행하여지는 행위
공무원의 직무집행행위	① 법령에 의한 공무집행행위 　㉠ 사형판결 확정자에 대한 사형집행 　㉡ 형사소송법상 수사기관이나 법원에 의한 강제처분 ② 상관의 명령에 따른 행위
사인의 법령에 의한 행위	사인의 현행범 체포
기타	모자보건법상 낙태행위, 정신건강증진 및 정신질환자 복지서비스 지원에 관한 법률상 강제입원조치, 복권 및 복권기금법상 복권발행, 한국마사회법상 승마투표권 발매, 민법상 자력구제 등

03 업무로 인한 행위

의의	법령의 규정이 없는 경우에도 업무의 내용이 사회윤리상 정당하다고 인정되는 경우에는 위법성이 조각됨

의사	종래는 업무로 인한 정당행위로서 위법성이 조각된다고 보았으나, 최근에는 피해자의 승낙에 의하여 **위법성이 조각**된다는 견해가 우세함(다수설·판례)
변호사	변호사가 변론을 함에 있어 명예훼손 등의 행위를 하더라도 업무로 인한 정당행위로서 위법성이 조각됨
성직자	성직자가 고해성사 등 직무상 알게 된 범죄사실을 고발하지 않거나 묵비한 경우라도 업무로 인한 정당행위로서 위법성이 조각됨

04 사회상규에 위배되지 않는 행위

의의	법질서 전체의 정신이나 그 배후에 놓여 있는 사회윤리 내지 사회통념에 비추어 용인될 수 있는 행위
요건	① '사회상규에 위배되지 아니하는 행위'로서 정당행위가 인정되려면, 그 행위의 동기나 목적의 **정당성**, 행위의 수단이나 방법의 **상당성**, 보호이익과 침해이익의 법익균형성, 긴급성, 그 행위 외에 다른 수단이나 방법이 없다는 **보충성** 등의 요건을 갖추어야 함(대판 2015.10.29, 2015도8429 **친모 정신병원 강제입원 사건**) ② '목적의 정당성'과 '수단의 상당성' 요건은 행위의 측면에서 사회상규의 판단기준이 된다. 사회상규에 위배되지 아니하는 행위로 평가되려면 행위의 동기와 목적을 고려하여 그것이 법질서의 정신이나 사회윤리에 비추어 용인될 수 있어야 한다. 수단의 상당성·적합성도 고려되어야 한다. 또한 보호이익과 침해이익 사이의 법익균형은 결과의 측면에서 사회상규에 위배되는지를 판단하기 위한 기준이다. 이에 비하여 행위의 긴급성과 보충성은 수단의 상당성을 판단할 때 고려요소의 하나로 참작하여야 하고 이를 넘어 독립적인 요건으로 요구할 것은 아니다. 또한 그 내용 역시 다른 실효성 있는 적법한 수단이 없는 경우를 의미하고 '일체의 법률적인 적법한 수단이 존재하지 않을 것'을 의미하는 것은 아니다(대판 2023.5.18, 2017도2760 **상지대학교 사건**).

판례비교

정당행위에 해당하지 않는 경우	정당행위에 해당하는 경우
① 중학교 체육교사 겸 태권도 지도교사인 피고인이 학생 A·B가 무질서하게 구보한다는 이유로 손이나 주먹으로 두 차례 머리 부분을 때리고, 신고 있던 슬리퍼로 B의 양손을 때렸으며, 태권도 대회 출전과 관련해 질문하는 여학생 B·C·D에게 다른 학생들이 보는 가운데 '싸가지 없는 년'이라고 욕설을 한 경우(대판 2004.6.10, 2001도5380 **무서운 체육교사 사건**) ② 아버지인 피고인이 스스로의 감정을 이기지 못하고 **야구방망이로 때릴 듯이 그의 아들에게 "죽여 버린다."라고 말하여 협박한 경우**(대판 2002.2.8, 2001도6468 **야구방망이 사건**) 11·15. 경찰승진, 12. 국가직 9급·경찰간부	① 피고인이 피고인의 **차를 손괴하고 도망하려는 피해자를 도망하지 못하게 멱살을 잡고 흔들어 피해자에게 전치 14일의 흉부찰과상을 가한 경우**(대판 1999.1.26, 98도3029 **팽성읍 차손괴 사건**) 11. 사법시험, 11·16. 경찰승진·국가직 9급, 13. 법원직 9급 ② 집행관인 피고인들이 집행력 있는 판결정본에 기한 동산압류집행의 위임을 받아 신분증과 채무명의를 휴대한 채 채무자의 주거에 들어가려고 하였으나, **채무자의 아들이 주거에 들어오지 못하게 하고 저항하므로 이를 배제하고 채무자의 주거에 들어가기 위하여 동인을 떠민 경우**(대판 1993.10.12, 93도875) 12. 경찰승진, 15. 사법시험

정당행위에 해당하지 않는 경우	정당행위에 해당하는 경우
③ 국무총리실 공직윤리지원관실 주무관인 피고인이 '김○○에 대한 불법 내사'와 관련된 증거자료를 인멸하라는 상사인 공직윤리지원관실 기획총괄과장의 지시를 받고 **증거인멸 및 공용물손상행위에 적극적으로 가담한 경우**(대판 2013.11.28, 2011도5329 **공직윤리지원관실 불법사찰 사건 Ⅱ**)	③ 신문은 헌법상 보장되는 언론자유의 하나로서 정보원에 대하여 자유로이 접근할 권리와 그 취재한 정보를 자유로이 공표할 자유를 가지므로, 그 종사자인 **신문기자가 기사 작성을 위한 자료를 수집하기 위해 취재활동을 하면서 취재원에게 취재에 응해 줄 것을 요청하고 취재한 내용을 관계 법령에 저촉되지 않는 범위 내에서 보도하는 것은** 신문기자로서의 일상적인 업무 범위 내에 속하는 것으로서 특별한 사정이 없는 한 **사회통념상 용인되는 행위라고 보아야 한다**(대판 2011.7.14, 2011도639 **검찰신문 취재부장 사건**). 14. 법원행시, 15. 경찰채용, 20. 법원행시
④ 상관인 경위 乙의 지휘를 받은 경사 甲 등 4명의 경찰관이 **참고인 A의 옷을 벗기고 양손을 뒤로 결박한 후 얼굴을 욕조 물 속으로 강제로 찍어누르는 가혹행위를 가하였고,** 이 과정에서 A가 욕조 턱에 목이 눌려 질식사한 경우(대판 1988.2.23, 87도2358 **박종철 고문치사 사건**) 15. 경찰승진, 21. 경찰간부	④ 신문기자인 피고인이 고소인에게 2회에 걸쳐 증여세 포탈에 대한 **취재를 요구하면서 이에 응하지 않으면 자신이 취재한 내용대로 보도하겠다고 말한 경우**(대판 2011.7.14, 2011도639 **검찰신문 취재부장 사건**) 12·14. 사법시험, 12·15. 경찰간부, 13. 경찰채용, 16·17. 경찰승진, 17. 법원직 9급
⑤ 피고인이 자기 소유 임야에 심어둔 **밤나무를 손괴한 현행범인 A를 추적하였고,** A가 A의 부(父) B의 집에 들어가자 그 집에 무단히 침입하여 B와 시비를 하던 중 **B에게 상해를 가한 경우**(대판 1965.12. 21, 65도899) 15. 경찰간부	⑤ 수지침(手指鍼) 전문가인 피고인이 **스스로 수지침을 사 가지고 온 자의 부탁을 받아 그에게 수지침 시술을 한 경우**(대판 2000.4.25, 98도2389 **수지침 사건**) 15. 경찰간부, 17. 법원직 9급
⑥ 의사가 모발이식시술을 하면서 이에 관하여 어느 정도 지식을 가지고 있는 **간호조무사로 하여금 모발이식시술행위 중 일정 부분을 직접 하도록 맡겨둔 채 별반 관여하지 않은 경우**(대판 2007.6.28, 2005도8317 **간호조무사 모발이식 사건**) 13·15. 사법시험, 16. 경찰승진	⑥ 건설업체 노조원인 피고인들이 '임·단협 성실교섭 촉구 결의대회'를 개최하면서 사회통념상 용인될 수 있는 다소의 피해를 발생시키는 방법으로 (차도의 통행방법으로 신고하지 아니한) **삼보일배 행진을 한 경우**(대판 2009.7.23, 2009도840 **삼보일배 사건 Ⅰ**) 11. 경찰채용·국가직 7급, 14. 사법시험
⑦ 자격기본법에 의한 **민간자격을 받은 피고인이 환자들을 상대로 침술행위(체침, 體鍼)를 시행한 경우**(대판 2003.5.13, 2003도939 **침술원 사건**) 11. 경찰승진·국가직 9급, 14. 사법시험, 16. 경찰간부	⑦ 실내 어린이 놀이터에서 피해자 A(2세)가 피고인 甲의 딸 乙(4세)이 가지고 놀고 있는 블록을 발로 차고 무너뜨리고 이에 딸이 울기 때문에 甲이 몇 차례 A를 제지하였지만, A가 乙을 한참 쳐다보고 있다가 갑자기 乙의 눈 쪽을 향해 오른손을 뻗었고 이를 본 甲이 왼손을 내밀어 그를 제지하는 과정에서 A가 바닥에 넘어져 엉덩방아를 찧은 경우(대판 2014.3. 27, 2012도11204 **실내 어린이 놀이터 사건**) 15. 경찰간부
⑧ 한겨레신문 기자인 피고인 甲이 정수장학회 이사장 A와의 전화통화를 마친 후 예우차원에서 A가 전화를 먼저 끊기를 기다리던 중, 문화방송 기획홍보본부장 B가 A와 인사를 나누면서 전략기획부장 C를 소개하는 목소리가 휴대폰을 통해 들려오고 그들이 **정수장학회가 보유하고 있던 언론사의 지분매각 문제 등을 논의하자, 통화연결상태에 있는 자신의 휴대폰을 이용하여 대화를 몰래 청취·녹음한 이후에 이를 언론을 통해 보도한 경우**(대판 2016.5.12, 2013도15616 **정수장학회 비밀회동 청취·녹음·보도 사건**)	⑧ 피해자가 야간에 피고인의 집에 침입한 상태에서 문을 닫으려는 피고인과 열려는 피해자 사이의 실랑이가 계속되는 과정에서 **문짝이 떨어져 피해자가 전치 2주의 상해를 입은 경우**(대판 2000.3.10, 99도4273) 11. 경찰승진·법원행시

⑨ 피고인이 **안수기도 명목으로** 피해자를 눕혀 머리를 피고인의 무릎 사이에 끼우고 신도들로 하여금 피해자의 팔과 다리를 붙잡아 움직이지 못하게 한 뒤, **수회에 걸쳐 손가락으로 피해자의 눈 부위를 세게 누르고 뺨을 때리는 등으로 폭행·상해를 가한 경우**(대판 2008.8.21, 2008도2695 **고통스러운 안수기도 사건**) 11. 사법시험·국가직 7급, 15. 경찰승진

⑩ 국회의원인 피고인이, 구 국가안전기획부 내 정보수집팀이 삼성그룹 고위관계자와 중앙일간지 사주 간의 사적 대화를 불법 녹음한 자료를 입수한 후 그 대화 내용과 삼성그룹으로부터 이른바 **떡값 명목의 금품을 수수하였다는 검사들의 실명이 게재된 보도자료를 작성하여 자신의 인터넷 홈페이지에 게재한 경우**(대판 2011.5.13, 2009도14442 **노회찬 의원 사건**) 15. 경찰채용, 17. 경찰승진

⑪ 방송사 기자인 피고인이, 구 국가안전기획부 정보수집팀이 타인간의 사적 대화를 불법 녹음하여 생성한 도청자료인 녹음테이프와 녹취보고서를 입수한 후 이를 자사의 **방송프로그램을 통하여 공개한 경우**[대판 2011.3.17, 2006도8839(전합) **삼성X파일 보도 사건**] 14. 사법시험, 16. 국가직 9급, 21. 경찰간부

⑫ 시위참가자들이 경찰관들의 위법한 제지행위에 대항하는 과정에서 공동하여 **경찰관들에게 PVC파이프를 휘두르거나 진압방패와 채증장비를 빼앗는 등의 폭행행위를 한 경우**(대판 2009.6.11, 2009도2114 **상경시위 저지 사건 Ⅱ**)

⑬ 피고인이 옥외집회에서 고성능 확성기 등을 사용하여 발생된 소음이 82.9dB 내지 100.1dB에 이르고, 사무실 내에서의 **전화통화, 대화 등이 어려웠으며,** 밖에서는 부근을 통행하기조차 곤란하였고 인근 상인들도 소음으로 인한 **고통을 호소하는 정도에 이르른 경우**(대판 2004.10.15, 2004도4467 **대구중구청 앞 시위 사건**) 11. 경찰승진

⑭ 술에 취한 피해자가 피고인을 때렸다가 피고인의 반항하는 기세에 겁을 먹고 주춤주춤 피하는데 **피고인이 밀어서 넘어뜨린 경우**(대판 1985.3.12, 84도2929) 11. 경찰간부

⑮ 사채업자인 피고인이 피해자에게, 채무를 변제하지 않으면 피해자가 숨기고 싶어하는 **과거의 행적과 사채를 쓴 사실 등을 남편과 시댁에 알리겠다는 등의 문자메시지를 발송한 경우**(대판 2011.5.26, 2011도2412 **사채업자 협박 사건**) 13. 경찰채용, 13·16. 사법시험

⑨ 피해자가 피고인이 교수로 재직하고 있는 대학교의 강의실 출입구에서 피고인의 진로를 막아서면서 물리적으로 저지하려 하자 피고인이 **피해자의 팔을 뿌리쳐서 피해자가 상해를 입은 경우**(대판 1995.8.22, 95도936 **제수 폭행 사건**) 15. 경찰간부

⑩ 분쟁이 있던 옆집 사람이 야간에 술에 만취된 채 시비를 하며 거실로 들어오려 하므로 피고인이 **이를 제지하며 밀어내는 과정에서 피해자가 전치 2주의 상해를 입은 경우**(대판 1995.2.28, 94도2746 **창문분쟁 사건**) 14. 사법시험, 16. 법원직 9급, 17. 경찰승진

⑪ 시장번영회 회장인 피고인이 이사회의 결의와 시장번영회의 관리규정에 따라서 **관리비 체납자의 점포에 대하여 단전조치를 한 경우**(대판 2004.8.20, 2003도4732 **삼천포종합시장 사건**) 11. 법원행시, 15. 법원직 9급, 16. 국가직 9급, 17. 경찰간부

⑫ 시장번영회의 회장인 피고인이 시장번영회에서 제정·시행 중인 **관리규정을 위반하여 칸막이를 천장에까지 설치한 일부 점포주들에 대하여 단전조치를 한 경우**(대판 1994.4.15, 93도2899) 13. 변호사·법원직 9급, 21. 경찰간부

⑬ 사설수도를 설치한 시장번영회가 수도요금을 체납한 회원에 대하여 사전 경고까지 하고 **단수행위를 한 경우**(대판 1977.11.22, 77도103 **용산 제1시장 사건**) 14. 경찰간부

⑭ 사용자가, 적법한 직장폐쇄기간 중 일방적으로 업무에 복귀하겠다고 하면서 **자신의 퇴거요구에 불응한 채 계속하여 사업장 내로 진입을 시도하는 해고 근로자를 폭행·협박한 경우**(대판 2005.6.9, 2004도7218 **군산축협 파업 사건**) 15. 사법시험, 16. 경찰간부

⑮ 아파트 입주자대표회의의 임원 또는 아파트 관리회사의 직원들인 피고인들이 기존 관리회사의 직원들로부터 계속 업무집행을 제지받던 중 **저수조 청소를 위하여 출입문에 설치된 자물쇠를 손괴하고 중앙공급실에 침입한 경우**(대판 2006.4.13, 2003도3902) 11. 법원행시, 12. 경찰채용, 13. 법원직 9급, 15. 경찰승진 ➡ 다만, 아파트 입주자대표회의의 임원 또는 X회사의 직원들인 피고인들이 **관리비 고지서를 빼앗거나 사무실의 집기 등을 들어낸 것**은 사회통념상 허용될 만한 정도의 상당성이 있는 행위라고 볼 수 없어 **정당행위에 해당하지 않는다.**

⑯ 형제복지원 시설장인 피고인이 수용 중인 **부랑인들의 야간도주를 방지하기 위하여 취침시간 중 출입문을 안에서 시정조치한 경우**(대판 1988.11.8, 88도1580 **형제복지원 사건**) 15. 경찰채용, 16. 경찰승진

정당행위에 해당하지 않는 경우	정당행위에 해당하는 경우
⑯ 피고인이 그의 어머니를 대면한 정신건강의학과 전문의의 진찰·진단이나 A 병원장의 입원결정이 없는 상태에서 **어머니를 강제로 응급이송차량에 태워 A 병원에 데려가 입원시키고 이후 A 병원에서 B 병원으로 강제로 데려가 입원시킨 경우**(대판 2015.10.29, 2015도8429 **친모 정신병원 강제입원 사건**)	⑰ 피고인이 **정신병자의 어머니의 의뢰 및 승낙하에** 그 감호를 위하여 그 보호실문을 야간에 한해서 **3일간 시정하여 출입을 못하게 한 경우**(대판 1980.2.12, 79도1349) 13. 경찰간부, 15. 경찰승진
⑰ 상사 계급의 피고인이 병사들에 대해 수시로 폭력을 행사해 와 신체에 위해를 느끼고 겁을 먹은 상태에 있던 병사들에게 청소 불량 등을 이유로 40분 내지 50분간 **머리박아(속칭 '원산폭격')를 시키거나** 양손을 깍지 낀 상태에서 약 2시간 동안 **팔굽혀펴기를 50~60회 정도 하게 한 경우**(대판 2006.4.27, 2003도4151 **가혹한 얼차려 사건**) 13. 경찰간부·국가직 7급	⑱ 회사 대표인 피고인이 회사의 직원이 회사의 이익을 **빼돌린다는 소문을 확인할 목적으로,** 비밀장치를 한 피해자가 사용하던 컴퓨터의 하드디스크를 떼어내어 다른 컴퓨터에 연결한 다음 **의심이 드는 단어로 파일을 검색하여 메신저 대화내용, 이메일 등을 출력한 경우**(대판 2009.12.24, 2007도6243 **회사의 이익을 빼돌린다 사건**) 11. 경찰승진, 11·12·15·17. 경찰간부, 11·13·15. 경찰채용, 17. 법원직 9급
⑱ 언론소비자주권국민캠페인 대표인 피고인이 광동제약을 상대로 조선·중앙·동아일보에 광고를 중단하라고 했다가 거절당하자 **한겨레·경향신문에도 공평하게 광고하도록 요구하고 불응하면 회사 제품에 대한 불매운동을 벌이겠다고 압박하여,** 광동제약으로 하여금 인터넷 홈페이지에 앞으로 특정 언론사에 편중하지 않고 동등한 광고 집행을 하겠다는 취지의 **안내문을 띄우고,** 한겨레·경향신문에 756만원 어치의 **광고를 싣게 한 경우**(대판 2013.4.11, 2010도13774 **광동제약 불매운동 사건**) 13. 경찰채용, 14. 경찰승진	⑲ 연립주택 아래층에 사는 피해자가 위층 피고인의 집으로 통하는 상수도관의 밸브를 임의로 잠근 후 이를 피고인에게 알리지 않아 하루 동안 수돗물이 나오지 않은 고통을 겪었던 피고인이 **상수도관의 밸브를 확인하고 이를 열기 위하여 부득이 피해자의 집에 들어간 경우**(대판 2004.2.13, 2003도7393 **상수도관 밸브 사건**) 15. 경찰간부
⑲ 아파트 입주자대표회의 회장이 다수 입주민들의 민원에 따라 위성방송 수신을 방해하는 케이블TV방송의 시험방송 송출을 중단시키기 위하여 **케이블TV방송의 방송안테나를 절단하도록 지시한 경우**(대판 2006.4.13, 2005도9396 **안테나 절단 사건**) ➡ 업무방해죄 성립 13. 경찰채용, 14. 법원직 9급, 16. 국가직 7급, 16·17. 경찰간부	⑳ 채권자들이 채무변제를 요구하면서 위 여관을 점거하여 피고인에게 여관을 명도하기가 어렵게 되자 피고인은 피해자에게 **"여관을 명도해 주던가 명도소송비용을 내놓지 않으면 고소하여 구속시키겠다."라고 말한 경우**(대판 1984.6.26, 84도648).
⑳ 피고인이 간통현장을 직접 목격하고 그 사진을 촬영하기 위하여 **상간자의 주거에 침입한 경우**(대판 2003.9.26, 2003도3000 **상간녀주택 침입 사건**) 11. 국가직 9급, 11·12. 법원행시, 13. 변호사·국가직 7급, 14·16. 경찰승진, 15. 경찰간부, 16. 사법시험	㉑ 피해자로부터 **범인으로 오인되어** 경찰에 끌려가 구타당하여 입원하게 되자 피해자에 그 치료비를 요구하고 응하지 않으면 무고죄로 고소하겠다고 한 경우(대판 1971.11.9, 71도1629)
㉑ **지입차주들이 지입료 등을 연체하자** 계약을 일방적으로 해지하고 차량을 회수할 수 있도록 한 계약 내용에 따라 회사 직원이 **지입차주인 피해자들이 점유하는 차량 또는 번호판을 피해자들의 의사에 반하여 무단으로 취거한 경우**(대판 2010.10.14, 2008도6578 **지입차량 무단취거 사건**) 11. 경찰채용, 13·16. 사법시험	㉒ 피고인 등이 **비료를 매수하여 시비한 결과 딸기묘목 또는 사과나무묘목이 고사하자** 그 비료를 생산한 회사에게 손해배상을 요구하면서 사장 이하 간부들에게 욕설을 하거나 응접탁자 등을 들었다 놓았다 하거나 현수막을 만들어 보이면서 시위를 할 듯한 태도를 보이는 행위 등을 하였다 하여도 이는 손해배상청구권에 기한 것으로서 그 방법이 사회통념상 인용된 범위를 일탈한 것이라 단정하기 어려우므로 공갈 및 공갈미수의 죄책을 인정할 수 없다(대판 1980.11.25, 79도2565 **딸기묘목사건**). ➡ 정당행위를 인정한 판례이나 자구행위를 인정한 판례라고 주장하는 견해가 있다. 19. 경찰간부

㉒ 피고인이 피해자들을 상대로 하여 주위토지통행권의 존부 및 범위에 관한 확인 및 옹벽 중 주위통행을 위한 부분에 관한 철거판결을 받고, 이를 이행하지 않을 경우 법령에서 정하는 절차를 따라 강제집행할 수 있을 뿐인데도, 피고인이 **위와 같은 절차를 따르지 아니하고 임의로 옹벽을 철거한 경우**(대판 2008.3.27, 2007도7933) 11. 경찰간부

㉓ 피고인의 가옥 앞 도로가 폐기물 운반 차량의 통행로로 이용되어 가옥 일부에 균열 등이 발생하자, 피고인이 **도로에 트랙터를 세워두거나 철책 펜스를 설치함으로써 차량의 통행을 불가능하게 하거나** 차량들의 앞을 가로막고 앉아서 통행을 일시적으로 방해한 경우(대판 2009.1.30, 2008도10560 **트랙터·철책펜스 사건**) 12. 경찰승진, 16. 사법시험

㉔ 피고인이 행방불명된 남편에 대하여 불리한 민사판결이 선고되자, **남편 명의의 항소장을 위조하여 이를 법원에 제출한 경우**(대판 1994.11.8, 94도1657 **항소장 위조 사건**) 11. 국가직 9급, 14. 경찰채용, 16. 법원직 9급

㉕ 피고인들이 회사의 직원들 및 그 가족들에게 수여할 목적으로 타미플루 39,600정, 피케이멜즈정 39,600정을 신성약품 제약회사로부터 매수하여 취득한 경우(대판 2011.10.13, 2011도6287 **타미플루 구매 사건**) 12·17. 경찰간부, 19. 경찰승진, 20. 경찰채용

㉖ **불법 건축물이라는 이유로 일반음식점 영업신고의 접수가 거부되었고,** 이전에 무신고 영업행위로 형사처벌까지 받았음에도 **계속하여 일반음식점 영업행위를 한 경우**(대판 2009.4.23, 2008도6829) 11. 경찰간부, 20. 국가직 7급

㉗ 피고인들이 확성장치 사용, 연설회 개최, 불법행렬, 서명날인운동, 선거운동기간 전 집회 개최 등의 방법으로 **특정 후보자에 대한 낙선운동을 함으로써 공직선거법에 의한 선거운동 제한규정을 위반한 경우**(대판 2004.4.27, 2002도315 **총선시민연대 낙선운동 사건**) 14. 사법시험, 15. 경찰승진

㉘ 새마을금고 이사장이 구 새마을금고법 및 정관에 반하여 비회원인 회사에게 대출을 해 준 경우. 다만, 그 회사는 대출금으로 회원인 회사근로자들에게 상여금을 지급하였음(대판 1999.2.23, 98도1869) 11. 경찰승진

㉓ 백화점 입주상인들이 영업을 하지 않고 매장 내에서 점거 농성만을 하면서 매장 내의 기존의 전기시설에 임의로 전선을 연결하여 **각종 전열기구를 사용함으로써 화재위험이 높아** 백화점 경영 회사의 대표이사인 피고인이 부득이 단전조치 한 경우(대판 1995.6.30, 94도3136)

㉔ 후보자의 회계책임자가 자원봉사자인 **후보자의 배우자, 직계혈족 기타 친족에게 식사를 제공한 행위**(대판 1999.10.22, 99도2971)

㉕ 의사가 인공분만기인 '**샥숀**'을 사용하면 통상 약간의 상해정도가 있을 수 있으므로 그 상해가 있다하여 '샥숀'을 거칠고 험하게 사용한 결과라고는 보기 어려워 의사의 정당업무의 범위를 넘은 위법행위라고 할 수 없다(대판 1978.11.14, 78도2388). 19. 경찰채용

㉖ 재건축조합의 조합장이 조합탈퇴의 의사표시를 한 자를 상대로 '사업시행구역 안에 있는 그 소유의 건물을 명도하고 이를 재건축사업에 제공하여 행하는 업무를 방해하여서는 아니 된다'는 **가처분의 판결을 받아 위 건물을 철거한 경우(대판 1998.2.13, 97도2877)** 20. 경찰채용, 21. 경찰간부

㉗ 민사소송법 제335조에 따른 **법원의 감정인 지정결정** 또는 같은 법 제341조 제1항에 따른 **법원의 감정촉탁을 받은 경우**에는 감정평가업자가 아닌 사람이더라도 그 감정사항에 포함된 토지 등의 감정평가를 한 경우(대판 2021.10.14, 2017도10634 **산양삼 손실보상액 평가 사건**)

㉘ 대학교 총학생회 간부인 피고인들이 **총장실 입구에서 진입을 시도하거나 회의실에 들어가 총장 사퇴를 요구하다가 이를 막는 교직원들과 실랑이를 벌인 경우.** 피고인들은 총장 선임의 위법·부당함에 관한 의견을 개진하고 학사일정을 정상화하며 학생들의 교육받을 권리에 대한 침해를 방지하기 위한 목적에서 약 5분 또는 20분 정도 실랑이를 벌이다 해산하였음(대판 2023.5.18, 2017도2760 **상지대학교 사건**) → 업무방해죄 불성립

정당행위에 해당하지 않는 경우	정당행위에 해당하는 경우
㉙ 차임이나 관리비를 단 **1회도 연체한 적이 없는** 피해자가 임대차계약의 종료 후 임대료와 관리비를 인상하는 내용의 갱신계약 여부에 관한 의사표시나 명도의무를 지체하고 있다는 이유만으로 그 종료일로부터 16일 만에 피해자의 사무실에 대하여 단전조치를 취한 경우(대판 2006.4.27, 2005도8074) 13. 국가직 7급	

㉚ 피해자가 시장번영회를 상대로 잦은 진정을 하고 협조를 하지 않는다는 이유로 시장번영회 총회결의에 의하여 피해자 소유점포에 대하여 정당한 권한 없이 단전조치를 한 것이라면 이 경우에는 그 결의에 참가한 회원의 위력에 의한 업무방해 행위가 성립하고 피해자에게 사전통고를 한 여부나 피고인이 회장의 자격으로 단전조치를 한 경우(대판 1983.11.8, 83도1798)

㉛ 후보자가 선거구 내 거주자에 대한 결혼축의금으로서 **중앙선거관리위원회규칙이 정한 금액인 금 3만원을 초과하여 금 5만원을 지급**한 사유가 후보자가 모친상시 그로부터 받은 같은 금액의 부의금에 대한 답례취지로 한 경우(대판 1999.5.25, 99도983)

㉜ 현직 군수로서 전국동시지방선거(제5회) 지방자치단체장 선거에 특정 정당 후보로 출마가 확실시되는 피고인이 같은 정당 지역청년위원장 등 **선거구민 20명에게 약 36만원 상당의 식사를 제공**하여 기부행위를 한 경우(대판 2011.2.24, 2010도14720) 14. 경찰승진

㉝ 甲주식회사 감사인 피고인이 **회사 경영진과의 불화**로 한 달 가까이 결근하다가 회사 감사실에 침입하여 자신이 사용하던 컴퓨터에서 하드디스크를 떼어간 후 4개월 가까이 지난 시점에 반환한 경우(대판 2011.8.18, 2010도9570)

㉞ 택시 운전사인 피고인이 고객인 가정주부들에게 **입에 담지 못할 욕설**을 퍼부은 데서 발단이 되어 가정주부인 피해자 등으로부터 핸드백과 하이힐 등으로 얻어 맞게 되자 그 때문에 입은 상처를 고발하기 위해 파출소로 끌고 감을 빙자하여 피해자의 손목을 잡아 틀어 상해를 가한 경우(대판 1991.12.27, 91도1169)

㉟ 조산사가 산모의 분만 과정 중 별다른 응급상황이 없음에도 **독자적 판단으로 산모에게 포도당이나 옥시토신을 투여한 행위**(대판 2007.9.6, 2005도9670)

㊱ 피해어민들이 그들의 피해보상 주장을 관철하기 위하여 집단적인 시위를 하고, 선박의 입·출항 업무를 방해하며 이를 진압하려는 **경찰관들을 대나무 사앗대 등을 들고 구타하여 상해**를 입히는 등의 행위를 한 경우(대판 1991.5.10, 91도346)

㊲ 피고인이 피해자를 상대로 **목재대금청구소송 계속 중 피해자에게 피해자의 양도소득세포탈사실을 관계기관에 진정**하여 일을 벌리려 한다고 말하여 겁을 먹은 피해자로부터 목재대금을 지급하겠다는 약속을 받아낸 행위(대판 1990.11.23, 90도1864) 16. 국가직 9급

㊳ 피고인이 대표이사로서 회사의 계산으로 사전투표와 직접투표를 한 **주주들에게 무상으로 20만원 상당의 상품교환권 등을 각 제공한 경우**(대판 2018. 2.8, 2015도7397) 20. 경찰채용

㊴ 속칭 **'생일빵'**을 한다는 명목하에 피해자를 가격하였다면 폭행죄가 성립하고, 가격행위의 동기, 방법, 횟수 등 제반 사정에 비추어 사회상규에 위배되지 아니하는 **정당행위에 해당하지 않는다**(대판 2010. 5.27, 2010도2680). 18. 경찰승진

㊵ 임야매수자금으로 대출받은 돈을 임야매수를 위해 사용하지는 않더라도 임업경영의 목적으로 사용하는 한 산림조합이나 정부가 이를 용인하여 왔다거나, 정책자금을 대출받은 사람들이 대출의 조건 및 용도에 위반하여 자금을 사용하는 관행이 있다고 인정할 수 없을 뿐만 아니라, 설령 그러한 관행이 존재한다고 하더라도 이는 법에 어긋나는 것이므로 그러한 관행을 이유로 대출 조건과 용도가 임야매수자금으로 **한정된 정책자금을 실제보다 부풀려 대출받아 편취한 행위가 사회상규에 위배되지 않는 정당한 행위라거나 비난가능성이 없다고 할 수는 없다**(대판 2007.4.27, 2006도7634 **임야매수자금 부당대출사건**). 15. 경찰채용

㊶ 피고인이 행한 부항 시술행위가 보건위생상 위해가 발생할 우려가 전혀 없다고 볼 수 없는데다가 피고인이 한의사 자격이나 이에 관한 어떠한 면허도 없이 영리를 목적으로 치료행위를 한 것이고, **단순히 수지침 정도의 수준에 그치지 아니하고 부항침과 부항을 이용하여 체내의 혈액을 밖으로 배출되도록 한 것이므로** 이러한 피고인의 시술행위는 사회상규에 위배되지 아니하는 행위로서 **위법성이 조각되는 경우에 해당한다고 할 수 없다**(대판 2004.10. 28, 2004도3405 **부항뜸 사건**). 16. 국가직 7급

정당행위에 해당하지 않는 경우	정당행위에 해당하는 경우
㊷ 감정평가업자가 아닌 공인회계사가 타인의 의뢰에 의하여 일정한 보수를 받고 부동산공시법이 정한 토지에 대한 감정평가를 업으로 행하는 경우(대판 2015.11.27, 2014도191 **삼성전자 부지 자산재평가 사건**) 19. 경찰승진	
㊸ 의사들이 크리스탈 필링 박피술의 시술과정 자체를 피부관리사에게만 맡겨둔 채 피부관리사에 의해 이루어진 경우(대판 2003.9.5, 2003도2903 **크리스탈 필링 사건**) 22. 경찰간부	
㊹ 집행관이 집행채권자인 조합 소유 아파트에서 유치권을 주장하는 피고인을 상대로 부동산인도집행을 실시하였고, 조합이 집행관으로부터 아파트를 인도받은 후 출입문의 잠금 장치를 교체하는 등 그 **점유가 확립된 상태에서 피고인이 이에 불만을 갖고 아파트 출입문과 잠금장치를 훼손하고 아파트에 들어간 경우**(대판 2017.9.7, 2017도9999 **자력구제 불인정 사건**) 23. 경찰간부	
㊺ 피고인이 접근금지, 문언송신금지 등을 명한 **임시보호명령을 위반하여 피해자의 주거지에 접근하고 문자메시지를 보낸 사안**에서, 임시보호명령을 위반한 주거지 접근이나 문자메시지 송신을 피해자가 양해 내지 승낙했더라도 가정폭력범죄의 처벌 등에 관한 특례법 위반죄의 구성요건에 해당하고 **형법 제20조의 정당행위로 볼 수 없다는 이유로 가정폭력범죄의 처벌 등에 관한 특례법 위반죄를 인정한 원심판결은 정당하다**(대판 2022. 1. 14. 2021도14015). 23. 경찰채용·국가직 9급	

⚖ 판례 | 수급인 소속 근로자들이 사용자인 수급인을 상대로 한 쟁의행위의 일환으로 도급인 사업장에서 한 집회·시위 등이 형법 제20조의 '사회상규에 위배되지 아니하는 행위'로서 위법성이 조각되는지의 여부(한정적극)

[1] 쟁의행위가 정당행위로 위법성이 조각되는 것은 사용자에 대한 관계에서 인정되는 것이므로 제3자의 법익을 침해한 경우에는 원칙적으로 정당성이 인정되지 않는다. 그런데 도급인은 원칙적으로 수급인 소속 근로자의 사용자가 아니므로 **수급인 소속 근로자의 쟁의행위가 도급인의 사업장에서 일어나 도급인의 형법상 보호되는 법익을 침해한 경우에는** 사용자인 수급인에 대한 관계에서 쟁의행위의 정당성을 갖추었다는 사정만으로 **사용자가 아닌 도급인에 대한 관계에서까지 법령에 의한 정당한 행위로서 법익침해의 위법성이 조각된다고 볼 수는 없다.** [2] 그러나 수급인 소속 근로자들이 집결하여 함께 근로를 제공하는 장소로서 도급인의 사업장은 수급인 소속 근로자들의 삶의 터전이 되는 곳이고, 쟁의행위의 주요 수단 중 하나인 파업이나 태업은 도급인의 사업장에서 이루어질 수밖에 없다. 또한 도급인은 비록 수급인 소속 근로자와 직접적인 근로계약관계를 맺고 있지는 않지만, 수급인 소속 근로자가 제공하는 근로에 의하여 일정한 이익을 누리고, 그러한 이익을 향수하기 위하여 수급인 소속 근로자에게 사업장을 근로의 장소로 제공하였으므로 그 사업장에서 발생하는 쟁의행위로

인하여 일정 부분 법익이 침해되더라도 사회통념상 이를 용인하여야 하는 경우가 있을 수 있다. 따라서 **사용자인 수급인에 대한 정당성을 갖춘 쟁의행위가 도급인의 사업장에서 이루어져 형법상 보호되는 도급인의 법익을 침해한 경우**, 그것이 항상 위법하다고 볼 것은 아니고 법질서 전체의 정신이나 그 배후에 놓여있는 **사회윤리 내지 사회통념에 비추어 용인될 수 있는 행위에 해당하는 경우**에는 형법 제20조의 '사회상규에 위배되지 아니하는 행위'로서 **위법성이 조각된다**(대판 2020.9.3, 2015도1927 **수자원공사지회 파업 사건**). 21. 경찰채용

⚖️ 판례 | 현행범 체포와 정당행위

[1] 현행범인은 누구든지 영장 없이 체포할 수 있으므로 **사인의 현행범인 체포는 법령에 의한 행위로서 위법성이 조각된다고 할 것인데**, 현행범인 체포의 요건으로서는 행위의 가벌성, 범죄의 현행성·시간적 접착성, 범인·범죄의 명백성 외에 체포의 필요성, 즉 도망 또는 증거인멸의 염려가 있을 것을 요한다. [2] 적정한 한계를 벗어나는 체포행위는 그 부분에 관한 한 법령에 의한 행위로 될 수 없다고 할 것이나, **적정한 한계를 벗어나는 행위인가 여부는 정당행위의 일반적 요건을 갖추었는지 여부에 따라 결정되어야 할 것이지, 그 행위가 소극적인 방어행위인가 적극적인 공격행위인가에 따라 결정되어야 하는 것은 아니다**(대판 1999.1.26, 98도3029 **팽성읍 차손괴 사건**). 12. 경찰간부, 13. 경찰채용, 14·16. 경찰승진

⚖️ 판례 | 의료행위 관련 판례

1 한의사가 진단용 의료기기를 사용하는 것이 한의사의 '면허된 것 이외의 의료행위'에 해당하는지에 관한 새로운 판단 기준에 따르면, 한의사가 초음파 진단기기를 사용하여 환자의 신체 내부를 촬영하여 화면에 나타난 모습을 보고 이를 한의학적 진단의 보조수단으로 사용하는 것은 한의사의 '면허된 것 이외의 의료행위'에 해당하지 않는다[대판 2022.12.22, 2016도21314(전합)]. 23. 경찰채용

2 환자가 사망한 경우 사망진단 전에 이루어지는 사망징후관찰은 구 의료법 제2조 제2항 제5호에서 간호사의 임무로 정한 '상병자 등의 요양을 위한 간호 또는 진료 보조'에 해당한다고 할 수 있다. 그러나 사망의 진단은 의사 등이 환자의 사망 당시 또는 사후에라도 현장에 입회해서 직접 환자를 대면하여 수행해야 하는 의료행위이고, **간호사는 의사 등의 개별적 지도·감독이 있더라도 사망의 진단을 할 수 없다**(대판 2022.12.29, 2017도10007). 23. 경찰채용

제4장 책임론

제1절 책임의 일반이론

의의	① 구성요건에 해당하고 위법한 행위를 한 행위자에 대한 **비난가능성**을 의미함 ② 행위자에 대하여 비난가능성이 있으면 책임이 인정되고, 비난가능성이 없으면 책임이 인정되지 않음
책임의 구성요소	① 책임능력 ② 위법성의 인식 ③ 책임형식으로서의 고의·과실 ④ 기대가능성

도의적 책임론	사회적 책임론
자유의사가 없으면 책임도 없고, 자유의사가 없는 책임무능력자에게는 형벌을 가할 수 없으므로 책임능력을 **범죄능력**으로 봄	책임비난의 대상은 개개의 행위가 아니라 사회적으로 위험한 성격을 가진 행위자에게 있다고 봄(**행위자책임론**)
형벌과 보안처분은 질적으로 구별된다는 견해(형벌과 보안처분 **이원론**)	형벌과 보안처분은 양적으로만 구별된다는 견해(형벌과 보안처분 **일원론**)
책임은 행위자의 개인적 특성을 고려하지 않고 개개의 행위에서 드러난 범위에서만 문제됨(**행위책임론**)	책임비난의 대상은 개개의 행위가 아니라 사회적으로 위험한 성격을 가진 행위자에게 있다고 봄(**행위자책임론**)
구파(고전학파)	신파(근대학파)
책임의 근거는 인간의 자유의사에 있음(**비결정론**)	책임의 근거는 개개의 구체적 행위가 아니라 소질과 환경에 의하여 결정된 행위자의 반사회적 성격에 있음(**결정론**)
자유의사에 근거한 책임	성격책임, 환경책임

	책임의 본질
심리적 책임론	심리적 책임론은 책임을 결과에 대한 행위자의 심리적 관계로 이해하여, 고의·과실만 있으면 책임이 있다는 견해. 결과에 대한 심리적 관계가 없는 인식 없는 과실의 경우에 책임을 인정할 수 없게 된다는 점과 **고의·과실이 있음에도 책임능력이 없는 형사미성년자를 설명할 수 없다는 비판**을 받음
순수한 규범적 책임론 20. 해경채용	순수한 규범적 책임론은 심리적 요소로 파악되던 고의·과실이 어떤 관계에 있는가에 대하여 고의를 책임으로부터 배제하여 구성요건요소로 재배치하고, 위법성인식을 고의로부터 분리하여 독자적 책임요소로 인정하는 등 규범적 책임개념을 형성. 순수한 규범적 책임론은 **평가의 대상과 대상의 평가를 엄격히 구분하려 한 나머지 규범적 평가의 대상을 결하여 책임개념의 공허화를 초래한다는 비판**을 받음

합일태적 책임론	합일태적 책임론은 책임의 본질을 의사형성의 비난가능성으로 보고 고의를 **구성요건적 고의와 책임형식으로서의 고의로 분리하는 이중의 고의개념을 주장함.** 책임능력·위법성의 인식·책임형식으로의 고의 및 과실·기대가능성이 책임요소가 됨. 이 견해는 구성요건적 고의가 있으면 책임고의는 추정된다고 함으로써 책임고의의 실체가 모호하다는 비판을 받음
기능적 책임론 (예방적 책임론)	기능적 책임론은 책임의 내용을 형벌의 예방목적에 의하여 보충하거나 대체해야 한다는 이론. **형벌목적의 고려는 형벌론에 충분히 이루어질 수 있으므로 이를 책임판단에서 검토할 특별한 이유가 없다는 비판을 받음**

제2절 책임능력

01 의의

개념		행위자가 법규범의 의미·내용을 이해하여 명령과 금지를 인식할 수 있는 '사물변별능력'과 이에 따른 행위를 할 수 있는 '의사결정능력'
규정방법	생물학적 방법	일정한 생물학적 상태에 따라 책임능력 유무를 결정하는 방법(**형법 제9조의 형사미성년자 규정과 제11조의 청각 및 언어 장애인 규정**)
	심리적 방법	생물학적 비정상상태 유무는 묻지 않고, 사물변별능력이나 의사결정능력 유무로 책임능력 유무를 결정하는 방법
	혼합적 방법	생물학적 비정상상태를 기초자료로 하여 사물변별능력이나 의사결정능력 유무로 책임능력 유무를 결정하는 방법(**형법 제10조의 심신장애인 규정**)

02 책임무능력자

> **형법**
> 제9조【형사미성년자】14세 되지 아니한 자의 행위는 벌하지 아니한다.
> 제10조【심신장애인】① 심신장애로 인하여 사물을 변별할 능력이 없거나 의사를 결정할 능력이 없는 자의 행위는 벌하지 아니한다.

	의의	14세 미만의 자의 행위는 벌하지 않음으로써 개인적인 성숙도에 관계없이 절대적 행위무능력자로 간주(**생물학적 방법**) 12. 경찰채용
형사미성년자	효과	① 14세 미만의 자의 행위는 책임이 조각되어 범죄가 성립하지 않음(형벌을 과할 수 없음) ② 10세 이상 14세 미만의 자에 대해서는 소년법상 보호처분 부과 가능. 소년법 제60조 제2항은 "소년의 특성에 비추어 상당하다고 인정되는 때에는 그 형을 감경할 수 있다."고 규정하고 있는데 여기에서의 '소년'에 해당하는지 여부의 판단은 원칙적으로 범죄행위시가 아니라 사실심 판결선고시를 기준으로 한다(대판 2009. 5.28, 2009도2682).

심신상실자	의의	① 개념: 심신장애로 인하여 사물을 변별하거나 의사를 결정할 능력이 없는 자(**혼합적 방법**) 14. 경찰채용 ② 요건 　㉠ 심신장애(생물학적 요소): 정신병(정신분열증 · 조울증 · 간질), 의식장애(예 음주만취 · 혼수상태), 정신박약(예 백치 · 치우), 정신병질(예 신경쇠약 · 충동장애) 등 　㉡ 사물변별능력 또는 의사결정능력이 없음(심리적 요소): 사물변별능력이 없다는 말은 지적 능력(통찰능력)의 흠결을 의미하고, 의사결정능력이 없다는 말은 의지적 능력(조종능력)의 흠결을 의미함
	효과	① 심신상실자의 행위는 **책임이 조각**되어 범죄가 성립하지 않음(형벌을 과할 수 없음) 14. 경찰채용 ② 심신상실자가 금고 이상의 형에 해당하는 죄를 범하고 재범의 위험성이 인정되면 치료감호법상 치료감호 부과 가능

⚖ 판례 | 심신장애인 판단기준(= 생물학적 판단 + 심리학적 판단)

1 형법 제10조에 규정된 심신장애는 생물학적 요인으로 인하여 정신병 또는 비정상적 정신상태와 같은 **정신적 장애가 있는 외에**, 심리학적 요인으로 인한 정신적 장애로 말미암아 **사물에 대한 변별능력과 그에 따른 행위통제능력이 결여되거나 감소되었음을 요하므로** 정신적 장애가 있는 자라고 하여도 범행 당시 정상적인 사물변별능력이나 행위통제능력이 있었다면 심신장애로 볼 수 없다(대판 2007.6.14, 2007도2360). 11 · 13.
국가직 7급, 11 · 13 · 14. 사법시험, 14. 법원행시, 15 · 16. 경찰채용, 17. 경찰간부 · 법원직 9급

2 피고인이 평소 간질병 증세가 있었더라도 **범행 당시에는 간질병이 발작하지 아니하였다면** 이는 책임감면 사유인 **심신장애 내지는 심신미약의 경우에 해당하지 아니한다**(대판 1983.10.11, 83도1897 **간질병 사건**). 11 ·
13. 경찰채용, 11 · 15. 국가직 9급, 13. 법원직 9급, 15. 사법시험

3 심신장애의 유무 및 정도의 판단은 법률적 판단으로서 **반드시 전문감정인의 의견에 기속되어야 하는 것은 아니고**, 정신질환의 종류와 정도, 범행의 동기, 경위, 수단과 태양, 범행 전후의 피고인의 행동, 반성의 정도 등 여러 사정을 종합하여 법원이 독자적으로 판단할 수 있다(대판 2007.11.29, 2007도8333 **양모 살해 사건**).
11 · 12 · 15 · 20. 국가직 9급, 11 · 13 · 15. 경찰채용 · 사법시험, 15. 법원행시, 17. 경찰간부 · 변호사

4 피고인이 **범행 당시 심신장애의 상태에 있었는지 여부를 판단함에 있어 반드시 전문가의 감정을 거쳐야 하는 것은 아니므로** 법원이 범행의 경위와 수단, 범행 전후의 피고인의 행동 등 기록에 나타난 여러 자료와 공판정에서의 피고인의 태도 등을 종합하여 피고인이 심신장애의 상태에 있지 아니하였다고 판단하여도 이것만 가지고 위법이라고 할 수는 없다(대판 2007.6.14, 2007도2360). 14. 경찰채용

5 행위자가 **범죄행위 당시 심신미약상태에 있었다는 이유만으로 그 범죄행위는 상습성이 발현된 것이 아니라고 단정할 수는 없는 것이다**(대판 2007.8.23, 2007도3820). 11. 경찰간부, 12. 경찰채용, 15. 법원행시

6 피고인에게 **심신장애의 의심이 드는 경우에는** 전문가에게 피고인의 정신상태를 감정시키는 등의 방법으로 **정신장애여부를 심리하여야 한다**(대판 1999.4.27, 99도693). 13. 국가직 7급

⚖ 판례 ┃ 성격적 결함 등과 심신장애

1 범행을 기억하고 있지 않다는 사실만으로 **바로 범행 당시 심신상실상태에 있었다고 단정할 수는 없다**(대판 1985.5.28, 85도361). 13. 경찰채용 · 법원직 9급, 20. 경찰승진

2 [1] 특별한 사정이 없는 한 성격적 결함을 가진 사람에 대하여 자신의 충동을 억제하고 법을 준수하도록 요구하는 것이 기대할 수 없는 행위를 요구하는 것이라고는 할 수 없으므로, 무생물인 옷 등을 성적 각성과 희열의 자극제로 믿고 이를 성적 흥분을 고취시키는 데 쓰는 **성주물성애증이라는 정신질환이 있다고 하더라도** 그러한 사정만으로는 절도 범행에 대한 형의 **감면사유인 심신장애에 해당한다고 볼 수 없고**, [2] 다만 그 증상이 **매우 심각하여 원래의 의미의 정신병이 있는 사람과 동등하다고 평가할 수 있거나 다른 심신장애사유와 경합된 경우 등에는 심신장애를 인정할 여지가 있다**(대판 2013.1.24, 2012도12689 **성주물성애증 사건**). 15. 경찰채용 · 법원행시, 15 · 20. 변호사, 20. 국가직 9급

3 [1] 자신의 충동을 억제하지 못하여 범죄를 저지르게 되는 현상은 정상인에게서도 얼마든지 찾아볼 수 있는 일로서, 특단의 사정이 없는 한 위와 같은 성격적 결함을 가진 자에 대하여 자신의 충동을 억제하고 법을 준수하도록 요구하는 것이 기대할 수 없는 행위를 요구하는 것이라고는 할 수 없으므로, **원칙적으로 충동조절장애와 같은 성격적 결함은 형의 감면사유인 심신장애에 해당하지 아니한다고 봄이 타당하다.** [2] 다만, 충동조절장애와 같은 성격적 결함이라 할지라도 그것이 **매우 심각하여 원래의 의미의 정신병을 가진 사람과 동등하다고 평가할 수 있는 경우에는 그로 인한 범행은 심신장애로 인한 범행으로 보아야 한다**(대판 2011.2.10, 2010도14512 **충동조절장애 살인 사건**). 11 · 13. 경찰채용 · 국가직 7급, 11 · 13 · 15 · 16. 국가직 9급, 11 · 17. 경찰승진, 11 · 14. 경찰승진, 11 · 17. 경찰간부, 13. 사법시험, 14 · 20. 법원행시, 17. 변호사 · 법원직 9급

4 [1] 특단의 사정이 없는 한 성격적 결함을 가진 자에 대하여 자신의 충동을 억제하고 법을 준수하도록 요구하는 것이 기대할 수 없는 행위를 요구하는 것이라고는 할 수 없으므로, 사춘기 이전의 소아들을 상대로 한 성행위를 중심으로 성적 흥분을 강하게 일으키는 공상, 성적 충동, 성적 행동이 반복되어 나타나는 소아기호증은 성적인 측면에서의 성격적 결함으로 인하여 나타나는 것으로서, **소아기호증과 같은 질환이 있다는 사정은 그 자체만으로는 형의 감면사유인 심신장애에 해당하지 아니한다고 봄이 상당하고**, [2] 다만 그 증상이 **매우 심각하여 원래의 의미의 정신병이 있는 사람과 동등하다고 평가할 수 있거나, 다른 심신장애사유와 경합된 경우 등에는 심신장애를 인정할 여지가 있다**(대판 2007.2.8, 2006도7900 **소아기호증 사건**). 11. 경찰승진, 11 · 15. 사법시험, 12. 경찰채용, 13. 국가직 7급, 15. 변호사, 17 · 20. 법원행시

5 피고인이 정신분열증으로 인하여 피해자를 '**사탄**'이라고 생각하고 그를 죽여야만 천당에 갈 수 있다고 믿어 살해한 경우 범행당시 심신상실상태에 있었다(대판 1990.8.14, 90도1328). 15. 사법시험

6 피고인이 심한 만성형 정신분열증에 따른 망상의 지배로 말미암아 아무런 관계도 없는 생면부지의 행인들의 머리를 이유 없이 **도끼로 내리쳐 상해**를 가한 것이어서 범행 당시 심신상실상태에 있었다(대판 1991.5.28, 91도636).

03 한정책임능력자

형법

제10조【심신장애인】① 심신장애로 인하여 사물을 변별할 능력이 없거나 의사를 결정할 능력이 없는 자의 행위는 벌하지 아니한다.

② 심신장애로 인하여 전항의 능력이 미약한 자의 행위는 형을 감경할 수 있다.

제11조【청각 및 언어 장애인】듣거나 말하는 데 모두 장애가 있는 사람의 행위에 대해서는 형을 감경한다.

심신미약자	의의	심신장애로 인하여 사물을 변별하거나 의사를 결정할 능력이 미약한 자(혼합적 방법)
	효과	① 심신미약자의 행위는 책임이 감경되어 형을 감경할 수 있음 14. 경찰승진, 16. 경찰채용 ② 심신미약자가 금고 이상의 형에 해당하는 죄를 범하고 재범의 위험성이 인정되면 치료감호 등에 관한 법률상 치료감호 부과 가능
청각 및 언어 장애인	의의	듣는 능력과 말하는 능력이 모두 없는 사람(생물학적 방법)
	효과	청각 및 언어 장애인의 행위는 책임이 감경되어 형을 **필요적으로 감경**함(《주의》 형을 감경할 수 있다. ✕) 14. 경찰승진

04 원인에 있어 자유로운 행위

형법

제10조【심신장애인】① 심신장애로 인하여 사물을 변별할 능력이 없거나 의사를 결정할 능력이 없는 자의 행위는 벌하지 아니한다.

② 심신장애로 인하여 전항의 능력이 미약한 자의 행위는 형을 감경할 수 있다.

③ **위험의 발생을 예견**하고 자의로 심신장애를 야기한 자의 행위에는 **전 2항의 규정을 적용하지 아니한다.**

의의	행위자가 자의로 자기를 심신상실 또는 심신미약의 상태에 빠지게 한 후 이러한 상태에서 범죄를 실행하는 것
가벌성의 근거	① 구성요건모델(**일치설**) 11. 경찰승진, 12·16. 경찰간부 　㉠ 책임능력이 있는 상태하에서의 원인설정행위에 가벌성의 근거가 있다는 견해 　㉡ **원인행위 개시시기를 실행의 착수시기로 봄** 　㉢ 행위와 책임의 동시존재의 원칙을 유지한다는 장점이 있으나, **구성요건의 정형성을 무시한다는 비판**이 제기됨 ② 책임모델(**예외설**·다수설) 11. 경찰승진, 11·12. 경찰간부 　㉠ 원인행위와 결과실현행위가 **밀접불가분하게 연결**되어 있다는 점에 가벌성의 근거가 있다는 견해 　㉡ 책임능력이 없는 상태하에서의 **실행행위시를 실행의 착수시기로 봄** 　㉢ 행위와 책임의 동시존재의 원칙에 대한 예외 인정
유형	① **고의에 의한 원인에 있어 자유로운 행위**(고의범 성립): 위험발생을 예견하고(범죄에 대한 고의를 가지고), 고의로 심신장애를 야기한 후 고의로 결과실현행위를 한 경우에 성립 ② **과실에 의한 원인에 있어 자유로운 행위**(과실범 성립): 위험발생을 예견하지 못하였거나(범죄에 대한 고의가 없거나), 심신장애 야기에 대한 고의가 없거나, 결과실현행위에 대한 고의가 없는 경우에 성립
효과	심신상실자의 행위이더라도 책임이 조각되지 않으며, 심신미약자의 행위이더라도 형이 감경되지 않고 모두 **책임능력자로 처벌함** 12·16. 경찰간부

⚖ 판례 | 원자행위(原自行爲) 관련 판례

1 형법 제10조 제3항은 "위험의 발생을 예견하고 자의로 심신장애를 야기한 자의 행위에는 전 2항의 규정을 적용하지 아니한다."라고 규정하고 있는 바, 이 규정은 **고의에 의한 원인에 있어서의 자유로운 행위만이 아니라 과실에 의한 원인에 있어서의 자유로운 행위까지도 포함하는 것으로서 위험의 발생을 예견할 수 있었는데도 자의로 심신장애를 야기한 경우도** 그 적용대상이 된다(대판 1992.7.28, 92도999 **음주만취 후 운전 사건 Ⅰ**). 11. 국가직 7급, 11·13·14. 국가직 9급, 11·13·15·17. 경찰승진, 15·16. 경찰채용, 16·18. 경찰간부, 17. 법원행시

2 피고인이 **음주운전을 할 의사를 가지고 음주만취한 후 운전을 결행하여 교통사고를 일으켰다면** 피고인은 음주시에 교통사고를 일으킬 위험성을 예견하였는데도 자의로 심신장애를 야기한 경우에 해당하므로 **형법 제10조 제3항에 의하여 심신장애로 인한 감경 등을 할 수 없다**(대판 2007.7.27, 2007도4484 **음주만취 후 운전 사건 Ⅱ**). 12. 경찰간부, 12·15. 경찰채용, 15. 법원행시, 15·16. 국가직 9급, 20. 경찰승진

제3절 위법성의 인식

01 의의 및 내용

의의	행위자가 자신의 행위가 법적으로 금지되어 있다는 것을 인식하는 것
내용	위법성의 인식은 범죄사실이 **사회정의와 조리에 어긋난다는 것을 인식**하는 것으로 충분함(판례)

⚖ 판례 | 위법성 인식의 정도

범죄의 성립에 있어서 **위법의 인식은 그 범죄사실이 사회정의와 조리에 어긋난다는 것을 인식**하는 것으로서 족하고, 구체적인 해당 법조문까지 인식할 것을 요하는 것은 아니다(대판 1987.3.24, 86도2673 **허위출생 기재 사건**). ➡ 허위공문서작성죄 성립 12·14. 국가직 7급, 13. 사법시험, 15. 국가직 9급, 16. 경찰승진

02 체계적 지위(고의와 위법성 인식의 관계)

고의설	엄격고의설	고의의 성립에 현실적인 위법성의 인식이 필요하다는 견해
	제한적고의설	고의의 성립에 현실적인 위법성의 인식이 아닌 위법성 인식의 가능성만 있으면 충분하다는 견해(현실적인 위법성의 인식이 있거나 인식가능성이 있으면 고의 인정 ➡ 고의범으로 처벌, 위법성 인식가능성도 없으면 고의 조각 ➡ 무죄)
책임설		(고의는 구성요건요소에 속하고) 위법성 인식은 고의와 무관한 책임요소에 해당한다는 견해(통설)

⚖ 판례 | 위법성의 인식 관련 판례

민사소송법 기타 공법의 해석을 잘못하여 압류물의 효력이 없어진 것으로 착오하였거나 또는 봉인 등을 손상 또는 효력을 해할 권리가 있다고 오신한 경우에는 **형벌법규의 부지와 구별되어 범의를 조각한다**(대판 1970.9.22, 70도1206). 19. 5급승진

03 금지의 착오(법률의 착오)

> **형법**
> 제16조【법률의 착오】자기의 행위가 법령에 의하여 죄가 되지 아니하는 것으로 오인한 행위는 그 **오인에 정당한 이유가 있는 때에 한하여 벌하지 아니한다.**

의의		행위자가 구성요건적 사실은 인식하였으나 그것이 법적으로 금지된 것임을 알지 못한 경우(위법성의 인식이 결여된 경우)
구별 개념	구성요건의 착오	금지의 착오는 행위의 위법성을 인식하지 못한 경우로 책임이 조각되지만(책임설·통설), 구성요건의 착오는 인식한 사실과 발생한 사실이 일치하지 않는 경우로 고의가 조각됨
	환각범	① 금지의 착오는 위법한 행위를 위법하지 않은 것으로 오인한 경우이지만, 환각범은 위법하지 않은 행위를 위법한 것으로 오인한 경우를 의미함(예 간통이 죄가 되는 것으로 오인하고 유부녀와 모텔에서 몰래 성관계를 한 경우) ② 환각범은 '**반전된 금지의 착오**'라고도 하고 이는 언제나 불가벌 12. 경찰간부, 15. 경찰채용
유형	직접적 착오	행위자가 금지규범을 (제대로) 인식하지 못하여 자신의 행위가 허용된다고 오인한 경우 ① **법률의 부지**: 행위자가 금지규범 존재 자체를 인식하지 못한 경우(예 건축법을 전혀 모르고 자기 논밭을 주차장으로 용도변경한 경우). 통설은 금지의 착오로 인정하나 판례는 부정한다. ② **효력의 착오**: 행위자가 금지규범이 상위법에 위반되어 효력이 없다고 오인한 경우(예 손괴죄가 헌법에 위반되어 무효라고 생각하고 손괴한 경우) ③ **포섭의 착오**: 행위자가 금지규범의 내용을 좁게 해석하여 자신의 행위가 허용된다고 오인한 경우(예 개는 손괴죄의 객체인 재물에 해당하지 않는다고 생각하고 옆집 개를 잡아먹은 경우)
	간접적 착오	행위자가 금지규범은 인식하였으나 위법성조각사유와 관련된 판단을 잘못하여 자신의 행위가 허용된다고 오인한 경우 ① **위법성조각사유 존재의 착오**: 위법성조각사유가 없음에도 불구하고 존재하는 것으로 오인한 경우(예 아내에 대한 징계권이 있다고 오인하고 아내를 마구 때려 전치 4주의 상해를 가한 경우) 13. 경찰승진 ② **위법성조각사유 한계의 착오**: 위법성조각사유에서 허용된 한계를 오인한 경우(예 절도범에 대한 살해도 정당방위에 해당한다고 오인하고, 집에 침입한 절도범을 살해한 경우) 15. 경찰채용 ③ **위법성조각사유 전제사실의 착오**: 위법성조각사유 전제사실이 존재하지 않음에도 불구하고 이를 존재한다고 오인한 경우(예 자기 집에 몰래 들어오는 친한 친구를 강도로 오인하고, 정당방위의사로 상해를 가한 경우)
효과		① **고의설**: 위법성의 인식은 고의의 내용이므로 금지의 착오가 있는 경우에는 고의가 조각되고, 경우에 따라 **과실범으로 처벌**됨 ② **책임설**: 위법성의 인식은 고의와 분리된 독자적 책임요소이므로, 금지의 착오에 정당한 이유가 있는 경우에 한하여 **책임이 조각됨**(통설)

⚖ 판례 | 형법 제16조의 취지

[1] 형법 제16조는 **단순한 법률의 부지(不知)를 말하는 것이 아니고 일반적으로는 범죄가 되지만 자기의 특수한 경우에는 법령에 따라 허용된 행위로서 죄가 되지 아니한다고 그릇 인식하고 그와 같이 그릇 인식함에 정당한 이유가 있는 경우 벌하지 않는다는 취지**이고 [2] 이러한 정당한 이유가 있는지 여부는 행위자에게 자기 행위의 위법가능성에 대해 심사숙고하거나 조회할 수 있는 계기가 있어 자신의 지적 능력을 다하여 이를 회피하기 위한 진지한 노력을 다하였더라면 스스로의 행위에 대하여 위법성을 인식할 수 있는 가능성이 있었음에도 이를 다하지 못한 결과, 자기 행위의 위법성을 인식하지 못한 것인지 여부에 따라 판단하여야 할 것이며, **위법성의 인식에 필요한 노력의 정도는 구체적인 행위정황과 행위자 개인의 인식능력, 그리고 행위자가 속한 사회집단에 따라 달리 평가되어야 한다**(대판 2015.2.12, 2014도11501 초딩만 골라 성관계 사건). 13·15. 사법시험, 13·15·17. 국가직 9급, 13·16. 경찰승진, 14. 국가직 7급, 15. 경찰채용, 16. 변호사, 17. 법원직 9급

판례비교

금지의 착오에 정당한 이유가 없는 경우	금지의 착오에 정당한 이유가 있는 경우
① 피고인이 **자신의 행위가 건축법상의 허가대상인 줄을 모르고 관할 관청의 허가를 받지 않고 주택을 건축한 경우**(대판 2011.10.13, 2010도15260 춘천 고탄리 무허가건축 사건) ② 피고인이 **동해시청 앞 잔디광장이 옥외장소에 해당함을 모르고 그곳에서 불법시위를 한 경우**(대판 2006.2.10, 2005도3490) 14. 국가직 9급 ③ 중국 국적 선박을 구입한 피고인이 **외환은행 담당자의 안내에 따라** 매도인 중국 해운회사에 선박을 임대하여 받기로 한 **용선료를 재정경제부장관에게 미리 신고하지 아니하고 선박 매매대금과 상계한 경우**(대판 2011.7.14, 2011도2136 메가파이오니어호 매매 사건) 13·15·17. 경찰채용, 15. 경찰간부 ④ 이른바 '사업자쪼개기' 방식의 대출이 관행적으로 이루어져 왔고, 금융감독원도 2008년 이전에는 이를 적발하지 못하였다는 사정이 있어, 피고인들이 상호저축은행법에 위반되는 '사업자쪼개기' 방식의 대출을 해 준 경우(대판 2010.4.29, 2009도13868 사업자쪼개기 대출 사건) 17. 경찰간부 ⑤ 홍성군과의 협의(증축 부분이 장례식장이 아닌 '병원'의 부속건물임을 전제로 한 것임)를 거쳤고, **건설교통부의 질의회신**(종합병원에 입원한 환자가 사망한 경우 그 장례의식을 위한 시설의 설치는 부속용도로 볼 수 있다는 취지)을 받고, 피고인이 **장례식장의 식당(접객실) 부분을 증축한 경우**(대판 2009.12.24, 2007도1915 **장례식장 식당 증축 사건**) 13. 경찰채용	① 행정청의 허가가 있어야 함에도 불구하고, 허가를 받지 아니하여 처벌대상의 행위를 한 경우라도 허가를 담당하는 공무원이 허가를 요하지 않는 것으로 잘못 알려 주어 이를 믿었기 때문에 허가를 받지 아니한 것이라면 허가를 받지 않더라도 죄가 되지 않는 것으로 착오를 일으킨 데 대하여 정당한 이유가 있는 경우에 해당하여 처벌할 수 없다(대판 2005.8.19, 2005도1697 토석 적치 사건). 13. 경찰승진, 13·17. 법원직 9급, 14. 국가직 7급, 20. 법원행시 ② 허가를 담당하는 **공무원이 허가를 요하지 않는 것으로 잘못 알려주어 피고인이 허가 없이 신축공사를 하는 과정에서 생긴 토석을 사실상 나대지상태인 임야에 쌓아 둔 경우**(대판 2005.8.19, 2005도1697 토석 적치 사건) 11. 국가직 9급, 16. 국가직 7급 ③ 피고인이 자수정채광작업을 하기에 앞서 산림과에 가서 산림훼손허가를 받으려고 하였으나 관광지조성승인이 난 지역이므로 **별도로 산림훼손허가를 받을 필요가 없으니** 도시과에 문의하라고 하여 다시 도시과에 가서 확인해 본 바 역시 같은 이유로 산림훼손허가가 필요없다고 하여, 군수 명의의 산림법배제확인서를 받고 자수정채광작업을 한 경우(대판 1993.9.14, 92도1560 **자수정 채광 사건**) 13. 국가직 7급, 14. 법원행시, 15. 경찰승진 ④ 광역시의회 의원인 피고인이 선거구민들에게 의정보고서를 배부하기에 앞서, 미리 관할 선거관리위원회 소속 공무원들에게 자문을 구하고 그들의 지적에 따라 수정한 의정보고서를 배부한 경우(대판 2005.6.10, 2005도835 **수정 의정보고서 사건**) 11·14·16. 국가직 9급, 13·14. 사법시험, 14. 경찰채용, 17. 경찰간부·법원직 9급

제2편 범죄론

4장

제4장 책임론 **101**

금지의 착오에 정당한 이유가 없는 경우	금지의 착오에 정당한 이유가 있는 경우
⑥ 여러 지방자치단체장들이 관행적으로 간담회 개최 및 음식물 제공을 하여 왔고 행정자치부에서 이를 금지하는 구체적인 지침이 없으며, 그 비용을 행정자치부에서 마련한 업무추진비 집행기준을 준수하여 적법한 절차에 따라 업무추진비에서 지출하여 왔기 때문에, 법령에 의하여 허용되는 행위라고 오인하고 **피고인이 간담회의 참석자들에게 음식물을 제공한 경우**(대판 2007.11.16, 2007도7205 **이인준 부산 중구청장 사건**) 14·16. 국가직 9급, 16. 국가직 7급, 17. 경찰채용	⑤ 비디오감상실 업주인 피고인이 **관련 법령이 혼동스럽고**, 관할 행정청의 "만 18세 미만의 연소자 출입금지표시를 업소출입구에 부착하라."라는 행정지도를 믿고 비디오물감상실에 '18세 이상 19세 미만'의 청소년을 출입시킨 경우**(대판 2002.5.17, 2001도4077 대구 비디오방 사건)** 13·15. 경찰채용. 16. 국가직 7급
⑦ 일본 영주권을 가진 재일교포인 피고인이 **영리를 목적으로 관세물품을 구입한 것이 아니라거나 국내 입국시 관세신고를 하지 않아도 되는 것으로 오인하고**, 국내 면세점에서 구입한 물건을 소지하고 출국하였다가 다시 입국하면서 **세관에 신고하지 않은 경우**(대판 2007.5.11, 2006도1993) 11·16. 국가직 9급, 14. 경찰승진, 14·16. 경찰채용	⑥ 관할 관청이 장의사영업허가를 받은 상인에게 장의소요기구·물품을 판매하는 도매업에 대하여는 **영업허가가 필요없는 것으로 해석**하여 영업허가를 해 주지 않고 있어 피고인 역시 **영업허가 없이 이른바 도매를 해 온 경우**(대판 1989.2.28, 88도1141) 17. 경찰승진
⑧ 한국간행물윤리위원회나 정보통신윤리위원회가 만화들 중 '에로 2000'을 제외한 나머지 만화에 대하여 심의하여 음란성 등을 이유로 청소년유해매체물로 판정하였을 뿐 더 나아가 **전기통신사업법 시행령에 따라 시정요구를 하거나 청소년보호법에 따라 관계기관에 형사처벌 또는 행정처분을 요청하지 않았기 때문에**, 피고인들이 **인터넷 포털서비스 사이트에 음란 성인만화방을 개설·운영한 경우**(대판 2006.4.28, 2003도4128 **음란만화판매 방치 사건**) 14. 경찰채용, 16. 국가직 7급	⑦ 피고인이 타인의 상품과 피고인의 상품이 유사하지 않다는 **변리사의 감정결과와 특허국의 등록사정 등을 믿고 발가락 5개의 양말을 제조·판매한 경우** (대판 1982.1.19, 81도646 **발가락양말 사건**) 12·16. 경찰승진
⑨ 변호사 자격을 가진 국회의원인 피고인이 보좌관을 통해 관할 **선거관리위원회 직원에게 구두로 문의하여 답변을 받은 결과, 의정보고서를 발간하는 것이 선거법규에 저촉되지 않는다고 오인한 후 선거에 영향을 미칠 수 있는 내용이 포함된 의정보고서를 발간한 경우**(대판 2006.3.24, 2005도3717 **송영길 의원 사건**) 12·17. 경찰승진, 14. 변호사, 16. 경찰간부, 17. 경찰채용	⑧ '기업사채'의 정의에 대한 해석이 용이하지 않았던 사정하에서 겨우 국문 정도 해득할 수 있는 60세의 부녀자가 **지상에 보도된 내용을 참작하고 관할 공무원과 변호사에게 문의 확인한 바 채권이 이미 소멸되었다고 믿고 또는 그렇지 않다고 하더라도 신고하여야 할 기업사채에 해당하지 않는다고 믿고 신고를 하지 아니한 경우**(대판 1976.1.13, 74도3680) 15. 경찰간부
⑩ 피고인이 과거 지방선거에서 **같은 내용의 선거홍보물을 사용하였지만 처벌받지 않았다거나 또는 홍보물의 내용이 공직선거법에 위반됨을 알지 못하고, 허위학력(이력)을 예비후보자 홍보물에 기재하여 우송한 경우**(대판 2006.3.10, 2005도6316) 12. 국가직 9급, 16. 경찰간부	⑨ 사단법인 한국교통사고상담센터 직원인 피고인이 **상사의 지시를 받아 변호사법 위반행위(피해자의 요청으로 사건 화해의 중재나 알선을 하고 조정수수료를 받은 것)를 한 경우**(대판 1975.3.25, 74도2882) 11·13. 경찰채용, 15. 경찰간부
	⑩ 주민등록지를 이전한 이상 향토예비군설치법에 의하여 대원신고를 하여야 할 것이기는 하나 **이미 같은 주소에 대원신고가 되어 있었으므로 피고인이 재차 동일주소에 대원신고(주소이동)를 하지 아니한 경우**(대판 1974.11.12, 74도2676) 11. 경찰채용
	⑪ 피고인이 군복무를 필한 이복동생의 이름으로 해병대에 지원입대하여 복무하다가 **다른 사람의 이름으로 군생활을 할 필요가 없다고 생각하여 휴가를 받아 귀대하지 않은 경우**(대판 1974.7.23, 74도1399) 15. 경찰간부

⑪ 부동산중개업자가 아파트분양권의 매매를 중개하면서 **중개수수료 산정에 관한 지방자치단체의 조례를 잘못 해석하여 법에서 허용하는 금액을 초과한 중개수수료를 수수한 경우**(대판 2005.5.27, 2004도62) 12. 국가직 9급, 15. 경찰채용, 17. 경찰간부·국가직 7급

⑫ 피고인이 남원시로부터 **식품위생법상 즉석판매제조가공 영업을 허가받고 의약품인 '녹동달오리골드'를 제조한 경우**(대판 2004.1.15, 2001도1429 **녹동달오리골드 사건**) 14. 경찰채용

⑬ 국가의 공인을 받지 못한 **민간자격(대체의학자격증)을 취득한 피고인이 침술원을 개설한 후 무면허로 침술행위를 한 경우**(대판 2003.5.13, 2003도939 **침술원 사건**) 11. 경찰승진·국가직 9급, 14. 사법시험, 16. 경찰간부

⑭ 부동산중개업자인 피고인이 **부동산중개업협회의 자문을 통하여** 인원수의 제한 없이 중개보조원을 채용하는 것이 허용되는 것으로 믿고 **제한인원을 초과하여 중개보조원을 채용한 경우**(대판 2000.8.18, 2000도2943) 13·17. 경찰채용, 14. 법원행시, 15. 사법시험, 16. 국가직 7급·국가직 9급, 17. 법원직 9급

⑮ 피고인이 공무원이 그 직무에 관하여 실시한 **봉인 등의 표시가 법률상 효력이 없다고 법규의 해석을 잘못하여 그 표시의 효용을 해한 경우**(대판 2000.4.21, 99도5563 **가압류기계 임의처분 사건**) 12. 국가직 9급, 12·16. 경찰간부, 13·15. 경찰채용, 17. 법원행시

⑯ **긴급명령 위반행위** 당시 긴급명령이 시행된 지 그리 오래되지 않아 금융거래의 실명전환 및 확인에만 관심이 집중되어 있었기 때문에 **비밀보장의무의 내용에 관하여 확립된 규정이나 판례·학설은 물론 관계 기관의 유권해석이나 금융관행이 확립되어 있지 아니하였다는 사정이 있는 경우**(대판 1997.6.27, 95도1964 **조흥은행 연산동지점장 수뢰 사건**) 12. 경찰승진

⑰ 피고인이 보장구제조허가를 받았고 또 한국보장구협회에서 다리교정기와 비슷한 기구를 제작·판매하고 있었기 때문에 **다리교정기가 의료용구에 해당되지 않는다고 믿고 이를 제작·판매한 경우**(대판 1995.12.26, 95도2188) 13. 경찰채용

⑱ 약 23년간 경찰공무원으로 근무하여 온 피고인이 **검사의 수사지휘만 받으면 허위로 공문서를 작성하여도 죄가 되지 아니하는 것으로 그릇 인식하고** 허위의 공문서를 작성한 경우(대판 1995.11.10, 95도2088 **강력반장 허위공문서 작성 사건**) 11. 경찰채용, 13. 국가직 7급·법원직 9급, 14·15. 경찰승진

⑫ 국민학교 교장인 피고인이 꽃양귀비를 포함한 194종의 교재식물을 식재 또는 표본으로 비치하여 산교재로 활용하라는 **교육위원회의 지시에 의하여 양귀비 종자를 사서 교무실 앞 화단에 심은 경우**(대판 1972.3.31, 72도64 **교장 양귀비 재배 사건**) 13. 경찰승진

⑬ 유류판매상인 피고인이 군부대 내에 있어서의 모든 시설의 사용설치는 부대장의 권한에 속하는 것으로 믿고, 그의 허가를 받아 부대 내에 유류(油類)를 저장한 경우(대판 1971.10.12, 71도1356) 11. 경찰채용

⑭ **서울시의 공문과 구청의 질의회신을 믿고 한 미숫가루 제조 행위**에는 별도의 허가가 필요하지 않다고 믿고 허가 없이 제조한 경우(대판 1983.2.22, 81도2763)

⑮ 국유재산을 대부받아 주유소를 경영하는 자가 기사식당과 휴게소가 필요하게 되어 건축허가사무 **담당 공무원**에게 위 국유지상에 건축물을 건축할 수 있는지의 여부를 문의하여, 비록 국유재산이지만 위 국유재산을 불하받을 것이 확실하고 또 만일 건축을 한 뒤에 위 국유재산을 불하받지 못하게 되면 건물을 즉시 철거하겠다는 각서를 제출하면 건축허가가 될 수 있다는 답변을 듣고, 건축사에게 건축물의 설계를 의뢰하여 위와 같은 내용의 각서와 함께 건축허가신청서를 제출하여 건축허가를 받고, 건물을 신축하여 준공검사를 받은 지 1년여 후에 위 국유재산을 매수한 경우(대판 1993.10.12, 93도1888) 12. 국가직 9급

⑯ 직업소개업자가 관할관청에 외국인 근로자의 국내 입국절차를 대행하여 주는 허가절차에 대해 문의하자, **담당공무원**이 아직 허가 관련 법규가 제정되지 아니하여 허가를 받지 않아도 되는 것으로 잘못 알려 주어 법에서 정한 허가를 받지 않고 외국인 근로자를 국내업체에 취업 알선 한 경우(대판 1995.7.11, 94도1814) 17. 국가직 7급

⑰ **가감삼십전대보초**와 한약 가짓수에만 차이가 있는 십전대보초를 제조하고 그 효능에 관하여 광고를 한 사실에 대하여 이전에 검찰의 혐의 없음 결정을 받은 적이 있다면, 피고인이 비록 한의사 약사 한약업사 면허나 의약품판매업 허가가 없이 의약품인 가감삼십전대보초를 판매하였다고 하더라도 자기의 행위가 법령에 의하여 죄가 되지 않는 것으로 믿을 수밖에 없었고, 또 그렇게 오인함에 있어서 **정당한 이유가 있는 경우에 해당한다**(대판 1995.8.25, 95도717 **가감삼십전대보초 사건**). 12. 국가직 7급

금지의 착오에 정당한 이유가 없는 경우	금지의 착오에 정당한 이유가 있는 경우
⑲ (학생회관의 관리권은 그 대학 당국에 귀속되므로) **학생회의 동의가 있어 학생회관에 침입하는 것이 위법하지 않다고 믿은 경우**(대판 1995.4.14, 95도12) 14. 법원행시, 17. 경찰간부	
⑳ 활법 종목의 사회체육지도자 자격증을 취득한 피고인이 당국의 인가를 받아 **한국인체균형학활법원을 개설한 후** 그곳을 찾아오는 환자들에게 그 용태를 물어 그 증세를 판단하고, 이에 따라 척추와 골반, 다리 등에 나타나는 불균형상태를 교정한다 하여 **손이나 기타 방법으로 압박하는 등의 시술을 한 경우**(대판 1995.4.7, 94도1325 **활법원 사건**) 11. 국가직 9급, 15. 경찰승진	
㉑ 민원사무담당 공무원으로부터 **탐정업이 인·허가 또는 등록사항이 아니라는 말을 들었고** 세무서에 탐정업 및 심부름 대행업에 관한 **사업자등록을 하였기 때문에**, 피고인이 신용조사업법이 금지하는 **특정인의 소재를 탐지하거나 사생활을 조사하는 행위 등을 한 경우**(대판 1994.8.26, 94도780) 12. 경찰승진, 14·15. 경찰채용, 15. 사법시험	
㉒ 피고인이 **변호사의 자문을 받고 압류물을 집달관의 승인 없이 임의로 그 관할 구역 밖으로 옮긴 경우**(대판 1992.5.26, 91도894) 17. 경찰간부	
㉓ 유선비디오 방송업자들의 질의에 대하여 **체신부장관이 유선비디오 방송은 자가통신설비로 볼 수 없어 허가대상이 되지 않는다는 견해를 밝힌 바 있어**, 피고인이 **허가 없이 유선비디오 방송시설을 자신의 유선비디오방송업 경영을 위하여 설치·운영한 경우**(대판 1989.2.14, 87도1860) 11·13·15. 경찰채용, 15. 경찰간부	
㉔ 피고인이 제약회사에 근무한다는 자로부터 "마약이 없어 약을 제조하지 못하니 구해 달라."라는 거짓부탁을 받고, **제약회사에서 쓰는 마약은 구해 주어도 죄가 되지 않는 것으로 믿고** 그에게 생아편을 구해 준 경우(대판 1983.9.13, 83도1927 **생아편 판매 사건**) 11·15. 경찰승진, 13. 국가직 7급	
㉕ 경찰관인 피고인이 **수사처리의 관례상** 일부 상치된 내용을 일치시키기 위하여 **적법하게 작성된 참고인진술조서를 찢어버리고** 진술인의 진술도 듣지 아니하고 그 내용을 일치시킨 **새로운 진술조서를 작성한 경우**(대판 1978.6.27, 76도2196) 11. 국가직 9급, 14. 경찰승진	

㉖ 숙박업소에서 외국의 음란한 위성방송프로그램을 투숙객 등에게 제공하면서 그와 유사한 행위에 대하여 '혐의 없음' 처분을 받은 전력이 있다거나 일정한 시청차단장치를 설치하였다는 등의 사정만으로는 형법 제16조 소정의 정당한 이유가 있다고 볼 수 없다(대판 2010.7.15, 2008도11679 **일본포르노 수신기 설치 사건**) 14. 국가직 9급

㉗ 경기도 경찰국장 명의로 청소년 유해업소 출입단속 대상자가 18세 미만자와 고등학생이라는 내용의 공문이 의정부경찰서에 하달되어 **18세 이상자이고 고등학생 아닌 미성년자를 디스코클럽에 출입**시키고 주류를 판매하였다 하더라도 이는 미성년자보호법 규정을 알지 못한 단순한 법률의 부지에 해당한다 (대판 1985.4.9, 85도25 **천지창조 디스코클럽 사건**).

㉘ 피고인이 법령의 객관적 해석에 반하여 무선설비의 납품처 담당 직원으로부터 형식등록이 필요 없다는 취지의 답변을 들었다고 하는 등의 사유만으로 형법 제16조에서 정한 그 오인에 정당한 이유가 있는 **법률의 착오에 해당한다고 볼 수 없다**(대판 2009.6. 11, 2008도10373). 19. 경찰간부

㉙ 피고인이 자신의 행위가 변리사로부터 고소인의 상표권을 침해하지 않는다는 취지의 회답과 감정결과를 통보받고 고소인의 상표권을 침해하는 것이 아니라고 믿은 데에 **정당한 이유가 있다고 볼 수 없다** (대판 1998.10.13, 97도3337). 13. 국가직 7급

㉚ 가처분결정으로 대표자 등의 직무집행이 정지 중에 있던 피고인들이 종단소유의 보관금을 소송비용으로 사용함에 있어 변호사의 조언이 있었다 하더라도 그것만으로 **피고인들의 보관금인출사용행위가 법률의 착오가 있은 경우에 해당하는 것이라 할 수 없다**(대판 1990.10.16, 90도1604). 17. 국가직 7급

㉛ 대법원의 판례에 비추어 자신의 행위가 무허가 의약품의 제조·판매행위에 해당하지 아니하는 것으로 오인하였다고 하더라도, 사안을 달리하는 사건에 관한 **대법원 판례의 취지를 오해하였던 것에 불과한 경우**(대판 1995.7.28, 95도1081 **강원생약 사건**) 20. 국가직 9급

㉜ 정기간행물을 등록하지 않고 발행한 피고인들이 **정기간행물의 등록을 강제하는 법률규정이 있다는 것을 몰랐고** 또 그 간행물이 발행될 당시뿐만 아니라 그 발행이 중단되고 **오랜 기간이 지난 다음에도 이에 대하여 문제가 제기된 바 없었다는 사정만으로는** 피고인들이 그 행위가 죄가 되지 아니한다고 믿은 경우(대판 1994.12.9, 93도3223) 21. 경찰간부

금지의 착오에 정당한 이유가 없는 경우	금지의 착오에 정당한 이유가 있는 경우
㉝ 피고인이 **수원외국인학교의 교비회계에 속하는 수입을 대전외국인학교에 대여**한 행위가 법률상 허용되는 것으로서 죄가 되지 않는다고 그릇 인식한 경우(대판 2017.3.15, 2014도12773 **수원외국인학교 총감 사건**) 21. 경찰간부 ㉞ **마취전문 간호사가** 의사의 구체적인 지시 없이 독자적으로 마취약제와 양을 결정하고 마취액을 직접 주사하여 척수마취를 시행하는 행위를 유권해석에 따라 의료법규에 의해 허용된다고 오인한 경우(대판 2010.3.25, 2008도590 **치핵제거수술 사건**) 22. 경찰간부 ㉟ 피고인이 조합의 **자문변호사**로부터 조합원의 전화번호와 신축건물 동호수 배정 결과를 공개하지 않는 것이 좋겠다는 취지의 답변을 받고 도시 및 주거환경정비법상의 열람·복사를 불허한 경우(대판 2021.2.10, 2019도18700 **동호수배정결과 열람·복사 불응사건**) 22. 경찰간부 ㊱ **법률 위반 행위 중간에 일시적으로 판례에 따라 그 행위가 처벌대상이 되지 않는 것으로 해석되었던 적이 있었다고 하더라도** 그것만으로 자신의 행위가 처벌되지 않는 것으로 믿은 경우(대판 2021.11.25, 2021도10903 **불법 다시보기 사이트 사건**) 22. 법원직 9급 ㊲ 구 건설폐기물의 재활용촉진에 관한 법률 제16조 제1항의 위반행위를 하면서 이를 **판단하는데 직접적인 자료가 되지 않는 환경부의 질의회신을 받은 경우**(대판 2009.1.30, 2008도8607 **무허가 건설폐기물 처리사건**) 22. 해경간부	

04 위법성조각사유 전제사실의 착오

의의		① 개념: 위법성조각사유의 객관적 전제사실(객관적 정당화상황)이 존재하지 않는데도 이를 존재한다고 오인하고 위법성조각사유에 해당하는 행위를 한 경우 11. 경찰채용 ② 사례 ㉠ 자기 집에 몰래 들어오는 친한 친구를 강도로 오인하고, 정당방위의사로 상해를 가한 경우(오상방위) ㉡ 묶여 있는 개가 사납게 짖고 있음에도 개가 자기를 물려고 쫓아오는 것으로 오인하고, 긴급피난의 의사로 다른 사람의 집에 침입한 경우(오상피난)
법적 효과	소극적 구성요건 표지이론	위법성조각사유는 소극적 구성요건이므로 구성요건적 착오에 관한 규정을 직접 적용하여 (불법) 고의 조각 ➡ 행위자에게 과실이 있으면 **과실범으로 처벌**, 과실이 없으면 무죄
	고의설 – 엄격 고의설	행위자에게 현실적인 위법성의 인식이 없으므로 (책임요소로서의) 고의 조각 ➡ 행위자에게 과실이 있으면 **과실범으로 처벌**, 과실이 없으면 무죄 11. 경찰채용
	고의설 – 제한적 고의설	① 위법성의 인식이 가능하거나 착오에 대한 **과실이 있으면 고의범으로 처벌** ② 위법성의 인식가능성조차 없거나 착오에 대한 과실이 없으면 무죄
	책임설 – 엄격 책임설	금지의 착오에 해당하므로 (구성요건적) 고의는 인정 ➡ 착오가 회피 가능 하였다면 **고의범으로 처벌**, 회피 불가능하였다면 책임조각(《주의》 회피 불가 능하였다면 과실범으로 처벌한다. ✕) 11. 경찰채용
	책임설 – 구성요건적 착오 유추적용설	사실의 착오와 유사하므로 구성요건적 착오에 관한 규정을 유추적용하여 (구성요건적) 고의조각 ➡ 행위자에게 과실이 있으면 **과실범으로 처벌**, 과실이 없으면 무죄 11. 경찰채용
	책임설 – 법효과 제한적 책임설 (다수설)	(구성요건적) 고의는 인정되지만, 법질서 수호의사로 한 행위이므로 책임 고의조각 ➡ (고의행위지만 고의책임을 지지 않으므로) 행위자에게 과실 이 있으면 **과실범으로 처벌**, 과실이 없으면 무죄 11. 경찰채용

⚖ **판례 | 위법성조각사유 전제사실의 착오에 대한 판례 입장**

1 내용 중에 일부 허위사실이 포함된 신문기사를 보도한 사안에서, 기사 작성의 목적이 공공의 이익에 관한 것이고 그 기사 내용을 작성자가 진실하다고 믿었으며 그와 같이 믿은 데에 객관적인 상당한 이유가 있다는 이유로 명예훼손의 **위법성이 부인**된다(대판 1996.8.23, 94도319).

2 소속 중대장의 당번병이 근무시간 중은 물론 근무시간 후에도 밤늦게 까지 수시로 영외에 있는 중대장의 관사에 머물면서 집안일을 도와주고 그 자녀들을 보살피며 중대장 또는 그 처의 심부름을 관사를 떠나서까지 시키는 일을 해오던 중 사건당일 중대장의 지시에 따라 관사를 지키고 있던 중, 중대장과 함께 외출나간 그 처로부터 24:00경 비가 오고 밤이 늦어 혼자 귀가할 수 없으니 관사로부터 1.5km 가량 떨어진 지점까지 우산을 들고 마중을 나오라는 연락을 받고 당번병으로서 당연히 해야 할 일로 생각하고 그 지점까지 나가 동인을 마중하여 그 다음날 01:00경 귀가하였다면 위와 같은 당번병의 관사이탈 행위는 중대장의 직접적인 허가를 받지 아니 하였다 하더라도 **당번병으로서의 그 임무범위 내에 속하는 일로 오인하고 한 행위로서 그 오인에 정당한 이유가 있어 위법성이 없다**(대판 1986.10.28, 86도1406). 20. 경찰채용

3 갑은 관장 을이 운영하는 복싱클럽에 회원등록을 하였던 자로서 등록을 취소하는 문제로 을로부터 질책을 들은 다음 약 1시간이 지난 후 다시 복싱클럽을 찾아와 을에게 항의하는 과정에서 을이 갑의 멱살을 잡아당기 거나 바닥에 넘어뜨린 후 목을 조르는 등 을과 갑이 뒤엉켜 몸싸움을 벌였는데, 코치인 피고인이 이를 지켜보던 중 갑이 왼손을 주머니에 넣어 불상의 물건을 꺼내 움켜쥐자 갑의 왼손 주먹을 강제로 펴게 함으로써 갑에게 손가락 골절상을 입힌 경우 **피고인이 피해자의 행동을 오인함에 정당한 이유가 있다**(대판 2023.11.2, 2023도10768 **복싱클럽사건**).

제4절 기대가능성(면책사유의 부존재)

01 기대가능성

의의	행위시의 구체적 사정으로 보아 행위자가 범죄행위를 하지 않고 적법행위를 할 것을 기대할 수 있는 가능성('적법행위의 기대가능성'의 줄임말)
지위	기대가능성은 책임능력, 위법성의 인식, 책임형식으로서의 고의 · 과실과 함께 병존하는 독립된 책임요소에 해당함
양심에 따른 병역거부가 기대불가능성 사유 여부	병역법 제88조 제1항은 현역입영 또는 소집통지서를 받고도 '**정당한 사유**' 없이 이에 응하지 않은 사람을 처벌하는데, 여기에서 '**정당한 사유**'는 구성요건해당성을 조각하는 사유로서 위법성 조각사유인 정당행위나 책임조각사유인 기대불가능성과는 구별된다[대판 2018.11.1, 2016도 10912(전합) **종교적 병역거부 사건 Ⅰ**]. 20. 경찰간부
기능	기대 불가능한 사정을 모두 규정한다는 것은 입법적으로 불가능하고, 책임조각사유는 가벌성의 확장이 아니어서 엄격히 해석할 필요가 없으므로 **기대불가능성은 초법규적 책임조각사유에 해당**함(다수설)
판단기준	평균인이 행위자의 입장에 있었을 경우 적법행위의 가능성이 있었는가의 여부에 따라 판단함(**평균인표준설** · 다수설 · 판례)[대판 2015.11.12, 2015도6809(전합) **세월호 사건**]
기대가능성 반영규정	책임조각	강요된 행위(제12조), 면책적 과잉방위(제21조 제3항), 면책적 과잉피난(제22조 제3항), 친족간의 범인도피 · 은닉 및 증거인멸(제151조 제2항, 제155조 제4항)
	책임감경	과잉방위(제21조 제2항), 과잉피난(제22조 제3항), 과잉자구행위(제23조 제2항), 단순도주죄(제145조), 위조통화취득 후 지정행사(제210조)

> ✍ **판례 |** 진정한 양심에 따른 병역거부가 병역법 제88조 제1항의 기대불가능성 사유 여부(구성요건해당성 배제사유)
>
> 병역법 제88조 제1항은 현역입영 또는 소집통지서를 받고도 '**정당한 사유**' 없이 이에 응하지 않은 사람을 처벌하는데, 여기에서 '**정당한 사유**'는 구성요건해당성을 조각하는 사유로서 위법성조각사유인 정당행위나 책임조각사유인 기대불가능성과는 구별된다[대판 2018.11.1, 2016도10912(전합) **종교적 병역거부 사건 Ⅰ**]. 20. 경찰채용 · 경찰간부 · 법원행시

기대가능성이 없다고 할 수 없는 경우	기대가능성이 없는 경우
① 이미 유죄의 확정판결을 받은 경우에는 일사부재리의 원칙에 의해 다시 처벌받지 아니하므로 자신에 대한 유죄판결이 확정된 증인은 (증언할 당시 앞으로 재심을 청구할 예정이라고 하여도) 공범에 대한 사건에서 증언을 거부할 수 없고, 설령 증인이 자신에 대한 형사사건에서 시종일관 범행을 부인하였더라도 그러한 사정만으로 증인이 진실대로 진술할 것을 기대할 수 있는 가능성이 없는 경우에 해당한다고 할 수 없으므로 허위의 진술에 대하여 위증죄 성립을 부정할 수 없다(대판 2011.11.24, 2011도11994 **진해 필로폰 매매알선 사건**). 12. 경찰채용, 14. 경찰승진·변호사·법원행시, 16. 국가직 9급, 17. 경찰간부·법원직 9급·국가직 7급	① 기업이 불황이라는 사유만으로 사용자가 근로자에 대한 임금이나 퇴직금을 체불하는 것은 허용되지 아니하지만, 모든 성의와 노력을 다했어도 임금이나 퇴직금의 체불이나 미불을 방지할 수 없었다는 것이 사회통념상 긍정할 정도가 되어 사용자에게 더 이상의 적법행위를 기대할 수 없거나 불가피한 사정이었음이 인정되는 경우에는 그러한 사유는 근로기준법이나 근로자퇴직급여 보장법에서 정하는 임금 및 퇴직금 등의 기일 내 지급의무 위반죄의 **책임조각사유로 된다**(대판 2015.2.12, 2014도12753 **휴다임건축사사무소 사건**). 11. 경찰승진, 13. 국가직 9급, 14. 사법시험, 20. 경찰채용·국가직 7급·변호사, 21. 경찰간부
② 이미 유죄의 확정판결을 받은 피고인은 공범의 형사 사건에서 그 범행에 대한 증언을 거부할 수 없을 뿐만 아니라 나아가 사실대로 증언하여야 하고, 설사 피고인이 **자신의 형사 사건에서 시종일관 그 범행을 부인하였다 하더라도** 이러한 사정은 위증죄에 관한 양형참작사유로 볼 수 있음은 별론으로 하고 이를 이유로 피고인에게 **사실대로 진술할 것을 기대할 가능성이 없다고 볼 수는 없다**(대판 2008.10.23, 2005도10101 **황제룸주점 강도상해 사건**). 11. 경찰승진, 11·15. 국가직 9급, 12·14·16·17·20. 변호사, 13·20. 법원직 9급, 13·15. 사법시험, 15·21. 경찰간부, 16. 경찰채용, 20. 국가직 7급	② 대학교 3학년생 34명이 지도교수의 인솔하에 피고인 경영의 나이트클럽에 찾아와 단체입장을 원하므로 피고인이 그들 중 일부 학생의 학생증을 확인하여 그들이 **성년자임이 틀림없어 입장을 시켰으나 그중 미성년자 1인이 섞여 있었던 경우**(대판 1987.1.20, 86도874 **재수 없는 나이트클럽 사건**) 11. 경찰승진, 17. 경찰간부, 20. 경찰채용
③ 상명하복관계가 비교적 엄격한 국정원의 조직특성을 고려하더라도 허위의 공문서를 작성하라는 지시는 위법한 명령에 해당할 뿐만 아니라, 위와 같은 위법한 명령을 피고인이 거부할 수 없는 특별한 상황에 있었다고 보기 어려우므로 **허위의 확인서 등 작성 범행이 강요된 행위 등으로서 적법행위에 대한 기대가능성이 없는 경우에 해당한다고 볼 수 없다**(대판 2015.10.29, 2015도9010 **서울시 공무원간첩 국정원 증거조작 사건**).	③ 수험생인 피고인이 우연한 기회에 미리 출제될 시험문제를 알게 되어 그 답을 암기한 후 시험장에서 그 암기에 따라 답안지를 작성·제출한 경우(대판 1966.3.22, 65도1164 **연합고사 문제유출 사건**) 13. 법원직 9급·국가직 9급
④ 직장 상사의 지시로 인하여 그 부하가 범법행위에 가담한 경우 비록 **직무상 지휘·복종관계가 인정된다고 하더라도 그것 때문에 범법행위에 가담하지 않을 기대가능성이 부정된다고 볼 수는 없다**(대판 2009.4.23, 2008도11921 **삼성1호 - 허베이호 충돌 기름유출 사건**). 13. 법원직 9급, 14. 사법시험, 15. 국가직 9급, 17. 경찰간부, 20. 국가직 7급	④ 선원인 피고인들이 동해에서 명태잡이를 하다가 기관고장과 풍랑으로 표류 중 **강제로 북괴에 납북된 후 북괴를 찬양·고무하고 우리나라로 송환됨에 있어 여러 가지 지령을 받은 경우**(대판 1967.10.4, 67도1115) 17. 경찰간부
⑤ 북한 구성원과의 회합을 예측하면서도 피고인이 **자의로 북한으로 탈출한 경우**(대판 1973.9.12, 73도1684) 13. 경찰승진	

4장

기대가능성이 없다고 할 수 없는 경우	기대가능성이 없는 경우
⑥ 휴가 나온 군인이 자신의 **처자(妻子)가 생활고로 행방불명되자 군에 귀대하지 않은 경우**(대판 1969. 12.23, 69도2084) 11. 경찰간부 ⑦ 탄약창고에서 보초근무 중이던 자가 **자신의 상급 군인들이 그 창고 내에서 포탄피를 절취하는 현장을 목격하고도** 그들이 자신의 상급자라는 이유로 이를 제지하지 않고 **묵인한 경우**(대판 1966.7.26, 66도914) 11. 경찰간부 ⑧ 피고인 甲이 비서라는 특수신분 때문에 주종관계에 있는 乙, 丙의 지시를 거절할 수가 없어 뇌물을 공여한 경우(대판 1983.3.8, 82도2873 **이철희·장영자 사건**). 17. 경찰간부 ⑨ 피고인 甲이 출제교수들로부터 대학원신입생전형 시험문제를 제출받아 알게 된 것을 틈타서 피고인 乙, 丙 등에게 그 시험문제를 알려주었고 그렇게 알게 된 乙, 丙 등이 답안쪽지를 작성한 다음 이를 답안지에 그대로 베껴 써서 정을 모르는 시험감독관에게 제출한 경우(대판 1991.11.12, 91도2211 **조선대 대학원 입시비리 사건**). 17·21. 경찰간부 ⑩ 영업정지처분에 대한 집행정지 신청이 잠정적으로 받아들진 상태에서 불법 게임장 영업 한 경우(대판 2010.11.11, 2007도8645 **로얄그랑프리 게임장 사건**). 15. 국가직 9급, 20. 국가직 7급, 21. 경찰간부 ⑪ 통일원장관의 접촉 승인 없이 **북한 주민과 접촉한** 행위(대판 2003.12.26, 2001도6484) 21. 해경승진, 22. 해경간부 ⑫ 담배제조업 허가 없이 전자장치를 이용해 흡입할 수 있는 니코틴이 포함된 용액을 제조한 경우 궐련 담배제조업의 허가 기준은 존재하나 전자담배제조업에 관한 허가기준이 없는 상태에서 **담배제조업 관련 법령의 허가 기준을 준수하거나 허가 기준이 새롭게 마련될 때까지 법 준수를 요구하는 경우**(대판 2018.9.28, 2018도9828 **전자담배 액상 제조사건**) 22. 경찰채용	

02 강요된 행위

> **형법**
> 제12조【강요된 행위】저항할 수 없는 폭력이나 **자기 또는 친족의 생명, 신체에 대한 위해를 방어할 방법이 없는 협박에 의하여 강요된 행위는 벌하지 아니한다.**

의의	저항할 수 없는 폭력이나 자기 또는 친족의 생명·신체에 대한 위해를 방어할 방법이 없는 협박에 의하여 강요된 행위(예 "회사의 기밀을 훔쳐오지 않으면 너의 아들을 죽이겠다."라는 강한 협박에 못이겨 회사의 기밀을 절취해서 넘겨준 경우) 13. 경찰승진	
성립요건	강제상태	① 저항할 수 없는 폭력 　㉠ 절대적 폭력하에서의 행위는 형법상 행위라 할 수 없으므로(예 甲이 A를 세게 밀어 앞에 있던 B와 부딪치게 한 경우), 강요된 행위에서의 폭력은 **강제적 폭력 내지 심리적 폭력을 의미함**(통설·판례) 11. 경찰승진 　㉡ 폭력의 수단·방법에는 아무런 제한이 없음 ② **자기** 또는 **친족**의 생명·신체에 대한 위해를 방어할 방법이 없는 협박(《주의》 자기 또는 타인의 생명·신체에 대한 위해 ✕) 　㉠ 친족의 범위에는 사실상의 친족도 포함(통설) 　㉡ 생명 또는 신체에 대한 위해가 아닌 자유·재산·명예에 대한 위해는 강요된 행위가 아니라 초법규적 책임조각사유(기대가능성)로 처리됨
	강요된 행위	피강요자의 행위는 구성요건에 해당하고 위법하여야 하며, 강요의 수단인 폭행·협박과 강요된 행위 사이에 인과관계가 있어야 함 11. 경찰승진
효과	피강요자	① 강요된 행위는 적법행위의 기대가능성이 없으므로 책임이 조각됨 ② 강요된 행위라도 위법성은 인정되므로 이에 대하여 정당방위가 가능함 11. 경찰승진
	강요자	강요자는 책임이 없는 사람을 이용한 경우이므로 **간접정범으로 처벌**되고, 형법 제324조의 강요죄가 성립할 수 있음

⚖️ 판례 | '강요된 행위' 관련 판례

1 형법 제12조에 규정된 '저항할 수 없는 폭력'은 **심리적 의미에 있어서 육체적으로 어떤 행위를 절대적으로 하지 아니할 수 없게 하는 경우와 윤리적 의미에 있어서 강압된 경우**를 말하고, '협박'이란 **자기 또는 친족의 생명·신체에 대한 위해를 달리 막을 방법이 없는 협박**을 말하며, '강요'라 함은 피강요자의 자유스런 의사결정을 하지 못하게 하면서 특정한 행위를 하게 하는 것을 말한다(대판 2009.6.11, 2008도11784 **예인선 진도대교 충돌 사건**). 11. 사법시험, 13. 경찰승진, 17. 변호사, 21. 경찰간부

2 형법 제12조에서 말하는 **강요된 행위**는 저항할 수 없는 폭력이나 생명·신체에 위해를 가하겠다는 협박 등 **다른 사람의 강요행위에 의하여 이루어진 행위를 의미하는 것이지** 어떤 사람의 성장교육과정을 통하여 형성된 내재적인 관념 내지 확신으로 인하여 **행위자 스스로의 의사결정이 사실상 강제되는 결과를 낳게 하는 경우까지 의미한다고 볼 수는 없다**(대판 1990.3.27, 89도1670 **KAL기 폭파 사건**). 11. 경찰승진, 11·14. 국가직 9급, 17. 법원행시, 21. 경찰간부

3 18세 소년이 취직할 수 있다는 감언에 속아 도일하여 **조총련 간부들의 감시 내지 감금하에 강요에 못이겨** 공산주의자가 되어 북한에 갈 것을 서약한 행위를 한 것이 강요된 행위에 해당한다(대판 1972.5.9, 71도1178).

4 남편이 피고인을 간통하였다고 오인하고 피고인을 폭행하면서 "간통사실을 폭로하겠다고 협박을 당하여 돈을 주었다."라는 내용의 고소장을 쓰라고 강요하자, **피고인은 견디지 못하고 남편이 시키는 대로 허위내용의 고소장을 작성**하여 경찰서에 제출한 경우 강요된 행위에 해당한다(대판 1983.12.13, 83도2276).

제5장 미수론

제1절 미수범의 일반이론

01 범죄의 실현단계

범죄결의	범죄를 실현하려는 결심의 단계로서 외부에 표출되지 않는 한 어떠한 처벌도 받지 않음
예비·음모	범죄를 수행하기 위한 물적·인적 준비단계로서 법률에 특별한 규정이 없는 한 처벌하지 않음
미수	범죄의 실행에 착수하여 행위를 종료하지 못하였거나 종료하였더라도 결과가 발생하지 않은 경우로서 법률에 특별한 규정이 있는 경우에 한하여 예외적으로 처벌함
기수	실행에 착수한 이후 범죄행위를 종료하였거나 결과가 발생한 경우로서 원칙적으로 모두 처벌함
종료	기수 이후에 보호법익에 대한 침해가 실질적으로 끝난 경우

02 미수범의 분류 13. 경찰간부, 14. 경찰승진

구분	장애미수	중지미수	불능미수	불능범
의의	의외의 장애로 기수에 이르지 못한 경우	자의로 중지하여 기수에 이르지 않은 경우	결과발생이 불가능하여 기수에 이르지 못한 경우 (위험성은 있음)	결과발생이 불가능하여 기수에 이르지 못한 경우 (위험성도 없음)
결과발생 가능성	○	○	×	×
위험성	○	○	○	×
처벌	형의 임의적 감경	형의 필요적 감면	형의 임의적 감면	불가벌

제2절 장애미수

> **형법**
> 제25조 【미수범】 ① 범죄의 실행에 착수하여 행위를 종료하지 못하였거나 결과가 발생하지 아니한 때에는 미수범으로 처벌한다.
> ② 미수범의 형은 기수범보다 **감경할 수 있다.**

01 의의

개념		행위자가 의외의 장애 때문에 자신의 의사에 반하여 범죄를 완성하지 못한 경우(협의의 미수로서 일반적으로 **'미수'란 장애미수를 의미함**)
종류	착수미수 (미종료미수)	행위자가 실행에 착수하였으나 실행행위 자체를 종료하지 못한 미수(예 甲이 A를 살해하려고 칼로 찌르려고 하였으나 A가 이를 피하여 찔리지 않은 경우)
	실행미수 (종료미수)	행위자가 실행에 착수하여 실행행위까지 종료하였으나 결과가 발생하지 않은 미수(예 甲이 A를 살해하려고 칼로 수회 찔렀으나 A가 사망하지 않은 경우)

02 성립요건

고의 등		① 미수범의 고의의 인식대상은 기수범의 고의의 인식대상과 동일하고, **미필적 고의로도 충분함** ② 고의는 언제나 기수의 고의이어야 하고, 처음부터 미수에 그치겠다는 미수의 고의는 형법상 고의로 인정되지 않음(예 살인미수에 그치겠다는 고의만 있는 경우, 상해의 고의가 될 수 있어도 살인의 고의는 될 수 없음) ③ 목적, 불법영득의사 등이 필요한 범죄의 경우에는 **기수범과 동일하게 그 요건이 모두 구비되어야 함**
실행의 착수	의의	① 구성요건 실현행위를 직접적으로 개시하는 것을 의미함 ② 형식적으로 예비·음모와 미수의 구별기준이 되며, 실질적으로 불능범과 불능미수의 구별기준이 됨
	실행의 착수시기	✎ 개별범죄의 실행의 착수시기는 각론에서 서술함 ① 원인에 있어 자유로운 행위: **책임능력이 없는 상태하에서의 실행행위시**가 실행의 착수시기에 해당함(다수설) ② 공범 　㉠ 공동정범: 공모자 중 **1인이라도 공모한 대로 실행에 착수**하면 전원에 대하여 실행의 착수가 인정됨 　㉡ 간접정범: 이용자가 피이용자를 이용하기 시작할 때라는 견해와 피이용자가 실행행위를 시작할 때라는 등의 견해가 대립함. 간접정범의 실행의 착수시기를 이용자의 이용행위시로 보는 경우 이용자의 이용의사가 외부로 표현되기만 하면 실행의 착수가 인정되므로 **미수범 성립과 처벌 범위가 지나치게 확장되게 됨** 22. 경찰채용 　㉢ 교사범·방조범: **정범이 실행에 착수**하면 공범에 대하여도 실행의 착수가 인정됨 ③ 부작위범 　㉠ 진정부작위범: 단순거동범으로 원칙적으로 실행의 착수시기가 특별히 문제되지 않음 　㉡ 부진정부작위범: 작위의무를 이행하지 않음으로써 법익에 대한 직접적인 위험을 초래하거나 위험발생이 증대되는 시점에 실행의 착수가 인정됨(다수설)
결과의 불발생		① 의외의 장애로 결과가 발생하지 않아야 함 ② 결과가 발생하더라도 인과관계가 인정되지 않으면 역시 미수범으로 처벌됨
처벌		**형을 감경할 수 있음**

① 과실범의 미수: 과실범의 미수는 있을 수 없고, 또한 과실범의 미수처벌규정도 없음 13. 경찰승진
② 결과적 가중범의 미수
  ㉠ 진정결과적 가중범: 진정결과적 가중범은 고의와 과실의 결합형태의 범죄이므로 미수는 있을 수 없음. 따라서 **기본범죄가 미수에 그쳤지만 무거운 결과가 발생하면 결과적 가중범의 기수에 해당함**(통설·판례). 형법상 인질치사상죄·강도치사상죄 및 해상강도치사상죄에 대한 미수범 처벌규정은 입법의 오류 13. 경찰승진
  ㉡ 부진정결과적 가중범의 미수: 부진정결과적 가중범은 고의와 고의의 결합형태의 범죄이므로 이론상 미수를 생각할 수 있으나, (진정결과적 가중범의 미수를 인정하지 않는 것과의 균형상) 이를 인정할 수 없다는 견해(통설)와 미수범처벌규정을 두고 있는 현주건조물일수치사상죄의 경우에는 이를 인정할 수 있다는 견해가 대립함

⚖ 판례 | 실행의 착수 관련 판례

1 필로폰을 매수하려는 자로부터 필로폰을 구해 달라는 부탁과 함께 금전을 지급받았다고 하더라도, 당시 피고인이 필로폰을 소지 또는 입수한 상태에 있었거나 그것이 가능하였다는 등 매매행위에 근접·밀착한 상태에서 그 대금을 지급받은 것이 아니라 **단순히 필로폰을 구해 달라는 부탁과 함께 대금 명목으로 금전을 지급받은 것에 불과한 경우에는 필로폰 매매행위의 실행의 착수에 이른 것이라고 볼 수 없다**(대판 2015.3.20, 2014도16920 **200만원 송금만 사건**). 17. 법원행시, 18. 경찰채용

2 부정경쟁방지법 제18조 제2항에서 정하고 있는 영업비밀부정사용죄에 있어서는 행위자가 당해 영업비밀과 관계된 영업활동에 이용 혹은 활용할 의사 아래 그 영업활동에 근접한 시기에 **영업비밀을 열람하는 행위**(영업비밀이 전자파일의 형태인 경우에는 저장의 단계를 넘어서 해당 **전자파일을 실행하는 행위**)를 하였다면 **그 실행의 착수가 있다**(대판 2009.10.15, 2008도9433 **두산중공업 기술연구원장 사건**). 13·17. 경찰채용

3 범죄수익법 제3조 제1항 제3호에서 정한 범죄수익 등의 은닉에 관한 죄의 미수범으로 처벌하려면 그 실행에 착수한 것으로 인정되어야 하고, 위와 같은 은닉행위의 실행에 착수하는 것은 범죄수익 등이 생겼을 때 비로소 가능하므로, **아직 범죄수익 등이 생기지 않은 상태에서는 범죄수익 등의 은닉에 관한 죄의 실행에 착수하였다고 인정하기 어렵다**(대판 2007.1.11, 2006도5288 **계좌만 개설 사건**).

4 병역법 제86조의 **'사위행위(개정법 속임수를 쓰는 행위)'**라고 함은 병역의무를 감면받을 조건에 해당하지 않거나 그러한 신체적 상태가 아님에도 병무행정당국을 기망하여 병역의무를 감면받으려는 행위 일반을 가리키는 것이므로, **병역의무의 이행을 면탈하고 병무행정의 적정성을 침해할 직접적인 위험이 있는 단계에 이르렀을 때 비로소 그 실행에 이르렀다고 보아야 한다**(대판 2005.11.10, 2005도1995 **진단서 발급만 사건**).

5 외국환거래법 제28조 제1항 제3호에서 규정하는 신고를 하지 아니하거나 허위로 신고하고 지급수단·귀금속 또는 증권을 수출하는 행위는 **지급수단 등을 국외로 반출하기 위한 행위에 근접·밀착하는 행위가 행하여진 때에 그 실행의 착수가 있다고 할 것이다**(대판 2001.7.27, 2000도4298).

6 비지정문화재의 수출미수죄가 성립하기 위하여는 비지정문화재를 국외로 반출하는 행위에 근접·밀착하는 행위가 행하여진 때에 그 실행의 착수가 있는 것으로 보아야 한다(대판 1999.11.26, 99도2461 **청화백자 매도 실패 사건**).

실행의 착수가 인정되는 경우	실행의 착수가 인정되지 않는 경우
① 피고인이 일본으로 출국하기 위해 김해국제공항 1층에 도착하여 출국을 위한 탑승수속을 하면서 **일화 500만엔을 감춰 놓은 김 상자를 기탁화물로 부친 경우**(대판 2001.7.27, 2000도4298)	① 피고인 甲이 乙로부터 **필로폰을 구해 달라는 부탁을 받고 그 대금 명목으로 200만원을 송금받은 경우**. 다만, 당시 피고인은 필로폰을 소지 또는 입수하였거나 곧바로 입수 가능한 상태에 있었다고 볼 수 없었다(대판 2015.3.20, 2014도16920 **200만원 송금만 사건**).
② 피고인이 세관검사를 받음에 있어 **로렉스 손목시계를 출국 당시 차고 간 신변휴대품인 양 피고인의 손목에 차고 몰래 반입하려다가 세관공무원에게 적발된 경우**(대판 1987.11.24, 87도1571)	② 피고인들이 은행강도 범행으로 강취할 돈을 **송금받을 목적으로 계좌를 개설한 경우**. 다만, 이후 강도 범행을 연기하거나 미수에 그쳐 범죄수익 등이 현실적으로 생기지 않았다(대판 2007.1.11, 2006도5288 **계좌만 개설 사건**).
③ 관세를 포탈할 범의를 가지고 **선박을 이용하여 물품을 영해 내에 반입한 경우**(대판 1984.7.24, 84도832) 22. 해경간부	③ 입영대상자인 피고인이 병역면제처분을 받을 목적으로 병원으로부터 신장질환이 있는 것처럼 **허위의 병사용진단서를 발급받은 경우**. 다만, 이후 이 진단서를 병무청에 제출하지는 않았다(대판 2005.11.10, 2005도1995 **진단서 발급만 사건**). 15. 국가직 9급·법원직 9급, 17. 경찰승진
	④ 피고인이 **일화 400만엔이 들어 있는 휴대용 가방을 가지고 보안검색대로 나아가지 않은 채 공항 내에서 탑승을 기다리고 있던 중에 체포된 경우**(대판 2001.7.27, 2000도4298) 14. 변호사
	⑤ 피고인이 수출할 사람에게 비지정문화재를 판매하려다가 **가격절충이 되지 않아 계약이 성사되지 못한 경우**(대판 1999.11.26, 99도2461 **청화백자 매도 실패 사건**)
	⑥ 피고인 甲이 히로뽕 제조원료 구입비로 300만원을 乙에게 제공하였는데 **乙이 그로써 구입할 원료를 물색 중 적발된 경우**(대판 1983.11.22, 83도2590) 17. 경찰채용
	⑦ 피고인이 회합장소인 판문점 평화의 집으로 가던 중 그에 훨씬 못미치는 **검문소에서 경찰의 저지로** 그 뜻을 이루지 못한 경우(대판 1990.8.28, 90도1217)
	⑧ 피고인 甲이 乙에게 필로폰을 받을 국내 주소를 알려주었다고 하더라도 **乙이 필로폰이 들어 있는 우편물을 발신국의 우체국 등에 제출하였다는 사실이 밝혀지지 않은 경우**(대판 2019.5.16, 2019도97 **워터볼 발송 사건**)

제3절 중지미수

> **형법**
> 제26조【중지범】 범인이 실행에 착수한 행위를 **자의(自意)**로 중지하거나 그 행위로 인한 결과의 발생을 자의로 방지한 경우에는 **형을 감경하거나 면제한다.**

개념	① 행위자가 실행에 착수한 행위를 자의로 중지하거나 결과의 발생을 자의로 방지하여 범죄를 완성하지 않은 경우 ② 고의와 실행의 착수 등은 장애미수와 동일함
자의성 판단기준	① 객관설: 외부적인 사정으로 범죄를 완성하지 못한 경우는 장애미수이고, 그 외의 경우는 중지미수라는 견해 ② 주관설: 윤리적 동기(예 후회, 동정, 연민, 죄책감 등)에 의하여 범죄를 완성하지 못한 경우는 중지미수이고, 그 외의 경우는 장애미수라는 견해 ③ Frank공식: 할 수 있었음에도 원하지 않아서 중지한 경우는 중지미수이고, 하려고 하였으나 할수가 없어서 중지한 경우는 장애미수라는 견해 ④ 절충설: 사회통념상 외부적 장애사유로 인하여 타율적으로 중지한 경우는 장애미수이고, 이러한 사유가 없음에도 **자율적으로 중지**한 경우는 중지미수라는 견해(다수설 · 판례)
중지행위 또는 방지행위	① **착수미수**의 경우는 실행행위를 중지하면 되고 이는 **소극적 부작위로 충분함**(예 甲이 칼로 A를 찌르려고 하였으나 A가 이를 피하여 찔리지 않은 상태인 경우, 甲이 더 이상의 행위를 하지 않으면 중지미수 성립) ② **실행미수**의 경우는 **결과의 발생을 적극적이고 상당한 방법으로 방지**하여야 하고, 단순한 소극적 부작위로는 부족함(예 甲이 칼로 A를 수회 찔렀으나 A가 사망하지 않은 상태인 경우, 甲이 A를 병원에 데려가 치료를 받게 하는 등의 행위를 하여야만 중지미수 성립)
결과의 불발생	① 중지행위 또는 방지행위에도 불구하고 결과가 발생하면 기수범이 성립하고, 중지미수는 성립할수 없음 ② 중지행위 또는 방지행위와 결과의 불발생 사이에 인과관계가 있어야 함
처벌	형을 감경 또는 면제함
관련 문제	**예비의 중지** ① 부정설: 중지미수는 실행의 착수 이후의 개념이기 때문에 실행의 착수가 있기 전인 예비 · 음모에 대하여는 **중지미수규정(형의 필요적 감면)을 준용할 수 없다**는 견해(판례) ② 긍정설: 형의 불균형을 시정하기 위하여 예비의 형이 중지미수의 형보다 무거운 때에는 중지미수규정(형의 필요적 감면)을 준용하여야 한다는 견해(다수설) **불능미수의 중지** 결과발생이 불가능한 경우의 중지가 결과발생이 가능한 경우의 중지보다 무겁게 처벌되는 것은 형의 불균형을 초래하므로 불능미수의 중지미수도 인정됨(다수설) **공범과 중지미수** ① 자신의 행위를 중지한 것만으로는 중지미수가 성립하지 아니하고 **다른 공범의 행위까지 중지시키거나 결과의 발생을 방지한 때에 한하여 중지미수가 성립**함(통설 · 판례) ② 중지미수의 효과는 자의로 중지한 자에게만 미치는 일신전속적 성격이 있으므로, 자의로 중지한 공범만이 중지미수로서 형을 필요적으로 감면하고, 다른 공범자는 장애미수로서 형을 필요적으로 감면하지 않음(통설)

⚖ **판례 | 중지미수 관련 판례**

1 범죄의 실행행위에 착수하고 그 범죄가 완수되기 전에 자기의 자유로운 의사에 따라 범죄의 실행행위를 중지한 경우에 **그 중지가 일반 사회통념상 범죄를 완수함에 장애가 되는 사정에 의한 것이 아니라면 이는 중지미수에 해당한다**(대판 2011.11.10, 2011도10539 **영남에어 대표 사건**). 11. 경찰채용·사법시험, 15. 법원직 9급

2 **다른 공범의 범행을 중지하게 하지 아니한 이상** 자기만의 범의를 철회·포기하여도 **중지미수로는 인정될 수 없다**(대판 2005.2.25, 2004도8259 **텐트 강간 사건**). 13·14·16. 국가직 9급, 14·15. 변호사, 15·17. 법원행시

3 중지범은 범죄의 실행에 착수한 후 자의로 그 행위를 중지한 때를 말하는 것이고, 실행의 착수가 있기 전인 **예비·음모의 행위를 처벌하는 경우에 있어서 중지범의 관념은 인정할 수 없다**(대판 1999.4.9, 99도424 **녹두 밀수 사건**). 11. 경찰승진, 11·12·16. 경찰채용, 11·14·15·20. 국가직 9급, 12·20. 국가직 7급, 12·15. 사법시험·변호사, 14. 법원직 9급, 15·16·18 경찰간부

판례비교

중지미수에 해당하지 않는 경우	중지미수에 해당하는 경우
① 피고인이 A에게 위조한 주식인수계약서와 통장사본을 보여주면서 50억원의 투자를 받았다고 말하며 자금의 대여를 요청하였고, 이에 **A와 함께 50억원의 입금 여부를 확인하기 위해 은행에 가던 중 은행 입구에서 차용을 포기하고 돌아간 경우**(대판 2011.11.10, 2011도10539 **영남에어 사건**) 13. 국가직 9급, 13·15. 법원행시, 14·15·16. 사법시험, 14·16. 경찰채용, 16. 변호사	① 피고인이 피해자를 강간하려다가 피해자의 "다음 번에 만나 친해지면 응해 주겠다."라는 취지의 부탁으로 인하여 그 목적을 이루지 못한 경우(대판 1993.10.12, 93도1851 **친해지면 응해 주겠다 사건**) 11. 경찰채용, 11·12·16. 국가직 9급, 13·14·18. 경찰간부, 13·15·17. 법원행시, 15. 법원직 9급, 16. 사법시험
② 피고인이 피해자를 살해하려고 목과 가슴 부위를 칼로 수회 찔렀으나, 피해자의 가슴 부위에서 많은 **피가 흘러나오는 것을 발견하고 겁을 먹고 그만 둔 경우**(대판 1999.4.13, 99도640 **마음 약한 살인범 사건**) 13·21. 경찰간부, 13·15. 법원행시, 14·20. 경찰채용, 15. 법원직 9급, 16. 사법시험·국가직 9급	② 공범자인 乙이 A 경영 상회 안으로 들어가 절취할 물건을 물색하고 있는 동안, 피고인 甲이 가책을 느껴 A에게 乙의 침입사실을 알리고 그와 함께 乙을 체포한 경우(대판 1986.3.11, 85도2831 **천광상회 사건**) 18. 경찰간부
③ 피고인이 장롱 안에 있는 옷가지에 불을 놓아 건물을 소훼하려 하였으나 **불길이 치솟는 것을 보고 겁이 나서 물을 부어 불을 끈 경우**(대판 1997.6.13, 97도957 **마음 약한 방화범 사건**) 11·13·16. 국가직 9급, 13·14·17. 경찰간부, 13·15·16·17. 법원행시, 14. 경찰채용, 15. 법원직 9급, 16. 사법시험	
④ 강도가 강간하려고 하였으나 잠자던 피해자의 **어린 딸이 잠에서 깨어 우는 바람에** 도주하였고 또 피해자가 시장에 간 남편이 곧 돌아온다고 하면서 임신 중이라고 말하자 도주한 경우(대판 1993.4.13, 93도347 **마음 약한 강간범 사건**) 11. 사법시험, 13. 경찰간부, 14. 경찰채용, 16. 법원행시·국가직 9급	

중지미수에 해당하지 않는 경우	중지미수에 해당하는 경우
⑤ 피고인 등이 원료불량으로 인한 **제조상의 애로, 제품의 판로문제, 범행탄로시의 처벌공포, 다른 공범자의 포악성** 등으로 인하여 **히로뽕 제조를 단념한 경우**(대판 1985.11.12, 85도2002 **히로뽕 제조실패 사건**) 11. 국가직 9급, 12. 경찰승진 ⑥ 피고인 甲이 乙과 피해자 A를 텐트 안으로 끌고 간 후 乙·甲의 순으로 성관계를 하기로 하고 **甲은 주변에서 망을 보고 乙은 A의 반항을 억압한 후 강간하고, 이어 甲이 텐트 안으로 들어가 A를 강간하려 하였으나 A가 반항을 하며 강간을 하지 말아 달라고 사정을 하여 강간을 하지 않은 경우**, 乙이 甲과의 공모하에 강간행위에 나아간 이상 비록 甲이 강간행위에 나아가지 않았다 하더라도 **중지미수에 해당하지는 않는다**(대판 2005.2.25, 2004도8259 **텐트 강간 사건**) 14. 경찰채용, 15. 법원행시 ⑦ 피고인이 공동소유의 대지를 공동소유자의 승낙 없이 타인에게 담보로 제공하고 **가등기를 경료한 경우**. 다만, 이후 다시 그 채무를 변제하고 가등기를 말소하였다(대판 1978.11.28, 78도2175) 11·16. 사법시험, 13. 법원행시, 16. 법원직 9급, 18. 경찰간부 ⑧ 피고인 甲, 乙, 丙이 강도행위를 하던 중 피고인 甲, 乙은 피해자를 강간하려고 작은 방으로 끌고가 팬티를 강제로 벗기고 음부를 만지던 중 피해자가 수술한 지 얼마 안되어 배가 아프다면서 애원하는 바람에 그 뜻을 이루지 못한 경우(대판 1992.7.28, 92도917) 22. 경찰채용	

제4절 | 불능미수

형법

제27조 【불능범】 실행의 수단 또는 대상의 착오로 인하여 결과의 발생이 불가능하더라도 위험성이 있는 때에는 처벌한다. 단, 형을 감경 또는 면제할 수 있다.

개념	① 실행의 수단 또는 대상의 착오로 인하여 결과의 발생이 불가능하더라도 위험성이 있는 경우(**불능미수를 '반전된 구성요건의 착오'**라고 함) 12. 경찰간부, 15. 경찰채용 ② 고의와 실행의 착수 등은 장애미수와 동일함
구별 개념	① 장애미수·중지미수: 불능미수는 실행의 착수시기를 기준으로 처음부터 결과발생이 불가능하다는 점에서 결과발생이 가능한 장애미수나 중지미수와 구별됨

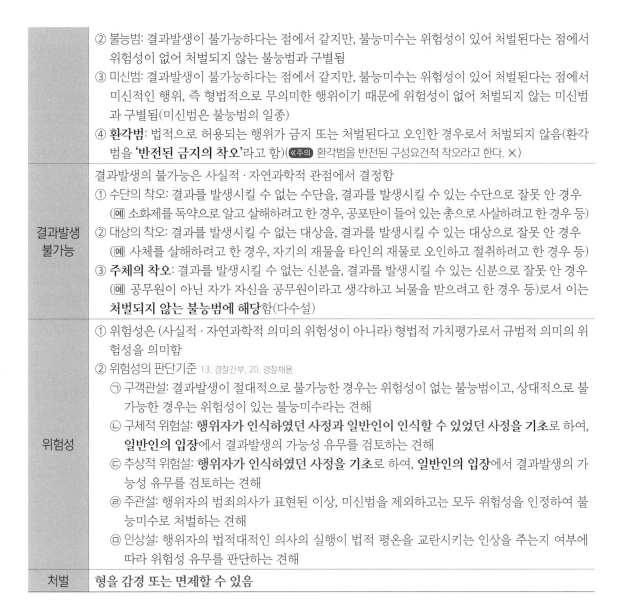

	② 불능범: 결과발생이 불가능하다는 점에서 같지만, 불능미수는 위험성이 있어 처벌된다는 점에서 위험성이 없어 처벌되지 않는 불능범과 구별됨
	③ 미신범: 결과발생이 불가능하다는 점에서 같지만, 불능미수는 위험성이 있어 처벌된다는 점에서 미신적인 행위, 즉 형법적으로 무의미한 행위이기 때문에 위험성이 없어 처벌되지 않는 미신범과 구별됨(미신범은 불능범의 일종)
	④ **환각범**: 법적으로 허용되는 행위가 금지 또는 처벌된다고 오인한 경우로서 처벌되지 않음(환각범을 '**반전된 금지의 착오**'라고 함)(**《주의》** 환각범을 반전된 구성요건적 착오라고 한다. ×)
결과발생 불가능	결과발생의 불가능은 사실적·자연과학적 관점에서 결정함 ① 수단의 착오: 결과를 발생시킬 수 없는 수단을, 결과를 발생시킬 수 있는 수단으로 잘못 안 경우(**예** 소화제를 독약으로 알고 살해하려고 한 경우, 공포탄이 들어 있는 총으로 사살하려고 한 경우 등) ② 대상의 착오: 결과를 발생시킬 수 없는 대상을, 결과를 발생시킬 수 있는 대상으로 잘못 안 경우(**예** 사체를 살해하려고 한 경우, 자기의 재물을 타인의 재물로 오인하고 절취하려고 한 경우 등) ③ **주체의 착오**: 결과를 발생시킬 수 없는 신분을, 결과를 발생시킬 수 있는 신분으로 잘못 안 경우(**예** 공무원이 아닌 자가 자신을 공무원이라고 생각하고 뇌물을 받으려고 한 경우 등)로서 이는 **처벌되지 않는 불능범에 해당**함(다수설)
위험성	① 위험성은 (사실적·자연과학적 의미의 위험성이 아니라) 형법적 가치평가로서 규범적 의미의 위험성을 의미함 ② 위험성의 판단기준 13. 경찰간부, 20. 경찰채용 　㉠ 구객관설: 결과발생이 절대적으로 불가능한 경우는 위험성이 없는 불능범이고, 상대적으로 불가능한 경우는 위험성이 있는 불능미수라는 견해 　㉡ 구체적 위험설: **행위자가 인식하였던 사정과 일반인이 인식할 수 있었던 사정을 기초**로 하여, **일반인의 입장**에서 결과발생의 가능성 유무를 검토하는 견해 　㉢ 추상적 위험설: **행위자가 인식하였던 사정을 기초**로 하여, **일반인의 입장**에서 결과발생의 가능성 유무를 검토하는 견해 　㉣ 주관설: 행위자의 범죄의사가 표현된 이상, 미신범을 제외하고는 모두 위험성을 인정하여 불능미수로 처벌하는 견해 　㉤ 인상설: 행위자의 법적대적인 의사의 실행이 법적 평온을 교란시키는 인상을 주는지 여부에 따라 위험성 유무를 판단하는 견해
처벌	형을 감경 또는 면제할 수 있음

⚖️판례 | 불능미수 관련 판례

1 **불능범**은 범죄행위의 성질상 **결과발생의 위험이 절대로 불능한 경우**를 말한다(대판 2007.7.26, 2007도3687 **초우뿌리·부자 사건**). 15·17. 국가직 9급

2 불능범의 판단기준으로서 위험성 판단은 **피고인이 행위 당시에 인식한 사정을 놓고 이것이 객관적으로 일반인의 판단으로 보아** 결과발생의 가능성이 있느냐를 따져야 하므로 히로뽕제조를 위하여 에페트린에 빙초산을 혼합한 행위가 불능범이 아니라고 인정하려면 위와 같은 사정을 놓고 객관적으로 제약방법을 아는 과학적 일반인의 판단으로 보아 결과발생의 가능성이 있어야 한다(대판 1978.3.28, 77도4049). 15·17. 국가직 9급

3 **불능미수는 행위자가 실제로 존재하지 않는 사실을 존재한다고 오인하였다는 측면에서** 존재하는 사실을 인식하지 못한 사실의 착오와 다르다[대판 2019.3.28, 2018도16002(전합) **만취한 것으로 오해 사건**]. 19. 경찰채용

불가벌적 불능범에 해당하지 않는 경우 (가벌적인 장애미수 또는 불능미수에 해당함)	불가벌적 불능범에 해당하는 경우
① 피고인이, 미리 밀항 시도를 포착하고 **대기하던 해양경찰청 소속 경찰관들에 의하여 체포됨으로써** 결과적으로 밀항이 미수에 그친 경우(대판 2014.6.26, 2014도753 **김찬경 미래저축은행 회장 사건**)	① **피고인이 소송비용을 편취할 의사로 소송비용의 지급을 구하는 손해배상청구의 소를 제기하였다가** 담당 판사로부터 소송비용의 확정은 소송비용액 확정절차를 통하여 하라는 권유를 받고 **소를 취하한 경우**(대판 2005.12.8, 2005도8105 **소송비용 사건**) 11. 경찰승진, 11·14. 법원행시, 12·13·15. 변호사, 12·14·16. 사법시험, 12·17. 국가직 9급, 20. 경찰채용
② 피고인이 피담보채권인 **공사대금채권을 실제와 달리 허위로 부풀려 유치권에 의한 경매를 신청한 경우**(대판 2012.11.15, 2012도9603 **유치권 경매신청 사건**) 13·14. 법원직 9급, 13·15. 법원행시·경찰채용, 14. 사법시험, 15. 변호사, 16. 경찰간부	② **임대인과 임대차계약을 체결한 임차인(피고인)이** 임차건물에 거주하기는 하였으나 그의 처만이 전입신고를 마친 후에 경매절차에서 배당을 받기 위하여 **임대차계약서상의 임차인 명의를 처로 변경하여 경매법원에 배당요구를 한 경우**(대판 2002.2.8, 2001도6669 **임차인 명의변경 배당요구 사건**) 16. 법원직 9급, 20. 법원행시
③ 피고인이 일정량 이상을 먹으면 사람이 죽을 수도 있는 '초우뿌리'나 '부자' 달인 물을 마시게 하여 피해자를 살해하려다 미수에 그친 경우(대판 2007.7.26, 2007도3687 **초우뿌리·부자 사건**) 11. 경찰승진, 11·14. 법원행시, 12. 국가직 9급	③ 피고인이 임야의 공유자인 A 등 25명으로부터 임야를 매수한 사실이 없음에도 불구하고 A 등이 전원 **사망하였고 피고인 앞으로 임야에 대한 종합토지세가 부과되는 점을 기화로, 법원에 매매를 원인으로 한 소유권이전등기청구의 소를 제기하고 법원을 기망하여 승소판결을 받아 피고인 명의로 임야에 관한 소유권이전등기를 경료한 경우**(대판 2002.1.11, 2000도1881 **전원사망 피고들 사건**) 12. 법원행시, 12·15. 국가직 9급, 15. 사법시험·변호사·법원직 9급, 17. 경찰간부
④ 소매치기인 피고인이 피해자의 잠바 왼쪽주머니에 손을 넣어 금품을 절취하려 하였으나 **그 주머니 속에 금품이 들어있지 않았던 경우**(대판 1986.11.25, 86도2090) 11. 경찰승진, 14. 법원행시, 15. 경찰채용	
⑤ 피고인이 히로뽕의 원료인 염산에페트린 및 수종의 약품을 교반하여 히로뽕 제조를 시도하였으나 **약품배합 미숙으로 그 완제품을 제조하지 못한 경우**(대판 1985.3.26, 85도206) 11·12·13. 경찰승진, 13·17. 경찰간부, 14. 법원행시, 17. 국가직 9급	
⑥ 피고인이 피해자를 살해하기 위하여 '치사량에 약간 미달하는 농약 1.6cc'를 요구르트 한 병마다 섞어 피해자에게 마시게 한 경우(대판 1984.2.28, 83도3331) 12. 국가직 9급, 14. 경찰간부	
⑦ 피고인이 피해자가 **심신상실 또는 항거불능의 상태에 있다고 인식하고 그러한 상태를 이용하여 간음하였으나 피해자가 실제로는 심신상실 또는 항거불능의 상태에 있지 않았다면** 이는 실행의 수단 또는 대상의 착오로 인하여 구성요건적 결과의 발생이 처음부터 불가능하였고 실제로 그러한 결과가 발생하였다고 할 수 없으나, 피고인이 행위 당시에 인식한 사정을 놓고 일반인이 객관적으로 판단하여 보았을 때 준강간의 결과가 발생할 위험성이 있었으므로 **준강간죄의 불능미수가 성립한다**[대판 2019.3.28, 2018도16002(전합) **만취한 것으로 오해 사건**]. 19·20. 경찰채용, 19. 법원행시, 20. 법원직 9급·국가직 9급, 국가직 7급, 21. 경찰간부	

제5절 예비·음모죄

> **형법**
> 제28조【음모·예비】범죄의 음모 또는 예비행위가 실행의 착수에 이르지 아니한 때에는 법률에 특별한 규정이 없는 한 벌하지 아니한다.

| 개념 | ① 예비: 실행의 착수 전에 이루어지는 범죄의 외부적 준비행위 |
| | ② 음모: 2인 이상 사이에 이루어지는 범죄실행의 합의 |

| 법적 성격 | ① 예비·음모죄는 독립된 형태의 행위가 아니라 기본범죄 실행행위의 전(前) 단계의 행위, 즉 발현행위에 불과한 것으로 **기본범죄의 수정적 구성요건에 해당함**(발현형태설·다수설). 형법각칙의 예비죄를 처단하는 규정을 바로 독립된 구성요건 개념에 포함시킬 수는 없다고 하는 것이 죄형법정주의에 부합함(대판 1976.5.25, 75도1549 강도예비 방조사건) |
| | ② 예비·음모죄를 처벌하는 규정이 있고 또한 예비·음모죄가 수정적 구성요건에 해당하는 이상 실행행위성을 인정할 수 있음(다수설) |

성립요건	주관적 요건	① (예비·음모의) 고의: 기본범죄에 대한 고의를 의미한다는 견해와 예비·음모행위 자체에 대한 고의를 의미한다는 견해가 대립함
		② (기본범죄를 범할) 목적: 기본범죄를 범할 **목적**이 있어야 함
	객관적 요건	① 범죄의 외부적 준비행위를 하거나(예비), 2인 이상이 범죄실행의 합의를 해야 함(음모)
		② 예비·음모의 수단과 방법에는 제한이 없지만, 기본범죄의 실현에 적합한 행위로서 실질적인 위험성이 인정되어야 함

| 처벌 | 법률에 특별한 규정이 없는 한 처벌하지 않음(법률에 특별한 규정이 있을 때에만 처벌함) |

공범	① 예비죄의 공동정범: 2인 이상이 공동으로 기본범죄를 범할 목적으로 예비행위를 한 경우 **예비죄의 공동정범이 성립함**(통설·판례)
	② 예비죄의 교사범: 교사를 하였으나 이를 승낙한 피교사자가 실행의 착수를 하지 않은 경우 **교사자와 피교사자를 예비·음모에 준해서 처벌**함(효과 없는 교사)
	③ 예비죄의 방조범: 방조를 하였으나 피방조자가 실행의 착수를 하지 않은 경우 **예비의 방조죄는 성립하지 않음**(통설·판례)

⚖ 판례 | 예비·음모죄의 성립요건

1 살인예비죄가 성립하기 위하여는 **살인죄를 범할 목적 외에도 살인의 준비에 관한 고의**가 있어야 하며, 나아가 실행의 착수까지에는 이르지 아니하는 **살인죄의 실현을 위한 준비행위**가 있어야 한다. 여기서의 준비행위는 물적인 것에 한정되지 아니하며 특별한 정형이 있는 것도 아니지만, 단순히 범행의 의사 또는 계획만으로는 그것이 있다고 할 수 없고 **객관적으로 보아서 살인죄의 실현에 실질적으로 기여할 수 있는 외적 행위를 필요로 한다**(대판 2009.10.29, 2009도7150 **실패한 살인교사 사건**). 15. 국가직 9급, 17. 국가직 7급

2 강도예비·음모죄가 성립하기 위해서는 예비·음모행위자에게 미필적으로라도 '강도'를 할 목적이 있음이 인정되어야 하고 그에 이르지 않고 단순히 '준강도'할 목적이 있음에 그치는 경우에는 강도예비·음모죄로 처벌할 수 없다(대판 2006.9.14, 2004도6432 **준강도 목적 사건**). 12·16. 법원행시, 13·20. 국가직 7급, 13. 국가직 9급, 14. 경찰승진, 14·15. 변호사, 14·16·17. 경찰채용, 16. 사법시험, 20. 법원직 9급

3 음모는 실행의 착수 이전에 2인 이상의 자 사이에 성립한 범죄실행의 합의로서, 내란음모죄에 해당하는 합의가 있다고 하기 위해서는 단순히 내란에 관한 범죄결심을 외부에 표시·전달하는 것만으로는 부족하고 객관적으로 **내란범죄의 실행을 위한 합의라는 것이 명백히 인정되고, 그러한 합의에 실질적인 위험성이 인정되어야 한다**[대판 2015.1.22, 2014도10978(전합) **이석기 의원 사건**]. 16. 경찰채용·경찰간부

4 음모란 2인 이상의 자 사이에 성립한 범죄실행의 합의를 말하는 것으로, 범죄실행의 합의가 있다고 하기 위하여는 단순히 범죄결심을 외부에 표시·전달하는 것만으로는 부족하고, 객관적으로 보아 **특정한 범죄의 실행을 위한 준비행위라는 것이 명백히 인식되고, 그 합의에 실질적인 위험성이 인정될 때에 비로소 음모죄가 성립한다**(대판 1999.11.12, 99도3801 **꼴통 군인들 사건**). 11. 경찰간부, 11·14·17. 국가직 9급, 13. 경찰승진

5 폭처법 제7조는 "정당한 이유 없이 이 법에 규정된 범죄에 공용될 우려가 있는 흉기나 그 밖의 위험한 물건을 휴대하거나 제공 또는 알선한 사람은 3년 이하의 징역 또는 300만원 이하의 벌금에 처한다."라고 규정하고 있는데, 이러한 폭력행위 처벌법 위반(우범자)죄는 대상범죄인 '이 법에 규정된 범죄'의 **예비죄로서의 성격을 지니고 있다**(대판 2017.9.21, 2017도7687 **과도 사건**). 18. 국가직 7급

6 일본으로 밀항하고자 제3자에게 도항비로 일화 100만엔을 주기로 약속하였으나 그 후 이 밀항을 포기하였다면 **이는 음모에 불과하고 밀항의 예비에 이른 것이 아니다**(대판 1986.6.24, 86도437). 14. 법원직 9급

판례비교

예비·음모죄가 성립하는 경우	예비·음모죄가 성립하지 않는 경우
① 피고인 甲이 피해자 A를 살해하기 위하여 乙과 丙을 고용한 후 그들에게 살인의 대가를 지급하기로 약정한 경우(대판 2009.10.29, 2009도7150 **실패한 살인교사 사건**) 12·14. 사법시험, 13·17. 경찰채용, 15·16. 법원행시, 17. 국가직 9급, 20. 국가직 7급 ② 피고인이 행사할 목적으로 미리 준비한 물건들과 옵세트인쇄기를 사용하여 **한국은행권 지폐를 사진찍어 그 필름 원판과 이를 확대하여 현상한 인화지를 만든 경우**(대판 1966.12.6, 66도1317) 14. 사법시험·법원행시, 17. 경찰채용 ③ 강도에 제공할 흉기를 휴대하고 통행인의 출현을 대기하는 경우(대판 1948.8.17, 4281형상80)	① 통합진보당 소속 국회의원 甲을 비롯한 피고인들이, 조직원들과 회합을 통하여 회합 참석자 130여 명과 한반도에서 전쟁이 발발하는 등 **유사시에 상부명령이 내려지면 전국 각 권역에서 국가기간시설 파괴 등 폭동할 것을 통모한 경우**. 다만, 회합 참석자들이 전쟁 발발시 대한민국의 체제를 전복하기 위하여 구체적인 물질적 준비방안을 마련하라는 甲의 발언에 호응하여 선전전, 정보전, 국가기간시설 파괴 등을 논의하기는 하였으나, 1회적인 토론의 정도를 넘어서 더 나아가 내란의 실행행위로 나아가겠다는 확정적인 의사의 합치에 이르렀다고 보기 어렵다[대판 2015.1.22, 2014도10978(전합) **이석기 의원 사건**]. ② 뜻하지 않게 **절도 범행이 발각되었을 경우 체포를 면탈하는데 도움이 될 수 있을 것이라는 생각에 피고인이 등산용 칼을 휴대한 경우**(대판 2006.9.14, 2004도6432 **준강도 목적 사건**) 11·12·14·16. 사법시험, 12. 경찰승진, 14·17. 변호사, 15. 법원행시 ③ 사병인 피고인들이 수회에 걸쳐 **"총을 훔쳐 전역 후 은행이나 현금수송차량을 털어 한탕 하자."라는 말을 나눈 경우**(대판 1999.11.12, 99도3801 **전역 후 한탕 하자 사건**) 11·15. 경찰승진, 18. 경찰간부 ④ 피고인이 살해의 용도에 공하기 위한 흉기를 준비하였지만 그 흉기로서 **살해할 대상자가 확정되지 아니한 경우**(대판 1959.9.1, 59도387) 15. 경찰채용, 17. 국가직 9급, 20. 법원직 9급

제6장 공범론

제1절 공범이론

01 서설

공범의 개념	① 공범의 개념 　㉠ 협의의 공범: 교사범 · 방조범 　㉡ 광의의 공범: 공동정범 · 간접정범 · 교사범 · 방조범(임의적 공범) 　㉢ 최광의의 공범: 공동정범 · 간접정범 · 교사범 · 방조범(임의적 공범) + 집합범 · 대향범(필요적 공범) ② 범죄참가형태 　㉠ 단독범: 1인이 범죄를 저지르는 경우 　㉡ (최광의의) 공범: 2인 이상이 범죄를 저지르는 경우
임의적 공범	① 개념: 1인이 단독으로 범할 수 있는 죄를 2인 이상이 범하는 경우의 공범형태 ② 종류 　㉠ 공동정범 · 간접정범 　㉡ 교사범 · 방조범
필요적 공범	① 개념: 1인이 단독으로는 범할 수 없고, 반드시 2인 이상이 범하여야 성립할 수 있는 공범형태 ② 종류 　㉠ **집합범**: 2인 이상이 동일한 목표달성을 위하여 **같은 방향**으로 행하는 공범형태 　　ⓐ 가담자에게 같은 법정형이 규정된 경우(例 소요죄, 해상강도죄 등) 　　ⓑ 가담자에게 다른 법정형이 규정된 경우(例 내란죄 등) 　㉡ **대향범**: 2인 이상이 일정한 목표달성을 위하여 **서로 다른 방향**에서 행하는 공범형태 　　ⓐ 가담자에게 같은 법정형이 규정된 경우(例 도박죄, 아동혹사죄, 인신매매죄 등) 　　ⓑ 가담자에게 다른 법정형이 규정된 경우(例 수뢰죄와 증뢰죄, 배임수재죄와 배임증재죄 등) 　　ⓒ 가담자 중 일방만을 처벌하는 경우(例 음화판매죄, 범인도피 · 은닉죄 등) 　㉢ **합동범: 2인 이상이 합동**하여 범죄를 실행한 경우 단독정범이나 공동정범보다 무겁게 처벌하는 범죄로서(例 특수절도죄, 특수강도죄, 특수도주죄 등) 공동정범의 특수한 형태라는 견해와 필요적 공범이라는 견해가 대립함 11. 경찰승진 ③ 형법총칙상 공범규정의 적용 여부 　㉠ 내부참가자: 형법총칙상 **공범규정이 적용되지 않음** 　㉡ 외부관여자 　　ⓐ 집합범: 집단의 구성원이 아닌 자는 공동정범이 될 수 없으므로 **교사 · 방조만 성립할 수 있음** 12. 경찰간부 　　ⓑ 대향범: 형법총칙상 공범규정이 적용될 수 있음

⚖ 판례 | 대향범에 대하여 공범에 관한 형법총칙규정을 적용할 수 있는지 여부(소극)

1 2인 이상의 서로 대향된 행위의 존재를 필요로 하는 **대향범에 대하여는 공범에 관한 형법총칙규정이 적용될 수 없다**(대판 2011.10.13, 2011도6287 **타미플루 구매 사건**). 12. 법원행시, 15. 사법시험, 16. 국가직 9급

2 금품 등의 수수와 같이 2인 이상의 **서로 대향된 행위의 존재를 필요로 하는 관계에 있어서는 공범이나 방조범에 관한 형법총칙규정의 적용이 있을 수 없다**(대판 2014.1.16, 2013도6969 **새누리당 당원명부 유출 사건**). 15. 경찰간부

3 금품 등을 공여한 자에게 따로 처벌규정이 없는 이상 그 공여행위는 그와 대향적 행위의 존재를 필요로 하는 상대방의 범행에 대하여 공범관계가 성립되지 아니하고, 오로지 금품 등을 공여한 자의 행위에 대하여만 관여하여 그 공여행위를 교사하거나 방조한 행위도 상대방의 범행에 대하여 공범관계가 성립되지 아니한다(대판 2014.1.16, 2013도6969 **새누리당 당원명부 유출 사건**). 15. 국가직 9급, 15·16. 법원행시

4 의료법 제17조 제1항 본문은 의료업에 종사하고 직접 진찰한 의사가 아니면 처방전을 작성하여 환자 등에게 교부하지 못한다고 규정하면서 제89조에서는 이를 위반한 자를 처벌하고 있을 뿐, 위와 같이 작성된 **처방전을 교부받은 상대방을 처벌하는 규정이 따로 없는 점에 비추어**, 위와 같이 작성된 **처방전을 교부받은 자에 대하여는 공범에 관한 형법총칙규정이 적용될 수 없다**(대판 2011.10.13, 2011도6287 **타미플루 구매 사건**).

5 형법 제127조는 공무원 또는 공무원이었던 자가 법령에 의한 직무상 비밀을 누설하는 행위만을 처벌하고 있을 뿐 직무상 비밀을 누설받은 상대방을 처벌하는 규정이 없는 점에 비추어, 직무상 비밀을 누설받은 자에 대하여는 공범에 관한 형법총칙규정이 적용될 수 없다(대판 2011.4.28, 2009도3642 **체포영장발부자 명단 사건**). 11·14. 법원행시, 12·13·15·17. 경찰간부, 12·13·16. 사법시험, 12·17. 법원직 9급, 14·15. 국가직 9급, 15. 변호사, 17. 경찰승진·경찰채용

6 변호사가 변호사 아닌 자에게 고용되어 법률사무소의 개설·운영에 관여하는 행위는 변호사법 위반죄가 성립하는 데 당연히 예상될 뿐만 아니라 범죄의 성립에 없어서는 아니 되는 것인데도 **변호사를 처벌하는 규정이 없는 이상**, 변호사 아닌 자에게 고용되어 법률사무소의 개설·운영에 관여한 변호사의 행위가 일반적인 형법총칙상의 공모, 교사 또는 방조에 해당된다고 하더라도 **변호사를 변호사 아닌 자의 공범으로서 처벌할 수는 없다**(대판 2004.10.28, 2004도3994). 11·20. 경찰채용, 12. 경찰승진, 13. 법원행시, 14·20. 국가직 7급, 16. 변호사·국가직 9급, 17·20. 법원직 9급·경찰간부

7 자가용화물자동차의 소유자에게 대가를 지급하고 운송을 의뢰하여 화물운송이라는 용역을 제공받은 상대방의 행위가, 자가용화물자동차 소유자와의 관계에서 일반적인 형법 총칙상의 공모, 교사 또는 방조에 해당된다고 하더라도 자가용화물자동차 소유자의 **유상운송행위의 상대방을 자가용화물자동차 소유자의 유상운송행위의 공범으로 처벌할 수 없다**(대판 2005.11.25, 2004도8819).

8 2인 이상의 서로 대향된 행위의 존재를 필요로 하는 대향범에 대하여 공범에 관한 형법 총칙 규정이 적용될 수 없다. 이러한 법리는 해당 처벌규정의 구성요건 자체에서 2인 이상의 서로 대향적 행위의 존재를 필요로 하는 필요적 공범인 대향범을 전제로 한다. **구성요건상으로는 단독으로 실행할 수 있는 형식으로 되어 있는데 단지 구성요건이 대향범의 형태로 실행되는 경우에도 대향범에 관한 법리가 적용된다고 볼 수는 없다.** 따라서 마약거래방지법 제7조 제1항에서 정한 '불법수익 등의 출처 또는 귀속관계를 숨기거나 가장하는 행위'는 처벌규정의 구성요건 자체에서 2인 이상의 서로 대향된 행위의 존재를 필요로 하지 않으므로 정범의 이러한 행위에 가담하는 행위에는 형법 총칙의 공범 규정이 적용된다(대판 2022.6.22, 2020도7866 **대마 매매대금 입금사건**). 23. 법원직 9급

⚖️ **판례 | 필요적 공범 관련 판례**

1 [1] 뇌물공여죄와 뇌물수수죄 사이와 같은 이른바 대향범관계에 있는 자는 강학상으로는 필요적 공범이라고 불리고 있으나, 서로 대향된 행위의 존재를 필요로 할 뿐 각자 자신의 구성요건을 실현하고 별도의 형벌규정에 따라 처벌되는 것이어서, **2인 이상이 가공하여 공동의 구성요건을 실현하는 공범관계에 있는 자와는 본질적으로 다르다.** [2] "공범의 1인에 대한 시효정지는 다른 공범자에 대하여 효력이 미친다."라고 규정한 형사소송법 제253조 제2항에서 '**공범**'에는 뇌물공여죄와 뇌물수수죄 사이와 같은 대향범관계에 있는 자는 포함되지 않는다(대판 2015.2.12, 2012도4842 **제3자뇌물교부 공범 사건**). 15. 경찰채용, 16. 경찰간부·법원행시·국가직 7급·국가직 9급, 16·17. 변호사

2 뇌물공여죄가 성립하기 위하여는 뇌물을 공여하는 행위와 상대방 측에서 금전적으로 가치가 있는 그 물품 등을 받아들이는 행위가 필요할 뿐 반드시 상대방 측에서 뇌물수수죄가 성립하여야 하는 것은 아니다(대판 2013.11.28, 2013도9003 **광주 총인처리시설 입찰비리 사건**). 11·12. 경찰채용, 11·15·17. 국가직 9급, 11·16·20. 경찰승진, 12. 변호사, 12·13·15. 법원행시, 13. 법원직 9급, 15. 사법시험, 17. 경찰간부

3 뇌물공여죄와 뇌물수수죄는 필요적 공범관계에 있다고 할 것이나, 필요적 공범이라는 것은 법률상 범죄의 실행이 다수인의 협력을 필요로 하는 것을 가리키는 것으로서 이러한 범죄의 성립에는 **행위의 공동을 필요로 하는 것에 불과하고 반드시 협력자 전부가 책임이 있음을 필요로 하는 것은 아니므로**, 오로지 공무원을 함정에 빠뜨릴 의사로 직무와 관련되었다는 형식을 빌려 그 공무원에게 금품을 공여한 경우에도 공무원이 그 금품을 직무와 관련하여 수수한다는 의사를 가지고 받아들이면 뇌물수수죄가 성립한다(대판 2008.3.13, 2007도10804 **강종만 영광군수 사건**). 11·15. 경찰채용, 11·16. 법원행시, 12. 사법시험·국가직 9급

4 배임수재죄와 배임증재죄는 통상 필요적 공범의 관계에 있기는 하나, 이것은 반드시 **수재자와 증재자가 같이 처벌받아야 하는 것을 의미하는 것은 아니고** 증재자에게는 정당한 업무에 속하는 청탁이라도 수재자에게는 부정한 청탁이 될 수도 있는 것이다(대판 2011.10.27, 2010도7624 **가처분 취하 사건**). 11·12·15. 경찰채용, 12·16. 법원직 9급, 13·15·17. 법원행시

5 정치자금법 제45조 제1항의 정치자금을 기부한 자와 기부받은 자는 이른바 대향범인 필요적 공범관계에 해당하고, 이러한 공범관계는 행위자들이 서로 대향적 행위를 하는 것을 전제로 하는데, **각자의 행위가 범죄 구성요건에 해당하면 그에 따른 처벌을 받을 뿐이고 반드시 협력자 전부에게 범죄가 성립해야 하는 것은 아니므로**, 정치자금을 기부하는 자의 범죄가 성립하지 않더라도 정치자금을 기부받는 자가 정치자금법이 정하지 않은 방법으로 정치자금을 제공받는다는 의사를 가지고 받으면 정치자금 부정수수죄가 성립한다(대판 2017.11.14, 2017도3449 **권선택 대전시장 사건**). 18. 경찰승진, 21·22. 해경간부

⚖️ **판례 | 필요적 공범이 아닌 경우**

제3자뇌물수수죄에서 제3자란 행위자와 공동정범 이외의 사람을 말하고, 교사자나 방조자도 포함될 수 있다. 그러므로 공무원 또는 중재인이 부정한 청탁을 받고 제3자에게 뇌물을 제공하게 하고 그 제3자가 그러한 공무원 또는 중재인의 범죄행위를 알면서 방조한 경우에는 그에 대한 별도의 처벌규정이 없더라도 방조범에 관한 형법총칙의 규정이 적용되어 **제3자뇌물수수방조죄가 인정될 수 있다**(대판 2017.3.15, 2016도19659 **이천시 건축담당 공무원 사건**). 17. 경찰채용·법원행시

02 정범과 (협의의) 공범의 구별

구별기준	범죄의 중심인물로서 행위지배(실행지배, 의사지배, 기능적 행위지배)를 하는 자는 정범이고, 행위지배 없이 가담하는 자는 공범에 해당함(**행위지배설**·통설) 12. 경찰채용 ① 직접정범: 스스로 범죄를 직접 실행함(**실행지배**) ② 간접정범: 우월적 의사를 가지고 피이용자를 이용하여 범죄를 실행함(**의사지배**) ③ 공동정범: 각자가 역할분담에 따라 범죄를 분업하여 실행함(**기능적 행위지배**)
공범의 종속성	① 정범에 종속하여 정범의 실행행위(실행의 착수)가 있어야만 공범이 성립함(**공범종속성설**·통설·판례) ② 정범의 행위가 구성요건에 해당하고 위법하면 유책하지 않더라도 공범이 성립함(**제한적 종속형식**, 통설)

1. 학설

학설		내용	비판
객관설	형식적 객관설	구성요건해당행위의 직접실행자만 정범이고 나머지 가담자는 공범이라는 견해(제한적 정범개념에 입각)	간접정범이나 공동정범의 배후조종자의 정범성을 인정하기 곤란하다는 비판을 받음 21. 경찰채용
	실질적 객관설	인과관계론의 원인설을 근거로 결과발생의 직접 원인인지(정범), 단순한 조건인지(공범)에 따라 구별	원인과 조건을 구별하기 어렵다는 비판을 받음, 간접정범의 정범성 설명이 곤란함
주관설	공통	인과관계론의 조건설 전제하고 확정적 정범개념에 기초한 이론, 모든 행위기여는 객관적으로 동가치이므로 정범과 공범의 구별은 주관적 척도에 의해서만 가능하다는 견해	
	의사설 (고의설)	정범고의 가진 자는 정범이고 그렇지 않은 자는 공범	가담자가 모두 방조의사이면 정범은 존재하지 않는다는 비판을 받음. 청부살인업자는 공범자의 의사로 행위한 자이므로 공범이 된다는 비판을 받음 21. 경찰채용
	이익설 (목적설)	자기 이익을 위한 범죄는 정범, 타인 이익을 위한 범죄는 공범	제3자를 위하여 강도행위 한 자는 형법조문에 의하면 정범인데, 공범이 된다는 비판을 받음 21. 경찰채용
행위 지배설	공통	주관적 요소와 객관적 요소의 결합으로 구별시도, 행위지배의 유무가 정범과 공범의 구별기준이라는 견해 21. 경찰채용	
	목적적 행위지배설 (Welzel)	목적적 실현의사(고의) 유무를 기준으로 정범과 공범을 구별	공범에게도 고의가 있으면 목적적 행위지배는 인정하게 된다는 비판을 받음
	기능적 행위지배설 (Roxin)	행위지배의 개념을 유형화함. 직접정범(단독정범)은 실행지배이고, 간접정범은 의사지배이고, 공동정범은 기능적 행위지배라는 견해	신분범에게는 행위지배의 기준이 적용안 됨, 신분범에서는 행위지배가 있더라도 신분이 없는 한 직접정범이나 행위지배가 성립할 수 없다는 비판을 받음

2. 제한적 정범개념과 확장적 정범개념의 비교 _{20. 해경채용}

구분	제한적 정범개념	확장적 정범개념
의의	**구성요건에 해당하는 행위를 스스로 한 자만이 정범**이고, 구성요건적 행위 이외의 행위에 의해 결과발생에 조건을 준 자는 공범에 불과하다는 견해	**구성요건적 결과발생에 조건을 준 자는 모두 정범**이라는 견해로 단일정범개념에 해당함
정범·공범의 구별	**객관설**	**주관설**
교사범·방조범 처벌규정	원래 정범만이 가벌성이 있으므로 형법이 교사범·방조범에 대한 처벌규정을 둔 것은 가벌성을 확장하는 **형벌확장사유** _{21. 경찰채용}	교사범·방조범도 원래 정범에 해당하여 정범의 형으로 처벌되어야 하나 정범보다 가볍게 처벌하는 것은 정범의 처벌범위를 축소하는 **형벌축소사유**
간접정범의 정범성	구성요건적 행위를 스스로 하지 않는 간접정범을 정범으로 보지 않고, **공범의 일종으로 봄(간접정범의 정범성 부정)**	간접정범의 개념이 불필요하며, 간접정범도 일반적인 **정범**과 동일하게 취급하므로 당연히 정범이 됨
비판	간접정범의 개념이 필요하다는 비판을 받음	정범개념의 지나친 확대로 죄형법정주의에 반하여 형법의 보장적 기능을 침해할 우려가 있다는 비판을 받음 _{21. 해경간부}

3. 공범의 종속성

(1) 공범종속성설과 공범독립성설의 비교

구분	공범종속성설(통설, 판례)	공범독립성설
의의	공범은 **정범의 실행행위가 있어야** 이에 종속하여 성립한다는 견해	공범은 **정범의 실행행위가 없더라도** 정범과 관계 없이 독립하여 성립한다는 견해
공범의 미수	공범은 정범의 실행에 착수하여야 하므로 공범의 미수는 불가능하고, 기도된 교사(제31조 제2항·제3항)는 공범의 미수를 처벌하는 **특별규정으로 보는 견해**	정범의 실행의 착수가 없어도 공범은 성립하므로 공범의 미수도 가능하고, 기도된 교사(제31조 제2항·제3항)는 공범의 미수를 처벌하는 **당연규정으로 보는 견해**
간접정범	공범과 간접정범을 구별하기 위해 간접정범 개념이 필요하다는 견해	간접정범은 공범에 불과하므로 간접정범 개념이 필요없다는 견해
공범과 신분	신분의 연대성을 규정한 **제33조 본문이 원칙규정**이고 제33조 단서가 예외규정이라는 견해	신분의 개별성을 규정한 **제33조 단서가 원칙규정**이고 제33조 본문은 예외규정이라는 견해
자살관여죄 (제252조 제2항)	자살이 범죄가 아님에도 불구하고 자살교사·방조를 처벌하므로 **공범종속성설에 대한 예외로 이해하는 견해**	자살교사·방조를 처벌하는 것은 공범종속설에 기초한 **당연한 규정**이라는 견해

(2) 종속형식에 따른 공범과 간접정범의 성립범위

구분	최소한 종속형식	제한적 종속형식	극단적 종속형식	초극단적 종속형식
구성요건만 해당 (예 강도에 정당방위하는 경우)	공범	간접정범 가능	간접정범 가능	간접정범 가능
구성요건과 위법성에 해당하는 경우 (예 13세의 절도행위)	공범	공범	간접정범 가능	간접정범 가능
구성요건과 위법·유책한 경우 (예 아버지의 물건을 훔친 경우)	공범	공범	공범	간접정범 가능
구성요건과 위법·유책하고 처벌조건까지 모두 갖춘 경우 (예 남의 물건을 훔친 경우)	공범	공범	공범	공범

(3) 공범의 처벌근거

학설		내용	비판
책임가담설		극단적 종속형식 입장, 정범의 유책한 범죄를 저지르게 했다는 점이 공범의 처벌근거	책임은 개별책임인데, 책임의 연대성을 인정하는 것은 문제임
불법가담설		제한적 종속형식 입장, 정범으로 하여금 범행을 저지르게 함으로써 정범을 사회와의 일체성 해체에 이르게 하여 법적 평화를 해쳤기 때문에 처벌한다는 견해	① 교사의 경우는 설명이 가능하나, 정범으로 하여금 범행을 저지르게 한 자가 아닌 방보범의 가벌성 근거는 설명하기 곤란하여 공범의 처벌근거를 통일적으로 파악하기 곤란 ② 함정교사의 불가벌성 설명 곤란함
야기설	공통	책임 또는 불법의 가담에서가 아니라 구성요건적 법익침해의 야기에서 공범의 처벌근거를 구함	
	순수 야기설	공범독립성설의 입장, 정범의 불법행위와 무관하게 스스로 공범구성요건의 불법을 야기했기 때문에 처벌한다는 견해	결과반가치를 무시한다는 비판을 받음
	종속적 야기설 (수정된 야기설)	기수를 지향하는 고의를 가지고 정범의 구성요건적 법익침해를 야기(교사범), 또는 촉진(방조범)했다는 점에서 처벌. 단 공범의 불법은 정범의 불법에 의존한다는 견해 (다수설)	실패한 교사(제31조 제3항)과 자살관여죄(제252조 제2항)를 설명하기 곤란
	혼합적 야기설	순수야기설과 종속야기설의 절충, 공범의 불법은 일부는 정범의 행위에서 나머지 일부는 자신의 법익침해에서 유래하므로, 공범은 종속적이지만 동시에 독립된 법익침해성을 내포하고 있다는 견해(Roxin)	기도된 교사를 미수로 처벌하지 않고 예비·음모에 준하여 처벌하고 있는 형법 태도는 종속적 야기설과 일치함

제2절 합동범과 동시범

01 합동범

의의	① 2인 이상이 '합동하여' 일정한 죄를 범한 경우에 단독정범이나 공동정범보다 무겁게 처벌하는 범죄 ② 형법상 특수절도죄, 특수강도죄 및 특수도주죄가 있고, 성폭법상 특수강간죄 등이 있음
본질	'합동하여'란 '공동하여'보다 좁은 개념으로 현장성, 즉 다수인의 시간적·장소적 협동을 의미함(현장설·통설)
공범	① 합동범의 공동정범: 공동정범의 일반이론에 따라 현장에서 가담하지 않은 자도 기능적 행위지배가 인정되면 **합동범의 공동정범이 성립할 수 있다**는 견해(판례)와 현장에서 시간적·장소적으로 협동한 자만이 합동범의 정범이 되고, 합동범에 대해서는 공동정범규정이 적용될 수 없다는 견해(다수설)가 대립함 ② 합동범의 공범: 공범종속성의 원칙상 정범의 합동범이 성립한 이상 **합동범에 대한 교사 또는 방조가 가능함**(통설)

02 동시범(독립행위의 경합)

형법

제19조 【독립행위의 경합】 동시(同時) 또는 이시(異時)의 독립행위가 경합한 경우에 그 결과발생의 원인된 행위가 판명되지 아니한 때에는 각 행위를 **미수범으로 처벌**한다.

제263조 【동시범】 독립행위가 경합하여 **상해의 결과를 발생**하게 한 경우에 있어서 원인된 행위가 판명되지 아니한 때에는 **공동정범의 예에 의한다.**

개념	2인 이상이 서로 의사연락 없이(공동가공의 의사 없이) 동일객체에 대해서 범죄의 결과를 발생시킨 경우
처벌 (원칙)	① 원인행위가 판명된 경우: 각자를 원인행위에 따라 각각 정범으로 처벌함 ② 원인행위가 판명되지 않은 경우: 각자를 (미수범 처벌규정이 있는 경우에 한하여) **미수범으로 처벌**함
처벌 (특칙)	① 독립행위가 경합하여 상해의 결과를 발생하게 한 경우 원인된 행위가 판명되지 아니한 때에는 공동정범의 예에 의하여(공동정범처럼 인과관계를 전체적·종합적으로 판단하여) **상해죄의 기수범으로 처벌**함 ② 피고인은 자기의 행위로 인하여 상해의 결과가 발생한 것이 아니라는 것을 입증할 책임이 있음(거증책임전환설·다수설) ③ 적용 여부 　㉠ 상해죄와 폭행치상죄에 적용됨 　㉡ **과실치사상죄**의 경우 적용된다는 견해와 **적용되지 않는다**는 견해(통설)가 대립함 　㉢ **상해치사죄와 폭행치사죄의 경우 적용된다**는 견해(판례)와 적용되지 않는다는 견해(통설)가 대립함 　㉣ **강도치상죄와 강간치상죄에는 적용되지 않음**(통설·판례)

⚖️ **판례 | 상해죄의 동시범의 특례 관련 판례**

1 시간적 차이가 있는 독립된 **상해행위나 폭행행위가 경합하여 사망의 결과가 일어나고** 그 사망의 원인된 행위가 판명되지 않은 경우에는 **공동정범의 예에 의하여 처벌할 것이다**(대판 2000.7.28, 2000도2466). 12. 국가직 9급, 14·17·18. 경찰간부, 17. 법원직 9급

2 이시(異時)의 독립된 **상해행위가 경합하여 사망의 결과가 일어난 경우**에 그 원인된 행위가 판명되지 아니한 때에는 **공동정범의 예에 의하여야 한다**(대판 1981.3.10, 80도3321). 12. 국가직 9급

3 가해행위를 한 것 자체가 분명하지 않은 사람에 대하여는 **상해죄의 동시범으로 다스릴 수 없다**(대판 1984. 5.15, 84도488). 13. 사법시험, 14. 경찰간부

4 형법 제263조의 동시범은 상해와 폭행죄에 관한 특별규정으로서 동 규정은 그 보호법익을 달리하는 **강간치상죄에는 적용할 수 없다**(대판 1984.4.24, 84도372). 12. 국가직 9급, 14. 경찰간부

5 A가 술을 많이 마신 상태에서 乙로부터 심하게 폭행을 당하여 몸을 잘 가누지 못한 채 **공원벤치에 누워 있었는데, 그 상태에서 2시간이 지난 후 이러한 사정을 모르는 피고인 甲이 A의 엉덩이를 밀쳐내 A가 벤치에서 떨어져 머리에 피를 흘리며 의식을 잃고 있다가 병원으로 후송되었으나 결국 사망한 경우, 甲은 폭행치사죄의 동시범에 해당한다**(대판 2000.7.28, 2000도2466). 15. 사법시험

제3절 간접정범

형법

제34조【간접정범, 특수한 교사, 방조에 대한 형의 가중】① 어느 행위로 인하여 처벌되지 아니하는 자 또는 과실범으로 처벌되는 자를 교사 또는 방조하여 범죄행위의 결과를 발생하게 한 자는 교사 또는 방조의 예에 의하여 처벌한다.
② 자기의 지휘·감독을 받는 자를 교사 또는 방조하여 전항의 결과를 발생하게 한 자는 교사인 때에는 정범에 정한 형의 장기 또는 다액에 그 **2분의 1까지 가중**하고 방조인 때에는 **정범의 형**으로 처벌한다.

개념	어느 행위로 인하여 처벌되지 아니하는 자 또는 과실범으로 처벌되는 자를 교사 또는 방조하여, 즉 타인을 생명 있는 도구로 이용하여 범죄를 실행하는 것(**의사지배·통설**)
피이용자	① **처벌되지 아니하는 자** 　㉠ 객관적 구성요건이 결여된 경우(**예** 피해자 스스로 자상하게 한 경우) 　㉡ 주관적 구성요건이 결여된 경우(**예** 밀수의 고의가 없는 자를 속여 필로폰이 든 가방을 한국에 들여오게 한 경우) 　㉢ 위법성이 조각되는 경우(**예** 경찰관을 속여 무고한 자를 체포하게 한 경우) 　㉣ 책임이 조각되는 경우(**예** 5세의 아이를 시켜 타인의 재물을 훔쳐오게 한 경우). 다만, 책임이 조각되는 자를 이용하였더라도 의사지배가 인정되지 않는 경우에는 교사범이 성립함(**예** 13세의 학생을 시켜서 타인의 재물을 훔쳐오게 한 경우) ② **과실범으로 처벌되는 자**(**예** 의사가 독주사를 영양주사라고 속여 간호사에게 그것을 놓게 하여 환자를 살해한 경우)

이용행위 (교사·방조)	'교사 또는 방조'란 의사지배가 있는 사주 또는 이용을 의미함
결과의 발생	'범죄행위의 결과를 발생하게 할 때'란 구성요건해당사실을 실현하는 것을 말하고, 미수범 성립을 배척하는 것이 아니므로 결과가 발생하지 않아도 미수범으로 처벌됨
처벌	**교사 또는 방조의 예**에 의하여 처벌함(교사인 때에는 정범과 동일한 형으로, 방조인 때에는 형을 감경하여 처벌함)
한계	① 신분범: 간접정범은 정범으로서 정범적격(正犯適格)이 있어야 성립하므로 신분 없는 자가 신분 있는 자를 이용하는 진정신분범의 간접정범이 성립할 수 없음(통설·판례) ② 자수범: **자수범**은 행위자 자신이 직접 구성요건적 실행행위를 하여야만 '정범'이 될 수 있으므로 타인을 이용하는 방식의 **간접정범은 성립할 수 없음**(통설)
특수교사· 방조	① 자기의 지휘·감독을 받는 자를 교사 또는 방조하여 범죄행위의 결과를 발생하게 한 경우에 성립함(형법 제34조 제1항은 특수교사·방조범과 특수간접정범을 모두 규정) ② 교사인 때에는 정범에 정한 형의 장기 또는 다액에 2분의 1까지 가중하고, 방조인 때에는 정범의 형으로 처벌함(《주의》 방조인 때에는 정범에 정한 형의 장기 또는 다액에 2분의 1까지 가중한다. ×)

🔎 판례 | 간접정범 관련 판례

1 **처벌되지 아니하는 타인의 행위를 적극적으로 유발하고 이를 이용하여** 자신의 범죄를 실현한 자는 간접정범으로서의 죄책을 지게 되고, 그 과정에서 **타인의 의사를 부당하게 억압하여야만 간접정범에 해당하게 되는 것은 아니다**(대판 2008.9.11, 2007도7204 S오일 후원금 사건). 13. 경찰채용, 14. 경찰승진, 16. 법원행시·국가직 9급, 17. 국가직 7급

2 범죄는 어느 행위로 인하여 처벌되지 아니하는 자를 이용하여서도 이를 실행할 수 있으므로 내란죄의 경우에도 **국헌문란의 목적을 가진 자가 그러한 목적이 없는 자를 이용하여** 이를 실행할 수 있다[대판 1997.4.17, 96도3376(전합) **신군부 내란 사건**]. 13·16. 법원행시·경찰간부, 15. 국가직 9급

3 자기에게 유리한 판결을 얻기 위하여 **소송상의 주장이 사실과 다름이 객관적으로 명백하거나 증거가 조작되어 있다는 정을 인식하지 못하는 제3자를 이용하여** 그로 하여금 소송의 당사자가 되게 하고 법원을 기망하여 소송 상대방의 재물 또는 재산상 이익을 취득하려 하였다면 간접정범의 형태에 의한 소송사기죄가 성립하게 된다(대판 2007.9.6, 2006도3591 **위조차용증 교부 사건**). 11. 경찰간부·법원행시, 13·20. 경찰채용, 15. 법원직 9급, 17. 경찰승진

4 위조문서행사죄에 있어서 행사는 위조된 문서를 진정한 것으로 사용함으로써 문서에 대한 공공의 신용을 해칠 우려가 있는 행위를 말하므로 그 행사의 상대방에는 아무런 제한이 없고, 다만 **문서가 위조된 것임을 이미 알고 있는 공범자 등에게 행사하는 경우에는 위조문서행사죄가 성립할 수 없으나**, 간접정범을 통한 위조문서행사 범행에 있어 도구로 이용된 자라고 하더라도 **문서가 위조된 것임을 알지 못하는 자에게 행사한 경우에는 위조문서행사죄가 성립한다**(대판 2012.2.23, 2011도14441 **이미지파일 출력 사건**). 16. 경찰간부·법원행시, 20. 변호사

5 甲이 아동·청소년인 피해자를 협박하여 스스로 아동·청소년의 성보호에 관한 법률 제2조 제4호의 어느 하나에 해당하는 행위 또는 그 밖의 성적 행위에 해당하는 아동·청소년 자신의 행위를 내용으로 하는 화상·영상 등을 생성하게 하고 이를 인터넷사이트 운영자의 서버에 저장시켜 甲의 휴대전화기에서 재생할 수 있도록 한 경우 아동·청소년의 성보호에 관한 법률 제11조 제1항에서 정한 **아동·청소년이용음란물을 제작하는 행위라고 보아야 한다**(대판 2018.1.25, 2017도18443 **셀프 음란물 제작사건**). 22. 경찰간부

제2편 범죄론

6장

⚖ 판례 | 허위공문서작성죄와 간접정범

1 공무원 아닌 자가 허위공문서작성의 간접정범일 때에는 형법 제228조(공정증서원본 등의 부실기재)의 경우를 제외하고는 이를 **처벌하지 못한다**(대판 1971.1.26, 70도2598 **거주확인증 사건**). 11. 경찰간부

2 공무원이 아닌 자가 허위사실을 신고하여 면장의 거주확인증을 발급받더라도 **허위공문서작성죄의 간접정범의 죄책을 지지 아니한다**(대판 1971.1.26, 70도2598). 11. 경찰간부

3 공무원이 아닌 자는 형법 제228조(공정증서원본 등의 부실기재)의 경우를 제외하고는 **허위공문서작성죄의 간접정범으로 처벌할 수 없으나**, 공무원이 아닌 자가 공무원과 공동하여 허위공문서작성죄를 범한 때에는 공무원이 아닌 자도 형법 제33조, 제30조에 의하여 **허위공문서작성죄의 공동정범이 된다**(대판 2006.5.11, 2006도1663 **재해대장 사건**). 12. 국가직 9급, 13·17. 국가직 7급, 17. 경찰승진

4 허위공문서작성죄의 주체는 그 문서를 작성할 권한이 있는 명의인인 공무원에 한하고, 그 공무원의 문서작성을 보조하는 직무에 종사하는 공무원은 위 죄의 주체가 되지 못하므로 **보조공무원이 허위공문서를 기안하여 그 정을 모르는 작성권자의 결재를 받아 공문서를 완성한 때에는 허위공문서작성죄의 간접정범이 되고**, 이러한 **결재를 거치지 않고 임의로 허위내용의 공문서를 완성한 때에는 공문서위조죄가 성립한다**(대판 1981.7.28, 81도898 **인감증명서 사건**). 14. 경찰채용, 14·17. 경찰간부, 20. 법원직 9급

5 공문서의 작성권한이 있는 공무원의 직무를 보좌하는 자가 그 직위를 이용하여 행사할 목적으로 허위의 내용이 기재된 문서초안을 그 정을 모르는 상사에게 제출하여 결재하도록 하는 등의 방법으로 작성권한이 있는 공무원으로 하여금 허위의 공문서를 작성하게 한 경우에는 간접정범이 성립되고 이와 **공모한 자 역시 간접정범의 공범으로서의 죄책을 면할 수 없는 것이고**, 여기서 말하는 공범은 반드시 공무원의 신분이 있는 자로 한정되는 것은 아니다(대판 1992.1.17, 91도2837 **예비군훈련확인서 사건**). 11. 경찰승진·법원직 9급, 16. 사법시험

6 허위공문서작성죄의 주체는 그 문서를 작성할 권한이 있는 명의인인 공무원에 한하고 그 공무원의 문서작성을 보조하는 직무에 종사하는 공무원은 허위공문서작성죄의 주체가 될 수 없다. 따라서 **보조 직무에 종사하는 공무원이 허위공문서를 기안하여 허위임을 모르는 작성권자의 결재를 받아 공문서를 완성한 때에는 허위공문서작성죄의 간접정범이 될 것이지만**, 이러한 **결재를 거치지 않고 임의로 작성권자의 직인 등을 부정사용함으로써 공문서를 완성한 때에는 공문서위조죄가 성립한다**. 이는 공문서의 작성권한 없는 사람이 허위공문서를 기안하여 작성권자의 결재를 받지 않고 공문서를 완성한 경우에도 마찬가지이다(대판 2017.5.17, 2016도13912 **전투비행단 관리사장 사건**). 17. 경찰채용·법원행시

⚖ 판례 | 간접정범에 해당하는 경우

1 피고인이 위조한 전문건설업등록증 등의 컴퓨터 이미지파일을 공사 수주에 사용하기 위하여 발주자인 A 또는 한국신뢰성기술서비스의 담당 직원 B에게 이메일로 송부하였고, **A 또는 B가 피고인으로부터 이메일로 송부받은 컴퓨터 이미지파일을 프린터로 출력할 당시 그 이미지파일이 위조된 것임을 알지 못한 경우** 형법 제229조의 위조·변조공문서행사죄를 구성한다(대판 2012.2.23, 2011도14441 **이미지파일 출력 사건**). 13. 법원행시, 15. 사법시험, 16. 변호사

2 정유회사 경영자인 피고인이 (자세한 내막을 알지 못하여 정치자금법 위반죄를 구성하지 않는) 정유회사 **소속 직원들로 하여금** 국회의원이 사실상 지배·장악하고 있던 **후원회에 후원금을 기부하게 한 경우**, 국회의원에게는 정치자금법 제32조 제3호 위반죄가, 경영자에게는 정치자금법 위반죄의 간접정범이 성립한다(대판 2008.9.11, 2007도7204 **S오일 후원금 사건**). 12. 경찰간부, 13. 경찰채용

3 피고인이 축산업협동조합이 점유하는 타인 소유의 창고의 패널을 점유자인 조합으로부터 명시적인 허락을 받지 않은 채 **소유자인 위 타인으로 하여금 취거하게 한 경우** 소유자를 도구로 이용한 절도죄의 간접정범이 성립될 수 있다(대판 2006.9.28, 2006도2963 **창고패널 취거 사건**). 11. 사법시험, 16. 경찰간부

4 인신구속에 관한 직무를 행하는 자 또는 이를 보조하는 자가 피해자를 구속하기 위하여 진술조서 등을 허위로 작성한 후 이를 기록에 첨부하여 구속영장을 신청하고, 진술조서 등이 허위로 작성된 정을 모르는 검사와 영장전담판사를 기망하여 구속영장을 발부받은 후 그 영장에 의하여 피해자를 구금하였다면 형법 제124조 제1항의 **직권남용감금죄가 성립한다**(대판 2006.5.25, 2003도3945 **서류조작 구속 사건**). 11. 경찰승진, 11·12. 경찰간부, 11·12·15. 법원행시, 11·15. 사법시험, 13. 경찰채용, 13·16. 국가직 7급, 13·17. 국가직 9급

5 출판물에 의한 명예훼손죄는 간접정범에 의하여 범하여질 수도 있으므로 **타인을 비방할 목적으로 허위의 기사 재료를 그 정을 모르는 기자에게 제공하여** 신문 등에 보도되게 한 경우에도 성립할 수 있다(대판 2002.6.28, 2000도3045 **메디슨사 비리제보 사건**). 12. 경찰간부, 13. 국가직 7급, 13·16. 국가직 9급, 15. 사법시험

6 경찰서 보안과장인 피고인이 甲의 음주운전을 눈감아주기 위하여 그에 대한 음주운전자 적발보고서를 찢어버리고, 부하로 하여금 일련번호가 동일한 **가짜 음주운전 적발보고서에 乙에 대한 음주운전사실을 기재하게 하여 그 정을 모르는 담당 경찰관으로 하여금 주취운전자 음주측정처리부에 乙에 대한 음주운전사실을 기재하도록 한 이상**, 乙이 음주운전으로 인하여 처벌을 받았는지 여부와는 관계없이 **허위공문서작성 및 동행사죄의 간접정범**으로서의 죄책을 면할 수 없다(대판 1996.10.11, 95도1706 **가짜 음주운전 적발보고서 사건**). 16. 경찰간부·국가직 7급

⚖️판례 ┃ 문서위조죄와 간접정범

1 어느 문서의 작성권한을 갖는 공무원이 그 문서의 기재사항을 인식하고 그 문서를 작성할 의사로써 이에 서명날인하였다면, 설령 그 서명날인이 타인의 기망으로 착오에 빠진 결과 그 문서의 기재사항이 진실에 반함을 알지 못한 데 기인한다고 하여도, 그 문서의 성립은 진정하며 여기에 하등 **작성명의를 모용한 사실이 있다고 할 수는 없으므로**, 공무원 아닌 자가 관공서에 **허위내용의 증명원을 제출하여 그 내용이 허위인 정을 모르는 담당 공무원으로부터 그 증명원내용과 같은 증명서를 발급받은 경우 공문서위조죄의 간접정범으로 의율할 수는 없다**(대판 2001.3.9, 2000도938 **공사실적증명원 사건**). 11. 법원행시, 12·15·16. 경찰간부, 13·16. 국가직 7급, 15. 사법시험, 16. 경찰승진, 17. 변호사

2 [1] 명의인을 기망하여 문서를 작성하게 하는 경우는 서명·날인이 정당히 성립된 경우에도 기망자는 명의인을 이용하여 서명·날인자의 의사에 반하는 문서를 작성하게 하는 것이므로 **사문서위조죄가 성립한다.**
[2] 피고인이 "임야의 등기·매도권한을 피고인에게 일임하고 매도금액 3분의 1을 문중에 반납하고 나머지를 피고인에게 소송대행비용으로 준다."라는 내용의 정기문중총회 회의록을 임의로 작성하고, 종중원들에게 **그 회의록의 내용에 관하여 제대로 알려 주지 아니한 채** 단지 "임야에 관하여 문중 명의로 소유권이전등기를 하는 데 필요하다."라는 정도로만 얘기하면서 **그들로부터 서명·날인을 받은 경우 사문서위조죄가 성립한다**(대판 2000.6.13, 2000도778 **종중 회의록 사건**). 11. 국가직 7급, 11·12·15. 경찰승진, 12. 법원직 9급, 14. 경찰채용·경찰간부, 17. 법원행시

제4절 공동정범

> **형법**
> 제30조【공동정범】2인 이상이 공동하여 죄를 범한 때에는 각자를 그 죄의 **정범으로 처벌**한다.

개념	2인 이상이 공동하여 죄를 범하는 것으로, 각자가 역할분담에 따라 범죄를 분업하여 실행하는 것 (기능적 행위지배, 통설)
본질	① 범죄공동설: 수인이 공동하여 특정한 범죄를 실행하는 것으로 고의범 상호간의 공동정범 성립만을 인정하고, 공동으로 행하는 대상을 1개의 특정한 범죄로 이해하는 견해 ② **행위공동설**: 수인이 행위를 공동하여 각자의 범죄를 실행하는 것으로 공동으로 행하는 대상을 특정한 범죄가 아닌 행위 그 자체로 이해하는 견해
성립요건	① 주관적 요건: 공동가공의 의사 또는 공모가 있어야 함 ② 객관적 요건: 기능적 행위지배를 통한 범죄의 실행사실이 있어야 함
처벌	① 공동정범은 각자를 그 죄의 **정범으로 처벌**함 15. 경찰승진 ② 공동정범의 경우 **일부실행 · 전부책임**의 원칙이 적용되고, 인과관계도 전체적 · 종합적으로 판단함
관련 문제	① **과실범의 공동정범**: 2인 이상이 공동의 과실로 인하여 범죄가 성립하는 경우로서, 행위공동설의 입장에서 **과실범의 공동정범 성립을 인정**하는 견해(판례)와 행위지배설의 입장에서 이를 부정하는 견해(다수설)가 대립함 ② **편면적 공동정범**: 공동가공의 의사가 어느 일방에게만 있는 경우로서 **공동정범이 될 수 없고** 동시범이나 편면적 방조범에 해당함(통설 · 판례) ③ **공모공동정범**: 2인 이상이 범죄를 공모한 후 그중 일부만이 범죄의 실행에 나아간 경우로서 실행행위에 나아가지 않는 자도 **공동정범의 성립을 인정**하는 견해(판례)와 행위지배설의 입장에서 이를 부정하는 견해(다수설)가 대립함 ④ **승계적 공동정범**: 선행자가 실행행위의 일부종료 후 후행자가 공동가공의 의사를 가지고 그에 가담한 경우로서 **후행자는 가담 이후의 행위에 대해서만** 책임을 질 뿐, 기능적 행위지배가 없었던 가담 이전의 행위에 대해서는 책임을 지지 않음(통설 · 판례) ⑤ **부작위범의 공동정범**: 2인 이상에게 공통된 의무가 부여되어 있고 그 의무를 공통으로 이행할 수 있을 때에 **성립할 수 있음**(판례) ⑥ **합동범의 공동정범**: 3인 이상의 범인이 범행을 공모한 후 2인 이상의 범인이 범행현장에서 시간적 · 장소적으로 협동관계를 이루어 범행을 한 경우, 공모에는 참여하였으나 현장에서 실행행위를 직접 분담하지 아니한 다른 자도 **합동범의 공동정범이 될 수 있음**(판례) ⑦ 공모관계의 이탈: 공모자 중 1인이 다른 공모자가 실행에 착수하기 전에 공모관계에서 이탈한 경우라면 **공동정범이 성립하지 않지만, 다른 공모자가 실행에 착수한 이후에 이탈한 경우라면 공동정범이 성립함**(판례)

⚖️ 판례 | 공동정범의 성립요건

1 공동정범은 2인 이상이 공동하여 죄를 범하는 것으로서, **공동정범이 성립하기 위하여는 주관적 요건으로서 공동가공의 의사와 객관적 요건으로서 공동의사에 기한 기능적 행위지배를 통한 범죄의 실행사실이 필요하고**, 공동가공의 의사는 타인의 범행을 인식하면서도 이를 제지하지 아니하고 용인하는 것만으로는 부족하고 공동의 의사로 특정한 범죄행위를 하기 위하여 일체가 되어 서로 다른 사람의 행위를 이용하여 자기의 의사를 실행에 옮기는 것을 내용으로 하는 것이어야 한다(대판 2014.5.16, 2012도3676). 11. 경찰간부, 12·13·14·15·17. 경찰채용, 17. 법원행시

2 **범죄의 실행에 가담한 사람이라고 할지라도 그가 공동의 의사에 따라 다른 공범자를 이용하여 실현하려는 행위가 자신에게는 범죄를 구성하지 않는다면, 특별한 사정이 없는 한 공동정범의 죄책을 진다고 할 수 없다**(대판 2017.4.26, 2013도12592 **자기무고 공모 사건**).

3 공모자들이 그 공모한 범행을 수행하거나 목적 달성을 위하여 나아가는 도중에 부수적인 다른 범죄가 파생되리라고 예상하거나 충분히 예상할 수 있는데도 그러한 가능성을 외면한 채 이를 방지하기에 충분한 합리적인 조치를 취하지 아니하고 공모한 범행에 나아갔다가 결국 그와 같이 예상되던 범행들이 발생하였다면, 비록 그 파생적인 범행 하나하나에 대하여 개별적인 의사의 연락이 없었더라도 당초의 공모자들 사이에 그 범행 전부에 대하여 암묵적인 공모는 물론 그에 대한 기능적 행위지배가 존재한다고 보아야 한다(대판 2013.9.12, 2013도6570 **공직윤리지원관실 불법사찰 사건 Ⅰ**). 11. 경찰채용, 13. 국가직 9급, 15. 변호사

4 **뇌물수수의 공범자들 사이에 직무와 관련하여 금품이나 이익을 수수하기로 하는 명시적 또는 암묵적 공모관계가 성립하고 그 공모내용에 따라 공범자 중 1인이 금품이나 이익을 수수하였다면,** 사전에 특정 금액 이하로만 받기로 약정하였다든가 수수한 금액이 공모과정에서 도저히 예상할 수 없는 고액이라는 등과 같은 특별한 사정이 없는 한, 그 수수한 금품이나 이익 전부에 관하여 특가법 위반(뇌물)죄 또는 뇌물수수죄의 **공모공동정범이 성립하며,** 수수할 금품이나 이익의 규모나 정도 등에 대하여 사전에 서로 의사의 연락이 있거나 수수한 금품 등의 구체적 금액을 공범자가 알아야 공모공동정범이 성립하는 것은 아니다(대판 2014.12.24, 2014도10199 **한수원 원전 납품비리 사건**). 17. 국가직 7급, 20. 경찰간부

⚖️ 판례 | 공모(공동가공의사)의 성립요건

1 2인 이상이 공동으로 가공하여 범죄를 행하는 공동정범에 있어서 **공모나 모의는 반드시 직접적·명시적으로 이루어질 필요는 없고 순차적·암묵적으로 상통하여 이루어질 수도 있으나**, 어느 경우에도 범죄에 공동가공하여 이를 공동으로 실현하려는 의사의 결합이 있어야 한다(대판 2014.2.27, 2013도12155 **SK그룹 회장 사건**).

2 2인 이상이 공모하여 범죄에 공동가공하는 공범관계의 경우 공모는 법률상 어떤 정형을 요구하는 것이 아니고 공범자 상호간에 직접 또는 간접으로 범죄의 공동실행에 관한 **암묵적인 의사연락이 있으면 충분하다**(대판 2014.2.27, 2011도48 **황우석 박사 사건**).

3 공동정범이 성립하기 위하여는 반드시 공범자간에 사전에 모의가 있어야 하는 것은 아니며, **우연히 만난 자리에서 서로 협력하여 공동의 범의를 실현하려는 의사가 암묵적으로 상통하여 범행에 공동가공하더라도 공동정범은 성립된다**(대판 1984.12.26, 82도1373 **우연히 윤간 사건**). 13·16. 경찰승진, 15·16·17. 경찰채용

⚖ 판례 | 공모공동정범이 인정되는지의 여부(적극)

1 2인 이상이 범죄에 공동가공하는 공범관계에서 공모는 법률상 어떤 정형을 요구하는 것이 아니고 2인 이상이 공모하여 어느 범죄에 공동가공하여 그 범죄를 실현하려는 의사의 결합만 있으면 되는 것으로서, 비록 전체의 모의과정이 없었다고 하더라도 수인 사이에 순차적으로 또는 암묵적으로 상통하여 그 의사의 결합이 이루어지면 공모관계가 성립하고, 이러한 **공모가 이루어진 이상 실행행위에 직접 관여하지 아니한 자라도 다른 공모자의 행위에 대하여 공동정범으로서의 형사책임을 진다**(대판 2014.11.13, 2014도8838). 13. 변호사, 14. 경찰간부, 16. 사법시험

2 공동정범이 성립하기 위하여는 반드시 공범자 전원이 범죄의 실행행위에 가담할 필요는 없고 적어도 공범자들 사이에 범죄에 대한 공동가공의 의사가 있는 경우, 즉 상호간에 범의의 연락이 있고 그 공범자 일부가 범죄의 실행에 당한 경우에는 결국 전원이 공동일체로서 범죄를 실행한 것이 되고, **스스로 직접 그 실행행위를 분담하지 아니한 자도 그 범죄 전체에 관하여 공동정범으로서 책임을 진다**(대판 1988.3.22, 87도2539). 13. 경찰승진

판례비교

공동정범에 해당하는 경우	공동정범에 해당하지 않는 경우
① A회사의 협력업체 소속 근로자인 피고인들을 비롯한 10인이 A회사 정문 앞 등에서 **1인은 고용보장 등의 주장내용이 담긴 피켓을 들고 다른 2~4인은 그 옆에 서 있는 방법으로** 6일간 총 17회에 걸쳐 미신고 옥외시위를 한 경우, **공모공동정범에 의한 시위 주최자로서 책임을 물을 수 있다**(대판 2011.9.29, 2009도2821 **삼성SDI 앞 1인 시위 사건**). 13. 경찰승진 ② 건설 관련 회사의 **유일한 지배자인 피고인이 회사 대표의 지위에서 장기간에 걸쳐 건설공사 현장소장들의 뇌물공여행위를 보고받고 이를 확인·결재하는 등의 방법으로 관여한 경우**, 비록 사전에 구체적인 대상 및 액수를 정하여 뇌물공여를 지시하지 아니하였다고 하더라도 그 핵심적 경과를 계획적으로 조종하거나 촉진하는 등으로 기능적 행위지배를 하였다고 보아야 하므로 **공모공동정범의 죄책을 인정하여야 한다**(대판 2010.7.15, 2010도3544). 12·14. 경찰채용, 14. 법원행시, 16. 사법시험, 18. 경찰간부	① 전국노점상총연합회가 주관한 도로행진시위에 참가한 피고인이 다른 시위 참가자들과 함께 경찰관 등에 대한 특수공무집행방해행위를 하던 중 체포된 경우, 단순 가담자인 **피고인에게 체포된 이후에 이루어진 다른 시위참가자들의 범행에 대하여는 본질적 기여를 통한 기능적 행위지배가 존재한다고 보기 어려워 공모공동정범의 죄책을 인정할 수 없다**(대판 2009.6.23, 2009도2994 **전노련 시위 사건**). 14. 경찰승진 ② **보호자가 의학적 권고에도 불구하고 치료를 요하는 환자의 퇴원을 간청하여 담당 전문의와 주치의가 치료중단 및 퇴원을 허용하는 조치를 취함으로써 환자를 사망에 이르게 한 경우**, 담당 전문의와 주치의에게 환자의 사망이라는 결과 발생에 대한 정범의 고의는 인정되나 환자의 사망이라는 결과나 그에 이르는 사태의 핵심적 경과를 계획적으로 조종하거나 저지·촉진하는 등으로 지배하고 있었다고 보기는 어려워(공동정범의 객관적 요건인 이른바 기능적 행위지배가 흠결되어 있어) **작위에 의한 살인방조죄만 성립한다**(대판 2004.6.24, 2002도995 **보라매병원 사건**). 12. 경찰채용, 13. 경찰승진, 15. 경찰간부

③ 乙이 위조된 부동산임대차계약서를 담보로 제공하고 A로부터 돈을 차용할 것을 계획하면서 A가 위조된 부동산임대차계약서상의 임대인에게 전화를 하여 확인할 것에 대비하여 **甲에게 미리 전화를 하여 임대인 행세를 하여 달라고 부탁을 하였고, 甲은 이를 승낙하여** 실제로 A의 남편 B로부터 전화를 받자 자신이 실제의 임대인인 것처럼 행세하여 전세금액 등을 확인함으로써 위조사문서의 행사에 관하여 역할분담을 한 경우, 甲의 행위는 위조사문서 행사에 있어서 기능적 행위지배의 **공동정범요건을 갖추었다고 할 것이다**(대판 2010.1.28, 2009도10139 **임대인 행세 사건**). 11·12. 경찰채용

④ 딱지어음들을 발행하여 매매한 피고인들이 이를 사용한 사기의 실행행위에 직접 관여하지 않았더라도 그 사기 범행에 관하여 암묵적·순차적으로 공모하였다고 볼 수 있다면, 딱지어음들의 전전유통경로나 중간 소지인들 및 그 기망방법을 구체적으로 몰랐더라도 사기죄의 공동정범이 된다(대판 1997.9.12, 97도1706 **광주 어음사기단 사건**). 11. 경찰승진, 14·15·17. 경찰채용, 15. 국가직 9급, 16. 사법시험

⑤ **편입학부정행위나 입시부정행위가 乙의 주도 아래 피고인 甲의 지시에 의해 이루어진 것이라면** 甲이 乙에게 구체적으로 부정행위의 방법으로서 사정위원들의 업무를 방해할 것을 특정하거나 명시하여 지시하지 아니하였다 하더라도 같은 甲의 지시내용 중에는 그러한 업무방해행위까지도 포함되어 있다고 보아야 할 것이므로 **甲은 업무방해죄의 공동정범에 해당한다**(대판 1994.3.8, 93도3154 **상지대 입시부정 사건**). 11. 경찰승진

⑥ 피고인 甲과 乙이 공모하여 乙이 피해자를 강간하고 있는 동안 피해자가 반항하지 못하도록 그의 입을 손으로 틀어 막고 주먹으로 얼굴을 2회 때렸다면 피고인은 **강간죄의 공동정범의 죄책을 면할 수 없다**(대판 1984.6.12, 84도780). 15. 경찰간부

⑦ 유가증권의 허위작성행위 자체에는 직접 관여한 바 없다 하더라도 **타인에게 그 작성을 부탁하여 의사연락이 되고 그 타인으로 하여금 범행을 하게 하였다면 공모공동정범에 의한 허위작성죄가 성립한다**(대판 1985.8.20, 83도2575). 12·13. 경찰간부

③ 회사 직원이 영업비밀을 경쟁업체에 유출하거나 스스로의 이익을 위하여 이용할 목적으로 무단으로 반출한 때 업무상배임죄의 기수에 이르렀다고 할 것이고, 그 이후에 직원과 접촉하여 영업비밀을 취득하려고 한 자는 업무상배임죄의 공동정범이 될 수 없다(대판 2003.10.30, 2003도4382 **삼성전자 영업비밀 유출 사건**). 12. 경찰채용, 12·17. 변호사, 15. 국가직 9급, 18. 경찰간부

④ 피해자 일행을 한 사람씩 나누어 강간하자는 피고인 일행의 제의에 아무런 대답도 하지 않고 따라 다니다가 자신의 강간 상대방으로 남겨진 A에게 **일체의 신체적 접촉도 시도하지 않은 채 다른 일행이 인근 숲속에서 강간을 마칠 때까지 A와 함께 이야기만 나눈 경우,** 피고인에게 다른 일행의 **강간 범행에 공동으로 가공할 의사가 있었다고 볼 수 없다**(대판 2003.3.28, 2002도7477 **강간 파트너와 이야기만 사건**). 14. 법원행시, 16. 경찰채용

⑤ 피고인 甲이 乙로부터 "전자제품 등을 밀수입해 올 테니 이를 팔아달라."라는 제의를 받고 승낙한 경우 그 승낙은 물품을 밀수입해 오면 이를 취득하거나 그 매각알선을 하겠다는 의사표시로 볼 수 있을 뿐 밀수입 범행을 공동으로 하겠다는 공모의 의사를 표시한 것으로는 볼 수 없다(대판 2000.4.7, 2000도576). 11. 경찰승진, 18. 경찰간부

⑥ 피고인 甲이 乙 등에게 **"오토바이를 훔쳐 와라."라고만 하였을 뿐** 오토바이나 절취행위를 할 시간·장소 등을 특정하였다고 보기 어렵고, 단지 장물을 사주겠다 정도로만 해석되는 경우 甲은 절도죄의 공동정범이라고 할 수 없다(대판 1997.9.30, 97도1940 **오토바이 장물범 사건**). 11. 경찰채용, 13. 국가직 9급

⑦ 공동정범은 행위자 상호간에 범죄행위를 공동으로 한다는 공동가공의 의사를 가지고 범죄를 공동실행하는 경우에 성립하는 것으로서, 여기에서의 공동가공의 의사는 공동행위자 상호간에 있어야 하며 행위자 일방의 가공의사만으로는 공동정범관계가 성립할 수 없다(대판 1985.5.14, 84도2118 **뱃놀이 사건**). 11·13. 국가직 7급, 12. 변호사, 12·14. 경찰간부, 13. 법원직 9급, 15. 경찰승진·경찰채용

공동정범에 해당하는 경우	공동정범에 해당하지 않는 경우
⑧ 결과적 가중범인 **상해치사죄의 공동정범은 폭행 기타의 신체침해행위를 공동으로 할 의사가 있으면 성립되고 결과를 공동으로 할 의사는 필요 없으며,** 여러 사람이 상해의 범의로 범행 중 한 사람이 중한 상해를 가하여 피해자가 사망에 이르게 된 경우 나머지 사람들은 사망의 결과를 예견할 수 없는 때가 아닌 한 상해치사의 죄책을 면할 수 없다(대판 2013.4.26, 2013도1222 **술집 상해치사 사건**). 13. 국가직 7급, 13·14·16. 국가직 9급, 14·16. 사법시험·법원직 9급, 15. 경찰승진·변호사, 16·17. 경찰채용	⑧ 피고인이 **운전자의 부탁으로 차량의 조수석에 동승한 후,** 운전자의 차량운전행위를 살펴보고 잘못된 점이 있으면 이를 지적하여 교정해주려 했던 것에 그치고 전문적인 운전교습자가 피교습자에 대하여 차량운행에 관해 모든 지시를 하는 경우와 같이 주도적 지위에서 동 차량을 운행할 의도가 있었다거나 실제로 그 같은 운행을 하였다고 보기 어렵다면 그 같은 운행 중에 야기된 사고에 대하여 **과실범의 공동정범의 책임을 물을 수 없다**(대판 1984.3.13, 82도3136). 13. 국가직 9급
⑨ **공동정범은 고의범이나 과실범을 불문하고 의사의 연락이 있는 경우라면 성립하는 것으로서** 2인 이상이 서로의 의사연락 아래 과실행위를 하여 범죄되는 결과를 발생하게 하면 과실범의 공동정범이 성립한다(대판 1994.5.24, 94도660 **구포역 열차전복 사건**). 11·14. 국가직 7급, 12·13·14. 경찰승진, 12·14·16. 경찰간부, 12·15. 사법시험, 13. 법원행시·법원직 9급, 15. 변호사, 16·20. 국가직 9급	⑨ 甲과 乙은 술집으로 가던 도중 앞서 가던 甲과 피해자가 부딪혀 시비가 붙고, 이에 甲은 피해자를 뒤로 밀어 피해자가 바닥에 뒷머리를 부딪치게 하고 술집을 향해 떠났다. 이에 뒤따라 오던 乙이 이 장면을 보고 달려와 피해자를 또다시 가격하여 피해자가 뇌저부경화동맥파열상으로 사망에 이른 경우, 여기에서의 공동가공의 의사는 공동행위자 상호간에 있어야 하며 **행위자 일방의 가공의사만으로는 공동정범 관계가 성립할 수 없다**(대판 1985.5.14, 84도2118). 20. 경찰채용
⑩ 甲은 **부실공사를 하고,** 乙은 **공사감독을 소홀히 하고,** 丙은 **유지관리를 소홀히** 한 탓에 교량이 붕괴되어 통행인이 사망한 경우 甲·乙·丙은 **업무상과실치사상죄 등의 공동정범으로 처벌된다**(대판 1997.11.28, 97도1740 **성수대교 붕괴 사건**). 11. 경찰간부, 13. 법원직 9급, 15. 경찰승진	⑩ **피고인 甲은** 乙, 丙의 강간사실을 알게 된 것은 이미 실행의 착수가 이루어지고 난 다음이었음이 명백하고 강간사실을 알고 나서도 암묵리에 그것을 용인하여 그로 하여금 강간하도록 할 의사로 강간의 실행범인 乙과 강간 피해자 A의 머리 등을 잡아준 丙과 함께 일체가 되어, **乙, 丙의 행위를 통하여 자기의 의사를 실행하였다고는 볼 수 없다**(대판 1988.9.13, 88도1114 **사당동 강도강간사건**). 甲은 乙, 丙과 강도를 공모하였을 뿐 강도강간을 공모한 것이 아니므로 甲은 강도강간죄의 죄책은 지지 아니한다. 22. 해경승진·경찰채용
⑪ 피고인이 정기관사의 지휘감독을 받는 부기관사이기는 하나 **사고열차의 퇴행에 관하여 서로 상론·동의한 이상** 퇴행에 과실이 있다면 **과실책임을 면할 수 없다**(대판 1982.6.8, 82도781 **경산 열차추돌 사건**). 13. 국가직 9급	
⑫ [1] 3인 이상의 범인이 합동절도의 범행을 공모한 후 적어도 2인 이상의 범인이 범행현장에서 시간적·장소적으로 협동관계를 이루어 절도의 실행행위를 분담하여 절도 범행을 한 경우에, 그 공모에는 참여하였으나 현장에서 절도의 실행행위를 직접 분담하지 아니한 다른 범인에 대하여도 그가 현장에서 절도 범행을 실행한 위 2인 이상의 범인의 행위를 자기 의사의 수단으로 하여 합동절도의 범행을 하였다고 평가할 수 있는 정범성의 표지를 갖추고 있는 한 공동정범의 일반 이론에 비추어 그 다른 범인에 대하여 **합동절도의 공동정범으로 인정할 수 있다.** [2] 甲이 乙·丙과 공모한 후 乙·丙이 신영교통 합명회사의 사무실 금고에서 현금을 절취하고, 甲은 사무실로부터 약 100m 떨어진 곳에서 망	

을 보는 방법으로 현금 535만원을 절취한 경우, 甲은 합동절도 범행에 대한 공동정범으로서 죄책을 면할 수 없다(대판 2011.5.13, 2011도2021 **사납금 절취 사건**). 12. 국가직 7급, 13. 경찰채용·변호사·법원직 9급, 13·15·20. 국가직 9급, 15. 경찰간부, 15·16. 사법시험

⑬ 삐끼주점 지배인 甲이 삐끼 乙·丙·丁과 공모한 후 주점에서 A로부터 신용카드를 강취하고 신용카드의 비밀번호를 알아내었고, 이후 **甲이 주점 내에서 A를 계속 붙잡아 두는 동안 乙·丙·丁은 LG마트 편의점으로 가서** 이 신용카드를 이용하여 현금자동지급기에서 **현금 470만원을 인출한 경우** '현금인출 부분'에 대하여, 甲은 **합동절도 범행에 대하여 공동정범으로서의 죄책을 면할 수 없다**[대판 1998.5.21, 98도321(전합) **삐끼주점 사건**].

⑭ **부작위범 사이의 공동정범은 다수의 부작위범에게 공통된 의무가 부여되어 있고 그 의무를 공통으로 이행할 수 있을 때에만 성립한다**(대판 2009.2.12, 2008도9476 **세경대학교 사건**). 11·12·13·15. 경찰채용, 11·15·16. 국가직 9급, 12·13. 국가직 7급, 12·16. 사법시험, 12·17. 변호사, 12·18. 경찰간부, 13. 법원직 9급, 13·14·16. 법원행시

⑮ 운전병이 운전하던 지프차의 선임 탑승자는 이 운전병의 안전운행을 감독하여야 할 책임이 있는데 오히려 **운전병을 데리고 주점에 들어가서 같이 음주한 다음** 운전하게 한 결과 위 운전병이 음주로 인하여 취한 탓으로 사고가 발생한 경우에는 위 선임 탑승자에게도 과실범의 공동정범이 성립한다(대판 1979.8.21, 79도1249).

⑯ 건물(**삼풍백화점**) 붕괴의 원인이 건축계획의 수립, 건축설계, 건축공사공정, 건물 완공 후의 유지관리 등에 있어서의 과실이 복합적으로 작용한 데에 있다고 보아 각 단계별 관련자들을 업무상과실치사상죄의 공동정범에 해당한다(대판 1996.8.23, 96도1231 **삼풍백화점 붕괴사건**).

⑰ 식품회사 대표이사 甲과 공장장 乙이 먼저 제조한 빵을 늦게 배식하여 수명의 아동이 식중독에 걸려 사망하고 다른 수명은 병원에 입원한 경우 **甲, 乙은 업무상과실치사상죄의 공동정범으로 처벌된다**(대판 1978.9.26, 78도2082 **급식빵 집단식중독 사건**). 13. 국가직 9급

🔨 판례 | 승계적 공동정범이 인정되는지의 여부(소극)

1 **포괄일죄의 범행 도중에 공동정범으로 범행에 가담한 자는** 비록 그가 그 범행에 가담할 때에 이미 이루어진 종전의 범행을 알았다 하더라도 그 가담 이후의 범행에 대하여만 공동정범으로 책임을 진다(대판 2007. 11.15, 2007도6336 **시세조정 중 가담 사건**). 11. 법원행시, 11·14·16. 사법시험, 12. 경찰간부, 13. 변호사, 14·16. 경찰채용·국가직 7급, 15·16·20 경찰승진, 16. 법원직 9급, 17. 국가직 9급

2 乙이 1981년 1월 초순경부터 히로뽕 제조행위를 계속하던 도중인 1981년 2월 9일경 **피고인 甲이 비로소 乙의 위 제조행위를 알고 그에 가담한 경우,** 비록 乙의 히로뽕 제조행위 전체가 포괄하여 하나의 죄가 된다 할지라도 甲에게 그 가담 이전의 제조행위에 대하여까지 유죄를 인정할 수는 없다(대판 1982.6.8, 82도884 **히로뽕 제조 중 가담 사건**). 12·16. 경찰간부

🔨 판례 | 공모관계의 이탈 관련 판례

1 공모공동정범에 있어서 공모자 중의 1인이 **다른 공모자가 실행행위에 이르기 전에 그 공모관계에서 이탈한 때에는 그 이후의 다른 공모자의 행위에 관하여는 공동정범으로서의 책임은 지지 않는다**(대판 1995.7.11, 95도955). 16. 경찰간부, 17. 국가직 9급

2 공모공동정범에 있어서 그 공모자 중의 1인이 다른 공모자가 실행행위에 이르기 전에 그 공모관계에서 이탈한 때에는 그 이후의 다른 공모자의 행위에 관하여 공동정범으로서의 책임은 지지 않는다고 할 것이고 그 이탈의 표시는 반드시 명시적임을 요하지 않는다(대판 1986.1.21, 85도2371 **동창생 윤간·살해 사건**). 12. 변호사, 14. 사법시험, 15. 국가직 9급, 20. 경찰채용·국가직 7급·경찰승진

3 공모공동정범에 있어서 공모자 중의 1인이 다른 공모자가 실행행위에 이르기 전에 그 공모관계에서 이탈한 때에는 그 이후의 다른 공모자의 행위에 관하여는 공동정범으로서의 책임은 지지 아니한다고 할 것이나, 공모관계에서의 이탈은 공모자가 공모에 의하여 담당한 기능적 행위지배를 해소하는 것이 필요하므로 공모자가 공모에 주도적으로 참여하여 다른 공모자의 실행에 영향을 미친 때에는 범행을 저지하기 위하여 적극적으로 노력하는 등 실행에 미친 영향력을 제거하지 아니하는 한 (공모자가 구속되었다는 등의 사유만으로) 공모관계에서 이탈하였다고 할 수 없다(대판 2011.12.22, 2011도12927 **소말리아 해적 사건**). 11. 법원행시, 11·16. 국가직 7급, 13. 사법시험, 13·15·16. 국가직 9급, 13·16. 경찰채용·법원직 9급, 14·15. 경찰승진, 15. 변호사

4 피고인이 포괄일죄의 관계에 있는 범행의 일부를 실행한 후 **공범관계에서 이탈하였으나 다른 공범자에 의하여 나머지 범행이 이루어진 경우, 피고인이 관여하지 않은 부분에 대하여도 죄책을 부담한다**(대판 2011. 1.13, 2010도9927 **시세조정 중 이탈 사건**). 12. 사법시험, 12·15. 국가직 9급, 13·20. 국가직 7급, 15·20. 법원행시, 16. 법원직 9급, 20. 경찰채용

5 직권남용죄는 공무원에게 직권이 존재하는 것을 전제로 하는 범죄이고, 직권은 국가의 권력 작용에 의해 부여되거나 박탈되는 것이므로 공무원이 공직에서 퇴임하면 해당 직무에서 벗어나고 그 퇴임이 대외적으로도 공표된다. 공무원인 피고인이 퇴임한 이후에는 직권이 존재하지 않으므로 퇴임 후에도 실질적 영향력을 행사하는 등으로 퇴임 전 공모한 범행에 관한 기능적 행위지배가 계속되었다고 인정할 만한 특별한 사정이 없는 한, **퇴임 후의 범행에 관하여는 공범으로서 책임을 지지 않는다**(대판 2020.2.13, 2019도5186 **화이트리스트 사건**). ➡ 실제 판례는 조○○ 수석이 김○○ 비서실장 등과 공모하여 전경련에 특정 보수단체에 대한 자금지원을 요구한 것, 즉 직권남용 행위를 한 것은 2014.12.경이고, 그에 따른 전경련의 자금지원은 2015.1.경부터 시작되었다. 최종적으로 2015년도 자금지원은 당초 요구한 범위 내에서 이루어졌으므로 조○○ 수석은 퇴임 전후 걸쳐 이루어진 2015년도 직권남용권리행사방해 범행 전체에 대하여 공동정범에 해당한다는 취지의 판례이다.

공모관계의 이탈이 인정되지 않는 경우	공모관계의 이탈이 인정되는 경우
① 甲이 乙과 공모하여 가출 청소년 A를 유인하고 성매매 홍보용 나체사진을 찍은 후, 자신이 별건으로 체포되어 수감 중인 동안 A가 乙의 관리 아래 **성매수의 상대방이 된 대가로 받은 돈을 A · 乙 및 甲의 처 등이 나누어 사용한 경우,** 甲은 乙과 함께 미성년자유인죄, 아청법 위반죄의 책임을 진다(대판 2010.9.9, 2010도6924 **가출녀 성매매 강요 사건**). 13. 변호사, 18. 경찰간부, 20. 국가직 7급	① 피고인이 살해모의에는 가담하였으나 다른 공모자들이 실행행위에 이르기 전에(피해자의 팔 · 다리를 묶어 저수지 안으로 던지기 전에) 그 공모관계에서 이탈하였다면 피고인이 공모관계에서 이탈한 이후의 다른 공모자의 행위에 관하여는 **공동정범으로서의 책임을 지지 않는다**(대판 1986.1.21, 85도2371 **동창생 윤간 · 살해 사건**).
② 다른 3명의 공모자들과 강도모의를 하면서 삽을 들고 사람을 때리는 시늉을 하는 등 그 모의를 주도한 **피고인이 함께 범행대상을 물색하다가 다른 공모자들이 강도의 대상을 지목하고 뒤쫓아 가자 단지 "어?"라고만 하고 비대한 체격 때문에 뒤따라가지 못한 채 범행현장에서 200m 정도 떨어진 곳에 앉아 있었으나 공모자들이 피해자를 쫓아가 강도상해의 범행을 한 경우,** 피고인은 다른 공모자가 강도상해죄의 실행에 착수하기까지 범행을 만류하는 등으로 그 공모관계에서 이탈하였다고 볼 수 없으므로 **강도상해죄의 공동정범으로서의 죄책을 진다**(대판 2008.4.10, 2008도1274 **어 사건**). 12. 국가직 9급, 13. 경찰간부, 14 변호사 · 국가직 7급, 14 · 16. 사법시험, 16. 경찰승진	② 피고인 甲이 乙 · 丙과 함께 A 경영의 명진상사 창고에 몰래 들어가 피혁을 훔치기로 약속하였으나 甲은 절취할 마음이 내키지 아니하고 처벌이 두려워 만나기로 한 시간에 약속장소로 가지 아니하고 포장마차에서 술을 마신 후 인근 여관에서 잠을 잤으며, 乙과 丙이 그들끼리 모의된 범행을 결행하기로 하여 乙은 망을 보고 丙은 창고에 침입하여 가죽 약 1만평을 절취한 경우, 피고인 甲은 특수절도의 공동정범이 성립될 수 없음은 물론 다른 공모자들이 실행행위에 이르기 이전에 그 공모관계로부터 이탈한 것이 분명하므로 乙 · 丙의 절도행위에 관하여도 공동정범으로서 책임을 지지 아니한다(대판 1989.3. 14, 88도837 **가죽 절취 사건**). 13. 경찰간부
③ 피고인 등이 금품을 강취할 것을 공모하고 피고인은 집 밖에서 망을 보기로 하였으나, 다른 공모자들이 피해자의 집에 침입한 후 **담배를 사기 위해서 망을 보지 않았다고 하더라도,** 피고인은 판시 강도상해죄의 공동정범의 죄책을 면할 수가 없다(대판 1984.1.31, 83도2941). 18. 법원행시	③ 시라소니파 조직원인 피고인 甲이 다른 사람들과 술을 마시고 있다가 같은 조직원 乙로부터 연락을 받고 롤러스케이트장에 가서 파라다이스파에게 보복을 하러 간다는 말을 듣고 다른 조직원들이 여러 대의 차에 분승하여 출발하려고 할 때 사태의 심각성을 실감하고 범행에 휘말리기 싫어서 그곳에서 택시를 타고 집에 온 경우, 甲에게 공모관계가 인정된다고 하더라도 다른 조직원들이 범행에 이르기 전에 그 공모관계에서 이탈한 것이므로 **甲은 공모관계에서 이탈한 이후의 행위에 대하여는 공동정범으로의 책임을 지지 않는다**(대판 1996.1.26, 94도2654 **시라소니파 조직원 사건**). 18. 법원행시
④ 해군이 다시 구출작전에 나설 경우 선원들을 '인간방패'로 사용하는 것에 관하여 사전 공모한 해적들이, 해군의 위협사격에 의하여 총알이 빗발치는 윙브리지로 선원들을 내몬 것은 살해행위의 실행에 착수한 것이므로 비록 해적들이 당시 총을 버리고 도망갔다고 하더라도 그것만으로는 공모관계에서 이탈한 것으로 볼 수 없다(대판 2011.12.22, 2011도12927 **소말리아 해적 사건**). 18. 법원행시	

제5절 교사범

> **형법**
>
> 제31조【교사범】 ① 타인을 교사하여 죄를 범하게 한 자는 죄를 실행한 자와 **동일한 형으로 처벌**한다.
>
> ② 교사를 받은 자가 범죄의 실행을 승낙하고 실행의 착수에 이르지 아니한 때에는 **교사자와 피교사자를 음모 또는 예비에 준하여 처벌**한다.
>
> ③ 교사를 받은 자가 범죄의 실행을 승낙하지 아니한 때에도 **교사자에 대하여는 전항과 같다.**
>
> 제34조【간접정범, 특수한 교사, 방조에 대한 형의 가중】 ① 어느 행위로 인하여 처벌되지 아니하는 자 또는 과실범으로 처벌되는 자를 교사 또는 방조하여 범죄행위의 결과를 발생하게 한 자는 **교사 또는 방조의 예에 의하여 처벌**한다.
>
> ② 자기의 지휘·감독을 받는 자를 교사 또는 방조하여 전항의 결과를 발생하게 한 자는 교사인 때에는 정범에 정한 형의 장기 또는 다액에 그 **2분의 1까지 가중**하고 방조인 때에는 **정범의 형으로 처벌**한다.

개념		타인으로 하여금 범죄를 결의하여 실행하게 하는 자
성립요건	교사자	① 교사의 수단과 방법에는 아무런 제한이 없으나(例 명령, 지시, 설득, 애원, 유혹, 이익 제공, 위협 등), **부작위 또는 과실에 의한 교사는 인정되지 않음**(통설) ② 타인에게 제3자를 교사하여 범죄를 실행하게 하는 경우(간접교사)나 교사가 수인을 거쳐 순차적으로 계속되는 경우(연쇄교사) 모두 교사범이 성립할 수 있음 ③ 교사범에게는 자신의 교사행위에 대한 '교사의 고의'와 정범의 실행행위에 대한 '정범의 고의'가 있어야 함(이중의 고의설, 통설)
	피교사자	① 피교사자는 적어도 실행의 착수를 하여야 함. 피교사자가 범죄실행의 결의는 하였으나 실행의 착수를 하지 않은 경우 **교사자와 피교사자를 예비·음모에 준하여 처벌함**(효과 없는 교사) ② 피교사자는 교사자의 교사에 의하여 범죄실행의 결의를 하여야 함. 교사를 하였으나 피교사자가 범죄실행의 결의를 하지 않은 경우 **교사자를 예비·음모에 준하여 처벌함**(실패한 교사)(《주의》 교사자와 피교사자를 예비·음모에 준하여 처벌한다. ✕)

교사의 착오		① 구체적 사실의 착오
		  ㉠ 법정적 부합설: 피교사자의 객체의 착오·방법의 착오를 불문하고 발생한 범죄에 대한 교사범이 성립함 12. 경찰승진
		  ㉡ 구체적 부합설: 피교사자의 객체의 착오·방법의 착오는 모두 교사자에게는 방법의 착오이므로 교사한 범죄의 미수와 발생사실에 대한 과실의 상상적 경합의 교사범이 성립함
		② 추상적 사실의 착오
		  ㉠ 질적 불일치: 교사한 내용과 실행한 내용이 질적으로 다른 경우, 교사범이 성립하지 않고 **교사한 범죄의 예비·음모에 준하여 처벌함**(例 강도교사 ➡ 손괴실행) 12. 경찰승진
		  ㉡ 양적 불일치: 교사한 내용보다 적게 실행한 경우 원칙적으로 교사자는 피교사자가 실행한 범위에서 책임을 지지만, **실행한 범죄의 형보다 교사한 범죄의 예비·음모의 형이 중한 경우 양죄는 상상적 경합**에 해당하여 형이 중한 교사한 범죄의 예비·음모에 준하여 처벌함(例 강도교사 ➡ 절도실행, **강도예비·음모의 법정형이 절도보다 중하므로 강도예비·음모의 법정형으로 처벌함**). 교사한 내용보다 많이 실행한 경우 교사자는 초과 부분에 대해서 책임을 지지 않고 교사한 범죄의 교사범으로 처벌되지만(例 절도교사 ➡ 강도실행), 경우에 따라 결과적 가중범의 교사범으로 처벌될 수 있음(例 상해교사 ➡ 살인실행) 12. 경찰승진, 15. 경찰간부

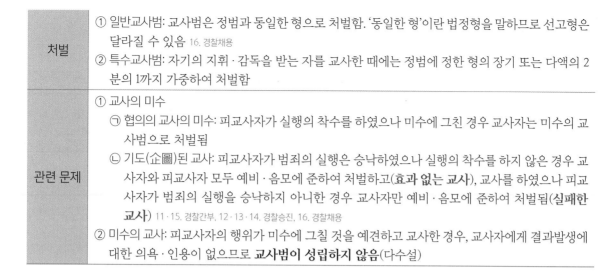

처벌	① 일반교사범: 교사범은 정범과 동일한 형으로 처벌함. '동일한 형'이란 법정형을 말하므로 선고형은 달라질 수 있음 16. 경찰채용 ② 특수교사범: 자기의 지휘·감독을 받는 자를 교사한 때에는 정범에 정한 형의 장기 또는 다액의 2분의 1까지 가중하여 처벌함
관련 문제	① 교사의 미수 　㉠ 협의의 교사의 미수: 피교사자가 실행의 착수를 하였으나 미수에 그친 경우 교사자는 미수의 교사범으로 처벌됨 　㉡ 기도(企圖)된 교사: 피교사자가 범죄의 실행은 승낙하였으나 실행의 착수를 하지 않은 경우 교사자와 피교사자 모두 예비·음모에 준하여 처벌하고(**효과 없는 교사**), 교사를 하였으나 피교사자가 범죄의 실행을 승낙하지 아니한 경우 교사자만 예비·음모에 준하여 처벌됨(**실패한 교사**) 11·15. 경찰간부, 12·13·14. 경찰승진, 16. 경찰채용 ② 미수의 교사: 피교사자의 행위가 미수에 그칠 것을 예견하고 교사한 경우, 교사자에게 결과발생에 대한 의욕·인용이 없으므로 **교사범이 성립하지 않음**(다수설)

⚖️**판례 | 교사범의 성립요건**

1 정범의 성립은 교사범의 구성요건의 일부를 형성하고 **교사범이 성립함에는 정범의 범죄행위가 인정되는 것이 그 전제요건이 된다**(대판 2000.2.25, 99도1152 **남원 협박교사 사건**). 11. 법원직 9급, 12. 국가직 7급, 12·16. 법원행시, 14. 경찰승진, 16. 국가직 9급

2 피교사자는 교사범의 교사에 의하여 범죄실행을 결의하여야 하는 것이므로 **피교사자가 이미 범죄의 결의를 가지고 있을 때에는 교사범이 성립할 여지가 없다**(대판 2012.8.30, 2010도13694 **불법게임장 비호 경찰관 사건**). 11. 국가직 9급, 11·14. 법원직 9급, 13·20. 경찰승진, 15. 법원행시

3 피교사자가 교사자의 교사행위 당시에는 일응 범행을 승낙하지 아니한 것으로 보여진다 하더라도 이후 **교사행위에 의하여 범행을 결의한 것으로 인정되는 이상** 교사범의 성립에는 영향이 없다(대판 2013.9.12, 2012도2744 **약혼녀 낙태강요 사건**). 16·20. 법원행시, 17. 경찰채용, 21. 경찰간부

4 교사범의 교사가 정범이 죄를 범한 유일한 조건일 필요는 없으므로, **교사행위에 의하여 정범이 실행을 결의하게 된 이상** 비록 정범에게 범죄의 습벽이 있어 그 습벽과 함께 교사행위가 원인이 되어 정범이 범죄를 실행한 경우에도 교사범의 성립에 영향이 없다(대판 1991.5.14, 91도542 **열심히 일을 하라 사건**). 11·20. 경찰승진, 14. 법원직 9급, 16. 사법시험

5 교사범이 성립하기 위하여는 범행의 일시·장소·방법 등의 세부적인 사항까지를 특정하여 교사할 필요는 없고, **정범으로 하여금 일정한 범죄의 실행을 결의할 정도에 이르게 하면 교사범이 성립된다**(대판 2012.4.13, 2012도1101 **파주시 부동산 사기 사건**). 15. 경찰승진, 15·17. 경찰채용

6 막연히 "범죄를 하라."라거나 "절도를 하라."라고 하는 등의 행위만으로는 교사행위가 되기에 부족하다(대판 1991.5.14, 91도.542). 18. 법원직 9급

⚖️ **판례 | 공범관계의 이탈 관련 판례**

교사범이 그 공범관계로부터 이탈하기 위해서는 피교사자가 범죄의 실행행위에 나아가기 전에 교사범에 의하여 형성된 피교사자의 범죄 실행의 결의를 해소하는 것이 필요하고, 이때 교사범이 피교사자에게 교사행위를 철회한다는 의사를 표시하고 이에 피교사자도 그 의사에 따르기로 하거나 또는 교사범이 명시적으로 교사행위를 철회함과 아울러 피교사자의 범죄 실행을 방지하기 위한 진지한 노력을 다하여 당초 피교사자가 범죄를 결의하게 된 사정을 제거하는 등 객관적 · 실질적으로 보아 **교사범에게 교사의 고의가 계속 존재한다고 보기 어렵고 당초의 교사행위에 의하여 형성된 피교사자의 범죄 실행의 결의가 더 이상 유지되지 않는 것으로 평가할 수 있다면**, 설사 그 후 피교사자가 범죄를 저지르더라도 이는 당초의 교사행위에 의한 것이 아니라 새로운 범죄 실행의 결의에 따른 것이므로 교사자는 형법 제31조 제2항에 의한 죄책을 부담함은 별론으로 하고 형법 제31조 제1항에 의한 **교사범으로서의 죄책을 부담하지는 않는다**(대판 2012.11.15, 2012도7407 **하나은행 노조위원장 공갈 사건**). 15. 경찰채용 · 국가직 9급

판례비교

교사범에 해당하는 경우	교사범에 해당하지 않는 경우
① 피고인 甲이, 乙이 아이를 임신한 사실을 알게 되자 수차례 낙태를 권유하였고 乙이 아이를 낳겠다고 하자 "출산 여부는 알아서 하되 결혼은 하지 않겠다."라고 통보한 뒤에도 낙태를 할 병원을 물색해 주기도 하여, 乙이 이로 인하여 낙태를 결의 · 실행한 경우 (乙이 당초 아이를 낳을 것처럼 말한 사실이 있다는 사정만으로 甲의 낙태교사행위와 乙의 낙태 결의 사이에 인과관계가 단절되는 것은 아니므로) 낙태교사죄가 성립한다(대판 2013.9.12, 2012도2744 **약혼녀 낙태강요 사건**). 14. 사법시험, 14 · 15. 법원행시, 15. 경찰채용, 17. 경찰승진	① 교사자의 교사행위에도 불구하고 **피교사자가 범행을 승낙하지 아니하거나 피교사자의 범행결의가 교사자의 교사행위에 의하여 생긴 것으로 보기 어려운 경우**에는 이른바 실패한 교사로서 형법 제31조 제3항에 의하여 **교사자를 음모 또는 예비에 준하여 처벌할 수 있을 뿐이다**(대판 2013.9.12, 2012도2744 **약혼녀 낙태강요 사건**). 15. 경찰채용, 15 · 16. 법원행시
② 甲이 乙에게 피해자 A의 불륜관계를 이용하여 공갈할 것을 교사하였고, 이에 乙이 A를 미행하여 불륜현장을 촬영한 후 甲에게 이를 알렸으나, 甲이 乙에게 "그 동안의 수고비를 줄 테니 촬영한 동영상을 넘기고 A를 공갈하는 것을 단념하라."라고 수차례 만류하였음에도 乙은 甲의 제안을 거절하고 촬영한 동영상을 A의 핸드폰에 전송하고 "현금을 주지 않으면 동영상을 유포하겠다."라고 겁을 주어 A로부터 500만원을 교부받은 경우, (甲이 범행을 만류하는 취지의 말을 한 것만으로는 甲의 교사행위와 乙의 실행행위 사이에 인과관계가 단절되었다거나 甲이 공범관계에서 이탈한 것으로 볼 수 없으므로) 甲은 공갈죄의 교사범이 성립한다(대판 2012.11.15, 2012도7407 **하나은행 노조위원장 공갈 사건**). 14 · 16. 사법시험, 15. 법원행시	② 甲이 고발을 당하자 乙에게 증거를 변조하도록 교사하였는데 乙이 甲과 공범관계에 있는 형사사건의 증거를 변조한 것에 해당하여 乙이 증거변조로 처벌되지 않는 경우, 甲도 증거변조죄의 교사범으로 처벌받지 않는다(대판 2011.7.14, 2009도13151 **노동조합 지부장 사건**). 21. 경찰간부 ③ 피고인이 자신이 관리하는 건물에 거주하는 피해자를 내쫓을 목적으로 자신의 아들을 교사하여 현관문에 설치된 피고인 소유 디지털 도어락의 비밀번호를 변경하게 한 경우 **아들은 자기의 물건이 아닌 도어락의 비밀번호를 변경하였다고 하더라도 권리행사방해죄가 성립할 수 없고, 정범인 아들의 행위가 권리행사방해죄가 인정되지 않는 이상 피고인에 대하여도 권리행사방해교사죄가 성립할 수 없다**(대판 2022.9.15, 2022도5827 **도어락 비밀번호 변경사건**). 23. 경찰채용

③ 甲이 乙에게 "A의 다리를 부러뜨려 1~2개월간 입원하게 하라."라고 말하여 교사하였고 乙로부터 순차 지시를 받은 丙·丁이 칼로 A의 우측 가슴을 찔러 약 3주간의 치료를 요하는 우측흉부자상 등을 가한 경우 甲은 상해교사범이 성립한다(대판 2005.12. 9, 2005도7527 **아파트재건축조합 알력 사건**).

④ 피고인이 "피해자를 정신 차릴 정도로 때려주라."라고 교사하였다면 이는 상해에 대한 교사로 봄이 상당하다(대판 1997.6.24, 97도1075 **정신 차릴 정도로 사건**). 11. 국가직 7급, 11·15·16. 경찰승진, 17. 경찰채용

⑤ 피고인 甲이 乙·丙에게 일제 드라이버 1개를 사주면서 "丙이 구속되어 도망 다니려면 돈도 필요할텐데 열심히 일을 하라(도둑질을 하라)."라고 말하였다면 절도의 교사가 있었다고 보아야 한다(대판 1991.5.14, 91도542 **열심히 일을 하라 사건**). 14. 국가직 9급, 16. 경찰승진

⑥ 교사자가 피교사자에 대하여 **상해 또는 중상해를 교사하였는데 피교사자가 이를 넘어 살인을 실행한 경우** 일반적으로 교사자는 상해죄 또는 중상해죄의 교사범이 되지만 이 경우 교사자에게 피해자의 사망이라는 결과에 대하여 과실 내지 예견가능성이 있는 때에는 상해치사죄의 교사범으로서의 죄책을 지울 수 있다(대판 2002.10.25, 2002도4089 **병신을 만들어라 사건**). 11. 국가직 9급·법원행시, 11·12·14. 경찰승진, 11·15. 법원직 9급, 12·13·16. 경찰간부, 13. 국가직 7급, 14·16. 변호사, 16. 사법시험, 20. 법원행시, 21. 경찰간부

제6절 방조범(종범)

형법

제32조 【종범】 ① 타인의 범죄를 방조한 자는 종범으로 처벌한다.
② 종범의 형은 정범의 **형보다 감경**한다.

제34조 【간접정범, 특수한 교사, 방조에 대한 형의 가중】 ① 어느 행위로 인하여 처벌되지 아니하는 자 또는 과실범으로 처벌되는 자를 교사 또는 방조하여 범죄행위의 결과를 발생하게 한 자는 교사 또는 방조의 예에 의하여 처벌한다.
② 자기의 지휘·감독을 받는 자를 교사 또는 방조하여 전항의 결과를 발생하게 한 자는 교사인 때에는 정범에 정한 형의 장기 또는 다액에 그 **2분의 1까지 가중**하고 방조인 때에는 **정범의 형으로 처벌**한다.

개념	① 방조범(종범)이란 타인의 범죄실행을 용이하게 하는 자를 의미함 ② 방조행위가 형법각칙상 독립된 범죄로 특별히 규정된 경우(예) 간첩방조죄, 자살방조죄 등)에는 방조행위 자체가 정범의 실행행위이므로 형법총칙상 방조범에 관한 규정이 적용되지 않음	
성립요건	방조자	① 방조의 수단과 방법에는 아무런 제한이 없고(예) 조언 · 격려 등 정신적 방조나 범행도구 대여, 범행자금 제공 등 물질적 방조), 보증인 지위에 있는 자의 경우 부작위에 의한 방조도 가능하고, 편면적 방조도 가능함 ② 방조는 범죄의 예비 · 음모시부터 기수 이후 종료시까지 가능함 ③ 방조범에게는 자신의 방조행위에 대한 '방조의 고의'와 정범의 실행행위에 대한 '정범의 고의'가 있어야 함(**이중의 고의설**, 통설)
	피방조자	**정범은 적어도 실행의 착수를 하여야 함.** 정범이 실행의 착수를 하지 않은 경우 방조범은 성립하지 않음
착오	① 구체적 사실의 착오 　㉠ 법정적 부합설: 정범의 객체의 착오 · 방법의 착오를 불문하고 발생한 범죄에 대한 방조범이 성립함 　㉡ 구체적 부합설: 정범의 객체의 착오 · 방법의 착오는 모두 방조자에게는 방법의 착오이므로, 방조한 범죄의 미수와 발생사실에 대한 과실의 상상적 경합의 방조범이 성립함 ② 추상적 사실의 착오 　㉠ 질적 불일치: 방조한 내용과 실행한 내용이 질적으로 다른 경우, 방조범은 성립하지 않음(예) 강도방조 ➡ 손괴실행) 　㉡ 양적 불일치: 방조한 내용보다 적게 실행한 경우 정범이 실행한 범위에서 방조범이 성립함(예) 강도방조 ➡ 절도실행). 방조한 내용보다 많이 실행한 경우 방조자는 초과 부분에 대해서 책임을 지지 않고 방조한 범죄의 방조범으로 처벌되지만(예) 절도방조 ➡ 강도실행), 경우에 따라 결과적 가중범의 방조범으로 처벌될 수 있음(예) 상해방조 ➡ 살인실행)	
처벌	① 일반방조범: 정범의 형보다 감경함 ② 특수방조범: 자기의 지휘 · 감독을 받는 자를 방조한 때에는 정범의 형으로 처벌함	
관련 문제	① 방조의 미수 　㉠ 협의의 방조의 미수: 정범이 실행의 착수를 하였으나 미수에 그친 경우 방조자는 미수의 방조범으로 처벌됨 　㉡ **기도(企圖)된 방조**: 정범이 실행의 착수를 하지 않은 경우 **처벌규정이 없으므로 방조자는 불가벌**(《주의》 기도된 방조의 경우 방조자만 예비 · 음모에 준하는 형으로 처벌한다. ✕) ② 미수의 방조: 정범의 행위가 미수에 그칠 것을 예견하고 방조한 경우, 방조자에게 결과발생에 대한 의욕 · 인용이 없으므로 **방조범이 성립하지 않음**(다수설)	

⚖판례 | 방조범의 성립요건

1 방조행위는 정범의 범죄에 종속하여 성립하는 것이므로 **방조의 대상이 되는 정범의 실행행위가 없는 이상 방조죄만이 독립하여 성립될 수 없다**(대판 2011.7.28, 2011도1739 **해군 법무실장 사건**). 15. 사법시험

2 편면적 종범에서도 **정범의 범죄행위 없이 방조범만이 성립될 수 없다**(대판 1974.5.28, 74도509). 12. 법원행시, 14. 경찰간부

3 형법상 방조는 **작위에 의하여 정범의 실행을 용이하게 하는 경우는 물론,** 직무상의 의무가 있는 자가 정범의 범죄행위를 인식하면서도 그것을 방지하여야 할 제반 조치를 취하지 아니하는 **부작위로 인하여 정범의 실행행위를 용이하게 하는 경우에도 성립된다**(대판 1996.9.6, 95도2551 **입찰보증금횡령 방치 사건**). 11. 경찰채용, 11·16·17. 국가직 9급, 12·14. 변호사, 13·16. 사법시험, 14. 국가직 7급, 14·17. 경찰승진

4 형법상 방조행위는 정범이 범행을 한다는 정을 알면서 그 실행행위를 용이하게 하는 직접·간접의 행위를 말하므로 방조범은 정범의 실행을 방조한다는 이른바 방조의 고의와 정범의 행위가 구성요건에 해당하는 행위인 점에 대한 정범의 고의가 있어야 한다(대판 2012.6.28, 2012도2628 **에이스일렉트로닉스 사건**). 13. 경찰채용, 14. 국가직 7급, 14·17. 법원행시, 15. 법원직 9급, 16. 사법시험, 21. 경찰간부

5 방조범의 경우에 **정범의 고의는 정범에 의하여 실현되는 범죄의 구체적 내용을 인식할 것을 요하는 것은 아니고** 미필적 인식 또는 예견으로 족하다(대판 2012.6.28, 2012도2628 **에이스일렉트로닉스 사건**). 12. 변호사, 12·14. 법원행시, 13. 법원직 9급, 14. 경찰승진, 16. 사법시험, 17. 경찰간부·국가직 9급

6 정범이 범행을 한다는 점을 알면서 그 실행행위를 용이하게 한 이상 그 행위가 간접적이거나 직접적이거나를 가리지 않으며, 이 경우 정범이 누구에 의하여 실행되어지는가를 확지(確知)할 필요는 없다(대판 1977.9.28, 76도4133). 11. 사법시험, 12. 변호사, 13. 법원직 9급, 17. 경찰간부·국가직 9급

7 종범은 정범이 실행행위에 착수하여 범행을 하는 과정에서 이를 방조한 경우뿐 아니라 **정범의 실행의 착수 이전에 장래의 실행행위를 미필적으로나마 예상하고 이를 용이하게 하기 위하여 방조한 경우에도 그 후 정범이 실행행위에 나아갔다면 성립할 수 있다**(대판 2013.11.14, 2013도7494 **대처승 보험사기 사건**). 11. 경찰승진, 12. 국가직 7급, 12·14·15·16. 법원행시, 12·15·17. 변호사·국가직 9급, 13·15. 법원직 9급, 13·16. 사법시험, 17. 경찰채용·경찰간부

8 **정범이 실행의 착수에 이르지 아니한 예비의 단계에 그친 경우에는 이에 가공하는 행위가 예비의 공동정범이 되는 경우를 제외하고는 이를 종범으로 처벌할 수 없다**(대판 1976.5.25, 75도1549 **강도예비 방조 사건**). 11·13·15. 경찰간부, 11·14·16. 경찰승진, 11·14·15·17·20. 국가직 9급, 12·13·15·16. 사법시험, 12·14·16. 경찰채용, 14. 법원행시, 14·20. 법원직 9급, 14·15·17. 변호사, 20. 국가직 7급

9 피고인이 인터넷 게임사이트의 온라인게임에서 통용되는 사이버머니를 구입하고자 하는 사람을 유인하여 돈을 받고 게임사이트에 접속하여 일부러 패하는 방법으로 사이버머니를 판매한 경우, **정범인 게임사이트 개설자의 도박개장행위를 인정할 수 없는 이상 종범인 도박개장방조죄도 성립하지 않는다**(대판 2007.11.29, 2007도8050 **물게임 사건**). 11. 사법시험, 13. 경찰채용, 15. 경찰간부

10 형법 제32조 제2항은 "종범의 형은 정범의 형보다 감경한다."라고 규정하고 있으나, 여기서 '**감경한다**'는 것은 법정형을 정범보다 감경한다는 것이지 선고형을 감경한다는 것이 아니므로 종범에 대한 선고형이 정범보다 가볍지 않다 하더라도 위법이라 할 수 없다(대판 2015.8.27, 2015도8408 **동일한 선고형 종범 사건**).

11 방조자의 인식과 피방조자의 실행간에 착오가 있고 양자의 구성요건을 달리한 경우에는 원칙적으로 방조자의 고의는 조각되는 것이나, **그 구성요건이 중첩되는 부분이 있는 경우에는 그 중복되는 한도 내에서만 방조자의 죄책을 인정하여야 한다**(대판 1985.2.26, 84도2987). 13. 법원직 9급, 14. 경찰승진

12 방조범은 정범에 종속하여 성립하는 범죄이므로 방조행위와 정범의 범죄 실현 사이에는 인과관계가 필요하다. 방조범이 성립하려면 **방조행위가 정범의 범죄 실현과 밀접한 관련이 있고 정범으로 하여금 구체적 위험을 실현시키거나 범죄 결과를 발생시킬 기회를 높이는 등으로 정범의 범죄 실현에 현실적인 기여를 하였다고 평가할 수 있어야 한다.** 정범의 범죄 실현과 밀접한 관련이 없는 행위를 도와준 데 지나지 않는 경우에는 방조범이 성립하지 않는다[대판 2021.9.9, 2017도19025(전합) **다시보기 링크사이트 사건**].

13 피고인의 이러한 접근매체 전달·유통행위는 보이스피싱 사기 범행에 사용된다는 정을 알면서도 정범이 실행에 착수하기 이전부터 장래의 실행행위를 예상하고서 이를 용이하게 하는 유형적·물질적 방조행위이고, 이러한 상태에서 **'전달책'** 역할까지 승낙한 행위 역시 정범의 범행 결의를 강화시키는 무형적·정신적 방조행위이므로, 피고인은 **'전달책'**으로서 실행행위를 한 시기에 관계없이 피해자들에 대한 사기죄의 종범에 해당한다(대판 2022.4.14, 2022도649). 23. 경찰채용

판례비교

방조범에 해당하는 경우	방조범에 해당하지 않는 경우
① 파일공유사이트의 실질적인 운영자인 피고인들이 사이트의 운영방식과 이용실태 등을 모두 인식하고 있었음에도 **사이트 이용자들에게 영화 파일의 업로드를 유인하거나 다운로드를 용이하게 해주고 이를 통해 수익을 얻은 경우**, 사이트 이용자들의 복제권·전송권 침해행위를 용이하게 한 것으로 저작권법 위반죄의 방조에 해당한다(대판 2013.9.26, 2011도1435 **파일공유사이트 사건**). 13. 경찰간부	① 피고인 甲이, 乙이 조성하여 경영하여 온 제일개발 축산목장의 관리인으로 고용되어 그의 지시에 따라 3~4명의 노무자를 데리고 축사에 대한 청소, 풀베기, 사료급식 등의 **단순노무에 주로 종사해 온 사실만이 인정될 뿐 목장의 경영문제에까지 관여한 사실은 인정되지 아니한 경우**, 피고인 甲이 업주인 乙의 **정화시설설치의무 위반행위에 공모·가담하였거나 乙의 행위를 방조하였다고 볼 수 없다**(대판 1990.12.11, 90도2178 **제일개발 축산목장 사건**). 11. 경찰승진
② 보호자가 의학적 권고에도 불구하고 치료를 요하는 환자의 퇴원을 간청하여 담당 전문의와 주치의가 치료중단 및 퇴원을 허용하는 조치를 취함으로써 환자를 사망에 이르게 한 경우, 담당 전문의와 주치의에게 환자의 사망이라는 결과발생에 대한 정범의 고의는 인정되나 환자의 사망이라는 결과나 그에 이르는 사태의 핵심적 경과를 계획적으로 조종하거나 저지·촉진하는 등으로 지배하고 있었다고 보기는 어려워(공동정범의 객관적 요건인 이른바 기능적 행위지배가 흠결되어 있어) **작위에 의한 살인방조죄만 성립한다**(대판 2004.6.24, 2002도995 **보라매병원 사건**). 11. 국가직 7급, 12. 경찰채용, 13. 경찰승진, 13·14. 변호사, 14·16. 법원행시, 15. 경찰간부, 16. 국가직 9급	② 웨이터인 피고인들은 손님들을 단순히 출입구로 안내를 하였을 뿐 미성년자인 여부의 판단과 출입허용 여부는 2층 출입구에서 주인이 결정하게 되어 있었다면 피고인들의 안내행위를 곧 **미성년자를 클럽에 출입시킨 행위 또는 그 방조행위로 볼 수 없다**(대판 1984.8.21, 84도781 **대구 디스코클럽 화재 사건**). 14. 국가직 9급
③ 피고인 甲이 **자동차운전면허가 없는 乙에게 승용차를 제공하여 그로 하여금 무면허운전을 하게 하였다면** 이는 도로교통법 위반(무면허운전) 범행의 방조행위에 해당한다(대판 2000.8.18, 2000도1914). 11. 경찰채용·경찰승진·국가직 9급, 15. 법원행시	③ 스스로 입영기피를 결심하고 집을 나서는 乙에 대하여 이별을 안타까워 하는 뜻에서 **"잘되겠지 몸조심하라."하고 악수를 나눈 피고인 甲의 행위를 입영기피의 범죄의사를 강화시킨 방조행위에 해당한다고 볼 수 없다**(대판 1983.4.12, 82도43). 14. 국가직 9급, 16. 사법시험·경찰승진
④ 진료부는 환자의 계속적인 진료에 참고로 공하여지는 진료상황부이므로 **간호보조원의 무면허 진료행위가 있은 후에 이를 의사가 진료부에다 기재하는 행위는** 정범의 실행행위 종료 후의 단순한 사후행위에 불과하다고 볼 수 없고 무면허 의료행위의 방조에 해당한다(대판 1982.4.27, 82도122). 11. 사법시험, 12. 변호사, 14·20. 국가직 9급, 17. 경찰간부·국가직 7급, 20. 법원직 9급	

⑤ 인터넷 포털사이트 내 오락채널 총괄팀장과 오락채널 내 만화사업의 운영 직원인 피고인들이 **콘텐츠 제공업체들에 의하여 성인만화방에 음란만화들이 지속적으로 게재되고 있다는 사실을 알면서도 이를 그대로 방치한 경우** 전기통신기본법 위반죄의 방조범에 해당한다(대판 2006.4.28, 2003도4128 **음란만화판매 방치사건**). 12, 경찰채용, 16, 국가직 9급

⑥ 백화점에서 상품관리 등의 업무를 담당하는 피고인이 자신이 관리하는 특정 매장의 점포에 가짜 상표가 새겨진 상품이 진열·판매되고 있는 사실을 발견하고도 점주 등에게 시정조치를 요구하거나 상급자에게 이를 보고하지 아니함으로써 **점주로 하여금 가짜 상표가 새겨진 상품들을 고객들에게 계속 판매하도록 방치한 경우**, 상표법 위반 및 부정경쟁방지법 위반행위를 방조한 것에 해당한다(대판 1997. 3.14, 96도1639 **백화점 짝퉁제품판매 방치 사건**). 16, 사법시험

⑦ 조흥은행 중앙지점장인 피고인 甲이 **부하직원인 乙 등의 배임행위**(어음부정지급보증과 당좌부정결재의 방법으로 영동개발 주식회사에 대하여 자금융통의 편의를 봐주는 행위)**를 발견하였으면서도 이미 발생한 손해의 보전에 필요한 조치를 취하지 아니하고 이를 방치한 경우** 배임죄의 방조범에 해당한다(대판 1984.11.27, 84도1906 **조흥은행 금융부정 사건**). 11, 국가직 9급, 12, 경찰채용, 13, 사법시험, 16, 경찰승진

⑧ 의사인 피고인이 입원치료를 받을 필요가 없는 환자들이 보험금 수령을 위하여 입원치료를 받으려고 하는 사실을 알면서도 입원을 허가하여 **형식상으로 입원치료를 받도록 한 후 입원확인서를 발급**하여 준 사안에서, 사기방조죄가 성립한다(대판 2006.1.12, 2004도6557).

⑨ 도박하는 자리에서 도금으로 사용하리라는 정을 알면서 **채무변제조로 금원을 교부**하였다면 도박을 방조한 행위에 해당한다(대판 1970.7.28, 70도1218).

⑩ **소리바다** 서비스가 저작권법에 위배된다는 경고와 서비스 중단 요청을 받고도 계속한 경우, MP3 파일을 다운로드 받은 이용자의 행위는 구 저작권법 제2조 제14호의 복제에 해당하고, 소리바다 서비스 운영자의 행위는 구 **저작권법상 복제권 침해행위의 방조에 해당한다**(대판 2007.12.14, 2005도872). 13, 경찰간부

방조범에 해당하는 경우	방조범에 해당하지 않는 경우
⑪ 덕적도 핵폐기장 설치 반대 시위의 일환으로 행하여진 대학생들의 인천시청 기습점거 시위에 대하여 전혀 모르고 있다가 시위 직전에 주동자로부터 지시를 받고 **시위현장 사진촬영행위**를 한 경우에 폭력행위, 시위 등 범행의 방조행위가 된다(대판 1997. 1.24, 96도2427). ➡ 공동정범으로서의 범의는 부정하고 방조범을 인정한 판례 ⑫ 주식의 입 · 출고 절차 등 주식의 관리에 관한 일체의 절차를 정확하게 알고 있는 증권회사의 중견직원들이 정범에게 피해자의 주식을 인출하여 오면 관리하여 주겠다고 하고, 나아가서 부정한 방법으로 인출해 온 주식을 **자신들이 관리하는 증권계좌에 입고하여 관리 · 운용하여 주었다면**, 이러한 행위는 정범의 일련의 부정한 주식 인출절차에 관련된 출고전표인 사문서의 위조, 동행사, 사기 등 상호 연관된 일련의 범행 전부에 대하여 방조행위가 된다(대판 1995.9.29, 95도456). ⑬ 피고인 2가 처음에 피고인 1이 피해자를 폭행하려는 것을 제지하였고, 피고인 1이 취중에 남의 자동차를 손괴하고도 상급자에게 무례한 행동을 하는 **피해자를 교육시킨다는 정도로 가볍게 생각하고**, 각목을 피고인 1에게 건네주었던 것이고, 그 후에도 양인 사이에서 폭행을 제지하려고 애쓴 사실을 인정한 다음, 피고인으로서는 피해자가 피고인 1의 폭행으로 사망할 것으로 예견할 수 있었다고 볼 수 없다는 이유로 피고인에 대하여 **특수폭행치사방조의 점은 무죄로 판단하고, 특수폭행의 방조로 인정하였다**(대판 1998.9.4, 98도2061). ⑭ [1] 저작권 침해물 링크사이트에서 침해 게시물에 연결되는 링크를 제공하는 경우 등과 같이, **링크 행위자가** 정범이 공중송신권을 침해한다는 사실을 충분히 인식하면서 **그러한 침해 게시물 등에 연결되는 링크를 인터넷사이트에 영리적 · 계속적으로 게시하는 등으로 공중의 구성원이 개별적으로 선택한 시간과 장소에서 침해 게시물에 쉽게 접근할 수 있도록 하는 정도의 링크행위를 한 경우에는** 침해 게시물을 공중의 이용에 제공하는 정범의 범죄를 용이하게 하므로 **공중송신권 침해의 방조범이 성립한다.** [2] 정범이 침해 게시물을 인터넷 웹사이트 서버 등에 업로드하여 공중의 구성원이 개별적으로 선택한 시간과 장소에서 접근할 수 있도록 이용에 제공하면 **공중에게 침해 게시물을 실제로 송신하지 않더라도 공중송신권 침해는 기수에 이른다**[대판 2021.9. 9, 2017도19025(전합) **다시보기 링크사이트 사건**].	

제7절 공범과 신분

> **형법**
>
> 제33조 【공범과 신분】 신분이 있어야 성립되는 범죄에 **신분 없는 사람이 가담한 경우에는 그 신분 없는 사람에게도 제30조부터 제32조까지의 규정을 적용한다. 다만, 신분때문에 형의 경중이 달라지는 경우에 신분이 없는 사람은 무거운 형으로 벌하지 아니한다.**

문제제기	신분이 범죄의 성립이나 형의 가감에 영향을 미치는 경우, 신분자와 비신분자가 공범관계에 있을 때 어떻게 취급하여야 하는가의 문제발생
신분의 의의	① 개념: 신분이란 범인의 인적 성질·지위·상태를 의미함 12. 경찰채용 　㉠ 인적 성질: 성별, 연령, 심신장애 등 　㉡ 인적 지위: 공무원, 의사, 직계존비속 등 　㉢ 인적 상태: 업무성, 상습성 등 ② 신분은 '행위자' 관련적 요소로서 객관적인 것이어야 함. 누구에게나 존재할 수 있는 '행위' 관련적 요소나 주관적 요소인 고의·목적·불법영득의사 등은 신분에 해당하지 않음. 다만, 판례는 **'목적'도 신분에 포함시키고 있음**(대판 1994.12.23, 93도1002 **모해위증교사 사건**) 12. 경찰채용, 12·17. 국가직 9급, 15. 법원행시, 18. 경찰간부
신분의 종류	① 구성적 신분(진정신분범에 있어서의 신분): 일정한 신분이 있어야 범죄가 성립하는 경우(예 수뢰죄, 위증죄, 횡령죄, 배임죄, 허위진단서작성죄 등) ② 가감적 신분(부진정신분범에 있어서의 신분): 신분이 없어도 범죄가 성립하지만 신분이 있으면 형이 가중 또는 감경되는 경우(예 존속살해죄, 영아살해죄, 업무상횡령죄, 업무상배임죄 등) ③ 소극적 신분 　㉠ 위법조각적 신분: 일정한 신분이 있으면 일반인에게 금지된 행위가 허용되는 경우(예 의사의 의료행위 등) 　㉡ 책임조각적 신분: 일정한 신분이 있으면 책임이 조각되는 경우(예 형사미성년자, 범인도피·은닉죄에 있어 친족·동거가족 등) 　㉢ 처벌조각적 신분: 일정한 신분이 있으면 형이 면제되는 경우(예 친족상도례에 있어 친족 등)
형법 제33조의 해석	① 통설: 본문은 진정신분범의 성립과 과형을, 단서는 부진정신분범의 성립과 과형을 규정한 것이라고 해석함[예 자(子)와 처(妻)가 부(父)를 살해한 경우, 자(子)는 존속살해죄 성립 및 존속살해죄로 과형, 처(妻)는 보통살인죄 성립 및 보통살인죄로 과형] 13. 경찰승진 ② 판례: **본문은 진정신분범·부진정신분범의 성립을, 단서는 부진정신분범의 과형**을 규정한 것이라고 해석함[예 자(子)와 처(妻)가 부(父)를 살해한 경우, 자(子)는 존속살해죄 성립 및 존속살해죄로 과형, 처(妻)는 존속살인죄 성립 그러나 보통살인죄로 과형]
형법 제33조의 적용 등	**본문 (구성적 신분)** ① 비신분자가 신분자에게 가담한 경우 　㉠ 공무원 아닌 甲이 공무원 乙과 공모하여 뇌물을 받은 경우, **甲도 수뢰죄의 공동정범이 됨** 　㉡ 공무원 아닌 甲이 공무원 乙이 뇌물을 받도록 교사하거나 방조한 경우, 甲도 수뢰죄의 교사범 또는 방조범이 됨

	② 신분자가 비신분자에게 가담한 경우 　㉠ 공무원 乙이 공무원 아닌 甲과 공모하여 뇌물을 받은 경우, 甲도 수뢰죄의 공동정범이 됨 　㉡ 공무원 乙이 공무원 아닌 甲이 뇌물을 받도록 교사하거나 방조한 경우, 乙은 수뢰죄의 교사범 또는 방조범이 될 수 없고 **의사지배가 있는 경우에 한하여 간접정범이 될 수 있을 뿐임**
단서 (가감적 신분)	① 비신분자가 신분자에게 가담한 경우 　㉠ 가중적 신분의 경우: 甲이 乙과 공모하여(또는 교사·방조하여) 乙의 부(父) 丙을 살해한 경우 甲은 보통살인죄의 공동정범(또는 교사·방조)이 되고, 乙은 존속살해죄의 공동정범(또는 정범)이 됨(통설. 다만, 판례에 의할 때에는 **甲도 존속살해죄의 공동정범 또는 교사·방조범**이 됨) 　㉡ 감경적 신분의 경우: 甲이 乙과 공모하여(또는 교사·방조하여) 乙의 영아 丙을 살해한 경우 甲은 보통살인죄의 공동정범(또는 교사·방조범)이 되고, 乙은 영아살해죄의 공동정범(또는 정범)이 됨 ② 신분자가 비신분자에게 가담한 경우 　㉠ 가중적 신분의 경우: 甲이 乙과 공모하여(또는 교사·방조하여) 甲의 부(父) 丙을 살해한 경우 甲은 존속살해죄의 공동정범(또는 교사·방조범)이 되고, 乙은 보통살인죄의 공동정범(또는 정범)이 됨 　㉡ 감경적 신분의 경우: 甲이 乙과 공모하여(또는 교사·방조하여) 甲의 영아 丙을 살해한 경우 甲은 영아살해죄의 공동정범(또는 교사·방조범)이 되고, 乙은 보통살인죄의 공동정범(또는 정범)이 됨
소극적 신분	① 위법조각적 신분 　㉠ 비신분자가 신분자에게 가담한 경우: 신분자의 적법행위에 관여한 것이므로 비신분자도 범죄가 성립하지 않음(예 의사의 수술행위에 간호사가 가담한 경우) 　㉡ 신분자가 비신분자에게 가담한 경우: 비신분자의 행위는 범죄를 구성하므로 신분자도 범죄가 성립함(예 의료인이 아닌 자의 무면허 의료행위에 의사가 가담한 경우) ② 책임조각적 신분 　㉠ 비신분자가 신분자에게 가담한 경우: 신분자는 책임이 조각되어 범죄가 성립하지 않지만 비신분자는 범죄가 성립함(예 성인이 13세의 아이를 교사하여 절도를 하게 한 경우) 　㉡ 신분자가 비신분자에게 가담한 경우: 비신분자는 범죄가 성립하지만 신분자는 책임이 조각되어 범죄가 성립하지 않음(예 13세의 아이가 성인을 교사하여 절도를 하게 한 경우) ③ 처벌조각적 신분 　㉠ 비신분자가 신분자에게 가담한 경우: 신분자는 범죄가 성립함에도 처벌을 받지 않지만, 비신분자는 범죄도 성립하고 처벌도 받음[예 甲이 乙에게 乙의 부(父) 丙의 재물을 절취하도록 교사한 경우] 　㉡ 신분자가 비신분자에게 가담한 경우: 비신분자는 범죄도 성립하고 처벌도 받지만, 신분자는 범죄가 성립함에도 처벌을 받지 않음[예 甲이 乙에게 甲의 부(父) 丙의 재물을 절취하도록 교사한 경우]

형법 제33조 본문이 적용되는 경우	형법 제33조 단서가 적용되는 경우
① 타인의 재물 보관자의 지위가 인정되지 않는 자라고 하더라도 보관자의 지위에 있는 신분자와 공모하여 횡령 범행을 저지른 사실이 인정되면 형법 제33조 본문에 의하여 횡령죄의 공범으로 처단할 수 있다(대판 2012.2.23, 2011도15857 국일호 금강산랜드 회장 사건).	① 업무상횡령죄는 타인의 재물을 업무상 보관하는 자를 주체로 하는 신분범이므로, 그와 같은 **신분관계가 없는 자가 신분관계가 있는 자와 공모하여 업무상횡령죄를 저질렀다면** 신분관계가 없는 자에 대하여는 형법 제33조 단서에 의하여 단순횡령죄에 정한 형으로 처단하여야 한다(대판 2015.2.26, 2014도15182). 17. 국가직 9급
② 공무원이 아닌 자가 공무원과 공동하여 허위공문서작성죄를 범한 때에는 공무원이 아닌 자도 형법 제33조, 제30조에 의하여 허위공문서작성죄의 **공동정범이 된다**(대판 2006.5.11, 2006도1663 **재해대장 사건**). 12. 국가직 9급, 13. 국가직 7급	② 업무상배임죄는 타인의 사무를 처리하는 지위라는 점에서 보면 신분관계로 인하여 성립될 범죄이고, 업무상 타인의 사무를 처리하는 지위라는 점에서 보면 단순배임죄에 대한 가중규정으로서 신분관계로 인하여 형의 경중이 있는 경우라고 할 것이므로, 그와 같은 신분관계가 없는 자가 그러한 신분관계가 있는 자와 공모하여 업무상배임죄를 저질렀다면, 그러한 신분관계가 없는 자에 대하여는 형법 제33조 단서에 의하여 단순배임죄에 정한 형으로 처단하여야 한다(대판 2012.11.15, 2012도6676 **Q22합금 특허 사건**). 12. 국가직 9급, 12·14. 경찰채용, 12·16. 변호사, 13·15. 사법시험, 15. 법원행시, 17. 경찰승진
③ 피고인이 건축물조사 및 가옥대장 정리업무를 담당하는 지방행정서기를 교사하여 무허가건물을 허가받은 건축물인 것처럼 가옥대장 등에 등재하게 하였다면 허위공문서작성죄의 **교사범으로 처단한 것은 정당하다**(대판 1983.12.13, 83도1458). 14. 경찰간부	③ [1] 형법 제152조는 위증을 한 범인이 형사 사건의 피고인 등을 '모해할 목적'을 가지고 있었는가 아니면 그러한 목적이 없었는가 하는 범인의 특수한 상태의 차이에 따라 범인에게 과할 형의 경중을 구별하고 있으므로 이는 바로 형법 제33조 단서 소정의 '신분관계로 인하여 형의 경중이 있는 경우'에 해당한다. [2] 甲이 A를 모해할 목적으로 乙에게 위증을 교사한 이상, 가사 정범인 乙에게 모해의 목적이 없었다고 하더라도 형법 제33조 단서의 규정에 의하여 甲을 모해위증교사죄로 처단할 수 있다(대판 1994.12.23, 93도1002 **모해위증교사 사건**). 11·20. 법원직 9급, 11·17. 국가직 9급, 12·20. 경찰채용, 13·14. 사법시험, 14·15·17. 법원행시, 14·16·20. 국가직 7급, 15·17. 경찰간부, 16. 변호사
④ 병가 중인 자는 직무유기죄의 주체로 될 수는 없으나 신분이 없는 자라 하더라도 신분이 있는 자의 행위에 가공하는 경우 직무유기죄의 공동정범이 성립하므로, 병가 중인 피고인들과 나머지 피고인들 사이에 직무유기의 공범관계가 인정되면 병가 중인 피고인들도 직무유기죄의 공동정범으로 처벌받아야 한다(대판 1997.4.22, 95도748 **전국기관차협의회 파업 사건**). 12·16. 법원직 9급, 17. 국가직 7급	④ 상습도박의 죄나 상습도박방조의 죄에 있어서의 상습성은 행위의 속성이 아니라 행위자의 속성으로서 도박을 반복해서 거듭하는 습벽을 말하는 것인바, 도박의 습벽이 있는 자가 타인의 도박을 방조하면 상습도박방조의 죄에 해당하는 것이며, 도박의 습벽이 있는 자가 도박을 하고 또 도박방조를 하였을 경우 상습도박방조의 죄는 무거운 상습도박의 죄에 포괄시켜 1죄로서 처단하여야 한다(대판 1984.4.24, 84도195). 11·20. 경찰채용, 11·13. 사법시험, 14. 경찰간부·국가직 9급, 15. 법원행시, 16. 경찰승진·변호사
⑤ 공직선거법 제86조 제1항 제2호는 공무원 등 공적 지위에 있는 자들이 선거운동의 기획에 참여하거나 그 기획의 실시에 관여하는 행위를 금지하면서, 제255조 제1항 제10호는 '제86조 제1항 제2호에 위반한 행위를 하거나 하게 한 자'를 처벌대상으로 삼고 있는바, 공무원 등 공적 지위에 있는 자가 아니라고 하더라도 공무원 등 공적 지위에 있는 자의 선거운동 기획에 참여하는 행위에 공동가공하는 경우에는 제255조 제1항 제10호 위반의 공동정범으로서의 죄책을 면할 수 없는 것이고, 이는 공무원이 자기 자신을 위한 다른 공무원의 선거운동 기획 참여행위에 공동가공하는 경우에도 마찬가지이다(대판 2007.10.25, 2007도4069 **신대중 안양시장 사건**). 11. 국가직 9급, 12. 경찰승진	

형법 제33조 본문이 적용되는 경우	형법 제33조 단서가 적용되는 경우
⑥ 비공무원이 공무원과 공동가공의 의사와 이를 기초로 한 기능적 행위지배를 통하여 공무원의 직무에 관하여 뇌물을 수수하는 범죄를 실행하였다면 공무원이 직접 뇌물을 받은 것과 동일하게 평가할 수 있으므로 공무원과 비공무원에게 형법 제129조 제1항에서 정한 뇌물수수죄의 공동정범이 성립한다[대판 2019.8.29, 2018도13792(전합) 국정농단 최순실 사건][同旨 대판 2019.8.29, 2018도2738(전합) 국정농단 이재용 부회장 사건]. ⑦ 지방공무원의 신분을 가지지 아니하는 사람이 구 지방공무원법에 따라 처벌되는 지방공무원의 범행에 가공한다면 형법 제33조 본문에 의해서 공범으로 처벌받을 수 있다(대판 2012.6.14, 2010도14409 전공노 전남본부장 사건). 20. 경찰승진	

⚖️판례 ㅣ 형법 제31조 제1항과 제33조 단서의 관계

"타인을 교사하여 죄를 범하게 한 자는 죄를 실행한 자와 동일한 형으로 처벌한다."라고 규정한 형법 제31조 제1항은 협의의 공범의 일종인 교사범이 그 성립과 처벌에 있어서 정범에 종속한다는 일반적인 원칙을 선언한 것에 불과하고, 따라서 신분관계로 인하여 형의 경중이 있는 경우에 **신분이 있는 자가 신분이 없는 자를 교사하여 죄를 범하게 한 때에는 형법 제33조 단서가 제31조 제1항에 우선하여 적용됨으로써 신분이 있는 교사범이 신분이 없는 정범보다 중하게 처벌된다**(대판 1994.12.23, 93도1002 **모해위증교사 사건**). 11. 사법시험, 12·17. 국가직 9급, 14. 법원직 9급, 15. 법원행시, 16·17. 변호사, 17. 경찰승진

⚖️판례 ㅣ 의료법 위반죄 등과 형법 제33조

1 의료인이 의료인이나 의료법인 아닌 자의 의료기관 개설행위에 공모하여 가공하면 의료법 제66조 제3호, 제30조 제2항 위반죄의 **공동정범에 해당된다**(대판 2007.7.26, 2005도5579 **수원중앙병원 사건**). 11. 법원직 9급, 11·12·13. 사법시험, 13. 경찰승진, 13·14. 국가직 7급, 14·20. 경찰채용

2 치과의사가 환자의 대량유치를 위해 **치과기공사들에게 내원환자들에게 진료행위를 하도록 지시하여 동인들이 각 단독으로 발치·주사·투약 등의 진료행위를 하였다면 무면허 의료행위의 교사범에 해당한다**(대판 1986.7.8, 86도749 **엉터리 치과병원 사건**). 11. 국가직 9급, 11·15. 경찰승진, 14. 경찰채용, 20. 법원직 9급

1 공직선거법 제257조 제1항 제1호 소정의 각 기부행위 제한 위반의 죄는 공직선거법 **제113조**(후보자 등의 기부행위 제한), **제114조**(정당 및 후보자의 가족 등의 기부행위 제한), **제115조**(제3자의 기부행위 제한)에 각기 한정적으로 열거되어 규정하고 있는 신분관계가 있어야만 성립하는 범죄이므로 위 각 해당 신분관계가 없는 자의 기부행위는 위 각 해당 법조항 위반의 범죄로는 되지 아니하며 또한 **각 기부행위의 주체로 인정되지 아니하는 자가 기부행위의 주체자 등과 공모하여 기부행위를 하였다 하더라도 그 신분에 따라 각 해당 법조로 처벌하여야 하지 기부행위 주체자의 해당 법조의 공동정범으로 처벌할 수도 없다**(대판 2008.3.13, 2007도9507). 11·17. 경찰승진, 12·14. 경찰채용

2 물건의 소유자가 아닌 사람은 형법 제33조 본문에 따라 소유자의 권리행사방해 범행에 가담한 경우에 한하여 그의 공범이 될 수 있을 뿐이다. 그러나 권리행사방해죄의 공범으로 기소된 **물건의 소유자에게 고의가 없는 등으로 범죄가 성립하지 않는다면 공동정범이 성립할 여지가 없다**(대판 2017.5.30, 2017도4578). 19. 국가직 7급, 20. 경찰간부·법원직 9급·변호사

제7장 특수한 범죄유형

제1절 부작위범

> **형법**
> 제18조【부작위범】위험의 발생을 방지할 의무가 있거나 자기의 행위로 인하여 위험발생의 원인을 야기한 자가 그 위험발생을 방지하지 아니한 때에는 그 **발생된 결과에 의하여 처벌**한다. 16. 법원행시

01 서설

의의	부작위란 규범적으로 요구되는 일정한 행위를 하지 않는 것을 의미하고, 부작위범이란 부작위에 의하여 범죄를 행하는 것을 의미함
종류	① 진정부작위범(부작위에 의한 부작위범): 구성요건 자체가 부작위로 되어 있는 범죄(예 퇴거불응죄, **집합명령위반죄, 다중불해산죄, 전시군수계약불이행죄, 전시공수계약불이행죄 등**) 12. 경찰간부·경찰승진 ② 부진정부작위범(부작위에 의한 작위범): 구성요건 자체는 작위로 되어 있으나, 이를 부작위에 의하여 실행하는 범죄(예 살인죄, 손괴죄 등)
학설	① 실질설: **진정부작위범은 거동범의 형태**로 규정되어 있고, **부진정부작위범은 결과범의 형태**로 나타남 ② 형식설: 구성요건의 형식이 중요할 뿐 결과발생 여부에 중점을 두지 않으므로, **결과범은 물론 거동범에 대하여도 부진정부작위범이 성립할 수 있음**

02 부작위범의 공통성립요건

일반적 행위 가능성	행위자에게 작위의무를 이행할 수 있는 일반적 행위가능성이 없는 경우에는 부작위의 행위성은 인정되지 않음(예 서울에 있는 아버지가 부산 해수욕장에 있는 아들이 바다에 빠져 있다는 것을 알면서도 구조하지 못한 경우)
구성요건 해당성	① 행위자가 작위의무의 내용을 인식할 수 있는 상태, 즉 구성요건적 상황이 발생하여야 함 　㉠ 진정부작위범의 구성요건적 상황은 해당 조문에 규정되어 있음 　㉡ 부진정부작위범의 구성요건적 상황은 결과발생의 위험이 생긴 것을 의미함 ② 행위자에게 작위의무를 이행할 수 있는 개인적 능력, 즉 **개별적 행위가능성**이 있어야 함 ③ 명령(요구)된 행위의 부작위가 있어야 함
위법성·책임	작위범과 동일함

03 부진정부작위범의 특별성립요건

의의	① 부진정부작위범이 성립하기 위해서는 부작위에 의한 구성요건 실현이 작위에 의한 구성요건 실현과 동등한 것으로 평가될 수 있어야 함(동가치성) ② 동가치성이 인정되기 위해서는 '보증인 지위'와 '행위의 동가치성'이 있어야 함
보증인 지위	① 일정한 법익과 특수하고 밀접한 관계를 맺고 있어서 그 법익이 침해되지 않도록 보호하여야 하는 지위를 의미함 ② '보증인 지위'는 구성요건요소이지만, 보증인 지위에서 파생된 '보증인 의무(작위의무)'는 위법성 요소임(이분설·통설). 보증인 지위에 대한 착오는 구성요건의 착오가 되지만, 보증인 의무에 대한 착오는 금지의 착오가 됨(《주의》 이분설에 의할 때 보증인 의무는 구성요건요소이며 보증인 지위는 위법성요소이다. ✕) 12. 경찰간부 ➜ 구성요건요소설은 보증인지위와 보증인의무를 모두 구성요건요소로 보는 견해로서 다른 법적의무는 위법성요소로 보면서 부작위범에서만 구성요건요소로 본다는 비판을 받음. 위법성요소설은 보증인지위와 보증인의무를 모두 위법성요소로 보는 견해로서 작위의무 없는 자의 부작위도 부진정부작위범의 구성요건에 해당하게 되어 구성요건 해당성이 부당하게 확대된다는 비판을 받음 ③ 보증인 지위의 발생근거(형식설) 　㉠ 법령 　㉡ 계약 　㉢ 조리 　㉣ 선행행위 ④ 보증인 지위의 내용(실질설) 　㉠ 보호의무(가족적 보호관계, 긴밀한 공동관계, 보호기능의 인수) 　㉡ 안전의무(선행행위, 위험원에 대한 감독책임, 타인의 행위에 대한 감독책임)
행위의 동가치성	① 순수한 결과범: 어떤 행위에 의하여 결과가 발생하면 성립하는 범죄로서(예 살인죄, 손괴죄 등) 행위의 동가치성을 요하지 않음(통설) ② 형태의존적 결과범: 일정한 행위를 요구하는 범죄로서(예 사기죄에서의 기망, 폭행죄에서의 폭행, 강간죄에서의 강간 등), 부작위가 그러한 행위와 동가치성을 가질 때에만 부작위범이 성립함(통설)

04 기타

처벌	① 진정부작위범: 해당 범죄의 형으로 처벌함 ② 부진정부작위범: **작위범과 동일한 형으로 처벌함**
미수	① 진정부작위범: 진정부작위범은 모두 거동범이므로 미수범은 성립할 수 없음(다수설). 다만, 형법은 **퇴거불응죄**(제322조)와 **집합명령위반죄**(제149조)에 대하여 **미수범 처벌규정을 두고 있음** 11. 경찰간부, 13. 경찰승진 ② 부진정부작위범: 부진정부작위범은 결과범의 성격을 가지고 있으므로 미수범이 성립할 수 있음
과실	① 진정부작위범: 과실범 처벌규정이 없음 ② 부진정부작위범: 과실에 의한 부작위범이 성립할 수 있음(망각범)

공범

① 부작위범에 대한 공범: 정범인 부작위범에게 보증인 지위가 인정되는 한, **보증인 지위가 없는 자도 간접정범 및 교사·방조범이 모두 성립할 수 있음** 11. 경찰승진, 11·12·13. 경찰간부

② 부작위에 의한 공범

㉠ 공동정범·방조범: 보증인 지위에 있는 2인 이상이 공동으로 작의의무를 이행하지 않으면 부작위범의 공동정범이 성립하고, 보증인 지위에 있는 자가 정범의 행위를 방조하면 **부작위범의 방조범이 성립함**(통설·판례)

㉡ 간접정범·교사범: 부작위에 의한 간접정범이나 교사범은 성립할 수 없음(통설) 13. 경찰간부

⚖️ 판례 | 부작위범의 성립요건

1 자연적 의미에서의 부작위는 거동성이 있는 작위와 본질적으로 구별되는 무(無)에 지나지 아니하지만, **형법 제18조에서 말하는 부작위는** 법적 기대라는 규범적 가치판단요소에 의하여 **사회적 중요성을 가지는 사람의 행태가 되어 법적 의미에서 작위와 함께 행위의 기본형태를 이루게 되는 것이므로,** 특정한 행위를 하지 아니하는 부작위가 형법적으로 부작위로서의 의미를 가지기 위해서는 보호법익의 주체에게 해당 구성요건적 결과발생의 위험이 있는 상황에서 행위자가 구성요건의 실현을 회피하기 위하여 요구되는 행위를 현실적·물리적으로 행할 수 있었음에도 하지 아니하였다고 평가될 수 있어야 한다[대판 2015.11.12, 2015도6809(전합) **세월호 사건**]. 17. 법원직 9급

2 어떠한 범죄가 적극적 작위에 의하여 이루어질 수 있음은 물론 결과의 발생을 방지하지 아니하는 소극적 부작위에 의하여도 실현될 수 있는 경우에, **행위자가 자신의 신체적 활동이나 물리적·화학적 작용을 통하여 적극적으로 타인의 법익상황을 악화시킴으로써 결국 그 타인의 법익을 침해하기에 이르렀다면 이는 작위에 의한 범죄로 봄이 원칙이고, 작위에 의하여 악화된 법익상황을 다시 되돌이키지 아니한 점에 주목하여 이를 부작위범으로 볼 것은 아니다**(대판 2004.6.24, 2002도995 **보라매병원 사건**). 11·12·17. 국가직 9급, 12. 변호사, 13·15. 경찰간부, 14. 경찰채용, 14·16. 사법시험

3 한겨레신문 기자인 피고인 甲이 휴대폰의 녹음기능을 작동시킨 상태로 정수장학회 이사장 A에게 전화를 걸어 약 8분간의 전화통화를 마친 후 예우차원에서 A가 전화를 먼저 끊기를 기다리던 중, 문화방송 기획홍보본부장 B가 A와 인사를 나누면서 전략기획부장 C를 소개하는 목소리가 휴대폰을 통해 들려오고, 때마침 A가 실수로 휴대폰의 통화종료 버튼을 누르지 아니한 채 이를 탁자 위에 놓아두자, **통화연결상태에 있는 자신의 휴대폰을 이용하여 대화를 몰래 청취하고 녹음한 경우,** 甲은 대화에 원래부터 참여하지 아니한 제3자이므로 휴대폰을 이용하여 대화를 청취·녹음하는 행위는 **작위에 의한 통신비밀보호법 제3조 위반행위에 해당한다**(대판 2016.5.12, 2013도15616 **정수장학회 비밀회동 청취·녹음·보도 사건**). 17. 국가직 7급

4 보호자가 의학적 권고에도 불구하고 치료를 요하는 환자의 퇴원을 간청하여 담당 전문의와 주치의가 치료중단 및 퇴원을 허용하는 조치를 취함으로써 환자를 사망에 이르게 한 경우, 담당 전문의와 주치의에게 환자의 사망이라는 결과발생에 대한 정범의 고의는 인정되나 환자의 사망이라는 결과나 그에 이르는 사태의 핵심적 경과를 계획적으로 조종하거나 저지·촉진하는 등으로 지배하고 있었다고 보기는 어려워(공동정범의 객관적 요건인 이른바 기능적 행위지배가 흠결되어 있어) **작위에 의한 살인방조죄만 성립한다**(대판 2004.6.24, 2002도995 **보라매병원 사건**). 11. 국가직 7급, 12. 경찰채용, 13. 경찰승진, 13·14. 변호사, 14. 법원행시, 15. 경찰간부, 16. 국가직 9급

5 일정한 기간 내에 잘못된 상태를 바로잡으라는 행정청의 지시를 이행하지 않았다는 것을 구성요건으로 하는 범죄는 이른바 **진정부작위범으로서** 그 의무이행기간의 경과에 의하여 범행이 기수에 이름과 동시에 작위의무를 발생시킨 행정청의 지시 역시 그 기능을 다한 것으로 보아야 한다(대판 1994.4.26, 93도1731 **관리소장 미교체 사건**). 11·15. 국가직 9급, 12·16. 경찰승진, 13·15. 경찰채용

---

6 형법상 부작위범이 인정되기 위해서는 형법이 금지하고 있는 **법익침해의 결과발생을 방지할 법적인 작위의무를 지고 있는 자가** 그 의무를 이행함으로써 결과발생을 쉽게 방지할 수 있었음에도 불구하고 그 결과의 발생을 용인하고 이를 방관한 채 그 의무를 이행하지 아니한 경우에, 그 부작위가 작위에 의한 법익침해와 동등한 형법적 가치가 있는 것이어서 그 범죄의 실행행위로 평가될 만한 것이라면 작위에 의한 실행행위와 동일하게 부작위범으로 처벌할 수 있고, 여기서 작위의무는 법령·법률행위·선행행위로 인한 경우는 물론, 기타 신의성실의 원칙이나 사회상규 혹은 조리상 작위의무가 기대되는 경우에도 인정된다(대판 2008.2.28, 2007도9354 **짝퉁 법무사 사건**). 11·12·14. 국가직 9급, 11·13·15·16. 경찰채용, 11·14·16. 사법시험, 11·15. 경찰간부, 12. 변호사, 13·14·16. 경찰승진·법원행시, 14·16. 국가직 7급

7 선박침몰 등과 같은 조난사고로 승객이나 다른 승무원들이 스스로 생명에 대한 위협에 대처할 수 없는 급박한 상황이 발생한 경우에는 선박의 운항을 지배하고 있는 선장이나 갑판 또는 선내에서 구체적인 구조행위를 지배하고 있는 선원들은 적극적인 구호활동을 통해 보호능력이 없는 승객이나 다른 승무원의 사망결과를 방지하여야 할 작위의무가 있다 할 것이므로, 법익침해의 태양과 정도 등에 따라 요구되는 **개별적·구체적인 구호의무를 이행함으로써 사망의 결과를 쉽게 방지할 수 있음에도 그에 이르는 사태의 핵심적 경과를 그대로 방관하여 사망의 결과를 초래하였다면 그 부작위는 작위에 의한 살인행위와 동등한 형법적 가치를 가진다고 할 것이고, 이와 같이 작위의무를 이행하였다면 그 결과가 발생하지 않았을 것이라는 관계가 인정될 경우에는 그 작위를 하지 않은 부작위와 사망의 결과 사이에 인과관계가 있는 것으로 보아야 한다**[대판 2015.11.12, 2015도6809(전합) **세월호 사건**].

8 **부진정부작위범의 고의는** 반드시 구성요건적 결과발생에 대한 목적이나 계획적인 범행 의도가 있어야 하는 것은 아니고 법익침해의 결과발생을 방지할 법적 작위의무를 가지고 있는 자가 **그 의무를 이행함으로써 그 결과발생을 쉽게 방지할 수 있었음을 예견하고도 결과발생을 용인하고 이를 방관한 채 그 의무를 이행하지 아니한다는 인식을 하면 족하며,** 이러한 작위의무자의 예견 또는 인식 등은 확정적인 경우는 물론 불확정적인 경우이더라도 **미필적 고의로 인정될 수 있다**[대판 2015.11.12, 2015도6809(전합) **세월호 사건**]. 16. 사법시험, 16·17. 법원행시, 17. 변호사·국가직 9급

9 도로교통법 제54조 제1항·제2항이 규정한 **교통사고 발생시의 구호조치의무 및 신고의무는** 교통사고의 결과가 피해자의 구호 및 교통질서의 회복을 위한 조치가 필요한 상황인 이상 그 의무는 교통사고를 발생시킨 당해 차량의 운전자에게 그 사고발생에 있어서 고의·과실 혹은 유책·위법의 유무에 관계없이 부과된 의무라고 해석함이 타당하고, 당해 사고의 발생에 귀책사유가 없는 경우에도 위 의무가 없다 할 수 없다(대판 2015.10.15, 2015도12451). 11. 국가직 9급, 11·14·16. 국가직 7급, 11·15·16. 경찰승진, 14·15. 경찰채용, 16. 법원행시

10 진정부작위범인 정신질환자의 보호의무자 확인서류 등 수수의무 위반으로 인한 구 정신보건법위반죄의 **공동정범은 그 의무가 수인에게 공통으로 부여되어 있는데도 수인이 공모하여 전원이 그 의무를 이행하지 않았을 때 성립할 수 있다**(대판 2021.5.7, 2018도12973 **보호의무자 확인서류 사건**).

11 주권상장법인의 주식 등 변경 보고의무 위반으로 인한 자본시장법위반죄는 구성요건이 부작위에 의해서만 실현될 수 있는 진정부작위범에 해당한다. 진정부작위범인 주식 등 변경 보고의무 위반으로 인한 자본시장법위반죄의 공동정범은 그 의무가 수인에게 공통으로 부여되어 있는데도 수인이 공모하여 전원이 그 의무를 이행하지 않았을 때 성립할 수 있다(대판 2022.1.13, 2021도11110 **라임투자사 주가조작 사건**). 22. 경찰채용

부작위범이 성립하는 경우	부작위범이 성립하지 않는 경우
① 세월호가 침몰해 가는 상태에서 **선장인 피고인이 선내 대기 중인 승객 등에 대한 퇴선조치 없이 갑판부 선원들과 함께 해경 경비정으로 퇴선하였을 뿐 아니라 퇴선 이후에도 아무런 조치를 취하지 아니하여 승객 등이 스스로 세월호에서 탈출하는 것이 불가능하게 되는 결과가 초래되어 많은 승객 등이 사망한 경우**, 피고인의 이러한 퇴선조치의 불이행은 승객 등을 적극적으로 물에 빠뜨려 익사시키는 행위와 다름이 없어 작위에 의한 살인의 실행행위와 동일하게 평가할 수 있고, 승객 등의 사망 또는 상해의 결과는 작위행위에 의해 결과가 발생한 것과 규범적으로 동일한 가치가 있다고 할 것이다[대판 2015.11.12, 2015도6809(전합) **세월호 사건**]. 16. 국가직 9급	① 비록 피고인이 공사대금을 받을 목적으로 건축자재를 치우지 않았다고 하더라도, **피고인이 자신의 공사를 위하여 쌓아 두었던 건축자재를 공사 완료 후에 단순히 치우지 않은 행위가** 위력으로써 피해자의 추가 공사 업무를 방해하는 업무방해죄의 실행행위로서 피해자의 업무에 대하여 하는 **적극적인 방해행위와 동등한 형법적 가치를 가진다고 볼 수는 없다**(대판 2017.12.22, 2017도13211 **건축자재 방치 사건**).
② 피고인이 **조카인 피해자(10세)를 살해할 것을 마음먹고 저수지로 데리고 가서 미끄러지기 쉬운 제방 쪽으로 유인하여 함께 걷다가 피해자가 물에 빠지자 그를 구호하지 아니하여 피해자를 익사하게 한 경우**, 피해자가 물에 빠진 후에 피고인이 살해의 범의를 가지고 그를 구호하지 아니한 채 그가 익사하는 것을 용인하고 방관한 행위(부작위)는 피고인이 그를 직접 물에 빠뜨려 익사시키는 행위와 다름없다고 형법상 평가될 만한 살인의 실행행위라고 보는 것이 상당하다(대판 1992.2.11, 91도2951 **저수지 조카 살해 사건**). 11. 경찰채용, 13·14·15. 법원행시, 15. 경찰승진	② 피고인이 모텔 방에 투숙하여 **담뱃불이 완전히 꺼졌는지 여부를 확인하지 않은 채 휴지를 재떨이에 버리고 잠을 잔 과실로 담뱃불이 휴지와 침대시트에 옮겨 붙게 함으로써 화재가 발생한 경우**, 화재가 중대한 과실 있는 선행행위로 발생한 이상 피고인에게 화재를 소화할 법률상 의무는 있다 할 것이나, 화재발생 사실을 안 상태에서 모텔을 빠져나오면서도 모텔 주인이나 다른 투숙객들에게 이를 알리지 아니하였다는 사정만으로는 화재를 용이하게 소화할 수 있었다고 보기 어려우므로 부작위에 의한 현주건조물방화치사상죄는 성립하지 아니한다(대판 2010.1.14, 2009도12109 **모텔 담뱃불 화재 사건**). 12. 경찰채용, 13. 법원행시, 13·17. 변호사, 17. 국가직 7급
③ 압류된 골프장시설을 보관하는 회사의 대표이사인 피고인이 압류시설의 사용 및 봉인의 훼손을 방지할 수 있는 적절한 조치 없이 골프장을 개장하게 하여 봉인이 훼손되게 한 경우, 부작위에 의한 공무상표시무효죄가 성립한다(대판 2005.7.22, 2005도3034 **경기컨트리클럽 사건**). 13. 경찰간부·법원직 9급	
④ 피고인이 미성년자를 유인하여 포박·감금한 후 단지 그 상태를 유지하였을 뿐인데도 피감금자가 사망에 이르게 된 것이라면 감금치사죄에 해당한다 하겠으나, 나아가서 **감금상태가 계속된 어느 시점에서 피고인에게 살해의 범의가 생겨 피감금자에 대한 위험발생을 방지함이 없이 포박감금상태에 있던 피감금자를 그대로 방치함으로써 사망하게 하였다면 부작위에 의한 살인죄를 구성한다**(대판 1982.11.23, 82도2024 **주교사 사건**). 11. 경찰채용·사법시험·국가직 7급, 14. 변호사	

⑤ 법무사가 아닌 사람이 법무사로 소개되거나 호칭되는 데에도 자신이 법무사가 아니라는 사실을 밝히지 않은 채 법무사 행세를 계속하면서 근저당권설정계약서를 작성한 경우 **부작위에 의한 법무사법 제3조 제2항 위반죄가 성립한다**(대판 2008.2.28, 2007도9354 **짝퉁 법무사 사건**). 11. 경찰채용·경찰승진, 13. 변호사·법원직 9급, 14. 사법시험

⑥ 위치추적 전자장치의 피부착자가 그 장치의 구성부분인 휴대용 추적장치를 분실한 후 **3일이 경과하도록 보호관찰소에 분실신고를 하지 않고 돌아다닌 경우** 휴대용 추적장치가 없는 상태를 방치한 부작위는 전자장치 부착 등에 관한 법률 제38조에 따른 전자장치의 효용을 해한 행위에 해당한다(대판 2012.8.17, 2012도5862 **추적장치 분실사건**). 22. 경찰채용

제2절 과실범

> **형법**
> 제14조 【과실】 정상적으로 기울여야 할 주의(注意)를 게을리하여 죄의 성립요소인 사실을 인식하지 못한 행위는 **법률에 특별한 규정이 있는 경우에만 처벌한다.**

☑ SUMMARY ┃ 과실범의 정리 11·12. 경찰간부, 13. 경찰승진, 15. 경찰채용

보통과실범	업무상과실범	중과실범
실화죄	업무상실화죄	중실화죄
과실일수죄	×	×
과실폭발성물건파열죄	업무상과실폭발성물건파열죄	중과실폭발성물건파열죄
과실가스·전기 등 방류죄	업무상과실가스·전기 등 방류죄	중과실가스·전기 등 방류죄
과실가스·전기 등 공급방해죄	업무상과실가스·전기 등 공급방해죄	중과실가스·전기 등 공급방해죄
과실교통방해죄	업무상과실교통방해죄	중과실교통방해죄
과실치상죄	업무상과실치상죄	중과실치상죄
과실치사죄	업무상과실치사죄	중과실치사죄
×	업무상과실장물죄	중과실장물죄

의의	① 결과발생을 예견할 수 있었고 또한 그것을 회피할 수 있었음에도 정상적으로 기울여야 할 주의 의무를 게을리 함으로써 결과발생을 야기하였을 때 성립하는 범죄 ② 과실범은 **법률에 특별한 규정이 있는 경우에 한하여 예외적으로 처벌함**	
종류	① 인식 없는 과실과 인식 있는 과실 　㉠ 인식 없는 과실: 주의의무 위반으로 구성요건의 실현가능성을 인식하지 못한 경우 　㉡ 인식 있는 과실: 구성요건의 실현가능성은 인식하였으나 주의의무 위반으로 그것을 회피하지 　　못한 경우 ② 보통과실과 업무상과실 　㉠ 보통과실: 일반적인 과실을 의미함 　㉡ 업무상과실: 일정한 업무에 종사하는 자가 그 업무의 성질상 요구되는 주의의무를 태만히 한 　　경우로 업무상과실범은 보통과실범보다 무겁게 처벌됨 ③ 경과실과 중과실 　㉠ 경과실: 통상의 주의를 게을리 한 경우 　㉡ 중과실: **주의의무를 현저히 게을리** 한 경우로서 중과실범은 경과실범보다 무겁게 처벌됨	
과실의 체계적 지위	객관적 주의의무 위반은 구성요건요소가 되고 행위자의 개인적 능력에 따른 주관적 주의의무 위반 은 책임요소가 됨(이중적 지위설, 다수설)	
성립요건	구성요건 해당성	① 주의의무 위반 　㉠ 행위자가 사회생활상 요구되는 주의의무(결과예견의무와 결과회피의무)를 태만 　　히 하여 결과를 야기한 경우를 의미함 　㉡ 주의의무의 정도는 사회일반인의 주의능력을 기준으로 판단함(객관설 또는 **평균 　　인표준설**, 통설·판례). 다만, **행위자의 특별한 지식과 경험은 고려함** ② 과실범은 결과범이므로 구성요건적 결과가 발생하여야 함 ③ 행위와 결과 사이에 **상당인과관계**(판례) 또는 합법칙적 조건관계와 객관적 귀속이 　인정되어야 함(다수설)
	위법성	① 고의범과 동일하게 구성요건에 해당하는 과실행위는 위법성이 추정됨 ② 구성요건에 해당하는 과실행위는 정당방위, 긴급피난, 피해자의 승낙, 정당행위 등에 　의하여 위법성이 조각될 수 있음
	책임	고의범과 동일하게 책임의 구성요소(책임능력, 위법성의 인식, 책임형식으로서의 과실, 기대가능성)를 구비하여야 함
객관적 주의의무의 제한	① 허용된 위험 　㉠ 사회생활상 필요하기 때문에 일정 수준의 안전조치를 전제로 허용되는 위험을 의미함(예 교 　　통수단, 건설공사, 과학적 실험행위 등) 　㉡ 허용된 위험은 객관적 주의의무를 제한하는 원리로서 과실범의 구성요건해당성 배제사유에 　　해당함 ② **신뢰의 원칙** 　㉠ 행위자가 스스로 규칙을 준수하면서 타인의 규칙준수를 신뢰하고 행위를 한 경우, 법익침해 　　의 결과가 발생하더라도 과실범의 성립을 부정하는 것을 의미함(허용된 위험의 특수형태) 　㉡ **신뢰의 원칙은** 도로교통 분야에서 인정되는 원칙이었으나 분업적 공동작업이 필요한 경우 　　까지 적용범위가 확대되고 있음. 분업관계는 **수평적 관계를** 말하고(예 의사와 의사, 의사와 　　약사 등), **수직적 관계에서는 신뢰의 원칙이 적용되지 않음**(예 의사와 간호사, 전문의와 수 　　련의 등)	

		ⓒ 상대방의 위반행위를 미리 인식한 경우, 상대방의 규칙준수를 기대할 수 없는 경우 또는 행위 자 자신이 스스로 규칙을 위반한 경우에는 신뢰의 원칙이 적용되지 않을 수 있음
기타	미수	미수범은 고의범이어야 하므로, 과실범의 미수는 성립할 수 없고 또한 처벌규정도 없음
	공범	① **과실에 의한 간접정범이나 교사·방조범은 인정되지 않음**. 과실에 의한 공동정범은 이를 부정하는 견해(통설)와 **인정하는 견해**(판례)가 대립함 ② **과실범에 대한 교사·방조는 간접정범이 성립함** 16. 경찰간부

⚖️ 판례 ┃ 의료분업에서 수평적·수직적 관계에서의 책임유무

1 수평적 의료분업에서 다른 의사의 전적인 과실로 환자에게 발생한 결과에 대하여 책임이 인정되는지의 여부 (소극)

의사가 환자에 대하여 주된 의사의 지위에서 진료하는 경우라도 자신은 환자의 수술이나 시술에 전념하고 마취과 의사로 하여금 마취와 환자 감시 등을 담당토록 하거나 특정 의료영역에 관한 진료 도중 환자에게 나타난 문제점이 자신이 맡은 의료영역 내지 전공과목에 관한 것이 아니라 그에 선행하거나 병행하여 이루어진 다른 의사의 의료영역 내지 전공과목에 속하는 등의 사유로 다른 의사에게 그 관련된 협의 진료를 의뢰한 경우처럼 **서로 대등한 지위에서 각자의 의료영역을 나누어 환자 진료의 일부를 분담하였다면 진료를 분담받은 다른 의사의 전적인 과실로 환자에게 발생한 결과에 대하여는 책임을 인정할 수 없다**(대판 2022.12.1, 2022도1499 **부분 장폐색 환자 사건**). 23. 경찰채용

2 수직적 의료분업에서 다른 의사의 전적인 환자에게 발생한 결과에 대하여 책임이 인정되는지의 여부(원칙적 적극)

수련병원의 **전문의와 전공의 등의 관계**처럼 **의료기관 내의 직책상 주된 의사의 지위에서 지휘·감독 관계에 있는 다른 의사에게 특정 의료행위를 위임하는 수직적 분업의 경우에는 그 다른 의사에게 전적으로 위임된 것이 아닌 이상 주된 의사는 자신이 주로 담당하는 환자에 대하여 다른 의사가 하는 의료행위의 내용이 적절한 것인지 여부를 확인하고 감독하여야 할 업무상 주의의무가 있고, 만약 의사가 이와 같은 업무상 주의의무를 소홀히 하여 환자에게 위해가 발생하였다면 주된 의사는 그에 대한 과실 책임을 면할 수 없다.** 이때 그 의료행위가 지휘·감독 관계에 있는 다른 의사에게 전적으로 위임된 것으로 볼 수 있는지 여부는 위임받은 의사의 자격 내지 자질과 평소 수행한 업무, 위임의 경위 및 당시 상황, 그 의료행위가 전문적인 의료영역 및 해당 의료기관의 의료 시스템 내에서 위임 하에 이루어질 수 있는 성격의 것이고 실제로도 그와 같이 이루어져 왔는지 여부 등 여러 사정에 비추어 해당 의료행위가 위임을 통해 분담 가능한 내용의 것이고 실제로도 그에 관한 위임이 있었다면 그 위임 당시 구체적인 상황 하에서 위임의 합리성을 인정하기 어려운 사정이 존재하고 이를 인식하였거나 인식할 수 있었다고 볼 만한 다른 사정에 대한 증명이 없는 한 위임한 의사는 위임받은 의사의 과실로 환자에게 발생한 결과에 대한 책임이 있다고 할 수 없다(대판 2022.12.1, 2022도1499 **부분 장폐색 환자 사건**).

⚖️ 판례 ┃ 업무상과실치사상죄 등에 있어 '업무'의 의미

1 업무상과실치상죄에 있어서의 '업무'란 사람의 사회생활면에서 하나의 지위로서 계속적으로 종사하는 사무를 말하고, 여기에는 수행하는 직무 자체가 위험성을 갖기 때문에 **안전배려를 의무의 내용으로 하는 경우는 물론 사람의 생명·신체의 위험을 방지하는 것을 의무내용으로 하는 업무도 포함된다**(대판 2009.5.28, 2009도1040 **서예학원 화재 사건**). 12. 경찰승진, 20. 경찰채용

7장

2 안전배려 내지 안전관리 사무에 계속적으로 종사하여 사회생활면에서 하나의 지위로서의 계속성을 가지지 아니한 채 **단지 건물의 소유자로서 건물을 비정기적으로 수리하거나 건물의 일부분을 임대하였다는 사정만으로는 업무상과실치상죄에 있어서의 '업무'로 보기 어렵다**(대판 2009.5.28, 2009도1040 **서예학원 화재 사건**). 12. 경찰채용, 13. 법원행시, 14. 경찰간부, 15. 국가직 9급, 17. 변호사

3 식당(분식점)의 운영자인 피고인이 식당 밖에서 당겨 열도록 표시되어 있는 **출입문을 열고 음식 배달차 밖으로 나가던 중 이웃 가게 손님으로 마침 식당 출입문 앞쪽 길가에 서 있던 피해자의 오른발 뒤꿈치 부위를 출입문 모서리 부분으로 충격하여 상해를 입게 한 행위**는, 비록 식당의 운영과 관련한 업무상 행위로는 볼 수 있다 하더라도 달리 위 사고가 출입문 자체의 설치 혹은 관리상의 하자에 기인하거나 영업자로서 사고발생과 관련한 별도의 주의의무를 부과할 만한 사정이 존재하지 않는 이상 **피고인이 그 업무상 하여야 할 구체적이고도 직접적인 주의의무를 위반한 때에 해당한다고 보기 어렵고**, 오히려 위와 같이 출입문을 여닫는 행위는 음식을 배달하기 위한 경우 이외에도 일상생활에서 얼마든지 자연적으로 행하여질 수 있는 일이라는 점에서 **단순히 일상생활상의 주의의무를 위반한 경우에 불과하다**(대판 2009.10.29, 2009도5753 **식당 여닫이문 사건**). ➡ 업무상과실치상죄가 아니라 단순과실치상죄가 성립한다. 21. 해경간부

⚖ 판례 ㅣ 의료종사자의 과실을 인정하기 위한 요건

1 의료사고에 있어 의료종사자의 과실을 인정하기 위해서는 **의료종사자가 결과발생을 예견 또는 회피할 수 있었음에도 불구하고 이를 예견하거나 회피하지 못한 과실이 인정되어야 하고**, 그러한 과실의 유무를 판단함에는 같은 업무와 직무에 종사하는 보통인의 주의 정도를 표준으로 하여야 하며, 이에는 사고 당시의 일반적인 의학의 수준과 의료 환경 및 조건, 의료행위의 특수성 등이 고려되어야 한다(대판 2014.5.29, 2013도14079 **프리어 파편 사건**). 15. 경찰간부·경찰승진, 15·17. 경찰채용, 20. 법원행시

2 의사에게는 **위험방지를 위하여 필요한 최선의 주의의무가 요구되고**, 따라서 의사로서는 환자의 상태에 충분히 주의하고 진료 당시의 의학적 지식에 입각하여 그 치료방법의 효과와 부작용 등 모든 사정을 고려하여 최선의 주의를 기울여 그 치료를 실시하지 않으면 안 되는데, **이러한 주의의무의 기준은 진료 당시의 이른바 임상의학의 실천에 의한 의료수준에 의하여 결정되어야 하나, 그 의료수준은 규범적으로 요구되는 수준으로 파악되어야 하고, 당해 의사나 의료기관의 구체적 상황에 따라 고려되어서는 안 된다**(대판 2010.10.28, 2008도8606 **4회 측정 무시 간호사들 사건**). 20. 경찰채용

3 일반적으로 대학병원의 진료체계상 과장은 병원행정상의 직급으로서 다른 교수나 전문의가 진료하고 있는 환자의 진료까지 책임지는 것은 아니고, 소속 교수 등이 진료시간을 요일별 또는 오전·오후 등 시간별로 구분하여 각자 외래 및 입원 환자를 관리하고 진료에 대한 책임을 맡게 된다. 그러한 사정을 감안하면, 피고인에게 피해자를 담당한 의사가 아니어서 그 치료에 관한 것이 아님에도 불구하고 구강악안면외과 과장이라는 이유만으로 외래담당의사 및 담당 수련의들의 처치와 치료결과를 주시하고 적절한 수술방법을 지시하거나 담당 의사 대신 직접 수술을 하고, **농배양을 지시·감독할 주의의무가 있다고 단정할 수 없다**(대판 1996.11.8, 95도2710 **사랑니 사망 사건**). 16. 경찰간부

4 의사에게는 환자의 상황, 당시의 의료수준, 자신의 지식·경험 등에 따라 **적절하다고 판단되는 진료방법을 선택할 폭넓은 재량권이 있으므로**, 의사가 특정 진료방법을 선택하여 진료를 하였다면 해당 진료방법 선택 과정에 합리성이 결여되어 있다고 볼 만한 사정이 없는 이상 진료의 결과만을 근거로 하여 그중 어느 진료방법만이 적절하고 다른 진료방법을 선택한 것은 과실에 해당한다고 말할 수 없다(대판 2015.6.24, 2014도11315 **간경변증환자 화상치료 수술 사건**). 18. 변호사 20. 경찰채용

5 고령의 간경변증 환자인 피해자에게 화상 치료를 위한 가피절제술과 피부이식수술을 실시하기 전에 출혈과 혈액량 감소로 신부전이 발생하여 생명이 위험할 수 있다는 점에 대해 피해자와 피해자의 보호자에게 설명을 하지 아니한 채 수술을 실시한 과실로 인하여 환자가 사망한 경우, 의사에게 업무상 과실로 인한 형사책임을 지우기 위해서는 **의사의 설명의무 위반과 환자의 사망 사이에 상당인과관계가 존재하여야 한다**(대판 2015.6.24, 2014도11315 **간경변증환자 화상치료 수술 사건**). 20. 경찰채용

6 의료사고에서 의사의 과실과 결과 발생 사이에 인과관계를 인정하기 위해서는 **주의의무위반이 없었더라면 그러한 결과가 발생하지 않았을 것임이 증명되어야 한다**(대판 2023.1.12, 2022도11163 **황색포도상구균 감염 사건**).

7 미용성형을 시술하는 의사로서는 고도의 전문적 지식에 입각하여 시술 여부, 시술의 시기, 방법, 범위 등을 충분히 검토한 후 그 미용성형 시술의 의뢰자에게 생리적, 기능적 장해가 남지 않도록 신중을 기하여야 할 뿐 아니라 회복이 어려운 후유증이 발생할 개연성이 높은 경우 그 **미용성형 시술을 거부 내지는 중단하여야 할 의무가 있다**(대판 2007.5.31, 2007도1977 **마리안의원 사건**). 22. 경찰간부

판례비교

과실범이 성립하는 경우 – 의료사고 관련	과실범이 성립하지 않는 경우 – 의료사고 관련
① 의사인 피고인의 **전원(轉院)지체 등의 과실**(전원을 지체하여 피해자로 하여금 신속한 수혈 등의 조치를 받지 못하게 한 과실과 피해자가 고혈압환자이고 수술 후 대량출혈이 있었던 사정을 설명하지 않은 과실)**로 피해자에 대한 신속한 수혈 등의 조치가 지연된 이상 피해자의 사망과 피고인의 과실 사이에는 인과관계를 부정하기 어렵다**(대판 2010.4.29, 2009도7070 **뒤늦은 전원 사건**). 13. 경찰채용·사법시험. 15. 경찰간부. 16. 국가직 7급 ② 야간 당직간호사인 피고인 甲이 피해자가 심근경색을 의심할 수 있는 증상을 계속 보이고 있었고 피해자 가족으로부터도 의사를 불러달라는 요청을 수차 받았는데도 **당직 의사인 피고인 乙에게 제대로 알리지 않음으로써 즉시 필요한 조치를 취하지 못하게 한 업무상 과실로 피해자가 사망한 경우**, 자신이 적절한 조치를 취하지 아니할 경우 피해자 사망이라는 결과가 발생할 수 있으리라는 점도 예견할 수 있었으며, 적절한 시기에 乙에게 피해자의 상태를 보고하였다면 그 결과 발생을 방지할 수 있었다고 보이므로 甲의 업무상 주의의무 위반행위와 피해자의 사망 사이에 인과관계가 인정되지만, 乙에 대하여는 통상의 능력을 갖춘 의사로서 심근경색 또는 패혈증의 결과발생을 예견하고 이를 회피할 수 있었음에도 그러한 주의의무를 게을리하였다고 단정하기 어렵다(대판 2007.9.20, 2006도294 **당직 의사·간호사 사건**). 16. 경찰간부	① 다른 사람의 피를 받지 않아야 한다는 교리를 생명보다 소중히 하는 신념을 가지고 있었던 '**여호와 증인**' 신도인 피해자의 강력한 요구에 따라 피고인인 **의사가 무수혈 방식으로 수술하던 도중 과다출혈로 인하여** 타가수혈이 필요한 상황이 발생하자 수술을 중단한 후 망인을 중환자실로 옮겼으나 **다량실혈로 인한 폐부종으로 사망한 경우**, 피고인이 의사로서 진료상의 **주의의무를 다하지 아니하였다고 할 수 없다**(대판 2014.6.26, 2009도14407 **조대병원 여호와의 증인 사건**). 20. 경찰채용 ② 병원 인턴인 피고인이, 응급실로 이송되어 온 익수(溺水)환자 A를 담당 의사의 지시에 따라 구급차에 태워 다른 병원으로 이송하던 중 산소통의 산소잔량을 체크하지 않아 산소 공급이 중단되어 A가 폐부종 등으로 사망하였더라도, 담당 의사로부터 이송 도중 환자에 대한 앰부 배깅(ambu bagging)과 진정제 투여업무만을 지시받은 피고인에게 일반적으로 구급차 탑승 전 또는 이송 도중 구급차에 비치되어 있는 **산소통의 산소잔량을 확인할 주의의무가 있다고 보기는 어렵고**, 피고인이 산소부족상태를 안 후에 취한 조치(즉시 심폐소생술을 시행하는 한편 가장 가까운 병원으로 구급차를 운행하도록 한 조치)에 어떠한 업무상 주의의무 위반이 있었다고 볼 수 없다(대판 2011.9.8, 2009도13959 **산소잔량 미확인 사건**). 12. 경찰간부. 14. 사법시험. 16. 국가직 7급 20. 경찰채용·법원행시

과실범이 성립하는 경우 – 의료사고 관련	과실범이 성립하지 않는 경우 – 의료사고 관련

③ 피고인 甲이 피해자의 **주치의 겸 병원 정형외과의 전공의로서**, 같은 과의 수련의인 乙이 피고인 甲의 담당 환자인 피해자에 대하여 한 처방이 적절한 것인지의 여부를 확인하고 감독하여야 할 업무상 주의의무가 있음에도 불구하고, 위 의무를 소홀히 한 나머지 **피해자가 乙의 잘못된 처방으로 인하여 상해를 입게 되었다면, 피고인 甲은 업무상과실치상죄의 죄책을 져야 한다**(대판 2007.2.22, 2005도9229).
13. 법원직 9급, 15. 경찰간부, 16. 사법시험·국가직 9급, 20. 경찰채용

④ 산부인과 의사인 피고인이 **산모인 피해자의 태반조기박리에 대한 대응조치로서 응급 제왕절개 수술을 시행하기로 결정**하였다면 적어도 제왕절개 수술 시행 결정과 아울러 산모에게 수혈을 할 필요가 있을 것이라고 예상되는 특별한 사정이 있어 미리 혈액을 준비하여야 할 업무상 주의의무가 있다고 보아야 할 것이므로, 피고인이 수술 도중이나 수술 후에라도 가능한 빠른 시기에 **혈액을 공급받기 위한 조치를 전혀 취하지 아니한 과실로 인하여 수혈시기를 놓치게 하여 피해자가 사망하였다면 업무상과실치사죄가 성립한다**(대판 2000.1.14, 99도3621 **태반조기박리 사건**). 14. 법원행시, 20. 경찰채용

⑤ 병원내과 인턴인 피고인이 간호사에게 하여금 단독으로 환자 A에 대한 수혈을 하도록 내버려두었고, 간호사가 혈액봉지의 라벨을 확인하지 아니하여 B에게 수혈할 혈액봉지를 A에 대한 혈액봉지로 오인하고서, 혈액형이 B형인 A에 대하여 A형 농축적혈구를 수혈함으로써 A가 수혈부작용 등으로 사망한 경우, **피고인은 과실책임을 면할 수 없다**(대판 1998.2.27, 97도2812 **B형 환자 A형 수혈 사건**). 14. 경찰간부·국가직 7급, 16. 경찰승진

⑥ 마취회복업무를 담당하던 甲은 마취수술을 받은 환자 A에게 자발호흡이 있는 것만 확인하고 의식이 회복되었는지 분명하지도 않은 상태에서 간호사 그 누구에게도 확실한 인계조치나 구체적인 지시도 하지 않은 채 **회복실을 떠났고**, 결국 A는 무산소성으로 인한 뇌손상으로 사망한 경우(한편, 회복실에는 간호사 乙이 있었으나 그는 마취회복실담당 간호사도 아니고 또한 다른 환자 B에 대한 회복처치에 전념하고 있어 A의 이상증세를 인식하지 못하였다), **甲의 경우 A의 의식이 완전히 회복될 때까지 주위에서 관찰하거나 적어도 환자를 떠날 때는 A를 담당하는 간호사를 특정하여 그로 하여금 환자의

③ 한의사인 피고인이 피해자에게 문진하여 **과거 봉침을 맞고도 별다른 이상반응이 없었다는 답변을 듣고 알레르기 반응검사(skin test)를 생략한 채 환부인 목 부위에 봉침시술을 하였는데**, 피해자가 시술 직후 아나필락시 **쇼크반응을 나타내는 등 상해를 입은 경우**, 피고인에게 과거 알레르기 반응검사 및 약 12일 전 봉침시술에서도 이상반응이 없었던 피해자를 상대로 **다시 알레르기 반응검사를 실시할 의무가 있다고 보기는 어렵고**, 설령 그러한 의무가 있다고 하더라도 알레르기 반응검사를 하지 않은 과실과 피해자의 상해 사이에 **상당인과관계를 인정하기 어렵다**(대판 2011.4.14, 2010도10104 **봉침사건**). 12·15. 경찰간부, 13. 경찰채용·사법시험, 14·17. 국가직 9급, 17. 경찰승진

④ 산부인과 의사 甲은 30대 중반의 초산모 A에 대해서 제왕절개 수술을 하였는데 A가 수술 후 호흡곤란이나 현기증 등의 증세를 나타내다가 폐색전증으로 사망한 경우, **제왕절개술로 분만한 산모에게서 수술 후 발생할 수 있는 호흡곤란이나 현기증 등만으로 폐색전증을 예상하여 이를 진단하는 것은 지극히 어려울 뿐만 아니라** 폐색전증의 가능성은 고령·제왕절개술의 출산 후 증가하지만 **전체 임산부 중 폐색전증의 발생가능성 자체는 극히 낮으므로 甲이 폐색전증을 예견하지 못한 것에 어떠한 잘못이 있었다고 볼 수 없고**, 따라서 이와 같이 폐색전증을 의심하기 어려운 상황에서 폐색전증을 확진하기 위하여 폐혈관조영술을 일반적으로 실시하여야 할 의무가 있다고 단정할 수도 없다(대판 2006.10.26, 2004도486 **제왕절개 산모 사망 사건**). 12. 경찰간부

⑤ 소아외과 의사인 피고인이 5세의 급성 림프구성 백혈병 환자인 피해자의 항암치료를 위하여 쇄골하 정맥에 중심정맥도관을 삽입하는 수술을 하는 과정에서 환자의 우측 쇄골하 부위를 주사바늘로 10여 차례 찔러 환자가 우측 쇄골하 혈관 및 흉막 관통상에 기인한 외상성 혈흉으로 인한 순환혈액량 감소성 쇼크로 사망한 경우라도, 쇄골하 정맥에 중심정맥도관을 삽입하기 위하여 **쇄골하 부위에 과연 몇 번 주사바늘을 찔러야 하는지에 대하여 의학적인 기준이 확립되어 있지 아니하며**, 피고인이 중심정맥을 찾기 위하여 10회 정도 쇄골하 부위를 주사바늘로 찔렀고 이 과정에서 수술시간이 다소 지연되

상태를 계속 주시하도록 하여 만일 이상이 발생한 경우에는 즉시 응급조치가 가능하도록 할 의무가 있지만(**업무상 과실이 인정되지만**), A를 감시하도록 업무를 인계받지 않은 乙의 경우 자기 환자의 회복처치에 전념하고 있었다면 회복실에 다른 간호사가 남아있지 않은 경우에도 다른 환자의 이상증세가 인식될 수 있는 상황에서라야 이에 대한 조치를 할 의무가 있다고 보일 뿐 회복실 내의 모든 환자에 대하여 적극적·계속적으로 주시·점검을 할 의무가 있다고 할 수 없다(**업무상 과실이 인정되지 아니한다**)(대판 1994.4.26, 92도3283 **마취회복실 간호사 사건**). 11. 경찰승진

⑦ 연탄가스 중독으로 병원 응급실에 후송되어 온 환자를 진단하여 일산화탄소 중독으로 판명하고 치료한 담당의사에게 회복된 **환자가 이튿날 퇴원할 당시 자신의 병명을 문의하였는데도 의사가 아무런 요양방법을 지도하여 주지 아니하여, 환자가 일산화탄소에 중독되었던 사실을 모르고 퇴원 즉시 사고 난 자기 집 안방에서 다시 취침하다 전신피부파열 등 일산화탄소 중독을 입은 경우**, 의사에게는 환자에게 그 병명을 알려주고 건강관리에 필요한 사항을 지도하여 줄 요양방법의 지도의무가 있는 것이므로 이를 태만한 것으로서 **의사로서의 업무상 과실이 있고, 이 과실과 재차의 일산화탄소 중독과의 사이에 인과관계가 있다고 보아야 한다**(대판 1991.2.12, 90도2547 **연탄가스 중독 사건**). 18. 경찰간부

⑧ 종합병원 간호사인 피고인이 베큐로니움의 약효 등을 확인하지 않음으로 인해 그 투약의 위험성을 인식하지 못함으로써 처방내용을 재확인할 기회를 놓친 채 그대로 이를 주사 투약한 점에서 (**의사의 처방을 기계적으로 실행하기에 앞서 당해 처방의 경위와 내용을 관련자에게 재확인함으로써 그 실행으로 인한 위험을 방지할**) 주의의무를 위반한 과실이 인정되고, 이를 투약함으로써 그 약효 내지 부작용으로 인하여 피해자에게 상해가 발생한 이상 그와 같은 결과는 피고인의 주의의무 위반과 상당인과관계가 있다고 할 것이며, 피해자의 상해 발생에 **피고인 외에도 다른 사람들의 과실이 주로 작용하였다는 사정이 있다 하여 피고인의 책임을 면제할 사유가 된다고 할 수 없다**(대판 2009.12.24, 2005도8980 **베큐로니움 투약 사건**). 21. 경찰채용

었다고 하여, **그와 같은 진료방법의 선택이 합리적인 재량의 범위를 벗어난 것이라고 단정할 수는 없고**, 피해자에게 발생한 혈흉이 일반적으로 인정되는 합병증의 범위를 벗어났다고 볼 수 있는 사정이 없는 이상, **혈흉이 발생되었다는 사실만으로 수술과정에 과실이 있다고 추정할 수도 없다**(대판 2008.8.11, 2008도3090 **쇄골하 중심정맥도관 삽입 사건**). 12. 경찰간부

⑥ [1] 간호사에게 정맥주사를 주도록 처방한 의사는 자신의 지시를 받은 간호사가 자신의 기대와는 달리 간호실습생에게 단독으로 주사하게 하리라는 사정을 예견할 수 없었고, 그 스스로 직접 주사를 하거나 또는 직접 주사하지 않더라도 현장에 입회하여 간호사의 주사행위를 직접 감독할 주의의무가 있다고 보기 어렵다. [2] 간호사가 의사의 처방에 의한 정맥주사(Side Injection 방식)를 의사의 입회 없이 간호실습생(간호학과 대학생)에게 실시하도록 하여 발생한 의료사고에 대하여 의사의 과실책임은 인정되지 아니한다(대판 2003.8.19, 2001도3667 **간호실습생 정맥주사 사건**). 15·21. 경찰간부, 16. 국가직 9급

⑦ 내과 의사가 신경과 전문의에 대한 협의진료 결과 피해자의 증세와 관련하여 신경과 영역에서 이상이 없다는 회신을 받았고, 그 회신 전후의 진료경과에 비추어 그 회신내용에 의문을 품을 만한 사정이 있다고 보이지 않자 그 회신을 신뢰하여 **뇌혈관계통 질환의 가능성을 염두에 두지 않고 내과 영역의 진료행위를 계속하다가** 피해자의 증세가 호전되기에 이르자 퇴원하도록 조치한 경우, 내과 의사인 피고인들이 피해자를 진료함에 있어서 지주막하출혈을 발견하지 못한 데 대하여 **업무상 과실이 있었다고 단정하기는 어렵다**(대판 2003.1.10, 2001도3292 **지주막하출혈 식물인간 사건**). 16·21. 경찰간부, 20. 국가직 9급

⑧ 요추 척추후궁절제 수술 도중에 **수술용 메스가 부러지자 담당 의사가 부러진 메스조각(3×5mm)을 찾아 제거하기 위한 최선의 노력을 다하였으나 찾지 못하여 부러진 메스조각을 그대로 둔 채 수술 부위를 봉합한 경우**, 같은 수술과정에서 메스 끝이 부러지는 일이 흔히 있고, 부러진 메스가 쉽게 발견되지 않을 경우 수술과정에서 무리하게 제거하려고 하면 부가적인 손상을 줄 우려가 있어 일단 봉합한 후에 재수술을 통하여 제거하거나 그대로 두는 경우가 있는 점에 비추어 **담당 의사의 과실을 인정할 수 없다**(대판 1999.12.10, 99도3711 **부러진 메스 사건**). 11. 경찰승진, 16. 경찰간부

과실범이 성립하는 경우 - 의료사고 관련	과실범이 성립하지 않는 경우 - 의료사고 관련
⑩ 산후조리원에 입소한 신생아가 계속하여 잦은 **설사 등의 이상증세를 보임에도 불구하고** 산후조리원의 신생아 집단관리를 맡은 책임자인 甲이 **의사 등의 진찰을 받도록 하지 않아 신생아가 사망한 경우** 위 집단관리 책임자가 신생아의 이상증세를 즉시 알리고 적절한 조치를 구하여 산모의 지시를 따른 것만으로는 업무상 주의의무를 다하였다고 볼 수 없으므로 신생아의 사망에 대한 **업무상과실치사의 죄책을 인정할 수 있다**(대판 2007.11.16, 2005도1796 **산후조리원 신생아 사망 사건**). 22. 해경간부	⑨ 약사가 의약품을 판매하거나 조제함에 있어서 특별한 사정이 없는 한 그 **약의 포장상의 표시를 신뢰하고 이를 사용한 경우에는 과실이 없다**(대판 1976.2.10, 74도2046 **금정약국 감기약 참사 사건**). 22. 해경간부

판례비교

과실범이 성립하는 경우 - 신뢰의 원칙이 적용되지 않는 경우	과실범이 성립하지 않는 경우 - 신뢰의 원칙이 적용되는 경우
① 고속도로를 무단횡단하는 보행자를 충격하여 사고를 발생시킨 경우라도 운전자가 **상당한 거리에서 보행자의 무단횡단을 미리 예상할 수 있는 사정이 있었고,** 그에 따라 즉시 감속하거나 급제동하는 등의 조치를 취하였다면 보행자와의 충돌을 피할 수 있었다는 등의 특별한 사정이 인정되는 경우에만 **자동차운전자의 과실이 인정될 수 있다**(대판 2000.9.5, 2000도2671). 15·16. 경찰승진, 20. 법원행시, 21. 경찰간부 ② 고속도로상을 운행하는 자동차운전자는 통상의 경우 보행인이 그 도로의 중앙방면으로 갑자기 뛰어드는 일이 없으리라는 신뢰하에서 운행하는 것이지만, 도로를 횡단하려는 피해자를 그 차의 제동거리 밖에서 발견하였다면 피해자가 반대차선의 교행차량 때문에 도로를 완전히 횡단하지 못하고 **진행차선 쪽에서 멈추거나 다시 되돌아 나가는 경우를 예견해야 하는 것이다**(대판 1981.3.24, 80도3305). 14. 국가직 7급 ③ 침범금지의 황색중앙선이 설치된 도로에서 자기 차선을 따라 운행하는 자동차운전수는 **반대방향에서 오는 차량이 이미 중앙선을 침범하여 비정상적인 운행을 하고 있음을 목격한 경우에는** 자기의 진행 전방에 돌입할 가능성을 예견하여 그 차량의 동태를 주의깊게 살피면서 속도를 줄여 피행하는 등 적절한 조치를 취함으로써 **사고발생을 미연에 방지할 업무상 주의의무가 있다**(대판 1986.2.25, 85도2651).	① 녹색등화에 따라 왕복 8차선의 간선도로를 직진하는 차량의 운전자는 특별한 사정이 없는 한 왕복 2차선의 접속도로에서 진행하여 오는 다른 차량들도 교통법규를 준수하여 함부로 금지된 좌회전을 시도하지는 아니할 것으로 믿고 운전하면 족하고, **접속도로에서 진행하여 오던 차량이** 아예 허용되지 아니하는 좌회전을 감행하여 직진하는 자기 차량의 앞을 가로질러 진행하여 올 경우까지 예상하여 그에 따른 사고발생을 미리 방지하기 위하여 특별한 조치까지 강구할 주의의무는 없다(대판 1998.9.22, 98도1854). 16. 경찰간부 ② 고속도로를 운행하는 자동차의 운전자로서는 고속도로를 횡단하는 보행자가 있을 것까지 예견하여 보행자와의 충돌사고를 예방하기 위하여 급정차 등의 조치를 취할 수 있도록 대비하면서 운전할 주의의무가 없다(대판 2000.9.5, 2000도2671). 12. 경찰간부 ③ 사거리 교차로를 녹색등화에 따라 직진하는 차량의 운전자는 특별한 사정이 없는 한 다른 차량들도 교통법규를 준수하고 충돌을 피하기 위하여 적절한 조치를 취할 것으로 믿고 운전하면 족하고, **다른 차량이 신호를 위반하고 직진하는 차량의 앞을 가로질러 직진할 경우까지** 예상하여 그에 따른 사고발생을 미연에 방지할 주의의무는 없다고 할 것이므로, 피고인이 녹색등화에 따라 사거리 교차로를 통과할 무렵 제한속도를 초과하였더라도, 신호를 무시한 채 왼쪽도로에서 사거리 교차로로 가로 질러 진행한 피해자에 대한 업무상 과실치사의 책임이 없다(대판 1990.2.9, 89도1774). 11. 경찰승진

④ 피해자가 도로의 중앙선을 침범하여 화물자동차를 운행하였던 것은 사실이나 한편 그 대향운전자이던 피고인은 시속 30km의 속도로 자동차를 운전하면서 피해자가 도로의 중앙선을 넘어 자동차를 운행하고 있다는 사정을 50m 전방에서 미리 발견하였음에도 피해자의 화물자동차가 자기의 차선으로 되돌아 갈 것으로만 믿어 제반조치를 취함이 없이 그대로 자동차를 운행하다가 피해자의 자동차와 근접하였을 때 비로소 급정거를 하였기 때문에 미치지 못하여 교통사고가 발생하였다는 것이나 피고인에게도 업무상 과실이 있었다고 인정한 원심판단은 수긍할 수 있고, 거기에 형법 제268조의 해석을 그르친 위법이 있다고 볼 수 없다(대판 1984.3. 13, 83도1859). 17. 경찰간부

④ 교차로를 녹색등화에 따라 직진하는 차량의 운전자는 특별한 사정이 없는 이상, 다른 차량들도 교통법규를 준수하고 충돌을 피하기 위하여 적절한 조치를 취할 것으로 믿고 운전하면 족하고, 다른 차량이 신호를 위반하고 직진하는 차량의 앞을 가로 질러 좌회전할 경우까지를 예상하여 그에 따른 사고발생을 미연에 방지할 특별한 조치까지 강구할 업무상의 주의의무는 없다(대판 1985.1.22, 84도1493). 12. 법원직 9급

⑤ 차량의 운전자로서는 **횡단보도의 신호가 적색인 상태에서** 반대차선상에 정지하여 있는 차량의 뒤로 **보행자가 건너오지 않을 것이라고 신뢰하는 것이 당연하고** 그렇지 아니할 사태까지 예상하여 그에 대한 주의의무를 다하여야 한다고는 할 수 없다(대판 1993.2.23, 92도2077). 16. 경찰승진, 21. 경찰간부

⑥ 각종 차량의 내왕이 번잡하고 보행자의 횡단이 금지되어 있는 육교 밑 차도를 주행하는 자동차운전자가 전방 보도 위에 서있는 피해자를 발견했다 하더라도 육교를 눈앞에 둔 동인이 특히 차도로 뛰어들 거동이나 기색을 보이지 않는 한 일반적으로 동인이 차도로 뛰어들어 오리라고 예견하기 어려운 것이므로, 이러한 경우 운전자로서는 일반보행자들이 교통관계법규를 지켜 차도를 횡단하지 아니하고 육교를 이용하여 횡단할 것을 신뢰하여 운행하면 족하다 할 것이고 불의의 뛰어드는 보행자를 예상하여 이를 사전에 방지해야 할 조치를 취할 업무상 주의의무는 없다(대판 1985.9.10, 84도1572). 11. 경찰승진

⑦ 고속국도에서는 보행으로 통행·횡단하거나 출입하는 것이 금지되어 있으므로 고속국도를 주행하는 차량의 운전자는 도로 양측에 휴게소가 있는 경우에도 도로상에 보행자가 있음을 예상하여 감속 등 조치를 할 주의의무가 있다 할 수 없다(대판 1977.6. 28, 77도403). 11. 경찰간부, 11·14. 경찰승진, 16. 사법시험, 17. 경찰채용

과실범이 성립하는 경우 – 신뢰의 원칙이 적용되지 않는 경우	과실범이 성립하지 않는 경우 – 신뢰의 원칙이 적용되는 경우
	⑧ 교통정리가 행하여지지 않는 십자 교차로를 피고인 (트럭운전사)이 먼저 진입하여 교차로의 중앙부분을 상당부분 넘어섰다면, 피고인은 그보다 늦게 오른쪽 도로로부터 교차로에 진입·교행하여 오는 택시보다 우선통행권이 인정된다 할 것이고 이 같은 우선권은 트럭이 통행하는 도로의 노폭이 택시가 통행한 도로의 노폭보다 다소 좁았다 하더라도 서행하며 먼저 진입한 트럭의 우선권에는 변동이 없다 할 것이므로, 택시가 **통행의 우선순위를 무시하고 과속으로 교차로에 진입·교행하여 올 것을 예상하여 사고발생을 미리 막을 주의의무가 있다 할 수 없다**(대판 1984.4.24, 84도185). 17. 경찰간부 ⑨ 피고인 甲이 봉고트럭을 운전하고 도로 2차선상으로, 피고인 乙이 버스를 운전하고 도로 3차선상으로 거의 병행운행하고 있을 즈음 도로 3차선에서 乙의 버스 뒤를 따라 운행하여 오던 A 운전의 오토바이가 버스를 앞지르기 위해 도로 2차선으로 진입하여 **무모하게 트럭과 버스 사이에 끼어들어 이 사이를 빠져 나가려 한 경우에 있어서는 선행차량이 속도를 낮추어 앞지르려는 A의 오토바이를 선행하도록 하여 줄 업무상 주의의무가 있다고 할 수 없다**(대판 1984.5.29, 84도483). 17. 경찰간부 ⑩ 피고인 甲이 봉고트럭을 운전하고 도로 2차선상으로, 피고인 乙이 버스를 운전하고 도로 3차선상으로 거의 병행운행하고 있을 즈음 도로 3차선에서 乙의 버스 뒤를 따라 운행하여 오던 A 운전의 오토바이가 버스를 앞지르기 위해 도로 2차선으로 진입하여 **무모하게 트럭과 버스 사이에 끼어들어 이 사이를 빠져 나가려 한 경우에 있어서는 선행차량이 속도를 낮추어 앞지르려는 A의 오토바이를 선행하도록 하여 줄 업무상 주의의무가 있다고 할 수 없다**(대판 1984.5.29, 84도483). 17. 경찰간부 ⑪ **중앙선이 표시되어 있지 아니한 비포장도로라고** 하더라도 승용차가 넉넉히 서로 마주보고 진행할 수 있는 정도의 너비가 되는 도로라면 특별한 사정이 없는 한 **마주 오는 차가 중앙이나 좌측 부분으로 진행하여 올 것까지 예상하여 적절한 조치를 취할 업무상 주의의무가 없다**(대판 1992.7.28, 92도1137). 22. 해경간부

주의의무가 인정되는 경우 (과실범이 성립하는 경우)	주의의무가 인정되지 않는 경우 (과실범이 성립하지 않는 경우)
① 버스운전사에게 전날 밤에 주차해 둔 버스를 그 다음 날 아침에 출발하기에 앞서 **차체 밑에 장애물이 있는지 여부를 확인하여야 할 주의의무가 있다**(대판 1988.9.27, 88도833). 12. 경찰승진	① 법령에 의하여 도급인에게 수급인의 업무에 관하여 구체적인 관리·감독의무가 부여되어 있거나 도급인이 공사의 시공이나 개별 작업에 관하여 구체적으로 지시·감독하였다는 등의 **특별한 사정이 없는 한, 도급인에게는 수급인의 업무와 관련하여 사고방지에 필요한 안전조치를 할 주의의무가 없다**(대판 2015.10.29, 2015도5545 **리치스태커 볼트 교체 사건**).
② 도급계약의 경우 원칙적으로 도급인에게는 수급인의 업무와 관련하여 사고방지에 필요한 안전조치를 취할 주의의무가 없으나, 법령에 의하여 도급인에게 수급인의 업무에 관하여 구체적인 관리·감독의무 등이 부여되어 있거나 도급인이 공사의 시공이나 개별 작업에 관하여 구체적으로 지시·감독하였다는 등의 특별한 사정이 있는 경우에는 도급인에게도 수급인의 업무와 관련하여 사고방지에 필요한 안전조치를 취할 주의의무가 있다(대판 2016.3.24, 2015도8621). 14. 국가직 9급, 16. 법원행시, 17. 변호사	② 건설기계대여업 회사의 대표인 피고인 甲이 회사가 임대해 준 리치스태커의 뒷바퀴 볼트 2개가 빠졌다는 연락을 받고, 직원 B를 통하여 **중장비 수리업체를 운영하는 A에게 볼트 교체작업을 의뢰하였는데, A가 작업 도중 압축공기가 순간적으로 방출되면서 튕겨져 나온 타이어에 충격을 당하여 B와 함께 사망한 경우** 도급인의 지위에 있는 甲이 A에게 작업의 방법과 순서를 정하여 알려 주거나 안전조치를 강구할 구체적이고 직접적인 주의의무가 있다고 볼 수 없으므로 **A에 대한 업무상과실치사죄는 성립하지 아니한다**(대판 2015.10.29, 2015도5545 **리치스태커 볼트 교체 사건**).
③ 택시운전자인 피고인 甲의 택시가 **차량 신호등이 적색등화임에도 횡단보도 앞 정지선 직전에 정지하지 않고 상당한 속도로 정지선을 넘어 횡단보도에 진입하였고, 횡단보도에 들어선 이후 차량 신호등이 녹색등화로 바뀌자 교차로로 계속 직진하여 교차로에 진입하자마자 교차로를 거의 통과하였던 A의 승용차 오른쪽 뒤 문짝 부분을 甲 택시 앞 범퍼 부분으로 충돌한 경우,** 甲이 적색등화에 따라 정지선 직전에 정지하였더라면 교통사고는 발생하지 않았을 것임이 분명하여 **甲의 신호위반 행위는 교통사고발생의 직접적인 원인이 되었다고 보아야 한다**(대판 2012.3.15, 2011도17117). 13. 경찰채용	③ 건설회사가 건설공사 중 **타워크레인의 설치작업을** 전문업자에게 도급주어 타워크레인 설치작업을 하던 중 발생한 사고에 대하여 **건설회사의 현장대리인에게 업무상과실치사상의 죄책을 물을 수 없다**(대판 2005.9.9, 2005도3108 **타워크레인 설치 사건**). 15. 경찰채용, 16. 경찰간부
④ 택시운전자인 피고인이 심야에 밀집된 **주택 사이의 좁은 골목길이자 직각으로 구부러져 가파른 비탈길의 내리막에 누워 있던 피해자의 몸통 부위를 택시 바퀴로 역과하여 그 자리에서 사망에 이르게 하고 도주한 경우,** 피고인으로서는 평소보다 **더욱 속도를 줄이고 전방 좌우를 면밀히 주시하여 안전하게 운전함으로써 사고를 미연에 방지할 주의의무가 있었는데도, 이를 게을리한 채 그다지 속도를 줄이지 아니한 상태로 만연히 진행하던 중 전방 도로에 누워 있던 피해자를 발견하지 못하여 사고를 일으켰으므로 피고인에게는 업무상 주의의무를 위반한 잘못이 있다**(대판 2011.5.26, 2010도17506 **좁은 골목길 사건**). 14. 사법시험, 15·17. 경찰승진, 20. 경찰채용	④ 시공회사의 상무이사인 **현장소장이 현장에서의 공사감독을 전담하였고 사장은 그와 같은 감독을 하게 되어 있지 않았다면,** 사장으로서는 공사의 진행에 관하여 직접적인 지휘·감독을 받지 않는 회사직원 혹은 고용한 노무자들이 공사시행상의 안전수칙을 위반하여 사고를 저지를지 모른다고 하여 이에 대비하여 각개의 개별작업에 대하여 일일이 세부적인 안전대책을 강구하여야 하는 구체적이고 직접적인 주의의무가 있다고 하기 어렵다(대판 1989.11.24, 89도1618). 12. 경찰채용, 14. 경찰간부

제2편 범죄론

7장

주의의무가 인정되는 경우 (과실범이 성립하는 경우)	주의의무가 인정되지 않는 경우 (과실범이 성립하지 않는 경우)
⑤ 피고인 甲이 자동차를 운전하다 횡단보도를 걷던 보행자 A를 들이받아 그 충격으로 A와 함께 가던 B가 A에 의해 밀려 넘어져 상해를 입은 경우, 횡단보도 보행자에 대한 운전자의 업무상 주의의무 위반행위와 그 상해의 결과 사이에 직접적인 원인관계가 존재하는 한 **위 상해가 횡단보도 보행자 아닌 제3자에게 발생한 경우라 해도** 교통사고처리 특례법 제3조 제2항 제6호(횡단보도에서의 보행자 보호의무를 위반하여 운전)에 해당함에는 지장이 없다(대판 2011.4.28, 2009도12671 **횡단보도 밖 보행자 사건**). 13. 경찰승진, 14·21. 경찰간부, 15. 사법시험	⑤ 호텔을 경영하는 주식회사에 대표이사가 따로 있고 회사의 실질적인 책임자로서 업무전반을 총괄하는 전무 밑에 상무, 지배인, 관리부장, 영업부장 등을 따로 두어 각 소관업무를 분담처리하도록 하는 한편, 소방법 소정의 방화관리자까지 선정, 당국에 신고하여 동인으로 하여금 소방훈련 및 화기사용 또는 취급에 관한 지도감독 등을 하도록 하고 있다면, 회사의 업무에 전혀 관여하지 않고 있던 회장에게는 회사의 직원들에 대한 일반적·추상적 지휘감독의 책임은 있을지언정 **호텔 종업원의 부주의와 호텔 구조상의 결함으로 발생·확대된 화재에 대한 구체적이고도 직접적인 주의의무는 없다**(대판 1986.7.22, 85도108 **대아관광호텔 화재 사건**). 14. 경찰간부
⑥ 골프장의 경기보조원인 피고인이 골프 카트에 피해자 등 승객들을 태우고 진행하기 전에 **안전 손잡이를 잡도록 고지하지도 않고 또한 승객들이 안전 손잡이를 잡았는지 확인하지도 않은 상태에서 만연히 출발하였으며, 각도 70도가 넘는 우로 굽은 길을 속도를 충분히 줄이지 않고 급하게 우회전한 업무상 과실로,** 피해자를 골프 카트에서 떨어지게 하여 두개골골절, 지주막하출혈 등의 상해를 입게 하였다면 **교통사고처리 특례법 위반죄가 성립한다**(대판 2010.7.22, 2010도1911 **골프장 카트 난폭운전 사건**). 11. 국가직 9급, 12. 경찰채용	⑥ 선행 교통사고와 후행 교통사고 중 어느 쪽이 원인이 되어 피해자가 사망에 이르게 되었는지 밝혀지지 않은 경우 후행 교통사고를 일으킨 사람의 과실과 피해자의 사망 사이에 인과관계가 인정되기 위해서는 후행 교통 사고를 일으킨 사람이 주의의무를 게을리하지 않았다면 피해자가 사망에 이르지 않았을 것이라는 사실이 입증되어야 하고, 그 입증책임은 검사에게 있다(대판 2007.10.26, 2005도8822 **선행 사고 후행 사고 사건**). 11. 법원행시, 13·14. 경찰승진, 15. 법원직 9급
⑦ 차량정차 또는 서행 등을 해야 할 주의의무를 게을리 하여 음주운전단속을 위하여 정지신호를 보내오고 있는 경찰관을 발견하고도 **피고인이 상당한 속도로 계속 진행하여, 정차를 시키기 위하여 차체를 치는 경찰관에게 상해를 입게 한 경우** 피고인에게는 업무상 주의의무를 다하지 못한 과실이 있다(대판 1994.10.14, 94도2165). 11. 경찰승진	⑦ 피고인이 1차로에서 2차로로 진로를 변경하여 고속버스를 추월한 직후에, **피해자 등이 30~40m 전방에서 고속도로를 무단횡단하기 위하여 2차로로 갑자기 뛰어들어 피해자 등을 충격하게 된 경우, 피고인이 피해자 등의 무단횡단을 미리 예상할 수 있었다고 할 수 없고,** 피고인에게 고속버스와의 안전거리를 확보하지 아니한 채 진행하다가 고속버스의 우측으로 제한최고속도를 시속 20km 초과하여 추월한 잘못이 있더라도, **피고인의 위와 같은 잘못과 사고결과와의 사이에 상당인과관계가 있다고 할 수도 없다**(대판 2000.9.5, 2000도2671). 11·12. 경찰간부, 11·15. 경찰승진, 12. 국가직 9급
	⑧ 운전자가 시동을 끄고 **시동열쇠는 꽂아 둔 채로 하차한 후 조수가 이를 운전하다가 사고를 낸 경우에** 시동열쇠를 그대로 꽂아 둔 행위와 사고로 인한 상해의 결과발생 사이에는 특별한 사정이 없는 한 **인과관계가 없다**(대판 1971.9.28, 71도1082). 11. 경찰간부, 13. 법원직 9급

⑧ [1] 앞차를 뒤따라 진행하는 차량의 운전사는 앞차에 의하여 전방의 시야가 가리는 관계상 앞차의 어떠한 돌발적인 운전 또는 사고에 의하여서라도 자기 차량에 연쇄적인 사고가 일어나지 않도록 앞차와의 충분한 안전거리를 유지하고 진로 전방좌우를 잘 살펴 진로의 안전을 확인하면서 진행할 주의의무가 있다. [2] 피고인이 차량을 운전하고 편도 2차선 도로 중 2차로를 시속 약 60km의 속도로 선행 차량과 약 30m가량의 간격을 유지한 채 진행하다가 **선행 차량에 역과(轢過)된 채 진행 도로상에 누워 있는 피해자를 뒤늦게 발견하고 급제동을 할 겨를도 없이 이를 그대로 역과하여 피해자가 사망한 경우**, 사고에 관하여 피고인에게 업무상 과실이 없다고 할 수 없고 피고인 **차량의 역과와 피해자의 사망 사이에 인과관계가 인정된다**(대판 2001.12.11, 2001도5005 **피고인 나중에 꽝 사건**). 11. 경찰간부, 12. 국가직 9급·법원직 9급, 14. 국가직 7급, 14·15. 경찰승진

⑨ 피고인이 야간에 오토바이를 운전하다가 도로를 무단횡단하던 **피해자를 충격하여 도로상에 전도(顚倒)하게 하고, 그로부터 약 40초 내지 60초 후에 다른 사람이 운전하던 타이탄트럭이 도로 위에 전도되어 있던 피해자를 역과하여 사망하게 한 경우**, 피고인이 전방좌우의 주시를 게을리한 과실로 피해자를 충격하였고 나아가 야간에 피해자를 충격하여 도로에 넘어지게 한 후 40초 내지 60초 동안 그대로 있게 한다면 후속 차량의 운전사들이 조금만 전방주시를 태만히하여도 피해자를 역과할 수 있음이 당연히 예상되었던 경우라면 **피고인의 과실행위는 피해자의 사망에 대한 직접적 원인을 이루는 것이어서 양자간에는 상당인과관계가 있다**(대판 1990.5.22, 90도580 **피고인 먼저 꽝 사건 Ⅱ**). 14. 경찰간부

⑩ 피고인이 운행하던 자동차로 도로를 횡단하던 **피해자를 충격하여 피해자로 하여금 반대차선의 1차선상에 넘어지게 하여 피해자가 반대차선을 운행하던 자동차에 역과(轢過)되어 사망하게 하였다면** 피고인은 그와 같은 사고를 충분히 예견할 수 있었고 또한 피고인의 과실과 피해자의 사망 사이에는 **인과관계가 있다고 할 것이다**(대판 1988.11.8, 88도928 **피고인 먼저 꽝 사건 Ⅰ**). 13. 국가직 7급

⑨ 버스운전자가 **버스를 출발하려는 순간** 4살짜리 어린이가 공을 주우려고 뒷바퀴쪽으로 들어가는 것을 미처 발견치 못하고 출발한 과실로 위 뒷바퀴로 동인의 머리를 역과하여 동인으로 하여금 두개골 파열로 즉시 사망하게 한 경우 운전사에게 과실이 없다(대판 1984.7.10, 84도687).

⑩ 안내원이 없는 시내버스의 운전사인 피고인으로서는 버스정류장에서 일단의 승객을 하차시킨 후 다른 움직임이 없으면 차를 출발시키는 것이 통례이고 특별한 사정이 없는 한 착석한 승객 중 더 내릴 손님이 있는지, **출발도중 넘어질 우려가 있는 승객은 있는지 등의 여부를 일일이 확인하여야 할 주의의무는 없다**(대판 1992.4.28, 92도56). 14. 국가직 7급

⑪ 피고인이 좌회전 금지구역에서 좌회전한 것은 잘못이나 이러한 경우에도 피고인으로서는 50여m 후방에서 따라오던 후행차량이 중앙선을 넘어 피고인 운전차량의 좌측으로 돌진하는 등 극히 비정상적인 방법으로 진행할 것까지를 예상하여 사고발생 방지조치를 취하여야 할 업무상 주의의무가 있다고 할 수는 없고, 따라서 **좌회전 금지구역에서 좌회전한 행위와 사고발생 사이에 상당인과관계가 인정되지 아니한다**(대판 1996.5.28, 95도1200). 20. 경찰채용

주의의무가 인정되는 경우 (과실범이 성립하는 경우)	주의의무가 인정되지 않는 경우 (과실범이 성립하지 않는 경우)
⑪ 운전자가 차를 세워 시동을 끄고 1단 기어가 들어가 있는 상태에서 시동열쇠를 끼워놓은 채 11세 남짓한 **어린이를 조수석에 남겨두고 차에서 내려온 동안 동인이 시동열쇠를 돌리며 악셀러레이터 페달을 밟아 차량이 진행하여 사고가 발생한 경우**, 운전자로서는 어린이를 먼저 하차시키던가 운전기기를 만지지 않도록 주의를 주거나 손브레이크를 채운 뒤 시동열쇠를 빼는 등 사고를 미리 막을 수 있는 제반 조치를 취할 업무상 주의의무가 있다 할 것이어서 이를 게을리한 **과실은 사고결과와 법률상의 인과관계가 있다고 봄이 상당하다**(대판 1986.7.8, 86도1048 **조수석 아들 사건**). 13. 경찰승진, 14. 경찰채용, 16. 사법시험 ⑫ **야간에 고속도로에서 차량을 운전하는 자는 주간과는 달리 노면상태 및 가시거리상태 등에 따라 고속도로상의 제한 최고속도 이하의 속도로 감속 서행할 주의의무가 있으므로**, 야간에 선행사고로 인하여 전방에 정차해 있던 승용차와 그 옆에 서있던 피해자를 충돌한 경우 운전자에게 제한속도 이하로 감속 운전하지 않은 과실이 있다(대판 1999.1.15, 98도2605). 20. 경찰채용	

판례비교

과실범이 성립하는 경우 - 기타	과실범이 성립하지 않는 경우 - 기타
① 공사감리자가 관계 법령과 계약에 따른 **감리업무를 소홀히하여 건축물 붕괴 등으로 인하여 사상의 결과가 발생한 경우에는 업무상과실치사상의 죄책을 면할 수 없다**(대판 2010.6.24, 2010도2615 **이천 물류센터 붕괴 사건**). 12. 경찰승진 ② 임차인이 자신의 비용으로 설치·사용하던 **가스설비의 휴즈콕크를 아무런 조치 없이 제거하고 이사를 간 후 가스공급을 개별적으로 차단할 수 있는 주밸브가 열려져 가스가 유입되어 폭발사고가 발생한 경우**, 휴즈콕크를 제거하면서 그 제거 부분에 아무런 조치를 하지 않고 방치하면 주밸브가 열리는 경우 유입되는 가스를 막을 아무런 안전장치가 없어 가스 유출로 인한 대형사고의 가능성이 있다는 것은 평균인의 관점에서 객관적으로 볼 때 충분히 예견할 수 있으므로 임차인의 **과실과 가스폭발사고 사이의 상당인과관계가 인정된다**(대판 2001.6.1, 99도5086 **대전 LPG 폭발 사건**). 12. 국가직 9급, 13·16. 사법시험, 14·15. 경찰채용, 16. 경찰승진·법원행시, 18. 경찰간부	① 피고인이 **안전조치를 취하여야 할 업무상 주의의무를 위반하였다고 보기 어렵고**, 일부 도로 지점에서 기존의 횡단보도 표시선이 제대로 지워지지 않고 드러나 있었다거나 라바콘을 3개만 설치하고 신호수 1명을 배치하는 외에 별다른 조치를 취하지 아니하였다고 하더라도 그것과 **사고발생(피해자가 횡단보도를 건너면서 강철빔에 부딪혀 상해를 입음) 사이에 상당인과관계에 있다고 보기도 어렵다**(대판 2014.4.10, 2012도11361 **차관아파트 교차로 사건**). 15. 경찰간부 ② 초지조성공사를 도급받은 수급인이 불경운작업(산불작업)을 하도급을 준 이후에 계속하여 그 작업을 감독하지 아니한 잘못이 있다 하더라도 이는 도급자에 대한 도급계약상의 책임이지 하수급인의 과실로 인하여 발생한 산림실화에 상당인과관계가 있는 과실이라고는 할 수 없다(대판 1987.4.28, 87도297 **산불작업 사건**). 11. 경찰간부·국가직 9급, 15·17. 경찰채용, 16. 국가직 7급

③ 피고인이 성냥불로 담배를 붙인 다음 그 **성냥불이 꺼진 것을 확인하지 아니한 채 휴지가 들어 있는 플라스틱 휴지통에 던진 것**은 중대한 과실이 있는 경우에 해당한다(대판 1993.7.27, 93도135). 15·17. 경찰승진, 17. 국가직 7급

④ 피고인이 약 2.5평 넓이의 주방에 설치된 간이온돌용 새마을보일러에 연탄을 갈아넣음에 있어서 연탄의 연소로 보일러가 가열됨으로써 그 열이 전도·복사되어 그 주변의 가열접촉물에 인화될 것을 쉽게 예견할 수 있었음에도 불구하고, **보일러로부터 5~10cm쯤의 거리에 가연물질을 그대로 두고 신문지를 구겨서 보일러의 공기조절구를 살짝 막아놓은 채 그 자리를 떠나버렸기 때문에 화재가 발생한 경우** 중실화죄가 성립한다(대판 1988.8.23, 88도855). 11. 경찰간부

⑤ 건축자재인 철판 수백 장의 운반을 의뢰한 자가 절단면이 날카롭고 무거운 철판을 묶기에 매우 부적합한 **폴리에스터 끈을 사용하여 철판 묶음작업을 하는 등의 과실로 철판 쏠림 현상이 발생하였고**, 이로 인하여 철판을 차에서 내리는 과정에서 **철판이 쏟아져 내려 화물차운전자가 사망한 경우** 운반의뢰인에게 업무상과실치사죄가 성립한다(대판 2009. 7.23, 2009도3219 **철판 압사 사건**). 13. 사법시험

⑥ 피고인이 자신이 운영하는 식품가게 앞에서 1t 포터 화물차의 적재함에 실려 있던 토마토 상자를 하역하여 가게 안으로 운반하던 중, 화물차에 적재되어 있던 **토마토 상자 일부가 무너져 내리도록 방치한 과실로 가게 앞을 지나가던 피해자의 머리 위로 상자가 떨어지게 하여 골절상 등을 입게 한 경우** 업무상과실치상죄가 성립한다(대판 2009.7.9, 2009도2390 **토마토상자 사건**). 12. 경찰채용·경찰승진, 15. 경찰간부

⑦ [1] 운동경기에 참가하는 자가 경기규칙을 준수하는 중에 또는 그 경기의 성격상 당연히 예상되는 정도의 경미한 규칙 위반 속에 제3자에게 상해의 결과를 발생시킨 것으로서, 사회적 상당성의 범위를 벗어나지 아니하는 행위라면 과실치상죄가 성립하지 않는다. [2] 그러나 골프경기를 하던 중 골프공을 쳐서 아무도 예상하지 못한 자신의 등 뒤편으로 보내어 등 뒤에 있던 경기보조원(캐디)에게 상해를 입힌 경우에는 주의의무를 현저히 위반하여 사회적 상당성의 범위를 벗어난 행위로서 **과실치상죄가 성립한다**(대판 2008.10.23, 2008도6940 **골프공 캐디 강타 사건**). 11·16. 경찰승진, 12. 경찰간부, 14. 국가직 9급·사법시험, 15. 법원직 9급

③ 술을 마시고 찜질방에 들어온 A가 찜질방 직원 몰래 후문으로 나가 술을 더 마신 다음 후문으로 다시 들어와 발한실(發汗室)에서 잠을 자다가 사망한 경우, 찜질방 직원 및 영업주에게 손님이 몰래 후문으로 나가 술을 더 마시고 들어올 경우까지 예상하여 직원을 추가로 배치하거나 후문으로 출입하는 모든 자를 통제·관리하여야 할 **업무상 주의의무가 있다고 보기 어렵다**(대판 2010.2.11, 2009도9807 **발한실 사건**). 14. 경찰채용·사법시험·국가직 9급, 14·16. 경찰승진, 15·16. 경찰간부

④ 파도수영장에서 물놀이하던 **초등학교 6학년생이 수영장 안에 엎어져있는 것을 수영장 안전요원이 발견하여 인공호흡을 실시한 뒤 의료기관에 후송하였으나 후송 도중 사망한 사고에 있어서 그 사망 원인이 구체적으로 밝혀지지 아니한 경우**, 수영장 안전요원과 수영장 관리책임자에게 업무상 주의의무를 게을리한 과실이 있다거나 그 주의의무 위반으로 인하여 피해자가 사망하였다고 볼 수 없다(대판 2002.4.9, 2001도6601 **설악워터피아 사건**). 13. 경찰승진

⑤ 교사가 회초리로 학생들의 손바닥을 때리기 위해 **회초리를 들어올리는 순간 이를 구경하기 위해 옆으로 고개를 돌려 일어나는 다른 학생의 눈을 찔러 우안실명의 상해를 입게 한 경우**, 직접 징계 당하는 학생의 옆에 있는 다른 학생이 징계 당하는 것을 구경하기 위하여 고개를 돌려 뒤에서 다가선다던가 옆자리에서 일어나는 것까지 예견할 수는 없다고 할 것이고 교사가 매질하는 경우에 반드시 한 사람씩 불러내어서 해야 할 주의의무가 있다고도 할 수 없어 교사의 행위를 업무상과실치상죄에 문의할 수는 없다(대판 1985.7.9, 84도822 **회초리 실명 사건**). 16. 경찰간부

⑥ 피고인이 선단의 책임선의 선장으로 조업 중이었다 하더라도 종선의 선장에게 조업상의 지시만 할 수 있을 뿐 **선박의 안전관리는 각 선박의 선장이 책임지도록 되어 있었다면** 그 같은 상황하에서 피고인이 풍랑 중에 종선에 조업지시를 하였다는 것만으로는 **종선의 풍랑으로 인한 매몰사고와의 사이에 인과관계가 성립할 수 없다**(대판 1989.9.12, 89도1084). 18. 경찰간부

과실범이 성립하는 경우 – 기타	과실범이 성립하지 않는 경우 – 기타
⑧ 연탄가스 중독환자가 퇴원시 자신의 병명을 물었으나 아무런 요양방법을 지도하여 주지 아니하여 병명을 알지 못해 퇴원 즉시 재차 연탄가스에 중독된 경우, **의사의 업무상과실과 재차 연탄가스에 중독된 것은 인과관계가 있다고 보아야 한다**(대판 1991. 2.12, 90도2547). 18. 경찰간부	⑦ 담임교사가 학교방침에 따라 학생들에게 교실청소를 시켜왔고 유리창을 청소할 때는 **교실 안쪽에서 닦을 수 있는 유리창만을 닦도록 지시**하였는데도 유독 피해자만이 수업시간이 끝나자마자 베란다로 넘어 갔다가 밑으로 떨어져 사망하였다면 담임교사에게 그 사고에 대한 어떤 형사상의 과실책임을 물을 수 없다(대판 1989.3.28, 89도108).
⑨ 피고인이 관리하던 주차장 출입구 문주의 하단부분에 금이 가 있어 도괴될 위험성이 있었다면 피고인으로서는 소유자에게 그 보수를 요청하는 외에 그 보수가 있을 때까지 임시적으로라도 받침대를 세우는 등 **도괴를 방지하거나 그 근처에 사람이나 자동차 등의 근접을 막는 등 도괴로 인한 인명의 피해를 막도록 조치를 하여야 할 주의의무가 있다** 할 것이며 동 주차장에는 사람이나 자동차의 출입이 빈번하고 근처 거주의 어린아이들이 문주근방에서 놀이를 하는 사례가 많은데도 불구하고 소유자에게 그 보수를 요구하는데 그쳤다면 그 주의의무를 심히 게을리 한 **중대한 과실이 있다**(대판 1982.11.23, 82도2346).	⑧ 부엌과 창고홀로 통하는 방문 상단부의 문틈과 벽 사이에 약 1.2cm 내지 2cm나 벌어져 있고 그 문틈과 문자체 사이도 두 군데나 0.5cm의 틈이 있는 정도의 하자는 임차목적물을 사용할 수 없을 정도의 것이거나 임대인에게 수선의무가 있는 대규모의 것이 아니고 임차인의 통상의 수선 및 관리의무의 범위에 속하는 것이어서 비록 임차인이 위 문틈으로 새어든 연탄가스에 중독되어 사망하였다 하더라도 **임대인에게 그 책임을 물을 수 없다**(대판 1986.7.8, 86도383).
⑩ 84세 여자 노인과 11세의 여자 아이를 상대로 안수기도를 함에 있어서 그들을 바닥에 반드시 눕혀 놓고 기도를 한 후 "마귀야 물러가라.", "왜 안 나가느냐." 라는 등 큰 소리를 치면서 한 손 또는 두 손으로 그들의 배와 가슴 부분을 세게 때리고 누르는 등의 행위를 여자 노인에게는 약 20분간, 여자아이에게는 약 30분간 반복하여 그들을 사망하게 한 사안에서, 고령의 여자 노인이나 나이 어린 연약한 여자아이들은 약간의 물리력을 가하더라도 골절이나 타박상을 당하기 쉽고, 더욱이 배나 가슴 등에 그와 같은 상처가 생기면 치명적 결과가 올 수 있다는 것은 피고인 정도의 연령이나 경험 지식을 가진 사람으로서는 약간의 주의만 하더라도 쉽게 예견할 수 있음에도 그러한 결과에 대하여 주의를 다하지 않아 사람을 죽음으로까지 이르게 한 행위는 중대한 과실이라고 보아, 피고인에 대하여 중과실치사죄로 처단한다(대판 1997.4.22, 97도538). 17. 국가직 7급	⑨ 경찰관인 피고인들은 동료 경찰관인 甲 및 피해자 乙과 함께 술을 많이 마셔 취하여 있던 중 갑자기 위 甲이 총을 꺼내 乙과 같이 총을 번갈아 자기의 머리에 대고 쏘는 소위 '러시안 룰렛' 게임을 하다가 乙이 자신이 쏜 총에 맞아 사망한 경우 피고인들은 위 甲과 乙이 '러시안 룰렛' 게임을 함에 있어 甲과 어떠한 의사의 연락이 있었다거나 어떠한 원인행위를 공동으로 한 바가 없고, 다만 위 게임을 제지하지 못하였을 뿐인데 보통사람의 상식으로서는 함께 수차에 걸쳐서 흥겹게 술을 마시고 놀았던 일행이 갑자기 자살행위와 다름없는 위 게임을 하리라고는 쉽게 예상할 수 없는 것이고, 게다가 이 사건 사고는 피고인들이 "장난치지 말라."라며 말로 위 甲을 만류하던 중에 순식간에 일어난 사고여서 음주만취하여 주의능력이 상당히 저하된 상태에 있던 피고인들로서는 미처 물리력으로 이를 제지할 여유도 없었던 것이므로, 경찰관이라는 신분상의 조건을 고려하더라도 위와 같은 상황에서 피고인들이 이 사건 '러시안 룰렛'게임을 즉시 물리력으로 제지하지 못하였다 한들 그것만으로는 위 甲의 과실과 더불어 중과실치사죄의 형사상 책임을 질 만한 위법한 주의의무위반이 있었다고 평가할 수 없다(대판 1992.3. 10, 91도3172 **러시안 룰렛사건**). 17. 국가직 7급

⑪ 피고인은 평상시에도 화재가 발생한 날의 경우와 마찬가지로 **연탄아궁이에 불을 피워놓은 채 80cm 떨어진 곳에 스폰지요, 솜들을 쌓아두고 귀가한 것**으로 보이는 바, 이와 같은 점포의 관리상황과 피고인이 점포를 떠나간 4시간 이상이 지난 뒤에 화재가 발생한 점 등에 비추어 보면, 화재의 발생에 관하여 피고인에게 **과실이 있었다고 하더라도 이를 중대한 과실로 평가하기는 어렵다**(대판 1989.1.17, 88도643). ➡ 과실은 인정했으나 중과실은 부정한 판례

17. 국가직 7급

⑫ **호텔오락실의 경영자**가 그 오락실 천정에 형광등을 설치하는 공사를 하면서 그 호텔의 전기보안담당자에게 아무런 통고를 하지 아니한 채 **무자격전기기술자로 하여금 전기공사를 하게 하였더라도**, 전기에 관한 전문지식이 없는 오락실경영자로서는, 시공자가 조인터박스를 설치하지 아니하고 형광등을 천정에 바짝 붙여 부착시키는 등 부실하게 공사를 하였거나 또는 전기보안담당자가 전기공사사실을 통고받지 못하여 전기설비에 이상이 있는지 여부를 점검하지 못함으로써 위와 같은 부실공사가 그대로 방치되고 그로 인하여 전선의 합선에 의한 방화가 발생할 것 등을 쉽게 예견할 수 있었다고 보기는 어려우므로 위 오락실경영자에게 위와 같은 **과실이 있었더라도 사회통념상 이를 화재발생에 관한 중대한 과실이라고 평가하기는 어렵다**(대판 1989.10.13, 89도204). 19. 국가직 9급 ➡ 과실은 인정했으나 중과실은 부정한 판례

⑬ 농약을 평소에 신문지에 포장하여 판매해온 '**중조**'**와 같은 모양**으로 포장하여 점포 선반에 방치하여 가족에게 알리지 아니하여 사고가 발생하였다면 중과실치사의 죄책을 면할 수 없다(대판 1961.11.16, 4294형상312).

⑭ 바다에 면한 수직경사가 암반 위로 이끼가 많이 끼어 매우 미끄러운 곳에서 당시 폭풍주의보가 발효 중이어서 평소보다 높은 파도가 치고있던 상황하에 피해자와 같은 내무반원인 피고인 등 여러사람이 곧 전역할 병사 甲의 손발을 붙잡아 **헹가래**를 쳐서 장난삼아 바다에 빠뜨리려고 하다가 그가 발버둥치자 동인의 발을 붙잡고 있던 피해자가 몸의 중심을 잃고 미끄러지면서 바다에 빠져 사망한 경우 甲을 헹가래쳐서 바다에 빠뜨리려고 한 행위와 피해자가 바다에 빠져 사망한 결과와의 사이에는 인과관계가 있다(대판 1990.11.13, 90도2106).

⑩ 임차인이 사용하던 방문에 약간의 틈이 있다거나 연통 등 가스배출시설에 결함이 있는 정도의 하자는 임대차 목적물인 방을 사용할 수 없을 정도의 파손상태라고 볼 수 없고 이는 **임차인의 통상의 수선 및 관리의무에 속하는 것이므로** 임차인이 그 방에서 연탄가스에 중독되어 사망하였더라도 사고는 임차인이 그 의무를 게을리 함으로써 발생한 것으로서 임대인에게 중과실치사의 죄책을 물을 수 없다(대판 1986.6.24, 85도2070). 19. 국가직 9급

⑪ 유조차운전사가 석유구판점의 위험물취급주임의 지시를 받아 유조차의 석유를 구판점 탱크로 급유하다가 급유호스가 탱크주입구에서 빠지는 바람에 분출된 석유가 화기에 인화되어 화재가 발생한 경우, 운전수가 위험물취급주임이 탱크주입구 부분을 이탈하였음을 보고서도 유조차 운전석에 앉아 다른 일을 보고 있었다고 하여 운전사에게 화재발생에 대하여 과실이 있다고 책임을 물을 수는 없다(대판 1990.11.13, 90도2011 **백유사 석유구판점 화재사건**). 20. 경찰채용

과실범이 성립하는 경우 - 기타	과실범이 성립하지 않는 경우 - 기타
⑮ 중앙선에 서서 도로횡단을 중단한 피해자의 **팔을 갑자기 잡아끌고 피해자로 하여금 도로를 횡단하게 만든** 피고인으로서는 위와 같이 무단횡단을 하는 도중에 지나가는 차량에 충격당하여 피해자가 사망하는 교통사고가 발생할 가능성이 있으므로, 이러한 경우에는 피고인이 피해자의 안전을 위하여 차량의 통행 여부 및 횡단 가능 여부를 확인하여야 할 주의의무가 있다(대판 2002.8.23, 2002도2800). ⑯ 정신병원의 관리자는 **폐쇄병동**의 정신질환자가 자살이나 탈출하는 것을 방지하기 위한 충분한 조치를 하여야 하므로 창문의 유리창에 별도의 보호철망을 설치하거나 유리가 창틀에서 분리되지 아니하도록 건물을 유지, 보수, 관리하지 않았다면 **정신질환자가 창문유리를 걷어차 벌어진 틈 사이로 투신하여 사망한 결과에 대하여 과실이 인정된다**(대판 2017.4.28, 2015도12325). 20. 경찰채용 ⑰ 함께 술을 마신 후 만취된 피해자를 촛불이 켜져 있는 방안에 혼자 눕혀 놓고 촛불을 끄지 않고 나오는 바람에 화재가 발생하여 피해자가 사망한 경우 **과실치사책임이 인정된다**(대판 1994.8.26, 94도1291 **자취방 실화 사건**). 20. 경찰채용 ⑱ 소유자가 건물을 임대한 경우, 그 **건물의 전기 배선이 벽 내부에 매립·설치되어 건물구조의 일부를 이루고 있다면**, 그에 관한 관리책임은 통상적으로 건물을 직접 사용하는 임차인이 아닌 소유자에게 있어, 특별한 사정이 없는 한 **소유자가 전기배선의 하자로 인한 화재를 예방할 주의의무를 부담한다** (대판 2009.5.28, 2009도1040 **서예학원 화재 사건**). 21. 해경채용·경찰채용, 22. 경찰간부	

제3절 결과적 가중범

> **형법**
> 제15조 【사실의 착오】 ② 결과때문에 형이 무거워지는 죄의 경우 그 결과의 발생을 **예견할 수 없었을 때에는** 무거운 죄로 벌하지 아니한다.

의의	고의에 의한 기본범죄에 기하여 행위자가 예견하지 않았던 (그러나 예견할 수 있었던) 무거운 결과가 발생한 때에 형이 가중되는 범죄

종류	① 진정결과적 가중범
	  ㉠ 고의에 의한 기본범죄에 기하여 과실로 무거운 결과를 발생시킨 경우(고의 + 과실의 결합형태)
	  ㉡ 폭행치사상죄, 상해치사죄, 강도치사상죄, 강간치사상죄 등 대부분의 결과적 가중범이 이에 해당함
	② 부진정결과적 가중범
	  ㉠ 고의에 의한 기본범죄에 기하여 무거운 결과를 과실뿐만 아니라 고의로 발생시킨 경우(**고의 + 과실 또는 고의 + 고의의 결합형태**)
	  ㉡ (만약 부정하게 되면 과실로 무거운 결과를 발생시킨 경우보다 고의로 무거운 결과를 발생시킨 경우가 형량이 낮아지는 모순이 발생하므로) 처벌의 불균형을 시정하기 위하여 부진정결과적 가중범을 인정함(통설·판례)
	  ㉢ **현주건조물방화치사상죄**, 현주건조물일수치사상죄, 교통방해치사상죄, **특수공무방해치상죄**, 중상해죄, 중권리행사방해죄, 중손괴죄 등이 이에 해당함

성립요건	① 고의의 기본범죄: 기본범죄는 고의범이어야 하나 기수는 물론 미수도 포함됨. 기본범죄가 예비에 그친 경우에는 결과적 가중범이 성립하지 않음 ② 무거운 결과의 발생: 무거운 결과는 법익침해가 대부분이지만(예) 현주건조물방화치사상죄, 상해치사죄 등), 구체적 위험발생에 그치는 경우도 있음(예) 중상해죄, 중권리행사방해죄 등) ③ 인과관계 등: 행위와 결과 사이에 상당인과관계(판례) 또는 합법칙적 조건관계와 객관적 귀속이 인정되어야 함(다수설) ④ 무거운 결과에 대한 예견가능성: 형법 제15조 제2항이 규정하고 있는 이른바 결과적 가중범은 행위자가 행위시에 **그 결과의 발생을 예견할 수 없을 때에는** 비록 그 행위와 결과 사이에 인과관계가 있다 하더라도 **무거운 죄로 벌할 수 없다**(대판 1988.4.12, 88도178). 11·14. 사법시험. 16. 국가직 9급

관련 문제	① 미수
	  ㉠ 진정결과적 가중범: 진정결과적 가중범은 고의와 과실의 결합형태의 범죄이므로 미수는 있을 수 없고 따라서 기본범죄가 미수에 그쳤지만 중한 결과가 발생하면 **결과적 가중범의 기수에** 해당함(통설·판례). 형법상 인질치사상죄, 강도치사상죄 및 해상강도치사상죄에 대한 미수범 처벌규정은 입법의 오류임
	  ㉡ 부진정결과적 가중범의 미수: 부진정결과적 가중범은 고의와 고의의 결합형태의 범죄이므로 이론상 미수를 생각할 수 있으나, (진정결과적 가중범의 미수를 인정하지 않는 것과의 균형상) 이를 인정할 수 없다는 견해(통설)와 미수범 처벌규정을 두고 있는 현주건조물일수치사상죄의 경우에는 이를 인정할 수 있다는 견해가 대립함
	② 공범
	  ㉠ 결과적 가중범의 공동정범: 고의범인 기본범죄에 대해서만 공동정범이 성립하고, 과실에 의한 중한 결과에 대해서는 동시범이 된다는 이유로 이를 부정하는 견해(다수설)와 **행위공동설의 입장에서 이를 인정**하는 견해(판례)가 대립함
	  ㉡ 결과적 가중범에 대한 교사·방조: 정범이 교사·방조의 범위를 초과하여 중한 결과를 발생시켰을 경우, 교사·방조자에게 중한 결과에 대한 과실(예견가능성)이 있는 경우에는 **결과적 가중범의 교사·방조범이 성립함**(통설·판례)

제8장 죄수론

제1절 일죄와 수죄

01 일죄

개념			범죄의 수가 1개인 것으로 단순일죄(협의의 단순일죄와 법조경합)와 포괄일죄가 있음
단순일죄	협의의 단순일죄		의의: 하나의 행위가 1개의 구성요건에 해당하여 일죄가 성립하는 경우
	법조경합		의의: 하나의 행위가 외견상 수개의 구성요건에 해당하는 것처럼 보이지만, 실제로는 어떤 구성요건이 다른 구성요건을 배척하기 때문에 **일죄만 성립**하는 경우
		특별관계	① 의의: 어떤 구성요건(특별법)이 다른 구성요건(일반법)의 모든 요소를 포함하는 이외에 다른 특별한 요소를 구비한 경우로서, 특별법만 적용되고 일반법은 적용되지 않음 ② 가감적 구성요건과 기본적 구성요건: **존속살해죄가 적용되면 보통살인죄 비적용**, 특수절도죄가 적용되면 절도죄 비적용 ③ 결합범과 기본범죄: 강도죄가 적용되면 폭행·협박죄 또는 절도죄 비적용, 상해치사죄가 적용되면 상해죄 비적용 ④ 특별법과 형법: 성폭법상 특수강간죄가 적용되면 형법상 강간죄 비적용
		보충관계	① 의의: 어떤 구성요건(보충법)이 다른 구성요건(기본법)의 적용이 없을 때에만 보충적으로 적용되는 경우로서, 기본법이 적용되지 않을 때에만 보충법이 적용됨(기본법이 적용되면 보충법 비적용) ② 명시적 보충관계: 모병이적죄·시설제공이적죄가 적용되지 않을 때에만 일반이적죄 적용, 현주건조물·공용건조물방화죄가 적용되지 않을 때에만 일반건조물방화죄 적용 ③ 묵시적 보충관계: 기수·미수가 적용되지 않을 때에만 예비 적용, 기수가 적용되지 않을 때에만 미수 적용, 정범이 적용되지 않을 때에만 교사·방조범 적용, 교사범이 적용되지 않을 때에만 방조범 적용, 작위범이 적용되지 않을 때에만 부작위범 적용
		흡수관계	① 의의: 어떤 구성요건(흡수법)이 경험칙상 또는 당연히 다른 구성요건(피흡수법)의 불법내용을 포함하고 특별관계나 보충관계에 해당하지 않는 경우로서, 흡수법만 성립하고 피흡수법은 성립하지 않음 ② 불가벌적 수반행위: **사람을 살해한 경우 살인죄만 성립하고** (피해자가 입고 있던 옷에 대한) **손괴죄 불성립** ③ 불가벌적 사후행위: 재물을 절취한 후 그 장물을 처분한 경우 **절도죄만 성립하고 장물죄 불성립**

		의의: 수개의 행위가 포괄적으로 1개의 구성요건에 해당하여 일죄가 성립하는 경우	
포괄일죄	협의의 포괄 일죄	① 의의: 1개의 구성요건에 수개의 행위태양이 규정되어 있는 경우 수개의 태양에 해당하는 행위를 하더라도 일죄만 성립 ② 같은 사람으로부터 뇌물을 요구·약속한 후 수수하더라도 수뢰의 일죄만 성립 ③ 피해자를 체포한 후 감금하더라도 **감금의 일죄**만 성립	
	결합범	① 의의: 수개의 독립된 범죄를 결합하여 한 개의 범죄구성요건으로 규정한 경우, 그 수개의 독립된 범죄를 하더라도 일죄만 성립 ② 야간에 주거에 침입하여 절도를 하더라도 (주거침입죄와 절도죄의 경합범이 아니라) **야간주거침입절도의 일죄만 성립** ③ 강도가 강간을 하더라도 (강도죄와 강간죄의 경합범이 아니라) 강도강간의 일죄만 성립	
	계속범	① 의의: 범죄의 기수에 이른 이후 법익침해행위를 계속 하더라도 일죄만 성립 ② 피해자를 1년 동안 감금하더라도 감금의 일죄만 성립 ③ 비어 있는 피해자의 집에 몰래 들어가 1년 동안 생활하더라도 주거침입의 일죄만 성립	
	접속범	① 의의: 수개의 행위가 단일한 범죄의사에 의하여 시간적·장소적으로 접속되고 피해법익이 동일한 경우 일죄만 성립 ② 절도범이 피해자의 집에서 1시간 동안 여러 가지의 재물을 절취하더라도 절도의 일죄만 성립 ③ 한 번 선서한 증인이 여러 가지 사실에 관하여 허위의 진술을 하더라도 **위증의 일죄**만 성립	
	연속범	① 의의: 수개의 행위가 단일한 범죄의사에 의하여 일정기간 동안 계속되고 피해법익이 동일한 경우 일죄만 성립(수개의 행위가 시간적·장소적으로 접속될 것을 요하지 않기 때문에 접속범과 구별됨) ② 공무원이 1년 동안 같은 증뢰자로부터 **수십 회에 걸쳐 뇌물을 받더라도 수뢰의 일죄만 성립** ③ 회사의 공금보관자가 1년 동안 수십 회에 걸쳐 횡령을 하더라도 업무상횡령의 일죄만 성립	
	집합범	① 의의: 범죄구성요건 자체가 단일한 범죄의사에 의하여 수개의 행위를 하더라도 일죄로 처벌할 것을 예상하고 있기 때문에 일죄만 성립 ② 상습범: 상습적으로 수회에 걸쳐 절취하더라도 **상습절도의 일죄만 성립** ③ 영업범(직업범): 의료인이 아닌 자가 수개월에 걸쳐 **무면허 의료행위를 하더라도 의료법 위반의 일죄만 성립**	

⚖️ **판례 | 법조경합의 의의**

1 법조경합은 1개의 행위가 외관상 여러 개의 죄의 구성요건에 해당하는 것처럼 보이지만 실질적으로는 1죄만을 구성하는 경우를 말하고, 실질적으로 1죄인가 또는 여러 죄인가는 구성요건적 평가와 보호법익의 측면에서 고찰하여 판단하여야 한다(대판 2014.6.12, 2014도1894 **최루탄 투척 사건**). 11. 경찰채용, 11·15. 국가직 9급, 12. 법원행시

2 법조경합의 한 형태인 특별관계란 어느 구성요건이 다른 구성요건의 모든 요소를 포함하는 외에 다른 요소를 구비하여야 성립하는 경우로서, 특별관계에서는 **특별법의 구성요건을 충족하는 행위는 일반법의 구성요건을 충족하지만 반대로 일반법의 구성요건을 충족하는 행위는 특별법의 구성요건을 충족하지 못한다**(대판 2012.8.30, 2012도6503 **성폭법·아청법 사건**). 11. 국가직 9급, 12. 사법시험·법원행시

3 이른바 '불가벌적 수반행위'란 법조경합의 한 형태인 흡수관계에 속하는 것으로서, 행위자가 **특정한 죄를 범하면** 비록 논리필연적인 것은 아니지만 일반적·전형적으로 **다른 구성요건을 충족하고 이때 그 구성요건의 불법이나 책임내용이 주된 범죄에 비하여 경미하기 때문에 처벌이 별도로 고려되지 않는 경우를 말한다**(대판 2012.10.11, 2012도1895 **화성택시연합회 사건**). 14. 법원행시·국가직 9급, 16. 경찰채용

4 **상상적 경합은 1개의 행위가 실질적으로 여러 개의 구성요건을 충족하는 경우를 말하고, 법조경합은 1개의 행위가 외관상 여러 개의 죄의 구성요건에 해당하는 것처럼 보이나 실질적으로 1죄만을 구성하는 경우를 말하며,** 실질적으로 1죄인가 또는 수죄인가는 구성요건적 평가와 보호법익의 측면에서 고찰하여 판단하여야 한다(대판 2014.1.23, 2013도12064). 12. 경찰채용·사법시험·법원행시, 13. 경찰승진, 14. 국가직 9급

5 동일 죄명에 해당하는 수개의 행위를 단일하고 계속된 범의로 일정기간 계속하여 행하고 그 피해법익도 동일한 경우에는 이들 각 행위를 통틀어 포괄일죄로 처단하여야 할 것이나, **수개의 범행에서 범의의 단일성과 계속성이 인정되지 아니하거나 범행방법이 동일하지 않다면** 각 범행은 **실체적 경합범**에 해당한다(대판 2013.11.28, 2013도10467 **사설 HTS 개설 사건 Ⅱ**). 11. 경찰채용, 12. 법원직 9급·국가직 9급, 14. 경찰승진

6 동일 죄명에 해당하는 여러 개의 행위 혹은 연속된 행위를 단일하고 계속된 범의하에 일정기간 계속하여 행하고 그 피해법익도 동일한 경우에는 이들 각 행위를 통틀어 포괄일죄로 처단하여야 할 것이나, **범의의 단일성과 계속성이 인정되지 아니하거나 범행방법 및 장소가 동일하지 않은 경우에는** 각 범행은 **실체적 경합범**에 해당한다(대판 2013.5.24, 2011도9549 **오니 무단매립 사건**). 14. 경찰승진·변호사

7 부진정결과적 가중범에 있어서, 고의로 중한 결과를 발생하게 한 행위가 별도의 구성요건에 해당하고 그 고의범에 대하여 결과적 가중범에 정한 형보다 더 무겁게 처벌하는 규정이 있는 경우에는 그 고의범과 결과적 가중범이 상상적 경합관계에 있지만, 고의범에 대하여 더 무겁게 처벌하는 규정이 없는 경우에는 결과적 가중범이 고의범에 대하여 특별관계에 있다고 해석되므로 **결과적 가중범만 성립하고 이와 법조경합의 관계에 있는 고의범에 대하여는 별도로 죄를 구성한다고 볼 수 없다**(대판 2008.11.27, 2008도7311 **음주단속경찰관 치상 사건**). 11·12·14. 사법시험, 13·15·16. 변호사, 13·15·17. 국가직 9급, 16. 법원직 9급, 17. 경찰채용·국가직 7급, 18. 경찰간부, 20. 국가직 7급·경찰승진

8 경범죄처벌법 제3조 제3항 제2호에서 정한 거짓신고 행위가 원인이 되어 상대방인 공무원이 범죄가 발생한 것으로 오인함으로 인하여 공무원이 그러한 사정을 알았더라면 하지 않았을 대응조치를 취하기에 이르렀다면 이로써 구체적이고 현실적인 공무집행이 방해되어 위계에 의한 공무집행방해죄가 성립하지만, 이와 같이 **경범죄처벌법 제3조 제3항 제2호의 거짓신고가 '위계'의 수단·방법·태양의 하나가 된 경우에는 거짓신고로 인한 경범죄처벌법위반죄가 위계에 의한 공무집행방해죄에 흡수되는 법조경합 관계에 있으므로 위계에 의한 공무집행방해죄만 성립할 뿐 이와 별도로 거짓신고로 인한 경범죄처벌법위반죄가 성립하지는 않는다**(대판 2022.10.27, 2022도10402 **허위 화재신고 사건**).

⚖️ 판례 | 상습범의 의미 등

1 상습성을 갖춘 자가 여러 개의 죄를 반복하여 저지른 경우에는 각 죄를 별죄로 보아 경합범으로 처단할 것이 아니라 그 모두를 포괄하여 상습범으로 처단하여야 한다[대판 2004.9.16, 2001도3206(전합) **신공항구조물공사 관련 편취 사건**]. 14. 경찰간부

2 상습범이라 함은 **어느 기본적 구성요건에 해당하는 행위를 한 자가 그 범죄행위를 반복하여 저지르는 습벽, 즉 상습성이라는 행위자적 속성을 갖추었다고 인정되는 경우에 이를 가중처벌사유로 삼고 있는 범죄유형을 가리키는 것이므로,** 상습성이 있는 자가 같은 종류의 죄를 반복하여 저질렀다 하더라도 상습범을 별도의 범죄유형으로 처벌하는 규정이 없는 한 그 각 죄는 원칙적으로 별개의 범죄로서 경합범으로 처단할 것이다(대판 2012.5.10, 2011도12131 **럭키폴더 사건**). 12·17. 경찰채용, 13. 경찰승진, 14. 변호사, 16. 법원행시, 18. 경찰간부

3 상습범이라 함은 수다한 동종의 행위가 상습적으로 반복될 때 이를 일괄하여 하나의 죄로 처단하는 소위 과형상의 일죄를 말하는 것이니 동종의 수개의 행위에 상습성이 인정된다면 그중 형이 중한 죄에 나머지 행위를 포괄시켜 처단하는 것이 상당하고 상습범으로 인정하면서도 실질적인 경합범으로 보아 형법 제37조, 제38조를 적용하여 경합가중함은 위법하다(대판 1982.9.28, 82도1669). 14. 경찰간부

판례비교

법조경합에 해당하는 경우	법조경합에 해당하지 않는 경우
① 사람을 살해할 목적으로 현주건조물에 방화하여 사망에 이르게 한 경우에는 현주건조물방화치사죄로 의율하여야 하고 이와 더불어 살인죄와의 상상적 경합범으로 의율할 것은 아니다(대판 1996.4.26, 96도485 **아버지·동생 방화살해 사건**). 11·12·14. 사법시험, 13·15·16. 변호사, 13·15·17. 국가직 9급, 16. 법원직 9급, 17. 경찰채용·국가직 7급	① 업무방해죄와 폭행죄는 구성요건과 보호법익을 달리하고 있고, 업무방해죄의 성립에 일반적·전형적으로 사람에 대한 폭행행위를 수반하는 것은 아니며, 폭행행위가 업무방해죄에 비하여 별도로 고려되지 않을 만큼 경미한 것이라고 할 수도 없으므로, 설령 피해자에 대한 폭행행위가 동일한 피해자에 대한 업무방해죄의 수단이 되었다고 하더라도 그러한 폭행행위가 이른바 '불가벌적 수반행위'에 해당하여 업무방해죄에 대하여 흡수관계에 있다고 볼 수는 없다(대판 2012.10.11, 2012도1895 **화성택시 연합회 사건**). 13·14. 국가직 9급, 14. 사법시험·변호사·법원행시, 16·17. 경찰채용, 16·18. 경찰간부
② 현주건조물 내에 있는 사람을 강타하여 실신하게 한 후 동 건조물에 방화하여 소사하게 한 피고인을 현주건조물방화치사죄로 의율하여야 하고 현주건조물에의 방화죄와 살인죄의 상상적 경합으로 의율할 것은 아니다(대판 1983.1.18, 82도2341 **은봉암 사건**). 15. 경찰간부	② 공갈죄와 도박죄는 그 구성요건과 보호법익을 달리하고 있고, 공갈죄의 성립에 일반적·전형적으로 도박행위를 수반하는 것은 아니며, 도박행위가 공갈죄에 비하여 별도로 고려되지 않을 만큼 경미한 것이라고 할 수도 없으므로 **도박행위가 공갈죄의 수단이 되었다 하여 그 도박행위가 공갈죄에 흡수되어 별도의 범죄를 구성하지 않는다고 할 수 없다**(대판 2014.3.13, 2014도212). 15. 법원행시
③ 피고인이 승용차를 운전하던 중 음주단속을 피하기 위하여 위험한 물건인 **승용차로 단속 경찰관을 들이받아 경찰관의 공무집행을 방해하고 경찰관에게 상해를 입게 한 경우**, 특수공무집행방해치상죄만 성립할 뿐 이와는 별도로 폭처법 위반(집단·흉기 등 상해)죄를 구성하지 않는다(대판 2008.11.27, 2008도7311 **음주단속경찰관 치상 사건**). 11·12. 경찰간부, 11·12·14. 사법시험, 11·12·16. 경찰채용, 13. 변호사, 13·14. 법원행시, 14·15. 국가직 9급, 15·20. 법원직 9급	③ **1개의 행위에 관하여 사기죄와 업무상배임죄의 각 구성요건이 모두 구비된 때에는 양죄를 법조경합 관계로 볼 것이 아니라 상상적 경합관계로 보아야 하고**, 나아가 업무상배임죄가 아닌 단순배임죄라고 하여 양죄의 관계를 달리 보아야 할 이유도 없다[대판 2002.7.18, 2002도669(전합) **배사배사 사건**]. 11. 법원직 9급, 11·12·14·17. 법원행시, 11·13·14. 사법시험, 11·16·20. 국가직 7급, 12. 경찰채용·변호사, 13. 국가직 9급
④ 살해의 목적으로 일시·장소를 달리하여 수차례에 걸쳐 예비행위를 하거나 또는 공격을 가하였으나 미수에 그치다가 드디어 그 목적을 달성한 경우 그 살해의 목적을 달성할 때까지의 행위는 모두 실행행위의 일부로서 이를 포괄적으로 보고 **단순한 한 개의 살인기수죄로 처단할 것이지 살인예비 내지 미수죄와 동 기수죄의 경합죄로 처단할 수는 없다**(대판 1965.9.28, 65도695 **친형 살해 사건**). 13. 경찰채용	④ 피고인이 보이스피싱 사기 범죄단체에 가입한 후 사기범죄의 피해자들로부터 돈을 편취하는 등 그 구성원으로서 활동한 경우, **범죄단체 가입행위 또는 범죄단체 구성원으로서 활동하는 행위와 사기행위는 각각 별개의 범죄구성요건을 충족하는 독립된 행위이고 서로 보호법익도 달라 법조경합 관계로 목적된 범죄인 사기죄만 성립하는 것은 아니다**(대판 2017.10.26, 2017도8600 **보이스피싱 조직 사건**).
⑤ 감금을 하기 위한 수단으로서 행사된 **단순한 협박행위는 감금죄에 흡수되어 따로 협박죄를 구성하지 아니한다**(대판 1982.6.22, 82도705 **망우리 공동묘지까지 사건**). 11·14·16·17. 경찰승진, 12. 사법시험·법원행시, 13. 국가직 7급, 14. 경찰간부, 15. 경찰채용, 17. 변호사	

법조경합에 해당하는 경우	법조경합에 해당하지 않는 경우
⑥ 타인의 인장을 위조하고 그 위조한 인장을 사용하여 타인의 사문서를 위조한 경우에는 **인장위조죄는 사문서위조죄에 흡수되고 따로 인장위조죄가 성립하지 아니한다**(대판 1978.9.26, 78도1787). 11. 경찰승진, 12. 변호사, 14. 법원행시 ⑦ 피고인이 **투자금의 회수를 위해 피해자를 강요하여 물품대금을 횡령하였다는 자인서를 받아낸 뒤 이를 근거로 돈을 갈취한 경우,** 피고인의 주된 범의가 피해자로부터 돈을 갈취하는 데에 있었던 것이라면 피고인은 단일한 공갈의 범의하에 갈취의 방법으로 일단 자인서를 작성하게 한 후 이를 근거로 계속하여 갈취행위를 한 것으로 보아야 할 것이므로 위 행위는 **포괄하여 공갈의 일죄만을 구성한다**(대판 1985.6.25, 84도2083 **횡령 자인서 사건**). 13. 경찰간부, 14 · 20. 경찰채용 ⑧ 신용카드부정사용죄의 구성요건적 행위인 '신용카드의 사용'이라 함은 가맹점에 신용카드를 제시하고 매출표에 서명하여 이를 교부하는 일련의 행위를 가리키고 단순히 신용카드를 제시하는 행위만을 가리키는 것이 아니므로, **매출표의 서명 및 교부가 별도로 사문서위조 및 동행사의 죄의 구성요건을 충족한다고 하여도** 사문서위조 및 동행사의 죄는 신용카드부정사용죄에 흡수되어 **신용카드부정사용죄의 1죄만이 성립하고 별도로 사문서위조 및 동행사의 죄는 성립하지 않는다**(대판 1992.6.9, 92도77 **세종회관 사건**). 14 법원행시 · 국가직 9급, 15. 변호사, 16. 경찰간부 · 국가직 7급 ⑨ 피해자를 1회 간음한 뒤 **200m쯤 오다가 다시 1회 간음**했다면, 피해자의 의사 및 그 범행 시각과 장소로 보아 두 번째의 간음행위는 처음 한 행위의 계속으로 볼 수 있다(대판 1970.9.29, 70도1516). 16. 국가직 9급 ⑩ 특가법상 위험운전치사상죄가 성립하는 때에는 차의 운전자가 형법 제268조의 죄(업무상과실치상죄)를 범한 것을 내용으로 하는 **교통사고처리특례법위반죄는 그 죄에 흡수되어 별죄를 구성하지 아니한다**(대판 2008.12.11, 2008도9182 **봉천동 음주교통사고 사건**). 12. 국가직 7급	⑤ 피고인이 단일한 범의로 동일한 장소에서 동일한 방법으로 시간적으로 접착된 상황에서 처와 자식들을 살해하였다고 하더라도 휴대하고 있던 권총에 실탄 6발을 장전하여 처와 자식들의 머리에 각기 1발씩 순차로 발사하여 살해하였다면, 피해자들의 수에 따라 **수개의 살인죄**를 구성한다(대판 1991.8.27, 91도1637). ⑥ 피해자를 1회 강간하여 상처를 입게 한 후 약 1시간 후에 장소를 옮겨 같은 피해자를 다시 1회 강간한 행위는 그 범행시간과 장소를 달리하고 있을 뿐만 아니라 각 별개의 범의에서 이루어진 행위로서 형법 제37조 전단의 **실체적 경합범**에 해당한다(대판 1987.5.12, 87도694). 13. 법원직 9급

⑪ 향정신성의약품관리법 제42조 제1항 제1호가 규정하는 향정신성의약품수수의 죄가 성립되는 경우에는 그 수수행위의 결과로서 그에 당연히 수반되는 향정신성의약품의 소지행위는 수수죄의 불가벌적 수반행위로서 수수죄에 흡수되고 별도의 범죄를 구성하지 않는다(대판 1990.1.25, 89도1211). 19. 해경채용

⑫ **아동·청소년이용음란물을 제작한 자가 그 음란물을 소지하게 되는 경우 청소년성보호법 위반(음란물소지)죄는 청소년성보호법 위반(음란물 제작·배포 등)죄에 흡수된다고 봄이 타당하다.** 다만, 아동·청소년이용음란물을 제작한 자가 제작에 수반된 소지행위를 벗어나 사회통념상 새로운 소지가 있었다고 평가할 수 있는 별도의 소지행위를 개시하였다면 이는 청소년성보호법 위반(음란물제작·배포등)죄와 별개의 청소년성보호법 위반(음란물소지)죄에 해당한다(대판 2021.7.8, 2021도2993 **음란물 제작 및 소지 사건**).

⚖ 판례 ∣ 불가벌적 사후행위 관련 판례

[1] 횡령죄는 다른 사람의 재물에 관한 소유권 등 본권을 그 보호법익으로 하고 그 법익침해의 위험이 있으면 그 침해의 결과가 발생되지 아니하더라도 성립하는 위험범이다. [2] 그리고 일단 특정한 처분행위(선행 처분행위)로 인하여 법익침해의 위험이 발생함으로써 횡령죄가 기수에 이른 후 종국적인 법익침해의 결과가 발생하기 전에 새로운 처분행위(후행 처분행위)가 이루어졌을 때 **후행 처분행위가 선행 처분행위에 의하여 발생한 위험을 현실적인 법익침해로 완성하는 수단에 불과하거나 그 과정에서 당연히 예상될 수 있는 것으로서 새로운 위험을 추가하는 것이 아니라면** 후행 처분행위에 의해 발생한 위험은 선행 처분행위에 의하여 이미 성립된 횡령죄에 의해 평가된 위험에 포함되는 것이므로 **후행 처분행위는 이른바 불가벌적 사후행위에 해당한다.** [3] 그러나 후행 처분행위가 이를 넘어서서, 선행 처분행위로 예상할 수 없는 새로운 위험을 추가함으로써 **법익침해에 대한 위험을 증가시키거나 선행 처분행위와는 무관한 방법으로 법익침해의 결과를 발생시키는 경우라면,** 이는 선행 처분행위에 의하여 이미 성립된 횡령죄에 의해 평가된 위험의 범위를 벗어나는 것이므로 특별한 사정이 없는 한 **별도로 횡령죄를 구성한다**[대판 2013.2.21, 2010도10500(전합) **종중회의 총무 횡령 사건**].

13. 경찰채용, 15. 국가직 9급, 20. 국가직 7급

불가벌적 사후행위에 해당하지 않는 경우	불가벌적 사후행위에 해당하는 경우
① 사람을 살해한 자가 그 사체를 다른 장소로 옮겨 유기하였을 때에는 별도로 사체유기죄가 성립하고, 이와 같은 사체유기를 불가벌적 사후행위로 볼 수는 없다(대판 1997.7.25, 97도1142 **페스카마호 사건**). 11·13. 국가직 9급, 12. 변호사·법원직 9급, 12·14·15·17. 경찰채용, 13. 경찰간부, 14·15. 경찰승진, 15·17. 법원행시	① 자기앞수표는 그 액면금을 즉시 지급받을 수 있어 현금에 대신하는 기능을 하고 있으므로 절취한 자기앞수표를 현금 대신으로 교부한 행위는 절도행위에 대한 가벌적 평가에 당연히 포함되는 것으로 봄이 상당하다 할 것이므로, **절취한 자기앞수표를 음식대금으로 교부하고 거스름돈을 환불받은 행위는 절도의 불가벌적 사후처분행위로서 사기죄가 되지 아니한다**(대판 1987.1.20, 86도1728). 11. 법원행시, 13. 경찰간부, 14. 경찰채용, 16. 변호사, 17. 법원직 9급
② 영업비밀이 담겨 있는 타인의 재물을 절취한 후 그 영업비밀을 사용하는 경우, 영업비밀의 부정사용행위는 새로운 법익의 침해로 보아야 하므로 위와 같은 부정사용행위가 절도 범행의 **불가벌적 사후행위가 되는 것은 아니다**(대판 2008.9.11, 2008도5364 **단가리스트 CD 사건**). 14·15·16·17. 경찰채용, 16. 사법시험, 17. 국가직 7급	② 공동의 사기 범행으로 인하여 얻은 돈을 공범자끼리 수수한 행위가 공동정범들 사이의 그 범행에 의하여 취득한 돈이나 재산상 이익의 내부적인 분배행위에 지나지 않는 것이라면 그 돈의 수수행위가 **따로 배임수증재죄를 구성한다고 볼 수는 없다**(대판 2016.5.24, 2015도18795). 16·17. 법원행시
③ 절취한 후 자동차등록번호판을 떼어내는 행위는 새로운 법익의 침해로 보아야 하므로 위와 같은 번호판을 떼어내는 행위가 절도 범행의 **불가벌적 사후행위가 되는 것은 아니다**(대판 2007.9.6, 2007도4739). 12. 법원행시, 13·18. 경찰간부, 15·16. 사법시험, 17. 경찰채용, 17·20. 국가직 7급, 19. 해경채용	③ **전기통신금융사기(이른바 보이스피싱 범죄)의 범인이** 피해자의 자금을 점유하고 있다고 하여 피해자와의 어떠한 위탁관계나 신임관계가 존재한다고 볼 수 없을 뿐만 아니라, **사기이용계좌에서 현금을 인출하였다고 하더라도 이는 이미 성립한 사기 범행이 예정하고 있던 행위에 지나지 아니하여 새로운 법익을 침해한다고 보기도 어려우므로**, 위와 같은 인출행위는 사기의 피해자에 대하여 **별도의 횡령죄를 구성하지 아니한다**. 이러한 법리는 사기 범행에 이용되리라는 사정을 알고서 자신 명의 계좌의 접근매체를 양도함으로써 사기 범행을 방조한 종범이 사기이용계좌로 송금된 피해자의 자금을 임의로 인출한 경우에도 마찬가지로 적용된다(대판 2017.5.31, 2017도3894 **보이스피싱 사건 Ⅱ**). 17. 법원행시
④ 대마취급자가 아닌 자가 절취한 대마를 흡입할 목적으로 소지하는 행위는 절도죄의 보호법익과는 다른 새로운 법익을 침해하는 행위이므로 절도죄의 불가벌적 사후행위로서 절도죄에 포괄흡수된다고 할 수 없고 절도죄 외에 별개의 죄를 구성한다고 할 것이며, **절도죄와 무허가대마소지죄는 경합범의 관계에 있다**(대판 1999.4.13, 98도3619 **대마 절취 사건**). 13. 경찰간부	④ 종친회 회장인 피고인이 위조한 종친회 규약 등을 공탁관에게 제출하는 방법으로 종친회를 피공탁자로 하여 공탁된 수용보상금을 출급받아 편취한 경우 종친회를 피해자로 한 사기죄가 성립하고, 그 후 종친회에 대하여 공탁금 반환을 거부한 행위는 새로운 법익의 침해를 수반하지 않는 불가벌적 사후행위에 해당할 뿐 **별도의 횡령죄가 성립하지 않는다**(대판 2015.9.10, 2015도8592 **종친회 수용보상금 편취 사건**). 17. 국가직 7급
⑤ 절도범인이 **절취한 장물을 자기 것인 양 제3자를 기망하여 금원을 편취한 경우에는** 장물에 관하여 소비 또는 손괴하는 경우와는 달리 제3자에 대한 관계에 있어서는 새로운 법익의 침해가 있다고 할 것이므로 절도죄 외에 **사기죄가 성립한다**(대판 1980.11.25, 80도2310). 11. 국가직 9급, 13. 사법시험, 16. 변호사, 17. 경찰간부	
⑥ 절취한 전당표를 제3자에게 교부하면서 자기 누님의 것이니 찾아 달라고 거짓말을 하여 이를 믿은 제3자가 전당포에 이르러 그 종업원에게 **전당표를 제시하여 기망하게 하고 전당물을 교부받게 하여 편취하였다면 이는 사기죄를 구성하는 것이다**(대판 1980.10.14, 80도2155 **전당표 사건**). 14. 경찰채용	

⑦ **절취한 은행예금통장을 이용하여** 은행원을 기망해서 진실한 명의인이 예금을 찾는 것으로 오신시켜 **예금을 편취한 것이라면** 새로운 법익의 침해로 절도죄 외에 **따로 사기죄가 성립한다**(대판 1974.11.26, 74도2817). 11·13. 국가직 9급, 17. 변호사

⑧ 피고인이 **강취한 신용카드를 가지고** 자신이 신용카드의 정당한 소지인인 양 가맹점의 점주를 속이고 점주로부터 **주류 등을 제공받아 이를 취득한 것이라면** 신용카드부정사용죄와 **별도로 사기죄가 성립한다**(대판 1997.1.21, 96도2715 **강취 신용카드 술집결제 사건**). 11. 경찰채용, 13. 국가직 9급, 14. 사법시험·법원직 9급

⑨ 사기죄에 있어서 피해자에게 그 대가가 지급된 경우, 피해자를 기망하여 그가 보유하고 있는 그 대가를 다시 편취하거나 피해자로부터 그 대가를 위탁받아 보관 중 횡령하였다면 이는 새로운 법익의 침해가 발생한 경우라고 할 것이어서 기존에 성립한 사기죄와는 **별도의 새로운 사기죄나 횡령죄가 성립한다**(대판 2009.10.29, 2009도7052 **현대금속 계임기 사건**). 12. 경찰승진, 13·16. 사법시험, 16. 국가직 7급

⑩ **편취한 약속어음을** 그와 같은 사실을 모르는 제3자에게 편취사실을 숨기고 할인받는 행위는 당초의 어음 편취와는 별개의 새로운 법익을 침해하는 행위로서 기망행위와 할인금의 교부행위 사이에 상당인과관계가 있어 **새로운 사기죄를 구성한다 할 것이고**, 설령 그 약속어음을 취득한 제3자가 선의이고 약속어음의 발행인이나 배서인이 어음금을 지급할 의사와 능력이 있었다 하더라도 이러한 사정은 사기죄의 성립에 영향이 없다(대판 2005.9.30, 2005도5236). 11. 경찰승진, 17. 경찰채용

⑪ 대표이사가 회사의 상가분양 사업을 수행하면서 수분양자들을 기망하여 편취한 분양대금은 회사의 소유로 귀속되는 것이므로, 대표이사가 그 분양대금을 횡령하는 것은 사기 범행이 침해한 것과는 다른 법익을 침해하는 것이어서 회사를 피해자로 하는 **별도의 횡령죄가 성립한다**(대판 2005.4.29, 2005도741 **굿모닝시티 사건**). 11. 경찰채용·경찰승진, 12. 국가직 7급, 14. 사법시험, 14·20. 법원행시

⑤ 피고인이 당초부터 **피해자를 기망하여 약속어음을 교부받은 경우**에는 그 교부받은 즉시 사기죄가 성립하고 그 후 이를 피해자에 대한 피고인의 채권의 변제에 충당하였다 하더라도 불가벌적 사후행위가 됨에 그칠 뿐, **별도로 횡령죄를 구성하지 않는다**(대판 1983.4.26, 82도3079). 11. 경찰승진, 15·20. 경찰채용

⑥ 공동상속인 중 1인이 **상속재산인 임야를 보관 중** 다른 상속인들로부터 매도 후 분배 또는 소유권이전등기를 요구받고도 그 반환을 거부한 경우 이때 이미 횡령죄가 성립하고, 그 후 그 임야에 관하여 **다시 제3자 앞으로 근저당권설정등기를 경료해 준 행위는 불가벌적 사후행위로서 별도의 횡령죄를 구성하지 않는다**(대판 2010.2.25, 2010도93 **반환거부 후 근저당 사건**). 12. 경찰채용·국가직 7급, 12·15. 법원행시, 14. 법원직 9급, 18. 경찰간부

⑦ 주식회사 대표이사인 피고인 甲이 **자신의 채권자 乙에게 차용금에 대한 담보로 회사 명의 정기예금에 질권을 설정하여 주었는데**, 그 후 乙이 피고인 甲의 동의하에 정기예금 계좌에 입금되어 있던 회사 자금을 전액 인출하였다고 하여도 위와 같은 예금인출 동의행위는 이미 배임행위로써 이루어진 질권설정행위의 사후조처에 불과하여 불가벌적 사후행위에 해당하고 따라서 **별도의 횡령죄를 구성하지 않는다**(대판 2012.11.29, 2012도10980 **예금통장 질권 사건**). 13. 사법시험, 13·15·16. 경찰채용, 14. 법원직 9급, 14·15·17·20. 법원행시, 20. 경찰승진

⑧ 피고인 甲이 乙과 공동으로 불하받기로 하되 편의상 그 명의로 불하받은 부동산을 丙에게 자의로 매도하여 乙에 대한 배임행위로 처벌받은 후 丙에 대한 소유권이전등기의무를 지닌 채 위 부동산을 두고 이해관계인간에 민사소송이 제기되어 화해가 성립됨으로써 결국 甲이 재매도하는 형식이 되었다 하여도 이는 불가벌적 사후행위로서 **특별히 죄가 되지 않는다**(대판 1970.11.24, 70도1998). 12. 경찰승진

⑨ 절도범인으로부터 **장물보관 의뢰를 받은 자가** 그 정을 알면서 이를 인도받아 보관하고 있다가 임의처분하였다 하여도 장물보관죄가 성립하는 때에는 이미 그 소유자의 소유물추구권을 침해하였으므로 그 후의 횡령행위는 불가벌적 사후행위에 불과하여 **별도로 횡령죄가 성립하지 않는다**(대판 2004.4.9, 2003도8219 **고려청자 사건**). 11. 국가직 9급, 11·12·14. 경찰승진, 11·13. 국가직 7급, 12·13·17. 법원행시, 12·14·15·17. 법원직 9급, 13·14·17. 경찰간부, 14·16. 사법시험, 16. 변호사, 17. 경찰채용

불가벌적 사후행위에 해당하지 않는 경우	불가벌적 사후행위에 해당하는 경우
⑫ 타인의 부동산을 보관 중인 자가 그 부동산에 근저당권설정등기를 경료함으로써 일단 횡령행위가 기수에 이르렀다 하더라도 그 후 해당 부동산을 매각함으로써 기존의 근저당권과 관계없이 법익침해의 결과를 발생시켰다면, 이는 근저당권으로 인해 당연히 예상될 수 있는 범위를 넘어 새로운 법익침해의 위험을 추가시키거나 법익침해의 결과를 발생시킨 것이므로 불가벌적 사후행위로 볼 수 없고 별도로 횡령죄를 구성한다[대판 2013.2.21, 2010도10500(전합) 종중회의 총무 횡령 사건]. 14. 국가직 7급, 14·15·17. 법원행시, 15. 경찰간부, 15·16. 변호사, 15·17. 경찰채용, 16. 법원직 9급	⑩ 횡령 범행으로 취득한 돈을 공범자끼리 수수한 행위가 공동정범들 사이의 범행에 의하여 취득한 돈을 공모에 따라 내부적으로 분배한 것에 지나지 않는다면 별도로 그 돈의 수수행위에 관하여 뇌물죄가 성립하는 것은 아니다(대판 2019.11.28, 2019도11766 박근혜 – 국정원 특수활동비 사건).
⑬ 명의수탁자가 신탁받은 부동산의 일부에 대한 토지수용보상금 중 일부를 소비하고 이어 수용되지 않은 나머지 부동산 전체에 대한 반환을 거부한 경우, 그 금원 횡령죄가 성립된 이후에 수용되지 않은 나머지 부동산 전체에 대한 반환을 거부한 것은 새로운 법익의 침해가 있는 것으로서 별개의 횡령죄가 성립한다(대판 2001.11.27, 2000도3463). 11. 국가직 9급, 11·16. 경찰채용, 12. 변호사, 14·16. 사법시험	
⑭ 회사에 대한 관계에서 타인의 사무를 처리하는 자가 회사로 하여금 회사가 펀드운영사에 지급하여야 할 펀드출자금을 정해진 시점보다 선지급하도록 하여 배임죄를 범한 다음, 그와 같이 선지급된 펀드출자금을 보관하는 자와 공모하여 펀드출자금을 임의로 인출한 후 자신의 투자금으로 사용하기 위하여 임의로 송금하도록 한 행위는 펀드출자금 선지급으로 인한 배임죄와는 다른 새로운 보호법익을 침해하는 행위로서 배임 범행의 불가벌적 사후행위가 되는 것이 아니라 별죄로서 횡령죄를 구성한다(대판 2014.12.11, 2014도10036 SK횡령 사건). 17. 경찰채용	
⑮ 배임죄는 재산상 이익을 객체로 하는 범죄이므로, 1인 회사의 주주가 자신의 개인채무를 담보하기 위하여 회사 소유의 부동산에 대하여 근저당권설정등기를 마쳐 주어 배임죄가 성립한 이후에 그 부동산에 대하여 새로운 담보권을 설정해 주는 행위는 선순위 근저당권의 담보가치를 공제한 나머지 담보가치 상당의 재산상 이익을 침해하는 행위로서 별도의 배임죄가 성립한다(대판 2005.10.28, 2005도4915). 12. 경찰승진·법원행시, 18. 경찰간부	

⚖ 판례 | 포괄일죄의 성립요건

[1] 포괄일죄는 동일 죄명에 해당하는 수개의 행위 또는 연속한 행위를 단일하고 계속된 범의하에 일정 기간 계속하여 행하고 그 피해법익도 동일한 경우에 성립하는 것으로서, 그것을 구성하는 개별 행위도 원칙적으로 각각 그 범죄의 구성요건을 갖추어야 한다. [2] 개별적인 미신고 자본거래가 외국환거래법 위반죄의 구성요건을 충족하지 못하는 이상 일정 거래금액을 합하면 그 구성요건을 충족하는 결과가 된다 하더라도 그 전체 행위를 포괄일죄로 처단할 수 없다(대판 2019.1.31, 2018도16474 **미신고 자본거래 사건**).

⚖ 판례 | 포괄일죄에 해당하는 경우

1 직계존속인 피해자를 폭행하고 상해를 가한 것이 존속에 대한 **동일한 폭력습벽의 발현에 의한 것으로 인정되는 경우**, 그중 법정형이 더 중한 **상습존속상해죄에 나머지 행위들을 포괄시켜 하나의 죄만이 성립한다**(대판 2003.2.28, 2002도7335 **망나니 아들 사건 Ⅰ**). 14. 경찰승진, 15. 경찰채용, 17. 국가직 9급

2 범죄단체의 구성이나 가입은 범죄행위의 실행 여부와 관계없이 범죄단체 구성원으로서의 활동을 예정하는 것이고, 범죄단체 구성원으로서의 활동은 범죄단체의 구성이나 가입을 당연히 전제로 하는 것이므로, **범죄단체를 구성하거나 이에 가입한 자가 더 나아가 구성원으로 활동하는 경우** 이는 포괄일죄의 관계에 있다(대판 2015.9.10, 2015도7081). 17. 경찰간부

3 강도가 **시간적으로 접착된 상황에서 가족을 이루는 수인에게 폭행·협박을 가하여 집 안에 있는 재물을 탈취한 경우** 그 재물은 가족의 공동점유 아래 있는 것으로서, 이를 탈취하는 행위는 그 소유자가 누구인지에 불구하고 단일한 강도죄의 죄책을 진다(대판 1996.7.30, 96도1285). 11·13·14. 법원행시

4 절도범이 체포를 면탈할 목적으로 체포하려는 **여러 명의 피해자에게 같은 기회에 폭행을 가하여 그중 1인에게만 상해를 가하였다면** 이러한 행위는 포괄하여 하나의 강도상해죄만 성립한다(대판 2001.8.21, 2001도3447 **평화빌라 주차장 사건**). 11·14·16. 사법시험, 11·17. 경찰승진, 12·14·15·17. 변호사, 13. 국가직 9급, 14·15·16. 법원행시, 16. 경찰간부, 17. 국가직 9급

5 사기죄에 있어서 수인의 피해자에 대하여 각 피해자별로 기망행위를 하여 각각 재물을 편취한 경우에 그 범의가 단일하고 범행방법이 동일하다고 하더라도 포괄일죄가 성립하는 것이 아니라 피해자별로 1개씩의 죄가 성립하는 것으로 보아야 한다. 다만, 피해자들이 하나의 동업체를 구성하는 등으로 피해법익이 동일하다고 볼 수 있는 사정이 있는 경우에는 피해자가 복수이더라도 이들에 대한 사기죄를 포괄하여 일죄로 볼 수도 있다(대판 2011.4.14, 2011도769 **투자금 24억 사기 사건**). 12. 경찰채용

6 피고인이 대금결제의 의사와 능력이 없으면서도 카드회사를 기망하고 카드회사는 카드사용을 허용해 줌으로써 피고인이 **자동지급기를 통한 현금 대출도 받고 가맹점을 통한 물품구입대금 대출도 받아 카드발급회사로 하여금 같은 액수 상당의 피해를 입게 한 경우**, 카드사용으로 인한 카드회사의 손해는 그것이 자동지급기에 의한 인출행위이든 가맹점을 통한 물품구입행위이든 불문하고 모두가 카드회사의 기망당한 의사표시에 따른 카드발급에 터잡아 이루어지는 **사기의 포괄일죄이다**(대판 1996.4.9, 95도2466 **처음부터 마구잡이 카드사용 사건**). 11. 경찰간부·국가직 9급

7 예금주인 현금카드 소유자를 협박하여 카드를 갈취한 다음 피해자의 승낙에 의하여 현금카드를 사용할 권한을 부여받아 현금자동지급기에서 현금을 인출한 행위는 모두 피해자의 예금을 갈취하고자 하는 피고인의 단일하고 계속된 범의 아래에서 이루어진 일련의 행위로서 포괄하여 하나의 공갈죄를 구성하므로, 현금자동지급기에서 피해자의 예금을 인출한 행위를 현금카드 갈취행위와 분리하여 따로 **절도죄로 처단할 수는 없다**(대판 2007.5.10, 2007도1375 **강취 현금카드 사건**). 12·13·16. 법원행시, 12·15. 변호사, 13·14. 사법시험, 14. 경찰승진, 17. 법원직 9급

8 수개의 업무상 배임행위가 있더라도 피해법익이 단일하고 범죄의 태양이 동일할 뿐만 아니라, 그 수개의 배임행위가 **단일한 범의에 기한 일련의 행위라고 볼 수 있는 경우**에는 그 수개의 배임행위는 **포괄하여 일죄를 구성한다**(대판 2014.6.26, 2014도753 **미래저축은행 회장 사건**). 15. 법원직 9급, 17. 경찰간부

9 뇌물을 여러 차례에 걸쳐 수수함으로써 그 행위가 여러 개이더라도 그것이 **단일하고 계속적 범의에 의하여 이루어지고 동일법익을 침해한 때에는 포괄일죄로 처벌함이 상당하다**(대판 1999.1.29, 98도3584 **서울대 교수 수뢰 사건**). 13. 법원행시, 16. 경찰간부

10 하나의 사건에 관하여 **한 번 선서한 증인이 같은 기일에 여러 가지 사실에 관하여 기억에 반하는 허위의 진술을 한 경우** 이는 하나의 범죄의사에 의하여 계속하여 허위의 진술을 한 것으로서 **포괄하여 1개의 위증죄를 구성하는 것이고 각 진술마다 수개의 위증죄를 구성하는 것이 아니다**(대판 2007.3.15, 2006도9463). 11·12. 경찰간부, 11·17·20. 법원행시, 12·13·16·17. 경찰승진, 13. 변호사, 16. 법원직 9급, 17. 국가직 7급, 20. 경찰승진

11 형법 제98조 제1항의 간첩죄를 범한 자가 그 탐지수집한 기밀을 누설한 경우나 구 국가보안법 제3조 제1호의 국가기밀을 탐지수집한 자가 그 기밀을 누설한 경우에는 **양죄를 포괄하여 1죄를 범한 것으로 보아야 하고**, 간첩죄와 군사기밀누설죄 또는 국가기밀탐지수집죄와 국가기밀누설죄 등 두 가지 죄를 범한 것으로 인정할 수 없다(대판 1982.4.27, 82도285). 11. 경찰간부, 13. 경찰채용

12 같은 기회에 하나의 행위로 여러 개의 영업비밀을 취득한 행위는 부정경쟁방지법 제18조 제2항 위반죄의 **일죄로 평가되어야 한다**(대판 2009.4.9, 2006도9022). 11. 경찰간부

13 혈중알콜농도 0.05% 이상의 음주상태로 동일한 차량을 일정기간 계속하여 운전하다가 1회 음주측정을 받았다면 이러한 음주운전행위는 동일 죄명에 해당하는 연속된 행위로서 단일하고 계속된 범의하에 일정기간 계속하여 행하고 그 피해법익도 동일한 경우이므로 **포괄일죄에 해당한다**(대판 2007.7.26, 2007도4404 **목포 음주운전 사건**). 11. 경찰승진, 14. 경찰간부, 20. 법원행시

14 단순폭행, 존속폭행의 범행이 동일한 폭행 습벽의 발현에 의한 것으로 인정되는 경우, 그중 법정형이 더 중한 **상습존속폭행죄에 나머지 행위를 포괄하여 하나의 죄만이 성립한다**(대판 2018.4.24, 2017도10956 **계부 친모 폭행 사건**). 20. 경찰채용

15 공무원 甲이 1974.12.27.부터 1975.5. 초순까지의 약 4개월여 사이에 10회에 걸쳐 건설회사 대표이사 乙 및 상무이사로서 공사현장 소장인 丙으로부터 뇌물을 받은 것을 **포괄일죄로 하여** 특가법 제2조 제1항 제2호, 형법 제129조 제1항을 적용하여 처벌한 1심 조처를 그대로 유지한 조치는 정당하다(대판 1979.8.14, 79도1393). 16. 법원직 9급

16 등기소 조사계장이 동일 법무사로부터 아파트보존등기신청사건을 접수처리함에 있어서 신속히 처리해 달라는 부탁조로 금원을 교부받은 것을 비롯하여 같은 해 9.10경까지 전후 7회에 걸쳐 각종 등기사건을 접수처리하면서 같은 공동피고인으로부터 같은 명목으로 도합 금 828,000원을 교부받아 그 직무에 관하여 뇌물을 수수한 것이라면, 이는 피고인이 뇌물수수의 단일한 범의의 계속하에 일정기간 동종행위를 같은 장소에서 반복한 것이 분명하므로 피고인의 수회에 걸친 **뇌물수수행위는 포괄일죄를 구성한다**(대판 1982.10.26, 81도1409). 16. 법원직 9급

17 자신들이 개설한 인터넷 사이트를 통해 회원들로 하여금 음란한 동영상을 게시하도록 하고, 다른 회원들로 하여금 이를 다운받을 수 있도록 하는 방법으로 정보통신망을 통한 음란한 영상의 배포·전시를 방조한 행위가 **단일하고 계속된 범의 아래 일정기간 계속하여 이루어졌고 피해법익도 동일한 경우 방조행위는 포괄일죄 관계에 있다**(대판 2010.11.25, 2010도1588 **위디스크 사건**). 20. 경찰간부

18 금융기관 임직원인 피고인이 甲으로부터 정식 이사가 될 수 있도록 도와달라는 부탁을 받고 1997년 3월경부터 1998년 6월 초순경까지 사이에 12회에 걸쳐 그 사례금 명목으로 합계 1억 2천만원을 교부받은 사실을 인정한 다음, 이는 금융기관의 임직원이 그 직무에 관하여 금품을 수수한 것으로서 **포괄하여 특경법 제5조 제4항 제1호에 해당한다**고 판단한 조치는 정당하다(대판 2000.6.27, 2000도1155 **경기은행 부도 사건**). 20. 경찰승진

19 수뢰후부정처사죄를 정한 형법 제131조 제1항에서 '형법 제129조 및 제130조의 죄를 범하여'란 반드시 뇌물수수 등의 행위가 완료된 이후에 부정한 행위가 이루어져야 함을 의미하는 것은 아니고, 결합범 또는 결과적 가중범 등에서의 기본행위와 마찬가지로 뇌물수수 등의 행위를 하는 중에 부정한 행위를 한 경우도 포함하는 것으로 보아야 한다. 따라서 단일하고도 계속된 범의 아래 일정 기간 반복하여 일련의 뇌물수수행위와 부정한 행위가 행하여졌고 그 뇌물수수 행위와 부정한 행위 사이에 인과관계가 인정되며 피해법익도 동일하다면, **최후의 부정한 행위 이후에 저질러진 뇌물수수행위도 최후의 부정한 행위 이전의 뇌물수수행위 및 부정한 행위와 함께 수뢰후부정처사죄의 포괄일죄로 처벌함이 타당하다**(대판 2021.2.4, 2020도12103 **가습기살균제 내부정보 유출 사건**). ➡ 환경부 내 가습기살균제 대응 TF 피해구제대책반 등에서 근무하던 甲이 2017.4.18.부터 2019.1.31.까지 17회에 걸쳐 애경산업 직원 乙로부터 약 200만원 상당의 저녁식사 등을 제공받고 '환경부 조치 동향 및 향후 일정 등 내부정보'를 그에게 알려준 사건이다. 甲은 15회 저녁식사까지는 내부정보를 알려주었지만, 16회와 17회 저녁식사의 경우에는 내부정보를 알려주지 않았다. 원심인 서울고등법원은 1회부터 15회까지는 수뢰후부정처사죄의 포괄일죄에 해당하고 16회와 17회는 수뢰죄에 해당한다고 판단하였으나, 대법원은 위 판시와 같은 이유로 1회부터 17회 모두가 수뢰후부정처사죄의 포괄일죄에 해당한다고 판단하였다. 21. 경찰채용

20 형법상 직권남용권리행사방해죄는 국가기능의 공정한 행사라는 국가적 법익을 보호하는 데 주된 목적이 있고, 직권남용으로 인한 국가정보원법 위반죄도 마찬가지이다. 따라서 국가정보원 직원이 동일한 사안에 관한 일련의 직무집행 과정에서 단일하고 계속된 범의로 일정 기간 계속하여 저지른 직권남용행위에 대하여는 설령 그 **상대방이 수인이라고 하더라도 포괄일죄가 성립할 수 있다**(대판 2021.9.9, 2021도2030 **기무사령관 사건**). 22. 법원행시

21 보건범죄 단속에 관한 특별조치법(이하 '보건범죄단속법'이라 한다) 제3조 제1항 제2호의 '연간'은 역법상의 한 해인 1.1.부터 12.31.까지의 1년간을 의미한다. 하지만 동일 죄명에 해당하는 수개의 행위를 **단일하고 계속된 범의 하에 일정기간 계속하여 행하고 그 피해법익도 동일한 경우에는 이들 각 행위를 통틀어 포괄일죄로 처단하여야 한다.** 여러 해 동안 수회에 걸쳐 이루어진 부정의약품 제조·판매행위 등을 포괄일죄에 해당한다고 보는 이상, 그 기간 중 어느 일정 연도의 연간 소매가격이 보건범죄단속법 제3조 제1항 제2호에서 정한 1천만원을 넘은 경우에는 다른 연도의 연간 소매가격이 위 금액에 미달한다고 하더라도 그 전체를 보건범죄단속법 제3조 제1항 제2호 위반의 포괄일죄로 처단함이 타당하다. 이러한 법리는 **여러 해 동안 수회에 걸쳐 이루어진 부정의약품 제조·판매행위 등의 연간 소매가격이 모두 1천만원을 넘는 경우에도 마찬가지이다**(대판 2021.1.14, 2020도10979 **다이어트한약 사건**). 22. 법원행시

02 수죄

개념	범죄가 수개인 것으로 상상적 경합범과 실체적 경합범이 있음
상상적 경합범	① 의의: 하나의 행위가 실질적으로 수개의 구성요건을 충족하는 경우로서 **실체법(형법)적으로는 수죄로 취급하지만, 절차법(형사소송법)적으로는 일죄로 취급함** ② 동종의 상상적 경합범: 하나의 폭탄을 던져 수인을 살해한 경우, 수개의 살인죄의 상상적 경합범 성립 ③ 이종의 상상적 경합범: 총을 한번 쏴서 사람과 개를 살해한 경우, 살인죄와 손괴죄의 상상적 경합범 성립
(실체적) 경합범	① 의의: 수개의 행위가 실질적으로 수개의 구성요건을 충족하는 경우로서 **실체법(형법)적으로든지 절차법(형사소송법)적으로든지 수죄로 취급함** ② 동종의 실체적 경합범: 범인이 하루는 A를 살해하고 그 다음 날에 B를 살해한 경우, 2개 살인죄의 실체적 경합범 성립 ③ 이종의 실체적 경합범: 범인이 하루는 타인의 재물을 절취하고 그 다음 날에 강간을 한 경우, 절도죄와 강간죄의 실체적 경합범 성립

판례비교

실체적 경합범에 해당하는 경우	상상적 경합범에 해당하는 경우
① 상해를 입힌 행위가 동일한 일시·장소에서 동일한 목적으로 저질러진 것이라 하더라도 **피해자를 달리하고 있으면 피해자별로 각각 별개의 상해죄를 구성한다**고 보아야 할 것이고 1개의 행위가 수개의 죄에 해당하는 경우라고 볼 수 없다(대판 1983.4.26, 83도524). 13. 사법시험, 17. 경찰채용 ② 감금행위가 단순히 강도상해 범행의 수단이 되는 데 그치지 아니하고 강도상해의 범행이 끝난 뒤에도 계속된 경우에는 1개의 행위가 감금죄와 강도상해죄에 해당하는 경우라고 볼 수 없고, 이 경우 감금죄와 강도상해죄는 **경합범 관계에 있다**(대판 2003.1.10, 2002도4380 **월드컵경기장까지 사건**). 11·12·13·15. 사법시험, 11·12·14. 경찰승진, 12. 법원행시, 14·17. 변호사, 15. 경찰간부·국가직 9급, 16. 경찰채용 ③ **미성년자를 유인한 자가 계속하여 미성년자를 불법하게 감금하였을 때에는** 미성년자유인죄 이외에 감금죄가 **별도로 성립한다**(대판 1998.5.26, 98도1036 **완전한 사육 사건**). 12. 법원행시, 12·14·15. 경찰채용, 13·14. 경찰승진, 15·16. 경찰간부	① **감금행위가 강간죄나 강도죄의 수단이 된 경우에도 감금죄는 강간죄나 강도죄에 흡수되지 아니하고 별죄를 구성한다**(대판 1997.1.21, 96도2715 **강취 신용카드 술집결제 사건**). → 상상적 경합으로 해석됨 11. 법원행시, 13. 경찰간부·국가직 9급, 16. 경찰채용, 17. 변호사 ② 강간죄의 성립에는 언제나 필요한 수단으로 감금행위를 수반하는 것은 아니므로 **감금행위가 강간미수죄의 목적을 달하려고 일정한 장소에 인치하기 위한 수단이 되었다 하여 감금행위가 강간미수죄에 흡수되어 범죄를 구성하지 않는다고 할 수 없다**(대판 1984.8.21, 84도1550). → 상상적 경합으로 해석됨 11·12·14. 경찰승진, 13. 국가직 9급 ③ 절도범인이 체포를 면탈할 목적으로 경찰관에게 폭행·협박을 가한 때에는 준강도죄와 공무집행방해죄를 구성하고 양죄는 **상상적 경합관계에 있으나,** 강도범인이 체포를 면탈할 목적으로 경찰관에게 폭행을 가한 때에는 강도죄와 공무집행방해죄는 실체적 경합관계에 있고 상상적 경합관계에 있는 것이 아니다(대판 1992.7.28, 92도917 **절도상경 강도실경 사건**). 11·12·13·14. 법원행시, 11·12·13·14·16. 사법시험, 11·12·16. 국가직 9급, 13·20. 법원직 9급, 13·16. 경찰승진, 14·17. 경찰채용, 15·17. 변호사, 16. 경찰간부·국가직 7급

④ 미성년자인 피해자를 약취한 후에 강간을 목적으로 피해자에게 가혹한 행위 및 상해를 가하고 나아가 강간 및 살인미수를 범하였다면, 이에 대하여는 **약취한 미성년자에 대한 상해 등으로 인한 특가법 위반죄 및 미성년자인 피해자에 대한 강간 및 살인미수행위로 인한 성폭법 위반죄**가 각 성립하고, 설령 상해의 결과가 피해자에 대한 강간 및 살인미수행위과정에서 발생한 것이라 하더라도 각 죄는 **실체적 경합범 관계에 있다**(대판 2014.2.27, 2013도12301 **고종석 사건 Ⅱ**). 16. 경찰간부

⑤ 형법 제331조 제2항의 특수절도에 있어서 주거침입은 그 구성요건이 아니므로 **절도범인이 그 범행수단으로 주거침입을 한 경우에 주거침입행위는 절도죄에 흡수되지 아니하고 별개로 주거침입죄를 구성하여 절도죄와는 실체적 경합의 관계에 있다**(대판 2009.12.24, 2009도9667 **아파트 출입문 손괴 사건**). 12. 법원행시, 14. 경찰승진, 16. 변호사

⑥ 형법 제332조에 규정된 **상습절도죄를 범한 범인이 그 범행의 수단으로 주간에 주거침입을 한 경우 그 주간 주거침입행위는 상습절도죄와 별개로 주거침입죄를 구성한다.** 또 형법 제332조에 규정된 **상습절도죄를 범한 범인이 그 범행 외에 상습적인 절도의 목적으로 주간에 주거침입을 하였다가 절도에 이르지 아니하고 주거침입에 그친 경우에도 그 주간 주거침입행위는 상습절도죄와 별개로 주거침입죄를 구성한다**(대판 2015.10.15, 2015도8169). 16. 사법시험, 17. 변호사

⑦ 절도범이 A의 집에 침입하여 그 집의 방 안에서 재물을 절취하고 그 무렵 그 집에 세들어 사는 B의 방에 침입하여 재물을 절취하려다 미수에 그쳤다면 두 범죄는 범행장소와 물품의 관리자를 달리하고 있어서 **별개의 범죄를 구성한다**(대판 1989.8.8, 89도664). 13. 법원직 9급, 15. 사법시험, 17. 국가직 9급

⑧ 절도범인이 체포를 면탈할 목적으로 경찰관에게 폭행·협박을 가한 때에는 준강도죄와 공무집행방해죄를 구성하고 양죄는 상상적 경합관계에 있으나, 강도범인이 체포를 면탈할 목적으로 경찰관에게 폭행을 가한 때에는 강도죄와 공무집행방해죄는 **실체적 경합관계에 있고 상상적 경합관계에 있는 것이 아니다**(대판 1992.7.28, 92도917 **절도상경 강도실경 사건**). 11·12·13·14. 법원행시, 11·12·13·14·16. 사법시험, 11·12·16. 국가직 9급, 13. 법원직 9급, 13·16. 경찰승진, 14·17. 경찰채용, 15·17. 변호사, 16. 국가직 7급

④ 피고인이 **여관에서 종업원을 칼로 찔러 상해를 가하고 객실로 끌고 들어가는 등 폭행·협박을 하고 있던 중, 마침 다른 방에서 나오던 여관의 주인도 같은 방에 밀어 넣은 후 주인으로부터 금품을 강취하고, 1층 안내실에서 종업원 소유의 현금을 꺼내 갔다면, 여관 종업원과 주인에 대한 각 강도행위가 각 별로 강도죄를 구성하되 2죄는 상상적 경합범 관계에 있다**(대판 1991.6.25, 91도643 **서대문 화성장 강도 사건**). 12. 법원직 9급, 12·14. 법원행시, 13. 경찰승진

⑤ 강도가 재물강취의 뜻을 재물의 부재로 이루지 못한 채 미수에 그쳤으나 그 자리에서 항거불능의 상태에 빠진 피해자를 간음할 것을 결의하고 실행에 착수했으나 역시 미수에 그쳤더라도 반항을 억압하기 위한 폭행으로 피해자에게 **상해를 입힌 경우에는 강도강간미수죄와 강도치상죄가 성립되고 이는 상상적 경합관계가 성립된다**(대판 1988.6.28, 88도820 **되는 게 없는 하루 사건**). 11. 법원행시, 12. 사법시험, 15. 경찰간부, 20. 경찰승진

⑥ 사기도박에 있어 1개의 기망행위에 의하여 **여러 피해자로부터 각각 재물을 편취한 경우에는 피해자별로 수개의 사기죄가 성립하고, 그 사이에는 상상적 경합의 관계에 있다**(대판 2011.1.13, 2010도9330 **보령 사기도박 사건**). 12. 경찰채용·사법시험, 14. 경찰간부·국가직 9급

⑦ 단일하고 계속된 범의 아래 같은 장소에서 반복하여 **여러 사람으로부터 계불입금을 편취한 소위는 피해자별로 포괄하여 1개의 사기죄가 성립하고 이들 포괄일죄 상호간은 상상적 경합관계에 있다**(대판 1990.1.25, 89도252). 13. 경찰승진

⑧ 여러 개의 위탁관계에 의하여 보관하던 여러 개의 재물을 1개의 행위에 의하여 횡령한 경우 위탁관계별로 수개의 횡령죄가 성립하고, 그 사이에는 **상상적 경합의 관계가 있다**(대판 2013.10.31, 2013도10020 **렌탈 컴퓨터 횡령 사건**). 16. 경찰간부

⑨ 채권자들에 의한 복수의 강제집행이 예상되는 경우 재산을 은닉 또는 허위양도함으로써 채권자들을 해하였다면 **채권자별로 각각 강제집행면탈죄가 성립하고, 상호 상상적 경합범의 관계에 있다**(대판 2011.12.8, 2010도4129 **전주 삼천동 건물 허위양도 사건**). 13·16. 법원직 9급, 13·17. 법원행시, 14·17. 경찰승진, 16. 사법시험

실체적 경합범에 해당하는 경우	상상적 경합범에 해당하는 경우
⑨ **강도가** 한 개의 강도 범행을 하는 기회에 **수명의 피해자에게 폭행을 가하여 각 상해를 입힌 경우에는** 피해자별로 수개의 강도상해죄가 성립하며 이들은 **실체적 경합범의 관계에 있다**(대판 1987.5.26, 87도527). 12. 사법시험, 13. 경찰채용, 16. 경찰간부, 20. 법원직 9급·변호사	⑩ 피고인들이 피해자들의 **재물을 강취한 후 그들을 살해할 목적으로 현주건조물에 방화하여 사망에 이르게 한 경우**, 피고인들의 행위는 강도살인죄와 현주건조물방화치사죄에 모두 해당하고 두 죄는 **상상적 경합범관계에 있다**(대판 1998.12.8, 98도3416 **강도 방화살인 사건**). 11·13·14·15·16. 법원행시, 11·16. 경찰승진, 12·20. 국가직 7급, 12·14·15. 경찰채용, 13·16·21. 경찰간부, 14·17·20. 변호사, 16. 국가직 9급
⑩ 피고인이 여관에 들어가 1층 안내실에 있던 **여관의 관리인을 칼로 찔러 상해를 가하고 그로부터 금품을 강취한 다음, 각 객실에 들어가 투숙객들로부터 금품을 강취하였다면**, 피고인의 행위는 비록 시간적으로 접착된 상황에서 동일한 방법으로 이루어지기는 하였으나 포괄하여 1개의 강도상해죄만을 구성하는 것이 아니라 **실체적 경합범의 관계에 있다**(대판 1991.6.25, 91도643 **이태원 성지장 강도 사건**). 11. 법원직 9급, 15. 경찰승진	⑪ 사람을 살해할 목적으로 현주건조물에 방화하여 사망에 이르게 한 경우에는 현주건조물방화치사죄로 의율하여야 하고 이와 더불어 살인죄와의 상상적 경합범으로 의율할 것은 아니라고 할 것이고, 다만 **존속살인죄와 현주건조물방화치사죄는 상상적 경합범 관계에 있으므로** 법정형이 중한 존속살인죄로 의율함이 타당하다(대판 1996.4.26, 96도485 **아버지·동생 방화살해 사건**). 11. 법원직 9급, 12. 국가직 7급·국가직 9급, 15. 경찰간부
⑪ **강취한 현금카드를 사용하여 현금자동지급기에서 예금을 인출한 행위는** 피해자의 승낙에 기한 것이라고 할 수 없으므로 현금자동지급기 관리자의 의사에 반하여 그의 지배를 배제하고 그 현금을 자기의 지배하에 옮겨 놓는 것이 되어서 **강도죄와는 별도로 절도죄를 구성한다**(대판 2007.5.10, 2007도1375 **강취 현금카드 사용 사건**). 11. 국가직 7급, 12·13. 사법시험, 14. 국가직 9급, 15. 변호사	⑫ 문서에 2인 이상의 작성명의인이 있을 때에는 각 명의자마다 1개의 문서가 성립되므로, **2인 이상의 연명으로 된 문서를 위조한 때에는** 작성명의인의 수대로 수개의 문서위조죄가 성립하고 이 수개의 문서위조죄는 **상상적 경합범에 해당한다**(대판 1987.7.21, 87도564). 11. 법원행시, 14. 경찰간부, 15. 사법시험, 17. 경찰승진
⑫ 피고인이 예금통장을 강취하고 예금자 명의의 예금청구서를 위조한 다음 이를 은행원에게 제출·행사하여 예금인출금 명목의 금원을 교부받았다면 강도, 사문서위조·동행사, 사기의 각 범죄가 성립하고 이들은 **실체적 경합관계에 있다**(대판 1991.9.10, 91도1722). 12. 경찰간부, 12·15. 경찰채용, 20. 국가직 7급	⑬ **뇌물을 수수함에 있어서 공여자를 기망한 점이 있다 하여도 뇌물수수죄·뇌물공여죄의 성립에는 영향이 없고,** 이 경우 뇌물을 수수한 공무원에 대하여는 한 개의 행위가 **뇌물죄와 사기죄의 각 구성요건에 해당하므로 상상적 경합으로 처단하여야 한다**(대판 2015.10.29, 2015도12838 **돈을 빌려달라 사건**). 18. 법원직 9급, 20. 경찰채용
⑬ 사기죄에 있어서 수인의 피해자에 대하여 각 피해자별로 기망행위를 하여 각각 재물을 편취한 경우에 그 범의가 단일하고 범행방법이 동일하다고 하더라도 포괄일죄가 성립하는 것이 아니라 **피해자별로 1개씩의 죄가 성립한다**(대판 2013.1.24, 2012도10629 **박연호 부산저축은행 회장 사건**). 12. 법원직 9급·국가직 9급, 14·17. 법원행시	⑭ 수뢰 후 부정처사죄에 있어서 공무원이 **수뢰 후 행한 부정행위가 공도화변조 및 동행사죄와 같이 보호법익을 달리하는 별개 범죄의 구성요건을 충족하는 경우에는** 수뢰 후 부정처사죄 외에 별도로 공도화변조 및 동행사죄가 성립하고 이들 죄와 수뢰 후 부정처사죄는 각각 **상상적 경합관계에 있다**(대판 2001.2.9, 2000도1216 **도시계획도 변조 사건**). 11. 경찰채용, 11·12. 법원직 9급, 13. 국가직 9급
⑭ **여러 사람의 피해자에 대하여 따로 기망행위를 하여** 각각 재물을 편취한 경우에는 비록 범의가 단일하고 범행방법이 동일하더라도 각 피해자의 피해법익은 독립한 것이므로 그 전체가 포괄일죄로 되지 아니하고 피해자별로 독립한 여러 개의 사기죄가 성립하고, 그 사기죄 상호간은 **실체적 경합범 관계에 있다**(대판 2010.4.29, 2010도2810 **사기계 사건**). 12. 경찰간부	

⑮ 법원을 기망하여 승소판결을 받고 그 확정판결에 의하여 소유권이전등기를 경료한 경우에는 사기죄와 별도로 공정증서원본불실기재죄가 성립하고 양죄는 **실체적 경합범 관계**에 있다(대판 1983.4.26, 83도188). 12. 경찰간부, 13. 사법시험·국가직 7급, 17. 법원직 9급

⑯ 회사의 대표이사가 업무상 보관하던 **회사 자금을 빼돌려 횡령한 다음, 그중 일부를 더 많은 장비 납품 등의 계약을 체결할 수 있도록 해달라는 취지의 묵시적 청탁과 함께 배임증재에 공여한 경우, 위 횡령의 범행과 배임증재의 범행**은 서로 범의 및 행위의 태양과 보호법익을 달리하는 **별개의 행위이다**(대판 2010.5.13, 2009도13463 **교통량 조사장비 납품 사건**). 12. 국가직 9급, 14. 경찰채용·국가직 7급

⑰ **횡령교사를 한 후 그 횡령한 물건을 취득한 때에는** 횡령교사죄와 장물취득죄의 **경합범이 성립된다**(대판 1969.6.24, 69도692). 11·12. 경찰승진, 12. 경찰채용, 14. 사법시험·국가직 7급, 15. 경찰간부

⑱ 타인의 사무를 처리하는 자가 동일인으로부터 그 직무에 관하여 부정한 청탁을 받고 여러 차례에 걸쳐 금품을 수수한 경우, 그것이 단일하고도 계속된 범의 아래 일정기간 반복하여 이루어진 것이고 그 피해법익도 동일한 때에는 이를 포괄일죄로 보아야 한다. 다만, **여러 사람으로부터 각각 부정한 청탁을 받고 그들로부터 각각 금품을 수수한 경우에는 비록 그 청탁이 동종의 것이라고 하더라도** 단일하고 계속된 범의 아래 이루어진 범행으로 보기 어려워 그 전체를 포괄일죄로 볼 수 없다(대판 2008.12.11, 2008도6987 **주말부킹권 부정판매 사건**). 11·17. 경찰승진, 15. 사법시험·법원직 9급

⑲ 불을 놓은 집에서 빠져 나오려는 피해자들을 막아 **소사(燒死)**하게 한 행위는 1개의 행위가 수개의 죄명에 해당하는 경우라고 볼 수 없고, 방화행위와 살인행위는 법률상 별개의 범의에 의하여 별개의 법익을 해하는 별개의 행위라고 할 것이니 **현주건조물방화죄와 살인죄는 실체적 경합관계**에 있다(대판 1983.1.18, 82도2341 **은봉암 사건**). 13. 국가직 9급, 15. 법원행시·경찰간부, 17·20. 국가직 7급

⑳ 위조통화를 행사하여 재물을 불법영득한 때에는 위조통화행사죄와 사기죄의 **양죄가 성립되는 것이다**(대판 1979.7.10, 79도840). 11·12. 경찰승진, 11·13. 사법시험, 11·13·15·18·21. 경찰간부, 12. 변호사, 13. 법원행시, 13·15. 경찰채용

⑮ 공무원이 직무관련자에게 제3자와 계약을 체결하도록 요구하여 그 계약 체결을 하게 한 행위가 제3자뇌물수수죄의 구성요건과 직권남용죄의 구성요건에 모두 해당하는 경우에는 제3자뇌물수수죄와 직권남용죄가 각각 성립하고, 두 죄는 **상상적 경합 관계에 있게 된다**(대판 2017.3.15, 2016도19659 **이천시 건축담당 공무원 사건**). 17·20. 법원행시, 20. 경찰간부·해경채용·변호사

⑯ 동일한 공무를 집행하는 여럿의 공무원에 대하여 폭행·협박행위를 한 경우에는 공무를 집행하는 공무원의 수에 따라 여럿의 공무집행방해죄가 성립하고, 위와 같은 폭행·협박행위가 동일한 장소에서 동일한 기회에 이루어진 것으로서 사회관념상 1개의 행위로 평가되는 경우에는 여럿의 공무집행방해죄는 **상상적 경합의 관계**에 있다(대판 2009.6.25, 2009도3505 **경찰관 2명 폭행 사건**). 11·12·13·14. 사법시험, 11·14. 경찰승진, 12·13·15·20 경찰채용, 12·13·18. 경찰간부, 12·14·17. 국가직 9급, 17. 법원행시, 20. 법원직 9급

⑰ 피고인이 금융회사 등의 임직원의 직무에 속하는 사항에 관하여 알선할 의사와 능력이 없음에도 알선을 한다고 기망하고 피해자로부터 알선을 한다는 명목으로 금품 등을 수수하였다면, 이러한 피고인의 행위는 사기죄와 특경법 제7조(알선수재) 위반죄에 각 해당하고 두 죄는 **상상적 경합의 관계에 있다**(대판 2012.6.28, 2012도3927 **금융자문 사기 사건**). 13. 경찰간부, 17. 법원행시

⑱ 공무원이 취급하는 사건에 관하여 청탁 또는 알선을 할 의사와 능력이 없음에도 **청탁 또는 알선을 한다고 기망하고 이에 속은 피해자로부터 청탁자금 명목으로 금품을 받았다면** 이러한 피고인의 행위는 사기죄와 변호사법 제111조 위반죄에 각 해당하고 두 죄는 상상적 경합의 관계에 있다(대판 2007.5.10, 2007도2372). 11. 경찰승진·사법시험, 14. 국가직 7급, 20. 해경채용·변호사·법원행시

⑲ 국회의원 선거에서 **정당의 공천을 받게 하여 줄 의사나 능력이 없음에도 이를 해 줄 수 있는 것처럼 기망하여 공천과 관련하여 금품을 받은 경우** 공직선거법상 공천 관련 금품수수죄와 사기죄가 모두 성립하고 양자는 **상상적 경합의 관계에 있다**(대판 2013.9.26, 2013도7876 **민주통합당 공천비리 사건**). 12. 법원행시, 16. 경찰채용

실체적 경합범에 해당하는 경우	상상적 경합범에 해당하는 경우

㉑ **사기의 수단으로 발행한 수표가 지급거절된 경우** 부정수표 단속법 위반죄와 사기죄는 그 행위의 태양과 보호법익을 달리하므로 **실체적 경합범의 관계에 있다**(대판 2004.6.25, 2004도1751 **성형사출기 사건**). 12. 법원행시, 13. 경찰간부, 16. 사법시험, 17. 경찰채용

㉒ 무면허운전으로 인한 도로교통법 위반죄에 있어서는 운전한 날을 기준으로 운전한 날마다 1개의 운전행위가 있다고 보는 것이 상당하므로 운전한 날마다 무면허운전으로 인한 도로교통법 위반의 1죄가 성립한다고 보아야 하고, 비록 계속적으로 무면허운전을 할 의사를 가지고 여러 날에 걸쳐 무면허운전행위를 반복하였다 하더라도 이를 포괄하여 일죄로 볼 수는 없다(대판 2002.7.23, 2001도6281 **이틀 무면허운전 사건**). 11. 경찰승진·경찰간부·법원행시, 13·15. 사법시험, 16. 경찰채용·국가직 9급, 20. 국가직 7급

㉓ **같은 날 무면허운전 행위를 여러 차례 반복한 경우**라도 그 범의의 단일성 내지 계속성이 인정되지 않거나 범행방법 등이 동일하지 않은 경우 각 무면허운전 범행은 실체적 경합 관계에 있다고 볼 수 있으나, 그와 같은 **특별한 사정이 없다면** 각 무면허운전 행위는 동일 죄명에 해당하는 수 개의 동종 행위가 동일한 의사에 의하여 반복되거나 접속·연속하여 행하여진 것으로 봄이 상당하고 그로 인한 피해법익도 동일한 이상 **각 무면허운전 행위를 통틀어 포괄일죄로 처단하여야 한다**(대판 2022.10.27, 2022도8806 **식사 전후 무면허운전 사건**). 23. 법원행시

㉔ 저작권법은 제140조 본문에서 저작재산권 침해로 인한 제136조 제1항의 죄를 친고죄로 규정하면서, 제140조 단서 제1호에서 영리를 위하여 상습적으로 위와 같은 범행을 한 경우에는 고소가 없어도 공소를 제기할 수 있다고 규정하고 있으나, 상습으로 제136조 제1항의 죄를 저지른 경우를 가중처벌한다는 규정은 따로 두고 있지 않다. 따라서 수회에 걸쳐 구 저작권법 제136조 제1항의 죄를 범한 것이 상습성의 발현에 따른 것이라고 하더라도, 이는 원칙적으로 경합범으로 보아야 하는 것이지 하나의 죄로 처단되는 상습범으로 볼 것은 아니다(대판 2013.9.26, 2011도1435 **파일공유사이트 사건**). 14. 변호사, 16. 경찰채용

㉒⁰ 한국소비자보호원을 비방할 목적으로 18회에 걸쳐서 출판물에 의하여 공연히 허위의 사실을 적시·유포함으로써 한국소비자보호원의 명예를 훼손하고 업무를 방해하였다는 각죄는 1개의 행위가 2개의 죄에 해당하는 형법 제40조 소정의 상상적경합의 관계에 있다(대판 1993.4.13, 92도3035).

㉑ **무허가 카지노영업으로 인한 관광진흥법위반죄와 도박개장죄는** 상상적 경합범 관계에 있다(대판 2009.12.10, 2009도11151).

㉒ 피고인이 그 **직무상 지득한 구술시험 문제 중에서 소론 사항을 타인에게 알린 것은** 공무상 비밀의 누설인 동시에 형법 제131조 제1항의 부정한 행위를 한 때에 해당한다(대판 1970.6.30, 70도562).

㉓ 자동차운전자가 타 차량을 들이받아 그 **차량을 손괴하고 동시에 동 차량에 타고 있던 승객에게 상해**를 입힌 경우, 이는 동일한 업무상과실로 발생한 수 개의 결과로서 형법 제40조 소정의 상상적 경합관계에 있다(대판 1986.2.11, 85도2658).

㉔ 특가법 위반(**위험운전치사상**)죄 외에 업무상과실재물손괴로 인한 **도로교통법 위반죄가** 성립하고, 위 두 죄는 1개의 운전행위로 인한 것으로서 상상적 경합관계에 있다(대판 2010.1.14, 2009도10845).

㉕ **업무상과실로 교량을 손괴하여 자동차의 교통을 방해하고 그 결과 승객이 탑승한 자동차를 교량에서 추락시킨 경우**에는 업무상과실일반교통방해죄와 업무상과실자동차추락죄가 성립하고, 양죄는 **상상적 경합관계에 있다**(대판 1997.11.28, 97도1740 **성수대교 붕괴 사건**). 20. 국가직 9급

㉖ 무면허인데다가 술이 취한 상태에서 오토바이를 운전하였다는 것은 1개의 운전행위라 할 것이므로 **두 죄(무면허운전죄와 음주운전죄)는 상상적 경합관계에 있다**(대판 1987.2.24, 86도2731 **술먹고 면허 없이 사건**). 21. 변호사

㉗ 수 개의 접근매체를 한꺼번에 양도한 행위는 하나의 행위로 수개의 전자금융거래법 위반죄를 범한 경우에 해당하여 각 죄는 **상상적 경합관계에 있다**(대판 2010.3.25, 2009도1530). 22. 법원직 9급

㉕ 저작재산권 침해행위는 저작권자가 같더라도 저작물별로 침해되는 법익이 다르므로 각각의 저작물에 대한 침해행위는 원칙적으로 각 별개의 죄를 구성한다. 다만, 단일하고도 계속된 범의 아래 동일한 저작물에 대한 침해행위가 일정기간 반복하여 행하여진 경우에는 포괄하여 하나의 범죄가 성립한다고 볼 수 있다(대판 2013.9.26, 2011도1435 **파일공유사이트 사건**). 13. 경찰채용, 14. 변호사, 17. 경찰간부

㉖ 컴퓨터로 음란동영상을 제공한 제1범죄행위로 서버컴퓨터가 압수된 이후 다시 장비를 갖추어 동종의 제2범죄행위를 하고 제2범죄행위로 인하여 약식명령을 받아 확정된 경우, 피고인에게 범의의 갱신이 있어 제1범죄행위는 약식명령이 확정된 제2범죄행위와 **실체적 경합관계에 있다**(대판 2005.9.30, 2005도4051 **라이브클럽 PC방 사건**). 12·14. 경찰간부, 12·16. 법원행시, 20. 경찰승진

㉗ 상관으로부터 집총을 하고 군사교육을 받으라는 명령을 수회 받고도 그때마다 이를 거부한 경우에는 그 명령 횟수만큼의 항명죄가 즉시 성립하는 것이지, 집총거부의 의사가 단일하고 계속된 것이며 피해법익이 동일하다고 하여 수회의 명령거부행위에 대하여 하나의 항명죄만 성립한다고 할 수는 없다(대판 1992.9.14, 92도1534 **여호와의 증인 훈련병 사건**). 12. 경찰간부

㉘ 초병이 일단 수소를 이탈하면 그 이탈행위와 동시에 수소이탈죄는 완성되고, 그 후 다시 부대에 복귀하기 전이라도 별도로 군무를 기피할 목적을 일으켜 직무를 이탈하였다면 초병의 수소이탈죄와 군무이탈죄가 각각 독립하여 성립하고, 두 죄는 **실체적 경합범의 관계에 있다**(대판 1981.10.13, 81도2397). 12. 법원행시, 15. 경찰간부

㉙ 수개의 등록상표에 대하여 상표권 침해행위가 계속하여 행하여진 경우에는 **등록상표 1개마다 포괄하여 1개의 범죄가 성립하므로**, 특별한 사정이 없는 한 상표권자 및 표장이 동일하다는 이유로 등록상표를 달리하는 수개의 상표권 침해행위를 포괄하여 하나의 죄가 성립하는 것으로 볼 수 없다(대판 2013.7.25, 2011도12482 **ABERCROMBIE 사건**). 17. 경찰간부

㉘ 피해견인 로트와일러가 묶여 있던 자신의 진돗개를 공격하자, 진돗개 주인이 피해견을 쫓아버리기 위해 엔진톱으로 위협하다가 피해견의 등 쪽을 절단하여 죽게 한 행위는 구 동물보호법위반죄 (잔인한 방법으로 죽이는 행위)와 재물손괴죄가 성립하고, 양자는 **상상적 경합의 관계에 있다**(대판 2016.1.28, 2014도2477 이웃집 맹견 전기톱 살해사건). 22. 경찰채용

㉙ 수 개의 등록상표에 대하여 상표법 제230조의 상표권 침해행위가 계속하여 이루어진 경우에는 등록상표마다 포괄하여 1개의 범죄가 성립하나, **하나의 유사상표 사용행위로 수 개의 등록상표를 동시에 침해하였다면 각각의 상표법 위반죄는 상상적 경합의 관계에 있다**(대판 2020.11.12, 2019도11688 **코코그린 상표권 사건**). 22. 경찰채용

실체적 경합범에 해당하는 경우	상상적 경합범에 해당하는 경우
㉚ 수수한 메스암페타민을 장소를 이동하여 투약하고서 잔량을 은닉하는 방법으로 소지한 행위는 그 소지의 경위나 태양에 비추어 볼 때 당초의 수수행위에 수반 되는 필연적 결과로 볼 수는 없고, 사회통념상 수수행위와는 독립한 별개의 행위를 구성한다(대판 1999.8.20, 99도1744). 16. 경찰채용·국가직 7급	

㉛ **매입한 대마를 처분함이 없이 계속 소지하고 있는 경우에 있어서** 그 소지행위가 매매행위와 불가분의 관계에 있는 것이라거나, 매매행위에 수반되는 필연적 결과로서 일시적으로 행하여진 것에 지나지 않는다고 평가되지 않는 한 그 소지행위는 매매행위에 포괄흡수되지 아니하고 대마매매죄와는 달리 대마소지죄가 성립한다고 보아야 할 것인바, **흡연할 목적으로 대마를 매입한 후 흡연할 기회를 포착하기 위하여 이틀 이상 하의주머니에 넣고 다님으로써 소지한 행위는 매매행위의 불가분의 필연적 결과라고 평가될 수 없다**(대판 1990.7.27, 90도543). 11·17. 경찰채용

㉜ **비의료인이 의료기관을 개설하여 운영하는 도중 개설자 명의를 다른 의료인 등으로 변경한 경우** 그 범의가 단일하다거나 범행방법이 종전과 동일하다고 보기 어려우므로 개설자 명의별로 별개의 범죄가 성립하고 각 죄는 **실체적 경합범의 관계에 있다**(대판 2018.11.29, 2018도10779 **사무장 치과의원 사건**). 19. 법원행시

㉝ 경찰서 생활질서계에 근무하는 피고인 甲이 **사행성 게임장 업주인 乙로부터 뇌물을 수수하면서**, 乙의 자녀 명의 은행 계좌에 관한 현금카드를 받은 뒤 乙이 계좌에 돈을 입금하면 甲이 현금카드로 돈을 인출하는 방법으로 범죄수익의 취득에 관한 사실을 가장한 경우, 범죄수익규제법위반죄와 특가법 위반(뇌물)죄가 성립하고 두 죄는 **실체적 경합범 관계에 있다**(대판 2012.9.27, 2012도6079 **부평서 기능직공무원 수뢰 사건**). 17. 경찰승진

㉞ 공직선거법 제106조 제1항 소정의 호별방문죄에 있어서 각 집의 방문이 '연속적'인 것으로 인정되기 위해서는 반드시 집을 중단 없이 방문하여야 하거나 동일한 일시 및 기회에 각 집을 방문하여야 하는 것은 아니지만, 각 방문행위 사이에는 **어느 정도의 시간적 근접성이 있어야 할 것이므로**, 甲, 乙, 丙의 집을 각 3개월, 7개월 기간을 두고 방문한 행위는 **집을 방문한 행위 사이에 시간적 근접성이 있다고 보기는 어려워** 실체적 경합범에 해당한다(대판 2007.3.15, 2006도9042). 20. 경찰채용, 21. 경찰간부

㉟ 유사수신행위의 규제에 관한 법률 제3조에서 금지하고 있는 **유사수신행위** 그 자체에는 기망행위가 포함되어 있지 않고, 이러한 법률 위반죄와 **특경법 위반(사기)**죄는 그 구성요건을 달리하는 별개의 범죄로서 양죄는 **실체적 경합관계로 봄이 상당하다**(대판 2008.2.29, 2007도10414). 20. 법원행시

㊱ **건물제공행위와 성매매알선행위**의 경우 성매매알선행위가 건물제공행위의 필연적 결과라거나 반대로 건물제공행위가 성매매알선행위에 수반되는 필연적 수단이라고도 볼 수 없으므로, '영업으로 성매매를 알선한 행위'와 '영업으로 성매매에 제공되는 건물을 제공하는 행위'는 당해 행위 사이에서 각각 포괄일죄를 구성할 뿐, **서로 독립된 가벌적 행위로서 별개의 죄를 구성한다**(대판 2011.5.6, 2010도6090 **나이스 스포츠마사지 사건**). 21. 경찰간부

㊲ 음주로 인한 특가법 위반(**위험운전치사상**)죄와 도로교통법 위반(**음주운전**)죄가 모두 성립하는 경우 두 죄는 **실체적 경합관계에 있다**(대판 2008.11.13, 2008도7143 **음주 택시운전 사건**). 20. 경찰채용·법원직 9급

㊳ 피고인이 슈퍼마켓 사무실에서 식칼을 들고 피해자를 협박한 행위와 식칼을 들고 매장을 돌아다니며 손님을 내쫓아 그의 영업을 방해한 행위는 **별개의 행위이다**(대판 1991.1.29, 90도2445 **슈퍼마켓 사건**). ➡ 특수협박죄와 업무방해죄는 실체적 경합범의 관계에 있다. 20. 경찰채용

㊴ 피고인이 운전면허 없이 운전을 하다가 두 사람을 한꺼번에 치어 사상하게 한 경우 이 업무상과실치상의 소위는 상상적 경합에 해당하고, 이와 무면허운전에 대한 도로교통법위반죄와는 **실체적 경합이다**(대판 1972.10.31, 72도2001). 21. 변호사

㊵ 방문판매법위반죄는 사기죄와 그 구성요건을 달리하는 별개의 범죄로서 서로 보호법익이 다르므로 두 죄는 법조경합 관계가 아니라 **실체적 경합 관계로 봄이 상당하다**(대판 2013.6.27, 2013도2510 **토비스리조트 사건**). 22. 법원직 9급

㊶ 범죄단체 등에 소속된 조직원이 저지른 폭처법위반(**단체 등의 공동강요**)죄 등의 개별적 범행과 폭처법위반(**단체 등의 활동**)죄는 범행의 목적이나 행위 등 측면에서 일부 중첩되는 부분이 있더라도 일반적으로 구성요건을 달리하는 **별개의 범죄로서 범행의 상대방, 범행 수단 내지 방법, 결과 등이 다를 뿐만 아니라 그 보호법익이 일치한다고 볼 수 없다. 따라서 상상적 경합이 아닌 실체적 경합관계에 있다고 보아야 한다**(대판 2022.9.7, 2022도6993 **텔리그램 성착취 사건**). 23. 경찰채용

> **형법**
>
> 제40조【상상적 경합】한 개의 행위가 여러 개의 죄에 해당하는 경우에는 **가장 무거운 죄에 대하여 정한 형**으로 처벌한다.
>
> 제37조【경합범】판결이 확정되지 아니한 수개의 죄 또는 금고 이상의 형에 처한 판결이 확정된 죄와 그 판결확정 전에 범한 죄를 경합범으로 한다.
>
> 제38조【경합범과 처벌례】① 경합범을 동시에 판결할 때에는 다음 각 호의 구분에 따라 처벌한다.
> 1. 가장 무거운 죄에 대하여 정한 형이 사형, 무기징역, 무기금고인 경우에는 가장 무거운 죄에 대하여 정한 형으로 처벌한다.
> 2. 각 죄에 대하여 정한 형이 사형, 무기징역, 무기금고 외의 같은 종류의 형인 경우에는 가장 무거운 죄에 대하여 정한 형의 장기 또는 다액(多額)에 그 **2분의 1까지 가중**하되 각 죄에 대하여 정한 형의 장기 또는 다액을 합산한 형기 또는 액수를 초과할 수 없다. 다만, 과료와 과료, 몰수와 몰수는 병과할 수 있다.
> 3. 각 죄에 대하여 정한 형이 무기징역, 무기금고 외의 다른 종류의 형인 경우에는 병과한다.
> ② 제1항 각 호의 경우에 징역과 금고는 같은 종류의 형으로 보아 징역형으로 처벌한다.
>
> 제39조【판결을 받지 아니한 경합범, 수개의 판결과 경합범, 형의 집행과 경합범】① 경합범 중 판결을 받지 아니한 죄가 있는 때에는 그 죄와 판결이 확정된 죄를 동시에 판결할 경우와 형평을 고려하여 그 죄에 대하여 형을 선고한다. 이 경우 그 **형을 감경 또는 면제할 수 있다.**
> ② 삭제 <2005.7.29.>
> ③ 경합범에 의한 판결의 선고를 받은 자가 경합범 중의 어떤 죄에 대하여 사면 또는 형의 집행이 면제된 때에는 다른 죄에 대하여 다시 형을 정한다.
> ④ 전 3항의 형의 집행에 있어서는 이미 집행한 형기를 통산한다.

상상적 경합범		가장 무거운 죄에 대하여 정한 형으로 처벌함. 수죄의 법정형의 **상한과 하한을 모두 비교**하여 무거운 형에 의하여 처단해야 하며, 가벼운 죄에 부가형이 있는 경우 이를 병과해야 함(전체적 대조주의, 통설·판례)(대판 2012.6.28, 2012도3927 **금융자문 사기 사건**)
(실체적) 경합범	제37조 전단 경합범 (동시적 경합범)	① 의의: 판결이 확정되지 아니한 수개의 죄를 동시에 심판하는 경우(예 범인이 ⓐ·ⓑ 죄를 범하고, 법원이 ⓐ·ⓑ죄를 동시에 심판하는 경우) ② 가장 무거운 죄에 대하여 정한 형이 **사형, 무기징역, 무기금고**인 경우에는 가장 무거운 죄에 대하여 정한 형으로 처벌함(**흡수주의**)(예 살인죄에 대하여 사형을 선택하고, 절도죄에 대하여 징역형을 선택하면 사형으로 처단함) ③ 각 죄에 대하여 정한 형이 사형, 무기징역, 무기금고 외의 같은 종류의 형인 경우에는 가장 무거운 죄에 대하여 정한 **장기 또는 다액에 그 2분의 1까지 가중**하되 각 죄에 대하여 정한 형의 장기 또는 다액을 합산한 형기 또는 액수를 초과할 수 없음. 다만, 과료와 과료, 몰수와 몰수는 병과할 수 있음(가중주의와 병과주의)(예 살인죄와 절도죄 모두에 대하여 유기징역형을 선택하면 5년 이상 36년 이하의 징역으로 처단함). 상상적 경합범과 마찬가지로 전체적 대조주의가 적용됨(판례) ④ 각 죄에 대하여 정한 형이 무기징역, 무기금고 외의 **다른 종류의 형**인 경우에는 병과함(**병과주의**)(예 살인죄에 대하여 유기징역형 선택, 절도죄에 대하여 벌금형을 선택하면 징역형과 벌금형을 병과하여 처단함)

제37조 후단 경합범 (사후적 경합범)	① 의의: 금고 이상의 형에 처한 **판결이 확정된 죄와 그 판결확정 전에 범한 죄**에 있어, 판결확정 전에 범한 죄를 심판하는 경우(예 범인이 ⓐ·ⓑ죄를 범하고, ⓑ죄에 대하여 판결이 확정된 후에 법원이 ⓐ죄를 심판하는 경우) ② 판결이 확정된 죄와 동시에 판결할 경우와의 형평을 고려하여 형을 선고함. 이 경우 **형을 감경 또는 면제할 수 있음**(예 살인죄와 절도죄를 범한 후 절도죄에 대하여 판결이 확정된 후에 살인죄를 심판할 경우, 양죄를 동시에 심판할 경우와의 형평을 고려하여 살인죄에 대하여 형을 선고함) ③ 형법 제37조 후단 경합범에 대하여 형법 제39조 제1항에 의하여 형을 감경할 때에도 법률상 감경에 관한 형법 제55조 제1항이 적용되어 유기징역을 감경할 때에는 그 **형기의 2분의 1 미만으로는 감경할 수 없다**[대판 2019.4.18, 2017도14609(전합) 제39조 제1항 감경 사건]. 20. 경찰간부

⚖ 판례 | 연결효과에 의한 상상적 경합범의 처벌

1 공도화변조죄와 동행사죄가 수뢰후부정처사죄와 각각 상상적 경합범 관계에 있을 때에는 공도화변조죄와 동행사죄 상호간은 실체적 경합범 관계에 있다고 할지라도 상상적 경합범 관계에 있는 수뢰후부정처사죄와 대비하여 **가장 중한 죄에 정한 형으로 처단하면 족하고 따로 경합범 가중을 할 필요가 없다**(대판 2001.2.9, 2000도1216 **도시계획도 변조 사건**). 12. 국가직 7급, 15. 국가직 9급

2 허위공문서작성죄와 동행사죄가 수뢰후부정처사죄와 각각 상상적 경합 관계에 있을 때에는 허위공문서작성죄와 동행사죄 상호간은 실체적 경합범 관계에 있다고 할지라도 상상적 경합범 관계에 있는 수뢰후부정처사죄와 대비하여 **가장 중한 죄에 정한 형으로 처단하면 족하고 따로 경합범 가중을 할 필요가 없다**(대판 1983.7.26, 83도1378 **예비군중대장 사건**). 17. 국가직 9급

⚖ 판례 | 전체적 대조주의에 의한 실체적 경합범의 처벌

경합범의 처벌에 관하여 형법 제38조 제1항 제2호 본문은 각 죄에 정한 형이 사형 또는 무기징역이나 무기금고 이외의 동종의 형인 때에는 가장 중한 죄에 정한 장기 또는 다액에 그 2분의 1까지 가중하도록 규정하고 그 단기에 대하여는 명문을 두고 있지 않고 있으나, **가장 중한 죄 아닌 죄에 정한 형의 단기가 가장 중한 죄에 정한 형의 단기보다 중한 때에는** 위 본문 규정취지에 비추어 **그 중한 단기를 하한으로 한다고 새겨야 한다**(대판 1985.4.23, 84도2890). 17. 변호사

판례비교

형법 제37조 전단 경합범인 경우	형법 제37조의 경합범이 아닌 경우
① **두 개의 공소사실이 형법 제37조 전단 경합범 관계에 있는 경우** 그 사실들에 대하여 병합심리를 하고 한 판결로서 처단하는 이상 **형법 제38조 제1항 소정의 예에 따라** 경합가중한 형기 범위 내에서 **단일한 선고형으로 처단하여야 한다**(대판 1972.5.9, 72도597).	① **수개의 마약법 위반(향정)죄의 중간에 확정판결이 존재하여** 확정판결 전후의 범죄가 서로 경합범 관계에 있지 않게 된 경우, 형법 제39조 제1항에 따라 **2개의 주문으로 형을 선고하여야 한다**(대판 2010.11.25, 2010도10985). 15·17. 변호사

형법 제37조 전단 경합범인 경우	형법 제37조의 경합범이 아닌 경우
② 피고인이 벌금형의 확정 전후에 범한 각 죄는 형법 제37조 전단의 경합범 관계에 있으므로 그에 대하여 하나의 형을 선고하여야 한다(대판 2005.7.14, 2003도1166). 15. 변호사	② 확정판결 전에 저지른 범죄와 확정판결 후에 저지른 범죄는 형법 제37조에서 말하는 경합범 관계에 있는 것은 아니므로 원심이 확정판결 전후의 범죄사실을 2개의 구분으로 나누어서 2개의 주문으로 따로 처벌한 조치는 정당하다(대판 1970.12.22, 70도2271). ③ 상습사기의 범행이 단순사기죄의 확정판결의 전후에 걸쳐서 행하여진 경우에는 그 죄는 두 죄로 분리되지 않고 확정판결 후인 최종의 범죄행위시에 완성되는 것이다(대판 2010.7.8, 2010도1939). ④ 포괄일죄로 되는 개개의 범죄행위가 다른 종류의 죄의 확정판결의 전후에 걸쳐서 행하여진 경우에는 그 죄는 2죄로 분리되지 않고 확정판결 후인 최종의 범죄행위시에 완성되는 것이다(대판 2015.9.10, 2015도7081). 12·16. 법원행시, 13·14. 경찰채용, 15. 사법시험·변호사

⚖️ 판례 ┃ 형법 제37조 후단 경합범 관련 판례

1 피고인이 별개의 사건에서 징역형의 집행유예 등을 선고받고 상고하였으나 대법원이 결정으로 상고를 기각하였는데, 그 결정일을 전후하여 피고인이 유사석유제품을 판매 및 보관하였다고 하여 석유사업법 위반으로 기소된 경우, **상고기각결정이 피고인의 유사석유제품 판매 및 보관행위시 이후에 피고인에게 고지되어 그 때 위 판결이 확정되었다면 피고인의 범죄는 판결이 확정된 위 죄와 형법 제37조 후단 경합범에 해당한다** (대판 2012.1.27, 2011도15914 **대법원결정 고지 전 범죄 사건**). 14. 경찰간부

2 형법 제39조 제1항은 "경합범 중 판결을 받지 아니한 죄가 있는 때에는 그 죄와 판결이 확정된 죄를 동시에 판결할 경우와 형평을 고려하여 그 죄에 대하여 형을 선고한다. 이 경우 그 형을 감경 또는 면제할 수 있다."라고 정하고 있으므로, 형법 제37조의 후단 경합범에 대하여 **형을 감경 또는 면제할 것인지는 원칙적으로 그 죄에 대하여 심판하는 법원이 재량에 따라 판단할 수 있고,** 판결이 확정된 죄와 후단 경합범의 죄에 대한 선고형의 총합이 두 죄에 대하여 형법 제38조를 적용하여 산출한 처단형의 범위 내에 속하도록 후단 경합범에 대한 형을 정하여야 하는 제한을 받는 것은 아니다(대판 2011.9.29, 2008도9109). 14. 법원직 9급, 15. 변호사

3 무기징역에 처하는 판결이 확정된 죄와 형법 제37조의 후단 경합범의 관계에 있는 죄에 대하여 공소가 제기된 경우, 법원은 두 죄를 동시에 판결할 경우와 **형평을 고려하여 후단 경합범에 대한 처단형의 범위 내에서 후단 경합범에 대한 선고형을 정할 수 있고,** 형법 제38조 제1항 제1호가 형법 제37조의 전단 경합범 중 가장 중한 죄에 정한 **처단형이 무기징역인 때에는 흡수주의를 취하였다고 하여 뒤에 공소제기된 후단 경합범에 대한 형을 필요적으로 면제하여야 하는 것은 아니다**(대판 2008.9.11, 2006도8376). 11·16. 법원행시, 12. 국가직 9급, 14. 법원직 9급

4 아직 판결을 받지 아니한 죄가 이미 판결이 확정된 죄와 동시에 판결할 수 없었던 경우에는 형법 제39조 제1항에 따라 동시에 판결할 경우와 **형평을 고려하여 형을 선고하거나 그 형을 감경 또는 면제할 수 없다**(대판 2014.5.16, 2013도12003 **해태건설 대표 사건**). 15. 국가직 9급, 16. 경찰간부·법원행시·법원직 9급

5 확정판결의 죄에 대하여 일반사면이 있다 하더라도 일사부재리의 효력 등은 여전히 계속 존속하는 것이고, 확정판결이 있었던 사실에 의하여 그 전의 죄와 후의 죄 등이 형법 제37조 후단의 경합범 관계에 있었다고 하는 효과도 **일반사면에 의하여 좌우되는 것은 아니다**(대판 1995.12.22, 95도2446). ➡ 일반사면을 받아도 형법 제37조 후단 경합범이 된다는 의미이다.

6 유죄의 확정판결을 받은 사람이 그 후 별개의 후행범죄를 저질렀는데 유죄의 확정판결에 대하여 재심이 개시된 경우, 후행범죄가 재심대상판결에 대한 재심판결 확정 전에 범하여졌다 하더라도 **아직 판결을 받지 아니한 후행범죄와 재심판결이 확정된 선행범죄 사이에는 형법 제37조 후단에서 정한 경합범 관계가 성립하지 않는다**[대판 2019.6.20, 2018도20698(전합)]. 19. 5급승진, 20. 법원행시

7 공직선거법 제18조 제1항 제3호에서 '선거범'이라 함은 공직선거법 제16장 벌칙에 규정된 죄와 국민투표법 위반의 죄를 범한 자를 말하는데(공직선거법 제18조 제2항), 공직선거법 제18조 제1항 제3호에 규정된 죄와 다른 죄의 경합범에 대하여는 이를 분리 선고하여야 한다(공직선거법 제18조 제3항 전단). 따라서 **판결이 확정된 선거범죄와 확정되지 아니한 다른 죄는 동시에 판결할 수 없었던 경우에 해당하므로 형법 제39조 제1항에 따라 동시에 판결할 경우와의 형평을 고려하여 형을 선고하거나 그 형을 감경 또는 면제할 수 없다**(대판 2021.10.14, 2021도8719 **동시판결 ✕ 선거범죄 사건**).

8 공직선거법 제18조 제3항은 "형법 제38조에도 불구하고 제1항 제3호에 규정된 죄와 다른 죄의 경합범에 대하여는 이를 분리 선고하여야 한다."라고 규정하고 있는바, 그 취지는 선거범이 아닌 다른 죄가 선거범의 양형에 영향을 미치는 것을 최소화하기 위하여 형법상 경합범 처벌례에 관한 조항의 적용을 배제하고 분리하여 형을 따로 선고하여야 한다. 그리고 **선거범과 상상적 경합관계에 있는 다른 범죄에 대하여는 여전히 형법 제40조에 의하여 그중 가장 중한 죄에 정한 형으로 처벌해야 하고, 그 처벌받는 가장 중한 죄가 선거범인지 여부를 묻지 않고 선거범과 상상적 경합관계에 있는 모든 죄는 통틀어 선거범으로 취급하여야 한다**(대판 2021.7.21, 2018도16587). 22. 경찰채용

9 후단 경합범이란 금고 이상의 형에 처한 판결이 확정된 죄와 그 판결확정 전에 범한 죄를 가리키는데, 여기서 말하는 **판결에는 집행유예 판결도 포함된다**(대판 1984.8.21, 84모1297). 22. 변호사

제3편

형벌론

제3편 형벌론

제1절 형벌의 의의와 종류

형법

제41조【형의 종류】형의 종류는 다음과 같다. 20. 법원직 9급

1. 사형
2. 징역
3. 금고
4. 자격상실
5. 자격정지
6. 벌금
7. 구류
8. 과료
9. 몰수

제42조【징역 또는 금고의 기간】징역 또는 금고는 무기 또는 유기로 하고 유기는 **1개월 이상 30년 이하**로 한다. 단, 유기징역 또는 유기금고에 대하여 형을 가중하는 때에는 **50년**까지로 한다.

제43조【형의 선고와 자격상실·자격정지】① 사형, 무기징역 또는 무기금고의 판결을 받은 자는 다음에 기재한 자격을 상실한다.

1. 공무원이 되는 자격
2. 공법상의 선거권과 피선거권
3. 법률로 요건을 정한 공법상의 업무에 관한 자격
4. 법인의 이사, 감사 또는 지배인 기타 법인의 업무에 관한 검사역이나 재산관리인이 되는 자격

② 유기징역 또는 유기금고의 판결을 받은 자는 그 형의 집행이 종료하거나 면제될 때까지 전항 제1호 내지 제3호에 기재된 자격이 정지된다. 다만, 다른 법률에 특별한 규정이 있는 경우에는 그 법률에 따른다.

제44조【자격정지】① 전조에 기재한 자격의 전부 또는 일부에 대한 정지는 **1년 이상 15년 이하**로 한다.

② 유기징역 또는 유기금고에 자격정지를 병과한 때에는 징역 또는 금고의 집행을 종료하거나 면제된 날로부터 정지기간을 기산한다.

제45조【벌금】벌금은 **5만원 이상**으로 한다. 다만, 감경하는 경우에는 5만원 미만으로 할 수 있다.

제46조【구류】구류는 **1일 이상 30일 미만**으로 한다.

제47조【과료】과료는 **2천원 이상 5만원 미만**으로 한다.

제48조【몰수의 대상과 추징】① 범인 외의 자의 소유에 속하지 아니하거나 범죄 후 범인 외의 자가 사정을 알면서 취득한 다음 각 호의 물건은 **전부 또는 일부를 몰수할 수 있다.**

1. 범죄행위에 제공하였거나 제공하려고 한 물건
2. 범죄행위로 인하여 생겼거나 취득한 물건
3. 제1호 또는 제2호의 대가로 취득한 물건

② 제1항 각 호의 물건을 몰수할 수 없을 때에는 그 가액(價額)을 추징한다.

③ 문서, 도화, 전자기록 등 특수매체기록 또는 유가증권의 일부가 몰수의 대상이 된 경우에는 그 부분을 폐기한다.

제49조【몰수의 부가성】몰수는 타형에 부가하여 과한다. 단, 행위자에게 유죄의 재판을 아니할 때에도 몰수의 요건이 있는 때에는 몰수만을 선고할 수 있다.

제50조【형의 경중】① 형의 경중은 제41조 각 호의 순서에 의한다. 다만, 무기금고와 유기징역은 무거운 것으로 하고 유기금고의 장기가 유기징역의 장기를 초과하는 때에는 유기금고를 무거운 것으로 한다.

② 같은 종류의 형은 장기의 긴 것과 다액의 많은 것을 무거운 것으로 하고 장기 또는 다액이 같은 경우에는 단기의 긴 것과 소액의 많은 것을 무거운 것으로 한다.

③ 제1항 및 제2항을 제외하고는 죄질과 범정(犯情)을 고려하여 경중을 정한다.

제66조【사형】사형은 교정시설 안에서 교수하여 집행한다.

제67조【징역】징역은 교정시설에 수용하여 집행하며, 정해진 노역에 복무하게 한다.

제68조【금고와 구류】금고와 구류는 교정시설에 수용하여 집행한다.

제69조【벌금과 과료】① 벌금과 과료는 판결확정일로부터 30일 내에 납입하여야 한다. 단, 벌금을 선고할 때에는 동시에 그 금액을 완납할 때까지 노역장에 유치할 것을 명할 수 있다.

② 벌금을 납입하지 아니한 자는 **1일 이상 3년 이하**, 과료를 납입하지 아니한 자는 1일 이상 30일 미만의 기간 노역장에 유치하여 작업에 복무하게 한다.

제70조【노역장유치】① 벌금이나 과료를 선고할 때에는 이를 납입하지 아니하는 경우의 노역장 유치기간을 정하여 동시에 선고하여야 한다.

② 선고하는 벌금이 1억원 이상 5억원 미만인 경우에는 **300일 이상**, 5억원 이상 50억원 미만인 경우에는 **500일 이상**, 50억원 이상인 경우에는 **1,000일 이상**의 노역장 유치기간을 정하여야 한다.

제71조【유치일수의 공제】벌금이나 과료의 선고를 받은 사람이 그 금액의 일부를 납입한 경우에는 벌금 또는 과료액과 노역장 유치기간의 일수에 비례하여 납입금액에 해당하는 일수를 뺀다.

의의	① 형벌의 개념: 국가가 범인에게 과하는 법익의 박탈 ② 형벌의 종류와 경중(輕重): 사형, 징역, 금고, 자격상실, 자격정지, 벌금, 구류, 과료, 몰수 11. 경찰채용 ㉠ 생명형: 사형 ㉡ 자유형: 징역, 금고, 구류 ㉢ 자격형: 자격상실, 자격정지 ㉣ 재산형: 벌금, 과료, 몰수		
생명형	① 의의: 범인의 생명을 박탈하는 형벌 ② 사형은 교정시설 안에서 교수(絞首)하여 집행함		
자유형	① 의의: 범인의 신체의 자유를 박탈하는 형벌 ② 징역은 교정시설에 수용하여 집행하며, 정해진 노역에 복무하게 하고, 금고와 구류는 교정시설에 수용하여 집행함		
	징역	① 무기징역: 종신형(終身刑) ② 유기징역: 1개월 이상 **30년 이하**이지만, 가중하는 경우에는 50년까지로 함 11. 경찰채용	
	금고	① 무기금고: 종신형(終身刑) ② 유기금고: 1개월 이상 30년 이하이지만, 가중하는 경우에는 50년까지로 함	
	구류	1일 이상 **30일 미만**	

		의의: 법인의 자격 또는 명예를 박탈하는 형벌	
자격형 (명예형)	자격 상실	사형, 무기징역 또는 무기금고의 판결을 받은 자는 다음의 자격을 상실함 ① 공무원이 되는 자격 ② 공법상의 선거권과 피선거권 ③ 법률로 요건을 정한 공법상의 업무에 관한 자격 ④ 법인의 이사, 감사 또는 지배인 기타 법인의 업무에 관한 검사역이나 재산관리인이 되는 　자격	
	자격 정지	① 당연정지: 유기징역 또는 유기금고의 판결을 받은 자는 형의 집행이 종료하거나 면제될 　때까지 다음의 자격이 정지됨. 다만, 다른 법률에 특별한 규정이 있는 경우에는 그 법률 　에 따름 　㉠ 공무원이 되는 자격 　㉡ 공법상의 선거권과 피선거권 　㉢ 법률로 요건을 정한 공법상의 업무에 관한 자격 ② 선고정지: 자격의 전부 또는 일부에 대한 정지는 **1년 이상 15년 이하**로 함(《주의》 1개월 이상 　15년 이하 ✕). 판결의 선고로 다음의 자격의 전부 또는 일부를 정지시킬 수 있음. 유기징 　역 또는 유기금고에 자격정지를 병과한 때에는 징역 또는 금고의 집행을 종료하거나 면 　제된 날로부터 정지기간을 기산함 　㉠ 공무원이 되는 자격 　㉡ 공법상의 선거권과 피선거권 　㉢ 법률로 요건을 정한 공법상의 업무에 관한 자격 　㉣ 법인의 이사, 감사 또는 지배인 기타 법인의 업무에 관한 검사역이나 재산관리인이 　　되는 자격	
재산형		① 의의: 범인의 재산을 박탈하는 형벌 ② 벌금과 과료는 일정한 금액의 지불을 강제하는 형벌이고, 몰수는 범죄와 관련된 물건의 소유권 　을 박탈하는 형벌	
	벌금	① 5만원 이상이지만, 감경하는 경우에는 5만원 미만으로 할 수 있음 ② 벌금은 판결확정일로부터 30일 이내에 납입하여야 함. 벌금을 납입하지 아니한 자는 **1** 　**일 이상 3년 이하**의 기간 동안 노역장에 유치하여 작업에 복무하게 함 ③ 벌금을 선고할 때에는 납입하지 아니하는 경우의 유치기간을 정하여 동시에 선고하여야 함 　㉠ 1억원 이상 5억원 미만: **300일** 이상 　㉡ 5억원 이상 50억원 미만: **500일** 이상 　㉢ 50억원 이상: **1,000일** 이상	
	과료	① **2천원 이상 5만원 미만**(《주의》 1천원 이상 ✕) ② 과료는 판결확정일로부터 30일 이내에 납입하여야 함. 과료를 납입하지 아니한 자는 1일 　이상 30일 미만의 기간 동안 노역장에 유치하여 작업에 복무하게 함 ③ 과료를 선고할 때에는 납입하지 아니하는 경우의 유치기간을 정하여 동시에 선고하여 　야 함	
	몰수	의의	① 형식적으로는 형벌의 일종이지만 실질적으로는 범죄예방을 위한 대물적 보안 　처분에 속함 ② 몰수는 타형에 부가하여 과하지만, 행위자에게 유죄의 재판을 아니할 때에도 　몰수의 요건이 있는 때에는 몰수만을 선고할 수 있음

	종류	① 임의적 몰수: 형법총칙상의 몰수로서 몰수 여부를 법원의 재량에 맡김
		② 필요적 몰수: 형법각칙과 특별법상의 몰수로서 법원은 필요적으로 몰수하여야 함(예 뇌물죄에 있어서 뇌물, 아편죄에 있어서 아편 · 몰핀 등, 배임수재죄에 있어서 재물 등) 11 · 15. 경찰승진, 15. 경찰채용
	대물적 요건	① 범죄행위에 제공하였거나 제공하려고 한 물건
		② 범죄행위로 인하여 생(生)하였거나 이로 인하여 취득한 물건
		③ ①, ②의 대가로 취득한 물건
	대인적 요건	① 범인 이외의 자의 소유에 속하지 아니할 것 ㉠ '범인'에는 공범도 포함되므로 공범의 소유물도 그 공범의 소추 여부를 불문하고 몰수할 수 있음 ㉡ 무주물이나 금제품(禁制品)도 몰수할 수 있음 ② 범죄 후 범인 이외의 자가 사정을 알면서 취득한 물건
	추징 · 폐기	① 물건을 몰수할 수 없을 때에는 그 가액을 추징함
		② 문서, 도화, 전자기록 등 특수매체기록 또는 유가증권의 일부가 몰수에 해당하는 때에는 그 부분을 폐기함

⚖ 판례 | 몰수의 성립요건

1 몰수는 반드시 압수되어 있는 물건에 대하여서만 하는 것이 아니므로 몰수대상 물건이 압수되어 있는가 하는 점 및 적법한 절차에 의하여 압수되었는가 하는 점은 몰수의 요건이 아니다(대판 2003.5.30, 2003도705 **압수위법 몰수적법 사건**). 13 · 16. 법원행시, 14. 사법시험, 15 · 20. 국가직 9급, 16. 경찰간부 · 법원직 9급

2 형법 제49조 단서는 행위자에게 유죄의 재판을 하지 아니할 때에도 몰수의 요건이 있는 때에는 몰수만을 선고할 수 있다고 규정하고 있으므로 몰수뿐만 아니라 몰수에 갈음하는 추징도 위 규정에 근거하여 선고할 수 있다고 할 것이나 우리 법제상 공소의 제기 없이 별도로 몰수나 추징만을 선고할 수 있는 제도가 마련되어 있지 아니하므로 위 규정에 근거하여 **몰수나 추징을 선고하기 위하여서는 몰수나 추징의 요건이 공소가 제기된 공소사실과 관련되어 있어야 하고,** 공소사실이 인정되지 않는 경우에 이와 별개의 공소가 제기되지 아니한 범죄사실을 법원이 인정하여 그에 관하여 몰수나 추징을 선고하는 것은 불고불리의 원칙에 위반되어 불가능하며, 몰수나 추징이 공소사실과 관련이 있다 하더라도 그 공소사실에 관하여 이미 공소시효가 완성되어 유죄의 선고를 할 수 없는 경우에는 몰수나 추징도 할 수 없다(대판 1992.7.28, 92도700 **바이올린 밀수 사건**). 12 · 13. 경찰간부, 12 · 14. 법원행시, 13 · 20. 법원직 9급, 14. 사법시험, 14 · 15. 경찰채용, 15 · 20. 국가직 9급

3 형법 제48조 제1항의 '범인' 속에는 공범자도 포함되므로 **범인 자신의 소유물은 물론 공범자의 소유물도 그 공범자의 소추 여부를 불문하고 몰수할 수 있다**(대판 2013.5.24, 2012도15805 **안마시술소 건물 몰수 사건 Ⅱ**). 11 · 15. 국가직 9급, 11 · 16. 법원행시 · 법원직 9급, 12. 사법시험, 14. 경찰간부

4 형법 제48조 제1항의 '범인'에는 공범자도 포함되므로 **피고인의 소유물은 물론 공범자의 소유물도 그 공범자의 소추 여부를 불문하고 몰수할 수 있는 것이고,** 여기에서의 공범자에는 공동정범 · 교사범 · 방조범에 해당하는 자는 물론 필요적 공범관계에 있는 자도 포함된다(대판 2006.11.23, 2006도5586 **이사 매수실패 사건**). 11. 경찰채용 · 사법시험, 14 · 15. 법원행시, 20. 국가직 9급

5 **'범죄행위에 제공한 물건'**은 범죄의 실행행위 자체에 사용한 물건에만 한정되는 것이 아니며, 실행행위의 착수 전의 행위 또는 실행행위의 종료 후의 행위에 사용한 물건이더라도 그것이 **범죄행위의 수행에 실질적으로 기여하였다고 인정되는 한 범죄행위에 제공한 물건에 포함된다**(대판 2006.9.14, 2006도4075 **장물운반 소나타 몰수 사건**). 11. 법원행시

6 '범죄행위에 제공하려고 한 물건'이란 범죄행위에 사용하려고 준비하였으나 실제 사용하지 못한 물건을 의미하는바, 어떠한 물건을 **'범죄행위에 제공하려고 한 물건'**으로서 몰수하기 위하여는 그 물건이 유죄로 인정되는 당해 범죄행위에 제공하려고 한 물건임이 인정되어야 한다(대판 2008.2.14, 2007도10034 **송금 못한 수표·현금 사건**). 11·15. 법원행시, 12. 경찰승진

7 여러 개의 형이 병과된 사람에 대하여 그 병과형 중 일부의 집행을 면제하거나 그에 대한 형의 선고의 효력을 상실하게 하는 특별사면이 있은 경우, 그 특별사면의 효력이 병과된 나머지 형에까지 미치는 것은 아니므로 징역형의 집행유예와 벌금형이 병과된 신청인에 대하여 **징역형의 집행유예의 효력을 상실하게 하는 내용의 특별사면이 그 벌금형의 선고의 효력까지 상실하게 하는 것은 아니다**(대결 1997.10.13, 96모33).

8 판결선고 전 검찰에 의하여 압수된 후 피고인에게 **환부된 물건에 대하여도 피고인으로부터 몰수할 수 있다**(대판 1977.5.24, 76도4001 **일화·미화 몰수 사건**). 22. 국가직 7급·해경간부

9 판결선고 당시 **압수물이 현존하지 않거나** 형사소송법 제130조 제2항·제3항 및 제219조에 따라 **압수물이 이미 폐기된 경우** 법원으로서는 그 물건에 대하여 몰수를 선고할 수 없다(대판 2022.1.14, 2019다282197 **오징어채 가공·판매업자 사건**).

판례비교

몰수·추징을 할 수 있는 경우	몰수·추징을 할 수 없는 경우
① '황금성' 게임기는 기판과 본체가 서로 물리적으로 결합되어야만 비로소 그 기능을 발휘할 수 있는 기계로서 **피고인들이 게임기를 이용하여 손님들로 하여금 사행행위를 하게 한 경우**, 이 게임기는 본체를 포함한 그 전부가 **범죄행위에 제공된 물건으로서 몰수의 대상이 된다**(대판 2006.12.8, 2006도6400 **황금성 게임기 사건**). 11. 경찰간부 ② 피고인이 대형할인매장을 방문하여 범행을 할 때마다 **수십만원어치 상품을 절취하여 이를 자신의 소나타 승용차에 싣고 갔고**, 그 물품의 부피도 상당한 크기의 것이어서 대중교통수단을 타고 운반하기에 곤란한 수준이었으므로 승용차는 단순히 범행장소에 도착하는 데 사용한 교통수단을 넘어서 장물의 운반에 사용한 자동차라고 보아야 할 것이며, 따라서 형법 제48조 제1항 제1호 소정의 **범죄행위에 제공한 물건이라고 볼 수 있다**(대판 2006.9.14, 2006도4075 **장물운반 소나타 몰수 사건**). 12·16·17. 법원직 9급, 13·17. 법원행시, 14. 경찰채용, 16. 경찰간부, 20. 국가직 9급	① 체포될 당시에 미처 송금하지 못하고 소지하고 있던 자기앞수표나 현금은 장차 실행하려고 한 외국환거래법 위반의 범행에 제공하려는 물건일 뿐, 그 이전에 범해진 외국환거래법 위반의 '범죄행위에 제공하려고 한 물건'으로는 볼 수 없으므로 몰수할 수 없다(대판 2008.2.14, 2007도10034 **송금 못한 수표·현금 사건**). 11·12. 경찰채용, 11·17. 법원직 9급, 12·14. 경찰간부, 13. 법원행시 ② 장물을 매각하여 얻은 금전도 그 **장물피취자가 있을 때에는 몰수할 수 없다**(대판 1966.9.6, 66도853). ③ 강도상해의 범행에 사용된 자동차가 만약 **피고인의 처 소유라면 몰수할 수 없다**(대판 1990.10.10, 90도1904). ④ **군 피엑스(P.X)에서 공무원인 군인이 그 권한에 의하여 작성한 월간판매실적보고서**의 내용에 일부 허위기재된 부분이 있더라도 이는 공무소인 소관 육군부대의 소유에 속하는 것이므로 이를 허위공문서 작성의 범행으로 인하여 생긴 물건으로 누구의 소유도 불허하는 것이라 하여 형법 제48조 제1항 제1호를 적용·몰수하였음은 부당하다(대판 1983.6.14, 83도808).

③ 피해자로 하여금 **사기도박에 참여하도록 유인하기 위하여 고액의 수표를 제시해 보인 경우**, 수표가 직접적으로 도박자금으로 사용되지 아니하였다 할지라도 **수표가 피해자로 하여금 사기도박에 참여하도록 만들기 위한 수단으로 사용된 이상** 범죄행위에 제공된 물건으로 **이를 몰수할 수 있고**, 그렇다고 하여 피고인에게 극히 가혹한 결과가 된다고 볼 수는 없다(대판 2002.9.24, 2002도3589 **8천만원 수표 몰수 사건**). 11 · 12. 사법시험, 12. 법원직 9급, 13. 국가직 7급, 16. 경찰간부, 17. 국가직 9급

④ 오락실업자, 상품권업자 및 환전소 운영자가 공모하여 사행성 전자식 유기기구에서 경품으로 배출된 상품권을 현금으로 환전하면서 그 수수료를 일정한 비율로 나누어 가지는 방식으로 영업을 한 경우, 환전소 운영자가 환전소에 보관하던 **현금 전부**는 상품권의 환전을 통한 범죄행위에 제공하려 하였거나 그 범행으로 인하여 취득한 물건에 해당하여 형법 제48조 제1항 제1호 또는 제2호의 규정에 의하여 **몰수의 대상이 되고**, 환전소 운영자가 환전소 내에 보관하고 있던 현금 중 일부를 생활비 등의 용도로 소비하였다고 하여 달리 볼 것은 아니다(대판 2006.10.13, 2006도3302 **환전소 현금 몰수 사건**). 19. 경찰채용

⑤ 피고인이 범죄수익은닉규제법에 정한 중대범죄에 해당하는 정보통신망법위반(음란물유포)죄와 도박개장방조죄에 의하여 취득한 **비트코인은 재산적 가치가 있는 무형의 재산이라고 보아야 하므로** (중략) 비트코인을 몰수할 수 있다고 본 원심의 판단은 정당하다(대판 2018.5.30, 2018도3619 **비트코인 몰수 사건**). 21. 해경승진

> ⚖️ **판례 | 몰수 · 추징의 상대방 및 범위**
>
> **1** 수뢰자가 자기앞수표를 뇌물로 받아 이를 소비한 후 자기앞수표 상당액을 증뢰자에게 반환하였다 하더라도 **수뢰자로부터 그 가액을 추징하여야 한다**(대판 1999.1.29, 98도3584 **서울대교수 수뢰 사건**). 12. 사법시험, 12 · 13. 법원행시, 12 · 14. 변호사, 13. 법원직 9급, 14. 경찰채용
>
> **2** **뇌물로 받은 돈을 은행에 예금한 경우** 그 예금행위는 뇌물의 처분행위에 해당하므로 그 후 수뢰자가 같은 액수의 돈을 증뢰자에게 반환하였다 하더라도 **수뢰자로부터 그 가액을 추징하여야 한다**(대판 1996.10.25, 96도2022). 11. 경찰채용, 12. 법원직 9급, 20. 변호사
>
> **3** 범인이 피해자로부터 받은 **금품을 소비하고 나서 그에 상당한 금품을 반환하였을 경우나 상호합의에 이르러 고소를 취소한 경우에도 이를 범인으로부터 추징하여야 한다**(대판 1983.4.12, 82도812). 11. 경찰간부

4 [1] 공무원의 직무에 속한 사항의 알선에 관하여 금품을 받고 그 금품 중의 일부를 받은 취지에 따라 **청탁과 관련하여 관계 공무원에게 뇌물로 공여하거나 다른 알선행위자에게 청탁의 명목으로 교부한 경우에**는 그 부분의 이익은 실질적으로 범인에게 귀속된 것이 아니어서 **이를 제외한 나머지 금품만을 몰수하거나 그 가액을 추징하여야 하지만,** [2] 공무원의 직무에 속한 사항의 알선에 관하여 금품을 받은 자가 그 금품 중의 일부를 다른 알선행위자에게 청탁의 명목으로 교부하였다 하더라도 당초 금품을 받을 당시 그와 같이 사용하기로 예정되어 있어서 그 받은 취지에 따라 그와 같이 사용한 것이 아니라, **범인의 독자적인 판단에 따라 경비로 사용한 것이라면 이는 범인이 받은 금품을 소비하는 방법의 하나에 지나지 아니하므로 그 가액 역시 범인으로부터 추징하지 않으면 안 된다**(대판 1999.6.25, 99도1900). 16. 경찰간부

5 공무원이 뇌물을 받는 데에 필요한 경비를 지출한 경우 그 경비는 뇌물수수의 부수적 비용에 불과하여 뇌물의 가액과 추징액에서 공제할 항목에 해당하지 않는다. 뇌물을 받는 주체가 아닌 자가 수고비로 받은 부분이나 뇌물을 받기 위하여 형식적으로 체결된 용역계약에 따른 비용으로 사용된 부분은 뇌물수수의 부수적 비용에 지나지 않는다(대판 2017.3.22, 2016도21536 **심학봉 의원 사건**). 11. 경찰채용, 12. 법원직 9급, 21. 경찰간부

6 공무원이 뇌물을 받는 데에 필요한 경비를 지출한 경우 그 경비는 뇌물수수의 부수적 비용에 불과하여 **뇌물의 가액 및 추징액에서 공제할 항목에 해당하지 아니하고, 뇌물로 금품을 수수한 자가 독자적인 판단에 따라 금품의 전부 또는 일부를 위와 같은 경비로 사용하였다면** 이는 범인이 취득한 재물을 소비한 것에 불과하므로 그 경비 상당액도 뇌물수수자로부터 추징하여야 한다(대판 2011.11.24, 2011도9585 **정비사업전문관리업체 비리 사건**).

7 뇌물을 수수한 자가 **공동수수자가 아닌 교사범 또는 종범에게 뇌물 중의 일부를 사례금 등의 명목으로 교부하였다면** 이는 뇌물을 수수하는 데에 따르는 부수적 비용의 지출 또는 뇌물의 소비행위에 지나지 아니하므로 뇌물수수자로부터 그 수뢰액 전부를 추징하여야 한다(대판 2011.11.24, 2011도9585 **정비사업전문관리업체 비리 사건**). 12. 경찰채용, 13. 경찰승진, 14 · 16 · 17. 법원행시, 15. 법원직 9급

8 공무원이 뇌물을 받음에 있어서 **그 취득을 위하여 상대방에게 뇌물의 가액에 상당하는 금원의 일부를 비용의 명목으로 출연하거나 그 밖에 경제적 이익을 제공하였다 하더라도,** 이는 뇌물을 받는 데 지출한 부수적 비용에 불과하므로 공무원으로부터 뇌물죄로 얻은 이익을 몰수 · 추징함에 있어서는 그 받은 뇌물 자체를 몰수하여야 하고, 그 뇌물의 가액에서 **위와 같은 지출을 공제한 나머지 가액에 상당한 이익만을 몰수 · 추징할 것은 아니다**(대판 1999.10.8, 99도1638). 12. 법원직 9급

9 변호사법 위반의 범행으로 금품을 취득한 경우 **그 범행과정에서 지출한 비용이 있더라도 이는 그 금품을 취득하기 위하여 지출한 부수적 비용에 불과하고,** 몰수되어야 할 것은 변호사법 위반의 범행으로 취득한 금품 그 자체이므로 취득한 금품이 이미 처분되어 추징할 금원을 산정함에 있어서 그 금품의 가액에서 지출비용을 공제할 수는 없다(대판 2008.10.9, 2008도6944). 13. 경찰간부, 14. 경찰채용

10 수인이 공동하여 수수한 뇌물을 분배한 경우에는 **각자로부터 실제로 분배받은 금품만을 개별적으로 몰수하거나 그 가액을 추징하여야 한다**(대판 1993.10.12, 93도2056 **세무서 계장 · 계원 사건**). 11. 법원직 9급

11 수인이 공동하여 공무원이 취급하는 사건 또는 사무에 관하여 청탁을 한다는 명목으로 받은 금품을 분배한 경우에는 각자로부터 **실제로 분배받은 금품만을 개별적으로 몰수하거나 그 가액을 추징하여야 한다**(대판 1999.4.9, 98도4374 **6대4 비율로 사건**). 12. 법원행시 · 경찰채용, 20. 변호사

12 수인이 공모하여 뇌물을 수수한 경우에 몰수불능으로 그 가액을 추징하려면 어디까지나 개별적으로 추징할 것이며, **수수금품을 개별적으로 알 수 없을 때에는 평등하게 추징할 것이지** 피고인 전원으로부터 수수한 금품의 가액을 공동으로 추징할 수 없다(대판 1975.4.22, 73도1963). 13. 경찰간부

13 피고인이 향응을 제공받는 자리에 피고인 스스로 제3자를 초대하여 함께 접대를 받은 경우에는, 그 제3자가 피고인과는 별도의 지위에서 접대를 받는 공무원이라는 등의 특별한 사정이 없는 한 그 제3자의 접대에 요한 비용도 피고인의 접대에 요한 비용에 포함시켜 피고인의 수뢰액으로 보아야 한다(대판 2001.10.12, 99도5294). 12. 법원직 9급, 16. 경찰간부 · 변호사

14 공무원의 직무에 속한 사항의 알선에 관하여 금품을 받고 그 금품 중의 일부를 받은 취지에 따라 청탁과 관련하여 관계 공무원에게 뇌물로 공여하거나 다른 알선행위자에게 청탁의 명목으로 교부한 경우에는 그 부분의 이익은 실질적으로 범인에게 귀속된 것이 아니어서 **이를 제외한 나머지 금품만을 몰수하거나 그 가액을 추징하여야 한다**(대판 2002.6.14, 2002도1283 **박노항 원사 사건**). 11. 경찰채용, 11·12. 법원직 9급, 12. 경찰승진

15 [1] **금품의 무상대여를 통하여 위법한 재산상 이익을 취득한 경우** 범인이 받은 부정한 이익은 그로 인한 금융이익 상당액이라 할 것이므로 추징의 대상이 되는 것은 무상으로 대여받은 금품 그 자체가 아니라 금융이익 상당액이다. [2] 여기에서 추징의 대상이 되는 금융이익 상당액은 객관적으로 산정되어야 할 것인데, 범인이 금융기관으로부터 대출받는 등 통상적인 방법으로 자금을 차용하였을 경우 부담하게 될 **대출이율을 기준으로 하거나** 그 대출이율을 알 수 없는 경우에는 금품을 제공받은 피고인의 지위에 따라 **민법 또는 상법에서 규정하고 있는 법정이율을 기준으로 하여** [3] 변제기나 지연손해금에 관한 약정이 가장되어 무효라고 볼 만한 사정이 없는 한 **금품수수일로부터 약정된 변제기까지 금품을 무이자로 차용하여 얻은 금융이익의 수액을 산정한 뒤 이를 추징하여야 한다.** 나아가 그와 같이 약정된 변제기가 없는 경우에는, 판결선고일 전에 실제로 차용금을 변제하였다거나 대여자의 변제 요구에 의하여 변제기가 도래하였다는 등의 특별한 사정이 없는 한, **금품수수일로부터 판결선고시까지 금품을 무이자로 차용하여 얻은 금융이익의 수액을 산정한 뒤 이를 추징하여야 한다**(대판 2014.5.16, 2014도1547 **차용금 1억 8천만원 사건**). 11. 경찰승진, 12·16. 법원행시, 12·17. 경찰간부, 14. 경찰채용, 15. 변호사·법원직 9급

16 **수뢰자가 뇌물을 그대로 보관하였다가 증뢰자에게 반환한 때에는 증뢰자로부터 몰수·추징할 것이므로 수뢰자로부터 추징함은 위법하다**(대판 1984.2.28, 83도2783). → **수뢰죄 성립** 13. 경찰간부, 13·14. 국가직 7급, 14. 변호사, 15. 사법시험, 17. 국가직 9급

17 배임수증재죄에서 몰수의 대상으로 규정한 '범인이 취득한 재물'은 배임수재죄의 범인이 취득한 목적물이자 배임증재죄의 범인이 공여한 목적물을 가리키는 것이지 배임수재죄의 목적물만을 한정하여 가리키는 것이 아니므로, **수재자가 증재자로부터 받은 재물을 그대로 가지고 있다가 증재자에게 반환하였다면 증재자로부터 이를 몰수하거나 그 가액을 추징하여야 한다**(대판 2017.4.7, 2016도18104 **배임증재자로부터 추징 사건**). 17. 법원행시

⚖ 판례 | 추징가액 산정기준

1 몰수는 범죄에 의한 이득을 박탈하는 데 그 취지가 있고, 추징도 이러한 몰수의 취지를 관철하기 위한 것인 점 등에 비추어 볼 때, **몰수할 수 없는 때에 추징하여야 할 가액은** 범인이 그 물건을 보유하고 있다가 몰수의 선고를 받았더라면 잃었을 이득상당액을 의미한다고 보아야 하므로 다른 특별한 사정이 없는 한 그 가액산정은 **재판선고시의 가격을 기준으로 하여야 한다**(대판 2008.10.9, 2008도6944). 11·15·17. 국가직 9급, 12. 경찰승진, 12·15. 경찰채용, 13·15. 법원직 9급, 14·16. 법원행시

2 피고인이 범죄행위로 취득한 주식이, 판결선고 전에 그 발행회사가 다른 회사에 합병됨으로써 판결선고시의 주가를 알 수 없을 뿐만 아니라 무상증자받은 주식과 다시 매입한 주식까지 섞어서 처분되어 그 처분가액을 정확히 알 수 없는 경우, **주식의 시가가 가장 낮을 때를 기준으로 산정한 가액을 추징하여야 한다**(대판 2005.7.15, 2003도4293). 11. 경찰간부

3 뇌물죄에서의 수뢰액은 그 다과에 따라 범죄구성요건이 되므로 엄격한 증명의 대상이 되고, 특경법 소정의 범죄구성요건이 되지 않는 단순뇌물죄의 경우에도 몰수·추징의 대상이 되는 까닭에 역시 증거에 의하여 인정하여야 하며, **수뢰액을 특정할 수 없는 경우에는 그 가액을 추징할 수 없다**(대판 2011.5.26, 2009도2453 **해운정책과 과장 수뢰 사건**). 11. 경찰승진, 17. 경찰간부

4 형법 제134조는 뇌물에 공할 금품을 필요적으로 몰수하고 이를 몰수하기 불가능한 때에는 그 가액을 추징하도록 규정하고 있는 바, 몰수는 특정된 물건에 대한 것이고 추징은 본래 몰수할 수 있었음을 전제로 하는 것임에 비추어 **뇌물에 공할 금품이 특정되지 않았던 것은 몰수할 수 없고 그 가액을 추징할 수도 없다**(대판 2015.10.29, 2015도12838 **돈을 빌려달라 사건**). 13. 법원직 9급, 17. 경찰간부·국가직 9급

5 마약류 불법거래 방지에 관한 특례법 제6조를 위반하여 마약류를 수출입·제조·매매하는 행위 등을 업으로 하는 범죄행위의 정범이 그 범죄행위로 얻은 수익은 마약거래방지법 제13조부터 제16조까지의 규정에 따라 몰수·추징의 대상이 된다. 그러나 **정범으로부터 대가를 받고 판매할 마약을 공급하는 방법으로 위 범행을 용이하게 한 방조범은 정범의 범죄행위로 인한 수익을 정범과 공동으로 취득하였다고 평가할 수 없다면** 위 몰수·추징규정에 의하여 정범과 같이 추징할 수는 없고, 그 방조범으로부터는 방조행위로 얻은 재산 등에 한하여 몰수, 추징할 수 있다(대판 2021.4.29, 2020도16369 **필로폰 공급책 사건**). 21. 법원행시

6 몰수의 취지가 범죄에 의한 이득의 박탈을 목적으로 하는 것이고 추징도 이러한 몰수의 취지를 관철하기 위한 것이라는 점을 고려하면 몰수하기 불능한 때에 추징하여야 할 가액은 범인이 그 물건을 보유하고 있다가 몰수의 선고를 받았더라면 잃게 될 이득상당액을 의미하므로 **추징하여야 할 가액이 몰수의 선고를 받았더라면 잃게 될 이득상당액을 초과하여서는 아니 된다**(대판 2017.9.21, 2017도8611). 22. 경찰간부

⚖ 판례 | 징벌적 몰수·추징 관련 판례

1 피고인을 기준으로 하여 그가 취급한 범위 내에서 의약품 가액 전액의 추징을 명하면 되는 것이지 **동일한 의약품을 취급한 피고인의 일련의 행위가 별죄를 구성한다고 하여 그 행위마다 따로 그 가액을 추징하여야 하는 것은 아니므로**, 히로뽕을 수수하여 그중 일부를 직접 투약한 경우에는 **수수한 히로뽕의 가액만을 추징할 수 있고 직접 투약한 부분에 대한 가액을 별도로 추징할 수 없다**(대판 2000.9.8, 2000도546). 11·15. 경찰채용

2 관세법이 규정하고 있는 추징은 일반 형사법상의 추징과는 달리 **징벌적 성격**을 띠고 있어 여러 사람이 공모하여 밀수입행위를 하거나 그 밀수품을 취득·양여·감정한 경우에는 **범칙자의 1인이 그 물품을 소유하거나 점유하였다면 그 물품의 범칙 당시의 국내도매가격 상당의 가액 전액을 그 물품의 소유 또는 점유사실의 유무를 불문하고 범칙자 전원으로부터 각각 추징할 수 있다고 할 것이고**, 다만 그 공범자 또는 범칙자 중 어떤 자가 그 가액의 전액을 납부한 때에는 다른 공범자에 대하여 그 추징의 집행이 면제될 뿐이다(대판 2008.1.17, 2006도455 **다이아몬드 밀수 사건**). 12. 경찰간부, 16. 법원행시

3 밀항단속법상의 몰수와 추징은 일반 형사법의 경우와 달리 범죄사실에 대한 **징벌적 제재의 성격**을 띠고 있다고 할 것이므로, **여러 사람이 공모하여 죄를 범하고도 몰수대상인 수수 또는 약속한 보수를 몰수할 수 없을 때에는 공범자 전원에 대하여 그 보수액 전부의 추징을 명하여야 한다**(대판 2008.10.9, 2008도7034 **마산 밀항 사건**). 11·12. 경찰채용, 15. 법원직 9급

4 **외국환관리법상의 몰수와 추징**은 일반 형사법의 경우와 달리 범죄사실에 대한 징벌적 제재의 성격을 띠고 있다고 할 것이므로, 여러 사람이 공모하여 범칙행위를 한 경우 몰수대상인 외국환 등을 몰수할 수 없을 때에는 각 범칙자 전원에 대하여 그 취득한 외국환 등의 가액 전부의 추징을 명하여야 하고, 그중 한 사람이 추징금 전액을 납부하였을 때에는 다른 사람은 추징의 집행을 면할 것이나, 그 일부라도 납부되지 아니하였을 때에는 그 범위 내에서 각 범칙자는 추징의 집행을 면할 수 없다[대판 1998.5.21, 95도2002(전합)].

5 특가법 제10조 제3항, 제1항에 의한 몰수·추징은 범죄로 인한 이득의 박탈을 목적으로 한 형법상의 몰수·추징과는 달리 **재산국외도피 사범에 대한 징벌**의 정도를 강화하여 범행 대상인 재산을 필요적으로 몰수하고 그 몰수가 불능인 때에는 그 가액을 납부하게 하는 소위 징벌적 성격의 처분이라고 보는 것이 상당하므로 그 도피재산이 피고인들이 아닌 회사의 소유라거나 피고인들이 이를 점유하고 그로 인하여 이득을 취한 바가 없다고 하더라도 피고인들 모두에 대하여 그 도피재산의 가액 전부의 추징을 명하여야 한다(대판 2005.4.29, 2002도7262).

제2절 형의 양정 등

형법

제51조 【양형의 조건】 형을 정함에 있어서는 다음 사항을 참작하여야 한다.
1. 범인의 연령, 성행, 지능과 환경
2. 피해자에 대한 관계
3. 범행의 동기, 수단과 결과
4. 범행 후의 정황

제52조 【자수·자복】 ① 죄를 지은 후 수사기관에 자수한 경우에는 그 **형을 감경하거나 면제할 수 있다.**
② 피해자의 의사에 반하여 처벌할 수 없는 범죄의 경우에는 피해자에게 죄를 **자복한 때에도 형을 감경하거나 면제할 수 있다.**

제53조 【정상참작감경】 범죄의 정상에 참작할 만한 사유가 있는 경우에는 그 형을 감경할 수 있다.

제54조 【선택형과 정상참작감경】 한 개의 죄에 정한 형이 여러 종류인 때에는 먼저 적용할 형을 정하고 그 형을 감경한다.

제55조 【법률상의 감경】 ① 법률상의 감경은 다음과 같다.
1. 사형을 감경할 때에는 **무기 또는 20년 이상 50년 이하의 징역 또는 금고**로 한다.
2. 무기징역 또는 무기금고를 감경할 때에는 **10년 이상 50년 이하의 징역 또는 금고**로 한다.
3. 유기징역 또는 유기금고를 감경할 때에는 그 **형기의 2분의 1**로 한다.
4. 자격상실을 감경할 때에는 **7년** 이상의 자격정지로 한다.
5. 자격정지를 감경할 때에는 그 형기의 **2분의 1**로 한다.
6. 벌금을 감경할 때에는 그 다액의 2분의 1로 한다.
7. 구류를 감경할 때에는 그 장기의 2분의 1로 한다.
8. 과료를 감경할 때에는 그 다액의 2분의 1로 한다.

② 법률상 감경할 사유가 수개 있는 때에는 거듭 감경할 수 있다.

제56조 【가중·감경의 순서】 형을 가중·감경할 사유가 경합하는 경우에는 다음 각 호의 순서에 따른다.
1. **각칙 조문에 따른 가중**
2. **제34조 제2항에 따른 가중**
3. **누범가중**
4. **법률상 감경**
5. **경합범가중**
6. **정상참작감경**

제57조 【판결선고 전 구금일수의 통산】 ① 판결선고 전의 구금일수는 그 전부를 유기징역, 유기금고, 벌금이나 과료에 관한 유치 또는 구류에 산입한다.
② 전항의 경우에는 구금일수의 1일은 징역, 금고, 벌금이나 과료에 관한 유치 또는 구류의 기간의 1일로 계산한다.

제58조 【판결의 공시】 ① 피해자의 이익을 위하여 필요하다고 인정할 때에는 피해자의 청구가 있는 경우에 한하여 피고인의 부담으로 판결공시의 취지를 선고할 수 있다.
② 피고사건에 대하여 무죄의 판결을 선고하는 경우에는 무죄판결공시의 취지를 선고하여야 한다. 다만, 무죄판결을 받은 피고인이 무죄판결공시 취지의 선고에 동의하지 아니하거나 피고인의 동의를 받을 수 없는 경우에는 그러하지 아니하다.
③ 피고사건에 대하여 면소의 판결을 선고하는 경우에는 면소판결공시의 취지를 선고할 수 있다.

01 형의 양정

개념	법원이 형벌의 종류와 범위 내에서 피고인에게 선고할 형을 정하는 것
양정단계	① 법정형: 법전에 규정된 형(예 살인죄의 경우 형법에 규정된 '사형, 무기, 5년 이상의 징역') ② 선택형: 법정형 중에서 하나를 선택한 형(예 법원이 살인죄의 법정형 중 '5년 이상의 징역' 선택) ③ 처단형: 선택형을 가중·감경한 형(예 법원이 '5년 이상의 징역'의 형을 가중 또는 감경) ④ 선고형: 처단형의 범위 내에서 법원이 선고한 형(예 법원이 "피고인을 징역 7년에 처한다." 라는 형을 선고)
양형	① 개념: 법원이 처단형의 범위 내에서 구체적으로 선고할 형을 정하는 것 ② 형을 정함에 있어서는 다음 사항을 참작하여야 함(양형의 조건) 　㉠ 범인의 연령, 성행, 지능과 환경 　㉡ 피해자에 대한 관계 　㉢ 범행의 동기, 수단과 결과 　㉣ 범행 후의 정황 ③ 이미 구성요건의 불법과 책임을 근거지우거나 가중·감경사유가 된 사정을 다시 양형의 자료로 삼을 수 없음(이중평가금지의 원칙)

02 형의 가중·감경·면제

가중		① 총칙: 특수교사·방조범, 누범, 경합범 ② 각칙 　㉠ 상습범(예 상습절도죄, 상습사기죄 등) 　㉡ 특수범죄(예 특수상해죄, 특수공무집행방해죄 등)
임의적 감경	법률상 감경	① 총칙: 장애미수, **심신미약자** ② 각칙: 범죄단체조직죄, 약취·유인의 피해자 석방, 인질강요·인질상해·치상의 피해자 석방
	재판상 감경	총칙: 법원은 정상에 참작할 만한 사유가 있는 경우에는 형을 감경할 수 있음(정상참작감경)
임의적 감면 (감경 또는 면제)		총칙: **과잉방위, 과잉피난, 과잉자구행위, 불능미수, 사후적 경합범, 자수·자복**
필요적 감경		총칙: **청각 및 언어 장애인, 방조범**
필요적 감면 (감경 또는 면제)		① 총칙: **중지미수** ② 각칙 　㉠ **내란** 예비·음모죄, **외환** 예비·음모죄, **외국에 대한 사전** 예비·음모죄, **폭발물사용** 예비·음모죄, **방화** 예비·음모죄, **통화위조** 예비·음모죄에 있어 실행의 착수 전에 자수한 경우 　㉡ **허위감정·통역·번역죄, 무고죄, 위증죄**에 있어 재판 또는 징계처분 확정 전에 자수·자백한 경우 　㉢ **장물죄**에서 본범과 장물범이 근친인 경우

필요적 면제	각칙 ① 권리행사방해죄 · 절도죄 · 사기죄 · 공갈죄 · 횡령죄 · 배임죄에서 피해자와 범인이 근친인 경우 ② 장물죄에서 피해자와 장물범이 근친인 경우

> ⚖ **판례 | 자수의 의의**
>
> **1** 범행발각이나 지명수배 여부와 관계없이 **체포 전에만 자수하면 자수에 해당한다**[대판 1997.3.20, 96도1167 (전합) **공직선거법 자수 사건**]. 13. 법원행시, 20. 경찰승진
>
> **2** 자수란 범인이 **자발적으로 자신의 범죄사실을 수사기관에 신고**하여 그 소추를 구하는 의사표시를 함으로써 성립하는 것으로서, 범행이 발각된 후에 수사기관에 자진출석하여 범죄사실을 자백한 경우도 포함한다 (대판 2011.12.22, 2011도12041 **코어비트 대표 사건**). 12. 법원행시, 16 · 20. 경찰채용
>
> **3** 자수를 위하여는 범인이 자기의 범행으로서 **범죄성립요건을 갖춘 객관적 사실을 자발적으로 수사관서에 신고**하여 그 처분에 맡기는 것으로 족하고, 더 나아가 법적으로 그 요건을 완전히 갖춘 범죄행위라고 적극적으로 인식하고 있을 필요까지는 없다(대판 1995.6.30, 94도1017).

판례비교

자수에 해당하는 경우	자수에 해당하지 않는 경우
① **수개의 범죄사실 중 일부에 관하여만 자수한 경우**에는 그 부분 범죄사실에 대하여만 자수의 효력이 있다(대판 1994.10.14, 94도2130). 11. 경찰승진, 12. 사법시험 · 경찰간부, 14. 법원행시 ② 일단 자수가 성립한 이상 자수의 효력은 확정적으로 발생하고 그 후에 범인이 번복하여 수사기관이나 법정에서 범행을 부인한다고 하여 일단 발생한 자수의 효력이 소멸하는 것은 아니다(대판 2011.12.22, 2011도12041 **코어비트 대표 사건**). 11. 경찰승진 · 국가직 9급, 11 · 12. 법원행시, 12. 경찰간부 ③ 피고인이 자진출석하여 사실을 밝히고 처벌을 받고자 담당 검사에게 전화를 걸어 조사를 받게 해달라고 요청하여 출석시간을 지정받은 다음 **자진출석하여 혐의사실을 인정하는 내용의 진술서를 작성하는 것은 자수에 해당한다**(대판 1994.9.9, 94도619 **동화은행장 사건**). ④ 피고인이 검찰의 소환에 따라 **자진출석하여 검사에게 범죄사실에 관하여 자백함으로써 형법상 자수의 효력이 발생**하였다면, 그 후에 검찰이나 법정에서 범죄사실을 일부 부인하였다고 하더라도 일단 발생한 자수의 효력이 소멸하는 것은 아니다(대판 2002.8.23, 2002도46).	① 수사기관의 **직무상의 질문 또는 조사에 응하여 범죄사실을 진술하는 것은** 자백일 뿐 자수가 되는 것은 아니다(대판 2011.12.22, 2011도12041 **코어비트 대표 사건**). 11. 경찰승진 · 법원행시 · 국가직 9급, 12. 경찰간부, 13 · 16. 법원직 9급 ② 수사기관에의 **신고가 자발적이라고 하더라도 그 신고의 내용이 자기의 범행을 명백히 부인하는 등의 내용으로 자기의 범행으로서 범죄성립요건을 갖추지 아니한 사실일 경우에는 자수는 성립하지 않고**, 일단 자수가 성립하지 아니한 이상 그 이후의 수사과정이나 재판과정에서 범행을 시인하였다고 하더라도 새롭게 자수가 성립할 여지는 없다(대판 2011.12.22, 2011도12041 **코어비트 대표 사건**). 12. 법원행시 ③ **죄의 뉘우침이 없는 자수**는 그 외형은 자수일지라도 법률상 형의 감경사유가 되는 진정한 자수라고는 할 수 없다(대판 1994.10.14, 94도2130). 12 · 13. 법원행시 ④ 양벌규정에 의하여 법인이 처벌받는 경우 법인에게 자수감경에 관한 형법규정을 적용하기 위하여는 법인의 이사 기타 대표자가 수사책임이 있는 관서에 자수한 경우에 한하고 그 위반행위를 한 직원 또는 사용인이 자수한 것만으로는 형을 감경할 수 없다(대판 1995.7.25, 95도391). 12 · 15. 법원행시, 14. 경찰간부, 16. 경찰채용 · 사법시험 · 법원직 9급, 20. 국가직 7급

자수에 해당하는 경우	자수에 해당하지 않는 경우
	⑤ 피고인이 수사기관에 자진출석하여 **처음 조사를 받으면서는 돈을 차용하였을 뿐이라며 범죄사실을 부인**하다가 제2회 조사를 받으면서 비로소 업무와 관련하여 돈을 수수하였다고 자백한 행위를 자수라고 할 수 없다(대판 2011.12.22, 2011도12041 **코어비트 대표 사건**). 16. 경찰채용·법원행시
	⑥ 자수서를 소지하고 **수사기관에 자발적으로 출석하였으나 자수서를 제출하지 아니하고 범행사실도 부인**하였다면 자수가 성립하지 아니하고, 그 이후 구속까지 된 상태에서 자수서를 제출하고 범행사실을 시인하더라도 이는 자수에 해당한다고 인정할 수 없다(대판 2004.10.14, 2003도3133). 11·13·14. 법원행시, 12. 경찰간부, 16. 법원직 9급
	⑦ 수사기관에 뇌물수수의 범죄사실을 자발적으로 신고하였으나 그 수뢰액을 실제보다 적게 신고함으로써 적용법조와 법정형이 달라지게 된 경우 자수에 해당하지 아니한다(대판 2004.6.24, 2004도2003 **5천받고 3천 자수 사건**). 11. 국가직 9급, 11·13. 법원행시, 12. 경찰간부, 16. 경찰채용
	⑧ 피고인이 세관 검색시 금속탐지기에 의해 대마 휴대 사실이 발각될 상황에서 **세관 검색원의 추궁에 의하여 대마 수입 범행을 시인**한 경우, 자발성이 결여되어 자수에 해당하지 않는다(대판 1999.4.13, 98도4560). 11. 경찰승진, 16. 법원행시
	⑨ 피고인의 강도상해 범행에 관하여 수사 하던 중 증거를 토대로 피고인의 **여죄를 추궁하자 또 다른 강도강간 범행을 자백**한 경우 자수에 해당하지 않는다(대판 2006.9.22, 2006도4883). 22. 해경간부

03 형의 가중·감경의 방법 및 정도

순서	형을 가중·감경할 사유가 경합된 때에는 다음 순서에 의함 11. 경찰승진 ① **각칙 조문에 따른 가중** ② **특수교사·방조(제34조 제2항)가중** ③ **누범가중** ④ **법률상 감경** ⑤ **경합범가중** ⑥ **정상참작감경**
가중	① 총칙 　㉠ 특수교사·방조범: 특수교사는 장기 또는 다액의 **2분의 1까지 가중**하고, 특수방조는 정범의 형으로 처벌함

	ⓒ 누범: **장기의** 2배까지 가중함(단기는 가중하지 않음) 15. 경찰간부 ⓒ 경합범: 가장 무거운 죄에 정한 장기 또는 다액에 2분의 1까지 가중하되, 각 죄에 정한 형의 **장기 또는 다액을 합산한 형기 또는 액수를 초과할 수 없음** ② 각칙: 개별범죄에 규정되어 있음
감경	① 법률상 감경 또는 재판상 감경(정상참작감경)은 다음과 같이 함 ㉠ 사형 감경 ➡ 무기 또는 20년 이상 50년 이하의 징역 또는 금고 ㉡ 무기징역 또는 무기금고 감경 ➡ 10년 이상 **50년 이하**의 징역 또는 금고 ㉢ 유기징역 또는 유기금고 감경 ➡ 형기의 2분의 1(단기도 감경, 판례) ㉣ 자격상실 감경 ➡ **7년 이상**의 자격정지(《주의》 5년 이상 ✕) ㉤ 자격정지 감경 ➡ 형기의 2분의 1 ㉥ 벌금 감경 ➡ 다액의 2분의 1(하한도 감경, 판례) ㉦ 구류 감경 ➡ 장기의 2분의 1 ㉧ 과료 감경 ➡ 다액의 2분의 1 ② 법률상 감경할 사유가 수개 있는 때에는 거듭감경할 수 있음

판례 | 형의 감경 관련 판례

1 형법 제55조 제1항 제3호에 의하여 **형기를 감경할 경우**, 여기서의 **'형기'라 함은 장기와 단기를 모두 포함하는 것이다**(대판 1983.11.8, 83도2370). 13·15. 사법시험, 17. 변호사

2 형법 제55조 제1항 제6호의 **벌금을 감경할 때**의 '다액'의 2분의 1이라는 문구는 '금액'의 2분의 1이라고 해석하여 그 상한과 함께 하한도 2분의 1로 내려가는 것으로 해석하여야 한다[대판 1978.4.25, 78도246(전합)]. 12. 사법시험, 15. 국가직 9급, 17. 변호사

3 **작량감경의 방법도** 형법 제55조의 감경(**법률상 감경**)의 방법에 의하여야 한다(대판 1964.10.28, 64도454). 15. 사법시험, 17. 변호사

4 하나의 죄에 대하여 징역형과 벌금형을 병과하는 경우, 특별한 규정이 없는 한 **징역형에만 작량감경을 하고 벌금형에는 작량감경을 하지 않는 것은 위법하다**(대판 2011.5.26, 2011도3161). 11. 법원행시

5 형법 제38조 제1항 제3호에 의하여 **징역형과 벌금형을 병과하는 경우**에는 각 형에 대한 범죄의 정상에 차이가 있을 수 있으므로 징역형에만 작량감경을 하고 **벌금형에는 작량감경을 하지 아니하였다고 하여 이를 위법하다고 할 수 없다**(대판 2006.3.23, 2006도1076). 13. 법원행시

6 법률상 감경사유가 있을 때에는 작량감경보다 우선하여 하여야 할 것이고, 작량감경은 이와 같은 법률상 감경을 다하고도 그 처단형보다 낮은 형을 선고하고자 할 때에 하는 것이 옳다(대판 1994.3.8, 93도3608). 16. 변호사·법원직 9급

7 **작량감경은** 범죄의 모든 정상을 종합적으로 관찰하여 **형을 감경함이 상당하다고 인정될 때에 1회에 한하여 적용되는 것이고**, 정상 하나하나에 거듭 작량감경할 수 있음을 규정한 취지가 아니다(대판 1964.4.7, 63도410). 11. 법원행시, 16. 변호사

8 형법은 제264조에서 **상습으로 제258조의2의 죄를 범한 때에는 그 죄에 정한 형의 2분의 1까지 가중한다고 규정하고 있으므로**, 상습특수상해죄(형법 제264조)를 범한 때에 특수상해죄(형법 제258조의2 제1항)에서 정한 **법정형(1년 이상 10년 이하의 징역)의 단기와 장기를 모두 가중하여 1년 6개월 이상 15년 이하의 징역에 처하여야 한다**(대판 2017.6.29, 2016도18194). 19. 법원행시

04 미결구금일수 통산과 판결의 공시

미결구금일수 통산	① 판결선고 전의 구금일수는 그 전부를 유기징역, 유기금고, 벌금이나 과료에 관한 유치 또는 구류에 산입함 ② 구금일수의 1일은 징역, 금고, 벌금이나 과료에 관한 유치 또는 구류의 기간의 1일로 계산함	
판결의 공시	피해자를 위한 공시	피해자의 이익을 위하여 필요하다고 인정할 때에는 **피해자의 청구가 있는 경우에 한하여** 피고인의 부담으로 판결공시의 취지를 선고할 수 있음
	피고인을 위한 공시	① 무죄판결을 선고하는 경우에는 무죄판결공시의 취지를 선고하여야 함. 다만, 피고인이 무죄판결공시 취지의 선고에 동의하지 아니하거나 피고인의 동의를 받을 수 없는 경우에는 그러하지 않음 ② 면소판결을 선고하는 경우에는 면소판결공시의 취지를 선고할 수 있음

제3절 누범

형법

제35조 【누범】 ① 금고 이상의 형을 선고받아 그 집행이 종료되거나 면제된 후 3년 내에 금고 이상에 해당하는 죄를 지은 사람은 누범으로 처벌한다.

② 누범의 형은 그 죄에 대하여 정한 형의 장기의 2배까지 가중한다.

제36조 【판결선고 후의 누범발각】 판결선고 후 누범인 것이 발각된 때에는 그 선고한 형을 통산하여 다시 형을 정할 수 있다. 단, 선고한 형의 집행을 종료하거나 그 집행이 면제된 후에는 예외로 한다.

개념	금고 이상의 형을 선고받아 그 집행이 종료되거나 면제된 후 3년 내에 금고 이상에 해당하는 죄를 다시 지은 경우	
요건	전범(前犯) 요건	① 금고 이상의 형을 선고받았을 것 ② **형의 집행을 종료하거나 면제**받았을 것
	후범(後犯) 요건	① 전범의 형의 집행이 종료되거나 면제된 후 3년(누범시효) 이내에 범할 것: '**3년 이내**'는 후범의 실행의 착수시를 기준으로 함. 다만, 예비·음모죄의 경우 예비·음모시를 기준으로 함 ② 금고 이상에 해당하는 죄를 범할 것 　㉠ '금고 이상'이란 선고형으로 유기징역과 유기금고를 의미함 　㉡ 선고형이 **벌금인 경우에는 누범가중을 할 수 없음**
처벌	누범의 형은 장기 2배까지 가중하지만(단기는 가중하지 않음), 50년을 초과할 수 없음	
판결선고 후의 누범발각	**판결선고 후 누범인 것이 발각**된 때에는 선고한 형을 통산하여 다시 형을 정할 수 있음. 다만, 선고한 형의 **집행을 종료하거나 그 집행이 면제된 후에는 예외로 함**(《주의》 집행을 종료한 경우에도 다시 형을 정할 수 있다. ×)	

📖 판례 | 누범 관련 판례

1 형법 제35조 제1항에 규정된 '금고 이상에 해당하는 죄'라 함은 유기금고형이나 유기징역형으로 처단할 경우에 해당하는 죄를 의미하는 것으로서 **법정형 중 벌금형을 선택한 경우에는 누범가중을 할 수 없다**(대판 1982.9.14, 82도1702). 12. 경찰간부, 14·15. 사법시험, 16. 국가직 7급, 17. 변호사·법원행시

2 누범가중을 함에 있어서는 그 죄에 정한 형의 장기 2배까지 가중할 수 있는 것이고 **단기에 관하여도 2배로 가중하는 것은 아니다**(대판 1969.8.19, 69도1129). 11. 법원행시, 15. 경찰간부

3 포괄일죄의 일부 범행이 누범기간 내에 이루어진 이상 나머지 범행이 누범기간 경과 후에 이루어졌더라도 그 범행 전부가 누범에 해당한다(대판 2012.3.29, 2011도14135). 15. 경찰간부·국가직 9급, 16. 사법시험·국가직 7급

4 상습범 중 일부 소위가 누범기간 내에 이루어진 이상 나머지 소위가 누범기간 경과 후에 행하여졌더라도 그 행위 전부가 누범관계에 있는 것이다(대판 1982.5.25, 82도600). 11·17. 법원행시, 13. 국가직 9급, 15. 사법시험

5 누범에 있어 '다시 금고 이상에 해당하는 죄를 범하였는지 여부'는 그 범죄의 실행행위를 하였는지 여부를 기준으로 결정하여야 하므로 3년의 기간 내에 실행의 착수가 있으면 족하고, 그 기간 내에 기수에까지 이르러야 되는 것은 아니다[대판 2006.4.7, 2005도9858(전합) **탄현면 임야 편취 사건**]. 11·12·17. 법원행시, 15. 사법시험, 16. 국가직 7급

6 형법 제35조를 누범에 해당하는 전과 사실과 새로이 범한 범죄 사이에 **일정한 상관관계가 있다고 인정되는 경우에 한하여 적용되는 것으로 제한하여 해석하여야 할 아무런 이유나 근거가 없다**(대판 2008.12.24, 2006도1427). 13. 국가직 9급

7 누범가중의 사유가 되는 전과에 적용된 법률조항에 대하여 위헌결정이 있어 **재심이 가능하다는 이유만으로 그 전과의 법률적 효력에 영향이 있다고 할 수 없다**(대판 2017.3.22, 2016도9032). 19. 국가직 7급

8 누범 가중의 사유가 되는 전과에 적용된 법률조항에 대하여 위헌결정이 있어 재심이 가능하다는 이유만으로 그 전과의 법률적 효력에 영향이 있다고 할 수 없다(대판 2017.3.22, 2016도9032). 19. 국가직 7급

9 누범을 가중 처벌하는 이유는 전범에 대한 형벌에 의하여 주어진 기왕의 경고를 무시하고 다시 범죄를 저질렀다는 점에서 비난가능성 및 책임이 높기 때문이지 전범에 대하여 처벌을 받았음에도 다시 범행을 하는 경우에 **전범도 후범과 일괄하여 다시 처벌한다는 것은 아니다**(대판 2014.7.10, 2014도5868 **음주 삼진아웃 사건 Ⅱ**). 19. 국가직 7급

10 유죄의 확정판결에 대하여 재심개시결정이 확정되어 법원이 그 사건에 대하여 다시 심판을 한 후 재심의 판결을 선고하고 그 재심판결이 확정된 때에는 종전의 확정판결은 당연히 효력을 상실하므로, 누범전과가 될 수 없다(대판 2017.9.21, 2017도4019). 20. 경찰간부

11 특가법 제5조의4 제5항 제1호는 형법 제35조(누범) 규정과는 별개로 '형법 제329조부터 제331조까지의 죄(미수범 포함)를 범하여 세 번 이상 징역형을 받은 사람이 그 누범 기간 중에 다시 해당 범죄를 저지른 경우에 형법보다 무거운 법정형으로 처벌한다'는 내용의 새로운 구성요건을 창설한 것이므로 특가법 제5조의4 제5항 제1호에 정한 형에 다시 형법 제35조의 누범가중한 형기범위 내에서 처단형을 정하여야 한다(대판 2020.5.14, 2019도18947 **특가법가중 + 누범가중 사건**). 21. 경찰채용

누범에 해당하는 경우	누범에 해당하지 않는 경우
① 형의 선고를 받은 자가 **특별사면**을 받아 형의 집행을 면제받고 또 후에 복권이 되었다 하더라도 형의 선고의 효력이 상실되는 것은 아니므로 **실형을 선고받아 복역하다가 특별사면으로 출소한 후 3년 이내에 다시 범죄를 저지른 자에 대한 누범 가중은 정당하다**(대판 1986.11.11, 86도2004). 11. 경찰간부, 12. 법원행시, 13. 국가직 9급	① 피고인이 폭처법 위반죄 등으로 징역 8월을 선고받아 판결이 확정되어 그 집행을 종료한 후 3년 내에 상해죄 등을 범하였더라도, 피고인이 **누범전과인 확정판결에 대해 재심을 청구하여 재심개시결정이 이루어져 재심심판절차에서 징역 8월을 선고한 재심판결이 확정됨으로써 그 전의 확정판결이 효력을 상실한 경우, 더 이상 상해죄 등은 확정판결에 의한 형의 집행이 끝난 후 3년 내에 이루어진 것이 아니다**(대판 2017.9.21, 2017도4019). 20. 경찰간부
② 복권은 사면의 경우와 같이 형의 언도의 효력을 상실시키는 것이 아니고, 다만 형의 언도의 효력으로 인하여 상실 또는 정지된 자격을 회복시킴에 지나지 아니하는 것이므로 **복권이 있었다고 하더라도 그 전과사실은 누범가중사유에 해당한다**(대판 1981.4.14, 81도543). 13. 법원행시, 17. 법원직 9급	② 금고 이상의 형을 받고 그 형의 집행유예기간 중에 금고 이상에 해당하는 죄를 범하였다 하더라도 이는 누범가중의 요건을 충족시킨 것이라 할 수 없다(대판 1983.8.23, 83도1600). 11 · 17. 법원행시, 13. 국가직 9급
	③ **가석방기간 중에 범행을 저질렀다면** 이를 형집행 종료후에 죄를 범한 경우에 해당한다고 볼 수 없으므로 여기에 **누범가중을 할 수 없다**(대판 1976.9.14, 76도2071). 11. 경찰간부
	④ **일반사면령에 의하여 형의 선고의 효력이 상실된 범죄를 누범가중사유로 하여 처벌하였음은 위법이다**(대판 1964.3.31, 64도34). 11. 경찰간부, 17. 법원직 9급

제4절 선고유예 · 집행유예 · 가석방

01 선고유예

> **형법**
>
> 제59조【선고유예의 요건】① **1년 이하의 징역이나 금고, 자격정지 또는 벌금**의 형을 선고할 경우에 제51조의 사항을 고려하여 뉘우치는 정상이 뚜렷할 때에는 그 형의 선고를 유예할 수 있다. 다만, 자격정지 이상의 형을 받은 전과가 있는 사람에 대해서는 예외로 한다.
>
> ② 형을 병과할 경우에도 형의 전부 또는 일부에 대하여 그 선고를 유예할 수 있다.
>
> 제59조의2【보호관찰】① 형의 선고를 유예하는 경우에 재범방지를 위하여 지도 및 원호가 필요한 때에는 보호관찰을 받을 것을 명할 수 있다.
>
> ② 제1항의 규정에 의한 **보호관찰의 기간은 1년**으로 한다.
>
> 제60조【선고유예의 효과】형의 선고유예를 받은 날로부터 **2년을 경과한 때에는 면소**된 것으로 간주한다.

제61조【선고유예의 실효】① 형의 선고유예를 받은 자가 유예기간 중 자격정지 이상의 형에 처한 판결이 확정되거나 자격정지 이상의 형에 처한 전과가 발견된 때에는 유예한 형을 선고한다.
② 제59조의2의 규정에 의하여 보호관찰을 명한 선고유예를 받은 자가 보호관찰기간 중에 준수사항을 위반하고 그 정도가 무거운 때에는 유예한 형을 선고할 수 있다.

의의	범정(犯情)이 경미한 범인에 대하여 2년 동안 형의 선고를 유예하고 그 유예기간이 경과하면 면소된 것으로 간주하는 제도
요건	① **1년 이하**의 징역이나 금고, 자격정지 또는 **벌금**의 형을 선고할 것 ② 양형의 조건을 고려하여 뉘우치는 정상이 뚜렷할 것 ③ 자격정지 이상의 형을 받은 전과가 없을 것
선고유예 판결	① 선고유예를 하는 때에는 '**판결**'로 선고하여야 함 ② 판결이유에 선고형을 정하여 놓아야 하고, 유예한 형이 벌금인 경우 벌금액뿐만 아니라 환형유치처분까지 해 두어야 함 ③ 형을 병과할 경우 형의 전부 또는 일부에 대하여 선고를 유예할 수 있음
보호관찰	① 재범방지를 위하여 지도 및 원호가 필요한 때에는 보호관찰을 받을 것을 명할 수 있음 ② **보호관찰**의 기간 **1년**으로 함
효과	선고유예를 받은 날로부터 **2년**이 경과한 때에는 **면소된 것으로 간주**함(《주의》 1년이 경과한 때에는 면소된 것으로 간주한다. ×)
실효	① 유예기간 중 자격정지 이상의 형에 처한 판결이 확정되거나 자격정지 이상의 형에 처한 전과가 발견된 때에는 유예한 형을 선고함 ② 보호관찰을 명한 선고유예를 받은 자가 보호관찰기간 중에 준수사항을 위반하고 그 정도가 무거운 때에는 유예한 형을 선고할 수 있음

판례 | 선고유예 관련 판례

1 형의 집행유예를 선고받은 사람이 그 선고가 실효 또는 취소됨이 없이 정해진 유예기간을 무사히 경과하여 형의 선고가 효력을 잃게 되었더라도, 이는 형의 선고의 법적 효과가 없어질 뿐이고 형의 선고가 있었다는 기왕의 사실 자체까지 없어지는 것은 아니므로 그는 형법 제59조 제1항 단서에서 정한 **선고유예 결격사유인 '자격정지 이상의 형을 받은 전과가 있는 자'에 해당한다**(대판 2012.6.28, 2011도10570). 11. 사법시험, 11·17. 국가직 7급, 12. 경찰승진, 12·15. 경찰채용, 14. 경찰간부, 14·15·17. 법원행시

2 형법 제39조 제1항에 의하여 형법 제37조 후단 경합범 중 판결을 받지 아니한 죄에 대하여 형을 선고하는 경우에 있어서 **형법 제37조 후단에 규정된 금고 이상의 형에 처한 판결이 확정된 죄의 형도** 형법 제59조 제1항 단서에서 정한 **선고유예 결격사유인 '자격정지 이상의 형을 받은 전과'에 포함된다**(대판 2010.7.8, 2010도931 **떡볶이 장사 방해 사건**). 11. 국가직 7급, 11·14. 법원직 9급, 12·13. 법원행시, 14. 경찰간부·변호사, 17. 경찰승진

3 주형에 대하여 선고를 유예하는 경우에는 그 부가할 몰수·추징에 대하여도 선고를 유예할 수 있다(대판 1988.6.21, 88도551 **범양상선 사건**). 11·13·14. 사법시험, 12·17. 경찰승진, 13. 국가직 7급, 15. 법원행시

4 형의 선고유예를 하는 경우에도 몰수의 요건이 있는 때에는 **몰수형만의 선고를 할 수 있다**[대판 1973.12.11, 73도1133(전합)].

5 주형에 대하여 선고를 유예하지 아니하면서 이에 부가할 몰수·추징에 대하여서만 선고를 유예할 수는 없다(대판 1988.6.21, 88도551 **범양상선 사건**). 12·17. 경찰승진

6 선고유예판결에서도 그 판결이유에서는 선고할 형의 종류와 양, 즉 선고형을 정해 놓아야 하고, 그 선고를 유예하는 형이 벌금형일 경우에는 그 벌금액뿐만 아니라 환형 유치처분까지 해두어야 한다(대판 1988.1.19, 86도2654). 13. 사법시험, 13·17. 법원직 9급, 15. 법원행시, 16. 국가직 9급

7 형법 제61조 제1항에서 말하는 '형의 선고유예를 받은 자가 자격정지 이상의 형에 처한 전과가 발견된 때'란 **형의 선고유예의 판결이 확정된 후에 비로소 위와 같은 전과가 발견된 경우를 말하고 그 판결확정 전에 이러한 전과가 발견된 경우에는 이를 취소할 수 없으며,** 이때 판결확정 전에 발견되었다고 함은 검사가 명확하게 그 결격사유를 안 경우만을 말하는 것이 아니라 당연히 그 결격사유를 알 수 있는 객관적 상황이 존재함에도 부주의로 알지 못한 경우도 포함한다(대결 2008.2.14, 2007모845 **사기전과 간과 사건**). 15. 법원행시, 16. 국가직 9급, 18. 경찰채용

8 형의 선고를 유예할 수 있는 경우는 선고할 형이 1년 이하의 징역이나 금고, 자격정지 또는 벌금의 형인 경우에 한하고 구류형에 대하여는 선고를 유예할 수 없다(대판 1993.6.22, 93오1 **구류3일 선고유예 사건**). 19. 국가직 9급

02 집행유예

형법

제62조【집행유예의 요건】① **3년 이하의 징역이나 금고 또는 500만원 이하의 벌금의 형을 선고할 경우에** 제51조의 사항을 참작하여 그 정상에 참작할 만한 사유가 있는 때에는 1년 이상 5년 이하의 기간 형의 집행을 유예할 수 있다. 다만, 금고 이상의 형을 선고한 판결이 확정된 때부터 그 집행을 종료하거나 면제된 후 3년까지의 기간에 범한 죄에 대하여 형을 선고하는 경우에는 그러하지 아니하다.
② 형을 병과할 경우에는 그 형의 일부에 대하여 집행을 유예할 수 있다.

제62조의2【보호관찰, 사회봉사·수강명령】① 형의 집행을 유예하는 경우에는 보호관찰을 받을 것을 명하거나 사회봉사 또는 수강을 명할 수 있다.
② 제1항의 규정에 의한 보호관찰의 기간은 집행을 유예한 기간으로 한다. 다만, 법원은 유예기간의 범위 내에서 보호관찰기간을 정할 수 있다.
③ 사회봉사명령 또는 수강명령은 집행유예기간 내에 이를 집행한다.

제63조【집행유예의 실효】집행유예의 선고를 받은 자가 유예기간 중 **고의로 범한 죄로 금고 이상의 실형을 선고받아 그 판결이 확정**된 때에는 집행유예의 선고는 효력을 잃는다.

제64조【집행유예의 취소】① 집행유예의 선고를 받은 후 제62조 단행의 사유가 발각된 때에는 집행유예의 선고를 취소한다.
② 제62조의2의 규정에 의하여 보호관찰이나 사회봉사 또는 수강을 명한 집행유예를 받은 자가 준수사항이나 명령을 위반하고 그 정도가 무거운 때에는 집행유예의 선고를 취소할 수 있다.

제65조【집행유예의 효과】집행유예의 선고를 받은 후 그 선고의 실효 또는 취소됨이 없이 유예기간을 경과한 때에는 형의 선고는 효력을 잃는다.

의의	형벌을 선고하되 일정기간 동안 그 집행을 유예하고 그 기간이 경과하면 형선고의 효력을 상실시키는 제도
요건	① **3년 이하의 징역이나 금고 또는 500만원 이하의 벌금**의 형을 선고할 것 ② 양형의 조건을 참작하여 그 정상에 참작할 만한 사유가 있을 것 ③ 금고 이상의 형을 선고한 판결이 확정된 때부터 그 집행을 종료하거나 면제받은 후 3년 이내에 범한 죄가 아닐 것
집행유예 판결	① 법원은 1년 이상 5년 이하의 기간 동안 형의 집행을 유예할 수 있음(《주의》 1년 이상 3년 이하의 기간 동안 ×) ② 형을 **병과**할 경우에는 그 형의 **일부에 대하여 집행을 유예할 수 있음** 13. 경찰간부
보호관찰 등	① 집행유예를 선고하는 경우 보호관찰을 받을 것을 명하거나 사회봉사 또는 수강을 명할 수 있음 13. 경찰간부 ② 보호관찰의 기간은 집행을 유예한 기간으로 함. 다만, 법원은 유예기간의 범위 내에서 보호관찰 기간을 정할 수 있음 ③ 사회봉사명령 또는 수강명령은 집행유예기간 내에 이를 집행함 15. 경찰채용
효과	집행유예를 선고받은 후 그 선고가 실효 또는 취소됨이 없이 유예기간이 경과한 때에는 형선고는 **효력을 잃음** 13. 경찰간부
실효	집행유예를 선고받은 자가 유예기간 중 고의로 범한 죄로 금고 이상의 실형을 선고받아 그 판결이 확정된 때에는 집행유예의 선고는 **효력을 잃음**(《주의》 고의·과실로 범한 죄로 ×) 13. 경찰간부, 15. 경찰채용
취소	① 집행유예를 선고받은 후 집행유예 결격사유(금고 이상의 형을 선고한 판결이 확정된 때부터 그 집행을 종료하거나 면제받은 후 3년 이내에 범한 죄)가 발각된 때에는 집행유예의 선고를 취소함 ② 보호관찰이나 사회봉사 또는 수강을 명한 집행유예를 선고받은 자가 준수사항이나 명령을 위반하고 그 정도가 무거운 때에는 집행유예의 선고를 취소할 수 있음

⚖ 판례 | 집행유예 관련 판례

1 집행유예기간 중에 범한 죄에 대하여 형을 선고할 때에 [1] 집행유예의 결격사유를 정하는 형법 제62조 제1항 단서 소정의 요건에 해당하는 경우란 **이미 집행유예가 실효 또는 취소된 경우와 그 선고시점에 미처 유예기간이 경과하지 아니하여 형선고의 효력이 실효되지 아니한 채로 남아 있는 경우**로 국한되고 [2] 집행유예가 실효 또는 취소됨이 없이 유예기간을 경과한 때에는 위 단서 소정의 요건에 해당하지 않는다고 할 것이므로 집행유예기간 중에 범한 범죄라고 할지라도 집행유예가 실효 또는 취소됨이 없이 그 유예기간이 경과한 경우에는 이에 대해 다시 집행유예의 선고가 가능하다(대판 2007.7.27, 2007도768 **연달아 집행유예 사건 Ⅱ**). 11·12·14·17. 법원행시, 11·17. 국가직 7급, 14. 변호사·법원직 9급·국가직 9급, 18. 경찰간부

2 형법 제37조 후단의 경합범 관계에 있는 두 개의 범죄에 대하여 **하나의 판결로 두 개의 자유형을 선고하는 경우** 그 두 개의 자유형은 각각 별개의 형이므로 형법 제62조 제1항에 정한 집행유예의 요건에 해당하면 각 자유형에 대하여 각각 집행유예를 선고할 수 있는 것이고 또 두 개의 징역형 중 하나의 징역형에 대하여는 실형을 선고하면서 다른 징역형에 대하여 집행유예를 선고하는 것도 우리 형법상 이러한 조치를 금하는 명문의 규정이 없는 이상 **허용된다**(대판 2002.2.26, 2000도4637). 11·14. 사법시험, 12. 경찰승진, 12·16. 법원직 9급, 14. 변호사·국가직 9급, 21. 경찰간부

3 [1] 우리 형법이 집행유예기간의 시기(始期)에 관하여 명문의 규정을 두고 있지는 않지만 형사소송법 제459조가 "재판은 이 법률에 특별한 규정이 없으면 확정한 후에 집행한다."라고 규정한 취지나 집행유예제도의 본질 등에 비추어 보면 집행유예를 함에 있어 **집행유예기간의 시기는 집행유예를 선고한 판결확정일로 하여야 하고 법원이 판결확정일 이후의 시점을 임의로 선택할 수는 없다.** [2] 형법 제37조 후단의 경합범 관계에 있는 죄에 대하여 두 개의 징역형을 선고하면서 하나의 징역형에 대하여만 집행유예를 선고하고 **집행유예기간의 시기를 다른 하나의 징역형의 집행종료일로 한 것은 위법하다**(대판 2002.2.26, 2000도4637). 11·12. 법원행시, 14. 사법시험, 16. 법원직 9급

4 형법 제62조 제1항이 '형'의 집행을 유예할 수 있다고만 규정하고 있다고 하더라도 이는 하나의 형의 전부에 대한 집행유예에 관한 규정이라 할 것이고 또한 하나의 자유형에 대한 일부 집행유예에 관하여 그 인정을 위해서는 별도의 근거규정이 필요하므로 **하나의 자유형 중 일부에 대해서는 실형을, 나머지에 대해서는 집행유예를 선고하는 것은 허용되지 않는다**(대판 2007.2.22, 2006도8555). 12. 법원직 9급, 13·14·17. 법원행시, 14. 국가직 9급, 15. 경찰채용

5 일정액의 금전을 출연하는 것을 주된 내용으로 하는 사회공헌약속 이행을 명하는 것은 500시간 내에서 시간 단위로 부과될 수 있는 일 또는 근로활동이 아닌 일정한 금원을 출연할 것을 명하는 것이어서 **사회봉사명령으로 허용될 수 없다**(대판 2008.4.11, 2007도8373 **정몽구 회장 사건**). 12. 경찰채용, 14. 변호사

6 법원이 피고인에게 유죄로 인정된 범죄행위를 뉘우치거나 그 범죄행위를 공개하는 취지의 말이나 글을 발표하도록 하는 내용의 사회봉사를 명하고 이를 위반할 경우 집행유예의 선고를 취소할 수 있도록 함으로써 그 이행을 강제하는 것은, 헌법이 보호하는 피고인의 양심의 자유, 명예 및 인격에 대한 심각하고 중대한 침해에 해당하므로 허용될 수 없다(대판 2008.4.11, 2007도8373 **정몽구 회장 사건**). 11. 사법시험, 12. 경찰채용, 12·17. 경찰승진, 17. 국가직 7급

7 형법 제64조 제1항에 의하면 "집행유예의 선고를 받은 후 형법 제62조 단행의 사유(집행유예 결격사유)가 발각된 때에는 집행유예의 선고를 취소한다."라고 규정되어 있는바, 여기에서 집행유예를 선고받은 후 형법 제62조 단행의 사유가 발각된 때라 함은 **집행유예 선고의 판결이 확정된 후에 비로소 발각된 경우를 말하고, 그 판결확정 전에 결격사유가 발각된 경우에는 이를 취소할 수 없으며,** 이때 판결확정 전에 발각되었다고 함은 검사가 명확하게 그 결격사유를 안 경우만을 말하는 것이 아니라 당연히 그 결격사유를 알 수 있는 객관적 상황이 존재함에도 부주의로 알지 못한 경우도 포함된다(대결 2001.6.27, 2001모135). 17. 국가직 7급

8 집행유예의 선고를 받은 후 그 선고의 실효 또는 취소됨이 없이 유예기간을 경과한 때에는 형법 제65조가 정하는 바에 따라 형의 선고는 효력을 잃는 것이고, 그와 같이 **유예기간이 경과함으로써 형의 선고가 효력을 잃은 후에는 형법 제62조 단행의 사유(집행유예 결격사유)가 발각되었다고 하더라도 그와 같은 이유로 집행유예를 취소할 수 없고 그대로 유예기간경과의 효과가 발생한다**(대결 1999.1.12, 98모151). 14. 법원직 9급, 18. 국가직 9급

03 가석방

> **형법**
>
> 제72조【가석방의 요건】 ① 징역이나 금고의 집행 중에 있는 자가 그 행상(行狀)이 양호하여 뉘우침이 뚜렷한 때에는 **무기형은 20년, 유기형은 형기의 3분의 1**을 지난 후 행정처분으로 가석방을 할 수 있다.
> ② 제1항의 경우에 벌금이나 과료의 병과가 있는 때에는 그 금액을 완납하여야 한다.
>
> 제73조【판결선고 전 구금과 가석방】 ① 형기에 산입된 판결선고 전 구금일수는 가석방을 하는 경우 집행한 기간에 산입한다.
> ② 제72조 제2항의 경우에 벌금이나 과료에 관한 노역장 유치기간에 산입된 판결선고 전 구금일수는 그에 해당하는 금액이 납입된 것으로 본다.
>
> 제73조의2【가석방의 기간 및 보호관찰】 ① 가석방의 기간은 **무기형**에 있어서는 **10년**으로 하고, **유기형**에 있어서는 **남은 형기**로 하되, 그 기간은 10년을 초과할 수 없다.
> ② 가석방된 자는 가석방기간 중 보호관찰을 받는다. 다만, 가석방을 허가한 행정관청이 필요가 없다고 인정한 때에는 그러하지 아니하다.
>
> 제74조【가석방의 실효】 가석방기간 중 고의로 지은 죄로 금고 이상의 형의 선고받아 그 판결이 확정된 경우에 가석방처분은 효력을 잃는다.
>
> 제75조【가석방의 취소】 가석방의 처분을 받은 자가 감시에 관한 규칙을 위배하거나, 보호관찰의 준수사항을 위반하고 그 정도가 무거운 때에는 가석방처분을 취소할 수 있다.
>
> 제76조【가석방의 효과】 ① 가석방의 처분을 받은 후 그 처분이 실효 또는 취소되지 아니하고 가석방기간을 경과한 때에는 **형의 집행을 종료한 것으로 본다.**
> ② 전 2조의 경우에는 가석방 중의 일수는 형기에 산입하지 아니한다.

의의	뉘우침이 뚜렷한 수형자를 임시로 석방하고 일정한 기간이 경과한 때에 형의 집행을 종료한 것으로 간주하는 제도
요건	① **무기형은 20년, 유기형은 형기의 3분의 1**을 지날 것 ② 행상(行狀)이 양호하여 뉘우침이 뚜렷할 것 ③ 벌금 또는 과료의 병과가 있는 때에는 그 금액을 완납하였을 것
가석방처분	① 법무부장관은 가석방심사위원회의 허가신청이 적정하다고 인정하면 가석방을 허가할 수 있음 ② 가석방의 기간은 **무기형은 10년, 유기형은 남은 형기**로 하되 그 기간은 10년을 초과할 수 없음
보호관찰	가석방된 자는 가석방기간 중 보호관찰을 받음. 다만, 가석방을 허가한 행정관청이 필요가 없다고 인정한 때에는 그러하지 아니함
효과	가석방처분이 실효 또는 취소되지 아니하고 가석방기간이 경과한 때에는 형의 집행을 종료한 것으로 간주함
실효	가석방기간 중 고의로 지은 죄로 금고 이상의 형을 선고받아 그 판결이 확정된 경우에 가석방처분은 효력을 잃음
취소	가석방처분을 받은 자가 감시에 관한 규칙을 위배하거나 보호관찰의 준수사항을 위반하고 그 정도가 무거운 때에는 가석방처분을 취소할 수 있음

제5절 형의 시효와 소멸

01 형의 시효

> **형법**
>
> 제77조 【형의 시효의 효과】 형을 선고받은 사람에 대해서는 시효가 완성되면 그 집행이 면제된다.
>
> 제78조 【형의 시효의 기간】 시효는 형을 선고하는 재판이 확정된 후 그 집행을 받지 아니하고 다음 각 호의 구분에 따른 기간을 지나면 완성된다.
> 1. 삭제<2023.8.8.>
> 2. 무기의 징역 또는 금고: **20년**
> 3. 10년 이상의 징역 또는 금고: **15년**
> 4. 3년 이상의 징역이나 금고 또는 10년 이상의 자격정지: **10년**
> 5. 3년 미만의 징역이나 금고 또는 5년 이상의 자격정지: **7년**
> 6. 5년 미만의 자격정지, 벌금, 몰수 또는 추징: **5년**
> 7. 구류 또는 과료: 1년
>
> 제79조 【시효의 정지】 ① 시효는 형의 집행의 유예나 정지 또는 가석방 기타 집행할 수 없는 기간은 진행되지 아니한다.
> ② 시효는 형이 확정된 후 그 형의 집행을 받지 아니한 자가 형의 집행을 면할 목적으로 국외에 있는 기간 동안은 진행되지 아니한다.
>
> 제80조 【시효의 중단】 시효는 사형·징역·금고와 구류에 있어서는 수형자를 체포함으로, 벌금·과료·몰수와 추징에 있어서는 강제처분을 개시함으로 인하여 중단된다.

의의	형을 선고받은 사람이 재판이 확정된 후 형의 집행을 받지 않고 일정한 기간이 지난 때에 형집행이 면제되는 제도
기간	① **사형: 30년** ② **무기징역** 또는 **무기금고: 20년** ③ **10년 이상의 징역** 또는 **금고: 15년** ④ **3년 이상의 징역이나 금고** 또는 **10년 이상의 자격정지: 10년** ⑤ **3년 미만의 징역이나 금고** 또는 **5년 이상의 자격정지: 7년** ⑥ **5년 미만의 자격정지**, 벌금, 몰수 또는 추징: **5년** ⑦ **구류** 또는 **과료: 1년**
정지	① 시효는 형의 집행유예나 정지 또는 가석방 기타 집행할 수 없는 기간은 진행되지 않음 ② 형의 집행을 받지 아니한 자가 형의 집행을 면할 목적으로 국외에 있는 기간 동안은 시효는 진행되지 않음
중단	시효는 사형·징역·금고와 구류에 있어서는 수형자를 체포함으로, 벌금·과료·몰수와 추징에 있어서는 강제처분을 개시함으로 인하여 중단됨

02 형의 실효·사면·복권

형법

제81조【형의 실효】 징역 또는 금고의 집행을 종료하거나 집행이 면제된 자가 피해자의 손해를 보상하고 자격정지 이상의 형을 받음이 없이 **7년**을 경과한 때에는 본인 또는 검사의 신청에 의하여 그 재판의 실효를 선고할 수 있다. (《주의》 5년 ×) 17. 경찰채용

제82조【복권】 자격정지의 선고를 받은 자가 피해자의 손해를 보상하고 자격정지 이상의 형을 받음이 없이 정지기간의 **2분의 1**을 경과한 때에는 본인 또는 검사의 신청에 의하여 자격의 회복을 선고할 수 있다. 17. 경찰채용

형의 실효 등에 관한 법률

제7조【형의 실효】 ① 수형인이 자격정지 이상의 형을 받지 아니하고 형의 집행을 종료하거나 그 집행이 면제된 날부터 다음 각 호의 구분에 따른 기간이 경과한 때에 그 형은 실효된다. 다만, 구류(拘留)와 과료(科料)는 형의 집행을 종료하거나 그 집행이 면제된 때에 그 형이 실효된다.
1. 3년을 초과하는 징역·금고: 10년
2. 3년 이하의 징역·금고: 5년
3. 벌금: 2년

② 하나의 판결로 여러 개의 형이 선고된 경우에는 각 형의 집행을 종료하거나 그 집행이 면제된 날부터 가장 무거운 형에 대한 제1항의 기간이 경과한 때에 형의 선고는 효력을 잃는다. 다만, 제1항 제1호 및 제2호를 적용할 때 징역과 금고는 같은 종류의 형으로 보고 각 형기(刑期)를 합산한다.

사면법

제5조【사면 등의 효과】 ① 사면, 감형 및 복권의 효과는 다음 각 호와 같다.
1. 일반사면: 형선고의 효력이 상실되며, 형을 선고받지 아니한 자에 대하여는 공소권(公訴權)이 상실된다. 다만, 특별한 규정이 있을 때에는 예외로 한다.
2. 특별사면: 형의 집행이 면제된다. 다만, 특별한 사정이 있을 때에는 이후 형선고의 효력을 상실하게 할 수 있다.
3. 일반(一般)에 대한 감형: 특별한 규정이 없는 경우에는 형을 변경한다.
4. 특정한 자에 대한 감형: 형의 집행을 경감한다. 다만, 특별한 사정이 있을 때에는 형을 변경할 수 있다.
5. 복권: 형선고의 효력으로 인하여 상실되거나 정지된 자격을 회복한다.

② 형의 선고에 따른 기성(旣成)의 효과는 사면, 감형 및 복권으로 인하여 변경되지 아니한다.

실효	전과사실을 말소시켜 수형자의 사회복귀를 용이하게 하는 제도로서 재판상 실효(형법 제81조)와 당연실효(형의 실효 등에 관한 법률 제7조)가 있음
사면	① 일반사면: 미리 죄 또는 형의 종류를 정하여 대통령령으로 행하는 사면으로 형선고를 받은 자에 대해서는 **형선고의 효력이 상실**되고, 형선고를 받지 않은 자에 대해서는 공소권이 상실됨 ② 특별사면: 형선고를 받은 특정인에 대한 사면으로 원칙적으로 **형집행이 면제**되지만 특별한 사정이 있으면 형선고의 효력을 상실하게 할 수 있음
복권	복권은 상실 또는 정지된 자격을 회복하는 제도로서 형법 또는 사면법에 의해서 행해질 수 있음

03 형의 기간

형법

제83조【기간의 계산】연(年) 또는 월(月)로 정한 기간은 연 또는 월 단위로 계산한다.

제84조【형기의 기산】① 형기는 판결이 확정된 날로부터 기산한다.

　② 징역, 금고, 구류와 유치에 있어서는 구속되지 아니한 일수는 형기에 산입하지 아니한다.

제85조【형의 집행과 시효기간의 초일】형의 집행과 시효기간의 초일은 시간을 계산함이 없이 1일로 산정한다.

제86조【석방일】석방은 형기종료일에 하여야 한다.

제6절 보안처분

개념	범죄를 예방하기 위하여 범죄자나 범죄의 위험이 있는 자에 대하여 과하는 형벌 이외의 형사제재
형벌과 보안처분	형벌은 과거의 불법에 대한 응보를 주된 목적으로 하는 형사제재이지만, 보안처분은 장래의 재범 위험성을 전제로 범죄의 예방을 주된 목적으로 하는 형사제재

police.Hackers.com

2024 해커스경찰
갓대환 형사법 핵심요약집
형법

형법 각론

제1편

개인적 법익에 대한 죄

제1장 생명과 신체에 대한 죄

제1절 살인의 죄

01 살인죄

> **형법**
> 제250조【살인】① **사람을 살해**한 자는 사형, 무기 또는 5년 이상의 징역에 처한다.

객관적 구성요건	주체	아무런 제한이 없음
	객체	① 객체는 살아 있는 사람으로, 태아나 사자(死者)는 객체가 될 수 없음 ② 사람의 시기(始期)와 종기(終期) 　㉠ 시기: 규칙적인 **진통**을 동반하면서 분만이 개시된 때에 사람이 됨(진통설 또는 분만개시설, 통설·판례) 　㉡ 종기: 심장의 고동인 맥박이 영구적으로 정지한 때에 사망한 것으로 보는 견해(**맥박정지설**)와 뇌기능이 종국적으로 정지한 때에 사망한 것으로 보는 견해(뇌사설)가 대립함
	행위	살해: 살해의 수단·방법에는 아무런 제한이 없음
	착수 기수	① 실행의 착수시기: 생명을 위태롭게 하는 행위가 개시된 때 ② 기수시기: 피해자가 사망한 때

> ⚖ **판례 | 살인죄 관련 판례**
>
> **1** 사람의 생명과 신체의 안전을 보호법익으로 하고 있는 형법의 해석으로는 **규칙적인 진통을 동반하면서 분만이 개시된 때**(소위 진통설 또는 분만개시설)가 사람의 시기(始期)라고 봄이 타당하다(대판 2007.6.29, 2005도3832 **거대아 사건**). 12. 국가직 9급, 12·14·20. 법원직 9급, 19. 법원행시
>
> **2** 제왕절개 수술의 경우 '의학적으로 제왕절개 수술이 가능하였고 규범적으로 수술이 필요하였던 시기(時期)'는 판단하는 사람 및 상황에 따라 다를 수 있어 분만개시 시점, 즉 사람의 시기(始期)도 불명확하게 되므로 이 시점을 분만의 시기(始期)로 볼 수는 없다(대판 2007.6.29, 2005도3832 **거대아 사건**). 11·14·16. 경찰승진, 12. 국가직 9급, 13·15·17. 경찰채용, 14. 법원직 9급
>
> **3** 원심판결이 분만 중의 태아를 질식사에 이르게 한 소위를 형법 제268조의 **업무상과실치사죄로 다스린 제1심 판결을 지지하였음은 정당하다**(대판 1982.10.12, 81도2621 분만 중 태아 질식사 사건). 13. 경찰간부, 15. 경찰승진
>
> **4** 원심이 산모 A에게 분만의 개시라고 할 수 있는 **규칙적인 진통이 시작된 바 없었으므로 태아 B는 아직 업무상과실치사죄의 객체인 '사람'이 되었다고 볼 수 없다**는 이유 등으로 거대아로 성장한 태아 B가 A의 자궁 내에서 분만 전 저산소성 손상으로 인한 심폐정지로 사망하게 되었다는 **업무상과실치사죄의 공소사실에 관하여 무죄를 선고한 것은 정당하다**(대판 2007.6.29, 2005도3832 **거대아 사건**).

5 살인죄에서 살인의 범의는 **반드시 살해의 목적이나 계획적인 살해의 의도가 있어야 인정되는 것은 아니고, 자기의 행위로 인하여 타인의 사망이라는 결과를 발생시킬 만한 가능성 또는 위험이 있음을 인식하거나 예견하면 족한 것이며** 그 인식이나 예견은 확정적인 것은 물론 불확정적인 것이라도 이른바 미필적 고의로 인정된다(대판 2008.3.27, 2008도507 **애인 토막살해 사건**). 13. 경찰채용, 14·17. 국가직 9급, 16. 경찰승진·사법시험

6 피고인이 범행 당시 살인의 고의는 없었고 단지 상해 또는 폭행의 고의만 있었을 뿐이라고 다투는 경우에, 피고인에게 범행 당시 **살인의 고의가 있었는지는** 피고인이 범행에 이르게 된 경위, 범행의 동기, 준비된 흉기의 유무·종류·용법, 공격의 부위와 반복성, 사망의 결과발생 가능성 정도, 범행 후 결과 회피행동의 유무 등 **범행 전후의 객관적인 사정을 종합하여 판단할 수밖에 없다**(대판 2015.10.29, 2015도5355 **윤일병 사망 사건**). 14·16. 경찰채용

7 피고인이 격분하여 **피해자를 살해할 것을 마음먹고 밖으로 나가 낫을 들고 피해자에게 다가서려고 하였으나** 제3자가 이를 제지하여 그 틈을 타서 피해자가 도망함으로써 살인의 목적을 이루지 못한 경우 **살인미수에 해당한다**(대판 1986.2.25, 85도2773). 13. 경찰채용·경찰승진

8 [1] 살인의 실행행위가 피해자의 사망이라는 결과를 발생하게 한 유일한 원인이거나 직접적인 원인이어야만 되는 것은 아니므로 **살인의 실행행위와 피해자의 사망과의 사이에 다른 사실이 개재되어 그 사실이 치사의 직접적인 원인이 되었다고 하더라도 그와 같은 사실이 통상 예견할 수 있는 것에 지나지 않는다면** 살인의 실행행위와 피해자의 사망과의 사이에 **인과관계가 있는 것으로 보아야 한다.** [2] 피해자는 피고인들의 범행으로 입은 자상(刺傷)으로 인하여 급성신부전증이 발생하였는데, 피해자가 이와 같은 사실을 모르고 콜라와 김밥 등을 함부로 먹은 탓으로 체내에 수분저류가 발생하여 합병증(폐렴, 범발성 혈액응고장애 등)이 유발됨으로써 사망하게 된 경우, 피고인들의 범행과 피해자 사망 사이에는 인과관계가 인정된다(대판 1994.3.22, 93도3612 **콜라 김밥 사건**). 11. 경찰채용·법원행시, 12. 경찰간부, 13. 국가직 7급·법원직 9급, 14·20. 경찰승진, 15. 사법시험, 17. 국가직 9급

9 피해자가 피고인의 범행으로 부상한 후 1개월이 지난 후에 패혈증 등으로 사망하였다 하더라도 그 패혈증이 자창(刺創)으로 인한 과다한 출혈과 상처의 감염 등에 연유한 것인 이상 **피고인의 행위와 피해자의 사망과의 사이에 인과관계의 존재를 부정할 수 없다**(대판 1982.12.28, 82도2525).

판례비교

살인죄의 고의가 인정되는 경우	살인죄의 고의가 인정되지 않는 경우
① 피고인들이 피해자의 머리나 가슴 등 치명적인 부위가 아닌 허벅지나 종아리 부위 등을 주로 찔렀다고 해도 칼로 피해자를 20여 회나 힘껏 찔러 그로 인해 피해자가 과다 실혈로 사망하게 된 경우(대판 2002.10.25, 2002도4089 **병신을 만들어라 사건**) 16. 경찰간부	적재된 **임산물에 대한 부정성 여부를 조사하기 위하여** 화물자동차의 승강구에 뛰어올라 정차를 명함에 있어 화주가 이를 피하기 위해 **경찰관을 폭행하여 추락시켜 사망하게 한 경우**(대판 1957.5.24, 57도56) 14. 경찰채용
② 피고인이 베개로 피해자의 머리 부분을 약 3분간 누르던 중 **피해자가 저항을 멈추고 사지가 늘어졌음에도 계속하여 누른 경우**(대판 2002.2.8, 2001도6425 **손중위 사건**) 11·14·16. 경찰승진, 14. 국가직 9급·국가직 7급, 15·16. 경찰채용	

살인죄의 고의가 인정되는 경우	살인죄의 고의가 인정되지 않는 경우
③ 피고인은 건장한 체격의 **군인**으로서 키 150cm, 몸무게 42kg의 왜소한 피해자를 상대로 폭력을 행사하였고 특히 급소인 **목을 15초 내지 20초 동안 세게 졸라** 피해자의 설골(舌骨)이 부러질 정도였던 경우(대판 2001.3.9, 2000도5590 **맥카시 상병 사건**) 11. 국가직 9급, 15. 경찰승진 ④ 피고인이 무술교관출신으로서 인체의 급소를 잘 알면서도 **무술의 방법으로 피해자의 울대(聲帶, 성대 부분)를 가격하여** 피해자를 사망하게 한 경우(대판 2000.8.18, 2000도2231 **무술교관출신 사건**) 16. 경찰승진 ⑤ 피고인이 **예리한 칼로 피해자의 팔꿈치 부분에 길이 13cm, 허리 부분에 길이 3cm, 왼쪽 가슴 부분에 길이 6cm의 상처가 나도록 찔렀고** 그 가슴의 상처 깊이가 무려 17cm나 되어 곧바로 좌측 심낭(心囊)까지 절단된 경우(대판 1991.10.22, 91도2174 **병신새끼 사건**) 14. 경찰채용, 15. 경찰승진 ⑥ 피고인이 **7세, 3세 남짓된 어린 자식들에 대하여 함께 죽자고 권유하여 물속에 따라 들어오게 하여** 결국 익사하게 한 경우(대판 1987.1.20, 86도2395 **어린 자식들 사건**) 12. 법원행시, 13. 국가직 7급, 14. 경찰간부, 15. 법원직 9급, 16. 경찰승진·국가직 9급 ⑦ 피고인이 **길이 39cm의 식도로 피해자의 하복부를 찔러 직경 5cm, 깊이 15cm 이상의 자창을 입혀** 복강내출혈로 인한 혈복증으로 피해자를 의식불명에 이르게 한 경우(대판 1982.12.28, 82도2525) 18. 변호사 ⑧ 세월호가 침몰해 가는 상태에서 **선장**인 피고인이 선내 대기 중인 승객 등에 대한 퇴선조치 없이 갑판부 선원들과 함께 해경 경비정으로 퇴선하였을 뿐아니라 퇴선 이후에도 아무런 조치를 취하지 아니하여 승객 등이 스스로 세월호에서 탈출하는 것이 불가능하게 되는 결과가 초래되어 많은 승객 등이 사망한 경우[대판 2015.11.12, 2015도6809(전합) **세월호 사건**] ➡ 세월호 선장은 부작위에 의한 살인죄가 성립 16. 국가직 9급 ⑨ 총알이 장전되어 있는 **엽총의 방아쇠를 잡고 있다가 총알이 발사되어** 피해자가 사망한 경우(대판 1997.2.25, 96도3364) 22. 해경간부	

02 존속살해죄

> **형법**
>
> 제250조【존속살해】② 자기 또는 배우자의 직계존속을 살해한 자는 사형, 무기 또는 7년 이상의 징역에 처한다.

객관적 구성요건	주체	피해자의 직계비속 또는 그 직계비속 배우자(부진정신분범)
	객체	① 자기의 직계존속: 직계존속은 민법에 의하여 정해짐. 혼인 외 출생자(사생아)의 경우 생모(生母)는 인지나 출생신고 여부를 불문하고 당연히 직계존속이 되지만, **부(父)는 인지를 한 경우에만 직계존속**이 됨(통설·판례) ② 배우자의 직계존속: **법률상 배우자**를 의미하므로 사실혼관계에 있는 자는 배우자에 포함되지 않음
주관적 구성요건	고의	자기 또는 배우자의 직계존속을 살해한다는 고의가 있어야 함
	착오	보통살인의 고의로 존속살해의 결과를 발생시킨 경우 형법 제15조 제1항에 의하여 **보통살인죄 성립**(통설)

> 🔨 **판례 | 직계존·비속 관련 판례**
>
> 1 당사자가 **입양의 의사로 친생자 출생신고를 하고 거기에 입양의 실질적 요건이 구비되어 있다면** 그 형식에 다소 잘못이 있더라도 **입양의 효력이 발생하고**, 이 경우의 허위의 친생자 출생신고는 법률상의 친자관계인 양친자관계를 공시하는 입양신고의 기능을 한다(대판 2007.11.29, 2007도8333 **양모 살해 사건**). 12. 사법시험
>
> 2 혼인 외의 출생자와 생모(生母)간에는 그 생모의 인지나 출생신고를 기다리지 않고 자(子)의 출생으로 당연히 법률상의 친족관계가 생긴다(대판 1980.9.9, 80도1731). 13·16. 경찰채용, 15. 경찰승진

03 영아살해죄

> **형법**
>
> 제251조【영아살해】 삭제<2023.8.8.>

> 🔨 **판례 | 영아살해죄가 성립하지 않는 경우**
>
> **남녀가 사실상 동거한 관계가 있고** 그 사이에 영아가 분만되었다 하여도 그 남자와 영아와의 사이에 법률상 직계존·비속의 관계가 있다 할 수 없으므로 **그 남자가 영아를 살해한 경우에는 보통살인죄에 해당한다**(대판 1970.3.10, 69도2285).

04 촉탁·승낙살인죄

> **형법**
>
> 제252조【촉탁·승낙에 의한 살인 등】① 사람의 **촉탁**이나 **승낙**을 받아 그를 살해한 자는 1년 이상 10년 이하의 징역에 처한다.

객관적 구성요건	객체	자신에 대한 살해를 촉탁·승낙한 자. 죽음의 의미를 이해할 수 없는 유아나 정신병자 등은 본죄의 객체가 될 수 없음(이 경우 보통살인죄 성립)
	행위	① 촉탁이란 이미 죽음을 결의한 자로부터 **살해의 부탁**을 받은 것을 의미하고, 승낙이란 **살해에 대한 동의**를 받는 것을 의미함 ② 촉탁·승낙은 피해자가 자유의사에 따라 진의(眞意)로 하여야 하므로 위계·위력에 의하여 촉탁·승낙을 하게 한 경우는 위계·위력에 의한 살인죄가 성립함
	착수기수	① 실행의 착수시기: (촉탁·승낙을 받은 때가 아니라) 보통살인죄와 같이 생명을 위태롭게 하는 행위가 개시된 때 ② 기수시기: 피해자가 사망한 때
주관적 구성요건	고의	피해자의 촉탁·승낙이 있음을 인식하고 그를 살해한다는 고의가 있어야 함
	착오	촉탁·승낙이 없음에도 있는 것으로 오인하고 살해한 경우 형법 제15조 제1항에 의하여 촉탁·승낙살인죄가 성립함(통설)

05 자살교사·방조죄(자살관여죄)

> **형법**
>
> 제252조【촉탁·승낙에 의한 살인 등】② **사람을 교사**하거나 **방조**하여 **자살**하게 한 자도 제1항(촉탁·승낙살인죄)의 형에 처한다.

객관적 구성요건	객체	자살의 의미를 이해할 수 있는 자. 자살의 의미를 이해할 수 없는 유아나 정신병자 등은 본죄의 객체가 될 수 없고, **보통살인죄가 성립함**
	행위	① 자살교사: 자살의사가 없는 자에게 자살을 결의하게 하는 것으로, 수단과 방법에는 제한이 없으나 위계·위력을 사용한 경우에는 위계·위력에 의한 살인죄가 성립함 ② 자살방조: 이미 자살을 결의하고 있는 자에게 그 자살을 용이하게 해주는 행위 ③ 자살방조죄는 자살하려는 사람의 자살행위를 도와주어 용이하게 실행하도록 함으로써 성립되는 것으로서, 이러한 자살방조죄가 성립하기 위해서는 그 방조상대방의 구체적인 자살의 실행을 원조하여 이를 용이하게 하는 행위의 존재와 그 점에 대한 행위자의 인식이 요구된다(대판 2010.4.29, 2010도2328 **휘발유 자살방조 사건**). 14. 경찰간부
	착수기수	① 실행의 착수시기: 자살교사·방조를 개시한 때 ② 기수시기: 피해자가 자살한 때
촉탁·승낙 구별		행위자에게 자살에 대한 행위지배가 있으면 촉탁·승낙살인죄가 성립하고, 행위지배가 없으면 자살교사·방조죄가 성립함(행위지배기준설·다수설)

자살방조죄가 성립하는 경우	자살방조죄가 성립하지 않는 경우
피해자가 피고인과 말다툼을 하다가 "죽고 싶다." 또는 "같이 죽자."라고 하며 피고인에게 기름을 사오라고 하자 피고인이 휘발유 1병을 사다주었는데 피해자가 몸에 휘발유를 뿌리고 불을 붙여 자살한 경우 자살방조죄가 성립한다(대판 2010.4.29, 2010도2328 **휘발유 자살방조 사건**). 11. 경찰승진, 14. 경찰간부, 16. 사법시험·법원행시	피고인이 인터넷 사이트 내 자살 관련 카페 게시판에 청산염 등 자살용 유독물의 판매광고를 한 행위가 단지 금원 편취 목적의 사기행각의 일환으로 이루어졌고, 변사자들이 다른 경로로 입수한 청산염을 이용하여 자살한 사정 등이 있는 경우 피고인의 행위는 자살방조에 해당하지 않는다(대판 2005.6.10, 2005도1373 **자살에 관하여 카페 사건**). 12. 사법시험, 13. 경찰채용, 13·14. 경찰승진, 14. 경찰간부·법원행시

06 위계·위력에 의한 살인죄

> **형법**
>
> 제253조 【위계 등에 의한 촉탁살인 등】 전조(촉탁·승낙살인죄, 자살교사·방조죄)의 경우에 위계 또는 위력으로써 촉탁 또는 승낙하게 하거나 자살을 결의하게 한 때에는 제250조(살인죄·존속살해죄)의 예에 의한다.

객관적 구성요건	객체	보통살인죄의 객체와 동일하며 존속인 경우에는 존속살해죄가 성립함
	행위	① 위계: 피해자에게 오인·착각·부지를 일으킨 후 그러한 심적 상태를 이용하는 것 ② 위력: 피해자의 의사를 제압할 수 있는 일체의 무형적·유형적 힘

제2절 상해와 폭행의 죄

01 상해죄·존속상해죄

> **형법**
>
> 제257조 【상해·존속상해】 ① **사람의 신체를 상해**한 자는 7년 이하의 징역, 10년 이하의 자격정지 또는 1천만원 이하의 벌금에 처한다.
>
> ② 자기 또는 배우자의 직계존속에 대하여 제1항의 죄를 범한 때에는 10년 이하의 징역 또는 1천500만원 이하의 벌금에 처한다.

객관적 구성요건	객체	① 객체는 살아 있는 사람으로, 태아나 사자(死者)는 객체가 될 수 없음 ② **태아를 살해한 경우 낙태죄**가 성립하고 임산부에 대한 상해죄는 성립하지 않음(통설·판례)
	행위	① 상해: 생리적 기능을 훼손하거나 건강을 침해하는 것(생리적 기능훼손설, 다수설) ② 상해의 수단·방법에는 아무런 제한이 없음

주관적 구성요건	① 사람을 상해한다는 고의가 있어야 하며, **미필적 고의로도 충분함** ② 폭행의 고의로 상해의 결과가 발생하게 한 경우 **상해죄가 성립함**(판례). 상해의 고의로 구타를 하였으나 폭행에 그친 경우 상해미수죄가 성립함

⚖️ **판례 | 상해죄 관련 판례**

1 상해죄의 성립에는 **상해의 원인인 폭행에 대한 인식이 있으면 충분하고** 상해를 가할 의사의 존재까지는 필요하지 않다(대판 2000.7.4, 99도4341 **인천 신흥동 뺑소니 사건**). 13·15. 경찰채용, 14·16. 경찰승진, 15. 법원직 9급, 17. 국가직 7급

2 강도상해죄에 있어서의 상해는 **피해자의 신체의 건강상태가 불량하게 변경되고 생활기능에 장애가 초래되는 것을 말하는 것으로서,** 피해자가 입은 상처가 극히 경미하여 굳이 치료할 필요가 없고 치료를 받지 않더라도 일상생활을 하는 데 아무런 지장이 없으며 시일이 경과함에 따라 자연적으로 치유될 수 있는 정도라면 강도상해죄에 있어서의 상해에 해당한다고 할 수 없다(대판 2004.10.28, 2004도4437). 13·16. 경찰승진

3 강제추행치상죄에 있어서의 '상해'는 피해자의 신체의 건강상태가 불량하게 변경되고 **생활기능에 장애가** 초래되는 것을 말하는 것으로서, 신체의 외모에 변화가 생겼다고 하더라도 신체의 생리적 기능에 장애를 초래하지 아니하는 이상 상해에 해당한다고 할 수 없다(대판 2000.3.23, 99도3099 **음모 면도 사건**). 12·17. 경찰채용, 13·14. 경찰간부, 15. 경찰승진·법원행시

4 피고인 甲은 호적부상 부(父) A와 모(母) B 사이에 태어난 친생자로 등재되어 있으나 A가 집을 떠난 사이 B가 타인과 정교관계를 맺어 甲을 출산하였다면 甲과 A 사이에는 **친자관계가 없으므로** 존속상해죄는 성립될 수 없다(대판 1983.6.28, 83도996). 20. 경찰승진

판례비교

상해에 해당하는 경우	상해에 해당하지 않는 경우
① **피해자(女, 26세)가** 인터넷 채팅사이트를 통해 성매매를 하려고 만난 **피고인으로부터 졸피뎀과 트리아졸람이 섞인 커피를 받아 마신 후 정신을 잃고 깊이 잠들었다가 약 3시간 뒤에 깨어났는데,** 피해자는 커피를 마신 다음에 샤워를 하고 피고인과 잠깐 대화를 나눈 것 외에는 자신이 잠들기 전까지 무슨 행동을 하였는지 기억하지 못하였고 또한 피해자의 휴대전화 내역에 어머니와 약 30초간 통화한 사실이 확인되는데도 피해자가 통화사실이나 내용을 기억하지 못하였다면 이는 강간치상죄에서 말하는 상해에 해당한다(대판 2017.7.11, 2015도3939 **졸피뎀 수면제 사건 Ⅱ**).	① 우리 형법은 태아를 임산부 신체의 일부로 보거나, 낙태행위가 임산부의 태아 양육·출산 기능의 침해라는 측면에서 낙태죄와는 별개로 임산부에 대한 상해죄를 구성하는 것으로 보지는 않는다고 해석되고, 따라서 **태아를 사망에 이르게 하는 행위가 임산부 신체의 일부를 훼손하는 것이라거나** 태아의 사망으로 인하여 그 태아를 양육·출산하는 임산부의 생리적 기능이 침해되어 **임산부에 대한 상해가 된다고 볼 수는 없다**(대판 2009.7.9, 2009도1025 **충북대병원 사건**). 12. 사법시험·국가직 9급, 12·14. 법원직 9급, 13·14. 경찰간부, 17. 경찰승진, 20. 법원직 9급

② 피해자가 13회에 걸쳐 피고인으로부터 졸피뎀 성분의 수면제가 섞인 커피를 받아 마실 때마다 **잠이 든 이후의 상황에 대해서 제대로 기억하지 못하였고,** 가끔 정신이 희미하게 든 경우도 있었으나 **자신의 의지대로 생각하거나 행동하지 못한 채 곧바로 기절하다시피 다시 깊은 잠에 빠졌고,** 결국 반복된 약물 투약과 그에 따른 강간 또는 강제추행 범행으로 **외상 후 스트레스 장애까지 입은 것으로 보이는 경우** 이는 강간치상죄나 강제추행치상죄에서 말하는 상해에 해당한다(대판 2017.6.29, 2017도3196 **졸피뎀 수면제 사건 I**). 17. 경찰채용, 18. 경찰간부

③ 피해자가 오랜 시간 동안의 협박과 폭행을 이기지 못하고 **실신하여 범인들이 불러온 구급차 안에서야 정신을 차리게 되었다면** 생리적 기능에 훼손을 입어 신체에 대한 **상해가 있었다고 봄이 상당하다**(대판 1996.12.10, 96도2529 **거목초밥집 사건**). 11. 사법시험, 12. 법원직 9급, 14·17. 경찰간부, 15. 경찰승진

④ 난소의 제거로 이미 임신불능상태에 있는 피해자의 자궁을 적출했다 하더라도 그 경우 자궁을 제거한 것이 신체의 완전성을 해한 것이 아니라거나 생활기능에 아무런 장애를 주는 것이 아니라거나 건강상태를 불량하게 변경한 것이 아니라고 할 수 없고 이는 업무상 과실치상죄에 있어서의 **상해에 해당한다**(대판 1993.7.27, 92도2345 **자궁적출 사건**). 14. 경찰간부, 15. 경찰채용, 16. 경찰승진

⑤ 피해자의 상해 부위가 우측 슬관절 부위 **찰과상 및 타박상**, 우측 주관절 부위 **찰과상**이고 **예상치료기간은 수상일로부터 2주이며, 입원 및 향후 치료(정신과적 치료를 포함)가 필요할 수도 있는 경우,** 이는 강간치상죄에 있어 **상해에 해당한다**(대판 2005.5.26, 2005도1039 **군인 여중생 강간 사건**). 13. 경찰간부, 15. 경찰승진, 16. 법원행시

⑥ 피해자가 피고인으로부터 왼쪽 젖가슴을 꽉 움켜잡힘으로 인하여 **왼쪽 젖가슴에 약 10일간의 치료를 요하는 좌상을 입고,** 심한 압통과 약간의 종창이 있어 **병원에서 주사를 맞고 3일간 투약을 한 사실이 있는 경우** 이는 강제추행치상죄에 있어 **상해에 해당한다**(대판 2000.2.11, 99도4794 **가슴 사건**). 11·13. 사법시험

② 피고인이 **피해자의 음모의 모근(毛根) 부분을 남기고 모간(毛幹) 부분만을 일부 잘라냄으로써 음모의 전체적인 외관에 변형만이 생겼다면,** 이로 인하여 피해자에게 수치심을 야기하기는 하겠지만 병리적으로 보아 피해자의 신체의 건강상태가 불량하게 변경되거나 생활기능에 장애가 초래되었다고 할 수는 없어 강제추행치상죄에 있어 **상해에 해당하지 않는다**(대판 2000.3.23, 99도3099 **음모 면도 사건**). 12. 경찰채용, 12·14. 경찰간부, 15. 경찰승진·법원행시

③ 피고인이 피해자를 강간하려다가 미수에 그치고 그 과정에서 피해자의 **왼쪽 손바닥에 약 2cm 정도의 긁힌 가벼운 상처가 발생한 경우라면** 그 정도의 상처는 일상생활에서 얼마든지 생길 수 있는 극히 경미한 상처로서 굳이 치료할 필요도 없는 것이어서 강간치상죄에 있어 **상해에 해당하지 않는다**(대판 1987.10.26, 87도1880). 11. 법원행시

④ 강간 도중 흥분하여 피해자의 **왼쪽 어깨를 입으로 빨아서 생긴 동전 크기 정도의 반상출혈상**은 강간치상죄에 있어 **상해에 해당하지 않는다**(대판 1986.7.8, 85도2042). 11. 법원행시

⑤ 좌측팔 부분에 약 1주간의 치료를 요하는 **동전크기의 멍**이 든 것은 상해죄의 상해에 해당되지 않는다(대판 1996.12.23, 96도2673).

⑥ 교통사고로 인하여 피해자가 입은 요추부 통증이 **굳이 치료할 필요가 없이 자연적으로 치유**될 수 있는 것으로서 '상해'에 해당한다고 볼 수 없다(대판 2000.2.25, 99도3910).

상해에 해당하는 경우	상해에 해당하지 않는 경우
⑦ 처녀막은 부녀자의 신체에 있어서 생리조직의 일부를 구성하는 것으로서 그것이 파열되면 정도의 차이는 있어도 생활기능에 장애가 오는 것이라고 보아야 하고, 비록 피해자가 성경험을 가진 여자로서 **특이체질로 인해 새로 형성된 처녀막이 파열되었다 하더라도 강간치상죄를 구성하는 상처에 해당된다**(대판 1995.7.25, 94도1351 **처녀막 파열 사건**). 11. 법원행시, 12. 경찰채용, 14. 경찰승진 ⑧ 피고인이 강간하려고 피해자의 반항을 억압하는 과정에서 주먹으로 피해자의 얼굴과 머리를 몇 차례 때려 피해자가 **코피를 흘리고 콧등이 부었다면** 비록 병원에서 치료를 받지 않더라도 일상생활에 지장이 없고 또 자연적으로 치료될 수 있는 것이라 하더라도 강간치상죄에 있어서의 상해에 해당한다(대판 1991.10.22, 91도1832).	

02 중상해죄·존속중상해죄

> **형법**
>
> 제258조【중상해·존속중상해】① 사람의 신체를 상해하여 **생명에 대한 위험**을 발생하게 한 자는 1년 이상 10년 이하의 징역에 처한다.
> ② 신체의 상해로 인하여 **불구** 또는 **불치**나 **난치**의 질병에 이르게 한 자도 전항의 형과 같다.
> ③ 자기 또는 배우자의 직계존속에 대하여 전 2항의 죄를 범한 때에는 2년 이상 15년 이하의 징역에 처한다.

객관적 구성요건	기본범죄	상해
	무거운 결과	① 생명에 대한 위험: 치명상을 가한 경우처럼 생명에 대한 구체적인 위험이 발생한 것 ② 불구: 신체의 중요 부분이 절단되거나 그 기능이 상실된 것 ③ 불치나 난치의 질병: 치료의 가능성이 없거나 희박한 질병
주관적 구성요건	상해에 대한 고의와 무거운 결과에 대한 고의 또는 과실이 있어야 함	
미수	**중상해죄는 미수범 처벌규정이 없으므로** 중상해의 고의로 행위를 하였으나 상해의 결과가 발생한 경우 상해죄가 성립하고, 상해의 결과가 발생하지 않은 경우 상해미수죄가 성립함	

☑ SUMMARY | '중(重)죄' 정리 11·12. 경찰채용, 11·12·13. 경찰승진, 12·16. 경찰간부

범죄	의미	비고
중상해죄(제258조) 특수중상해죄(제258조의2)	① 생명에 대한 위험발생 ② 불구 또는 불치나 난치의 질병	구체적 위험범, 부진정 결과적 가중범, 미수처벌 ×
중유기죄(제271조 제3항·제4항) 중권리행사방해죄(제326조)	생명에 대한 위험발생	
중손괴죄(제368조)	생명 또는 신체에 대한 위험발생	
중체포·감금죄(제277조)	가혹한 행위	결과적 가중범 ×, 미수처벌 ○

판례비교

중상해죄가 성립하는 경우	중상해죄가 성립하지 않는 경우
[1] 피고인이 **피해자를 협박하여 그로 하여금 자상(自傷)하게 한 경우에** 피고인에게 상해의 결과에 대한 인식이 있고 또 그 협박의 정도가 피해자의 의사결정의 자유를 상실하게 함에 족한 것인 이상 **상해죄를 구성한다.** [2] 면도칼로 콧등을 길이 2.5cm, 깊이 0.56cm **절단함으로써** 전치 3개월을 요하는 상처를 입혀 **안면부 불구가 되게 한 경우 중상해죄에 해당한다**(대판 1970.9.22, 70도1638). 13·16. 국가직 9급, 15. 사법시험	1~2개월간 입원할 정도로 다리가 부러지는 상해 또는 **3주간의 치료를 요하는 우측흉부자상**은 중상해에 해당하지 아니한다(대판 2005.12.9, 2005도7527 **아파트 재건축조합 알력 사건**). 13. 경찰간부·사법시험, 14·15. 경찰승진, 15. 경찰채용

03 특수상해죄·특수존속상해죄·특수중상해죄·특수존속중상해죄

형법

제258조의2 【특수상해】 ① 단체 또는 다중의 **위력**을 보이거나 **위험한 물건**을 휴대하여 제257조 제1항 또는 제2항의 죄(상해죄·존속상해죄)를 범한 때에는 1년 이상 10년 이하의 징역에 처한다.

② 단체 또는 다중의 위력을 보이거나 위험한 물건을 휴대하여 제258조의 죄(중상해죄·존속중상해죄)를 범한 때에는 2년 이상 20년 이하의 징역에 처한다.

객관적 구성요건	단체 또는 다중의 위력	① '단체'란 공동목적을 가진 다수인의 계속적·조직적인 결합체를 의미하고, '다중'이란 단체를 이루지 못한 다수인의 집합을 의미함 ② '위력'이란 사람의 의사를 제압하기에 충분한 유형·무형의 세력을 의미함
	위험한 물건 휴대	① '위험한 물건'이란 본래 살상용으로 제조된 것이 아니더라도 사용방법에 따라 사람의 생명·신체에 해를 가하는 데 사용될 수 있는 일체의 물건을 의미함 ② '휴대'란 소지는 물론 널리 이용하는 것을 의미함(판례)

1 [1] '위험한 물건'은 흉기는 아니라고 하더라도 널리 사람의 생명·신체에 해를 가하는 데 사용할 수 있는 일체의 물건을 포함한다고 할 것이므로, 본래 살상용·파괴용으로 만들어진 것뿐만 아니라 다른 목적으로 만들어진 물건도 그것이 사람의 생명·신체에 해를 가하는 데 사용되면 '위험한 물건'이라 할 것이다. [2] '위험한 물건'에 해당하는지 여부는 구체적인 사안에서 사회통념에 비추어 그 물건을 사용하면 상대방이나 제3자가 생명 또는 신체에 위험을 느낄 수 있는지 여부에 따라 판단하여야 한다(대판 2014.6.12, 2014도1894 **최루탄 투척 사건**). 20. 해경채용

2 위험한 물건을 '휴대하여'라는 말은 소지뿐만 아니라 널리 이용한다는 뜻도 포함하고 있다(대판 2002.9.6, 2002도2812). 14. 경찰간부, 15. 법원직 9급

3 범행현장에서 범행에 사용하려는 의도 아래 흉기 등 위험한 물건을 소지하거나 몸에 지닌 이상 그 사실을 피해자가 인식하거나 실제로 범행에 사용하였을 것까지 요구되는 것은 아니다(대판 2007.3.30, 2007도914 **꽃 농원 싸움 사건**). 13. 사법시험

4 특수주거침입죄는 흉기 기타 위험한 물건을 휴대하여 타인의 주거나 건조물 등에 침입함으로써 성립하는 범죄이므로, 수인이 흉기를 휴대하여 타인의 건조물에 침입하기로 공모한 후 그중 일부는 밖에서 망을 보고 나머지 일부만이 건조물 안으로 들어갔을 경우에 있어서 특수주거침입죄의 구성요건이 충족되었다고 볼 수 있는지의 여부는 직접 건조물에 들어간 범인을 기준으로 하여 그 범인이 흉기를 휴대하였다고 볼 수 있느냐의 여부에 따라 결정되어야 한다(대판 1994.10.11, 94도1991). 15. 법원직 9급

판례비교

'위험한 물건을 휴대하여'에 해당하는 경우	'위험한 물건을 휴대하여'에 해당하지 않는 경우
① 국회의원인 피고인이 한미 FTA 비준동의안의 국회 본회의 심리를 막기 위하여 의장석 앞 발언대 뒤에서 **최루탄을 터뜨리고 최루탄 몸체에 남아 있는 최루분말을 국회부의장에게 뿌린 경우**, 최루탄과 최루분말은 위험한 물건에 해당한다(대판 2014.6.12, 2014도1894 **최루탄 투척 사건**). ② 피고인이 A와 운전 중 발생한 시비로 한차례 다툼이 벌어진 직후 A가 계속하여 피고인이 운전하던 자동차를 뒤따라온다고 보고 순간적으로 화가 나 A에게 겁을 주기 위하여 **자동차를 정차한 후 4m 내지 5m 후진하여 A가 승차하고 있던 자동차와 충돌한 경우**, A에게 상해를 가하고 자동차를 손괴한 행위는 '위험한 물건'을 휴대하여 이루어진 범죄라고 봄이 상당하다(대판 2010.11.11, 2010도10256 **자동차 후진충돌 사건**). 13. 법원행시	① 피고인이 **부러진 나뭇가지로 피해자들을 때린 행위**로 인하여 사회통념상 피해자들이 생명 또는 신체에 위험을 느꼈을 것이라고는 보기 어려우므로 나뭇가지는 '위험한 물건'에 해당되지 아니한다(대판 2014.9.4, 2014도7088 **나뭇가지 사건**). ② 피고인이 경륜장 사무실에서 술에 취해 소란을 피우면서 **소화기를 집어던졌지만 특정인을 겨냥하여 던진 것이 아닌 점 등 피해자들이나 제3자가 생명 또는 신체에 위험을 느꼈던 것으로는 보기 어렵다면** 소화기는 '위험한 물건'에 해당하지 아니한다(대판 2010.4.29, 2010도930 **경륜장 소화기 사건**). 11. 경찰승진, 20. 경찰채용·해경채용 ③ 피고인이 당구장에서 피해자가 시끄럽게 떠든다는 이유로, 주먹으로 피해자의 얼굴 부위를 1회 때리고 **당구공으로 피해자의 머리를 툭툭 건드린 정도에 불과한 경우**, 피고인이 당구공으로 피해자의 머리를 때린 행위로 인하여 피해자나 제3자에게 생명 또는 신체에 위험을 느끼게 하였으리라고 보여지지 아니하므로 위 당구공은 '위험한 물건'에는 해당하지 아니한다(대판 2008.1.17, 2007도9624 **당구공 사건**). 13. 변호사

③ 피고인이 승용차 트렁크에서 **공기총을 꺼내어 피해자를 향해 들이대고 피해자를 협박한 경우**, 비록 피고인이 공기총에 실탄을 장전하지 아니하였다고 하더라도 범행현장에서 공기총과 함께 실탄을 소지하고 있었고 피고인으로서는 언제든지 실탄을 장전하여 발사할 수도 있었던 것이므로 위 공기총은 '흉기 기타 위험한 물건'에 해당한다(대판 2002.11.26, 2002도4586 **공기총 사건**). 13. 변호사

④ 피고인이 견인료납부를 요구하면서 승용차의 앞을 가로막고 있는 **교통관리직원의 다리 부분을 승용차 앞범퍼 부분으로 들이받고** 약 1m 정도 진행하여 동인을 땅바닥에 넘어뜨려 폭행한 경우, 위험한 물건인 자동차를 이용하여 피해자를 폭행한 것에 해당한다(대판 1997.5.30, 97도597 **견인료 사건**). 13. 변호사 · 법원행시, 15. 경찰채용

④ 피해자가 먼저 문제의 식칼을 들고 나와 피고인을 찌르려하자 피고인이 이를 저지하기 위하여 **칼을 뺏은 다음 피해자를 훈계하면서 칼의 칼자루 부분으로 피해자의 머리를 가볍게 쳤을 뿐이라면** 피해자가 위험성을 느꼈으리라고는 할 수 없다(대판 1989.12.22, 89도1570 **칼자루 훈계 사건**). 13. 변호사

⑤ **청산염 2g 정도를 협박편지에 동봉 우송하여** 피해자에게 도달하게 하였다는 것만으로는 위험한 물건의 휴대라고 할 수 없다(대판 1985.10.8, 85도1851). 13. 법원행시, 15. 법원직 9급

⑥ 甲이 이혼 분쟁 과정에서 자신의 아들을 승낙 없이 자동차에 태우고 떠나려고 하는 피해자들을 상대로 급하게 추격 또는 제지하던 중 **소형승용차(라노스)로 중형승용차(쏘나타)를 충격한 경우** 충격할 당시 두 차량 모두 정차하여 있다가 막 출발하는 상태로서 차량 속도가 빠르지 않았으며 상대방 차량의 손괴 정도가 그다지 심하지 아니한 점 등을 종합하면 피고인의 자동차 운행으로 인하여 사회통념상 **상대방이나 제3자가 생명 또는 신체에 위험을 느꼈다고 보기 어렵다(위험한 물건의 휴대에 해당하지 아니한다)**(대판 2009.3.26, 2007도3520 **라노스 소나타 사건**). 20. 해경채용

⑦ 피해자가 거짓말을 하였다는 이유로 피고인이 당구큐대로 피해자의 머리 부위를 3~4회 가볍게 톡톡 때리고 배 부위를 1회 밀어 폭행한 것이라면, 피고인의 위와 같은 폭행으로 인하여 피해자나 제3자가 생명 또는 신체에 위험성을 느꼈으리라고 보여지지는 아니하므로 **당구큐대는 위험한 물건에 해당하지 아니한다**(대판 2004.5.14, 2004도176 **당구큐대 사건**). 20. 해경채용

04 상해치사죄 · 존속상해치사죄

형법

제259조【상해치사】 ① 사람의 신체를 상해하여 사망에 이르게 한 자는 3년 이상의 유기징역에 처한다.
② 자기 또는 배우자의 직계존속에 대하여 전항의 죄를 범한 때에는 무기 또는 5년 이상의 징역에 처한다.

⚖ 판례 | 상해치사죄가 성립하는 경우

1 사람을 아스팔트 도로 바닥에 넘어뜨려 머리를 강하게 부딪치게 하는 경우 두개골 골절, 뇌출혈 등으로 인하여 사망에 이르게 할 수 있는데, 피고인이 피해자의 **뺨을 1회 때리고 오른손으로 피해자의 목을 쳐** 피해자로 하여금 그대로 뒤로 넘어지면서 머리를 땅바닥에 부딪치게 하여 피해자에게 두개골 골절, 외상성 지주막하 출혈, 외상성 경막하 출혈 등의 상해를 가하였다면 **사망의 결과에 대한 예견가능성이 있었다고 볼 여지가 충분하다**(대판 2012.3.15, 2011도17648 **아스팔트 두개골 골절 사건**). 14·16. 사법시험, 17. 국가직 9급, 20. 경찰승진

2 피고인이 계속 교제하기를 원하는 제의를 피해자가 거절한다는 이유로 얼굴을 수회 때리자 피해자는 이에 대항하여 피고인의 손가락을 깨물고 목을 할퀴게 되었고, 이에 격분한 피고인이 피해자의 얼굴을 수회 때리고 발로 배를 수회 차는 등 폭행을 하므로 피해자는 이를 모면하기 위하여 도로 건너편의 추어탕 집으로 도망가 도움을 요청하였으나, 피고인은 뒤따라 도로를 건너간 다음 피해자의 머리카락을 잡아 흔들고 얼굴 등을 주먹으로 때리는 등 폭행을 가하였고, 이에 견디지 못한 피해자가 다시 도로를 건너 도망하자 피고인은 쫓아가 피해자의 얼굴 등을 구타하는 등 폭행을 가하여 전치 10일간의 흉부피하출혈상 등을 가하였고, 피해자가 계속되는 피고인의 폭행을 피하려고 다시 도로를 건너 도주하다가 차량에 치여 사망한 경우 **피고인의 상해행위와 피해자의 사망 사이에는 상당인과관계가 있다**(대판 1996.5.10, 96도529 **절교 사건**). 15. 경찰채용, 20. 경찰승진

3 피고인의 강타로 인하여 임신 7개월의 피해자가 지상에 넘어져서 4일 후에 낙태하고 낙태로 유발된 심근경색증으로 죽음에 이르게 된 경우 피고인의 구타행위와 피해자의 사망간에는 인과관계가 있다(대판 1972.3.28, 72도296). 11. 법원행시·국가직 9급, 14. 법원직 9급, 15. 경찰채용

05 상습상해죄 등

형법
제264조【상습범】 상습으로 제257조, 제258조, 제258조의2, 제260조 또는 제261조의 죄를 범한 때에는 그 죄에 정한 형의 2분의 1까지 가중한다.

⚖ 판례 | 상습성의 판단방법

상해죄 및 폭행죄의 상습범에 관한 형법 제264조에서 말하는 '상습'이란 제257조, 제258조, 제258조의2, 제260조 또는 제261조에 열거된 **상해 내지 폭행행위의 습벽을 말하는 것이므로**, 위 규정에 열거되지 아니한 **다른 유형의 범죄까지 고려하여 상습성의 유무를 결정하여서는 아니 된다**(대판 2018.4.24, 2017도21663). 20. 경찰간부

☑ **SUMMARY** | 상습범 처벌범죄 정리 11. 경찰승진

범죄	처벌
아편죄(제203조), 상해죄(제264조), 폭행죄(제264조), 체포·감금죄(제279조), 협박죄(제285조), 강간·추행죄(제305조의2), 절도죄(제332조), 사기죄(제351조), 공갈죄(제351조)	해당 범죄에 정한 형의 2분의 1까지 가중*
도박죄(제246조 제2항)	3년 이하의 징역 또는 2천만원 이하의 벌금
강도죄(제341조)	무기 또는 10년 이상의 징역
장물죄(제363조)	1년 이상 10년 이하의 징역

* '해당 범죄에 정한 형의 2분의 1까지 가중'의 경우 장기는 물론 단기도 2분의 1까지 가중한다는 점을 주의하여야 한다(대판 2017.6.29, 2016도18194).

06 폭행죄·존속폭행죄

형법

제260조【폭행·존속폭행】① **사람의 신체**에 대하여 **폭행**을 가한 자는 2년 이하의 징역, 500만원 이하의 벌금, 구류 또는 과료에 처한다.

② 자기 또는 배우자의 직계존속에 대하여 제1항의 죄를 범한 때에는 5년 이하의 징역 또는 700만원 이하의 벌금에 처한다.

객관적 구성요건	객체	사람의 신체. 다만, 객체가 외국원수나 외국사절인 경우는 외국원수·외국사절폭행죄가 성립함
	행위	폭행: 사람의 신체에 대한 유형력 행사
	기수	**유형력 행사만 있으면 기수**에 이르고, 구체적인 결과발생을 요하지 않음

⚖ **판례** | 폭행죄에 있어 '폭행'의 의미

1 폭행죄에서 말하는 '폭행'이란 사람의 **신체에 대하여 육체적·정신적으로 고통을 주는 유형력을 행사함을 뜻하는 것**으로서 반드시 피해자의 신체에 접촉함을 필요로 하는 것은 아니고, 그 불법성은 행위의 목적과 의도, 행위 당시의 정황, 행위의 태양과 종류, 피해자에게 주는 고통의 유무와 정도 등을 종합하여 판단하여야 한다(대판 2016.10.27, 2016도9302 **조금씩 전진 사건**). 21. 경찰간부

2 형법 제260조에 규정된 폭행죄는 **사람의 신체에 대한 유형력의 행사를 가리키며** 그 유형력의 행사는 신체적 고통을 주는 물리력의 작용을 의미하므로 신체의 청각기관을 직접적으로 자극하는 음향도 경우에 따라서는 유형력에 포함될 수 있다(대판 2003.1.10, 2000도5716). 12. 법원행시, 13·16·17. 경찰승진, 15. 법원직 9급, 20. 경찰채용

폭행에 해당하는 경우	폭행에 해당하지 않는 경우
① [1] 자신의 차를 가로막는 피해자를 부딪친 것은 아니라고 하더라도, 피해자를 부딪칠 듯이 차를 조금씩 전진시키는 것을 반복하는 행위 역시 피해자에 대해 위법한 유형력을 행사한 것이라고 보아야 한다. [2] 피고인이 자신의 차를 가로막고 서 있는 피해자를 향해 차를 조금씩 전진시키고 피해자가 뒤로 물러나면 다시 차를 전진시키는 방식의 운행을 반복하였는데, 이는 그 자체로 피해자에 대한 유형력의 행사에 해당한다(대판 2016.10.27, 2016도9302 **조금씩 전진 사건**). 17. 국가직 7급 ② 피해자에게 근접하여 욕설을 하면서 때릴 듯이 손발이나 물건을 휘두르거나 던지는 행위는 직접 피해자의 신체에 접촉하지 않았다고 하여도 피해자에 대한 불법한 유형력의 행사로서 폭행에 해당한다(대판 1990.2.13, 89도1406). 11·20. 경찰채용, 11·14. 경찰승진, 12. 법원행시	① **거리상 멀리 떨어져 있는 사람에게 전화기를 이용하여 전화하면서 고성을 내거나 그 전화 대화를 녹음 후 듣게 하는 경우**에는 특수한 방법으로 수화자의 청각기관을 자극하여 그 수화자로 하여금 고통스럽게 느끼게 할 정도의 음향을 이용하였다는 등의 특별한 사정이 없는 한 신체에 대한 유형력의 행사를 한 것으로 보기 어렵다(대판 2003.1.10, 2000도5716). 11. 경찰채용, 11·15. 경찰승진, 18. 경찰간부 ② 피고인이 피해자 A에게 욕설을 한 것만으로는 당연히 폭행을 했다고 할 수는 없고, 피해자 B의 집 대문을 발로 찬 것이 막바로 또는 당연히 피해자 A의 신체에 대하여 유형력을 행사한 경우에 해당한다고 할 수도 없다(대판 1991.1.29, 90도2153). 15. 경찰승진 ③ 비닐봉지에 넣어 둔 **인분을 타인가의 앞마당에 던진 경우** 사람의 신체에 대하여 공격한 것이 아니면 형법상의 폭행의 범주에 들어간다고 할 수 없다(대판 1977.2.8, 75도2673). ④ 단순히 눈을 부릅뜨고 **"이 십팔놈아, 가면 될 것 아니냐."**라고 욕설을 한 것만으로는 피해자에게 불쾌감을 주는데 그칠 뿐 피해자의 신체에 대한 유형력의 행사라고 보기 어려워 폭행죄를 구성한다고 할 수 없다(대판 2001.3.9, 2001도277).

07 특수폭행죄·특수존속폭행죄

형법

제261조 【특수폭행】 단체 또는 다중의 위력을 보이거나 **위험한 물건**을 휴대하여 제260조 제1항 또는 제2항의 죄(폭행죄·존속폭행죄)를 범한 때에는 5년 이하의 징역 또는 1천만원 이하의 벌금에 처한다.

판례 | 다중의 위력에 대한 의미

다중의 '위력'이라 함은 다중의 형태로 집결한 다수 인원으로 사람의 의사를 제압하기에 족한 세력을 지칭하는 것으로서 그 인원수가 다수에 해당하는가는 행위 당시의 여러 사정을 참작하여 결정하여야 할 것이며, 이 경우 상대방의 의사가 현실적으로 제압될 것을 요하지는 않는다고 할 것이지만 **상대방의 의사를 제압할 만한 세력을 인식시킬 정도는 되어야 한다**(대판 2008.7.10, 2007도9885 **보성초등학교 기간제교사 사건**). 20. 경찰채용

08 폭행치사상죄

제262조【폭행치사상】제260조(폭행·존속폭행죄)와 제261조(특수폭행죄)의 죄를 지어 사람을 사망이나 상해에 이르게 한 경우에는 제257조부터 제259조(상해죄·중상해죄·상해치사죄)의 예에 따른다.

⚖ 판례 | 폭행치사죄의 성립요건

1 폭행치사죄는 결과적 가중범으로서 **폭행과 사망의 결과 사이에 인과관계가 있는 외에 사망의 결과에 대한 예견가능성, 즉 과실이 있어야 하고,** 이러한 예견가능성의 유무는 폭행의 정도와 피해자의 대응상태 등 구체적 상황을 살펴서 엄격하게 가려야 한다(대판 2010.5.27, 2010도2680 **생일빵 사건**). 20. 경찰채용

2 폭행치사죄는 결과적 가중범이므로 **폭행의 범의 외에 사망의 결과에 대한 예견가능성이 있음을 요하며** 이러한 예견가능성이 전혀 없는 경우에는 폭행과 사망의 결과 사이에 조건적인 인과관계가 인정된다고 하여도 폭행치사죄로 의율할 수는 없다(대판 1985.4.3, 85도303).

⚖ 판례 | 특수폭행치상죄의 처벌례(상해죄의 예에 의함)

1 승용차를 운전하여 서울 광진구 자양로13길 28 앞 편도 1차로의 도로를 진행하던 중 앞에서 자전거를 타고 가던 피해자 공소외인(15세)이 경적을 울려도 길을 비켜주지 않고 욕을 하였다는 이유로 시비하여 중앙선을 좌측으로 넘어 피해자의 자전거를 추월한 후 다시 중앙선을 우측으로 넘어 자전거 앞으로 승용차의 진로를 변경한 후 급하게 정차하여 충돌을 피하려는 피해자의 자전거를 땅바닥에 넘어지게 한 것은 **특수폭행치상죄에 해당한다**(동부지법 2017.10.16, 2017고단1891).

2 형법 제258조의2 특수상해죄의 신설로 형법 제262조, 제261조의 특수폭행치상죄에 대하여 그 문언상 특수상해죄의 예에 의하여 처벌하는 것이 가능하게 되었다는 이유만으로 형법 제258조의2 제1항의 예에 따라 처벌할 수 있다고 한다면, 그 법정형의 차이로 인하여 종래에 벌금형을 선택할 수 있었던 경미한 사안에 대하여도 일률적으로 징역형을 선고해야 하므로 형벌체계상의 정당성과 균형을 갖추기 위함이라는 위 법 개정의 취지와 목적에 맞지 않는다. 또한 형의 경중과 행위자의 책임, 즉 형벌 사이에 비례성을 갖추어야 한다는 형사법상의 책임원칙에 반할 우려도 있으며, 법원이 해석으로 특수폭행치상에 대한 가중규정을 신설한 것과 같은 결과가 되어 죄형법정주의원칙에도 반하는 결과가 된다. 따라서 **특수폭행치상의 경우** 형법 제258조의2(특수상해죄)의 신설에도 불구하고 종전과 같이 **형법 제257조 제1항(상해죄)의 예**에 의하여 처벌하는 것으로 해석함이 타당하다(대판 2018.7.24, 2018도3443). 19. 경찰채용

폭행치사죄가 성립하는 경우	폭행치사죄가 성립하지 않는 경우
① 피고인들이 공동하여 피해자를 폭행하여 당구장 3층에 있는 화장실에 숨어 있던 피해자를 다시 폭행하려고 피고인 甲은 화장실을 지키고, 피고인 乙은 당구치는 기구로 문을 내려쳐 부수자 위협을 느낀 피해자가 화장실 창문 밖으로 숨으려다가 실족하여 떨어짐으로써 사망한 경우 피고인들의 폭행행위와 피해자의 사망 사이에는 인과관계가 있다고 할 것이므로 **폭행치사죄의 공동정범이 성립된다**(대판 1990.10.16, 90도1786 **당구장 사건**). 13. 법원행시, 14. 사법시험, 14 · 15 · 17. 경찰채용, 16. 경찰승진	① 동료 사이에 말다툼을 하던 중 **피고인이 삿대질하는 것을 피하고자 피해자 자신이 두어걸음 뒷걸음치다가 회전 중이던 십자형 스빙기계 철받침대에 걸려 넘어진 정도라면**, 당시 바닥에 위와 같은 장애물이 있어서 뒷걸음치면 장애물에 걸려 넘어질 수 있다는 것까지는 예견할 수 있었다고 하더라도 그 정도로 **넘어지면서 머리를 바닥에 부딪쳐 두개골절로 사망한다는 것은 이례적인 일이어서** 통상적으로 일반인이 예견하기 어려운 결과라고 하지 않을 수 없으므로 피고인에게 폭행치사죄의 책임을 물을 수 없다(대판 1990.9.25, 90도1596 **삿대질 사건**). 12. 국가직 9급, 15. 사법시험, 16. 경찰승진
② 피고인이 피해자의 멱살을 잡아 흔들고 주먹으로 가슴과 얼굴을 1회씩 구타하고 멱살을 붙들고 넘어뜨리는 등 신체 여러 부위에 표피박탈, 피하출혈 등의 외상이 생길 정도로 **심하게 폭행을 가함으로써** 평소에 오른쪽 관상동맥폐쇄 및 심실의 허혈성심근섬유화증세 등의 심장질환을 앓고 있던 **피해자의 심장에 더욱 부담을 주어 나쁜 영향을 초래하도록 하였다면**, 비록 피해자가 관상동맥부전과 허혈성심근경색 등으로 사망하였더라도 피고인의 폭행과 피해자의 사망간에 상당인과관계가 있었다고 볼 수 있다(대판 1989.10.13, 89도556). 11. 사법시험, 15. 경찰승진	② 고등학교 교사가 제자의 잘못을 징계하고자 왼쪽 빰을 때려 뒤로 넘어지면서 사망에 이르게 한 경우 **피해자는 두께 0.5mm밖에 안되는 비정상적인 얇은 두개골이었고 또 뇌수종을 가진 심신허약자로서 좌측 빰을 때리자 급성뇌성압상승으로 넘어지게 된 것이라면** 위 소위와 피해자의 사망간에는 이른바 **인과관계가 없는 경우에 해당하거나** 피고인으로서는 사망의 결과발생에 대한 예견가능성이 없는 경우에 해당한다(대판 1978.11.28, 78도1961 **얇은 두개골 사건**). 15. 경찰간부
③ **피해자의 머리를 한번 받고 경찰봉으로 때린 구타행위와 피해자가 외상성 뇌경막하 출혈로 사망할 때까지 사이 약 20여 시간이 경과하였다 하더라도** 그 사이 피해자는 머리가 아프다고 누워 있었고 그 밖에 달리 사망의 중간요인을 발견할 자료가 없다면 시간적 간격이 있었던 사실만으로 피고인의 구타와 피해자의 사망 사이에 인과관계가 없다고 할 수 없다(대판 1984.12.11, 84도2347). 14. 경찰간부	③ 폭행이 피해자를 떠밀어 땅에 엉덩방아를 찧고 주저앉게 한 정도에 지나지 않았고 외관상 건강하여 전혀 병약한 흔적이 없던 자인데, 실은 관상동맥 경화 및 협착증세를 가진 특수체질자였던 탓에 그러한 정도의 폭행에 의한 충격에도 심장마비를 일으켜 사망하게 된 경우 사망의 결과에 대한 예견가능성이 있었다고 보기는 어렵다(대판 1985.4.3, 85도303 **특수체질자 사건**). 22. 국가직 7급
④ 피고인이 **주먹으로 피해자의 복부를 1회 강타하여 장파열로 인한 복막염으로 사망하게 하였다면**, 비록 의사의 수술지연 등 과실이 피해자의 사망의 공동원인이 되었다 하더라도 피고인의 행위가 사망의 결과에 대한 유력한 원인이 된 이상 그 폭력행위와 치사의 결과간에는 인과관계가 있다 할 것이어서 피고인은 폭행치사의 죄책을 면할 수 없다(대판 1984.6.26, 84도831). 13. 국가직 7급, 13 · 14. 사법시험, 15 · 17. 경찰채용, 16. 국가직 9급	

⑤ 피고인이 빚 독촉을 하다가 시비 중 멱살을 잡고 대드는 A의 손을 뿌리치고 그를 뒤로 밀어 넘어뜨려 뒹굴게 하여 등에 업힌 그 딸 B에게 두개골절 등 상해를 입혀 사망하게 한 경우, 어린애를 업은 사람을 넘어뜨린 행위는 그 어린애에 대해서도 역시 폭행이 된다 할 것이므로 **폭행치사죄가 성립한다**(대판 1972.11.28, 72도2201). 11. 경찰승진, 16. 변호사

09 상습폭행죄 등

형법

제264조【상습범】 상습으로 제257조, 제258조, 제258조의2, 제260조 또는 제261조의 죄를 범한 때에는 그 죄에 정한 형의 **2분의 1**까지 가중한다.

제3절 과실치사상의 죄

형법

제266조【과실치상】 ① 과실로 인하여 사람의 신체를 **상해**에 이르게 한 자는 500만원 이하의 벌금, 구류 또는 과료에 처한다.

② 제1항의 죄는 **피해자의 명시한 의사에 반하여 공소를 제기할 수 없다.**

제267조【과실치사】 과실로 인하여 사람을 사망에 이르게 한 자는 2년 이하의 금고 또는 700만원 이하의 벌금에 처한다.

제268조【업무상과실·중과실 치사상】 업무상과실 또는 중대한 과실로 인하여 사람을 사망이나 상해에 이르게 한 자는 5년 이하의 금고 또는 2천만원 이하의 벌금에 처한다.

판례 ┃ 업무상과실책임

1 **공사감리자**가 관계 법령과 계약에 따른 감리업무를 소홀히 하여 건축물 붕괴 등으로 인하여 사상의 결과가 발생한 경우에는 업무상과실치사상의 죄책을 면할 수 없다(대판 2010.6.24, 2010도2615).

2 피고인이 사업 당시 공사현장감독인인 이상 그 공사의 원래의 발주자의 직원이 아니고 또 동 발주자에 의하여 현장감독에 임명된 것도 아니며, 건설업법상 요구되는 **현장건설기술자의 자격도 없다는 등의 사유**는 업무상과실책임을 물음에 아무런 영향도 미칠 수 없다(대판 1983.6.14, 82도2713 **천제연 구름다리 붕괴사건**). 19. 국가직 9급

3 공휴일 또는 야간에는 소장을 대리하는 **당직간부**에게는 구치소에 수용된 수용자들의 생명·신체에 대한 위험을 방지할 법령상 내지 조리상의 의무가 있다고 할 것이고, 이와 같은 의무를 직무로서 수행하는 **교도관들의 업무는 업무상과실치사죄에서 말하는 업무에 해당한다**(대판 2007.5.31, 2006도3493). 14. 법원행시

제4절 낙태의 죄

01 낙태죄

> **형법**
>
> 제269조【낙태】 ① 부녀가 약물 기타 방법으로 낙태한 때에는 1년 이하의 징역 또는 200만원 이하의 벌금에 처한다.

객관적 구성요건	주체	임신한 부녀(진정신분범)
	행위	낙태: 자연분만기에 앞서 태아를 모체 밖으로 배출하거나 모체 내에서 살해하는 것
	기수	기수시기는 태아를 모체 밖으로 배출한 때 또는 모체 내에서 태아를 살해한 때. 배출된 생존 태아를 살해하면 **낙태죄와 살인죄**(또는 영아살해죄)의 경합범이 성립함

⚖ 판례 | 낙태죄 관련 판례

1 **낙태죄**는 태아를 자연분만기에 앞서서 **인위적으로 모체 밖으로 배출하거나 모체 안에서 살해함으로써 성립하고, 그 결과 태아가 사망하였는지 여부는 낙태죄의 성립에 영향이 없다**(대판 2005.4.15, 2003도2780 **낙태전문 의사 사건**). 11. 경찰승진, 12. 사법시험, 14. 법원직 9급, 14·16. 법원행시

2 산부인과 의사인 피고인이 임신 28주 상태인 A에 대하여 약물에 의한 유도분만의 방법으로 **낙태시술을 하였으나 태아가 살아서 미숙아상태로 출생하자 그 미숙아에게 염화칼륨을 주입하여 사망하게 한 경우**, 피고인이 살아서 출생한 미숙아에게 염화칼륨을 주입한 것을 낙태를 완성하기 위한 행위에 불과한 것으로 볼 수 없고, 살아서 출생한 미숙아가 정상적으로 생존할 확률이 적다고 하더라도 그 상태에 대한 확인이나 최소한의 의료행위도 없이 적극적으로 염화칼륨을 주입하여 미숙아를 사망에 이르게 한 피고인에게는 **미숙아를 살해하려는 범의도 있었던 것으로 보아야 한다**(대판 2005.4.15, 2003도2780 **낙태전문 의사 사건**). 14. 법원행시·법원직 9급

⚖ 판례 | 낙태죄에 관한 형법 제269조 제1항, 제270조 제1항이 헌법에 위반되는지의 여부(적극, 헌법불합치)

자기낙태죄 조항(형법 제269조 제1항)은 입법목적을 달성하기 위하여 필요한 최소한의 정도를 넘어 임신한 여성의 자기결정권을 제한하고 있어 침해의 최소성을 갖추지 못하였고, 태아의 생명 보호라는 공익에 대하여만 일방적이고 절대적인 우위를 부여함으로써 법익균형성의 원칙도 위반하였다고 할 것이므로, **과잉금지원칙을 위반하여 임신한 여성의 자기결정권을 침해하는 위헌적인 규정이다.** 또한 동일한 목표를 실현하기 위하여 임신한 여성의 촉탁 또는 승낙을 받아 낙태하게 한 의사를 처벌하는 **의사낙태죄 조항(형법 제270조 제1항)**도 같은 이유에서 **위헌이라고 보아야 한다**(헌재 2019.4.11, 2017헌바127). ➡ 국회는 2020.12.31.까지 개선입법을 이행하여야 하며, 그때까지 개선입법이 이루어지지 않을시 위 조항들은 2021.1.1.부터 효력을 상실함

02 동의낙태죄

03 업무상동의낙태죄

04 부동의낙태죄

05 낙태치사상죄

제5절 유기와 학대의 죄

01 유기죄·존속유기죄

> **형법**
>
> 제271조【유기·존속유기】① 나이가 많거나 어림, 질병 그 밖의 사정으로 도움이 필요한 사람을 **법률상 또는 계약상 보호할 의무 있는 자**가 유기한 경우에는 3년 이하의 징역 또는 500만원 이하의 벌금에 처한다.
> ② 자기 또는 배우자의 직계존속에 대하여 제1항의 죄를 지은 경우에는 10년 이하의 징역 또는 1천500만원 이하의 벌금에 처한다.

객관적 구성요건	주체	도움이 필요한 사람을 법률상 또는 계약상 보호할 의무가 있는 자(진정신분범). 법률상 또는 계약상 보호의무가 있는 자로 제한되므로, **사회상규나 조리상 보호의무가 있는 자는 주체가 될 수 없음**(다수설·판례) 15. 경찰승진
	객체	나이가 많거나 어림, 질병 그 밖의 사정으로 도움이 필요한 사람으로서, 타인의 도움 없이는 자기의 생명·신체에 대한 위험을 스스로 극복할 수 없는 자를 의미함
	행위	유기: 보호의무를 이행하지 않는 **일체의 행위**로서, 요부조자를 보호받는 상태에서 보호 없는 상태로 옮기거나(협의의 유기), 요부조자를 방치하고 떠나거나 생존에 필요한 조치를 취하지 않는 것을 의미함(광의의 유기)
	기수	기수시기는 유기행위로 인하여 요부조자의 생명·신체에 대한 추상적 위험이 발생한 때이고, 제3자에 의한 구조 가능 여부를 불문함 13. 경찰승진

⚖️ 판례 | 유기죄 관련 판례

1 **유기죄의 죄책을 인정하려면** 구성요건이 요구하는 법률상 또는 계약상 보호의무를 밝혀야 하고 설혹 동행자가 구조를 요하게 되었다 하여도 일정거리를 동행한 사실만으로서는 피고인에게 법률상·계약상의 보호의무가 있다고 할 수 없다(대판 1977.1.11, 76도3419 **일정거리 동행 사건**). 12. 사법시험, 12·14·15. 경찰채용, 16. 경찰승진

2 [1] 유기죄가 성립하기 위하여는 행위자가 '노유, 질병 기타 사정으로 인하여 부조를 요하는 자를 보호할 만한 법률상 또는 계약상 의무 있는 자'에 해당하여야 할 뿐만 아니라, 요부조자에 대한 보호책임의 발생원인이 된 사실이 존재한다는 것을 인식하고, 이에 기한 부조의무를 해태한다는 의식이 있음을 요한다. [2] 형법 제271조 제1항에서 말하는 **법률상 보호의무 가운데는** 민법 제826조 제1항에 근거한 **부부간의 부양의무도 포함되며**, 나아가 법률상 부부는 아니지만 **사실혼관계에 있는 경우에도** 위와 같은 법률상 보호의무의 존재를 긍정하여야 하지만, 사실혼에 해당하여 법률혼에 준하는 보호를 받기 위하여는 단순한 동거 또는 간헐적인 정교관계를 맺고 있다는 사정만으로는 부족하고, 그 당사자 사이에 주관적으로 혼인의 의사가 있고 객관적으로도 사회관념상 가족질서적인 면에서 부부공동생활을 인정할 만한 혼인생활의 실체가 존재하여야 한다(대판 2008.2.14, 2007도3952 **필로폰에 내연녀 사망 사건**). 13. 경찰승진, 20. 국가직 9급·해경채용

3 **유기행위는** 부조를 요하는 자를 보호 없는 상태로 둠으로써 생명·신체를 위태롭게 하는 것이므로 **작위뿐만 아니라 부작위에 의하여도 성립**하며, 유기를 당한 사람의 생명·신체에 위험을 발생하게 할 가능성이 있으면 유기행위의 요건은 충족되고 반드시 보호의 가능성이 전혀 없을 것을 요하는 것은 아니다[대판 2015.11.12, 2015도6809(전합) **세월호 사건**].

4 [1] 유기죄에 있어서는 행위자가 요부조자에 대한 보호책임의 발생원인이 된 사실이 존재한다는 것을 인식하고 이에 기한 부조의무를 해태한다는 의식이 있음을 요한다. [2] 피고인이 성류파크호텔 7층 1713호실에서 피해자에게 성관계를 요구하다가 같은 피해자가 그 순간을 모면하기 위하여 7층 창문으로 뛰어내렸다고 하더라도, 피해자가 뛰어내린 여부를 피고인이 전혀 알지 못하였다면 피고인의 범의를 인정할 수 없다 (대판 1988.8.9, 86도225 **성류파크호텔 사건**). 11. 경찰간부, 15 · 16 · 17. 경찰승진, 20. 해경채용

5 유기치사 · 치상죄가 성립하려면 유기행위와 사상의 결과 사이에 상당인과관계가 있어야 하며 행위시에 결과의 발생을 예견할 수 있어야 한다. 다만, **유기행위가 피해자의 사상이라는 결과를 발생하게 한 유일하거나 직접적인 원인이 된 경우뿐만 아니라, 그 행위와 결과 사이에 제3자의 행위가 일부 기여하였다고 할지라도 유기행위로 초래된 위험이 그대로 또는 그 일부가 사상이라는 결과로 현실화된 경우라면 상당인과관계를 인정할 수 있다**[대판 2015.11.12, 2015도6809(전합) 세월호 사건].

판례비교

유기죄 등이 성립하는 경우	유기죄 등이 성립하지 않는 경우
① 피고인이 자신이 운영하는 **주점에 손님으로 와서 수일 동안 식사는 한 끼도 하지 않은 채 계속하여 술을 마시고 만취한 피해자를 주점 내에 그대로 방치하여 저체온증 등으로 사망에 이르게 한 경우** 유기치사죄가 성립한다(대판 2011.11.24, 2011도12302 **손님 방치한 사건**). 14. 사법시험 · 법원행시, 14 · 20. 국가직 9급, 21. 경찰간부	① 피고인의 **강간미수행위로 인하여 상해를 입고 의식불명이 된 피해자를 그곳에 그대로 방치한** 피고인의 소위는 강간치상죄만이 성립하고 별도로 유기죄는 성립하지 아니한다(대판 1980.6.24, 80도726 **강간피해자 실신 사건**). 11 · 21. 경찰간부, 13. 사법시험, 16. 경찰승진, 17. 법원행시
② 피고인이 의사들이 당시의 의료기술상 최선의 치료방법이라고 하면서 권유하는 **수혈을 자신이 믿는 종교인 여호와의 증인의 교리에 어긋난다는 이유로 시종일관 완강히 거부하는 언동을 하여** 결국 그의 딸이 사망하였다면 피고인은 유기치사죄의 죄책을 진다(대판 1980.9.24, 79도1387 **여호와의 증인 사건**). 11. 경찰간부, 15. 경찰승진, 17. 법원행시, 20. 국가직 9급	② 피고인이 피해자 A(41세)와 함께 마차 4리를 향하여 가던 중 술에 취하였던 탓으로 도로 위에서 실족하여 2m 아래 개울로 미끄러 떨어져 약 5시간 가량 잠을 자다가, 술과 잠에서 깨어난 피고인과 피해자는 도로 위로 올라가려 하였으나 야간이므로 도로로 올라가는 길을 발견하지 못하여 개울 아래 · 위로 헤매던 중 피해자는 후두부 타박상을 입어서 정상적으로 움직이기가 어렵게 되었고 (피해자는 나중에 사망함) **피고인은 도로로 나오는 길을 발견하여 혼자 도로 위로 올라온 경우** 유기치사죄에 해당하지 아니한다(대판 1977.1.11, 76도3419 **일정거리 동행 사건**). 16. 경찰승진
③ **경찰관**인 피고인으로서는 술에 만취된 피해자가 향토예비군 4명에게 떼메어 운반되어 지서 나무의자 위에 눕혀 놓았을 때 숨이 가쁘게 쿨쿨 내뿜고 자신의 수족과 의사도 자제할 수 없는 상태에 있음에도 불구하고 근 3시간 동안이나 **아무런 구호조치를 취하지 아니한 것은** 유기죄에 대한 범의를 인정할 수 있다(대판 1972.6.27, 72도863). 20. 경찰간부 · 해경승진	

---

02 중유기죄·존속중유기죄

> **형법**
>
> 제271조【유기·존속유기】③ 제1항의 죄(유기죄)를 지어 사람의 생명에 위험을 발생하게 한 경우에는 7년 이하의 징역에 처한다.
>   ④ 제2항의 죄(존속유기죄)를 지어 사람의 **생명에 위험**을 발생하게 한 경우에는 2년 이상의 유기징역에 처한다.

03 영아유기죄

> **형법**
>
> 제272조【영아유기】삭제<2023.8.8.>

04 학대죄·존속학대죄

> **형법**
>
> 제273조【학대·존속학대】① 자기의 **보호** 또는 **감독**을 받는 사람을 학대한 자는 2년 이하의 징역 또는 500만원 이하의 벌금에 처한다.
>   ② 자기 또는 배우자의 직계존속에 대하여 제1항의 죄를 범한 때에는 5년 이하의 징역 또는 700만원 이하의 벌금에 처한다.

> **⚖ 판례 | 학대죄의 성립요건**
>
> 1 학대죄에서 말하는 '학대'라 함은 육체적으로 고통을 주거나 정신적으로 차별대우를 하는 행위를 가리키고, 이러한 학대행위는 단순히 상대방의 인격에 대한 반인륜적 침해만으로는 부족하고 **적어도 유기에 준할 정도에 이르러야 한다**(대판 2000.4.25, 2000도223 **장장 8년간 사건**). 18. 경찰간부
> 2 학대죄는 자기의 보호 또는 감독을 받는 사람에게 육체적으로 고통을 주거나 정신적으로 차별대우를 하는 **행위가 있음과 동시에 범죄가 완성되는 상태범 또는 즉시범이라 할 것이고** 비록 수십 회에 걸쳐서 계속되는 일련의 폭행행위가 있었다 하더라도 그중 친권자로서의 징계권의 범위에 속하여 위법성이 조각되는 부분이 있다면 그 부분을 따로 떼어 무죄의 판결을 할 수 있다(대판 1986.7.8, 84도2922). 14. 국가직 9급, 20. 변호사

05 아동혹사죄

형법

제274조【아동혹사】자기의 보호 또는 감독을 받는 **16세** 미만의 자를 그 생명 또는 신체에 위험한 업무에 사용할 영업자 또는 그 종업자에게 인도한 자는 5년 이하의 징역에 처한다. 그 **인도를 받은 자도 같다.**

06 유기치사상죄 · 존속유기치사상죄

형법

제275조【유기 등 치사상】① 제271조 내지 제273조의 죄(유기죄 · 존속유기죄 · 영아유기죄 · 학대죄 · 존속학대죄)를 범하여 사람을 상해에 이르게 한 때에는 7년 이하의 징역에 처한다. 사망에 이르게 한 때에는 3년 이상의 유기징역에 처한다.

② 자기 또는 배우자의 직계존속에 대하여 제271조 또는 제273조의 죄를 범하여 상해에 이르게 한 때에는 3년 이상의 유기징역에 처한다. 사망에 이르게 한 때에는 무기 또는 5년 이상의 징역에 처한다.

제2장 자유에 대한 죄

제1절 협박의 죄

01 협박죄·존속협박죄

> **형법**
>
> 제283조 【협박·존속협박】 ① 사람을 **협박**한 자는 3년 이하의 징역, 500만원 이하의 벌금, 구류 또는 과료에 처한다.
>
> ② 자기 또는 배우자의 직계존속에 대하여 제1항의 죄를 범한 때에는 5년 이하의 징역 또는 700만원 이하의 벌금에 처한다.

객관적 구성요건	객체	자연인에 한정되고 법인은 객체가 될 수 없음. 또한 해악의 의미를 이해할 수 없는 유아·정신병자·수면자 등도 객체가 될 수 없음(통설)
	행위	① 협박: 공포심을 일으킬 수 있는 정도의 **해악(害惡)을 고지**하는 것 ② 협박의 수단·방법에는 제한이 없음(**언어·문서·거동**, 직접적·간접적, 명시적·묵시적 불문)
	기수	기수시기는 현실적으로 공포심을 느꼈는지 여부를 불문하고 **상대방이 해악의 의미를 인식한 때**(판례)를 의미함
주관적 구성요건		공포심을 일으킬 수 있는 정도의 해악을 고지한다는 고의가 있으면 충분하고, **고지한 해악을 실제로 실현할 의사는 요하지 않음**

> ⚖ **판례 | 협박죄 관련 판례**
>
> **1** 협박죄의 성립에 요구되는 '**협박**'이라고 함은 일반적으로 그 상대방이 된 **사람으로 하여금 공포심을 일으키기에 충분한 정도의 해악을 고지하는 것으로서** 그러한 해악의 고지에 해당하는지 여부는 행위자와 상대방의 성향, 고지 당시의 주변 상황, 행위자와 상대방 사이의 관계·지위, 그 친숙의 정도 등 행위 전후의 여러 사정을 종합하여 판단되어야 한다(대판 2012.8.17, 2011도10451 **한나라당 경기당사 폭파협박 사건**). 13. 경찰승진
>
> **2** 협박죄에 있어서의 **협박**이라 함은 **사람으로 하여금 공포심을 일으킬 수 있을 정도의 해악을 고지하는 것을 말하고**, 협박죄가 성립하기 위하여는 적어도 발생 가능한 것으로 생각될 수 있는 정도의 구체적인 해악의 고지가 있어야 한다(대판 2011.5.26, 2011도2412 **사채업자 협박 사건**). 14. 경찰간부, 16·17. 경찰승진, 20. 경찰채용

3 [1] 협박죄는 사람의 의사결정의 자유를 보호법익으로 하는 범죄로서 형법규정의 체계상 개인적 법익, 특히 사람의 자유에 대한 죄 중 하나로 구성되어 있는바, 위와 같은 협박죄의 보호법익, 형법규정상 체계, 협박의 행위개념 등에 비추어 볼 때, 협박죄는 자연인만을 그 대상으로 예정하고 있을 뿐 법인은 협박죄의 객체가 될 수 없다. [2] 피해자 본인이나 그 친족뿐만 아니라 그 밖의 **제3자에 대한 법익 침해를 내용으로 하는 해악을 고지하는 것이라고 하더라도** 피해자 본인과 제3자가 밀접한 관계에 있어 **그 해악의 내용이 피해자 본인에게 공포심을 일으킬 만한 정도의 것이라면 협박죄가 성립할 수 있다.** [3] 이때 '제3자'에는 자연인뿐만 아니라 법인도 포함된다 할 것인데, 피해자 본인에게 법인에 대한 법익을 침해하겠다는 내용의 해악을 고지한 것이 피해자 본인에 대하여 공포심을 일으킬 만한 정도가 되는지 여부는 고지된 해악의 구체적 내용 및 그 표현방법, 피해자와 법인의 관계, 법인 내에서의 피해자의 지위와 역할, 해악의 고지에 이르게 된 경위, 당시 법인의 활동 및 경제적 상황 등 여러 사정을 종합하여 판단하여야 한다(대판 2010.7.15, 2010도1017 **회사를 아작내겠다 사건**). 11·17. 경찰간부, 12. 경찰승진·법원행시, 12·15. 변호사, 13·14·17. 경찰채용, 14. 국가직 9급, 20. 법원직 9급

4 협박죄에 있어 '해악'이란 법익을 침해하는 것을 가리키는데, 그 해악이 반드시 피해자 본인이 아니라 그 친족 그 밖의 제3자의 법익을 침해하는 것을 내용으로 하더라도 피해자 본인과 제3자가 밀접한 관계에 있어서 그 해악의 내용이 피해자 본인에게 공포심을 일으킬 만한 것이라면 협박죄가 성립할 수 있다(대판 2012.8.17, 2011도10451 **한나라당 경기당사 폭파협박 사건**). 13. 변호사

5 [1] 협박죄는 사람의 의사결정의 자유를 보호법익으로 하는 위험범이라 봄이 상당하고, 형법 제286조의 **미수범 처벌조항은 해악의 고지가 현실적으로 상대방에게 도달하지 아니한 경우나 도달은 하였으나 전혀 지각하지 못한 경우 혹은 고지된 해악의 의미를 상대방이 인식하지 못한 경우 등에 적용된다.** [2] 사람으로 하여금 공포심을 일으키게 하기에 충분한 정도의 해악을 고지함으로써 상대방이 그 의미를 인식한 이상, 상대방이 현실적으로 공포심을 일으켰는지 여부와 관계없이 그로써 구성요건은 충족되어 협박죄의 기수에 이른다[대판 2011.1.27, 2010도14316 **회칼 2자루 사건**, 대판 2007.9.28, 2007도606(전합) **정보과 형사 협박 사건**]. 11·12. 법원행시, 11·14·21. 경찰간부, 12. 국가직 9급, 12·13·20. 변호사, 12·14·15. 경찰채용, 14·15·20. 경찰승진, 15. 사법시험, 20. 법원직 9급·국가직 7급

6 협박죄에 있어서의 해악을 가할 것을 고지하는 행위는 **통상 언어에 의하는 것이나** 경우에 따라서는 한마디 말도 없이 거동에 의하여서도 고지할 수 있다(대판 1975.10.7, 74도2727 **가위 사건**). 12. 국가직 9급

7 협박죄에 있어서의 협박이라 함은 사람으로 하여금 공포심을 일으킬 수 있을 정도의 해악을 고지하는 것을 의미하고, 행위자가 직접 해악을 가하겠다고 고지하는 것은 물론 제3자로 하여금 해악을 가하도록 하겠다는 **방식으로도 해악의 고지는 가능한 바,** 고지자가 제3자의 행위를 사실상 지배하거나 제3자에게 영향을 미칠 수 있는 지위에 있는 것으로 믿게 하는 명시적·묵시적 언동을 하였거나 제3자의 행위가 고지자의 의사에 의하여 좌우될 수 있는 것으로 상대방이 인식한 경우에는 고지자가 직접 해악을 가하겠다고 고지한 것과 마찬가지의 행위로 평가할 수 있다(대판 2007.6.1, 2006도1125 **세무조사로 망하게 하겠다 사건**). 11. 사법시험, 12. 법원행시, 14·20. 법원직 9급

8 협박죄에 있어서의 협박이라 함은 일반적으로 보아 사람으로 하여금 공포심을 일으킬 수 있는 정도의 해악을 고지하는 것을 의미하므로 그 주관적 구성요건으로서의 **고의는 행위자가 그러한 정도의 해악을 고지한다는 것을 인식·인용하는 것을 그 내용으로 하고 고지한 해악을 실제로 실현할 의도나 욕구는 필요로 하지 아니한다**(대판 2006.8.25, 2006도546 **쥐도 새도 모르게 사건**). 11·17. 경찰간부, 12·14. 국가직 9급, 13·14. 경찰채용, 14. 경찰승진

9 피고인이 피해자의 비위 등을 기록한 내용을 피해자에게 제시하면서 피해자가 피고인에게 폭언한 사실을 인정하지 아니하면 그 내용을 상부기관에 제출하겠다고 한 행위는 **사람으로 하여금 공포심을 일으키게 하기에 충분한 정도의 해악의 고지에 해당한다고 할 것이므로** 피해자가 그 취지를 인식하였음이 명백한 이상 설령 피해자가 현실적으로 공포심을 느끼지 못하였다 하더라도 **상관협박죄의 기수에 이른 것이다**(대판 2008.12.11, 2008도8922 **상관 협박·무고 사건**). 20. 경찰채용

협박죄가 성립하는 경우	협박죄가 성립하지 않는 경우
① 사채업자인 피고인이 피해자에게, **채무를 변제하지 않으면 피해자가 숨기고 싶어하는 과거의 행적과 사채를 쓴 사실 등을 남편과 시댁에 알리겠다**는 등의 문자메시지를 발송하였다면, 이는 피해자에게 **공포심을 일으키기에 충분하다고 보아야 한다**(대판 2011.5.26, 2011도2412 **사채업자 협박 사건**). 13. 경찰채용, 13·16. 사법시험	① 피고인이 공중전화를 이용하여 경찰서에 여러 차례 전화를 걸어 전화를 받은 **각 경찰관에게 경찰서 관할 구역 내에 있는 한나라당의 당사를 폭파하겠다는 말을 하였더라도**, 한나라당 정당에 대한 해악의 고지가 각 경찰관 개인에게 공포심을 일으킬 만큼 서로 밀접한 관계에 있다고 보기 어려우므로 **각 경찰관에 대한 협박죄를 구성한다고 할 수 없다**(대판 2012.8.17, 2011도10451 **한나라당 경기당사 폭파협박 사건**). 13·14·16. 경찰채용, 14. 법원직 9급·국가직 9급, 15. 법원행시, 16·17. 경찰승진, 20. 국가직 7급
② 피고인이 피해자와 횟집에서 술을 마시던 중 피해자가 모래 채취에 관하여 항의하는 데에 화가 나서, 횟집 주방에 있던 **회칼 2자루를 들고 나와 죽어버리겠다며 자해하려고 한 경우**, 피고인의 행위는 단순한 자해행위 시늉에 불과한 것이 아니라 피고인의 요구에 응하지 않으면 피해자에게 어떠한 해악을 가할 듯한 위세를 보인 행위로서 **협박에 해당한다고도 볼 수 있다**(대판 2011.1.27, 2010도14316 **회칼 2자루 사건**). 20. 경찰승진	② 피고인이 자신의 동거남과 성관계를 가진 바 있던 피해자에게 "**사람을 사서 쥐도 새도 모르게 파묻어 버리겠다. 너까짓것 쉽게 죽일 수 있다.**"라고 말한 경우, 이는 언성을 높이면서 말다툼으로 흥분한 나머지 단순히 감정적인 욕설 내지 일시적 분노의 표시를 한 것에 불과하고 해악을 고지한다는 인식을 갖고 한 것이라고 보기 어렵다(대판 2006.8.25, 2006도546 **쥐도 새도 모르게 사건**). 17. 경찰간부
③ 채권추심업체의 지사장으로 근무하던 피고인이 회사로부터 횡령행위에 대한 민·형사상 책임을 추궁당할 지경에 이르자 이를 모면하기 위하여 회사 본사에 회사의 내부비리 등을 금융감독원 등 관계 기관에 고발하겠다는 취지의 서면을 보내는 한편, 회사 대표이사의 처남으로서 경영지원 본부장이자 상무이사였던 A에게 전화를 걸어 자신의 횡령행위를 문제삼지 말라고 요구하면서 위 서면의 내용과 같은 취지로 발언한 경우, 피해자 A에 대한 **협박죄가 성립한다**(대판 2010.7.15, 2010도1017 **회사를 아작내겠다 사건**). 12. 변호사, 15. 법원행시, 17. 경찰간부, 20. 경찰승진	③ 피고인이 "**앞으로 수박이 없어지면 네 책임으로 한다.**"라고 말하였다고 하더라도 그것만으로는 **구체적으로 어떠한 법익에 어떠한 해악을 가하겠다는 것인지를 알 수 없어 이를 해악의 고지라고 보기 어렵고**, 가사 다소간의 해악의 고지에 해당한다고 가정하더라도 이는 정당한 훈계의 범위를 벗어나는 것이 아니어서 **사회상규에 위배되지 아니하므로 위법성이 없다고 봄이 상당하다**(대판 1995.9.29, 94도2187 **네 책임으로 한다 사건**). 11·15. 경찰승진, 12. 경찰간부, 14·16. 경찰채용
④ 정보보안과 소속 경찰관이 자신의 지위를 내세우면서 타인의 민사분쟁에 개입하여 "**빨리 채무를 변제하지 않으면 상부에 보고하여 문제를 삼겠다.**"라고 말한 경우, 객관적으로 상대방이 공포심을 일으키기에 충분한 정도의 해악의 고지에 해당하므로 현실적으로 피해자가 공포심을 일으키지 않았다 하더라도 **협박죄의 기수에 이른 것이다**[대판 2007.9.28, 2007도606(전합) **정보과 형사 협박 사건**]. 11·17. 경찰승진, 12. 국가직 9급, 15. 법원행시, 17. 경찰채용	④ 피고인이 피해자에게 "**입을 찢어 버릴라.**"라고 한 말은 단순한 감정적인 욕설이었다고 보기에 충분하고 피해자에게 **해악을 가할 것을 고지한 행위라고 볼 수 없다**(대판 1986.7.22, 86도1140). 12. 경찰간부, 13·16. 경찰승진
	⑤ 지서에 연행된 피고인이 경찰관으로부터 반공법 위반 혐의사실을 추궁당하고 뺨까지 얻어맞게 되자 **술김에 흥분하여 항의조로 "내가 너희들의 목을 자른다. 내 동생을 시켜서라도 자른다."라고 말하였다 하여 당시 피고인에게 협박죄를 구성할 만한 해악을 고지할 의사가 있었다고 볼 수 없다**(대판 1972.8.29, 72도1565 **너희들의 목을 자른다 사건**). 11. 경찰승진

⑤ 피고인이 **피해자의 장모가 있는 자리에서** 서류를 보이면서 "요구를 들어주지 않으면 서류를 세무서로 보내 세무조사를 받게 하여 **피해자를 망하게 하겠다.**"라고 말하여 피해자의 장모로 하여금 피해자에게 이와 같은 사실을 전하게 하고, 그 다음 날 피해자의 처에게 전화를 하여 "며칠 있으면 국세청에서 조사가 나올 것이니 그렇게 아시오."라고 말한 경우, 피고인의 각 행위는 협박죄에 있어서의 해악의 고지에 해당한다(대판 2007.6.1, 2006도1125 **세무조사로 망하게 하겠다 사건**). 14. 법원직 9급

⑥ 피고인이 피해자인 누나의 집에서 갑자기 온 몸에 연소성이 높은 고무놀을 바르고 라이타 불을 켜는 동작을 하면서 이를 말리려는 피해자 등에게 가위·송곳을 휘두르면서 "방에 불을 지르겠다. 가족 전부를 죽여 버리겠다."라고 소리쳤고 피해자가 피고인의 행위를 약 1시간 가량 말렸으나 듣지 아니하여 무섭고 두려워서 신고를 하였다면, 피고인의 행위는 **공포심을 일으키기에 충분할 정도의 해악을 고지한 것에 해당한다**(대판 1991.5.10, 90도2102 **고무놀 사건**). 12. 법원행시, 14. 경찰승진, 17. 경찰간부

⑦ 피고인이 피해자와 사소한 문제로 시비하다가 동인이 자기 집으로 돌아가자 피고인이 동인을 따라서 그 집 마당까지 가서 가위를 목에 겨누면서 찌를 것처럼 하였다면 신체에 대하여 위해를 가할 고지로 못 볼 바 아니다(대판 1975.10.7, 74도2727 **가위 사건**). 12. 경찰간부

⑧ 친권자가 자(子)에게 야구방망이로 때릴 듯이 피해자에게 "죽여 버린다."라고 말한 경우에는 협박죄가 성립한다(대판 2002.2.8, 2001도6468). 15. 경찰승진

⑥ **해악의 고지가 있다 하더라도** 그것이 사회의 관습이나 윤리관념 등에 비추어 **용인할 수 있는 정도의 것이라면 협박죄가 성립하지 아니한다**(대판 2010. 7.15, 2010도1017). 14. 경찰간부, 15. 경찰승진

⑦ 같은 동리에 사는 동년배간 동장직을 못하게 하였다는 불만의 표시로서 "**두고 보자.**"라는 말을 하였다 하더라도 그 정도의 폭언을 협박에 해당한다고 보기 어렵다(대판 1974.10.8, 74도1892).

⑧ 피해자의 처와 통화하기 위하여 야간에 피해자의 집에 여러차례 전화를 하여 피해자가 전화를 받으면 20분 내지 30분 동안 아무 말도 하지 않고 있다가 전화를 끊어버리거나 어떤 때에는 "**한번 만나자. 나에게 자신있나.**" 등의 말을 한 정도로는 폭언을 한 정도에 그칠 뿐 협박에 이른다고 볼 수 없다(대판 1985.7.5, 85도638).

02 특수협박죄

형법

제284조 【특수협박】 **단체** 또는 **다중의 위력**을 보이거나 **위험한 물건**을 휴대하여 제283조 제1항(협박죄)·제2항의 죄(존속협박죄)를 범한 때에는 7년 이하의 징역 또는 1천만원 이하의 벌금에 처한다.

03 상습협박죄

제2절 체포와 감금의 죄

01 체포·감금죄, 존속체포·감금죄

객관적 구성요건	객체	잠재적인 신체활동의 자유를 가진 자로서, **수면자·정신병자·명정자 등은 객체**가 되지만 **영유아는 객체에서 제외**됨(다수설)
	행위	① 체포: 사람의 신체에 대하여 직접적·현실적인 구속을 가하여 활동의 자유를 빼앗는 것(직접구속) ② 감금: 사람을 일정한 장소 밖으로 나가지 못하게 하여 활동의 자유를 장소적으로 제한하는 것(간접구속)
	기수	본죄는 계속범으로 체포·감금이 어느 정도 계속되어야 하므로 일시적인 자유박탈에 그친 경우 폭행죄 또는 체포·감금미수죄에 해당함(다수설)

⚖️ 판례 ㅣ 감금죄 관련 판례

1 감금죄는 사람의 행동의 자유를 그 보호법익으로 하여 **사람이 특정한 구역에서 나가는 것을 불가능하게 하거나 또는 심히 곤란하게 하는 죄로서,** 이와 같이 사람이 특정한 구역에서 나가는 것을 불가능하게 하거나 심히 곤란하게 하는 그 장애는 물리적·유형적 장애뿐만 아니라 심리적·무형적 장애에 의하여서도 가능하고 또 감금의 본질은 사람의 행동의 자유를 구속하는 것으로 **행동의 자유를 구속하는 그 수단과 방법에는 아무런 제한이 없으므로** 그 수단과 방법에는 유형적인 것이거나 무형적인 것이거나를 가리지 아니하며, 감금에 있어서의 사람의 행동의 자유의 박탈은 반드시 전면적이어야 할 필요가 없으므로 **감금된 특정 구역 내부에서 일정한 생활의 자유가 허용되어 있었다고 하더라도 감금죄의 성립에는 아무 소장이 없다**(대판 2011.9.29, 2010도5962 **도박장 감금 사건**). 11·14·16. 경찰승진, 13. 사법시험, 14. 경찰간부, 14·15·16. 경찰채용, 17. 법원행시

2 정신병자도 감금죄의 객체가 될 수 있다(대판 2002.10.11, 2002도4315 **정신병자 감금치사 사건**). 11·16. 경찰승진, 12. 사법시험, 13·14. 경찰간부, 15. 경찰채용, 17. 변호사

⚖️ 판례 | 감금죄·감금치사상죄가 성립하는 경우

1 피해자가 감금되었다는 기간 중에 동성로파 사람들과 술집에서 술을 마시고 아는 사람들이나 검찰청에 전화를 걸고 새벽에 한증막에 갔다가 잠을 자고 돌아오기도 하였더라도, **피해자가 피고인들이나 그 하수인들과 같은 장소에 있거나 감시되어 행동의 자유가 구속된 상태였다면 감금죄 성립에는 영향이 없다**(대판 2000.3.24, 2000도102 **신동성로파 사건**).

2 **피해자가** 만약 도피하는 경우에는 생명·신체에 심한 해를 당할지도 모른다는 공포감에서 도피하기를 단념하고 있는 상태하에서 피고인이 그를 호텔로 데리고 가서 함께 유숙한 후 그와 함께 항공기로 국외에 나간 행위는 **감금죄를 구성한다**(대판 1991.8.27, 91도1604). 13. 경찰간부, 15. 경찰승진, 16. 경찰채용

3 **피고인의 협박과 폭행행위로 말미암아 야기된 공포심으로 피해자가 사무실 밖으로 나가지 못한 것이라면** 가사 피해자가 처음에 위 장소에 간 것이 자발적인 것이고 또 위 장소에 시정장치 등 출입에 물리적인 장애사유가 없었다고 하여도 **감금죄가 성립한다**(대판 1985.6.25, 84도2083 **횡령 자인서 사건**). 12. 법원행시, 14. 경찰간부

4 피고인들이 대한상이군경회원 80여 명과 공동으로 **호텔 출입문을 봉쇄하며 피해자들의 출입을 방해하였다면 감금죄에 해당한다**(대판 1983.9.13, 80도277 **대구 상이군경 난동 사건**). 14·15·20. 경찰승진

5 4일 가량 물조차 제대로 마시지 못하고 잠도 자지 아니하여 거의 탈진상태에 이른 피해자의 손과 발을 17시간 이상 묶어 두고 좁은 차량 속에서 움직이지 못하게 감금한 행위와 묶인 부위의 혈액순환에 장애가 발생하여 혈전이 형성되고 그 혈전이 폐동맥을 막아 사망에 이르게 된 결과 사이에는 **상당인과관계가 있다**할 것이고, 그 경우 피고인에게 사망의 결과에 대한 예견가능성이 없었다고 할 수도 없다(대판 2002.10.11, 2002도4315 **정신병자 감금치사 사건**). 14. 경찰승진, 16. 사법시험

6 피고인이 승용차로 피해자를 가로막아 승차하게 한 후 피해자의 하차요구를 무시한 채 당초 목적지가 아닌 다른 장소를 향하여 **시속 약 60km 내지 70km의 속도로 진행하여 피해자를 차량에서 내리지 못하게 한 행위는 감금죄에 해당하고,** 피해자가 감금상태를 벗어날 목적으로 **차량을 빠져 나오려다가 길바닥에 떨어져 상해를 입고 그 결과 사망에 이르렀다면 감금행위와 피해자의 사망 사이에는 상당인과관계가 있다고 할 것이므로 감금치사죄에 해당한다**(대판 2000.2.11, 99도5286). 11. 국가직 7급, 12. 사법시험·국가직 9급, 13·15. 경찰채용, 14. 경찰간부, 15. 경찰승진·법원행시

7 피고인이 아파트 안방에서 안방문에 못질을 하여 동거하던 피해자가 술집에 나갈 수 없게 감금하고, 피해자를 때리고 옷을 벗기는 등 가혹한 행위를 하여 피해자가 이를 피하기 위하여 창문을 통해 밖으로 뛰어 내리려 하자 피고인이 이를 제지한 후, 피고인이 거실로 나오는 사이에 갑자기 안방 창문을 통하여 알몸으로 **아파트 아래 잔디밭에 뛰어 내리다가 다발성 실질장기파열상 등을 입고 사망한 경우,** 피고인의 중감금행위와 피해자의 사망 사이에는 인과관계가 있어 피고인은 중감금치사죄의 죄책을 진다(대판 1991.10.25, 91도2085 **북문파 두목 사건**). 11·12·16. 국가직 9급, 13. 법원행시

02 중체포·감금죄, 존속중체포·감금죄

> **형법**
>
> 제277조【중체포·중감금·존속중체포·존속중감금】① 사람을 체포 또는 감금하여 **가혹한 행위**를 가한 자는 7년 이하의 징역에 처한다.
> ② 자기 또는 배우자의 직계존속에 대하여 전항의 죄를 범한 때에는 2년 이상의 유기징역에 처한다.

03 특수체포·감금죄

> **형법**
>
> 제278조【특수체포·특수감금】**단체 또는 다중의 위력**을 보이거나 **위험한 물건을 휴대**하여 전 2조의 죄(체포·감금죄, 존속체포·감금죄, 중체포·감금죄, 존속중체포·감금죄)를 범한 때에는 그 죄에 정한 형의 2분의 1까지 가중한다.

04 상습체포·감금죄

> **형법**
>
> 제279조【상습범】상습으로 제276조(체포·감금죄, 존속체포·감금죄) 또는 제277조의 죄(중체포·감금죄, 존속중체포·감금죄)를 범한 때에는 제278조의 예에 의한다.

05 체포·감금치사상죄, 존속체포·감금치사상죄

> **형법**
>
> 제281조【체포·감금 등의 치사상】① 제276조 내지 제280조의 죄를 범하여 사람을 상해에 이르게 한 때에는 1년 이상의 유기징역에 처한다. 사망에 이르게 한 때에는 3년 이상의 유기징역에 처한다.
>
> ② 자기 또는 배우자의 직계존속에 대하여 제276조 내지 제280조의 죄를 범하여 상해에 이르게 한 때에는 2년 이상의 유기징역에 처한다. 사망에 이르게 한 때에는 무기 또는 5년 이상의 징역에 처한다.

제3절 약취·유인 및 인신매매의 죄

01 미성년자약취·유인죄

> **형법**
>
> 제287조【미성년자의 약취·유인】**미성년자**를 약취 또는 유인한 사람은 10년 이하의 징역에 처한다.
>
> 제295조의2【형의 감경】제287조부터 제290조까지, 제292조와 제294조의 죄를 범한 사람이 약취, 유인, 매매 또는 이송된 사람을 안전한 장소로 풀어준 때에는 그 **형을 감경할 수 있다**.

객관적 구성요건	주체	주체에는 제한이 없으므로 미성년자의 **보호감독자도 본죄의 주체가 될 수 있음**
	객체	만 19세 미만의 자
	행위	① 약취·유인: 약취란 폭행 또는 협박으로, 유인이란 기망 또는 유혹으로 미성년자를 자유로운 생활관계 또는 보호관계로부터 이탈시켜 범인이나 제3자의 실력적 지배하에 옮기는 행위 ② **장소적 이전이 없더라도 범인이나 제3자의 실력적 지배하에 두었다면 본죄가 성립함**
	기수	본죄는 계속범으로, 기수시기는 피인취자에 대한 실력적 지배가 어느 정도 계속된 때
주관적 구성요건		미성년자를 약취·유인하였더라도 '추행, 간음, 결혼, 영리, 노동력 착취, 성매매, 성적 착취, 장기적출, 국외이송'이라는 목적이 있었다면 본죄가 아니라 형법 제288조의 '추행 등' 목적약취·유인죄가 성립함

☑ SUMMARY | 해방감경규정 적용 여부 11·13. 경찰승진, 11·15. 경찰간부, 12·15. 경찰채용

구분	해당 범죄
적용 ○	① 미성년자약취·유인죄(제287조) ② 추행 등 목적약취·유인죄, 피약취·유인자국외이송죄(제288조) ③ **인신매매죄**(제289조 제1항) ④ 추행 등 목적인신매매죄, 피매매자국외이송죄(제289조 제2항부터 제4항) ⑤ 피약취·유인·매매·이송자상해·치상죄(제290조) ⑥ 피약취·유인·매매·이송자수수·은닉 등 죄(제292조) ⑦ **인질강요죄**(제324조의2) ⑧ **인질상해**·치상죄(제324조의3)
적용 ×	① 체포·감금죄(제276조부터 제281조) ② 피약취·유인·매매·이송자살인·치사죄(제291조) ③ 인질살해·치사죄(제324조의3) ④ 인질강도죄(제336조) ⑤ 인질강도상해·치상죄(제337조) ⑥ 인질강도살인·치사죄(제338조)

02 추행 등 목적약취·유인죄, 피약취·유인자국외이송죄

형법

제288조【추행 등 목적약취·유인 등】① 추행, 간음, 결혼 또는 영리의 **목적**으로 사람을 약취 또는 유인한 사람은 1년 이상 10년 이하의 징역에 처한다.

② 노동력 착취, 성매매와 성적 착취, 장기적출을 목적으로 사람을 약취 또는 유인한 사람은 2년 이상 15년 이하의 징역에 처한다.

③ 국외에 이송할 목적으로 사람을 약취 또는 유인하거나 약취 또는 유인된 사람을 국외에 이송한 사람도 제2항과 동일한 형으로 처벌한다.

객관적 구성요건	객체	사람인 이상 남자·여자, 성년·미성년 등을 불문함. 미성년자를 약취·유인하였더라도 추행 등의 목적이 있었다면 미성년자약취·유인죄가 아니라 본죄가 성립함
	행위	미성년자약취·유인죄와 동일함
	기수	기수시기는 피인취자에 대한 **실력적 지배**가 어느 정도 계속된 때이고, 추행 등의 목적 달성 여부는 기수시기에 영향이 없음 11·12·15. 경찰승진

⚖ 판례 | 약취·유인죄 관련 판례

1 형법 제288조(간음목적약취·유인죄)에 규정된 **약취행위는 피해자를 그 의사에 반하여 자유로운 생활관계 또는 보호관계로부터 범인이나 제3자의 사실상 지배하에 옮기는 행위를 말하는 것으로서**, 폭행 또는 협박을 수단으로 사용하는 경우에 그 폭행 또는 협박의 정도는 상대방을 실력적 지배하에 둘 수 있을 정도이면 족하고 반드시 상대방의 반항을 억압할 정도의 것임을 요하지는 아니하고, 뿐만 아니라 약취에는 폭행 또는 협박 이외의 사실상의 힘에 의한 경우도 포함되며, 어떤 행위가 위와 같은 약취행위에 해당하는지 여부는 행위의 목적과 의도, 행위 당시의 정황, 행위의 태양과 종류, 피해자의 의사 등을 종합하여 판단하여야 한다(대판 2009.7.9, 2009도3816 **우리집에 자러가자 사건**). 12·15·16. 경찰채용, 13·17. 경찰승진, 17. 법원행시

2 형법 제287조의 **미성년자유인죄란 기망 또는 유혹을 수단으로 하여 미성년자를 꾀어 그 하자 있는 의사에 따라 미성년자를 자유로운 생활관계 또는 보호관계로부터 이탈하게 하여 자기 또는 제3자의 사실적 지배하에 옮기는 행위를 말하고**, 여기서 사실적 지배라고 함은 미성년자에 대한 물리적·실력적인 지배관계를 의미한다(대판 1998.5.15, 98도690 **캐스팅 기획실장 사건**). 14. 경찰승진, 15. 경찰간부

3 미성년자유인죄라 함은 기망 또는 유혹을 수단으로 하여 미성년자를 꾀어 현재의 보호상태로부터 이탈하게 하여 자기 또는 제3자의 사실적 지배하로 옮기는 행위를 말하고, 여기서의 유혹이라 함은 기망의 정도에는 이르지 아니하나 감언이설로써 상대방을 현혹시켜 판단의 적정을 그르치게 하는 것이므로 반드시 그 유혹의 내용이 허위일 것을 요하지는 않는다(대판 1996.2.27, 95도2980). 12. 경찰채용

4 미성년자를 보호·감독하는 사람이라고 하더라도 다른 보호감독자의 보호·양육권을 침해하거나 자신의 보호·양육권을 남용하여 미성년자 본인의 이익을 침해하는 때에는 **미성년자에 대한 약취죄의 주체가 될 수 있다**[대판 2013.6.20, 2010도14328(전합) **아이와 함께 베트남으로 사건**].

5 미성년자를 보호·감독하는 자라 하더라도 다른 보호·감독자의 감호권을 침해하거나 자신의 감호권을 남용하여 미성년자 본인의 이익을 침해하는 경우에는 **미성년자약취·유인죄의 주체가 될 수 있다**(대판 2008.1.31, 2007도8011 **내가 딸을 키우겠다 사건**). 12. 법원행시, 13. 경찰간부, 14·15. 경찰승진, 15. 경찰채용

6 [1] 부모가 이혼하였거나 별거하는 상황에서 미성년의 자녀를 부모의 일방이 평온하게 보호·양육하고 있는데, **상대방 부모가 폭행·협박 또는 불법적인 사실상의 힘을 행사하여 그 보호·양육상태를 깨뜨리고 자녀를 탈취하여 자기 또는 제3자의 사실상 지배하에 옮긴 경우**, 그와 같은 행위는 특별한 사정이 없는 한 **미성년자에 대한 약취죄를 구성한다고 볼 수 있다.** [2] 그러나 미성년의 자녀를 부모가 함께 동거하면서 보호·양육하여 오던 중 부모의 일방이 상대방 부모나 그 자녀에게 어떠한 폭행·협박이나 불법적인 사실상의 힘을 행사함이 없이 그 자녀를 데리고 종전의 거소를 벗어나 다른 곳으로 옮겨 자녀에 대한 보호·양육을 계속하였다면, 그 행위가 보호·양육권의 남용에 해당한다는 등 특별한 사정이 없는 한 설령 이에 관하여 법원의 결정이나 상대방 부모의 동의를 얻지 아니하였다고 하더라도 곧바로 **미성년자에 대한 약취죄의 성립을 인정할 수는 없다**[대판 2013.6.20, 2010도14328(전합) **아이와 함께 베트남으로 사건**]. 14. 경찰승진, 17. 법원행시

7 미성년자약취죄는 심신의 발육이 불충분하고 지려와 경험이 풍부하지 못한 미성년자를 특별히 보호하기 위하여 그를 약취하는 행위를 처벌하려는 데 그 입법의 취지가 있으며, **미성년자의 자유 외에 보호 · 감독자의 감호권도 그 보호법익으로 하고 있다는 점을 고려하면,** 피고인과 공범들이 피해자(女, 14세)를 보호 · 감독하고 있던 그 아버지의 감호권을 침해하여 그녀를 자신들의 사실상 지배하로 옮긴 이상 미성년자약취죄가 성립한다 할 것이고, 약취행위에 피해자의 동의가 있었다 하더라도 본죄의 성립에는 변함이 없다(대판 2003.2.11, 2002도7115). 13 · 16. 경찰간부, 16. 경찰채용, 17. 법원행시

판례비교

약취 · 유인죄가 성립하는 경우	약취 · 유인죄가 성립하지 않는 경우
① 피고인이 **초등학교 5학년 여학생인 피해자의 소매를 잡아끌면서 "우리 집에 같이 자러가자."라고 한 행위**는 피해자를 그 의사에 반하여 자유로운 생활관계 또는 보호관계로부터 피고인의 사실상 지배하에 옮기기 위한 약취행위의 수단으로서 폭행에 충분히 해당한다고 할 것이고 또한 약취의 의사도 인정된다고 할 것이므로 **약취행위에 해당하는 실행행위가 있다고 보아야 한다**(대판 2009.7.9, 2009도3816 **우리 집에 자러가자 사건**). 15 · 16. 경찰간부 ② **A(女, 10세)의 아버지인 피고인 甲이** A의 어머니이자 甲의 처인 B가 교통사고로 사망하자 A의 외조부인 C에게 A의 양육을 맡겨 왔으나 교통사고 배상금 등을 둘러싸고 C 등과 사이에 분쟁이 발생하자 자신이 직접 A를 양육하기로 마음먹고, 피고인 乙과 공모하여 학교에서 귀가하는 A를 강제로 차에 태우고 고아원에 데려가 수용문제를 상담하고 개사육장에서 잠을 재운 후 다른 아동복지상담소에 데리고 가는 등으로 사실상 지배한 경우 미성년자약취 · 유인죄가 성립한다(대판 2008.1.31, 2007도8011 **내가 딸을 키우겠다 사건**). 12. 경찰채용, 14. 변호사, 17. 법원행시 ③ 피고인이 **11세에 불과한 어린 나이의 피해자를 유혹하여 모텔 앞길에서부터 모텔 301호실까지 데리고 간 이상,** 그로써 피해자를 자유로운 생활관계로부터 이탈시켜 피고인의 사실적 지배 아래로 옮겼다고 할 것이고 이로써 **간음목적유인죄의 기수에 이른 것으로 보아야 한다**(대판 2007.5.11, 2007도2318 **11세 여아를 모텔로 사건**). 13. 경찰간부, 15. 경찰승진	① 베트남 국적 여성인 피고인이 남편의 의사에 반하여 생후 약 13개월된 아들을 주거지에서 데리고 나와 베트남에 함께 입국한 경우, 피고인이 아들을 데리고 베트남으로 떠난 행위는 어떠한 실력을 행사하여 아들을 평온하던 종전의 보호 · 양육상태로부터 이탈시킨 것이라기보다 친권자인 모(母)로서 출생 이후 줄곧 맡아왔던 **아들에 대한 보호 · 양육을 계속 유지한 행위에 해당하여,** 이를 폭행 · 협박 또는 불법적인 사실상의 힘을 사용하여 아들을 자기 또는 제3자의 지배하에 옮긴 약취행위로 볼 수는 **없으므로 국외이송약취죄나 피약취자국외이송죄는 성립하지 아니한다**[대판 2013.6.20, 2010도14328 (전합) **아이와 함께 베트남으로 사건**]. 14. 법원직 9급, 15. 경찰간부 · 법원행시, 17. 경찰승진 ② 피고인이 미성년자 혼자 머무는 주거에 침입하여 강도 범행을 하는 과정에서 미성년자와 그 부모에게 폭행 · 협박을 가하여 일시적으로 부모와의 보호관계가 사실상 침해 · 배제되었더라도 미성년자가 기존의 생활관계로부터 완전히 이탈되었다거나 새로운 생활관계가 형성되었다고 볼 수 없고 범인의 의도도 위와 같은 생활관계의 이탈이 아니라 단지 금품 강취를 위한 반항 억압에 있는 것이므로 **미성년자약취죄는 성립하지 아니한다**(대판 2008.1.17, 2007도8485 **광주 인질강도 사건**). 13. 경찰간부, 13 · 14 · 15. 경찰승진, 14. 변호사

약취·유인죄가 성립하는 경우	약취·유인죄가 성립하지 않는 경우
④ 피해자가 스스로 가출하여 피고인 등의 한국복음전도회 부산 및 마산 지관에 입관할 것을 호소하였다고 하더라도 피고인들의 독자적인 교리설교에 의하여 하자 있는 의사로 가출하게 된 것이고, 동 피해자의 보호·감독권자의 보호관계로부터 이탈시키고 피고인들의 지배하에서 그들 교리에서 말하는 소위 **'주의 일(껌팔이 등 행상)'**을 하도록 도모한 이상 미성년자 유인죄의 성립에 소장이 없다(대판 1982.4.27, 82도186). 19. 법원행시 ⑤ 부모의 별거 상황에서 일방 배우자인 피고인이 면접교섭권을 행사하기 위하여 프랑스에서 타방 배우자와 함께 생활하고 있던 만 5세인 피해아동을 대한민국으로 데려온 후 **면접교섭기간이 종료하였음에도 프랑스로 데려다 주지 않은 채 피해아동이 친모를 제대로 만나지도 못하게 한 경우** 불법적인 사실상의 힘을 행사하여 **피해아동을 약취한 것으로 볼 수 있다**(대판 2021.9.9, 2019도16421 **아이 프랑스 인도 거부 사건**).	

03 인신매매죄

> **형법**
> 제289조【인신매매】① 사람을 매매한 사람은 7년 이하의 징역에 처한다.

객관적 구성요건	객체	사람인 이상 **남자·여자, 성년·미성년 등을 불문함**
	행위	매매: 대가를 받고 사람에 대한 실력적 지배를 상대방에게 넘기거나, 대가를 지급하고 상대방으로부터 실력적 지배를 넘겨받는 것
	착수기수	① 실행의 착수시기: 매매계약을 체결한 때 ② 기수시기: 사람에 대한 **실력적 지배의 이전**한 때. 대가 지급을 조건으로 하면 충분하고, 실제로 대가가 지급되었는지 여부는 기수시기에 영향이 없음

04 추행 등 목적인신매매죄, 피매매자국외이송죄

> **형법**
>
> 제289조【인신매매】 ② 추행·간음·결혼 또는 **영리의 목적**으로 사람을 매매한 사람은 1년 이상 10년 이하의 징역에 처한다.
>
> ③ 노동력 착취, 성매매와 성적 착취, 장기적출을 목적으로 사람을 매매한 사람은 2년 이상 15년 이하의 징역에 처한다.
>
> ④ 국외에 이송할 목적으로 사람을 매매하거나 매매된 사람을 국외로 이송한 사람도 제3항과 동일한 형으로 처벌한다.

05 피약취·유인·매매·이송자 상해·치상죄

> **형법**
>
> 제290조【약취·유인·매매·이송 등 상해·치상】 ① 제287조부터 제289조까지의 죄를 범하여 약취, 유인, 매매 또는 이송된 사람을 상해한 때에는 3년 이상 25년 이하의 징역에 처한다.
>
> ② 제287조부터 제289조까지의 죄를 범하여 약취, 유인, 매매 또는 이송된 사람을 상해에 이르게 한 때에는 2년 이상 20년 이하의 징역에 처한다.

06 피약취·유인·매매·이송자 살인·치사죄

> **형법**
>
> 제291조【약취·유인·매매·이송 등 살인·치사】 ① 제287조부터 제289조까지의 죄를 범하여 약취, 유인, 매매 또는 이송된 사람을 살해한 때에는 사형, 무기 또는 7년 이상의 징역에 처한다.
>
> ② 제287조부터 제289조까지의 죄를 범하여 약취, 유인, 매매 또는 이송된 사람을 사망에 이르게 한 때에는 무기 또는 5년 이상의 징역에 처한다.

07 피약취·유인·매매·이송자 수수·은닉 등 죄

> **형법**
>
> 제292조【약취·유인·매매·이송된 사람의 수수·은닉 등】 ① 제287조부터 제289조까지의 죄로 약취, 유인, 매매 또는 이송된 사람을 수수 또는 은닉한 사람은 7년 이하의 징역에 처한다.
>
> ② 제287조부터 제289조까지의 죄를 범할 목적으로 사람을 모집·운송·전달한 사람도 제1항과 동일한 형으로 처벌한다.

01 강요죄

> **형법**
>
> 제324조 【강요】 ① 폭행 또는 협박으로 **사람의 권리행사를 방해**하거나 **의무 없는 일을 하게 한 자**는 5년 이하의 징역 또는 3천만원 이하의 벌금에 처한다.

객관적 구성요건	객체	의사결정 및 의사활동의 자유를 가진 자로서 **자연인에 한정**되므로 유아·정신병자·수면자 등은 객체가 될 수 없음(통설)
	행위	① 폭행·협박: 폭행이란 사람의 의사결정 및 의사활동을 강제하는 일체의 유형력 행사를 의미하고, 협박은 해악을 고지하여 공포심을 일으키게 하는 것을 의미함 ② 권리행사 방해: 행사할 수 있는 권리를 행사하지 못하게 하는 것 ③ 의무 없는 일 강요: **의무가 없음**에도 불구하고 일정한 **작위, 부작위 또는 수인 등을 강요하는 것**
	기수	기수시기: 폭행·협박에 의하여 현실적으로 권리행사를 방해받거나 의무 없는 일을 했을 때
죄수		강요죄는 일반적인 범죄이므로 체포·감금죄, 약취·유인·인신매매죄, 강간·강제추행죄, 공갈죄, 강도죄 등이 성립하면 별도의 강요죄는 성립하지 않음

⚖️ 판례 | 강요죄 관련 판례

1 **강요죄는 폭행 또는 협박으로 사람의 권리행사를 방해하거나 의무 없는 일을 하게 하는 것을 말하고,** 여기에서 '의무 없는 일'이라 함은 법령, 계약 등에 기하여 발생하는 법률상 의무 없는 일을 말하므로 법률상 의무 있는 일을 하게 한 경우에는 강요죄가 성립할 여지가 없다(대판 2012.11.29, 2010도1233 **업무일지작성 지시 사건**). 11·12·13. 경찰간부, 12. 경찰승진

2 **강요죄의 수단인 협박은 일반적으로 사람으로 하여금 공포심을 일으키게 하는 정도의 해악을 고지하는 것으로** 그 방법은 통상 언어에 의하는 것이나 경우에 따라서 한마디 말도 없이 거동에 의하여서도 할 수 있다(대판 2011.7.28, 2011도1739 **해군 법무실장 사건**). 13. 경찰간부

3 피고인이 투자금의 회수를 위해 피해자를 강요하여 물품대금을 횡령하였다는 자인서를 받아낸 뒤 이를 근거로 돈을 갈취한 경우, 피고인의 주된 범의가 피해자로부터 돈을 갈취하는 데에 있었던 것이라면 피고인은 단일한 공갈의 범의하에 갈취의 방법으로 일단 자인서를 작성하게 한 후 이를 근거로 계속하여 갈취행위를 한 것으로 보아야 할 것이므로 위 행위는 포괄하여 공갈의 일죄만을 구성한다(대판 1985.6.25, 84도2083 **횡령 자인서 사건**). 13. 경찰간부, 14. 경찰채용, 20. 국가직 7급

4 폭행은 사람에 대한 직접적인 유형력의 행사뿐만 아니라 간접적인 유형력의 행사도 포함하며, 반드시 사람의 신체에 대한 것에 한정되지 않는다(대판 2021.11.25, 2018도1346).

5 행위자가 직무상 또는 사실상 상대방에게 영향을 줄 수 있는 직업이나 지위에 있고 직업이나 지위에 기초하여 상대방에게 어떠한 요구를 하였더라도 곧바로 그 요구 행위를 위와 같은 해악의 고지라고 단정하여서는 안 된다. 특히 공무원이 자신의 직무와 관련한 상대방에게 공무원 자신 또는 자신이 지정한 제3자를 위하여 재산적 이익 또는 일체의 유·무형의 이익 등을 제공할 것을 요구하고 상대방은 공무원의 지위에 따른 직무에 관하여 어떠한 이익을 기대하며 그에 대한 대가로서 요구에 응하였다면, 다른 사정이 없는 한 공무원의 위 요구 행위를 객관적으로 사람의 의사결정의 자유를 제한하거나 의사실행의 자유를 방해할 정도로 겁을 먹게 할 만한 해악의 고지라고 단정하기는 어렵다[대판 2019.8.29, 2018도13792(전합) **국정농단 사건**].
22. 국가직 7급

판례비교

강요죄가 성립하는 경우	강요죄가 성립하지 않는 경우
① 피고인이 광동제약에 대하여 불매운동을 하겠다고 하면서 조선일보, 중앙일보, 동아일보 등 언론사에 대한 광고를 중단할 것을 요구한 행위와 한겨레신문, 경향신문에 조선일보 등과 동등하게 광고를 집행할 것을 요구한 행위 및 광동제약의 인터넷 홈페이지에 "광동제약은 앞으로 특정 언론사에 편중하지 않고 동등한 광고 집행을 하겠다."라는 내용의 **팝업창을 띄우게 한 행위**는 모두 광동제약의 의사결정권자로 하여금 그 요구를 수용하지 아니할 경우 불매운동이 지속되어 영업에 타격을 입게 될 것이라는 겁을 먹게 하여 그 의사결정 및 의사실행의 자유를 침해한 것으로 **강요죄나 공갈죄의 수단으로서의 협박에 해당**한다(대판 2013.4.11, 2010도13774 **광동제약 불매운동 사건**). ② 환경단체 소속 회원들이 축산 농가들의 폐수 배출 단속활동을 벌이면서 폐수 배출현장을 사진촬영하거나 지적하는 한편 **폐수 배출사실을 확인하는 내용의 사실확인서를 징구하는 과정에서 서명하지 아니할 경우 법에 저촉된다고 겁을 주는 등 행한 일련의 행위**는 '협박'에 의한 **강요행위에 해당**한다(대판 2010.4.29, 2007도7064 **환경감시단 사건**). 20. 경찰승진 ③ 상사 계급의 피고인이 병사들에 대해 수시로 폭력을 행사해 와 신체에 위해를 느끼고 겁을 먹은 상태에 있던 병사들에게 청소 불량 등을 이유로 40분 내지 50분간 머리박아(속칭 '원산폭격')를 시키거나 양손을 깍지 낀 상태에서 약 2시간 동안 팔굽혀펴기를 50~60회 정도 하게 한 경우, 강요죄에 해당한다(대판 2006.4.27, 2003도4151 **가혹한 얼차려 사건**).	① **상관이 직무수행을 태만히 하거나 지시사항을 불이행하고 허위보고 등을 한 부하에게 근무태도를 교정하고 직무수행을 감독하기 위하여 직무수행의 내역을 일지 형식으로 기재하여 보고하도록 명령하는 행위**는 직무권한 범위 내에서 내린 정당한 명령이므로 부하는 명령을 실행할 법률상 의무가 있고, 명령을 실행하지 아니하는 경우 징계처분이 내려진다거나 그에 갈음하여 얼차려의 제재가 부과된다고 하여 그와 같은 명령이 **강요죄를 구성한다고 볼 수 없다**(대판 2012.11.29, 2010도1233 **업무일지작성 지시 사건**). 17. 경찰간부, 20. 경찰승진 ② 직장에서 상사가 범죄행위를 저지른 부하직원에게 징계절차에 앞서 자진하여 사직할 것을 **단순히 권유하였다고 하여 이를 강요죄에서의 협박에 해당한다고 볼 수는 없다**(대판 2008.11.27, 2008도7018 **사직 권유 사건**). 17. 경찰간부 ③ 피고인이 특정 연예인에게 팬미팅 공연을 하도록 강요하면서 만날 것을 요구하고 팬미팅 공연이 이행되지 않으면 안 좋은 일을 당할 것이라고 협박한 경우라도, 연예인에게 공연을 할 의무가 없다는 점에 대한 미필적 인식, 즉 **강요죄의 고의가 피고인에게 있었다고 단정하기 어렵다면 강요죄는 성립하지 아니한다**(대판 2008.5.15, 2008도1097 **팬미팅 강요 사건**). 13. 사법시험, 17. 경찰간부 ④ 전답(田畓)의 점유를 침탈당한 자라도 이를 실력으로 회수할 수 없는 것이니 그 전답의 점유를 실력으로 회수하려는 자에게 폭행을 가하였다면 이는 단순폭행죄에 해당한다 할 것이고 **권리행사를 방해하였다고는 논할 수 없다**(강요죄에 해당하지 아니한다)(대판 1961.11.9, 61도357). 11. 경찰간부

강요죄가 성립하는 경우	강요죄가 성립하지 않는 경우
④ 골프시설의 운영자가 골프회원에게 불리하게 변경된 내용의 회칙에 대하여 동의한다는 내용의 등록신청서를 제출하지 아니하면 회원으로 대우하지 아니하겠다고 통지한 것은 강요죄에 해당한다(대판 2003.9.26, 2003도763 **리베라컨트리클럽 사건**). 14. 변호사, 17. 경찰간부 18. 경찰승진, 19. 해경채용	⑤ **공무원인 행위자가 상대방에게 어떠한 이익 등의 제공을 요구한 경우** 그것이 객관적으로 사람의 의사결정의 자유를 제한하거나 의사실행의 자유를 방해할 정도로 겁을 먹게 할 만한 해악의 고지로 인정될 수 없다면 직권남용이나 뇌물요구 등이 될 수는 있어도 협박을 요건으로 하는 강요죄가 성립하기는 어렵다(대판 2020.2.13, 2019도5186 **화이트리스트 사건**). ➡ 김○○ 비서실장과 조○○ 정무수석이 전경련 부회장에게 '압력을 가하여' 보수단체에 합계 약 58억원을 지원하게 한 것은 '직권을 남용'한 것에 해당하고 '협박'한 것에는 해당하지 않으므로 직권남용죄가 성립할 뿐 강요죄는 성립하지 않는다는 취지의 판례이다. 20. 국가직 7급 · 법원행시
	⑥ 피고인이 타인 소유의 차량을 피해자 소유 주택 대문 바로 앞부분에 주차하는 방법으로 피해자가 차량을 피해자 소유 주택 내부의 주차장에 출입시키지 못하게 하였더라도 피해자는 차량을 용법에 따라 정상적으로 사용할 수 있었으므로 주차 당시 피고인과 피해자 사이에 물리적 접촉이 있거나 피고인이 피해자에게 어떠한 유형력을 행사했다고 볼 만한 사정이 없다면 강요죄는 성립하지 않는다(대판 2021.11.25, 2018도1346 **주차방해 사건**). 22. 법원행시

02 특수강요죄

> **형법**
> 제324조【강요】② **단체** 또는 **다중의 위력**을 보이거나 **위험한 물건**을 휴대하여 제1항의 죄(강요죄)를 범한 자는 10년 이하의 징역 또는 5천만원 이하의 벌금에 처한다.

03 중강요죄

> **형법**
> 제326조【중권리행사방해】제324조 또는 제325조의 죄를 범하여 사람의 **생명에 대한 위험**을 발생하게 한 자는 10년 이하의 징역에 처한다.

04 인질강요죄

> **형법**
>
> 제324조의2 【인질강요】 사람을 체포·감금·약취 또는 유인하여 이를 인질로 삼아 제3자에 대하여 권리행사를 방해하거나 의무 없는 일을 하게 한 자는 3년 이상의 유기징역에 처한다.

객관적 구성요건	객체	'인질'은 모든 자연인으로 남녀노소를 불문함. '피강요자'인 제3자는 인질을 제외한 다른 사람으로 강요죄의 객체와 동일함
	행위	인질을 체포·감금·약취·유인하여 **제3자에게 강요행위**를 하는 것으로, 강요의 상대방은 제3자이므로 인질에 대한 강요행위는 인질강요죄에 해당하지 않음 11. 경찰간부
	착수기수	① 실행의 착수시기: 강요행위를 개시한 때라는 견해(강요행위시설)와 강요의 의사로 인질을 체포·감금·약취·유인한 때라는 견해(체포·감금·약취·유인시설)가 대립함 ② **기수시기**: 강요행위로 인하여 **현실적으로 권리행사가 방해받거나 의무 없는 일을 하였을 때**

05 인질상해·치상죄

> **형법**
>
> 제324조의3 【인질상해·치상】 제324조의2의 죄(인질강요죄)를 범한 자가 인질을 상해하거나 상해에 이르게 한 때에는 무기 또는 5년 이상의 징역에 처한다.

06 인질살해·치사죄

> **형법**
>
> 제324조의4 【인질살해·치사】 제324조의2의 죄(인질강요죄)를 범한 자가 인질을 살해한 때에는 사형 또는 무기징역에 처한다. 사망에 이르게 한 때에는 무기 또는 10년 이상의 징역에 처한다.

01 강간죄

> **형법**
> 제297조【강간】**폭행** 또는 **협박**으로 사람을 강간한 자는 3년 이상의 유기징역에 처한다.

객관적 구성요건	주체	주체에는 아무런 제한이 없음
	객체	객체에는 아무런 제한이 없고, **법률상 처(妻)도 객체가 될 수 있음**
	행위	① 폭행·협박: 피해자의 항거를 불가능하게 하거나 현저히 곤란하게 할 정도의 것이어야 함 ② 강간·간음: 강간이란 강제적인 간음(姦淫)을 의미하고, 간음이란 범인의 성기를 피해자의 성기에 삽입하는 것을 의미함
	착수기수	① 실행의 착수시기: 폭행·협박을 개시한 때 ② **기수시기: 성기를 삽입한 때**

⚖️ 판례 | 강간죄 관련 판례

1 강간죄의 객체인 '부녀'에는 법률상 처가 포함되고 **혼인관계가 파탄된 경우뿐만 아니라 혼인관계가 실질적으로 유지되고 있는 경우에도 남편이 반항을 불가능하게 하거나 현저히 곤란하게 할 정도의 폭행이나 협박을 가하여 아내를 간음한 경우에는 강간죄가 성립한다**[대판 2013.5.16, 2012도14788(전합) **안산 와이프 강간 사건**]. 13·20. 경찰채용, 13·14·17. 법원행시, 14·20. 법원직 9급, 14·15·16. 경찰승진, 16. 경찰간부

2 강간죄가 성립하려면 가해자의 **폭행·협박은 피해자의 항거를 불가능하게 하거나 현저히 곤란하게 할 정도의 것이어야 하고**, 그 폭행·협박이 피해자의 항거를 불가능하게 하거나 현저히 곤란하게 할 정도의 것이 없었는지 여부는 그 폭행·협박의 내용과 정도는 물론, 유형력을 행사하게 된 경위, 피해자와의 관계, 성교 당시와 그 후의 정황 등 모든 사정을 종합하여 판단하여야 한다(대판 2010.11.11, 2010도9633 **4번 중 2번만 강간 사건**). 13. 법원행시, 14. 경찰채용, 16·17. 경찰승진

3 피해자가 옛 애인으로 행세한 피고인과 1회 성관계를 가진 후 여전히 옛 애인으로 행세하는 피고인으로부터 전화로 "나를 만나기 위하여 애를 업고 모텔로 들어가는 당신의 모습과 나와 만났던 모텔 방호수를 사진으로 찍은 사람이 당신과의 성관계를 요구한다."라는 말을 듣는 등 마치 '사진 찍은 자'의 성관계 요구에 불응하면 사진이 피해자의 집으로 보내지고 옛 애인과 성관계를 가진 사실이 남편과 가족들에게 알려질 듯한 태도에 협박받아 '사진 찍은 자'로도 행세하는 피고인으로부터 간음 및 추행을 당한 경우, **강간죄 및 강제추행죄가 성립된다고 봄이 상당하다**(대판 2007.1.25, 2006도5979 **1인 2역 강간 사건**). 14. 경찰채용·경찰승진·경찰간부, 16. 법원행시·국가직 9급

4 강간죄는 부녀를 간음하기 위하여 **피해자의 항거를 불능하게 하거나 현저히 곤란하게 할 정도의 폭행 또는 협박을 개시한 때에 그 실행의 착수가 있다고 보아야 할 것이고**, 실제로 그와 같은 폭행 또는 협박에 의하여 피해자의 항거가 불능하게 되거나 현저히 곤란하게 되어야만 실행의 착수가 있다고 볼 것은 아니다(대판 2000.6.9, 2000도1253 **내연녀 딸 강간미수 사건**). 13. 법원행시, 16. 국가직 9급, 20. 경찰채용

5 [1] 강간죄에서의 폭행·협박과 간음 사이에는 인과관계가 있어야 하나, 폭행·협박이 반드시 간음행위보다 선행되어야 하는 것은 아니다. [2] 비록 간음행위를 시작할 때 폭행·협박이 없었다고 하더라도 **간음행위와 거의 동시 또는 그 직후에 피해자를 폭행하여 간음한 것으로 볼 수 있다면 강간죄를 구성한다**(대판 2017.10.12, 2016도16948 **기습 삽입 사건**). 20. 경찰채용·법원직 9급

6 피고인이 동거하던 피해자의 집에서 성관계를 요구하였는데 피해자가 생리 중이라는 등의 이유로 이를 거부하자, 성기삽입을 하지 않기로 약속하고 엎드리게 한 후 피해자 뒤에서 자위행위를 하다가 피해자의 팔과 함께 몸을 세게 끌어안은 채 가슴으로 등을 세게 눌러 움직이지 못하도록 반항을 억압한 다음 기습적으로 자신의 성기를 피해자의 성기에 삽입하였다면 비록 간음행위를 시작할 때 폭행·협박이 없었다고 하더라도 간음행위와 거의 동시 또는 그 직후에 피해자를 폭행하여 간음한 것으로 볼 수 있어 **강간죄를 구성한다**(대판 2017.10.12, 2016도16948 **기습 삽입 사건**).

판례비교

강간죄의 실행의 착수가 인정되는 경우	강간죄의 실행의 착수가 인정되지 않는 경우
피고인이 여자를 간음할 목적으로 그 방문 앞에 가서 **피해자가 방문을 열어주지 않으면 부수고 들어갈 듯한 기세로 방문을 두드리고** 피해자가 위험을 느끼고 창문에 걸터앉아 가까이 오면 뛰어내리겠다고 하는데도 베란다를 통하여 **창문으로 침입하려고 하였다면 강간의 수단으로서의 폭행에 착수하였다고 할 수 있다**(대판 1991.4.9, 91도288 **옆집 아저씨 사건**). 13. 법원행시, 16·17. 경찰간부, 17. 경찰채용	피고인이 강간할 목적으로 피해자의 집에 침입하였다 하더라도 안방에 들어가 누워 자고 있는 피해자의 가슴과 엉덩이를 만지면서 간음을 기도하였다는 사실만으로는 강간의 수단으로 피해자에게 폭행이나 협박을 개시하였다고 하기는 어렵다(대판 1990.5.25, 90도607 **가슴·엉덩이 사건**). 11. 법원행시, 12. 경찰채용, 12·14·20. 법원직 9급, 12·16·18. 경찰간부, 13. 사법시험, 15. 국가직 9급, 20. 경찰승진

판례 | 성폭력범죄의 처벌 및 피해자보호 등에 관한 법률 관련 판례

1 [1] 성폭법 제9조 제1항[개정법 제8조]에 의하면 특수강간의 죄를 범한 자뿐만 아니라 특수강간이 미수에 그쳤다고 하더라도 그로 인하여 피해자가 상해를 입었으면 특수강간치상죄가 성립하는 것이고, 같은 법 제12조[개정법 제15조]에서 규정한 위 제9조 제1항[개정법 제8조]에 대한 미수범 처벌규정은 특수강간치상죄와 함께 규정된 특수강간상해죄의 미수에 그친 경우, 즉 특수강간의 죄를 범하거나 미수에 그친 자가 피해자에 대하여 상해의 고의를 가지고 피해자에게 상해를 입히려다가 미수에 그친 경우 등에 적용된다. [2] 피고인이 전자충격기를 피해자의 허리에 대고 폭행하여 **강간하려다가 미수에 그치고 피해자에게 약 2주간의 치료를 요하는 안면부 좌상 등의 상해를 입게 한 경우**, 성폭법 소정의 **특수강간치상죄의 기수에 해당한다**(대판 2008.4.24, 2007도10058 **호원대 강의실 사건**). 14·17·18. 변호사, 20. 경찰채용, 21. 경찰간부

2 찜질방 수면실에서 옆에 누워 있던 피해자의 가슴 등을 손으로 만진 행위는 성폭력범죄의 처벌 및 피해자보호 등에 관한 법률 제13조(개정법 제11조)에서 정한 공중밀집장소에서의 추행행위에 해당한다(대판 2009.10.29, 2009도5704 **대구 찜질방 사건**).

3 피고인이 화장실에서 재래식 변기를 이용하는 여성의 모습을 촬영한 경우(여성들의 용변 보는 모습이 촬영되지는 않았으나 용변을 보기 직전의 무릎 아래 맨 다리 부분과 용변을 본 직후의 무릎 아래 맨 다리 부분을 촬영하였음), 피고인이 **촬영한 피해자들의 다리 부분은 '수치심을 유발할 수 있는 다른 사람의 신체'에 해당한다**(대판 2014.7.24, 2014도6309 **화장실 몰카 사건**).

4 피고인이 피해자의 의사에 반하여 피해자의 등 부위를 3회에 걸쳐 촬영한 경우, 피고인이 **촬영한 피해자의 등 부위는 '성적 욕망 또는 수치심을 유발할 수 있는 다른 사람의 신체'에 해당한다**(대판 2014.2.27, 2013도 8619 등 촬영 사건).

5 밤 9시 무렵 마을버스를 탄 피고인이 바로 옆 좌석에 앉아 있는 피해자(女, 18세)의 치마 밑으로 드러난 무릎 위 허벅다리 부분을 휴대폰 카메라를 이용하여 불과 30cm 정도의 거리에서 정면으로 촬영한 경우, **피해자의 치마 밑으로 드러난 무릎 위 허벅다리 부분은 '성적 욕망 또는 수치심을 유발할 수 있는 타인의 신체'에 해당한다**(대판 2008.9.25, 2008도7007 허벅지 촬영 사건).

6 피고인이 종로3가역 환승에스컬레이터 내에서 휴대폰을 이용하여 피해자의 치마 속 신체 부위를 동영상 촬영을 시작하여 일정한 시간이 경과하였다면 설령 촬영 중 경찰관에게 발각되어 저장버튼을 누르지 않고 촬영을 종료하였더라도 카메라 등 이용촬영 범행은 **이미 '기수'에 이르렀다고 볼 여지가 매우 크다**(대판 2011.6.9, 2010도10677 **치마 속 촬영 사건**). 12·16. 사법시험, 13. 경찰채용, 14. 경찰승진

7 성폭법 제14조 제1항에서 촬영물의 '제공'은 반포에 이르지 아니하는 무상 교부행위로서 반포할 의사 없이 '특정한 1인 또는 소수의 사람'에게 무상으로 교부하는 것을 의미하는데, **촬영의 대상이 된 피해자 본인은 '제공'의 상대방인 '특정한 1인 또는 소수의 사람'에 포함되지 않는다고 봄이 타당하므로, 피해자 본인에게 촬영물을 교부하는 행위는** 다른 특별한 사정이 없는 한 해당 조문의 **'제공'에 해당한다고 할 수 없다**(대판 2018.8.1, 2018도1481).

8 피고인이 직접 아동·청소년의 면전에서 촬영행위를 하지 않았더라도 **아동·청소년이용음란물을 만드는 것을 기획하고 타인으로 하여금 촬영행위를 하게 하거나 만드는 과정에서 구체적인 지시를 하였다면, 특별한 사정이 없는 한 아동·청소년이용음란물 '제작'에 해당한다. 이러한 촬영을 마쳐 재생이 가능한 형태로 저장이 된 때에 제작은 기수에 이르고** 반드시 피고인이 그와 같이 제작된 아동·청소년이용음란물을 재생하거나 피고인의 기기로 재생할 수 있는 상태에 이르러야만 하는 것은 아니다. 이러한 법리는 피고인이 아동·청소년으로 하여금 스스로 자신을 대상으로 하는 음란물을 촬영하게 한 경우에도 마찬가지이다(대판 2018.9.13, 2018도9340 **자위하는거 찍어보내라 사건**).

9 甲이 내연관계에 있던 A와 성관계를 하면서 찍은 **A의 나체 사진 2장이 저장되어 있는 인터넷 주소 링크를 카카오톡 메신저를 이용하여 A에게 전송한 것은,** 이를 통해 A가 사진을 바로 접하여 인식할 수 있는 상태가 조성되었고 실질적으로 사진을 직접 전달하는 것과 같으므로 **성적 수치심을 일으키는 그림 등을 상대방에게 도달하게 한 경우에 해당한다**(대판 2017.6.8, 2016도21389 나체사진 인터넷링크 전송 사건).

10 제작한 영상물이 객관적으로 아동·청소년이 등장하여 성적 행위를 하는 내용을 표현한 영상물에 해당하는 한 대상이 된 아동·청소년의 동의하에 촬영한 것이라거나 사적인 소지·보관을 1차적 목적으로 제작한 것이라고 하여 아청법 제8조 제1항의 **'아동·청소년이용음란물'에 해당하지 아니한다거나 이를 '제작'한 것이 아니라고 할 수 없다**(대판 2015.3.20, 2014도17346 장애 여중생과 성관계 사건). 20. 경찰간부

11 통신매체이용음란죄는 '성적 자기결정권에 반하여 성적 수치심을 일으키는 그림 등을 개인의 의사에 반하여 접하지 않을 권리'를 보장하기 위한 것으로 **성적 자기결정권과 일반적 인격권의 보호, 사회의 건전한 성풍속 확립을 보호법익으로 한다**(대판 2018.9.13, 2018도9775 **까맣고 더러운 성기 사건**). 20·21. 경찰간부

12 편의점 업주인 피고인이 아르바이트 구인 광고를 보고 연락한 피해자를 **채용을 빌미로 주점으로 불러내 의사를 확인하는 등 면접을 하고, 이어서 피해자를 피고인의 집으로 유인하여 피해자의 성기를 만지고 피해자에게 피고인의 성기를 만지게 한 행위를 한 경우 피고인은 채용 권한을 가지고 있는 지위를 이용하여 피해자의 자유의사를 제압하여 피해자를 추행한 것에 해당한다**(대판 2020.7.9, 2020도5646 **편의점 알바 지원자 추행 사건**). 21. 경찰채용

13 [1] 카메라 등 이용촬영죄의 대상이 되는 신체가 **반드시 노출된 부분으로 한정되는 것은 아니다. 의복이 몸에 밀착하여 엉덩이와 허벅지 부분의 굴곡이 드러나는 경우에도** 성적 욕망 또는 수치심을 유발할 수 있는 **신체에 해당할 수 있다.** [2] 피고인이 레깅스 바지를 입고 피고인과 같은 버스에 승차하고 있던 피해자의 엉덩이 부위 등 하반신을 약 8초 동안 피해자 몰래 동영상 촬영하였는데, 대체로 피해자의 엉덩이를 포함한 하반신을 위주로 촬영이 이루어졌고 피해자의 엉덩이를 포함한 하체 뒷부분의 굴곡이 그대로 동영상에 선명하게 담겨졌다면 피고인이 성적 욕망 또는 수치심을 유발할 수 있는 신체를 피해자의 의사에 반하여 촬영하였다고 봄이 타당하다(대판 2020.12.24, 2019도16258 **레깅스 촬영 사건**).

14 범인이 피해자를 촬영하기 위하여 육안 또는 캠코더의 줌 기능을 이용하여 피해자가 있는지 여부를 탐색하다가 피해자를 발견하지 못하고 촬영을 포기한 경우에는 촬영을 위한 준비행위에 불과하여 카메라등이용촬영죄의 실행에 착수한 것으로 볼 수 없다. 이에 반하여 범인이 카메라 기능이 설치된 휴대전화를 피해자의 치마 밑으로 들이밀거나 피해자가 용변을 보고 있는 화장실 칸 밑 공간 사이로 집어넣는 등 카메라 등 이용촬영 범행에 밀접한 행위를 개시한 경우에는 카메라등이용촬영죄의 실행에 착수하였다고 볼 수 있다(대판 2021.8.12, 2021도7035 **편의점 몰카 미수 사건**)(同旨 대판 2021.3.25. 2021도749 **용변칸 넘어로 사건**).

15 성폭법위반(주거침입유사강간)죄는 먼저 주거침입죄를 범한 후 유사강간행위에 나아갈 때 비로소 성립되는데, **피고인은 여자화장실에 들어가기 전에 이미 유사강간죄의 실행행위를 착수하였다.** 결국 피고인이 그 실행행위에 착수할 때에는 성폭례위반(주거침입유사강간)죄를 범할 수 있는 지위 즉, '**주거침입죄를 범한 자**'에 해당되지 아니한다(대판 2021.8.12, 2020도17796 **주점화장실 유사강간 사건**). 甲은 피해자 A(女, 20세)의 반항을 억압한 채 A를 억지로 끌고 술집 여자화장실로 들어가게 한 뒤에 유사강간을 하려고 하였다. '주거(여자화장실) 침입 ➡ 유사강간 시도'가 아니라 '유사강간 실행의 착수 ➡ 주거(여자화장실) 침입 ➡ 유사강간 시도'이므로 성립하는 범죄는 형법상 '유사강간미수죄와 주거침입죄의 실체적 경합범'이지 성폭법 제3조 제1항의 '주거침입유사강간미수죄'가 아니다.

16 성폭법 제6조에서 규정하는 '**신체적인 장애가 있는 사람**'이란 '**신체적 기능이나 구조 등의 문제로 일상생활이나 사회생활에서 상당한 제약을 받는 사람**'을 의미한다. 한편 장애와 관련된 피해자의 상태는 개인별로 그 모습과 정도에 차이가 있는데 그러한 모습과 정도가 성폭법 제6조에서 정한 신체적인 장애를 판단하는 본질적인 요소가 되므로 신체적인 장애를 판단함에 있어서는 해당 피해자의 상태가 충분히 고려되어야 하고 비장애인의 시각과 기준에서 피해자의 상태를 판단하여 장애가 없다고 쉽게 단정해서는 안 된다(대판 2021.2.25, 2016도4404 **소아마비 강간 · 추행 사건**). 21. 법원행시

17 성폭력범죄의 처벌 등에 관한 특례법 제6조에서 처벌하는 '신체적인 장애가 있는 사람에 대한 강제추행죄'가 성립하려면 행위자가 **범행 당시 피해자에게 이러한 신체적인 장애가 있음을 인식하여야 한다**(대판 2021.4.29, 2021도2778 **뇌병변장애 제수 간음사건**). 22. 법원행시

18 성폭력 제6조에서 정하는 '정신적인 장애가 있는 사람'이란 '정신적인 기능이나 손상 등의 문제로 일상생활이나 사회생활에서 상당한 제약을 받는 사람'을 가리킨다. **장애인복지법에 따른 장애인 등록을 하지 않았다거나 그 등록기준을 충족하지 못하더라도 여기에 해당할 수 있다**(대판 2021.10.28, 2021도9051 **미등록 장애인 간음사건**). 22. 법원행시

19 피고인이 자신의 성기를 피해자의 엉덩이에 밀착시킨 것은 객관적으로 일반인에게 성적 수치심이나 혐오감을 일으키게 하고 선량한 성적 도덕관념에 반하는 행위라고 보기에 충분하다. 따라서 피고인의 행위는 이미 성폭력처벌법위반(공중밀집장소에서의 추행)죄의 기수에 이른 것이고, 이러한 결론은 비록 **피해자가 실제로 성적 수치심이나 혐오감을 느끼지 못하였다고 하더라도 달라지지 아니한다**(대판 2020.6.25, 2015도7102). 22. 경찰채용

20 엑셀 파일에 정리된 사진 중 피고인이 청바지를 입은 여성을 따라다니면서 계단을 오르는 모습을 바로 뒤에서 엉덩이를 부각하여 촬영한 경우는 성적 수치심을 유발할 수 있다고 볼 여지가 있다. 그러나 **특별히 엉덩이를 부각하지 않고 일상복인 청바지를 입은 여성의 뒷모습 전신을 어느 정도 떨어진 거리에서 촬영하였을 뿐이라면** 일반적이고 평균적인 사람들의 관점에서 성적 욕망이 유발될 수 있다거나 그와 같은 촬영을 당하였을 때 **성적 수치심을 유발할 수 있는 경우에 해당한다고 단정하기 어렵다**(대판 2022.3.17, 2021도13203 **꽉낀 청바지 사건**).

21 군인 甲은 자신의 독신자 숙소에서 군인 A와 서로 키스, 구강성교나 항문성교를 하는 방법으로 추행하고, 군인 乙은 자신의 독신자 숙소에서 동일한 방법으로 甲과 추행한 경우 이는 독신자숙소에서 휴일 또는 근무시간 이후에 **성인 남성들의 자유로운 의사에 기초한 합의된 행위로 군형법 제92조의6에서 처벌대상으로 규정한 '항문성교나 그 밖의 추행'에 해당하지 아니한다**[대판 2022.4.21, 2019도3047(전합) **군인들 항문성교 사건**]. ➡ 이 판례에 의해 남성 군인간 항문성교를 비롯한 성행위가 그 자체만으로 객관적으로 일반인에게 혐오감을 일으키게 하고 선량한 성적 도덕관념에 반하는 행위라는 이유로 사적 공간에서 합의하여 이루어진 성행위인지 여부 등을 따지지 않고 제정 군형법 제92조와 구 군형법 제92조의5 규정이 적용된다는 취지로 판단한 대법원 2008.5.29, 선고 2008도2222 판결, 대법원 2012.6.14, 선고 2012도3980 판결을 비롯하여 같은 취지의 대법원 판결들은 이 판결의 견해에 배치되는 범위 내에서 변경하기로 한다. 22. 경찰채용

02 유사강간죄

형법

제297조의2 【유사강간】 폭행 또는 협박으로 사람에 대하여 **구강, 항문 등 신체(성기는 제외한다)의 내부에 성기를 넣거나 성기, 항문에 손가락 등 신체(성기는 제외한다)의 일부 또는 도구를 넣는 행위**를 한 사람은 2년 이상의 유기징역에 처한다.

☑ SUMMARY ┃ 강간 · 유사강간 · 강제추행의 행위태양

강간	범인의 성기를 피해자의 성기에 넣는 행위
유사강간	① 범인의 성기를 피해자의 (성기를 제외한) 구강, 항문 등 신체의 내부에 넣는 행위 14. 경찰간부 ② 범인의 (성기를 제외한) 손가락 등 신체의 일부 또는 도구를 피해자의 성기와 항문에 넣는 행위 14. 경찰간부
강제추행	강간과 유사강간을 제외하고 피해자의 성적 자유를 침해하는 행위

03 강제추행죄

형법

제298조 【강제추행】 폭행 또는 협박으로 사람에 대하여 추행을 한 자는 10년 이하의 징역 또는 1천500만원 이하의 벌금에 처한다.

	주체	주체에는 아무런 제한이 없음
객관적 구성요건	객체	객체에는 아무런 제한이 없고, **법률상 처(妻)도 객체**가 될 수 있음
	행위	① 폭행·협박: 법원은 강제추행죄의 '폭행 또는 협박'의 의미에 관하여 이를 두가지 유형으로 나누어 폭행행위 자체가 곧바로 추행에 해당하는 경우(이른바 기습추행형)에는 상대방의 의사를 억압할 정도의 것임을 요하지 않고 상대방의 의사에 반하는 유형력의 행사가 있는 이상 그 힘의 대소강약을 불문한다고 판시하는 한편, 폭행 또는 협박이 추행보다 시간적으로 앞서 그 수단으로 행해진 경우(이른바 폭행·협박선행형)에는 폭행죄의 폭행이나 협박죄의 협박의 정도와 같다[강제추행죄의 폭행 또는 협박은 상대방의 항거를 곤란하게 할 정도일 것을 요한다"라고 판시한 기존의 판례들을 모두 폐기하였다. 대판 2023.9.21, 2018도13877(전합)]. ② 추행: 일반인에게 성적 수치심이나 혐오감을 일으키게 하고 선량한 성적 도덕관념에 반하는 행위로서 피해자의 성적 자유를 침해하는 행위를 의미함

⚖️ 판례 | 강제추행죄 관련 판례

1 **추행**은 객관적으로 **일반인에게 성적 수치심이나 혐오감을 일으키게 하고 선량한 성적 도덕관념에 반하는 행위로서 피해자의 성적 자유를 침해하는 것이라고 할 것인데,** 이에 해당하는지 여부는 피해자의 의사, 성별, 연령, 행위자와 피해자의 이전부터의 관계, 그 행위에 이르게 된 경위, 구체적 행위태양, 주위의 객관적 상황과 그 시대의 성적 도덕관념 등을 종합적으로 고려하여 신중히 결정되어야 한다(대판 2015.9.10, 2015도6980 **기습추행 미수 사건**). 18. 경찰간부

2 **'추행'이란 일반인에게 성적 수치심이나 혐오감을 일으키고 선량한 성적 도덕관념에 반하는 행위인 것만으로는 부족하고 그 행위의 상대방인 피해자의 성적 자기결정의 자유를 침해하는 것이어야 하므로,** 건전한 성풍속이라는 일반적인 사회적 법익을 보호하려는 목적을 가진 공연음란죄에서 정하는 '음란한 행위'(또는 과다노출에 관한 경범죄 처벌법 제1조 제41호에서 정하는 행위)가 특정한 사람을 상대로 행하여졌다고 해서 반드시 그 사람에 대하여 '추행'이 된다고 말할 수 없고, 무엇보다도 문제의 행위가 피해자의 성적 자유를 침해하는 것으로 평가될 수 있어야 한다(대판 2012.7.26, 2011도8805 **길거리 성기노출 사건**). 13·20. 경찰승진, 13. 국가직 9급

3 강제추행죄의 성립에 필요한 주관적 구성요건으로 성욕을 자극·흥분·만족시키려는 주관적 동기나 목적이 있어야 하는 것은 아니다(대판 2013.9.26, 2013도5856 **내연녀 패대기 추행 사건**). 12. 경찰채용, 20. 국가직 9급

4 미성년자의제강제추행죄의 성립에 필요한 주관적 구성요건요소는 고의만으로 충분하고, 그 외에 **성욕을 자극·흥분·만족시키려는 주관적 동기나 목적까지 있어야 하는 것은 아니다**(대판 2006.1.13, 2005도6791 **고추 잡기 사건**). 13. 경찰승진, 15. 법원직 9급, 17. 법원행시

5 강제추행죄의 폭행 또는 협박은 상대방의 항거를 곤란하게 할 정도로 강력할 것이 요구되지 아니하고 **상대방의 신체에 대하여 불법한 유형력을 행사(폭행)하거나** 일반적으로 보아 **상대방으로 하여금 공포심을 일으킬 수 있는 정도의 해악을 고지(협박)하는 것이라고 보아야 한다**[대판 2023.9.21, 2018도13877(전합) **사촌 여동생 강제추행 사건**]. 13. 법원행시, 16. 경찰승진

6 상대방에 대하여 폭행 또는 협박을 가하여 추행행위를 하는 경우에 **강제추행죄가 성립하려면 그 폭행 또는 협박이 항거를 곤란하게 할 정도일 것을 요하고,** 그 폭행·협박이 피해자의 항거를 곤란하게 할 정도의 것이었는지 여부 역시 그 폭행·협박의 내용과 정도는 물론, 유형력을 행사하게 된 경위, 피해자와의 관계, 추행 당시와 그 후의 정황 등 모든 사정을 종합하여 판단하여야 한다(대판 2007.1.25, 2006도5979 **1인 2역 강간 사건**). 14. 경찰채용, 17. 경찰승진

7 강제추행죄는 상대방에 대하여 폭행 또는 협박을 가하여 항거를 곤란하게 한 뒤에 추행행위를 하는 경우뿐만 아니라 폭행행위 자체가 추행행위라고 인정되는 경우도 포함되며, 이 경우의 폭행은 반드시 상대방의 의사를 억압할 정도의 것임을 요하지 않고 상대방의 의사에 반하는 유형력의 행사가 있는 이상 그 힘의 대소 강약을 불문한다(대판 2012.6.14, 2012도3893 **여아들 음부 터치 사건**). 11. 사법시험, 12·14. 경찰채용, 15. 변호사, 20. 국가직 9급

8 피고인은 처음 보는 여성인 피해자(女, 18세)의 뒤로 몰래 접근하여 성기를 드러내고 피해자를 향한 자세에서 피해자의 등 쪽에 소변을 보았는바, 그 행위는 객관적으로 일반인에게 성적 수치심이나 혐오감을 일으키게 하고 선량한 성적 도덕관념에 반하는 행위로서 피해자의 성적 자기결정권을 침해하는 추행행위에 해당한다고 볼 여지가 있다. 피고인의 행위가 객관적으로 추행행위에 해당한다면 그로써 행위의 대상이 된 피해자의 성적 자기결정권은 침해되었다고 보아야 할 것이고, 행위 당시에 피해자가 이를 인식하지 못하였다고 하여 추행에 해당하지 않는다고 볼 것은 아니다(대판 2021.10.28, 2021도7538 **여학생 등에다 소변 사건**). 22. 법원행시

판례비교

강제추행죄가 성립하는 경우	강제추행죄가 성립하지 않는 경우
① 피고인이, 알고 지내던 여성인 피해자가 자신의 머리채를 잡아 폭행을 가하자 보복의 의미에서 **피해자의 입술, 귀, 유두, 가슴 등을 입으로 깨무는 등의 행위를 한 경우**, 객관적으로 여성인 피해자의 입술, 귀, 유두, 가슴을 입으로 깨무는 행위는 일반적이고 평균적인 사람으로 하여금 성적 수치심이나 혐오감을 일으키게 하고 선량한 성적 도덕관념에 반하는 행위이므로 **강제추행죄의 '추행'에 해당한다**(대판 2013.9.26, 2013도5856 **내연녀 추행 사건**). 11. 사법시험, 12·14. 경찰채용, 15. 변호사	피고인이 자신의 지인과 분쟁이 있던 피해자(女, 48세)를 따라가서 말을 걸었으나 피해자가 이를 무시하고 사람 및 차량의 왕래가 빈번한 도로에 주차해 둔 피해자의 차량 쪽으로 걸어가자, **피해자에게 "내가 오늘 너를 잡아 죽인다."라는 내용의 욕설을 하면서 직접적인 신체 접촉 없이 바지를 벗어 자신의 성기를 보인 경우**, 비록 객관적으로 일반인에게 성적 수치심이나 혐오감을 일으키게 하는 행위라고 할 수 있을지 몰라도 폭행 또는 협박으로 '추행'을 하였다고 볼 수 없다(대판 2012.7.26, 2011도8805 **길거리 성기노출 사건**). ➡ 판례는 변경되었지만, 저 정도의 행위는 강제추행죄에 해당하지 않는 것으로 보임 13. 변호사, 13·16. 국가직 9급, 13·17. 경찰승진, 14. 사법시험, 15. 경찰채용·법원직 9급, 15·16. 법원행시
② 피고인이 엘리베이터라는 폐쇄된 공간에서 피해자들을 칼로 위협하는 등으로 꼼짝하지 못하도록 자신의 실력적인 지배하에 둔 다음 피해자들에게 성적 수치심과 혐오감을 일으키는 자신의 **자위행위 모습을 보여 주고 피해자들로 하여금 이를 외면하거나 피할 수 없게 한 행위는 강제추행죄의 추행에 해당한다**(대판 2010.2.25, 2009도13716 **엘리베이터 자위 사건 I**). 11·15·20. 경찰승진, 12·13. 사법시험, 13·20. 국가직 9급, 15·16. 법원행시	
③ 피고인이 컨트리클럽 내 식당에서 식사를 하면서 여종업원인 피해자들에게 함께 술을 마실 것을 요구하였다가 거절당하였음에도 불구하고, 컨트리클럽의 회장과의 친분관계를 내세워 피해자들에게 신분상의 불이익을 가할 것처럼 협박하여 **피해자들로 하여금 목 뒤로 팔을 감아 돌림으로써 얼굴이나 상체가 밀착되어 서로 포옹하는 것과 같은 신체접촉이 있게 되는 이른바 러브샷의 방법으로 술을 마시게 한 경우, 강제추행에 해당하고** 이때 피해자들의 유효한 승낙이 있었다고 볼 수 없다(대판 2008.3.13, 2007도10050 **러브샷 사건**). 12. 경찰채용·사법시험, 13·16. 국가직 9급	

④ 피고인이 처가 경영하는 식당의 지하실에서 종업원들인 피해자 A(女, 35세) 및 B와 노래를 부르며 놀던 중 B가 노래를 부르는 동안 A를 뒤에서 **껴안고 부루스를 추면서 유방을 만진 경우,** 피고인의 행위가 순간적인 행위에 불과하더라도 피해자의 의사에 반하여 행하여진 유형력의 행사에 해당하고 피해자의 성적 자유를 침해할 뿐만 아니라 일반인의 입장에서도 추행행위라고 평가될 수 있는 것으로서 폭행행위 자체가 추행행위라고 인정되어 **강제추행죄가 성립한다**(대판 2002.4.26, 2001도2417 **부루스 추행 사건**). 15. 법원행시 · 경찰승진

⑤ 피고인이 혼자 걸어가는 피해자(女, 17세)를 발견하고 마스크를 착용한 채 200m 정도 뒤따라 간 후, 인적이 없고 외진 곳에 이르러 **피해자에게 약 1m 간격으로 접근하여 양팔을 높이 들어 피해자를 껴안으려고 하였으나 피해자가 뒤돌아보면서 "왜 이러세요?"라고 소리치자 그 상태로 몇 초 동안 피해자를 쳐다보다가 다시 오던 길로 되돌아 온 경우,** 양팔을 높이 들어 뒤에서 피해자를 껴안으려는 행위는 피해자의 의사에 반하는 유형력의 행사로서 폭행행위에 해당하고, 그때에 이른바 '기습추행'에 관한 실행의 착수가 있다고 볼 수 있으므로 **아동 · 청소년에 대한 강제추행미수죄에 해당한다**(대판 2015.9.10, 2015도6980 **기습추행 미수 사건**). 16. 법원행시, 16 · 17. 국가직 9급, 17. 경찰채용

⑥ 피고인이 피해자들을 협박하여 겁을 먹은 피해자들로 하여금 어쩔 수 없이 나체나 속옷만 입은 상태가 되게 하여 스스로를 촬영하게 하거나 성기에 이물질을 삽입하거나 자위를 하는 등의 행위를 하게 하였다면 이러한 행위는 피해자들을 도구로 삼아 피해자들의 신체를 이용하여 그 성적 자유를 침해한 행위로서 일반적이고도 평균적인 사람으로 하여금 **성적 수치심이나 혐오감을 일으키게 하고 선량한 성적 도덕관념에 반하는 행위라고 볼 여지가 충분하다**(대판 2018.2.8, 2016도17733 **셀프추행 강요 사건**). 20. 경찰간부 · 법원행시

⑦ 피고인이 여성인 피해자가 성적 수치심이나 혐오감을 느낄 수 있는 부위인 **허벅지를 쓰다듬은 행위는** 피해자의 의사에 반하여 이루어진 것인 한 피해자의 성적 자유를 침해하는 유형력의 행사에 해당할 뿐 아니라 일반인에게도 성적 수치심이나 혐오감을 일으키게 하는 **추행행위라고 보아야 한다**(대판 2020.3.26, 2019도15994 **허벅지 터치 사건**). 20. 경찰채용 · 법원행시

강제추행죄가 성립하는 경우	강제추행죄가 성립하지 않는 경우
⑧ 회사 대표이사인 피고인이 회식자리에서 **갑자기 왼 팔로 회사 직원인 피해자(女, 27세)의 목과 머리를 감싸안고 피고인의 가슴 쪽으로 끌어당겨 피해자 의 머리가 피고인의 가슴에 닿게 하는 등의 행위를 하였고** 이후에도 계속적으로 욕설을 하며 피해자의 머리카락을 잡고 흔들고 어깨를 수회 치는 등의 행 위를 한 경우, 이는 객관적으로 일반인에게 성적 수 치심이나 혐오감을 일으키게 하고 선량한 성적 도 덕관념에 반하는 행위에 해당하고 그로 인하여 **피 해자의 성적 자유를 침해하였다고 봄이 타당하다** (대판 2020.12.24, 2020도7981 **여직원 헤드락 사건**). ⑨ 피고인은 방안에서 피해자의 숙제를 도와주던 중 **피해자의 왼손을 잡아 자신의 성기 쪽으로 끌어당 겼고,** 이를 거부하고 자리를 이탈하려는 피해자의 의사에 반하여 **피해자를 끌어안은 다음 침대로 넘 어져 피해자의 위에 올라탄 후 피해자의 가슴을 만 졌으며, 방문을 나가려는 피해자를 뒤따라가 끌어 안았는바,** 이러한 피고인의 행위는 피해자의 신체 에 대하여 불법한 유형력을 행사하여 피해자를 강 제 추행한 것에 해당한다고 볼 여지가 충분하다[대 판 2023.9.21, 2018도13877(전합) **사촌여동생 강제 추행 사건**]. ➡ 피해자(女, 15세)는 피고인의 사촌 여 동생이므로 성폭법 제5조 제2항의 친족강제추행죄 가 성립한다.	

04 준강간죄 · 준유사강간죄 · 준강제추행죄

형법

제299조 【준강간 · 준강제추행】 사람의 **심신상실** 또는 **항거불능**의 상태를 이용하여 간음 또는 추행을 한 자 는 제297조(강간), 제297조의2(유사강간) 및 제298조(강제추행)의 예에 의한다.

준강간미수죄가 성립하는 경우	준강간죄가 성립하지 않는 경우
① 피고인이 피해자가 잠을 자는 사이에 **피해자의 바지와 팬티를 발목까지 벗기고 웃옷을 가슴 위까지 올린 다음**, 피고인의 바지를 아래로 내린 상태에서 피해자의 가슴, 엉덩이, 음부 등을 만지고 성기를 음부에 삽입하려고 하였으나 피해자가 잠에서 깨어 거부하는 듯 한 기색을 보이자 더 이상 간음행위에 나아가는 것을 포기한 경우, 피고인이 잠을 자고 있는 피해자의 옷을 벗기고 자신의 바지를 내린 상태에서 피해자의 음부 등을 만지는 행위를 한 시점에서 준강간죄의 실행에 착수하였다고 보아야 한다(대판 2000.1.14, 99도5187 **잠에서 깬 피해자 사건**). 17. 경찰간부 ② 피고인이 피해자와 성관계를 할 의사로 술에 취하여 모텔 침대에 잠들어 있는 피해자의 속바지를 벗기다가 피해자가 깨어나자 중단한 경우, 피고인이 피해자의 속바지를 벗기려던 행위는 간음의 의도를 가지고 간음의 수단이라고 할 수 있는 행동을 시작한 것으로서 준강간죄의 실행에 착수한 것으로 보아야 한다(대판 2019.2.14, 2018도19295 **잠에서 깬 피해자 사건 Ⅱ**). ③ 음주 후 준강간 또는 준강제추행을 당하였음을 호소한 피해자의 경우 범행 당시 알코올이 기억형성의 실패만을 야기한 알코올 블랙아웃(black out) 상태였다면 피해자는 기억장애 외에 인지기능이나 의식 상태의 장애에 이르렀다고 인정하기 어렵지만, 이에 비하여 피해자가 술에 취해 수면상태에 빠지는 등 의식을 상실한 패싱아웃(passing out) 상태였다면 심신상실의 상태에 있었음을 인정할 수 있다. 또한 피해자가 의식상실 상태에 빠져 있지는 않지만 알코올의 영향으로 의사를 형성할 능력이나 성적 자기결정권 침해행위에 맞서려는 저항력이 현저하게 저하된 상태였다면 '항거불능'에 해당하여, 이러한 피해자에 대한 성적 행위 역시 준강간죄 또는 준강제추행죄를 구성할 수 있다(대판 2021. 2.4, 2018도9781 **알코올 블랙아웃 또는 알코올 패싱아웃 사건**). ➡ 알코올 블랙아웃(black out)은 알코올 성분이 외부 자극에 대하여 기록하고 해석하는 인코딩 과정(기억형성에 관여하는 뇌의 특정 기능)에 영향을 미침으로써 행위자가 일정한 시점에 진행되었던 **어떤 사실을 기억하지 못하는 것을 말하고**,	피고인이 술에 취하여 안방에서 잠을 자고 있던 피해자를 발견하고 피해자의 옆에 누워 몸을 더듬다가 바지를 벗기려는 순간 피해자가 어렴풋이 잠에서 깨어났으나 **피해자가 잠결에 자신의 바지를 벗기려는 피고인을 자신의 애인으로 착각하여 반항하지 않고 응함에 따라 피해자를 1회 간음한 경우**(피고인이 안방에 들어오자 피고인을 자신의 애인으로 잘못 알고 불을 끄라고 말하였고, 피고인이 자신을 애무할 때 누구냐고 물었으며, 피고인이 여관으로 가자고 제의하자 **그냥 빨리 하라고 말하기도 하였음**), 피해자의 의식상태를 심신상실의 상태에 이르렀다고 보기 어렵다(대판 2000.2.25, 98도4355 **그냥 빨리 해라 사건**). 15. 변호사, 17. 경찰승진

알코올 패싱아웃(passing out)은 알코올의 최면진정작용으로 인하여 수면에 빠지는 의식상실 상태를 말한다. 전자는 '심신상실'에 해당하지 않지만(다만, 경우에 따라 '항거불능'에는 해당할 수 있다), 후자는 '심신상실'에 해당한다. 甲(男, 28세)은 빌딩 1층 엘리베이터 앞에서 술에 취한 A(女, 18세)를 보고 그를 모텔에 데리고 가 추행을 하였다. 원심인 수원지방법원은 A가 단순한 알코올 블랙아웃(black out) 상태이었지 심신상실 상태가 아니었다는 이유로 준강제추행죄의 공소사실에 대하여 무죄를 선고하였으나, 대법원은 A가 알코올 블랙아웃(black out) 상태를 넘어 알코올 패싱아웃(passing out) 상태였다고 판단하여 준강제추행죄가 성립한다는 취지로 원심판결을 파기하고 사건으로 원심으로 환송하였다. 21. 법원행시

05 강간 등 상해·치상죄

형법

제301조【강간 등 상해·치상】제297조, 제297조의2 및 제298조부터 제300조까지의 죄를 범한 자가 사람을 상해하거나 상해에 이르게 한 때에는 무기 또는 5년 이상의 징역에 처한다.

⚖ 판례 | 강간 등 치사상죄의 성립요건

강간이 미수에 그친 경우라도 그로 인하여 피해자가 상해를 입었으면 강간치상죄가 성립하는 것이고, 강간치상죄에 있어 **상해의 결과는 강간의 수단으로 사용한 폭행으로부터 발생한 경우뿐만 아니라 간음행위 그 자체로부터 발생한 경우나 강간에 수반하는 행위에서 발생한 경우도 포함된다**(대판 2003.5.30, 2003도1256 **아빠야 사건**). 12·14. 법원행시, 14. 국가직 9급, 15·16. 경찰승진

06 강간 등 살인·치사죄

형법

제301조의2【강간 등 살인·치사】제297조, 제297조의2 및 제298조부터 제300조까지의 죄를 범한 자가 사람을 살해한 때에는 사형 또는 무기징역에 처한다. 사망에 이르게 한 때에는 무기 또는 10년 이상의 징역에 처한다.

판례비교

강간 등 치사상죄가 성립하는 경우	강간 등 치사상죄가 성립하지 않는 경우
① 피고인들이 의도적으로 피해자를 술에 취하도록 유도하고 **수차례 강간한 후 의식불명상태에 빠진 피해자를 비닐창고로 옮겨 놓아 피해자가 저체온증으로 사망한 경우,** 피해자의 사망과 피고인들의 강간 및 그 수반행위와의 인과관계 그리고 피해자의 사망에 대한 피고인들의 예견가능성이 인정되므로 비닐창고에서 피해자를 재차 강제추행·강간하고 하의를 벗겨 놓은 채 귀가한 피고인이 있다 하더라도 피고인들은 피해자의 사망에 대한 책임을 면한다고 볼 수 없어 **강간치사죄가 성립한다**(대판 2008. 2.29, 2007도10120 **진접읍 집단강간 사건**).	① 피고인 甲이 친구 5명과 같이 술집에서 작부로 있는 A 등 6명과 더불어 밤늦도록 술을 마시고 모두 각자의 상대방과 성교까지 하였는데 술값이 부족하여 친구집에 가서 돈을 빌리려고 甲과 乙·丙이 함께 봉고차를 타고 갈 때 乙과 성교를 한 A도 그 차에 편승하게 되었는데, **甲이 장난삼아 A의 유방을 만지고 A가 이를 뿌리치자 발을 앞으로 뻗어 치마를 위로 걷어올리고 구두발로 A의 허벅지를 문지르는 등 추행하자** A가 욕설을 하면서 갑자기 차의 문을 열고 뛰어 내림으로써 부상을 입고 사망한 경우, 甲이 A가 추행행위를 피하기 위하여 달리는 차에서 뛰어내려 사망에 이르게 될 것이라고 예견할 수 없어 **사망의 결과에 대하여 책임을 물을 수 없다**(대판 1988.4.12, 88도178). 11. 경찰간부
② [1] 폭행이나 협박을 가하여 간음을 하려는 행위와 이에 극도의 흥분을 느끼고 공포심에 사로잡혀 **이를 피하려다 사상에 이르게 된 사실과는 이른바 상당인과관계가 있어 강간치사상죄로 다스릴 수 있다.** [2] 피고인이 자신이 경영하는 속셈학원의 강사로 피해자를 채용하고 학습교재를 설명하겠다는 구실로 유인하여 **호텔 객실에 감금한 후 강간하려 하자,** 피해자가 완강히 반항하던 중 피고인이 대실시간 연장을 위해 전화하는 사이에 객실 창문을 통해 탈출하려다가 지상에 추락하여 사망한 경우 피고인의 강간미수행위와 피해자의 사망과의 사이에 상당인과관계가 있으므로 **강간치사죄가 성립한다**(대판 1995.5.12, 95도425 **속셈학원 원장 사건**). 14. 법원행시, 15. 법원직 9급, 16. 국가직 9급	② 강간을 당한 피해자가 집에 돌아가 음독자살하기에 이른 원인이 강간을 당함으로 인하여 생긴 수치심과 장래에 대한 절망감 등에 있었다 하더라도 그 자살행위가 바로 강간행위로 인하여 생긴 당연의 결과라고 볼 수는 없으므로 **강간행위와 피해자의 자살행위 사이에 인과관계를 인정할 수는 없다**(대판 1982.11.23, 82도1446 **강간피해자 자살 사건**). 11·13. 법원행시, 11·15. 경찰간부, 13. 법원직 9급, 15. 경찰승진, 16. 사법시험·국가직 9급
	③ 피고인과 피해자가 여관에 투숙하여 **별다른 저항이나 마찰없이 성행위를 한 후,** 피고인이 잠시 방밖으로 나간 사이에 피해자가 방문을 안에서 잠그고 구내전화를 통하여 여관종업원에게 구조요청까지 한 후라면 일반경험칙상 이러한 상황 아래에서 피해자가 피고인의 방문 흔드는 소리에 겁을 먹고 강간을 모면하기 위하여 3층에서 창문을 넘어 탈출하다가 **상해를 입을 것이라고 예견할 수는 없다고 볼 것이므로 이를 강간치상죄로 처단할 수 없다**(대판 1985. 10.8, 85도1537 **미군부대 동료 사건**). 16. 국가직 9급

07 미성년자·심신미약자간음·추행죄

형법

제302조 【미성년자 등에 대한 간음】 미성년자 또는 심신미약자에 대하여 위계 또는 위력으로써 간음 또는 추행을 한 자는 5년 이하의 징역에 처한다.

객관적 구성요건	객체	미성년자(제305조와의 관계상 **13세 이상 19세 미만**의 자) 또는 심신미약자
	행위	① 위계: 피해자에게 오인 · 착각 · 부지를 일으킨 후 그러한 심적 상태를 이용하는 것 ② 위력: (강간죄 · 유사강간죄 · 강제추행죄의 폭행 · 협박에 이르지 않을 정도로써) 피해자의 의사를 제압할 수 있는 일체의 무형적 · 유형적 힘 ③ **미성년자를 폭행 · 협박**하여 죄를 범하면 본죄가 아니라 **강간죄 · 유사강간죄 · 강제추행죄**가 성립함

⚖️ 판례 | 위계에 의한 간음죄에서 '위계'의 의미

[1] 행위자가 간음의 목적으로 피해자에게 오인 · 착각 · 부지를 일으키고 피해자의 그러한 심적 상태를 이용하여 간음의 목적을 달성하였다면 위계와 간음행위 사이의 인과관계를 인정할 수 있고, 따라서 위계에 의한 간음죄가 성립한다. [2] 다만, 행위자의 위계적 언동이 존재하였다는 사정만으로 위계에 의한 간음죄가 성립하는 것은 아니므로 위계적 언동의 내용 중에 피해자가 성행위를 결심하게 된 중요한 동기를 이룰 만한 사정이 포함되어 있어 피해자의 자발적인 성적 자기결정권의 행사가 없었다고 평가할 수 있어야 한다. 이와 같은 인과관계를 판단함에 있어서는 피해자의 연령 및 행위자와의 관계, 범행에 이르게 된 경위, 범행 당시와 전후의 상황 등 여러 사정을 종합적으로 고려하여야 한다. [3] 한편 위계에 의한 간음죄가 보호대상으로 삼는 아동 · 청소년, 미성년자, 심신미약자, 피보호자 · 피감독자, 장애인 등의 성적 자기결정 능력은 그 나이, 성장과정, 환경, 지능 내지 정신기능 장애의 정도 등에 따라 개인별로 차이가 있으므로 간음행위와 인과관계가 있는 **위계에 해당하는지 여부를 판단함에 있어서는 구체적인 범행 상황에 놓인 피해자의 입장과 관점이 충분히 고려되어야 하고, 일반적 · 평균적 판단능력을 갖춘 성인 또는 충분한 보호와 교육을 받은 또래의 시각에서 인과관계를 쉽사리 부정하여서는 안 된다.** [4] 이와 달리 위계에 의한 간음죄에서 행위자가 간음의 목적으로 상대방에게 일으킨 오인 · 착각 · 부지는 간음행위 자체에 대한 오인 · 착각 · 부지를 말하는 것이지 간음행위와 불가분적 관련성이 인정되지 않는 다른 조건에 관한 오인 · 착각 · 부지를 가리키는 것은 아니라는 취지의 종전 판례인 대판 2001.12.24, 2001도5074, 대판 2002.7.12, 2002도2029, 대판 2007.9.21, 2007도6190, 대판 2012.9.27, 2012도9119, 대판 2014.9.4, 2014도8423, 2014전도151 판결 등은 이 판결과 배치되는 부분이 있으므로 그 범위에서 이를 변경하기로 한다[대판 2020.8.27, 2015도9436(전합)]. (《주의》 위계에 의한 간음죄에서 행위자가 간음의 목적으로 상대방에게 일으킨 오인 · 착각 · 부지는 간음행위 자체에 대한 오인 · 착각 · 부지를 말하는 것이지 간음행위와 불가분적 관련성이 인정되지 않는 다른 조건에 관한 오인 · 착각 · 부지를 가리키는 것은 아니다. ✕) [5] 36세 남성인 피고인이 고등학교 2학년 행세를 하면서 14세 미성년자인 피해자와 사귀고 자신을 스토킹하는 여성 때문에 힘들다고 거짓말하며 자신의 선배인 피고인과 성관계하라고 하자 헤어질 것이 두려운 피해자가 피고인과 성관계를 한 경우 **위계에 의한 아동 · 청소년 간음죄가 성립한다**[대판 2020.8.27, 2015도9436(전합)].

⚖️ 판례 | 위계 · 위력에 의한 추행죄가 성립하는 경우

1 피고인이 아파트 엘리베이터 내에 피해자(女, 11세)와 단 둘이 탄 다음 피해자를 향하여 성기를 꺼내어 잡고 여러 방향으로 움직이다가 이를 보고 놀란 피해자 쪽으로 가까이 다가간 경우, 비록 피고인이 피해자의 신체에 대하여 직접적인 접촉을 하지 아니하였고 엘리베이터가 멈춘 후 피해자가 위 상황에서 바로 벗어날 수 있었다고 하더라도 피고인이 피해자에 대하여 한 위 행위는 피해자의 성적 자유의사를 제압하기에 충분한 세력에 의하여 추행행위에 나아간 것으로서 **위력에 의한 추행행위에 해당한다**(대판 2013.1.16, 2011도7164 **엘리베이터 자위 사건 Ⅱ**). 13. 경찰채용, 14. 경찰승진, 15. 경찰간부 · 법원직 9급, 16. 사법시험

2 초등학교 기간제 교사가 다른 학생들이 지켜보는 가운데 건강검진을 받으러 온 **학생의 옷 속으로 손을 넣어 배와 가슴 등의 신체 부위를 만진 행위는** 설사 성욕을 자극·흥분·만족시키려는 주관적 동기나 목적이 없었더라도 객관적으로 일반인에게 성적 수치심이나 혐오감을 불러일으키고 선량한 성적 도덕관념에 반하는 행위라고 평가할 수 있으므로 성폭력범죄의 처벌 및 피해자보호 등에 관한 법률 제8조의2 제5항(개정법 제7조 제5항)에서 말하는 **'추행'에 해당한다**(대판 2009.9.24, 2009도2576 **건강검진 핑계 성추행 사건**).

08 피보호자·피감독자·피감호자간음죄

> **형법**
>
> 제303조【업무상 위력 등에 의한 간음】① **업무, 고용** 기타 관계로 인하여 자기의 보호 또는 감독을 받는 사람에 대하여 위계 또는 위력으로써 간음한 자는 7년 이하의 징역 또는 3천만원 이하의 벌금에 처한다.
>
> ② **법률에 의하여 구금된 사람을 감호하는 자가** 그 사람을 간음한 때에는 10년 이하의 징역에 처한다.

⚖ 판례 | 피감독자간음죄 관련 판례

1 형법 제303조 규정의 업무고용 기타 관계로 인하여 자기의 보호 또는 감독을 받는 부녀라 함에 있어서의 기타 관계로 자기의 보호 또는 감독을 받는 부녀라 함에는 **사실상의 보호 또는 감독을 받는 상황에 있는 부녀인 경우도 이에 포함**되는 것으로 보는 것이다. 따라서 피고인이 미장원 주인의 남편이 여자 종업원(21세)에게 말을 듣지 않으면 해고하겠다며 피해자를 간음한 경우에 **업무상 위력에 의한 간음죄가 성립한다**(대판 1976.2.10, 74도1519).

2 [1] 피해자 등의 진술은 그 진술 내용의 주요한 부분이 일관되며, 경험칙에 비추어 비합리적이거나 진술 자체로 모순되는 부분이 없고, 또한 허위로 피고인에게 불리한 진술을 할 만한 동기나 이유가 분명하게 드러나지 않는 이상, 그 진술의 신빙성을 특별한 이유 없이 함부로 배척해서는 아니 된다. 그리고 법원이 성폭행이나 성희롱 사건의 심리를 할 때에는 그 사건이 발생한 맥락에서 성차별 문제를 이해하고 양성평등을 실현할 수 있도록 **'성인지 감수성'을 잃지 않도록 유의하여야 한다.** [2] 우리 사회의 가해자 중심의 문화와 인식, 구조 등으로 인하여 성폭행이나 성희롱 피해자가 피해사실을 알리고 문제를 삼는 과정에서 오히려 피해자가 부정적인 여론이나 불이익한 처우 및 신분 노출의 피해 등을 입기도 하여 온 점 등에 비추어 보면, 성폭행 피해자의 대처 양상은 피해자의 성정이나 가해자와의 관계 및 구체적인 상황에 따라 다르게 나타날 수밖에 없다. 피감독자간음죄 또는 성폭법 위반(업무상 위력 등에 의한 추행)죄에 있어서 **'위력'이란 피해자의 자유의사를 제압하기에 충분한 세력을 말하고 유형적이든 무형적이든 묻지 않으므로, 폭행·협박뿐 아니라 행위자의 사회적·경제적·정치적인 지위나 권세를 이용하는 것도 가능하다.** '위력'으로써 간음하였는지 여부는 행사한 유형력의 내용과 정도 내지 이용한 행위자의 지위나 권세의 종류, 피해자의 연령, 행위자와 피해자의 이전부터의 관계, 그 행위에 이르게 된 경위, 구체적인 행위 태양, 범행 당시의 정황 등 제반 사정을 종합적으로 고려하여 판단하여야한다. [3] 피고인은 충청남도 도지사로서 대선후보로 언론에 보도될 정도로 정치적·사회적 지위가 있는 사람으로서 피고인의 대선 경선캠프의 수행비서인 피해자를 업무상 위력으로 간음하였다(대판 2019.9.9, 2019도2562 **안희정 도지사 사건**).

09 미성년자의제강간 등 죄

형법

제305조【미성년자에 대한 간음·추행】① **13세 미만**의 사람에 대하여 간음 또는 추행을 한 자는 제297조, 제297조의2, 제298조, 제301조 또는 제301조의2의 예에 의한다.

② 13세 이상 16세 미만의 사람에 대하여 간음 또는 추행을 한 19세 이상의 자는 제297조, 제297조의2, 제298조, 제301조 또는 제301조의2의 예에 의한다.

객관적 구성요건	주체	제305조 제1항의 범죄의 주체는 제한이 없으나, 동조 제2항의 범죄는 19세 이상인 자
	객체	제305조 제1항의 범죄는 13세 미만인 자, 동조 제2항의 범죄는 13세 이상 16세 미만인 자
	행위	**(피해자의 동의 여부를 불문하고)** 간음 또는 추행을 함에 있어 폭행·협박을 수단으로 할 것을 요하지 않음. 13세 미만인 자(제305조 제1항), 13세 이상 16세 미만인 자(제305조 제2항)를 폭행·협박하여 죄를 범하면 본죄가 아닌 강간죄·유사강간죄·강제추행죄가 성립함
	미수	미수범 처벌규정은 없어도 강간죄·유사강간죄·강제추행죄의 예에 의하므로 미수범도 처벌됨(통설·판례)
주관적 구성요건	고의	① 제305조 제1항은 13세 미만인 자를, 동조 제2항은 13세 이상 16세 미만인 자를 간음·추행한다는 고의가 있어야 함 ② 13세 미만인 자를 13세 이상인 자로 오인하고 간음·추행을 한 경우 고의가 조각되어 무죄가 되고, 13세 이상인 자를 13세 미만인 자로 오인하고 간음·추행을 한 경우 불능미수범에 해당함. 16세 미만인 자를 16세 이상인 자로 오인하고 간음·추행을 한 경우 고의가 조각되어 무죄가 되고, 16세 이상인 자를 13세 이상 16세 미만인 자로 오인하고 간음·추행을 한 경우 불능범 또는 불능미수범에 해당함

🔨 판례 ┃ 미성년자의제강간죄 관련 판례

1 형법 제305조에 규정된 **13세 미만 부녀에 대한 의제강간·추행죄**는 그 성립에 있어 위계 또는 위력이나 폭행 또는 협박의 방법에 의함을 요하지 아니하며 **피해자의 동의가 있었다고 하여도 성립하는 것이다**(대판 1982.10.12, 82도2183). 11. 경찰승진, 11·13. 사법시험, 12. 경찰채용, 13. 국가직 9급, 16. 변호사·국가직 7급

2 초등학교 4학년 담임교사(남자)인 피고인이 교실에서 자신이 담당하는 반의 **남학생인 피해자의 성기를 4회에 걸쳐 만진 경우**, 피고인의 각 행위는 비록 교육적인 의도에서 비롯된 것이라 하여도 교육방법으로서는 적정성을 갖추고 있다고 볼 수 없고, 그로 인하여 정신적·육체적으로 미숙한 피해자의 심리적 성장 및 성적 정체성의 형성에 부정적 영향을 미쳤으며, 현재의 사회환경과 성적 가치기준·도덕관념에 부합되지 아니하므로 형법 제305조에서 말하는 '추행'에 해당한다(대판 2006.1.13, 2005도6791 **고추 잡기 사건**). 11·14·15. 경찰승진, 15. 경찰채용·법원직 9급

3 미성년자의제강간·강제추행죄를 규정한 형법 제305조에서 규정한 형법 제297조와 제298조의 '예에 의한다'는 의미는 미성년자의제강간·강제추행죄의 처벌에 있어 그 법정형뿐만 아니라 미수범에 관하여도 강간죄와 강제추행죄의 예에 따른다는 취지로 해석된다(대판 2007.3.15, 2006도9453 **의제강간 미수 사건**). 11. 경찰승진, 11·14. 사법시험

10 상습강간 등 죄 / 강간죄 등 예비·음모

형법

제305조의2【상습범】상습으로 제297조, 제297조의2, 제298조부터 제300조까지, 제302조, 제303조 또는 제305조의 죄를 범한 자는 그 죄에 정한 형의 2분의 1까지 가중한다.

제305조의3【예비, 음모】제297조, 제297조의2, 제299조(준강간죄에 한정한다), 제301조(강간 등 상해죄에 한정한다) 및 제305조의 죄를 범할 목적으로 예비 또는 음모한 사람은 3년 이하의 징역에 처한다.

제3장 명예·신용 및 업무에 대한 죄

제1절 명예에 관한 죄

01 명예훼손죄

> **형법**
>
> 제307조 【명예훼손】 ① 공연히 **사실을 적시**하여 사람의 명예를 훼손한 자는 2년 이하의 징역이나 금고 또는 500만원 이하의 벌금에 처한다.
>
> ② **공연히 허위의 사실을 적시**하여 사람의 명예를 훼손한 자는 5년 이하의 징역, 10년 이하의 자격정지 또는 1천만원 이하의 벌금에 처한다.
>
> 제310조 【위법성의 조각】 제307조 제1항의 행위가 **진실한 사실**로서 오로지 **공공의 이익**에 관한 때에는 처벌하지 아니한다.

객관적 구성요건	객체	객체는 모든 자연인으로, 유아·정신병자 또는 범죄자 등도 명예의 주체가 됨. **법인도 명예의 주체**가 되며, 법인격 없는 단체도 법적으로 승인된 사회적 기능을 담당하고, 통일된 의사를 형성할 수 있는 한 명예의 주체가 됨(다수설)
	행위	① '공연히'란 불특정 또는 다수인이 인식할 수 있는 상태를 말함(불특정인이면 다수인·소수인 여부를 불문하고, 다수인이면 특정·불특정 여부를 불문함). 이와 관련하여 사실을 적시한 상대방이 특정 소수라고 하더라도 그 상대방이 불특정 또는 다수인에게 **전파할 가능성**이 있으면 공연성을 인정함[전파성이론·판례(대판 2011.9.8, 2010도7497 **정신병이 있었다 하더라 사건**)] 13. 법원행시, 15. 법원직 9급, 16. 경찰승진 ② '사실'이란 의견에 대치되는 개념으로서 구체적인 과거 또는 현재의 사실관계에 관한 보고 내지 진술로서 증거에 의하여 입증 가능한 것을 의미하고, **'적시'란 사회적 가치 내지 평가를 저하시키는 데 충분한 사실을 지적하고 표시**하는 것을 의미함
	기수	기수시기는 명예를 훼손할만한 사실을 적시한 때. **현실적으로 명예가 침해될 것을 요하지 않음**
주관적 구성요건		허위의 사실을 진실한 사실로 오인하고 적시한 경우 형법 제15조 제1항에 의하여 사실적시명예훼손죄(제307조 제1항)가 성립하고, 진실한 사실을 허위의 사실로 오인하고 적시한 경우 큰 고의는 작은 고의를 포함하므로 역시 사실적시명예훼손죄(제307조 제1항)가 성립함
위법성 조각사유		① 제307조 제1항(사실적시명예훼손)의 행위가 진실한 사실로서 오로지 공공의 이익에 관한 때에는 위법성이 조각되어 처벌하지 않음(**위법성조각사유설**·통설·판례) ② 행위자가 진실성 또는 공익성에 대하여 오인을 한 경우(허위의 사실을 진실한 사실로 알고 공공의 이익을 위하여 적시한 경우), 이를 위법성조각사유 전제사실에 관한 착오로 해결하려는 견해(다수설), 형법 제15조 제1항이 적용되고, 다만 금지의 착오로 해결하려는 견해, 오인에 상당한 이유가 있으면 **위법성이 조각된다는 견해**(판례) 등이 대립함

⚖️ **판례 | 명예훼손죄 관련 판례**

1 명예훼손죄와 모욕죄의 보호법익은 다같이 사람의 가치에 대한 사회적 평가인 이른바 외부적 명예인 점에서는 차이가 없으나, 다만 **명예훼손은 사람의 사회적 평가를 저하시킬 만한 구체적 사실의 적시를 하여 명예를 침해함을 요하는 것으로서** 구체적 사실이 아닌 **단순한 추상적 판단이나 경멸적 감정의 표현으로서 사회적 평가를 저하시키는 모욕죄에 비하여 그 형을 무겁게 하고 있다**(대판 1987.5.12, 87도739 **화냥년 사건**). 12. 법원직 9급

2 정부 또는 국가기관은 형법상 명예훼손죄의 피해자가 될 수 없으므로 정부 또는 국가기관의 정책결정 또는 업무수행과 관련된 사항을 주된 내용으로 하는 언론보도로 인하여 **그 정책결정이나 업무수행에 관여한 공직자에 대한 사회적 평가가 다소 저하될 수 있다고 하더라도** 그 보도의 내용이 공직자 개인에 대한 악의적이거나 심히 경솔한 공격으로서 현저히 상당성을 잃은 것으로 평가되지 않는 한, **그 보도로 인하여 곧바로 공직자 개인에 대한 명예훼손이 된다고 할 수 없다**(대판 2011.9.2, 2010도17237 **PD수첩 광우병 보도 사건**). 13. 경찰승진·국가직 9급, 14. 변호사

3 명예훼손사실을 발설한 것이 사실이냐는 **질문에 대답하는 과정에서 타인의 명예를 훼손하는 사실을 발설하게 된 것이라면** 그 발설내용과 동기에 비추어 **명예훼손의 범의를 인정할 수 없고,** 질문에 대한 단순한 확인대답이 명예훼손에서 말하는 사실적시라고도 할 수 없다(대판 2008.10.23, 2008도6515 **전과 13범이다 사건**). 12. 경찰채용, 20. 법원직 9급

4 명예훼손죄의 주관적 구성요건으로서의 범의는 행위자가 피해자의 명예가 훼손되는 결과를 발생하게 하는 사실을 인식하므로 족하다 할 것이나, 새로 목사로서 부임한 피고인이 전임목사에 관한 교회 내의 불미스러운 소문의 진위를 확인하기 위하여 이를 교회집사들에게 물어보았다면 이는 명예훼손의 고의 없는 단순한 확인에 지나지 아니하여 사실의 적시라고 할 수 없다 할 것이므로 이 점에서 피고인에게 **명예훼손의 고의 또는 미필적 고의가 있을 수 없다고 할 수 밖에 없다**(대판 1985.5.28, 85도588 **전임목사 소문 확인 사건**). 11. 국가직 7급, 12·17. 국가직 9급, 15·20. 경찰승진, 15·17. 경찰채용

5 작업장의 책임자인 피고인이 甲으로부터 작업장에서 발생한 성추행 사건에 대해 보고받은 사실이 있음에도 직원 5명이 있는 회의 자리에서 상급자로부터 경과보고를 요구받으면서 과태료 처분에 관한 책임을 추궁받자 이에 대답하는 과정에서 '甲은 성추행 사건에 대해 애초에 보고한 사실이 없다. 그런데도 이를 **수사기관 등에 신고하지 않았다고 과태료 처분을 받는 것은 억울하다.'는 취지로 발언한 경우 피고인에게 명예훼손의 고의를 인정하기 어렵다**(대판 2022.4.14, 2021도17744 **작업장 내 성추행 사건**). 23. 법원직 9급

6 명예훼손죄에 있어서의 **'사실의 적시'란 가치판단이나 평가를 내용으로 하는 의견표현에 대치되는 개념으로서** 시간과 공간적으로 구체적인 과거 또는 현재의 사실관계에 관한 보고 내지 진술을 의미하는 것이며 그 표현내용이 증거에 의한 입증이 가능한 것을 말하고, 판단할 보고 내지 진술이 사실인가 또는 의견인가를 구별함에 있어서는 언어의 통상적 의미와 용법, 입증가능성, 문제된 말이 사용된 문맥, 그 표현이 행하여진 사회적 상황 등 전체적 정황을 고려하여 판단하여야 한다(대판 2017.5.11, 2016도19255 **일본 사관의 식민사학자 사건**). 11. 경찰승진, 17. 경찰채용

7 추상적 위험범으로서 명예훼손죄는 개인의 명예에 대한 사회적 평가를 진위에 관계없이 보호함을 목적으로 하고, 적시된 사실이 특정인의 사회적 평가를 침해할 가능성이 있을 정도로 구체성을 띠어야 하나 침해할 위험이 발생한 것으로 족하고 침해의 결과를 요구하지 않으므로 다수의 사람에게 사실을 적시한 경우뿐만 아니라 소수의 사람에게 발언하였다고 하더라도 그로 인해 **불특정 또는 다수인이 인식할 수 있는 상태를 초래한 경우에도 공연히 발언한 것으로 해석할 수 있다**[대판 2020.11.19, 2020도5813(전합) **징역 살다온 전과자다 사건**]. 21. 경찰채용, 22. 경찰간부

8 甲이 **고발의 동기나 경위에 관한 언급 없이** 제3자에게 "乙이 丙을 선거법위반으로 고발하였다."라는 말만 하였다면 乙의 사회적 가치나 평가를 침해하기에 **충분한 구체적 사실이 적시되었다고 보기 어렵다**(대판 2009.9.24, 2009도6687 **선거법위반으로 고발 사건**). 22. 해경간부

9 정부의 업무수행과 관련된 사항을 주된 내용으로 하는 발언으로 그에 관여한 공직자에 대한 사회적 평가가 다소 저하될 수 있더라도 그 발언 내용이 공직자 개인에 대한 악의적이거나 심히 경솔한 공격으로서 **현저히 상당성을 잃은 것으로 평가되지 않는 한 공직자 개인에 대한 명예훼손이 되지 않는다**(대판 2018.11.29, 2016 도14678 **해경 명예훼손 사건**). 22. 국가직 7급

판례비교

명예훼손죄에 있어서 공연성이 인정되는 경우	명예훼손죄에 있어서 공연성이 인정되지 않는 경우
① 피고인이 **개인 블로그의 비공개 대화방에서 상대방으로부터 비밀을 지키겠다는 말을 듣고 일대일로 대화하였다고 하더라도** 그 사정만으로 대화 상대방이 대화내용을 불특정 또는 다수에게 전파할 가능성이 없다고 할 수 없으므로 명예훼손죄의 요건인 **공연성을 인정할 여지가 있다**(대판 2008.2.14, 2007도8155 **블로그 비밀대화 사건**). 채용, 13·14·15. 경찰진, 13·15. 국가직 9급, 14. 법원행시, 15·17. 경찰간부, 16. 변호사, 17. 법원직 9급	① 통상 기자가 아닌 보통 사람에게 사실을 적시할 경우에는 그 자체로서 적시된 사실이 외부에 공표되는 것이므로 그때부터 곧 전파가능성을 따져 공연성 여부를 판단하여야 할 것이지만, 그와는 달리 **기자를 통해 사실을 적시하는 경우에는 기사화되어 보도되어야만 적시된 사실이 외부에 공표된다고 보아야 할 것이므로 기자가 취재를 한 상태에서 아직 기사화하여 보도하지 아니한 경우에는 전파가능성이 없다고 할 것이어서 공연성이 없다**(대판 2000.5.16, 99도5622 **주간지 인터뷰 사건**). 11·15·20. 법원직 9급, 11·15·17·20. 경찰승진, 13. 법원행시, 15·16. 경찰채용, 17. 경찰간부
② 피고인 甲이 업무집행정지가처분 이의 사건 **재판부에 '피해자가 뇌물공여죄, 횡령죄 등 전과 13범으로 관리단규약에 의하여 선량한 관리인으로서의 자격이 없다'는 내용을 담은 준비서면을 제출하고, 그 준비서면을 상가 관리단 감사 乙에게 팩스로 전송하였으며,** 그 후 가처분 이의 사건 심문기일에서 피해자의 전과사실을 진술함으로써 당시 법정에서 심문을 방청하던 상가의 상인들이 이러한 사실을 듣게 된 경우, 비록 피고인 甲이 乙 한 사람에게만 피해자의 전과사실을 유포하였다고 하더라도 명예훼손죄의 구성요건인 **공연성을 충족한다**(대판 2008.10.23, 2008도6515 **전과 13범이다 사건**). 16. 경찰간부	② 피고인 甲이 자신의 아들 등에게 폭행을 당하여 입원한 피해자 A의 병실로 찾아가 그의 모(母) B와 대화하던 중 B의 이웃 C 및 피고인의 일행 乙 등이 있는 자리에서 **"학교에 알아보니 A에게 원래 정신병이 있었다고 하더라."**라고 허위사실을 말한 경우라도, 피고인 甲이 乙과 함께 A의 병문안을 가서 甲·乙·B·C 4명이 있는 자리에서 A에 대한 폭행 사건에 관하여 대화를 나누던 중 위 발언을 한 것이라면 불특정 또는 다수인이 인식할 수 있는 상태라고 할 수 없고 또 불특정 또는 다수인에게 전파될 가능성이 있다고 보기도 어려워 **공연성이 없다**(대판 2011.9.8, 2010도7497 **정신병이 있었다 하더라 사건**). 12·13·15. 경찰채용, 14·15. 변호사, 15·16·17. 경찰간부
③ 피고인이 명예훼손 또는 후보자비방의 범행 당시 **피고인의 말을 들은 사람은 한 사람씩에 불과하였으나 그들은 피고인과 특별한 친분관계가 있는 자가 아니며,** 그 범행의 내용도 현역 시의회 의원이면서 다시 그 후보자가 되고자 하는 자를 비방한 것이어서 피고인이 **적시한 사실이 전파될 가능성이 많을 뿐만 아니라** 결과적으로 그 사실이 피해자에게 전파되어 피해자가 고소를 제기하기에 이른 사정 등을 참작하여 볼 때, 피고인의 범행은 행위 당시에 **공연성을 갖추었다고 할 것이다**(대판 1996.7.12, 96 도1007). 15. 경찰채용, 16. 경찰승진	③ 피고인 甲이 평소 A가 자신의 일에 간섭하는 것에 기분이 나쁘다는 이유로 乙로부터 취득한 A의 범죄경력기록을 같은 아파트에 거주하는 **丙에게 보여주면서 "전과자이고 나쁜 년."이라고 했더라도, 위 유포사실은 불특정 또는 다수인에게 전파될 가능성이 없다**(대판 2010.11.11, 2010도8265 **전과자이고 나쁜년 사건**). 13. 경찰채용, 15·17. 경찰간부

④ 피고인의 "A 부부는 전과가 많다."라는 내용의 발언을 들은 사람들이 피해자들과는 일면식이 없다거나 또는 이미 피해자들의 전과사실을 알고 있었다고 하더라도 **공연성, 즉 전파될 가능성이 없다고 볼 수 없다**(대판 1993.3.23, 92도455). 13. 경찰채용, 17. 경찰간부

⑤ 피고인이 사단법인 **진주민속예술보존회**의 이사장으로서 이사회 또는 임시총회를 진행하다가 **회원 10여 명 또는 30여 명이 있는 자리에서 허위사실을 말하였다면 공연성이 있다** 할 것이다(대판 1990.12.26, 90도2473 **진주민속예술보존회 사건**). 11. 경찰간부

⑥ 피고인이 사실을 적시한 장소가 B라는 행정서사의 사무실 내였기는 하나 그의 사무원인 C와 C의 처 D가 함께 있는 자리였고, 그들은 모두 피해자 A와 같은 교회에 다니는 교인들일 뿐 A에 관한 소문을 비밀로 지켜줄 만한 특별한 신분관계는 없다면 **불특정 또는 다수인에게 전파될 가능성이 충분히 있었다고 보기에 넉넉하다**(대판 1985.4.23, 85도431). 15. 경찰간부

⑦ 피고인들이 **출판물 15부를 피고인들이 소속된 교회의 교인 15인에게 배부한 이상 공연성의 요건은 충족된 것이라고 보겠으며** 배부받은 사람 중 일부가 출판물 작성에 가담한 사람들이라고 하여도 결론에 아무런 소장이 없다(대판 1984.2.28, 83도3124). 11. 경찰채용

④ [1] 어느 사람에게 **귀엣말** 등 그 사람만 들을 수 있는 방법으로 그 사람 본인의 사회적 가치 내지 평가를 떨어뜨릴 만한 사실을 이야기하였다면 위와 같은 이야기가 불특정 또는 다수인에게 전파될 가능성이 있다고 볼 수 없어 명예훼손의 구성요건인 공연성을 충족하지 못하는 것이며 그 사람이 들은 말을 스스로 다른 사람들에게 전파하였더라도 위와 같은 결론에는 영향이 없다. [2] 피고인 甲이 **피해자 A만 들을 수 있도록 귀엣말로 피해자 A가 B와 부적절한 성적 관계를 맺었다는 취지의 이야기를 한 경우, 그것만으로는 명예훼손의 구성요건요소인 공연성을 인정할 수 없다**(대판 2005.12.9, 2004도2880 **귀엣말 사건**). 11. 법원행시·경찰채용, 11·17. 경찰승진, 15·16. 경찰간부

⑤ 이혼소송 계속 중인 피고인 甲이 남편의 친구 B에게 서신을 보내면서 남편 A의 명예를 훼손하는 문구가 기재된 서신을 동봉한 경우라도, B와 甲과의 관계에 비추어 보아 甲이 적시한 사실은 불특정 또는 다수인에게 전파될 가능성이 있다고 볼 수는 없다(대판 2000.2.11, 99도4579 **남편 친구에게 사건**). 11. 경찰승진, 17. 법원직 9급

⑥ 피고인을 명예훼손죄로 고소할 수 있도록 그 증거자료를 미리 은밀하게 수집·확보하기 위하여 **피고인의 발언을 유도하였다고 의심되는 사람 6명에게 한 피해자의 여자 문제 등 사생활에 관한 피고인의 발언은 이들이 수사기관 이외의 다른 사람들에게 전파할 가능성이 있다고 단정하기는 어렵고**, 피고인은 적어도 발언이 위 6명의 여자들 이외의 **불특정 또는 다수인에게 전파될 가능성이 있다는 점에 관하여 인식이 없었던 것으로 봄이 상당하다**(대판 1996.4.12, 94도3309 **유병언 비리 발설 사건**). 11. 경찰채용

⑦ 피고인 甲이 집에서 처 乙로부터 전날 甲이 외박한 사실에 대하여 추궁당하자 이를 모면하기 위하여 乙에게 "A와 여관방에서 동침한 사실이 있다."라는 말을 하였더라도 그와 같은 사실만으로는 **공연성이 있다 할 수 없다**(대판 1984.3.27, 84도86). 11. 경찰승진

⑧ 피고인 甲이 "A는 전과 6범으로 교사직을 팔아가며 이웃을 해치고 고발을 일삼는 악덕교사이다."라는 취지의 진정서를 A가 교사로 근무하고 있는 동도중학교의 학교법인 이사장 乙 앞으로 제출하였더라도, 진정서의 내용과 乙·A의 관계 등에 비추어 볼 때, **乙이 진정서 내용을 타에 전파할 가능성이 있다고 보기 어렵다**(대판 1983.10.25, 83도2190 **악덕교사 사건**). 13. 경찰채용, 15. 경찰승진, 17. 경찰간부

명예훼손죄에 있어서 공연성이 인정되는 경우	명예훼손죄에 있어서 공연성이 인정되지 않는 경우
	⑨ 피고인이 다방에서 피해자와 **동업관계로 친한 사이인 甲**에게 피해자의 험담을 한 경우에 있어서 다방 내의 좌석이 다른 손님의 자리와 멀리 떨어져 있고, 그 당시 甲은 피고인에게 "왜 피해자에 관해서 그런 말을 하느냐?"라고 힐책까지 한 사실이 있다면 **전파될 가능성이 있다고 볼 수 없다**(대판 1984.2.28, 83도891). 20. 해경간부
	⑩ 요식업협회 조합장인 甲은 조합 이사 **乙의 측근인** 같은 조합 이사 丙에게 이사회에서 乙을 불신임하게 된 사유를 설명하는 과정에서 乙의 여자관계에 관한 소문이 돌고 있다는 취지의 말을 한 것이라면 그것은 **전파될 가능성이 있다고 할 수 없다**(대판 1990.4.27, 89도1467). 20. 해경간부

⚖ 판례 │ 명예훼손죄에서 '사실의 적시'의 의미

1 명예훼손죄가 성립하기 위하여는 반드시 숨겨진 사실을 적발하는 행위만에 한하지 아니하고 **이미 사회의 일부에 잘 알려진 사실이라고 하더라도** 이를 적시하여 사람의 사회적 평가를 저하시킬 만한 행위를 한 때에는 **명예훼손죄를 구성한다**(대판 1994.4.12, 93도3535). 11. 경찰승진

2 명예훼손죄가 성립하기 위하여는 사실의 적시가 있어야 하고 **적시된 사실은 이로써 특정인의 사회적 가치 내지 평가가 침해될 가능성이 있을 정도로 구체성을 띠어야 한다**(대판 2007.5.10, 2007도1307 **박근혜 전대표 풍자 사건**). 11 · 15. 법원직 9급, 15. 경찰채용

3 명예훼손죄가 성립하기 위하여는 사실의 적시가 있어야 하고, **적시된 사실은 이로써 특정인의 사회적 가치 내지 평가가 침해될 가능성이 있을 정도로 구체성을 띠어야 한다**. 그리고 특정인의 사회적 가치나 평가를 저하시키기에 충분한 구체적인 사실의 적시가 있다고 하기 위해서는, 반드시 그러한 구체적인 사실이 직접적으로 명시되어 있을 것을 요구하는 것은 아니지만, **적어도 적시된 내용 중의 특정 문구에 의하여 그러한 사실이 곧바로 유추될 수 있을 정도는 되어야 한다**(대판 2011.8.18, 2011도6904 **군수 보좌관 구속 사건**). 14. 경찰채용

4 객관적으로 피해자의 사회적 평가를 저하시키는 사실에 관한 보도내용이 소문이나 제3자의 말, 보도를 인용하는 방법으로 단정적인 표현이 아닌 전문 또는 추측한 것을 기사화한 형태로 표현되었지만, 그 표현 전체의 취지로 보아 그 사실이 존재할 수 있다는 것을 암시하는 이상, 형법 제307조 제1항 · 제2항과 정보통신망법 제61조 제1항 · 제2항(개정법 제70조 제1항 · 제2항)에서 규정하는 '**사실의 적시**'가 있는 것이다(대판 2008.11.27, 2007도5312). 12. 사법시험, 16. 경찰채용

5 명예훼손죄가 성립하기 위하여는 사실의 적시가 있어야 하는데, 여기에서 **적시의 대상이 되는 사실이란 현실적으로 발생하고 증명할 수 있는 과거 또는 현재의 사실을 말하며, 장래의 일을 적시하더라도 그것이 과거 또는 현재의 사실을 기초로 하거나 이에 대한 주장을 포함하는 경우에는 명예훼손죄가 성립한다고 할 것이고**, 장래의 일을 적시하는 것이 과거 또는 현재의 사실을 기초로 하거나 이에 대한 주장을 포함하는지 여부는 그 적시된 표현 자체는 물론 전체적인 취지나 내용, 적시에 이르게 된 경위 및 전후 상황, 기타 제반사정을 종합적으로 참작하여 판단하여야 한다(대판 2003.5.13, 2002도7420 **구속영장이 떨어진다 사건**). 13. 국가직 9급, 16. 경찰채용, 16 · 20. 법원직 9급

6 형법 제307조 제1항의 '사실'은 제2항의 '허위의 사실'과 반대되는 '진실한 사실'을 말하는 것이 아니라 **가치 판단이나 평가를 내용으로 하는 '의견'에 대치되는 개념이라고 보아야 한다.** 따라서 **제307조 제1항의 명예훼손죄는 적시된 사실이 진실한 사실인 경우이든 허위의 사실인 경우이든 모두 성립될 수 있고,** 특히 적시된 사실이 허위의 사실이라고 하더라도 행위자에게 허위성에 대한 인식이 없는 경우에는 제307조 제2항의 명예훼손죄가 아니라 제307조 제1항의 명예훼손죄가 성립될 수 있다(대판 2017.4.26, 2016도18024). 20. 경찰승진

7 행위자가 허위라는 것을 인식하였는지 여부는 성질상 외부에서 이를 알거나 증명하기 어려우므로, 공표된 사실의 내용과 구체성, 소명자료의 존재 및 내용, 피고인이 밝히는 사실의 출처 및 인지 경위 등을 토대로 피고인의 학력, 경력, 사회적 지위, 공표 경위, 시점 및 그로 말미암아 예상되는 파급효과 등의 여러 객관적 사정을 종합하여 판단할 수 밖에 없으며, 범죄의 고의는 확정적 고의뿐만 아니라 결과발생에 대한 인식이 있고 그를 용인하는 의사인 이른바 미필적 고의도 포함하는 것이므로 허위사실적시에 의한 명예훼손죄 역시 미필적 고의에 의하여도 성립하고, 위와 같은 법리는 형법 제308조의 사자명예훼손죄의 판단에서도 마찬가지로 적용된다(대판 2014.3.13, 2013도12430 **조현오 전 경찰청장 사건**). 15·20. 법원행시, 16. 경찰채용, 17. 국가직 7급

판례비교

명예훼손죄에서 '사실의 적시'에 해당하는 경우	명예훼손죄에서 '사실의 적시'에 해당하지 않는 경우
① 피고인 甲이 경찰관 A를 상대로 진정한 사건이 혐의 인정되지 않아 내사종결처리되었음에도 불구하고 공연히 **"사건을 조사한 경찰관이 내일부로 검찰청에서 구속영장이 떨어진다."**라고 말한 것은 현재의 사실을 기초로 하거나 이에 대한 주장을 포함하여 장래의 일을 적시한 것으로 볼 수 있어 **명예훼손죄에 있어서의 사실의 적시에 해당한다**(대판 2003.5.13, 2002도7420 **구속영장이 떨어진다 사건**). 16. 변호사, 17. 경찰채용·법원직 9급	① 방송국 프로듀서 등 피고인들이 특정 프로그램 방송보도를 통하여 '한미 쇠고기 수입 협상'의 협상단 대표와 주무부처 장관이 미국산 쇠고기 실태를 제대로 파악하지 못하였다는 취지의 허위사실을 적시한 경우라도, 이 방송보도의 내용은 구체적 사실을 적시한 것이 아니라 비판 내지 의견 제시에 해당하여 **명예훼손죄에서 말하는 사실의 적시에 해당하지 아니한다**(대판 2011.9.2, 2010도17237 **PD수첩 광우병 보도 사건**). 12. 경찰채용, 15. 법원행시
② 명예훼손죄가 성립하려면 반드시 사람의 성명을 명시하여 허위의 사실을 적시하여야만 하는 것은 아니므로 **사람의 성명을 명시하지 않은 허위사실의 적시행위도** 그 표현의 내용을 주위사정과 종합 판단하여 **그것이 어느 특정인을 지목하는 것인가를 알아차릴 수 있는 경우에는 그 특정인에 대한 명예훼손죄를 구성한다**(대판 2014.3.27, 2011도11226 **전 경사칭 강사 사건**). 15. 법원행시, 20. 경찰채용	② 피고인이 총신대학교 신학대학원 100주년 기념관 채실에서 1,200여 명의 학생들이 모인 가운데 **"A는 이단 중에 이단이다."**라고 설교하였더라도, 어느 교리가 정통 교리이고 어느 교리가 여기에 배치되는 교리인지 여부는 교단을 구성하는 대다수의 목회자나 신도들이 평가하는 관념에 따라 달라지는 것이므로 **사실을 적시한 것으로 보기 어렵다**(대판 2008.10.9, 2007도1220 **이단비판 사건**). 12. 경찰채용, 14. 법원행시, 16. 법원직 9급
③ 명예훼손에 의한 불법행위가 성립하려면 피해자가 특정되어 있어야 하지만, 그 특정을 할 때 반드시 사람의 성명이나 단체의 명칭을 명시해야만 하는 것은 아니고, **사람의 성명을 명시하지 않거나 두문자(頭文字)나 이니셜만 사용한 경우라도** 그 표현의 내용을 주위사정과 종합하여 볼 때 **그 표시가 피해자를 지목하는 것을 알아차릴 수 있을 정도이면 피해자가 특정되었다고 할 것이다**(대판 2009.2.26, 2008다27769 **A변호사 B사무장 사건**). 12. 경찰채용	③ 피고인이 하였다는 '애꾸눈', '병신'이라는 발언내용은 피고인이 피해자를 모욕하기 위하여 경멸적인 언사를 사용하면서 욕설을 한 것에 지나지 아니하고, 피해자의 사회적 가치나 평가를 저하시키기에 충분한 구체적 사실을 적시한 것이라고 보기는 어렵다(대판 1994.10.25, 94도1770 **애꾸눈 병신 사건**).

명예훼손죄에서 '사실의 적시'에 해당하는 경우	명예훼손죄에서 '사실의 적시'에 해당하지 않는 경우

④ 명예훼손죄는 어떤 특정한 사람 또는 인격을 보유하는 단체에 대하여 그 명예를 훼손함으로써 성립하는 것이므로 그 피해자는 특정한 것임을 요하고, 다만 서울시민 또는 경기도민이라 함과 같은 막연한 표시에 의해서는 명예훼손죄를 구성하지 아니한다 할 것이지만, **집합적 명사를 쓴 경우에도 그것에 의하여 그 범위에 속하는 특정인을 가리키는 것이 명백하면, 이를 각자의 명예를 훼손하는 행위라고 볼 수 있다**(대판 2000.10.10, 99도5407 **3.19 동지회 사건**). 11. 법원행시, 15. 법원직 9급, 16. 사법시험, 17. 국가직 9급

⑤ 교수가 학생들 앞에서 피해자의 이성관계를 **간접적이고 우회적인 표현에 의하여 암시하는 발언도** 명예훼손죄가 성립한다(대판 1991.5.14, 91도420).

⑥ 인터넷 포탈사이트의 피해자에 대한 기사란에 그녀가 재벌과 사이에 아이를 낳거나 아이를 낳아준 대가로 수십억 원을 받은 사실이 없음에도 불구하고, 그러한 사실이 있는 것처럼 댓글이 붙어 있던 상황에서, 추가로 "지고지순의 뜻이 뭔지나 아니? 모 재벌님하고의 관계는 끝났나?"라는 내용의 댓글을 게시하였다는 것인바, 위와 같은 댓글이 이루어진 장소, 시기와 상황, 그 표현의 전 취지 등을 위 법리에 비추어 보면, 피고인의 위와 같은 행위는 **간접적이고 우회적인 표현을 통하여 위와 같은 허위 사실의 존재를 구체적으로 암시하는 방법으로 사실을 적시한 경우에 해당한다**(대판 2008.7.10, 2008도2422).

④ **"아무것도 아닌 똥꼬다리 같은 놈."**이라는 구절은 모욕적인 언사일 뿐 구체적인 사실의 적시라고 할 수 없고 **"잘 운영되어 가는 어촌계를 파괴하려 한다."**라는 구절도 구체적인 사실의 적시라고 할 수 없으므로 명예훼손죄에 있어서의 **사실의 적시에 해당한다고 볼 수 없다**(대판 1989.3.14, 88도1397 **똥꼬다리 사건**). 13·15. 법원행시, 16. 경찰승진

⑤ 우리나라 유명 소주회사가 일본의 주류회사에 지분이 50% 넘어가 **일본 기업이 되었다**고 하는 사실적시는 가치중립적 표현으로서 명예훼손적 표현이 아니다(대판 2008.11.27, 2008도6728 **진로소주 사건**). 17. 경찰간부

⑥ 종교적 목적을 위한 언론·출판의 자유를 행사하는 과정에서 타 종교의 신앙의 대상을 **우스꽝스럽게 묘사하거나 다소 모욕적이고 불쾌하게 느껴지는 표현을 사용**하였더라도 그것이 그 종교를 신봉하는 신도들에 대한 증오의 감정을 드러내는 것이거나 그 자체로 폭행·협박 등을 유발할 우려가 있는 정도가 아닌 이상 명예훼손죄가 성립하지 않는다(대판 2014.9.4, 2012도13718).

⑦ **"늙은 화냥년의 간나, 너가 화냥질을 했잖아."**라고 한 피고인의 발언내용은 그 자체가 피해자의 사회적 평가를 저하시킬 만한 구체적 사실의 적시라기보다는 피고인이 피해자의 도덕성에 관하여 경멸적인 감정표현을 과장되게 강조한 욕설에 불과한 것으로서 이를 막바로 명예훼손죄로 의율할 수는 없다(대판 1987.5.12, 87도739).

⑧ 피해자에 대하여 **"야 이 개같은 잡년아, 시집을 열두번을 간 년아, 자식도 못 낳는 창녀같은 년."**이라고 큰소리 친 경우, 위 발언내용은 그 자체가 피해자의 사회적 평가를 저하시킬 만한 구체적 사실이라기보다는 피해자의 도덕성에 관하여 가지고 있는 추상적 판단이나 경멸적인 감정표현을 과장되게 강조한 욕설에 지나지 아니하여 형법 제311조의 모욕에는 해당할지언정, 형법 제307조 제1항의 명예훼손에 해당한다고 보기 어렵다(대판 1985.10.22, 85도1629).

⑨ 피고인이 자신의 카카오톡 계정 프로필 상태메시지에 **'학교폭력범은 접촉금지!!!'라는 글과 주먹 모양의 그림말 세 개를 게시했다고 하더라도** 그 상태메시지를 통해 피해자의 학교폭력 사건이나 그 사건으로 피해자가 받은 조치에 대해 기재함으로써 피해자의 사회적 가치나 평가를 저하시키기에 충분한 **구체적인 사실을 드러냈다고 볼 수 없다**(대판 2020. 5.28, 2019도12750 **학교폭력범은 접촉금지 사건**).

⑩ 동장인 피고인이 동 주민자치위원에게 전화를 걸어 **'어제 열린 당산제(마을제사) 행사에 남편과 이혼한 갑도 참석을 하여, 이에 대해 행사에 참여한 사람들 사이에 안 좋게 평가하는 말이 많았다.'는 취지로 말하고, 동 주민들과 함께한 저녁식사 모임에서 '갑은 이혼했다는 사람이 왜 당산제에 왔는지 모르겠다.'는 취지로 말하여 갑의 명예를 훼손하였다**는 내용으로 기소된 사안에서, 피고인의 위 발언은 갑의 사회적 가치나 평가를 침해하는 **구체적인 사실의 적시에 해당하지 않고 갑의 당산제 참여에 관한 의견표현에 지나지 않는다**(대판 2022.5.13, 2020도15642 **이혼한 사람이 참석하면 부정탄다 사건**).

23. 법원직 9급

⚖️판례 ┃ 형법 제310조의 '진실한 사실'의 의미와 '공공의 이익'의 의미 및 판단방법

1 형법 제310조에서 **'진실한 사실'이란 그 내용 전체의 취지를 살펴볼 때 중요한 부분이 객관적 사실과 합치되는 사실이라는 의미로서 세부에 있어 진실과 약간 차이가 나거나 다소 과장된 표현이 있더라도 무방하다**(대판 2007.12.14, 2006도2074 **부산 택시운송조합 사건**). 12. 사법시험·변호사·법원직 9급, 16. 경찰채용

2 형법 제310조의 규정은 인격권으로서의 개인의 명예의 보호와 헌법 제21조에 의한 정당한 표현의 자유의 보장이라는 상충되는 두 법익의 조화를 꾀한 것이라고 보아야 할 것이므로, 두 법익간의 조화와 균형을 고려한다면 적시된 사실이 진실한 것이라는 증명이 없더라도 행위자가 진실한 것으로 믿었고 또 그렇게 믿을 만한 상당한 이유가 있는 경우에는 위법성이 없다(대판 2007.12.14, 2006도2074 **부산 택시운송조합 사건**). 11·17. 국가직 9급, 12. 사법시험 13. 법원행시, 17. 경찰승진

3 형법 제310조에서 **'공공의 이익'이라 함은 널리 국가·사회 기타 일반 다수인의 이익에 관한 것뿐만 아니라 특정한 사회집단이나 그 구성원의 관심과 이익에 관한 것도 포함한다**(대판 2001.10.9, 2001도3594 **해운대 초등학교 사건**). 14. 경찰승진, 18. 경찰간부

4 형법 제310조에서 **'공공의 이익'에는 널리 국가·사회 기타 일반 다수인의 이익에 관한 것뿐만 아니라 특정한 사회집단이나 그 구성원 전체의 관심과 이익에 관한 것도 포함되는 것으로서,** 적시된 사실이 공공의 이익에 관한 것인지 여부는 당해 적시사실의 내용과 성질, 당해 사실의 공표가 이루어진 상대방의 범위, 그 표현의 방법 등 그 표현 자체에 관한 제반사정을 감안함과 동시에 그 표현에 의하여 훼손되거나 훼손될 수 있는 명예의 침해 정도 등을 비교·고려하여 결정하여야 하고, 행위자의 주요한 동기 내지 목적이 공공의 이익을 위한 것이라면 부수적으로 다른 사익적 목적이나 동기가 내포되어 있더라도 형법 제310조의 적용을 배제할 수 없다(대판 2008.11.13, 2008도6342 **반포프라자 사건**). 12. 변호사, 13. 경찰승진, 16. 사법시험, 17. 국가직 9급

5 형법 제307조 제2항의 허위사실적시에 의한 명예훼손죄에 해당하는 행위에 대하여는 위법성조각에 관한 **형법 제310조는 적용될 여지가 없다**(대판 2012.5.9, 2010도2690 **분담금인하 안내문 사건**). 11. 경찰승진, 14·15. 법원행시, 20. 법원직 9급

6 형법 제307조 제1항의 명예훼손행위가 진실한 사실로서 오로지 공공의 이익에 관한 때에는 위법성이 조각되나 **형법 제309조 제1항의 출판물 등에 의한 명예훼손행위는 그것이 오로지 공공의 이익을 위한 행위였다고 하더라도 위법성이 조각되지 않음은 형법 제310조의 규정에 비추어 명백하다**(대판 1995.6.30, 95도1010). 11. 법원행시·법원직 9급, 13·15. 국가직 9급

7 사람을 비방할 목적으로 출판물에 의하여 허위의 사실을 적시하여 사람의 명예를 훼손한 형법 제309조 제2항 위반죄에는 위법성조각에 관한 형법 제310조는 적용될 여지가 없다(대판 2005.6.10, 2005도2316 **상업계 교장 사건**).

8 모욕죄에 대해서는 형법 제310조에 의하여 위법성이 조각될 여지가 없다(대판 2004.6.25, 2003도4934).

9 사실적시의 내용이 사회 일반의 일부 이익에만 관련된 사항이라도 다른 일반인과의 공동생활에 관계된 사항이라면 공익성을 지닌다고 할 것이고, 이에 나아가 **개인에 관한 사항이더라도 그것이 공공의 이익과 관련되어 있고 사회적인 관심을 획득한 경우라면** 직접적으로 국가·사회 일반의 이익이나 특정한 사회집단에 관한 것이 아니라는 이유만으로 형법 제310조의 적용을 배제할 것은 아니다[대판 2020.11.19, 2020도5813(전합) **징역 살다온 전과자다 사건**]. 22. 경찰간부

판례비교

형법 제310조가 적용되지 않아 명예훼손죄가 성립하는 경우	형법 제310조가 적용되어 명예훼손죄가 성립하지 않는 경우
① 피고인들이 **학원 이사장 A의 주거지인 아파트 앞**에서 A의 집 주소와 '**교육을 빙자한 장사꾼**'이라는 내용이 적힌 플래카드와 '유령동창회비 어디 갔나, 장학기금 바람과 함께 사라졌다.' 등이 적힌 피켓 등을 들고 시위를 하고, **학원 산하 고등학교 교장 B의 집 앞에서 B의 집 주소와 '재단의 꼭두각시'라는 내용이 적힌 플래카드와** '학생복지 외면하는 교장, 합의정신 묵살하는 교장' 등이 적힌 피켓 등을 들고 시위를 한 경우, 피고인들이 아파트 앞에서 A·B의 주소까지 명시하여 A·B의 명예를 훼손한 것을 두고 **오로지 공공의 이익에 관한 것이라고 보기는 어렵다**(대판 2008.3.14, 2006도6049 **주소명시 피켓 사건**). 13·20. 경찰채용	① 피고인이 **시의원들이 학교에서 교사들에게 무례한 행동을 한 것을 알리고 이에 대하여 항의함으로써 교사의 권익을 지킨다는 취지에서** '시의원이 여교사를 아가씨라고 부르며 차를 달라고 한 것, 교감 책상에 앉아 있는 시의원에게 항의한 교사에게 일부 시의원이 고함을 지르는 등 무례한 행동을 한 것, 해운대교육구청이 시의원의 추궁을 받고 교사들에게 경위서를 제출하도록 한 것' 등의 내용이 들어 있는 **보도자료를 만들어 배포한 경우**, 전체적으로 그 기재내용이 진실하고 공공의 이익을 위한 것이라면 **명예훼손죄의 위법성이 조각된다**(대판 2001.10.9, 2001도3594 **해운대초등학교 사건**). 13. 경찰간부, 16. 경찰채용
② 피고인 甲이 자신 및 피해자 A의 직장인 보험관리공단의 전산망에 설치된 전자게시판에 "모 직원은 공단이 신청한 증인으로 법정에 나와 거짓사실로 증언을 하였고 그에 따라 위증죄로 고소를 당하여 결국 검찰로부터 기소유예처분을 결정한 바 있습니다. (중략) 공단은 마땅히 그에 상응하는 인사조치를 취하여야 할 것으로 판단되어 여론광장을 통해 의견을 개진합니다."라는 글을 게시한 경우, 甲의 행위는 오로지 공공의 이익에 관한 것이라고는 할 수 없어 **명예훼손죄가 성립한다**(대판 2000.5.12, 99도5734 **의료보험공단 동료 사건**). 15·16. 경찰간부, 17. 경찰승진	② 건물관리회 회장인 피고인 甲이 **건물관리회 결산보고 회의실에서** 'A와 B가 甲을 폭행한 사건의 형사재판에서 벌금 30만원의 유죄판결이 확정되었다.'는 내용이 기재된 결산보고서를 참석회원들에게 **배포한 경우**, 이는 건물관리회원 전체의 관심과 이익에 관한 것으로서 공공의 이익에 관한 것이라 할 것이고, 그 주된 동기가 업무집행에 대한 회원들 신뢰를 확보하고 단체의 내부 질서를 바로 잡아 회원들의 단합을 도모하고자 하는 공공의 이익을 위한 것으로 볼 수 있어 **명예훼손죄는 성립하지 아니한다**(대판 2008.11.13, 2008도6342 **반포프라자 사건**). 13. 경찰채용, 16. 경찰간부

③ 실제 인물이나 역사적 사건을 모델로 한 영화라 하더라도 상업영화의 경우에는 대중적 관심을 이끌어 내고 이를 확산하기 위하여 통상적으로 광고·홍보 행위가 수반되는 바, 영화가 허위의 사실을 표현하여 개인의 명예를 훼손한 경우에도 행위자가 그것을 **진실이라고 믿었고 또 그렇게 믿을 만한 상당한 이유가 있어** 그 행위자에게 명예훼손으로 인한 불법행위책임을 물을 수 없다면 그 광고·홍보의 내용이 영화에서 묘사된 허위의 사실을 넘어서는 등의 특별한 사정이 없는 한 그 광고·홍보행위가 별도로 **명예훼손의 불법행위를 구성한다고 볼 수 없다**(대판 2010.7.15, 2007다3483 **영화 <실미도> 사건**). 19. 경찰승진

④ 재단법인 이사장 A가 전임 이사장 B에 대하여 재임 기간 중 재단법인의 재산을 횡령하였다고 고소하였다가 무고죄로 유죄판결을 받자 甲이 A의 퇴진을 요구하는 시위를 하면서 **A가 유죄판결 받은 사실을 적시한 경우**에 甲의 행위는 오로지 공공의 이익에 관한 것이어서 **위법성이 조각된다고 볼 여지가 충분하다**(대판 2017.6.15, 2016도8557 **서율향교재단 사건**). 20. 경찰간부

⑤ 개인택시운송조합 전임 이사장이 **새로 취임한 이사장의 비리에 관한 사실을 적시하여 조합원들에게 유인물을 배포**하였어도 그 내용이 진실한 사실로서 공공의 이익에 관한 것이라면 위법성이 조각된다(대판 2007.12.14, 2006도2074 **부산 택시운송조합 사건**). 20. 경찰간부

02 사자명예훼손죄

> **형법**
> 제308조 【사자의 명예훼손】 공연히 허위의 사실을 적시하여 사자(死者)의 명예를 훼손한 자는 2년 이하의 징역이나 금고 또는 500만원 이하의 벌금에 처한다.

객관적 구성요건	객체	사자: 명예훼손행위를 할 때에 이미 사자이어야 하고, **명예훼손행위 후에 피해자가 사망한 경우에는 제307조의 명예훼손죄가 성립함**
	행위	① 공연히 허위의 사실을 적시하여 사자의 명예를 훼손하여야 하므로, 진실한 사실을 적시한 경우에는 본죄가 성립하지 않음

② 사자명예훼손죄는 사자에 대한 사회적·역사적 평가를 보호법익으로 하는 것이므로 그 구성요건으로서의 사실의 적시는 허위의 사실일 것을 요하는 바, 피고인 甲이 A의 사망사실을 알면서 'A는 사망한 것이 아니고 빚 때문에 도망다니며 죽은 척하는 나쁜 놈'이라고 공연히 허위사실을 적시한 행위는 사자명예훼손죄에 해당한다(대판 1983.10.25, 83도1520).

⚖ 판례 | 사자명예훼손죄 관련 판례

1 피고인이 사망자의 사망사실을 알면서 위 망인은 **사망한 것이 아니고 빚 때문에 도망다니며 죽은 척 하는 나쁜 놈**이라고 함은 공연히 허위의 사실을 적시한 행위로서 사자의 명예를 훼손하였다고 볼 것이다(대판 1983.10.25, 83도1520).

2 피고인은 노무현 전대통령과 관련한 거액이 들어 있는 **차명계좌가 그 무렵 검찰수사 중에 발견된 사실이 없음에도**, "작년 노통, 노무현 전 대통령 5월 23일 부엉이바위 사건 때 막 또 그 뒤로 뛰쳐나왔지 않습니까. 그런데 여러분들, 노무현 전 대통령 뭐 때문에 사망했습니까? 뭐 때문에 뛰어내렸습니까? 뛰어버린 바로 전날 계좌가 발견됐지 않습니까, 차명계좌가. 10만 원짜리 수표가 타인으로, 거액의 차명계좌가 발표돼, 발견이 됐는데 그거 가지고 아무리 변명해도 이제 변명이 안 되지 않습니까? 그거 때문에 부엉이바위에서 뛰어내린 겁니다."라고 말하여 공연히 허위사실을 적시하여 피해자인 사자의 명예를 훼손하였다고 볼 것이다(대판 2014.3.13, 2013도12430 **조현오 전경찰청장 사건**). 18. 경찰채용

---

03 출판물명예훼손죄

형법
제309조【출판물 등에 의한 명예훼손】① 사람을 **비방할 목적**으로 신문, 잡지 또는 라디오 기타 출판물에 의하여 제307조 제1항의 죄를 범한 자는 3년 이하의 징역이나 금고 또는 700만원 이하의 벌금에 처한다.
② 제1항의 방법으로 제307조 제2항의 죄를 범한 자는 7년 이하의 징역, 10년 이하의 자격정지 또는 1천500만원 이하의 벌금에 처한다.

객관적 구성요건	행위	① **신문, 잡지** 또는 **라디오** 기타 출판물에 의하여 명예를 훼손하는 것으로, **TV·비디오·영화 등의 영상매체도 출판물의 개념에 포함**됨(다수설) ② 출판물은 그 자체가 높은 전파성을 가지므로 공연성을 요하지 않음
주관적 구성요건		고의와 비방의 목적이 있어야 함. 비방의 목적이 없으면 형법 제307조의 명예훼손죄가 성립함
위법성		위법성조각에 관한 형법 제310조는 제307조 제1항(사실적시명예훼손죄)에만 적용되므로 제309조 (출판물명예훼손죄)에는 **제310조가 적용되지 않음**

🏛️ 판례 | 명예훼손죄에 있어 '비방할 목적' 관련 판례

1 형법 제309조 제1항 소정의 '비방할 목적'이란 가해의 의사 내지 목적을 요하는 것으로서 공공의 이익을 위한 것과는 행위자의 주관적 의도의 방향에 있어 서로 상반되는 관계에 있다고 할 것이므로 **적시한 사실이 공공의 이익에 관한 것인 경우에는 특별한 사정이 없는 한 비방할 목적은 부인된다고 봄이 상당하다**(대판 2005.4.29, 2003도2137 **한국여성의전화 사건**). 12. 법원행시, 16. 사법시험, 17. 경찰승진

2 피고인이 사이버경찰청의 '경찰가족사랑방'란의 '국관과의 대화방' 게시판에 "특공대 승진시험 응시자에 문제가 있습니다."라는 제목으로 "A는 의경을 구타하여 대기발령을 받았다. A는 승진시험 응시를 위한 요건인 경찰특공대 의무복무기간을 채우지 못해서 응시자격에 문제가 있다." 등의 글을 게시한 경우, 피고인의 주요한 동기 내지 목적이 공공의 이익을 위한 것이므로 부수적으로 다른 목적이나 동기가 내포되어 있더라도 이러한 사정만으로 피고인에게 **비방할 목적이 있었다고 단정하기는 어렵다**(대판 2014.5.29, 2013도3517 **동료경찰 응시자격 문제제기 사건**).

3 산후조리원을 이용한 피고인이 9회에 걸쳐 임신·육아 등과 관련한 **유명 인터넷 카페나 자신의 블로그 등에 자신이 직접 겪은 불편사항 등을 후기형태로 게시한 경우**, 피고인이 적시한 사실은 산후조리원에 대한 정보를 구하고자 하는 임산부의 의사결정에 도움이 되는 정보 및 의견 제공이라는 공공의 이익에 관한 것이라고 봄이 타당하고, 부수적으로 산후조리원 이용대금 환불과 같은 사익적 목적이나 동기가 내포되어 있더라도 그러한 사정만으로 **비방할 목적이 있다고 보기는 어렵다**(대판 2012.11.29, 2012도10392 **산후조리원 이용후기 사건**). 13. 경찰채용, 14·15. 경찰승진, 15. 국가직 9급

4 피고인이 인터넷 포털사이트의 **지식검색 질문·답변 게시판에 성형시술 결과가 만족스럽지 못하다는 주관적인 평가를 주된 내용으로 하는 한 줄의 댓글을 게시한 경우**, 각 표현물은 전체적으로 보아 피해자로부터 성형시술을 받을 것을 고려하고 있는 **다수의 인터넷 사용자들의 의사결정에 도움이 되는 정보 및 의견의 제공이라는 공공의 이익에 관한 것이라고 볼 수 있고**, 부수적으로 다른 목적이나 동기가 내포되어 있더라도 그러한 사정만으로 비방할 목적이 있었다고 보기는 어렵다(대판 2009.5.28, 2008도8812 **성형수술 후기 사건**). 14. 경찰채용·변호사

5 **타인을 비방할 목적으로 허위사실인 기사의 재료를 신문기자에게 제공한 경우에** 기사를 신문지상에 게재하느냐의 여부는 신문 편집인의 권한에 속한다고 할 것이나, **이를 편집인이 신문지상에 게재한 이상** 기사의 게재는 기사 재료를 제공한 자의 행위에 기인한 것이므로 **기사 재료의 제공행위는 형법 제309조 제2항 소정의 출판물에 의한 명예훼손죄의 죄책을 면할 수 없다**(대판 2004.5.14, 2003도5370 **아파트 동대표 기사제공 사건**). 11. 국가직 9급, 11·14. 법원행시, 13. 경찰채용

6 의사가 의료기기 회사와의 분쟁을 정치적으로 해결하기 위하여 **국회의원에게 허위의 사실을 제보**하였을 뿐인데, 위 국회의원의 발표로 그 사실이 일간신문에 게재된 경우 출판물에 의한 명예훼손이 성립하지 아니한다(대판 2002.6.28, 2000도3045). ➡ 출판물명예훼손죄는 성립하지 않으나 허위사실적시에 의한 명예훼손죄는 성립할 수 있음

7 사이버대학교 학생 甲이 학과 학생들만 가입할 수 있는 네이버 밴드 게시판에 A의 "총학생회장 출마자격에 관하여 조언을 구한다."라는 글에 대한 댓글로 직전 회장 선거에 입후보하였다가 중도 사퇴한 친구 B의 실명을 거론하며, 객관적 사실에 부합하는 "B 학우가 학생회비도 내지 않고 총학생회장 선거에 출마하려 했다가 상대방 후보를 비방하고 이래저래 학과를 분열시키고 개인적인 감정을 표한 사례가 있다."라고 언급한 다음 "그러한 부분은 지양했으면 한다."라는 의견을 덧붙인 경우, 甲의 **주요한 동기와 목적은 공공의 이익을 위한 것으로서 甲에게 B를 비방할 목적이 있다고 보기 어렵다**(대판 2020.3.2, 2018도15868 **총학생회장 입후보자 비방 사건**). 21. 경찰채용

04 모욕죄

형법
제311조 【모욕】 공연히 사람을 모욕한 자는 1년 이하의 징역이나 금고 또는 200만원 이하의 벌금에 처한다.

객관적 구성요건	객체	명예훼손죄와 같음
	행위	모욕: **사실을 적시하지 아니하고** 사람의 사회적 평가를 저하시킬 만한 추상적 판단이나 경멸적 감정을 표현하는 것

⚖ 판례 ┃ 모욕죄 관련 판례

1 [1] 모욕죄에서 말하는 모욕이란 사실을 적시하지 아니하고 **사람의 사회적 평가를 저하시킬 만한 추상적 판단이나 경멸적 감정을 표현하는 것을 말한다.** [2] 어떠한 표현이 상대방의 인격적 가치에 대한 사회적 평가를 저하시킬 만한 것이 아니라면 **설령 그 표현이 다소 무례하고 저속한 방법으로 표시되었다 하더라도 이를 모욕죄의 구성요건에 해당한다고 볼 수 없다**(대판 2015.12.24, 2015도6622 **아이 씨발 사건**). 15. 법원행시

2 이른바 집단표시에 의한 모욕은, 모욕의 내용이 그 집단에 속한 특정인에 대한 것이라고는 해석되기 힘들고, 집단표시에 의한 비난이 개별구성원에 이르러서는 비난의 정도가 희석되어 구성원 개개인의 사회적 평가에 영향을 미칠 정도에 이르지 아니한 경우에는 구성원 개개인에 대한 모욕이 성립되지 않는다고 봄이 원칙이고, 그 비난의 정도가 희석되지 않아 구성원 개개인의 사회적 평가를 저하시킬 만한 것으로 평가될 경우에는 예외적으로 구성원 개개인에 대한 모욕이 성립할 수 있다. 한편, 구성원 개개인에 대한 것으로 여겨질 정도로 구성원 수가 적거나 당시의 주위 정황 등으로 보아 집단 내 개별구성원을 지칭하는 것으로 여겨질 수 있는 때에는 집단 내 개별구성원이 피해자로서 특정된다고 보아야 할 것인데, 그 구체적인 기준으로는 집단의 크기, 집단의 성격과 집단 내에서의 피해자의 지위 등을 들 수 있다(대판 2014.3.27, 2011도15631 **강용석 의원 사건**). 15. 경찰채용·국가직 9급

3 모욕의 수단과 방법에는 제한이 없으므로 **언어적 수단이 아닌 비언어적·시각적 수단만을 사용하여 표현을 하더라도 그것이 사람의 사회적 평가를 저하시킬 만한 추상적 판단이나 경멸적 감정을 전달하는 것이라면 모욕죄가 성립한다.** 최근 영상 편집·합성 기술이 발전함에 따라 합성 사진 등을 이용한 모욕 범행의 가능성이 높아지고 있고, 시각적 수단만을 사용한 모욕이라 하더라도 그 행위로 인하여 피해자가 입는 피해나 범행의 가벌성 정도는 언어적 수단을 사용한 경우와 비교하여 차이가 없다(대판 2023.2.2, 2022도4719 **개 얼굴 합성사건**). 23. 경찰채용

모욕죄가 성립하는 경우	모욕죄가 성립하지 않는 경우
① 피고인이 식당에서 영업업무를 방해하고 식당 주인을 폭행하던 중 식당 주인 부부, 손님, 인근 상인들이 있는 공개된 식당 앞 노상에서 112신고를 받고 출동한 경찰관인 피해자를 향해 "젊은 놈의 새끼야, 순경새끼, 개새끼야.", "씨발 개새끼야, 좆도 아닌 젊은 새끼는 꺼져 새끼야."라는 욕설을 한 경우, 피고인은 법집행을 하려는 경찰관 개인을 향하여 경멸적 표현을 담은 욕설을 함으로써 **경찰관 개인의 인격적 가치에 대한 평가를 저하시킬 위험이 있는 모욕행위를 하였다고 볼 것이고**, 이를 단순히 당면 상황에 대한 분노의 감정을 표출하거나 무례한 언동을 한 정도에 그친 것으로 평가하기는 어렵다(대판 2016.10.13, 2016도9674 **순경새끼 씨발 개새끼 사건**).	① 국회의원인 피고인이 학생들과 저녁회식을 하는 자리에서, 장래희망이 아나운서라고 한 여학생들에게 (아나운서 지위를 유지·승진하기 위하여) "다 줄 생각을 해야 하는데, 그래도 아나운서 할 수 있겠느냐. 성신여대 이상은 자존심 때문에 그렇게 못하더라."라는 등의 말을 한 경우, 피고인의 발언은 여성 아나운서 일반을 대상으로 한 것으로서 그 개별 구성원인 피해자들에 이르러서는 비난의 정도가 희석되어 **피해자 개개인의 사회적 평가에 영향을 미칠 정도에까지는 이르지 아니하므로 모욕죄에 해당한다고 보기는 어렵다**(대판 2014.3.27, 2011도15631 **강용석 의원 사건**). 15. 법원행시, 16. 변호사
② 피고인이 자신의 인터넷 블로그에 '듣보잡', '함량미달', '함량이 모자라도 창피한 줄 모를 정도로 멍청하게 충성할 사람', '싼 맛에 갖다 쓰는 거죠' 등이라고 한 부분은 피해자를 비하하여 사회적 평가를 저하시킬만한 추상적 판단이나 경멸적 감정을 표현한 것으로 **모욕죄에 해당한다**(대판 2011.12.22, 2010도10130 **진중권 변희재 모욕 사건**). 13. 경찰채용	② 甲이 아파트 앞 주차장 부근에서 A에게 영어로 "You are fucking crazy."라고 말했더라도 이는 '당신 정말 어처구니가 없다', '당신 정말 말도 안 된다' 정도의 의미로서, **甲에게 A를 모욕할 의사가 있었다거나 위 표현이 A의 사회적 평가를 저하시킬 만한 경멸적인 표현에 해당한다고 단정하기 어렵다**(헌재 2017.5.25, 2017헌마1 **fucking crazy 사건**).
③ 피고인이 동네사람 4명과 구청직원 2명 등이 있는 자리에서 피해자 A가 듣는 가운데 구청직원에게 A를 가리키면서 "A 저 망할년 저기 오네."라고 피해자를 경멸하는 욕설 섞인 표현을 하였다면 피해자를 모욕하였다고 볼 수 있다(대판 1990.9.25, 90도873 **저 망할년 사건**). 14. 국가직 7급, 15. 법원행시	③ 피고인 甲이 택시 기사와 요금 문제로 시비가 벌어져 112 신고를 하였는데, 경찰관인 A가 신고 장소를 빨리 찾지 못하고 늦게 도착한 데에 항의하면서 A에게 "아이 씨발."이라고 말한 경우, 甲의 이 발언은 구체적으로 상대방을 지칭하지 않은 채 단순히 발언자 자신의 불만이나 분노한 감정을 표출하기 위하여 흔히 쓰는 말로서 상대방을 불쾌하게 할 수 있는 무례하고 저속한 표현이기는 하지만 직접적으로 A를 특정하여 그의 인격적 가치에 대한 사회적 평가를 저하시킬 만한 경멸적 감정을 표현한 **모욕적 언사에 해당한다고 단정하기는 어렵다**(대판 2015.12.24, 2015도6622 **아이 씨발 사건**). 16. 법원행시
④ '**빨갱이 계집년', '만신(무당)', '첩년**' 등이라고 말한 것은 사람을 모욕한 경우에 해당한다(대판 1981.11.24, 81도2280).	④ 아파트 입주자대표회의 감사인 피고인 甲과 아파트 관리소장 A 사이에 업무처리방식을 두고 언쟁을 하게 되었는데, 그 과정에서 甲이 A에게 "야, 이 따위로 일할래?"라고 말하자 A가 "나이가 몇 살인데 반말을 하느냐."라고 말하였고, 이에 甲이 "**나이 처먹은 게 무슨 자랑이냐.**"라고 말한 경우, 피고인 甲의 위 발언은 상대방을 불쾌하게 할 수 있는 무례하고 저속한 표현이기는 하지만 객관적으로 A의 인격적 가치에 대한 사회적 평가를 저하시킬 만한 **모욕적 언사에 해당한다고 보기는 어렵다**(대판 2015.9.10, 2015도2229 **나이 처먹은 게 자랑이냐 사건**). 16. 법원행시
⑤ 노동조합 위원장 甲을 '어용', '앞잡이' 등으로 지칭하여 표현한 현수막, 피켓 등을 장기간 반복하여 일반인의 왕래가 잦은 도로변 등에 게시한 경우 모욕적 표현으로서 사회상규에 위배되는 표현이다(대판 2021.9.9, 2016도88). 22. 법원행시·경찰채용	

모욕죄가 성립하는 경우	모욕죄가 성립하지 않는 경우
⑥ 피고인은 피해자가 출연한 영화 개봉 기사에 **"그냥 국민호텔녀"**라는 댓글을 달았는바, '국민호텔녀'는 피해자의 사생활을 들추어 피해자가 종전에 대중에게 호소하던 청순한 이미지와 반대의 이미지를 암시하면서 피해자를 성적 대상화하는 방법으로 비하하는 것으로서 **여성 연예인인 피해자의 사회적 평가를 저하시킬 만한 모멸적인 표현으로 평가할 수 있고**, 정당한 비판의 범위를 벗어난 것으로서 정당행위로 보기도 어렵다(대판 2022.12.15, 2017도19229 **국민호텔녀 사건**).	⑤ 골프클럽 경기보조원들의 구직편의를 위해 제작된 인터넷 사이트 내 회원 게시판에 특정 골프클럽의 운영상 불합리성을 비난하는 글을 게시하면서 클럽 담당자에 대하여 **"한심하고 불쌍한 인간."**이라는 등 **경멸적 표현을 했더라도**, 게시의 동기와 경위, 모욕적 표현의 정도와 비중 등에 비추어 **사회상규에 위배되지 않는다고 봄이 상당하다**(대판 2008.7.10, 2008도1433 **다음카페 캐디세상 사건**). 13·16. 국가직 7급, 14·15. 경찰채용·경찰승진, 16. 법원행시
	⑥ 피고인이 각 피해자에게 **"사이비 기자 운운."** 또는 **"너 이 쌍년 왔구나."**라고 말한 장소가 여관방 안이고 그곳에는 피고인과 그의 처, 피해자들과 그들의 딸, 사위, 매형 밖에 없었고 피고인이 피고인의 딸과 피해자들의 아들간의 파탄된 혼인관계를 수습하기 위하여 만나 얘기하던 중 감정이 격화되어 위와 같은 발설을 한 사실이 인정된다면, 위 발언은 불특정 또는 다수인이 인식할 수 있는 상태, 또는 불특정 다수인에게 전파될 가능성이 있는 상태에서 이루어진 것이라 보기 어려우므로 이는 **공연성이 없다 할 것이다**(대판 1984.4.10, 83도49).
	⑦ 피고인 甲이 사용자 측의 게시물 철거행위가 금속노조의 조합 활동을 방해하고 노동운동에 대해 간섭하는 것으로 여겨 화가 나 노사 관계자 140여 명이 있는 가운데 큰 소리로 甲보다 15세 연장자인 A(회사 부사장 겸 공장장으로 이름은 '○○'이다)를 향해 **"야 ○○아, ○○아, ○○이 여기 있네, 너 이름이 ○○이 아냐, 반말? 니 이름이 ○○이잖아, ○○아 좋지 ○○아 나오니까 좋지?"**라고 여러 차례 말한 경우, 甲의 발언은 상대방을 불쾌하게 할 수 있는 무례하고 예의에 벗어난 표현이기는 하지만 객관적으로 A의 인격적 가치에 대한 사회적 평가를 저하시킬 만한 **모욕적 언사에 해당한다고 보기는 어렵다**(대판 2018.11.29, 2017도2661 **반말 사건**). 20. 경찰채용·법원행시
	⑧ [1] 피고인이 방송국 홈페이지의 시청자 의견란에 작성·게시한 글 중 일부의 표현이 모욕적 언사에 해당될지라도 게시판에 올린 글을 전체적인 맥락에서 파악했을 때, 이로써 곧 사회통념상 피해자의 **사회적 평가를 저하시키는 내용의 경멸적 판단을 표시한 것으로 인정하기 어렵다면 형법 제20조의 사회상규에 위배되지 아니하는 행위로 봄이 상당하다.**

[2] 피고인이 방송국 시사프로그램을 시청한 후 방송국 홈페이지의 시청자 의견란에 작성·게시한 글 중 특히, **"그렇게 소중한 자식을 범법행위의 변명의 방패로 쓰시다니 정말 대단하십니다."**라는 등의 표현은 그 게시글 전체를 두고 보면 **사회상규에 위배되지 않는다고 봄이 상당하다**(대판 2003.11.28, 2003도3972 **시청자 의견코너 사건**). 20. 경찰채용, 21. 경찰간부

⑨ '공황장애 ㅋ'라는 댓글을 게시하였다고 하더라도, 그 표현은 상대방을 불쾌하게 할 수 있는 무례한 표현이기는 하나 **상대방의 인격적 가치에 대한 사회적 평가를 저하시킬 만한 표현에 해당한다고 보기는 어렵다**(대판 2018.5.30, 2016도20890 **공황장애 사건**). 19. 5급승진

⑩ **'기레기'는** '기자'와 '쓰레기'의 합성어로서 자극적인 제목이나 내용 등으로 홍보성 기사를 작성하는 행위 등을 하는 기자들 또는 기자들의 행태를 비하한 용어이므로 기자인 피해자의 사회적 평가를 저하시킬 만한 추상적 판단이나 경멸적 감정을 표현한, **모욕죄 표현에 해당하기는 한다.** 그러나 피고인이 작성한 **"이런걸 기레기라고 하죠?"**라는 댓글은 그 전후에 게시된 다른 댓글들과 같은 견지에서 방송 내용 등을 근거로 **기사의 제목과 내용, 이를 작성한 피해자의 행위나 태도를 비판하는 의견을 강조하거나 압축하여 표현한 것이라고 평가할 수 있다.** 또한 '기레기'는 기사 및 기자의 행태를 비판하는 글에서 비교적 폭넓게 사용되는 단어이고, 기사에 대한 다른 댓글들의 논조 및 내용과 비교해 볼 때 댓글의 표현이 **지나치게 악의적이라고 하기도 어려워** 피고인의 행위는 사회상규에 위배되지 않는 행위로서 형법 제20조에 의하여 **위법성이 조각된다**(대판 2021.3.25, 2017도17643 **이런걸 기레기라고 하죠 사건**). ➡ 모욕죄의 구성요건에는 해당하지만 위법성이 조각된다는 점을 주의하여야 한다. 21. 경찰채용

⑪ '도라이'는 상관인 피해자를 경멸적으로 비난한 것으로 모욕적인 언사라고 볼 수 있으나, 위 표현은 동기 교육생들끼리 고충을 토로하고 의견을 교환하는 사이버공간에서 상관인 피해자에 대하여 일부 부적절한 표현을 사용하게 된 것에 불과하고 이로 인하여 군의 조직질서와 정당한 지휘체계가 문란하게 되었다고 보이지 않으므로, 이러한 행위는 사회상규에 위배되지 않는다(대판 2021.8.19, 2020도14576). 22. 경찰채용

모욕죄가 성립하는 경우	모욕죄가 성립하지 않는 경우
	⑫ "민주노총 지부장은 **정말 야비한 사람인 것 같습니다.**"라고 표현한 것은 경미한 수준의 추상적 표현에 불과할 뿐 **피해자의 외부적 명예를 침해할 만한 표현이라고 단정하기 어렵다**(대판 2022.8.31, 2019도7370). 23. 법원행시·법원직 9급 ⑬ 피고인은 자신의 페이스북에 "또 나쁜 짓한 것 고발당했다. A 간첩조작질 공안검사 출신 변호사, **메카시스트, 철면피, 파렴치 양두구육**... 역시 극우부패세력에 대한 기대를 져버리지 않는다."라는 글을 게시하였는바, 피고인이 A의 공적 활동과 관련한 자신의 의견을 담은 게시글을 작성하면서 이러한 표현을 한 것은 **사회상규에 위배되지 않는 행위로서 형법 제20조에 의하여 위법성이 조각된다고 볼 여지가 크다**(대판 2022.8.25, 2022도16897 **철면피 파렴치 양두구육 사건**). 피고인은 한국PD연합회 회장으로 A는 방송문화진흥회 이사장이었다. ⑭ 지역버스노동조합 조합원인 피고인이 자신의 페이스북에 집회 일정을 알리면서 노동조합 집행부인 피해자 갑과 을을 지칭하며 **"버스노조 악의 축, 갑과 을 구속수사하라!!"**라는 표현을 적시하여 피해자들을 모욕하였다는 내용으로 기소된 사안에서, 위 표현이 피해자들의 사회적인 평가를 저해시킬 만한 경멸적인 표현에 해당하는 것으로 보이지만, 제반 사정을 종합할 때 피고인이 노동조합 집행부의 공적 활동과 관련한 자신의 의견을 담은 게시글을 작성하면서 그러한 표현을 한 것은 **사회상규에 위배되지 않는 정당행위로서 위법성이 조각된다**(대판 2022.10.27, 2019도14421 **악의축 사건**). ⑮ 피고인 甲이 인터넷 유튜브 채널에 피해자 A의 방송 영상을 게시하면서 **A의 얼굴에 '개' 얼굴을 합성하였는바,** 甲이 A의 얼굴을 가리는 용도로 동물 그림을 사용하면서 A에 대한 부정적인 감정을 다소 해학적으로 표현하려 한 것에 불과하다고 볼 여지도 상당하다면 영상이 A를 불쾌하게 할 수 있는 표현이기는 하지만 **객관적으로 A의 인격적 가치에 대한 사회적 평가를 저하시킬 만한 모욕적 표현을 한 경우에 해당한다고 단정하기는 어렵다**(대판 2023.2.2, 2022도4719 **개 얼굴 합성사건**). 23. 경찰채용

제2절 신용·업무·경매에 관한 죄

☑ SUMMARY ┃ 신용·업무·경매에 관한 죄 행위태양 13. 경찰승진

구분	행위
신용훼손죄	허위사실 유포, 위계
업무방해죄	허위사실 유포, 위계, 위력
경매·입찰방해죄	위계, 위력, 기타 방법

01 신용훼손죄

형법

제313조【신용훼손】**허위의 사실**을 유포하거나 기타 **위계**로써 사람의 신용을 훼손한 자는 5년 이하의 징역 또는 1천500만원 이하의 벌금에 처한다.

객관적 구성요건	객체	사람에는 자연인·법인·법인격 없는 단체 등이 모두 포함되고, 신용이란 사람의 **지불의 사와 지불능력**에 대한 사회적 평가를 의미함
	행위	① 허위사실의 유포: 객관적으로 보아 진실과 부합하지 않는 과거 또는 현재의 사실을 유포하는 것 ② 위계: 피해자에게 오인·착각·부지를 일으킨 후 그러한 심적 상태를 이용하는 것
	기수	기수시기는 신용훼손의 위험을 초래할만한 허위사실의 유포 또는 위계가 있을 때이고, 현실적으로 신용이 훼손될 것을 요하지 않음

⚖ 판례 ┃ 신용훼손죄 관련 판례

1 신용훼손죄의 성립에 있어서는 신용훼손의 결과가 실제로 발생함을 요하는 것이 아니고 **신용훼손의 결과를 초래할 위험이 발생하는 것이면 족하다**(대판 2011.9.8, 2011도7262 **세고엔터테인먼트 사건**).

2 신용훼손죄는 허위사실의 유포 기타 위계로써 사람의 신용을 훼손할 것을 요하고, 여기서 '**허위사실의 유포**'라 함은 객관적으로 보아 진실과 부합하지 않는 과거 또는 현재의 사실을 유포하는 것으로서(미래의 사실도 증거에 의한 입증이 가능할 때에는 여기의 사실에 포함된다) **단순한 의견이나 가치판단을 표시하는 것은 이에 해당하지 않는다**(대판 1983.2.8, 82도2486 **계운영권 양도 사건**). 12. 경찰승진, 14. 법원직 9급

신용훼손죄가 성립하는 경우	신용훼손죄가 성립하지 않는 경우
① A회사와 B회사 사이의 **물품공급계약**, A회사와 C회사 사이의 주식 및 경영권양수도계약이 **허위임**에도 불구하고, 피고인이 인터넷 신문 기자에게 "**B회사 등 채권단이 A회사에 대하여 각 계약 등에 기하여 367억원 상당의 채권을 가지고 있으며, 이를 곧 행사할 것이다.**"라는 취지로 말하여 그와 같은 내용의 기사가 게재되도록 한 것은 허위사실의 유포에 해당하고, 위 허위사실 유포로 인하여 **A회사의 경제적 신용훼손을 초래할 위험이 발생하였다고 보아야 한다**(대판 2011.9.8, 2011도7262 **세고엔터테인먼트 사건**). ② B가 연체이자를 대납한 적이 없는데도, 피고인이 조흥은행 본점 앞으로 'A가 대출금이자를 연체하여 조흥은행 수락지점장 B가 3천만의 연체이자를 대납하였다'는 등의 내용을 기재한 편지를 보낸 경우, 그로써 조흥은행의 오인 또는 착각 등을 일으켜 위계로써 A의 신용을 훼손한 경우에 해당한다(대판 2006.12.7, 2006도3400 **연체이자 대납 사건**).	① 퀵서비스 운영자인 피고인 甲이 배달업무를 하면서, 손님의 불만이 예상되는 경우에는 평소 경쟁관계에 있는 A 운영의 퀵서비스 명의로 된 영수증을 작성·교부함으로써 손님들로 하여금 불친절하고 배달을 지연시킨 사업체가 A 운영의 퀵서비스인 것처럼 인식하게 한 경우, 퀵서비스의 주된 계약내용이 신속하고 친절한 배달이라 하더라도 위 행위가 A의 경제적 신용, 즉 지급능력이나 지급의사에 대한 사회적 신뢰를 저해하는 행위에 해당한다고 보기는 어렵다(대판 2011.5.13, 2009도5549 **퀵서비스 사건**). 11·17. 법원행시, 12. 변호사, 14. 법원직 9급, 16. 사법시험, 18. 경찰간부 ② 피고인 甲이 피해자 A 운영의 계운영권 일체를 인수받아 운영하기로 마음먹고 계원 수명이 모인 자리에서 "A는 집도 없고 남편도 없는 과부이며, 계주로서 계불입금을 모아서 도망가더라도 어느 한 사람 책임지고 도와줄 사람 없는 알몸이니 A에게 불입금을 주지말고 나에게 달라."라는 취지로 말하였더라도, A는 8년 전부터 남편 없이 세 자녀를 데리고 생계를 꾸려왔을 뿐 아니라 甲에 대한 다액의 채무를 담보하기 위해 아파트와 가재도구까지를 甲에게 제공한 사실이 인정되므로 'A가 집도, 남편도 없는 과부'라고 말한 것은 허위사실이 될 수 없고, 또 'A가 계주로서 계불입금을 모아서 도망가더라도 책임지고 도와줄 사람이 없다'는 취지의 말은 A에 대한 개인적 의견이나 평가를 진술한 것에 불과하여 이를 허위사실의 유포라고 볼 수 없다(대판 1983.2.8, 82도2486 **계운영권 양도 사건**). 13. 경찰간부 ③ "어느 사람의 점포의 **물건 값이 유달리 비싸다.**"라고 말한 것은 그 사람의 지불의사에 대한 사회적 신뢰를 훼손하는 것이라고는 볼 수 없다(대판 1969.1.21, 68도1660).

02 업무방해죄

> **형법**
>
> 제314조 【업무방해】 ① 제313조의 방법(**허위의 사실 유포 기타 위계**) 또는 **위력**으로써 사람의 업무를 방해한 자는 5년 이하의 징역 또는 1천500만원 이하의 벌금에 처한다.

객관적 구성요건	객체	① 사람에는 자연인·법인·법인격 없는 단체 등이 모두 포함됨 ② '업무'란 직업 또는 계속적으로 종사하는 사무나 사업을 말하는 것으로서 타인의 위법한 행위에 의한 침해로부터 보호할 가치가 있으면 충분함. 형법은 공무집행방해죄를 별도로 규정하고 있으므로 업무방해죄의 '업무'에 공무(公務)는 포함되지 않음
	행위	① '허위사실의 유포'란 객관적으로 보아 진실과 부합하지 않는 과거 또는 현재의 사실을 유포하는 것을 의미함 ② '위계'란 피해자에게 오인·착각·부지를 일으킨 후 그러한 심적 상태를 이용하는 것을 의미하고, '위력'이란 피해자의 의사를 제압할 수 있는 일체의 무형적·유형적 힘을 의미함
	기수	기수시기는 업무방해의 위험을 초래할만한 허위사실의 유포, 위계 또는 위력이 있을 때이고, 현실적으로 업무방해의 결과가 초래될 것을 요하지 않음

⚖️판례 | 업무방해죄 관련 판례

1 업무방해죄에서 업무방해의 범의는 반드시 업무방해의 목적이나 계획적인 업무방해의 의도가 있어야 인정되는 것은 아니고 **자기의 행위로 인하여 타인의 업무가 방해될 것이라는 결과를 발생시킬 만한 가능성 또는 위험이 있음을 인식하거나 예견하면 족한 것이며**, 그 인식이나 예견은 확정적인 것은 물론 불확정적인 것이라도 이른바 미필적 고의로 인정되는 것이다(대판 2013.1.31, 2012도3475 **한국철도공사 특별교육 방해 사건 Ⅱ**). 16. 사법시험, 17. 경찰채용

2 위계에 의한 업무방해죄에서 '위계'란 행위자가 행위목적을 달성하기 위하여 **상대방에게 오인, 착각 또는 부지를 일으키게 하여 이를 이용하는 것을 말한다**(대판 2013.11.28, 2013도5117 **통합진보당 대리투표 사건 Ⅱ**). 15. 법원행시

3 업무방해죄의 **'위력'이란 사람의 자유의사를 제압·혼란하게 할 만한 일체의 세력을 가리키는 것으로서** 반드시 유형력의 행사에 국한되는 것은 아니므로 폭력·협박은 물론 사회적·경제적·정치적 지위와 권세에 의한 압박 등도 이에 포함되고, 그러한 위력으로 인하여 현실적으로 피해자의 자유의사가 제압되는 결과까지 요구되는 것은 아니더라도 적어도 피해자의 자유의사를 제압하기에 충분하다고 평가될 정도의 세력에는 이르러야 한다(대판 2013.3.14, 2010도410 **소비자불매운동 사건**). 17. 경찰채용

4 업무방해죄에 있어서 그 보호대상이 되는 **'업무'라 함은 직업 또는 계속적으로 종사하는 사무나 사업을 말하는 것으로서 타인의 위법한 행위에 의한 침해로부터 보호할 가치가 있는 것이면 되고, 그 업무의 기초가 된 계약 또는 행정행위 등이 반드시 적법하여야 하는 것은 아니다**(대판 2008.3.14, 2007도11181). 12. 법원행시, 16. 경찰승진, 21. 경찰간부

5 업무방해죄의 보호대상이 되는 **'업무'라 함은 직업 또는 계속적으로 종사하는 사무나 사업으로서 타인의 위법한 침해로부터 형법상 보호할 가치가 있는 것이어야 하므로** 어떤 사무나 활동 자체가 위법의 정도가 중하여 **사회생활상 도저히 용인될 수 없는 정도로 반사회성을 띠는 경우에는 업무방해죄의 보호대상이 되는 '업무'에 해당한다고 볼 수 없다**(대판 2011.10.13, 2011도7081 **수원역 전파 사건**).

6 의료인이나 의료법인이 아닌 자가 의료기관을 개설하여 운영하는 행위는 업무방해죄의 보호대상이 되는 업무에 해당하지 않는다. 그러나 무자격자에 의해 개설된 의료기관에 고용된 의료인이 환자를 진료한다고 하여 그 진료행위 또한 당연히 반사회성을 띠는 행위라고 볼 수는 없다. 이때 의료인의 진료업무가 업무방해죄의 보호대상이 되는 업무인지는 의료기관의 개설·운영 형태, 해당 의료기관에서 이루어지는 진료의 내용과 방식, 피고인의 행위로 인하여 방해되는 업무의 내용 등 사정을 종합적으로 고려하여 판단해야 한다(대판 2023.3.16, 2021도16482 **사무장병원 의사진료 방해사건**).

7 업무방해죄의 성립에는 업무방해의 결과가 실제로 발생함을 요하지 않고 업무방해의 결과를 초래할 위험이 발생하면 족하며, 업무수행 자체가 아니라 업무의 적정성 내지 공정성이 방해된 경우에도 업무방해죄가 성립한다(대판 2013.11.28, 2013도5117 **통합진보당 대리투표 사건 Ⅱ**). 12. 사법시험, 13. 변호사, 14·15. 법원행시, 15. 경찰채용·법원직 9급

8 업무방해죄에 있어서 행위의 객체는 타인의 업무이고, 여기서 타인이라 함은 범인 이외의 자연인과 법인 및 법인격 없는 단체를 가리키므로 법적 성질이 **영조물에 불과한 대학교 자체는 업무의 주체가 될 수 없다**(대판 1999.1.15, 98도663 **원광대 편입학 비리 사건**). 20. 경찰간부

판례비교

업무방해죄에 있어 보호대상인 '업무'에 해당하는 경우	업무방해죄에 있어 보호대상인 '업무'에 해당하지 않는 경우
① 종중 정기총회를 주재하는 종중 회장의 의사진행업무 자체는 1회성을 갖는 것이라고 하더라도 그것이 종중 회장으로서의 사회적인 지위에서 계속적으로 행하여 온 종중 업무수행의 일환으로 행하여진 것이라면 **업무방해죄에 의하여 보호되는 업무에 해당된다**(대판 1995.10.12, 95도1589 **종중총회 방해 사건**). 12. 경찰간부·법원행시, 13. 법원직 9급, 15·16. 경찰채용, 17. 경찰승진 ② [1] **경비원은 상사의 명령에 의하여 주로 경비업무 등 노무를 제공하는 직분을 가지고 있는 것이므로 상사의 명에 의하여 그 직장의 업무를 수행한다면** 설사 그 업무가 계속적인 직무권한에 속하지 아니한 일시적인 것이라 할지라도 **업무방해죄의 업무에 해당한다.** [2] 피고인이 공사장 내에서 배부하기 위하여 **경비원들이 가지고 있는 공장 폐쇄에 관한 유인물 50매 가량을 탈취한 경우 업무방해죄가 성립한다**(대판 1971.5.24, 71도399). 14. 경찰채용 ③ 주차장이 원래의 소유자이었던 A로부터 B·C·D에게 순차 임대 또는 전대되어 D가 운영해 오고 있는 경우, 설령 피고인이 정당한 소유자로부터 주차장을 새로 임대받았다고 하더라도, 적법절차에 따라 권리를 확보하고 보호받는 것은 별론으로 하고, 피고인이 **다른 특별한 사정없이 D의 주차장영업을 방해한 행위는 업무방해죄에 해당한다**(대판 2008.3.14, 2007도11181). 15. 경찰간부	① 초등학생들이 학교에 등교하여 교실에서 수업을 듣는 것은 무상으로 초등교육을 받을 권리 및 국가의 의무교육 실시의무와 부모들의 취학의무 등에 기하여 학생들 본인의 권리를 행사하는 것이거나 국가 내지 부모들의 의무를 이행하는 것에 불과할 뿐 그것이 **'직업 기타 사회생활상의 지위에 기하여 계속적으로 종사하는 사무 또는 사업'에 해당한다고 할 수 없으므로** 피고인이 교실에서 욕설 등의 행위를 하였다고 하더라도 학생들의 권리행사나 국가 내지 부모들의 의무이행을 방해한 것에 해당하는지 여부는 별론으로 하고 학생들의 **업무를 방해하였다고 볼 수는 없다**(대판 2013.6.14, 2013도3829 **대흥초교 사건**). 13·14·16. 경찰채용, 14. 경찰간부, 14·15. 법원행시, 16. 경찰승진, 20. 변호사 ② 주주로서 주주총회에서 의결권 등을 행사하는 것은 주식의 보유자로서 그 자격에서 권리를 행사하는 것에 불과할 뿐 그것이 **'직업 기타 사회생활상의 지위에 기하여 계속적으로 종사하는 사무 또는 사업'에 해당한다고 할 수 없으므로** 회사의 대표이사인 피고인이 회사 직원 130여 명과 공모하여 회사의 주주총회에서 위력으로 개인주주들이 발언권과 의결권을 행사하지 못하도록 방해하였더라도 이는 주주로서의 권리행사를 방해한 것에 해당하는지 여부는 별론으로 하고 주주들의 업무를 방해하였다고는 볼 수 없다(대판 2004.10.28, 2004도1256 **주주총회 개인주주 방해 사건**). 11·13. 사법시험, 11·14·16·17. 경찰승진, 12. 법원행시, 13. 법원직 9급, 14·17. 경찰간부, 16. 경찰채용, 17. 국가직 7급

④ 피고인이 고의로 회사(공유수면허가는 받지 않았지만 고흥군의 지시에 따라 선착장점용허가권자인 마을주민 대표들과 임대차계약을 체결한 회사)의 폐석운반 업무를 방해할 의사로 선착장 앞에 위치한 자신의 어업구역 내에 양식장을 설치한다는 구실로 밧줄을 매어 **선박의 출입을 방해한 것은 업무방해죄에 해당한다**(대판 1996.11.12, 96도2214). 17. 법원직 9급, 20. 경찰승진

③ 법원의 직무집행정지가처분결정에 의하여 그 직무집행이 정지된 자가 법원의 결정에 반하여 직무를 수행함으로써 업무를 계속 행하고 있다면, 비록 그 업무가 반사회성을 띠는 경우라고까지는 할 수 없다고 하더라도 법의 보호를 받을 가치를 상실하였다고 하지 않을 수 없다(대판 2002.8.23, 2001도5592 **직무집행정지가처분 조합장 사건**). 12. 법원행시, 15. 경찰간부, 15·17. 법원직 9급, 17. 경찰승진·변호사·국가직 7급, 20. 해경채용

④ **도로관리청 또는 그로부터 권한을 위임받아 과적차량 단속을 위한 적재량 측정의 업무를 수행하는 자라고 하더라도**, 적재량 측정을 강제할 수 있는 법령상의 근거가 없는 한 측정에 불응하는 자를 고발하는 것은 별론으로 하고, **측정을 강제하기 위한 조치를 취할 권한은 없으므로** 도로관리청으로부터 권한을 위임받아 고속도로에서의 과적단속업무를 담당하는 A로부터 축조작을 의심받고 적재량 재측정을 요구받은 피고인 甲이 이를 거부하고 고속도로를 빠져나가려 하자, 재측정을 시킬 목적으로 차량에 올라탄 A를 그대로 둔 채 차량을 진행한 행위는 업무방해의 결과가 발생할 위험이 없다(대판 2010.6.10, 2010도935 **과적차량 단속 사건**). 15. 경찰간부

⑤ **성매매알선 등 행위는** 형사처벌의 대상이 되는 중대한 범죄행위일 뿐 아니라 정의관념상 용인될 수 없는 정도로 반사회성을 띠는 경우에 해당하므로 이는 업무방해죄의 보호대상이 되는 업무라고 볼 수 없으므로 폭력조직 간부인 피고인이 조직원들과 공모하여 A가 운영하는 성매매업소 앞에 속칭 '병풍'을 치거나 차량을 주차해 놓는 등 위력으로써 그를 방해하였더라도 업무방해죄가 성립하지 아니한다(대판 2011.10.13, 2011도7081 **수원역 전파 사건**). 12. 법원행시, 12·14. 사법시험, 13·14. 변호사, 13·17. 법원직 9급, 15. 경찰간부, 20. 경찰승진

⑥ **공인중개사인 피고인이 자신의 명의로 등록되어 있으나 실제로는 공인중개사가 아닌 피해자가 주도적으로 운영하는 형식으로 동업하여 중개사무소를 운영하다가** 위 동업관계가 피해자의 귀책사유로 종료되고 피고인이 동업관계의 종료로 부동산중개업을 그만두기로 한 경우(폐업신고를 한 경우), 피해자의 중개업은 형사처벌의 대상이 되는 범죄행위에 해당하는 것으로서 업무방해죄의 보호대상이 되는 업무라고 볼 수 없다(대판 2007.1.12, 2006도6599 **공인중개사무소 폐업 사건**). 14. 경찰간부

업무방해죄에 있어 보호대상인 '업무'에 해당하는 경우	업무방해죄에 있어 보호대상인 '업무'에 해당하지 않는 경우
	⑦ 백화점 입주상인들이 영업을 하지 않고 매장 내에서 점거 농성만을 하면서 매장 내의 기존의 전기시설에 임의로 전선을 연결하여 **각종 전열기구를 사용함으로써 화재위험이 높아 부득이 피고인이 단전조치를 취하였다면**, 위와 같은 단전조치 당시 보호받을 업무가 존재하지 않았을 뿐만 아니라 화재예방 등 건물의 안전한 유지관리를 위한 정당한 권한행사의 범위 내의 행위에 해당하므로 **업무방해죄를 구성한다고 볼 수 없다**(대판 1995.6.30, 94도3136 **맘모스백화점 사건**). 12·15. 경찰간부 ⑧ **의료법인이 아닌 자가 의료기관을 개설하여 운영하는 행위는** 그 위법의 정도가 중하여 사회생활상 도저히 용인될 수 없는 정도로 반사회성을 띠고 있으므로 업무방해죄의 보호대상이 되는 '업무'에 **해당하지 않는다**(대판 2001.11.30, 2001도2015 **김포한일의원 사건**). 11. 경찰승진, 12. 경찰간부·법원행시, 12·15·17. 법원직 9급, 15. 사법시험, 16. 경찰채용, 17. 변호사 ⑨ [1] 형법이 업무방해죄와는 별도로 공무집행방해죄를 규정하고 있는 것은 사적 업무와 공무를 구별하여 공무에 관해서는 공무원에 대한 폭행·협박 또는 위계의 방법으로 그 집행을 방해하는 경우에 한하여 처벌하겠다고 보아야 할 것이고, 따라서 공무원이 직무상 수행하는 공무를 방해하는 행위에 대해서는 업무방해죄로 의율할 수는 없다. [2] 마산시장 A와 STX중공업 회사 관계자 등이 'STX조선소 유치 확정'에 관한 기자회견을 하려고 하자 피고인 甲이 乙 등과 공모하여 위력으로써 마산시청 1층 브리핑룸 및 중회의실 출입구를 봉쇄하여 A 등의 기자회견을 방해하였더라도 공무를 방해하는 행위에 대해서는 **업무방해죄로 의율할 수 없다**(대판 2011.7.28, 2009도11104 **마산시장 기자회견 방해 사건**). 11. 법원직 9급, 12. 사법시험, 12·14·15·17. 경찰채용, 13. 경찰간부, 14. 국가직 9급, 15. 법원행시 ⑩ 피고인 甲이 乙과 함께 **경찰청 민원실에서 말똥을 책상 및 민원실 바닥에 뿌리고 소리를 지르는 등 난동을 부려 위력으로 경찰관의 민원접수를 방해하였더라도**, 공무를 방해하는 행위에 대해서는 **업무방해죄로 의율할 수 없다**(대판 2010.2.25, 2008도9049 **활빈단 말똥세례 사건**). 11. 경찰승진, 12. 법원행시, 13·14. 법원직 9급

⑪ 피고인들이 충남지방경찰청 1층 민원실에서 자신들이 진정한 사건의 처리와 관련하여 **지방경찰청장의 면담 등을 요구하면서 이를 제지하는 경찰관들에게 큰소리로 욕설을 하고 행패를 부려 위력으로 경찰관들의 수사 관련 업무를 방해하였더라도, 공무를 방해하는 행위에 대해서는 업무방해죄로 의율할 수 없다**[대판 2009.11.19, 2009도4166(전합) **충남청 민원실 행패 사건**]. 12. 경찰간부, 14. 법원행시, 17. 국가직 7급, 20. 변호사

⑫ **피고인의 공사계약 해제가 적법하고, 회사가 스스로 공사를 중단한 상태였다면** 피고인이 공사현장에 남아 있는 회사 소유의 공사자재 등을 수거하여 다른 곳에 옮겨 놓았다고 하여 회사의 **공사업무를 방해한 것으로 볼 수 없다**(대판 1999.1.29, 98도3240 **건축공사 중단 사건**). 14. 경찰승진, 15. 사법시험

판례비교

허위사실유포 또는 위계에 의한 업무방해죄가 성립하는 경우	위계에 의한 업무방해죄가 성립하지 않는 경우
① 통합진보당의 제19대 국회의원 비례대표 후보를 추천하기 위한 당내 경선에도 직접·평등·비밀투표의 원칙이 모두 적용되므로, 당내 경선과정에서 피고인들이 **선거권자들로부터 인증번호만을 전달받은 뒤 그들 명의로 자신들이 지지하는 후보자에게 전자투표를 한 행위**는 당내 경선업무에 참여하거나 관여한 여러 통합진보당 관계자들로 하여금 비례대표 후보자의 지지율 등에 관한 사실관계를 오인·착각하도록 하여 **경선업무의 적정성이나 공정성을 방해한 경우에 해당**하고, 위와 같은 범행에 컴퓨터를 이용한 것은 단지 그 범행수단에 불과하다(대판 2013.11.28, 2013도5117 **통합진보당 대리투표 사건 Ⅱ**). 15. 경찰채용, 16. 경찰간부, 20. 경찰승진 ② 피고인이 특정 회사가 제공하는 게임사이트에서 정상적인 포커게임을 하고 있는 것처럼 가장하면서 **통상적인 업무처리과정에서 적발해 내기 어려운 사설 프로그램을 이용하여 약관상 양도가 금지되는 포커머니를 약속된 상대방에게 이전해 준 경우**, 이는 정보통신망법 제48조 제2항에서 정한 '악성프로그램'이나 형법 제314조 제2항에 정한 '부정한 명령의 입력'에 해당하지는 않지만 **회사의 정상적인 게임사이트 운영업무를 방해한 것이므로 위계에 의한 업무방해죄를 구성한다**(대판 2009.10.15, 2007도9334 **한도우미프로그램 사건**). 14. 경찰승진, 17. 경찰채용	① 피고인이 **허위 학력이 기재된 이력서를 이화여자대학교에 제출하여 시간강사로 임용된 경우**라도, 임용심사업무 담당자로서는 피고인에게 학력 관련 서류의 제출을 요구하여 이력서와 대조 심사하였더라면 문제를 충분히 인지할 수 있었음에도 불구하고, 불충분한 심사로 인하여 허위 학력이 기재된 이력서를 믿은 것이므로 피고인의 위계행위에 의하여 **업무방해의 위험성이 발생하였다고 할 수 없다**(대판 2009.1.30, 2008도6950). 13. 국가직 9급, 16. 사법시험·경찰간부, 20. 경찰승진 ② **공사(公社)의 사장인 피고인 甲의 지시에 따라 신규직원 채용시험업무 담당자인 乙 등이 응시자 丙의 필기시험 성적을 조작하고 응시자 丁을 면접대상자에 포함시킬 수 있도록 응시자격요건을 변경하였더라도, 신규직원 채용권한을 갖고 있는 피고인 甲 및 시험업무 담당자들이 모두 공모 내지 양해하에 위와 같은 부정한 행위를 한 것이므로 법인인 공사에게 신규직원 채용업무와 관련하여 오인·착각 또는 부지를 일으키게 하였다고 볼 수 없으므로** (공사의 신규직원 채용업무와 관련하여 오인·착각 또는 부지를 일으킨 상대방이 있다고 할 수 없으므로) 위계에 의한 업무방해죄에 있어서의 '**위계**'에 해당한다고 할 수 없다(대판 2007.12.27, 2005도6404 **서울시 농수산물공사 사건**). 12·14·20. 경찰승진, 13·14. 경찰채용, 15. 법원직 9급, 20. 변호사

허위사실유포 또는 위계에 의한 업무방해죄가 성립하는 경우	위계에 의한 업무방해죄가 성립하지 않는 경우
③ 피고인 甲이 乙의 미국방문비자를 주한미국대사관 영사부에 신청함에 있어서 허위의 사실을 기재하여 신청서를 제출한 것에 그치지 않고, 그 소명을 위하여 **허위로 작성한 서류를 제출하고** 乙로 하여금 비자 면접 때 그에 맞추어 **허위의 답변을 하도록 연습을 시켜** 그와 같이 면접을 하게 하고 乙의 회사 재직 여부를 묻는 미국대사관 직원의 문의 전화에 대하여 **허위 답변을 하게 한 경우 위계에 의한 업무방해죄가 성립한다**(대판 2004.3.26, 2003도7927 **미국비자 브로커 사건**). 12. 경찰승진	③ 피고인 甲이 그가 경영하던 공장을 A에게 양도하면서 미수 외상대금채권의 수금권을 포기하기로 약정하고도 이를 외상채무자들에게 고지하지 아니하고 외상대금을 수령하였다 하여 이로써 **위계로 A의 공장경영 업무를 방해한 것이라 할 수 없다**(대판 1984.5.9, 83도2270 **외상대금 수령 사건**). 12. 경찰간부, 14. 경찰채용
④ 피고인 甲이 출제교수들로부터 대학원신입생전형 시험문제를 제출받아 알게 된 것을 틈타서 피고인 乙·丙 등에게 그 시험문제를 알려주었고 그렇게 알게 된 乙·丙 등이 답안쪽지를 작성한 다음, **이를 답안지에 그대로 베껴써서 정을 모르는 시험감독관에게 제출하였다면 이는 위계로써 입시감독업무를 방해한 것이다**(대판 1991.11.12, 91도2211 **조선대 대학원 입시비리 사건**). 15. 사법시험, 17. 경찰간부·변호사	④ 인터넷 자유게시판 등에 실제의 객관적인 사실을 게시하는 행위는, 설령 그로 인하여 피해자의 업무가 방해된다고 하더라도, 위 법조항 소정의 '위계'에 해당하지 않는다(대판 2007.6.29, 2006도3839). 12. 법원직 9급, 21. 경찰간부
⑤ 한국도로공사가 금성산전주식회사의 고속도로 통행요금징수 기계화시스템의 성능에 대한 현장평가를 함에 있어, 금성산전주식회사와는 반대의 이해관계를 가진 **삼성전자주식회사의 직원들인 피고인들이** (타이어의 접지면이 통상 예정했던 경우와 달라지면 차량판별에 오차가 발생하는 등의 문제점이 있음을 알아내어) 위 설비의 차량판별에 있어서의 문제점을 부각시키기 위하여 **인위적으로 소형화물차 16대의 타이어 공기압을 낮추어 접지면을 증가시킨 후 위 설비가 설치되어 있는 동서울톨게이트 하행선 우측 2번 라인을 통과하도록 하였다면**, 이는 위계를 사용하여 한국도로공사의 현장시험업무에 지장을 줄 위험을 발생하게 한 것으로서 실지로 업무방해의 결과가 발생하였는지 여부에 상관없이 업무방해죄가 성립한다(대판 1994.6.14, 93도288 **삼성전자 성능평가 방해 사건**). 16. 경찰간부	⑤ 변조된 게임프로그램을 자신이 개설한 모바일 어플리케이션 공유사이트 게시판에 게시하여, 그 게시판에 접속한 사람들이 이를 다운로드 받아 이용할 수 있도록 하였다는 것일 뿐 피고인이 **게임서버에 접속한 것도 아니고** 다운로드 받은 게임이용자와 **공모하여 변조된 게임프로그램을 실행하여 게임서버에 접속한 것이 아닌 한 위계에 의한 업무방해죄가 성립한다고 볼 수 없다**(대판 2017.2.21, 2016도15144).
⑥ **노동운동을 할 목적**으로 자신의 신분을 숨긴 채 타인 명의로 허위의 학력, 경력을 기재한 이력서와 생활기록부 등을 제출하여 채용시험에 합격한 경우 위계에 의한 업무방해죄가 성립한다(대판 1992.6.9, 91도2221 **위장취업 사건**).	⑥ [1] 객관적으로 보아 당해 출제교사가 출제할 것이라고 예측되는 **순수한 예상문제**를 선정하여 수험생이나 그 교습자에게 주는 행위를 가지고 **시험실시 업무를 방해하는 행위라고 할 수는 없다**. [2] 시험의 출제위원이 문제를 선정하여 **시험실시자에게 제출하기 전에 이를 유출**하였다고 하더라도 이러한 행위 자체는 위계를 사용하여 시험실시자의 업무를 방해하는 행위가 아니라 그 **준비단계에 불과한 것이고**, 그 후 그와 같이 유출된 문제가 시험실시자에게 **제출되지도 아니하였다면** 그러한 문제유출로 인하여 시험실시 **업무가 방해될 추상적인 위험조차도 있다고 할 수 없으므로 업무방해죄가 성립한다고 할 수 없다**(대판 1999.12.10, 99도3487). 20. 변호사

⑦ 서류배달업 회사가 고객으로부터 배달을 의뢰받은 서류의 포장 안에 **특정 종교를 비방하는 내용의 전단을 피고인이 위 회사 몰래 집어넣어 함께 배달**되게 한 경우, 위 회사의 서류배달업무를 방해한 것으로 업무방해죄가 성립한다(대판 1999.5.14, 98도3767).

⑧ 상호저축은행 경영진인 피고인이 영업정지가 임박한 상황에서 甲 저축은행에 파견되어 있던 금융감독원 감독관에게 알리지 아니한 채 **영업마감 후에 특정 고액 예금채권자들에게 영업정지 예정사실을 알려주어** 예금을 인출하도록 함으로써 파견감독관의 상시감독업무를 방해하였다는 내용으로 기소된 사안에서, 피고인의 행위가 업무방해죄의 '위계'에 해당한다(대판 2013.1.24, 2012도10629).

⑨ 학위논문 전체 **초안을 타인에게 의뢰**하고 그에 따라 작성된 논문에 약간의 수정만을 가하여 자신이 직접 작성한 것처럼 사립대학교 교육대학원에 제출한 경우 위계에 의한 업무방해죄가 성립한다(대판 1996.7.30, 94도2708). 20. 해경채용

⑩ 노동조합 간부들이 회사와 협의 없이 일방적으로 휴무를 결정한 후 유인물을 배포하여 **유급 휴일로 오인한 근로자들이 출근하지 아니하여** 공장의 가동을 불능하게 한 것이 위계에 의한 업무방해죄에 해당한다(대판 1992.3.31, 92도58).

⑪ 면접업무가 최종합격의 가부만을 가리는 소극적 성격의 것이고 또 형식적으로 수행된 면이 있다 하더라도 이를 이 조합에 대한 관계에서 보호할 가치가 없는 업무라고 할 수 없고, 또한 점수조작행위에 의하여 면접위원이 응시무자격자를 상대로 면접에 임하게 하고 그에 상응하는 응시자격자를 면접할 수 없게 하였다는 그 자체로 면접업무의 적정성 또는 공정성이 저해되는 것이고 이러한 결과는 면접업무의 수행이 소극적·형식적이었는지 여부와 무관하게 발생하는 것이므로, **면접업무에 대한 방해가 없다고 할 수 없다**(대판 2010.3.25, 2009도8506 **부산수협 필기점수 조작사건**). 13. 변호사

⑦ [1] 실명전환사무를 처리하는 금융기관의 업무는 실명전환을 청구하는 자가 권리자의 외관을 가지고 있는지 여부를 확인하고 그의 명의가 위 긴급명령에서 정하고 있는 주민등록표상의 명의 등 실명인지 여부를 확인하는 것일 뿐이지, 나아가 그가 과연 **금융자산의 실질적인 권리자인지 여부를 조사·확인하는 것까지 그 업무라고 할 수는 없다.** [2] 기존의 비실명예금을 합의차명에 의하여 명의대여자의 **실명으로 전환한 행위**는 위 긴급명령에 따른 금융기관의 실명전환에 관한 **업무를 방해한 것이라 할 수 없다**[대판 1997.4.17, 96도3377(전합)].

⑧ 어장의 대표자였던 피고인 甲이 어장측에 대한 허위의 채권을 주장하면서 후임대표자 A에게 그 인장을 인도하기를 거절함으로써 A가 만기도래한 어장 소유의 수산업협동조합 예탁금을 인출하지 못하였고 어장 소유 선박의 검사를 받지 못한 결과를 초래하였다 하여, 피고인의 허위주장을 가리켜 허위사실을 유포하거나 기타 위계로써 타인의 업무를 방해한 경우에 해당한다고는 할 수 없다(대판 1984.7.10, 84도638 **금성어장 사건**). 19. 경찰간부

⑨ 자동화기기를 통한 무매체 입금거래 한도 제한을 피하기 위해 제3자의 이름과 주민등록번호를 이용해 1회 100만원 이하의 무매체 입금거래를 했다고 하더라도 그 행위는 업무방해죄에 있어 위계에 해당한다고 할 수 없다(대판 2022.2.23, 2021도15246).

⑩ 계좌개설 신청인이 접근매체를 양도할 의사로 금융기관에 법인 명의 계좌를 개설하면서 예금거래신청서 등에 금융거래의 목적이나 접근매체의 양도의사 유무 등에 관한 사실을 허위로 기재하였으나 **계좌개설 심사업무를 담당하는 금융기관의 업무담당자가 단순히 예금거래신청서 등에 기재된 계좌개설 신청인의 허위 답변만을 그대로 믿고 그 내용의 진실 여부를 확인할 수 있는 증빙자료의 요구 등 추가적인 확인조치 없이 법인 명의의 계좌를 개설해 준 경우** 그 계좌개설은 금융기관 업무담당자의 불충분한 심사에 기인한 것이므로 계좌개설 신청인의 위계가 업무방해의 위험성을 발생시켰다고 할 수 없어 **위계에 의한 업무방해죄를 구성하지 않는다**(대판 2023.8.31, 2021도17151 **대포통장 개설 업무방해 여부사건**).

허위사실유포 또는 위계에 의한 업무방해죄가 성립하는 경우	위계에 의한 업무방해죄가 성립하지 않는 경우
⑫ 乙이 작성한 논문을, 피고인 甲이 자신이나 乙 및 자신이 공동으로 작성한 논문인 것처럼 학술지에 제출하여 발표한 논문연구실적을 부교수 승진심사 서류에 포함하여 제출하여 이후 부교수로 승진한 경우, 이는 교육자로서의 인격과 품위를 손상시키는 행위에 해당함이 명백하며 따라서 승진 임용심사 과정에서 이러한 사정이 확인되었을 경우 甲이 승진대상자에서 배제되었을 가능성이 높았을 것이므로 (甲이 다른 논문만으로도 부교수 승진요건을 월등히 충족하고 있었다는 등의 사정이 있더라도) **승진 임용심사 업무의 적정성이나 공정성을 해할 위험이 없었다고 단정할 수는 없다**(대판 2009.9.10, 2009도4772 **조선이공대 논문대작 사건**). 21. 경찰채용 ⑬ 甲과 乙이 공모하여, 甲은 A고등학교의 학생 丙이 약 10개월 동안 총 84시간의 봉사활동을 한 것처럼 허위로 기재된 봉사 활동확인서를 발급받아 乙에게 교부하고, 乙은 이를 丙의 담임교사를 통하여 A학교에 제출하여 丙이 학교장 명의의 봉사상을 수상하게 한 경우 甲과 乙에게는 업무방해죄가 성립한다(대판 2020.9.24, 2017도19283 **허위 봉사활동확인서 사건**). 22. 경찰채용	

판례비교

위력에 의한 업무방해죄가 성립하는 경우	위력에 의한 업무방해죄가 성립하지 않는 경우
① 인터넷카페의 운영진인 피고인들이 카페 회원들과 공모하여, 특정 신문들에 광고를 게재하는 광고주들에게 불매운동의 일환으로 지속적·집단적으로 항의전화를 하거나 광고주들의 홈페이지에 항의글을 게시하는 등의 방법으로 광고중단을 압박한 경우, 피고인들의 행위는 광고주들의 자유의사를 제압할 만한 세력으로서 위력에 해당한다(대판 2013. 3.14, 2010도410 **소비자불매운동 사건**). 13. 경찰채용 ② 전국철도노동조합이 파업을 예고한 상황에서 파업 예정일 하루 전에 사용자인 **한국철도공사 측 교섭위원이 산하 차량정비단 직원들을 상대로 설명회 등 특별교육을 실시하려고 하자**, 노동조합 간부인 **피고인들이 직원들의 교육장 진입을 막는 등 위력으로 이를 방해한 경우**, 피고인들이 특별교육을 부당노동행위로 오인하였더라도 이는 정당한 이유가 있다고 할 수 없어 **업무방해죄가 성립한다**(대판 2013.1.31, 2012도3475 **한국철도공사 특별교육 방해 사건 Ⅱ**). 15. 경찰간부	① 골프장에서 전국여성노동조합 88CC분회장으로 일하던 피고인이 **경기보조원들(캐디)의 출장 순서를 임의로 바꾼 사측에 불만을 품고 경기보조원 18명에게 경기에 나서지 말 것을 지시한 경우라도**, 이러한 행위가 사회통념상 허용되는 범위를 넘어 골프장 운영자의 자유의사를 제압·혼란하게 할 정도의 **위력에 해당한다고 보기에 부족하다**(대판 2013.5.23, 2011도12440 **캐디 출장거부 지시 사건**).

③ **대부업체 직원인 피고인이** 대출금을 회수하기 위하여 소액의 지연이자를 문제삼아 법적 조치를 거론하면서 **소규모 간판업자인 채무자의 휴대전화로 수백 회에 이르는 전화공세를 한 것**은 사회통념상 허용한도를 벗어난 채권추심행위로서 채무자의 간판업 업무가 방해되는 결과를 초래할 위험이 발생하였다고 보이므로 **위력에 의한 업무방해죄를 구성한다**(대판 2005.5.27, 2004도8447 **퍼스트머니 사건**).

17. 변호사·국가직 7급, 20. 해경채용

④ 피고인 甲이 인천광역시로부터 임차한 건물의 2층에서 甲은 음악학원을 운영하고 피해자 A는 1층에서 미술학원을 운영하되, A가 운영하는 미술학원의 등록명의도 甲으로 하기로 약정한 후 각자 학원을 운영하여 오던 중, **지하실의 사용 문제와 관련하여 분쟁이 발생하자 甲이 일방적으로 자신의 요구사항을 주장하다가 A가 자신의 통제를 받지 않는다는 이유로 임의로 폐원신고를 하여** A가 미술학원 영업을 할 수 없게 한 경우, A가 운영하고 있는 학원이 자신의 명의로 등록되어 있는 지위를 이용하여 임의로 폐원신고를 함으로써 **A의 업무를 위력으로써 방해하였다고 봄이 상당하다**(대판 2005.3.25, 2003도5004 **미술학원 폐원신고 사건**). 17. 경찰승진

⑤ **임대인이 임차인의 물건을 임의로 철거·폐기할 수 있다는 임대차계약 조항에 따라** 임대인인 피고인이 간판업자를 동원하여 **임차인인 피해자가 영업 중인 식당 점포의 간판을 철거하고 출입문을 봉쇄하는 등의 행위는 위력을 사용하여 피해자의 업무를 방해한 행위에 해당한다**(대판 2005.3.10, 2004도341). 13. 경찰채용, 17. 경찰간부

⑥ 피고인이 도로의 일부가 자신의 소유라 하더라도 적법한 절차에 의하여 문제를 해결하려고 하지 아니하고 **도로의 중간에 바위를 놓아두거나 이를 파헤침으로써 차량의 통행을 못하게 한 경우, 일반교통방해죄와 (부근에서 여관 및 식당을 운영하는 A와 버섯농장을 운영하는 B에 대한) 업무방해죄가 성립한다**(대판 2002.4.26, 2001도6903 **바위 사건**). 11·13. 경찰승진, 13. 경찰간부, 15. 경찰채용

② 인터넷카페의 운영진인 피고인들이 카페 회원들과 공모하여, 특정 신문들에 광고를 게재하는 광고주들에게 불매운동의 일환으로 지속적·집단적으로 항의전화를 하거나 광고주들의 홈페이지에 항의 글을 게시하는 등의 방법으로 광고중단을 압박한 경우, (업무방해죄의 위력은 원칙적으로 피해자에게 행사되어야 하고 제3자를 향한 위력의 행사는 이를 피해자에 대한 직접적인 위력의 행사와 동일시할 수 있는 예외적 사정이 인정되는 경우에만 업무방해죄의 구성요건인 위력의 행사로 볼 수 있으므로) 그것만으로 특정 신문사들에 대한 직접적인 위력의 행사가 있었다고 보기에 부족하다(대판 2013.3.14, 2010도410 **소비자불매운동 사건**). 13. 경찰채용

③ 임대인 A로부터 건물을 임차하여 학원을 운영하던 **피고인 甲이 건물을 인도한 이후에도** 자신 명의로 된 학원설립등록을 말소하지 않고 휴원신고를 연장함으로써 새로운 임차인 B가 그 건물에서 학원설립등록을 하지 못하도록 하였다고 하더라도 甲의 휴원연장신고와 B가 학원설립등록을 하지 못한 점 사이에 **인과관계가 있다고 단정하기 어렵고,** 甲의 행위가 B의 자유의사를 제압·혼란하게 할 정도의 **위력에 해당한다고 보기 어렵다**(대판 2010.11.25, 2010도9186 **휴원기간 연장 사건**). 13. 경찰채용, 17. 경찰간부

④ 계약갱신 및 체납임·관리비 상당액을 독려차 나온 사원에게 "너희들이 무엇인데 상인협의회에서 하는 일을 방해하며 협의회에서 돌리는 유인물을 압수하느냐, 당장 해임시키겠다."라고 한 정도의 **욕설을 한 행위만으로는 업무방해죄의 위력을 행사한 것으로 보기 어렵다**(대판 1983.10.11, 82도2584).

⑤ 회계자료열람권을 가진 피고인이 협회 사무실에서 회계서류 등의 열람을 요구하는 과정에서 협회 직원들을 불러 모아 상당한 시간 동안 이야기를 하거나 피고인의 요구를 거부하는 직원에게 **다소 언성을 높여 "책임을 지게 될 수 있다."라고 이야기한 사정 등만으로는 업무방해행위에 해당하지 않는다**(대판 2021.7.8, 2021도3805 **회계서류를 보여달라 사건**).

위력에 의한 업무방해죄가 성립하는 경우	위력에 의한 업무방해죄가 성립하지 않는 경우
⑦ 피고인들이 마이크를 빼앗으며 유림총회의 회의를 진행하지 못하게 하고 피해자를 비방하면서 걸려 있는 현수막을 제거하고 회의장에 들어가려는 대의원들을 회의에 참석하지 못하게 하였다면 **위력으로 피해자의 유림총회 개최업무를 방해한 것이라고 보아야 할 것이고**, 피해자가 유림대표 선출에 관한 규정에 위배하여 위 회의를 개최하였고 결국 총회의 무기연기가 선언되었다고 하여도 업무방해죄의 성립에 영향이 없다(대판 1991.2.12, 90도2501 **유림총회 방해 사건**). 20. 해경채용	⑥ 갑 고등학교의 교장인 피고인이 신입생 입학 사정 회의 과정에서 면접위원인 피해자들에게 "참 선생님들이 말을 안 듣네. 중학교는 이 정도면 교장 선생님한테 권한을 줘서 끝내는데. 왜 그러는 거죠?" 등 특정 학생을 합격시키라는 취지의 발언을 하여 특정 학생의 면접 점수를 상향시켜 신입생으로 선발되도록 함으로써 위력으로 피해자들의 신입생 면접 업무를 방해하였다는 내용으로 기소된 사안에서, 제반 사정을 종합하면, **피고인은 학교 교장이자 학교입학전형위원회 위원장으로서 위 사정회의에 참석하여 자신의 의견을 밝힌 후 계속하여 논의가 길어지자 발언을 한 것인바, 그 발언에 다소 과도한 표현이 사용되었더라도 위력을 행사하였다고 단정하기 어렵고, 그로 인하여 피해자들의 신입생 면접 업무가 방해될 위험이 발생하였다고 보기도 어렵다**(대판 2023.3.30, 2019도7446) 23. 경찰채용

판례 | 쟁의행위 관련 판례

1 [1] 쟁의행위에서 추구되는 목적이 여러 가지이고 그중 일부가 정당하지 못한 경우에는 주된 목적 내지 진정한 목적의 당부에 의하여 그 쟁의목적의 당부를 판단하여야 할 것이고, **부당한 요구사항을 제외하였다면 쟁의행위를 하지 않았을 것이라고 인정되는 경우에는 그 쟁의행위 전체가 정당성을 갖지 못한다고 보아야 한다.** [2] 정리해고나 사업조직의 통·폐합 등 기업의 구조조정 실시 여부는 경영주체의 고도의 경영상 결단에 속하는 사항으로서 원칙적으로 단체교섭의 대상이 될 수 없어, 그것이 긴박한 경영상의 필요나 합리적 이유 없이 불순한 의도로 추진된다는 등의 특별한 사정이 없음에도 노동조합이 실질적으로 그 실시 자체를 반대하기 위하여 쟁의행위로 나아간다면, 비록 그러한 구조조정의 실시가 근로자들의 지위나 근로조건의 변경을 필연적으로 수반한다 하더라도 그 쟁의행위는 목적의 정당성을 인정할 수 없다. [3] 쟁의행위로서의 파업은 근로자가 사용자에게 압력을 가하여 그 주장을 관철하고자 집단적으로 노무제공을 중단하는 실력행사여서 업무방해죄에서의 위력으로 볼 만한 요소를 포함하고 있지만, 근로자에게는 원칙적으로 헌법상 보장된 기본권으로서 근로조건 향상을 위한 자주적인 단결권·단체교섭권 및 단체행동권이 있으므로, 이러한 파업이 언제나 업무방해죄의 구성요건을 충족한다고 할 것은 아니며 전후 사정과 경위 등에 비추어 전격적으로 이루어져 사용자의 사업운영에 심대한 혼란 내지 막대한 손해를 초래할 위험이 있는 등의 사정으로 사용자의 사업계속에 관한 자유의사가 제압·혼란될 수 있다고 평가할 수 있는 경우 비로소 그러한 집단적 노무제공의 거부도 위력에 해당하여 업무방해죄를 구성한다고 보는 것이 타당하다(대판 2014.11.13, 2011도393 **한국가스공사 파업 사건**). 11·14·20. 국가직 9급, 12·17. 경찰채용·법원직 9급, 13. 변호사·사법시험, 13·14·15. 법원행시, 15. 경찰채용

2 **근로자가 쟁의행위를 함에 있어 조합원의 직접·비밀·무기명투표에 의한 찬성결정이라는 절차를 거쳐야 한다**는 노동조합법 제41조 제1항의 규정은 노동조합의 자주적이고 민주적인 운영을 도모함과 아울러 쟁의행위에 참가한 근로자들이 사후에 그 쟁의행위의 정당성 유무와 관련하여 어떠한 불이익을 당하지 않도록 그 개시에 관한 조합의사의 결정에 보다 신중을 기하기 위하여 마련된 규정이므로 위의 절차를 위반한 쟁의행위는 그 절차를 따를 수 없는 객관적인 사정이 인정되지 아니하는 한 정당성이 상실된다(대판 2007.5.11, 2005도8005 **서울대병원지부 사건**). 11. 경찰승진, 11·13. 법원행시, 15. 경찰채용, 20. 국가직 9급

3 노동쟁의는 특별한 사정이 없는 한 그 절차에 있어 조정절차를 거쳐야 하는 것이지만, 이는 반드시 노동위원회가 조정결정을 한 뒤에 쟁의행위를 하여야만 그 절차가 정당한 것은 아니라고 할 것이고, 노동조합이 노동위원회에 노동쟁의 조정신청을 하여 조정절차가 마쳐지거나 조정이 종료되지 아니한 채 조정기간이 끝나면 조정절차를 거친 것으로서 쟁의행위를 할 수 있는 것이다(대판 2003.12.26, 2001도1863). 14. 사법시험, 16. 경찰간부

4 근로자들의 **직장 또는 사업장시설의 점거는** 적극적인 쟁의행위의 한 형태로서 **그 점거의 범위가 직장 또는 사업장시설의 일부분이고 사용자 측의 출입이나 관리지배를 배제하지 않는 병존적인 점거에 지나지 않을 때에는 정당한 쟁의행위로 볼 수 있으나,** 이와 달리 직장 또는 사업장시설을 전면적·배타적으로 점거하여 조합원 이외의 자의 출입을 저지하거나 사용자 측의 관리지배를 배제하여 업무의 중단 또는 혼란을 야기하게 하는 것과 같은 행위는 정당성의 한계를 벗어난 것이라고 볼 수밖에 없다(대판 2012.5.24, 2010도9963 **쌍용자동차 파업현장 방문 사건**). 13. 법원행시, 20. 국가직 9급

5 2인 이상이 하나의 공간에서 공동생활을 하고 있는 경우에는 각자 주거의 평온을 누릴 권리가 있으므로 **사용자가 제3자와 공동으로 관리·사용하는 공간을 사용자에 대한 쟁의행위를 이유로 관리자의 의사에 반하여 침입·점거한 경우,** 비록 그 공간의 점거가 사용자에 대한 관계에서 정당한 쟁의행위로 평가될 여지가 있다 하여도 이를 공동으로 관리·사용하는 제3자의 명시적 또는 추정적인 승낙이 없는 이상 제3자에 대하여서까지 이를 정당행위라고 하여 주거침입의 위법성이 조각된다고 볼 수 없다(대판 2010.3.11, 2009도5008 **코스콤 한국거래소 로비점거 사건**). 11·15. 경찰채용, 12. 사법시험, 12·18. 경찰간부, 13·16. 법원행시

6 사용자가 적법하게 직장폐쇄를 하게 되면, 사용자의 사업장에 대한 물권적 지배권이 전면적으로 회복되는 결과 사용자는 사업장을 점거 중인 근로자들에 대하여 정당하게 사업장으로부터의 퇴거를 요구할 수 있고 퇴거를 요구받은 이후의 직장점거는 위법하게 되므로 **적법하게 직장폐쇄를 단행한 사용자로부터 퇴거요구를 받고도 불응한 채 직장점거를 계속한 행위는 퇴거불응죄를 구성한다**(대판 2005.6.9, 2004도7218 **군산축협 파업 사건**). 11. 법원행시

7 사용자의 직장폐쇄는 노사간의 교섭태도, 경과, 근로자 측 쟁의행위의 태양, 그로 인하여 사용자 측이 받는 타격의 정도 등에 관한 구체적 사정에 비추어 형평의 견지에서 근로자 측의 쟁의행위에 대한 대항·방위수단으로서 상당성이 인정되는 경우에 한하여 정당한 쟁의행위로 평가받을 수 있는 것이고, **사용자의 직장폐쇄가 정당한 쟁의행위로 인정되지 아니하는 때에는 적법한 쟁의행위로서 사업장을 점거 중인 근로자들이 직장폐쇄를 단행한 사용자로부터 퇴거요구를 받고 이에 불응한 채 직장점거를 계속하더라도 퇴거불응죄가 성립하지 아니한다**(대판 2007.12.28, 2007도5204 **서울시건축사회 회의실 점거 사건**). 12. 경찰간부, 12·13. 사법시험, 15. 법원직 9급

8 사용자의 직장폐쇄는 사용자와 근로자의 교섭태도와 교섭과정, 근로자의 쟁의행위의 목적과 방법 및 그로 인하여 사용자가 받는 타격의 정도 등 구체적인 사정에 비추어 근로자의 쟁의행위에 대한 방어수단으로서 상당성이 있어야만 사용자의 정당한 쟁의행위로 인정될 수 있고, **사용자의 직장폐쇄가 정당한 쟁의행위로 인정되지 아니하는 때에는 다른 특별한 사정이 없는 한 근로자가 평소 출입이 허용되는 사업장 안에 들어가는 행위가 주거침입죄를 구성하지 아니한다**(대판 2002.9.24, 2002도2243 **남서울대학교 사건**). 11·20. 경찰승진, 15·20. 경찰채용, 15. 경찰간부

9 근로자가 그 주장을 관철할 목적으로 근로의 제공을 거부하여 **업무의 정상적인 운영을 저해하는 쟁의행위로서의 파업도,** 단순히 근로계약에 따른 노무의 제공을 거부하는 **부작위에 그치지 아니하고** 이를 넘어서 사용자에게 압력을 가하여 근로자의 주장을 관철하고자 집단적으로 노무제공을 중단하는 실력행사이므로, 업무방해죄에서 말하는 위력에 해당하는 요소를 포함하고 있다[대판 2011.3.17, 2007도482(전합)]. ➡ 파업은 부작위가 아니라 작위에 해당한다는 의미의 판례 19. 경찰채용

10 노동조합 및 노동관계조정법 시행령 제17조에서 규정하고 있는 쟁의행위의 일시·장소·참가인원 및 그 방법에 관한 **서면신고의무**는 쟁의행위를 함에 있어 그 세부적·형식적 절차를 규정한 것으로서 쟁의행위에 적법성을 부여하기 위하여 필요한 본질적인 요소는 아니므로 신고절차의 미준수만을 이유로 **쟁의행위의 정당성을 부정할 수는 없다**(대판 2007.12.28, 2007도5204 **서울시건축사회 회의실 점거 사건**). 21. 경찰간부

판례비교

쟁의행위 등이 업무방해죄를 구성하는 경우	쟁의행위 등이 업무방해죄 등을 구성하지 않는 경우
① 피고인을 포함한 집회 참가자 약 1,500명이 당초 신고한 집회장소를 벗어나 **홈에버 월드컵몰점을 둘러싸고 함성을 지르며 매장점거를 계속 시도하였고**, 그 과정에서 이를 저지하는 경찰과 충돌하여 폭력을 행사하여 매장을 방문한 손님들의 출입이 현저히 곤란해진 사실 등이 있는 경우, 위력에 의한 **업무방해죄를 구성한다**(대판 2011.10.13, 2009도5698 **홈에버 월드컵몰점 시위 사건**).	① **쟁의행위에 대한 찬반투표 실시를 위하여** 전체 조합원이 참석할 수 있도록 근무시간 중에 노동조합 임시총회를 개최하고 3시간에 걸친 투표 후 1시간의 여흥시간을 가졌더라도 그 임시총회 개최행위는 전체적으로 노동조합의 정당한 행위에 해당한다(대판 1994.2.22, 93도613). 13. 법원직 9급, 16. 경찰채용·경찰승진
② 피고인을 비롯한 전국철도노동조합 집행부가 중앙노동위원회 위원장의 직권중재회부결정에도 불구하고 파업에 돌입할 것을 지시하여, 조합원들이 사업장에 출근하지 아니한 채 업무를 거부하여 철도운행이 중단되도록 함으로써 사용자(한국철도공사)에게 손해를 입힌 경우 업무방해죄가 성립한다[대판 2011.3.17, 2007도482(전합) **2006년 철도파업 사건**]. 14. 경찰채용, 18. 경찰간부	② 사용자 측의 노사간 교섭에 소극적인 태도, 노동조합의 파업이 노사간 교섭력의 균형과 사용자 측 업무수행에 미치는 영향 등에 비추어 노동조합이 파업을 시작한 지 불과 4시간 만에 사용자가 바로 직장폐쇄조치를 취한 것은 정당한 쟁의행위로 인정되지 아니하므로, 사용자 측 시설을 정당하게 점거한 조합원들이 사용자로부터 퇴거요구를 받고 이에 불응하였더라도 퇴거불응죄는 성립하지 아니한다(대판 2007.12.28, 2007도5204 **서울시건축사회 회의실 점거 사건**). 12. 경찰간부, 12·13. 사법시험, 15. 법원직 9급
③ 한국통신공사의 직원들의 경우 단체협약에 따른 공사 사장의 지시로 09:00 이전에 출근하여 업무준비를 한 후 09:00부터 근무를 하도록 되어 있음에도 피고인이 쟁의행위의 적법한 절차를 거치지도 아니한 채 **조합원들로 하여금 09:00 정각에 출근하도록 지시를 하여 이에 따라 수백·수천 명의 조합원들이 집단적으로 09:00 정각에 출근함으로써 전화고장수리가 지연되는 등으로 위 공사의 업무수행에 지장을 초래하였다면 이는 정당한 쟁의행위의 한계를 벗어난 것으로 업무방해죄를 구성한다**(대판 1996.5.10, 96도419 **한국통신 파업 사건**). 14. 경찰간부	③ 쟁의행위에 참여한 조합원의 수가 소수이고 쟁의행위로 인하여 남서울대학교의 업무수행에 특별한 지장이 초래될 만한 상황이 아니었다면 **남서울대학교의 직장폐쇄는 쟁의행위에 대한 방어수단으로서 정당성이 있다고 볼 수 없으므로, 남서울대학교노동조합의 조합원인 피고인들이 학교 구내로서 특별히 일반 교직원들의 출입이 통제되지 아니한 주차장과 식당 또는 노동조합 사무실 등지에 출입한 행위는 주거침입죄에 해당하지 아니한다**(대판 2002.9.24, 2002도2243 **남서울대학교 사건**). 11. 경찰승진, 15. 경찰채용·경찰간부

03 컴퓨터 등 장애업무방해죄

> **형법**
>
> 제314조【업무방해】② 컴퓨터 등 정보처리장치 또는 전자기록 등 특수매체기록을 **손괴**하거나 정보처리장치에 **허위의 정보** 또는 **부정한 명령**을 입력하거나 기타 방법으로 정보처리에 장애를 발생하게 하여 사람의 업무를 방해한 자도 제1항의 형과 같다.

객관적 구성요건	객체	① '컴퓨터 등 정보처리장치'란 자동적으로 정보처리장치를 하는 것으로 어느 정도 독립성을 갖추고 업무에 사용되고 있는 것을 의미함 ② '전자기록'이란 전자적 방식과 자기적 방식에 의하여 만들어진 기록을 의미하고, '특수매체기록'이란 사람의 지각으로 인식할 수 없는 방식에 의하여 만들어진 기록으로 정보처리장치에 의하여 사용되는 것을 의미함
	행위	'손괴'란 유형력을 행사하여 효용을 해하는 것이고, '허위의 정보 또는 부정한 명령의 입력'이란 객관적으로 진실에 반하는 내용의 정보를 입력하거나 정보처리장치를 운영하는 본래의 목적과 상이한 명령을 입력하는 것이고, '기타 방법'이란 컴퓨터 작동에 직접·간접으로 영향을 미치는 일체의 행위를 의미함
	기수	**기수시기는 정보처리에 장애를 발생시켜 업무방해의 위험을 초래**할 때이고, 현실적으로 업무방해의 결과가 초래될 것을 요하지 않음

판례 | 컴퓨터 등 장애업무방해죄의 성립요건 등

1 컴퓨터 등 장애업무방해죄에서 '**기타 방법**'이란 컴퓨터의 정보처리에 장애를 초래하는 가해수단으로서 컴퓨터의 작동에 직접·간접으로 영향을 미치는 일체의 행위를 말하나, 위 죄가 성립하기 위해서는 **가해행위의 결과** 정보처리장치가 그 사용목적에 부합하는 기능을 하지 못하거나 사용목적과 다른 기능을 하는 등 **정보처리의 장애가 현실적으로 발생하였을 것을 요한다**(대판 2013.3.14, 2010도410 **소비자불매운동 사건**). 12. 법원직 9급

2 컴퓨터 등 장애업무방해죄가 성립하기 위해서는 가해행위 결과 정보처리장치가 그 사용목적에 부합하는 기능을 하지 못하거나 사용목적과 다른 기능을 하는 등 정보처리에 장애가 현실적으로 발생하였을 것을 요한다고 할 것이나, **정보처리에 장애를 발생하게 하여 업무방해의 결과를 초래할 위험이 발생한 이상, 나아가 업무방해의 결과가 실제로 발생하지 않더라도 위 죄가 성립한다**(대판 2013.3.28, 2010도14607 **eWeb.exe 사건**).

컴퓨터 등 장애업무방해죄가 성립하는 경우	컴퓨터 등 장애업무방해죄가 성립하지 않는 경우
① 주택재건축조합 조합장인 피고인이 조합의 감사 A가 자신을 탄핵하는 것을 저지하기 위하여 조합사무실에 있던 컴퓨터 중 **경리 여직원 B가 사용하던 컴퓨터에 자신만이 아는 비밀번호를 설정하고, 조합업무담당자 C가 사용하던 컴퓨터의 하드디스크를 분리하여 사무실 금고에 보관하게 하여 감사 A가 탄핵자료를 수집하지 못하게 한 경우,** 함부로 컴퓨터에 비밀번호를 설정한 행위는 '허위의 정보 또는 부정한 명령의 입력'에 해당하고 컴퓨터의 하드디스크를 분리·보관한 행위는 '손괴'에 해당하므로 **컴퓨터 등 장애업무방해죄가 성립한다**(대판 2012.5. 24, 2011도7943 **조합장 감사 방해 사건**). 14. 사법시험	① **메인 컴퓨터의 비밀번호는 시스템관리자가 시스템에 접근하기 위하여 사용하는 보안수단에 불과하므로, 피고인이 단순히 메인 컴퓨터의 비밀번호를 알려주지 아니한 것만으로는** 정보처리장치의 작동에 직접 영향을 주어 그 사용목적에 부합하는 기능을 하지 못하게 하거나 사용목적과 다른 기능을 하게 하였다고 볼 수 없어 **컴퓨터 등 장애업무방해죄로 의율할 수 없다**(대판 2004.7.9, 2002도631). 15. 사법시험, 17. 변호사
② 피고인이 포털사이트 운영회사의 통계집계시스템 서버에 허위의 클릭정보를 전송하여 검색순위 결정과정에서 위와 같이 전송된 허위의 클릭정보가 실제로 통계에 반영됨으로써 정보처리에 장애가 현실적으로 발생하였다면, 그로 인하여 실제로 검색순위의 변동을 초래하지는 않았다 하더라도 **컴퓨터 등 장애업무방해죄가 성립한다**(대판 2009.4.9, 2008도11978 **상위등록 프로그램 사건**). 12·14. 사법시험, 13. 경찰채용, 16. 변호사	② 피고인들이 배포한 '업링크솔루션'이라는 프로그램은, 네이버 포털사이트 서버가 이용자의 컴퓨터에 정보를 전송하는 데에는 아무런 영향을 주지 않고, 다만 이용자의 동의에 따라 프로그램이 설치된 컴퓨터 화면에서만 네이버 화면이 전송받은 원래 모습과는 달리 피고인들의 광고가 대체 혹은 삽입된 형태로 나타나도록 하는 것에 불과하므로, 이것만으로는 정보처리장치의 작동에 직접·간접으로 영향을 주어 그 사용목적에 부합하는 기능을 하지 못하게 하거나 사용목적과 다른 기능을 하게 하였다고 볼 수 없어 **컴퓨터 등 장애업무방해죄로 의율할 수 없다**(대판 2010.9.30, 2009도12238 **업링크솔루션 사건**). 14. 사법시험
③ 전보발령으로 웹서버를 관리·운영할 권한이 없는 피고인이 웹서버에 접속하여 홈페이지 관리자의 비밀번호를 무단으로 변경한 행위는 정당한 행위라고 할 수 없고, 그로 인하여 정보처리장치에 현실적인 장애를 발생시킴으로써 대학 측에 대하여 업무방해의 위험을 초래한 행위에 해당하여 **컴퓨터 등 장애업무방해죄를 구성한다**(대판 2007.3.16, 2006도6663 **신성대학교 사건**). 13. 경찰채용, 16. 경찰승진	

04 경매·입찰방해죄

> **형법**
> 제315조【경매·입찰의 방해】 **위계** 또는 **위력** 기타 방법으로 경매 또는 입찰의 공정을 해한 자는 2년 이하의 징역 또는 700만원 이하의 벌금에 처한다.

객관적 구성요건	객체	경매·입찰이란 매매·도급 등의 계약과정에서 다수인으로부터 청약을 받고 그중 가장 좋은 조건을 제시한 청약자와 계약을 체결하는 것을 의미함
	행위	입찰방해죄는 위계 또는 위력 기타의 방법으로 입찰의 공정을 해하는 경우에 성립하는 위태범으로서 결과의 불공정이 현실적으로 나타나는 것을 필요로 하지 않고, 여기서 **'입찰의 공정을 해하는 행위'란** 공정한 자유경쟁을 방해할 염려가 있는 상태를 발생시키는 것, 즉 공정한 자유경쟁을 통한 적정한 가격형성에 부당한 영향을 주는 상태를 발생시키는 것으로 그 행위에는 가격결정뿐 아니라 '적법하고 공정한 경쟁방법'을 해하는 행위도 포함된다(대판 2011.1.27, 2010도1191 **박연차 게이트 사건**).

판례비교

입찰방해죄가 성립하는 경우	입찰방해죄가 성립하지 않는 경우
① 입찰참가자들 사이의 담합행위가 입찰방해죄로 되기 위하여는 반드시 입찰참가자 전원과의 사이에 담합이 이루어져야 하는 것은 아니고, 입찰참가자들 중 일부와의 사이에만 담합이 이루어진 경우라고 하더라도 그것이 입찰의 공정을 해하는 것으로 평가되는 이상 투찰에 참여한 업체의 수가 많아서 실제로 가격형성에 부당한 영향을 주지 않았다고 하더라도 입찰방해죄는 성립한다(대판 2009.5.14, 2008도11361 **나라장터 전자입찰 사건**). 12. 경찰채용, 17. 법원행시	① 입찰방해행위가 있다고 하기 위해서는 그 방해의 대상이 되는 입찰절차가 존재하여야 할 것이므로 공정한 자유경쟁을 통한 적정한 가격형성을 목적으로 하는 **입찰절차가 아니라 공적·사적 경제주체의 임의의 선택에 따른 계약체결의 과정에 공정한 경쟁을 해하는 행위가 개재되었다 하여 입찰방해죄로 처벌할 수는 없다**(대판 2008.12.24, 2007도9287 **포항 폐기물처리장부지 사건**). 17. 법원행시, 20. 경찰채용
② 입찰자들 상호간에 특정 업체가 낙찰받기로 하는 담합이 이루어진 상태에서 그 특정 업체를 포함한 다른 입찰자들은 당초의 합의에 따라 입찰에 참가하였으나 일부 입찰자는 **자신이 낙찰받기 위하여 당초의 합의에 따르지 아니한 채 오히려 낙찰받기로 한 특정 업체보다 저가로 입찰하였다면**, 이러한 일부 입찰자의 행위는 담합을 이용하여 낙찰을 받은 것이라는 점에서 적법하고 공정한 경쟁방법을 해한 것이 되고 따라서 이러한 일부 입찰자의 행위 역시 **입찰방해죄에 해당한다**(대판 2010.10.14, 2010도4940 **음성유도기 담합 사건**). 12. 경찰승진, 14. 법원행시	② 입찰방해행위가 있다고 인정하기 위하여는 그 방해의 대상인 입찰이 현실적으로 존재하여야 한다고 볼 것이므로 실제로 실시된 입찰절차에서 실질적으로는 단독입찰을 하면서 마치 경쟁입찰을 한 것처럼 가장하는 경우와는 달리, 실제로는 수의계약을 체결하면서 입찰절차를 거쳤다는 증빙을 남기기 위하여 입찰을 전혀 시행하지 아니한 채 형식적인 입찰서류만을 작성하여 입찰이 있었던 것처럼 조작한 행위는 **입찰방해행위에 해당한다고 할 수 없다**(대판 2001.2.9, 2000도4700 **홍명고 체육관공사 사건**). 17. 경찰간부

③ 설사 유찰방지를 위한 수단에 불과하여 입찰가격에 있어 입찰실시자의 이익을 해하거나 입찰자에게 부당한 이익을 얻게 하는 것이 아니었다 하더라도 **실질적으로는 단독입찰을 하면서 경쟁입찰인것 같이 가장하였다면** 그 입찰가격으로서 낙찰하게 한 점에서 **경쟁입찰의 방법을 해한 것이 되어 입찰의 공정을 해한 것이 된다**(대판 1988.3.8, 87도2646 **대학교 졸업앨범 입찰 사건**). 12. 경찰채용

④ 입찰장소의 주변을 에워싸고 **사람들의 출입을 막는 등** 위력을 사용하여 입찰에 참가하려는 사람을 참석하지 못하도록 한 행위가 입찰방해죄를 구성한다(대판 1993.2.23, 92도3395).

⑤ 고속도로 휴게소 운영권 입찰에서 여러 회사가 각자 입찰에 참가하되 누구라도 낙찰될 경우 동업하여 새로운 회사를 설립하고 그 회사로 하여금 휴게소를 운영하기로 합의한 후 입찰에 참가한 경우, 이는 실질적으로는 하나의 회사가 입찰에 참가한 것이면서도 단지 낙찰확률을 높이기 위해 다수의 회사가 입찰에 참가한 것처럼 가장한 것에 불과한 것일 뿐 아니라 (중략) 적법하고 공정한 경쟁방법을 해하여 **입찰의 공정을 해한 것이다**(대판 2006.12.22, 2004도2581 **천안논산고속도로 휴게소 사건**).
14. 법원행시

③ 입찰자들의 전부 또는 일부 사이에서 담합을 시도하는 행위가 있었을 뿐 **실제로 담합이 이루어지지 못하였고** 또 위계 또는 위력 기타의 방법으로 담합이 이루어진 것과 같은 결과를 얻어내거나 다른 입찰자들의 응찰 내지 투찰행위를 저지하려는 시도가 있었지만 역시 그 위계 또는 위력 등의 정도가 **담합이 이루어진 것과 같은 결과를 얻어내거나 그들의 응찰 내지 투찰행위를 저지할 정도에 이르지 못하였고 또 실제로 방해된 바도 없다면,** 이로써 공정한 자유경쟁을 방해할 염려가 있는 상태, 즉 공정한 자유경쟁을 통한 적정한 가격형성에 부당한 영향을 주는 상태를 발생시켜 그 입찰의 공정을 해하였다고 볼 수 없어, 이는 **입찰방해미수행위에 불과하고 입찰방해죄의 기수에 이르렀다고 할 수는 없다**(대판 2003.9.26, 2002도3924 **문화재보수공사 사건**).
14. 법원행시, 20. 경찰채용

④ 담합이 있고 그에 따른 담합금이 수수되었다 하더라도 입찰시행자의 이익을 해함이 없이 자유로운 경쟁을 한 것과 동일한 결과로 되는 경우에는 입찰의 공정을 해할 위험성은 없다고 하여야 할 것인바, **피고인 甲이 담합을 제의하였으나 乙·丙 등 실질적인 입찰참가자가 이를 받아들이지 않은 이상 그들을 형식적으로 입찰에 참가하게 하여 甲의 실질적인 단독입찰을 경쟁입찰로 가장한 것이라고 볼 수 없고 결국은 자유경쟁을 한 것과 동일한 결과로 되어 입찰방해죄가 성립한다고 볼 수 없다**(대판 1983.1.18, 81도824 **국유림 매각 사건**). 12·20. 경찰채용

⑤ 수분양자를 선정하는 절차를 진행함에 있어, 신청자격이 없는 자가 총 12인의 신청자 중 9인과 맺은 합작투자의 약정에 따라 그 신청자의 자격과 명의를 빌려 당첨확률을 약 75%까지 인위적으로 높여 분양을 신청한 경우 **분양절차는 공정한 자유경쟁을 통한 적정한 가격형성을 목적으로 하는 입찰절차에 해당하지 않는다**(대판 2008.5.29, 2007도5037 **중고차매매단지 분양사건**). 22. 경찰채용

제4장 사생활의 평온에 대한 죄

제1절 비밀침해의 죄

01 비밀침해죄

> **형법**
>
> 제316조【비밀침해】① 봉함 기타 비밀장치한 사람의 편지·문서 또는 도화를 **개봉한 자**는 3년 이하의 징역이나 금고 또는 500만원 이하의 벌금에 처한다.
>
> ② 봉함 기타 비밀장치한 사람의 편지·문서·도화 또는 전자기록 등 특수매체기록을 **기술적 수단**을 이용하여 그 내용을 **알아낸 자**도 제1항의 형과 같다.

> ⚖️**판례** | 전자기록등내용탐지죄가 성립하지 않는 경우
>
> [1] 아이디 등은 전자방식에 의하여 피해자의 노트북 컴퓨터에 저장된 기록으로서 형법 제316조 제2항의 '**전자기록 등 특수매체기록**'에 해당한다. [2] 피고인이 사무실에서 직장 동료인 피해자의 노트북 컴퓨터에 속칭 '키로그'라는 프로그램을 몰래 설치하여 피해자가 네이트온, 카카오톡, 구글 계정에 접속하는 과정에서 컴퓨터 키보드에 입력한 아이디 및 비밀번호(이하 '아이디 등')를 알아냈는바, 아이디 등 혹은 그 내용이 기록된 텍스트 파일에 봉함 기타 비밀장치가 되어 있는 것으로 볼 수 없고 달리 이를 인정할 증거가 없으며, 오히려 피해자의 노트북 컴퓨터 그 자체에는 비밀번호나 화면보호기 등 별도의 보안장치가 설정되어 있지 않았던 것으로 보일 뿐이다. 결국 **아이디 등이** 형법 제316조 제2항에 규정된 **전자기록 등 특수매체기록에는 해당하더라도 이에 대하여 별도의 보안장치가 설정되어 있지 않은 등 비밀장치가 된 것으로 볼 수 없는 이상, 아이디 등을 위 프로그램을 이용하여 알아냈더라도 전자기록등내용탐지죄는 성립하지 않는다**(대판 2022.3.31, 2021도8900 **키로그 프로그램 사건**). 23. 경찰채용

02 업무상비밀누설죄

> **형법**
>
> 제317조【업무상비밀누설】① 의사·한의사·치과의사·약제사·약종상·조산사·변호사·변리사·공인회계사·공증인·대서업자나 그 직무상 보조자 또는 차등의 직에 있던 자가 그 **직무처리 중 지득**한 타인의 비밀을 누설한 때에는 3년 이하의 징역이나 금고, 10년 이하의 자격정지 또는 700만원 이하의 벌금에 처한다.
>
> ② 종교의 직에 있는 자 또는 있던 자가 그 직무상 지득한 사람의 비밀을 누설한 때에도 전항의 형과 같다.

제2절 주거침입의 죄

01 주거침입죄

> **형법**
>
> 제319조 【주거침입】 ① 사람의 **주거, 관리하는 건조물, 선박**이나 **항공기** 또는 **점유하는 방실**에 침입한 자는
> 3년 이하의 징역 또는 500만원 이하의 벌금에 처한다.

객관적 구성요건	객체	사람의 주거, 관리하는 건조물, 선박, 항공기 또는 점유하는 방실(**《주의》** 자동차 ✕) 11. 경찰채용
	행위	① 침입: **주거자 등의 의사에 반하여** 주거 등에 들어가는 것 ② 주거자 등을 기망하여 주거에 들어간 경우 주거침입죄가 성립한다는 견해와 성립하지 않는다는 견해가 대립함 ③ 공중에 개방되어 있는 장소(**예** 은행, 백화점, 관공서, 식당 등)에 범죄목적으로 들어간 경 우 주거침입죄가 성립한다는 견해와 성립하지 않는다는 견해가 대립함 ④ 복수의 주거자 등이 있고 그중 일부 주거자의 승낙이 다른 주거자의 의사에 반하는 경우 **주거침입죄가 성립하지 않음**(판례)
	기수	기수시기는 신체의 **일부라도 들어간 때**라는 견해(일부침입시설·판례)와 신체의 전부가 들어간 때라는 견해(전부침입시설·다수설)가 대립함

02 퇴거불응죄

> **형법**
>
> 제319조 【퇴거불응】 ② 전항의 장소에서 퇴거요구를 받고 응하지 아니한 자도 전항의 형과 같다.

객관적 구성요건	주체	주거 등에 적법하게 또는 과실로 들어간 자. **처음부터 고의로 위법하게 들어간 경우 주 거침입죄가 성립**할 뿐, 퇴거불응죄는 성립하지 않음
	행위	퇴거요구를 받고 응하지 않는 것
	미수	**본죄는 미수범 처벌규정이 있으나** 퇴거요구에 응하지 않으면 즉시 기수가 되므로 미수 범 성립을 인정할 수 없음(다수설)

1 주거침입죄에 있어서 주거라 함은 단순히 가옥 자체만을 말하는 것이 아니라 그 정원 등 위요지(圍繞地)를 포함한다(대판 2009.9.10, 2009도4335 **엘리베이터 폭행, 계단 강간 사건**). 12. 변호사, 13. 사법시험, 17. 법원직 9급

2 위요지(圍繞地)가 되기 위하여는 건조물에 인접한 그 주변 토지로서 **관리자가 외부와의 경계에 문과 담 등을 설치하여 그 토지가 건조물의 이용을 위하여 제공되었다는 것이 명확히 드러나야 할 것인데**, 화단의 설치, 수목의 식재 등으로 담장의 설치를 대체하는 경우에도 건조물에 인접한 그 주변 토지가 건물, 화단, 수 목 등으로 둘러싸여 건조물의 이용에 제공되었다는 것이 명확히 드러난다면 위요지가 될 수 있다(대판 2010.3.11, 2009도12609 **전남대병원 시위 사건**). 12. 경찰채용, 13. 경찰승진

3 다가구용 단독주택이나 다세대주택·연립주택·아파트 등 공동주택 안에서 공용으로 사용하는 엘리베이 터, 계단과 복도는 주거로 사용하는 각 가구 또는 세대의 전용 부분에 필수적으로 부속하는 부분으로서 그 거주자들에 의하여 일상생활에서 감시·관리가 예정되어 있고 사실상의 주거의 평온을 보호할 필요성이 있는 부분이므로, 다가구용 단독주택이나 다세대주택·연립주택·아파트 등 공동주택의 내부에 있는 엘리 베이터, 공용 계단과 복도는 특별한 사정이 없는 한 주거침입죄의 객체인 '사람의 주거'에 해당한다(대판 2009.9.10, 2009도4335 **엘리베이터 폭행, 계단 강간 사건**). 12. 경찰채용·변호사, 12·13. 법원행시, 12·13·16. 경찰승진, 12· 15·17. 법원직 9급, 14. 국가직 9급

4 **주거침입죄의 실행의 착수**는 주거자, 관리자, 점유자 등의 의사에 반하여 주거나 관리하는 건조물 등에 들 어가는 행위, 즉 구성요건의 일부를 실현하는 행위까지 요구하는 것은 아니고 범죄구성요건의 실현에 이르 는 현실적 위험성을 포함하는 행위를 개시하는 것으로 족하다(대판 2008.4.10, 2008도1464 **초인종 사건**). 11. 경찰간부, 11·20. 국가직 7급, 16. 경찰채용, 17·20. 경찰승진, 20. 국가직 9급

5 [1] 주거침입죄는 사실상의 주거의 평온을 보호법익으로 하는 것이므로 반드시 행위자의 신체의 전부가 범 행의 목적인 타인의 주거 안으로 들어가야만 성립하는 것이 아니라 신체의 일부만 타인의 주거 안으로 들 어갔다고 하더라도 거주자가 누리는 사실상의 주거의 평온을 해할 수 있는 정도에 이르렀다면 범죄구성 요건을 충족하는 것이고, 신체의 극히 일부분이 주거 안으로 들어갔지만 사실상 주거의 평온을 해하는 정 도에 이르지 아니하였다면 주거침입죄의 미수에 그친다. [2] 피고인이 **피해자 A의 집에서 A를 강간하기 위하여 그 집 담벽에 발을 딛고 창문을 열고 안으로 얼굴을 들이미는** 등의 행위를 한 경우, 피고인이 자신 의 신체의 일부가 집 안으로 들어간다는 인식하에 하였더라도 주거침입죄의 범의는 인정되고 또한 비록 신 체의 일부만이 집 안으로 들어갔다고 하더라도 **사실상 주거의 평온을 해하였다면 주거침입죄는 기수에 이르렀다고 할 것이다**(대판 1995.9.15, 94도2561 **창문 얼굴 사건**). 11. 국가직 9급, 11·12. 법원행시, 11·12·14·15. 경찰승진, 13. 경찰간부, 15. 법원직 9급, 15·16. 경찰채용

6 주거침입죄는 사실상의 주거의 평온을 보호법익으로 하는 것이므로 그 거주자 또는 관리자가 건조물 등에 거주 또는 관리할 권한을 가지고 있는가 여부는 범죄의 성립을 좌우하는 것이 아니다(대판 2007.8.23, 2007도2595 **쿨하지 못한 동거남 사건**). 11·13. 법원행시, 13. 국가직 9급

7 주거침입죄는 사실상의 주거의 평온을 보호법익으로 하는 것이므로 그 주거자 또는 간수자가 건조물 등에 거주 또는 간수할 권리를 가지고 있는가의 여부는 범죄의 성립을 좌우하는 것이 아니며, 점유할 권리 없는 자의 점유라 하더라도 그 주거의 평온은 보호되어야 할 것이므로 권리자가 그 권리를 실행함에 있어 법에 정하여진 절차에 의하지 아니하고 그 건조물 등에 침입한 경우에는 주거침입죄가 성립한다(대판 2008.5.8, 2007도11322 **주택 무단입주 사건**). 12. 법원직 9급, 13. 경찰간부, 16. 법원행시, 20. 경찰채용·경찰승진

8 주거침입죄가 사실상 주거의 평온을 보호법익으로 하는 이상 공동주거에서 생활하는 공동거주자 개개인은 각자 사실상 주거의 평온을 누릴 수 있다. 그런데 **공동거주자 각자는 특별한 사정이 없는 한 공동주거관계의 취지 및 특성에 맞추어 공동주거 중 공동생활의 장소로 설정한 부분에 출입하여 공동의 공간을 이용할 수 있는 것과 같은 이유로, 다른 공동거주자가 이에 출입하여 이용하는 것을 용인할 수인의무도 있다.** 그것이 공동거주자가 공동주거를 이용하는 보편적인 모습이기도 하다. 이처럼 공동거주자 각자가 공동생활의 장소에서 누리는 사실상 주거의 평온이라는 법익은 공동거주자 상호간의 관계로 인하여 일정 부분 제약될 수밖에 없고, 공동거주자는 이러한 사정에 대한 상호 용인하에 공동주거관계를 형성하기로 하였다고 보아야 한다. 따라서 **공동거주자 상호간에는 특별한 사정이 없는 한 다른 공동거주자가 공동생활의 장소에 자유로이 출입하고 이를 이용하는 것을 금지할 수 없다**[대판 2021.9.9, 2020도6085(전합) **공동아파트 침입 사건**].

9 '거주자의 평온 상태'가 실질적으로 침해됐는지를 따져보아야 한다고 하며, 일반인의 출입이 허용된 음식점에 영업주의 승낙을 받아 통상적인 출입 방법으로 들어갔다면 설령 영업주가 실제 출입 목적을 알았더라면 출입을 승낙하지 않았을 것이라는 사정이 인정되더라도 사실상의 평온 상태가 침해됐다고 평가할 수 없으므로 주거침입죄가 성립하지 않는다[대판 2022.3.24, 2017도18272(전합)]. 22. 국가직 7급, 23. 경찰간부 ➡ 일반인의 출입이 허용된 음식점이라도 음식점의 방실에 도청용 송신기를 설치할 목적으로 들어간 것은 영업주의 명시적 또는 추정적 의사에 반한다고 보아 주거침입죄가 성립한다고 인정한 대법원 판결(대판 1997.3.28, 95도2674 초원복집 사건)을 비롯하여 같은 취지의 대법원 판결들은 이 판결의 견해에 배치되는 범위 안에서 변경함

10 관리자에 의해 출입이 통제되는 건조물에 관리자의 승낙을 받아 건조물에 **통상적인 출입방법으로 들어갔다면, 이러한 승낙의 의사표시에 기망이나 착오 등의 하자가 있더라도 특별한 사정이 없는 한 형법 제319조 제1항에서 정한 건조물침입죄가 성립하지 않는다**(대판 2022.3.31, 2018도15213). ➡ 서울구치소에 수용 중인 사람을 취재하고자 서울구치소장의 허가 없이 접견내용을 촬영·녹음할 목적으로 명함지갑 모양으로 제작된 녹음·녹화장비를 몰래 소지하고 서울구치소에 들어갔는데 서울구치소장이나 교도관이 이러한 사실을 알았더라면 피고인들이 이를 소지한 채 서울구치소에 출입하는 것을 승낙하지 않았을 것이라는 사정은 승낙의 동기가 착오가 있는 것에 지나지 않아 피고인들이 서울구치소장이나 교도관의 의사에 반하여 구치소에 출입하거나 사실상의 평온상태를 해치는 모습으로 서울구치소 내 민원실이나 접견실에 침입한 것으로 평가할 수 없다. 따라서 피고인들의 행위는 건조물침입죄에 해당하지 않는다.

11 피고인이 연인관계에 있는 피해자로부터 안방에 TV를 설치하여 달라는 요청을 받아 통상적인 출입방법에 따라 피해자의 안방에 들어간 후 피해자가 있는 자리에서 TV를 설치한 사실, 피해자도 이 사건 당시 피고인의 행위가 주거침입은 아니라고 인식하고 있었던 사실을 알 수 있고 달리 **피해자의 사실상 평온상태가 침해되었다고 볼 만한 사정이 없다. 그렇다면 앞서 본 법리에 비추어 피고인의 출입이 비록 범죄 등의 목적을 숨기고 한 것이라도 주거침입죄가 성립한다고 단정할 수 없다**(대판 2022.4.28, 2022도1717). 23. 경찰채용

주거침입죄 등이 성립하는 경우	주거침입죄 등이 성립하지 않는 경우
① 피고인이 강간할 목적으로 피해자를 따라 **아파트 내부의 엘리베이터에 탄 다음 그 안에서 폭행을 가하여 반항을 억압한 후 계단으로 끌고 가 피해자를 강간하고 상해를 입힌 경우**, 피고인은 성폭력범죄의 처벌 및 피해자보호 등에 관한 법률 제5조 제1항(개정법 제3조 제1항)에 정한 **주거침입범의 신분을 가지게 되었으므로 같은 법 제9조 제1항(개정법 제8조 제1항)의 강간 등 상해죄가 성립한다**(대판 2009.9.10, 2009도4335 **엘리베이터 폭행, 계단 강간 사건**). 13. 경찰승진	① 차량 통행이 빈번한 도로에 바로 접하여 있고, 도로에서 주거용 건물, 축사 4동 및 비닐하우스 2동으로 이루어진 시설로 들어가는 입구 등에 출입을 통제하는 문이나 담 기타 인적·물적 설비가 전혀 없고 노폭 5m 정도의 통로를 통하여 누구나 축사 앞 공터에 이르기까지 자유롭게 드나들 수 있는 경우, 피고인이 차를 몰고 위 통로로 진입하여 축사 앞 공터까지 들어간 행위는 주거침입에 해당하지 아니한다(대판 2010.4.29, 2009도14643 **과천축산 사건**). 11. 경찰간부, 13. 법원행시
② 피고인이 **빌라의 시정되지 않은 대문을 열고 들어가 계단으로 빌라 3층까지 올라가서 그곳의 문을 두드려 본 후 다시 1층으로 내려온 경우**, 피고인이 빌라의 대문을 열고 계단으로 들어간 이상 피해자의 주거에 들어간 것이고 이와 같은 행위가 거주자의 의사에 반한 것이라면 주거에 침입한 것이라고 보아야 한다(대판 2009.8.20, 2009도3452 **빌라 계단 사건**). 11·14·15. 경찰승진, 13. 경찰간부, 13·15. 경찰채용, 16·20. 법원행시	② 피고인이 침입한 타워크레인은 **건설기계의 일종으로서 작업을 위하여 토지에 고정되었을 뿐이고, 위 운전실은 기계를 운전하기 위한 작업공간 그 자체이지 건조물침입죄의 객체인 건조물에 해당하지 아니한다**(대판 2005.10.7, 2005도5351 **타워크레인 점거농성 사건**). 12·16·18 경찰간부, 15. 경찰채용, 17. 법원직 9급
③ 이미 수일 전에 두 차례에 걸쳐 피해자를 강간하였던 피고인이 대문을 몰래 열고 들어와 담장과 피해자가 거주하던 방 사이의 좁은 통로에서 창문을 통하여 방 안을 엿보았다면, 피해자의 주거에 대한 사실상 평온상태가 침해된 것으로 주거침입죄가 성립한다(대판 2001.4.24, 2001도1092 **좁은 통로에서 사건**). 12. 법원직 9급, 13·20. 법원행시·국가직 9급 20. 경찰채용	③ 주택의 매수인이 계약금과 중도금을 지급하고서 주택을 명도받아 점유하고 있던 중 매매계약을 해제하고 중도금반환청구소송을 제기하여 얻은 승소판결에 기하여 강제집행에 착수한 이후에, 매도인이 매수인이 잠가 놓은 주택의 출입문을 열고 들어간 경우라면 **매도인으로서는 매수인이 주택에 대한 모든 권리를 포기한 것으로 알고 주택에 들어간 것이라고 할 수 있을 뿐만 아니라 또한 주택에 대하여 보호받아야 할 피해자의 주거에 대한 평온상태는 소멸되었다고 볼 수 있으므로 매도인의 소위는 주거침입죄를 구성하지 아니한다**(대판 1987.5.12, 87도3). 22. 경찰간부
④ 골리앗크레인은 선박건조자재 운반용으로 82m 높이에 있는 폭 8m, 길이 140m 되는 **상판과 상판 하부의 기계실, 상판에서 기계실로 통하는 넓이 10평 정도 되는 방실 및 기계실 하부의 운전실 등으로 구성되어 있고**, 평소 1~2명의 직원이 그곳에 근무하며 인가자 이외의 출입을 금지하는 특별통제구역으로 설정되어 있어 이는 간수하는 건조물에 해당하므로, 피고인 등 70명 정도의 근로자가 **함부로 골리앗크레인에 들어가서 농성한 경우 건조물침입죄가 성립한다**(대판 1991.6.11, 91도753 **현대중공업 시위 사건**). 11. 경찰간부	

주거침입죄 등이 성립하는 경우	주거침입죄 등이 성립하지 않는 경우
⑤ 사드기지의 경계에 외곽 철조망과 내곽 철조망을 2중으로 설치하여 외부인의 접근을 철저하게 통제하고 있었으므로 사드기지의 부지는 기지 내 건물의 위요지에 해당하여 사드기지에 들어가는 행위는 **건조물침입죄가 성립한다**(대판 2020.3.12, 2019도16484 **사드기지 부지 침입 사건**). ⑥ 피고인이 회사를 퇴사한 이후 약 20일이 지나서 **회사의 명시적인 의사에 반하여 비정상적인 방법으로 회사의 사무실에 들어간 행위는 방실침입죄에 해당한다**(대판 2011.8.18, 2010도9570 **하드디스크 절취 사건**). 20. 해경간부 ⑦ 교제하다 헤어진 A가 거주하는 아파트 109동 305호에 들어가려고 아파트 지하 주차장에서 위 305호가 있는 109동으로 연결된 출입구의 공동출입문에 A나 다른 입주자의 승낙 없이 무단으로 비밀번호를 입력하여 아파트의 공용 부분에 들어가 위 305호 현관문 앞까지 출입한 경우 다른 입주자들의 사실상 주거의 평온상태를 해한 것으로 볼 수 있다면 주거침입죄가 성립한다(대판 2022.1.27, 2021도15507 **이별녀 아파트 문앞까지 사건**). 23. 경찰간부 ⑧ 아파트 지하주차장의 관리권자는 입주자대표회의이고, **피고인은 아파트의 입주자대표회의의 결의 및 가처분결정에 반하여 아파트의 지하주차장 안까지 들어갔으므로** 비록 피고인이 일부 입주자등과 체결한 세차용역계약에 따라 아파트의 지하주차장에 들어가면서 관리자로부터 구체적인 제지를 받지 않았다고 하더라도 **건조물침입죄가 성립한다**(대판 2021. 1.14, 2017도21323 **아파트 지하주차장 세차영업 사건**).	

판례비교

주거침입죄 등의 실행의 착수가 인정되는 경우	주거침입죄 등의 실행의 착수가 인정되지 않는 경우
① 피고인이 야간에 **출입문이 열려있는 집에 들어가** 재물을 절취하기로 마음먹고 다세대주택에 들어가 여러 세대의 출입문을 손으로 당겨보았는데 문이 잠겨 있었던 경우, 바로 주거의 사실상의 평온을 침해할 객관적인 위험성을 포함하는 행위를 한 것으로 볼 수 있어 **그것으로 주거침입의 실행에 착수가 있었고**, 단지 그 출입문이 잠겨 있었다는 외부적 장애요소로 인하여 뜻을 이루지 못한 데 불과하다(대판 2006.9.14, 2006도2824 **빌라 출입문 사건**). 12·13. 국가직 9급, 12·15. 법원직 9급·경찰채용, 13. 경찰승진, 14. 사법시험, 16. 법원행시	① 피고인이 침입대상인 아파트에 사람이 있는지를 확인하기 위해 그 집의 초인종을 누른 행위만으로는 침입의 현실적 위험성을 포함하는 행위를 시작하였다거나 주거의 사실상의 평온을 침해할 객관적인 위험성을 포함하는 행위를 한 것으로 볼 수 없다(주거침입의 실행의 착수에 해당하는 행위를 하였다고 볼 수 없다)(대판 2008.4.10, 2008도1464 **초인종 사건**). 11·16. 국가직 7급, 12. 경찰승진, 15. 국가직 9급

② 피고인이 야간에 아파트 202호에 침입하여 물건을 훔칠 의도하에 **아파트 202호의 베란다 철제난간까지 올라가 유리창문을 열려고 시도하였다면** 주거의 사실상의 평온을 침해할 객관적 위험성을 포함하는 구체적인 행위를 한 것으로 볼 수 있다(대판 2003.10.24, 2003도4417 **202호 유리창문 사건**). 11·16. 경찰간부, 12·17. 법원행시, 14. 국가직 7급, 15. 사법시험, 16. 경찰채용·경찰승진, 17. 법원직 9급·국가직 9급

③ 피고인이 주택에 무단침입한 범죄사실로 이미 유죄판결을 받고 그 판결이 확정되었음에도 퇴거하지 아니한 채 계속해서 주택에 거주한 경우 판결이 확정된 이후로도 피고인의 주거침입행위 및 그로 인한 위법상태가 계속되고 있으므로 **별도의 주거침입죄가 성립한다**(대판 2008.5.8, 2007도11322 **주택 무단입주 사건**). 13. 국가직 9급, 14. 경찰승진·사법시험, 15. 경찰채용, 16·17. 경찰간부

④ 건물에 대한 경락허가결정이 무효라고 하더라도 이에 기한 인도명령의 집행으로서 건물의 점유가 피고인 甲으로부터 조흥은행을 거쳐 A에게 이전된 이상 함부로 다시 건물에 들어간 피고인 甲의 소위는 **주거침입죄에 해당한다**(대판 1987.11.10, 87도1760).

⑤ 피고인이 지하철 내에서 승객들에게 무릎보호대를 판매하는 행위를 하다가 철도보안관에게 적발되어 즉시 지하철역 밖으로 퇴거를 요구당하였음에도 이에 불응한 경우, 철도보안관은 철도안전법령에 따라 피고인을 지하철역 밖으로 퇴거시킬 수 있는 정당한 권한이 있으므로 이에 불응한 피고인의 행위는 **퇴거불응죄를 구성한다**(대판 2015.4.23, 2014도655 **지하철 무릎보호대 판매 사건**).

⑥ 피해자 소유의 축사건물 및 그 부지를 임의경매절차에서 매수한 사람이 위 부지 밖에 설치된 피해자 소유 소독시설을 통로로 삼아 축사건물에 출입한 경우, 소독시설은 축사출입차량의 소독을 위하여 설치한 것이기는 하나 별개의 토지 위에 존재하는 독립한 건조물로서 축사 자체의 효용에 제공된 종물이 아니므로, 위 출입행위는 **건조물침입죄를 구성한다**(대판 2007.12.13, 2007도7247 **김제 양돈장 사건**). 12. 경찰간부

② 피고인이 다세대주택 2층의 불이 꺼져있는 것을 보고 물건을 절취하기 위하여 가스배관을 타고 올라가다가, 발은 1층 방범창을 딛고 두 손은 1층과 2층 사이에 있는 가스배관을 잡고 있던 상태에서 순찰 중이던 경찰관에게 발각되자 그대로 뛰어내린 경우, 이러한 행위만으로는 **주거의 사실상의 평온을 침해할 현실적 위험성이 있는 행위를 개시한 때에 해당한다고 보기 어렵다**(대판 2008.3.27, 2008도917 **가스배관 잡고있다 적발 사건**). 11. 법원행시, 11·20. 경찰채용·경찰승진, 14. 국가직 7급, 18. 경찰간부

③ 주거침입죄와 퇴거불응죄는 모두 사실상의 주거의 평온을 그 보호법익으로 하고, 주거침입죄에서의 침입이 신체적 침해로서 행위자의 신체가 주거에 들어가야 함을 의미하는 것과 마찬가지로 퇴거불응죄의 퇴거 역시 행위자의 신체가 주거에서 나감을 의미한다. 정당한 퇴거요구를 받고 건물에서 나가면서 가재도구 등을 남겨둔 경우 **퇴거불응죄를 구성하지 않는다**(대판 2007.11.15, 2007도6990 **가재도구 방치 사건**). 11. 경찰승진, 12. 경찰간부, 20. 경찰채용

④ 피고인이 고모의 아들인 A의 집에 잠시 들어가 있는 동안에 A에게 돈을 갚기 위하여 찾아온 A의 이질(姨姪) B의 돈을 절취하였다면 피고인이 당초부터 불법목적을 가지고 A의 집에 들어갔거나 그의 의사에 반하여 그의 집에 들어간 것이 아니어서 **주거침입죄가 성립하지 아니한다**(대판 1984.2.14, 83도2897). 13. 사법시험, 16. 경찰간부

⑤ 피고인이 일단 적법하게 임차하여 점유를 시작하였다면 그 후 임대차가 해지되고 사법상 불법점유로 볼 것이라 할지라도 적법한 절차에 따라 그의 점유를 풀지 않는 한 그의 점유에 있다고 볼 것이니 소유자가 마음대로 판자로 가로막아 문을 폐쇄한다 해서 피고인이 점유를 상실하고 소유자의 점유로 옮겨진다고 할 수 없는 터이므로 피고인이 자력으로 판자를 뜯고 동 건물에 들어갔다고 해서 다른 사람의 점유를 침해하였다고 비난할 수 없다(대판 1973.6.26, 73도460). 11. 경찰승진

주거침입죄 등의 실행의 착수가 인정되는 경우	주거침입죄 등의 실행의 착수가 인정되지 않는 경우
⑦ 대학교가 교내에서의 집회를 허용하지 아니하고 집회와 관련된 외부인의 출입을 금지하였는데도 집회를 위하여 그 대학교에 들어간 것이라면 비록 대학교에 들어갈 때 구체적으로 제지를 받지 아니하였다고 하더라도 대학교 관리자의 의사에 반하여 건조물에 들어간 것으로서 **건조물침입죄가 성립한다**(대판 2005.4.15, 2003도2960 **공정위직원 전공노 집회 참가 사건**). 16. 사법시험 ⑧ 피고인이 피해자와 이웃 사이어서 평소 그 주거에 무상출입하던 관계에 있었다 하더라도 **범죄(절도)의 목적**으로 피해자의 승낙 없이 그 주거에 들어간 경우에는 **주거침입죄가 성립된다**(대판 1983.7.12, 83도1394). 15. 경찰채용 ⑨ **타인의 주거에 거주자의 의사에 반하여 들어가는 경우는 주거침입죄가 성립하며** 이때 거주자의 의사라 함은 명시적인 경우뿐만 아니라 묵시적인 경우도 포함되고 **주변사정에 따라서는 거주자의 반대의사가 추정될 수도 있다**(대판 2003.5.30, 2003도1256 **아빠야 사건**). 15. 법원직 9급 ⑩ 평소 건조물에 출입이 허용된 사람이라 하더라도 주거에 들어간 행위가 거주자나 관리자의 명시적 또는 추정적 의사에 반함에도 불구하고 감행된 것이라면 주거침입죄는 성립하며, 출입문을 통한 정상적인 출입이 아닌 경우 특별한 사정이 없는 한 그 침입방법 자체에 의하여 위와 같은 의사에 반하는 것으로 보아야 한다(대판 2007.8.23, 2007도2595 **쿨하지 못한 동거남 사건**). 11. 법원행시, 12·15. 경찰승진, 13. 경찰간부	⑥ 외부인이 공동거주자의 일부가 부재중에 주거 내에 현재하는 거주자의 현실적인 승낙을 받아 통상적인 출입방법에 따라 공동주거에 들어간 경우라면 그것이 부재중인 다른 거주자의 추정적 의사에 반하는 경우에도 **주거침입죄가 성립하지 않는다**[대판 2021.9.9, 2020도12630(전합) **유부녀 아파트에서 간통 사건**]. ➡ 이 판례로 남편이 일시 부재중 간통의 목적하에 그 처의 승낙을 얻어 주거에 들어간 경우라도 남편의 주거에 대한 지배관리관계는 여전히 존속한다고 봄이 옳고 사회통념상 간통의 목적으로 주거에 들어오는 것은 남편의 의사에 반한다고 보여지므로 처의 승낙이 있었다 하더라도 남편의 주거의 사실상의 평온은 깨어졌다 할 것이므로 주거침입죄가 성립한다(대판 1984.6.26, 83도685 유부녀 집에서 간통 사건)는 취지의 판례는 폐지되었다. ⑦ [1] 아파트에 대한 공동거주자의 지위를 계속 유지하고 있던 甲이 아파트에 출입하는 과정에서 정당한 이유 없이 이를 금지하는 **B(甲의 처 A의 동생, 즉 甲의 처제)의 조치에 대항하여 아파트의 출입문에 설치된 체인형 걸쇠를 손괴하고 아파트에 들어간 경우 주거침입죄가 성립한다고 볼 수는 없다.** [2] 乙, 丙(甲의 부모이자 A의 시부모)은 아파트의 공동거주자이자 아들인 甲의 공동주거인 아파트에 출입함에 있어 다른 공동거주자인 A(甲의 처)로부터 출입관리를 위탁받은 B(A의 동생이자 甲의 처제)의 정당한 이유 없는 출입금지 조치에 대항하여 아파트에 출입하는 데에 가담하였다. 비록 그 과정에서 甲이 출입문에 설치된 체인형 걸쇠를 손괴하는 등 물리력을 행사하였고 乙도 이에 가담함으로써 공동으로 재물손괴의 범죄를 저질렀으나, 甲의 이러한 행위는 공동생활관계에서 이탈하지 않은 상태에서 정당한 이유 없이 이루어진 출입금지조치에 대항하여 공동거주자로서 공동생활의 장소에 출입하고 이를 이용하기 위한 방편이라고 볼 수 있고, 乙의 행위는 그 실질에 있어 甲의 이러한 행위에 편승, 가담한 것에 불과하다. 그렇다면 **乙, 丙이 아파트에 출입한 행위 그 자체는 전체적으로 공동거주자인 甲이 아파트에 출입하고 이를 이용하는 행위의 일환이자 이에 수반되어 이루어진 것에 해당한다고 평가할 수 있으므로 乙, 丙에 대하여는 폭처법위반(공동주거침입)죄가 성립하지 않는다**[대판 2021.9.9, 2020도6085(전합) **공동아파트침입 사건**].

⑧ 주거침입죄는 주거에 거주하는 거주자, 건조물이나 선박, 항공기의 관리자, 방실의 점유자(이하 '거주자 등'이라 한다) 이외의 사람이 주거, 건조물, 선박이나 항공기, 방실(이하 '주거 등'이라 한다)에 침입한 경우에 성립한다. 따라서 주거침입죄의 객체는 행위자 이외의 사람, 즉 '타인'이 거주하는 주거 등이라고 할 것이므로 **행위자 자신이 단독으로 또는 다른 사람과 공동으로 거주하거나 관리 또는 점유하는 주거 등에 임의로 출입하더라도 주거침입죄를 구성하지 않는다.** 다만 다른 사람과 공동으로 주거에 거주하거나 건조물을 관리하던 사람이 공동생활관계에서 이탈하거나 주거 등에 대한 사실상의 지배·관리를 상실한 경우 등 특별한 사정이 있는 경우에 주거침입죄가 성립할 수 있을 뿐이다(대판 2023.6.29, 2023도3351 **스마트키 이용 회사물건 절취사건**). 피해자 A로부터 회사 출입을 위한 스마트키를 교부받아 별다른 제한 없이 사용하던 피고인 甲이 야간에 이를 이용하여 회사에 들어가 물건을 절취하여 야간'건조물침입'절도죄로 기소된 사건이다. 대법원은, 甲이 A와 공동으로 관리·점유하는 회사 사무실에 임의로 출입한 것이므로 건조물침입죄가 성립한다고 볼 수 없고, 甲이 A와의 관계에서 회사에 대한 출입과 관련하여 공동생활관계에서 이탈하였거나 이에 관한 사실상의 지배·관리를 상실한 경우 등의 특별한 사정이 있다고 보기도 어려우며 甲이 A로부터 교부받은 스마트키를 이용하여 회사에서 예정한 통상적인 출입방법에 따라 사무실에 들어간 것일 뿐 그 당시 객관적·외형적으로 드러난 행위태양을 기준으로 볼 때 사실상의 평온상태를 해치는 방법으로 회사에 들어갔다고 볼만한 사정도 없다고 판단하여 공소사실을 유죄로 판단한 원심판결을 파기·환송하였다.

03 특수주거침입죄·특수퇴거불응죄

형법

제320조 【특수주거침입】 단체 또는 다중의 위력을 보이거나 위험한 물건을 휴대하여 전조의 죄(주거침입죄·퇴거불응죄)를 범한 때에는 5년 이하의 징역에 처한다.

04 주거·신체수색죄

형법

제321조 【주거·신체수색】 사람의 **신체, 주거, 관리하는 건조물, 자동차, 선박**이나 **항공기** 또는 **점유하는 방실**을 수색한 자는 3년 이하의 징역에 처한다.

⚖ 판례 | 방실수색죄가 성립하는 경우

회사 측이 회사 운영을 부실하게 하여 소수주주들에게 손해를 입게 하였다고 하더라도 위와 같은 사정만으로 주주총회에 참석한 주주가 강제로 사무실을 뒤져 회계장부를 찾아내는 것이 사회통념상 용인되는 정당행위로 되는 것은 아니다(대판 2001.9.7, 2001도2917). 11. 경찰승진, 16. 법원직 9급·국가직 9급

☑ SUMMARY | 주거침입죄 등의 객체 11. 경찰간부·경찰채용

구분	객체
주거침입죄·퇴거불응죄	사람의 주거, 관리하는 건조물, 선박, 항공기, 점유하는 방실(제319조)
주거·신체수색죄	사람의 신체, 주거, 관리하는 건조물, 자동차, 선박, 항공기, 점유하는 방실(제321조)
야간주거침입절도죄	사람의 주거, 관리하는 건조물, 선박, 항공기, 점유하는 방실(제330조)
자동차 등 불법사용죄	자동차, 선박, 항공기, **원동기장치자전거**(제331조의2)
특수강도죄	사람의 주거, 관리하는 건조물, 선박, 항공기, 점유하는 방실(제334조 제1항)
현주건조물방화죄·현주건조물일수죄	사람이 주거로 사용하거나 현존하는 건조물, 기차, 전차, 자동차, 선박, 항공기, 지하채굴시설(광갱)(제164조 제1항, 제177조 제1항)

제5장 재산에 대한 죄

제1절 재산죄의 일반론

01 재산죄의 분류

영득의사에 따른 분류	영득죄는 절도죄, 강도죄, 장물죄, 횡령죄, 사기죄, 공갈죄 등이 있고, 손괴죄(훼기죄)에는 손괴죄가 있음 22. 경찰채용
객체에 따른 분류	재물죄에는 절도죄, 횡령죄, 손괴죄가 있고 이득죄에는 배임죄, 컴퓨터등사용사기죄가 있고, 재물죄와 이득죄가 결합된 범죄에는 강도죄, 사기죄, 공갈죄가 있음 22. 경찰채용
점유침탈방법에 따른 분류	탈취죄에는 절도죄, 강도죄, 장물죄 등이 있고, 횡령죄에는 횡령죄, 점유이탈물횡령죄, 편취죄에는 사기죄, 공갈죄가 있음 22. 경찰채용
보호법익에 따른 분류	소유권침해범에는 절도죄, 횡령죄, 손괴죄, 장물죄 등이 있고, 소유권 이외의 특별한 재산적 가치에 대한 범죄로는 권리행사방해죄가 있고, 전체로서의 재산에 관한 범죄(개별적 소유권 기타 물권, 채권을 보호법익으로 하지 않는 범죄)로는 강도죄, 사기죄, 공갈죄, 배임죄 등이 있음

02 재산죄의 객체

> **형법**
> 제346조 【동력】 본장의 죄(절도와 강도의 죄)에 있어서 **관리할 수 있는 동력은 재물로 간주**한다.

재물	① 재물에는 유체물은 물론 **관리할 수 있는 무체물·동력도 포함**되고(관리가능성설·다수설·판례), 이에 의하면 형법 제346조는 당연규정 내지 주의규정에 불과함 ② 주관적 가치 내지 소극적 가치만 있으면 재물에 해당하고, 객관적 교환가치는 요하지 않음(통설·판례) ③ 금제품(禁制品)의 경우 소지만 금지된 상대적 금제품은 재물이지만, 소유가 금지된 절대적 금제품은 재물이 아니라는 견해(다수설)와 **상대적·절대적 금제품인지의 여부를 불문하고 모두 재물**이라는 견해(판례)가 대립함
재산상 이익	① 개념: 재물 이외의 일체의 재산적 가치가 있는 이익 ② 경제적 관점에서 파악하여 적법·불법 등 사법상(私法上) 효력 여부와 관계 없이 **경제적 가치가 있는 것은 모두 재산상 이익임**(경제적 재산설·다수설·판례) ③ **비트코인**은 경제적인 가치를 디지털로 표상하여 전자적으로 이전, 저장과 거래가 가능하도록 한 가상자산의 일종으로 **사기죄의 객체인 재산상 이익에 해당한다**(대판 2021.11.11, 2021도9855 비트코인 편취 사건). 22. 경찰채용

03 소유와 점유

소유	의의	소유(또는 소유권): 재물을 자신의 물건으로 지배하여 사용·수익·처분할 수 있는 권리
	판단	소유권 유무는 민법 등 사법(私法)에 의하여 판단함
	소유의 타인성	공동소유(공유·총유·합유)의 경우 공동소유자 상호간에는 타인소유로 간주함
점유	의의	점유: 재물에 대하여 **사실상의 지배**를 하고 있는 상태
	점유주체	① 점유의 주체는 자연인에 한정되고, 점유의사가 없는 법인은 점유의 주체가 될 수 없음 ② 사자(死者)의 점유 　㉠ **강취의 의사로 피해자를 살해한 후 재물을 영득한 경우** 피해자가 생전에 가지고 있던 점유를 침해한 것이므로 **강도살인죄가 성립함**(통설·판례) 　㉡ 피해자를 **살해한 후 비로소 절취의 의사가 생겨서 재물을 영득**한 경우, 피해자가 생전에 가졌던 점유는 사망 후에도 계속되는 것이므로 **살인죄와 절도죄**가 성립함(판례) 　㉢ 피해자의 사망과 무관한 자가 재물을 영득한 경우 (다른 사람의 새로운 점유가 개시되지 않는 한) 점유이탈물횡령죄가 성립함(통설)
	개념요소	① 객관적·물리적 요소: 재물에 대한 어느 정도의 시간적·장소적 밀접성 내지 작용가능성이 있어야 점유가 인정됨(점유사실) ② 주관적·정신적 요소: 재물을 지배하려는 사실상의 의사가 있어야 점유가 인정되지만(점유의사), 점유의사는 사실상·일반적·잠재적인 의사로 충분함 ③ 사회적·규범적 요소: 점유사실과 점유의사 외에도 사회적 또는 규범적인 관점에서 점유가 확대되거나 축소될 수 있음
	점유의 타인성	① 대등관계에 의한 공동점유의 경우 **공동점유자 상호간에는 타인점유로 간주함** ② 상하관계(주종관계)의 경우 상위점유자가 단독점유자가 되는 것이 원칙이지만, 신뢰관계에 의하여 하위점유자에게 어느 정도의 처분권이 위임되어 있는 경우라면 하위점유자가 단독점유자가 될 수 있음 ③ 재물의 운반을 위탁한 경우 위탁자에게 운반에 대한 감독·통제의 가능성이 인정되면 위탁자와 운반자가 공동점유자가 되지만, 위탁자에게 감독·통제의 가능성이 인정되지 않으면 운반자가 단독점유자가 됨

04 불법영득의사

의의	① 불법영득의사란 권리자를 배제하고 타인의 물건을 자기의 소유물과 같이 그 경제적 용법에 따라 이용·처분하려는 의사나(절도죄의 경우), 보관하고 있는 타인의 재물을 자기의 소유인 것과 같이 사실상 또는 법률상 처분하는 의사를 의미함(횡령죄의 경우) ② 불법영득의사는 고의 이외의 **초과주관적 구성요건요소**에 해당함(다수설·판례)
대상	물체 또는 그 물체가 가지고 있는 가치(통설·판례)

영득 행위의 불법성		① '불법(不法)'이란 실질적으로 소유권 질서와 모순·충돌되는 상태를 의미한다는 견해(영득의 불법설, 통설)와 **영득행위 자체의 불법**을 의미한다는 견해(절취의 불법설, 판례)가 대립함 ② 행위자에게 반환청구권이 있는 물건을 몰래 가져온 경우, 영득의 불법설에 의하면 이는 소유권 질서와 모순·충돌되지 않으므로 절도죄가 성립하지 않지만, 절취의 불법설에 의하면 행위 자 체가 불법하므로 절도죄가 성립함
사용 절도	의의	타인의 재물을 무단으로 일시사용한 후에 소유자에게 반환하는 것
	성립요건	① **반환의사**: 사용절도가 성립하기 위해서는 반환의사가 존재하여야 함 ② **현실적 반환**: 사용 후 제자리에 가져다 두어야 하며, 원래 있던 장소가 아닌 다른 장소에 방치한 경우에는 절도죄가 성립함 ③ **가치의 불감소**: 재물의 가치를 감소시켜서는 안 되고, 일시적 사용일지라도 재물 의 가치를 상당한 정도 감소시킨 경우에는 절도죄가 성립함 ④ **일시적 사용**: 타인의 재물을 일시적으로 사용하여야 하고, 장기간 사용한 경우 비 록 반환의사가 있었더라도 절도죄가 성립함
	효과	불법영득의사를 인정할 수 없어 절도죄가 성립하지 않지만, 타인의 자동차 등을 무단 으로 일시사용하는 경우에는 **자동차 등 불법사용죄가 성립함**

05 친족상도례

형법

제328조 【친족간의 범행과 고소】① **직계혈족, 배우자, 동거친족, 동거가족** 또는 그 배우자간의 제323조의
죄는 그 **형을 면제**한다.
② **제1항 이외의 친족간에 제323조의 죄를 범한 때에는 고소가 있어야 공소를 제기할 수 있다.**
③ 전 2항의 신분관계가 없는 공범에 대하여는 전 2항을 적용하지 아니한다.
제365조 【친족간의 범행】① 전 3조의 죄(장물죄, 상습장물죄, 업무상과실·중과실장물죄)를 범한 자와 피해
자간에 제328조 제1항·제2항의 신분관계가 있는 때에는 동조의 규정을 준용한다.
② **전 3조의 죄를 범한 자와 본범간**에 제328조 제1항의 신분관계가 있는 때에는 그 **형을 감경 또는 면제**한
다. 단, 신분관계가 없는 공범에 대하여는 예외로 한다.

적용 범위	적용 범죄	① 형법상 절도죄·사기죄·공갈죄·횡령죄·배임죄·장물죄·권리행사방해죄에 적용됨 (**강도죄·손괴죄·점유강취죄·강제집행면탈죄에는 적용되지 않음**) 11. 경찰간부, 16. 경찰채용 ② 특별법상 재산범죄도 형법 제328조의 적용을 배제한다는 명문의 규정이 없는 한 친족상 도례가 적용됨
	친족의 의의	① 친족 또는 가족인지의 여부는 민법에 따라 정해짐 ② 근친(近親): 직계혈족, 배우자, 동거친족, 동거가족 또는 그 배우자 ③ 원친(遠親): 근친 이외의 친족(《주의》 동거하지 않는 직계혈족 ×, 동거하지 않는 배우자 ×)
	친족의 존재범위	① 인적 범위 　㉠ 절도죄: 소유자와 점유자가 다른 경우 **소유자와 점유자 사이에 모두 친족관계가 있어 　　야만 친족상도례 적용**(판례) 　㉡ 사기죄: 피기망자와 피해자가 다른 경우 **피해자와의 사이에만 친족관계가 있으면 친 　　족상도례 적용**(다수설·판례)

		ⓒ 공갈죄: 피공갈자와 피해자가 다른 경우 **피공갈자와 피해자 사이에 모두 친족관계가 있어야만 친족상도례 적용**(통설)
		ⓔ 횡령죄·배임죄: 소유자와 위탁자가 다른 경우 소유자와 위탁자 사이에 모두 친족관계가 있어야만 친족상도례 적용(다수설·판례)
		② 시적 범위
		ⓞ 친족관계는 행위시에 존재하여야 함
		ⓛ 행위 후에 친족관계가 소멸하여도 친족상도례가 적용되고, 반대로 행위 후에 친족관계가 성립하여도 친족상도례는 적용되지 않음
	기타	① 친족관계가 객관적으로 존재하면 친족상도례가 적용되고 행위자가 이를 인식할 것을 요하지 않음. 친족관계에 대한 착오는 고의나 범죄성립에 영향에 없음 11. 경찰승진, 12. 경찰간부
		② 친족상도례는 친족관계가 있는 자에게만 적용되고, 친족관계가 없는 자에게는 적용되지 않음
효과		① 원칙
		ⓞ 근친의 경우: 형을 면제함
		ⓛ 원친의 경우: 고소가 있어야 공소를 제기할 수 있음(상대적 친고죄)
		② 장물죄의 특칙
		ⓞ **장물범과 피해자**: 근친인 경우 형을 면제하고, 원친인 경우 상대적 친고죄가 됨 11. 경찰간부, 16. 경찰채용
		ⓛ **장물범과 본범**: 근친인 경우에만 형을 감경 또는 면제함 12. 경찰채용, 13. 경찰승진

> ⚖ **판례 | 친족상도례가 적용되는 범죄**
>
> **1** 형법상 사기죄의 성질은 특경법 제3조 제1항에 의해 가중처벌되는 경우에도 그대로 유지되어 친족상도례에 관한 형법 제354조, 제328조가 그대로 적용된다(대판 2010.2.11, 2009도12627 **다단계사기 사건**). 11·14·15. 경찰승진, 12·17. 법원행시, 16. 사법시험
>
> **2** 흉기 기타 위험한 물건을 휴대하고 공갈죄를 범하여 폭처법 제3조 제1항, 제2조 제1항 제3호에 의하여 가중처벌되는 경우에도 형법상 공갈죄의 성질은 그대로 유지되어 친족상도례에 관한 형법 제354조, 제328조가 그대로 적용된다(대판 2010.7.29, 2010도5795 **장애인 조카 공갈 사건**). 11·12·14. 법원직 9급, 11·13. 법원행시, 11·14. 경찰승진, 12·15. 경찰채용, 13. 변호사, 14. 사법시험, 15. 국가직 9급
>
> **3** 형법상 횡령죄의 성질은 특경법 제3조 제1항에 의해 가중처벌되는 경우에도 그대로 유지되고 친족상도례에 관한 형법 제361조, 제328조가 그대로 적용된다(대판 2013.9.13, 2013도7754). 20. 변호사
>
> **4** 산림절도죄는 그 목적물이 산림에서의 산물에 한정되어 있을 뿐 그 죄질은 형법소정의 절도죄와 동일하다고 할 것인바 **친족상도례가 적용된다**(대판 1959.9.18, 4292형상290).

친족상도례가 적용되지 않는 경우	친족상도례가 적용되는 경우
① [1] 민법 제767조는 "배우자, 혈족 및 인척을 친족으로 한다."라고 규정하고 있고, 민법 제769조는 혈족의 배우자, 배우자의 혈족, 배우자의 혈족의 배우자만을 인척으로 규정하고 있을 뿐, 구 민법 제769조에서 인척으로 규정하였던 '**혈족의 배우자의 혈족**'을 인척에 포함시키지 않고 있다. [2] 피고인의 딸과 피해자의 아들이 혼인관계에 있어 피고인과 피해자가 사돈지간이라고 하더라도 이를 민법상 친족으로 볼 수 없다(대판 2011.4.28, 2011도2170 **사돈 사기 사건**). 11·12·16·17·20. 법원행시, 12. 법원직 9급, 12·15·16. 경찰채용, 13. 경찰승진, 14. 경찰간부, 20. 변호사	① [1] 형법 제354조에 의하여 준용되는 제328조 제1항에서 "직계혈족, 배우자, 동거친족, 동거가족 또는 그 배우자간의 제323조의 죄는 그 형을 면제한다."라고 규정하고 있는바, 여기서 '그 배우자'는 동거가족의 배우자만을 의미하는 것이 아니라, 직계혈족, 동거친족, 동거가족 모두의 배우자를 의미한다. [2] **피고인이 피해자의 직계혈족의 배우자임을 이유로 형법 제354조, 제328조 제1항에 따라 상습사기의 점에 관한 공소사실에 대하여 형을 면제한 것은 정당하다**(대판 2011.5.13, 2011도1765). 14. 경찰승진, 17. 경찰채용, 20. 법원직 9급, 21. 경찰간부
② [1] 사기죄를 범하는 자가 **금원을 편취하기 위한 수단으로 피해자와 혼인신고를 한 것이어서 그 혼인이 무효인 경우라면, 그러한 피해자에 대한 사기죄에서는 친족상도례를 적용할 수 없다.** [2] 피고인이 피해자와 혼인신고를 하고 금원을 편취한 후 잠적할 때까지 함께 동거하지도 않았고 거주할 집이나 가재도구 등을 알아보거나 마련한 바도 없었다면, 비록 혼인신고가 되어 있었다고 하더라도 그들 사이의 혼인은 '당사자 사이에 혼인의 합의가 없는 때'에 해당하여 무효이므로 피고인의 사기 범행에 대하여는 친족상도례를 적용할 수 없다(대판 2015.12.10, 2014도11533 **혼인신고 → 사기 → 잠적 사건**). 16. 법원행시, 18. 법원직 9급, 20. 변호사, 21. 경찰간부	② 형법 제344조, 제328조 제1항 소정의 친족간의 범행에 관한 규정이 적용되기 위한 친족관계는 원칙적으로 범행 당시에 존재하여야 하는 것이지만, **부(父)가 혼인 외의 출생자를 인지하는 경우에 있어서는 민법 제860조에 의하여 그 자(子)의 출생시에 소급하여 인지의 효력이 생기는 것이며,** 이와 같은 인지의 소급효는 친족상도례에 관한 규정의 적용에도 미친다고 보아야 할 것이므로, 인지가 범행 후에 이루어진 경우라고 하더라도 그 소급효에 따라 형성되는 친족관계를 기초로 하여 친족상도례의 규정이 적용된다(대판 1997.1.24, 96도1731 **인지의 소급효 사건**). 11. 경찰승진, 11·12·16. 법원행시, 11·14. 경찰간부·사법시험, 12·13. 국가직 7급, 12·16. 변호사, 13. 경찰채용, 14·20. 법원직 9급
③ 형법 제344조에 의하여 준용되는 형법 제328조 제1항에 정한 친족간의 범행에 관한 규정은 범인과 피해물건의 소유자 및 점유자 쌍방간에 같은 규정에 정한 친족관계가 있는 경우에만 적용되는 것이며, 단지 **절도범인과 피해물건의 소유자간에만 친족관계가 있거나 절도범인과 피해물건의 점유자간에만 친족관계가 있는 경우에는 그 적용이 없다**(대판 2014.9.25, 2014도8984 **와이프 명의 봉고차 사건**). 11. 경찰승진, 11·14. 법원직 9급, 12. 국가직 7급, 12·17. 법원행시, 15·20. 경찰채용	③ **피해품인 민화(民畵)가 피고인의 오빠가 매수한 것이라면** 이는 동인의 특유재산으로서 이에 대한 점유·관리권은 동인에게 있다 할 것이고 범행 당시 비록 동인이 집에 없었다 하더라도 그것이 동인 소유의 집 벽에 걸려있었던 이상 동인의 지배력이 미치는 범위 안에 있는 것이라 할 것이므로 동인의 소지에 속하고 그 부부의 공동점유하에 있다고 볼 수는 없어 **이를 절취한 행위에 대하여는 친족상도례가 적용된다**(대판 1985.3.26, 84도365 **민화 절도 사건**). 11. 경찰승진

친족상도례가 적용되지 않는 경우	친족상도례가 적용되는 경우
④ 피고인 등이 공모하여 피해자 A · B 등을 기망하여 A · B 및 C와 부동산매매계약을 체결하고 소유권을 이전받은 다음, 잔금을 지급하지 않아 같은 금액 상당의 재산상 이익을 편취하였다는 내용으로 기소된 경우, **A는 피고인의 8촌 혈족, B는 피고인의 부친이나 부동산이 A · B · C의 합유로 등기되어 있다면** 피고인에게 형법상 **친족상도례규정이 적용되지 않는다**(대판 2015.6.11, 2015도3160 **합유 부동산 사기 사건**). 16. 법원행시	④ **법원을 기망하여 제3자로부터 재물을 편취한 경우에 피기망자인 법원은 피해자가 될 수 없고** 재물을 편취당한 제3자가 피해자라고 할 것이므로 **피해자인 제3자와 사기죄를 범한 자가 직계혈족의 관계에 있을 때에는 그 범인에 대하여는 형법 제354조에 의하여 준용되는 형법 제328조 제1항에 의하여 형을 면제하여야 한다**(대판 2014.9.26, 2014도8076 **노모 사기 사건**). 11. 경찰승진 · 사법시험, 11 · 14. 국가직 9급, 13 · 17. 경찰채용, 14. 법원직 9급, 16. 법원행시
⑤ [1] **친척 소유 예금통장을 절취한 피고인이** 현금자동지급기에 예금통장을 넣고 조작하는 방법으로 **친척 명의 계좌의 예금 잔고를 피고인이 거래하는 다른 금융기관에 개설된 피고인 명의 계좌로 이체한 경우, 피해자는 이체된 예금 상당액의 채무를 이중으로 지급해야 할 위험에 처하게 되는 친척 거래 금융기관이라 할 것이고**, 거래약관의 면책조항이나 채권의 준점유자에 대한 법리 적용 등에 의하여 피해가 최종적으로는 예금 명의인인 친척에게 전가될 수 있다고 하여, 자금이체 거래의 직접적인 당사자이자 이중지급 위험의 원칙적인 부담자인 거래 금융기관을 컴퓨터 등 사용사기 범행의 피해자에 해당하지 않는다고 볼 수는 없다. [2] **손자가 할아버지 소유 농업협동조합 예금통장을 절취하여** 이를 현금자동지급기에 넣고 조작하는 방법으로 **예금 잔고를 자신의 거래 은행 계좌로 이체한 경우 농업협동조합이 컴퓨터 등 사용사기 범행 부분의 피해자이므로 친족상도례를 적용할 수 없다**(대판 2007.3.15, 2006도2704 **손자 사건**). 11 · 13. 경찰채용, 11 · 13 · 15 · 20. 국가직 9급, 11 · 14. 경찰승진, 11 · 14 · 16. 사법시험, 11 · 15. 법원행시, 12. 국가직 7급, 12 · 13. 법원직 9급, 13 · 14. 경찰간부, 20. 변호사	
⑥ 친족상도례에 관한 형법 제361조, 제328조 제2항은 범인과 피해물건의 소유자 및 위탁자 쌍방 사이에 친족관계가 있는 경우에만 적용되는 것이고, 단지 **횡령범인과 피해물건의 소유자간에만 친족관계가 있거나 횡령범인과 피해물건의 위탁자간에만 친족관계가 있는 경우에는 그 적용이 없다**(대판 2008.7.24, 2008도3438 **소유자만 친족 사건**). 11. 경찰간부, 11 · 14. 사법시험 · 국가직 9급, 11 · 16. 법원행시, 12 · 20. 법원직 9급 · 변호사, 12 · 13 · 15 · 16. 경찰채용, 14. 경찰승진	

01 절도죄

형법
제329조【절도】타인의 재물을 절취한 자는 6년 이하의 징역 또는 1천만원 이하의 벌금에 처한다.

객관적 구성요건	객체	① 타인이 점유하는 타인의 재물 ② 절도죄의 객체인 **재물**은 반드시 객관적인 금전적 교환가치를 가질 필요는 없고 **소유자·점유자가 주관적인 가치를 가지고 있는 것으로 족하고**, 이 경우 주관적·경제적 가치의 유무를 판별함에 있어서는 그것이 타인에 의하여 이용되지 않는다고 하는 소극적 관계에 있어서 그 가치가 성립하더라도 관계없다(대판 2007.8.23, 2007도2595 **쿨하지 못한 동거남 사건**). 14. 법원행시
	행위	형법상 절취란 **타인이 점유하고 있는 자기 이외의 자의 소유물을** 점유자의 의사에 반하여 그 점유를 배제하고 자기 또는 제3자의 점유로 옮기는 것을 말한다(대판 2014.9.25, 2014도8984 **와이프 명의 봉고차 사건**). 12·17. 경찰승진
	착수기수	① 실행의 착수시기: 절취할 재물을 **물색하거나 밀접한 행위**를 개시한 때(밀접행위설 또는 물색행위설, 판례) ② 기수시기: **재물을 자기 또는 제3자의 지배하에 두는 때**(취득설·통설·판례)

판례비교

절도죄의 객체인 '재물'에 해당하는 경우	절도죄의 객체인 '재물'에 해당하지 않는 경우
① **부동산매매계약서 사본들**은 절도죄의 객체인 재물에 해당하므로 피고인 甲이 A와 결별하고 사실상 퇴사하면서 회사의 승낙 없이 이 서류들을 가지고 간 이상 절도죄가 성립된다(대판 2007.8.23, 2007도2595 **쿨하지 못한 동거남 사건**). 14. 법원행시, 18. 경찰승진 ② 법원으로부터 송달된 **심문기일소환장**은 재산적 가치가 있는 물건으로서 형법상 재물에 해당한다(대판 2000.2.25, 99도5775). 13. 사법시험, 14. 경찰채용, 15. 경찰승진 ③ 발행자가 회수한 **약속어음을 세조각으로 찢어버림**으로서 폐지로 되어 쓸모없는 것처럼 보인다 하더라도 그것이 타인에 의하여 조합되어 새로운 어음으로 이용되지 않는 것에 대하여 소극적인 경제적 가치를 가지는 것이므로 피고인이 이를 가져갔다면 **절도죄가 성립한다**(대판 1976.1.27, 74도3442 **세조각 약속어음 사건**). 11·13·16. 경찰승진	① **컴퓨터에 저장되어 있는 '정보'** 그 자체는 유체물이라고 볼 수도 없고 물질성을 가진 동력도 아니므로 재물이 될 수 없다 할 것이며 또 이를 복사하거나 출력하였다 할지라도 그 정보 자체가 감소하거나 피해자의 점유 및 이용가능성을 감소시키는 것이 아니므로 그 복사나 출력행위를 가지고 절도죄를 구성한다고 볼 수도 없다(대판 2002.7.12, 2002도745 **설계도면 파일 사건**). 13·14. 법원행시, 13·16. 사법시험, 14. 경찰승진, 16. 법원직 9급, 17. 변호사 ② 타인의 전화기를 무단으로 사용하여 전화통화를 하는 행위는 전기통신사업자에 의하여 가능하게 된 **전화기의 음향송수신기능을** 부당하게 이용하는 것으로, 이러한 내용의 역무는 무형적인 이익에 불과하고 물리적 관리의 대상이 될 수 없어 재물이 아니라고 할 것이므로 절도죄의 객체가 되지 아니한다(대판 1998.6.23, 98도700 **전화 무단사용 사건**). 11. 법원직 9급, 13. 사법시험, 14. 경찰채용·법원행시, 15. 경찰승진

절도죄의 객체인 '재물'에 해당하는 경우	절도죄의 객체인 '재물'에 해당하지 않는 경우
	③ 자기 논에 물을 품어 넣기 위하여 토지개량조합의 배수로에 토지개량조합규칙에 위배되는 행위로서 **특수한 공작물을 설치하여 자기 논에 물을 저수하**였다 하여도 그 물이 물을 막은 사람의 **사실상이나 법률상 지배하는 것이 되지 못한다고 인정되므로 그 물은 절도죄의 객체가 되지 못한다**(대판 1964.6. 23, 64도209). 20. 해경간부

⚖️ **판례 | 절도죄에 있어 '점유' 관련 판례**

1 절도죄는 재물에 대한 **타인의 사실상의 지배를 침해함으로써 성립**하는 것으로, 침해행위 당시 그 재물에 대하여 타인의 사실상의 지배가 있었는지 여부는 재물의 종류와 형상 등 객관적 상태와 더불어 소유자 등 지배주체와의 연계관계 등을 종합하여 사회통념에 비추어 결정하여야 한다(대판 2013.7.11, 2013도5355).

2 종전 점유자의 점유가 그의 사망으로 인한 상속에 의하여 당연히 그 상속인에게 이전된다는 민법 제193조는 절도죄의 요건으로서의 '타인의 점유'와 관련하여서는 적용의 여지가 없고, 재물을 점유하는 소유자로부터 이를 상속받아 그 소유권을 취득하였다고 하더라도 상속인이 그 재물에 관하여 사실상의 지배를 가지게 되어야만 이를 점유하는 것으로서 그때부터 비로소 상속인에 대한 절도죄가 성립할 수 있다(대판 2012.4. 26, 2010도6334 **사망 동거남 가방 사건**). 14. 법원직 9급, 16. 법원행시, 20. 경찰채용

3 민법상의 점유보조자라고 할지라도 그 물건에 대하여 사실상 지배력을 행사하는 경우에는 형법상 보관의 **주체로 볼 수 있는 것이다**(대판 1982.3.9, 81도3396 **가스대금 사건**). 12. 경찰간부, 20. 경찰채용·국가직 9급

판례비교

절도죄가 성립하는 경우	절도죄가 성립하지 않는 경우
① 피해자가 PC방에 두고 간 핸드폰은 PC방 관리자의 점유하에 있으므로 피고인이 **이를 취한 행위는 절도죄를 구성한다**(대판 2007.3.15, 2006도9338 **PC방 핸드폰 사건**). 14. 변호사, 20. 국가직 9급	① 피고인 甲이 乙과 아파트에서 동거하다가, 乙의 사망으로 그의 상속인인 A 및 B 소유에 속하게 된 부동산 등기권리증 등 서류들이 들어 있는 가방을 아파트에서 가지고 나온 경우, 피고인 甲이 乙의 사망 전부터 아파트에서 乙과 함께 거주하였고, 乙의 자식인 A 및 B는 아파트에서 전혀 거주한 일이 없이 다른 곳에서 거주·생활하였고, 乙 사망 후 甲이 가방을 가지고 가기까지 아파트 또는 그곳에 있던 가방의 인도 등을 요구한 일이 전혀 없다면, 피고인 甲이 가방을 들고 나온 시점에 A 및 B가 아파트에 있던 가방을 사실상 지배하여 점유하고 있었다고 볼 수 없어 **절도죄가 성립하지 아니한다**(대판 2012. 4.26, 2010도6334 **사망 동거남 가방 사건**). 13. 경찰채용·법원행시, 15. 사법시험
② 피해자가 결혼예식장에서 신부 측 축의금 접수인인 것처럼 행세하는 피고인에게 축의금을 내어 놓자 이를 교부받아 가로챈 경우, 피해자의 교부행위의 취지는 신부 측에 전달하는 것일 뿐 피고인에게 그 처분권을 주는 것이 아니므로 이를 피고인에게 교부한 것이라고 볼 수 없고 단지 신부 측 접수대에 교부하는 취지에 불과하므로 피고인이 그 돈을 가져간 것은 신부 측 접수처의 점유를 침탈하여 범한 **절취행위라고 보는 것이 정당하다**(대판 1996.10.15, 96도2227 **결혼식 축의금 사건**). 12. 경찰승진, 13. 사법시험, 14·15. 경찰채용, 16. 법원직 9급	

③ 피고인이 금방에서 마치 귀금속을 구입할 것처럼 가장하여 피해자로부터 순금목걸이 등을 건네받은 다음 화장실에 갔다 오겠다는 핑계를 대고 도주한 것이라면, 순금목걸이 등은 도주하기 전까지는 아직 피해자의 점유하에 있었다고 할 것이므로 이를 절도죄로 의율·처단한 것은 정당하다(대판 1994. 8.12, 94도1487 **금목걸이 사건**). 11. 법원행시, 13. 변호사, 15. 법원직 9급, 16. 경찰승진, 17. 경찰채용

④ 피해자를 살해한 방에서 사망한 피해자 곁에 4시간 30분쯤 있다가 그곳 피해자의 자취방 벽에 걸려 있던 피해자가 소지하는 물건들을 영득의 의사로 가지고 나온 경우 피해자가 생전에 가진 점유는 사망 후에도 여전히 계속되는 것으로 보아야 하므로 피고인의 행위는 피해자의 점유를 침탈한 것으로서 절도죄에 해당한다(대판 1993.9.28, 93도2143 **자취방 살인 사건**). 13·17. 변호사, 20. 국가직 9급

⑤ 당구장 종업원인 피고인이 당구대 밑에서 어떤 사람이 잃어버린 금반지를 주워서 손가락에 끼고 다니다가 용돈이 궁하여 전당포에 전당잡힌 경우, 어떤 물건을 잃어버린 장소가 당구장과 같이 타인의 관리 아래 있을 때에는 그 물건은 일응 그 관리자의 점유에 속한다 할 것이므로 유실물횡령이 아니라 절도죄에 해당한다(대판 1988.4.25, 88도409 **당구장 금반지 사건**). 11. 법원행시

⑥ 강간을 당한 피해자가 도피하면서 현장에 놓아두고 간 손가방은 점유이탈물이 아니라 사회통념상 피해자의 지배하에 있는 물건이라고 보아야 할 것이므로 피고인이 손가방 안에 들어 있는 돈을 꺼낸 소위는 절도죄에 해당한다(대판 1984.2.28, 84도38).

⑦ 피고인 甲이 **회사 경리직원 A와 동행하여** 은행에 가서 A가 찾은 200여 만원 중 50만원을 甲이 소지하고 A와 동행하여 사무실에 당도하여 위 50만원을 A에게 교부할 때 그중 10만원을 현금처럼 가장한 돈뭉치와 바꿔치기 한 후 이를 가져간 경우, 甲의 운반을 위한 소지는 甲의 독립적인 점유에 속하는 것이 아니고 A의 점유에 종속하는 점유의 기관으로서 소지함에 지나지 않으므로 절도죄가 성립한다(대판 1966.1.31, 65도1178). 13. 경찰승진

② 임차인이 임대계약 종료 후 식당건물에서 퇴거하면서 종전부터 사용하던 냉장고의 전원을 켜 둔 채 그대로 두었다가 약 1개월 후 철거해 가는 바람에 그 기간 동안 전기가 소비된 경우, 임차인이 퇴거 후에도 냉장고에 관한 점유·관리를 그대로 보유하고 있었다고 보아야 하므로 냉장고를 통하여 전기를 계속 사용하였다고 하더라도 이는 당초부터 **자기의 점유·관리하에** 있던 전기를 사용한 것일 뿐 타인의 점유·관리하에 있던 전기가 아니어서 절도죄가 성립하지 않는다(대판 2008.7.10, 2008도3252 **냉장고 사건**). 11·14. 경찰간부, 13. 사법시험, 14. 국가직 7급, 15·20. 경찰채용

③ 육지로부터 멀리 떨어진 섬에서 광산을 개발하기 위하여 발전기·경운기 엔진을 섬으로 반입하였다가 광업권 설정이 취소됨으로써 광산개발이 불가능하게 되자 육지로 그 물건들을 반출하는 것을 포기하고 그대로 유기하여 둔 채 섬을 떠난 후 10년 동안 그 물건들을 관리하지 않고 있었다면, 피고인이 그 소유자가 섬을 떠난 지 7년이 경과한 뒤 노후된 물건들을 피고인 집 가까이에 옮겨 놓았다 하더라도 원소유자나 그 상속인이 그 물건들을 점유할 의사로 사실상 지배하고 있었다고는 볼 수 없으므로 그 물건들은 절도죄의 객체인 타인이 점유하는 물건으로 볼 수 없다(대판 1994.10.11, 94도1481 **내파수도 사건**). 11. 경찰승진, 13. 변호사

④ 피해자가 오토바이를 타고 **심부름을 다녀오라고 하여서 피고인이 오토바이를 타고 가다가 마음이 변하여 이를 반환하지 아니한 채 그대로 타고 가버렸다면** 횡령죄를 구성함은 별론으로 하고 적어도 절도죄를 구성하지는 아니한다(대판 1986.8.19, 86도1093 **다방 오토바이 사건**). 11. 경찰간부, 14. 경찰채용

⑤ 피해자가 시장 점포에서 물건을 매수하여 그곳에 맡겨 놓은 후 약 50m 떨어져 동 점포를 살펴볼 수 없는 딴 가게로 가서 지게 짐꾼인 피고인을 불러 피고인 단독으로 위 점포에 가서 맡긴 물건을 운반해 줄 것을 의뢰하였더니 **피고인이 동 점포에 가서 맡긴 물건을 찾아 피해자에게 운반해 주지 않고 용달차에 싣고 가서 처분한 것이라면**, 피고인의 운반을 위한 소지관계는 피해자의 위탁에 의한 보관관계에 있다고 할 것이므로 이를 영득한 행위는 절도죄가 아니라 **횡령죄를 구성한다**(대판 1982.11.23, 82도2394 **평화시장 짐꾼 사건**). 12·16. 경찰승진, 20. 법원행시

절도죄가 성립하는 경우	절도죄가 성립하지 않는 경우
⑧ 타인의 토지상에 권원 없이 식재한 수목의 소유권은 토지소유자에게 귀속하고 권원에 의하여 식재한 경우에는 그 소유권이 식재한 자에게 있으므로, **권원 없이 식재한 감나무에서 감을 수확한 것은 절도죄에 해당한다**(대판 1998.4.24, 97도3425 **감나무 사건**). 13. 변호사, 13·16·20. 경찰승진, 14. 경찰채용·법원행시, 21. 경찰간부	⑥ **지하철의 승무원은 유실물법상 전동차의 관수자(管守者)**로서 승객이 잊고 내린 유실물을 교부받을 권능을 가질 뿐 전동차 안에 있는 승객의 물건을 점유한다고 할 수 없고, 그 유실물을 현실적으로 발견하지 않는 한 이에 대한 점유를 개시하였다고 할 수도 없으므로 피고인이 유실물을 발견하고 가져간 행위는 점유이탈물횡령죄에 해당함은 별론으로 하고 절도죄에 해당하지 아니한다(대판 1999.11.26, 99도3963 **지하철 유실물 사건**).
⑨ 피고인 甲이 자신의 모(母) 乙 명의로 구입·등록하여 乙에게 명의신탁한 자동차를 A에게 담보로 제공한 후 이를 A 몰래 가져간 경우, A에 대한 관계에서 자동차의 소유자는 乙이고 甲이 소유자가 아니므로 **절도죄가 성립한다**(대판 2012.4.26, 2010도11771 **어머니 명의 그랜저 사건**). 12. 국가직 7급, 12·15·16. 경찰채용, 13·16. 법원행시, 14·20. 경찰승진, 14. 법원직 9급, 14·15. 변호사	⑦ **고속버스의 운전사는 고속버스의 관수자(管守者)**로서 차내에 있는 승객의 물건을 점유하는 것이 아니고, 승객이 잊고 내린 유실물은 이를 교부받을 권능을 가질 뿐이므로, 그 유실물을 현실적으로 발견하지 아니하는 한 이에 대한 점유를 개시하였다고 할 수 없고, 그 사이에 피고인이 유실물을 발견하고 이를 가져갔다면 이는 절도에 해당하지 아니하고 점유이탈물을 횡령한 경우에 해당한다(대판 1993.3.16, 92도3170 **고속버스 유실물 사건**). 11·14. 법원행시, 13. 경찰승진
⑩ 피고인 甲이 자신의 명의로 등록된 자동차를 사실혼 관계에 있던 A에게 증여하여 A만이 이를 운행·관리하여 오다가 서로 별거하면서 재산분할 내지 위자료 명목으로 A가 소유하기로 하였는데도 甲이 이를 임의로 운전해 간 경우, 자동차 등록명의와 관계없이 甲과 A 사이에서는 A를 소유자로 보아야 하므로 **절도죄가 성립한다**(대판 2013.2.28, 2012도15303 **위자료 자동차 사건**). 14·16. 사법시험, 20. 경찰채용·변호사	⑧ [1] 수산업법에 의한 양식어업권은 행정관청의 면허를 받아 해상의 일정구역 내에서 패류·해조류 또는 정착성 수산동물을 포획·채취할 수 있는 권리를 가리키는 것으로서 이는 그 지역에서 천연으로 생육하는 수산동·식물을 어업면허를 받은 종류에 한하여 배타적·선점적으로 채취할 수 있는 권리에 불과하고 그 지역 내의 수산동식물의 소유권을 취득하는 권리는 아니므로 **어업권의 취득만으로 당연히 그 지역 내에서 자연 번식하는 수산동·식물의 소유권이나 점유권까지 취득한다고는 볼 수 없다.** [2] 피고인 甲이 어업권을 행사하는 A의 양식장에서 모시조개를 채취한 경우라도 그 채취한 모시조개가 자연 번식하는 것이 아니라 A가 양식하는 것으로서 A의 소유라는 증명이 없는 한 절도죄는 성립하지 아니한다(대판 2010.4.8, 2009도11827 **모시조개 사건**). 13. 경찰채용·법원행시, 16. 사법시험
⑪ A가 승용차를 구입한 실질적인 소유자이고, 다만 장애인 면세혜택 등의 적용을 받기 위해 피고인 甲의 어머니 乙의 명의를 빌려 등록한 상태라면, 피고인 甲이 乙로부터 승용차를 가져가 매도할 것을 허락받고 그녀의 인감증명 등을 교부받은 뒤에 A 몰래 승용차를 가져간 경우 甲과 乙은 절도죄의 공모공동정범이 성립된다(대판 2007.1.11, 2006도4498 **어머니 명의 매그너스 사건**). 11. 경찰간부, 11·17. 경찰승진, 14. 변호사·법원행시, 15. 법원직 9급, 16. 사법시험	
⑫ 乙이 돼지사료 거래에서 발생하는 채무를 담보하기 위하여 자신이 운영하던 농장 안의 **돼지 전체를 A 회사에게 양도담보로 제공**한 후라면, 피고인 甲이 乙과 농장의 돼지들에 대하여 다시 양도담보계약을 체결하더라도 적법한 양도담보권을 취득할 수 없으므로, 피고인 甲이 임의로 농장에서 돼지를 반출한 행위는 절도죄에 해당한다(대판 2007.2.22, 2006도8649 **돼지 반출 사건**). 12. 경찰간부	

⑬ 피해자 A가 식당 종업원인 **피고인 甲으로부터 영업허가명의 및 사업자등록명의를 빌리기로 하여** 甲 명의로 식품접객업 영업허가를 받고 그 영업허가증과 사업자등록증을 처인 B의 손가방 안에 보관하고 있는 경우, 명의대여약정에 따른 신청에 의하여 발급된 영업허가증과 사업자등록증은 A의 소유가 되었다고 할 것이므로 **피고인 甲이 이를 꺼내어 갔다면 절도죄가 성립한다**(대판 2004.3.12, 2002도5090 종업원 명의 영업허가 사건). 11·17. 경찰승진. 14. 경찰채용

⑭ **피고인이 퇴사하면서 가져간 서류가** 이미 공개된 기술내용에 관한 것이고 외국회사에서 선전용으로 무료로 배부해 주는 것이며 회사연구실 직원들이 사본하여 사물(私物)처럼 사용하던 것이라도, 위 서류들이 기술분야에 관한 문서들로서 국내에서 쉽게 구할 수 있는 것도 아니며 **연구실 직원들의 업무수행을 위하여 필요한 경우에만 사용이 허용된 것이라면 이를 취거하는 행위는 절도에 해당한다**(대판 1986.9.23, 86도1205). 11. 경찰승진

⑮ **산지기로서 종중 소유의 분묘를 간수하고 있는 자**는 그 분묘에 설치된 석등이나 문관석 등을 점유하고 있다고는 할 수 없으므로 이러한 물건 등을 반출하여 가는 행위는 횡령죄가 아니고 **절도죄를 구성한다**(대판 1985.3.26, 84도3024, 84감도474). 18. 법원행시

⑯ 피고인들은 열차사무소 급하수로서 합동하여 그들이 승무한 화차내에서 동 화차에 적재한 운송인인 **철도청의 수탁화물 중 이삿짐 포장을 풀고** 그 속에 묶어 넣어둔 탁상용 시계 1개 외 의류 등 9점을 빼내어 탈취하였다는 것인 바, 이 운송 중의 화물은 교통부의 기관에 의하여 점유·보관되는 것이라 해석되고, 피고인들의 점유·보관하에 있는 것이라 볼 수 없는 바여서, 원판결이 피고인들의 본건 범행을 업무상 횡령으로 보지 아니하고 **특수절도로 보았음은 정당하다**(대판 1969.7.8, 69도798).

⑰ 피해자가 가지고 있는 **책을 잠깐 보겠다**고 하며 동인이 있는 자리에서 보는 척 하다가 가져갔다면 위 책은 아직 피해자의 점유하에 있었다고 할 것이므로 절도죄가 성립한다(대판 1983.2.22, 82도3115).

⑱ 농협직원인 피고인이 보관계약에 의해 농협 창고에 보관 중인 정부소유의 미곡 가마니에서 **삽대를 사용하여 그 내용물인 쌀을 약간씩 발취한 경우 절도죄에 해당한다**(대판 1956.1.27, 55도375). 20. 해경간부

⑨ 묘는 이장하고 망부석만이 **30여 년간 방치된 상태**에 있어 외형상 그 소유자가 방기한 것으로 되어 그 물건은 산주의 추상적·포괄적 소지에 속하게 되었어도 그 산주가 망부석을 사실상 지배할 의사가 없음을 표시한 경우에는 그의 소지하에 있다고 볼 수 없고, 이는 **임야의 관리인으로서** 사실상 점유하여 온 자의 소지하에 있다고 볼 것이므로 동 관리인이나 그와 함께 위 **망부석을 처분한 자를 절도죄로 의율할 수 없다**(대판 1981.8.25, 80도509). 18. 경찰승진

⑩ 화물자동차 운전수가 화물을 운송 도중 이를 타에 처분·영득하였으면 **업무상횡령죄가** 성립한다(대판 1957.10.20, 4290형상281).

⑪ 두 사람으로 된 생강농사 동업관계에 불화가 생겨 그중 1인이 나오지 않자, **남은 동업인이 혼자 생강밭을 경작하여 생강을 반출한 행위가 절도죄를 구성하지 않는다**(대판 2009.2.12, 2008도11804).

⑫ 채권자가 양도담보 목적물을 위와 같은 방법으로 제3자에게 처분하여 그 목적물의 소유권을 취득하게 한 다음 그 제3자로 하여금 그 목적물을 취거하게 한 경우 그 제3자로서는 자기의 소유물을 취거한 것에 불과하므로 사안에 따라 **권리행사방해죄를 구성할 여지가 있음은 별론으로 하고, 절도죄를 구성할 여지는 없다**(대판 2008.11.27, 2006도4263 **통발어구 사건**). 18. 경찰간부, 20. 경찰승진

⚖ 판례 | 불법영득의사 관련 판례

1 절도죄의 성립에 필요한 **불법영득의 의사란 권리자를 배제하고 타인의 물건을 자기의 소유물과 같이 이용·처분할 의사를 말하고** 영구적으로 물건의 경제적 이익을 보유할 의사임은 요하지 않으며, 일시사용의 목적으로 타인의 점유를 침탈한 경우에도 사용으로 인하여 물건 자체가 가지는 경제적 가치가 상당한 정도로 소모되거나 또는 상당한 장시간 점유하고 있거나 본래의 장소와 다른 곳에 유기하는 경우에는 이를 일시사용하는 경우라고는 볼 수 없으므로 영득의 의사가 없다고 할 수 없다(대판 2014.8.20, 2012도12828). 11·14. 법원직 9급, 15. 경찰간부

2 어떠한 물건을 점유자의 의사에 반하여 취거하는 행위가 결과적으로 소유자의 이익으로 된다는 사정 또는 소유자의 추정적 승낙이 있다고 볼 만한 사정이 있다고 하더라도, 다른 특별한 사정이 없는 한 그러한 사유만으로 불법영득의 의사가 없다고 할 수는 없다(대판 2014.2.21, 2013도14139 **리스 BMW 사건**). 15. 사법시험, 16·20. 경찰채용·법원행시, 20. 경찰간부·국가직 7급

판례비교

불법영득의사가 있어 절도죄가 성립하는 경우	불법영득의사가 없어 절도죄가 성립하지 않는 경우
① 쇄석장비들에 관하여 점유개정의 방법에 의한 양도담보부 금전소비대차계약을 체결한 후 채무자 A가 변제기일이 지나도 채무를 변제하지 아니하자 **채권자 甲이 채무자의 의사에 반하여 쇄석장비들을 임의로 분해하여 가지고 간 경우 불법영득의사가 있었다고 보아야 한다**(대판 2005.6.24, 2005도2861). 12. 경찰채용 ② 피고인이 강도상해 등의 범행을 저지르고 도주하기 위하여 피고인이 근무하던 인천 중구 항동7가 소재 연안아파트 상가 중국집 앞에 세워져 있는 **오토바이를 소유자의 승낙 없이 타고 가서 신흥동 소재 뉴스타호텔 부근에 버린 다음**, 버스를 타고 광주로 가버린 경우 피고인에게 오토바이를 불법영득할 의사가 없었다고 할 수 없다(대판 2002.9.6, 2002도3465 **중국집 배달원 사건**). 11. 경찰승진, 12. 국가직 7급, 13. 사법시험, 14·20. 경찰채용	① 은행이 발급한 직불카드를 사용하여 타인의 예금계좌에서 자기의 예금계좌로 돈을 이체시켰다 하더라도 직불카드 자체가 가지는 경제적 가치가 계좌이체된 금액만큼 소모되었다고 할 수는 없으므로 이를 일시 사용하고 곧 반환한 경우에는 그 직불카드에 대한 불법영득의 의사는 없다고 보아야 한다(대판 2006.3.9, 2005도7819 **직불카드 잠시 사용 사건**). 11·20. 법원행시, 16. 법원직 9급·국가직 9급 ② 피고인이 살해도구로 이용한 골프채와 피고인의 옷 등 다른 증거품들과 함께 피고인의 차량 트렁크에 싣고 서울로 돌아오는 중 **지갑을 쓰레기 소각장에서 태워버린 경우**, 피고인이 살해된 피해자의 주머니에서 지갑을 꺼낸 것은 자신의 살인 범행의 증거를 인멸하기 위한 것이어서 불법영득의 의사가 있었다고 보기 어렵다(대판 2000.10.13, 2000도3655 **지갑 소각 사건**). 11. 법원행시, 15. 사법시험, 17. 법원직 9급

③ 예금통장은 예금채권을 표창하는 유가증권이 아니고 그 자체에 예금액 상당의 경제적 가치가 화체되어 있는 것도 아니지만, 이를 소지함으로써 예금채권의 행사자격을 증명할 수 있는 자격증권으로서 예금계약사실뿐 아니라 예금액에 대한 증명기능이 있고 이러한 증명기능은 예금통장 자체가 가지는 경제적 가치라고 보아야 하므로, 예금통장을 사용하여 예금을 인출하게 되면 그 인출된 예금액에 대하여는 예금통장 자체의 예금액 증명기능이 상실되고 이에 따라 그 상실된 기능에 상응한 경제적 가치도 소모된다고 할 수 있다. 그렇다면 타인의 예금통장을 무단사용하여 예금을 인출한 후 바로 예금통장을 반환하였다 하더라도 그 사용으로 인한 위와 같은 경제적 가치의 소모가 무시할 수 있을 정도로 경미한 경우가 아닌 이상, 예금통장 자체가 가지는 예금액 증명기능의 경제적 가치에 대한 불법영득의 의사를 인정할 수 있으므로 절도죄가 성립한다(대판 2010.5.27, 2009도9008 **회사 예금통장 사건**). 12. 사법시험·법원행시, 12·16·20. 경찰채용, 16. 국가직 9급

④ 피고인 甲이 A의 영업점 내에 있는 A 소유의 휴대전화를 허락 없이 가지고 나와 이를 이용하여 통화를 하고 문자메시지를 주고받은 다음, 약 1~2시간 후 A에게 아무런 말을 하지 않고 영업점 정문 옆 화분에 놓아두고 간 경우, 피고인 甲은 휴대전화를 자신의 소유물과 같이 그 경제적 용법에 따라 이용하다가 본래의 장소와 다른 곳에 유기한 것에 다름 아니므로 불법영득의 의사가 있었다고 할 것이다(대판 2012.7.12, 2012도1132 **뉴욕스포츠피부 휴대폰 사건**). 13·15. 경찰채용, 14·15. 경찰승진, 14·16. 변호사, 16. 사법시험, 16·20. 법원행시, 16·17. 법원직 9급

⑤ 피고인이 회사의 사무실에서 회사 명의의 농협 통장을 몰래 가지고 나와 예금 1천만원을 인출한 후 다시 통장을 제자리에 갖다 놓은 경우, 통장 자체가 가지는 예금액 증명기능의 경제적 가치는 통장을 무단사용하여 예금 1천만원을 인출함으로써 상당한 정도로 소모되었다고 할 수 있으므로 피고인이 그 사용 후 바로 통장을 제자리에 갖다 놓았다 하더라도 그 소모된 가치에 대한 불법영득의 의사가 인정된다(대판 2010.5.27, 2009도9008 **회사 예금통장 사건**). 11·13. 경찰승진, 12. 사법시험·국가직 7급, 13. 법원행시·국가직 9급, 14. 경찰간부

③ 신용카드업자가 발행한 신용카드는 이를 소지함으로써 신용구매가 가능하고 금융의 편의를 받을 수 있다는 점에서 경제적 가치가 있다 하더라도 그 자체에 경제적 가치가 화체되어 있거나 특정의 재산권을 표창하는 유가증권이라고 볼 수 없고, 단지 신용카드회원이 그 제시를 통하여 신용카드회원이라는 사실을 증명하거나 현금자동지급기 등에 주입하는 등의 방법으로 신용카드업자로부터 서비스를 받을 수 있는 증표로서의 가치를 갖는 것이어서, **이를 사용하여 현금자동지급기에서 현금을 인출하였다 하더라도 신용카드 자체가 가지는 경제적 가치가 인출된 예금액만큼 소모되었다고 할 수 없으므로** 이를 일시 사용하고 곧 반환한 경우에는 불법영득의 의사가 없다고 보아야 한다(대판 1999.7.9, 99도857 **신용카드 잠시 사용 사건**). 11. 경찰채용, 13·16. 국가직 9급

④ 은행이 발행한 현금카드를 사용하여 현금자동지급기에서 현금을 인출하였다 하더라도 그 현금카드 자체가 가지는 경제적 가치가 인출된 예금액만큼 소모되었다고 할 수는 없다(대판 1998.11.10, 98도2642 **현금카드 잠시 사용 사건**). 20. 변호사

⑤ 피고인이 피해자의 승낙 없이 혼인신고서를 작성하기 위하여 피해자의 도장을 몰래 꺼내어 사용한 후 곧바로 제자리에 갖다 놓은 경우, 도장에 대한 불법영득의 의사가 있었다고 볼 수 없다(대판 2000.3.28, 2000도493 **도장 잠시 사용 사건**). 12. 국가직 7급, 13·16. 사법시험, 17. 법원직 9급, 20. 법원행시

⑥ 상사와의 의견 충돌 끝에 항의의 표시로 사표를 제출한 다음, 평소 피고인이 전적으로 보관·관리해 오던 이른바 비자금 관계 서류 및 금품이 든 가방을 들고 나온 경우, 불법영득의 의사가 있다고 할 수 없을 뿐만 아니라 그 서류 및 금품이 타인의 점유하에 있던 물건이라고도 볼 수 없다(대판 1995.9.5, 94도3033 **보험회사 영업과장 사건**). 14. 변호사, 15. 경찰채용·경찰승진

⑦ 피고인이 동네 선배로부터 차량을 빌렸다가 반환하지 아니한 보조열쇠를 이용하여 그 후 3차례에 걸쳐 위 차량을 2~3시간 정도 운행한 후 원래 주차된 곳에 갖다 놓아 반환한 경우 피고인들에게 **불법영득의 의사가 있었다고 볼 수 없다**(대판 1992.4.24, 92도118 **선배차 잠시 사용 사건**). 15. 경찰간부

불법영득의사가 있어 절도죄가 성립하는 경우	불법영득의사가 없어 절도죄가 성립하지 않는 경우
⑥ 피해자가 경영하는 주점의 잠겨 있는 셔터문을 열고 주방 안에 있던 맥주 등을 꺼내어 마셨다면 타인의 재물에 대한 불법영득의 의사가 있었다고 할 것이고 주점까지 가게 된 동기가 주점 점원의 초청에 의한 것이었다 하더라도 절도죄를 구성한다(대판 1986.9.9, 86도1439). 15. 경찰간부 ⑦ 회사가 A에게 철재를 외상 판매하고 그 대금지급을 위하여 받은 약속어음이 부도되어 동 물품의 반환청구권을 가지고 있다 하여도, 회사의 사원인 피고인이 A로부터 B가 철재를 매수하여 점유하고 있는 사실을 알고서도 이를 운반하여 갔다면 절도죄의 성립에 영향이 없다(대판 1983.11.22, 83도2539). 11. 경찰승진 ⑧ 피고인이 현금 등이 들어 있는 피해자의 지갑을 가져갈 당시에 피해자의 승낙을 받지 않았다면 가사 피고인이 후일 변제할 의사가 있었다고 하더라도 불법영득의사가 있었다고 할 것이다(대판 1999.4.9, 99도519). ⑨ 피고인이 소총 소지자를 총기로 협박하여 그 소총을 교부받아 실탄을 장전한 후 소속 부대 하급자에게 건네주어 그로 하여금 소속 부대원들이 내무반에서 나오는지 여부를 감시하도록 지시한 경우, 비록 피고인의 지시에 따라 그 소총을 소지하고 있던 하급자가 나중에 피고인이 위병소를 빠져나갈 때 뒤따라 나가면서 그 소총에서 탄창을 제거한 후 그 소총을 원래의 소지자에게 던져 준 사실이 있다고 하더라도, 그러한 사정만으로는 피고인에게 그 소총에 대한 군용물특수강도죄의 불법영득의사가 없었다고 할 수 없다(대판 1995.7.11, 95도910). ⑩ 자(子)의 책상서랍을 승낙 없이 뜯어 돈을 꺼내 자기의 채권의 변제에 충당한 것은 자기채권의 추심을 위하여 채무자의 점유하에 있는 채무자 소유의 금원을 불법하게 탈취한 것으로 불법영득의 의사가 있다고 볼 것이다(대판 1983.4.12, 83도297).	⑧ 피고인이 피해자의 전화번호를 알아두기 위하여 피해자가 떨어뜨린 전화요금 영수증을 습득한 후 돌려주지 않은 경우 그에게 불법영득의 의사가 있다고 인정하기 어렵다(대판 1989.11.28, 89도1679 전화요금 영수증 사건). 11. 경찰승진 ⑨ 피고인이 피해자의 도장과 인감도장을 그의 책상서랍에서 몰래 꺼내어 가서 그것을 차용금증서의 연대보증인란에 찍고 난 후 곧 제자리에 넣어 두었다면 도장에 대한 불법영득의 의사가 있었다고 인정할 수 없다(대판 1987.12.8, 87도1959). 11. 법원행시. 15. 경찰간부. 16. 국가직 9급 ⑩ 피고인이 피해자들을 강간하는 과정에서 피해자들이 도망가지 못하게 하기 위해 손가방을 빼앗은 것에 불과하다면 이에 불법영득의 의사가 있었다고 할 수 없다(대판 1985.8.13, 85도1170 대구 남일동 강간 사건). 11. 법원직 9급. 15. 경찰승진 ⑪ 군인이 총기를 분실하고 그를 보충하기 위하여 총기를 취거한 경우에는 불법영득의 의사가 있다고 할 수 없다(대판 1977.6.7, 77도1069). 19. 해경간부 ⑫ 피해자를 강간한 후 항거불능 상태에 있는 피해자에게 돈을 내놓으라고 하여 피해자가 서랍 안에서 꺼내주는 돈을 받는 즉시 팁이라고 하면서 피해자의 브라자 속으로 그 돈을 집어 넣어 준 것이라면 이는 불법영득을 하려 한 것이 아니라 피해자를 희롱하기 위하여 돈을 뺏은 다음 그대로 돌려주려고 한 의도였다고 할 것이므로 불법영득의 의사가 있었다고 보기 어렵다(대판 1986.6.24, 86도776). ⑬ 내연관계에 있던 여자가 계속 회피하며 만나 주지 않자 내연관계를 회복시켜 볼 목적으로 그녀의 물건을 가져 와 보관한 후 이를 찾으러 오면 그 때 그 물건을 반환하면서 타일러 다시 내연관계를 지속시킬 생각으로 물건을 가져 왔고 그녀의 가족에게 그 사실을 그녀에게 연락하라고 말하였으며 그 후 이를 보관하고 있으면서 이용 내지 소비하지 아니한 경우 불법영득의 의사가 있다고 할 수 없다(대판 1992.5.12, 92도280). 17. 법원직 9급 ⑭ 피고인이 피해자 등과 말다툼을 하면서 시비하는 중에 그들 중 일행이 피고인을 식칼로 찔러 죽이겠다고 위협을 하여 주위를 살펴보니 식칼이 있어 이를 갖고 파출소에 가져가 협박의 증거물로 제시하였다면, 가사 피고인의 위 협박의 신고내용이 허위라고 하더라도 불법영득의 의사가 있었다고 할 수는 없다(대판 1986.7.8, 86도354).

⑮ 가구회사의 디자이너인 피고인이 자신이 제작한 가구 디자인 도면을 가지고 나온 경우 평소 위 회사에서 채택한 도면은 그 유출과 반출을 엄격히 통제하고 있으나 채택하지 아니 한 도면들은 대부분 작성한 디자이너에게 반환하여 각자가 자기의 서랍 또는 집에 보관하거나 폐기하는 등 디자이너 개인에게 임의처분이 허용되어 왔고, 피고인은 회사로부터 부당하게 징계를 받았다고 생각하고 노동위원회에 구제신청을 하면서 자신이 그 동안 **회사업무에 충실하였다는 사실을 입증하기 위한 자료로 삼기 위하여 이를 가지고 나온 것**이라면 피고인에게 위 도면들에 대한 불법영득의 의사가 있었다고 볼 수 없다(대판 1992.3.27, 91도2831).

⑯ 피고인이 타인 소유의 버스요금함 서랍 견본 1개를 그에 대한 최초 고안자로서의 권리를 확보하겠다는 생각으로 가지고 나가 변리사에게 의장출원을 의뢰하고 그 도면을 작성한 뒤 **당일 이를 원래 있던 곳에 가져다 두었다면** 불법영득의사를 인정할 수 없다(대판 1991.6.11, 91도878).

⑰ 피고인이 군무를 이탈할 때 총기를 휴대하고 있는지 조차 인식할 수 없는 정신상태에 있었고 총기는 어떤 경우라도 몸을 떠나서는 안된다는 교육을 지속적으로 받아왔다면 **사격장에서 군무를 이탈하면서 총기를 휴대하였다는 것만 가지고는** 피고인에게 불법영득의 의사가 있었다고 할 수 없다(대판 1992.9.8, 91도3149). 20. 경찰간부

⚖ 판례 | 절도죄와 특수절도죄(흉기휴대절도죄 또는 합동절도죄)의 실행의 착수시기와 기수시기

1 2인 이상이 합동하여 야간이 아닌 주간에 절도의 목적으로 타인의 주거에 침입하였다 하여도 **아직 절취할 물건의 물색행위를 시작하기 전이라면 특수절도죄의 실행에는 착수한 것으로 볼 수 없는 것이어서** 그 미수죄가 성립하지 않는다(대판 2009.12.24, 2009도9667 **아파트 출입문 손괴 사건**). 11. 국가직 9급, 12. 법원행시, 13. 변호사, 15. 법원직 9급, 18. 경찰간부, 20. 경찰채용·경찰승진

2 [1] 입목을 절취하기 위하여 이를 캐낸 때에는 그 시점에서 이미 소유자의 입목에 대한 점유가 침해되어 범인의 사실적 지배하에 놓이게 됨으로써 범인이 그 점유를 취득하게 되는 것이므로 **이때 절도죄는 기수에 이르렀다고 할 것이고**, 이를 운반하거나 반출하는 등의 행위는 필요로 하지 않는다. [2] 피고인 甲이 **영산홍을 땅에서 캐낸 그 시점에서 이미 절취행위는 기수에 이르렀다고 할 것**이므로 그 이후에 피고인 乙이 영산홍을 甲과 함께 승용차까지 운반하였다고 하더라도 그러한 행위가 다른 죄에 해당하는지의 여부는 별론으로 하고, 乙이 甲과 합동하여 영산홍 절취행위를 하였다고 볼 수 없다(대판 2008.10.23, 2008도6080 **영산홍 사건**). 11·16. 경찰채용, 12·17. 경찰승진, 13. 변호사, 16. 사법시험, 17. 국가직 7급

3 피해자의 집에서 라디오와 탁상시계를 가지고 나오다가 "도둑이야!"라는 고함소리에 놀라 **탁상시계는 그 집 방문 밖에 떨어뜨리고 라디오는 방에 던진 채 달아난 경우** 절도죄의 기수에 해당한다(대판 1964.4.22, 64도112).

4 창고에서 물건을 **밖으로 들고 나와** 운반해가다가 방범대원들에게 발각되어 체포되었다면 절도의 기수에 해당한다(대판 1984.2.14, 83도3242 · 83감도546).

5 자동차를 절취할 생각으로 자동차의 조수석 문을 열고 들어가 시동을 걸려고 시도하는 등 차 안의 기기를 이 것저것 만지다가 핸드브레이크를 풀게 되었는데 그 장소가 내리막길인 관계로 **시동이 걸리지 않은 상태에서** 약 10m 전진하다가 가로수를 들이받는 바람에 멈추게 되었다면 **절도의 기수에 해당한다고 볼 수 없을 뿐 아 니라** 도로교통법 제2조 제19호 소정의 **자동차의 운전에 해당하지 아니한다**(대판 1994.9.9, 94도1522). 13. 변호사

6 피고인이 피해자 경영의 카페에서 야간에 아무도 없는 그곳 내실에 침입하여 장식장 안에 들어 있던 정기적 금통장 등을 꺼내 들고 카페로 나오던 중 발각되어 돌려 준 경우, 일단 피고인 자신의 지배 내에 옮겼다고 볼 수 있으니 절도의 미수에 그친 것이 아니라 **야간주거침입절도의 기수라고 할 것이다**(대판 1991.4.23, 91도476). 20. 국가직 7급

판례비교

실행의 착수가 인정되는 경우	실행의 착수가 인정되지 않는 경우
① 피고인이 야간에 소지하고 있던 손전등과 박스 포장용 노끈을 이용하여 도로에 주차된 차량의 문을 열고 그 안에 들어있는 현금 등을 절취할 것을 마음 먹고, 승합차량의 문이 잠겨 있는지 확인하기 위해 **양손으로 운전석 문의 손잡이를 잡고 열려고 하던 중 경찰관에게 발각된 경우**, 차량 내에 있는 재물에 대한 사실상의 지배를 침해하는 데에 밀접한 행위가 개시된 것으로 보아 절도죄의 실행에 착수한 것으로 봄이 상당하다(대판 2009.9.24, 2009도5595 **자동차 손잡이 사건 Ⅱ**). 11. 사법시험, 14. 경찰간부, 16. 국가직 7급	① 피고인이 아파트 신축공사현장 안에 있는 건축자재 등을 훔칠 생각으로 공범과 함께 위 공사현장 안으로 들어간 후 창문을 통하여 신축 중인 아파트의 지하실 안쪽을 살핀 행위는 특수절도죄의 실행의 착수에 해당하지 않는다(대판 2010.4.29, 2009도14554 **동파이프 사건**). 11 · 13 · 16. 사법시험, 13. 법원행시
② 피고인 甲과 乙이 함께 담을 넘어 회사 마당에 들어 가 그중 1명이 그곳에 있는 구리를 찾기 위하여 담에 붙어 걸어가다가 잡힌 경우 절취대상품에 대한 물색행위가 없었다고 할 수 없다(대판 1989.9.12, 89도1153). 11. 경찰채용, 13. 국가직 7급, 16. 경찰승진 · 경찰간부	② 피고인들이 주간에 피해자의 **아파트 출입문 시정 장치를 손괴하다가 마침 귀가하던 피해자에게 발 각되어 도주한 경우**, 특수절도미수죄는 성립하지 아니한다(대판 2009.12.24, 2009도9667 **아파트 출입문 손괴 사건**). 11 · 13 · 15. 경찰채용, 12. 법원직 9급 · 국가직 7급, 13 · 16. 변호사, 13 · 17. 법원행시, 16. 사법시험, 17 · 18. 경찰간부
③ 피고인이 피해자 소유 자동차 안에 들어 있는 밍크 코트를 발견하고 이를 절취할 생각으로 공범이 차 옆에서 망을 보는 사이 **차 오른쪽 앞문을 열려고 앞 문손잡이를 잡아당기다가 피해자에게 발각되었다 면** 절도의 실행에 착수하였다고 봄이 상당하다(대판 1986.12.23, 86도2256 **자동차 손잡이 사건 Ⅰ**). 13. 법원행시, 14. 경찰간부, 16. 경찰승진, 17. 법원직 9급	③ 피고인이 소를 흥정하고 있는 피해자의 뒤에 접근 하여 가방으로 돈이 들어 있는 피해자의 하의 왼쪽 주머니를 스치면서 지나간 행위는 단지 피해자의 주의력을 흐트려 주머니 속에 들은 금원을 절취하기 위한 예비단계의 행위에 불과한 것이고 이로써 실행의 착수에 이른 것이라고는 볼 수 없다(대판 1986.11.11, 86도1109). 11. 국가직 9급, 13. 국가직 7급, 14 · 16. 경찰간부

④ 소매치기가 **피해자의 양복상의 주머니로부터 금품을 절취하려고 그 호주머니에 손을 뻗쳐 그 겉을 더듬은 때에는 절도의 범행은 예비단계를 지나 실행에 착수하였다고 봄이 상당하다**(대판 1984.12.11, 84도2524). 13. 국가직 7급, 14. 경찰간부, 15. 경찰채용, 16. 경찰승진, 20. 국가직 9급

④ 피고인이 노상에 세워 놓은 자동차 안에 있는 물건을 훔칠 생각으로 **자동차의 유리창을 통하여 그 내부를 손전등으로 비추어 본 것에 불과하다면** 비록 유리창을 따기 위해 면장갑을 끼고 있었고 칼을 소지하고 있었다 하더라도 절도의 예비행위로 볼 수는 있겠으나 타인의 재물에 대한 지배를 침해하는 데 밀접한 행위를 한 것이라고는 볼 수 없어 **절취행위의 착수에 이른 것이었다고 볼 수 없다**(대판 1985.4.23, 85도464 **손전등 사건**). 11. 국가직 9급, 11·16. 법원행시, 13. 국가직 7급, 13·14·20. 법원직 9급, 14·15. 변호사, 15. 경찰채용, 16·20. 경찰승진

⑤ 피고인이 평소 잘 아는 피해자에게 **전화채권을 사주겠다고 하면서 골목길로 유인하여 돈을 절취하려고 기회를 엿본 행위만으로는** 절도의 예비행위는 될지언정 **타인의 재물에 대한 사실상 지배를 침해하는 데 밀접한 행위가 개시되었다고 단정할 수 없다**(대판 1983.3.8, 82도2944). 13. 국가직 7급, 16. 경찰승진·경찰간부

02 야간주거침입절도죄

> **형법**
> 제330조 【야간주거침입절도】 야간에 **사람의 주거, 관리하는 건조물, 선박, 항공기 또는 점유하는 방실(房室)**에 침입하여 타인의 재물을 절취(竊取)한 자는 10년 이하의 징역에 처한다.

| 객관적 구성요건 | 행위 | ① 야간(일몰 후 일출 전)에 사람의 주거, 관리하는 건조물, 선박, 항공기 또는 점유하는 방실에 침입하여 타인의 재물을 절취하여야 성립함
② 야간주거침입절도죄에 대하여 정하는 형법 제330조에서 **'야간에'라고 함은 일몰 후부터 다음 날 일출 전까지를 말한다**(대판 2015.8.27, 2015도5381 **새벽 주거침입절도 사건**).
③ 형법은 야간에 이루어지는 주거침입행위의 위험성에 주목하여 그러한 행위를 수반한 절도를 야간주거침입절도죄로 중하게 처벌하고 있는 것으로 보아야 하고, 따라서 **주거침입이 주간에 이루어진 경우에는 야간주거침입절도죄가 성립하지 않는다고 해석하는 것이 타당하다**(대판 2011.4.14, 2011도300 **장안동 모텔 절도 사건**). 12. 국가직 7급, 12·13. 법원행시, 12·14·16. 사법시험, 12·16·17. 경찰채용, 13. 법원직 9급, 14. 국가직 9급, 16. 변호사, 17. 경찰간부 |
| | 착수기수 | ① **실행의 착수시기**: 야간에 절취의 의사로 주거에 침입할 때(통설·판례)
② 기수시기: 재물을 자기 또는 제3자의 지배하에 두는 때 |

야간주거침입절도죄의 실행의 착수가 인정되는 경우	야간주거침입절도죄의 실행의 착수가 인정되지 않는 경우
① [1] 야간에 타인의 재물을 절취할 목적으로 사람의 주거에 침입한 경우에는 주거에 침입한 단계에서 이미 야간주거침입절도죄라는 범죄행위의 실행에 착수한 것이라고 보아야 한다. [2] 피고인이 야간에 **출입문이 열려있는 집에 들어가 재물을 절취하기로 마음먹고 다세대주택에 들어가 여러 세대의 출입문을 손으로 당겨보았는데 문이 잠겨 있었던 경우**, 바로 주거의 사실상의 평온을 침해할 객관적인 위험성을 포함하는 행위를 한 것으로 볼 수 있어 그것으로 주거침입의 실행에 착수가 있었고, 단지 그 출입문이 잠겨 있었다는 외부적 장애요소로 인하여 뜻을 이루지 못한 데 불과하다(대판 2006.9.14, 2006도2824 **빌라 출입문 사건**). 11. 국가직 7급, 11·17. 경찰간부, 16. 경찰채용·경찰승진·사법시험, 17. 법원행시·법원직 9급·국가직 9급 ② 피고인이 야간에 아파트 202호에 침입하여 물건을 훔칠 의도하에 아파트 202호의 베란다 철제난간까지 올라가 유리창문을 열려고 시도하였다면 주거의 사실상의 평온을 침해할 객관적 위험성을 포함하는 구체적인 행위를 한 것으로 볼 수 있다(대판 2003.10.24, 2003도4417 **202호 유리창문 사건**). 11·16. 경찰간부, 12. 법원행시, 14. 국가직 7급, 15. 사법시험, 16. 경찰채용, 20. 경찰승진	피고인이 다세대주택 2층의 불이 꺼져있는 것을 보고 물건을 절취하기 위하여 가스배관을 타고 올라가다가, 발은 1층 방범창을 딛고 두 손은 1층과 2층 사이에 있는 가스배관을 잡고 있던 상태에서 순찰 중이던 경찰관에게 발각되자 그대로 뛰어내린 경우, 이러한 행위만으로는 주거의 사실상의 평온을 침해할 현실적 위험성이 있는 행위를 개시한 때에 해당한다고 보기 어렵다(대판 2008.3.27, 2008도917 **가스배관 잡고 있다 적발 사건**). 11. 경찰채용·경찰승진·법원행시, 14. 국가직 7급

야간주거침입절도죄가 성립하는 경우	야간주거침입절도죄가 성립하지 않는 경우
[1] 야간주거침입절도죄에 있어서 침입행위의 객체인 건조물은 주위벽 또는 기둥과 지붕 또는 천정으로 구성된 구조물로서 사람이 기거하거나 출입할 수 있는 장소를 말하며 **반드시 영구적인 구조물일 것을 요하지 않는다.** [2] 야간에 약 1.5평 정도되는 **알루미늄 샷시로 된 담배점포에 들어가 물건을 절취한 경우 야간주거침입절도죄가 성립한다**(대판 1989.2.28, 88도2430, 88감도194).	[1] 형법은 야간에 이루어지는 주거침입행위의 위험성에 주목하여 그러한 행위를 수반한 절도를 야간주거침입절도죄로 중하게 처벌하고 있는 것으로 보아야 하고, 따라서 주거침입이 주간에 이루어진 경우에는 야간주거침입절도죄가 성립하지 않는다고 해석하는 것이 타당하다. [2] **주간에** 피해자가 운영하는 모텔에 이르러 그곳 202호 안까지 **들어가** 침입한 다음, 같은 날 **밤에** 그곳에 설치되어 있던 피해자 소유의 **재물을 가지고 나온 경우 야간주거침입절도죄가 성립하지 않는다**(대판 2011.4.14, 2011도300, 2011감도5). 13. 법원행시

03 특수절도죄

> **형법**
> 제331조【특수절도】① **야간**에 문이나 담 그 밖의 건조물의 일부를 **손괴**하고 제330조의 장소에 **침입**하여 타인의 재물을 절취한 자는 1년 이상 10년 이하의 징역에 처한다.
> ② **흉기를 휴대**하거나 **2명 이상이 합동**하여 타인의 재물을 절취한 자도 제1항의 형에 처한다.

객관적 구성요건	**손괴 후 야간주거침입 절도**	① 행위: 야간에 문이나 담 그 밖의 건조물의 일부를 손괴하고 주거 등에 침입하여 타인의 재물을 절취하여야 성립함 ② 실행의 착수시기: 건조물의 **일부를 손괴하기 시작한 때** ③ 기수시기: 재물을 자기 또는 제3자의 지배하에 두는 때
	흉기휴대절도	① 행위: 흉기를 휴대하고 타인의 재물을 절취하여야 성립함 ② 실행의 착수시기와 기수시기: 절도죄와 동일함. 다만, 야간에 주거에 침입하여 절취한 경우 실행의 착수시기는 주거에 침입할 때
	합동절도	① 행위: **2명 이상이 합동**하여 타인의 재물을 절취하여야 성립함 ② 실행의 착수시기와 기수시기: 절도죄와 동일함. 다만, 야간에 주거에 침입하여 절취한 경우 실행의 착수시기는 주거에 침입할 때

판례비교

특수절도죄가 성립하는 경우	특수절도죄가 성립하지 않는 경우
① 피고인이 야간에 절도의 목적으로 출입문에 장치된 **자물통 고리를 절단하고 출입문 유리 1매를 손괴한** 뒤 집 안으로 침입하려다가 발각된 것이라면 형법 제331조 제1항의 특수절도죄의 **실행에 착수한 것에 해당한다**(대판 1986.9.9, 86도1273). 20. 국가직 7급·해경채용 ② 피고인 甲과 乙이 공모·합동하여 야간에 인쇄소에서 피고인 甲은 망을 보고 피고인 乙이 드라이버로 **출입문 자물쇠를 떼어낸 다음, 침입하려고 하다가 피해자에게 발각되어 미수에 그쳤다면 특수절도죄의 실행에 착수한 것이다**(대판 1986.7.8, 86도843). 16. 경찰간부 ③ 피고인 甲이 피해자 A의 형인 乙과 범행을 모의하고 乙이 A의 집에서 절취행위를 하는 동안 甲은 그 집 안의 가까운 곳에 대기하고 있다가 절취품을 가지고 같이 나온 경우, 시간적·장소적으로 협동관계가 있었다고 보아야 하므로 **특수절도죄가 성립한다**(대판 1996.3.22, 96도313 **동생집 절취 사건**).	① 피고인이 **창문과 방충망을 창틀에서 분리한 사실**만을 인정할 수 있을 뿐 달리 창문과 방충망을 물리적으로 훼손하여 그 효용을 상실하게 하였음을 인정할 만한 증거가 없다면 형법 제331조 제1항의 **특수절도죄는 성립하지 아니한다**(대판 2015.10.29, 2015도7559 **창문·방충망 분리 사건**). 17. 변호사 ② 피고인이 **절도범행을 함에 있어서 드라이버를 사용하여 택시 운전석 창문을 파손하였더라도**, 피고인이 사용한 드라이버는 일반적인 드라이버와 동일한 것으로 특별히 개조된 바는 없는 것으로 보이고, 그 크기와 모양 등 제반사정에 비추어 보더라도 피고인의 범행이 **흉기를 휴대하여 타인의 재물을 절취한 경우에 해당한다고 보기는 어렵다**(대판 2012.6.14, 2012도4175 **드라이버 사용 절도 사건**).

특수절도죄가 성립하는 경우	특수절도죄가 성립하지 않는 경우
	③ 피고인 甲이 乙·丙과 함께 A 경영의 명진상사 창고에 몰래 들어가 피혁을 훔치기로 약속하였으나 **甲은 절취할 마음이 내키지 아니하고 처벌이 두려워** 만나기로 한 시간에 약속장소로 가지 아니하고 포장마차에서 술을 마신 후 인근 여관에서 잠을 잤으며, 乙과 丙이 그들끼리 모의된 범행을 결행하기로 하여 乙은 망을 보고 丙은 창고에 침입하여 가죽 약 1만평을 절취한 경우, 피고인 甲은 특수절도의 공동정범이 성립될 수 없음은 물론 다른 공모자들이 실행행위에 이르기 이전에 그 공모관계로부터 이탈한 것이 분명하므로 乙·丙의 절도행위에 관하여도 공동정범으로서 책임을 지지 아니한다(대판 1989.3. 14, 88도837 **가죽 절취 사건**). 13. 경찰간부

04 자동차 등 불법사용죄

형법

제331조의2【자동차 등 불법사용】권리자의 동의 없이 타인의 **자동차, 선박, 항공기** 또는 **원동기장치자전거**를 일시사용한 자는 3년 이하의 징역, 500만원 이하의 벌금, 구류 또는 과료에 처한다.

05 상습절도 등 죄

형법

제332조【상습범】상습으로 제329조 내지 제331조의2의 죄(절도죄, 야간주거침입절도죄, 특수절도죄, 자동차 등 불법사용죄)를 범한 자는 그 죄에 정한 형의 2분의 1까지 가중한다.

⚖️**판례 | 상습절도죄 관련 판례**

1 상습절도 등의 범행을 한 자가 추가로 자동차 등 불법사용의 범행을 한 경우에 그것이 절도 습벽의 발현이라고 보이는 이상 자동차 등 불법사용의 범행은 **상습절도 등의 죄에 흡수되어 1죄만이 성립**하고 이와 별개로 자동차 등 불법사용죄는 성립하지 않는다(대판 2002.4.26, 2002도429). 14. 법원행시

2 형법 제332조에 규정된 상습절도죄를 범한 범인이 범행의 수단으로 주간에 주거침입을 한 경우 주간 주거침입행위는 **상습절도죄와 별개로 주거침입죄를 구성한다**(대판 2015.10.15, 2015도8169). 16. 사법시험

3 [1] 특가법 제5조의4 제6항에 규정된 **상습절도** 등 죄를 범한 범인이 그 범행의 수단으로 주거침입을 한 경우에 주거침입행위는 상습절도 등 죄에 흡수되어 위 조문에 규정된 상습절도 등 죄의 1죄만이 성립하고 별개로 **주거침입죄를 구성하지 않는다.** [2] 또 위 상습절도 등 죄를 범한 범인이 그 범행 외에 상습적인 절도의 목적으로 주거침입을 하였다가 절도에 이르지 아니하고 주거침입에 그친 경우에도 그것이 절도상습성의 발현이라고 보이는 이상 주거침입행위는 다른 상습절도 등 죄에 흡수되어 위 조문에 규정된 상습절도 등 죄의 1죄만을 구성하고 상습절도 등 죄와 별개로 주거침입죄를 구성하지 않는다(대판 2017.7.11, 2017도4044).

제3절 강도의 죄

01 강도죄

형법

제333조【강도】 폭행 또는 협박으로 타인의 재물을 강취하거나 기타 재산상의 이익을 취득하거나 제3자로 하여금 이를 취득하게 한 자는 3년 이상의 유기징역에 처한다.

객관적 구성요건	객체	타인의 재물 또는 재산상의 이익
	행위	① 폭행·협박은 피해자의 반항을 억압하거나 불가능하게 할 정도의 것이어야 함. 피해자의 반항을 억압하거나 불가능하게 할 정도가 아닌 경우 공갈죄가 성립함 ② 폭행·협박은 강취의 수단이어야 하므로 폭행·협박은 강취 이전에 행해져야 하고, **양자 사이에 인과관계 및 시간적·장소적 관련성이 있어야 함**
	착수기수	① 실행의 착수시기: 상대방의 반항을 억압할 정도의 폭행·협박을 한 때 ② 기수시기: 재물 또는 재산상 이익을 취득한 때

⚖ 판례 ┃ 강도죄 관련 판례

1 강도죄는 사람의 반항을 억압함에 충분한 폭행 또는 협박을 사용하여 타인의 재물을 강취하거나 재산상의 이익을 취득함으로써 성립하는 범죄이다(대판 2013.12.12, 2013도11899 **장지갑 강취 사건**).

2 강도죄는 재물탈취의 방법으로 폭행·협박을 사용하는 행위를 처벌하는 것이므로 **폭행·협박으로 타인의 재물을 탈취한 이상 피해자가 우연히 재물탈취사실을 알지 못하였다고 하더라도 강도죄는 성립하고,** 폭행·협박당한 자가 탈취당한 재물의 소유자 또는 점유자일 것을 요하지도 아니하며, **강간범인이 부녀를 강간할 목적으로 폭행·협박에 의하여 반항을 억압한 후 반항억압상태가 계속 중임을 이용하여 재물을 탈취하는 경우에는 재물탈취를 위한 새로운 폭행·협박이 없더라도 강도죄가 성립한다**(대판 2010.12.9, 2010도9630 **강간 ➡ 강도 ➡ 강간 사건**). 11. 법원직 9급, 14. 경찰채용. 14·16·17. 법원행시, 15. 경찰승진·경찰간부·사법시험

3 강도죄에 있어서 폭행과 협박의 정도는 사회통념상 객관적으로 **상대방의 반항을 억압하거나 항거불능하게 할 정도의 것이라야 한다**(대판 2004.10.28, 2004도4437). 14. 경찰채용. 16. 경찰승진

4 소위 '날치기'와 같이 강제력을 사용하여 재물을 절취하는 행위가 때로는 피해자를 넘어뜨리거나 상해를 입게 하는 경우가 있고, 그러한 결과가 피해자의 반항억압을 목적으로 함이 없이 **점유탈취의 과정에서 우연히 가해진 경우라면 이는 강도가 아니라 절도에 불과하지만, 그 강제력의 행사가 사회통념상 객관적으로 상대방의 반항을 억압하거나 항거 불능하게 할 정도의 것이라면 이는 강도죄의 폭행에 해당한다.** 그러므로 날치기 수법의 점유탈취과정에서 이를 알아채고 재물을 빼앗기지 않으려는 상대방의 반항에 부딪혔음에도 계속하여 피해자를 끌고 가면서 억지로 재물을 빼앗은 행위는 피해자의 반항을 억압한 후 재물을 강취한 것으로서 강도에 해당한다(대판 2007.12.13, 2007도7601 **대구 날치기 사건**). 12·17. 법원행시, 15. 경찰채용

5 날치기와 같이 강력적으로 재물을 절취하는 행위는 때로는 피해자를 전도(顚倒)시키거나 부상하게 하는 경우가 있고, 구체적인 상황에 따라서는 **이를 강도로 인정하여야 할 때가 있다 할 것이나** 그와 같은 결과가 **피해자의 반항억압을 목적으로 함이 없이 점유탈취의 과정에서 우연히 가해진 경우라면 이는 절도에 불과한 것으로 보아야 할 것이고,** 준강도죄에 있어서의 '재물의 탈환을 항거할 목적'이라 함은 일단 절도가 재물을 자기의 배타적 지배하에 옮긴 뒤 탈취한 재물을 피해자 측으로부터 탈환당하지 않기 위하여 대항하는 것을 말한다(대판 2003.7.25, 2003도2316 **부천 날치기 사건**). 12. 법원행시, 14. 변호사

6 피고인이 **강도의 범의 없이 공범들과 함께 피해자의 반항을 억압함에 충분한 정도로 피해자를 폭행하던 중** 공범들이 피해자를 계속하여 폭행하는 사이에 **피해자의 재물을 취거한 경우에는** 피고인 및 공범들의 위 폭행에 의한 반항억압의 상태와 재물의 탈취가 시간적으로 극히 밀접하여 전체적·실질적으로 재물 탈취의 범의를 실현한 행위로 평가할 수 있으므로 **강도죄의 성립을 인정할 수 있고,** 그 과정에서 피해자가 상해를 입었다면 강도상해죄가 성립한다(대판 2013.12.12, 2013도11899 **장지갑 강취 사건**).

7 피고인이 타인에 대하여 **반항을 억압함에 충분한 정도의 폭행 또는 협박을 가한 사실이 있다 해도 그 타인이 재물취거의 사실을 알지 못하는 사이에 그 틈을 이용하여 피고인이 우발적으로 타인의 재물을 취거한 경우에는,** 폭행이나 협박이 재물탈취의 방법으로 사용된 것이 아님은 물론, 폭행 또는 협박으로 조성된 피해자의 반항억압의 상태를 이용하여 재물을 취득하는 경우에도 해당하지 아니하여 **양자 사이에 인과관계가 존재하지 아니한다 할 것이므로,** 폭행 또는 협박에 의한 반항억압의 상태가 처음부터 재물탈취의 계획하에 이루어졌다거나 양자가 시간적으로 극히 밀접되어 있는 등 전체적·실질적으로 단일한 재물탈취의 범의의 실현행위로 평가할 수 있는 경우에 해당하지 아니하는 한 **강도죄의 성립을 인정하여서는 안 될 것이다**(대판 2009.1.30, 2008도10308 **과격한 성교 사건**). 11. 경찰승진, 12·14. 국가직 9급, 14. 사법시험, 15. 경찰간부, 20. 경찰채용

8 형법 제333조 후단의 강도죄(이른바 강제이득죄)의 요건이 되는 재산상의 이익이란 재물 이외의 재산상의 이익을 말하는 것으로서, 그 재산상의 이익은 반드시 사법상 유효한 재산상의 이득만을 의미하는 것이 아니고 외견상 재산상의 이득을 얻을 것이라고 인정할 수 있는 사실관계만 있으면 여기에 해당된다(대판 1997.2.25, 96도3411 **여정 주점 사건**). 11. 경찰승진·법원직 9급, 14. 경찰채용, 17. 법원행시

판례비교

강도죄 등이 성립하는 경우	강도죄 등이 성립하지 않는 경우
① 피고인 甲과 乙이 날치기를 공모한 후 피해자 A를 뒤따라 가다가 **손가방의 끈을 잡아당겼으나 A가 가방을 놓지 않으려고 버티다가 바닥으로 넘어지게 되었고,** 이후 甲이 가방 끈을 잡고 계속 당기자 A가 "내 가방, 사람 살려!"라고 소리치면서 **약 5m 가량 끌려가다가 가방을 놓쳤으나, 이 과정에서 A가 무릎이 조금 긁히고 왼쪽 어깨 부위에 견관절 염좌상을 입은 경우,** 이는 피해자의 반항을 억압하기 위한 목적으로 가해진 강제력으로서 그 반항을 억압할 정도에 해당하므로 **강도치상죄가 성립한다**(대판 2007.12.13, 2007도7601 **대구 날치기 사건**). 11. 사법시험, 14. 변호사·법원행시, 14·15. 경찰채용, 14·16. 경찰승진	① 피고인이 모텔에서 주점 도우미인 피해자와의 성관계 도중, 피해자가 성교행위가 너무 과격하단 이유로 성교를 중단하는 바람에 말다툼이 벌어져 화가 난 피고인이 피해자에 대한 폭행을 시작하면서 피해자가 이불을 뒤집어쓴 후에도 **계속 주먹과 발로 피해자를 구타한 후** 이불 속에 있는 피해자를 두고 옷을 입고 방을 나가다 탁자 위의 피해자 **손가방 안에서 현금 20만원 등이 든 키홀더를 우발적으로 가져간 경우,** 피고인의 재물취거행위가 피해자가 전혀 인식하지 못한 가운데 이루어졌고 그 원인이 된 폭행행위도 그와는 전혀 무관한 윤락행위 도중의 시비 끝에 발생하게 된 것이므로 **강도죄 성립을 인정하기에 부족하다**(대판 2009.1.30, 2008도10308 **과격한 성교 사건**). 11. 경찰승진, 12·14. 국가직 9급, 14. 사법시험, 15. 경찰간부
② 피고인 甲이 채권자 乙로부터 채무자 A에 대한 외상물품 대금채권의 회수를 의뢰받았다 하더라도 **A의 반항을 억압할 정도의 폭행과 협박을 가하여 재물 및 재산상 이득을 취득한 이상** 이는 정당한 권리행사라고 볼 수 없음이 명백하여 **강도상해죄가 성립함에는 아무런 지장이 없다**(대판 1995.12.12, 95도2385).	

③ '아리반(신경안정제)' 4알을 탄 우유나 사와가 들어 있는 갑을 휴대하고 다니다가 사람에게 마시게 하여 졸음에 빠지게하고 그 틈에 그 사람의 돈이나 물건을 빼앗은 경우에 그 수단은 강도죄에서 요구하는 남의 항거를 억압할 정도의 폭행에 해당된다(대판 1979.9.25, 79도1735).

② 피고인 甲이 승용차를 운전하고 乙·丙이 승차하여 범행대상을 물색하던 중, 마침 지나가는 피해자 A에게 접근한 후 甲이 창문으로 손을 내밀어 손가방 1개를 낚아챘으나 A가 가방을 꽉 잡고 이를 탈환하려 하자, 乙이 가방을 붙잡은 채 甲이 승용차를 운전해 갔고 이 과정에서 A에게 약 4주간의 치료를 요하는 상해를 입게 한 경우, A의 상해는 날치기 수법의 절도시 점유탈취의 과정에서 우연히 가해진 것에 불과하고 그에 수반된 강제력 행사도 A의 반항을 억압하기 위한 목적 또는 정도의 것은 아닌 것으로 보이므로 강도치상의 점을 인정하기에 부족하다(대판 2003.7.25, 2003도2316 부천 날치기 사건).

③ 피고인이 다른 피고인들과 택시강도를 하기로 모의한 일이 있다고 하여도 다른 피고인들이 피해자에 대한 폭행에 착수하기 전에 겁을 먹고 미리 현장에서 도주해 버렸다면 다른 피고인들과의 사이에 강도의 실행행위를 분담한 협동관계가 있었다고 보기는 어려우므로 피고인을 특수강도의 합동범으로 다스릴 수는 없다(대판 1985.3.26, 84도2956 마음 약한 택시강도 사건). 11. 경찰승진

④ 피고인이 이건 두 번의 범행시 비록 칼을 내보이기는 하였으나 범행시간과 장소 및 불과 일이백원정도의 잔돈만을 소지하고 있는 15~16세 정도의 소년만을 대상자로 선정하여 범행한 점, 피해자가 피고인에게 "내 돈을 돌려줘."라고 요구했고 피고인이 피해자에게 시계를 벗어 달라고 했으나 시계는 안주었다는 취지의 진술이 있는 점 등의 사정으로 보아 그의 협박의 정도가 피해자 등의 반항을 억압함에 족한 협박이라고 볼 수 없는 경우에는 피고인을 강도죄로 처단할 수 없다(대판 1976.8.24, 76도1932).

02 특수강도죄

> **형법**
> 제334조【특수강도】 ① 야간에 사람의 주거, 관리하는 건조물, 선박이나 항공기 또는 점유하는 방실에 침입하여 제333조의 죄를 범한 자는 무기 또는 5년 이상의 징역에 처한다.
> ② **흉기를 휴대**하거나 **2인 이상이 합동**하여 전조의 죄를 범한 자도 전항의 형과 같다.

객관적 구성요건	야간주거 침입강도	① 행위: 야간에 사람의 주거, 관리하는 건조물, 선박이나 항공기 또는 점유하는 방실에 침입하여 강도를 하는 경우에 성립함
		② 실행의 착수시기: **주거침입시**라는 견해와 **폭행·협박시**라는 견해(다수설)가 대립함
		③ 기수시기: 재물 또는 재산상 이익을 취득한 때
	흉기휴대강도	**흉기를 휴대**하여 강도를 하는 경우에 성립함
	합동강도	**2인 이상이 합동**하여 강도를 하는 경우에 성립함

판례비교

특수강도죄의 실행의 착수시기(폭행·협박시)	특수강도죄의 실행의 착수시기(주거침입시)
[1] 피고인이 야간에 타인의 재물을 강취하기로 마음먹고 흉기인 칼을 휴대한 채 시정되어 있지 않은 피해자 1의 집 현관문을 열고 마루까지 **침입하여 동정을 살피던 중** 마침 혼자서 집을 보던 피해자 1의 손녀 피해자 2(14세)가 화장실에서 용변을 보고 나오는 것을 발견하고 갑자기 욕정을 일으켜 칼을 피해자 2의 목에 들이대고 방 안으로 끌고 들어가 밀어 넘어뜨려 반항을 억압한 다음, 강제로 1회 간음하여 동 피해자를 **강간**하였다. [2] 형법 제334조 제1항·제2항 소정의 **특수강도의 실행의 착수는 강도의 실행행위, 즉 사람의 반항을 억압할 수 있는 정도의 폭행 또는 협박에 나아갈 때에 있다** 할 것이고, 야간에 흉기를 휴대한 채 타인의 주거에 침입하여 집 안의 동정을 살피는 것만으로는 특수강도의 실행에 착수한 것이라고 할 수 없으므로 특수강도에 착수하기도 전에 저질러진 강간행위는 구 특가법 제5조의6 제1항(개정법 성폭법 제3조 제2항) 소정의 **특수강도강간죄에 해당한다고 할 수 없다**(대판 1991.11.22, 91도2296 **갑자기 욕정을 일으켜 사건**). 16. 경찰채용	[1] 피고인들이 **야간**에 피해자 G의 집에 이르러 **재물을 강취할 의도로** 피고인 C가 출입문 옆 창살을 통하여 **침입**하고 피고인 F는 부엌방충망을 뜯고 들어 가다가 피해자 **시아버지의 헛기침에 발각된 것으로 알고 도주함으로써 뜻을 이루지 못했다. [2] 형법 제334조 제1항 소정의 **야간주거침입강도죄**는 주거침입과 강도의 결합범으로서 시간적으로 주거침입행위가 선행되는 것이므로 **주거침입을 한 때에 본죄의 실행에 착수한 것으로 볼 것인 바**, 같은 조 제2항 소정의 흉기휴대 합동강도죄에 있어서도 그 강도행위가 야간에 주거에 침입하여 이루어지는 경우에는 주거침입을 한 때에 실행에 착수한 것으로 보는 것이 타당하다(대판 1992.7.28, 92도917 **시아버지 헛기침 사건**). 16. 경찰채용

03 준강도죄·준특수강도죄

형법

제335조【준강도】절도가 재물의 탈환에 항거하거나 체포를 면탈하거나 범죄의 흔적을 인멸할 **목적으로 폭행 또는 협박**한 때에는 제333조(강도죄) 및 제334조(특수강도죄)의 예에 따른다.

객관적 구성요건	주체	① 주체는 **모든 절도**(절도·야간주거침입절도·특수절도·상습절도)이고, 이는 정범을 의미하므로 절도죄의 공동정범이나 간접정범은 주체가 될 수 있지만 교사범이나 방조범은 주체가 될 수 없음. **강도의 경우 준강도죄의 주체가 될 수 없음**(판례) ② 준강도죄의 주체가 되기 위해서는 절도는 적어도 실행의 착수를 하여야 하므로, 절도의 예비에 그친 자는 주체가 될 수 없음
주관적 구성요건	행위	① 폭행·협박은 강도죄와 마찬가지로 피해자의 반항을 억압하거나 불가능하게 할 정도의 것이어야 함 ② 폭행·협박은 '절도의 기회'에 이루어져야 하므로 절취와 폭행·협박 사이에 시간적·장소적 근접성이 필요함 ③ 절도가 체포를 면탈할 목적 등으로 폭행·협박을 할 때 비로소 흉기를 휴대하였다면 **준특수강도죄가 성립함**
	기수미수 구별	준강도의 기수·미수는 절도의 기수·미수 여부에 따라 결정하여야 함(절취행위기준설·판례)
		고의 이외에 재물의 탈환에 항거하거나 **체포를 면탈**하거나 범죄의 흔적을 인멸할 목적이 있어야 성립함(목적범) 11. 경찰승진
공범		절도의 공동정범 또는 특수절도범 중의 1인이 준강도죄(또는 강도상해·치상죄)를 범한 경우 다른 공범자에게도 준강도죄(또는 강도상해·치상죄)가 성립하는지 여부에 관하여, **다른 공범자에게 폭행·협박 등에 대한 예견가능성이 있으면 공동정범이 성립함**(판례)

🔨 판례 ┃ 준강도죄 관련 판례

1 준강도의 주체는 절도, 즉 **절도범인으로, 절도의 실행에 착수한 이상 미수이거나 기수이거나를 불문한다**(대판 2003.10.24, 2003도4417 **202호 유리창문 사건**). 15. 변호사, 16. 경찰채용

2 준강도는 '절도'가 재물의 탈환을 항거하거나 체포를 면탈하거나 죄적을 인멸한 목적으로 폭행 또는 협박을 가한 때에 준강도가 성립한다고 규정하고 있으므로 **준강도죄의 주체는 절도범인이고, 절도죄의 객체는 재물이다**(대판 2014.5.16, 2014도2521 **술값 안 내려고 폭행 사건**). 16. 법원행시, 18. 경찰간부

3 준강도는 절도범인이 **절도의 기회에 재물탈환의 항거 등의 목적으로 폭행 또는 협박을 가함으로써 성립되는 것으로서,** 여기서 절도의 기회라고 함은 절도범인과 피해자 측이 절도의 현장에 있는 경우와 절도에 잇달아 또는 절도의 시간·장소에 접착하여 피해자 측이 범인을 체포할 수 있는 상황, 범인이 죄적인멸에 나올 가능성이 높은 상황에 있는 경우를 말하고, 그러한 의미에서 **피해자 측이 추적태세에 있는 경우나 범인이 일단 체포되어 아직 신병확보가 확실하다고 할 수 없는 경우에는 절도의 기회에 해당한다**(대판 2009.7.23, 2009도5022). 13. 국가직 9급

4 준강도죄에 있어서의 폭행이나 협박은 상대방의 반항을 억압하는 수단으로서 일반적·객관적으로 가능하다고 인정하는 정도의 것이면 되고 반드시 현실적으로 반항을 억압하였음을 필요로 하는 것은 아니다(대판 1981.3.24, 81도409). 12·13·14. 경찰승진, 17. 법원행시

5 절도가 체포를 면탈할 목적으로 자기의 멱살을 잡은 **피해자의 얼굴을 주먹으로 때리고 뒤로 넘어 뜨려 상해를 입게 한 폭행**은 피해자의 반항을 억압하기 위한 수단으로서 일반적·객관적으로 가능하다고 인정되는 정도라고 볼 수 있으므로 **강도죄에서 말하는 폭행에 해당한다**(대판 1985.11.1, 85도2115).

6 피고인을 체포하려는 **피해자가 체포에 필요한 정도를 넘어서서 발로 차며 전치 3개월을 요하는 중상을 입힐 정도로 심한 폭력을 가해오자** 피고인이 **이를 피하기 위하여 엉겁결에 솥뚜껑을 들어 위 폭력을 막아 내려다가 솥뚜껑에 스치어 피해자가 상처를 입게 되었다면** 피고인의 행위는 일반적·객관적으로 피해자의 체포의사를 제압할 정도의 폭행에 해당하지 않으므로 **준강도상해죄는 성립되지 않는다**(대판 1990.4.24, 90도193 **아작나는 절도범 사건**). 16. 경찰간부

7 피고인이 피해자로부터 옷을 잡히자 체포를 면하려고 **충동적으로 저항을 시도하여 잡은 손을 뿌리친 정도의 폭행을 준강도죄로 의율할 수는 없다**(대판 1985.5.14, 85도619 **충동적으로 손을 뿌리친 사건**). 13. 국가직 7급, 20. 법원행시

8 [1] 형법 제335조에서 절도가 재물의 탈환을 항거하거나 체포를 면탈하거나 죄적을 인멸할 목적으로 폭행 또는 협박을 가한 때에 준강도로서 강도죄의 예에 따라 처벌하는 취지는, **강도죄와 준강도죄의 구성요건인 재물탈취와 폭행·협박 사이에 시간적 순서상 전후의 차이가 있을 뿐 실질적으로 위법성이 같다고 보기 때문이다.** [2] 폭행·협박을 수단으로 하여 재물을 탈취하고자 하였으나 그 목적을 이루지 못한 자가 강도미수죄로 처벌되는 것과 마찬가지로, 절도미수범인이 폭행·협박을 가한 경우에도 강도미수에 준하여 처벌하는 것이 합리적이라 할 것이므로 **준강도죄의 기수 여부는 절도행위의 기수 여부를 기준으로 하여 판단하여야 한다**[대판 2004.11.18, 2004도5074(전합) **양주절취 미수 사건**]. 12·13. 국가직 7급, 12·13·14·17. 경찰승진, 12·15·18. 경찰간부, 12·16. 사법시험, 13. 법원직 9급·국가직 9급, 13·14·16·17. 법원행시, 15. 경찰채용, 17. 변호사

9 절도범인이 처음에는 흉기를 휴대하지 아니하였으나 체포를 면탈할 목적으로 폭행 또는 협박을 가할 때에 **비로소 흉기를 휴대 사용하게 된 경우에는** 형법 제334조의 예에 의한 **준강도(특수강도의 준강도)가 된다** [대판 1973.11.13, 73도1553(전합) **특수강도의 준강도 사건**]. 12. 경찰승진, 13. 법원직 9급, 13·17. 법원행시, 15. 경찰채용

10 2인 이상이 합동하여 절도를 한 경우 **범인 중의 1인이 체포를 면탈할 목적으로 폭행을 하여 상해를 가한 때에는 나머지 범인도 이를 예기하지 못한 것으로 볼 수 없으면 강도상해죄의 죄책을 면할 수 없다**(대판 1988.2.9, 87도2460 **대성서점 사건**). 15. 경찰채용, 16. 경찰간부, 17. 변호사·법원행시

11 절도를 공모한 피고인이 다른 공모자의 폭행행위에 대하여 사전양해나 의사의 연락이 전혀 없었고, 범행장소가 빈 가게로 알고 있었고, 공모자가 **담배창구를 통하여 가게에 들어가 물건을 절취하고 피고인은 밖에서 망을 보던 중 예기치 않았던 인기척 소리가 나므로 도주해버린 이후에 위 공모자가 창구에 몸이 걸려 빠져 나오지 못하게 되어** 피해자에게 붙들리자 체포를 면탈할 목적으로 피해자에게 폭행을 가하여 상해를 입힌 것이고, 피고인은 그동안 상당한 거리를 도주하였을 것으로 추정되는 상황하에서는 피고인이 위 공모자의 폭행행위를 전연 예기할 수 없었다고 보여지므로 피고인에게 **준강도상해죄의 공동책임을 지울 수 없다** (대판 1984.2.28, 83도3321). 16. 경찰간부, 20. 변호사

12 피고인과 乙이 자신의 집에서 물건을 훔쳐 나왔다는 연락을 받은 丙은 피고인과 乙을 도주로를 따라 1km 가량 추격하여 피고인을 먼저 체포하여 동네 사람들에게 인계하고 1km를 더 추격하여 乙을 체포하려 하자 乙은 **피해자 丙이 가지고 있던 몽둥이를 빼앗아 이를 가지고 丙을 구타하여 상해**를 입힌 경우에는 피고인에게 구타상해행위를 공모 또는 예기하지 못하였으므로 피고인에게까지 준강도상해의 죄책을 문의할 수 없다(대판 1982.7.13, 82도1352). 16. 경찰간부

13 특수절도의 범인들이 범행이 발각되어 **각기 다른 길로 도주하다가** 그중 1인이 체포를 면탈할 목적으로 폭행하여 상해를 가한 때에는, 나머지 범인도 위 공범이 추격하는 피해자에게 체포되지 아니하려고 위와 같이 폭행할 것을 **전연 예기하지 못한 것으로는 볼 수 없다 할 것**이므로 그 폭행의 결과로 발생한 상해에 관하여 형법 제337조, 제335조의 강도상해죄의 책임을 면할 수 없다(대판 1984.10.10, 84도1887, 84감도296).

준강도죄 등이 성립하는 경우	준강도죄 등이 성립하지 않는 경우
① 피고인이 절도행위가 발각되어 **도주하다가 곧바로 뒤쫓아 온 보안요원 A에게 붙잡혀 보안사무실로 인도되어 A로부터 그 경위를 확인받던 중 체포된 상태를 벗어나기 위해서 A에게 폭행을 가하여 상해를 가한 경우**, 피고인이 일단 체포되었다고는 하지만 아직 신병확보가 확실하다고 할 수 없는 단계에서 체포된 상태를 면하기 위해서 A를 폭행하여 상해를 가한 것이므로 **강도상해죄에 해당한다**(대판 2001.10.23, 2001도4142 **보안사무실에서 사건**). 16. 사법시험·법원행시, 20. 경찰채용	① 피고인 甲이 술집운영자 A로부터 술값의 지급을 요구받자 A를 유인·폭행하고 도주함으로써 술값의 지급을 면하고 A에게 상해를 가하였더라도, 甲이 절도의 실행에 착수하였다는 내용이 포함되어 있지 않은 이상 준강도죄는 성립하지 아니한다(대판 2014.5.16, 2014도2521 **술값 안 내려고 폭행 사건**). 15. 경찰채용·경찰간부·변호사·국가직 9급, 16. 경찰승진·사법시험·법원행시
② 피고인이 야간에 절도의 목적으로 피해자의 집에 담을 넘어 들어간 이상 절취한 물건을 물색하기 전이라고 하여도 이미 야간주거침입절도의 실행에 착수한 것이라고 하겠고, 그 후 피해자에게 발각되어 **계속 추격당하거나 재물을 면탈하고자 피해자에게 폭행을 가하였다면** 그 장소가 범행현장으로부터 200m 떨어진 곳이라고 하여도 **절도의 기회 계속 중에 폭행을 가한 것이라고 보아야 한다**(대판 1984.9.11, 84도1398).	② 피고인이 피해자의 집에서 절도 범행을 마친 지 10분 가량 지나 피해자의 집에서 200m 가량 떨어진 버스정류장이 있는 곳에서 피고인을 절도범인이라고 의심하고 뒤쫓아 온 **피해자에게 붙잡혀 피해자의 집으로 돌아왔을 때 비로소 피해자를 폭행한 것은** 사회통념상 절도 범행이 이미 완료된 이후라 할 것이므로 준강도죄가 성립할 수 없다(대판 1999.2.26, 98도3321 **버스정류장에서 붙잡혀 사건**). 11·16. 사법시험, 13·15. 법원행시

04 인질강도죄

> **형법**
>
> 제336조【인질강도】사람을 체포·감금·약취 또는 유인하여 이를 **인질로 삼아** 재물 또는 재산상의 이익을 취득하거나 제3자로 하여금 이를 취득하게 한 자는 3년 이상의 유기징역에 처한다.

05 강도상해·치상죄

> **형법**
>
> 제337조【강도상해·치상】강도가 사람을 상해하거나 상해에 이르게 한 때에는 **무기 또는 7년 이상**의 징역에 처한다.

⚖ 판례 | 강도상해죄 관련 판례

1 강도상해죄는 강도범인이 그 강도의 기회에 상해행위를 함으로써 성립하는 것이므로 강도범행의 실행 중이거나 그 실행 직후 또는 실행의 범의를 포기한 직후로서 사회통념상 범죄행위가 완료되지 아니하였다고 볼 수 있는 단계에서 상해가 행하여짐을 요건으로 한다(대판 2014.9.26, 2014도9567 **강릉 택시강도 사건**). 15·20. 법원행시, 16. 변호사

2 폭행 또는 협박으로 **타인의 재물을 강취하려는 행위와 이에 극도의 흥분을 느끼고 공포심에 사로잡혀 이를 피하려다 상해에 이르게 된 사실과는 상당인과관계가 있다 할 것이고**, 이 경우 강취행위자가 상해의 결과의 발생을 예견할 수 있었다면 이를 **강도치상죄로 다스릴 수 있다**(대판 1996.7.12, 96도1142 **도박돈 강취 사건**).

15. 경찰승진

3 피고인이 피해자로부터 강취한 택시 트렁크에 피해자를 감금하였고 이후 약 4시간 뒤에 새마을금고에서 강취한 신용카드로 현금을 인출하였는 바, 그 후에 피해자가 결박을 풀고 달아나려고 하자 **피해자의 어깨를 잡아당기며 회칼로 손 부분에 상해를 가한 경우 강도상해죄가 성립한다**(대판 2014.9.26, 2014도9567 **강릉 택시강도 사건**).

4 피고인이 절취품을 물색 중 피해자가 잠에서 깨어나 "도둑이야!"라고 고함치자 **체포를 면탈할 목적으로 그녀에게 이불을 덮어 씌우고 입과 목을 졸라 상해를 입혔다면 절도의 목적달성 여부에 관계없이 강도상해죄가 성립한다**(대판 1985.5.28, 85도682). 11 · 20. 경찰승진

5 피고인이 택시를 타고 가다가 요금지급을 면할 목적으로 소지한 **과도로 운전수를 협박하자 이에 놀란 운전수가 택시를 급우회전하면서 그 충격으로 피고인이 겨누고 있던 과도에 어깨 부분이 찔려 상처를 입었다면 강도치상죄가 성립한다**(대판 1985.1.15, 84도2397 **택시 급우회전 사건**). 11. 경찰간부 · 국가직 9급, 11 · 14 · 16. 경찰승진, 12. 국가직 7급

6 강취현장에서 피고인의 발을 붙잡고 늘어지는 **피해자를 30m쯤 끌고 가서 폭행함으로써 상해**한 피고인의 소위는 **강도상해죄**에 해당한다 할 것이다(대판 1984.6.26, 84도970).

7 강도상해죄는 강도가 사람을 상해한 경우에 성립하는 것이므로 도주하는 강도를 체포하기 위해 위에서 덮쳐 오른손으로 목을 잡고, 왼손으로 앞부분을 잡는 순간 강도가 들고 있던 **벽돌에 끼어 있는 철사에 찔려 부상**을 입었다거나 또는 도망하려는 공범을 뒤에서 양팔로 목을 감싸잡고 내려오다 **같이 넘어져 부상**을 입은 경우라면 위 부상들은 피해자들의 적극적인 체포행위 과정에서 스스로의 행위의 결과로 입은 상처여서 위 상해의 결과에 대하여 **강도상해죄로 의율할 수 없다**(대판 1985.7.9, 85도1109).

06 강도살인 · 치사죄

> **형법**
>
> 제338조【**강도살인 · 치사**】강도가 사람을 살해한 때에는 **사형 또는 무기징역**에 처한다. 사망에 이르게 한 때에는 무기 또는 10년 이상의 징역에 처한다.

> **⚖ 판례 | 강도살인죄 관련 판례**
>
> **1** 강도살인죄의 주체인 강도는 준강도죄(형법 제335조)의 강도범인을 포함한다고 할 것이므로 절도가 체포를 면탈할 목적으로 사람을 살해한 때에는 강도살인죄가 성립한다(대판 1987.9.22, 87도1592). 12. 법원행시, 13. 국가직 9급, 16. 사법시험
>
> **2** 강도살인죄가 성립하려면 먼저 **강도죄의 성립이 인정되어야 하고 강도죄가 성립하려면 불법영득(또는 불법이득)의 의사가 있어야 하며**, 형법 제333조 후단 소정의 이른바 강제이득죄의 성립요건인 '재산상 이익의 취득'을 인정하기 위하여는 재산상 이익이 사실상 피해자에 대하여 불이익하게 범인 또는 제3자 앞으로 이전되었다고 볼 만한 상태가 이루어져야 한다(대판 2010.9.30, 2010도7405 **무주 채권자 살인 사건**). 20. 법원행시

3 강도살인죄는 **강도범인이 강도의 기회에 살인행위를 함으로써 성립하는 것이므로** 강도 범행의 실행 중이거나 그 실행 직후 또는 실행의 범의를 포기한 직후로서 사회통념상 범죄행위가 완료되지 아니하였다고 볼 수 있는 단계에서 살인이 행하여짐을 요건으로 한다(대판 2004.6.24, 2004도1098). 17. 경찰승진

4 강도의 공범자 중 1인이 강도의 기회에 피해자에게 폭행 또는 상해를 가하여 살해한 경우, 다른 공모자가 살인의 공모를 하지 아니하였다고 하여도 그 살인행위나 치사의 결과를 예견할 수 없었던 경우가 아니면 강도치사죄의 죄책을 면할 수 없다(대판 1991.11.12, 91도2156 **퍽치기 살해 사건**). 12. 법원행시, 15. 국가직 9급, 16. 경찰간부·사법시험, 20. 경찰승진

5 피고인 甲·乙·丙 등이 등산용 칼을 이용하여 노상강도를 하기로 공모한 사건에서, 차 안에서 망을 보고 있던 甲이나 丙과 함께 차에서 내려 피해자 A로부터 금품을 강취하려 했던 乙 등으로서는 그때 우연히 현장을 목격하게 된 피해자 B를 丙이 등산용 칼로 살해하여 강도살인행위에 이를 것을 전혀 예상하지 못하였다고 보여지지 아니하므로 피고인 甲·乙은 강도치사죄의 죄책을 진다(대판 1990.11.27, 90도2262 **노상강도 사건**). 11. 경찰간부

6 채무면탈의 목적으로 **살해행위에 착수하였다가 미수에 그친 경우에는 강도살인미수죄가 성립한다**(대판 1964.9.8, 64도310).

7 재물강취의 목적과 수단으로 **사람을 살해한 이상** 그 살해행위가 강취행위의 전후를 불문하고 또 강취행위의 기수이거나 미수임을 구별하지 않고 **강도살인죄가 성립한다**(대판 1957.10.11, 4290형상313).

8 피고인들은 2021.8.8. 오전 피해자를 서산시 소재 아파트 옥상으로 데려가 피고인 1이 손도끼를 휴대한 상태에서 함께 피해자를 폭행·협박한 다음 피해자로부터 35만 원을 강취하고, 다음 날 피해자를 다시 만나 추가로 965만 원을 강취하기로 하였는데, 피고인들 일행과 헤어진 피해자가 같은 날 오후 **투신자살하여 사망에 이르게 하여 강도치사죄에 해당한다.** 손도끼를 휴대한 것에 그치지 않고 이를 사용하여 피해자에 대한 폭행·협박범행을 저지르고 결국 강도치사죄까지 성립한 이상, **위험한 물건인 손도끼의 휴대행위에 대하여 별개의 범죄가 성립한다고 볼 수 없다**(대판 2023.2.23, 2022도12795 **손도끼 사건**).

판례비교

강도살인죄 등이 성립하는 경우	강도살인죄 등이 성립하지 않는 경우
① 피고인 甲이 피해자 A 경영의 소주방에서 35,000원 상당의 술과 안주를 시켜 먹은 후 A가 甲에게 술값을 지급할 것을 요구하며 甲의 허리를 잡고 도망가지 못하게 하자 **甲이 술값을 면할 목적으로 A를 살해하고, 곧바로 A가 소지하고 있던 현금 75,000원을 꺼내어 갔다면 강도살인죄가 성립한다**(대판 1999.3.9, 99도242 **소주방 여주인 살해 사건**). 14. 경찰간부	① 피고인의 피해자에 대한 채무의 존재가 명백할 뿐만 아니라 피해자의 상속인이 존재하고 그 상속인에게 채권의 존재를 확인할 방법이 확보되어 있으므로, 비록 피고인들이 채무를 면탈할 의사로 채권자인 피해자를 살해하였다고 하더라도 일시적으로 채권자 측의 추급을 면한 것에 불과하고 재산상 이익의 지배가 채권자 측으로부터 피고인 앞으로 이전되었다고 볼 수 없어 **강도살인죄가 성립할 수 없다**(대판 2010.9.30, 2010도7405 **무주 채권자 살해 사건**). 11·12·14·17. 법원행시, 11·14·17. 경찰승진, 13. 경찰간부, 15. 경찰채용·국가직 9급

강도살인죄 등이 성립하는 경우	강도살인죄 등이 성립하지 않는 경우
② 강도 범행 직후 신고를 받고 출동한 경찰관이 범행현장으로부터 약 150m 지점에서, 화물차를 타고 도주하는 피고인을 발견하고 순찰차로 추적하여 격투 끝에 피고인을 붙잡았으나, 피고인이 너무 힘이 세고 반항이 심하여 수갑도 채우지 못한 채 피고인을 순찰차에 억지로 밀어 넣고서 파출소로 연행하고자 하였는데 그 순간 피고인이 체포를 면하기 위하여 과도로써 옆에 앉아 있던 경찰관을 찔러 사망하게 하였다면 강도살인죄가 성립한다(대판 1996.7.12, 96도1108 **안산 경찰관 살해 사건**). 11. 경찰승진, 14. 경찰간부, 15. 법원행시	② 피고인이 피해자 소유의 돈과 신용카드에 대하여 불법영득의 의사를 갖게된 것이 피해자 살해 후 상당한 시간이 지난 후로서 살인의 범죄행위가 이미 완료된 후인 경우, **살해 후 상당한 시간이 지난 후에 별도의 범의에 터잡아 이루어진 재물취거행위를 그보다 앞선 살인행위와 합쳐서 강도살인죄로 처단할 수는 없다**(대판 2004.6.24, 2004도1098 **채권자 망치살해 사건**). 14. 경찰간부
③ 피고인이 택시를 무임승차하고 택시요금을 요구하는 피해자의 추급을 벗어나고자 동인을 살해한 직후 피해자의 주머니에서 택시 열쇠와 돈 8천원을 꺼내어 택시를 운전하고 현장을 벗어난 경우, 피고인은 채무면탈의 목적으로 피해자를 살해하고 피해자의 반항능력이 완전히 상실된 것을 이용하여 즉석에서 재물까지 탈취한 것이므로 **강도살인죄가 성립한다**(대판 1985.10.22, 85도1527 **군인 택시기사 살해 사건**). 14·18. 경찰간부	

07 강도강간죄

> **형법**
> 제339조【강도강간】 강도가 **사람을 강간**한 때에는 무기 또는 10년 이상의 징역에 처한다.

> ⚖️**판례 | 강도강간죄 관련 판례**
>
> **1** 강도강간죄는 강도가 실행에 착수한 뒤 **강도행위를 완료하기 전에 강간을 한 경우에도 성립된다**(대판 1986.5.27, 86도507).
>
> **2** 강간범이 강간행위 후에 강도의 범의를 일으켜 그 부녀의 재물을 강취하는 경우에는 강도강간죄가 아니라 강간죄와 강도죄의 경합범이 성립될 수 있을 뿐이지만, **강간행위의 종료 전, 즉 그 실행행위의 계속 중에 강도의 행위를 할 경우에는 이때에 바로 강도의 신분을 취득하는 것이므로 이후에 그 자리에서 강간행위를 계속하는 때에는 강도가 부녀를 강간한 때에 해당하여 강도강간죄를 구성한다**(대판 2010.12.9, 2010도9630 **강간 ➡ 강도 ➡ 강간 사건**). 12. 경찰간부, 12·16·17. 법원행시, 13. 변호사, 14. 법원직 9급, 19. 해경간부, 21. 경찰간부
>
> **3** 피고인들이 강도하기로 모의를 한 후 피해자 A男으로부터 금품을 **빼앗고**, 이어서 피해자 B女를 강간하였다면 강도강간죄가 성립한다(대판 1991.11.12, 91도2241). 12. 법원행시·경찰승진

08 해상강도죄, 해상강도상해·치상죄, 해상강도살인·치사·강간죄

> **형법**
>
> 제340조【해상강도】① **다중의 위력**으로 해상에서 선박을 강취하거나 선박 내에 침입하여 타인의 재물을 강취한 자는 무기 또는 7년 이상의 징역에 처한다.
> ② 제1항의 죄를 범한 자가 사람을 상해하거나 상해에 이르게 한 때에는 무기 또는 10년 이상의 징역에 처한다.
> ③ 제1항의 죄를 범한 자가 사람을 살해 또는 사망에 이르게 하거나 강간한 때에는 사형 또는 무기징역에 처한다.

> **⚖️판례 | 해상강도죄 관련 판례**
>
> 1 [1] 선장을 비롯한 일부 선원들을 살해하는 등의 방법으로 선박의 지배권을 장악하여 목적지까지 항해한 후 선박을 매도하거나 침몰시키려고 한 경우에 선박에 대한 불법영득의 의사가 있다고 보아 해상강도살인죄가 성립한다. [2] 사람을 살해한 자가 그 사체를 다른 장소로 옮겨 유기하였을 때에는 별도로 사체유기죄가 성립하고, 이와 같은 사체유기를 불가벌적 사후행위로 볼 수는 없다(대판 1997.7.25, 97도1142 **페스카마호 사건**)
> 12. 경찰채용
>
> 2 소말리아 해적인 피고인들 등이 공모하여 아라비아해 인근 공해상에서 대한민국 해운회사가 운항 중인 선박 '삼호주얼리호'를 납치하여 대한민국 국민인 선원 등에게 해상강도 등 범행을 저질렀다는 내용으로 국내법원에 기소된 사안에서, 피고인 甲이 선장 乙을 살해할 의도로 乙에게 총격을 가하여 미수에 그친 사실을 충분히 인정할 수 있다고 본 다음, **다른 해적들의 공모내용은** 선박 납치, 소말리아로의 운항 강제, 석방대가 요구 등 본래 목적의 달성에 차질이 생기는 상황이 발생한 때에는 인질 등을 살상하여서라도 본래 목적을 달성하려는 것에 있을 뿐, 본래 목적 달성이 무산되고 자신들의 생존 여부도 장담할 수 없는 상황에서 보복하기 위하여 그 원인을 제공한 이를 **살해하는 것까지 공모한 것으로는 볼 수 없고,** 당시 피고인 甲을 제외한 나머지 해적들은 두목의 지시에 따라 무기를 조타실 밖으로 버리고 조타실 내에서 몸을 숙여 총알을 피하거나 선실로 내려가 피신함으로써 저항을 포기하였고, 이로써 해적행위에 관한 공모관계는 실질적으로 종료하였으므로, 그 이후 자신의 생존을 위하여 피신하여 있던 나머지 피고인들로서는 피고인 甲이 乙에게 총격을 가하여 살해하려고 할 것이라는 점까지 예상할 수는 없었다(대판 2011.12.22, 2011도12927 **소말리아 해적 사건**). ➡ 피고인 甲은 해상강도살인미수죄가 성립하지만 나머지 해적들은 해상강도살인미수죄의 공동정범이 성립하지 않음

09 상습강도죄

> **형법**
>
> 제341조【상습범】 **상습**으로 제333조(강도죄), 제334조(특수강도죄), 제336조(인질강도죄) 또는 전조 제1항의 죄(해상강도죄)를 범한 자는 **무기 또는 10년 이상의 징역**에 처한다.

제4절 사기의 죄

01 사기죄

형법

제347조 【사기】 ① 사람을 기망하여 **재물**의 교부를 받거나 **재산상의 이익**을 취득한 자는 10년 이하의 징역 또는 2천만원 이하의 벌금에 처한다.

② 전항의 방법으로 제3자로 하여금 재물의 교부를 받게 하거나 재산상의 이익을 취득하게 한 때에도 전항의 형과 같다.

| 객관적 구성 요건 | 행위 | 사기죄는 사람을 기망하여 착오에 빠뜨리고 처분행위를 유발하여 재물을 교부받거나 재산상 이익을 취득함으로써 성립하고 기망·착오·처분행위 사이에 **인과관계가 있어야 함**
① 기망: 재산상의 거래관계에 있어서 서로 지켜야 할 신의와 성실의 의무를 저버리는 모든 적극적 또는 소극적 행위
② 기망행위로 인하여 상대방은 착오를 일으켜야 하며, 착오는 중요부분에 관한 착오이든지 동기의 착오이든지, 적극적 착오이든지 소극적 부지이든지, 사실에 관한 것이든지 가치판단에 관한 것이든지를 불문함
③ **처분행위**: 재산상의 손해를 초래하는 **피기망자의 직접적이고 자의적인 작위 또는 부작위**
  ㄱ 처분행위는 사기죄의 편취죄적 성격을 보여주는 것으로 절도(특히 이른바 책략절도)와 구분이 가능할 수 있는 역할을 함
  ㄴ **처분행위자와 피기망자는 동일인이어야 하지만, 처분행위자와 피해자는 동일인일 필요 없음**(처분행위자와 피해자가 다른 것을 삼각사기라고 함)
  ㄷ 처분행위자는 피해자의 재산을 처분할 수 있는 (반드시 법적 권한을 요하는 것이 아니라) 사실상 지위에 있으면 충분함(지위설·통설·판례)
④ 행위자는 재물을 교부받거나 재산상 이익을 취득하여야 함
⑤ 사기죄가 성립하기 위하여 피해자에게 **재산상 손해발생이 필요하지 않음**(판례) |
| | 착수기수 | ① 실행의 착수시기: 기망행위를 시작한 때
② 기수시기: **재물을 교부받거나 재산상 이익을 취득했을 때**(판례) |

판례 | 사기죄 관련 판례

1 [1] 사기죄의 객체는 타인이 점유하는 '타인의' 재물 또는 재산상의 이익이므로 **피해자와의 관계에서 살펴보아 그것이 피해자 소유의 재물인지 아니면 피해자가 보유하는 재산상의 이익인지에 따라 재물이 객체인지 아니면 재산상의 이익이 객체인지 구별하여야 한다.** [2] 피고인 甲이 자신의 예금계좌를 乙에게 양도하고 乙이 피해자 A를 속여 A가 현금을 甲의 예금계좌로 송금한 경우, 이는 재물에 해당하는 현금을 교부받는 방법이 예금계좌로 송금하는 형식으로 이루어진 것에 불과하다(대판 2010.12.9, 2010도6256 **대포통장 현금 인출 사건 Ⅱ**). 12. 변호사, 14. 경찰간부, 17. 국가직 9급

2 사기죄는 타인이 점유하는 재물을 그의 처분행위에 의하여 취득함으로써 성립하는 죄이므로, **자기가 점유하는 타인의 재물에 대하여는 이것을 영득함에 기망행위를 한다 하여도 사기죄는 성립하지 아니하고 횡령죄만을 구성한다**(대판 1987.12.22, 87도2168). 11. 경찰승진·국가직 7급, 13. 사법시험, 17. 변호사

3 자기가 점유하는 타인의 재물을 횡령하기 위하여 기망수단을 쓴 경우에는 피기망자에 의한 재산처분행위가 없으므로 일반적으로 횡령죄만 성립되고 **사기죄는 성립되지 아니한다**(대판 1980.12.9, 80도1177). 12. 법원행시, 16. 변호사

4 사기죄는 타인을 기망하여 착오에 빠뜨리고 그 처분행위를 유발하여 **재물을 교부받거나 재산상 이익을 얻음으로써 성립하는 것으로서** 기망, 착오, 재산적 처분행위 사이에 인과관계가 있어야 한다(대판 2014.2.27, 2013도9669 **과천시민회관 카페 사건**). 13. 경찰승진, 14. 경찰간부, 17. 경찰채용

5 사기죄가 성립하기 위해서는 기망행위와 상대방의 착오 및 재물의 교부 또는 재산상의 이익의 공여와의 사이에 순차적인 인과관계가 있어야 하지만, **착오에 빠진 원인 중에 피기망자 측에 과실이 있는 경우에도 사기죄가 성립한다**(대판 2009.6.23, 2008도1697 **대부업자 새마을금고 기망 사건**). 13. 사법시험, 16. 법원행시

6 사기죄는 타인을 기망하여 그로 인한 하자 있는 의사에 기하여 재물의 교부를 받거나 재산상의 이익을 취득함으로써 성립하는 범죄로서 그 본질은 기망에 의한 재물이나 재산상 이익의 취득에 있는 것이고 **상대방에게 현실적으로 재산상 손해가 발생할 필요는 없다**(대판 2014.10.15, 2014도9099 **골든볼 사건**). 11. 경찰승진

7 재물편취를 내용으로 하는 사기죄에 있어서는 기망으로 인한 재물교부가 있으면 그 자체로써 피해자의 재산침해가 되어 이로써 곧 사기죄가 성립하는 것이고, **상당한 대가가 지급되었다거나 피해자의 전체 재산상에 손해가 없다 하여도 사기죄의 성립에는 영향이 없다**(대판 2010.12.9, 2010도12928). 11·14. 경찰간부

8 사기죄의 요건으로서의 기망은 널리 재산상의 거래관계에 있어서 서로 지켜야 할 **신의와 성실의 의무를 저버리는 모든 적극적 또는 소극적 행위를 말하는 것으로서** 반드시 법률행위의 중요부분에 관한 허위표시임을 요하지 아니하고, 상대방을 착오에 빠지게 하여 행위자가 희망하는 재산적 처분행위를 하도록 하기 위한 판단의 기초가 되는 사실에 관한 것이면 충분하다(대판 2015.7.23, 2015도6905 **말보험 사기 사건**). 12. 경찰승진

9 사기죄의 실행행위로서의 기망은 반드시 법률행위의 중요부분에 관한 허위표시임을 요하지 아니하고 상대방을 착오에 빠지게 하여 행위자가 희망하는 재산적 처분행위를 하도록 하기 위한 판단의 기초가 되는 사실에 관한 것이면 족한 것이므로 용도를 속이고 돈을 빌린 경우에 있어서 만일 진정한 용도를 고지하였더라면 상대방이 돈을 빌려 주지 않았을 것이라는 관계에 있는 때에는 사기죄의 실행행위인 기망은 있는 것으로 보아야 한다(대판 1996.2.27, 95도2828 **그린벨트해제 로비자금 사건**). 11. 법원직 9급

10 사기죄의 요건으로서의 기망은 널리 재산상의 거래관계에 있어 서로 지켜야 할 신의와 성실의 의무를 저버리는 모든 적극적·소극적 행위를 말하고, 그중 소극적 행위로서의 **부작위에 의한 기망은 법률상 고지의무 있는 자가 일정한 사실에 관하여 상대방이 착오에 빠져 있음을 알면서도 그 사실을 고지하지 아니함을 말하는 것으로,** 일반거래의 경험칙상 상대방이 그 사실을 알았더라면 당해 법률행위를 하지 않았을 것이 명백한 경우에는 신의칙에 비추어 그 사실을 고지할 법률상 의무가 인정된다(대판 2015.10.29, 2014도5939 **서울시 공무원 간첩 사건**). 11. 경찰간부, 12. 국가직 9급, 15. 경찰승진

11 매수인이 매도인에게 매매잔금을 지급함에 있어 착오에 빠져 지급해야 할 금액을 초과하는 돈을 교부한 경우 매도인이 사실대로 고지했다면 매수인이 그와 같이 초과하여 교부하지 않았을 것임은 경험칙상 명백하므로 [1] 매도인이 매매잔금을 교부받기 전 또는 교부받던 중에 그 사실을 알게 되었을 경우에는 특별한 사정이 없는 한 매도인으로서는 매수인에게 사실대로 고지하여 매수인의 그 착오를 제거해야 할 신의칙상 의무를 지므로 그 의무를 이행하지 않고 **매수인이 건네주는 돈을 그대로 수령한 경우에는 사기죄에 해당될 것이나** [2] 그 사실을 미리 알지 못하고 매매잔금을 건네주고 받는 행위를 끝마친 후에 비로소 알게 되었을 경우에는 주고 받는 행위는 이미 종료되어 버린 후이므로 매수인의 착오상태를 제거하기 위하여 그 사실을 고지해야 할 법률상 의무의 불이행은 더 이상 그 초과된 금액 편취의 수단으로서의 의미는 없으므로 **교부하는 돈을 그대로 받은 그 행위는 점유이탈물횡령죄가 될 수 있음은 별론으로 하고 사기죄를 구성할 수는 없다**(대판 2004.5.27, 2003도4531 **잔돈사기 사건**). 11. 경찰승진, 11·16. 국가직 7급, 15. 사법시험, 16. 경찰채용

12 [1] 비록 피기망자가 처분행위의 의미나 내용을 인식하지 못하였다고 하더라도 피기망자의 작위 또는 부작위가 직접 재산상 손해를 초래하는 재산적 처분행위로 평가되고, 이러한 작위 또는 부작위를 피기망자가 인식하고 한 것이라면 처분행위에 상응하는 처분의사는 인정된다. 다시 말하면 피기망자가 자신의 작위 또는 부작위에 따른 결과까지 인식하여야 처분의사를 인정할 수 있는 것은 아니다. [2] 피기망자가 행위자의 기망행위로 인하여 착오에 빠진 결과 내심의 의사와 다른 효과를 발생시키는 내용의 처분문서에 서명 또는 날인함으로써 처분문서의 내용에 따른 재산상 손해가 초래되었다면 그와 같은 처분문서에 서명 또는 날인을 한 피기망자의 행위는 사기죄에서 말하는 처분행위에 해당한다. 아울러 비록 피기망자가 처분결과, 즉 문서의 구체적 내용과 그 법적 효과를 미처 인식하지 못하였다고 하더라도, 어떤 문서에 스스로 서명 또는 날인함으로써 그 처분문서에 서명 또는 날인하는 행위에 관한 인식이 있었던 이상 피기망자의 처분의사 역시 인정된다. [3] 피해자는 피고인 등의 기망행위로 착오에 빠진 결과 토지거래허가 등에 필요한 서류로 잘못 알고 처분문서인 근저당권설정계약서 등에 서명 또는 날인함으로써 재산상 손해를 초래하는 행위를 한 것이므로, 피해자들의 위와 같은 행위는 **사기죄에서 말하는 처분행위에 해당한다**[대판 2017.2.16, 2016도13362 (전합) **서명사취 사건**]. ➡ 이 전원합의체 판결에 의하여 판결에 의하여 사기죄에서 말하는 처분행위가 인정되려면 피기망자에게 처분결과에 대한 인식이 있어야 한다고 판시한 대판 1987.10.26, 87도1042, 대판 1999.7.9, 99도1326, 대판 2011.4.14, 2011도769 등은 폐기됨 17. 법원행시, 18. 경찰간부, 20. 변호사

13 [1] 사기죄의 피해자가 법인이나 단체인 경우에 기망행위로 인한 착오, 인과관계 등이 있었는지는 법인이나 단체의 대표 등 최종 의사결정권자 또는 내부적인 권한 위임 등에 따라 실질적으로 법인의 의사를 결정하고 처분을 할 권한을 가지고 있는 사람을 기준으로 판단하여야 한다. [2] 따라서 **피해자 법인이나 단체의 대표자 또는 실질적으로 의사결정을 하는 최종결재권자 등이 기망행위자와 동일인이거나 기망행위자와 공모하는 등 기망행위임을 알고 있었던 경우에는 기망행위로 인한 착오가 있다고 볼 수 없고, 재물 교부 등의 처분행위가 있었더라도 기망행위와 인과관계가 있다고 보기 어렵다.** 이러한 경우에는 사안에 따라 업무상횡령죄 또는 업무상배임죄 등이 성립하는 것은 별론으로 하고 사기죄가 성립한다고 볼 수 없다. [3] 반면에 피해자 법인이나 단체의 업무를 처리하는 실무자인 일반 직원이나 구성원 등이 기망행위임을 알고 있었더라도, **피해자 법인이나 단체의 대표자 또는 실질적으로 의사결정을 하는 최종결재권자 등이 기망행위임을 알지 못한 채 착오에 빠져 처분행위에 이른 경우라면, 피해자 법인에 대한 사기죄의 성립에 영향이 없다**(대판 2017.9.26, 2017도8449). 19. 법원직 9급, 20. 경찰채용

14 피고인 甲, 乙이 공모하여, 피고인 甲 명의로 개설된 예금계좌의 접근매체를 보이스피싱 조직원 丙에게 양도함으로써 丙의 丁에 대한 전기통신금융사기 범행을 방조하고, 사기피해자 丁이 丙에게 속아 위 계좌로 송금한 사기피해금 중 일부를 별도의 접근매체를 이용하여 임의로 인출함으로써 주위적으로는 丙의 재물을, 예비적으로는 丁의 재물을 횡령하였다는 내용으로 기소되었는데, 원심이 피고인들에 대한 사기방조 및 횡령의 공소사실을 모두 무죄로 판단한 사안에서, **피고인들에게 사기방조죄가 성립하지 않는 이상 사기피해금 중 일부를 임의로 인출한 행위는 사기피해자 丁에 대한 횡령죄가 성립한다**[대판 2018.7.19, 2017도17494(전합)]. 19·20. 경찰채용, 20. 법원직 9급·경찰승진, 21. 경찰간부

15 피고인이 사실은 오락실 개업준비를 위하여 권리금을 지급한 사실이 없음에도 허위의 사용내역서를 작성·교부하여 마치 피고인이 권리금 6천만원을 지급한 것처럼 피해자인 동업자들을 속여 6천만원 출자금 지급을 면제받아 재산상의 이익을 취득하려 하였으나 피해자들이 근거자료 제시를 요구하며 이의를 제기하는 바람에 그 뜻을 이루지 못한 경우, 비록 동업자들이 피고인에 대하여 출자의무를 명시적으로 면제하지 아니하더라도 피고인의 기망행위에 의하여 피고인이 **출자금 전액에 대한 출자의무를 이행하였다는 착오에 빠진 결과 이를 면제해 주는 결과에 이를 수 있는 만큼 이는 부작위에 의한 처분행위에 해당한다**(대판 2009.3.26, 2008도6641 **오락실 권리금 사건**). 16. 국가직 7급

16 甲이 전매금지된 택지분양권을 제3자에게 매도한 뒤 이를 다시 乙에게 매도한 다음, 이중매도한 사실을 고지하지 아니한 채 丙과 丁에게 순차로 분양권을 전매하는 매매계약에 형식적인 매도인으로 관여하면서 직접 매매대금을 수령하지 않고 乙과 丙으로 하여금 수령하게 한 경우(순차로 丙은 乙에게 매매대금을 지급하고, 丁은 丙에게 매매대금을 지급하게 한 경우), 甲에게는 매매계약에 있어 **실질적 매도인 乙이나 丙으로 하여금 매매대금을 취득하게 할 의사가 있었다고 볼 여지가 충분하고**(乙이나 丙으로 하여금 매매대금을 불법영득시킬 의사가 있었다고 볼 수 있고), 이는 매매대금 상당의 경제적 이익이 궁극적으로 피고인에게 연결되지 않았다 하여 달리 볼 것은 아니다(대판 2009.1.30, 2008도9985 **택지분양권 전전매도 사건**). 16. 국가직 7급

17 형법상 절취란 타인이 점유하고 있는 자기 이외의 자의 소유물을 점유자의 의사에 반하여 점유를 배제하고 자기 또는 제3자의 점유로 옮기는 것을 말한다. 이에 반해 **기망의 방법으로 타인으로 하여금 처분행위를 하도록 하여 재물 또는 재산상 이익을 취득한 경우에는 절도죄가 아니라 사기죄가 성립한다**(대판 2022.12.29, 2022도12494 **내 지갑이 맞다 사건**). 23. 법원직 9급

판례비교

사기죄에 있어 '재물, 재산상 이익'에 해당하는 경우	사기죄에 있어 '재물, 재산상 이익'에 해당하지 않는 경우
① **인감증명서**는 인감과 함께 소지함으로써 인감 자체의 동일성을 증명함과 동시에 거래행위자의 동일성과 거래행위가 행위자의 의사에 의한 것임을 확인하는 자료로서 개인의 권리의무에 관계되는 일에 사용되는 등 일반인의 거래상 극히 중요한 기능을 가지므로 다른 특별한 사정이 없는 한 재산적 가치를 가지는 것이어서 **형법상의 '재물'에 해당한다.** 이는 그 내용 중에 재물이나 재산상 이익의 처분에 관한 사항이 포함되어 있지 아니하다고 하여 달리 볼 것이 아니다(대판 2011.11.10, 2011도9919 **아파트분양권 사기 사건**). 12. 경찰채용, 12·13. 법원행시, 15. 사법시험 ② **약속어음**은 그 자체가 재산적 가치를 지닌 유가증권으로서 만기에 지급장소에서 어음금이 지급되지 아니하는 때라도 소지인은 배서인, 발행인 기타 어음채무자에 대하여 소구권을 행사할 수 있어서 그 효용이 소멸된 것이 아니므로 **발행인의 자금부족으로 지급장소에서 지급되지 아니하는 약속어음이라도 사기죄의 객체가 된다**(대판 1985.3.9, 85도951). 11. 경찰승진	① **보험가입사실증명원**은 교통사고를 일으킨 차가 **보험에 가입하였음을 보험회사가 증명하는 내용의 문서일 뿐이고 거기에 재물이나 재산상의 이익의 처분에 관한 사항을 포함하고 있는 것은 아니므로,** 이러한 문서의 불법취득에 의해 침해된 또는 침해될 우려가 있는 법익은 보험가입사실증명원인 서면 그 자체가 아니고 그 문서가 보험에 가입한 사실의 진위에 관한 내용이라고 할 것이고 따라서 이러한 증명에 의하여 사기죄에서 말하는 재물이나 재산상의 이익이 침해된 것으로 볼 것은 아니어서 보험가입사실증명원은 **사기죄의 객체가 되지 아니한다**(대판 1997.3.28, 96도2625 **보험가입사실증명원 사건**). 11. 경찰간부, 16. 경찰채용 ② **기망행위에 의하여 조세를 포탈하거나 조세의 환급·공제를 받은 경우에는** 조세범 처벌법 위반죄가 성립함은 별론으로 하고 **형법상 사기죄는 성립할 수 없다**(대판 2008.11.27, 2008도7303 **면세유 사건 Ⅰ**). 11. 법원행시, 14. 국가직 7급, 16. 법원직 9급, 17. 경찰간부 ③ 법원을 기망하여 **부재자의 재산관리인으로 선임된** 것만으로 어떤 재산권이나 재산상의 이익을 얻은 것이라고 볼 수 없으므로 그 행위를 사기죄에 해당한다고 볼 수 없다(대판 1973.9.25, 73도1080).

사기죄에 있어 '재물, 재산상 이익'에 해당하는 경우	사기죄에 있어 '재물, 재산상 이익'에 해당하지 않는 경우
③ [1] 경제적 이익을 기대할 수 있는 자금운용의 권한 내지 지위의 획득도 그 자체로 경제적 가치가 있는 것으로 평가할 수 있다면 사기죄의 객체인 재산상의 이익에 포함된다. [2] 피고인이 **피해자를 기망하여 주식계좌의 사용권한을 부여받은 경우**, 피고인은 적어도 주식거래 있어서는 자금주인 피해자와 동일한 거래상 지위와 권능을 부여받은 점, 피고인은 아무런 금융비용도 부담하지 아니한 채 독자적으로 주식계좌를 운영할 수 있었던 점, 주식운용에 따른 수익금이 발생할 경우 그중 2분의 1에 해당하는 금원을 매월 지급받기로 약정한 점 등을 종합하면, 피고인은 **장래의 수익발생을 조건으로 한 수익분배청구권을 취득하였을 뿐 아니라 그러한 경제적 이익을 기대할 수 있는 자금운용의 권한과 지위를 획득하였고**, 이는 주식거래의 특성 등에 비추어 충분히 경제적 가치가 있다고 평가할 수 있는 것이므로 **사기죄의 객체인 재산상 이익을 취득한 것으로 볼 수 있다**(대판 2012.9.27, 2011도282 **주식계좌 사용권한 사건**). 13. 경찰채용, 15. 법원행시 ④ [1] 사기죄에서의 '재산상의 이익'이란 채권을 취득하거나 담보를 제공받는 등의 적극적 이익뿐만 아니라 채무를 면제받는 등의 소극적 이익까지 포함하며, 채무자의 기망행위로 인하여 채권자가 **채무를 확정적으로 소멸 내지 면제시키는 특약 등의 처분행위를 한 경우**에는 채무의 면제라고 하는 **재산상 이익에 관한 사기죄가 성립되고**, 후에 그 재산적 처분행위가 사기를 이유로 민법에 따라 취소될 수 있다고 하여 달리 볼 것은 아니다. [2] 피고인이 피해자들을 기망하여 부동산을 매도하면서 매매대금 중 일부를 피해자들의 피고인에 대한 기존 채권과 상계하는 방법으로 지급받아 채무 소멸의 재산상 이익을 취득한 경우 **사기죄가 성립한다**(대판 2012. 4.13, 2012도1101 **파주시 부동산 사기 사건**). 12. 경찰채용, 15. 사법시험 ⑤ 민법 제746조의 불법원인급여에 해당하여 급여자가 수익자에 대한 반환청구권을 행사할 수 없다고 하더라도 **수익자가 기망을 통하여 급여자로 하여금 불법원인급여에 해당하는 재물을 제공하도록 하였다면 사기죄가 성립한다**고 할 것인 바, 피고인이 피해자로부터 **도박자금으로 사용하기 위하여 금원을 차용하였더라도 사기죄의 성립에는 영향이 없다**(대판 2006.11.23, 2006도6795 **도박자금 편취 사건**). 13. 변호사·국가직 9급, 14. 경찰간부	④ 자기의 채권자에 대한 채무이행으로 채권을 양도하였다 하더라도 위 **채권이 존재하지 않는다면 이를 양도하였다** 하여 권리이전의 효력을 발생할 수 없는 것이고 따라서 채권자에 대한 기존의 채무도 소멸하는 것이 아니므로 채무면탈의 효과도 발생할 수 없어 위 채권의 양도로써 재산상의 이득을 취하였다고는 볼 수 없으므로 사기죄는 성립하지 않는다(대판 1985.3.12, 85도74). ⑤ 치료비채무의 이행을 모면하기 위하여 피고인이 거짓말을 하고 입원환자와 함께 병원을 빠져 나와 도주하였다 하여도 그것만으로서는 피고인이 위 **치료비의 지급채무를 면탈받은 것은 아니라 할 것이므로 사기죄가 될 수 없다**(대판 1970.9.22, 70도1615). ⑥ **위조된 약속어음을 진정한 약속어음인 것처럼 속여** 기왕의 물품대금채무의 변제를 위하여 채권자에게 교부하였다고 하여도 **어음이 결제되지 않는 한 물품대금채무가 소멸되지 아니하므로 사기죄는 성립되지 않는다**(대판 1983.4.12, 82도2938). 20. 경찰간부

⑥ 부녀가 상대방으로부터 금품이나 재산상 이익을 받을 것을 약속하고 성행위를 하는 약속 자체는 선량한 풍속 기타 사회질서에 위반한 사항을 내용으로 하는 법률행위로서 무효이나, 사기죄의 객체가 되는 재산상의 이익이 반드시 사법(私法)상 보호되는 경제적 이익만을 의미하지 아니하고 부녀가 금품 등을 받을 것을 전제로 성행위를 하는 경우 그 행위의 대가는 사기죄의 객체인 경제적 이익에 해당하므로, **부녀를 기망하여 성행위 대가의 지급을 면하는 경우 사기죄가 성립한다**(대판 2001.10.23, 2001도2991 **화대 면탈 사건**). 11. 경찰채용, 17. 경찰간부

⑦ 임차권등기의 기초가 되는 임대차계약이 통정허위표시로서 무효라 하더라도, 장차 피신청인의 이의신청 또는 취소신청에 의한 법원의 재판을 거쳐 그 임차권등기가 말소될 때까지는 신청인은 외형상으로 우선변제권 있는 임차인으로서 부동산 담보권에 유사한 권리를 취득하게 된다 할 것이니, 이러한 이익은 재산적 가치가 있는 구체적 이익으로서 사기죄의 객체인 **재산상 이익에 해당한다**(대판 2012.5.24, 2010도12732). 20·21. 경찰간부

⑧ 사기죄에 있어서 **채무이행을 연기 받는 것도 재산상의 이익이 되므로,** 채무자가 채권자에 대하여 소정기일까지 지급할 의사와 능력이 없음에도 종전 채무의 변제기를 늦출 목적에서 어음을 발행·교부한 경우에는 사기죄가 성립한다(대판 1997.7.25, 97도1095). 20. 법원직 9급

⑨ 차용금의 일부를 빌려주겠다고 타인을 기망하여 그를 **연대보증인**이 되게 한 후 신용금고로부터 돈을 차용하여 강제집행까지 당하게 한 경우 사기죄가 성립한다(대판 1982.10.26, 82도2217).

⑩ 부동산에 처분금지가처분결정을 받아 **가처분집행까지 마친 경우,** 피보전채권의 실제 존재 여부를 불문하고 가처분이 되어 있는 부동산은 매매나 담보 제공 등에 있어 그렇지 않은 부동산보다 불리할 수밖에 없는 점, 가처분집행이 되어 있는 부동산의 가처분집행이 해제되면 가처분 부담이 없는 부동산을 소유하게 되는 이익을 얻게 되는 점 등을 고려하면 가처분권리자로서는 가처분 유지로 인한 재산상 이익이 인정되고, 그 후 **가처분의 피보전채권이 존재하지 않는 것으로 밝혀졌더라도 가처분의 유지로 인한 재산상 이익이 있었던 것으로 보아야 한다**(대판 2011.10.27, 2010도7624). 19. 해경채용, 20. 법원행시

사기죄에 있어 '재물, 재산상 이익'에 해당하는 경우	사기죄에 있어 '재물, 재산상 이익'에 해당하지 않는 경우
⑪ 이미 국가 명의로 소유권보존등기가 되어 있는 상태에서 소유권보존등기의 말소청구를 하고 청구의 일부인용 판결에 준하는 화해권고결정이 확정된 이상, 청구인용 부분에 대하여는 법원을 기망하여 유리한 결정을 받음으로써 **'대상 토지의 소유명의를 얻을 수 있는 지위'라는 재산상 이익을 취득하였다고 할 것이고, 이는 사기죄의 대상인 재산상 이익의 편취에 해당한다**(대판 2011.12.13, 2011도8873 **소홀읍 전답 편취 사건**). 12. 법원행시 ⑫ 대한주택보증의 임대보증금 보증서 발급이 피고인 등의 기망행위에 의하여 이루어졌다면, 그로써 곧 사기죄는 성립하는 것이고, 이로 인하여 피고인 등이 취득한 재산상 이익은 대한주택보증이 **보증한 임대보증금 상당액이라 할 것이다**(대판 2013.11.28, 2011도7229). 17. 법원직 9급	

판례 | 사기죄의 고의 등 관련 판례

1 **미필적 고의에 의하여도 사기죄는 성립되는 것인바,** 범죄구성요건의 주관적 요소로서 미필적 고의라 함은 범죄사실의 발생가능성을 불확실한 것으로 표상하면서 이를 용인하고 있는 경우를 말하고, 미필적 고의가 있었다고 하려면 범죄사실의 발생가능성에 대한 인식이 있음은 물론, 나아가 범죄사실이 발생할 위험을 용인하는 내심의 의사가 있어야 한다(대판 2011.10.27, 2011도8109). 16. 경찰채용·사법시험

2 **사기죄가 성립하는지 여부는 그 행위 당시를 기준으로 판단하여야 하므로** 소비대차거래에서 차주가 돈을 빌릴 당시에는 변제할 의사와 능력을 가지고 있었다면 비록 그 후에 변제하지 않고 있다 하더라도 이는 민사상의 채무불이행에 불과하며 형사상 사기죄가 성립하지는 아니한다(대판 2016.4.28, 2012도14516 **보험설계사들 금전거래 사건**). 16. 경찰채용, 20. 법원행시

3 **피해자가 피고인의 신용상태를 인식하고 있어 장래의 변제지체 또는 변제불능에 대한 위험을 예상하고 있거나 예상할 수 있었다면,** 피고인이 구체적인 변제의사, 변제능력, 거래조건 등 거래 여부를 결정지을 수 있는 중요한 사항을 허위로 말하였다는 등의 사정이 없는 한, 피고인이 그 후 제대로 변제하지 못하였다는 사실만 가지고 변제능력에 관하여 피해자를 기망하였다거나 사기죄의 고의가 있었다고 단정할 수 없다(대판 2016.6.9, 2015도18555 **철강재 납품 사건**). 17. 국가직 7급

4 소비대차거래에서, 대주와 차주 사이의 친척·친지와 같은 인적 관계 및 계속적인 거래관계 등에 의하여 **대주가 차주의 신용상태를 인식하고 있어 장래의 변제지체 또는 변제불능에 대한 위험을 예상하고 있었거나 충분히 예상할 수 있는 경우에는** 차주가 차용 당시 구체적인 변제의사, 변제능력, 차용조건 등과 관련하여 소비대차 여부를 결정지을 수 있는 중요한 사항에 관하여 허위사실을 말하였다는 등의 다른 사정이 없다면 차주가 그 후 제대로 변제하지 못하였다는 사실만을 가지고 변제능력에 관하여 대주를 기망하였다거나 차주에게 편취의 범의가 있었다고 단정할 수 없다(대판 2016.4.28, 2012도14516 **보험설계사들 금전거래 사건**). 17. 법원직 9급

5 [1] 사기죄에 있어서 '재물의 교부'란 범인의 기망에 따라 피해자가 착오로 재물에 대한 사실상의 지배를 범인에게 이전하는 것을 의미하는데, 재물의 교부가 있었다고 하기 위하여 반드시 재물의 현실의 인도가 필요한 것은 아니고 재물이 범인의 사실상의 지배 아래에 들어가 그의 자유로운 처분이 가능한 상태에 놓인 경우에도 재물의 교부가 있었다고 보아야 한다. [2] 피해자가 피고인 등의 주문에 따라 도자기 5천개를 제작하여 그중 1,600개 정도를 피고인 등이 지정한 사찰로 배달하고 나머지 3,400개 정도는 피고인 등이 지정하는 사찰로 배달할 수 있는 상태에 놓인 채로 보관 중이었다면, 실제로 배달된 것뿐만 아니라 피해자가 보관 중인 도자기 모두가 피고인 등에게 교부되었다고 보아야 한다(대판 2003.5.16, 2001도1825 **미륵불상 도자기 사건**). 11 · 16. 경찰승진, 16. 경찰채용

6 사기죄에 있어서 그 대가가 일부 지급된 경우에도 편취액은 피해자로부터 교부된 재물의 가치로부터 그 대가를 공제한 차액이 아니라 교부받은 재물 전부이다(대판 2010.2.11, 2009도12627 **다단계사기 사건**). 14. 경찰간부, 20. 변호사

7 피고인이 보험금을 편취할 의사로 고의적으로 사고를 유발한 경우 보험금에 관한 사기죄가 성립하고, 나아가 설령 피고인이 보험사고에 해당할 수 있는 사고로 인하여 경미한 상해를 입었다고 하더라도 이를 기화로 보험금을 편취할 의사로 그 상해를 과장하여 병원에 장기간 입원하고 이를 이유로 실제 피해에 비하여 과다한 보험금을 지급받는 경우에는 그 보험금 전체에 대해 사기죄가 성립한다(대판 2007.5.11, 2007도 2134). 13. 경찰승진, 14. 경찰간부

8 **어음 · 수표의 할인에 의한 사기죄에 있어서 피고인이 피해자로부터 수령한 현금액이 어음 등의 액면금보다 적을 경우, 피고인이 취득한 재산상의 이익액은,** 당사자가 **선이자와 비용을 공제한 현금액만을 실제로 수수하면서도 선이자와 비용을 합한 금액을 대여원금으로 하기로 하고 대여이율을 정하는 등의 소비대차특약을 한 경우** 등의 특별한 사정이 없는 한, 어음 등의 액면금이 아니라 **피고인이 수령한 현금액이다**(대판 2009.7.23, 2009도2384 **침대판매업체 부도 사건**). 14. 사법시험

9 국민주택건설자금을 융자받고자 하는 민간사업자가 처음부터 사실은 국민주택건설자금으로 사용할 의사가 없으면서도 국민주택건설자금으로 사용할 것처럼 **용도를 속여 국민주택건설자금을 대출받은 경우에는 대출금 전액에 대하여 사기죄가 성립한다**(대판 2007.7.12, 2007도3005). 12. 경찰채용

10 피고인이 기망행위로 보험계약을 체결하고 보험사고가 발생하였다는 이유로 보험회사에 보험금을 청구하여 **보험금을 지급받았을 때, 사기죄는 기수에 이른다**(대판 2019.4.3, 2014도2754 **당뇨병 고혈압 묵비사건**).

11 피고인이 **수개의 선거비용 항목을 허위기재한 하나의 선거비용 보전청구서를 제출하여** 대한민국으로부터 선거비용을 과다 보전받아 이를 편취하였다면 이는 **일죄로 평가되어야 하고**, 각 선거비용 항목에 따라 **별개의 사기죄가 성립하는 것은 아니다**(대판 2017.5.30, 2016도21713 **울산교육감 사건**). 20. 경찰채용

12 특정경제범죄 가중처벌 등에 관한 법률 제3조에서 말하는 이득액은 단순일죄의 이득액이나 혹은 포괄일죄가 성립하는 경우의 이득액의 합산액을 의미하는 것이고, 경합범으로 처벌될 수죄의 각 이득액을 합한 금액을 의미하는 것은 아니며, 다수의 피해자에 대하여 각별로 기망행위를 하여 각각 재산상 이익을 편취한 경우에는 범의가 단일하고 범행방법이 동일하더라도 **각 피해자의 피해법익은 독립한 것이므로 이를 포괄일죄로 파악할 수 없고 피해자별로 독립한 사기죄가 성립된다**(대판 2015.4.23, 2014도16980 **파주시 만우리 임야사건**). 22. 법원행시

사기죄가 성립하는 경우	사기죄가 성립하지 않는 경우
① 피고인이 비록 토지의 소유자로 등기되어 있다고 하더라도 자신이 진정한 소유자가 아닌 사실을 알게 된 이상, 토지를 수용한 기업자나 공탁공무원에게 그러한 사실을 고지하여야 할 의무가 있다고 보아야 할 것이고, 이러한 사실을 고지하지 아니한 채 수용보상금으로 공탁된 공탁금의 출급을 신청하여 이를 수령한 이상 기망행위가 없다고 할 수 없고, 토지수용의 법리상 기업자가 토지의 소유권을 취득한다고 하더라도 사기죄의 성립에는 영향이 없다(대판 1994.10.14, 94도1911 수용보상금 부당수령 사건). 11. 경찰채용, 12. 경찰간부	① 피고인이 단독으로 또는 공범들과 함께 사용이 정지되거나 사용할 수 없게 된 휴대전화를 구입한 후 이른바 '대포폰'으로 유통시켜 사용하도록 하거나 '유심칩(USIM Chip) 읽기'를 통하여 해당 휴대전화의 문자발송제한을 해제하고 광고성 문자를 대량 발송하는 방법으로 이동통신회사들로부터 이용대금 상당의 재산상 이득을 취득하였더라도 피고인의 행위는 '사람을 기망하여 재산상 이득을 취득한 경우'에 해당한다고 볼 수 없으므로 사기죄는 성립하지 아니한다(대판 2011.7.28, 2011도5299 스팸문자 사건). 12. 법원행시, 13. 경찰채용, 16. 경찰간부
② 피해자가 임대차계약 당시 임차할 여관건물에 관하여 경매절차가 이미 진행 중인 사실을 알았더라면 임대차계약을 체결하지 않았을 것임이 명백한 이상, 피고인은 신의칙상 피해자에게 이를 고지할 의무가 있다 할 것이므로 피고인이 여관건물에 관하여 경매절차가 이미 진행 중이라는 사실을 묵비하고 임대차계약을 체결한 경우 사기죄가 성립하고, 이는 피해자 스스로 그 건물에 관한 등기부를 확인·열람하는 것이 가능하다고 하여 결론을 달리하지 않는다(대판 1998.12.8, 98도3263 경매진행 묵비 사건). 11. 경찰승진, 12. 변호사, 14. 사법시험, 17. 법원행시, 20. 법원직 9급	② 피고인이 타인의 일반전화를 무단으로 이용하여 전화통화를 하는 행위는 전기통신사업자인 한국전기통신공사가 일반전화 가입자인 타인에게 통신을 매개하여 주는 역무를 부당하게 이용하는 것에 불과하여 한국전기통신공사에 대한 기망행위에 해당한다고 볼 수 없을 뿐만 아니라, 이에 따라 제공되는 역무도 일반전화 가입자와 한국전기통신공사 사이에 체결된 서비스이용계약에 따라 제공되는 것으로서 한국전기통신공사가 착오에 빠져 처분행위를 한 것이라고 볼 수 없으므로 사기죄를 구성하지 아니한다(대판 1999.6.25, 98도3891 전화 무단사용 사건). 15. 법원행시·국가직 9급
③ 피고인이 토지에 대하여 도시계획이 입안되어 있어 장차 토지가 정주시(井州市)에 의하여 협의매수되거나 수용될 것이라는 점을 알고 있었으므로 이러한 사정을 모르고 토지를 매수하려는 피해자에게 위와 같은 사정을 고지할 신의칙상 의무가 있고, 따라서 이러한 사정을 고지하지 아니한 피고인의 행위는 부작위에 의한 사기죄를 구성한다(대판 1993.7.13, 93도14 토지수용예정 묵비 사건). 14. 변호사, 16. 경찰채용·국가직 9급, 16·17. 법원행시	③ 피고인 甲 등이 피해자 A·B에게 자동차를 매도하면서 그 자동차를 인도하고 소유권이전등록에 필요한 일체의 서류를 교부하였으나 자동차에 미리 부착해 놓은 GPS로 위치를 추적하여 그 자동차를 절취한 경우, 자동차를 인도하고 소유권이전등록에 필요한 일체의 서류를 교부함으로써 A·B가 언제든지 소유권이전등록을 마칠 수 있게 된 이상, 甲 등에게 자동차의 소유권을 이전하여 줄 의사가 없었다고 볼 수는 없고 또한 자동차를 매도할 당시 곧바로 다시 절취할 의사를 가지고 있으면서도 이를 숨긴 것을 기망이라고 할 수도 없어 특수절도죄만 성립할 뿐 사기죄는 성립하지 아니한다(대판 2016.3.24, 2015도17452 자동차 매도 후 절취 사건). 16. 경찰채용, 17·20. 법원행시, 17·20. 법원직 9급
④ 제3자가 매도인을 상대로 대지 및 지상건물에 대한 명도소송을 제기하여 계속 중이고 점유이전금지가처분까지 되어 있는 사실을 매수인이 알았다면 거래의 경험칙상 대지를 매수하지 아니하였을 것이 분명하므로 신의성실의 원칙에 따라 매도인은 위와 같은 소송관계를 매수인에게 고지할 법률상 의무가 있고 따라서 매도인의 이러한 불고지는 기망행위에 해당한다(대판 1985.3.26, 84도301 명도소송 묵비 사건). 13. 경찰승진, 17. 법원행시	

⑤ [1] 부동산 위에 소유권이전청구권 보전의 가등기를 마친 자가 가등기를 말소하면 부동산 소유자는 가등기의 부담이 없는 부동산을 소유하게 되는 이익을 얻게 되는 것이므로 **가등기를 말소하는 것 역시 사기죄에서 말하는 재산적 처분행위에 해당하고**, 설령 그 후 가등기에 의하여 보전하고자 하였던 소유권이전청구권이 존재하지 않아 가등기가 무효임이 밝혀졌다고 하더라도 가등기의 말소로 인한 재산상의 이익이 없었던 것으로 볼 수 없다. [2] 피고인이 피해자가 가등기를 먼저 말소해 주더라도 농지의 소유권을 이전해 줄 의사가 없었음에도 불구하고, 마치 피해자의 요구가 있으면 **언제든지 농지의 소유권을 이전해 줄 것처럼 행세하면서 가등기의 말소를 요청하여, 피해자로부터 가등기를 말소받았다면 사기죄가 성립한다**(대판 2008.1.24, 2007도9417 **가등기 말소 사건**). 11·20. 경찰승진

⑥ 회사의 대표 甲이 피해자 A가 회사 소유의 대지를 가압류하여 회사가 그 대지에 증축하여 분양예정이던 아파트 45세대 중 21세대의 분양이 무산될 위험에 처하자, A에게 "가압류를 해제해 달라. 그러면 1천만원을 지불하겠다."라고 거짓말하여, A로부터 가압류해제신청에 필요한 서류를 교부받아 가압류를 해제한 경우, 부동산에 관한 가압류집행까지 마친 자가 가압류를 해제하면 가압류의 부담이 없는 부동산을 소유하게 되는 이익을 얻게 되는 것이므로 **가압류를 해제하는 것 역시 사기죄에서 말하는 재산적 처분행위에 해당하고**, 그 이후 가압류의 피보전채권이 존재하지 않는 것으로 밝혀졌다고 하더라도 가압류 해제로 인한 재산상의 이익이 없었던 것으로 볼 수 없다(대판 2007.9.20, 2007도5507 **가압류 해제 사건 Ⅱ**). 11. 법원행시, 14. 사법시험, 15. 경찰채용, 16. 경찰간부

⑦ 배당이의소송의 제1심에서 패소판결을 받고 항소한 자가 그 항소를 취하하면 즉시 제1심판결이 확정되고 상대방이 배당금을 수령할 수 있는 이익을 얻게 되는 것이므로 항소를 취하하는 것 역시 사기죄에서 말하는 재산적 처분행위에 해당하고 따라서 **피고인 甲이 피해자 A를 기망하여 乙을 상대로 한 배당이의소송의 제1심 패소판결에 대한 항소를 취하하게 한 경우 사기죄가 성립한다**(대판 2002.11.22, 2000도4419 **배당이의 항소취하 사건**). 14. 경찰채용, 14·17. 경찰간부, 17. 경찰승진

④ **부동산의 이중매매에 있어서 매도인이 제1의 매매계약을 일방적으로 해제할 수 없는 처지에 있었다는 사정만으로는**, 바로 제2의 매매계약의 효력이나 그 매매계약에 따르는 채무의 이행에 장애를 가져오는 것이라고 할 수 없음은 물론, 제2의 매수인의 매매목적물에 대한 권리의 실현에 장애가 된다고 볼 수도 없는 것이므로 매도인이 제2의 매수인에게 그와 같은 사정을 고지하지 아니하였다고 하여 제2의 매수인을 기망한 것이라고 평가할 수는 없을 것이고, 부동산의 이중양도담보에 있어서도 마찬가지이다(대판 2012.1.26, 2011도15179 **용원메이저 상가건물 사건**). 15. 사법시험, 17. 법원행시

⑤ **부동산의 명의수탁자가 부동산을 제3자에게 매도하고 매매를 원인으로 한 소유권이전등기까지 마쳐 준 경우**, 명의신탁의 법리상 대외적으로 **수탁자에게 그 부동산의 처분권한이 있는 것임이 분명하고, 제3자로서도 자기 명의의 소유권이전등기가 마쳐진 이상 무슨 실질적인 재산상의 손해가 있을 리 없으므로 그 명의신탁사실과 관련하여 신의칙상 고지의무가 있다거나 기망행위가 있었다고 볼 수도 없어서 그 제3자에 대한 사기죄가 성립될 여지가 없고**, 나아가 그 처분시 매도인(명의수탁자)의 소유라는 말을 하였다고 하더라도 역시 사기죄가 성립되지 않으며, 이는 자동차의 명의수탁자가 처분한 경우에도 마찬가지이다(대판 2007.1.11, 2006도4498 **어머니 명의 매그너스 사건**). 12·14. 경찰채용, 12·17. 경찰승진, 15·20. 변호사, 16. 법원행시

⑥ 피고인들의 전 소유자들이 매매목적물인 자동차와 관련하여 할부금채무를 부담하고 있다 하더라도 **(자동차 매매계약에 따라 할부금채무가 당연히 매수인에게 승계되는 것이라고 볼 근거가 없어)** 그로 인하여 자동차 매수인들이 장차 자동차의 소유권을 확보하지 못할 위험이 생기는 것은 아니라 할 것이므로, 매수인들이 할부금채무가 있다는 사정에 대하여 고지를 받았더라면 각 자동차를 매수하지 아니하였을 것임이 경험칙상 명백하다고 할 수 없고, 따라서 피고인들이 그와 같은 할부금채무가 있다는 점을 고지하지 않았다고 하더라도 그와 같은 부작위가 기망행위에 해당한다고 볼 수 없다(대판 1998.4.14, 98도231 **자동차할부금 묵비 사건**). 11. 법원직 9급, 11·15. 사법시험, 11·15·16. 경찰채용, 13. 변호사·국가직 7급, 13·15. 경찰승진, 16. 법원행시·국가직 9급

사기죄가 성립하는 경우	사기죄가 성립하지 않는 경우

⑧ 피고인들이 **출판부수의 3분의 1 정도만 기재한 출고현황표를 피해자 A에게 송부함으로써** A로 하여금 출고현황표에 기재된 부수가 실제 출판부수에 해당한다고 믿게 한 다음, 실제 출판부수의 3분의 1 정도에 해당하는 인세만을 지급하고 그 차액을 지급하지 않은 경우, 비록 A가 이미 지급받은 인세를 초과하는 부분의 나머지 인세지급청구권을 명시적으로 포기하거나 또는 출판사의 채무를 면제하지는 아니하였다 하더라도, A는 피고인들의 기망행위에 의하여 그 청구권의 존재 자체를 알지 못하는 착오에 빠진 결과 이를 행사하지 못하는 상태에 이른 만큼 이는 부작위에 의한 처분행위에 해당하여 **사기죄가 성립한다**(대판 2007.7.12, 2005도9221 **인세 사건**). 14·16. 경찰채용, 15. 경찰승진

⑨ 보험계약자가 보험계약 체결시 보험금액이 목적물의 가액을 현저하게 초과하는 초과보험상태를 의도적으로 유발한 후 보험사고가 발생하자 초과보험사실을 알지 못하는 보험자에게 목적물의 가액을 묵비한 채 보험금을 청구하여 보험금을 교부받은 경우, 보험자가 보험금액이 목적물의 가액을 현저하게 초과한다는 것을 알았더라면 같은 조건으로 보험계약을 체결하지 않았을 뿐만 아니라 협정 보험가액에 따른 보험금을 그대로 지급하지 아니하였을 관계가 인정된다면, 보험계약자가 초과보험사실을 알지 못하는 보험자에게 목적물의 가액을 묵비한 채 보험금을 청구한 행위는 **사기죄의 실행행위로서의 기망행위에 해당한다**(대판 2015.7.23, 2015도6905 **말보험 사기 사건**). 16·17. 법원직 9급

⑩ 비의료인이 개설한 의료기관이 마치 의료법에 의하여 적법하게 개설된 요양기관인 것처럼 국민건강보험공단에 요양급여비용의 지급을 청구하는 것은 국민건강보험공단으로 하여금 요양급여비용 지급에 관한 의사결정에 착오를 일으키게 하는 것으로서 **사기죄의 기망행위에 해당하고**, 이러한 기망행위에 의하여 국민건강보험공단으로부터 요양급여비용을 지급받을 경우에는 사기죄가 성립한다. 이는 그 의료기관의 개설인인 비의료인이 자신에게 개설 명의를 빌려준 의료인으로 하여금 환자들에게 요양급여를 제공하게 하였다 하여도 마찬가지이다(대판 2015.7.9, 2014도11843 **사무장병원 요양급여 청구 사건**). 16. 변호사, 16·17·20. 법원직 9급

⑦ 피고인이 피해자에게 부동산매도용인감증명 및 등기의무자본인확인서면의 진실한 용도를 속이고 그 서류들을 교부받아 피고인 등 명의로 부동산에 관한 소유권이전등기를 경료하였다 하여도 피해자의 부동산에 관한 처분행위가 있었다고 할 수 없으므로 **사기죄를 구성하지 않는다**(대판 2001.7.13, 2001도1289). 11·12. 경찰승진, 11·16. 법원직 9급, 15. 경찰채용

⑧ 피고인이 피해자 명의의 등기서류를 위조하여 등기공무원에게 제출함으로써 피고인 명의로 부동산에 대한 소유권이전등기를 마쳤다고 하여도 **피해자의 처분행위가 없을 뿐 아니라 등기공무원에게는 부동산의 처분권한이 있다고 볼 수 없어 사기죄는 성립하지 않는다**(대판 1981.7.28, 81도529). 16. 법원직 9급, 17. 법원행시

⑨ [1] 송금의뢰인이 수취인의 예금계좌에 계좌이체 등을 한 이후, 수취인이 은행에 대하여 예금반환을 청구함에 따라 은행이 수취인에게 그 예금을 지급하는 행위는 계좌이체금액 상당의 예금계약의 성립 및 그 예금채권 취득에 따른 것으로서 은행이 착오에 빠져 처분행위를 한 것이라고 볼 수 없으므로 결국 이러한 행위는 은행을 피해자로 한 사기죄에 해당하지 않는다. [2] 피고인 甲이 자신의 명의로 된 통장, 현금카드 등을 乙에게 건네 내주었고, 乙에게 기망당한 피해자 A가 위 통장으로 금원을 입금하자 피고인 甲이 이를 바로 인출한 경우, 甲은 예금주로서 은행에 대하여 예금반환을 청구할 수 있는 권한을 가진 자이므로 (甲의 예금반환청구를 권한 없는 자의 예금반환청구로 볼 수는 없으므로) 은행을 피해자로 하는 사기죄가 성립하지 않는다(대판 2010.5.27, 2010도3498 **대포통장 현금 인출 사건 Ⅰ**). 11·12. 사법시험, 11·16. 경찰승진, 12·13·14·15·16. 경찰채용

⑩ 피고인 甲이 일본 동경도 소재 특허청 민원실에서 일본인 변리사를 통하여 민원실담당 직원에게 위조된 양도증서 6장 및 위임장 6장을 교부하여 이에 속은 특허청담당 직원으로 하여금 피해자 A 명의의 특허의 출원자를 甲 명의로 변경하게 하였더라도, A의 특허를 받을 수 있는 권리에 관한 처분행위가 있었다고 할 수 없을 뿐만 아니라 일본국 특허청 공무원에게 특허를 받을 수 있는 권리의 처분권한이 있다고도 볼 수 없으므로 **사기죄를 구성한다고 보기 어렵다**(대판 2007.11.16, 2007도3475 **특허출원자 명의 변경 사건**). 12. 경찰간부

⑪ 전화 진찰이 구 의료법 제17조 제1항에서 정한 '직접 진찰'에 해당한다고 하더라도 그러한 사정만으로 요양급여의 대상이 된다고 할 수 없는 이상, 피고인이 전화 진찰하였음을 명시적으로 밝히면서 그에 따른 요양급여비용청구를 시도하거나 전화 진찰이 요양급여대상으로 포섭될 수 있도록 하는 것은 별론으로 하고, **전화 진찰을 요양급여대상으로 되어 있던 내원 진찰인 것으로 하여 요양급여비용을 청구한 것은 기망행위로서 사기죄를 구성한다**(대판 2013.4.26, 2011도10797 **전화 진찰 사건 Ⅱ**). 14. 경찰승진

⑫ 피고인이 **보험금을 편취할 의사로 허위로 보험사고를 신고하거나 고의로 보험사고를 유발한 경우 보험금에 관한 사기죄가 성립하고, 나아가 설령 피고인이 보험사고에 해당할 수 있는 사고로 경미한 상해를 입었다고 하더라도 이를 기화로 보험금을 편취할 의사로 상해를 과장하여 병원에 장기간 입원하고 이를 이유로 실제 피해에 비하여 과다한 보험금을 지급받는 경우에도 보험금 전체에 대해 사기죄가 성립한다**(대판 2011.2.24, 2010도17512 **남편에게 다친 여자 사건**). 16. 사법시험·국가직 7급, 17. 경찰채용

⑬ 피고인이 변제의 의사나 능력이 없음에도 피해자에게 금원 대여를 요청하여 동인의 배서가 된 약속어음을 교부받아 이를 금융기관에서 할인한 후 그 할인금을 사용하였다면, 그 후 약속어음이 지급기일에 지급거절되고 피고인이 금융기관에 대하여 그 상환채무를 지게 되었다고 하더라도 **피해자에 대한 사기죄가 성립한다**(대판 2007.4.12, 2007도1033 **호텔인수자금 부당대출 사건**). 11. 경찰채용

⑭ 피고인이 금원을 편취함에 있어 피해자에게 당좌수표를 발행·교부하였고 그 당좌수표가 부도되어 부정수표 단속법 위반으로 처벌된 바 있다 하더라도 **사기죄의 성립에는 아무런 소장이 없다**(대판 1983.11.22, 83도2495). 15. 경찰간부

⑮ **분식회계에 의한 재무제표 등으로 금융기관을 기망하여 대출을 받았다면 사기죄는 성립하고, 변제 의사와 변제능력의 유무 그리고 충분한 담보가 제공되었다거나 피해자의 전체 재산상에 손해가 없고 사후에 대출금이 상환되었다고 하더라도 사기죄의 성립에는 영향이 없다**(대판 2012.6.14, 2012도1283 **C&그룹 회장 사건**). 11. 경찰승진

⑪ [1] 보험급여를 제한 사유인 국민건강보험법 제48조 제1항 제1호의 '고의 또는 중대한 과실로 인한 범죄행위에 기인한 경우'란 고의 또는 중대한 과실로 인한 '자기의 범죄행위에 전적으로 기인하여' 보험사고가 발생하였거나 고의 또는 중대한 과실로 인한 '자신의 범죄행위가 주된 원인이 되어' 보험사고가 발생한 경우를 말하는 것으로 해석함이 상당하다. [2] 피고인이 **타인의 폭행으로 상해를 입고 병원에서 치료를 받으면서 상해를 입은 경위에 관하여 거짓말을 하여 국민건강보험공단으로부터 보험급여 처리를 받았다고 하더라도 위 상해가 '전적으로 또는 주로 피고인의 범죄행위에 기인하여 입은 상해'라고 할 수 없으므로 사기죄가 성립하지 아니한다**(대판 2010.6.10, 2010도1777 **전적으로 또는 주로 사건**). 11·14. 경찰승진, 15. 경찰채용

⑫ 피고인들이 매수인들에게 충남 서천읍 임야 250,479m² 토지 일대가 '서천 신규 생활권 개발지역'으로 표시된 '서천·군·장 광역개발계획도'를 보여주고 '인근에 서해안 고속도로 서천인터체인지가 개통이 되고 장항국가산업단지가 형성되므로 지가가 상승할 것이다', '서해안 고속도로가 개통이 되고 장항국가산업단지가 형성이 되면 서천읍 일대가 신도시로 건설되고 행정타운이 설립되며 고속터미널이 들어설 예정이므로 지가가 상승할 것이다' 등을 언급하면서 **매수를 권유한 경우**(다만, 언급한 내용들은 객관적 사실에 부합하거나 비록 확정된 것은 아닐지라도 충청남도가 연구용역을 주어 보고받은 보고서 내용에 포함된 것으로서 **신문에 대대적으로 보도된 것임**) **기망행위에 해당한다고 할 수 없다**(대판 2007.1.25, 2004도45 **서천 신규생활권개발 사건**). 16. 법원직 9급

⑬ 피고인이 아파트를 분양함에 있어 과대광고를 한 사실은 있더라도 그 광고가 거래당사자 사이에서 매매대금을 산정하기 위한 기준이 되었다고 할 수 없고 단지 분양대상 아파트를 특정하고 나아가 아파트의 분양이 쉽게 이루어지도록 하려는 의도에서 한 것에 지나지 않는다면, 피고인이 **아파트의 분양 과정에서 그 평형(坪型)의 수치를 다소 과장하였다 하더라도 그와 같은 과대광고 자체에 따른 책임을 지는 것은 별론으로 하고 이를 기망행위에 해당한다고는 할 수 없다**(대판 1991.6.11, 91도788).

사기죄가 성립하는 경우	사기죄가 성립하지 않는 경우

⑯ 피고인이 대출의 조건 및 용도가 임야매수자금으로 한정되어 있는 정책자금을 대출받음에 있어 임야매수자금을 실제보다 부풀린 허위의 계약서를 제출함으로써 대출취급기관을 기망하였다면, 피고인에게 대출받을 자금을 상환할 의사와 능력이 있었는지 여부를 불문하고 편취의 고의가 있었다고 할 것이다(대판 2007.4.27, 2006도7634 **임야매수자금 부당대출 사건**). 11. 법원행시, 15. 사법시험·경찰채용, 17. 경찰승진

⑰ 피고인이 사실은 국민주택 건설자금으로 사용할 의사가 없으면서도 국민주택 건설자금으로 사용할 것처럼 용도를 속여 대출받은 경우에는 대출받은 자에게 반환의 의사와 능력이 있었는지 여부를 불문하고 **사기죄가 성립하는 것**이며 또 기금 대출사무를 위탁받은 은행의 일선담당 직원이 대출금이 지정된 용도에 사용되지 않을 것이라는 점을 알고 있었다거나 충분한 담보가 제공되었다고 하더라도 사기죄의 성립에는 아무런 지장이 없다(대판 2002.7.26, 2002도2620 **국민주택기금 부당대출 사건**). 12. 경찰채용

⑱ 상품의 선전·광고에 있어 다소의 과장·허위가 수반되는 것은 그것이 일반 상거래의 관행과 신의칙에 비추어 시인될 수 있는 한 기망성이 결여된다 할 것이나, **거래에 있어서 중요한 사항에 관하여 구체적 사실을 거래상의 신의성실의 의무에 비추어 비난받을 정도의 방법으로 허위로 고지한 경우에는** 과장·허위광고의 한계를 넘어 **사기죄의 기망행위에 해당한다**(대판 2008.10.23, 2008도6549 **제천·당진 임야개발정보 사건**).

⑲ 피고인들이 관광여행사로 하여금 고령의 노인들을 무료로 온천관광을 시켜주겠다고 모집하여 피고인 경영의 삼원농산으로 유치해 오도록 하고, 삼원농산이 오리, 하명, 누에, 동충하초, 녹용 등 여러가지 재료를 혼합하여 제조·가공한 '녹동달오리골드'라는 제품이 당뇨병, 관절염, 신경통 등의 성인병 치료에 특별한 효능이 있는, 좋은 약이라는 허위의 강의식 선전·광고행위를 하여 이에 속은 노인들로 하여금 위 제품을 고가에 구입하도록 한 것은 그 사술의 정도가 사회적으로 용인될 수 있는 상술의 정도를 넘은 것이어서 **사기죄의 기망행위를 구성한다**(대판 2004.1.15, 2001도1429 **녹동달오리골드 사건**). 16. 경찰승진

⑭ 임대주택건설용지의 분양신청에 있어 A회사의 대표이사인 피고인 甲이, 비록 자신의 주택건설실적에 대한 내용이 허위인 실적증명은 제출하였다고 하더라도, 분양신청인이 법인인 회사로서 그 실적증명이 필요한 경우 회사의 대표이사 개인의 실적증명은 전혀 참작이 되지 않고, 수의계약을 하는 경우에는 매수신청인의 실적증명은 필요 없으며 또한 A회사로부터 매수신청서를 접수한 후 마감시간이 지나도록 다른 업체로부터의 매수신청이 없어 부산지사가 甲에게 매수신청서를 제출하도록 하여 수의계약을 체결하게 되었다면, 甲의 행위가 분양대상자의 선정에 영향을 미치는 사유가 되거나 부산지사의 처분행위를 유발할 수 있는 것이 되지 못하고 그들 사이에는 인과관계가 존재한다고 보기 어렵다 할 것이므로 **甲의 행위가 기망행위에 해당한다거나 사기미수죄를 구성한다고 할 수 없다**(대판 1994.5.24, 93도1839 **위조 실적증명원 제출사건**). 11. 경찰승진

⑮ 피고인이 전매사실을 숨기고 지주명의로 위장하여 대지에 관한 매매계약을 체결하였으나 그 이행에 아무런 영향이 없었다면 **사기죄는 성립하지 아니한다**(대판 1985.5.14, 84도2751). 15. 경찰채용, 16. 국가직 7급

⑯ 타인의 사망을 보험사고로 하는 생명보험계약을 체결함에 있어 제3자가 피보험자인 것처럼 가장하여 체결하는 등으로 그 유효요건이 갖추어지지 못한 경우에도, 그 보험계약 체결 당시에 이미 보험사고가 발생하였음에도 이를 숨겼다거나 보험사고의 구체적 발생가능성을 예견할 만한 사정을 인식하고 있었던 경우 또는 고의로 보험사고를 일으키려는 의도를 가지고 보험계약을 체결한 경우와 같이 **보험사고의 우연성과 같은 보험의 본질을 해칠 정도라고 볼 수 있는 특별한 사정이 없는 한,** 그와 같이 하자 있는 보험계약을 체결한 행위만으로는 미필적으로라도 보험금을 편취하려는 의사에 의한 기망행위의 실행에 착수한 것으로 볼 것은 아니다. 그러므로 그와 같이 기망행위의 실행의 착수로 인정할 수 없는 경우에 피보험자 본인임을 가장하는 등으로 **보험계약을 체결한 행위는 단지 장차의 보험금 편취를 위한 예비행위에 지나지 않는다**(대판 2013.11.14, 2013도7494 **대처승 보험사기 사건**). 15. 법원행시·국가직 9급, 16. 변호사, 17. 법원직 9급

⑳ 농업협동조합의 조합원이나 검품위원이 아닌 피고인이 TV 홈쇼핑업체에 납품한 삼(蔘)이 인공적으로 재배한 삼이라는 사실을 알면서도 광고방송에 출연하여 위 삼이 자연산삼의 종자를 심산유곡(深山幽谷)에 심고 자연방임상태에서 성장시킨 산양산삼이라고 허위내용의 광고를 하고 판매한 경우, 피고인의 위 광고행위는 그 사술의 정도가 사회적으로 용인될 수 있는 상술의 정도를 넘은 것이어서 **사기죄의 기망행위를 구성한다**(대판 2002.2.5, 2001도5789 **산양산삼 사건**). 14. 경찰승진

㉑ 식육식당을 경영하는 피고인이 **사실은 수입소고기를 판매하면서 음식점에서 한우만을 취급한다는 취지의 상호를 사용하고 광고선전판, 식단표 등에도 한우만을 사용한다고 기재한 경우**, 이러한 광고는 그 사술의 정도가 사회적으로 용인될 수 있는 상술의 정도를 넘는 것이다(대판 1997.9.9, 97도1561 **고향한우마을 사건**). 13. 국가직 7급, 14·15. 경찰승진, 15. 경찰채용

㉒ 백화점 식품담당 차장인 피고인 甲이 정육팀 종업원 乙 등과 공모하여 이틀 전인 1994.7.5.에 판매하다 남은 재고 정육상품으로서 **가공일이 같은 달 4. 또는 같은 달 5.로 표시된 소천엽, 소양 등에 부착되어 있는 바코드와 비닐랩 포장을 벗겨낸 다음, 다시 새로운 비닐랩으로 재포장한 후 가공일이 1994.7.7.로 기재된 바코드와 백화점 상표를 부착하여** 마치 위 상품이 판매 당일 구입되어 가공된 신선한 것처럼 고객을 기망하여 판매한 경우 **사기죄가 성립한다**(대판 1996.2.13, 95도2121 **가공일 변조 사건 Ⅲ**). 15. 경찰간부

㉓ **백화점에서 종전에 출하한 일이 없던 신상품에 대하여 첫 출하시부터 할인가격을 표시하여 막바로 세일에 들어가는 이른바 변칙세일**은 그 사술의 정도가 사회적으로 용인될 수 있는 상술의 정도를 넘은 것이어서 **사기죄의 기망행위를 구성한다**(대판 1992.9.14, 91도2994 **백화점 변칙세일 사건**). 15. 경찰간부

㉔ 피고인이 타인으로부터 금전을 차용하는 경우에 그 차용한 금전의 용도나 변제할 자금의 마련방법에 관하여 사실대로 고지하였더라면 상대방이 응하지 않았을 경우에 **그 용도나 변제자금의 마련방법에 관하여 진실에 반하는 사실을 고지하여 금전을 교부받은 경우에는 사기죄가 성립한다**(대판 2012.4.13, 2012도1101 **파주시 부동산사기 사건**). 15. 법원행시

⑰ 구리시의 보조금 지급 여부 및 그 금액은 전년도 정산보고서와 별도로 보조금 신청서를 제출받아 이를 심사하여 결정하는 것이므로, 보조금을 지급받은 장애인복지회 경기도 지회가 구리시에 제출하는 보조금 정산보고서는 구리시가 다음해에 보조금의 지원 여부 및 그 금액을 결정함에 있어 하나의 참고자료에 불과할 뿐 그 지원 여부 및 금액을 좌우하는 직접적인 서류라고 할 수는 없고, 따라서 피고인이 허위의 정산보고서를 제출한 것만으로는 **기망의 실행의 착수가 있다고 보기 어렵다**(대판 2003.6.13, 2003도1279 **장애인복지회 사건**). 15. 경찰채용, 16. 국가직 9급, 21. 경찰간부

⑱ 태풍 피해복구보조금 지원절차가 행정당국에 의한 실사를 거쳐 피해자로 확인된 경우에 한하여 보조금 지원신청을 할 수 있도록 되어 있는 경우, **피해신고는 국가가 피해복구보조금의 지원 여부 및 정도를 결정함에 있어 그 직권조사를 개시하기 위한 참고자료에 불과한 것일 뿐이고 그 지원 여부 등을 좌우할 수는 있는 것은 아니므로, 피고인이 실제로 태풍에 의한 피해발생이 없었으면서도 마치 피해가 있는 것처럼 관할 면장에게 피해신고를 하였다는 것만 가지고는 보조금 편취 범행의 실행에 착수한 것이라고 할 수 없다**(대판 1999.3.12, 98도3443 **태풍 피해보조금 사건**). 15·20. 법원직 9급

⑲ 피해자가 피고인에게 사업자등록명의를 대여한 행위 자체를 사기죄의 **재산적 처분행위로 볼 수는 없다**. 뿐만 아니라, 피해자의 명의대여 행위로 인하여 피고인이 이 부분 공소사실 기재와 같은 임대보증금반환채무, 주차부스 구매대금채무, 각종 세금 및 고용·산재보험료채무 등을 면하게 되는 것도 아니라고 할 것이다. 결국 피해자가 피고인에게 사업자등록명의를 대여하였다는 것만으로 피고인이 이 부분 공소사실 기재와 같은 **채무를 면하는 재산상 이익을 취득하는 피해자의 재산적 처분행위가 있었다고 보기는 어렵다**(대판 2012.6.28, 2012도4773). 19. 법원직 7급

사기죄가 성립하는 경우	사기죄가 성립하지 않는 경우
㉕ 피고인들이 오로지 어업피해보상금을 수령할 목적으로 어업면허를 취득한 후 실제로 아무런 양식어업행위를 하지 않았으면서도 양식어업행위를 한 것처럼 관계 서류를 꾸며 놓고 어업피해조사를 나온 연구원에게 연평균어획량을 허위로 대답하여 어업피해보상기관으로부터 **어업피해보상금을 수령한 경우 사기죄가 성립한다**(대판 2004.6.11, 2004도1553 **어업피해보상금 사건**).	㉚ 어음·수표의 발행인이 그 지급기일에 결제되지 않으리라는 정을 예견하면서도 이를 발행하고 거래상 대방이 그 어음·수표를 타에 양도함으로써 전전유통되고, 최후소지인이 지급기일에 지급제시하였으나 부도되었다고 하더라도 특별한 사정이 없는 한 **그 최후소지인에 대한 관계에서 발행인의 행위를 사기죄로 의율할 수 없다**(대판 1998.2.10, 97도3040). ➡ 발행시에 사기죄가 성립하고 최후소지인에게 별도로 사기죄가 또 성립하는 것은 아니라는 판례
㉖ 피고인이 **피해자들에게 시술 등의 전체가 아들 낳기에 필요한 것처럼 사실과 달리 설명하거나**, 병원에 내원할 때에 이미 피고인으로부터 어떠한 시술을 받으면 아들을 낳을 수 있을 것이라는 착오에 빠져 있는 피해자들에게 사실대로 설명하지 아니한 채 마치 시술 등의 전체가 아들 낳기에 필요한 것처럼 시술 등을 행하고 피해자들로부터 **의료수가 및 약값의 명목으로 금원을 교부받은 경우 사기죄에 해당하고**, 위와 같은 시술에 앞서 피해자들로부터 시술 결과 아들을 낳지 못하여도 하등 이의를 제기하지 않는다는 내용의 시술서약서를 받았다고 하더라도 이는 기망행위의 수단에 불과하여 사기죄의 성립에 아무런 영향이 없다(대판 2000.1.28, 99도2884 **아들낳기 비법 사건**). 12. 경찰채용, 15·20. 경찰승진	㉑ 어음의 발행인들이 각자 자력이 부족한 상태에서 자금을 편법으로 확보하기 위하여 서로 동액의 **융통어음을 발행하여 교환**한 경우에는, 특별한 사정이 없는 한 쌍방은 그 상대방의 부실한 자력상태를 용인함과 동시에, 상대방이 발행한 어음이 지급기일에 결제되지 아니할 때에는 **자기가 발행한 어음도 결제하지 않겠다는 약정하에 서로 어음을 교환하는 것이므로**, 자기가 발행한 어음이 그 지급기일에 결제되지 않으리라는 점을 예견하였거나 지급기일에 지급될 수 있다는 확신 없이 상대방으로부터 어음을 교부받았다고 하더라도 **사기죄가 성립하는 것은 아니다**(대판 2002.4.23, 2001도6570).
㉗ 근저당권자의 대리인인 피고인이 채무자 겸 소유자인 피해자를 대리하여 경매개시결정 정본을 받을 권한이 없음에도, 경매개시결정 정본 등 서류의 수령을 피고인에게 위임한다는 내용의 **피해자 명의의 위임장을 위조하여 법원에 제출하는 방법으로 경매개시결정 정본을 교부받음으로써 경매절차가 진행되도록 하는 행위**는 사회통념상 도저히 용인될 수 없다고 할 것이므로 비록 위 근저당권이 유효하다고 하더라도 **사기죄에 있어서의 기망행위에 해당한다**(대판 2009.7.9, 2009도295 **인천 북성동 경매 사건**).	㉒ 乙이 금융기관에 피고인 명의로 예금을 하면서 자신만이 이를 인출할 수 있게 해달라고 요청하여 금융기관 직원이 예금관련 전산시스템에 '乙이 예금, 인출 예정'이라고 입력하였고 피고인도 이의를 제기하지 않았는데, 피고인이 금융기관을 상대로 예금 지급을 구하는 소를 제기하였다가 금융기관의 변제공탁으로 패소한 경우 **예금주는 피고인으로 보아야 하므로** 사기미수죄는 성립하지 않는다(대판 2011.5.13, 2009도5386). 16. 경찰간부
㉘ 피고인이 환자들의 건강상태에 맞게 적절한 진료행위를 하지 않은 채 **입원의 필요성이 적은 환자들에게까지 입원을 권유하고 퇴원을 만류하는 등으로 장기간의 입원을 유도하여 국민건강보험공단에 과도한 요양급여비를 청구한 행위**는 사회통념상 권리행사의 수단으로서 용인할 수 없다고 할 것이므로, 비록 그중 일부 기간에 관하여 실제 입원치료가 필요하였다고 하더라도 그 부분을 포함한 당해 입원기간의 요양급여비 전체에 대하여 사기죄가 성립한다(대판 2009.5.28, 2008도4665 **수원중앙병원 사건**). 12·13. 사법시험	㉓ **법정화해**의 내용이 실제 법률내용과 상위한 경우라도 법원을 기망한 사기죄는 성립하지 아니한다(대판 1968.2.27, 67도1579).

㉙ 분식회계에 의한 재무제표 등으로 금융기관을 **기망하여 대출**을 받았다면 사기죄는 성립하고, 변제의사와 변제능력의 유무 그리고 충분한 담보가 제공되었다거나 피해자의 전체 재산상에 손해가 없고, **사후에 대출금이 상환되었다고 하더라도 사기죄의 성립에는 영향이 없다**(대판 2005.4.29, 2002도7262).

㉚ 절도범인이 **절취한 장물을 자기 것인양** 제3자에게 담보로 제공하고 금원을 편취한 경우에는 별도의 사기죄가 성립된다(대판 1980.11.25, 80도2310).

㉛ **절취한 은행예금통장**을 이용하여 은행원을 기망해서 진실한 명의인이 예금을 찾는 것으로 오신시켜 예금을 편취한 것이라면 새로운 법익의 침해로 **절도죄 외에 따로 사기죄가 성립한다**(대판 1974.11.26, 74도2817).

㉜ 사채업자가 대출희망자로부터 대출을 의뢰받은 다음 대출희망자가 자동차의 실제 구입자가 아니어서 **자동차할부금융의 대상이 되지 아니함에도** 그가 실제로 자동차를 할부로 구입하는 것처럼 그 명의의 대출신청서 등 관련 서류를 작성한 후 이를 할부금융회사에 제출하여 **자동차할부금융으로 대출금을 받은 경우,** 사기죄가 성립한다(대판 2004.4.9, 2003도7828). 14. 국가직 7급

㉝ 물품의 **국내 독점판매계약을 체결**하면서 그 물건이 이미 다른 사람에 의하여 군내에 판매되고 있는 것을 알았음에도 고지하지 않았다면 사기죄를 구성한다(대판 1996.7.30, 96도1081).

㉞ 주식매도인이 주식매수인에게 주식거래의 목적물이 증자 전의 주식이 아니라 **증자 후의 주식이라는 점을 제대로 알리지 않은 것**이 사기죄의 기망행위에 해당한다(대판 2006.10.27, 2004도6503). 18. 경찰간부

㉟ 부동산 소유권이전등기절차 이행을 구하는 소를 제기하여 동시이행 조건 없이 이행을 명하는 승소확정판결을 받은 피고인이 피해자에게 매매잔금을 공탁해 줄 것처럼 거짓말을 하여 부동산 소유권을 임의로 이전받은 경우, 피고인의 행위는 사회통념상 권리행사의 수단으로서 용인할 수 있는 범위를 벗어난 것으로 **사기죄의 기망행위에 해당한다**(대판 2011.3.10, 2010도14856 **멍청한 승소자 사건**). 19. 경찰승진

㉔ **의료인으로서 자격과 면허를 보유한 사람이** 의료법에 따라 의료기관을 개설하여 건강보험의 가입자 또는 피부양자에게 국민건강보험법에서 정한 요양급여를 실시하여 **국민건강보험공단으로부터 요양급여비용을 지급받았다면,** 설령 그 의료기관이 다른 의료인의 명의로 개설·운영되어 의료법 제4조 제2항을 위반하였다 하더라도 그 자체만으로는 요양급여비용을 청구할 수 있는 요양기관에서 제외되지 아니하므로, 달리 요양급여비용을 적법하게 지급받을 수 없는 자격 내지 요건이 흠결되지 않는 한 국민건강보험공단을 피해자로 하는 **사기죄를 구성한다고 할 수 없다**(대판 2019.5.30, 2019도1839).

㉕ 피고인이 甲에게 오피스텔 중 17세대를 대물변제조로 이전해 주고 甲의 동의 없이 이를 신탁할 수 없다는 취지의 약정을 체결하였다는 사정만으로는 신탁계약의 효력과 그 신탁계약에 따르는 채무의 이행에 장애를 가져오거나 수탁자와 우선수익자의 권리실현에 장애가 된다고 볼 수 없고 따라서 피고인이 피해자 A은행에게 신탁금지약정을 체결한 사실을 고지하지 아니하였다고 하여 **피해자를 기망한 것이라고 평가할 수는 없다**(대판 2012.4.13, 2011도2989). 20. 경찰채용

사기죄가 성립하는 경우	사기죄가 성립하지 않는 경우
㊱ 피고인이 타인으로부터 금전을 차용함에 있어서 그 차용한 금전의 용도나 변제할 자금의 마련방법에 관하여 사실대로 고지하였더라면 상대방이 응하지 않았을 경우에 그 **용도나 변제자금의 마련방법에 관하여 진실에 반하는 사실을 고지하여 금전을 교부받은 경우에는 사기죄가 성립하고, 이 경우 차용 금채무에 대한 담보를 제공하였다는 사정만으로는 결론을 달리 할 것은 아니다**(대판 2005.9.15, 2003도5382). 20. 법원직 9급	
㊲ 국가연구개발사업의 연구책임자가 처음부터 소속 학생 연구원들에게 학생연구비를 개별 지급할 의사 없이 공동관리계좌를 관리하면서 사실상 그 처분권을 가질 의도 하에 이를 숨기고 **산학협력단에 연구 비를 신청하여 지급받은 경우 기망에 의한 편취행 위에 해당한다**(대판 2021.9.9, 2021도8468 **학생연구 비 편취 사건**). 22. 경찰채용	
㊳ 대출자금으로 빌딩을 경락받았으나 분양이 저조하여 자금 조달에 실패한 자가 수분양자들과 사이에 대출금으로 충당되는 중도금을 제외한 계약금과 잔금의 지급을 유예하고 1년의 위탁기간 후 재매입하기로 하는 등의 **비정상적인 이면약정을 체결하고 점포를 분양하였음에도**, 금융기관에 대해서는 그러한 **이면약정의 내용을 감춘 채 분양 중도금의 집단적 대출을 교섭하여 중도금 대출 명목으로 금원을 지급받은 경우 부작위에 의한 기망에 해당한다** (대판 2006.2.23, 2005도8645 **1,234억원 사기대출 사건**). 22. 경찰채용	
㊴ 매장 주인 B가 매장에 유실된 손님 A의 반지갑을 습득한 후 또 다른 손님인 피고인 甲에게 "**이 지갑이 선생님 지갑이 맞느냐?**"라고 묻자, 甲이 "**내 것이 맞다**"라고 대답한 후 이를 교부받아 가져갔는 바, B는 반지갑을 습득하여 이를 진정한 소유자에게 돌려주어야 하는 지위에 있었으므로 A를 위하여 이를 처분할 수 있는 권능을 갖거나 그 지위에 있었고 나아가 B는 이러한 처분권능과 지위에 기초하여 반지갑의 소유자라고 주장하는 甲에게 반지갑을 교부하였고 이를 통해 甲이 반지갑을 취득하여 자유로운 처분이 가능한 상태가 되었으므로 **B의 행위는 사기죄에서 말하는 처분행위에 해당하고 甲의 행위를 절취행위로 평가할 수는 없다**(대판 2022.12.29, 2022도12494 **내 지갑이 맞다 사건**). 절도죄가 아니라 사기죄가 성립한다. 23. 경찰채용·법원직 9급	

1 소송사기에 있어 피기망자인 **법원의 재판은 피해자의 처분행위에 갈음하는 내용과 효력이 있는 것이어야 하므로** 피고인이 타인과 공모하여 그 공모자를 상대로 제소하여 의제자백의 판결을 받아 이에 기하여 부동산의 소유권이전등기를 하였다고 하더라도 이는 **소송상대방의 의사에 부합**하는 것으로서 착오에 의한 재산적 처분행위가 있다고 할 수 없어 동인으로부터 부동산을 편취한 것이라고 볼 수 없고, 또 그 부동산의 진정한 소유자가 따로 있다고 하더라도 피고인이 의제자백판결에 기하여 진정한 소유자로부터 소유권을 이전받은 것이 아니므로 그 소유자로부터 부동산을 편취한 것이라고 볼 여지도 없다(대판 1997.12.23, 97도2430). 11·12·14. 법원직 9급, 11·17. 경찰승진, 12. 법원행시, 15. 경찰채용, 18. 경찰간부

2 소송사기에 있어서 피기망자인 **법원의 재판은 피해자의 처분행위에 갈음하는 내용과 효력이 있는 것이어야 하는바,** 실재하고 있지 아니한 자에 대하여 판결이 선고되더라도 그 판결은 피해자의 처분행위에 갈음하는 내용과 효력을 인정할 수 없고 따라서 착오에 의한 재물의 교부행위를 상정할 수 없는 것이므로 **사기죄의 성립을 시인할 수 없다**(대판 1992.12.11, 92도743 **상조회 상대 제소 사건**). 12. 경찰간부

3 소송사기에 있어서 피기망자인 **법원의 재판은 피해자의 처분행위에 갈음하는 내용과 효력이 있는 것이어야 하고,** 그렇지 아니하는 경우에는 착오에 의한 재물의 교부행위가 있다고 할 수 없어서 사기죄는 성립되지 아니한다고 할 것이므로, 피고인의 제소가 사망한 자를 상대로 한 것이라면 이와 같은 사망한 자에 대한 판결은 그 내용에 따른 효력이 생기지 아니하여 상속인에게 그 효력이 미치지 아니하고 따라서 **사기죄를 구성한다고는 할 수 없다**(대판 2002.1.11, 2000도1881 **전원사망 피고들 사건**). 12. 법원행시, 12·15. 국가직 9급, 15. 사법시험·변호사·법원직 9급, 17. 경찰간부

4 적극적 소송당사자인 원고뿐만 아니라 **방어적인 위치에 있는** 피고라 하더라도 허위내용의 서류를 작성하여 이를 증거로 제출하거나 위증을 시키는 등의 **적극적인 방법으로 법원을 기망하여 착오에 빠지게 한 결과, 승소확정판결을 받음으로써 자기의 재산상의 의무이행을 면하게 된 경우에는 그 재산가액 상당에 대하여 사기죄가 성립한다.** 피고 측에 의한 소송사기가 성립하기 위하여는 원고 주장과 같은 채무가 존재한다는 것만으로는 부족하고 그 주장의 채무가 존재한다는 사실을 잘 알고 있으면서도 **허위의 주장과 입증으로써 법원을 기망한다는 인식을 하고 있어야만 한다**(대판 2004.3.12, 2003도333). 11. 법원행시, 12·15·20. 법원직 9급, 17. 경찰간부

5 법원을 기망하는 것은 반드시 허위의 증거를 이용하지 않더라도 당사자의 주장이 법원을 기망하기에 충분한 것이라면 기망수단이 된다(대판 2011.9.8, 2011도7262 **세고엔터테인먼트 사건**). 12·15·20. 경찰채용, 13. 국가직 7급, 15. 법원직 9급

6 소송사기에서 말하는 증거의 조작이란 처분문서 등을 거짓으로 만들어 내거나 증인의 허위 증언을 유도하는 등으로 객관적·제3자적 증거를 조작하는 행위를 말한다(대판 2007.9.6, 2006도3591 **위조차용증 교부 사건**). 14. 법원직 9급

⚖ 판례 | 소송사기죄의 실행의 착수 관련 판례

1 소송사기는 법원을 기망하여 자기에게 유리한 판결을 얻고 이에 터잡아 상대방으로부터 재물의 교부를 받거나 재산상 이익을 취득하는 것을 말하는 것으로서 **소송에서 주장하는 권리가 존재하지 않는 사실을 알고 있으면서도 법원을 기망한다는 인식을 가지고 소를 제기하면 이로써 실행의 착수가 있었다고 할 것이고**, 소장의 유효한 송달을 요하지 아니한다고 할 것인바, 이러한 법리는 제소자가 상대방의 주소를 허위로 기재함으로써 그 허위주소로 소송서류가 송달되어 그로 인하여 상대방 아닌 다른 사람이 그 서류를 받아 소송이 진행된 경우에도 마찬가지로 적용된다(대판 2006.11.10, 2006도5811). 13·16. 사법시험, 14. 경찰승진, 14·15. 법원직 9급, 16. 국가직 7급, 21. 경찰간부

2 피고인이 특정 권원에 기하여 민사소송을 진행하던 중 법원에 조작된 증거를 제출하면서 종전에 주장하던 **특정 권원과 별개의 허위의 권원을 추가로 주장하는 경우에** 그 당시로서는 종전의 특정 권원의 인정 여부가 확정되지 아니하였고, 만약 종전의 특정 권원이 배척될 때에는 조작된 증거에 의하여 법원을 기망하여 추가된 허위의 권원을 인정받아 승소판결을 받을 가능성이 있으므로, 가사 나중에 법원이 종전의 특정 권원을 인정하여 피고인에게 승소판결을 선고하였다고 하더라도, **피고인의 이러한 행위는 특별한 사정이 없는 한 소송사기의 실행의 착수에 해당된다**(대판 2004.6.25, 2003도7124 **보관금 ➔ 연대보증 사건**). 11. 경찰승진

3 적극적 소송당사자인 원고뿐만 아니라 **방어적인 위치에 있는 피고라 하더라도** 허위내용의 서류를 작성하여 이를 증거로 제출하거나 위증을 시키는 등의 적극적인 방법으로 법원을 기망하여 착오에 빠지게 한 결과 승소확정판결을 받음으로써 자기의 재산상의 의무이행을 면하게 된 경우에는 그 재산가액 상당에 대하여 사기죄가 성립한다고 할 것이고, 그와 같은 경우에는 적극적인 방법으로 **법원을 기망할 의사를 가지고 허위내용의 서류를 증거로 제출하거나 그에 따른 주장을 담은 답변서나 준비서면을 제출한 경우에 사기죄의 실행의 착수가 있다고 볼 것이다**(대판 1998.2.27, 97도2786).

4 소송사기의 경우 당해 소송의 **판결이 확정된 때에 범행이 기수에 이른다**(대판 1997.7.11, 95도1874). 12. 법원직 9급

5 지급명령을 송달받은 채무자가 2주일 이내에 이의를 하지 않는 경우에는 지급명령은 확정되고, 이와 같이 확정된 지급명령에 대해서는 항고를 제기하는 등 동일한 절차 내에서는 불복절차가 따로 없어서 이를 취소하기 위해서는 재심의 소를 제기하거나 청구이의의 소로써 강제집행의 불허를 소구할 길이 열려 있을 뿐인데, 이는 피해자가 별도의 소로써 피해구제를 받을 수 있는 것에 불과하므로 **허위의 내용으로 신청한 지급명령이 그대로 확정된 경우에는** 소송사기의 방법으로 승소판결을 받아 확정된 경우와 마찬가지로 **사기죄는 이미 기수에 이르렀다고 볼 것이다**(대판 2004.6.24, 2002도4151 **보복 지급명령신청 사건**). 11. 경찰승진

소송사기죄의 실행의 착수가 인정되는 경우	소송사기죄의 실행의 착수가 인정되지 않는 경우
① [1] **강제집행절차를 통한 소송사기는 집행절차의 개시신청을 한 때 또는 진행 중인 집행절차에 배당신청을 한 때에 실행에 착수**하였다고 볼 것이다. [2] 부동산에 관한 권리이전청구권에 대한 강제집행은 그 자체를 처분하여 그 대금으로 채권에 만족을 기하는 것이 아니고, 부동산에 관한 권리이전청구권을 압류하여 청구권의 내용을 실현시키고 부동산을 채무자의 책임재산으로 귀속시킨 다음 다시 그 부동산에 대한 경매를 실시하여 그 매각대금으로 채권에 만족을 기하는 것이다. 이러한 경우 소유권이전등기청구권에 대한 압류는 당해 부동산에 대한 경매의 실시를 위한 사전 단계로서의 의미를 가지나, **전체로서의 강제집행절차를 위한 일련의 시작행위**라고 할 수 있으므로 허위채권에 기한 공정증서를 집행권원으로 하여 채무자의 소유권이전등기청구권에 대하여 압류신청을 한 시점에 소송사기의 실행에 착수하였다고 볼 것이다(대판 2015.2.12, 2014도10086 **등기청구권 압류신청 사건**). 15. 경찰채용, 18. 경찰간부	① [1] **채권에 대한 압류 및 전부(추심)명령을 신청한 경우**, 집행력 있는 정본의 존부, 집행개시의 요건 구비 여부 등은 법원의 심사대상이지만 **피압류채권의 존부는 그 심사대상이 아니다.** [2] (가)회사 운영자인 피고인 甲이 '(가)회사의 A에 대한 채권'이 존재하지 않는다는 사실을 알면서 그 사실을 모르는 (가)회사에 대한 채권자 乙에게 '(가)회사의 A에 대한 채권'의 압류 및 전부(추심)명령을 신청하게 하여 그 명령을 받게 한 경우라도 乙이 (가)회사에 대하여 진정한 채권을 가지고 있는 이상, 위와 같은 사정만으로는 법원을 기망하였다고 볼 수 없고, 乙이 A를 상대로 전부(추심)금소송을 제기하지 않은 이상 소송사기의 실행에 착수하였다고 볼 수도 없다(대판 2009.12.10, 2009도9982 **존재하지 않는 채권 사건**). 12·15. 사법시험
② 유치권에 의한 경매를 신청한 유치권자는 일반채권자와 마찬가지로 피담보채권액에 기초하여 배당을 받게 되는 결과, **피담보채권인 공사대금채권을 실제와 달리 허위로 크게 부풀려 유치권에 의한 경매를 신청할 경우** 정당한 채권액에 의하여 경매를 신청한 경우보다 더 많은 배당금을 받을 수도 있으므로, 이는 법원을 기망하여 배당이라는 법원의 처분행위에 의하여 재산상 이익을 취득하려는 행위로서 불능범에 해당한다고 볼 수 없고 **소송사기죄의 실행의 착수에 해당한다**(대판 2012.11.15, 2012도9603 **유치권 경매신청 사건**). 13·14. 법원직 9급, 13·15. 법원행시·경찰채용, 14·16. 사법시험, 15. 변호사, 16. 경찰간부, 17. 경찰승진	② 유치권자가 경매절차에서 유치권을 신고하는 경우 **법원은 이를 매각물건명세서에 기재하고 그 내용을 매각기일공고에 적시하나**, 이는 경매목적물에 대하여 유치권신고가 있음을 입찰예정자들에게 고지하는 것에 불과할 뿐 **처분행위로 볼 수는 없고** 또한 유치권자는 권리신고 후 이해관계인으로서 경매절차에서 이의신청권 등 몇 가지 권리를 얻게 되지만 이는 법률의 규정에 따른 것으로서 재물 또는 재산상 이득을 취득하는 것으로 볼 수 없으므로, **부동산경매절차에서 피고인들이 허위로 유치권신고를 하였더라도 이를 소송사기 실행의 착수가 있다고 볼 수는 없다**(대판 2009.9.24, 2009도5900 **허위 유치권신고 사건**). 11. 경찰승진, 17. 경찰채용
③ **진정한 임차권자가 아니면서 허위의 임대차계약서를 법원에 제출하여 임차권등기명령을 신청하면 그로써 소송사기의 실행행위에 착수한 것으로 보아야 하고**, 나아가 그 임차보증금 반환채권에 관하여 현실적으로 청구의 의사표시를 하여야만 사기죄의 실행의 착수가 있다고 볼 것은 아니다(대판 2012.5.24, 2010도12732 **임차권 등기명령신청 사건**). 14. 사법시험, 15. 변호사, 16·20. 법원행시	③ 가압류는 강제집행의 보전방법에 불과한 것이어서 허위의 채권을 피보전권리로 삼아 가압류를 하였다고 하더라도 그 채권에 관하여 현실적으로 청구의 의사표시를 한 것이라고는 볼 수 없으므로, **본안소송을 제기하지 아니한 채 가압류를 한 것만으로는 사기죄의 실행에 착수하였다고 할 수 없다**(대판 1988.9.13, 88도55). 11·12. 경찰승진·법원행시, 12. 법원직 9급·경찰간부, 14. 변호사, 16·17. 경찰채용

소송사기죄의 실행의 착수가 인정되는 경우	소송사기죄의 실행의 착수가 인정되지 않는 경우
④ 부동산등기부상 소유자로 등기된 적이 있는 자가 자신 이후에 소유권이전등기를 경료한 등기명의인들을 상대로 허위의 사실을 주장하면서 그들 명의의 소유권이전등기의 말소를 구하는 소송을 제기한 경우, 그 소송에서 승소한다면 등기명의인들의 등기가 말소됨으로써 그 소송을 제기한 자의 등기명의가 회복되는 것이므로 이는 법원을 기망하여 재물이나 재산상 이익을 편취한 것이라고 할 것이고 따라서 등기명의인들 전부 또는 일부를 상대로 하는 말소등기청구소송의 제기는 **사기의 실행에 착수한 것이라고 보아야 한다**(대판 2003.7.22, 2003도1951 **7개 중 5개 등기말소 사건**). 11. 경찰간부, 15. 변호사, 16. 경찰채용 ⑤ 지급명령신청에 대해 상대방이 이의를 하면 지급명령은 이의의 범위 안에서 그 효력을 잃게 되고 **지급명령을 신청한 때에 소를 제기한 것으로 보게 되는 것이지만** 이로써 이미 실행에 착수한 사기의 범행 자체가 없었던 것으로 되는 것은 아니다(대판 2004.6.24, 2002도4151 **보복 지급명령신청 사건**). 11. 법원행시·경찰승진	

판례비교

소송사기죄가 성립하는 경우	소송사기죄가 성립하지 않는 경우
① 피고인 등이 **자신이 토지의 소유자라고 허위의 주장을 하면서 소유권보존등기 명의자를 상대로 보존등기의 말소를 구하는 소송을 제기한 경우** 그 소송에서 **토지가 피고인 등의 소유임을 인정하여 보존등기말소를 명하는 내용의 승소확정판결을 받는다면,** 이에 터 잡아 언제든지 단독으로 상대방의 소유권보존등기를 말소시킨 후 위 판결을 부동산등기법 제130조 제2호 소정의 소유권을 증명하는 판결로 하여 자기 앞으로의 소유권보존등기를 신청하여 그 등기를 마칠 수 있게 되므로, 이는 법원을 기망하여 유리한 판결을 얻음으로써 '대상 토지의 소유권에 대한 방해를 제거하고 그 소유명의를 얻을 수 있는 지위'라는 재산상 이익을 취득한 것이고, 그 경우 기수시기는 위 판결이 확정된 때이다[대판 2006.4.7, 2005도9858(전합) **탄현면 임야 편취 사건**]. 11. 법원행시, 12. 사법시험	피고인 등이 허위의 주장을 하여 소유권보존등기말소청구소송 등을 제기한 것은 그로 인하여 경매절차가 진행 중인 부동산에 예고등기가 경료되도록 함으로써 경매가격 하락 등을 의도한 것으로 보일 뿐이고, 위 말소청구소송을 통하여 승소판결을 받아 재산상의 이익을 취하려고 한 것으로 보기 어렵다면, 피고인에게는 허위 주장에 기한 소송을 통하여 승소판결을 받아 재물 또는 재산상의 이익을 취득하려는 **고의 내지 불법영득의 의사가 있었다고 볼 수 없다**(대판 2009.4.9, 2009도128 **예고등기를 위해 사건**). 12. 경찰채용, 15·16. 사법시험

② 주권을 교부한 자가 이를 분실하였다고 허위로 공시최고신청을 하여 제권판결(除權判決)을 선고받아 확정되었다면, 그 제권판결의 적극적 효력에 의해 그 자는 그 주권을 소지하지 않고도 주권을 소지한 자로서의 권리를 행사할 수 있는 지위를 취득하였다고 할 것이므로 이로써 **사기죄에 있어서의 재산상 이익을 취득한 것으로 보기에 충분하다고 할 것이고,** 이는 제권판결이 그 신청인에게 주권상의 권리를 행사할 수 있는 형식적 자격을 인정하는 데 그치며, 그를 실질적 권리자로 확정하는 것이 아니라고 하여 달리 볼 것은 아니다(대판 2007.5.31, 2006도8488). 11 · 15. 경찰승진, 13. 국가직 7급

③ 채무자가 강제집행을 승낙한 취지의 기재가 있는 약속어음 공정증서에 있어서 **그 약속어음의 원인관계가 소멸하였음에도 불구하고,** 약속어음 공정증서 정본을 소지하고 있음을 기화로 이를 근거로 하여 **강제집행을 하였다면 사기죄를 구성한다**(대판 1999.12.10, 99도2213). 11. 경찰간부

02 컴퓨터 등 사용사기죄

형법

제347조의2【컴퓨터 등 사용사기】컴퓨터 등 정보처리장치에 **허위의 정보** 또는 **부정한 명령**을 입력하거나 권한 없이 정보를 입력 · 변경하여 정보처리를 하게 함으로써 **재산상의 이익**을 취득하거나 제3자로 하여금 취득하게 한 자는 10년 이하의 징역 또는 2천만원 이하의 벌금에 처한다.

객관적 구성요건	객체	재산상 이익. '재물'도 재산상 이익에 포함되는지에 관하여 긍정설과 **부정설**(판례)이 대립함(《주의》재물도 포함된다. ✕)
	행위	컴퓨터 등 정보처리장치에 **허위의 정보 또는 부정한 명령을 입력**하거나 **권한 없이 정보를 입력 · 변경**하여 정보처리를 하는 것
	착수기수	① 실행의 착수시기: 정보처리장치에 허위의 정보 등을 입력한 때 ② 기수시기: 피해자에게 재산상 손해가 발생한 때라는 견해와 재산상 이익을 취득하였을 때라는 견해가 대립함

컴퓨터 등 사용사기죄가 성립하는 경우	컴퓨터 등 사용사기죄가 성립하지 않는 경우
① 피고인이 (가)회사에서 운영하는 전자복권 구매시스템에서 은행환불명령을 입력하여 **가상계좌 잔액이 1천원 이하로 되었을 때 복권 구매명령을 입력하면 가상계좌로 복권 구매요청금과 동일한 액수의 가상현금이 입금되는 프로그램 오류를 이용하여 잔액을 1천원 이하로 만들고 다시 복권 구매명령을 입력하는 행위를 반복함으로써 피고인의 가상계좌로 구매요청금 상당의 금액이 입금되게 한 경우**, 피고인의 행위는 형법 제347조의2에서 정한 '허위의 정보 입력'에 해당하지는 않더라도 프로그램 자체에서 발생하는 오류를 적극적으로 이용하여 사무처리의 목적에 비추어 정당하지 아니한 사무처리를 하게 한 행위로서 **'부정한 명령의 입력'에 해당한다**(대판 2013.11.14, 2011도4440 **엔젤로또 사건**). 14. 경찰채용, 15. 법원행시·국가직 9급, 16. 변호사, 20. 국가직 7급	① (입찰공고, 예비가격 작성, 투찰, 개찰, 적격심사, 낙찰자 선정, 계약의 순서로 이루어지는데 전자입찰에 있어) 피고인들이 **시설공사 발주처인 지방자치단체 등의 재무관 컴퓨터에는 암호화되기 직전 15개의 예비가격과 그 추첨번호를 해킹하여 볼 수 있는 악성프로그램을, 입찰자의 컴퓨터에는 입찰금액을 입력하면서 선택하는 2개의 예비가격 추첨번호가 미리 지정된 추첨번호 4개 중에서 선택되어 조달청 서버로 전송되도록 하는 악성프로그램을 각각 설치하여 낙찰하한가를 미리 알아낸 다음**, 특정 건설사에 낙찰이 가능한 입찰금액을 알려주어 그 건설사가 낙찰받게 하였더라도, **피고인들이 직접적으로 얻은 것은 낙찰하한가에 대한 정보일 뿐**, 정보처리의 직접적인 결과 특정 건설사가 낙찰자로 결정되어 낙찰금액 상당의 재산상 이익을 얻게 되었다거나 낙찰자 결정이 사람의 처분행위가 개재됨이 없이 컴퓨터 등의 정보처리과정에서 이루어졌다고 보기 어려우므로 **컴퓨터 등 사용사기죄 또는 그 미수죄는 성립하지 아니한다**(대판 2014.3.13, 2013도16099 **낙찰하한가 해킹 사건**). 15. 법원행시
② 금융기관 직원이 전산단말기를 이용하여 다른 공범들이 지정한 특정 계좌에 돈이 입금된 것처럼 허위의 정보를 입력하는 방법으로 위 계좌로 입금되도록 한 경우, 이러한 입금절차를 완료함으로써 장차 그 계좌에서 이를 인출하여 갈 수 있는 재산상 이익의 취득이 있게 되었다고 할 것이므로 **컴퓨터 등 사용사기죄는 기수에 이르렀다고 할 것이고**, 그 후 그러한 입금이 취소되어 현실적으로 인출되지 못하였다고 하더라도 이미 성립한 컴퓨터 등 사용사기죄에 어떤 영향이 있다고 할 수는 없다(대판 2006.9.14, 2006도4127 **봉평농협 사건**). 12. 변호사, 12·20. 국가직 7급, 13. 사법시험, 13·15·16. 경찰채용, 14. 경찰승진, 21. 경찰간부	② 형법 제347조의2에서 '부정한 명령의 입력'은 당해 사무처리시스템에 예정되어 있는 사무처리의 목적에 비추어 지시해서는 안 될 명령, 즉 권한 없는 명령이나 허위의 명령을 입력하는 것을 의미하고, '권한 없는 정보의 입력'은 타인의 진정한 정보를 권한 없는 자가 그 타인의 승낙 없이 사용하는 것을 의미한다. 그리고 "정보를 처리하게 한다."는 것은 정보 혹은 명령의 입력 등에 따라 진실에 반하거나 정당하지 아니한 기록을 만드는 것 또는 정당하지 아니한 사무처리를 하게 하는 것을 의미한다. 위 법리에 따라 **절취한 휴대전화기를 사용하여 통화하거나 무선인터넷을 사용한 행위를 권한 없는 정보의 입력에 해당되지 않고 정보처리에도 해당되지 않는다고 판단한 원심판결은 정당하다**(대판 2010.9.9, 2008도128).
③ 외환은행 지점 직원인 피고인 甲과 농협 지소장인 피고인 乙이 다른 공범들의 지시에 따라 은행지점 또는 농협지소에 설치된 **컴퓨터 단말기를 이용하여 특정 계좌에 거액의 돈을 입금한 것은 컴퓨터 등 사용사기죄에 해당한다**(대판 2006.1.26, 2005도8507). 15. 국가직 9급, 16. 사법시험	
④ 피고인 甲이 인터넷사이트 한국신용정보 주식회사에 A 명의로 접속하여 그의 신용정보 조회를 하면서 **마치 A인 것처럼 자신이 부정발급받은 A 명의의 삼성스카이패스 카드의 카드번호와 비밀번호 등을 입력하고 그 사용료 2천원을 지급하도록 부정한 명령을 입력하여 정보처리를 하게 하고 그 금액 상당의 재산상 이익을 취득한 경우 컴퓨터 등 사용사기죄가 성립한다**(대판 2003.1.10, 2002도2363 **신용정보 조회 사건**). 11. 경찰간부, 16. 국가직 9급	

⚖ 판례 | 신용카드사용 관련 판례

1 피고인이 대금결제의 의사와 능력이 없으면서도 있는 것 같이 가장하여 카드회사를 기망하고, 카드회사는 일정 한도 내에서 카드사용을 허용해 줌으로써 카드회사의 신용공여라는 하자 있는 의사표시에 편승하여 **자동지급기를 통한 현금대출도 받고, 가맹점을 통한 물품구입대금대출도 받아 카드발급회사로 하여금 같은 액수 상당의 피해를 입게 한 경우**, 카드사용으로 인한 일련의 편취행위가 포괄적으로 이루어지는 것이므로 카드회사의 손해는 그것이 **자동지급기에 의한 인출행위이든 가맹점을 통한 물품구입행위이든** 불문하고 모두가 피해자인 카드회사의 기망당한 의사표시에 따른 카드발급에 터잡아 이루어지는 사기의 포괄일죄라 할 것이다(대판 1996.4.9, 95도2466 **처음부터 마구잡이 카드사용 사건**). 11. 국가직 9급·경찰간부, 16. 국가직 7급, 20. 해경채용

2 피고인이 타인의 명의를 모용하여 발급받은 신용카드를 사용하여 현금자동지급기에서 현금대출을 받는 행위는 카드회사에 의하여 미리 포괄적으로 허용된 행위가 아니라, 현금자동지급기의 관리자의 의사에 반하여 그의 지배를 배제한 채 그 현금을 자기의 지배하에 옮겨 놓는 행위로서 절도죄에 해당한다(대판 2006.7.27, 2006도3126 **전처 명의 신용카드 사건**). 11. 국가직 9급, 12. 국가직 7급, 12·15. 변호사, 12·16. 경찰승진, 13. 사법시험, 14·16. 경찰채용, 15. 경찰간부

3 피고인이 타인의 명의를 모용하여 발급받은 신용카드의 번호와 그 비밀번호를 이용하여 ARS 전화서비스나 인터넷 등을 통하여 신용대출을 받는 방법으로 재산상 이익을 취득하는 행위는 카드회사에 의하여 미리 포괄적으로 허용된 행위가 아니라, 컴퓨터 등 정보처리장치에 권한 없이 정보를 입력하여 정보처리를 하게 함으로써 재산상 이익을 취득하는 행위로서 **컴퓨터 등 사용사기죄에 해당한다**(대판 2006.7.27, 2006도3126 **전처 명의 신용카드 사건**). 11·14. 국가직 9급, 12. 국가직 7급, 14. 사법시험, 15·17. 경찰간부, 16. 경찰승진

4 피고인이 절취한 신용카드를 이용하여 현금자동지급기에서 현금을 인출한 경우, 현금자동지급기 관리자의 의사에 반하여 그의 지배를 배제하고 그 현금을 자기의 지배하에 옮겨 놓는 것이 되어 절도죄를 구성한다(대판 2008.6.12, 2008도2440 **동거녀 신용카드 사건**). 11. 법원직 9급, 12. 국가직 7급

5 피고인이 절취한 신용카드를 사용하여 현금자동인출기에서 현금을 인출한 경우, 이는 신용카드업법 제25조 제1항(개정법 여신전문금융업법 제70조 제1항 제3호)의 **부정사용죄에 해당할 뿐 아니라** 현금자동인출기 관리자의 의사에 반하여 그의 지배를 배제하고 현금을 자기의 지배하에 옮겨 놓는 것이 되므로 별도로 **절도죄를 구성한다 할 것이고**, 양죄는 그 보호법익이나 행위태양이 전혀 달라 **실체적 경합관계에 있다**(대판 1995.7.28, 95도997 **옆집 신용카드 사건**). 12·15. 사법시험, 15·20. 변호사, 16. 국가직 7급, 20. 국가직 7급

6 피고인이 **강취한 신용카드를 가지고** 자신이 신용카드의 정당한 소지인인양 가맹점의 점주를 속이고 점주로부터 주류 등을 제공받아 이를 취득한 것이라면 신용카드부정사용죄와 별도로 사기죄가 성립한다(대판 1997.1.21, 96도2715 **강취 신용카드 술집결제 사건**). 11. 경찰채용, 13. 법원직 9급·국가직 9급, 14. 사법시험, 18. 경찰간부

7 피고인이 절취한 타인의 신용카드를 이용하여 현금지급기에서 계좌이체를 한 행위는 컴퓨터 등 사용사기죄에서 컴퓨터 등 정보처리장치에 권한 없이 정보를 입력하여 정보처리를 하게 한 행위에 해당함은 별론으로 하고 이를 절취행위라고 볼 수는 없고, 한편 위 계좌이체 후 현금지급기에서 현금을 인출한 행위는 자신의 신용카드나 현금카드를 이용한 것이어서 이러한 현금인출이 현금지급기 관리자의 의사에 반한다고 볼 수 없어 절취행위에 해당하지 않으므로 **절도죄를 구성하지 않는다**(대판 2008.6.12, 2008도2440 **동거녀 신용카드 사건**). 11·15. 법원직 9급, 12·15. 경찰채용, 14. 경찰승진·사법시험, 17. 변호사

8 신용카드의 사용이라 함은 가맹점에 신용카드를 제시하고 매출전표에 서명하여 이를 교부하는 일련의 행위를 가리키므로, 피고인이 절취한 신용카드로 대금을 결제하기 위하여 **신용카드를 제시하고 카드회사의 승인까지 받았으나 나아가 매출전표에 서명을 하지 않았고, 카드가 없어진 사실을 알게 된 피해자에 의해 거래가 취소되어 최종적으로 매출취소로 거래가 종결된 경우**, 피고인의 행위는 신용카드 부정사용의 미수행위에 불과하다 할 것인데 여신전문금융업법에서 위와 같은 미수행위를 처벌하는 규정을 두고 있지 아니한 이상 **피고인을 위 법률 위반죄로 처벌할 수 없다**(대판 2008.2.14, 2007도8767 **서명 직전 발각 사건**).
16. 경찰간부·사법시험

9 신용카드의 사용이라 함은 가맹점에 신용카드를 제시하고 매출전표에 서명하여 이를 교부하는 일련의 행위를 가리키므로, 피고인이 절취한 신용카드로 대금을 결제하기 위하여 **신용카드를 제시하였으나 카드 확인과정에서 도난카드임이 밝혀져 매출표도 작성하지 못한 채 검거된 경우**, 피고인의 행위가 신용카드 부정사용의 미수행위에 불과하다 할 것이고, 신용카드업법(개정법 여신전문금융업법)에서 위와 같은 미수행위를 처벌하는 규정을 두고 있지 아니한 이상 **피고인을 신용카드업법 위반죄로 처벌할 수 없다**(대판 1993.11.23, 93도604 **서명 직전 검거 사건**). 13. 국가직 9급, 13·17. 경찰채용, 14. 사법시험

10 신용카드부정사용죄의 구성요건적 행위인 **신용카드의 사용이라 함은 신용카드의 소지인이 신용카드의 본래 용도인 대금결제를 위하여 가맹점에 신용카드를 제시하고 매출표에 서명하여 이를 교부하는 일련의 행위를 가리키고** 단순히 신용카드를 제시하는 행위만을 가리키는 것은 아니라고 할 것이므로, 매출표의 서명 및 교부가 별도로 사문서위조 및 동행사의 죄의 구성요건을 충족한다고 하여도 **사문서위조 및 동행사의 죄는 신용카드부정사용죄에 흡수되어 신용카드부정사용죄의 1죄만이 성립하고 별도로 사문서위조 및 동행사의 죄는 성립하지 않는다**(대판 1992.6.9, 92도77 **세종회관 사건**). 14. 법원행시·국가직 9급, 15. 변호사, 16. 경찰간부·국가직 7급, 20. 해경채용

11 절취한 카드로 가맹점들로부터 물품을 구입하겠다는 단일한 범의를 가지고 그 범의가 계속된 가운데 동종의 범행인 신용카드 부정사용행위를 동일한 방법으로 반복하여 행한 경우 **신용카드를 위와 같이 부정사용한 행위는 포괄하여 일죄에 해당한다**(대판 1996.7.12, 96도1181).

⚖ 판례 | 현금카드 사용 관련 판례

1 피고인 甲이 A로부터 그 소유의 **현금카드로 2만원을 인출하여 오라는 부탁과 함께 현금카드를 건네받게 된 것을 기화로** 현금자동지급기에 현금카드를 넣고 **인출금액을 5만원으로 입력하여 그 금액을 인출한 후 2만원만 A에게 건네주어 3만원은 취득한 경우**, 그 인출된 현금에 대한 점유를 취득함으로써 이 때에 인출한 현금 총액 중 인출을 위임받은 금액을 넘는 부분의 비율에 상당하는 재산상 이익을 취득한 것으로 볼 수 있으므로 그 차액 상당액에 관하여 **컴퓨터 등 사용사기죄가 성립한다**(대판 2006.3.24, 2005도3516 **5만원 인출 사건**).
11. 법원직 9급, 11·12. 경찰채용, 11·14. 경찰간부, 15. 법원행시, 16. 사법시험

2 피고인이 예금주인 현금카드 소유자를 협박하여 그 카드를 갈취한 후 하자 있는 의사표시이기는 하지만 피해자의 승낙에 의하여 현금카드를 사용할 권한을 부여받아 이를 이용하여 현금을 인출한 경우, 이는 모두 피해자의 예금을 갈취하고자 하는 단일하고 계속된 범의 아래에서 이루어진 일련의 행위로서 **포괄하여 하나의 공갈죄를 구성한다**고 볼 것이지, 현금지급기에서 피해자의 예금을 취득한 행위를 현금지급기 관리자의 의사에 반하여 그가 점유하고 있는 현금을 절취한 것이라 하여 이를 현금카드 갈취행위와 분리하여 **따로 절도죄로 처단할 수는 없다**(대판 1996.9.20, 95도1728 **갈취 현금카드 사건**). 12·13·16. 법원행시, 12·15. 변호사, 13·14. 사법시험, 14·20. 경찰승진, 17. 법원직 9급, 20. 경찰채용

3 피고인이 피해자로부터 강취한 현금카드를 사용하여 현금자동지급기에서 예금을 인출한 행위는 피해자의 승낙에 기한 것이라고 할 수 없으므로 현금자동지급기 관리자의 의사에 반하여 그의 지배를 배제하고 그 현금을 자기의 지배하에 옮겨 놓는 것이 되어서 **강도죄와는 별도로 절도죄를 구성한다**(대판 2007.5.10, 2007도1375 **강취 현금카드 사건**). 11. 국가직 7급, 12·13. 사법시험, 14. 국가직 9급, 15. 변호사, 20. 경찰채용

03 준사기죄

형법

제348조【준사기】① **미성년자의 사리분별력 부족** 또는 사람의 **심신장애를 이용**하여 재물을 교부받거나 재산상 이익을 취득한 자는 10년 이하의 징역 또는 2천만원 이하의 벌금에 처한다.

② 제1항의 방법으로 제3자로 하여금 재물을 교부받게 하거나 재산상 이익을 취득하게 한 경우에도 제1항의 형에 처한다.

04 편의시설부정이용죄

형법

제348조의2【편의시설부정이용】부정한 방법으로 대가를 지급하지 아니하고 **자동판매기, 공중전화 기타 유료자동설비**를 이용하여 재물 또는 재산상의 이익을 취득한 자는 3년 이하의 징역, 500만원 이하의 벌금, 구류 또는 과료에 처한다.

05 부당이득죄

형법

제349조【부당이득】① 사람의 **곤궁하고 절박한 상태를 이용**하여 현저하게 부당한 이익을 취득한 자는 3년 이하의 징역 또는 1천만원 이하의 벌금에 처한다.

② 제1항의 방법으로 제3자로 하여금 부당한 이익을 취득하게 한 경우에도 제1항의 형에 처한다.

06 상습사기죄

형법

제351조【상습범】상습으로 제347조 내지 전조의 죄를 범한 자는 그 죄에 정한 형의 2분의 1까지 가중한다.

제5절 공갈의 죄

01 공갈죄

> **형법**
>
> 제350조 【공갈】 ① 사람을 공갈하여 **재물**의 교부를 받거나 **재산상의 이익**을 취득한 자는 10년 이하의 징역 또는 2천만원 이하의 벌금에 처한다.
>
> ② 전항의 방법으로 제3자로 하여금 재물의 교부를 받게 하거나 재산상의 이익을 취득하게 한 때에도 전항의 형과 같다.

객관적 구성요건	행위	공갈죄는 사람을 공갈하여 외포심을 야기시켜 처분행위를 유발하여 재물을 교부받거나 재산상 이익을 취득함으로써 성립하고 공갈, 외포심 야기, 처분행위 사이에 **인과관계가 있어야 함** ① 공갈: 폭행·협박으로 **외포심을 일으키게 하는 행위**를 의미함. 폭행·협박이 피해자 **의 반항을 억압하거나 불가능하게 할 정도라면 강도죄가 성립함** ② 외포심: 공갈로 인하여 피공갈자가 외포심이 야기되어야 함. 외포심이란 공포심을 느껴 의사결정 및 실행의 자유가 방해된 심적 상태를 의미함 ③ 처분행위, 재물의 교부 또는 재산상 이익 취득, 재산상 손해발생, 인과관계는 사기죄와 동일함
	착수기수	① 실행의 착수시기: 공갈행위를 시작한 때 ② 기수시기: **재물을 교부받거나 재산상 이익을 취득하였을 때**(판례)

> ⚖ **판례 | 공갈죄 관련 판례**
>
> **1** 공갈죄의 대상이 되는 재물은 타인의 재물을 의미하므로, 사람을 공갈하여 자기의 재물을 교부받는 경우에는 공갈죄가 성립하지 아니한다. 그리고 타인의 재물인지는 민법, 상법 기타의 실체법에 의하여 결정되는데, 금전을 도난당한 경우 절도범이 절취한 금전만 소지하고 있는 때 등과 같이 구체적으로 절취된 금전을 특정할 수 있어 객관적으로 다른 금전 등과 구분됨이 명백한 예외적인 경우에는 절도 피해자에 대한 관계에서 그 금전이 절도범인 타인의 재물이라고 할 수 없다(대판 2012.8.30, 2012도6157 **절취당한 40억 회수 사건**). 16. 법원행시·법원직 9급
>
> **2** 공갈죄는 다른 사람을 공갈하여 그로 인한 하자 있는 의사에 기하여 자기 또는 제3자에게 재물을 교부하게 하거나 재산상 이익을 취득하게 함으로써 성립되는 범죄로서 공갈의 상대방이 재산상의 피해자와 같아야 할 필요는 없고, 피공갈자의 하자 있는 의사에 기하여 이루어지는 재물의 교부 자체가 공갈죄에서의 재산상 손해에 해당하므로 **반드시 피해자의 전체 재산의 감소가 요구되는 것도 아니다**(대판 2013.4.11, 2010도13774 **광동제약 불매운동 사건**). 15·16. 법원행시. 17. 법원직 9급
>
> **3** 공갈죄에 있어서 **공갈의 상대방은 재산상의 피해자와 동일함을 요하지는 아니하나** 공갈의 목적이 된 재물 기타 재산상의 이익을 처분할 수 있는 사실상 또는 법률상의 권한을 갖거나 그러한 지위에 있음을 요한다(대판 2005.9.29, 2005도4738 **랑데부 룸살롱 사건**). 11·14. 법원직 9급, 12. 경찰채용·법원행시, 12·17. 경찰승진, 15. 사법시험
>
> **4** 공갈죄의 수단으로서의 **협박은 사람의 의사결정의 자유를 제한하거나 의사실행의 자유를 방해할 정도로 겁을 먹게 할 만한 해악을 고지하는 것을 말하고,** 해악의 고지는 반드시 명시의 방법에 의할 것을 요하지 않고 언어나 거동에 의하여 상대방으로 하여금 어떠한 해악에 이르게 할 것이라는 인식을 가지게 하는 것이면 족하다(대판 2013.9.13, 2013도6809 **게임머니 환전사업자 사건**). 11. 법원직 9급, 14·16·17. 경찰승진

5 공갈죄의 수단으로써의 **협박은** 객관적으로 사람의 의사결정의 자유를 제한하거나 의사실행의 자유를 방해할 정도로 겁을 먹게 할 만한 해악을 고지하는 것을 말하고, 그 해악에는 인위적인 것뿐만 아니라 천재지변 또는 신력(神力)이나 길흉화복에 관한 것도 포함될 수 있으나, 다만 **천재지변 또는 신력이나 길흉화복을 해악으로 고지하는 경우에는** 상대방으로 하여금 행위자 자신이 그 천재지변 또는 신력이나 길흉화복을 사실상 지배하거나 그에 영향을 미칠 수 있는 것으로 믿게 하는 명시적 또는 묵시적 행위가 있어야 공갈죄가 성립한다(대판 2002.2.8, 2000도3245 **조상천도제 사건**). 11. 경찰간부

6 피고인이 피해자에 대하여 **채권이 있다고 하더라도** 그 권리행사를 빙자하여 **사회통념상 용인되기 어려운 정도를 넘는 협박을 수단으로** 상대방을 외포하게 하여 재물의 교부 또는 재산상의 이익을 받았다면 **공갈죄가 되는 것이다**(대판 2000.2.25, 99도4305). 15 · 16. 법원행시, 15 · 17. 경찰승진, 17. 법원직 9급 · 변호사

7 부동산에 대한 공갈죄는 그 부동산에 관하여 **소유권이전등기를 경료받거나 또는 인도를 받은 때에 기수로 되는 것이고**, 소유권이전등기에 필요한 서류를 교부받은 때에 기수로 되어 그 범행이 완료되는 것은 아니다(대판 1992.9.14, 92도1506). 11 · 12 · 13 · 16 · 20. 경찰승진, 12. 법원행시 · 경찰채용, 15. 사법시험, 15 · 16. 법원직 9급

8 피고인이 피해자들을 공갈하여 **피해자들로 하여금 지정한 예금계좌에 돈을 입금하게 한 이상**, 돈은 범인이 자유로이 처분할 수 있는 상태에 놓인 것으로서 **공갈죄는 이미 기수에 이르렀다 할 것이다**(대판 1985.9.24, 85도1687 **제과회사 독극물 협박 사건**). 11 · 15. 사법시험, 13. 국가직 7급

9 공무원이 직무집행의 의사 없이 또는 직무처리와 대가적 관계없이 타인을 공갈하여 재물을 교부하게 한 경우에는 공갈죄만이 성립하고, 이러한 경우 재물의 교부자는 공갈죄의 피해자가 될 것이고 뇌물공여죄는 성립될 수 없다(대판 1994.12.22, 94도2528 **탈세묵인 세무공무원 사건**). 11 · 13 · 16. 경찰승진, 12 · 17. 변호사, 13 · 14 · 15 · 20. 경찰채용, 13 · 15. 국가직 9급, 14. 법원행시 · 법원직 9급, 14 · 15. 사법시험

10 재산상 이익의 취득으로 인한 공갈죄가 성립하려면 폭행 또는 협박과 같은 공갈행위로 인하여 피공갈자가 재산상 이익을 공여하는 처분행위가 있어야 한다. 물론 그러한 처분행위는 반드시 **작위에 한하지 아니하고 부작위로도 족하여서**, 피공갈자가 외포심을 일으켜 묵인하고 있는 동안에 공갈자가 직접 재산상의 이익을 탈취한 경우에도 공갈죄가 성립할 수 있다(대판 2012.1.27, 2011도16044). 12. 경찰채용, 20. 경찰승진

11 공갈범행으로 인하여 **취득한 이득액은** 불법영득의 대상이 된 재물이나 재산상의 이익의 가액이 기준이 되어야 하고, 범죄의 기수시기를 기준으로 하여 산정할 것이며 그 후의 사정변경을 고려할 것이 아니고 그와 같은 사정변경의 가능성이 공갈행위시 예견가능한 것이라고 하여도 마찬가지이다(대판 1990.10.16, 90도1815). 22. 법원행시

공갈죄가 성립하는 경우	공갈죄가 성립하지 않는 경우
① 피고인이 광동제약에 대하여 불매운동을 하겠다고 하면서 조선일보, 중앙일보, 동아일보 등 언론사에 대한 광고를 중단할 것을 요구한 행위와 한겨레신문, 경향신문에 조선일보 등과 동등하게 광고를 집행할 것을 요구한 행위 및 광동제약의 인터넷 홈페이지에 "광동제약은 앞으로 특정 언론사에 편중하지 않고 동등한 광고 집행을 하겠다."라는 내용의 팝업창을 띄우게 한 행위는 모두 광동제약의 의사결정권자로 하여금 그 요구를 수용하지 아니할 경우 불매운동이 지속되어 영업에 타격을 입게 될 것이라는 겁을 먹게 하여 그 의사결정 및 의사실행의 자유를 침해한 것으로 강요죄나 공갈죄의 수단으로서의 협박에 해당한다(대판 2013.4.11, 2010도13774 **광동제약 불매운동 사건**). 14. 경찰승진	① A가 乙의 돈을 절취한 다음 다른 금전과 섞거나 교환하지 않고 쇼핑백 등에 넣어 자신의 집에 숨겨두었는데 피고인 甲이 乙의 지시로 폭력조직원 丙과 함께 A에게 겁을 주어 쇼핑백 등에 들어 있던 절취된 돈을 교부받은 경우, 피고인 등이 A에게서 되찾은 돈은 절취 대상인 당해 금전이라고 구체적으로 특정할 수 있어 객관적으로 A의 다른 재산과 구분됨이 명백하므로 이를 타인인 A의 재물이라고 볼 수 없어 공갈죄가 성립된다고 볼 수 없다(대판 2012.8.30, 2012도6157 **절취당한 40억 회수 사건**). 13. 사법시험·경찰채용, 13·16. 법원행시, 14. 법원직 9급, 15. 경찰간부
② 피고인들이 공동하여 A가 종업원으로 일하고 있던 랑데부 룸살롱에서 A에게 은근히 조직폭력배임을 과시하면서 "이 새끼들아 술 내놔."라고 소리치고, 험악한 인상을 쓰면서 "너희들은 B가 깡패도 아닌데 왜 따라 다니며 어울리냐."라고 말하는 등의 방법으로 신체에 위해를 가할 듯한 태도를 보여 이에 겁을 먹은 A로부터 주류를 제공받은 경우 공갈죄가 성립하고, 피고인들로부터 협박을 당한 A는 주류에 대한 사실상의 처분권자이므로 A를 공갈죄의 피해자라고 봄이 상당하다(대판 2005.9.29, 2005도4738 **랑데부 룸살롱 사건**). 15. 경찰간부	② 일반적으로 부녀와의 정부 그 자체는 이를 경제적으로 평가할 수 없는 것이므로 부녀를 공갈하여 정교를 맺었다고 하여도 특단의 사정이 없는 한 이로써 재산상 이익을 갈취한 것이라고 볼 수는 없는 것이며, 부녀가 주점 접대부라 할지라도 피고인과 매음(賣淫)을 전제로 정교를 맺은 것이 아닌 이상 피고인이 매음대가의 지급을 면하였다고 볼 여지가 없으니 공갈죄가 성립하지 아니한다(대판 1983.2.8, 82도2714 **나체쇼 사건**). 13. 경찰승진, 14. 국가직 7급
③ 공사수급인이 권리행사에 빙자하여 도급인 측에 대하여 비리를 관계기관에 고발하겠다는 내용의 협박 내지 사무실의 장시간 무단점거 및 직원들에 대한 폭행 등의 위법수단을 써서 기성고 공사대금 명목으로 8천만원을 교부받은 소위는 사회통념상 허용되는 범위를 넘는 것으로서 공갈죄에 해당한다(대판 1991.12.13, 91도2127 **국세청에 진정서 제출 사건**). 14. 경찰채용	③ 피고인이 게임머니 환전사업에 필수적인 휴대전화와 장부 및 피고인 명의의 예금통장을 피해자가 가출하면서 몰래 가지고 간 행위를 따지는 한편 장부와 예금통장 등의 반환을 요구하는 내용의 문자를 보내거나 메모를 친정집에 붙이고, 피해자를 상대로 게임머니 환전사업을 하면서 번 돈 중 절반의 지급을 구하는 민사소송을 제기한 후 그 소장 부본 수령을 재촉하면서 판결결과에 따라 **빨리 손해배상금을 정산할 것을 요구한 것은 정당한 권리행사**라 할 것이고, 그러한 정당한 권리행사를 하면서 다소 위협적인 언사를 사용하였다고 하여도 이는 사회통념상 용인될 정도의 것으로서 공갈죄의 수단인 협박에 해당한다고 보기 어렵다(대판 2013.9.13, 2013도6809 **게임머니 환전사업자 사건**).
④ 피해자의 기망에 의하여 부동산을 비싸게 매수한 피고인이라도 그 계약을 취소함이 없이 등기를 피고인 앞으로 둔 채 피해자의 전매차익을 받아낼 셈으로 피해자를 협박하여 재산상의 이득을 얻거나 돈을 받았다면 이는 정당한 권리행사의 범위를 넘은 것으로서 사회통념상 용인될 수 없으므로 공갈죄를 구성한다(대판 1991.9.24, 91도1824 **전매차익 공갈 사건**). 11·14. 경찰간부, 12·15·16. 경찰승진, 13. 변호사	

⑤ 방송기자인 피고인이 피해자에게 피해자 경영의 건설회사가 건축한 아파트의 진입도로미비 등 공사하자에 관하여 방송으로 계속 보도할 것 같은 태도를 보임으로써 피해자가 위 방송으로 말미암아 아파트 건축사업이 큰 타격을 받고 자신이 경영하는 회사의 신용에 커다란 손실을 입게될 것을 우려하여 방송을 하지 말아 달라는 취지로 200만원을 피고인에게 교부한 경우 공갈죄의 구성요건이 충족되고 또 인과관계도 인정된다(대판 1991.5.28, 91도80 **부산KBS 기자 사건**). 14. 경찰간부

⑥ 피고인이 **교통사고로 2주일간의 치료를 요하는 상해를 당하여** 그로 인한 손해배상청구권이 있음을 기화로 사고차량의 운전사가 바뀐 것을 알고서 그 **운전사의 사용자에게 과다한 금원을 요구하면서** 이에 응하지 않으면 수사기관에 신고할 듯한 태도를 보여 이에 겁을 먹은 동인으로부터 350만원을 교부받은 것이라면 이는 사회통념상 허용되는 범위를 넘어서 그 권리행사를 빙자하여 재물을 교부받은 경우에 해당하므로 **공갈죄가 성립한다**(대판 1990.3.27, 89도2036 **합의금 350만원 사건**). 11. 경찰승진, 14. 경찰간부

⑦ 피고인과 고소인의 연령이 각 16세, 32세인 점 및 한 집에 여러 사람이 취침한다는 점으로 미루어 피고인이 고소인을 강간한 것이 아니라 피해자의 유혹으로 **간통관계를 갖게 되었다** 하더라도, **이를 미끼로 협박하여 금원을 교부받은 이상 피고인의 위 소위는 공갈죄를 구성한다**(대판 1984.5.9, 84도573).

⑧ 피해자들이 제작·투자한 영화의 소재로 삼은 폭력조직의 두목 또는 조직원이 피해자들에게 그 영화의 감독을 통해 조직폭력배의 불량한 성행, 경력 등을 이용하여 재물의 교부를 요구하고 피해자들로 하여금 그 요구에 응하지 아니할 때에는 부당한 불이익을 초래할 위험이 있을 수 있다는 위구심을 야기하게 하였고, 피해자들도 돈을 요구하는 상대방이 자신들이 영화의 소재로 삼았던 폭력조직의 두목 또는 조직원이므로 이에 응하지 않을 경우 자신들이 받을 불이익을 두려워하거나 또는 곤경에 빠진 위 **영화감독을 위해서라도 돈을 지급하지 않을 수 없다고 판단하여 마지못해 돈을 준 경우, 공갈죄가 성립한다**(대판 2005.7.15, 2004도1565 **영화 <친구> 사건**). 13. 법원행시

④ 피고인이 피해자가 운전하는 택시를 타고 간 후 목적지에 이르러 택시요금의 지급을 면할 목적으로 다른 장소에 가자고 하면서 택시에서 내린 다음 택시요금 지급을 요구하는 피해자를 때리고 달아난 경우, 피해자가 폭행을 당하여 외포심을 일으켜 수동적·소극적으로라도 택시요금 지급을 면하는 것을 용인하여 이익을 공여하는 처분행위를 하였다고 할 수 없으므로 공갈죄는 성립하지 아니한다(대판 2012.1.27, 2011도16044 **택시기사 폭행·도주 사건**). 12. 경찰채용·국가직 9급, 12·13. 법원행시, 14. 경찰승진, 15. 경찰간부

⑤ A 지역신문의 발행인 겸 편집자인 피고인이 시정(市政)에 관한 비판기사 및 사설을 보도하고 시(市) 관련 공무원에게 광고의뢰 및 직보배정을 B 지역신문이나 C 지역신문과 같은 수준으로 높게 해달라고 요청한 사실만으로 그 상대방을 협박하였다고 볼 수 없다(대판 2002.12.10, 2001도7095 **삼척신문 사건**). 11. 법원직 9급, 12·15·17. 경찰승진

⑥ **토지매도인이 매매대금을 지급받기 위하여 매수인을 상대로 하여 당해 토지에 관한 소유권이전등기말소청구소송을 제기하고 위 대금을 변제받지 못하면 소송을 취하하지 아니하고 예고등기도 말소하지 않겠다는 취지를 알렸다고 하여 이를 지목하여 공갈행위라고 단정할 수는 없다**(대판 1989.2.28, 87도690). 12. 경찰채용, 15. 법원직 9급

⑦ 피고인 甲 등이 피해자 A에게 "**작은 아들이 교통사고가 나 크게 다치거나 죽거나 하게 된다. 조상천도를 하면 교통사고를 막을 수 있고 보살도 아픈 곳이 낫고 사업도 잘 되고 모든 것이 잘 풀려 나간다.**"라고 말하여 A로부터 795,500원을 건네받고, 피해자 B에게 "**아들이 형편없이 빗나가 학교에도 다니지 못하게 되고 부부가 이별하게 되고 하는 사업이 망하고 집도 다른 사람에게 넘어가게 된다. 조상천도를 하면 모든 것이 다 잘 된다.**"라고 말하여 B로부터 예금계좌로 835,000원을 송금받았다고 하더라도, **이와 같은 해악의 고지는 길흉화복이나 천재지변의 예고로서 피고인 甲에 의하여 직접·간접적으로 좌우될 수 없는 것이고 가해자가 현실적으로 특정되어 있지도 않으며 해악의 발생가능성이 합리적으로 예견될 수 있는 것이 아니므로 협박으로 평가될 수 없다**(대판 2002.2.8, 2000도3245 **조상천도제 사건**). 11·12·14. 경찰간부, 12·16. 경찰채용, 13·16. 경찰승진

공갈죄가 성립하는 경우	공갈죄가 성립하지 않는 경우
⑨ 피해자의 **정신병원에서의 퇴원 요구를 거절해 온 피해자의 배우자가 피해자에 대하여 재산이전 요구를 한 경우**, 그 배우자가 재산이전 요구에 응하지 않으면 퇴원시켜 주지 않겠다고 말한 바 없더라도 이는 암묵적 의사표시로서 공갈죄의 수단인 해악의 고지에 해당하고 이러한 해악의 고지가 권리의 실현수단으로 사용되었더라도 그 수단방법이 사회통념상 허용되는 정도나 범위를 넘는 것으로서 공갈죄를 구성한다(대판 2001.2.23, 2000도4415). ⑩ 재정악화로 어려움을 겪는 회사라 할지라도 합법적인 방법으로 피해자 회사들과 갈등을 해결하려 하지 않고 유예 기간 안에 돈을 지급하지 않으면 **자동차 부품 생산라인을 중단하여 큰 손실을 입게 만들겠다는 태도를 보였다면 공갈죄가 성립한다**(대판 2019.2.14, 2018도19493 **자동차 부품 공급중단 공갈 사건**). 20. 경찰간부, 22. 해경간부	⑧ 일조권 침해 등으로 인한 손해를 받고 있는 상태에서 피고인이 신축건물에 세들어 영업을 하고 있는 사람들이나 중재에 나선 사람에게 **자신의 애로점을 호소하거나 다소 과격한 언사를 쓰고, 나아가 진정 취하를 조건으로 피해자로부터 그 요구금액 전액을 받아냈다** 하더라도 피고인은 자기의 권리행사로서 피해자는 자신의 피고인 및 입주자들에 대한 손해배상의무를 면하기 위한 조치로서 **절충 끝에 합의가 되어 자주적인 분쟁해결의 방법으로 금원이 수수된 것으로 보아야 하는 것이고,** 이러한 피고인의 금원요구행위나 수령행위를 가리켜 권리행사를 빙자하였다거나 사회통념상 권리행사의 수단·방법으로서 용인되는 범위를 넘는 **공갈행위가 있었다고 단정할 수는 없다**(대판 1990.8.14, 90도114 **신축건물과의 분쟁 사건**). 14. 경찰채용 ⑨ **가출자의 가족에 대하여 가출자의 소재를 알려주는 조건으로 보험가입을 요구한 피고인의 소위는** 가출자를 찾으려고 하는 가족들의 안타까운 심정을 이용하여 보험가입을 권유 내지 요구하는 언동으로 도의상 비난할 수 있을지언정 그로 인하여 **가족들에 새로운 외포심을 일으키게 되거나 외포심이 더하여 진다고는 볼 수 없으므로** 이를 공갈죄에 있어서의 **협박이라고 단정할 수 없다**(대판 1976.4.27, 75도2818 **보험가입조건 사건**). 15. 경찰승진 ⑩ 피해자로부터 범인으로 오인되어 경찰에 끌려가 구타당하여 입원하게 되자 피해자에게 치료비를 요구하고 이에 응하지 않으면 무고죄로 고소하겠다고 하여 치료비를 받은 경우 공갈죄가 성립하지 않는다(대판 1971.11.9, 71도1626). ⑪ 피고인 등이 **비료를 매수하여 시비한 결과 딸기묘목 또는 사과나무묘목이 고사**하자 그 비료를 생산한 회사에게 손해배상을 요구하면서 사장 이하 간부들에게 욕설을 하거나 응접탁자 등을 들었다 놓았다 하거나 현수막을 만들어 보이면서 시위를 할 듯한 태도를 보이는 등 하였다 하여도 이는 손해배상청구권에 기한 것으로서 그 방법이 사회통념상 인용된 범위를 일탈한 것이라 단정하기 어려우므로 공갈 및 공갈미수의 죄책을 인정할 수 없다(대판 1980.11.25, 79도2565 **딸기묘목 사건**).

02 특수공갈죄

03 상습공갈죄

제6절 횡령의 죄

01 횡령죄·업무상횡령죄

의의	① 타인의 재물을 보관하는 자가 그 재물을 횡령하거나 그 반환을 거부하는 경우에 성립한다. 보호의 정도는 침해범(다수설)이라는 견해와 위험범(판례)이라는 견해가 대립하고 보호법익은 사람의 소유권임 ② 횡령죄는 다른 사람의 재물에 관한 소유권 등 본권을 보호법익으로 하고 법익침해의 위험이 있으면 침해의 결과가 발생되지 아니하더라도 성립하는 위험범이다[대판 2013.2.21, 2010도10500(전합)]. 22. 경찰채용
본질	① 횡령죄의 본질과 관련하여, 위탁된 물건에 대하여 권한을 초월하는 행위를 하여 신임관계를 저버리는 것으로 불법영득의사를 요하지 않는다는 견해(월권행위설)와 위탁된 물건을 불법하게 영득하는 것으로 **불법영득의사를 요한다는 견해(영득행위설**·다수설·판례)가 대립함 ② 영득의사 없이 자기가 보관하는 재물을 손괴하거나 은닉한 경우, 월권행위설에 의하면 횡령죄가 성립하지만, 영득행위설에 의하면 횡령죄가 성립하지 않음

객관적 구성요건	주체	① 주체는 위탁관계에 의하여 **타인의 재물을 보관하는 자**(횡령죄는 **진정신분범**, 업무상횡령죄는 **부진정신분범**) ② 위탁관계는 계약은 물론 **사무관리 · 관습 · 조리 · 신의칙 등에 의해서도 발생**할 수 있음 ③ 재물의 보관이란 재물을 사실상 또는 법률상 지배하에 두고 있는 상태를 의미함
	객체	자기가 보관하는 타인의 재물
	행위	① 횡령: 불법영득의사를 실현하는 일체의 행위로서 사실행위(예 소비 · 은닉 등) · 법률행위(예 매매 · 담보제공 등), 작위 · 부작위 등을 불문함 ② 반환거부: 보관물에 대하여 소유자의 권리를 배제하는 의사표시를 하는 것으로 반환거부는 횡령과 같다고 볼 수 있을 정도가 되어야 함
	기수	기수시기와 관련하여, 불법영득의사가 외부에 인식될 수 있는 객관적 행위가 있으면 기수라는 견해(표현설)와 불법영득의사가 실현되었을 때에 기수라는 견해(실현설)가 대립함

⚖ 판례 | 횡령죄 관련 판례

1 횡령죄의 구성요건으로서의 **횡령행위란 불법영득의사를 실현하는 일체의 행위를 말하는 것으로서** 불법영득의사가 외부에 인식될 수 있는 객관적 행위가 있을 때 횡령죄가 성립한다(대판 2014.8.28, 2014도6286).

2 형법 제355조 제1항에서 정하는 **'반환의 거부'라고 함은 보관물에 대하여 소유자의 권리를 배제하는 의사표시를 하는 행위를 뜻하므로,** 타인의 재물을 보관하는 자가 단순히 반환을 거부한 사실만으로는 횡령죄를 구성하는 것은 아니며, 반환거부의 이유 및 주관적인 의사 등을 종합하여 반환거부행위가 횡령행위와 같다고 볼 수 있을 정도여야만 횡령죄가 성립한다(대판 2013.8.23, 2011도7637).

3 **횡령죄의 주체는 위탁관계에 따라 타인의 재물을 보관하는 자인바,** 그 위탁관계는 반드시 사용대차 · 임대차 · 위임 등 계약에 따라 설정될 필요는 없고 **사무관리 · 관습 · 조리 · 신의칙 등에 따라 성립될 수도 있으며 반드시 소유자가 직접 위탁하여야만 인정되는 것도 아니다**(대판 2014.3.13, 2012도5346 **소주방 휴대폰 사건**). 12 · 20. 경찰채용

4 횡령죄에서 **보관이라 함은 재물이 사실상 지배하에 있는 경우뿐만 아니라 법률상의 지배 · 처분이 가능한 상태에 있는 경우를 포함한다.** 그 보관은 반드시 사용대차, 임대차, 위임 등의 계약에 의하여 설정되어야 하는 것은 아니고, 사무관리 · 관습 · 조리 · 신의칙에 의해서도 성립하며, **타인의 금전을 위탁받아 보관하는 자가 보관방법으로 이를 은행 등의 금융기관에 예치한 경우에도 보관자의 지위를 가진다**(대판 2015.2.12, 2014도11244). 15 · 16. 경찰채용, 17. 경찰간부

5 수개의 회사 소유 자금을 지분비율을 알 수 없는 상태로 구분없이 함께 보관하던 사람이 그 자금 중 일부를 횡령한 경우 수개의 회사는 횡령된 자금에 대하여 지분비율을 알 수 없는 공동소유자의 지위에 있다고 할 것이니, **수개의 회사는 모두 횡령죄의 피해자에 해당한다**(대판 2007.6.1, 2006도1813 **성원건설 회장 사건**). 12. 경찰승진

6 특경법 제3조 제1항의 적용과 관련하여 피고인이 근저당권설정등기를 마치는 방법으로 부동산을 횡령함으로 인하여 취득한 구체적인 이득액은 **부동산의 시가 상당액에서 범행 전에 설정된 피담보채무액을 공제한 잔액이 아니라 부동산을 담보로 제공한 피담보채무액 내지 그 채권최고액이라고 봄이 상당하다**(대판 2013.5.9, 2013도2857). 13. 경찰채용, 15. 변호사

7 타인의 재물을 보관하는 자가 보관하고 있는 재물을 영득할 의사로 이를 은닉하였다면 이는 횡령죄를 구성하는 것이고 채권자들의 강제집행을 면탈하는 결과를 가져온다 하여 이와 별도로 강제집행면탈죄를 구성하는 것은 아니라고 할 것이다(대판 2000.9.8, 2000도1447). 11. 법원직 9급, 13. 경찰채용, 15. 사법시험, 15 · 16. 법원행시

8 피고인이 보관하던 이 사건 수목을 함부로 제3자에 매도하는 계약을 체결하고 **계약금을 수령·소비**하여 이 사건 수목을 횡령하였다는 공소사실에 관하여 **횡령미수죄를 인정한 조치는 정당하다**(대판 2012.8.17, 2011도9113). 15. 사법시험

9 피고인은 착오송금된 금전 4,700,000원 중 ○○○○○○의 위 물품대금채권액 1,108,310원에 상응한 금액을 제외한 나머지는 송금 다음 날 반환하였고, 1,108,310원에 대해서도 반환을 요청하는 피해자에게 ○○○○○○의 위 물품대금채권을 자동채권으로 하여 상계권을 행사한다는 의사를 충분히 밝힌 것으로 보인다. 이와 같이 피고인이 위 물품대금채권액에 상응하는 금전에 대한 반환을 거부한 이유와 주관적인 의사를 살펴보면, **피고인이 불법영득의사를 가지고 반환을 거부한 것이라고 단정하기 어렵다**(대판 2022.12.29, 2021도2088). 23. 경찰채용

판례비교

횡령죄가 성립하는 경우	횡령죄가 성립하지 않는 경우
① 피고인 甲·乙이 공모하여 피고인 甲 명의로 개설된 예금계좌의 접근매체를 보이스피싱 조직원 丙에게 양도함으로써 丙의 丁에 대한 전기통신금융사기 범행을 방조하고, 사기피해자 丁이 丙에게 속아 위 계좌로 송금한 사기피해금 중 일부를 별도의 접근매체를 이용하여 임의로 인출함으로써 주위적으로는 丙의 재물을, 예비적으로는 丁의 재물을 횡령하였다는 내용으로 기소되었는데, 원심이 피고인들에 대한 사기방조 및 횡령의 공소사실을 모두 무죄로 판단한 사안에서, 피고인들에게 사기방조죄가 성립하지 않는 이상 사기피해금 중 일부를 임의로 인출한 행위는 사기피해자 丁에 대한 횡령죄가 성립한다[대판 2018.7.19, 2017도17494(전합) **보이스피싱 사건**].	① 상법상 주식(株式)은 자본구성의 단위 또는 주주의 지위(株主權)를 의미하고, 주주권을 표창하는 유가증권인 주권(株券)과는 구분이 되는바, 주권은 유가증권으로서 재물에 해당되므로 횡령죄의 객체가 될 수 있으나 자본의 구성단위 또는 주주권을 의미하는 **주식은 재물이 아니므로 횡령죄의 객체가 될 수 없다**(대판 2005.2.18, 2002도2822 **주식수 변조 사건**). 15. 경찰채용·경찰간부
② 근로자는 운송회사로부터 일정액의 급여를 받으면서 당일 운송수입금을 전부 운송회사에 납입하고, 운송회사는 이를 월 단위로 정산하기로 하는 **약정이 체결된 경우**, 근로자가 애초 거둔 운송수입금 전액은 운송회사의 관리와 지배 아래 있다고 봄이 상당하므로 근로자가 운송수입금을 임의로 소비하였다면 횡령죄를 구성한다. 이는 근로자가 운송회사에 대하여 **사납금을 초과하는 운송수입금의 일부를 배분받을 권리를 가지고 있다고 하더라도 다른 특별한 사정이 없는 한 다를 바 없다**(대판 2014.4.30, 2013도8799 **택시기사 수입금 횡령 사건**). 15. 법원행시, 16·17. 경찰간부, 17. 국가직 7급	② 예탁결제원에 예탁되어 계좌 간 대체 기재의 방식에 의하여 양도되는 주권은 유가증권으로서 재물에 해당되므로 횡령죄의 객체가 될 수 있으나, **주권이 발행되지 않은 상태에서** 주권불소지 제도, 일괄예탁 제도 등에 근거하여 예탁결제원에 예탁된 것으로 취급되어 **계좌 간 대체 기재의 방식에 의하여 양도되는 주식은 재물이 아니므로 횡령죄의 객체가 될 수 없다**(대판 2023.6.1, 2020도2884 **명의신탁 주식 임의처분 사건**).
	③ 횡령죄의 객체는 자기가 보관하는 '타인의 재물'이므로 **재물이 아닌 재산상의 이익은 횡령죄의 객체가 될 수 없다.** 횡령죄의 객체인 재물은 동산이나 부동산 등 유체물에 한정되지 아니하고 관리할 수 있는 동력도 재물로 간주되지만, 여기에서 말하는 관리란 물리적 또는 물질적 관리를 가리킨다고 볼 것이고, 재물과 재산상 이익을 구별하고 횡령과 배임을 별개의 죄로 규정한 현행 형법의 규정에 비추어 볼 때 **사무적으로 관리가 가능한 채권이나 그 밖의 권리 등은 재물에 포함된다고 해석할 수 없다**(대판 2014.2.27, 2011도832 **전자외상매출채권 사건**). 17. 경찰간부

횡령죄가 성립하는 경우	횡령죄가 성립하지 않는 경우
③ 공유물의 매각대금도 정산하기까지는 각 공유자의 공유에 귀속한다고 할 것이므로 공유자 1인이 그 매각대금을 임의로 소비하였다면 횡령죄가 성립한다(대판 1983.8.23, 80도1161). 15. 경찰간부	④ 피고인들이 A회사가 B회사 앞으로 착오로 중복하여 발행한 채권액 8억 5,400만원의 두 번째 전자외상매출채권(2차 전자채권)을 국민은행으로부터 할인받은 후 B회사의 국민은행계좌에 입금된 2차 전자채권 할인금을 인출한 경우, **채권은 횡령죄의 객체가 될 수 없으므로 2차 전자채권의 할인행위는 A회사에 대한 횡령죄를 구성하지 아니하고, 2차 전자채권의 할인금도 A회사 소유의 금원이라고 볼 수 없으므로** 그 금원을 인출한 행위도 A회사에 대한 횡령죄를 구성하지 않는다(대판 2014.2.27, 2011도832 **전자외상매출채권 사건**).
④ 포주가 윤락녀와 사이에 윤락녀가 받은 화대(花代)를 포주가 보관하였다가 절반씩 분배하기로 약정하고도 보관 중인 화대를 임의로 소비한 경우, 포주와 윤락녀의 사회적 지위, 약정에 이르게 된 경위와 약정의 구체적 내용, 급여의 성격 등을 종합해 볼 때 포주의 불법성이 윤락녀의 불법성보다 현저히 크므로 (화대의 소유권은 여전히 윤락녀에게 속하므로) 횡령죄를 구성한다(대판 1999.9.17, 98도2036 **인천 학익동 포주 사건**). 13·15. 경찰승진, 14. 법원행시	⑤ 광업권은 재물인 광물을 취득할 수 있는 권리에 불과하지 재물 그 자체는 아니므로 횡령죄의 객체가 된다고 할 수 없고, 광업법 제12조가 광업권을 물권으로 하고 광업법에서 따로 정한 경우를 제외하고는 부동산에 관한 민법 기타 법령의 규정을 준용하도록 규정하고 있다 하여 광업권이 부동산과 마찬가지로 횡령죄의 객체가 된다고 할 수는 없다(대판 1994.3.8, 93도2272 **광업권 반환거부 사건**). 11. 경찰승진, 15. 경찰간부, 16. 경찰채용·변호사
⑤ 피고인 甲과 피해자 A가 함께 소주방에 가서 술을 마시던 중 서로 몸싸움을 하게 된 과정에서 A가 먼저 소주방을 나오면서 휴대전화를 그곳에 떨어뜨렸고, 소주방 업주 乙이 휴대전화를 발견하고 A에게 전해달라는 의사로 일행인 **甲에게 건네주어 甲이 이를 보관하게 된 경우**, 피고인 甲은 조리상 A를 위하여 휴대전화를 보관하는 지위에 있었다고 보아야 한다(대판 2014.3.13, 2012도5346 **소주방 휴대폰 사건**).	⑥ 외국인학교의 학생이나 학부모가 납부한 수업료 등으로 조성된 교비는 특별한 사정이 없는 한 외국인학교의 설치·경영자인 甲의 소유에 속하므로, 피고인 乙이 甲과 공모하여 이를 임의로 사용하였다고 하더라도 사립학교법 위반죄가 성립하는 것 외에 따로 외국인학교 학생이나 학부모 또는 외국인학교에 대한 **횡령죄가 성립한다고 볼 수 없다**(대판 2012.5.10, 2011도12408 **인디안헤드 외국인학교 사건**). 12·13. 경찰채용
⑥ 어떤 예금계좌에 돈이 착오로 잘못 송금되어 입금된 경우에는 그 예금주와 송금인 사이에 **신의칙상 보관관계가 성립한다고 할 것이므로**, 피고인이 송금절차의 착오로 인하여 피고인 명의의 은행계좌에 **입금된 돈을 임의로 인출하여 소비한 행위는 횡령죄에 해당하고**, 이는 송금인과 피고인 사이에 별다른 거래관계가 없다고 하더라도 마찬가지이다(대판 2010.12.9, 2010도891 **300만 달러 송금착오 사건**). 11. 법원직 9급, 12. 사법시험, 13·17. 법원행시, 14·16. 변호사, 16. 국가직 7급, 17. 국가직 9급	⑦ 부동산 입찰절차에서 수인이 대금을 분담하되 그 중 1인 명의로 낙찰받기로 약정하여 그에 따라 낙찰이 이루어진 경우, 그 입찰절차에서 낙찰인의 지위에 서게 되는 사람은 어디까지나 그 명의인이므로 **입찰목적부동산의 소유권은 경락대금을 실질적으로 부담한 자가 누구인가와 상관없이 명의인이 취득한다 할 것이므로** 그 부동산은 횡령죄의 객체인 타인의 재물이라고 볼 수 없어 명의인이 이를 임의로 처분하더라도 횡령죄를 구성하지 않는다(대판 2000.9.8, 2000도258 **낙찰명의인 배신 사건**). 11·14. 경찰승진, 14. 사법시험
⑦ 피고인 명의의 계좌에 추가로 송금된 **3억 2천만원이 피해자 측에서 착오로 송금한 것임에도** 피고인이 그 금액을 다른 계좌로 이체하는 등 **임의로 사용한 경우 횡령죄가 성립한다**(대판 2005.10.28, 2005도5975 **3억 2천 송금착오 사건**). 11. 경찰채용·경찰승진, 16. 법원직 9급, 20. 국가직 9급	

⑧ 채무자인 피고인 甲이 채무총액에 관한 지불각서를 써 줄 것으로 믿고, 채권자 A가 甲에게 그 액면금 등을 확인할 수 있도록 가계수표들을 교부하였다면, A와 甲 사이에는 만약 합의가 결렬되어 甲이 A에게 지불각서를 써 주지 아니하는 경우에는 곧바로 가계수표들을 A에게 반환하기로 하는 조리에 의한 위탁관계가 발생하였다고 할 것이므로 乙이 가계수표들 중 일부를 찢은 후 甲과 더불어 A에 대하여 반환거부 의사를 명백하게 드러냈다면 횡령죄가 성립한다(대판 1996.5.14, 96도410 **가계수표 반환거부 사건**). 11. 경찰승진

⑨ 임차인이 이사하면서 그가 소유하거나 타인으로부터 위탁받아 보관 중이던 물건들을 임대인의 방해로 옮기지 못하고 그 임차공장 내에 그대로 두었다면, **임대인은** 사무관리 또는 조리상 당연히 임차인을 위하여 위 물건들을 보관하는 지위에 있다 할 것이므로 임대인이 이를 임의로 매각하거나 반환을 거부하였다면 횡령죄를 구성한다(대판 1985.4.9, 84도300 **비닐공장 이전 방해 사건**). 14. 경찰채용, 20. 해경채용

⑩ **부동산의 보관**은 원칙으로 등기부상의 소유명의인에 대하여 인정되지만 등기부상의 명의인이 아니라도 소유자의 위임에 의거해서 실제로 타인의 부동산을 관리·지배하면 부동산의 보관자라 할 수 있고, 미등기의 건물에 대하여는 위탁관계에 의하여 현실로 부동산을 관리·지배하는 자가 보관자라고 할 수 있으므로 피고인이 미등기건물의 관리를 위임받아 그곳에서 거주하고 있다면 건물의 보관자의 지위에 있는 것이다(대판 1993.3.9, 92도2999 **미등기건물 관리자 사건**). 11·12. 경찰채용

⑪ 사용자는 매월 임금에서 국민연금 보험료 중 근로자가 부담할 기여금을 원천공제하여 근로자를 위하여 보관하고, 국민연금관리공단에 보험료를 납부하여야 할 업무상 임무를 부담하게 되며, 사용자가 이에 위배하여 근로자의 임금에서 원천공제한 기여금을 공단에 납부하지 아니하고, 나아가 이를 개인적 용도로 소비하였다면 업무상횡령죄의 책임을 면할 수 없다(대판 2011.2.10, 2010도13284 **원천징수 국민연금보험료 사건**). 13. 경찰승진

⑧ 채권자가 그 채권의 지급을 담보하기 위하여 채무자로부터 수표를 발행·교부받아 이를 소지한 경우에는 단순히 보관의 위탁관계에 따라 수표를 소지하고 있는 경우와는 달리 **그 수표상의 권리가 채권자에게 유효하게 귀속되고**, 채권자와 채무자 사이의 수표반환에 관한 약정은 원인관계상 인적 항변사유에 불과하므로 채권자는 횡령죄의 주체인 타인의 재물을 보관하는 자의 지위에 있다고 볼 수 없다(대판 2000.2.11, 99도4979 **담보 가계수표 사건**). 12. 경찰간부·법원행시

⑨ 물건납품을 위한 선매대금은 매수인으로부터 매도인에게 교부되면 그 소유권이 매도인에게 이전되는 것이고 따라서 매수인을 위하여 그 대금을 보관하는 지위에 있지 아니하므로 매도인이 그 대금으로 교부받은 돈을 임의로 소비하였다 하더라도 횡령죄를 구성하지 아니한다(대판 1986.6.24, 86도631 **감자 선매대금 사건**). 11. 경찰승진

⑩ 피고인 甲이 A로부터 범죄수익(불법 금융다단계 유사수신행위에 의한 사기 범행을 통하여 취득한 범죄수익 등)에 해당하는 **19억원 가량의 수표를 현금으로 교환해 달라는 부탁을 받은** 후, 그 일부를 현금으로 교환한 상태에서 아직 교환하지 않은 수표와 교환한 현금 중 18억원 가량을 임의로 사용하였더라도, 甲이 교부받은 수표는 불법의 원인으로 급여한 물건에 해당하여 그 소유권이 甲에게 귀속되므로 횡령죄가 성립하지 않는다(대판 2017.4.26, 2016도18035 **범죄수익 수표 임의소비 사건**).

⑪ 피고인 甲이 乙로부터 제3자에 대한 뇌물공여 또는 배임증재의 목적으로 전달하여 달라고 교부받은 금전은 불법원인급여물에 해당하여 그 소유권은 甲에게 귀속되는 것으로서 **甲이 금전을 제3자에게 전달하지 않고 임의로 소비하였다고 하더라도 횡령죄가 성립하지 않는다**(대판 1999.6.11, 99도275 **경찰청 정보과 경감 사건**). 14·17. 국가직 7급

⑫ 조합장이 조합으로부터 공무원에게 뇌물로 전달하여 달라고 금원을 교부받은 것은 불법원인으로 인하여 지급받은 것으로서 이를 뇌물로 전달하지 않고 타에 소비하였다고 해서 타인의 물건을 보관 중 횡령하였다고 볼 수는 없다(대판 1988.9.20, 86도628 **조합장 뇌물 임의소비 사건**). 12. 법원행시, 12·14. 변호사, 13. 경찰승진

횡령죄가 성립하는 경우	횡령죄가 성립하지 않는 경우
⑫ [1] 소유권의 취득에 등록이 필요한 타인 소유의 차량을 인도받아 보관하고 있는 사람이 이를 사실상 처분하면 횡령죄가 성립하며, 그 보관위임자나 보관자가 차량의 등록명의자일 필요는 없다. [2] 지입회사에 소유권이 있는 차량에 대하여 지입회사로부터 운행관리권을 위임받은 지입차주가 지입회사의 **승낙 없이 그 보관 중인 차량을 사실상 처분하거나** 지입차주로부터 차량 보관을 위임받은 사람이 지입**차주의 승낙 없이 보관 중인 차량을 사실상 처분한 경우 횡령죄가 성립한다**[대판 2015.6.25, 2015도1944 (전합)]. 16. 사법시험, 17. 경찰채용·경찰간부·법원행시·법원직 9급	⑬ [1] **부동산의 경우 보관자의 지위는** 점유를 기준으로 할 것이 아니라 **부동산을 제3자에게 유효하게 처분할 수 있는 권능의 유무를 기준으로 결정하여야 하므로** 원인무효인 소유권이전등기의 명의자는 횡령죄의 주체인 타인의 재물을 보관하는 자에 해당한다고 할 수 없다. [2] 물품제조회사가 농지를 매수하여 피고인 명의로 소유권이전등기를 마침으로써 소유명의를 신탁하여 두었는데 피고인이 그 후 이를 타인에게 처분하였더라도, 물품제조회사는 농지의 소유권을 취득할 수 없어 피고인은 원인무효인 소유권이전등기의 명의자에 불과하므로 횡령죄가 성립하지 아니한다(대판 2010.6.24, 2009도9242 **플라스틱회사 농지취득 사건**). 11. 법원행시, 11·12·17. 경찰승진, 13. 사법시험, 16. 법원직 9급, 17. 경찰간부
⑬ 타인의 금전을 위탁받아 보관하는 자가 보관방법으로 금융기관에 자신의 명의로 예치한 경우, 금융기관으로서는 특별한 사정이 없는 한 실명확인을 한 예금명의자만을 예금주로 인정할 수밖에 없으므로 수탁자 명의의 예금에 입금된 금전은 수탁자만이 법률상 지배·처분할 수 있을 뿐이고 위탁자로서는 예금의 예금주가 자신이라고 주장할 수는 없으나, 그렇다고 하여 보관을 위탁받은 금전이 수탁자 소유로 된다거나 위탁자가 금전의 반환을 구할 수 없는 것은 아니므로 **수탁자가 이를 함부로 인출하여 소비하거나 또는 위탁자로부터 반환요구를 받았음에도 이를 영득할 의사로 반환을 거부하는 경우에는 횡령죄가 성립한다**(대판 2000.8.18, 2000도1856). 12. 경찰간부	⑭ [1] 부동산의 경우 보관자의 지위는 점유를 기준으로 할 것이 아니라 **부동산을 제3자에게 유효하게 처분할 수 있는 권능의 유무를 기준으로 결정하여야 할 것이므로,** 원인무효인 소유권이전등기의 명의자는 횡령죄의 주체인 타인의 재물을 보관하는 자에 해당한다고 할 수 없다. [2] 임야의 **진정한 소유자와는 전혀 무관하게 신탁자로부터 임야지분을 명의신탁받아 지분이전등기를 경료한 수탁자가 신탁받은 지분을 임의로 처분한 경우라도, 수탁자로서는 임야지분을 보관하는 자의 지위에 있다고도 할 수 없으므로 임야지분을 횡령한 것으로 된다고 할 수 없다**(대판 2007.5.31, 2007도1082 **이태원동 임야 사건**). 11·15. 경찰채용, 12. 국가직 9급
⑭ 동업재산은 동업자의 합유에 속하는 것이므로 동업관계가 존속하는 한 동업자는 동업재산에 대한 그 지분을 임의로 처분할 권한이 없고 **동업자의 한 사람이 그 지분을 임의로 처분하거나 또는 동업재산의 처분으로 얻은 대금을 보관 중 임의로 소비하였다면 횡령죄의 죄책을 면할 수 없다**(대판 2011.6.10, 2010도17684 **계약금 9천 횡령 사건**). 12. 변호사	⑮ **부동산에 관한 횡령죄에 있어서 타인의 재물을 보관하는 자의 지위는** 동산의 경우와는 달리 부동산에 대한 점유의 여부가 아니라 **부동산을 제3자에게 유효하게 처분할 수 있는 권능의 유무에 따라 결정하여야 하므로, 부동산의 공유자 중 1인이 다른 공유자의 지분을 임의로 처분하거나 임대하여도 그에게는 그 처분권능이 없어 횡령죄가 성립하지 아니한다**(대판 2004.5.27, 2003도6988 **주차장 무단처분 사건**). 11. 경찰간부·법원행시, 11·13. 경찰승진, 13. 사법시험, 20. 경찰채용·법원직 9급
⑮ 동업관계에 있는 피고인과 피해자 사이에 손익분배의 정산이 되지 아니하였다면 동업자의 한 사람인 피고인은 피고인과 피해자의 합유에 속하는 동업재산이나 동업재산의 매각대금에 대한 지분을 처분할 권한이 없는 것이므로, **피고인이 동업재산인 교회 건물의 매각대금을 매수인으로부터 받아 보관 중 임의로 소비하였다면 지분비율에 관계없이 임의로 소비한 금액 전부에 대해 횡령죄의 죄책을 부담한다**(대판 1996.3.22, 95도2824 **교회 매각대금 횡령 사건**). 14. 경찰승진	

⑯ 동업자 사이에 손익분배의 정산이 되지 아니하였다면 동업자의 한 사람이 임의로 동업자들의 합유에 속하는 동업재산을 처분할 권한이 없는 것이므로, **동업자의 한 사람이 동업재산을 보관 중 임의로 소비하였다면 지분비율에 관계없이 임의로 횡령한 금액 전부에 대하여 횡령죄의 죄책을 부담한다**(대판 2011.6.10, 2010도17684 **계약금 9천 횡령 사건**). 12
· 16. 경찰채용, 15. 변호사 · 법원직 9급

⑰ 오피스텔 등 신축 · 분양사업의 시행사인 A회사와 시공사인 B회사가 동업계약을 체결하여 조합을 구성하였는데, A회사의 대표이사인 피고인이 조합사업과 관련된 부가가치세를 납부한 후 돌려받은 환급금을 공동운영계좌에 입금하지 않은 경우, **부가가치세 환급금은 동업재산이므로 피고인이 이를 개인적인 용도에 임의로 사용하였다면** A회사와 B회사의 이익분배비율과 관계없이 그 전액에 대하여 **횡령죄의 죄책을 부담한다**(대판 2011.5.26, 2011도1904 **오피스텔분양 동업 사건**).

⑱ 금전의 수수를 수반하는 사무처리를 위임받은 자가 그 행위에 기하여 위임자를 위하여 제3자로부터 수령한 금전은, 목적이나 용도를 한정하여 위탁된 금전과 마찬가지로 달리 특별한 사정이 없는 한 그 수령과 동시에 위임자의 소유에 속하고, **위임을 받은 자는 이를 위임자를 위하여 보관하는 관계에 있다**(대판 2015.6.11, 2015도1504 **영각사재단 사건**).
11. 경찰채용 · 법원직 9급

⑲ 약속어음을 할인을 위하여 교부받은 수탁자는 위탁의 취지에 따라 보관하는 것에 불과하고 약속어음을 교부할 당시에 그 할인의 편의를 위하여 배서양도의 형식을 취하였다 하더라도 다를 바 없다 할 것이므로, **배서양도의 형식으로 위탁된 약속어음을 수탁자가 자신의 채무변제에 충당하였다면 이와 같은 수탁자의 행위는 위탁의 취지에 반하는 것으로서 횡령죄를 구성한다**(대판 1983.4.26, 82도3079). 13. 경찰승진

⑯ **부동산에 관한 횡령죄에 있어서 타인의 재물을 보관하는 자의 지위는 동산의 경우와는 달리 부동산에 대한 점유의 여부가 아니라 부동산을 제3자에게 유효하게 처분할 수 있는 권능의 유무에 따라 결정**하여야 하므로, 부동산을 공동으로 상속한 자들 중 1인이 부동산을 혼자 점유하던 중 다른 공동상속인의 상속지분을 임의로 처분하여도 그에게는 그 처분권능이 없어 **횡령죄가 성립하지 아니한다**(대판 2000.4.11, 2000도565 **계모 상속재산 매도 사건**). 11 ·
15 · 17. 경찰승진, 12. 경찰간부, 14 · 17. 법원행시, 15. 경찰채용 · 법원직 9급

⑰ 발행인으로부터 일정한 금액의 범위 내에서 액면을 보충 · 할인하여 달라는 의뢰를 받고 액면 백지인 약속어음을 교부받아 보관 중이던 자가 발행인과의 합의에 의하여 정해진 보충권의 한도를 넘어 보충을 한 경우에는 발행인의 서명 · 날인이 있는 기존의 약속어음을 발행한 것에 해당하여 **이러한 보충권의 남용행위로 인하여 생겨난 새로운 약속어음에 대하여는 발행인과의 관계에서 보관자의 지위에 있다 할 수 없으므로,** 설사 그 약속어음을 자신의 채무변제조로 제3자에게 교부하여 임의로 사용하였다고 하더라도, 발행인으로 하여금 제3자에 대하여 어음상의 채무를 부담하는 손해를 입게 한 데에 대한 배임죄가 성립될 수 있음은 별론으로 하고, 보관자의 지위에 있음을 전제로 **횡령죄가 성립될 수는 없다**(대판 1995.1.20, 94도2760). 11. 경찰승진

⑱ **익명조합원이 영업을 위하여 출자한 금전 기타의 재산은 상대방인 영업자의 재산으로 되는 것이므로 영업자가 그 영업의 이익금을 함부로 자기 용도에 소비하였다 하여도 횡령죄가 되지 아니한다**(대판 1971.12.28, 71도2032 **카프테리아 사건**). 11. 경찰간부, 15.
법원직 9급

⑲ 보험회사가 보험계약을 유치하는 영업활동을 독려 · 지원하기 위해서 일정한 보험상품에 관해 모집수당 이외에 추가로 시책비를 지급하였는데, 피고인들이 **소비한 금전이 모두 통상적인 실적급여로서의 성격을 가진 시책비에 해당하여 그 목적이나 용도가 특정되어 위탁된 금전이라고 보기 어렵다면 횡령죄는 성립하지 아니한다**(대판 2006.3.9, 2003도6733 **시책비 사건**). 12. 국가직 9급, 14 · 15. 경찰채용, 15. 경찰승진

횡령죄가 성립하는 경우	횡령죄가 성립하지 않는 경우
⑳ 금은방을 운영하는 피고인 甲이, A가 맡긴 금을 시세에 따라 사고파는 방법으로 운용하여 매달 일정한 이익금을 지급하는 한편 A의 요청이 있으면 언제든지 보관 중인 금과 현금을 반환하기로 A와 약정하였음에도 그 후 경제사정이 악화되자 이를 자신의 개인채무 변제 등에 사용한 경우, A가 甲에게 매매를 위탁하거나 甲이 그 결과로 취득한 금이나 현금은 모두 A의 소유이므로 **횡령죄를 구성한다**(대판 2013.3.28, 2012도16191 **금매매 위탁 사건**). 16. 경찰간부	⑳ 피고인 甲이 A와 토지를 매수하여 전매한 후 전매이익금을 정산하기로 약정한 다음, A가 조달한 돈 등을 합하여 토지를 매수하고 소유권이전등기는 甲 등의 명의로 마쳐 두었는데, **위 토지를 제3자에게 임의로 매도한 후 A에게 전매이익금 반환을 거부한 경우**, A가 토지의 매수 및 전매를 甲에게 전적으로 일임하고 그 과정에 전혀 관여하지 아니하였다면 비록 A가 토지의 전매차익을 얻을 목적으로 일정 금원을 출자하였더라도 이후 업무감시권 등에 근거하여 업무집행에 관여한 적이 전혀 없을 뿐만 아니라 甲이 아무런 제한 없이 재산을 처분할 수 있었음이 분명하므로 (甲과 A 사이의 약정은 조합 또는 내적 조합에 해당하는 것이 아니라 **익명조합과 유사한 무명계약에 해당하므로**) **횡령죄는 성립하지 아니한다**(대판 2011.11.24, 2010도5014 **전매이익금 미정산 사건**). 13. 경찰채용, 18. 경찰간부
㉑ **타인으로부터 용도가 엄격히 제한된 자금을 위탁받아 집행하면서 그 제한된 용도 이외의 목적으로 자금을 사용하는 것은**, 그 사용이 개인적인 목적에서 비롯된 경우는 물론 결과적으로 자금을 위탁한 본인을 위하는 면이 있더라도, 그 사용행위 자체로서 불법영득의 의사를 실현한 것이 되어 **횡령죄가 성립한다**(대판 2014.8.28, 2014도6286). 17. 법원직 9급	㉑ 이른바 '프랜차이즈계약'의 기본적인 성격은 각각 독립된 상인으로서의 본사 및 가맹점주간의 계약기간 동안의 계속적인 물품공급계약이고, 본사의 경우 실제로는 가맹점의 영업활동에 관여함이 없이 경영기술지도, 상품대여의 대가로 결과적으로 매출액의 일정비율을 보장받는 것에 지나지 아니하여 본사와 가맹점이 독립하여 공동경영하고 그 사이에서 손익분배가 공동으로 이루어진다고 할 수 없으므로 **가맹점계약을 동업계약관계로는 볼 수 없고**, 따라서 **가맹점주들이 판매하여 보관 중인 물품판매 대금은 그들의 소유라 할 것이어서 이를 임의소비한 행위는** 프랜차이즈계약상의 채무불이행에 지나지 아니하므로 **횡령죄는 성립하지 아니한다**(대판 1998.4.14, 98도292 **미니스톱 사건**). 11·14. 경찰승진, 16. 사법시험·변호사
㉒ 피고인이 업무상 보관 중이던 공사비를 그 용도 외에 다른 용도로 사용한 이상 횡령죄는 성립하고, 피고인이 과거 마을을 위하여 개인 돈을 지출하였다고 하여 이에 충당할 수는 없다(대판 2010.9.30, 2010도7012 **마을이장 공사비 횡령 사건**). 13. 사법시험, 15. 경찰간부	㉒ 사립학교에 있어서 학교교육에 직접 필요한 시설·설비를 위한 경비 등과 같이 **원래 교비회계에 속하는 자금으로 지출할 수 있는 항목에 관한 차입금을 상환하기 위하여 교비회계 자금을 지출한 경우** 이러한 차입금 상환행위에 관하여 교비회계 자금을 임의로 횡령하고자 하는 **불법영득의 의사가 있다고 보기는 어렵고**, 만일 그 행위자가 이러한 차입을 하거나 지출을 하는 과정에서 사립학교법의 관련 규정을 제대로 준수하지 아니하였다면 이에 대하여 사립학교법에 따른 형사적 제재 등이 부과될 수 있을 뿐이다(대판 2006.4.28, 2005도4085). 12. 국가직 9급, 15. 경찰승진, 15·16. 경찰채용
㉓ 피고인이 주상복합상가의 매수인들로부터 받은 우수상인유치비는 상권의 조기 정착 및 영업활성화를 위한 우수상인유치라는 용도에 사용하도록 특정된 금원임에도, 피고인이 **상가의 분양실적에 따라 상인협의회에 우수상인유치비 할당 금원을 지급한 경우 횡령죄가 성립한다**(대판 2002.8.23, 2002도366 **우수상인유치비 사건**). 12. 국가직 9급, 15. 경찰채용, 15·16. 경찰승진	
㉔ 피고인 甲과 乙이 설립·운영하는 각 학교법인은 별개의 법인격을 가진 소유의 주체로서 이를 실질적으로 1개의 학교법인이라고 볼 수 없으므로, **각 학교법인의 금원을 다른 학교법인을 위하여 사용하거나 甲·乙의 개인적인 용도에 사용한 행위는 불법영득의 의사를 실현한 행위라고 충분히 인정할 수 있으며**, 또한 일부 학교법인의 경우 그 학교법인으로부터 전출한 금원보다 더 많은 금원을 유입하였다고 하더라도 각 학교법인의 금원을 다른 학교법인 등에 임의로 사용함으로써 횡령죄가 기수에 이르게 된 이상, 위와 같은 사정은 이미 성립한 횡령죄에 아무런 영향이 없다(대판 2000.12.8, 99도214 **서남학원 사건**). 14. 법원행시	

㉕ 수의계약을 체결하는 공무원이 해당 공사업자와 적정한 금액 이상으로 계약금액을 부풀려서 계약하고 부풀린 금액을 자신이 되돌려 받기로 사전에 약정한 다음, 그에 따라 수수한 돈은 성격상 뇌물이 아니고 횡령금에 해당한다(대판 2007.10.12, 2005도7112 **부풀린 계약금 사건**). 11·12·13. 법원행시, 11·13. 사법시험, 11·14·15·16. 경찰채용, 17·20. 경찰승진·경찰간부

㉖ 타인을 위하여 금전 등을 보관·관리하는 자가 개인적 용도로 사용할 자금을 마련하기 위하여, 적정한 금액보다 과다하게 부풀린 금액으로 공사계약을 체결하기로 공사업자 등과 사전에 약정하고 그에 따라 **과다 지급된 공사대금 중의 일부를 공사업자로부터 되돌려 받는 행위는 그 타인에 대한 관계에서 과다하게 부풀려 지급된 공사대금 상당액의 횡령이 된다**(대판 2015.12.10, 2013도13444 **백석대 총장 횡령 사건**).

㉗ 법인의 회계장부에 올라 있는 자금이 아닌 **법인의 운영자나 관리자가 회계로부터 분리하여 별도로 관리하는 법인의 비자금은, 그 조성행위가 법인을 위한 목적이 아니고 행위자가 법인의 자금을 빼내어 착복할 목적으로 행하여졌음이 명백히 밝혀진 경우 비자금 조성행위 자체로써 불법영득의 의사가 실현된 것으로 볼 수 있다**(대판 2010.5.13, 2009도1373 **감정평가사 비자금 조성 사건**). 13. 사법시험, 14. 경찰채용, 16. 경찰승진

㉘ 주식회사의 대표이사가 **회사의 금원을 인출하여 사용하였는데** 그 사용처에 관한 증빙자료를 제시하지 못하고 있고 그 인출사유와 금원의 사용처에 관하여 납득할 만한 합리적인 설명을 하지 못하고 있다면, 이러한 금원은 그가 불법영득의 의사로 회사의 금원을 인출하여 개인적 용도로 사용한 것으로 추단할 수 있다(대판 2015.1.15, 2014도9691). 11. 법원직 9급, 17. 경찰승진

㉙ 주식회사의 주식이 사실상 1인의 주주에 귀속하는 1인 회사에 있어서도 회사와 주주는 분명히 별개의 인격이어서 1인 회사의 재산이 곧바로 그 1인 주주의 소유라고 볼 수 없으므로, 피고인이 회사의 사실상 1인 주주라고 하더라도 회사의 금원을 업무상 보관 중 이를 임의로 처분한 경우 횡령죄가 성립한다(대판 2010.4.29, 2007도6553). 16. 변호사

㉓ 피고인들이 보관·관리하고 있던 회사의 비자금이 인출·사용되었음에도 피고인들이 그 행방이나 사용처를 제대로 설명하지 못하거나, 피고인들이 주장하는 사용처에 사용된 자금이 그 비자금과는 다른 자금으로 충당된 것으로 드러나는 등 피고인들이 주장하는 사용처에 비자금이 사용되었다는 점을 인정할 수 있는 자료가 부족하고 오히려 피고인들이 비자금을 개인적인 용도에 사용하였다는 점에 대한 신빙성 있는 자료가 많은 경우 등에는 피고인들이 그 돈을 불법영득의 의사로써 횡령한 것이라고 추단할 수 있을 것이다. 하지만 이와 달리 피고인들이 불법영득의사의 존재를 인정하기 어려운 사유를 들어 **비자금의 행방이나 사용처에 대한 설명을 하고 있고 이에 부합하는 자료도 있다면**, 피고인들이 그 보관·관리하고 있던 비자금을 일단 타 용도로 소비한 다음 그만한 돈을 별도로 입금 또는 반환한 것이라는 등의 사정이 인정되지 아니하는 한, **함부로 보관·관리하고 있던 비자금을 불법영득의사로 인출하여 횡령하였다고 인정할 수는 없다**(대판 2012.8.23, 2011도14045). 16. 변호사

㉔ 임직원이 판공비 등을 불법영득의 의사로 횡령한 것으로 인정하려면 판공비 등이 업무와 관련 없이 개인적인 이익을 위하여 지출되었다거나 또는 업무와 관련되더라도 합리적인 범위를 넘어 지나치게 과다하게 지출되었다는 점이 증명되어야 할 것이고, 단지 판공비 등을 사용한 임직원이 그 행방이나 사용처를 제대로 설명하지 못하거나 사후적으로 그 사용에 관한 증빙자료를 제출하지 못하고 있다고 하여 함부로 불법영득의 의사로 이를 횡령하였다고 추단하여서는 아니될 것이다(대판 2013.6.13, 2011도524 **푸르밀 회장 사건**). 16. 경찰간부

㉕ 회사에 대하여 개인적인 채권을 가지고 있는 대표이사가 회사를 위하여 보관하고 있는 회사 소유의 금전으로 자신의 채권 변제에 충당하는 행위는 회사와 이사의 이해가 충돌하는 자기거래행위에 해당하지 않는 것이므로, 대표이사가 이사회의 승인 등의 절차 없이 그와 같이 자신의 회사에 대한 채권을 변제하였더라도, 이는 대표이사의 권한 내에서 한 회사채무의 이행행위로서 유효하고 따라서 불법영득의 의사가 인정되지 아니하여 횡령죄의 죄책을 물을 수 없다(대판 2014.2.27, 2013도12155 **SK그룹 회장 사건**). 11·16. 경찰승진, 14. 법원행시, 15. 사법시험, 16. 법원직 9급

횡령죄가 성립하는 경우	횡령죄가 성립하지 않는 경우

횡령죄가 성립하는 경우

㉚ [1] 주식회사는 주주와 독립된 별개의 권리주체로서 그 이해가 반드시 일치하는 것은 아니므로 주주나 대표이사 또는 그에 준하여 회사자금의 보관이나 운용에 관한 사실상의 사무를 처리하는 자가 **회사 소유 재산을 제3자의 자금 조달을 위하여 담보로 제공하는 등 사적인 용도로 임의처분하였다면** 그 처분에 관하여 주주총회나 이사회의 결의가 있었는지 여부와는 관계없이 **횡령죄의 죄책을 면할 수는 없다.** [2] 피고인 甲이 A회사의 경영권을 인수한 후 A회사 소유의 예금을 인출하여 A회사 인수를 위한 대출금 변제에 사용한 경우, 업무상횡령죄가 성립한다(대판 2011.3.24, 2010도17396 **코디콤 사건**). 13. 경찰승진

㉛ 회사의 대표이사가 보관 중인 회사재산을 처분하여 그 대금을 **정치자금으로 기부한 경우** 그것이 회사의 이익을 도모할 목적으로 합리적인 범위 내에서 이루어졌다면 그 이사에게 횡령죄에 있어서 요구되는 불법영득의 의사가 있다고 할 수 없을 것이나, 그것이 회사의 이익을 도모할 목적보다는 **후보자 개인의 이익을 도모할 목적이나 기타 다른 목적으로 행하여졌다면 그 이사는 회사에 대하여 횡령죄의 죄책을 면하지 못한다**(대판 2005.5.26, 2003도5519 **동아건설 회장 사건**). 12. 경찰승진, 13. 사법시험

㉜ 회사의 이사 등이 업무상의 임무에 위배하여 보관 중인 회사의 자금으로 뇌물을 공여하였다면 이는 **오로지 회사의 이익을 도모할 목적이라기보다는 뇌물공여 상대방의 이익을 도모할 목적이나 기타 다른 목적으로 행하여진 것이라고 봄이 상당하므로,** 그 이사 등은 회사에 대하여 **업무상횡령죄의 죄책을 면하지 못한다.** 그리고 특별한 사정이 없는 한 이러한 법리는 회사의 이사 등이 회사의 자금으로 부정한 청탁을 하고 배임증재를 한 경우에도 마찬가지로 적용된다(대판 2013.4.25, 2011도9238 **대한통운 부산지사 사건**). 13. 국가직 9급, 13·15·16. 법원행시, 14. 경찰승진

㉝ 주식회사의 대표이사 혹은 그에 준하여 회사자금의 보관이나 운용에 관한 사실상의 사무를 처리하여 온 자가 위법행위로 인하여 **형사재판을 받는 이사나 대주주의 개인 변호사 비용을 회사의 자금으로 지급하였다면** 이는 주주총회나 이사회 결의의 유무에 관계없이 **업무상횡령죄에 해당한다**(대판 2006.9.8, 2005도9861).

횡령죄가 성립하지 않는 경우

㉖ [1] 단체의 비용으로 지출할 수 있는 변호사 선임료는 원칙적으로 단체 자체가 소송당사자가 된 경우에 한하므로 다른 특별한 사정이 없는 한 **단체의 대표자 개인이 당사자가 된 민·형사 사건의 변호사 비용은 단체의 비용으로 지출할 수 없다.** [2] 그러나 예외적으로 분쟁에 대한 실질적인 이해관계는 단체에게 있으나 법적인 이유로 그 대표자의 지위에 있는 개인이 소송 기타 법적 절차의 당사자가 되었다거나 대표자로서 단체를 위하여 적법하게 행한 직무행위 또는 대표자의 지위에 있음으로 말미암아 의무적으로 행한 행위 등과 관련하여 분쟁이 발생한 경우와 같이, **당해 법적 분쟁이 단체와 업무적인 관련이 깊고 당시의 제반사정에 비추어 단체의 이익을 위하여 소송을 수행하거나 고소에 대응하여야 할 특별한 필요성이 있는 경우에는 단체의 비용으로 변호사 선임료를 지출할 수 있다**(대판 2013.6.13, 2011도524 **푸르밀 회장 사건**). 13. 사법시험

㉗ 주식회사의 설립업무 또는 증자업무를 담당한 사람과 주식인수인이 사전 공모하여 주금납입취급은행 이외의 제3자로부터 납입금에 해당하는 금액을 차입하여 주금을 납입하고 납입취급은행으로부터 납입금보관증명서를 교부받아 회사의 설립등기절차 또는 증자등기절차를 마친 직후 이를 인출하여 차용금채무의 변제에 사용하는 경우, 위와 같은 행위는 실질적으로 회사의 자본을 증가시키는 것이 아니고 등기를 위하여 납입을 가장하는 편법에 불과하여 주금의 납입 및 인출의 전 과정에서 회사의 자본금에는 실제 아무런 변동이 없다고 보아야 할 것이므로 그들에게 회사의 돈을 임의로 유용한다는 불법영득의 의사가 있다고 보기 어렵다 할 것이고, 따라서 **회사 자본이 실질적으로 증가함을 전제로 한 업무상횡령죄가 성립한다고 할 수 없다**(대판 2013.4.11, 2012도15585). 12·17. 경찰승진, 13. 사법시험, 17. 경찰간부

㉘ 부동산의 소유명의 및 관리를 위탁받은 자가 **자기 명의로의 소유권이전등기를 생략한 채 그 자에게 소유권이전등기를 하여 주고 사망**하였다면 비록 자가 그러한 사정을 알고 있었다고 하더라도 그로써 곧 그 자가 위탁자에 대한 관계에 있어 **등기명의 및 관리의 수탁자로서의 지위를 취득하거나 승계하게 된다고는 할 수 없어 위탁자에게 그 부동산의 반환을 거부한다 하더라도 횡령죄를 구성하지는 않는다**(대판 1987.2.10, 86도2349).

㉞ 병원에서 의약품 선정·구매 업무를 담당하는 약국장이 병원을 대신하여 제약회사로부터 의약품 제공의 대가로 기부금 명목의 돈을 받아 보관 중 임의소비한 사안에서, 위 돈은 병원이 **약국장에게 불법원인급여를 한 것에 해당하지 않아** 여전히 반환청구권을 가지므로, **업무상횡령죄가 성립한다**(대판 2008. 10.9, 2007도2511). 18. 국가직 7급, 20. 경찰채용

㉟ 함께 복권을 나누어 당첨 여부를 확인한 자들 사이에 당첨금을 공유하기로 하는 묵시적 합의가 있었다고 봄이 상당하다는 이유로 그 복권의 당첨금 수령인이 그 당첨금 중 타인의 몫의 반환을 거부한 경우, 횡령죄가 성립될 수 있다(대판 2000.11.10, 2000도4335 복권 사건).

㊱ 문화예술진흥법에 의하여 입장료와 함께 문화예술진흥기금을 받은 극장 경영자는 한국문화예술진흥원을 위하여 그 기금을 보관하고 있는 자의 지위에 있으므로, 이를 별도로 관리하지 아니하고 자신의 예금통장에 혼합보관하면서 임의로 자신의 **극장운영자금 등으로 소비**하였다면, 횡령죄의 고의나 불법영득의 의사가 있다고 보아 **업무상횡령죄가 성립한다**(대판 1997.3.28, 96도3155).

㊲ 학교법인 이사장인 피고인이, 학교법인이 설치·운영하는 대학 산학협력단이 용도를 특정하여 교부받은 보조금 중 3억원을 대학 교비계좌로 송금하여 교직원 급여 등으로 사용한 경우, 이는 **국고보조금으로 교부된 산학협력단 자금을 지정된 용도 외의 용도에 사용한 것으로서 업무상횡령죄에 해당한다**(대판 2011.10.13, 2009도13751 **세림학원 이사장 사건**). 13. 사법시험

㊳ 금전의 수수를 수반하는 사무처리를 위임받은 자가 상계정산하기로 하였다는 **특별한 약정이 없음에도** 甲을 위하여 제3자로부터 수령한 금전을 임의로 자신의 甲에 대한 채권에 상계충당하였다면 횡령죄가 성립한다(대판 2007.2.22, 2006도8939). 20. 경찰채용

㊴ 초·중등교육법에 정한 학교발전기금으로 기부한 금액은 관련 법령상 엄격히 제한된 용도 외에 학교운영에 필요한 특정한 공익적 용도로 수수한 것으로 볼 수 있는 예외적 경우가 아닌 한, **학교운영위원회에 귀속되어 법령에서 정한 사용 목적으로만 사용되어야 하고, 정해진 용도 외의 사용행위는 원칙적으로 횡령죄를 구성한다**(대판 2014.3.13, 2012도6336 **대원외고 학교발전기금 사건**). 21. 경찰채용

㊵ **입사보증금**은 고용계약과 관련하여 피용자가 장래 부담하게 될지도 모르는 손해배상 채무의 담보로서 제공되는 신원보증금으로서 일단 그 소유권은 사용자에게 이전되는 것이니 사용자가 이를 소비하여도 **횡령죄를 구성하지 아니한다**(대판 1979.6.12, 79도656).

㉚ 지입차주들이 차량위탁관리료와 산업재해보상보험료 및 제세공과금을 합한 일정 금액을 일괄하여 납입하는 지입료는 일단 지입회사의 소유로 되어 회사가 그 지입료 등을 가지고 그 운영비와 전체 차량의 제세공과금 및 보험료에 충당할 수 있는 것이므로 **지입차주들이 낸 보험료나 세금을 회사가 항목유용하였다 하더라도 횡령죄가 되지 아니한다**(대판 1997.9.5, 97도1592).

㉛ 법인의 운영자 또는 관리자가 법인의 자금을 이용하여 비자금을 조성하였다고 하더라도 그것이 당해 비자금의 소유자인 법인 이외의 제3자가 이를 발견하기 곤란하게 하기 위한 **장부상의 분식에 불과**하거나 법인의 운영에 필요한 자금을 조달하는 수단으로 인정되는 경우에는 **불법영득의 의사를 인정하기 어렵다**(대판 2010.12.9, 2010도11015).

㉜ 피고인들이 피해자 조합원들에 대하여 예금계좌에 초과로 입금된 개발부담금의 반환을 거부한 것은 피해자 조합원들이 제기한 소송으로 인하여 조합이 입게 되는 손해에 대한 **구상금채권의 집행 확보를 위한 것에 불과하고, 개발부담금을 영득하기 위한 것이라고 볼 수 없다고 판단하여 횡령죄가 성립하지 않는다고 보아 무죄를 선고**하였는 바, 원심의 위와 같은 사실인정과 판단은 정당하다(대판 2008.12. 11, 2008도8279). 20. 경찰채용

㉝ 아파트 입주자대표회의 회장이 아파트 특별수선충당금을 구조진단 견적비 및 손해배상청구소송의 변호사 선임료로 사용하였으나, 당시에는 특별수선충당금의 용도 외 사용이 관리규약에 의해서만 제한되고 있어서 구분소유자들 또는 입주민들로부터 **포괄적인 동의를 얻어 특별수선충당금을 위탁의 취지에 부합하는 용도에 사용한 것으로 볼 수 있다면 업무상횡령죄에 해당하지 않는다**(대판 2017.2.15, 2013도14777). 20. 경찰채용

횡령죄가 성립하는 경우	횡령죄가 성립하지 않는 경우
	㉞ 채무자가 채권 양도담보계약에 따라 담보 목적 채권의 담보가치를 유지 · 보전할 의무는 계약에 따른 자신의 채무에 불과하고, 채권자와 채무자 사이에 채무자가 채권자를 위하여 담보가치의 유지 · 보전 사무를 처리함으로써 채무자의 사무처리를 통해 채권자가 담보 목적을 달성한다는 신임관계가 존재한다고 볼 수 없다. 그러므로 **채무자가 제3채무자에게 채권양도 통지를 하지 않은 채 자신이 사용할 의도로 제3채무자로부터 변제를 받아 변제금을 수령한 경우**, 이는 단순한 민사상 채무불이행에 해당할 뿐 채무자가 채권자와의 위탁신임관계에 의하여 채무자를 위해 위 변제금을 보관하는 지위에 있다고 볼 수 없고, **채무자가 이를 임의로 소비하더라도 횡령죄는 성립하지 않는다**(대판 2021.2.25, 2020도12927 **채권 양도담보 사건**). 21. 국가직 7급

판례 | 명의신탁 관련 판례

1 [1] **부동산실명법에 위반하여** 명의신탁자가 그 소유인 부동산의 등기명의를 명의수탁자에게 이전하는 이른바 양자간 명의신탁의 경우 계약인 **명의신탁약정과 그에 부수한 위임약정**, 명의신탁약정을 전제로 한 **명의신탁 부동산 및 그 처분대금 반환약정은 모두 무효이다.** 나아가 명의신탁자와 명의수탁자 사이에 무효인 명의신탁약정 등에 기초하여 존재한다고 주장될 수 있는 **사실상의 위탁관계라는 것은 부동산실명법에 반하여 범죄를 구성하는 불법적인 관계에 지나지 아니할 뿐 이를 형법상 보호할 만한 가치 있는 신임에 의한 것이라고 할 수 없다.** [2] 명의수탁자가 명의신탁자에 대하여 소유권이전등기말소의무를 부담하게 되나, 위 소유권이전등기는 처음부터 원인무효여서 명의수탁자는 명의신탁자가 소유권에 기한 방해배제청구로 말소를 구하는 것에 대하여 상대방으로서 응할 처지에 있음에 불과하다. 명의수탁자가 제3자와 한 처분행위가 부동산실명법 제4조 제3항에 따라 유효하게 될 가능성이 있다고 하더라도 이는 거래상대방인 제3자를 보호하기 위하여 명의신탁약정의 무효에 대한 예외를 설정한 취지일 뿐 명의신탁자와 명의수탁자 사이에 위 처분행위를 유효하게 만드는 어떠한 위탁관계가 존재함을 전제한 것이라고는 볼 수 없다. **따라서 말소등기의무의 존재나 명의수탁자에 의한 유효한 처분가능성을 들어 명의수탁자가 명의신탁자에 대한 관계에서 '타인의 재물을 보관하는 자'의 지위에 있다고 볼 수도 없다.** [3] 이러한 법리는, 부동산 명의신탁이 부동산실명법 시행 전에 이루어졌고 같은 법이 정한 유예기간 이내에 실명등기를 하지 아니함으로써 그 명의신탁약정 및 이에 따라 행하여진 등기에 의한 물권변동이 무효로 된 후에 처분행위가 이루어진 경우에도 마찬가지로 적용된다[대판 2021.2.18, 2016도18761(전합) **양자간 명의신탁 사건**]. 12. 법원행시, 13. 법원직 9급, 21. 국가직 7급, 22. 경찰간부

2 [1] 부동산을 매수한 명의신탁자가 자신의 명의로 소유권이전등기를 하지 아니하고 명의수탁자와 맺은 명의신탁약정에 따라 매도인으로부터 바로 명의수탁자에게 **중간생략의 소유권이전등기를 마친 경우, 부동산 실권리자명의 등기에 관한 법률 제4조 제2항 본문에 의하여 명의수탁자 명의의 소유권이전등기는 무효이고, 신탁부동산의 소유권은 매도인이 그대로 보유하게 된다.** 따라서 명의신탁자로서는 매도인에 대한 소유권이전등기청구권을 가질 뿐 신탁부동산의 소유권을 가지지 아니하고, 명의수탁자 역시 명의신탁자에 대하여 직접 신탁부동산의 소유권을 이전할 의무를 부담하지는 아니하므로, **신탁부동산의 소유자도 아닌 명의신탁자에 대한 관계에서 명의수탁자가 횡령죄에서 말하는 '타인의 재물을 보관하는 자'의 지위에 있다고 볼 수는 없다.**

[2] 그리고 명의신탁자와 명의수탁자 사이에 그 위탁신임관계를 근거지우는 계약인 명의신탁약정 또는 이에 부수한 위임약정이 무효임에도 불구하고 횡령죄 성립을 위한 사무관리·관습·조리·신의칙에 기초한 위탁신임관계가 있다고 할 수는 없다. 또한 명의신탁자와 명의수탁자 사이에 존재한다고 주장될 수 있는 사실상의 위탁관계라는 것도 부동산 실권리자명의 등기에 관한 법률에 반하여 범죄를 구성하는 불법적인 관계에 지나지 아니할 뿐 이를 형법상 보호할 만한 가치 있는 신임에 의한 것이라고 할 수 없다. [3] 그러므로 명의신탁자가 매수한 부동산에 관하여 명의수탁자와 맺은 명의신탁약정에 따라 매도인으로부터 바로 명의수탁자 명의로 소유권이전등기를 마친 이른바 중간생략등기형 명의신탁을 한 경우, 명의신탁자는 신탁부동산의 소유권을 가지지 아니하고, 명의신탁자와 명의수탁자 사이에 위탁신임관계를 인정할 수도 없어 명의수탁자가 명의신탁자의 재물을 보관하는 자라고 할 수 없으므로 **명의수탁자가 신탁받은 부동산을 임의로 처분하여도 명의신탁자에 대한 관계에서 횡령죄가 성립하지 아니한다**[대판 2016.5.19, 2014도6992(전합) **중간생략 명의신탁 사건**]. 16·20. 경찰채용, 16. 국가직 7급, 16·17. 법원행시, 17. 법원직 9급·변호사

3 신탁자와 수탁자가 명의신탁약정을 맺고 이에 따라 **수탁자가 당사자가 되어 명의신탁약정이 있다는 사실을 알지 못하는 소유자와 사이에서 부동산에 관한 매매계약을 체결한 후** 그 매매계약에 기하여 당해 부동산의 소유권이전등기를 수탁자 명의로 경료한 경우에는 그 소유권이전등기에 의한 **당해 부동산에 관한 물권변동은 유효하지만** 신탁자와 수탁자 사이의 명의신탁약정은 무효이므로, 수탁자는 전 소유자인 매도인뿐만 아니라 신탁자에 대한 관계에서도 유효하게 당해 부동산의 소유권을 취득한 것으로 보아야 하고 따라서 그 수탁자는 타인의 재물을 보관하는 자라고 할 수 없다(대판 2010.11.11, 2008도7451 **매도인 선의 계약 명의신탁 사건 Ⅰ**). 11. 경찰승진, 11·16. 경찰간부, 12. 법원행시, 12·15. 변호사, 13. 법원직 9급, 14. 국가직 7급

4 신탁자와 수탁자가 명의신탁약정을 맺고, 그에 따라 **수탁자가 당사자가 되어 명의신탁약정이 있다는 사실을 알지 못하는 소유자와 사이에서 부동산에 관한 매매계약을 체결한 계약명의신탁에 있어, 수탁자는 신탁자에 대한 관계에서도 신탁 부동산의 소유권을 완전히 취득하고** 단지 신탁자에 대하여 명의신탁약정의 무효로 인한 부당이득반환의무만을 부담할 뿐인바, 그와 같은 부당이득반환의무는 명의신탁약정의 무효로 인하여 수탁자가 신탁자에 대하여 부담하는 통상의 채무에 불과할 뿐 아니라 신탁자와 수탁자간의 명의신탁약정이 무효인 이상, 특별한 사정이 없는 한 신탁자와 수탁자간에 명의신탁약정과 함께 이루어진 부동산 매입의 위임약정 역시 무효라고 할 것이므로 수탁자가 신탁자와의 신임관계에 기하여 신탁자를 위하여 신탁부동산을 관리한다거나 신탁자의 허락 없이 이를 처분하여서는 아니되는 의무를 부담하는 등으로 **타인의 사무를 처리하는 자의 지위에 있다고 볼 수 없다**(대판 2008.3.27, 2008도455 **매도인 선의 계약명의신탁 사건 Ⅱ**). 11·15. 경찰간부, 12. 법원행시, 13. 법원직 9급, 14. 국가직 7급, 15. 변호사

5 명의신탁자와 명의수탁자가 이른바 **계약명의신탁약정**을 맺고 명의수탁자가 당사자가 되어 명의신탁약정이 있다는 사실을 알고 있는 소유자와 부동산에 관한 매매계약을 체결한 후 그 매매계약에 따라 당해 부동산의 소유권이전등기를 명의수탁자 명의로 마친 경우에는 [1] 부동산 실권리자명의 등기에 관한 법률 제4조 제2항 본문에 의하여 수탁자 명의의 소유권이전등기는 무효이고 당해 부동산의 소유권은 매도인이 그대로 보유하게 되므로, **명의수탁자**는 부동산 취득을 위한 계약의 당사자도 아닌 **명의신탁자**에 대한 관계에서 횡령죄에서의 '타인의 재물을 보관하는 자'의 지위에 있다고 볼 수 없고, 또한 명의수탁자가 명의신탁자에 대하여 매매대금 등을 부당이득으로서 반환할 의무를 부담한다고 하더라도 이를 두고 배임죄에서의 '타인의 사무를 처리하는 자'의 지위에 있다고 보기도 어렵다. [2] 한편, 명의수탁자는 매도인에 대하여 소유권이전등기말소의무를 부담하게 되나, 위 소유권이전등기는 처음부터 원인무효여서 명의수탁자는 매도인이 소유권에 기한 방해배제청구로 그 말소를 구하는 것에 대하여 상대방으로서 응할 처지에 있음에 불과하고, 그가 제3자와 사이에 한 처분행위가 부동산 실권리자명의 등기에 관한 법률 제4조 제3항에 따라 유효하게 될 가능성이 있다고 하더라도 이는 거래의 상대방인 제3자를 보호하기 위하여 명의신탁약정의 무효에 대한 예외를 설정한 취지일 뿐 매도인과 명의수탁자 사이에 위 처분행위를 유효하게 만드는 어떠한 신임관계가 존재함을 전제한 것이라고는 볼 수 없으므로, 말소등기의무의 존재나 명의수탁자에 의한 유효한 처분가능성을 들어 **명의수탁자가 매도인에 대한 관계에서 횡령죄에서의 '타인의 재물을 보관하는 자' 또는 배임죄에서의 '타인의 사무를 처리하는 자'의 지위에 있다고 볼 수도 없다**(대판 2012.11.29, 2011도7361 **매도인 악의 계약명의신탁 사건**). 13·15. 경찰채용·사법시험·법원직 9급, 15. 변호사·국가직 9급, 15·16. 경찰간부, 16. 법원행시, 17. 경찰승진

6 명의신탁자와 명의수탁자가 이른바 **계약명의신탁약정**을 맺고 명의수탁자가 당사자가 되어 **명의신탁약정이 있다는 사실을 알지 못하는 소유자**와 부동산에 관한 매매계약을 체결한 후 그 매매계약에 따라 당해 부동산의 소유권이전등기를 명의수탁자 명의로 마친 경우에는, 명의신탁자와 명의수탁자 사이의 명의신탁약정의 무효에도 불구하고 부동산 실권리자명의 등기에 관한 법률 제4조 제2항 단서에 의하여 **명의수탁자는 당해 부동산의 완전한 소유권을 취득한다.** 반면에 소유자가 계약명의신탁약정이 있다는 사실을 안 경우에는 수탁자 명의의 소유권이전등기는 무효이고 당해 부동산의 소유권은 매도인이 그대로 보유하게 된다. 어느 경우든지 명의신탁자는 그 매매계약에 의해서는 당해 부동산의 소유권을 취득하지 못하게 되어, 결국 그 **부동산은 명의신탁자에 대한 강제집행이나 보전처분의 대상이 될 수 없다**(대판 2011.12.8, 2010도4129 **계약명의신탁부동산 강제집행면탈 사건**). 13·15. 경찰채용·법원직 9급·사법시험, 15. 변호사·국가직 9급, 15·16. 경찰간부, 16. 법원행시, 17. 경찰승진

7 피고인과 피해자들이 구분소유하던 분할 전 남양주시 일패동 산 60 임야 토지가 피고인의 구분소유부분인 분할 후 산 60 토지와 피해자들의 구분소유부분인 분할 후 산 60-1 토지로 분할된 것이라면, 분할 후 산 60-1 토지의 피고인 지분 등기는 더 이상 분할 후 산 60 토지의 피고인 소유 토지를 표상하는 등기가 될 수 없고, 분할 후 산 60-1 토지 중 **피고인 명의의 지분에 관하여 피고인은 보관자의 지위에 있을 뿐이므로 위 지분에 근저당권을 설정하는 행위는 횡령죄를 구성한다**(대판 2014.12.24, 2011도11084 **상호명의신탁 임야처분 사건**). 19. 해경간부

02 점유이탈물횡령죄

형법

제360조【점유이탈물횡령】① 유실물, 표류물 또는 타인의 **점유를 이탈한 재물**을 횡령한 자는 1년 이하의 징역이나 300만원 이하의 벌금 또는 과료에 처한다.

② 매장물을 횡령한 자도 전항의 형과 같다.

> **⚖ 판례 ㅣ 점유이탈물횡령죄 관련 판례**
>
> 다른 사람의 유실물인 줄 알면서 당국에 신고하거나 피해자의 숙소에 운반하지 아니하고 자기 친구 집에 운반한 사실만으로는 **점유이탈물횡령죄의 범의를 인정하기 어렵다**(대판 1969.8.19, 69도1078). 22. 국가직 9급

제7절 배임의 죄

01 배임죄·업무상배임죄

형법

제355조【횡령·배임】① 타인의 재물을 보관하는 자가 그 재물을 횡령하거나 그 반환을 거부한 때에는 5년 이하의 징역 또는 1천500만원 이하의 벌금에 처한다.

② **타인의 사무를 처리하는 자**가 그 임무에 위배하는 행위로써 **재산상의 이익**을 취득하거나 제3자로 하여금 이를 취득하게 하여 본인에게 손해를 가한 때에도 전항의 형과 같다.

제356조【업무상의 횡령과 배임】업무상의 임무에 위배하여 제355조의 죄를 범한 자는 10년 이하의 징역 또는 3천만원 이하의 벌금에 처한다.

의의		① 타인의 사무를 처리하는 자가 그 임무에 위배하는 행위로써 재산상의 이익을 취득하거나 제3자로 하여금 이를 취득하게 하여 본인에게 손해를 가하는 경우에 성립한다. 보호의 정도는 침해범(다수설)이라는 견해와 위험범(판례)이라는 견해가 대립하고, 보호법익은 사람의 재산임 ② 배임죄에 있어서 재산상의 손해를 가한 때라 함은 현실적인 손해를 가한 경우뿐만 아니라 재산상 실해 발생의 위험을 초래한 경우도 포함된다(대판 2012.2.23, 2011도15857 국일호 금강산랜드 회장 사건). 22. 경찰채용
본질		배임죄의 본질과 관련하여, 법적인 대리권을 남용하는 것이라는 견해(권한남용설)와 배신을 통해 본인에게 재산상 손해를 가하고 자신은 **재산상의 이익을 취득하는 것**이라는 견해(배신설·통설·판례)가 대립함
객관적 구성요건	주체	① 타인의 사무를 처리하는 자(배임죄는 진정신분범, 업무상배임죄는 부진정신분범) ② '타인의 사무'란 단순한 채권채무관계를 넘어서 **신임관계에 기초하여 타인의 재산을 보호하거나 관리하는 것을 본질적인 내용으로 하는 것**

행위	① 배임행위: 법률의 규정, 계약의 내용 혹은 신의칙상 당연히 할 것으로 기대되는 행위를 하지 않거나 당연히 하지 않아야 할 것으로 기대되는 행위를 함으로써 본인과의 신임관계를 저버리는 일체의 행위 ② 배임행위로 행위자가 재산상의 이익을 취득하거나 제3자로 하여금 이를 취득하게 하여야 함 ③ '재산상의 손해를 가한 때'란 **현실적인 손해뿐만 아니라 손해발생의 위험을 초래한 경우도 포함**되고, 재산상 손해의 유무는 법률적 판단에 의하지 아니하고 **경제적 관점에서 파악**하여야 함(경제적 재산설, 판례) ④ 업무상배임죄는 업무상 타인의 사무를 처리하는 자가 임무에 위배하는 행위를 하고 그러한 임무위배행위로 인하여 재산상의 이익을 취득하거나 제3자로 하여금 이를 취득하게 하여 본인에게 재산상의 손해를 가한 때 성립한다. 여기서 '재산상 이익 취득'과 '재산상 손해 발생'은 대등한 범죄성립요건이고, 이는 서로 대응하여 병렬적으로 규정되어 있다(형법 제356조, 제355조 제2항). 따라서 임무위배행위로 인하여 여러 재산상 이익과 손해가 발생하더라도 **재산상 이익과 손해 사이에 서로 대응하는 관계에 있는 등 일정한 관련성이 인정되어야 업무상배임죄가 성립한다**(대판 2021.11.25, 2016도3452 새마을금고 여유자금 운용사건).
착수기수	① 실행의 착수시기: 배임행위를 개시한 때 ② 기수시기: 재산상 손해를 가한 때

⚖️ 판례 | 배임죄 관련 판례

1 배임죄는 '타인의 사무를 처리하는 자'라는 신분을 요하는 진정신분범이므로 **배임죄의 성립을 인정하기 위해서는 피고인의 행위가 타인의 신뢰를 위반한 것인지, 그로 인한 피해가 어느 정도인지를 따지기에 앞서 당사자 관계의 본질을 살펴 그가 '타인의 사무를 처리하는 자'에 해당하는지를 판단하여야 한다**[대판 2020.2.20, 2019도9756(전합) 크러셔 양도담보 사건].

2 배임죄는 본인에게 재산상의 손해를 가하는 외에 배임행위로 인하여 행위자 스스로 재산상의 이익을 취득하거나 제3자로 하여금 재산상의 이익을 취득하게 할 것을 요건으로 하므로 **본인에게 손해를 가하였다고 할지라도 행위자 또는 제3자가 재산상 이익을 취득한 사실이 없다면 배임죄가 성립할 수 없다**(대판 2012. 6.28, 2012도2087 으뜸상호저축은행 대표 사건). 11. 법원직 9급, 14. 경찰승진

3 배임죄의 주체로서 '**타인의 사무를 처리하는 자**'라 함은 양자간의 신임관계에 기초를 둔 **타인의 재산보호 내지 관리의무가 있음을 그 본질적 내용으로 하는 것이므로** 배임죄의 성립에 있어 행위자가 대외관계에서 타인의 재산을 처분할 적법한 대리권이 있음을 요하지 아니한다(대판 1999.9.17, 97도3219). 14·15. 경찰채용

4 배임죄에 있어서 '**임무에 위배하는 행위**'라 함은 처리하는 사무의 내용·성질 등에 비추어 법률(법령)의 규정, 계약의 내용 혹은 신의칙상 당연히 할 것으로 기대되는 행위를 하지 않거나 당연히 하지 않아야 할 것으로 기대되는 행위를 함으로써 **본인과의 신임관계를 저버리는 일체의 행위를 포함한다**(대판 2015.11.26, 2014도17180 파고다아카데미 대표 사건).

5 배임죄에 있어서 '재산상의 손해를 가한 때'라 함은 현실적인 손해를 가한 경우뿐만 아니라, 재산상 실해발생의 위험을 초래한 경우도 포함되고, **재산상 손해의 유무에 대한 판단은 본인의 전 재산상태와의 관계에서 법률적 판단에 의하지 아니하고 경제적 관점에서 파악하여야 하며**, 따라서 법률적 판단에 의하여 당해 배임행위가 무효라 하더라도 경제적 관점에서 파악하여 배임행위로 인하여 본인에게 현실적인 손해를 가하였거나 재산상 실해발생의 위험을 초래한 경우에는 재산상의 손해를 가한 때에 해당되어 배임죄를 구성한다(대판 2014.2.13, 2011도16763 고운농장 부동산 임의처분 사건). 13. 법원직 9급, 16. 경찰채용·사법시험·법원행시

6 배임죄에 있어서 **재산상 손해의 유무에 관한 판단은 법률적 판단에 의하지 아니하고 경제적 관점에서 실질적으로 판단되어야 하는데,** 여기에는 재산의 처분 등 직접적인 재산의 감소, 보증이나 담보제공 등 채무부담으로 인한 재산의 감소와 같은 **적극적 손해를 야기한 경우는 물론,** 객관적으로 보아 취득할 것이 충분히 기대되는데도 임무위배행위로 말미암아 이익을 얻지 못한 경우, 즉 소극적 손해를 야기한 경우도 포함된다. 이러한 소극적 손해는 재산증가를 객관적·개연적으로 기대할 수 있음에도 임무위배행위로 이러한 재산증가가 이루어지지 않은 경우를 의미하는 것이므로 임무위배행위가 없었다면 실현되었을 재산상태와 임무위배행위로 말미암아 현실적으로 실현된 재산상태를 비교하여 그 유무 및 범위를 산정하여야 한다(대판 2013.4.26, 2011도6798 **금형제작·납품 사건**). 13·15. 경찰채용

7 **주식회사의 대표이사가 대표권을 남용하는 등 그 임무에 위배하여 약속어음을 발행한 경우** 어음법상 발행인은 종전의 소지인에 대한 인적 관계로 인한 항변으로써 소지인에게 대항하지 못하므로, [1] **어음발행이 무효라 하더라도 그 어음이 실제로 제3자에게 유통되었다면 회사로서는 어음채무를 부담할 위험이 구체적·현실적으로 발생하였다고 보아야 하고, 따라서 그 어음채무가 실제로 이행되기 전이라도 배임죄의 기수범이 된다.** [2] 그러나 **약속어음발행이 무효일 뿐만 아니라 그 어음이 유통되지도 않았다면** 회사는 어음발행의 상대방에게 어음채무를 부담하지 않기 때문에 특별한 사정이 없는 한 회사에 현실적으로 손해가 발생하였다거나 실해발생의 위험이 발생하였다고도 볼 수 없으므로, 이때에는 배임죄의 기수범이 아니라 **배임미수죄로 처벌하여야 한다**[대판 2017.7.20, 2014도1104(전합) **29억 약속어음 사건**]. ➡ 어음발행이 유효하면 배임기수죄가 된다. 어음발행이 (상대방이 대표권 남용 사실을 알았거나 중대한 과실로 알지 못하여) 무효인 경우에도 이것이 유통되었다면 배임기수죄가 되고, 아직 유통되지 않았다면 배임미수죄가 된다는 취지의 판례이다. 이 판례에 의하여 어음발행이 무효이고 아직 유통되지 않았어도 '유통되지 아니한다는 특별한 사정이 없는 한' 배임기수죄가 된다고 판시한 판례(대판 2013.2.14, 2011도10302, 대판 2012.12.27, 2012도10822)는 폐기되었다. 18·21. 경찰간부, 20. 법원직 9급

8 피고인의 임무위배행위로 인하여 피해자 회사의 금형제작·납품계약 체결기회가 박탈된 경우, **재산상 손해는 금형제작·납품계약을 체결한 때에 발생되는 것이므로 원칙적으로 금형제작·납품계약을 체결한 때를 기준으로 금형제작·납품계약 대금에 기초하여 산정하여야 할 것이며,** 따라서 금형제작·납품계약 대금 중에서 사후적으로 발생되는 미수금이나 계약의 해지로 인해 받지 못하게 되는 나머지 계약대금 등은 특별한 사정이 없는 한 금형제작·납품계약 대금에서 공제할 것이 아니다(대판 2013.4.26, 2011도6798 **금형제작·납품 사건**). 13. 법원행시

9 회사의 대표이사 등이 **회사로 하여금 다른 회사의 주식을 고가로 매수하게 한 경우** 회사에 가한 손해액은 **통상 그 주식의 매매대금과 적정가액으로서의 시가 사이의 차액 상당이라고 봄이 상당하다**(대판 2014.2.27, 2013도12155 **SK그룹 회장 사건**). 15. 경찰간부

10 **공무원이 그 임무에 위배되는 행위로써 제3자로 하여금 재산상의 이익을 취득하게 하여 국가에 손해를 가한 경우에 업무상배임죄가 성립한다**(대판 2013.9.27, 2013도6835 **MB 내곡동사저 사건**). 19. 법원직 9급

11 업무상배임죄의 실행으로 이익을 얻게 되는 수익자는 배임죄의 공범이라고 볼 수 없는 것이 원칙이고, 실행행위자의 행위가 피해자 본인에 대한 배임행위에 해당한다는 점을 인식한 상태에서 배임의 의도가 전혀 없었던 실행행위자에게 배임행위를 교사하거나 또는 배임행위의 전 과정에 관여하는 등으로 배임행위에 **적극 가담한 경우에 한하여 배임의 실행행위자에 대한 공동정범으로 인정할 수 있다**(대판 2016.10.13, 2014도17211). 19. 해경채용

12 피고인 甲 등은 상속세 납부자금 마련을 주된 목적으로 하는 주식매매계약이라는 개인적 거래에 수반하여 독립된 법인 소유의 부동산을 乙에게 담보로 제공하였고 乙이 이러한 사정을 알면서 **가등기의 설정을 요구하고 그 등기를 경료한 것에 불과하다면,** 거래상대방의 지위에 있는 乙에게 배임행위의 교사범 또는 공동정범의 책임뿐만 아니라 방조범의 책임도 물을 수 없다(대판 2005.10.28, 2005도4915). 18. 경찰간부, 20. 해경채용

13 건물관리인이 **건물주로부터 월세임대차계약 체결업무를 위임받고도 임차인들을 속여 전세임대차계약을 체결하고 그 보증금을 편취**한 경우, 사기죄와 별도로 업무상배임죄가 성립하고 두 죄가 **실체적 경합범**의 관계에 있다(대판 2010.11.11, 2010도10690). 19. 경찰채용

14 [1] 업무상배임죄는 타인과의 신뢰관계에서 일정한 임무에 따라 사무를 처리할 법적 의무가 있는 자가 그 상황에서 **당연히 할 것이 법적으로 요구되는 행위를 하지 않는 부작위에 의해서도 성립할 수 있다.** [2] 업무상배임죄에 있어 부작위를 실행의 착수로 볼 수 있기 위해서는 작위의무가 이행되지 않으면 사무처리의 임무를 부여한 사람이 재산권을 행사할 수 없으리라고 객관적으로 예견되는 등으로 **구성요건적 결과 발생의 위험이 구체화한 상황에서 부작위가 이루어져야 한다.** 그리고 행위자는 부작위 당시 자신에게 주어진 임무를 위반한다는 점과 그 부작위로 인해 손해가 발생할 위험이 있다는 점을 인식하였어야 한다(대판 2021.5.27, 2020도15529 **고양시 도시개발 환지계획 사건**).

15 업무상배임죄는 업무상 타인의 사무를 처리하는 자가 임무에 위배하는 행위를 하고 그러한 임무위배행위로 인하여 재산상의 이익을 취득하거나 제3자로 하여금 이를 취득하게 하여 본인에게 재산상의 손해를 가한 때 성립한다. 여기서 **'재산상 이익 취득'과 '재산상 손해 발생'**은 대등한 범죄성립요건이고, 이는 서로 대응하여 병렬적으로 규정되어 있다(형법 제356조, 제355조 제2항). 따라서 임무위배행위로 인하여 여러 재산상 이익과 손해가 발생하더라도 **재산상 이익과 손해 사이에 서로 대응하는 관계에 있는 등 일정한 관련성이 인정되어야 업무상배임죄가 성립한다**(대판 2022.8.25, 2022도3717). 23. 경찰채용

판례비교

(업무상)배임죄가 성립하는 경우	(업무상)배임죄가 성립하지 않는 경우
① 피고인은 LG화학의 영업비밀에 해당하는 파일들을 무단으로 **반출하였고**, 피고인의 이러한 행위는 LG화학에 현실적으로 손해를 가한 경우가 아니라고 하더라도 재산상 손해발생의 위험을 초래한 경우에 해당하므로 '재산상의 손해를 가한 때'에 해당한다(대판 2011.7.28, 2010도9652 **LG화학 파일 유출 사건**). 13. 경찰간부 ② 영업비밀을 사외로 유출하지 않을 것을 서약한 회사의 직원이 경제적인 대가를 얻기 위하여 경쟁업체에 영업비밀을 유출하는 행위는 회사와의 신임관계를 저버리는 행위로서 업무상배임죄를 구성한다(대판 2006.10.27, 2004도6876). 15. 경찰승진, 17. 법원행시	① 피고인이 회사의 승낙 없이 임의로 지정 할인율보다 더 높은 할인율을 적용하여 회사가 지정한 가격보다 낮은 가격으로 제품을 판매하는 이른바 '덤핑판매'를 한 경우, 피고인이 회사가 정한 할인율 제한을 위반하였다 하더라도 시장에서 거래되는 가격에 따라 제품을 판매하였다면 지정 할인율에 의한 제품가격과 실제 판매시 적용된 할인율에 의한 제품가격의 차액 상당을 거래처가 얻은 **재산상의 이익이라고 볼 수는 없다**(대판 2009.12.24, 2007도2484 **과자 할인판매 사건**). 13. 사법시험, 20. 경찰승진 ② 아파트 입주자대표회의 회장이 지출결의서에 날인을 거부함으로써 **열 사용요금을 지정된 기한까지 납부하지 않아** 입주자들에게 그 연체료를 부담시킨 경우, 열 사용요금 납부 연체로 인하여 발생한 연체료는 금전채무 불이행으로 인한 손해배상에 해당하므로 공급업체가 연체료를 지급받았다는 사실만으로 공급업체가 그에 해당하는 재산상의 이익을 취득하게 된 것으로 단정하기 어렵다(대판 2009.6.25, 2008도3792 **열 사용요금 연체 사건**). 14. 변호사

③ [1] 회사직원이 재직 중에 영업비밀 또는 영업상 주요한 자산을 경쟁업체에 유출하거나 스스로의 이익을 위하여 이용할 목적으로 무단으로 반출하였다면 타인의 사무를 처리하는 자로서 그 업무상의 임무에 위배하여 유출 또는 반출한 것이어서 **유출 또는 반출시에 업무상배임죄의 기수가 된다.** [2] 회사직원이 영업비밀 등을 적법하게 반출하여 그 반출행위가 업무상배임죄에 해당하지 않는 경우라도, 퇴사시에 그 영업비밀 등을 회사에 반환하거나 폐기할 의무가 있음에도 **경쟁업체에 유출하거나 스스로의 이익을 위하여 이용할 목적으로 이를 반환하거나 폐기하지 아니하였다면,** 이러한 행위는 퇴사시에 업무상배임죄의 기수가 된다(대판 2017.6.29, 2017도3808 **소스코드 기술 유출 사건**).
17. 경찰채용

④ 수협의 대출업무 등 담당자인 피고인이 **수협에 처와 모친 소유의 토지를 담보로 제공하고 그들 명의로 대출을 받은 다음, 위임장 등을 위조하여 담보로 제공된 토지에 설정된 근저당권설정등기를 말소한 경우,** 그 등기말소로 수협은 당장 근저당권을 피담보채권과 함께 처분한다거나 피담보채권 회수를 위한 경매신청을 할 수 없는 등 **자산으로서의 근저당권을 운용·처분하지 못해 사실상 담보를 상실한 것과 다를 바 없는 손해가 발생하였다고 할 것이고,** 수협이 말소된 근저당권설정등기의 회복등기를 구할 수 있다고 하여 달리 볼 것은 아니다(대판 2014.6.12, 2014도2578 **수협직원 근저당말소 사건**).
15. 사법시험

⑤ 계주는 계원들과의 약정에 따라 지정된 곗날에 계원으로부터 월불입금을 징수하여 지정된 계원에게 이를 지급할 임무가 있고, 계주의 이러한 임무는 계주 자신의 사무임과 동시에 타인인 계원들의 사무를 처리하는 것도 되는 것이므로, **계주가 계원들로부터 월불입금을 모두 징수하였음에도 불구하고 정당한 사유 없이 이를 지정된 계원에게 지급하지 아니하였다면 다른 특별한 사정이 없는 한 배임죄를 구성한다**(대판 1994.3.8, 93도2221). 17. 법원행시

⑥ 계가 정상적으로 운영되고 있음에도 불구하고 **계주가 그동안 성실하게 계불입금을 지급하여 온 계원에게 계가 깨졌다는 등의 거짓말을 하여 그 계원이 계에 참석하여 낙찰받아 계금을 탈 수 있는 기회를 박탈하여 손해를 가하였다면** 계주의 위와 같은 임무위배는 그 계원에 대한 관계에 있어서 **배임죄를 구성한다**(대판 1995.9.29, 95도1176). 11. 경찰간부

③ 회사의 영업팀장인 피고인 甲이 A체인점이 상품을 B체인점으로 보낸 사실이 없음에도 마치 상품을 보낸 것처럼 허위로 (회사에서 상품대금을 지급하는) 전매출고, (회사에서 상품대금을 지급받는) 전매입고를 전산입력하고, 피고인 乙은 전산상 B체인점에 대한 전매입고만을 삭제한 경우, 피고인들의 **전산조작행위로 인하여 회사의 체인점들에 대한 외상대금채권 행사가 사실상 불가능해지거나 또는 현저히 곤란해진 것이 아니라면 해당 체인점의 점주들이 그에 상응하는 재산상 이익을 취득하였다고 보기 어렵다**(대판 2006.7.27, 2006도3145 **전매입고 삭제 사건**). 11. 경찰간부, 14·16. 경찰채용

④ 피고인 甲이 A로부터 1억 2천만원의 전세자금 대출을 받으면서 그 담보로 甲의 임대인 乙에 대한 1억 6천만원의 전세보증금반환채권 전부에 관하여 담보한도금액을 1억 5,600만원으로 한 근질권(根質權)을 설정하여 주었고, 임대인 乙은 질권설정승낙서를 작성하여 A에게 교부하였으나, 그 후 甲이 乙로부터 전세보증금 명목으로 1억 4천만원을 수령한 경우, 乙이 질권설정을 승낙한 이상 A의 동의 없이 甲에게 전세보증금을 변제하더라도 이로써 A에게 대항할 수 없고 A는 여전히 乙에 대하여 질권자로서의 권리를 행사할 수 있으므로 甲이 타인의 사무를 처리하는 자로서 그 임무에 위배하는 행위를 하여 A에게 어떤 손해를 가하거나 손해발생의 위험을 초래하였다고 할 수 없으므로 **배임죄는 성립하지 않는다**(대판 2016.4.29, 2015도5665 **전세보증금 질권설정 사건**). 17. 법원행시

(업무상)배임죄가 성립하는 경우	(업무상)배임죄가 성립하지 않는 경우

⑦ 신용카드 정보통신부가사업회사(VAN 사업자)인 A회사와 가맹점 관리대행계약, 대리점계약, 단말기 무상임대차계약, 판매장려금계약을 각 체결하고 A**회사의 대리점으로서 카드단말기의 판매 및 설치, 가맹점 관리업무 등을 수행하는 B회사의 대표이사인 피고인 甲이, A회사의 기존 가입 가맹점을 A회사와 경쟁관계에 있는 다른 밴(VAN)사업자 가맹점으로 임의로 전환하여 A회사에 재산상 손해를 가한 경우**, A회사가 보유하는 가맹점은 A회사의 수익과 직결되는 재산적 가치를 지니고 있어 甲이 A회사를 대신하여 가맹점을 모집·유지 및 관리하는 것은 본래 A회사의 사무로서 甲에 대한 인적 신임관계에 기하여 그 처리가 甲에게 위탁된 것이고, 이는 단지 甲 자신의 사무만에 그치지 아니하고 A회사의 재산적 이익을 보호 내지 관리하는 것을 본질적 내용으로 하므로, 甲은 A회사의 가맹점 관리업무를 대행하는 '타인의 사무를 처리하는 자'의 지위에 있다(배임죄가 성립한다)(대판 2012.5.10, 2010도3532 **VAN 대리점 사건**). 14. 경찰승진

⑧ 회사의 대표인 피고인이 **물품을 납품받음에 있어 할인된 가격으로 납품가격을 정할 수 있었음에도** 납품과정에서 자신이 이익을 취득할 의도로 납품업자에게 가공의 납품업체를 만들게 한 뒤 그 납품업체로부터 할인되지 않은 가격으로 납품을 받았다면 이는 회사와의 신임관계를 저버리는 행위로서 임무에 위배하는 행위라고 할 것이다. 다만, 구체적 사정에 비추어 할인받을 수 있는 가격을 특정할 수 없는 등의 특별한 사정이 있다면 이사가 취득한 이익 전체를 회사에 발생한 재산상 손해액이라고 할 수는 없고, 회사에는 가액을 산정할 수 없는 손해가 발생하였다고 봄이 상당하다(대판 2009.10.15, 2009도5655). 11. 법원직 9급, 14. 경찰간부

⑨ 피고인 甲이 부동산의 처분 당시 호적상 A의 친모로 등재되어 있었고, 상속재산 분할을 위해 법원에 특별 대리인 선임신청을 하고, 부동산에 대하여 乙 명의로 소유권이전등기를 경료하는 과정에서도 A의 친권자로서 화해신청 사건을 변호사에게 위임하는 등 **친권을 행사한 사실이 있는 경우**, 甲과 A 사이에 법률적으로 유효한 친생자관계 및 양친자관계가 존재하지 않는다 하여도 **甲이 A의 사무를 처리할 신임관계가 존재한다**(甲은 타인의 사무를 처리하는 자의 지위에 있다)(대판 2002.6.14, 2001도3534 **양모 배임 사건**). 15. 경찰채용·경찰승진

⑤ [1] 채무자가 투자금반환채무의 변제를 위하여 담보로 제공한 임차권 등의 권리를 그대로 유지할 계약상 의무가 있더라도, 이는 기본적으로 투자금반환채무의 변제의 방법에 관한 것이고, 그 성실한 이행에 의하여 채권자가 계약상 권리의 만족이라는 이익을 얻는다고 하여도 이를 가지고 배임죄에서 말하는 '타인의 사무'에 해당한다고 볼 수 없다. [2] 피고인 甲이 아울렛 의류매장의 운영과 관련하여 A로부터 투자를 받으면서 투자금반환채무의 변제를 위하여 의류매장에 관한 임차인 명의와 판매대금의 입금계좌 명의를 A 앞으로 변경해 주었음에도 乙에게 임차인의 지위 등 권리 일체를 양도한 경우, 甲이 의류매장에 관한 임차인 명의와 판매대금의 입금계좌 명의를 A 앞으로 그대로 유지하여야 할 의무는 단순한 민사상의 채무에 불과하며 배임죄는 성립하지 아니한다(대판 2015.3.26, 2015도1301 **의류매장 임차권 양도 사건**). 15·20. 법원행시, 16. 사법시험

⑥ 자동차에 대하여 저당권이 설정되는 경우 자동차의 교환가치는 그 저당권에 포섭되고, 저당권설정자가 자동차를 매도하여 그 소유자가 달라지더라도 저당권에는 영향이 없으므로, 특별한 사정이 없는 한 **저당권설정자가 단순히 그 저당권의 목적인 자동차를 다른 사람에게 매도한 것만으로는 배임죄가 성립하지 아니한다**(대판 2008.8.21, 2008도3651 **저당권설정 자동차 매도 사건**). 12. 법원행시, 14. 경찰간부

⑦ [1] 보통예금은 은행 등 법률이 정하는 금융기관을 수치인으로 하는 금전의 소비임치계약으로서, 예금계좌에 입금된 금전의 소유권은 금융기관에 이전되고 예금주는 예금계좌를 통한 예금반환채권을 취득하는 것이므로 금융기관의 임직원은 예금주로부터 예금계좌를 통한 적법한 예금반환청구가 있으면 이에 응할 의무가 있을 뿐 **예금주와 사이에서 그의 재산관리에 관한 사무를 처리하는 자의 지위에 있다고는 할 수 없다**. [2] 은행직원인 피고인 甲이 A의 **예금계좌에서 5천만원을 임의로 인출하였다고 하더라도 A에 대한 관계에서 업무상배임죄는 성립하지 아니한다**(대판 2008.4.24, 2008도1408 **영주신협 사건**). 13. 법원행시, 14·16. 경찰승진, 15. 경찰채용

⑩ 금융기관의 직원들이 대출을 하면서 대출채권의 회수를 확실하게 하기 위하여 충분한 담보를 제공받는 등 여신규정에 따른 **상당하고도 합리적인 조치를 강구함이 없이 만연히 대출을 해 주었다면,** 그와 같은 자금대여는 타인에게 이익을 얻게 하고 금융기관에 손해를 가하는 행위로서 회사에 대하여 **배임행위가 된다**(대판 2006.10.26, 2004도8106).

⑪ 재단법인의 이사장 직무대리인이 후원회 기부금을 정상 회계처리하지 않고 자신과 친분관계에 있는 신도에게 확실한 담보도 제공받지 아니한 채 대여한 경우, 그 신도가 이자금을 제때에 불입하고 나중에 원금을 변제하였다 하더라도 배임죄가 성립한다(대판 2000.12.8, 99도3338 불교방송 이사장 사건).

⑫ 회사의 이사 등이 타인에게 회사자금을 대여할 때 그 타인이 이미 채무변제능력을 상실하여 그에게 **자금을 대여할 경우 회사에 손해가 발생하리라는 정을 충분히 알면서 이에 나아갔거나,** 충분한 담보를 제공받는 등 **상당하고도 합리적인 채권회수조치를 취하지 아니한 채 만연히 대여해 주었다면,** 그와 같은 자금대여는 타인에게 이익을 얻게 하고 회사에 손해를 가하는 행위로서 회사에 대하여 배임행위가 되고, 회사의 이사 등은 단순히 그것이 경영상의 판단이라는 이유만으로 **배임죄의 죄책을 면할 수는 없으며,** 이러한 이치는 그 타인이 자금지원 회사의 계열회사라 하여 달라지지 않는다(대판 2014.7.10, 2013도10516 전 부산동구청장 사건). 15. 법원행시

⑬ A회사가 B회사에 대하여 채권확보조치를 취하지 아니한 채 변칙적인 방식으로 B회사에 금원을 대여한 이상 위 대여금 상당을 회수하지 못할 위험이 발생하였음은 분명하며, 비록 A회사가 원천징수의무자로서 소득세를 원천징수하여 납부할 의무를 부담하고 있었다고 할지라도 그러한 사정을 들어 새로운 손해를 발생시킬 위험을 초래하지 아니한 것이라고 볼 수도 없다(대판 2010.10.28, 2009도1149 **쌍용 회장 사건**). 12·16. 경찰승진, 13. 경찰간부

⑧ [1] **계주가 계원들로부터 계불입금을 징수하지 아니하였다면** 그러한 상태에서 부담하는 계금지급의무는 단순한 채권관계상의 의무에 불과하여 **타인의 사무에 속하지 아니하고,** 이는 계주가 계원들과의 약정을 위반하여 계불입금을 징수하지 아니한 경우라 하여 달리 볼 수 없다. [2] **계주인 피고인들이** 낙찰계를 조직·운영하다가 9회차 곗날에 **계원들로부터 계불입금을 징수하지 아니하고 잠적함으로써 계가 파계된 경우,** 피고인들이 계금을 아직 낙찰받지 못한 계원들에 대한 관계에서 타인의 사무로서 계금을 지급할 임무는 없으므로 **배임죄는 성립하지 아니한다**(대판 2009.8.20, 2009도3143 **계주 잠적 사건**). 11. 법원직 9급, 13. 사법시험, 15·16. 경찰승진

⑨ 피고인 甲이 임차인 A와 아파트에 관한 임대차계약을 체결하면서 자신이 소유권을 취득하는 즉시 A에게 알려 A가 전입신고를 하고 확정일자를 받아 1순위 근저당권자 다음으로 대항력을 취득할 수 있도록 하기로 약정하였는데 그 후 A에게서 전세금 전액을 수령하고 소유권을 취득하였음에도 취득사실을 고지하지 않고 다른 2~3순위 근저당권을 설정해 준 경우, 일반적으로 임차인이 전입신고를 하고 확정일자를 받는 것은 임대인의 도움 없이 임차인이 일방적으로 할 수 있고 甲과 A관계의 본질적 내용이 신임관계에 기초하여 A의 재산을 보호 내지 관리하는 데 있다고 보기는 어려워 **甲은 타인의 사무를 처리하는 자의 지위에 있다고 할 수 없다**(대판 2015.11.26, 2015도4976 **늦어버린 확정일자 사건**).

(업무상)배임죄가 성립하는 경우	(업무상)배임죄가 성립하지 않는 경우
⑭ A회사와 B그룹 계열사들이 상호 상당한 채무액에 대해 지급보증을 한 관계에 있었다고 하더라도, A회사 자체의 채무구조가 악화되고 자금조달이 어렵게 되었으며 금융비용이 막대하게 늘어났음에도, 부실화가 상당히 진행되어 **채무변제능력을 거의 상실한 B그룹 계열사들에게 사용처에 대한 통제나 합리적인 채권회수의 대책 없이 금원을 대여하거나 그 대출금채무에 A회사의 예금을 담보로 제공한 것은 A회사에 대하여는 재산상 손해를 가하는 행위이다**(대판 2004.7.9, 2004도810 **거평 회장 사건**). 15. 경찰간부 ⑮ A회사 대표이사인 피고인 甲이 자신과 딸 乙이 발행주식 전부를 소유하고 있는 B회사 및 C회사를 운영하면서, **어떠한 대가나 이익을 제공받지 아니하고 또한 A회사의 이사회 승인을 받거나 다른 주주들의 동의를 받지 않고, A회사로 하여금 B회사가 건물 신축과정에서 신한은행에서 받은 대출금 등 채무를 연대보증하게 하고** 신축될 건물을 미리 임차하여 **임대차보증금을 선지급하도록 하거나** C회사의 신한은행에 대한 대출금채무를 연대보증하게 함으로써 A회사에 재산상 손해발생의 위험을 초래하게 한 경우 업무상배임죄가 성립한다**(대판 2015.11.26, 2014도17180 **파고다아카데미 대표 사건**). ⑯ 재벌그룹 소속 A회사가 **골프장 건설사업을 진행 중인 비상장회사 B회사의 주식 전부를 보유하고 B회사를 위하여 수백억원의 채무보증을 한 상태에서 A회사의 대표이사와 이사들이 B회사의 주식 전부를 주당 1원으로 계산하여 위 대표이사 등에게 매도한 경우**, 위 주식 매도행위는 A회사에 주식의 내재된 가치를 포기하면서 신용위험만을 부담시키는 것으로서 A회사에 주식의 적정한 거래가격과 매도가격의 차액 상당에 해당하는 손해를 가한 **배임행위에 해당한다**(대판 2008.5.15, 2005도7911 **동부그룹 회장 사건**). 15. 경찰간부	⑩ [1] 미리 부동산을 이전받은 매수인이 이를 담보로 제공하여 매매대금 지급을 위한 자금을 마련하고 이를 매도인에게 제공함으로써 잔금을 지급하기로 당사자 사이에 약정하였다고 하더라도, 이는 기본적으로 매수인이 매매대금의 재원을 마련하는 방편에 관한 것이고, 그 성실한 이행에 의하여 매도인이 대금을 모두 받게 되는 이익을 얻는다는 것만으로 매수인이 신임관계에 기하여 매도인의 사무를 처리하는 것이 된다고 할 수 없다. [2] 피고인이 甲에게서 임야를 매수하면서, 계약금을 지급하는 즉시 피고인 앞으로 소유권을 이전받되 매매잔금은 甲의 책임 아래 형질변경과 건축허가를 받으면 일정기간 내에 임야를 담보로 대출을 받아 지급하고 건축허가가 나지 아니하면 계약을 해제하여 원상회복해 주기로 약정하였는데도, 임야에 관하여 소유권이전등기를 받은 당일 1건, 그 후 1건의 근저당권을 설정한 경우 배임죄가 성립하지 않는다(대판 2011.4.28, 2011도3247 **소유권 먼저 대금 나중 사건**). 12. 경찰채용, 14. 경찰간부·변호사, 17. 경찰승진 ⑪ 청산회사의 대표청산인이 처리하는 채무의 변제, 재산의 환가처분 등 회사의 청산의무는 청산인 자신의 사무 또는 청산회사의 업무에 속하는 것이므로 대표청산인인 피고인 甲이 부동산에 관하여 乙과 丙에게 소유권이전등기를 마쳐준 것은 청산회사에 채권을 신고한 A에 대하여 배임죄가 성립되지 않는다(대판 1990.5.25, 90도6 **대표청산인 사건**). 11. 경찰승진 ⑫ 부동산을 경락한 피고인이 그 경락허가결정이 확정된 뒤에 경매부동산의 소유자들에게 대하여 경락을 포기하겠노라고 약속하여 놓고 경매법원에서 경락대금지급명령이 전달되자 위의 약속을 어기고 경락대금을 완납함으로써 경락부동산에 대한 소유권을 취득한 경우에 피고인은 타인의 사무를 처리하는 자에 해당하지 아니한다(대판 1969.2.25, 69도46). 11. 경찰승진

⑰ 피고인들이 **기업의 경영자로서** 자회사 등이 처한 경제적 상황, A회사의 사업전망, 그 주식의 매입으로 인한 손실발생 또는 이익획득의 개연성 등을 신중하게 검토한 후 경영상의 판단에 이르게 된 것이 아니라, B회사 또는 피고인들 개인이 정치적으로 난처한 상황에서 벗어나기 위하여 자회사 등으로 하여금 주식매도인이 요구하는 가격과 수량 그대로 주식을 매입하게 하였고, 이에 따라 자회사 등의 대표이사들도 A회사 주식의 적정가액과 향후 전망에 대한 신중한 검토 없이 피고인들에 의하여 매입수량과 가격이 미리 지정된 주식을 지정된 날짜에 자회사 등이 매입하게 한 경우 **업무상배임죄가 성립한다**(대판 2007.3.15, 2004도5742 **포스코 회장 사건**). 15. 경찰간부

⑱ 그룹의 회장인 피고인 甲 등이 발행주식의 실질가치가 0원으로 평가되고 있고 보험금 지급여력이 없는 등 그 재무구조가 상당히 불량한 상태에 있는 A**회사의 재정상태를 잘 알고 있으면서도 A회사의 신주를 인수할 의무가 있지도 않은 B회사의 자금으로 A회사가 발행하는 신주를 액면가격으로 인수한 것은 그 자체로 A회사에게 이익을 얻게 하고 B회사에게 손해를 가하는 배임행위임이 분명하다**(대판 2004.6.24, 2004도520 **동아그룹 회장 사건**). 15. 경찰간부

⑲ 종업원지주제도하에서 회사의 경영자가 종업원의 자사주 매입을 돕기 위하여 회사자금을 지원하는 것 자체를 들어 회사에 대한 임무위배행위라고 할 수는 없을 것이나, **경영자가 적대적 M&A로부터 경영권 방어를 목적으로 종업원의 자사주매입에 회사자금을 지원한 것**은 자금지원의 주된 목적이 종업원의 재산형성을 통한 복리증진보다는 **안정주주를 확보함으로써 경영자의 회사에 대한 경영권을 계속 유지하고자 하는 데 있는 것이므로**, 그 자금지원은 경영자의 이익을 위하여 회사재산을 사용하는 것이 되어 회사의 이익에 반하므로 **임무위배행위가 된다**(대판 1999.6.25, 99도1141 **기아그룹 회장 사건**). 11. 경찰간부, 15. 경찰승진

⑬ 회사의 대표이사인 피고인이 자신의 채권자들에게 회사 명의의 금전소비대차 공정증서와 약속어음 공정증서를 작성해 준 경우, 상대방들도 피고인이 자기 또는 제3자의 이익을 도모할 목적으로 그 권한을 남용하여 공정증서를 작성해 준다는 것을 알았거나 충분히 알 수 있었을 것이어서 피고인이 한 행위는 모두 무효에 해당하므로 **회사에 재산상 손해가 발생하였다거나 재산상 실해발생의 위험이 초래되었다고 볼 수 없어 업무상배임죄는 성립하지 아니한다**(대판 2012.5.24, 2012도2142 **동두천기독교협동조합 사건**). 14. 변호사, 17. 경찰승진

⑭ 회사의 대표이사인 피고인이 대표권을 남용하여 자신의 개인채무에 대하여 회사 명의의 차용증을 작성하여 주었고, 그 상대방도 이와 같은 진의를 알았거나 알 수 있었던 경우라면, 무효인 차용증을 작성하여 준 것만으로는 회사에 재산상 손해가 발생하였다거나 재산상 실해발생의 위험이 초래되었다고 볼 수 없어 **업무상배임죄는 성립하지 않는다**(대판 2010.5.27, 2010도1490 **회사명의 차용증 사건**). 11. 경찰승진

⑮ 회사의 대표이사인 피고인이 개인의 차용금채무에 관하여 개인 명의로 작성하여 교부한 차용증에 추가로 회사의 법인인감을 날인하였다고 하더라도, 이는 적법한 대표행위라고 할 수 없으므로 회사가 차용증에 기한 차용금채무를 부담하게 되는 것이 아님은 물론이고, 나아가 금원의 대여자는 위와 같은 행위가 적법한 대표행위가 아님을 알았거나 알 수 있었다 할 것이어서 회사가 대여자에 대하여 사용자책임이나 법인의 불법행위 등에 따른 손해배상의무도 부담할 여지가 없으므로, 결국 회사에 재산상 손해가 발생하였다거나 재산상 실해발생의 위험이 초래되었다고 볼 수 없어 **업무상배임죄는 성립하지 아니한다**(대판 2004.4.9, 2004도771 **법인인감 날인 사건**). 11. 경찰승진, 14. 경찰채용, 15. 사법시험

⑯ 금융기관이 거래처의 기존 대출금에 대한 원리금 및 연체이자에 충당하기 위하여 거래처가 신규대출을 받은 것처럼 **서류상 정리하였더라도 금융기관이 실제로 거래처에게 대출금을 새로 교부한 것이 아니라면** 그로 인하여 금융기관에게 어떤 새로운 손해가 발생하는 것은 아니라고 할 것이므로 따로 **업무상배임죄가 성립된다고 볼 수 없다**(대판 2000.6.27, 2000도1155 **경기은행 부도 사건**). 11. 경찰승진, 11·15. 사법시험

(업무상)배임죄가 성립하는 경우	(업무상)배임죄가 성립하지 않는 경우
⑳ 주택조합 정산위원회 위원장이 해임되고 후임 위원장이 선출되었는데도 업무 인계를 거부하고 있던 중 정산위원회를 상대로 제기된 소송의 소장부본 및 변론기일소환장을 송달받고도 그 제소사실을 정산위원회에 알려주지도 않고 스스로 응소하지도 않아 **의제자백에 의한 패소확정판결을 받게 한 경우,** 업무상배임죄가 성립한다(대판 1999.6.22, 99도1095). ㉑ 지입회사 운영자인 피고인과 지입차주인 피해자가 체결한 지입계약의 전형적·본질적 급부의 내용이 지입차주의 재산관리에 관한 사무의 대행에 있다고 인정되므로 피고인은 피해자와의 관계에서 '타인의 사무를 처리하는 자'의 지위에 있다. 그렇다면 **피고인이** 약정 중 지입계약에 따라 피해자의 사무를 처리하면서 화물차에 관하여 임의로 담보를 설정하지 아니할 임무가 있었음에도 이에 위배하여 **피해자의 승낙 없이 제3자에 저당권을 설정해 줌으로써 피해자에게 재산상 손해를 가한 것은 배임죄를 구성한다**(대판 2021.6.30, 2015도19696 **지입화물차 저당권설정 사건**). 21. 법원행시 ㉒ 자동차 등에 관하여 양도담보설정계약을 체결한 채무자는 채권자에 대하여 그의 사무를 처리하는 지위에 있지 아니하므로 **채무자가 채권자에게 양도담보설정계약에 따른 의무를 다하지 아니하고 이를 타에 처분하였다고 하더라도 배임죄가 성립하지 아니한다**[대판 2022.12.22, 2020도8682(전합) **자동차 양도담보계약 불이행 사건**]. 23. 법원직 9급	⑰ **동일인 대출한도를 초과하여 대출함으로써 새마을금고법을 위반하였다고 하더라도** 대출한도 제한규정 위반으로 처벌함은 별론으로 하고, **그 사실만으로 특별한 사정이 없는 한 업무상배임죄가 성립한다고 할 수 없고,** 일반적으로 이러한 동일인 대출한도 초과대출이라는 임무위배의 점에 더하여 대출당시의 대출채무자의 재무상태, 다른 금융기관으로부터의 차입금, 기타 채무를 포함한 전반적인 금융거래상황, 사업현황 및 전망과 대출금의 용도, 소요기간 등에 비추어 볼 때 채무상환능력이 부족하거나 제공된 담보의 경제적 가치가 부실해서 대출채권의 회수에 문제가 있는 것으로 판단되는 경우에 재산상 손해가 발생하였다고 보아 업무상배임죄가 성립한다[대판 2008.6.19, 2006도4876(전합) **안녕 새마을금고 사건**]. 13. 사법시험, 15. 경찰채용, 17·20. 경찰승진 ⑱ 은행지점장인 피고인 甲이 **은행을 대리하여 A회사가 B회사에 대하여 장래 부담하게 될 물품대금채무에 대하여 지급보증을 하였다고 하더라도** B회사가 A회사와 거래를 개시하지도 않았고, 이에 따라 **지급보증의 대상인 물품대금 지급채무 자체가 현실적으로 발생하지 않은 이상,** 보증인인 은행에 경제적인 관점에서 손해가 발생한 것과 같은 정도로 구체적인 위험이 발생하였다고 평가할 수는 없으므로 피고인을 **특경법 위반(배임)죄로 처벌할 수는 없다**(대판 2015.9.10, 2015도6745 **은행지점장 지급보증 사건**). ⑲ 주식회사의 설립업무 또는 증자업무를 담당한 자와 주식인수인이 사전 공모하여 주금납입취급은행 이외의 제3자로부터 납입금에 해당하는 금액을 차입하여 주금을 납입하고 납입취급은행으로부터 납입금보관증명서를 교부받아 **회사의 설립등기절차 또는 증자등기절차를 마친 직후 이를 인출하여 위 차용금채무의 변제에 사용하는 경우,** 위와 같은 행위는 실질적으로 회사의 자본을 증가시키는 것이 아니고 등기를 위하여 납입을 가장하는 편법에 불과하여 주금의 납입 및 인출의 전 과정에서 회사의 자본금에는 실제 아무런 변동이 없다고 보아야 할 것이므로 그들에게 불법이득의 의사가 있다거나 회사에 재산상 손해가 발생한다고 볼 수는 없으므로 **업무상배임죄가 성립하지 아니한다**(대판 2005.4.29, 2005도856). 12. 경찰승진

⑳ [1] **주권발행 전 주식의 양도는** 양도인과 양수인의 의사표시만으로 효력이 발생하고 주식양수인은 특별한 사정이 없는 한 양도인의 협력을 받을 필요 없이 단독으로 자신이 주식을 양수한 사실을 증명함으로써 회사에 대하여 그 명의개서를 청구할 수 있다. [2] 따라서 **양도인이 양수인으로 하여금 회사 이외의 제3자에게 대항할 수 있도록 확정일자 있는 증서에 의한 양도통지 또는 승낙을 갖추어 주어야 할 채무를 부담한다 하더라도 이는 자기의 사무라고 보아야 하고,** 이를 양수인과의 신임관계에 기초하여 양수인의 사무를 맡아 처리하는 것으로 볼 수 없어 주권발행 전 주식에 대한 양도계약에서의 **양도인이 제3자에 대한 대항요건을 갖추어 주지 아니하고 이를 타에 처분하였다 하더라도 배임죄가 성립하는 것은 아니다**(대판 2020.6.4, 2015도6057 주식 이중양도 사건). 20. 법원행시

㉑ 관광버스지입회사가 버스에 **저당권을 설정한 후 타인에게 매도한 경우 배임죄가 성립하지 않는다**[대판 2020.10.22, 2020도6258(전합)]. ➡ 이와 달리 채무 담보를 위하여 채권자에게 동산에 관하여 저당권 또는 공장저당권을 설정한 채무자가 타인의 사무를 처리하는 자에 해당함을 전제로 채무자가 담보목적물을 처분한 경우 배임죄가 성립한다고 한 대판 2003.7.11, 2003도67, 대판 2012.9.13, 2010도11665를 비롯한 같은 취지의 대법원 판결들은 이 판결의 견해에 배치되는 범위 내에서 모두 변경하기로 한다.

㉒ **서면에 의하지 아니한 증여계약이 행하여진 경우 당사자는 그 증여가 이행되기 전까지는 언제든지 이를 해제할 수 있으므로** 증여자가 구두의 증여계약에 따라 수증자에 대하여 증여목적물의 소유권을 이전하여 줄 의무를 부담한다고 하더라도 **증여자는 수증자의 사무를 처리하는 자의 지위에 있다고 할 수 없다**(대판 2005.12.9, 2005도5962 느티나무 증여 사건).

㉓ 피고인이 **내연의 처와의 불륜관계를 지속하는 대가로서 부동산에 관한 소유권이전등기를 경료해 주기로 약정한 경우,** 부동산 증여계약은 선량한 풍속과 사회질서에 반하는 것으로 무효이어서 위 증여로 인한 소유권이전등기의무가 인정되지 아니하는 이상, 피고인이 비록 등기의무를 이행하지 않는다 하더라도 배임죄를 구성하지 않는다(대판 1986.9.9, 86도1382). 11. 사법시험

(업무상)배임죄가 성립하는 경우	(업무상)배임죄가 성립하지 않는 경우
	㉔ [1] 채무자가 채권자에 대하여 소비대차 등으로 인한 채무를 부담하고 이를 담보하기 위하여 **장래에 부동산의 소유권을 이전하기로 하는 내용의 대물변제예약에서,** 그 약정의 내용에 좇은 이행을 하여야 할 채무는 특별한 사정이 없는 한 '자기의 사무'에 해당하는 것이 원칙이다. 대물변제예약의 궁극적 목적은 차용금반환채무의 이행 확보에 있고, **채무자가 대물변제예약에 따라 부동산에 관한 소유권이전등기절차를 이행할 의무는** 그 궁극적 목적을 달성하기 위해 채무자에게 요구되는 부수적 내용이어서 이를 가지고 배임죄에서 말하는 신임관계에 기초하여 채권자의 재산을 보호 또는 관리하여야 하는 '**타인의 사무**'에 해당한다고 볼 수는 없다. 그러므로 채권 담보를 위한 대물변제예약 사안에서 **채무자가 대물로 변제하기로 한 부동산을 제3자에게 처분하였다고 하더라도 형법상 배임죄가 성립하는 것은 아니다.** [2] 피고인 甲이 A에게 차용금 3억원을 변제하지 못할 경우 甲의 어머니 소유의 **부동산에 대한 유증상속분을 대물변제하기로 약정하였고,** 그 후 甲이 유증을 원인으로 부동산에 관한 소유권이전등기를 마쳤음에도 **이를 누나와 자형에게 매도한 경우 배임죄는 성립하지 아니한다**[대판 2014.8.21, 2014도3363(전합) **대물변제예약 부동산매도 사건**]. 15. 경찰채용·변호사, 15·16. 법원행시, 16. 경찰간부·국가직 7급·국가직 9급, 17. 경찰승진
	㉕ 국토의 계획 및 이용에 관한 법률 소정의 규제구역 내에 있는 토지를 매도하였으나 **거래허가를 받은 바가 없다면,** 매도인에게 매수인에 대한 소유권이전등기에 협력할 의무가 생겼다고 볼 수 없고 따라서 **매도인이 배임죄의 주체인 타인의 사무를 처리하는 자에 해당한다고 할 수 없다**(대판 2012.4.13, 2011도3469). 11·13·17. 법원행시

㉖ 채무자가 금전채무를 담보하기 위하여 동산을 채권자에게 동산·채권 등의 담보에 관한 법률에 따른 동산담보로 제공함으로써 채권자인 동산담보권자에 대하여 담보물의 담보가치를 유지·보전할 의무 또는 담보물을 타에 처분하거나 멸실·훼손하는 등으로 담보권 실행에 지장을 초래하는 행위를 하지 않을 의무를 부담하게 되었더라도, 이를 들어 채무자가 통상의 계약에서의 이익대립관계를 넘어서 채권자와의 신임관계에 기초하여 채권자의 사무를 맡아 처리하는 것으로 볼 수 없으므로 **채무자를 배임의 주체인 '타인의 사무를 처리하는 자'에 해당한다고 할 수 없고, 그가 담보물을 제3자에게 처분하는 등으로 담보가치를 감소 또는 상실시켜 채권자의 담보권 실행이나 이를 통한 채권실현에 위험을 초래하더라도 배임죄가 성립하지 아니한다**[대판 2020.8.27, 2019도14770(전합) 레이저가공기 동산담보 사건].

㉗ 특별한 사정이 없는 한 수분양권 매도인이 수분양권 매매계약에 따라 매수인에게 수분양권을 이전할 의무는 자신의 사무에 해당할 뿐이므로 매수인에 대한 관계에서 '타인의 사무를 처리하는 자'라고 할 수 없다. 그러므로 **수분양권 매도인이 위와 같은 의무를 이행하지 아니하고 수분양권 또는 이에 근거하여 향후 소유권을 취득하게 될 목적물을 미리 제3자에게 처분하였다고 하더라도 형법상 배임죄가 성립하는 것은 아니다**(대판 2021.7.8, 2014도12104 아파트 분양권 이중처분 사건). ➡ '아파트 분양권'은 물권이 아니라 채권이므로 이를 이중으로 처분했더라도 배임죄는 성립하지 않는다는 취지의 판례이다. 21. 법원행시

㉘ 피고인이 피해자로부터 금전을 차용하면서 피고인이 국민건강보험공단에 대하여 가지는 **요양급여채권을 피해자에게 포괄근담보로 제공하는 채권양도담보계약을 체결하였음에도 그 채권을 친형인 공소외인의 채권자에게 이중으로 양도하고 국민건강보험공단으로부터 696,978,160원을 지급받게 한 경우**, 피고인의 담보가치 유지·보전에 관한 사무가 채권양도담보계약에 따른 채무의 한 내용임을 넘어 피해자의 담보 목적 달성을 위한 신임관계에 기초한 타인의 사무에 해당한다고 볼 수 없어 **배임죄는 성립하지 않는다**(대판 2021.7.15, 2015도5184 요양급여채권 포괄근담보 사건).

(업무상)배임죄가 성립하는 경우	(업무상)배임죄가 성립하지 않는 경우
	㉙ 가상자산 권리자의 착오나 가상자산 운영 시스템의 오류 등으로 법률상 원인관계 없이 **다른 사람의 가상자산 전자지갑에 가상자산이 이체된 경우** 가상자산을 이체 받은 자는 가상자산의 권리자 등에 대한 부당이득반환의무를 부담하게 될 수 있다. 그러나 이는 당사자 사이의 민사상 채무에 지나지 않고 이러한 사정만으로 **가상자산을 이체 받은 사람이 신임관계에 기초하여 가상자산을 보존하거나 관리하는 지위에 있다고 볼 수 없다.** 또한 피고인과 피해자 사이에는 아무런 계약관계가 없고 피고인은 어떠한 경위로 비트코인을 이체 받은 것인지 불분명하여 부당이득반환청구를 할 수 있는 주체가 피해자인지 아니면 거래소인지 명확하지 않다. 설령 피고인이 피해자에게 직접 부당이득반환의무를 부담한다고 하더라도 곧바로 가상자산을 이체 받은 사람을 피해자에 대한 관계에서 배임죄의 주체인 **타인의 사무를 처리하는 자에 해당한다고 단정할 수는 없다**(대판 2021.12.16, 2020도9789 **비트코인 착오이체 사건**). 22. 경찰채용

⚖ **판례 ┃ 부동산 이중매매 관련 판례**

1 이중매매에 있어서 매도인이 매수인의 사무를 처리하는 자로서 **배임죄의 주체가 되기 위하여는** 매도인이 계약금을 받은 것만으로는 부족하고 적어도 **중도금을 받는 등 매도인이 더 이상 임의로 계약을 해제할 수 없는 상태에 이르러야 한다**(대판 2007.6.14, 2007도379 **과도한 계약금 사건**). 13·15. 사법시험

2 매도인이 매수인에게 부동산을 매도하고 **계약금만을 수수한 상태에서** 매수인이 잔대금의 지급을 거절한 이상 매도인으로서는 이행을 최고할 필요없이 매매계약을 해제할 수 있는 지위에 있었으므로 **매도인을 타인의 사무를 처리하는 자라고 볼 수 없다**(대판 1984.5.15, 84도315).

3 매도인이 부동산을 제1차 매수인에게 매도하고 계약금과 중도금까지 수령한 이상 특단의 약정이 없는 한 잔금수령과 동시에 매수인 명의로의 소유권이전등기에 협력할 임무가 있고 이 임무는 주로 위 매수인을 위하여 부담하는 임무라 할 것이므로, 매매계약이 적법하게 해제되지 않은 이상 **매도인이 다시 제3자와 사이에 매매계약을 체결하고 계약금과 중도금까지 수령한 것은** 제1차 매수인에 대한 소유권이전등기 협력임무의 위배와 밀접한 행위로서 **배임죄의 실행착수라고 보아야 한다**(대판 1983.10.11, 83도2057).

4 부동산 이중양도에 있어서 매도인이 제2차 매수인으로부터 **계약금만을 지급받고 중도금을 수령한 바 없다면, 배임죄의 실행의 착수가 있었다고 볼 수 없다**(대판 2010.4.29, 2009도14427). 11·13. 사법시험, 11·16. 법원행시, 12. 변호사, 12·13. 법원직 9급, 12·17·20. 국가직 9급, 18·21. 경찰간부

5 부동산의 매도인이 매수인 앞으로의 소유권이전등기에 협력할 의무가 있음에도 불구하고 같은 부동산을 매수인 이외의 자에게 이중으로 매도하여 소유권이전등기를 마친 경우에는 1차 매수인에 대한 소유권이전등기의무는 이행불능이 되고 이로써 1차 매수인에게 부동산의 소유권을 취득할 수 없는 손해가 발생하는 것이므로 부동산의 이중매매에 있어서 배임죄의 **기수시기는 2차 매수인 앞으로 소유권이전등기를 마친 때이다**(대판 1984.11.27, 83도1946).

6 부동산을 이중으로 매도한 경우에 매도인이 선매수인에게 소유권이전의무를 이행하였다고 하여 후매수인에 대한 관계에서 그가 임무를 위법하게 위배한 것이라고 할 수 없다(대판 2010.4.29, 2009도14427). 11·12·17. 경찰승진

7 피고인 甲이 A 등과 상가점포 매매계약을 체결하고 계약 당일 계약금 2억원, 이후 **중도금 6억원을 지급받았음에도 다시 乙 등에게** 매매대금 15억원에 상가점포를 매도하고 소유권이전등기를 마쳐준 경우 배임죄가 성립한다[대판 2018.5.17, 2017도4027(전합) **상가 이중매매 사건**]. 20. 법원직 9급

8 피고인 甲이 부동산을 양도하면서 **양수인 A로부터 계약금 및 중도금에 갈음하여 A 소유의 부동산을 이전받기로 하고 그 소유권이전등기 소요서류를 모두 교부받았다면** 甲이 비록 그 부동산에 관하여 자기 앞으로 소유권이전등기를 마치지 않은 상태였다 하더라도 이전등기에 필요한 서류를 모두 교부받은 이상 그 상태는 계약금 및 중도금을 이행받은 경우와 마찬가지라고 봄이 상당하여, 이 경우 **甲이 양도부동산을 제3자 乙에게 이중양도하고 소유권이전등기를 마쳤다면 A에 대한 배임행위가 된다**(대판 1986.10.28, 86도936). 11·13. 사법시험, 11·16. 법원행시, 12. 변호사, 12·13. 법원직 9급, 12·17. 국가직 9급

9 피고인 甲이 피해자 A에게 임야를 매도하고 **일부 잔금까지 지급받았음에도,** 다시 임야를 乙에게 매도하여 계약금을 지급받고는 乙 앞으로 소유권이전청구권 보전을 위한 가등기를 마쳐 준 경우 배임죄가 성립한다(대판 2008.7.10, 2008도3766). 16. 국가직 9급

10 [1] 부동산 매매계약에서 중도금이 지급되는 등 계약이 본격적으로 이행되는 단계에 이른 때에는 매도인은 매수인에 대하여 매수인의 재산보전에 협력하여 재산적 이익을 보호·관리할 신임관계에 있게 되고, 그때부터 매도인은 배임죄에서 말하는 '타인의 사무를 처리하는 자'에 해당하므로 **매도인이 부동산을 제3자에게 처분하고 제3자 앞으로 등기를 마쳐 준 행위는 매수인의 부동산 취득 또는 보전에 지장을 초래하는 행위이므로 배임죄가 성립한다.** [2] 매도인이 매수인에게 순위보전의 효력이 있는 **가등기를 마쳐 주었다고 하더라도** 이는 향후 매수인에게 손해를 회복할 수 있는 방안을 마련하여 준 것일 뿐 그 자체로 물권변동의 효력이 있는 것은 아니어서 매도인으로서는 소유권을 이전하여 줄 의무에서 벗어날 수 없으므로 **그와 같은 가등기로 인하여 매수인의 재산보전에 협력하여 재산적 이익을 보호·관리할 신임관계의 전형적·본질적 내용이 변경된다고 할 수 없다**(대판 2020.5.14, 2019도16228 **가등기 부동산 이중매매 사건**). 21. 경찰채용

⚖️ 판례 | 부동산 이중저당 관련 판례

1 [1] 배임죄는 타인의 사무를 처리하는 자가 그 임무에 위배하는 행위로써 재산상의 이익을 취득하거나 제3자로 하여금 이를 취득하게 하여 사무의 주체인 타인에게 손해를 가할 때 성립하는 것이므로, 그 **범죄의 주체는 타인의 사무를 처리하는 지위에 있어야 한다.** [2] 채무자가 저당권설정계약에 따라 채권자에 대하여 부담하는 저당권을 설정할 의무는 계약에 따라 부담하게 된 **채무자 자신의 의무이다.** 채무자가 위와 같은 의무를 이행하는 것은 채무자 자신의 사무에 해당할 뿐이므로, 채무자를 채권자에 대한 관계에서 '타인의 사무를 처리하는 자'라고 할 수 없다. 따라서 채무자가 제3자에게 먼저 담보물에 관한 저당권을 설정하거나 담보물을 양도하는 등으로 담보가치를 감소 또는 상실시켜 채권자의 채권실현에 위험을 초래하더라도 **배임죄가 성립한다고 할 수 없다**[대판 2020.6.18, 2019도14340(전합)]. ➡ 위와 같은 법리는, 채무자가 금전채무에 대한 담보로 부동산에 관하여 양도담보설정계약을 체결하고 이에 따라 채권자에게 소유권이전등기를 해 줄 의무가 있음에도 제3자에게 그 부동산을 처분한 경우에도 적용된다. 이와 달리 채무 담보를 위하여 채권자에게 부동산에 관하여 근저당권을 설정해주기로 약정한 채무자가 채권자의 사무를 처리하는 자에 해당함을 전제로 채무자가 담보목적물을 처분한 경우 배임죄가 성립한다고 한 대판 2008.3.27, 2007도9328, 대판 2011.11.10, 2011도11224를 비롯한 같은 취지의 대법원 판결들은 이 판결의 견해에 배치되는 범위 내에서 모두 변경하기로 한다. 20. 법원행시

2 부동산에 피해자 명의의 근저당권을 설정하여 줄 의사가 없음에도 피해자를 속이고 근저당권설정을 약정하여 금원을 편취한 경우라 할지라도, 이러한 약정은 사기 등을 이유로 취소되지 않는 한 여전히 유효하여 피해자 명의의 근저당권설정등기를 하여 줄 임무가 발생하는 것이고, 그럼에도 불구하고 임무에 위배하여 그 부동산에 관하여 제3자 명의로 근저당권설정등기를 마친 경우, 사기죄를 구성하고 배임죄를 구성하지 아니한다(대판 2008.3.27, 2007도9328). ➡ 종전에는 사기죄 외에 배임죄가 성립한다는 판례였으나 위 **1** 판례에 의하여 사기죄만 성립한다.

⚖️판례 | 동산 또는 임차권 이중매매(또는 이중양도) 관련 판례

1 [1] 매매의 목적물이 동산일 경우, 매도인은 매수인에게 계약에 정한 바에 따라 그 목적물인 동산을 인도함으로써 계약의 이행을 완료하게 되고 그때 매수인은 매매목적물에 대한 권리를 취득하게 되는 것이므로, **매도인에게 자기의 사무인 동산인도채무 외에 별도로 매수인의 재산의 보호 내지 관리행위에 협력할 의무가 있다고 할 수 없다.** 동산매매계약에서의 매도인은 매수인에 대하여 그의 사무를 처리하는 지위에 있지 아니하므로, 매도인이 목적물을 매수인에게 인도하지 아니하고 이를 타에 처분하였다 하더라도 형법상 배임죄가 성립하는 것은 아니다. [2] 피고인 甲이 인쇄기를 A에게 양도하기로 하여 그로부터 **계약금 및 중도금 명목으로 원단을 제공받아 이를 수령하였음에도 불구하고, 인쇄기를 자신의 채권자인 乙에게 기존 채무의 변제에 갈음하여 양도하였더라도 배임죄는 성립하지 아니한다**[대판 2011.1.20, 2008도10479(전합) **인쇄기 이중매매 사건**]. 11. 법원직 9급, 11·12·15·17. 법원행시, 12·13·14·15. 사법시험, 12·15·16. 변호사, 13·16·21. 경찰간부, 14. 국가직 7급, 14·17·20. 경찰승진, 15. 국가직 9급, 15·16·20. 경찰채용

2 양품점의 임차권만의 양도계약을 체결한 경우 양수인에게 그 점포를 명도하여 줄 양도인의 의무는 양도계약에 따른 민사상의 채무에 불과할 뿐 타인의 사무라고 할 수 없으므로 위 **점포의 이중양도행위는 배임죄를 구성하지 않는다**(대판 1990.9.25, 90도1216). 11. 경찰승진

3 점포임차권양도계약을 체결한 후 계약금과 중도금까지 지급받았다 하더라도 잔금을 수령함과 동시에 양수인에게 점포를 명도하여 줄 양도인의 의무는 위 양도계약에 따르는 민사상의 채무에 지나지 아니하여 이를 타인의 사무로 볼 수 없으므로 비록 양도인이 임차권을 이중으로 양도하였다 하더라도 배임죄를 구성하지 **않는다**(대판 1986.9.23, 86도811). 13. 법원행시, 16. 경찰간부

⚖️판례 | 동산·부동산 양도담보 관련 판례

1 채권의 담보를 목적으로 부동산의 소유권이전등기를 경료받은 채권자는 채무자가 변제기일까지 그 채무를 변제하면 채무자에게 그 소유명의를 환원하여 주기 위하여 그 소유권이전등기를 이행할 의무가 있으므로 **변제기일 이전에 이를 제3자에게 처분하였다면** 변제기일까지 채무자의 변제가 없었다 하더라도 **배임죄가 성립한다**(대판 2007.1.25, 2005도7559).

2 양도담보가 처분정산형의 경우이건 귀속정산형의 경우이건간에 **담보권자가 변제기 경과 후에 담보권을 실행하여** 그 환가대금 또는 평가액을 채권원리금과 담보권 실행비용 등의 변제에 충당하고 환가대금 또는 평가액의 나머지가 있어 이를 담보제공자에게 반환할 의무는 담보계약에 따라 부담하는 자신의 정산의무이므로 그 의무를 이행하는 사무는 곧 자기의 사무처리에 속하는 것이라 할 것이고 이를 부동산매매에 있어서의 매도인의 등기의무와 같이 타인인 채무자의 사무처리에 속하는 것이라고 볼 수는 없어 **그 정산의무를 이행하지 아니한 소위는 배임죄를 구성하지 않는다**[대판 1985.11.26, 85도1493(전합)]. 12. 변호사, 20. 법원직 9급

3 담보권자가 변제기 경과 후에 담보권을 실행하기 위하여 담보목적물을 처분하는 행위는 담보계약에 따라 담보권자에게 주어진 권능이어서 자기의 사무처리에 속하는 것이지 타인인 채무자의 사무처리에 속하는 것이라고 할 수 없으므로, 담보권자가 담보권을 실행하기 위하여 **담보목적물을 처분함에 있어 시가에 따른 적절한 처분을 하여야 할 의무는 담보계약상의 민사채무일 뿐 그와 같은 형법상의 의무가 있는 것은 아니므로 그에 위반한 경우 배임죄가 성립된다고 할 수 없다**(대판 1997.12.23, 97도2430). 11 · 16 · 20. 경찰승진, 12. 변호사, 13. 법원행시

4 채무자가 채권자에게 동산을 양도담보로 제공하고 점유개정의 방법으로 점유하고 있는 경우에는 그 동산의 소유권은 여전히 채무자에게 유보되어 있는 것이어서 채무자는 자기의 물건을 보관하고 있는 셈이 되므로, **양도담보의 목적물을 제3자에게 처분하거나 담보로 제공하였다 하더라도 횡령죄를 구성하지 아니한다**(대판 2009.2.12, 2008도10971 **쇼트기 사건**). 12. 법원행시, 15. 사법시험, 16. 국가직 7급, 17 · 20. 경찰채용

5 채무자가 채무이행의 담보를 위하여 동산에 관한 양도담보계약을 체결하고 점유개정의 방법으로 여전히 동산을 점유하는 경우 그 계약이 채무의 담보를 위하여 양도의 형식을 취하였을 뿐이고 실질은 채무의 담보와 담보권실행의 청산절차를 주된 내용으로 하는 것이라면 별단의 사정이 없는 한 그 동산의 소유권은 여전히 채무자에게 남아 있고, 채권자는 단지 양도담보물권을 취득하는 데 지나지 않으므로 **동산을 다른 사유에 의하여 보관하게 된 채권자는 타인 소유의 물건을 보관하는 자로서 횡령죄의 주체가 될 수 있다**(대판 1989.4.11, 88도906 **양도담보 포목 사건**). 12. 변호사, 18. 국가직 9급, 20. 법원직 9급

6 [1] 채무자가 금전채무를 담보하기 위하여 그 소유의 동산을 채권자에게 양도담보로 제공함으로써 채권자인 양도담보권자에 대하여 담보물의 담보가치를 유지 · 보전할 의무 내지 담보물을 타에 처분하거나 멸실 · 훼손하는 등으로 담보권 실행에 지장을 초래하는 행위를 하지 않을 의무를 부담하게 되었더라도, 이를 들어 채무자가 통상의 계약에서의 이익대립관계를 넘어서 채권자와의 신임관계에 기초하여 채권자의 사무를 맡아 처리하는 것으로 볼 수 없다. 따라서 채무자를 배임죄의 주체인 '**타인의 사무를 처리하는 자**'에 해당한다고 할 수 없고, 그가 담보물을 제3자에게 처분하는 등으로 담보가치를 감소 또는 상실시켜 채권자의 담보권 실행이나 이를 통한 채권실현에 위험을 초래하더라도 **배임죄가 성립한다고 할 수 없다.** [2] 위와 같은 법리는, 채무자가 동산에 관하여 양도담보설정계약을 체결하여 이를 채권자에게 양도할 의무가 있음에도 제3자에게 처분한 경우에도 적용되고, 주식에 관하여 양도담보설정계약을 체결한 채무자가 제3자에게 해당 주식을 처분한 사안에도 마찬가지로 적용된다(대판 2020.2.20, 2019도9756). 20. 법원행시

7 **동산을 양도담보로 제공하고 점유개정의 방법으로 점유하고 있다가 이를 다시 제3자에게 역시 점유개정의 방법으로 양도하는 경우**, 제3자가 그 동산을 선의취득할 수가 없으므로 **최초의 양도담보권자에게 어떠한 재산상 손해의 위험이 발생한다고 할 수 없어 배임죄가 성립하지 않는다**(대판 2007.2.22, 2006도6686 **어선 이중양도담보 사건**). 15. 변호사

8 채무자가 그 소유의 동산에 대하여 점유개정의 방식으로 채권자들에게 이중의 양도담보 설정계약을 체결한 후 양도담보 설정자가 목적물을 임의로 제3자에게 처분하였다면 양도담보권자라 할 수 없는 **뒤의 채권자에 대한 관계에서는**, 설정자인 채무자가 타인의 사무를 처리하는 자에 해당한다고 할 수 없어 **배임죄가 성립하지 않는다**(대판 2004.6.25, 2004도1751). 18 · 21. 경찰간부, 19. 해경채용, 20. 경찰채용

02 배임수재죄

> **형법**
>
> 제357조【배임수증재】① **타인의 사무를 처리하는 자**가 그 임무에 관하여 **부정한 청탁**을 받고 재물 또는 재산상의 이익을 취득하거나 제3자로 하여금 이를 취득하게 한 때에는 5년 이하의 징역 또는 1천만원 이하의 벌금에 처한다.

객관적 구성요건	주체	**타인의 사무를 처리하는 자**(진정신분범)
	객체	재물 또는 재산상 이익
	행위	임무에 관하여 **부정한 청탁**을 받고 재물 또는 재산상의 이익을 취득하거나 제3자로 하여금 이를 취득하게 하는 것 ① 임무에 관하여: 위탁받은 본래의 사무뿐만 아니라 그와 **밀접한 관계가 있는 범위 내의 사무도 포함**됨 ② 부정한 청탁: 반드시 업무상 **배임의 내용이 되는 정도에 이를 것을 요하지 아니하고, 사회상규 또는 신의성실의 원칙에 반하는 것** ③ '재물 또는 재산상 이익의 취득'은 부정한 청탁과 관련된 것이어야 하고, '취득'은 **현실적인 수령이어야 하고** 단순한 **요구·약속만으로는 부족함**
	착수기수	① 실행의 착수시기: 임무에 관한 부정한 청탁을 받아들인 때 ② 기수시기: 재물 또는 재산상의 이익을 취득한 때

03 배임증재죄

> **형법**
>
> 제357조【배임수증재】① 타인의 사무를 처리하는 자가 그 임무에 관하여 부정한 청탁을 받고 재물 또는 재산상의 이익을 취득하거나 제3자로 하여금 이를 취득하게 한 때에는 5년 이하의 징역 또는 1천만원 이하의 벌금에 처한다.
> ② 제1항의 재물 또는 이익을 공여한 자는 2년 이하의 징역 또는 500만원 이하의 벌금에 처한다.

⚖ 판례 | 배임수재죄 관련 판례

1 배임수증재죄에 있어서 '**부정한 청탁**'이라 함은 청탁이 사회상규와 신의성실의 원칙에 반하는 것을 말하고, 이를 판단함에 있어서는 청탁의 내용 및 이와 관련되어 교부받거나 공여한 재물의 액수·형식, 보호법익인 사무처리자의 청렴성 등을 종합적으로 고찰하여야 하며, 그 청탁이 반드시 명시적임을 요하는 것은 아니다(대판 2010.4.15, 2009도6634 **한일합섬 LBO 사건**). 12. 경찰채용

2 배임수재죄에 있어서 '**부정한 청탁**'이라 함은 반드시 업무상 배임의 내용이 되는 정도에 이를 것을 요하지 아니하고, 사회상규 또는 신의성실의 원칙에 반하는 것을 내용으로 하는 것이면 족하고, 이를 판단함에 있어서는 청탁의 내용 및 이에 관련한 대가의 액수, 형식, 보호법익인 거래의 청렴성 등을 종합적으로 고찰하여야 하며, 그 청탁이 반드시 명시적임을 요하지 아니한다(대판 2013.12.26, 2010도16681 **어린이집 양도 사건**). 11·16. 법원직 9급, 20. 변호사

3 부정한 청탁을 받고 나서 사후에 재물 또는 재산상의 이익을 취득하였다고 하더라도 그 재물 또는 재산상의 이익이 그 청탁의 대가인 이상 **배임수재죄가 성립되며,** 또한 부정한 청탁의 결과로 상대방이 얻은 재물 또는 재산상의 이익의 일부를 상대방으로부터 그 청탁의 대가로 취득한 경우에도 마찬가지이다(대판 2013.11.14, 2011도11174 **아파트 재임대차 독점중개 사건**).

4 배임수재죄로 처벌하기 위하여는 타인의 사무를 처리하는 자가 부정한 청탁을 받아들이고 이에 대한 대가로서 재물 또는 재산상의 이익을 받은 데에 대한 범의가 있어야 할 것이고, 또 배임수재죄에서 말하는 '**재산상의 이익의 취득**'이라 함은 현실적인 취득만을 의미하므로 단순한 요구 또는 약속만을 한 경우에는 이에 포함되지 아니한다(대판 1999.1.29, 98도4182 **골프장회원권 명의변경 × 사건**). 12. 경찰채용·경찰간부, 13. 법원직 9급, 16. 사법시험, 20. 변호사

5 **배임수재죄**는 타인의 사무를 처리하는 자가 그 임무에 관하여 부정한 청탁을 받고 재물 등을 취득함으로써 성립하는 것이고 어떠한 임무 위배행위나 본인에게 손해를 가한 것을 요건으로 하는 것이 아닌데 대하여, **배임죄**는 타인의 사무를 처리하는 자가 그 임무에 위배하는 행위가 있어야 하고 그 행위로서 본인에게 손해를 가함으로써 성립하는 것이나 부정한 청탁을 받거나 금품을 수수한 것을 그 요건으로 하지 않고 있으므로 이들 양죄는 행위의 태양을 전연 달리하고 있어 일반법과 특별법관계가 아닌 **별개의 독립된 범죄라고 보아야 한다**(대판 1984.11.27, 84도1906 **조흥은행 금융부정사건**). 13. 법원직 9급

6 개정 형법 제357조의 보호법익 및 체계적 위치, 개정 경위, 법문의 문언 등을 종합하여 볼 때, **개정 형법이 적용되는 경우에도 '제3자'에는 다른 특별한 사정이 없는 한 사무처리를 위임한 타인은 포함되지 않는다.** 그러나 배임수재죄의 행위주체가 재물 또는 재산상 이익을 취득하였는지는 증거에 의하여 인정된 사실에 대한 규범적 평가의 문제이다. 부정한 청탁에 따른 재물이나 재산상 이익이 외형상 사무처리를 위임한 타인에게 지급된 것으로 보이더라도 사회통념상 그 타인이 재물 또는 재산상 이익을 받은 것을 부정한 청탁을 받은 사람이 직접 받은 것과 동일하게 평가할 수 있는 경우에는 배임수재죄가 성립될 수 있다(대판 2021.9.30, 2019도17102 **기사형 광고대가 사건**)(同旨 대판 2021.9.30, 2020도2641 **홍보성 기사대가 사건**). ➡ 신문사 기자들이 업자들로부터 '광고성 기사'를 작성해 달라는 청탁을 받고 소속 신문사 계좌로 금원을 입금받은 사건인데, 판례는 이 경우 배임수증재죄의 요건인 '부정한 청탁'에는 해당하지만 신문사는 '제3자'가 아니므로 배임수증재죄는 성립하지 않는다고 판시하였다.

배임수증재죄가 성립하는 경우	배임수증재죄가 성립하지 않는 경우
① **배임수재죄는** 타인의 사무를 처리하는 자가 그 임무에 관하여 부정한 청탁을 받고 재물 또는 재산상의 이익을 취득한 경우에 성립하는 범죄로서 **원칙적으로 타인의 사무를 처리하는 자라야 그 범죄의 주체가 될 수 있고, 그러한 신분을 가지지 아니한 자는 신분 있는 자의 범행에 가공한 경우에 한하여 그 주체가 될 수 있다**(대판 2010.7.22, 2009도12878 **건설사업 평가위원 사건**). 16. 법원행시, 20. 변호사	① 타인의 사무를 처리하는 자의 지위를 취득하기 전에 부정한 청탁을 받은 행위를 처벌하는 별도의 구성요건이 존재하지 않는 이상, **타인의 사무처리자의 지위를 취득하기 전에 부정한 청탁을 받은 경우에 배임수재죄로는 처벌할 수 없다**(대판 2010.7.22, 2009도12878 **건설사업 평가위원 사건**). 16. 변호사
② 타인의 사무를 처리하는 자가 그 신임관계에 기한 사무의 범위에 속한 것으로서 장래에 담당할 것이 합리적으로 기대되는 임무에 관하여 부정한 청탁을 받고 재물 또는 재산상 이익을 취득한 후 그 청탁에 관한 임무를 현실적으로 담당하게 되었다면 이로써 타인의 사무를 처리하는 자의 청렴성은 훼손되는 것이어서 **배임수재죄의 성립을 인정할 수 있다**(대판 2013.10.11, 2012도13719 **한국철도대학 총장 사건**). 16. 법원행시	② 학교법인의 이사장 또는 사립학교경영자가 학교법인 운영권을 양도하고 양수인으로부터 양수인 측을 학교법인의 임원으로 선임해 주는 대가로 양도대금을 받기로 하는 내용의 '청탁'을 받았다 하더라도, 그 청탁의 내용이 당해 학교법인의 설립목적과 다른 목적으로 기본재산을 매수하여 사용하려는 것으로서 학교법인의 존립에 중대한 위협을 초래할 것임이 명백하다는 등의 특별한 사정이 없는 한, 그 청탁이 사회상규 또는 신의성실의 원칙에 반하는 것을 내용으로 하는 것이라고 할 수 없으므로 **배임수재죄의 구성요건인 '부정한 청탁'에 해당한다고 할 수 없다**(대판 2014.1.23, 2013도11735 **석정학원 양도 사건**). 15. 법원행시, 16. 법원직 9급
③ 타인의 사무를 처리하는 자가 그 임무에 관하여 부정한 청탁을 받은 이상 그 후 사직으로 인하여 그 직무를 담당하지 아니하게 된 상태에서 재물을 수수하게 되었다 하더라도 그 재물 등의 수수가 부정한 청탁과 관련하여 이루어진 것이라면 **배임수재죄가 성립한다**(대판 1997.10.24, 97도2042). 13. 법원직 9급	③ [1] 청탁한 내용이 단순히 규정이 허용하는 범위 내에서 최대한의 선처를 바란다는 내용에 불과하거나 위탁받은 사무의 적법하고 정상적인 처리범위에 속하는 것이라면 이는 사회상규에 어긋난 부정한 청탁이라고 볼 수 없다. [2] 아파트개발사업 시행업체 측으로부터 철거공사를 담당할 업체를 선정할 권한과 함께 명도·이주업무를 책임지고 수행할 임무를 위임받은 피고인이, **시행업체의 양해하에 철거업체로 선정되면 철거공사 하도급대금 중 일부를 피고인에게 지급하기로 하는 내용의 약정을 철거업체와 체결한 경우**, 타인의 부탁을 받아 계약과 사무를 처리하는 사람이 특정인으로부터 **계약체결의 상대방이 될 수 있게 해달라는 부정한 청탁을 받고 대가를 받은 경우라고 보기 어렵다**(대판 2011.4.14, 2010도8743 **철거공사업체 선정 사건**). 15. 법원행시
④ **배임수증재죄는** 타인의 사무를 처리하는 자가 그 임무에 관하여 부정한 청탁을 받고 재물 또는 재산상의 이익을 취득하는 경우에 성립하는 것이고, 청탁에 따른 일정한 행위가 현실적으로 행하여질 것을 요하지는 아니한다(대판 1991.8.27, 91도61 **부산항운노조 사건**). 11. 경찰승진, 11·15. 사법시험, 12. 경찰채용	
⑤ 임무에 관하여 부정한 청탁을 받고 재물 또는 재산상 이익을 취득하면 배임수재죄는 성립되고, 어떠한 임무위배행위를 하거나 본인에게 손해를 가하는 것을 요건으로 하지 아니한다(대판 2013.11.14, 2011도11174 **아파트 재임대차 독점중개 사건**). 16. 법원직 9급, 16·17. 법원행시, 17. 경찰채용	

⑥ 대학병원 의사인 피고인이, 의약품인 조영제나 의료재료를 지속적으로 납품할 수 있도록 해달라는 부정한 청탁 또는 의약품 등을 사용해 준 대가로 제약회사 등으로부터 명절 선물이나 골프접대 등 향응을 제공받았다면 배임수재죄가 성립한다(대판 2011.8.18, 2010도10290 병원 리베이트 사건). 13. 경찰간부, 15. 법원행시

⑦ SBS 예능국 프로듀서인 피고인 甲이 연예기획사를 운영하는 乙·丙으로부터 그 연예기획사 소속 연예인을 출연시키거나 뮤직비디오를 방영해 달라는 청탁을 받고 시세차익이 예상되는 주식의 매수기회를 제공받은 경우 배임수재죄가 성립한다(대판 2010.4.15, 2009도4791 SBS 예능국 PD 사건).

⑧ A회사의 대표이사인 피고인 甲이 乙을 형식적으로 A회사 소속 병역특례 산업기능요원으로 편입시킨 뒤 B회사에서 근무하도록 해 달라는 청탁을 받고 그 대가로서 A회사의 계좌로 3,300만원을 송금받은 경우, 甲은 A회사의 대표이사이자 주요 주주인 이상 A회사가 재물 또는 재산상 이익을 취득할 경우 甲 역시 직접적으로 그로 인한 이익을 얻는 관계에 있으므로 사회통념상 A회사가 재물 또는 재산상 이익을 받는 것은 甲이 받는 것과 사실상 동일하게 평가할 수 있다(대판 2009.3.12, 2008도1321 산업기능요원 부정편입 사건).

⑨ 회원제 골프장의 예약업무담당자인 피고인이 부킹대행업자의 청탁에 따라 회원에게 제공해야 하는 주말부킹권을 부킹대행업자에게 판매하고 그 대금 명목의 금품을 받은 경우 배임수재죄가 성립한다(대판 2008.12.11, 2008도6987 주말부킹권 부정판매 사건).

⑩ KOC 위원장인 피고인 甲이 업무를 처리하는 과정에서 乙로부터 "KOC 위원으로 선임해 달라. 부산 아시아경기대회 조직위원회 조직위원 및 KOC 상임위원으로 선임해 달라."라는 등의 청탁을 받고 1억 3천만원을 교부받은 경우 배임수재죄가 성립한다(대판 2005.1.14, 2004도6646 태권도연맹회장 사건). 11. 경찰승진

④ [1] 청탁한 내용이 단순히 규정이 허용하는 범위 내에서 최대한의 선처를 바란다는 내용에 불과하다면 사회상규에 어긋난 부정한 청탁이라고 볼 수 없다.
[2] KBO 사무총장인 피고인이 잠실야구장 옥외광고물 사업자로부터 받은 청탁의 내용이 단순히 규정이 허용하는 범위 내에서 최대한 선처를 바란다거나 계약관계를 유지시켜 기존권리를 확보하기 위한 부탁행위에 불과하다면 배임수재죄는 성립하지 아니한다(대판 2006.3.24, 2005도6433 KBO 사무총장 사건). 12. 경찰채용

⑤ 계약관계를 유지시켜 기존권리를 확보하기 위한 부탁행위는 부정한 청탁이라 할 수 없으므로, 피고인이 계약관계를 유지시켜 달라는 부탁을 받고 사례금 명목으로 금원을 교부받은 행위는 배임수재죄에 해당하지 아니한다(대판 1985.10.22, 85도465 쓰레기 수거계약 사건).

⑥ 광주왕실도예사업협동조합의 이사장인 피고인이 조합이 주관하는 도자기 축제의 대행기획사를 선정하는 과정에서 최종 기획사로 선정된 회사로부터 조합운영비 지급을 약속받고 축제가 끝난 후 조합운영비 명목으로 현금 3천만원을 교부받아 조합운영비로 사용한 경우, 피고인이 개인적인 이익을 위해서가 아니라 조합의 이사장으로서 금원을 받아 조합의 운영경비로 사용한 것이므로 배임수재죄가 성립하지 않는다(대판 2008.4.24, 2006도1202 광주왕실도예조합 사건). 11. 경찰승진, 17. 변호사

제8절 장물의 죄

> **형법**
> 제362조【장물의 취득·알선 등】① 장물을 **취득, 양도, 운반** 또는 **보관**한 자는 **7년 이하**의 징역 또는 1천500
> 만원 이하의 벌금에 처한다.
> ② 전항의 행위를 **알선**한 자도 전항의 형과 같다.

01 장물죄

본질		① 추구권설: 장물죄는 피해자의 재물에 대한 점유를 회복할 수 있는 권리인 **추구권(追求權) 행사를 곤란하게 하는 데에 본질**이 있다는 견해 　㉠ 피해자에게 **추구권이 없으면 장물성을 상실함** 　㉡ 본범과의 **합의가 없어도 장물죄 성립** ② 유지설: 장물죄는 본범에 의하여 이루어진 위법한 재산상태를 본범과의 합의 아래 유지·존속시키는 데에 본질이 있다는 견해 12. 경찰승진 　㉠ 피해자에게 **추구권이 없어도 장물성을 유지함** 　㉡ 본범과의 **합의가 없으면 장물죄 불성립** ③ 결합설: 장물죄는 피해자의 추구권 행사를 곤란하게 하고, 위법한 재산상태를 유지·존속시키는 데에 본질이 있다는 견해(다수설·판례)
	주체	본범(단독정범·공동정범·간접정범·합동범)을 제외한 모든 자. 본범의 **공범(교사범·방조범)은 장물죄의 주체가 될 수 있음**
객관적 구성요건	**객체**	장물이란 재산범죄에 의하여 영득한 재물을 의미함 ① 장물: 재물을 객체로 하는 범죄(절도죄, 강도죄, 사기죄, 공갈죄, 횡령죄, 배임수재죄, 장물죄 및 이에 대한 특별법상 범죄)로 취득한 것 　㉠ **이익을 객체로 하는 범죄**(㉾ 배임죄, 컴퓨터 등 사용사기죄)로 취득한 것은 **장물이 아님** 　㉡ 재물을 취득하는 범죄가 아닌 손괴된 것은 장물이 아님 　㉢ **비재산죄**(㉾ **수뢰죄, 도박죄, 통화위조죄 등)로 취득한 것은 장물이 아님** 11. 경찰승진 ② 본범이 구성요건에 해당하고 위법하면 충분하고, 책임이나 소추조건 또는 처벌조건까지 구비할 필요는 없음. 장물이 되기 위해서는 본범은 기수에 이르러야 한다는 견해와 기수·미수를 불문하고 재물의 영득이 끝났으면 충분하다는 견해가 대립함 ③ 장물은 재물이어야 하므로 재산상 이익이나 권리 등은 장물이 될 수 없음. 또한 장물은 재산범죄로 영득한 재물 그 자체이거나 그것과 물질적 동일성이 인정되어야 함. 장물인 통화나 수표를 다른 통화나 수표로 환전한 경우 장물성이 유지됨(판례)
	행위	장물을 취득·양도·운반·보관 또는 이러한 행위를 알선하는 것 ① 취득: 장물의 점유를 이전받아 **사실상의 처분권을 획득**하는 것 ② 양도: 장물인 것을 모르고 취득한 후 장물인 것을 알고 제3자에게 취득시키는 것 ③ 운반: 장물을 장소적으로 이전하는 것 ④ 보관: 위탁을 받아 장물을 자기의 점유하에 두는 것 ⑤ 알선: 장물의 취득·양도·운반·보관을 매개하거나 주선하는 것

1 **장물죄는** 타인(본범)이 불법하게 영득한 재물의 처분에 관여하는 범죄이므로 **자기의 범죄에 의하여 영득한 물건에 대하여는 성립되지 아니하고** 이는 불가벌적 사후행위에 해당한다(대판 1986.9.9, 86도1273). 12. 사법시험, 14. 경찰간부, 17. 경찰승진, 20. 해경채용

2 **'장물'이라 함은 재산범죄로 인하여 취득한 물건 그 자체를 말하므로,** 재산범죄를 저지른 이후에 별도의 재산범죄의 구성요건에 해당하는 사후행위가 있었다면 비록 그 행위가 **불가벌적 사후행위로서 처벌의 대상이 되지 않는다 할지라도 그 사후행위로 인하여 취득한 물건은 재산범죄로 인하여 취득한 물건으로서 장물이 될 수 있다**(대판 2004.4.16, 2004도353 **컴사기 현금인출 사건**). 11·14·17. 법원행시, 14. 경찰승진, 16. 사법시험, 20. 국가직 7급·변호사

3 **'장물'이라 함은** 재산죄인 범죄행위에 의하여 영득된 물건을 말하는 것으로서 **절도·강도·사기·공갈·횡령 등 영득죄에 의하여 취득된 물건이어야 한다**(대판 2004.12.9, 2004도5904 **횡령과 동시에 장물 사건**). 11·15. 경찰승진, 12. 법원직 9급

4 **'장물'이라 함은** 재산죄인 범죄행위에 의하여 영득된 물건을 말하는 것으로서 **절도·강도·사기·공갈·횡령 등 영득죄에 의하여 취득된 물건이어야 한다.** 여기에서의 범죄행위는 절도죄 등 본범의 구성요건에 해당하는 위법한 행위일 것을 요한다. 그리고 **본범의 행위에 관한 법적 평가는** 그 행위에 대하여 우리 형법이 적용되지 아니하는 경우에도 **우리 형법을 기준으로 하여야 하고** 또한 이로써 충분하므로, 본범의 행위가 **우리 형법에 비추어 절도죄 등의 구성요건에 해당하는 위법한 행위라고 인정되는 이상 이에 의하여 영득된 재물은 장물에 해당한다**(대판 2011.4.28, 2010도15350 **횡령 자동차 밀수 사건**). 13·16·17. 법원행시, 14. 경찰간부·국가직 9급, 15. 경찰채용, 16. 사법시험, 20. 법원직 9급

5 장물죄에 있어서 **장물의 인식은 확정적 인식임을 요하지 않으며 장물일지도 모른다는 의심을 가지는 정도의 미필적 인식으로서도 충분하다**(대판 2011.5.13, 2009도3552). 12. 법원직 9급, 14. 사법시험, 14·15. 경찰승진, 16. 법원행시

6 장물죄에 있어서 **장물의 인식은 확정적 인식임을 요하지 않으며 장물일지도 모른다는 의심을 가지는 정도의 미필적 인식으로서도 충분하고,** 장물인 정을 알고 있었느냐의 여부는 장물 소지자의 신분, 재물의 성질, 거래의 대가 기타 상황을 참작하여 이를 인정할 수밖에 없다(대판 2006.10.13, 2004도6084 **보석담보 사건**). 11. 경찰승진, 14. 국가직 7급, 15. 경찰채용, 21. 경찰간부

7 장물취득죄에 있어서 **'취득'이라 함은** 장물의 점유를 이전받음으로써 그 장물에 대하여 **사실상 처분권을 획득하는 것을 의미한다**(대판 2010.12.9, 2010도6256 **대포통장 현금 인출 사건 Ⅱ**). 11. 국가직 7급

8 장물취득죄에서 **'취득'이라고 함은** 점유를 이전받음으로써 그 장물에 대하여 **사실상의 처분권을 획득하는 것을 의미하는 것이므로** 단순히 보수를 받고 본범을 위하여 장물을 일시 사용하거나 그와 같이 사용할 목적으로 장물을 건네받은 것만으로는 장물을 취득한 것으로 볼 수 없다(대판 2003.5.13, 2003도1366 **신용카드 심부름 사건**). 12. 변호사·법원직 9급, 12·16. 경찰승진, 13. 국가직 7급, 13·16. 법원행시

9 **장물취득죄는 취득 당시 장물인 정을 알면서 재물을 취득하여야 성립하는 것이므로** 피고인이 재물을 인도받은 후에 비로소 장물이 아닌가 하는 의구심을 가졌다고 하여 그 재물수수행위가 장물취득죄를 구성한다고 할 수 없다(대판 2006.10.13, 2004도6084 **보석담보 사건**). 11. 국가직 7급, 12·15. 경찰승진, 15. 경찰간부, 16. 법원행시

10 장물인 정을 모르고 보관하던 중 장물인 정을 알게 되었고, 장물을 반환하는 것이 불가능하지 않음에도 불구하고 **계속 보관함으로써** 피해자의 정당한 반환청구권 행사를 어렵게 하여 위법한 재산상태를 유지시킨 경우에는 **장물보관죄에 해당한다**(대판 1987.10.13, 87도1633 **도난수표 보관 사건**). 13·16. 경찰승진, 16. 사법시험·법원행시

11 장물알선죄에 있어서 **'알선'이란 장물을 취득·양도·운반·보관하려는 당사자 사이에 서서 이를 중개하거나 편의를 도모하는 것을 의미하므로,** 장물을 취득·양도·운반·보관하려는 당사자 사이에 서서 서로를 연결하여 장물의 취득·양도·운반·보관행위를 중개하거나 편의를 도모하였다면, 그 알선에 의하여 당사자 사이에 실제로 장물의 취득·양도·운반·보관에 관한 계약이 성립하지 아니하였거나 **장물의 점유가 현실적으로 이전되지 아니한 경우라도 장물알선죄가 성립한다**(대판 2009.4.23, 2009도1203 **장물알선 사건**). 12. 경찰채용, 14·15. 법원행시, 14·16. 사법시험

장물에 해당하는 경우	장물에 해당하지 않는 경우
① 본범이 피고인에게 금원을 교부한 행위 자체가 횡령행위라고 하더라도 이러한 경우 본범의 업무상 횡령죄가 기수에 달하는 것과 동시에 그 금원은 장물이 된다(대판 2004.12.9, 2004도5904 **횡령과 동시에 장물 사건**). 11. 법원직 9급, 11·12·15. 법원행시, 14. 경찰승진, 15. 경찰채용	① **장물을 팔아서 얻은 돈은 장물이 아니다**(대판 1972. 6.13, 72도971 **전화가입권 사건**). 11. 법원직 9급, 11·16. 경찰간부
	② **전화가입권의 실체**는 가입권자가 전화관서로부터 전화역무를 제공받을 하나의 채권적 권리이며, 이는 하나의 재산상의 이익은 될지언정 **'장물'의 범주에 속하지 아니한다**(대판 1971.2.23, 70도2589 **전화가입권 사건**). 11. 경찰승진, 16. 경찰간부
② 피고인이 **리프트탑승권** 발매기를 전산조작하여 위조한 탑승권을 발매기에서 뜯어 간 행위는 탑승권 위조행위와 위조탑승권 절취행위가 결합된 것이므로 위조탑승권은 장물성에 해당하고, 나아가 위조된 리프트탑승권을 판매하는 행위는 위조된 리프트탑승권을 행사하는 행위임과 동시에 절취한 장물인 위조리프트탑승권의 처분행위에 해당한다(대판 1998.11.24, 98도2967 **무주리조트 사건**). 17. 국가직 7급	③ **신탁행위에 있어서는 수탁자가 외부관계에 대하여 소유자로 간주되므로** 이를 취득한 제3자는 수탁자가 신탁자의 승낙 없이 매각하는 정을 알고 있는 여부에 불구하고 **장물취득죄가 성립하지 아니한다**(대판 1979.11.27, 79도2410). 16. 경찰간부
③ 장물인 현금 또는 수표를 금융기관에 예금의 형태로 보관하였다가 이를 반환받기 위하여 동일한 액수의 현금 또는 수표를 인출한 경우에 예금계약의 성질상 그 인출된 현금 또는 수표는 당초의 현금 또는 수표와 물리적인 동일성은 상실되었지만 **액수에 의하여 표시되는 금전적 가치에는 아무런 변동이 없으므로 장물로서의 성질은 그대로 유지된다**(대판 2004.4.16, 2004도353 **컴사기 현금인출 사건**). 11·15. 법원행시, 12. 경찰승진, 21. 경찰간부	④ **부동산 이중매매의 배임범죄에 제공된 대지는 범죄로 인하여 영득한 것 자체는 아니므로** 그 취득자 또는 전득자에게 대하여 배임죄의 가공 여부를 논함은 별문제로 하고 **장물취득죄로 처단할 수 없다**(대판 1975.12.9, 74도2804). 11. 법원직 9급, 12. 경찰채용, 14. 변호사, 15. 경찰간부
④ 장물인 현금을 금융기관에 예금의 형태로 보관하였다가 이를 반환받기 위하여 동일한 액수의 현금을 인출한 경우에 예금계약의 성질상 인출된 현금은 당초의 현금과 물리적인 동일성은 상실되었지만 **액수에 의하여 표시되는 금전적 가치에는 아무런 변동이 없으므로 장물로서의 성질은 그대로 유지된다고 봄이 상당하고**, 자기앞수표도 그 액면금을 즉시 지급받을 수 있는 등 현금에 대신하는 기능을 가지고 거래상 현금과 동일하게 취급되고 있는 점에서 금전의 경우와 동일하게 보아야 한다(대판 2004.3.12, 2004도134 **천중사 사건**). 11·14. 사법시험, 11·15. 경찰채용, 11·17. 법원행시, 12. 법원직 9급, 13·20. 국가직 7급, 13·15. 경찰승진	⑤ 피고인이 권한 없이 주식회사 신진기획의 아이디와 패스워드를 입력하여 인터넷뱅킹에 접속한 다음 위 회사의 예금계좌로부터 자신의 예금계좌로 합계 1억 8,050만원을 이체하는 내용의 정보를 입력하여 자신의 예금액을 증액시킴으로서 컴퓨터 등 사용사기죄의 범행을 저지른 다음, 자신의 현금카드를 사용하여 현금자동지급기에서 현금을 인출한 경우, 이와 같이 자기의 현금카드를 사용하여 현금을 인출한 경우에는 그것이 비록 컴퓨터 등 사용사기죄의 범행으로 취득한 예금채권을 인출한 것이라 할지라도 현금카드 사용권한 있는 자의 정당한 사용에 의한 것으로서 **현금자동지급기 관리자의 의사에 반하거나 기망행위 및 그에 따른 처분행위도 없었으므로 별도로 절도죄나 사기죄의 구성요건에 해당하지 않는다** 할 것이고, 그 결과 인출된 현금은 재산범죄에 의하여 취득한 재물이 아니므로 **장물이 될 수 없다**(대판 2004.4.16, 2004도353 **컴사기 현금인출 사건**). 11·12·13·15·17. 법원행시, 11·13. 국가직 7급, 11·16. 사법시험, 12·17. 경찰승진, 13. 법원직 9급, 13·14. 국가직 9급, 14·16. 변호사, 15. 경찰채용, 16·17. 경찰간부

장물죄가 성립하는 경우	장물죄가 성립하지 않는 경우
① 대한민국 국민 또는 외국인이 미국 캘리포니아주에서 미국 리스회사와 미국 캘리포니아주의 법에 따라 차량 이용에 관한 리스계약을 체결하였는데, 이후 자동차수입업자인 피고인이 **리스기간 중 리스이용자들이 임의로 처분한 차량들을 수입한 경우 장물취득죄가 성립한다**(대판 2011.4.28, 2010도15350 **횡령 자동차 밀수 사건**). 13. 사법시험·경찰승진, 15. 법원행시, 21. 경찰간부	① [1] 본범의 사기행위는 피고인이 예금계좌를 개설하여 본범에게 양도한 방조행위가 가공되어 본범에게 편취금이 귀속되는 과정 없이 피고인이 피해자로부터 피고인의 예금계좌로 돈을 송금받아 취득함으로써 종료되는 것이고, 그 후 피고인이 자신의 예금계좌에서 돈을 인출하였다 하더라도 이는 예금명의자로서 은행에 예금반환을 청구한 결과일 뿐 본범으로부터 돈에 대한 점유를 이전받아 사실상 처분권을 획득한 것은 아니므로, 피고인의 위와 같은 인출행위를 장물'취득'죄로 벌할 수는 없다.
② [1] 피고인 甲이 미등록상태였던 수입자동차를 취득한 후 최초 등록이 마쳐진 **수입자동차가 장물일지도 모른다고 생각하면서도 乙에게 양도한 경우, 장물양도죄가 성립한다.** [2] 자동차관리법 제6조가 "자동차소유권의 득실변경은 등록을 하여야 그 효력이 생긴다."라고 규정하고 있기는 하나, 이는 도로에서의 운행에 제공될 자동차의 소유권을 공증하고 안전성을 확보하고자 하는 데 그 취지가 있는 것이므로, 장물인 수입자동차를 신규등록하였다고 하여 그 최초 등록명의인이 해당 수입자동차를 원시취득하게 된다거나 그 장물양도행위가 범죄가 되지 않는다고 볼 수는 없다(대판 2011.5.13, 2009도3552). 12. 법원행시, 14. 사법시험, 17. 경찰채용	[2] 피고인 甲이 자신의 예금계좌를 본범 乙에게 양도하고 乙이 피해자 A를 속여 A가 甲의 예금계좌로 송금한 돈을 甲이 인출하더라도 장물'취득'죄는 성립하지 아니한다(대판 2010.12.9, 2010도6256 **대포통장 현금인출 사건 Ⅱ**). 11·15. 법원직 9급, 12·14·16. 사법시험, 12·17. 국가직 9급, 14·15. 변호사, 14·17. 법원행시
③ 乙이 습득한 신용카드 2장으로 물건을 구입하여 줄 것을 피고인 甲에게 부탁한 때에는 불법영득의 의사가 확정됨으로써 점유이탈물횡령죄의 기수에 이른 것이고, 점유이탈물횡령으로 인하여 영득한 재물 역시 장물로 보아야 하므로 乙의 부탁을 받아들여 **신용카드 2장을 교부받은 甲의 행위는 장물을 보관한 경우에 해당한다**(대판 2003.5.13, 2003도1366 **신용카드 심부름 사건**). 11. 경찰간부·국가직 7급	② 장물인 정을 모르고 장물을 보관하였다가 그 후에 장물인 정을 알게 된 경우 그 정을 알고서도 이를 계속하여 보관하는 행위는 장물죄를 구성하는 것이나, 이 경우에도 점유할 권한이 있는 때에는 이를 계속하여 보관하더라도 장물보관죄가 성립한다고 할 수 없다(대판 2006.10.13, 2004도6084 **보석담보 사건**). 11. 경찰간부, 11·12. 경찰승진, 11·14. 사법시험, 11·16·17. 법원행시, 15. 경찰채용
④ 피고인 甲이 乙 등으로부터 절취하여 온 귀금속을 매도하여 달라는 부탁을 받고 귀금속을 매수하기로 한 丙에게 전화하여 노래연습장에서 만나기로 약속한 후, 乙 등으로부터 건네받은 귀금속을 가지고 노래연습장에 들어갔다가 미처 丙을 만나기도 전에 **경찰관에 의하여 체포**된 경우, 甲이 귀금속을 매도하려는 乙 등과 이를 매수하려는 丙 사이를 연결하여 귀금속의 매매를 중개함으로써 장물알선죄는 성립하고, 실제로 매매계약이 성립하지 않았다거나 귀금속의 점유가 丙에게 현실적으로 이전되지 아니하였다 하더라도 장물알선죄의 성립은 방해받지 않는다(대판 2009.4.23, 2009도1203 **장물알선 사건**). 11. 사법시험, 13·16·17. 법원행시, 13·17. 변호사, 15. 경찰채용, 16·17. 경찰승진	

⑤ 피고인이 본범이 **절취한 차량**이라는 정을 알면서
도 본범 등으로부터 그들이 차량을 이용하여 강도
를 하려 함에 있어 차량을 운전해 달라는 부탁을 받
고 **차량을 운전해 준 경우**, 피고인은 강도예비와 아
울러 장물운반의 고의를 가지고 위와 같은 행위를
하였다고 봄이 상당하다(대판 1999.3.26, 98도3030).

14. 법원행시, 15. 법원직 9급, 17. 경찰채용 · 경찰간부

02 상습장물죄

> **형법**
>
> 제363조【상습범】① 상습으로 전조의 죄를 범한 자는 1년 이상 10년 이하의 징역에 처한다.
>   ② 제1항의 경우에는 10년 이하의 자격정지 또는 1천500만원 이하의 벌금을 병과할 수 있다.

03 업무상과실장물죄 · 중과실장물죄

> **형법**
>
> 제364조【업무상과실 · 중과실】 **업무상과실** 또는 **중대한 과실**로 인하여 제362조의 죄를 범한 자는 1년 이하
>   의 금고 또는 500만원 이하의 벌금에 처한다.

제9절 손괴의 죄

01 손괴죄

> **형법**
>
> 제366조【재물손괴 등】 타인의 **재물, 문서** 또는 전자기록 등 **특수매체기록**을 **손괴** 또는 **은닉** 기타 방법으로
>   기 효용을 해한 자는 3년 이하의 징역 또는 700만원 이하의 벌금에 처한다.

객관적 구성요건	객체	타인의 **재물, 문서** 또는 전자기록 등 **특수매체기록**
	행위	손괴 또는 은닉 기타의 방법으로 그 효용을 해하는 것 ① 손괴: 재물 등에 대하여 유형력을 행사하여 그 효용을 해하는 일체의 행위 ② 은닉: 재물 등의 소재를 불분명하게 하여 그 효용을 해하는 일체의 행위 ③ 기타 방법: 손괴나 은닉 이외의 방법으로 재물 등의 효용을 해하는 일체의 행위

⚖️ 판례 | 손괴죄 관련 판례

1 물건이 그 본래의 사용목적에 공할 수 있거나 다른 용도로라도 사용이 가능한 상태에 있다면 재산적 이용가치 내지 효용이 있는 것으로서 **재물손괴죄의 객체가 될 수 있다**(대판 2007.9.20, 2007도5207 **아파트 철거 사건 Ⅰ**). 15. 경찰승진, 16. 경찰간부

2 손괴죄의 객체는 타인의 재물 또는 문서인데, 여기서 말하는 재물이란 재산적 이용가치 내지는 효용이 있는 **물건을 뜻하고, 문서는 거기에 표시된 내용이 적어도 법률상 또는 사회생활상 중요한 사항에 관한 것이어야 한다**(대판 1989.10.24, 88도1296). 16. 사법시험

3 재물손괴죄는 타인의 재물을 손괴 또는 은닉하거나 기타의 방법으로 그 효용을 해하는 경우에 성립하고, 여기서 **타인의 재물을 손괴한다는 것은 타인과 공동으로 소유하는 재물을 손괴하는 경우도 포함된다**(헌재 2017.4.27, 2016헌마160 **부부싸움 중 TV 손괴 사건**).

4 재건축사업으로 철거가 예정되어 있었고 입주자들이 모두 이사하여 아무도 거주하지 않은 채 비어 있는 **아파트라 하더라도**, 아파트 자체의 객관적 성상이 본래 사용목적인 주거용으로 사용될 수 없는 상태가 아니었고, 더욱이 그 소유자들이 재건축조합으로의 신탁등기 및 인도를 거부하는 방법으로 계속 소유권을 행사하고 있는 상황이었다면 **아파트가 재물로서의 이용가치나 효용이 없는 물건으로 되었다고 할 수 없으므로 재물손괴죄의 객체가 된다**(대판 2010.2.25, 2009도8473 **아파트 철거 사건 Ⅱ**). 11. 사법시험, 11·20. 국가직 9급, 12·15. 경찰승진, 16. 경찰간부

5 장부의 기재를 새로운 장부로 **이기**(移記)하는 과정에서 누계 등을 잘못 기재하다가 그 부분을 찢어버리고 계속하여 종전장부의 기재내용을 모두 이기하였다면 **새로운 경리장부는 아직 작성 중에 있어서 손괴죄의 객체가 되는 문서로서의 경리장부가 아니라 할 것이고**, 또 찢어버린 부분이 진실된 증빙내용을 기재한 것이었다는 등의 특별한 사정이 없는 한 **이기과정에서 잘못 기재되어 찢어버린 부분 그 자체가 손괴죄의 객체가 되는 재산적 이용가치 내지 효용이 있는 재물이라고도 볼 수 없다**(대판 1989.10.24, 88도1296). 16. 경찰간부, 17. 법원행시

6 재물손괴의 **범의를 인정함에 있어서는** 반드시 계획적인 손괴의 의도가 있거나 물건의 손괴를 적극적으로 희망하여야 하는 것은 아니고, **소유자의 의사에 반하여 재물의 효용을 상실하게 하는 데 대한 인식이 있으면 된다**(대판 1993.12.7, 93도2701). 12·16. 경찰승진

7 재물손괴죄에서 '재물의 효용을 해한다'고 함은 사실상으로나 감정상으로 그 재물을 본래의 사용목적에 공할 수 없게 하는 상태로 만드는 것을 말하며 일시적으로 그 재물을 이용할 수 없는 상태로 만드는 것도 여기에 포함된다(대판 2007.6.28, 2007도2590 **스프레이 유죄 계란 무죄 사건**). 11·20. 국가직 9급, 14. 경찰승진

8 문서손괴죄에서 '문서의 효용을 해한다'고 함은 그 문서를 본래의 사용목적에 제공할 수 없게 하는 상태로 만드는 것은 물론 일시적으로 그것을 이용할 수 없는 상태로 만드는 것도 포함한다(대판 2015.11.27, 2014도13083 **회신문서 제거 사건**). 18. 경찰간부

9 [1] 소유자의 의사에 따라 어느 장소에 게시 중인 문서를 소유자의 의사에 반하여 떼어내는 것과 같이 소유자의 의사에 따라 형성된 종래의 이용상태를 변경시켜 종래의 상태에 따른 이용을 일시적으로 불가능하게 하는 경우에도 문서손괴죄가 성립할 수 있다. [2] 그러나 **어느 문서에 대한 종래의 사용상태가 문서소유자의 의사에 반하여 또는 문서소유자의 의사와 무관하게 이루어진 것일 경우에 단순히 그 종래의 사용상태를 제거하거나 변경시키는 것에 불과하고 이를 손괴·은닉하는 등으로 새로이 문서소유자의 그 문서 사용에 지장을 초래하지 않는 경우에는** 문서의 효용, 즉 문서소유자의 문서에 대한 사용가치를 일시적으로도 해하였다고 할 수 없어서 문서손괴죄가 성립하지 아니한다(대판 2015.11.27, 2014도13083 **회신문서 제거 사건**). 17. 법원행시·법원직 9급

10 다른 사람의 소유물을 본래의 용법에 따라 무단으로 사용·수익하는 행위는 소유자를 배제한 채 물건의 이용가치를 영득하는 것이고, 그 때문에 소유자가 물건의 효용을 누리지 못하게 되었더라도 효용 자체가 침해된 것이 아니므로 재물손괴죄에 해당하지 않는다(대판 2022.11.30, 2022도1410 **타인 토지상 무단 건물 신축 사건**). 23. 경찰채용·법원직 9급

판례비교

손괴죄가 성립하는 경우	손괴죄가 성립하지 않는 경우
① 피고인 甲이 A로부터 자동문 설치공사를 도급받아 그 공사를 마쳤음에도 잔금을 지급받지 못하자 2014.1.10.경 추가로 자동문의 번호키 설치공사를 도급받아 시공한 후 **자동문의 자동작동중지 예약기능을 이용하여 2014.1.20.부터 자동문이 자동으로 여닫히지 않도록 설정한 경우, 자동문을 자동으로 작동하지 않고 수동으로만 개폐가 가능하게 하여 자동잠금장치로서 역할을 할 수 없도록 한 것이므로 재물손괴죄가 성립한다**(대판 2016.11.25, 2016도9219 **자동문 작동중지 사건**). 17. 법원행시·국가직 7급, 18. 경찰간부, 20. 국가직 9급	① **아파트 관리사무소장이 아파트 입주자들의 소유에 속하는 문서**(생활쓰레기 자동집하시설 공사 반대 탄원에 따른 회신문서)**를 그들의 의사에 따르지 않고 엘리베이터 벽면에 임의로 게시하자, 쓰레기 자동집하시설 건립 반대를 위한 비상대책위원회 위원장인 피고인이 이를 떼어낸 경우, 피고인이 회신문서의 효용을 해하였음이 인정되지 않는 이상 문서손괴죄가 성립하는 것은 아니다**(대판 2015.11.27, 2014도13083 **회신문서 제거 사건**).
② 해고 당한 피고인이 회사에서 복직 등을 요구하는 집회를 개최하던 중 래커 스프레이를 이용하여 **회사 건물 외벽과 1층 벽면, 식당 계단 천장 및 벽면에 '자본통개, 원직복직, 결사투쟁' 등의 내용으로 낙서를 함으로써** 이를 제거하는데 약 341만원 상당이 들도록 한 행위는 건물의 미관을 해치는 정도와 건물 이용자들의 불쾌감 및 원상회복의 어려움 등에 비추어 **건물의 효용을 해한 것에 해당한다**(대판 2007.6.28, 2007도2590 **스프레이 유죄 계란 무죄 사건**). 14·15 경찰승진, 16. 경찰간부	② 해고 당한 피고인이 회사에서 복직 등을 요구하는 집회를 개최하던 중 계란 수십 개를 회사건물에 투척한 행위는 비록 50만원 정도의 비용이 드는 청소가 필요한 상태가 되었고 또 유리문이나 유리창 등 건물 내부에서 외부를 관망하는 역할을 수행하는 부분 중 일부가 불쾌감을 줄 정도로 더럽혀졌다는 점을 고려해 보더라도 **건물의 효용을 해하는 정도의 것에 해당하지 않는다**(대판 2007.6.28, 2007도2590 **스프레이 유죄 계란 무죄 사건**). 12. 경찰간부, 13. 법원행시, 14·15. 경찰승진, 16. 사법시험
③ 피고인이 다른 사람 소유의 **광고용 간판을 백색페인트로 도색하여 광고 문안을 지워 버린 경우 재물손괴죄가 성립한다**(대판 1991.10.22, 91도2090). 13. 법원행시, 14. 경찰승진	③ 쪽파와 같은 수확되지 아니한 농작물에 있어서는 명인방법(明認方法)을 실시함으로써 그 소유권을 취득하므로, **쪽파의 매수인이 명인방법을 갖추지 않은 경우 쪽파에 대한 소유권을 취득하였다고 볼 수 없어** 그 소유권은 여전히 매도인에게 있고 매도인과 제3자 사이에 일정기간 후 임의처분의 약정이 있었다면 그 기간 후에 **제3자가 쪽파를 손괴하였더라도 재물손괴죄가 성립하지 않는다**(대판 1996.2.23, 95도2754 **쪽파 사건**). 12·16. 경찰승진, 13. 법원행시
④ 비록 자기 명의의 문서라 할지라도 **이미 타인(타기관)에 접수되어 있는 문서에 대하여 함부로 이를 무효화시켜 그 용도에 사용하지 못하게 하였다면 일응 문서손괴죄를 구성한다**(대판 1987.4.14, 87도177). 12·16. 경찰승진, 12·18. 경찰간부, 13. 법원행시	④ 공중전화기가 고장난 것으로 생각하고 **파출소에 신고하기 위하여 전화선코드를 빼고 이를 떼어낸 것**이라면 위 전화기를 물질적으로 파괴하거나 또는 위 전화기를 떼어내 전화기의 구체적 역할인 통화를 할 수 없게 함으로써 그 효용을 해할려는 **손괴의 범의가 있었다고 볼 수 없다**(대판 1986.9.23, 86도941).
⑤ 약속어음의 수취인이 차용금의 지급담보를 위하여 은행에 보관시킨 약속어음을 은행지점장이 발행인의 부탁을 받고 그 지급기일란의 일자를 지움으로써 그 효용을 해한 경우에는 문서손괴죄가 성립한다(대판 1982.7.27, 82도223). 13. 법원행시, 14. 경찰승진	

⑥ 우물에 연결하고 땅속에 묻어서 수도관적인 역할을 하고 있는 **고무호스 중 약 1.5m를 발굴**하여 우물가에 제쳐 놓음으로써 물이 통하지 못하게 한 행위는 호스 자체를 물질적으로 손괴한 것은 아니라 할지라도 그 구체적인 역할을 하고 있는 고무호스 효용을 해한 것이라고 볼 수 있다(대판 1971.1.26, 70도2378). 16. 경찰승진

⑦ 홍보를 위해 1층 로비에 설치해 둔 홍보용 배너와 거치대를 훼손 없이 **그 장소에서 제거하여 컨테이너로 된 창고로 옮겨 놓아 사용할 수 없게 한 행위는 재물의 효용을 해하는 행위에 해당한다**(대판 2018.7.24, 2017도18807 **광고판 제거 사건**). 20. 국가직 9급

⑧ 평소 자신이 굴삭기를 주차하던 장소에 피해자의 차량이 주차되어 있는 것을 발견하고 **피해자의 차량 앞에 철근콘크리트 구조물을, 뒤에 굴삭기 크러셔를 바짝 붙여 놓아 피해자가 17~18시간 동안 차량을 운행할 수 없게 된 경우 차량 본래의 효용을 해한 경우에 해당한다**(대판 2021.5.7, 2019도13764 굴삭기 동원 차량이용 방해사건). 22. 경찰채용·법원직 9급

⑨ 포도주 원액이 부패하여 포도주 원료로서의 효용가치는 상실되었으나 그 산도가 1.8도 내지 6.2도에 이르고 있어 식초의 제조등 다른 용도에 사용할 수 있다면 **포도주 원액은 재물손괴죄의 객체가 될 수 있다**(대판 1979.7.24, 78도2138 **포도주 원액 사건**). 22. 국가직 7급

⑩ 자신이 경락받은 농수산물 저온저장 공장건물 중 공랭식 저온창고를 수냉식으로 개조함에 있어 기존에 그 공장에 시설된 타인 소유의 자재에 관하여 타인에게 철거를 최고하는 등 **적법한 조치를 취하지 않고 일방적으로 이를 철거하였다면 재물손괴죄가 성립한다**(대판 1990.5.22, 90도700 **경락제외 물건 임의철거 사건**). 22. 국가직 7급

⑤ 피의자가 사실혼 이전에 구입한 이불, 카페트 등은 피의자의 단독으로 소유권을 취득한 것으로, 그 이후 피해자와 함께 사용했다 하더라도 사실혼 기간이 약 10개월 정도로 짧았던 점, 피의자와 피해자간에 소유권 귀속에 대한 특별한 논의는 없었던 점 등에 비추어 위 물건에 대한 피의자의 단독소유가 피의자와 피해자의 공동소유로 변경되었다고 볼 수 없어 **타인의 재물에 해당되지 아니하므로 재물손괴죄의 객체가 될 수 없다**(헌재 2020.3.26, 2019헌마1254 **동거남녀 싸움 사건**).

⑥ 피고인들이 **유색 페인트와 래커 스프레이를 이용하여 회사 소유의 도로 바닥에 직접 문구를 기재하거나** 도로 위에 놓인 현수막 천에 문구를 기재하여 페인트가 바닥으로 배어나와 도로에 배게하는 방법으로 도로 바닥에 여러 문구를 써놓은 행위는 도로의 효용을 해하는 정도에 이른 것이라고 보기 어렵다(대판 2020.3.27, 2017도20455 **도로 바닥 페인트·스프레이 사건**).

⑦ 피고인은 **타인 소유 토지에 권원 없이 건물을 신축하였는바,** 이러한 행위는 이미 대지화된 토지에 건물을 새로 지어 부지로서 사용·수익함으로써 그 소유자로 하여금 효용을 누리지 못하게 한 것일 뿐 **토지의 효용을 해하지 않았으므로 재물손괴죄가 성립하지 않는다**(대판 2022.11.30, 2022도1410 **타인 토지상 무단 건물신축 사건**). 23. 경찰채용·법언직 9급

02 공익건조물파괴죄

형법

제367조【공익건조물파괴】공익에 공하는 **건조물**을 **파괴**한 자는 10년 이하의 징역 또는 2천만원 이하의 벌금에 처한다.

03 중손괴죄

> **형법**
>
> 제368조【중손괴】① 전 2조의 죄(손괴죄·공익건조물파괴죄)를 범하여 사람의 **생명** 또는 **신체**에 대하여 위험을 발생하게 한 때에는 1년 이상 10년 이하의 징역에 처한다.

04 손괴치사상죄

> **형법**
>
> 제368조【중손괴】② 제366조 또는 제367조의 죄(손괴죄·공익건조물파괴죄)를 범하여 사람을 상해에 이르게 한 때에는 1년 이상의 유기징역에 처한다. 사망에 이르게 한 때에는 3년 이상의 유기징역에 처한다.

05 특수손괴죄·특수공익건조물파괴죄

> **형법**
>
> 제369조【특수손괴】① **단체** 또는 **다중의 위력**을 보이거나 **위험한 물건**을 **휴대**하여 제366조의 죄(손괴죄)를 범한 때에는 5년 이하의 징역 또는 1천만원 이하의 벌금에 처한다.
>
> ② 제1항의 방법으로 제367조의 죄(공익건조물파괴죄)를 범한 때에는 1년 이상의 유기징역 또는 2천만원 이하의 벌금에 처한다.

06 경계침범죄

> **형법**
>
> 제370조【경계침범】**경계표**를 **손괴, 이동** 또는 **제거**하거나 기타 방법으로 토지의 경계를 인식 불능하게 한 자는 3년 이하의 징역 또는 500만원 이하의 벌금에 처한다.

> **⚖ 판례 | 경계침범죄 관련 판례**
>
> 1 법률상의 정당한 경계를 침범하는 행위가 있었다 하더라도 그로 말미암아 **토지의 사실상의 경계에 대한 인식 불능의 결과가 발생하지 않는 한 경계침범죄가 성립하지 아니한다**(대판 2010.9.9, 2008도8973). 11. 경찰승진, 12. 법원행시, 13. 국가직 7급, 14·15. 법원행시
>
> 2 **비록 실제상의 경계선에 부합되지 않는 경계표 할지라도 그것이 종전부터 일반적으로 승인되어 온 것이라면 그와 같은 경계표는 경계침범죄에 있어 계표에 해당된다**(대판 1991.9.10, 91도856). 12. 법원행시

3 경계침범죄에서 말하는 '경계'는 반드시 법률상의 정당한 경계를 가리키는 것은 아니고, 비록 법률상의 정당한 경계에 부합되지 않는 경계라 하더라도 그것이 종래부터 일반적으로 승인되어 왔거나 이해관계인들의 명시적 또는 묵시적 합의에 의하여 정해진 것으로서 **객관적으로 경계로 통용되어 왔다면 경계라 할 것이다** (대판 2007.12.28, 2007도9181). 12. 법원직 9급, 13. 경찰간부

4 경계를 표시하는 경계표는 반드시 담장 등과 같이 인위적으로 설치된 구조물만을 의미하는 것으로 볼 것은 아니고, **수목이나 유수(流水) 등과 같이 종래부터 자연적으로 존재하던 것이라도 경계표지로 승인된 것이면** 경계침범죄에 있어 **경계표에 해당한다**(대판 2007.12.28, 2007도9181). 12. 법원행시

제10절 권리행사를 방해하는 죄

01 권리행사방해죄

형법

제323조 【권리행사방해】 **타인의 점유 또는 권리의 목적이 된 자기의 물건** 또는 전자기록 등 특수매체기록을 **취거, 은닉** 또는 **손괴**하여 타인의 권리행사를 방해한 자는 5년 이하의 징역 또는 700만원 이하의 벌금에 처한다.

객관적 구성요건	주체	자기의 물건을 타인의 점유 또는 권리의 목적으로 제공한 소유자(진정신분범)
	객체	타인의 점유 또는 권리의 목적이 된 자기의 물건 또는 전자기록 등 특수매체기록
	행위	취거·은닉 또는 손괴하여 타인의 권리행사를 방해하는 것

판례 | 권리행사방해죄 관련 판례

1 권리행사방해죄에서의 보호대상인 **'타인의 점유'**는 반드시 점유할 권원에 기한 점유만을 의미하는 것은 아니고, 일단 적법한 권원에 기하여 점유를 개시하였으나 사후에 점유권원을 상실한 경우의 점유, 점유권원의 존부가 외관상 명백하지 아니하여 법정절차를 통하여 권원의 존부가 밝혀질 때까지의 점유, 권원에 기하여 점유를 개시한 것은 아니나 동시이행항변권 등으로 대항할 수 있는 점유 등과 같이 **법정절차를 통한 분쟁해결시까지 잠정적으로 보호할 가치 있는 점유는 모두 포함된다고 볼 것이며,** 다만 절도범인의 점유와 같이 점유할 권리 없는 자의 점유임이 외관상 명백한 경우는 포함되지 아니한다(대판 2010.10.14, 2008도6578 **지입차량 무단취거 사건**). 11. 경찰간부, 13. 사법시험, 17. 법원행시

2 권리행사방해죄에 있어서의 **'타인의 점유'라 함은** 권원으로 인한 점유, 즉 정당한 원인에 기하여 그 물건을 점유하는 권리있는 점유를 의미하는 것으로서 본권을 갖지 아니한 절도범인의 점유는 여기에 해당하지 아니하나, **반드시 본권에 의한 점유만에 한하지 아니하고 동시이행항변권 등에 기한 점유와 같은 적법한 점유도 여기에 해당한다고 할 것이고,** 한편 쌍무계약이 무효로 되어 각 당사자가 서로 취득한 것을 반환하여야 할 경우, 그 반환의무는 동시이행관계에 있다고 보아 민법 제536조를 준용함이 옳다고 해석되고, 이러한 법리는 경매절차가 무효로 된 경우에도 마찬가지라고 할 것이므로, **무효인 경매절차에서 경매목적물을 경락받아 이를 점유하고 있는 낙찰자의 점유는 적법한 점유로서 그 점유자는 권리행사방해죄에 있어서의 타인의 물건을 점유하고 있는 자라고 할 것이다**(대판 2003.11.28, 2003도4257 **무효 경매절차 사건**). 11·17·20. 경찰승진, 13. 사법시험·변호사, 16. 경찰간부, 17. 법원행시, 20. 법원직 9급

3 권리행사방해죄의 구성요건 중 타인의 '권리'란 반드시 제한물권만을 의미하는 것이 아니라 **물건에 대하여 점유를 수반하지 아니하는 채권도 이에 포함된다**(대판 1991.4.26, 90도1958 **원목 인도청구권 사건**). 11. 경찰승진 · 경찰간부, 17. 법원행시, 20. 법원직 9급

4 형법 제323조 소정의 권리행사방해죄에 있어서 '취거'는 타인의 점유 또는 권리의 목적이 된 자기의 물건을 그 점유자의 의사에 반하여 그 점유자의 점유로부터 자기 또는 제3자의 점유로 옮기는 것이므로 점유자의 의사나 그의 **하자있는 의사에 의해 점유가 이전된 경우에는 여기서 말하는 취거로 볼 수는 없을 것이다**(대판 1988.2.23, 87도19520).

판례비교

권리행사방해죄가 성립하는 경우	권리행사방해죄가 성립하지 않는 경우
① 피고인들은 처음부터 자동차대여사업자에 대한 등록취소 및 자동차등록 직권말소절차의 허점을 이용하여 권리행사를 방해할 목적으로 범행을 모의한 다음, 렌트카 사업자등록만 하였을 뿐 실제로는 **영업을 하지 아니함에도 차량 구입자들 또는 지입차주들로 하여금 차량을 관리·처분하도록 함으로써 차량들의 소재를 파악할 수 없게 하였고**, 나아가 자동차대여사업자등록이 취소되어 차량들에 대한 저당권등록마저 **직권말소되도록 하였으므로**, 이러한 행위는 그 자체로 저당권자인 회사 등으로 하여금 자동차등록원부에 기초하여 저당권의 목적이 된 자동차의 소재를 파악하는 것을 현저하게 곤란하게 하거나 불가능하게 하는 행위에 해당한다(대판 2017.5.17, 2017도2230). 18. 경찰간부	① [1] 렌트카회사의 공동대표이사 중 1인인 **乙이 A에 대한 개인적인 채무의 담보 명목으로 회사가 보유 중이던 승용차를 A에게 넘겨주었고**, 회사 직원 丙의 승용차 반환요구에 대하여 A가 乙에 대한 채권 등을 이유로 거절하자, 회사 공동대표이사 중 1인인 피고인 甲이 A사무실 부근에 주차되어 있는 승용차를 몰래 회수하도록 한 경우, **A의 승용차에 대한 점유는 법정절차를 통하여 점유 권원의 존부가 밝혀짐으로써 분쟁이 해결될 때까지 잠정적으로 보호할 가치 있는 점유에 포함된다.** [2] 다만, 승용차가 회사가 구입하여 보유 중이나 아직 회사나 피고인 甲 명의로 신규등록절차를 마치지 않은 미등록상태인 경우, **아직 회사나 혹은 甲의 소유물이라고 할 수 없어 권리행사방해죄는 성립되지 아니한다**(대판 2006.3.23, 2005도4455 **렌터카 공동대표 사건**). 13. 변호사, 14·17. 경찰승진, 16. 경찰간부, 17. 법원직 9급, 20. 법원행시
② A회사가 유치권 행사를 위하여 점유하고 있던 주택에 피고인 甲이 그 소유자인 처 乙과 함께 출입문 용접을 해제하고 들어가 거주한 경우, 유치권자인 A회사의 권리행사를 방해한 것이므로 **권리행사방해죄가 성립한다**(대판 2011.5.13, 2011도2368 **유치권 주택 사건**).	② 피고인 甲이 피해자 A에게 교부한 약속어음이 부도나 A로부터 원금에 대한 변제독촉을 받자 BMW 차량을 A에게 보관하게 함으로써 담보로 제공하였음에도 불구하고 **A의 승낙 없이 보조키를 이용하여 이를 운전하여 갔더라도**, 위 차량은 자동차등록원부에 BMW파이낸셜서비스코리아 명의로 등록되어 있어 **甲의 소유가 아니므로 권리행사방해죄는 성립하지 아니한다**(대판 2005.11.10, 2005도6604 **BMW 임의취거 사건**). 12·16. 경찰간부, 13. 사법시험, 14·17. 경찰승진, 17. 변호사
③ 피고인이 공장근저당권이 설정된 선반기계 등을 이중담보로 제공하기 위하여 이를 다른 장소로 옮긴 경우, 이는 공장저당권의 행사가 방해가 될 우려가 있는 행위로서 **권리행사방해죄에 해당한다**(대판 1994.9.27, 94도1439). 11. 경찰간부, 17. 법원직 9급	
④ 주식회사의 대표이사가 대표이사의 지위에 기하여 그 직무집행행위로서 **타인이 점유하는 회사의 물건을 취거한 경우**, 위 행위는 회사의 대표기관으로서의 행위라고 평가되므로 회사의 물건도 권리행사방해죄에 있어서의 '자기의 물건'이라고 보아야 한다(대판 1992.1.21, 91도1170 **관광버스회사 사장 사건**). 12. 경찰간부	

⑤ 피고인이 차량을 구입하면서 피해자로부터 차량 매수대금을 차용하고 담보로 차량에 피해자 명의의 저당권을 설정해 주었는데, 그 후 대부업자로부터 돈을 차용하면서 차량을 대부업자에게 담보로 제공하여 이른바 '대포차'로 유통되게 한 사안에서, 피고인이 피해자의 권리의 목적이 된 피고인의 물건을 은닉하여 권리행사를 방해하였다고 보았다(대판 2016.11.10, 2016도13734). 20. 법원행시

③ [1] 명의신탁자가 조세포탈 등의 목적으로 명의신탁을 함으로써 **명의신탁이 무효로 되는 경우**에는 말할 것도 없고, 그러한 목적이 없어 유효한 명의신탁이 되는 경우에도 제3자인 부동산의 임차인에 대하여 명의신탁자는 소유자가 될 수 없으므로, 신탁한 부동산이 권리행사방해죄에서 말하는 '**자기의 물건**'이라 할 수 없다. [2] 피고인 甲이 이른바 중간생략등기형 명의신탁 또는 계약명의신탁의 방식으로 자신의 처 乙에게 등기명의를 신탁하여 놓은 점포에 자물쇠를 채워 점포의 임차인을 출입 못하게 한 경우, 그 점포는 권리행사방해죄의 객체인 자기의 물건에 해당하지 않으므로 권리행사방해죄는 성립되지 아니한다(대판 2005.9.9, 2005도626 **명의신탁 빌딩 출입방해 사건**). 11·12. 경찰승진, 13. 사법시험, 16. 경찰간부, 20. 법원직 9급

02 점유강취죄·준점유강취죄

형법

제325조【점유강취·준점유강취】 ① **폭행** 또는 **협박**으로 **타인의 점유에 속하는 자기의 물건**을 강취(强取)한 자는 7년 이하의 징역 또는 10년 이하의 자격정지에 처한다.

② 타인의 점유에 속하는 자기의 물건을 취거(取去)하는 과정에서 그 물건의 탈환에 항거하거나 체포를 면탈하거나 범죄의 흔적을 인멸할 목적으로 폭행 또는 협박을 가한 때에도 제1항의 형에 처한다.

03 중권리행사방해죄

형법

제326조【중권리행사방해】 제324조(강요죄, 특수강요죄) 또는 제325조의 죄(점유강취죄·준점유강취죄)를 범하여 사람의 생명에 대한 위험을 발생하게 한 자는 10년 이하의 징역에 처한다.

04 강제집행면탈죄

형법

제327조【강제집행면탈】 강제집행을 면할 목적으로 재산을 은닉, 손괴, 허위양도 또는 허위의 채무를 부담하여 채권자를 해한 자는 3년 이하의 징역 또는 1천만원 이하의 벌금에 처한다.

	주체	채무자에 한정된다는 견해와 **특별히 제한이 없다**는 견해(다수설)가 대립함
	객체	강제집행의 대상이 될 수 있는 재산으로 물권, 채권, 지식재산권 등을 불문함
객관적 구성요건	행위	강제집행을 면할 목적으로 재산을 **은닉, 손괴, 허위양도** 또는 **허위의 채무를 부담**하여 채권자를 해한 경우에 성립함 ① 강제집행: 민사집행법상 강제집행과 (강제집행을 보전하기 위한) 가압류·가처분을 의미함. 담보권 실행 등을 위한 경매나 국세징수법상 체납처분은 강제집행에 해당하지 않음 ② 재산을 은닉·손괴·허위양도 또는 허위의 채무를 부담하여야 하므로, 진실한 양도이거나 진실한 채무부담의 경우 본죄가 성립하지 않음 ③ 채권자를 해할 위험성이 있으면 충분하고, 현실적으로 채권자를 해할 것은 요하지 않음
주관적 구성요건		고의 이외에 **강제집행을 면탈할 목적**이 있어야 함(목적범)

⚖ 판례 | 강제집행면탈죄 관련 판례

1 강제집행면탈죄는 **위태범으로서** 현실적으로 민사소송법에 의한 강제집행 또는 가압류·가처분의 집행을 받을 우려가 있는 객관적인 상태 아래, 즉 채권자가 본안 또는 보전소송을 제기하거나 제기할 태세를 보이고 있는 상태에서 주관적으로 강제집행을 면탈하려는 목적으로 재산을 은닉·손괴·허위양도하거나 허위의 채무를 부담하여 채권자를 해할 위험이 있으면 성립하고, 반드시 채권자를 해하는 결과가 야기되거나 행위자가 어떤 이득을 취하여야 범죄가 성립하는 것은 아니다(대판 2012.6.28, 2012도3999 **송달·양도 동일날짜 사건**). 12·16. 법원직 9급, 13. 법원행시·경찰승진, 17. 변호사

2 강제집행면탈죄는 **위태범으로서** 강제집행을 당할 구체적인 위험이 있는 상태에서 재산을 은닉, 손괴, 허위양도 또는 허위의 채무를 부담하면 바로 성립하는 것이고, **반드시 채권자를 해하는 결과가 야기되거나 이로 인하여 행위자가 어떤 이득을 취하여야 범죄가 성립하는 것은 아니며,** 허위양도한 부동산의 시가액보다 그 부동산에 의하여 담보된 채무액이 더 많다고 하여 그 허위양도로 인하여 채권자를 해할 위험이 없다고 할 수 없다(대판 1999.2.12, 98도2474). 11. 경찰승진, 12. 변호사, 17. 경찰채용, 20. 법원직 9급

3 강제집행면탈죄는 국가의 강제집행권이 발동될 단계에 있는 채권자의 권리를 보호하기 위한 범죄로서, 여기서의 **강제집행에는 광의의 강제집행인 의사의 진술에 갈음하는 판결의 강제집행도 포함되고,** 강제집행면탈죄의 성립요건으로서의 채권자의 권리와 행위의 객체인 재산은 국가의 강제집행권이 발동될 수 있으면 충분하다(대판 2015.9.15, 2015도9883 **명의신탁 교회토지 사건**). 16. 법원행시

4 강제집행면탈죄가 적용되는 **강제집행은 민사집행법 제2편의 적용대상인 '강제집행' 또는 가압류·가처분 등의 집행을 가리키는 것이고,** 민사집행법 제3편의 적용대상인 '담보권 실행 등을 위한 경매'를 면탈할 목적으로 재산을 은닉하는 등의 행위는 위 죄의 규율대상에 포함되지 않는다(대판 2015.3.26, 2014도14909). 15·16. 법원행시, 17. 변호사, 18. 경찰간부, 20. 경찰승진

5 강제집행면탈죄가 적용되는 **강제집행은 민사집행법의 적용대상인 강제집행 또는 가압류·가처분 등의 집행을 가리키는 것이므로 국세징수법에 의한 체납처분을 면탈할 목적으로 재산을 은닉하는 등의 행위는 위 죄의 규율대상에 포함되지 않는다**(대판 2012.4.26, 2010도5693 **국고보조금 반환명령 사건**). 13·17. 변호사, 16. 법원행시

6 강제집행면탈죄에서 재산의 '은닉'이란 강제집행을 실시하는 자에 대하여 **재산의 발견을 불능 또는 곤란하게 하는 것을 말하는 것으로서** 재산의 소재를 불명하게 하는 경우는 물론 그 소유관계를 불명하게 하는 경우도 포함하나, 채무자가 제3자 명의로 되어 있던 **사업자등록**을 또 다른 제3자 명의로 변경하였다는 사정만으로는 그 변경이 채권자의 입장에서 볼 때 사업장 내 유체동산에 관한 소유관계를 종전보다 더 불명하게 하여 채권자에게 손해를 입게 할 위험성을 야기한다고 단정할 수 없다(대판 2014.6.12, 2012도2732 **편의점 사업자등록명의 변경 사건**). 15. 법원행시, 16. 법원직 9급

판례비교

강제집행면탈죄가 성립하는 경우	강제집행면탈죄가 성립하지 않는 경우
① 강제집행면탈죄에 있어서 재산에는 동산·부동산뿐만 아니라 재산적 가치가 있어 **민사소송법에 의한 강제집행 또는 보전처분이 가능한 특허 내지 실용신안 등을 받을 수 있는 권리도 포함된다**(대판 2001.11.27, 2001도4759 **전력기술회사 사건**). 11. 경찰간부, 11·17. 경찰승진, 13. 경찰채용, 15. 사법시험 ② (토지는 주덕교회가 충북노회 유지재단에 명의신탁한 부동산이고, 토지에 관한 제1·2차 매매계약은 모두 허위여서 그에 기초한 甲과 乙 명의의 소유권이전등기는 원인무효로써 주덕교회는 토지에 관한 명의신탁계약을 해지하고 유지재단을 대위하여 甲과 乙에게 소유권이전등기의 말소를 청구할 권리를 가지는 상태에서) 피고인 甲·乙이 공모하여 **토지에 관하여 丙 명의로 허위의 가등기를 마쳐 두었다가, 주덕교회가 토지의 소유권을 되찾기 위하여 처분금지가처분을 하자 그 집행을 면탈할 목적으로 본등기를 하였다면 강제집행면탈죄가 성립한다**(대판 2015.9.15, 2015도9883 **명의신탁 교회토지 사건**). ③ 채무자인 피고인 甲이 채권자 A의 가압류집행을 면탈할 목적으로 제3채무자인 乙에 대한 채권을 丙에게 허위양도한 경우, 가압류결정 정본이 제3채무자 乙에게 송달된 날짜와 甲이 채권을 양도한 날짜가 동일하더라도 가압류결정 정본이 乙에게 송달되기 전에 채권을 허위로 양도한 것이라면 강제집행면탈죄가 성립한다(대판 2012.6.28, 2012도3999 **송달·양도 동일날짜 사건**). 13·17. 경찰승진, 16·17. 변호사	① 강제집행면탈죄의 주된 법익은 채권자의 권리보호에 있다고 해석하는 것이 타당하므로, 강제집행의 기본이 되는 채권자의 권리, 즉 채권의 존재는 강제집행면탈죄의 성립요건으로서 채권의 존재가 인정되지 않을 때에는 강제집행면탈죄는 성립하지 않는다. 그리고 채권이 존재하는 경우에도 채무자의 재산은닉 등 행위시를 기준으로 채무자에게 채권자의 집행을 확보하기에 충분한 다른 재산이 있었다면 채권자를 해하였거나 해할 우려가 있다고 쉽사리 단정할 것이 아니다(대판 2011.9.8, 2011도5165 **사실혼 해소 사건**). 11·13·15. 법원행시, 11·16. 법원직 9급, 12. 사법시험, 13·20. 변호사 ② 상계의 의사표시가 있는 경우에는 각 채무는 상계할 수 있는 때에 소급하여 대등액에 관하여 소멸한 것으로 보게 되므로, **상계로 인하여 소멸한 것으로 보게 되는 채권에 관하여는 그 상계의 효력이 발생하는 시점 이후에는 채권의 존재가 인정되지 않으므로 강제집행면탈죄가 성립하지 않는다**(대판 2012.8.30, 2011도2252 **보증금으로 상계 사건**). 13·15. 법원행시 ③ A회사 대표이사 등인 피고인들이 공모하여 회사 채권자들의 강제집행을 면탈할 목적으로 A회사가 시공 중인 건물에 관한 건축주 명의를 A회사에서 B회사로 변경하였더라도, 건물이 지하 4층, 지상 12층으로 건축허가를 받았으나 피고인들이 **건축주 명의를 변경한 당시에는 지상 8층까지 골조공사가 완료된 채 공사가 중단된 경우라면, 이는 민사집행법상 강제집행이나 보전처분의 대상이 될 수 있다고 단정하기 어렵다**(대판 2014.10.27, 2014도9442 **공사중단 빌딩 사건**).

제1편 개인적 법익에 대한 죄

제5장 재산에 대한 죄 **447**

강제집행면탈죄가 성립하는 경우	강제집행면탈죄가 성립하지 않는 경우
④ 피고인 甲이 처 A로부터 이혼해 달라는 요구를 받고 있는 와중에 A에 의하여 甲의 부동산에 대하여 재산분할청구권 등에 근거하여 가압류 등 강제집행 조치가 취해질 것으로 예상되자, 누나 乙로부터 5천만원을 빌린 것으로 가장하고 그 담보로 甲의 부동산에 관하여 소유권이전청구권가등기를 경료하여 준 경우 강제집행면탈죄가 성립한다(대판 2008.6.26, 2008도3184 **누나와 공모 재산분할 회피 사건**). 12. 사법시험, 17. 경찰채용	④ '보전처분단계에서의 가압류채권자의 지위' 자체는 원칙적으로 민사집행법상 강제집행 또는 보전처분의 대상이 될 수 없어 **강제집행면탈죄의 객체에 해당한다고 볼 수 없고**, 이는 가압류채무자가 가압류해방금을 공탁한 경우에도 마찬가지이다(대판 2008.9.11, 2006도8721 **가압류집행해제 사건**). 11·20. 경찰승진, 12. 국가직 9급, 13·16. 법원행시, 17. 경찰용, 20. 변호사
⑤ 피고인 甲이 (가)회사의 명의로 엘지슈퍼를 경영하다가 강제집행을 저지할 의도로 금전등록기의 사업자 이름을 (가)회사 대표이사 乙에서 甲의 형인 丙으로 변경하였고, 그로 인하여 (가)회사에 대한 집행력 있는 공정증서정본의 소지인인 피해자 A가 유체동산가압류 집행을 하려 하였으나 **집행관 B가 금전등록기의 사업자 이름이 집행채무자의 이름과 다르다는 이유로 그 집행을 거부함으로써 가압류집행이 이루어지지 않은 경우**, 비록 사업자등록의 사업자 명의는 실제로 변경되지 않았다 하더라도 甲의 행위로 인해 연쇄점 내의 물건들에 관한 소유관계가 불명하게 되었으므로 **강제집행면탈죄가 성립한다**(대판 2003.10.9, 2003도3387 **금전등록기 명의변경 사건**). 11. 경찰간부, 15. 사법시험, 17. 경찰승진	⑤ 명의신탁자와 명의수탁자가 이른바 계약명의신탁 약정을 맺고 명의수탁자가 당사자가 되어 **명의신탁 약정이 있다는 사실을 알지 못하는 소유자와 부동산에 관한 매매계약을 체결**한 후 그 매매계약에 따라 당해 부동산의 소유권이전등기를 명의수탁자 명의로 마친 경우에는, 명의신탁자와 명의수탁자 사이의 명의신탁약정의 무효임에도 불구하고 부동산 실권리자명의 등기에 관한 법률 제4조 제2항 단서에 의하여 **명의수탁자는 당해 부동산의 완전한 소유권을 취득한다**. 반면에 소유자가 계약명의신탁 약정이 있다는 사실을 안 경우에는 수탁자 명의의 소유권이전등기는 무효이고 **당해 부동산의 소유권은 매도인이 그대로 보유하게 된다**. 어느 경우든지 명의신탁자는 그 매매계약에 의해서는 당해 부동산의 소유권을 취득하지 못하게 되어, 결국 그 부동산은 명의신탁자에 대한 강제집행이나 보전처분의 대상이 될 수 없다(대판 2011.12.8, 2010도4129). 11. 경찰간부, 11·12. 사법시험, 13. 경찰채용·경찰승진
⑥ 피고인 甲이 A에 의하여 압류된 甲 소유의 유체동산을 그의 모(母)인 乙의 소유인 것으로 사칭하면서 乙 명의로 제3자이의의 소를 제기하고, 집행정지결정을 받아 그 집행을 저지하였다면 이는 **재산을 은닉한 경우에 해당한다**(대판 1992.12.8, 92도1653 **제3자이의의 소 사건**). 14. 경찰승진	⑥ 채권자의 채권이 금전채권이 아니라 **토지소유자로서 그 지상건물의 소유자에 대하여 가지는 건물철거 및 토지인도청구권인 경우**라면 채무자인 건물소유자가 제3자에게 허위의 금전채무를 부담하면서 이를 피담보채무로 하여 건물에 관하여 근저당권설정등기를 경료하였다는 것만으로는 직접적으로 토지소유자의 건물철거 및 토지인도청구권에 기한 강제집행을 불능하게 하는 사유에 해당한다고 할 수 없으므로 건물소유자에게 **강제집행면탈죄가 성립한다고 할 수 없다**(대판 2008.6.12, 2008도2279 **건물철거 및 토지인도청구권 사건**). 12·13. 경찰승진, 13. 경찰채용
⑦ 상속인들이 **부동산의 경매절차에서 배당받을 배당금지급채권**은 강제집행면탈죄의 객체인 '재산'에 해당하고, 피고인 등이 채권이 완제된 것처럼 가장하여 상속인 등을 상대로 청구이의의 소를 제기하고 그 판결에 기하여 강제집행정지 및 경매취소에 이르게 한 행위는 소유관계를 불명하게 하는 방법에 의한 '재산의 은닉'에 해당한다(대판 2011.7.28, 2011도6115).	
⑧ **약 18억원 정도의 채무초과 상태**에 있는 피고인 발행의 약속어음이 부도가 난 경우, 강제집행을 당할 구체적인 위험이 있는 상태에 있다(대판 1999.2.9, 96도3141). 13. 변호사	

⑦ 채권자 A의 가압류등록 후 버스의 소유권이 (가)여행사에서 (나)관광사에게 이전되었고 (나)관광사의 실질적 사주인 **피고인 甲 등이 허위의 채무를 부담하는 것으로 차용증을 작성하고 이를 근거로 乙·丙을 저당권자로 하는 저당권설정등록이 이루어졌더라도 그 저당권설정등록으로 인하여 A의 강제집행이 방해된다고 볼 수 없으므로 강제집행면탈죄는 성립하지 아니한다**(대판 2008.5.29, 2008도2476 **관광버스 가압류 사건**). 11. 경찰승진·법원행시, 12. 법원직 9급, 15. 사법시험

⑧ 피고인이 **자신 소유인 자금과 그룹 계열사들 소유 금원 중 일부를 임의로 빼돌린 자금 등을 구분함이 없이 거주지 안방 옷장 속 서랍 또는 금고 안에 보관해 오다가** 이를 이용하여 제3자 명의로 부동산을 취득한 경우, 피고인이 자신 소유인 자금을 금융기관 등에 예치하지 않고 단순히 거주지 안방 옷장 속에 위와 같이 보관해 왔다는 것만으로는 강제집행면탈죄에서의 **은닉행위에 해당한다거나 피고인의 채권자를 해할 위험상태에 이르렀다고 보기 어렵고**, 그룹 계열사들 소유 금원 중 일부를 임의로 빼돌려 보관한 행위는 그룹 계열사들에 대한 **횡령행위의 일부를 구성하는 것일 뿐 이를 피고인의 채권자들에 대한 강제집행면탈행위로서의 은닉행위로 평가할 수는 없다**(대판 2007.6.1, 2006도1813 **성원건설 회장 사건**). 12. 경찰승진

⑨ 피고인 甲이 **장래에 발생할 특정의 조건부채권을 담보하기 위한 방편으로 부동산에 대하여 근저당권을 설정한 것이라면**, 특별한 사정이 없는 한 이는 장래 발생할 진실한 채무를 담보하기 위한 것으로 보여져 피고인의 행위를 가리켜 강제집행면탈죄 소정의 '**허위의 채무를 부담**'하는 경우에 해당한다고 할 수 없다(대판 1996.10.25, 96도1531). 11. 법원직 9급, 12. 경찰간부

⑩ 피고인이 **타인에게 채무를 부담하고 있는 양 가장하는 방편으로 피고인 소유의 부동산들에 관하여 소유권이전청구권보전을 위한 가등기를 경료하여 주었다 하더라도** 그와 같은 가등기는 원래 순위보전의 효력밖에 없는 것이므로, 가등기를 경료한 사실만으로는 피고인이 강제집행을 면탈할 목적으로 **허위채무를 부담하여 채권자를 해한 것이라고 할 수 없다**(대판 1987.8.18, 87도1260). 11. 경찰승진

강제집행면탈죄가 성립하는 경우	강제집행면탈죄가 성립하지 않는 경우
	⑪ 진의에 의하여 재산을 양도하였다면 설령 그것이 강제집행을 면탈할 목적으로 이루어진 것으로서 채권자의 불이익을 초래하는 결과가 되었다고 하더라도 강제집행면탈죄의 **허위양도 또는 은닉에는 해당하지 아니한다**(대판 2007.11.30, 2006도7329). 11. 법원직 9급, 11·15. 법원행시, 12. 사법시험, 20. 변호사
	⑫ 채무자가 가압류채권자의 지위에 있으면서 **가압류집행해제를 신청함으로써 그 지위를 상실하는 행위**는 형법 제327조에서 정한 '은닉, 손괴, 허위양도 또는 허위채무부담' 등 강제집행면탈행위의 어느 유형에도 포함되지 않는 것이므로 이러한 행위를 처벌대상으로 삼을 수도 없다(대판 2008.9.11, 2006도8721 **가압류집행해제 사건**). 11. 경찰승진·경찰간부, 15. 사법시험, 11·16. 법원행시
	⑬ 압류금지채권의 목적물이 채무자의 예금계좌에 입금된 경우에는 그 예금채권에 대하여 더 이상 압류금지의 효력이 미치지 아니하므로 그 예금은 압류금지채권에 해당하지 않지만, 압류금지채권의 목적물이 채무자의 예금계좌에 입금되기 전까지는 여전히 강제집행 또는 보전처분의 대상이 될 수 없으므로, **압류금지채권의 목적물을 수령하는 데 사용하던 기존 예금계좌가 채권자에 의해 압류된 채무자가 압류되지 않은 다른 예금계좌를 통하여 그 목적물을 수령하더라도 강제집행이 임박한 채권자의 권리를 침해할 위험이 있는 행위라고 볼 수 없어 강제집행면탈죄가 성립하지 않는다**(대판 2017.8.18, 2017도6229). 19. 국가직 7급, 20. 법원행시
	⑭ 요양급여는 '의료법에 따라 개설된 의료기관'에서 행하도록 정하고 있다. 따라서 의료법에 의하여 적법하게 개설되지 아니한 의료기관에서 요양급여가 행하여졌다면 해당 의료기관은 국민건강보험법상 요양급여비용을 청구할 수 있는 요양기관에 해당되지 아니하여 해당 요양급여비용 전부를 청구할 수 없고, 해당 의료기관의 채권자로서도 위 **요양급여비용 채권을 대상으로 하여 강제집행 또는 보전처분의 방법으로 채권의 만족을 얻을 수 없는 것이므로, 결국 위와 같은 채권은 강제집행면탈죄의 객체가 되지 아니한다**(대판 2017.4.26, 2016도19982). 20. 법원행시

police.Hackers.com

해커스경찰

police.Hackers.com

제2편

사회적 법익에 대한 죄

제1장 공공의 안전과 평온에 대한 죄

제1절 공안을 해하는 죄

01 범죄단체조직죄

> **형법**
> 제114조【범죄단체 등의 조직】 사형, 무기 또는 **장기 4년 이상의 징역**에 해당하는 범죄를 목적으로 하는 단체 또는 집단을 조직하거나 이에 가입 또는 그 구성원으로 활동한 사람은 그 목적한 죄에 정한 형으로 처벌한다. 다만, **형을 감경할 수 있다.**

> ⚖ **판례 | 형법 제114조의 범죄단체조직죄 관련 판례**
>
> **1** 범죄단체조직죄는 범죄를 목적으로 하는 단체를 조직함으로써 성립하는 것이고 그 후 목적한 범죄의 실행 행위를 하였는가 여부는 위 죄의 성립에 영향이 없다(대판 1975.9.23, 75도2321).
>
> **2** 범죄단체조직죄 소정의 '**범죄를 목적으로 하는 단체**'라 함은 특정다수인이 일정한 범죄를 수행한다는 공동 목적 아래 이루어진 계속적인 결합체로서 그 단체를 주도하는 **최소한의 통솔체제를 갖추고 있음을 요한다**(대판 1985.10.8, 85도1515 **4인 어음사기 공모 사건**). 12. 경찰승진, 15. 법원직 9급, 20. 경찰채용
>
> **3** [1] 형법 제114조에서 정한 '**범죄를 목적으로 하는 집단**'이란 특정 다수인이 사형, 무기 또는 장기 4년 이상의 범죄를 수행한다는 공동목적 아래 구성원들이 정해진 역할분담에 따라 행동함으로써 범죄를 반복적으로 실행할 수 있는 조직체계를 갖춘 계속적인 결합체를 의미한다. '**범죄단체**'에서 요구되는 '**최소한의 통솔체계**'를 갖출 필요는 없지만, 범죄의 계획과 실행을 용이하게 할 정도의 조직적 구조를 갖추어야 한다. [2] 피고인 **甲은 무등록 중고차 매매상사**(외부사무실)를 운영하면서 피해자들을 기망하여 중고차량을 불법으로 판매해 금원을 편취할 목적으로 외부사무실 등에서 범죄집단을 조직·활동하고, 피고인 甲, 乙을 제외한 나머지 피고인들은 범죄집단에 가입·활동하였다는 내용으로 기소된 사안에서, 위 외부사무실은 특정 다수인이 사기범행을 수행한다는 공동목적 아래 구성원들이 대표, 팀장, 출동조, 전화상담원 등 정해진 역할분담에 따라 행동함으로써 사기범행을 반복적으로 실행하는 체계를 갖춘 결합체, 즉 형법 제114조의 '**범죄를 목적으로 하는 집단**'에 해당한다(대판 2020.8.20, 2019도16263).
>
> **4** 피고인들이 불특정다수의 피해자들에게 전화하여 금융기관 등을 사칭하면서 신용등급을 올려 낮은 이자로 대출을 해주겠다고 속여 신용관리비용 명목의 돈을 송금받아 편취할 목적으로 **보이스피싱 사기 조직을 구성하고 이에 가담하여 조직원으로 활동함으로써 범죄단체를 조직하거나 이에 가입·활동한 경우, 위 보이스피싱 조직**은 보이스피싱이라는 사기범죄를 목적으로 구성된 다수인의 계속적인 결합체로서 총책을 중심으로 간부급 조직원들과 상담원들, 현금인출책 등으로 구성되어 내부의 위계질서가 유지되고 조직원의 역할분담이 이루어지는 최소한의 통솔체계를 갖춘 **형법상의 범죄단체에 해당한다**(대판 2017.10.26, 2017도8600 **보이스피싱 조직 사건**). 20. 경찰채용

02 소요죄

> **형법**
>
> 제115조【소요】 다중이 집합하여 폭행, 협박 또는 손괴의 행위를 한 자는 1년 이상 10년 이하의 징역이나 금고 또는 1천500만원 이하의 벌금에 처한다.

03 다중불해산죄

> **형법**
>
> 제116조【다중불해산】 폭행, 협박 또는 손괴의 행위를 할 목적으로 다중이 집합하여 그를 단속할 권한이 있는 공무원으로부터 **3회 이상**의 해산명령을 받고 해산하지 아니한 자는 2년 이하의 징역이나 금고 또는 300만원 이하의 벌금에 처한다.

04 전시공수계약불이행죄

> **형법**
>
> 제117조【전시공수계약불이행】 ① 전쟁, 천재 기타 사변에 있어서 국가 또는 공공단체와 체결한 식량 기타 생활필수품의 공급계약을 정당한 이유 없이 이행하지 아니한 자는 3년 이하의 징역 또는 500만원 이하의 벌금에 처한다.
> ② 전항의 계약이행을 방해한 자도 전항의 형과 같다.

05 공무원자격사칭죄

> **형법**
>
> 제118조【공무원자격의 사칭】 공무원의 자격을 사칭하여 **그 직권을 행사**한 자는 3년 이하의 징역 또는 700만원 이하의 벌금에 처한다.

제2절 폭발물에 관한 죄

01 폭발물사용죄

> **형법**
>
> 제119조【폭발물사용】① 폭발물을 **사용하여** 사람의 **생명, 신체** 또는 **재산**을 해하거나 그 밖의 공공의 안전을 문란한 자는 사형, 무기 또는 7년 이상의 징역에 처한다.
> ② 전쟁, 천재지변 그 밖의 사변에 있어서 제1항의 죄를 지은 자는 사형 또는 무기징역에 처한다.

02 전시폭발물제조 등 죄

> **형법**
>
> 제121조【전시폭발물제조 등】전쟁 또는 사변에 있어서 정당한 이유 없이 폭발물을 제조, 수입, 수출, 수수 또는 소지한 자는 10년 이하의 징역에 처한다.

제3절 방화와 실화의 죄

01 현주건조물 등 방화죄

> **형법**
>
> 제164조【현주건조물 등 방화】① 불을 놓아 사람이 주거로 사용하거나 사람이 **현존하는 건조물, 기차, 전차, 자동차, 선박, 항공기** 또는 **지하채굴시설**을 불태운 자는 무기 또는 3년 이상의 징역에 처한다.

객관적 구성요건	객체	사람이 주거로 사용하거나 사람이 현존하는 건조물 · 기차 · 전차 · 자동차 · 선박 · 항공기 또는 지하채굴시설
	행위	① 방화: 건조물 등을 불태우게 하는 데 원인을 제공하는 일체의 행위 ② 소훼: 건조물 등을 불태워 훼손시키는 것
	착수기수	① 실행의 착수시기: 불을 놓을 때 ② 기수시기: 불에 의해 목적물의 중요부분이 소실되어 그 본해의 효용을 상실되어야 기수라는 효용상실설과 불이 매개물을 떠나 목적물이 독립하여 **연소할 때라는 독립연소설과(판례)**, 중요부분연소개시설이나 일부손괴설이 대립. 독립연소설은 방화죄의 공공위험범의 성격을 강조하는 견해로서 방화죄의 기수시기를 가장 앞당기는 견해이고, 효용상실설은 방화죄의 재산범적 성격도 고려하는 견해로서 기수시기가 독립연소설보다는 늦음

🔥 판례 | 방화죄 관련 판례

1 방화죄는 공공의 안전을 제1차적인 보호법익으로 하지만 제2차적으로는 개인의 재산권을 보호하는 것이다(대판 2009.10.15, 2009도7421 **재활용품·쓰레기 방화 사건**). 14·18. 경찰간부, 15. 경찰승진

2 [1] 지붕과 문짝·창문이 없고 담장과 일부 벽체가 붕괴된 철거대상 건물로서 **사실상 기거·취침에 사용할 수 없는 상태의 폐가(廢家)는 형법 제166조의 건조물이 아닌 형법 제167조의 물건에 해당한다.** [2] 피고인이 폐가의 내부와 외부에 쓰레기를 모아놓고 태워 불길이 폐가 주변 수목 4~5그루를 태우고 폐가의 벽을 일부 그을리게 하는 정도만으로는 방화죄의 기수에 이르렀다고 보기 어렵고, 일반물건방화죄에 관하여는 미수범의 처벌규정이 없으므로 피고인은 **무죄이다**(대판 2013.12.12, 2013도3950 **영종도 폐가 방화 사건**). 14·20. 경찰채용, 17·21. 경찰간부

3 [1] 불을 놓아 무주물을 소훼하여 공공의 위험을 발생하게 한 경우에는 '무주물'을 '자기 소유의 물건'에 준하는 것으로 보아 형법 제167조 제2항을 적용하여 처벌하여야 한다. [2] 피고인이 **노상에서 전봇대 주변에 놓인 재활용품과 쓰레기 등을 발견하고 라이터를 이용하여 불을 붙인 다음,** 가연물을 집어넣어 화염을 키움으로써 공공의 위험을 발생하게 한 경우 형법 제167조 제2항에 정한 일반물건방화죄가 성립한다(대판 2009.10.15, 2009도7421 **재활용품·쓰레기 방화 사건**). 12·13. 국가직 9급, 12·13·16·17. 경찰승진, 12·14. 경찰채용, 12·16. 경찰간부, 17. 국가직 7급

4 매개물을 통한 점화에 의하여 건조물을 소훼함을 내용으로 하는 형태의 방화죄의 경우에, 범인이 그 매개물에 불을 켜서 붙였거나 또는 범인의 행위로 인하여 매개물에 불이 붙게 됨으로써 연소작용이 계속될 수 있는 상태에 이르렀다면, 그것이 곧바로 진화되는 등의 사정으로 인하여 목적물인 건조물 자체에는 불이 옮겨 붙지 못하였다고 하더라도 방화죄의 실행의 착수가 있었다고 보아야 한다(대판 2002.3.26, 2001도6641 **마산 두척동 방화 사건**). 12. 국가직 9급, 14. 경찰간부, 15. 경찰승진·법원직 9급, 20. 국가직 7급

5 피고인이 **휘발유가** 인화성이 강한 상태로 주택주변과 **피해자의 몸에 적지 않게 살포되어 있는 사정을 알면서도 라이터를 켜 불꽃을 일으킴으로써 피해자의 몸에 불이 붙은 경우**, 비록 외부적 사정에 의하여 불이 방화목적물인 주택 자체에 옮겨 붙지는 아니하였다 하더라도 현존건조물방화죄의 실행의 착수가 있었다고 봄이 상당하고, 이로 인하여 피고인을 만류하던 피해자로 하여금 약 4주간의 치료를 요하는 화상을 입게 한 경우 현존건조물방화치상죄가 성립한다(대판 2002.3.26, 2001도6641 **마산 두척동 방화 사건**). 11. 사법시험, 12. 경찰채용·변호사, 12·13. 국가직 9급, 12·14. 국가직 7급, 13·14. 법원직 9급, 13·16·17. 경찰승진, 15·16. 법원행시

6 현주건조물방화죄는 화력이 매개물을 떠나 목적물인 건조물 스스로 연소할 수 있는 상태에 이름으로써 기수가 된다(대판 2007.3.16, 2006도9164 **강간살인 ➡ 방화 사건**). 12·20. 국가직 7급, 13·14. 경찰간부, 15. 경찰승진·법원직 9급

7 피고인이 피해자의 사체 위에 옷가지 등을 올려놓고 불을 붙인 천조각을 던져 불길이 방 안을 태우면서 천정에까지 옮겨 붙었다면, 설령 그 불이 완전연소에 이르지 못하고 도중에 진화되었다고 하더라도 현주건조물방화죄는 기수에 이르렀다(대판 2007.3.16, 2006도9164 **강간살인 ➡ 방화 사건**). 13. 국가직 9급, 16. 경찰간부·법원행시

8 부모에게 용돈을 요구하였다가 거절당한 피고인이 홧김에 자기 집 헛간 지붕 위에 올라가 거기다 라이터 불로 불을 놓고, 이어서 몸채·사랑채 지붕 위에 차례로 올라가 거기에다 각각 불을 놓아 **헛간지붕 60평방cm 가량, 몸채지붕 1평방m 가량, 사랑채지붕 1평방m 가량을 태웠다고 하면 방화행위는 기수로 보아야 한다**(대판 1970.3.24, 70도330). 17. 경찰간부

9 피고인 甲이 친형 A가 생활비를 보조하여 주지 아니한다는 이유로 불만을 품고 있다가 A가 거주하고 있는 가옥을 소훼할 목적으로 가옥의 일부로 되어있는 우사(牛舍)에 점화를 한 경우, 우사에 대한 점화는 역시 **'사람의 주거에 사용하거나 사람이 현존하는 건조물'에 대한 방화에 해당된다**(대판 1967.8.29, 67도925 **우사 방화 사건**). 12. 경찰간부

10 피고인 甲이 동거하던 乙과 가정불화가 악화되어 헤어지기로 작정하고 홧김에 죽은 동생의 유품으로 보관하던 서적 등을 뒷마당에 내어 놓고 불태워 버리려 했던 점이 인정될 뿐, 甲이 乙인 소유의 가옥을 불태워 버리겠다고 결의하여 불을 놓았다고 볼 수 없다면 甲의 소위를 가리켜 **방화의 범의가 있었다고 할 수 없다** (대판 1984.7.24, 84도1245). 12·14. 경찰채용, 13. 경찰승진, 17. 경찰간부

02 현주건조물 등 방화치사상죄

형법
제164조【현주건조물 등 방화】② 제1항의 죄를 지어 사람을 상해에 이르게 한 경우에는 무기 또는 5년 이상의 징역에 처한다. 사망에 이르게 한 경우에는 **사형, 무기** 또는 **7년** 이상의 징역에 처한다.

⚖판례 | 현주건조물방화치사상죄의 성질(= 부진정결과적 가중범)

1 현주건조물방화치사상죄는 과실이 있는 경우뿐만 아니라 **고의가 있는 경우에도 포함된다고 볼 것이므로** 사람을 살해할 목적으로 현주건조물에 방화하여 사망에 이르게 한 경우에는 현주건조물방화치사죄로 의율하여야 하고 이와 더불어 살인죄와의 상상적 경합범으로 의율할 것은 아니다(대판 1996.4.26, 96도485 **아버지 · 동생 방화살해 사건**). 11. 경찰채용 · 사법시험, 11·17. 국가직 9급, 13. 국가직 7급, 15. 경찰승진, 18. 경찰간부

2 현주건조물방화치사죄는 과실이 있는 경우뿐만 아니라 **고의가 있는 경우도 포함된다고 볼 것이므로** 현주건조물내에 있는 사람을 강타하여 실신하게 한 후 동건조물에 방화하여 소사하게 한 피고인을 현주건조물에의 방화죄와 살인죄의 상상적 경합으로 의율할 것은 아니다(대판 1983.1.18, 82도2341 **은봉암 사건**). 15. 경찰간부

3 현존건조물방화치상죄와 같은 이른바 부진정결과적 가중범은 예견가능한 결과를 예견하지 못한 경우뿐만 아니라 **그 결과를 예견하거나 고의가 있는 경우까지도 포함하는 것이므로** 사람이 현존하는 건조물을 방화하는 집단행위의 과정에서 일부 집단원이 고의행위로 살상을 가한 경우에도 다른 집단원에게 그 사상의 결과가 예견가능한 것이었다면 다른 집단원도 그 결과에 대하여 현존건조물방화치사상의 책임을 면할 수 없다(대판 1996.4.1, 96도215 **서울지방노동청 습격 사건**). 13. 법원행시, 15. 경찰간부

4 모텔 방에 투숙한 자가 과실로 담뱃불이 휴지와 침대시트에 옮겨 붙게 함으로써 화재를 발생하게 한 후, **화재 발생 사실을 안 상태에서 모텔을 빠져나오면서 모텔 주인이나 다른 투숙객들에게 이를 알리지 아니하여 사상에 이르게 하였더라도 그 사정만으로는 부작위에 의한 현주건조물방화치사상죄가 성립하지 아니한다**(대판 2010.1.14, 2009도12109 **모텔 담뱃불 화재 사건**). 20. 해경간부

03 공용건조물 등 방화죄

형법
제165조【공용건조물 등 방화】불을 놓아 공용(公用)으로 사용하거나 공익을 위해 사용하는 건조물, 기차, 전차, 자동차, 선박, 항공기 또는 지하채굴시설을 불태운 자는 무기 또는 3년 이상의 징역에 처한다.

04 일반건조물 등 방화죄

> **형법**
>
> 제166조【일반건조물 등 방화】① 불을 놓아 **제164조와 제165조에 기재한 외의** 건조물, 기차, 전차, 자동차, 선박, 항공기 또는 지하채굴시설을 불태운 자는 2년 이상의 유기징역에 처한다.
> ② **자기 소유인** 제1항의 물건을 불태워 **공공의 위험**을 발생하게 한 자는 7년 이하의 징역 또는 1천만원 이하의 벌금에 처한다.
> 제176조【타인의 권리대상이 된 자기의 물건】자기의 소유에 속하는 물건이라도 압류 기타 강제처분을 받거나 타인의 권리 또는 보험의 목적물이 된 때에는 본장의 규정의 적용에 있어서 타인의 물건으로 간주한다.

05 일반물건방화죄

> **형법**
>
> 제167조【일반물건 방화】① 불을 놓아 제164조부터 제166조까지에 기재한 외의 물건을 불태워 **공공의 위험**을 발생하게 한 자는 1년 이상 10년 이하의 징역에 처한다.
> ② 제1항의 물건이 **자기 소유**에 속한 경우에는 3년 이하의 징역 또는 700만원 이하의 벌금에 처한다.
> 제176조【타인의 권리대상이 된 자기의 물건】자기의 소유에 속하는 물건이라도 압류 기타 강제처분을 받거나 타인의 권리 또는 보험의 목적물이 된 때에는 본장의 규정의 적용에 있어서 타인의 물건으로 간주한다.

06 연소죄

> **형법**
>
> 제168조【연소】① **제166조 제2항** 또는 **전조 제2항**의 죄를 범하여 제164조, 제165조 또는 제166조 제1항에 기재한 물건에 연소한 때에는 1년 이상 10년 이하의 징역에 처한다.
> ② 전조 제2항의 죄를 범하여 전조 제1항에 기재한 물건에 연소한 때에는 5년 이하의 징역에 처한다.

07 진화방해죄

> **형법**
>
> 제169조【진화방해】화재에 있어서 진화용의 시설 또는 물건을 은닉 또는 손괴하거나 기타 방법으로 진화를 방해한 자는 10년 이하의 징역에 처한다.

08 실화죄·업무상실화죄·중실화죄

> **형법**
>
> 제170조【실화】① 과실로 인하여 제164조 또는 제165조에 기재한 물건 또는 타인 소유인 제166조에 기재한 물건을 불태운 자는 1천500만원 이하의 벌금에 처한다.
> ② 과실로 인하여 **자기 소유인 제166조** 또는 **제167조**에 기재한 물건을 불태워 공공의 위험을 발생하게 한 자도 제1항의 형에 처한다.
> 제171조【업무상실화·중실화】업무상과실 또는 중대한 과실로 인하여 제170조의 죄를 범한 자는 3년 이하의 금고 또는 2천만원 이하의 벌금에 처한다.

⚖ 판례 | 실화죄 관련 판례

1 형법 제170조 제2항에서 말하는 '자기의 소유에 속하는 제166조 또는 제167조에 기재한 물건'이라 함은 '자기의 소유에 속하는 제166조에 기재한 물건 또는 **자기의 소유에 속하든, 타인의 소유에 속하든 불문하고 제167조에 기재한 물건**'을 **의미**하는 것이라고 해석하여야 하며, 이렇게 해석한다고 하더라도 그것이 법규정의 가능한 의미를 벗어나 법형성이나 법창조행위에 이른 것이라고는 할 수 없어 죄형법정주의의 원칙상 금지되는 유추해석이나 확장해석에 해당한다고 볼 수는 없을 것이다[대결 1994.12.20, 94모32(전합) **사과나무 실화 사건**]. 19. 5급승진

2 성냥불이 꺼진 것을 확인하지 아니한 채 플라스틱 휴지통에 던진 것이 중대한 과실에 해당한다(대판 1993. 7.27, 93도135).

3 피고인이 약 2.5평 넓이의 주방에 설치된 간이온돌용 새마을보일러에 연탄을 갈아 넣음에 있어서 연탄의 연소로 보일러가 가열됨으로써 그 열이 전도·복사되어 그 주변의 가열접촉물에 인화될 것을 쉽게 예견할 수 있었음에도 불구하고 그 주의의무를 게을리하여 위 **보일러로부터 5~10cm쯤의 거리**에 판시 가연물질을 그대로 두고 신문지를 구겨서 보일러의 공기조절구를 살짝 막아놓은 채 그 자리를 떠나버렸기 때문에 판시와 같은 화재가 발생한 사실을 인정하기에 넉넉하므로 원심판결의 지적하는 바와 같은 채증법칙을 어긴 위법이 없다(대판 1988.8.23, 88도855).

4 **연탄아궁이로부터 80cm 떨어진 곳**에 쌓아둔 스폰지요, 솜 등이 연탄아궁이 쪽으로 넘어지면서 화재현장에 의한 화재가 발생한 경우라고 하더라도 그 스폰지요, 솜 등을 쌓아두는 방법이나 상태 등에 관하여 아주 작은 주의만 기울였더라면 스폰지요나 솜 등이 넘어지고 또 그로 인하여 화재가 발생할 것을 예견하여 회피할 수 있었음에도 불구하고 부주의로 이를 예견하지 못하고 스폰지와 솜 등을 쉽게 넘어질 수 있는 상태로 쌓아둔 채 방치하였기 때문에 화재가 발생한 것으로 판단되어야만, '중대한 과실'로 인하여 화재가 발생한 것으로 볼 수 있다(대판 1989.1.17, 88도643). ➡ 중과실에 해당하지 않는다는 취지의 판례

09 폭발성물건파열죄 · 폭발성물건파열치사상죄

형법

제172조【폭발성물건파열】① 보일러, 고압가스 기타 폭발성 있는 물건을 파열시켜 사람의 생명, 신체 또는 재산에 대하여 **위험을 발생**시킨 자는 1년 이상의 유기징역에 처한다.

② 제1항의 죄를 범하여 사람을 상해에 이르게 한 때에는 무기 또는 3년 이상의 징역에 처한다. 사망에 이르게 한 때에는 무기 또는 5년 이상의 징역에 처한다.

10 가스 · 전기 등 방류죄, 가스 · 전기 등 방류치사상죄

형법

제172조2【가스 · 전기 등 방류】① 가스, 전기, 증기 또는 방사선이나 방사성 물질을 방출, 유출 또는 살포시켜 사람의 **생명, 신체** 또는 **재산**에 대하여 위험을 발생시킨 자는 1년 이상 10년 이하의 징역에 처한다.

② 제1항의 죄를 범하여 사람을 상해에 이르게 한 때에는 무기 또는 3년 이상의 징역에 처한다. 사망에 이르게 한 때에는 무기 또는 5년 이상의 징역에 처한다.

11 가스 · 전기 등 공급방해죄, 가스 · 전기 등 공급방해치사상죄

형법

제173조【가스 · 전기 등 공급방해】① 가스, 전기 또는 증기의 공작물을 손괴 또는 제거하거나 기타 방법으로 가스, 전기 또는 증기의 공급이나 사용을 방해하여 **공공의 위험**을 발생하게 한 자는 1년 이상 10년 이하의 징역에 처한다.

② 공공용의 가스, 전기 또는 증기의 공작물을 손괴 또는 제거하거나 기타 방법으로 가스, 전기 또는 증기의 공급이나 사용을 방해한 자도 전항의 형과 같다.

③ 제1항 또는 제2항의 죄를 범하여 사람을 상해에 이르게 한 때에는 2년 이상의 유기징역에 처한다. 사망에 이르게 한 때에는 무기 또는 3년 이상의 징역에 처한다.

12 과실폭발성물건파열 등 죄, 업무상과실폭발성물건파열 등 죄, 중과실폭발성물건파열 등 죄

형법

제173조2【과실폭발성물건파열 등】① 과실로 제172조 제1항(폭발성물건파열죄), 제172조의2 제1항(가스 · 전기 등 방류죄), 제173조 제1항과 제2항의 죄(가스 · 전기 등 공급방해죄)를 범한 자는 5년 이하의 금고 또는 1천 500만원 이하의 벌금에 처한다.

② 업무상과실 또는 중대한 과실로 제1항의 죄를 범한 자는 7년 이하의 금고 또는 2천만원 이하의 벌금에 처한다.

제4절 일수와 수리에 관한 죄

01 현주건조물 등 일수죄

> **형법**
>
> 제177조【현주건조물 등에의 일수】① 물을 넘겨 사람이 **주거에 사용**하거나 **사람이 현존하는 건조물, 기차, 전차, 자동차, 선박, 항공기** 또는 **광갱**을 침해한 자는 무기 또는 3년 이상의 징역에 처한다.

02 현주건조물 등 일수치사상죄

> **형법**
>
> 제177조【현주건조물 등에의 일수】② 제1항의 죄를 범하여 사람을 상해에 이르게 한 때에는 무기 또는 5년 이상의 징역에 처한다. 사망에 이르게 한 때에는 무기 또는 7년 이상의 징역에 처한다.

03 공용건조물 등 일수죄

> **형법**
>
> 제178조【공용건조물 등에의 일수】물을 넘겨 공용 또는 공익에 공하는 건조물, 기차, 전차, 자동차, 선박, 항공기 또는 광갱을 침해한 자는 무기 또는 2년 이상의 징역에 처한다.

04 일반건조물 등 일수죄

> **형법**
>
> 제179조【일반건조물 등에의 일수】① 물을 넘겨 제2조에 기재한 이외의 건조물, 기차, 전차, 자동차, 선박, 항공기 또는 광갱 기타 타인의 재산을 침해한 자는 1년 이상 10년 이하의 징역에 처한다.
> ② 자기의 소유에 속하는 전항의 물건을 침해하여 공공의 위험을 발생하게 한 때에는 3년 이하의 징역 또는 700만원 이하의 벌금에 처한다.

05 방수방해죄

> **형법**
>
> 제180조【방수방해】수재에 있어서 방수용의 시설 또는 물건을 손괴 또는 은닉하거나 기타 방법으로 방수를 방해한 자는 10년 이하의 징역에 처한다.

06 과실일수죄

> **형법**
>
> 제181조【과실일수】 **과실**로 인하여 제177조 또는 제178조에 기재한 물건을 침해한 자 또는 제179조에 기재한 물건을 침해하여 공공의 위험을 발생하게 한 자는 1천만원 이하의 벌금에 처한다.

07 수리방해죄

> **형법**
>
> 제184조【수리방해】 둑을 무너뜨리거나 수문을 파괴하거나 기타 방법으로 수리(水利)를 방해한 자는 5년 이하의 징역 또는 700만원 이하의 벌금에 처한다.

> **⚖ 판례 | 수리방해죄가 성립하지 않는 경우**
>
> [1] 원천(源泉) 내지 자원으로서의 물의 이용이 아니라 **하수나 폐수 등 이용이 끝난 물을 배수로를 통하여 내려보내는 것은 수리방해죄에서 수리(水利)에 해당한다고 할 수 없고** 그러한 배수 또는 하수처리를 방해하는 행위는, 특히 그 배수가 수리용의 인수(引水)와 밀접하게 연결되어 있어서 그 배수의 방해가 직접 인수에까지 지장을 초래한다는 등의 특수한 경우가 아닌 한 수리방해죄의 대상이 될 수 없다. [2] 피고인이 피해자들의 집 (농촌주택)에서 배출되는 **생활하수의 배수관(소형 PVC관)을 토사로 막아 하수가 내려가지 못하게 한 경우라도 수리방해죄는 성립하지 아니한다**(대판 2001.6.26, 2001도404 **PVC 하수관 사건**). 15. 법원행시, 16. 국가직 9급

제5절 교통방해의 죄

01 일반교통방해죄

> **형법**
>
> 제185조【일반교통방해】 **육로, 수로** 또는 **교량**을 손괴 또는 불통하게 하거나 기타 방법으로 교통을 방해한 자는 10년 이하의 징역 또는 1천500만원 이하의 벌금에 처한다.

⚖ 판례 | 일반교통방해죄 관련 판례

1 일반교통방해죄는 일반공중의 교통안전을 그 보호법익으로 하는 범죄로서 육로 등을 손괴 또는 불통하게 하거나 기타 방법으로 교통을 방해하여 통행을 불가능하게 하거나 현저히 곤란하게 하는 일체의 행위를 처벌하는 것을 그 목적으로 하고 있다(대판 2014.7.10, 2014도1926).

2 **일반교통방해죄는 이른바 추상적 위험범으로서** 교통이 불가능하거나 또는 현저히 곤란한 상태가 발생하면 바로 기수가 되고 교통방해의 결과가 현실적으로 발생하여야 하는 것은 아니다(대판 2007.12.14, 2006도4662 **소공동 포장마차 사건**). 15. 국가직 9급, 16. 사법시험·법원직 9급, 18. 경찰간부

3 집회 또는 시위가 신고된 범위 내에서 행해졌거나 신고된 내용과 다소 다르게 행해졌어도 신고된 범위를 현저히 일탈하지 않는 경우에는 그로 인하여 **도로의 교통이 방해를 받았다고 하더라도 특별한 사정이 없는 한 일반교통방해죄가 성립한다고 볼 수 없으나**, 집회 또는 시위가 당초 신고된 범위를 현저히 일탈하거나 집회 및 시위에 관한 법률 제12조의 규정에 의한 조건을 중대하게 위반하여 **도로교통을 방해함으로써 통행을 불가능하게 하거나 현저하게 곤란하게 하는 경우에는 일반교통방해죄가 성립한다**(대판 2008.11.13, 2006도755 **행진시위 사건**). 13. 경찰승진, 14·15. 경찰채용, 16. 법원직 9급, 18. 경찰간부

4 피고인 등 약 600명의 노동조합원들이 차도만 설치되어 있을 뿐 보도는 따로 마련되어 있지 아니한 도로 우측의 편도 2차선의 대부분을 차지하면서 대오를 이루어 행진하는 방법으로 시위를 하고 이로 인하여 나머지 **편도 2차선으로 상·하행 차량이 통행하느라 차량의 소통이 방해되었다 하더라도** 피고인 등의 시위행위에 대하여 **일반교통방해죄를 적용할 수 없다**(대판 1992.8.18, 91도2771). 14. 경찰채용

5 일반교통방해죄에서 '**육로**'라 함은 **사실상 일반 공중의 왕래에 공용되는 육상의 통로를 널리 일컫는 것으로서** 그 부지의 소유관계나 통행권리관계 또는 통행인의 많고 적음 등을 가리지 않는다(대판 2007.12.28, 2007도7717 **아스팔트 제거 사건**). 16. 사법시험·법원직 9급

6 통행로를 이용하는 사람이 적은 경우에도 '육로'에 해당할 수 있으나, 공로에 출입할 수 있는 다른 도로가 있는 상태에서 **토지소유자로부터 일시적인 사용승낙을 받아 통행하거나 토지소유자가 개인적으로 사용하면서 부수적으로 타인의 통행을 묵인한 장소에 불과한 도로는** 일반교통방해죄에서 말하는 '**육로**'에 해당하지 않는다(대판 2017.4.7, 2016도12563 **농로 사건**). 17. 법원행시

7 피고인 소유 토지가 오래 전부터 차들이 지나다님으로서 사실상 도로화되었고 또한 아스팔트 포장까지 되어 왕복 2차로의 일부로 되었는 바, 이후 구리시가 위 토지를 포함한 **구도로 옆으로 신도로를 개통하였으나 구도로가 여전히 일반인 및 차량이 통행하고 있었다면 이는 '육로'에 해당한다**(대판 1999.7.27, 99도1651 **구도로 신도로 사건**). 14. 경찰채용

8 토지의 소유자가 자신의 토지의 한쪽 부분을 일시 공터로 두었을 때 인근주민들이 위 토지의 동서쪽에 있는 도로에 이르는 지름길로 일시 이용한 적이 있다 하여도 이를 일반공중의 내왕에 공용되는 도로라고 할 수 없으므로 교통방해죄에 있어 육로로 볼 수 없다(대판 1984.11.13, 84도2192 **지름길 통행 사건**). 15. 경찰채용, 16. 사법시험, 20. 국가직 9급

9 일반교통방해죄에서 교통방해행위는 계속범의 성질을 가지는 것이어서 교통방해의 상태가 계속되는 한 위법상태는 계속 존재한다. 따라서 교통방해를 유발한 집회에 참가한 경우 참가 당시 이미 다른 참가자들에 의해 교통의 흐름이 차단된 상태였다고 하더라도 교통방해를 유발한 다른 참가자들과 암묵적·순차적으로 공모하여 교통방해의 위법상태를 지속시켰다고 평가할 수 있다면 일반교통방해죄가 성립한다(대판 2018.5.11, 2017도9146 **세월호 1주기 추모제 사건**). 19. 경찰채용·변호사·법원행시·국가직 7급, 22. 경찰간부

일반교통방해죄가 성립하는 경우	일반교통방해죄가 성립하지 않는 경우
① 피고인이 **도로에 트랙터를 세워두거나 철책 펜스를 설치하여 노폭을 현저하게 제한함으로써** 종전에는 통행이 가능하던 차량의 통행을 불가능하게 한 행위는 **일반교통방해죄를 구성하지만**, 나아가 피고인이 **도로를 가로막고 앉아서 차량의 통행을 일시적으로 방해한 행위**는 교통을 방해하여 통행을 불가능하게 하거나 현저하게 곤란하게 하는 행위라고 보기 어려워 **일반교통방해죄를 구성하지 아니한다**(대판 2009.1.30, 2008도10560 **트랙터·철책펜스 사건**). 12. 경찰승진	피고인이 공항여객터미널 버스정류장 앞 도로 중 **공항리무진 버스 외의 다른 차의 주차가 금지된 구역에서 밴 차량을 40분간 불법주차하고 호객행위를 하였더라도**, 주차한 장소의 옆 차로를 통하여 다른 차량들이 충분히 통행할 수 있었고, 주차행위로 인하여 공항리무진 버스가 출발할 때 후진을 하여 차로를 바꾸어 진출해야 하는 불편을 겪기는 하였지만 통행이 불가능하거나 현저하게 곤란하지는 않았던 경우 **일반교통방해죄를 구성하지 않는다**(대판 2009.7.9, 2009도4266 **인천국제공항 불법주차 사건**). 16. 법원행시, 18. 경찰간부, 20. 국가직 9급
② 피고인이 도로의 일부가 자신의 소유라 하더라도 적법한 절차에 의하여 문제를 해결하려고 하지 아니하고 **도로의 중간에 바위를 놓아두거나 이를 파헤침으로써 차량의 통행을 못하게 한 경우**, 일반교통방해죄와 (부근에서 여관 및 식당을 운영하는 A와 버섯농장을 운영하는 B에 대한) **업무방해죄가 성립한다**(대판 2002.4.26, 2001도6903 **바위 사건**). 11·13. 경찰승진, 13. 경찰간부, 15. 경찰채용	
③ 피고인 甲 소유의 대지 및 인접한 乙의 집 사이의 폭 2m의 골목길이 주민들에 의하여 공로로 통하는 유일한 통행로로 오랫동안 이용되어 왔음에도, 甲이 건축물을 재축하면서 **폭 50cm 내지 75cm 가량만 남겨두고 담장을 설치하여 주민들의 통행을 현저히 곤란하게 하였다면 일반교통방해죄가 성립한다**(대판 1994.11.4, 94도2112 **담장 설치 사건**). 13. 경찰간부, 14. 경찰채용	

02 기차·선박 등 교통방해죄

> **형법**
>
> 제186조【기차·선박 등의 교통방해】 궤도, 등대 또는 표지를 손괴하거나 기타 방법으로 **기차, 전차, 자동차, 선박** 또는 **항공기**의 교통을 방해한 자는 1년 이상의 유기징역에 처한다.

03 기차 등 전복죄

> **형법**
> 제187조【기차 등의 전복 등】사람이 현존하는 기차, 전차, 자동차, 선박 또는 항공기를 전복, 매몰, 추락 또는 파괴한 자는 무기 또는 3년 이상의 징역에 처한다.

> ⚖️**판례 | 선박매몰 · 파괴죄 관련 판례**
>
> 1 선박매몰죄의 고의가 성립하기 위하여는 행위시에 사람이 현존하는 것이라는 점에 대한 인식과 함께 이를 매몰한다는 결과발생에 대한 인식이 필요하며, 현존하는 사람을 사상에 이르게 한다는 등 공공의 위험에 대한 인식까지는 필요하지 않고 **사람의 현존하는 선박에 대해 매몰행위의 실행을 개시하고 그로 인하여 선박을 매몰시켰다면 매몰의 결과발생시 사람이 현존하지 않았거나 범인이 선박에 있는 사람을 안전하게 대피시켰다고 하더라도 선박매몰죄의 기수로 보아야 할 것이지** 이를 미수로 볼 것은 아니다(대판 2000.6.23, 99도4688 동일호 고의 침몰 사건). 11 · 13. 경찰승진
>
> 2 대형 유조선의 유류탱크 일부에 **구멍이 생기고 선수마스트, 위성통신 안테나, 항해등 등이 파손된 정도에** 불과한 것은 형법 제187조에 정한 선박의 '파괴'에 해당하지 않는다(대판 2009.4.23, 2008도11921). 19. 해경승진

04 교통방해치사상죄

> **형법**
> 제188조【교통방해치사상】제185조 내지 제187조의 죄를 범하여 사람을 상해에 이르게 한 때에는 무기 또는 3년 이상의 징역에 처한다. 사망에 이르게 한 때에는 무기 또는 5년 이상의 징역에 처한다.

> ⚖️**판례 | 교통방해치사상죄 관련 판례**
>
> 1 교통방해치사상죄는 결과적 가중범이므로, 위 죄가 성립하려면 **교통방해행위와 사상의 결과 사이에 상당인과관계가 있어야 하고 행위시에 결과의 발생을 예견할 수 있어야 한다.** 그리고 교통방해행위가 피해자의 사상이라는 결과를 발생하게 한 유일하거나 직접적인 원인이 된 경우만이 아니라, 그 행위와 결과 사이에 피해자나 제3자의 과실 등 다른 사실이 개재된 때에도 그와 같은 사실이 통상 예견될 수 있는 것이라면 상당인과관계를 인정할 수 있다(대판 2014.7.24, 2014도6206 **고속도로 급제동 정차 사건**). 15. 사법시험 · 국가직 9급, 16. 법원직 9급, 17. 변호사, 18. 경찰간부
>
> 2 피고인 甲이 고속도로 2차로를 따라 자동차를 운전하다가 1차로를 진행하던 A의 차량 앞에 급하게 끼어든 후 곧바로 정차하여, A의 차량 및 이를 뒤따르던 차량 두 대는 연이어 급제동하여 정차하였으나, 그 뒤를 따라오던 B의 차량이 앞의 차량들을 연쇄적으로 추돌하게 하여 B를 사망에 이르게 하고 나머지 차량운전자 등 피해자들에게 상해를 입힌 경우 교통방해치사상죄가 성립한다(대판 2014.7.24, 2014도6206 **고속도로 급제동 정차 사건**). 15. 경찰채용, 15 · 16. 법원행시, 16. 변호사 · 법원직 9급, 17. 경찰승진 · 국가직 9급, 20. 국가직 7급

05 과실교통방해죄·업무상과실교통방해죄·중과실교통방해죄

> **형법**
>
> 제189조【과실·업무상과실·중과실】① 과실로 인하여 제185조 내지 제187조의 죄를 범한 자는 1천만원 이하의 벌금에 처한다.
>
> ② 업무상과실 또는 중대한 과실로 인하여 제185조 내지 제187조의 죄를 범한 자는 3년 이하의 금고 또는 2천만원 이하의 벌금에 처한다.

⚖ 판례 | 업무상과실일반교통방해죄 관련 판례

1 업무상과실로 인하여 교량을 손괴하여 자동차의 교통을 방해하고 그 결과 자동차를 추락시킨 경우에는 구 형법(1995.12.29, 법률 제5057호로 개정되기 전의 것) 제189조 제2항, 제185조 소정의 **업무상과실일반교통방해죄와 같은 법 제189조 제2항, 제187조 소정의 업무상과실자동차추락죄가 성립하고, 위 각 죄는 형법 제40조 소정의 상상적 경합관계에 있다**(대판 1997.11.28, 97도1740 성수대교붕괴 사건). 20. 국가직 9급

2 도선사인 피고인 甲이 현대 하모니호가 부산항 제3호 등부표를 지날 무렵 정당한 사유 없이 하모니호에서 하선함으로써 도선사에 비하여 상대적으로 항만사정이나 한국인과의 교신에 익숙하지 못한 데다 선박운용기술이 떨어지는 **중국인 선장 乙로 하여금 부산항 강제도선구 내에서 조선하도록 한 업무상 과실이 있고,** 나아가 피고인이 강제도선구역 내에서 조기 하선함으로 인하여 그 후 하모니호의 선장 乙은 부산항 항만교통정보센터로부터 입항선인 씨에스씨엘 칭다오호의 행동이 의심스러우니 주의하라는 경고를 받았음에도 적기에 충돌회피동작을 취하지 못하여 결국 선박충돌사고가 발생하게 하였으므로 **피고인 甲의 위와 같은 업무상 과실과 사고발생 사이의 상당인과관계도 인정된다**(대판 2007.9.21, 2006도6949 하모니호 칭다오호 충돌 사건). 18. 경찰승진, 19. 해경승진

3 예인선 정기용선자의 현장소장 甲은 예인선 선장 乙의 출항 연기 건의를 묵살한 채 사고 위험성이 높은 해상에 예인선의 출항을 강행할 것을 지시하였고, 乙은 甲의 지시에 따라 사고의 위험성이 높은 시점에 **무리하게 예인선을 운항한 결과 예인되던 선박에 적재된 물건이 해상에 추락하여 선박 교통을 방해하였다면 甲과 乙은 업무상과실일반교통방해죄의 공동정범이 성립한다**(대판 2009.6.11, 2008도11784 예인선 진도대교 충돌사건). 22. 국가직 7급, 22. 경찰채용

제2장 공공의 신용에 대한 죄

제1절 통화에 관한 죄

01 통화위조·변조죄

> **형법**
> 제207조【통화의 위조 등】① 행사할 목적으로 통용하는 대한민국의 화폐, 지폐 또는 은행권을 위조 또는 변조한 자는 무기 또는 2년 이상의 징역에 처한다.

객관적 구성요건	객체	객체는 통용하는 대한민국 통화(화폐, 지폐 또는 은행권)이고, '**통용(通用)'이란 법률에 의하여 강제적으로 사용되는 것**을 의미함
	행위	① 위조: 일반인이 **진화로 오신할 정도**의 외관을 가진 화폐를 만드는 것 ② 변조: **진화를 가공**하여 (그 동일성을 해하지 않는 범위 내에서) 일반인이 오신할 정도로 명목가치나 실질가치를 변경하는 것
주관적 구성요건		고의 이외에 **행사의 목적**이 있어야 함

02 외국통화위조·변조죄

> **형법**
> 제207조【통화의 위조 등】② 행사할 목적으로 내국에서 유통하는 외국의 화폐, 지폐 또는 은행권을 위조 또는 변조한 자는 1년 이상의 유기징역에 처한다.
> ③ 행사할 목적으로 외국에서 통용하는 외국의 화폐, 지폐 또는 은행권을 위조 또는 변조한 자는 10년 이하의 징역에 처한다.

구성요건	제2항의 객체는 대한민국에서 유통하는 외국의 통화이고, 제3항의 객체는 외국에서 통용하는 외국의 통화. '**유통(流通)'이란** 통용과는 달리 강제통용력이 없이 사실상 거래대가의 지급수단이 되고 있는 상태를 의미함

03 위조·변조통화행사 등 죄

형법

제207조 【통화의 위조 등】 ④ 위조 또는 변조한 전 3항 기재의 통화를 행사하거나 행사할 목적으로 수입 또는 수출한 자는 그 위조 또는 변조의 각 죄에 정한 형에 처한다.

⚖️ 판례 | 통화위조죄 등 관련 판례

1 형법 제207조 소정의 '행사할 목적'이란 유가증권위조의 경우와 달리, 위조·변조한 통화를 진정한 통화로서 유통에 놓겠다는 목적을 말하므로 **자신의 신용력을 증명하기 위하여 타인에게 보일 목적으로 통화를 위조한 경우에는 행사할 목적이 있다고 할 수 없다**(대판 2012.3.29, 2011도7704 **5만원권 앞면만 복사 사건**).
13. 경찰승진, 13·15. 법원행시, 13·17. 경찰간부, 16. 국가직 9급

2 [1] 형법 제207조 제2항 소정의 내국에서 '유통하는'이란, 같은 조 제1항·제3항 소정의 '통용하는'과 달리 강제통용력이 없이 사실상 거래대가의 지급수단이 되고 있는 상태를 가리킨다. [2] 스위스 화폐로서 1998년까지 통용되었으나 현재는 통용되지 않고, 다만 스위스 은행에서 신권과의 교환이 가능한 진폐(眞幣)는 형법 제207조 제2항 소정의 내국에서 유통하는 외국의 화폐에 해당하지 아니한다(대판 2003.1.10, 2002도3340 **스위스화폐 사건**). 11·12. 경찰간부

3 형법 제207조 제3항에서 '외국에서 통용한다.'고 함은 그 외국에서 강제통용력을 가지는 것을 의미하는 것이므로 외국에서 통용하지 아니하는, 즉 강제통용력을 가지지 아니하는 지폐는 그것이 비록 일반인의 관점에서 통용할 것이라고 오인할 가능성이 있다고 하더라도 외국에서 통용하는 외국의 지폐에 해당한다고 할 수 없다(대판 2004.5.14, 2003도3487 **10만 달러 100만 달러 사건**). 11·13. 경찰간부, 12. 국가직 9급, 13. 경찰승진, 16. 경찰채용

4 위조통화행사죄의 객체인 **위조통화는 객관적으로 보아 일반인으로 하여금 진정통화로 오신하게 할 정도에 이른 것이면 족하고** 그 위조의 정도가 반드시 진물에 흡사하여야 한다거나 누구든지 쉽게 그 진부를 식별하기가 불가능한 정도의 것일 필요는 없다(대판 1985.4.23, 85도570). 17. 경찰간부

5 **위조통화의 행사라고 함은 위조통화를 유통과정에서 진정한 통화로서 사용하는 것을 말하고** 그것이 유상인가 무상인가는 묻지 않는 것이므로 **진정한 통화라고 하여 위조통화를 다른 사람에게 증여하는 경우에도 위조통화행사죄가 성립되고** 이런 경우에는 그 행사자(증여자)는 아무런 재산의 불법영득이 없는 것이어서 위조통화의 행사에 언제나 재물의 영득이 수반되는 것이라고 할 수 없다(대판 1979.7.10, 79도840). 12. 경찰간부

6 위조통화임을 알고 있는 자에게 그 위조통화를 교부한 경우에 피교부자가 이를 유통시키리라는 것을 예상 내지 인식하면서 교부하였다면, 그 교부행위 자체가 통화에 대한 공공의 신용 또는 거래의 안전을 해할 위험이 있으므로 위조통화행사죄가 성립한다(대판 2003.1.10, 2002도3340 **스위스화 이라크화 사건**). 11·13·16·17. 경찰간부, 12. 경찰승진, 16. 경찰채용

⚖️ 판례 | 통화변조죄가 성립하지 않는 경우

1 피고인이 미화 1달러권 지폐와 2달러권 지폐를 화폐수집가들이 골드라고 부르며 수집하는 희귀화폐인 것처럼 만들기 위하여 발행연도 '1995'를 '1928'로 빨간색으로 고치고, 발행번호와 미국 재무부를 상징하는 문양 및 재무부장관의 사인 부분을 지운 후 빨간색으로 다시 가공한 정도라면, 기존 통화의 명목가치나 실질가치가 변경되었다거나 객관적으로 보아 일반인으로 하여금 기존 통화와 다른 진정한 화폐로 오신하게 할 정도의 새로운 물건을 만들어 낸 것으로 보기는 어렵다(대판 2004.3.26, 2003도5640 **1달러 2달러 사건**). 12. 경찰승진·경찰간부

2 피고인들이 한국은행발행 **500원짜리 주화의 표면 일부를 깎아내어 손상을 가하였지만** 그 크기와 모양 및 대부분의 문양이 그대로 남아 있어, 이로써 기존의 500원짜리 주화의 **명목가치나 실질가치가 변경되었다거나** 객관적으로 보아 일반인으로 하여금 일본국의 500엔(¥)짜리 주화로 오신하게 할 정도의 새로운 화폐를 만들어 낸 것이라고 볼 수 없다(대판 2002.1.11, 2000도3950 **500원 동전 사건**). 12·17. 경찰간부, 13. 사법시험, 16. 경찰채용

3 한국은행권 **10원짜리 주화의 표면에 하얀 약칠을 하여 100원짜리 주화와 유사한 색채를 갖도록 색채의 변경만을 한 경우** 이는 일반인으로 하여금 진정한 통화로 오신하게 할 정도의 새로운 화폐를 만들어 낸 것이라고 볼 수 없다(대판 1979.8.28, 79도639). 13. 경찰간부

4 위조된 외국의 화폐, 지폐 또는 은행권이 강제통용력을 가지지 않는 경우에는 형법 제207조 제3항에서 정한 '외국에서 통용하는 외국의 화폐 등'에 해당하지 않고, 나아가 그 화폐 등이 국내에서 사실상 거래대가의 지급수단이 되고 있지 않는 경우에는 형법 제207조 제2항에서 정한 '내국에서 유통하는 외국의 화폐 등'에도 해당하지 않으므로, 그 화폐 등을 행사하더라도 형법 제207조 제4항에서 정한 **위조통화행사죄를 구성하지 않는다**고 할 것이고, 따라서 이러한 경우에는 형법 제234조에서 정한 **위조사문서행사죄 또는 위조사도화행사죄로 의율할 수 있다**(대판 2013.12.12, 2012도2249 **10만 파운드화 사건**). 14·16. 법원행시, 16. 경찰간부

04 위조·변조통화취득죄

> **형법**
> 제208조 【위조통화의 취득】 **행사할 목적**으로 위조 또는 변조한 제207조 기재의 통화를 취득한 자는 5년 이하의 징역 또는 1천500만원 이하의 벌금에 처한다.

05 위조·변조통화취득 후 지정행사죄

> **형법**
> 제210조 【위조통화취득 후의 지정행사】 제207조에 기재한 통화를 취득한 후 **그 사정을 알고 행사**한 자는 2년 이하의 징역 또는 500만원 이하의 벌금에 처한다.

06 통화유사물제조 등 죄

> **형법**
> 제211조 【통화유사물의 제조 등】 ① 판매할 목적으로 내국 또는 외국에서 통용하거나 유통하는 화폐, 지폐 또는 은행권에 **유사한 물건을 제조, 수입** 또는 **수출**한 자는 3년 이하의 징역 또는 700만원 이하의 벌금에 처한다.
> ② 전항의 물건을 판매한 자도 전항의 형과 같다.

제2절 유가증권·인지와 우표에 관한 죄

01 유가증권위조·변조죄

> **형법**
> 제214조【유가증권의 위조 등】① **행사할 목적**으로 대한민국 또는 외국의 공채증서 기타 유가증권을 위조 또는 변조한 자는 10년 이하의 징역에 처한다.
> ② 행사할 목적으로 유가증권의 권리의무에 관한 기재를 위조 또는 변조한 자도 전항의 형과 같다.

의의	형법 제214조의 유가증권이란 증권상에 표시된 재산상의 권리의 행사와 처분에 그 증권의 점유를 필요로 하는 것을 총칭하는 것으로서 재산권이 증권에 화체된다는 것과 그 권리의 행사와 처분에 증권의 점유를 필요로 한다는 두 가지 요소를 갖추면 족하지 **반드시 유통성을 가질 필요는 없다** (대판 2001.8.24, 2001도2832 **문방구 약속어음 사건**). (《주의》 유가증권은 유통성을 요한다. ✕) 11·12. 경찰 승진, 11·15. 경찰채용, 12·14. 경찰간부
객관적 구성요건 객체	'공채증서'란 국가나 공공단체가 발행하는 국공채에 관한 증권을 의미하고, '유가증권'이란 재산권이 화체(化體)된 증권으로서 권리의 행사나 처분에 그 증권의 점유를 필요로 하는 것을 의미함
행위	① 위조: 권한이 없는 자가 타인 명의를 모용하여 유가증권을 작성하는 것 ② 변조: 권한이 없는 자가 동일성을 해하지 않는 범위 안에서 진정한 유가증권의 내용을 변경하는 것 ③ 유가증권변조죄에 있어서 '변조'는 진정하게 성립된 유가증권의 내용에 권한 없는 자가 그 유가증권의 동일성을 해하지 않는 한도에서 변경을 가하는 것을 의미한다 (대판 2012.9.27, 2010도15206). 14. 경찰간부

판례비교

유가증권에 해당하는 경우	유가증권에 해당하지 않는 경우
① 유가증권은 일반인이 진정한 것으로 오신할 정도의 형식과 외관을 갖추고 있으면 되므로 증권이 비록 **문방구 약속어음 용지를 이용하여 작성되었다고** 하더라도 그 전체적인 형식·내용에 비추어 일반인이 진정한 것으로 오신할 정도의 약속어음요건을 갖추고 있으면 당연히 **유가증권에 해당한다**(대판 2001.8.24, 2001도2832 **문방구 약속어음 사건**). 11·12. 경찰승진, 11·13. 법원행시, 13. 법원직 9급, 15. 경찰간부 ② **리프트탑승권은 유가증권의 일종이고**, 피고인이 발매할 권한 없이 발매기를 임의조작함으로써 리프트탑승권을 부정발급한 행위는 유가증권인 리프트탑승권을 위조하는 행위에 해당한다(대판 1998.11.24, 98도2967 **무주리조트 사건**). 15. 경찰간부, 17. 국가직 7급	① **신용카드업자가 발행한 신용카드는** 이를 소지함으로써 신용구매가 가능하고 금융의 편의를 받을 수 있다는 점에서 경제적 가치가 있다 하더라도 그 자체에 경제적 가치가 화체되어 있거나 특정의 재산권을 표창하는 **유가증권이라고 볼 수 없다**(대판 1999.7.9, 99도857 **신용카드 잠시사용 사건**). 13·15. 경찰간부 ② **정기예탁금증서는** 예탁금반환채권의 유통이나 행사를 목적으로 작성된 것이 아니고 채무자가 그 증서 소지인에게 변제하여 책임을 면할 목적으로 발행된 이른바 면책증권에 불과하여 위 증서의 점유가 예탁금반환채권을 행사함에 있어 그 조건이 된다고 볼 수 없는 것이라면 유가증권에 해당하지 아니한다(대판 1984.11.27, 84도2147). 15. 경찰간부

유가증권에 해당하는 경우	유가증권에 해당하지 않는 경우
③ [1] 공중전화카드는 문자로 기재된 부분과 자기기록 부분이 일체로써 공중전화 서비스를 제공받을 수 있는 재산상의 권리를 화체하고 있고, 이를 카드식 공중전화기의 카드 투입구에 투입함으로써 그 권리를 행사하는 것으로 볼 수 있으므로 **공중전화카드는 유가증권에 해당한다.** [2] 피고인이 폐공중전화카드의 자기기록 부분에 전자정보를 기록하여 사용 가능한 공중전화카드를 만든 경우 유가증권위조죄가 성립한다(대판 1998.2.27, 97도2483 **폐공중전화카드 사건**). 11. 법원행시, 11·15. 경찰채용 ④ **한국외환은행 소비조합이 소속 조합원에게 발행한 신용카드는** 그 카드에 의해서만 신용구매의 권리를 행사할 수 있는 점에서 재산권이 증권에 화체되었다고 볼 수 있으므로 **유가증권이라 할 것이다** (대판 1984.11.27, 84도1862 **엘칸토 사건**). 11. 경찰채용, 12. 경찰간부	

유가증권위조죄가 성립하는 경우	유가증권 위·변조죄가 성립하지 않는 경우
① [1] 외형상 일반인으로 하여금 진정하게 작성된 유가증권이라고 오신하게 할 수 있을 정도로 작성된 것이라면 **발행명의인이 가령 실재하지 않은 사자 또는 허무인이라 하더라도 유가증권위조죄가 성립된다.** [2] 사자 명의로 된 약속어음을 작성함에 있어 사망자의 처로부터 사망자의 인장을 교부받아 생존 당시 작성한 것처럼 약속어음의 발행일자를 그 명의자의 생존 중의 일자로 소급하여 작성한 때에는 발행명의인의 승낙이 있었다고 볼 수 없다(대판 2011.7.14, 2010도1025). 11. 경찰채용, 13. 사법시험, 13·15·16·17. 법원행시 ② **백지어음에 대하여 취득자가 발행자와의 합의에 의하여 정하여진 보충권의 한도를 넘어 보충을 한 경우에는** 발행인의 서명·날인이 있는 기존의 약속어음용지를 이용하여 새로운 약속어음을 발행하는 것에 해당하므로 위와 같은 보충권의 남용행위는 **유가증권위조죄를 구성한다**(대판 1989.12.12, 89도1264). 14. 경찰간부, 17. 법원행시	① **피고인 甲이 A회사의 공동대표이사로 새로 선임된 乙의 제안에 따라, A회사의 다른 공동대표이사 丙의 법인인감과 인감증명서를 乙에게 전달하였고** 이후 乙이 약속어음의 발행인 성명란에 'A회사 대표이사 丙' 등으로 기재하고 법인인감을 날인한 경우, 乙은 丙과 함께 A회사의 대표이사이므로 특별한 사정이 없는 한 단독 대표이사와 마찬가지로 A회사의 영업에 관하여 재판상 또는 재판 외의 모든 행위를 단독으로 할 권한이 있고 따라서 **乙이 A회사 명의의 약속어음을 작성한 것은 그의 적법한 권한에 따른 것이므로** 설령 丙이 A회사를 대표하여 약속어음을 발행한 것처럼 기재한 점에 허위가 있다고 하더라도 **유가증권위조죄가 성립하지 아니한다**(대판 2015.11.27, 2014도17894 **공동대표이사 명의 약속어음 사건**). ② [1] 유가증권의 내용 중 **권한 없는 자에 의하여 이미 변조된 부분을 다시 권한 없이 변경하였다고 하더라도 유가증권변조죄는 성립하지 않는다.** [2] 피고인이 약속어음의 지급기일을 변조한 다음, 그 후 변조된 부분을 피고인이 재차 및 삼차 변경하였다고 하더라도 유가증권변조죄는 성립하지 아니한다 (대판 2012.9.27, 2010도15206). 13. 법원직 9급, 13·15·20. 법원행시, 17. 경찰채용

③ 타인이 위조한 액면과 지급기일이 백지로 된 약속어음을 그것이 위조약속어음인 정을 알고도 구입하여 행사의 목적으로 기존의 위조어음의 액면란에 금액을 기입하여 어음위조를 완성하는 행위는 백지어음형태의 위조행위와는 **별개의 유가증권위조죄를 구성한다** 할 것이고, 이는 진정하게 성립된 백지어음의 액면란을 보충권 없이 함부로 기입하는 행위가 유가증권위조죄에 해당한다는 법리와 조금도 다를 바 없다(대판 1982.6.22, 82도677). 12·17·20. 경찰채용, 13. 경찰승진, 20. 법원직 9급

④ 대표이사의 날인이 없어 상법상으로는 무효라 할지라도, 발행인인 대표이사의 기명을 비롯한 그밖의 주권의 기재요건을 모두 구비하고 그 위에 회사의 사인까지 날인하였다면 이와 같은 주권은 일반인으로 하여금 일견유효한 주권이라고 오신시킬 정도의 외관을 갖추었다 할 것이고, 형법 제214조 소정의 **유가증권에 해당한다**(대판 1974.12.24, 74도294). 16. 국가직 9급

⑤ 수표의 외관이 일반인으로 하여금 진정한 수표라고 신용하게 할 정도의 것이라면 동 수표가 수표요건을 결하여 실체법상 무효의 것이라 해도 **위조죄는 성립한다**(대판 1973.6.12, 72도1796). 13. 경찰승진, 14. 변호사

③ 이미 타인에 의하여 위조된 약속어음의 기재사항을 권한 없이 변경하였다고 하더라도 유가증권변조죄는 성립하지 아니한다. 그리고 약속어음의 액면금액을 권한 없이 변경하는 것은 유가증권변조에 해당할 뿐 유가증권위조는 아니므로, 약속어음의 액면금액을 권한 없이 변경하는 행위가 당초의 위조와는 별개의 새로운 유가증권위조로 된다고 할 수도 없다(대판 2006.1.26, 2005도4764). 12. 경찰승진·경찰간부, 12·15. 경찰채용, 16. 국가직 9급, 20. 법원직 9급

02 자격모용유가증권작성죄

형법

제215조【자격모용에 의한 유가증권의 작성】**행사할 목적**으로 타인의 **자격을 모용**하여 유가증권을 작성하거나 유가증권의 권리 또는 의무에 관한 사항을 기재한 자는 10년 이하의 징역에 처한다.

구성요건	'자격모용'이란 대리권·대표권 등이 없는 자가 '**타인의 대리권·대표권 등**'을 모용하여 유가증권을 작성하는 것을 의미함

⚖️판례 | 자격모용유가증권작성죄가 성립하는 경우

주식회사 대표이사로 재직하던 피고인이 대표이사가 타인으로 변경되었음에도 불구하고 이전부터 사용하여 오던 피고인 명의로 된 회사 대표이사의 명판을 이용하여 여전히 피고인을 회사의 대표이사로 표시하여 약속어음을 발행·행사하였다면 자격모용유가증권작성 및 동행사죄에 해당한다(대판 1991.2.26, 90도577). 11. 법원행시, 17. 경찰간부, 20. 경찰채용

03 허위유가증권작성죄

형법

제216조【허위유가증권의 작성 등】행사할 목적으로 허위의 유가증권을 작성하거나 유가증권에 허위의 사항을 기재한 자는 7년 이하의 징역 또는 3천만원 이하의 벌금에 처한다.

구성요건	작성권한이 있는 자가 허위의 유가증권을 작성하거나 유가증권에 허위사항을 기재하는 경우에 성립함

판례비교

허위유가증권작성죄가 성립하는 경우	허위유가증권작성죄가 성립하지 않는 경우
① 선하증권 기재의 화물을 인수하거나 확인하지도 아니하고 또한 선적할 선편조차 예약하거나 확보하지도 않은 상태에서 수출면장만을 확인한 채 실제로 **선적한 사실이 없는 화물을 선적하였다는 내용의 선하증권을 발행하였다면 허위유가증권작성죄가 성립한다**(대판 1995.9.29, 95도803). 13. 경찰간부 ② 약속어음 작성권자의 승낙 내지 위임을 받아 **약속어음을 작성함에 있어서** 발행인 명의 아래 진실에 반하는 내용인 **피고인의 인장을 날인하여 일견 유효한 듯한 약속어음의 발행은 허위유가증권작성죄 및 동행사에 해당한다**(대판 1975.6.10, 74도2594). 13. 경찰간부	① **자기앞수표의 발행인이 수표의뢰인으로부터 수표자금을 입금받지 아니한 채 자기앞수표를 발행하더라도 그 수표의 효력에는 아무런 영향이 없으므로 허위유가증권작성죄가 성립하지 아니한다**(대판 2005.10.27, 2005도4528). 13. 경찰간부, 17. 경찰채용 ② 은행을 통하여 지급이 이루어지는 **약속어음의 발행인이 은행에 신고된 것이 아닌 발행인의 다른 인장을 날인하였다** 하더라도 그것이 발행인의 인장인 이상 그 어음의 효력에는 아무런 영향이 없으므로 **허위유가증권작성죄가 성립하지 아니한다**(대판 2000.5.30, 2000도883). 11. 경찰승진, 12. 경찰채용, 13. 국가직 9급, 16. 사법시험, 17. 법원행시 ③ 배서인의 주소기재는 배서의 요건이 아니므로 **약속어음 배서인의 주소를 허위로 기재하였다고** 하더라도 그것이 배서인의 인적 동일성을 해하여 배서인이 누구인지를 알 수 없는 경우가 아닌 한, 약속어음상의 권리관계에 아무런 영향을 미치지 않으므로 **허위유가증권작성죄에 해당되지 않는다**(대판 1986.6.24, 84도547). 11. 법원행시, 12. 경찰채용, 13. 경찰승진 ④ 피고인이 주권발행 전에 주식을 양도받은 자에 대하여 주권을 발행한 경우에 가사 그 **주식양도가 주권발행 전에 이루어진 것**이어서 상법 제335조에 의하여 무효라 할지라도 **권리의 실체관계에 부합되어 허위의 주권발행의 범의가 있다고 할 수 없다**(대판 1982.6.22, 81도1935).

04 위조 등 유가증권행사 등 죄

형법

제217조【위조유가증권 등의 행사 등】위조, 변조, 작성 또는 허위기재한 전 3조 기재의 유가증권을 행사하거
나 행사할 목적으로 수입 또는 수출한 자는 10년 이하의 징역에 처한다.

⚖ 판례 | 위조유가증권 등 행사죄 관련 판례

1 위조유가증권행사죄에 있어서의 유가증권이라 함은 위조된 유가증권의 원본을 말하는 것이지 **전자복사
기 등을 사용하여 기계적으로 복사한 사본은 이에 해당하지 않는다**(대판 2010.5.13, 2008도10678 **선하증권
사본 사건**). 13. 변호사, 15·17. 경찰간부, 17. 경찰채용, 20. 법원직 9급

2 위조유가증권임을 알고 있는 자에게 교부하였더라도 피교부자가 이를 유통시킬 것임을 인식하고 교부하
였다면, 그 교부행위 그 자체가 유가증권의 유통질서를 해할 우려가 있어 처벌의 이유와 필요성이 충분히 있
다고 할 것이므로 **위조유가증권행사죄가 성립한다**(대판 2010.12.9, 2010도12553 **수표대여 연출 사건**). 11. 법원
행시, 12·13. 경찰승진, 15·20. 경찰채용, 17. 국가직 7급

3 위조유가증권의 교부자와 피교부자가 서로 유가증권위조를 공모하였거나 위조유가증권을 타에 행사하
여 그 이익을 나누어 가질 것을 공모한 공범의 관계에 있다면, 그들 사이의 위조유가증권 교부행위는 그들
이외의 자에게 행사함으로써 범죄를 실현하기 위한 전 단계의 행위에 불과한 것으로서 **위조유가증권은 아
직 범인들의 수중에 있다고 볼 것이지 행사되었다고 볼 수는 없다**(대판 2010.12.9, 2010도12553 **수표대여 연
출 사건**). 11·13. 법원직 9급, 12. 경찰채용, 13. 경찰승진·사법시험, 13·17. 법원행시

---

05 인지·우표 위조·변조죄, 위조·변조 인지·우표행사 등 죄

형법

제218조【인조·우표의 위조 등】① **행사할 목적**으로 대한민국 또는 외국의 **인지, 우표** 기타 우편요금을 표시
하는 증표를 위조 또는 변조한 자는 10년 이하의 징역에 처한다.
② 위조 또는 변조된 대한민국 또는 외국의 인지, 우표 기타 우편요금을 표시하는 증표를 행사하거나 행사할
목적으로 수입 또는 수출한 자도 제1항의 형과 같다.

---

06 위조·변조 인지·우표취득죄

형법

제219조【위조 인지·우표 등의 취득】행사할 목적으로 위조 또는 변조한 대한민국 또는 외국의 인지, 우표 기
타 우편요금을 표시하는 증표를 취득한 자는 3년 이하의 징역 또는 1천만원 이하의 벌금에 처한다.

07 소인말소죄

형법

제221조【소인말소】 **행사할 목적**으로 대한민국 또는 외국의 인지, 우표 기타 우편요금을 표시하는 증표의 소인 기타 사용의 표지를 말소한 자는 1년 이하의 징역 또는 300만원 이하의 벌금에 처한다.

08 인지·우표유사물제조 등 죄

형법

제222조【인지·우표유사물의 제조 등】① 판매할 목적으로 대한민국 또는 외국의 공채증서, 인지, 우표 기타 우편요금을 표시하는 증표와 유사한 물건을 제조, 수입 또는 수출한 자는 2년 이하의 징역 또는 500만원 이하의 벌금에 처한다.
② 전항의 물건을 판매한 자도 전항의 형과 같다.

제3절 문서에 관한 죄

01 서설

본질			① 유형위조(有形僞造) ㉠ 의의: **작성권한이 없는 자가 타인의 명의를 모용**하여 문서를 작성하는 것 ㉡ 형법은 이를 '위조, 변조, 자격모용'이라고 표현하고 공문서·사문서의 유형위조를 가리지 않고 모두 처벌함 ② 무형위조(無形僞造) ㉠ 의의: **작성권한이 있는 자가 진실에 반하는 내용의 문서를 작성**하는 것 ㉡ 형법은 이를 '작성'이라고 표현하고 **공문서의 무형위조는 처벌하나, 사문서의 무형위조는 허위진단서작성죄를 제외하고는 처벌하지 않음**
객체			① 문서(文書): 문자 또는 가독적 부호로 사람의 의사, 사상, 관념 등을 표시하는 물체로써 그 내용이 법률상 또는 사회생활상 주요 사항에 관한 증거로 될 수 있는 것 ② 도화(圖畫): 문자 또는 가독적 부호 이외에 상형적 부호로 사람의 의사, 사상, 관념 등을 표시하는 물체
행위	유형위조	위조	① 의의: 권한이 없는 자가 타인의 명의를 모용하여 문서를 작성하는 것을 의미함 (공문서위조죄와 사문서위조죄). 작성권한을 위임을 받은 경우에도 **위임된 범위를 초월한 경우에는 위조에 해당함** ② 위조의 방법이나 수단에는 아무런 제한이 없으므로 기존의 문서를 이용 또는 새로운 문서를 작성 등을 불문함 ③ 일반인으로 하여금 타인의 명의의 진정한 문서로 오인할 정도의 형식과 외관을 갖추면 충분함

	변조	① 의의: 권한이 없는 자가 **이미 진정하게 성립된 타인 명의의 문서내용에 동일성을 해하지 않을 정도로 변경**을 가하는 것을 의미함(공문서변조죄와 사문서변조죄) ② 변조의 대상은 이미 **진정하게 성립**된 타인 명의의 문서이므로 위조문서나 허위작성공문서는 변조의 대상이 아님 ③ 일반인으로 하여금 진정한 문서로 오인할 정도의 형식과 외관을 갖추면 충분함. 문서의 본질적 부분이나 중요 부분을 변경하여 새로운 증명력을 가지는 문서를 작성한 경우에는 변조가 아니라 위조가 됨
	자격 모용	대리권·대표권 등이 없는 자가 '타인의 대리권·대표권 등'을 모용하여 문서를 작성하는 것(자격모용공문서작성죄와 자격모용사문서작성죄)
무형 위조	허위 작성	작성권한이 있는 자가 진실에 반하는 내용의 문서를 작성하는 것(허위공문서작성죄와 허위진단서작성죄)

02 공문서위조·변조죄, 사문서위조·변조죄

> **형법**
>
> 제225조 【공문서 등의 위조·변조】 **행사할 목적**으로 공무원 또는 공무소의 문서 또는 도화를 위조 또는 변조한 자는 10년 이하의 징역에 처한다.
>
> 제231조 【사문서 등의 위조·변조】 **행사할 목적**으로 권리·의무 또는 사실증명에 관한 타인의 문서 또는 도화를 위조 또는 변조한 자는 5년 이하의 징역 또는 1천만원 이하의 벌금에 처한다.

⚖ 판례 | 문서에 관한 판례

1 문서에 관한 죄에 있어서 문서라 함은 문자 또는 이에 대신할 수 있는 가독적 부호로 계속적으로 물체상에 기재된 **의사 또는 관념의 표시**인 원본 또는 이와 사회적 기능, 신용성 등을 같게 볼 수 있는 기계적 방법에 의한 복사본으로서 **그 내용이 법률상·사회생활상 주요 사항에 관한 증거로 될 수 있는 것**을 말한다(대판 2011.11.10, 2011도10468 **전세계약서 변조 사건**).

2 사문서변조죄는 권한 없는 자가 **이미 진정하게 성립된 타인 명의의 문서내용에 대하여 동일성을 해하지 않을 정도로 변경**을 가하여 새로운 증명력을 작출하게 함으로써 공공적 신용을 해할 위험성이 있을 때 성립한다(대판 2011.9.29, 2010도14587 **통장 입금자명의 삭제 사건**).

3 공문서변조라 함은 권한 없이 이미 진정하게 성립된 공무원 또는 공무소 명의의 문서내용에 대하여 그 동일성을 해하지 아니할 정도로 변경을 가하는 것을 말한다 할 것이므로, 이미 허위로 작성된 공문서는 공문서변조죄의 객체가 되지 아니한다(대판 1986.11.11, 86도1984 **허위 폐품반납서 사건**). 18. 경찰간부

4 甲이 콘도미니엄 입주민들의 모임인 A시설 운영위원회의 대표로 선출된 후 A위원회가 대표성을 갖춘 단체라는 외양을 작출할 목적으로, 행정용 봉투에 A위원회의 한자와 한글 직인을 날인한 다음 자신의 인감증명서 중앙에 있는 **'용도'란 부분에 이를 오려붙이는 방법으로 인감증명서 1매를 작성**하고, 이를 휴대전화로 촬영한 사진 파일을 입주민들이 참여하는 메신저 단체대화방에 게재한 경우에는 공문서위조 및 동행사죄가 성립하지 아니한다(대판 2020.12.24, 2019도8443 **조잡한 인감증명서 위조 사건**). ➡ 한눈에 봐도 너무 조잡스러워 일반인이 진정한 인감증명서라고 속지 않을 것이므로 공문서위조죄가 성립하지 않고 또한 위조된 '공문서'가 없으므로 위조'공문서'행사죄도 성립하지 아니한다. 21. 경찰채용

문서에 해당하는 경우	문서에 해당하지 않는 경우
① **담뱃갑의 표면에 그 담배의 제조회사와 담배의 종류를 구별·확인할 수 있는 특유의 도안이 표시되어 있는 경우에는** 그 담뱃갑은 적어도 그 안에 들어 있는 담배가 특정 제조회사가 제조한 특정 종류의 담배라는 사실을 증명하는 기능을 하고 있으므로 그러한 담뱃갑은 문서 등 위조의 대상인 도화에 **해당한다**(대판 2010.7.29, 2010도2705 **담배 장백산·중남해 사건**). 11·12·13·14. 법원행시, 12. 변호사, 15. 국가직 9급, 18. 경찰간부	① **컴퓨터 모니터 화면에 나타나는 이미지는** 이미지 파일을 보기 위한 프로그램을 실행할 경우에 그때마다 전자적 반응을 일으켜 화면에 나타나는 것에 지나지 아니하여 문서에 관한 죄에 있어서의 '**문서**'에 **해당하지 않는다**(대판 2011.11.10, 2011도10468 **전세계약서 변조 사건**). 11·18. 경찰간부, 12·14. 법원행시, 13. 국가직 9급, 14. 변호사, 17. 경찰채용
② 장기간의 분쟁을 종결짓는 상황에서 '합의서'라는 제목 아래 합의의 구체적인 내용을 특정하여 기재한 다음, 그에 대한 상인들의 찬반 의사를 표시함으로써 분쟁이 재발될 경우 입증자료로 사용하기 위하여 작성된 합의서 및 서명날인부 등은 문서에 관한 죄에서 있어서의 **문서에 해당한다**(대판 2006.1.26, 2004도788 **합의서 변조 사건**). 11. 경찰간부	② 피고인 甲이 컴퓨터로 '미애', '701226'을 작성하여 출력한 다음 甲의 주민등록증 성명란 '길자'라는 글자 위에 '미애'라는 글자를, 주민등록번호란 '640209'라는 글자 위에 '701226'이라는 글자를 각 오려붙인 다음, 이를 스캔하여 이미지 파일을 생성한 후 이를 乙에게 보냈다고 하더라도 컴퓨터 모니터 화면에 나타나는 이미지는 문서에 해당되지 않아 공문서위조 및 동행사죄는 성립하지 아니한다(대판 2007.11.29, 2007도7480 **미애 사건**). 18·21. 경찰간부, 20. 변호사
③ 신용장에 날인된 은행의 접수일부인(接受日附印)은 사실증명에 관한 사문서에 해당되므로 신용장에 허위의 접수인을 날인한 것은 사문서위조에 해당된다(대판 1979.10.30, 77도1879). 11. 법원행시, 13. 경찰채용	③ 피고인이 컴퓨터 스캔작업을 통하여 만들어낸 공인중개사자격증의 이미지 파일은 전자기록으로서 전자기록 장치에 전자적 형태로서 고정되어 계속성이 있다고 볼 수는 있으나, 그러한 형태는 그 자체로서 시각적 방법에 의해 이해할 수 있는 것이 아니어서 이를 문서에 관한 죄에 있어서의 '**문서**'로 보기 어렵다(대판 2008.4.10, 2008도1013 **공인중개사자격증 이미지 사건**). 11. 경찰간부, 17. 경찰채용, 20. 해경채용
	④ 피고인 甲이 이미 자신이 위조한 휴대전화 신규 가입신청서를 스캐너로 읽어 들여 이미지화한 다음, 그 이미지 파일을 乙에게 이메일로 전송하여 컴퓨터 화면상에서 보게 한 경우, 스캐너로 읽어 들여 이미지화한 것은 문서에 관한 죄에 있어서의 '**문서**'에 해당하지 않는다고 하더라도, 자신이 이미 위조한 휴대전화 신규 가입신청서를 행사한 것에 해당하여 위조문서행사죄가 성립한다(대판 2008.10.23, 2008도5200 **휴대폰가입신청서 스캔·전송 사건**). 12. 사법시험·변호사, 12·15. 국가직 9급, 12·16·17. 경찰채용, 14. 법원행시, 21. 경찰간부

공문서에 해당하는 경우	사문서에 해당하는 경우
① 십지지문 지문대조표는 수사기관이 피의자의 신원을 특정하고 지문대조조회를 하기 위하여 직무상 작성하는 서류로서 비록 위 문서 중 자서란에 피의자로 하여금 스스로 성명 등의 인적사항을 기재하도록 하고 있다 하더라도 이를 **사문서로 볼 수 없다**(대판 2000.8.22, 2000도2393 **십지지문 지문대조표 사건**). 14. 경찰승진 ② 자생식물원 조성공사의 감리업체의 책임감리원인 甲이, 이 공사를 감독하는 담당공무원 乙과 공모하여 허위 내용의 준공검사조서를 작성한 다음 준공검사결과보고서에 첨부하여 乙에게 제출하여 **공무원들의 결재**를 받아 사무실에 비치한 사안에서, 위 **'준공검사조서'는 공문서에 해당한다**(대판 2010.4.29, 2010도875).	① **선박안전기술공단이 해양수산부장관을 대행하여 이사장 명의로 발급하는 선박검사증서는** 공무원 또는 공무소가 작성하는 문서라고 볼 수 없으므로 공문서위조죄나 허위공문서작성죄에서의 **공문서에 해당하지 아니한다**(대판 2016.1.14, 2015도9133 **선박검사증서 허위발급 사건**). ② 가정법원의 서기관 등이 이혼의사확인서등본을 작성한 뒤 이를 이혼의사확인신청 당사자 쌍방에게 교부하면서 **이혼신고서를 확인서등본 뒤에 첨부하여 그 직인을 간인하였다고 하더라도 이혼신고서가 공문서인 이혼의사확인서등본의 일부가 되었다고 볼 수 없으므로**, 당사자가 이혼의사확인서등본과 간인으로 연결된 이혼신고서를 떼어내고 원래 이혼신고서의 내용과는 다른 이혼신고서를 작성하여 이혼의사확인서등본과 함께 호적관서에 제출하였다고 하더라도 공문서변조 및 변조공문서행사죄는 성립하지 아니한다(대판 2009.1.30, 2006도7777 **이혼신고서 교체 사건**). 11·14. 경찰채용, 14. 경찰승진, 16. 국가직 7급 ③ ○○경비단 식당의 주·부식 구입업무를 담당하는 공무원이 계약 등에 의하여 주·부식 구입·검수 업무 등을 담당하는 **조리장과 영양사의 명의를 위조하여 검수결과 보고서를 작성한 경우**, 그 조리장과 영양사가 공무원이거나 공무원으로 의제되는 자에 해당한다고 단정할 수 없다면 그 서류는 공문서에 해당하지 아니한다(대판 2008.1.17, 2007도6987 **후생계 경사 배임 사건**). 15. 경찰간부, 20. 경찰채용 ④ 지방세의 수납업무를 일부 관장하는 시중은행의 직원이나 은행이 공무원 또는 공무소가 되는 것은 아니고 **세금수납영수증도 공문서에 해당하지 아니한다**(대판 1996.3.26, 95도3073 **상업은행 세금수납영수증 사건**). 14. 법원행시, 16. 국가직 9급 ⑤ 공립학교 교사가 작성하는 교원의 인적사항과 전출 희망사항 등을 기재하는 부분과 학교장이 작성하는 학교장의견란 등으로 구성되어 있는 교원실태조사카드는 학교장의 작성명의 부분은 공문서라고 할 수 있으나, **작성자가 교사 명의로 된 부분은 개인적으로 전출을 희망하는 의사표시를 한 것에 지나지 아니하여 이것을 가리켜 공문서라고 할 수는 없을 것이므로 위 카드의 교사 명의 부분을 명의자의 의사에 반하여 작성하였다고 하여도 공문서를 위조한 것이라고 할 수 없다**(대판 1991.9.24, 91도1733 **교원실태조사카드 사건**). 13·14·16. 경찰채용, 17. 경찰승진

공문서에 해당하는 경우	사문서에 해당하는 경우
	⑥ 주취운전자 적발보고서 및 주취운전자 정황진술보고서의 각 **운전자란에 타인의 서명**을 한 다음 이를 경찰관에게 제출한 것은 **사문서위조 및 동행사죄에 해당한다**(대판 2004.12.23, 2004도6483). 16. 법원직 9급
	⑦ **사서증서 인증서** 중 인증기재 부분은 공문서에 해당한다고 하겠으나, 위와 같은 내용의 인증이 있었다고 하여 사서증서의 기재 내용이 공문서인 인증기재 부분의 내용을 구성하는 것은 아니라고 할 것이므로, 사서증서의 기재 내용을 일부 변조한 행위는 공문서변조죄가 아니라 **사문서변조죄에 해당한다**(대판 2005.3.24, 2003도2144).

판례비교

문서위조죄가 성립하는 경우	문서위조죄가 성립하지 않는 경우
① 작성된 문서가 일반인으로 하여금 당해 명의인의 권한 내에서 작성된 문서라고 믿게 할 수 있는 정도의 형식과 외관을 갖추고 있으면 문서위조죄가 성립하는 것이고, 위와 같은 요건을 구비한 이상 그 명의인이 실재하지 않는 허무인이거나 또는 문서의 작성일자 전에 이미 사망하였다고 하더라도 그러한 문서 역시 공공의 신용을 해할 위험성이 있으므로 문서위조죄가 성립한다고 봄이 상당하며, 이는 공문서뿐만 아니라 사문서의 경우에도 마찬가지이다. 이러한 법리는 법률적·사회적으로 자연인과 같이 활동하는 법인 또는 단체에도 그대로 적용된다[대판 2005.2.24, 2002도18(전합) **임상경력증명서 사건**]. 11. 경찰간부·법원행시, 11·12. 법원직 9급, 11·13. 국가직 7급, 12. 변호사, 12·15·17. 경찰승진, 14·17. 경찰채용, 15·20. 국가직 9급	① 사문서를 작성·수정함에 있어 그 명의자의 명시적이거나 묵시적인 승낙이 있었다면 사문서의 위·변조죄에 해당하지 않고, 한편 행위 당시 명의자의 현실적인 승낙은 없었지만 행위 당시의 모든 객관적 사정을 종합하여 명의자가 행위 당시 그 사실을 알았다면 당연히 승낙했을 것이라고 추정되는 경우 역시 사문서의 위·변조죄가 성립하지 않는다(대판 2011.9.29, 2010도14587 **통장 입금자명의 삭제 사건**). 12·15·16. 국가직 9급, 13·16. 사법시험, 20. 국가직 7급
② 문서명의인이 이미 사망하였는데도 문서명의인이 생존하고 있다는 점이 문서의 중요한 내용을 이루거나 그 점을 전제로 문서가 작성되었다면 이미 그 문서에 관한 공공의 신용을 해할 위험이 발생하였다 할 것이므로, 그러한 내용의 문서에 관하여 사망한 명의자의 승낙이 추정된다는 이유로 사문서위조죄의 성립을 부정할 수는 없다(대판 2011.9.29, 2011도6223 **아버지 갑자기 사망 사건**). 14. 변호사·법원행시, 14·15. 사법시험, 16·20. 국가직 7급, 21. 경찰간부	② 공문서인 기안문서의 작성권한자가 직접 이에 서명하지 않고 피고인에게 지시하여 자기의 서명을 흉내내어 기안문서의 결재란에 대신 서명하게 한 경우라면 피고인의 기안문서 작성행위는 작성권자의 지시 또는 승낙에 의한 것으로서 **공문서위조죄의 구성요건해당성이 조각된다**(대판 1983.5.24, 82도1426). 15. 경찰간부
③ 사문서변조에 있어서 그 변조 당시 명의인의 명시적·묵시적 승낙 없이 한 것이면 **변조된 문서가 명의인에게 유리하여 결과적으로 그 의사에 합치한다** 하더라도 사문서변조죄의 구성요건을 충족한다(대판 1985.1.22, 84도2422). 11. 경찰승진, 14. 경찰채용, 17. 변호사	③ 피고인 甲 등이 乙 등과 공모하여, 부동산등기법 제49조 제3항·제2항에서 정한 확인서면의 등기의무자란에 등기의무자 丙 대신 乙이 **우무인(右拇印)을 날인하는 방법으로 확인서면을 작성**한 다음, 법무사를 통해 이를 교부받은 경우 위 확인서면은 법무사 명의의 문서일 뿐이고, 확인서면 작성과정에서 등기의무자가 본인 확인을 위해 필요한 우무인을 찍게 된다고 하더라도 그 등기의무자를 확인서면의 작성명의인으로 볼 수는 없으므로, **법무사가 등기의무자를 丙으로 하는 확인서면을 작성하였다고 하더라도 작성명의인이 문서를 작성한 이상 이를 피고인들이 위조한 것으로 볼 수도 없다**(대판 2010.11.25, 2010도11509 **법무사 확인서면 사건**). 12. 경찰채용

④ 교회 목사인 피고인이 자신을 지지하는 일부 교인들과 교회를 탈퇴함으로써 **대표자의 지위를 상실하였는데도, 그 후 교회 명의로 교회 소유 부동산을 자신에게 매도하는 내용의 매매계약서를 작성하고 이를 행사한 행위는 사문서위조죄 및 위조사문서행사죄에 해당한다**(대판 2011.1.13, 2010도9725 양우리교회 사건). 13. 경찰채용

⑤ 문서를 작성할 권한을 위임받지 아니한 문서기안자가 문서 작성권한을 가진 사람의 결재를 받은 바 없이 권한을 초과하여 문서를 작성하였다면 이는 사문서위조죄가 된다(대판 1997.2.14, 96도2234). 14. 경찰채용

⑥ 乙이 丙에게 "1989.6.5.까지 금액을 변제하지 않을 경우 나이트클럽의 명의를 丙 앞으로 변경하기로 한다."라고 약정하고 백지의 양도양수서 용지에 그의 도장을 날인하여 교부하였는데, 피고인 甲이 1999.5.6. **위 서류에 '乙은 1989.5.1.자로 나이트클럽을 甲에게 양도한다.'는 내용을 기재한 경우 사문서위조죄가 성립한다**(대판 1992.12.22, 92도2047). 11. 경찰승진

⑦ 피고인 甲이 乙과의 동업계약에 따라 甲의 명의로 변경하기 위하여 乙의 인장이 날인된 백지의 건축주명의변경신청서를 받아 보관하고 있던 중 그 **위임의 취지에 반하여 丙 앞으로 건축주 명의를 변경하는 건축주명의변경신청서를 작성하여 구청에 제출하였다면 사문서위조 및 동행사죄가 성립한다**(대판 1984.6.12, 83도2408). 11. 경찰승진, 14. 경찰간부

⑧ 피고인 甲이 다른 서류에 찍혀 있던 乙의 직인을 칼로 오려내어 풀로 붙인 후 이를 복사하는 방법으로 乙 명의의 추천서와 경력증명서를 작성·행사한 경우, 위 문서는 甲이 직인을 오려붙인 흔적을 감추기 위하여 복사한 것으로서 일반적으로 문서가 갖추어야 할 형식을 다 구비하고 있고, 주의 깊게 관찰하지 아니하면 외관에 비정상적인 부분이 있음을 알아차리기가 어려울 정도라면 **사문서위조 및 동행사죄가 성립한다**(대판 2011.2.10, 2010도8361 직인 오려붙이기 사건). 16. 변호사

⑨ 예금청구서에 작성명의자의 기명만 있고 날인이 **빠져있다 하여도** 일반인이 그 작성명의자에 의하여 작성된 예금청구서라고 오신할 만한 형식과 외관을 갖추고 있는 이상 권한 없이 예금청구서를 작성한 행위는 **사문서위조죄에 해당하고 날인이 없다 하여 이를 미완성문서로 볼 수는 없다**(대판 1984.10.23, 84도1729 예금청구서 날인 누락 사건).

④ 매수인으로부터 매도인과의 토지매매계약체결에 관하여 포괄적 권한을 위임받은 피고인이 실제 매수가격 보다 높은 가격을 매매대금으로 기재하여 매수인 명의의 매매계약서를 작성하였다 하여도 그것은 작성권한 있는 자가 허위내용의 문서를 작성한 것일 뿐 사문서위조죄가 성립될 수는 없다(대판 1984.7.10, 84도1146). 11. 경찰승진, 14. 경찰채용

⑤ A회사의 아산지점 지배인인 피고인 甲이 **자신을 A회사의 대표이사로 표시하여 'A회사는 B회사의 1억원 차용금채무에 대하여 연대보증한다.'는 취지의 차용증을 작성·교부한 경우, 甲은 A회사의 적법한 지배인이므로 A회사 명의 문서를 작성하는 행위가 사문서위조에 해당할 수는 없는 것이고, 가사 甲이 자신을 A회사의 대표이사로 표시하는 등 일부 허위내용이 포함되거나 연대보증행위가 A회사의 이익에 반하는 것이라 하더라도 같은 결론에 이른다**(대판 2010.5.13, 2010도1040 황강산업 지배인 사건). 11. 법원직 9급, 13. 사법시험, 14. 경찰승진, 16. 경찰채용, 17. 변호사

⑥ A회사의 적법한 대표이사로 선임된 피고인 甲이 **'A회사 대표이사 乙'로 표시하여 회사 명의 문서를 작성한 행위는, 비록 乙이 이미 퇴임한 전 대표이사이거나 그 문서내용 중 일부가 진실에 반하는 허위라고 하더라도 그리고 위 회사의 운영을 실질적으로 장악·통제하고 있던 1인 주주인 丙의 구체적인 위임 또는 승낙을 받지 않았다고 하더라도 위조행위에 해당하지 않는다**(대판 2008.11.27, 2006도9194 대평레미콘 대표 사건). 15. 사법시험, 16. 국가직 9급, 20. 경찰채용·경찰승진

⑦ 타인의 대표자 또는 대리자가 그 대표명의 또는 대리명의를 써서 또는 직접 본인의 명의를 사용하여 문서를 작성할 권한을 가지는 경우에 **그 지위를 남용하여 단순히 자기 또는 제3자의 이익을 도모할 목적으로 마음대로 문서를 작성한 때라고 할지라도 문서위조죄는 성립하지 아니한다**(대판 1983.4.12, 83도332). 14. 경찰간부

⑧ 종량제 쓰레기봉투에 인쇄할 시장 명의의 문안이 새겨진 필름을 제조하는 행위에 그친 경우에는 아직 위 시장 명의의 공문서인 종량제 쓰레기봉투를 **위조하는 범행의 실행의 착수에 이르지 아니한 것으로서 그 준비단계에 불과하다**(대판 2007.2.23, 2005도7430 종량제봉투 사건). 12. 경찰채용, 16. 국가직 7급

문서위조죄가 성립하는 경우	문서위조죄가 성립하지 않는 경우
⑩ 피고인이 위조하였다는 국제운전면허증이 그 유효기간을 경과하여 본래의 용법에 따라 사용할 수는 없게 되었다고 하더라도, 이를 행사하는 경우 그 상대방이 유효기간을 쉽게 알 수 없도록 되어 있거나 위 문서 자체가 진정하게 작성된 것으로서 피고인이 명의자로부터 국제운전면허를 받은 것으로 오신하기에 충분한 정도의 형식과 외관을 갖추고 있다면 문서위조죄가 성립한다(대판 1998.4.10, 98도164 **유효기간경과 국제운전면허증 사건**). 16. 국가직 9급, 18. 경찰간부	⑨ 공급자가 세금계산서를 작성함에 있어 공급받은 자의 동의나 협조가 요구되지도 않는 점 등에 비추어 세금계산서상의 공급받는 자는 그 문서 내용의 일부에 불과할 뿐 세금계산서의 작성명의인은 아니라 할 것이니, **공급받는 자 란에 임의로 다른 사람을 기재하였다 하여 그 사람에 대한 관계에서 사문서위조죄가 성립된다고 할 수 없다**(대판 2007.3.15, 2007도169). 20. 경찰채용
⑪ 변호사인 피고인이 저작권법 위반의 형사고소 사건을 위임받은 후 네이버 아이디(ID) 불상의 피고소인 30명을 각 형사고소하기 위하여 고소장을 개별적으로 수사관서에 제출하면서도 하나의 고소위임장에만 서울지방변호사회로부터 발급받은 진정한 경유증표 원본을 첨부한 후 이를 일체로 하여 컬러복사기로 20장 또는 10장의 고소위임장을 각 복사하여 각 고소장에 첨부하여 의정부지방검찰청 수사과에 접수한 것은 사문서위조 및 동행사죄에 해당한다(대판 2016.7.14, 2016도2081 **경유증표 컬러복사 사건**). 17. 법원직 9급·경찰채용	⑩ 이사회를 개최함에 있어 이사들이 그 참석 및 의결권의 행사에 관한 권한을 피고인에게 위임하였다면 그 이사들이 실제로 이사회에 참석하지도 않았는데 마치 참석하여 의결권을 행사한 것처럼 피고인이 이사회 회의록에 기재하였다 하더라도 이는 이른바 사문서의 무형위조에 해당할 따름이어서 처벌대상이 되지 아니한다(대판 1985.10.22, 85도1732 **이사회 회의록 사건**). 18. 경찰채용
⑫ [1] 진정한 문서의 사본을 전자복사기를 이용하여 복사하면서 일부 조작을 가하여 그 사본내용과 전혀 다르게 만드는 행위는 공공의 신용을 해할 우려가 있는 별개의 문서 사본을 창출하는 행위로서 **문서위조행위에 해당한다.** [2] 피고인이 타인의 주민등록증을 이용하여 주민등록증상 이름과 사진을 하얀 종이로 가린 후 복사기로 복사를 하고, 다시 컴퓨터를 이용하여 위조하고자 하는 당사자의 인적사항과 주소, 발급일자를 기재한 후 덮어쓰기를 하여 이를 다시 복사하는 방식으로 **전혀 별개의 주민등록증사본을 창출시킨 경우**, 그 사본 또한 공문서위조 및 행사죄의 객체가 되는 공문서에 해당한다(대판 2004.10.28, 2004도5183). 12. 국가직 9급, 16. 경찰승진	⑪ 연대보증인이 될 것을 허락한 자의 인감도장과 인감증명서를 교부받아 그를 차주로 하는 차용금 증서를 작성한 경우에는 위조죄가 성립하지 않는다(대판 1984.10.10, 84도1566). 20. 해경승진
⑬ 피고인이 **타인의 주민등록증 사본의 사진란에 피고인의 사진을 붙여 이를 복사하여 전혀 별개의 주민등록증 사본을 창출시킨 경우 공문서위조죄가 성립한다**(대판 2000.9.5, 2000도2855). 16. 법원직 9급	⑫ 명의수탁자가 명의신탁주식의 처분을 허용하였음에도 처분 후 과세표준 등의 신고행위를 위한 명의사용에 대하여는 승낙을 유보하였다고 볼 특별한 사정이 존재하지 않는 한 허용된 범위에 속한다고 보아야 하므로, **수탁자 명의로 과세표준신고를 하는 행위는 공법행위라는 등의 이유로 사문서위조죄 및 위조사문서행사죄가 성립한다고 본 원심판단에 법리오해의 위법이 있다**(대판 2022.3.31, 2021도17197). 23. 법원직 9급
⑭ 명의인을 기망하여 문서를 작성하게 하는 경우는 서명·날인이 정당히 성립된 경우에도 기망자는 명의인을 이용하여 서명·날인자의 의사에 반하는 문서를 작성하게 하는 것이므로 **사문서위조죄가 성립한다**(대판 2000.6.13, 2000도778 **종중 회의록 사건**). 11. 국가직 7급, 11·12·15. 경찰승진, 12. 법원직 9급, 14. 경찰채용·경찰간부, 17. 법원행시	⑬ 피고인이 제20대 대통령선거를 앞두고 특정 후보자에 대한 지지선언 형식의 기자회견을 위하여 서명부 양식을 작성하여 최소 목표치인 1만 명으로부터 서명을 받기 위해 노력했으나 별다른 성과가 없자 **총 315명의 허무인 명의로 서명부 21장을 임의로 작성하였는바**, 피고인이 허무인 명의로 작성한 서명부 21장은 주된 취지가 특정한 대통령후보자에 대한 정치적인 지지 의사를 집단적 형태로 표현하고자 한 것일 뿐 **실체법 또는 절차법에서 정한 구체적인 권리·의무에 관한 문서 내지 거래상 중요한 사실을 증명하는 문서에 해당한다고 보기 어렵다**(대판 2024.1.4, 2023도1178 **지지 1만인 선언 사건**).

⑮ 피고인이 **타인의 주민등록증에 붙어있는 사진을 떼어내고 그 자리에 피고인의 사진을 붙였다면** 이는 기존 공문서의 본질적 또는 중요 부분에 변경을 가하여 새로운 증명력을 가지는 별개의 공문서를 작성한 경우에 해당하므로 공문서위조죄를 구성한다(대판 1991.9.10, 91도1610 **민증사진 교체 사건**). 11. 경찰승진, 13. 국가직 9급, 13·15. 경찰간부

⑯ **사문서위조나 공정증서원본부실기재가 성립한 후, 사후에 피해자의 동의 또는 추인 등의 사정으로 문서에 기재된 대로 효과의 승인을 받거나 등기가 실체적 권리관계에 부합하게 되었다 하더라도 이미 성립한 범죄에는 아무런 영향이 없다**(대판 2007.6.28, 2007도2714). 11·12·15·16. 경찰승진, 12. 경찰채용, 12·13. 변호사, 14. 국가직 7급, 14·15. 국가직 9급

⑰ [1] 원래 주식회사의 적법한 대표이사는 회사의 영업에 관하여 재판상 또는 재판 외의 모든 행위를 할 권한이 있으므로, 대표이사가 직접 주식회사 명의 문서를 작성하는 행위는 자격모용사문서작성 또는 위조에 해당하지 않는 것이 원칙이다. 그러나 **주식회사의 적법한 대표이사라 하더라도 그 권한을 포괄적으로 위임하여 다른 사람으로 하여금 대표이사의 업무를 처리하게 하는 것은 허용되지 않는다.** [2] 따라서 대표이사로부터 포괄적으로 권한 행사를 위임받은 사람이 주식회사 명의로 문서를 작성하는 행위는 원칙적으로 권한 없는 사람의 문서 작성행위로서 **자격모용사문서작성 또는 위조에 해당한다**(대판 2008.11.27, 2006도2016). 19. 법원직 9급

⑱ **공동대표이사로 법인등기를 하기로 하여** 이사회의 사록 작성 등 그 등기절차를 위임받았음에도 단독대표이사 선임의 이사회의사록을 작성하여 **단독대표이사로 법인등기한 행위가 사문서위조, 동행사, 공정증서원본불실기재, 동행사의 죄에 해당한다**(대판 1994.7.29, 93도1091).

⑲ 혼인신고 당시에는 피해자가 피고인과의 동거관계를 청산하고 피고인을 만나주지 아니하는 등으로 피하여 왔다면, 당초에는 피해자와 사실혼 관계에 있었고 또 피해자에게 혼인의 의사가 있었다 하더라도 위 혼인신고 당시에는 그 혼인의사가 철회되었다고 보아야 할 것이므로 피고인이 **일방적으로 혼인신고서를 작성하여 혼인신고를 한 소위는 설사 혼인신고서 용지에 피해자 도장이 미리 찍혀 있었다 하더라도 사문서 위조 기타 관계법조의 범죄에 해당한다 할 것이다**(대판 1987.4.11, 87도399).

문서위조죄가 성립하는 경우	문서위조죄가 성립하지 않는 경우
⑳ 작성권자의 직인 등을 보관하는 담당자는 일반적으로 작성권자의 결재가 있는 때에 한하여 보관 중인 직인 등을 날인할 수 있을 뿐이므로, **다른 공무원 등이 작성권자의 결재를 받지 않고 직인 등을 보관하는 담당자를 기망하여 작성권자의 직인을 날인하도록 하여 공문서를 완성한 경우 공문서위조죄가 성립한다**(대판 2017.5.17, 2016도13912 **전투비행단 관리사장 사건**). 18. 경찰채용 ㉑ 은행의 지배인으로 등기되어 있는 피고인이 인감관리자의 결재도 받지 않고 지급보증의 성질이 있는 은행 명의의 대출채권양수도약정서와 사용인감계를 작성한 경우 **은행의 내부규정에 지급보증 등 여신에 관하여 금액 규모 등에 따라 전결권자를 구분하고 나아가 여신 결재가 이루어진 것을 전제로 인감관리자의 결재를 받아** 사용인감계를 작성하도록 하는 등으로 지급보증 등의 의사결정 권한을 상위 결재권자에게 부여하고 있다면, 위와 같은 문서작성 행위는 제한된 지배인의 대리권한을 넘는 경우에 해당하여 사문서위조죄가 성립한다(대판 2012.9. 27, 2012도7467 **경남은행 지배인 사건**). 21. 국가직 7급, 22. 경찰간부	

⚖ 판례 | 문서 '위조 등'의 판단방법(= 형식주의)

1 문서위조죄의 성립 여부는 그 문서의 작성명의로 **타인의 명의를 모용하였느냐 아니하였느냐라는 형식에 의하여 결정할 것이고** 그 문서의 내용의 진실 여부는 특별한 처벌규정이 있는 경우 이외에는 동 죄의 성립 여부에 영향이 없다(대판 1983.10.25, 83도2257).

2 사문서를 작성함에 있어 그 명의자의 명시적이거나 묵시적인 승낙 내지 위임이 있었다면 이는 **사문서위조에 해당한다고 할 수 없을 것이지만,** 문서 작성권한의 위임이 있는 경우라고 하더라도 그 위임을 받은 자가 그 위임받은 권한을 초월하여 문서를 작성한 경우는 사문서위조죄가 성립하고, 단지 위임받은 권한의 범위 내에서 이를 남용하여 문서를 작성한 것에 불과하다면 사문서위조죄가 성립하지 아니한다(대판 2012.6.28, 2010도690 **월드코아 영업부장 사건**). 16. 변호사

3 사문서위조는 그 명의자가 진정으로 작성한 문서로 볼 수 있을 정도의 형식과 외관을 갖추어 일반인이 명의자의 진정한 사문서로 오신하기에 충분한 정도이면 성립하는 것이고, 반드시 그 작성명의자의 서명이나 날인이 있어야 하는 것은 아니다(대판 2007.5.10, 2007도1674 **연대보증인 날인 누락 사건**). 12. 법원직 9급, 12·15. 경찰승진, 13. 사법시험

4 사문서의 작성명의자의 인장이 압날되지 아니하고 주민등록번호가 기재되지 않았더라도, 일반인으로 하여금 그 작성명의자가 진정하게 작성한 사문서로 믿기에 충분할 정도의 형식과 외관을 갖추었으면 사문서위조 및 동행사죄의 객체가 되는 사문서라고 보아야 한다(대판 1989.8.8, 88도2209). 14. 경찰승진, 17. 변호사

문서변조죄가 성립하는 경우	문서변조죄가 성립하지 않는 경우
① 피고인들이 **자동차등록증 '비고'란을 임의로 변경하고 이를 행사한 행위는 공문서변조죄 및 변조공문서행사죄에 해당한다**(대판 2016.3.24, 2014도6287 **자동차등록증 비고란 사건**). 12. 경찰간부 ② 피고인이 권한 없이 **결재된 원안문서에는 없는 사항을 새로 첨가 기재하였다면 공문서변조죄가 성립한다**(대판 1970.12.29, 70도116). 12. 경찰간부 ③ 재산세 과세대장의 **작성 권한이 있던 자가 인사이동되어 그 권한이 없어진 후 그 기재내용을 변경한 경우 공문서변조죄가 성립한다**(대판 1996.11.22, 96도1862) 13. 사법시험 ④ 이사가 이사회 회의록에 서명 대신 서명거부사유를 기재하고 그에 대한 서명을 하면, 특별한 사정이 없는 한 그 내용은 이사회 회의록의 일부가 되고, 이사회 회의록의 작성권한자인 이사장이라 하더라도 임의로 이를 삭제한 경우에는 **이사회 회의록 내용에 변경을 가하여 새로운 증명력을 가져오게 되므로 사문서변조에 해당한다**(대판 2018.9.13, 2016도20954 **성신학원 이사장 사건**). 19. 5급승진, 20. 법원행시 ⑤ 피고인이 **등기사항전부증명서의 열람일시를 삭제하여 복사한 행위는** 변경 전 등기사항전부증명서가 나타내는 관리·사실관계와 다른 새로운 증명력을 가진 문서를 만든 것에 해당하고 그로 인하여 **공공적 신용을 해할 위험성도 발생하였다고 판단된다**(대판 2021.2.25, 2018도19043 **등기부 열람일시 삭제 사건**). 21. 법원행시 ⑥ 피고인이 그 명의자의 한 사람이라 하더라도 타 명의자와 합의없이 행사할 목적으로 부동산 매수인(乙)이 매도인(甲)과 부동산계약서 2통을 작성하고 그 중 1통을 가지고 있는 기회를 이용하여 행사할 목적으로 그 부동산계약서의 좌단 난외에 '전기 부동산에 대한 제3자에 대여한 전세계약은 乙이 승계하고 전세금반환의무를 부하기로 함'이라고 권한 없이 가필(加筆)하고 그 밑에 자신의 인장을 날인한 경우 **사문서변조죄가 성립한다**(대판 1977.7.12, 77도1736 **부동산 매매계약서 변조사건**). 22. 국가직 7급	인감증명서의 사용용도란의 기재는 증명청인 동장이 작성한 증명문구에 의하여 증명되는 부분과는 아무런 관계가 없다고 할 것이므로, 피고인이 임의로 인감증명서의 사용용도란의 기재를 고쳐 썼다고 하더라도 공무원 또는 공무소의 문서내용에 대하여 변경을 가하여 새로운 증명력을 작출한 경우라고 볼 수 없으므로 공문서변조죄나 이를 전제로 하는 변조공문서행사죄가 성립되지는 않는다(대판 2004.8.20, 2004도2767 **인감증명서 사용용도란 사건**). 16. 경찰채용

03 자격모용공문서작성죄 · 자격모용사문서작성죄

> **형법**
>
> 제226조【자격모용에 의한 공문서 등의 작성】 **행사할 목적**으로 공무원 또는 공무소의 자격을 모용하여 문서 또는 도화를 작성한 자는 10년 이하의 징역에 처한다.
>
> 제232조【자격모용에 의한 사문서의 작성】 **행사할 목적**으로 타인의 자격을 모용하여 권리 · 의무 또는 사실증명에 관한 문서 또는 도화를 작성한 자는 5년 이하의 징역 또는 1천만원 이하의 벌금에 처한다.

⚖ 판례 | 자격모용문서작성죄 관련 판례

1 타인의 대표자 또는 대리자가 그 대표명의 또는 대리명의를 써서 문서를 작성할 권한을 가지는 경우에 그 지위를 남용하여 단순히 자기 또는 제3자의 이익을 도모할 목적으로 문서를 작성하였다 하더라도 **자격모용 사문서작성죄는 성립하지 아니한다**(대판 2007.10.11, 2007도5838 **토지매매 대리인들 사건**). 15. 경찰간부

2 자격모용사문서작성죄에서 **'타인'**에는 자연인뿐만 아니라 법인, 법인격 없는 단체를 비롯하여 **거래관계에서 독립한 사회적 지위를 갖고 활동하고 있는 존재로 취급될 수 있으면 여기에 포함된다**(대판 2008.2.14, 2007도9606 **부동산 자격사칭 사건**). 11. 경찰채용

3 부동산중개사무소를 대표하거나 대리할 권한이 없는 피고인 甲이 부동산매매계약서의 공인중개사란에 **'○○부동산 대표 甲'**이라고 기재한 경우, 작성명의인으로 기재된 **'○○부동산'**은 단순히 상호를 가리키는 것이 아니라 독립한 사회적 지위를 갖고 활동하고 있는 존재로 취급될 수 있다 할 것이므로 피고인의 행위는 **자격모용사문서작성에 해당된다**(대판 2008.2.14, 2007도9606 **부동산 자격사칭 사건**). 12. 사법시험

4 피고인이 공문서인 주 · 부식구입요구서의 과장결재란에 피고인 자신의 서명을 한 경우, 피고인이 과장의 자격을 모용하여 자신의 이름으로 공문서를 작성한 것이므로 **자격모용공문서작성죄가 성립함은 별론으로 하고 공문서위조죄가 성립할 수는 없다**(대판 2008.1.17, 2007도6987 **후생계 경사 배임 사건**). 11. 경찰채용, 16. 국가직 7급

5 A구청장인 피고인이 B구청장으로 전보된 후 A구청장의 권한에 속하는 건축허가에 관한 기안용지의 결재란에 서명을 한 것은 **자격모용공문서작성죄를 구성한다**(대판 1993.4.27, 92도2688 **남동구청장 ➔ 동래구청장 사건**). 12 · 16. 경찰채용, 14. 사법시험, 17. 경찰간부

6 자격모용사문서작성죄에서의 **'행사할 목적'**이라 함은 그 문서가 정당한 권한에 기하여 작성된 것처럼 다른 사람으로 하여금 오신하도록 하게 할 목적을 말한다고 할 것이므로, 사문서를 작성하는 자가 주식회사의 대표로서의 자격을 모용하여 문서를 작성한다는 것을 인식, 용인하면서 그 문서를 진정한 문서로서 어떤 효용에 쓸 목적으로 사문서를 작성하였다면, 자격모용에 의한 사문서작성죄의 행사의 목적과 고의를 인정할 수 있다. **작성자가 '행사할 목적'으로 자격을 모용하여 문서를 작성한 이상 문서행사의 상대방이 자격모용 사실을 알았다거나, 작성자가 그 문서에 모용한 자격과 무관한 직인을 날인하였다는 등의 사정이 있다고 하여 달리 볼 것은 아니다**(대판 2022.6.30, 2021도17712). 23. 경찰채용

04 허위공문서작성죄·허위진단서작성죄

형법

제227조【허위공문서작성 등】공무원이 **행사할 목적**으로 그 직무에 관하여 문서 또는 도화를 **허위로 작성하거나 변개**한 때에는 7년 이하의 징역 또는 2천만원 이하의 벌금에 처한다.

제233조【허위진단서 등의 작성】의사, 한의사, 치과의사 또는 조산사가 진단서, 검안서 또는 생사에 관한 증명서를 **허위로 작성**한 때에는 3년 이하의 징역이나 금고, 7년 이하의 자격정지 또는 3천만원 이하의 벌금에 처한다.

⚖ 판례 | 허위공문서작성죄에서 '허위'의 의미 등

공무원이 고의로 법령을 잘못 적용하여 공문서를 작성하였다고 하더라도 그 법령적용의 전제가 된 사실관계에 대한 내용에 거짓이 없다면 허위공문서작성죄가 성립될 수 없다(대판 2003.2.11, 2002도4293 **임실군 폐기물처리사업 사건**). 11·18. 경찰간부, 15. 사법시험·법원행시

판례비교

허위공문서작성죄가 성립하는 경우	허위공문서작성죄가 성립하지 않는 경우
① 국정원 소속 해외정보관으로 근무하는 피고인이 자신이 직접 A의 출입경기록의 내용이 사실인지 여부 등을 전혀 확인한 바가 없음에도 **"직접 확인하였다."**라는 취지로 확인서 및 사실확인서에 기재하고 또한 자신이 직접 중국 삼합변방검사참에 관련사항을 문의하거나 확인하지 않았고 '일사적답복' 등을 교부받지 않았음에도 **"직접 문의하고 확인하여 '일사적답복'과 '거보재료'를 교부받았다."**라는 취지로 확인서에 기재한 경우 허위공문서작성죄가 성립한다(대판 2015.10.29, 2015도9010 **서울시 공무원 간첩 국정원 증거조작 사건**).	① 공무원이 여러 차례의 출장반복의 번거로움을 회피하고 민원사무를 신속히 처리한다는 방침에 따라 사전에 출장조사한 다음, 출장조사 내용이 변동없다는 확신하에 출장복명서를 작성하고, 다만 그 출장일자를 작성일자로 기재한 것이라면 허위공문서작성의 범의가 있었다고 볼 수 없다(대판 2001.1.5, 99도4101 **제주 영농보조금 편법지급 사건**). 14. 법원행시, 16·17. 경찰채용
② 피고인들을 비롯한 경찰관들이 피의자 4명을 현행범으로 체포하거나 현행범인체포서를 작성할 때 **체포사유 및 변호인선임권을 고지하지 아니하였음에도 불구하고**, '체포의 사유 및 변호인 선임권 등을 고지 후 현행범인 체포한 것임'이라는 내용의 **허위의 현행범인체포서 4장**과 '현행범인으로 체포하면서 범죄사실의 요지, 구속의 이유와 변호인을 선임할 수 있음을 고지하고 변명의 기회를 주었다.'는 내용의 **허위의 확인서 4장**을 각 작성한 경우, 당시 피고인들에게 허위공문서작성에 대한 범의도 있었다고 보아야 한다(대판 2010.6.24, 2008도11226 **김해 도박단 봐주기 사건**). 12·14·16. 경찰승진	② 공무원이 건축허가신청서를 접수·처리함에 있어 **건축법상의 요건을 갖추지 못하고 설계된 사실을 알면서도 건축허가통보서를 작성하여 건축허가서의 작성명의인인 군수의 결재를 받아 건축허가서를 작성한 경우**, 건축허가서는 군수가 건축허가신청에 대하여 이를 관계 법령에 따라 허가한다는 내용에 불과하고 **건축허가신청서와 그 첨부서류에 기재된 내용(건축물의 건축계획)이 건축법의 규정에 적합하다는 사실을 확인하거나 증명하는 것은 아니라 할 것이므로** 군수가 건축허가통보서에 결재하여 건축허가신청을 허가하였다면 건축허가서에 표현된 허가의 의사표시 내용 자체에 어떠한 허위가 있다고 볼 수 없으므로, 위 건축허가서를 작성한 행위를 허위공문서작성죄로 처벌할 수는 없다(대판 2000.6.27, 2000도1858 **씨랜드 화재 사건**). 11. 경찰승진, 13. 법원직 9급·국가직 7급, 15. 사법시험

허위공문서작성죄가 성립하는 경우	허위공문서작성죄가 성립하지 않는 경우

③ 농지취득자격증명은 농지를 취득하는 자에게 농지취득의 자격이 있다는 것을 증명하는 것이므로, 신청인에게 **농업경영능력이나 영농의사가 없음을 알거나 이를 제대로 알지 못하면서도 농지취득자격에 아무런 문제가 없다는 내용으로 농지취득자격증명통보서를 작성하였다면** 허위공문서작성죄가 성립한다(대판 2007.1.25, 2006도3996 **J프로젝트 땅투기 사건**). 17. 경찰채용

④ 인감증명서 발급업무를 담당하는 공무원이 발급을 신청한 본인이 직접 출두한 바 없음에도 불구하고 **본인이 직접 신청하여 발급받은 것처럼 인감증명서에 기재하였다면** 이는 공문서위조죄가 아닌 **허위공문서작성죄를 구성한다**(대판 1997.7.11, 97도1082 **본인출두 인감증명서 사건**). 14. 사법시험, 17. 경찰채용

⑤ 피고인이 **현장출장복명서를 작성하면서 불법농지전용사실은 일체 기재하지 아니한 채** 복명자 의견란에 '농지에 출장하여 확인 조사한 결과 경지지역 내에 석산개발을 위한 진입로를 시설하고자 하는 바, 허가하여 줌이 타당하다고 사료되어 허가하고자 한다.'라는 취지로 기재하고, **심사의견서를 작성하면서 종합의견란에 '적합하다'는 표시를 하고 그 이유로서 복명서와 같은 취지로 기재하였다면** 허위공문서작성죄가 성립한다(대판 1993.12.24, 92도3334 **당진군 허위출장복명서 사건**). 14. 법원행시

⑥ 지방공무원인 피고인 甲이 乙로부터 부탁을 받고 乙이 세대주이고 처인 丙은 동거가족에 불과하였음에도 불구하고 마치 **丙이 세대주인 것처럼 된 세대별 주민등록표 1장을 작성하여 동사무소의 주민등록표 보관함에 비치하였다면** 허위공문서작성 및 동행사죄가 성립한다(대판 1990.10.16, 90도1199). 14. 경찰간부

⑦ 피고인이 준공검사조서를 작성함에 있어서 **정산설계서를 확인하고 준공검사를 한 것이 아님에도 마치 한 것처럼 준공검사용지에 '정산설계서에 의하여 준공검사'를 하였다는 내용을 기입하였다면** 허위공문서작성의 범의가 있었음이 명백하여 그것만으로 **허위공문서작성죄가 성립하고**, 준공검사조서의 내용이 객관적으로 정산설계서 초안이나 그 후에 작성된 정산설계서 원본의 내용과 일치한다거나 공사현장의 준공상태에 부합한다 하더라도 그 성립에 아무런 영향을 미치지 못한다(대판 1983.12.27, 82도3063). 14. 경찰간부

⑧ 공무원이 작성한 가옥증명서의 기재내용이 객관적인 사실에 부합되는 것으로 그 내용이 허위가 아닐지라도, 가옥증명서 자체가 시청에 비치한 가옥대장과 대조하여 상위가 없다는 증명서이고 보면, **가옥대장기재와 다른 내용을 기재하여 가옥증명서를 발행한 이상 허위공문서작성죄가 성립한다**(대판 1973.10.23, 73도395). 14. 경찰간부

⑨ 공증담당 변호사가 법무사의 직원으로부터 인증촉탁서류를 제출받았을 뿐 **법무사가 공증사무실에 출석하여 사서증서의 날인이 당사자 본인의 것임을 확인한 바 없음에도 마치 그러한 확인을 한 것처럼 인증서에 기재한 경우** 인증촉탁 대리인이 법무사일 경우 그 직원이 공증사무실에 촉탁서류를 제출할 뿐 법무사 본인이 사서증서의 날인 또는 서명이 당사자 본인의 것임을 확인하지 아니하는 것이 업계의 관행이라고 할지라도 그와 같은 **업계의 관행이 정당하다고 볼 수 없어 허위공문서작성죄가 성립한다**(대판 2007.1.25, 2006도3844 **투자증서 허위인증 사건**). 21. 국가직 9급

⑩ 공무원인 피고인 甲이 그 직무에 관하여 사문서 사본에 '원본대조필 토목기사 甲'이라 기재하고 **도장을 날인하였다면 그 기재 자체가 공문서로 되고, 이 경우 甲이 실제로 원본과 대조함이 없이 '원본대조필'이라고 기재한 이상 그것만으로 곧 허위공문서작성죄가 성립하는 것이고**, 甲이 문서작성자에게 전화로 원본과 상이 없다는 사실을 확인하였다거나 객관적으로 그 사본이 원본과 다른 점이 없다고 하더라도 위 죄가 성립한다(대판 1981.9.22, 80도3180 **원본대조필 사건**). 22. 법원직 9급

⑪ 등기공무원이 소유권이전등기와 근저당권설정등기의 신청이 동시에 이루어지고 그와 함께 등본의 교부신청이 있었음에도 고의로 일부를 누락하여 소유권이전등기만 기입하고 **근저당권설정등기는 기입하지 않은 채 등기부등본을 발급한 경우 허위공문서작성가 성립한다**(대판 1996.10.15, 96도1669). 22. 법원직 9급

허위공문서작성죄가 성립하는 경우	허위공문서작성죄가 성립하지 않는 경우
⑫ 사법경찰관인 피고인이 검사로부터 '피해자들로부터 교통사고 경위에 대해 구체적인 진술을 청취하여 운전자 도주 여부에 대해 재수사할 것'을 요청받았음에도 재수사 결과서의 재수사 결과란에 **피해자들로부터 진술을 청취하지 않고도 진술을 듣고 그 진술내용을 적은 것처럼 기재하고 자신의 독자적인 의견이나 추측에 불과한 것을 마치 피해자들로부터 직접 들은 진술인 것처럼 기재했다면** 허위공문서작성 및 고의가 인정되어 허위공문서작성죄가 성립한다(대판 2023.3.30, 2022도6886 **경찰관 재수사결과서 허위작성 사건**).	

> ⚖️**판례 | 허위진단서작성죄 관련 판례**
>
> **1** 허위진단서작성죄의 대상은 공무원이 아닌 의사가 사문서로서 진단서를 작성한 경우에 한정되고, 공무원인 의사가 공무소의 명의로 허위진단서를 작성한 경우에는 허위공문서작성죄만이 성립하고 허위진단서작성죄는 별도로 성립하지 않는다(대판 2004.4.9, 2003도7762 **국립병원 내과과장 사건**). 11·14. 국가직 9급, 11·14·15. 법원행시, 12. 경찰승진·변호사, 13·14. 사법시험, 20. 국가직 7급
>
> **2** 비록 명칭이 '**소견서**'로 되어 있다 하더라도 그 내용이 의사가 **진찰한 결과 알게 된 병명이나 상처의 부위 정도 또는 치료기간 등의 건강상태를 증명하기 위하여 작성된 것이라면 진단서에 해당한다**(대판 1990.3.27, 89도2083 **소견서 사건**).
>
> **3** [1] 허위진단서작성죄에서 '**진단서**'라고 함은 의사가 진찰의 결과에 관한 판단을 표시하여 사람의 건강상태를 증명하기 위하여 작성하는 문서를 말하는 것이고, 진단서에 해당하는지 여부는 서류의 제목, 내용, 작성목적 등을 종합적으로 고려하여 판단하여야 한다. [2] 피고인이 환자들에게 작성하여 교부한 '**입퇴원확인서**'는 의사의 전문적 지식에 의한 진찰이 없더라도 확인 가능한 환자들의 입원 여부 및 입원기간의 증명이 주된 목적인 서류로서 환자의 건강상태를 증명하기 위한 서류라고 볼 수 없으므로 허위진단서작성죄에서 규율하는 진단서라고 보기는 어렵다(대판 2013.12.12, 2012도3173 **입퇴원확인서 사건**). 16. 경찰간부·법원행시

05 공전자기록위작 · 변작죄, 사전자기록위작 · 변작죄

> **형법**
>
> 제227조의2 【공전자기록위작 · 변작】 **사무처리를 그르치게 할 목적**으로 공무원 또는 공무소의 전자기록 등 특수매체기록을 위작 또는 변작한 자는 10년 이하의 징역에 처한다.
>
> 제232조의2 【사전자기록위작 · 변작】 **사무처리를 그르치게 할 목적**으로 권리 · 의무 또는 사실증명에 관한 타인의 전자기록 등 특수매체기록을 위작 또는 변작한 자는 5년 이하의 징역 또는 1천만원 이하의 벌금에 처한다.

⚖️ 판례 | 공전자기록위작죄에서 '위작'의 의미

공전자기록위작죄에서 전자기록의 **'위작'**이란 전자기록에 관한 시스템을 설치·운영하는 주체와의 관계에서 **전자기록의 생성에 관여할 권한이 없는 사람이 전자기록을 작출하거나 전자기록의 생성에 필요한 단위 정보의 입력을 하는 경우는 물론이고,** 시스템의 설치·운영 주체로부터 각자의 직무범위에서 **개개의 단위 정보의 입력권한을 부여받은 사람이 그 권한을 남용하여 허위의 정보를 입력함으로써 시스템 설치·운영 주체의 의사에 반하는 전자기록을 생성하는 경우도 포함한다**(대판 2013.11.28, 2013도9003 **광주 총인처리시설 입찰비리 사건**).

⚖️ 판례 | 사전자기록위작죄에서 '위작'의 의미

시스템을 설치·운영하는 주체와의 관계에서 전자기록의 생성에 관여할 권한이 없는 사람이 전자기록을 작출하거나 전자기록의 생성에 필요한 단위 정보의 입력을 하는 경우는 물론 시스템의 설치·운영 주체로부터 각자의 직무 범위에서 **개개의 단위정보의 입력 권한을 부여받은 사람이 그 권한을 남용하여 허위의 정보를 입력함으로써 시스템 설치·운영 주체의 의사에 반하는 전자기록을 생성하는 경우도** 공전자기록 등 위작죄에서 말하는 전자기록의 **'위작'에 포함되고, 위 법리는 사전자기록 등 위작죄에서 행위의 태양으로 규정한 '위작'에 대해서도 마찬가지로 적용된다**[대판 2020.8.27, 2019도11294(전합) **가상화폐거래량 허위입력 사건**]. 21. 법원직 9급·국가직 7급, 22. 경찰간부

⚖️ 판례 | 공전자기록과 사전자기록의 구별

[1] 전자기록위작·변작죄에서 **'공무원'**이란 원칙적으로 법령에 의해 공무원의 지위를 가지는 자를 말하고, **'공무소'란 공무원이 직무를 행하는 관청 또는 기관을 말하며,** '공무원 또는 공무소의 전자기록'은 공무원 또는 공무소가 그 직무상 작성할 권한을 가지는 전자기록을 말한다. [2] 한국환경공단이 환경부장관의 위탁을 받아 건설폐기물 인계·인수에 관한 내용 등의 전산처리를 위한 전자정보처리 프로그램인 올바로시스템을 구축·운영하고 있다고 하더라도, 그 업무를 수행하는 **한국환경공단 임직원을 공전자기록의 작성권한자인 공무원으로 보거나 한국환경공단을 공무소로 볼 수는 없다. 이는 한국환경공단 또는 그 임직원이 환경부장관으로부터 위탁받은 업무와 관련하여 직무상 작성한 문서를 공문서로 볼 수 없는 것과 마찬가지이다**(대판 2020.3.12, 2016도19170 **한국환경공단 올바로시스템 사건**). 21. 국가직 7급

전자기록위작 · 변작죄가 성립하는 경우	전자기록위작 · 변작죄가 성립하지 않는 경우
① 공군 복지근무지원단 예하 18지구대에서 부대매점 및 창고관리 부사관으로 근무하던 피고인 甲이 창고 관리병 乙로 하여금 복지전산시스템에 甲이 그전에 횡령한 바 있는 면세주류를 마치 정상적으로 **판매한 것처럼 허위로 입력하게 한 경우**, 각 지구대의 판매량의 신뢰도에 직접 영향을 미쳐 관련 업무를 처리함에 있어 중요한 정보를 허위로 생성하게 한 것으로서 **공전자기록위작죄가 성립한다**(대판 2010.7.8, 2010도3545 **PX 부사관 횡령 사건**). 16. 사법시험	① 전세버스 업체들이 (최초 등록일로부터 3년 이상 경과되어 영업용 전세버스로 등록할 수 없는) 버스 49대를 영업용으로 양수하였으나 그 증차에 관한 사업계획 변경신청을 한 사실이 없음에도, 가평군청 자동차등록 담당 공무원인 피고인이 자동차등록정보 처리시스템의 **자동차등록원부에 버스들을 '영업용'이라고 입력한 경우**, 최초등록일 등 등록과 관련된 사실관계에 대한 내용에 거짓이 있다고 볼 수 없다면 이를 '위작'에 해당한다고 할 수 없어 **공전자기록 등 위작죄는 성립하지 아니한다**(대판 2011.5.13, 2011도1415 **가평군청 관광버스 · 화물차 불법등록 사건**). 16. 경찰간부
② 피고인 甲이 그의 업무를 보조하는 乙이 체비지현장에 출장을 나간 사실이 없고 甲만이 체비지현장에 출장을 나갔음에도 불구하고, **마치 乙이 직접 출장을 나간 것처럼** 부천시청 행정지식관리시스템에 허위의 정보를 입력하여 출장복명서를 생성한 후 이를 도시과장에게 전송한 경우 **공전자기록 등 위작 및 동행사죄가 성립한다**(대판 2007.7.27, 2007도3798 **부천시 허위출장복명서 사건**). 11. 경찰승진	② 새마을금고의 예금 및 입 · 출금업무를 총괄하는 직원인 甲이 전 이사장 A 명의 예금계좌로 상조금이 입금되자 A에 대한 금고의 채권확보를 위해 컴퓨터 프로그램에 접속하여 A 명의 예금계좌의 비밀번호를 동의 없이 입력한 후 금원을 금고의 가수금계정으로 이체한 경우, 금고의 내부규정이나 여신거래기본약관이 효율적인 채권관리를 위해 필요한 경우에는 채무자의 예금을 그 채무자에 대한 채권과 상계하거나 상계에 앞서 일시적인 지급정지조치를 취할 수 있도록 규정하고 있으므로 甲의 행위는 금고의 업무에 부합하는 행위로서 A의 비밀번호를 임의로 사용한 잘못이 있다고 하더라도 **사전자기록위작 · 변작죄의 '사무처리를 그르치게 할 목적'을 인정할 수 없다**(대판 2008.6.12, 2008도938 **상조금 ➡ 가수금계정 이체 사건**). 16. 경찰간부
③ 경찰서 조사계 소속 경찰관인 피고인 甲이 사실은 A에 대한 고소사건을 처리하지 아니하였음에도 불구하고, 조사계 소속 일용직으로서 정을 모르는 乙을 통하여 **경찰범죄정보시스템에 그 사건을 검찰에 송치한 것으로 허위사실을 입력한 경우** 공전자기록위작죄가 성립한다(대판 2005.6.9, 2004도6132 **허위 검찰송치 입력 사건**). 16 · 18. 경찰간부	③ 피고인이 인터넷 포털사이트에 개설한 카페의 설치 · 운영 주체로부터 글쓰기 권한을 부여받아 카페에 접속하여 자신의 아이디로 허위내용의 글을 작성 · 게시한 경우, 그러한 점만으로 피고인에게 카페나 사이트의 설치 · 운영 주체의 **사무처리를 그르치게 할 목적이 있었다고 단정하기 어렵다**(대판 2008.4.24, 2008도294 **북한산 월드메르디앙 사건**). 16. 경찰간부
④ 램(RAM)에 올려진 전자기록은 원본파일과 불가분적인 것으로 원본파일의 개념적 연장선상에 있는 것이므로, 피고인이 비록 원본파일의 변경까지 초래하지는 아니하였더라도 **전자기록에 허구의 내용을 권한 없이 수정입력한 것은 그 자체로 사전자기록을 변작한 행위의 구성요건에 해당된다고 보아야 할 것이며** 그러한 수정입력의 시점에서 사전자기록변작죄의 기수에 이른다(대판 2003.10.9, 2000도4993 **금호산업 허위실적증명 사건**). 18. 경찰승진	

⑤ 코미드(KOMID)라는 상호의 가상화폐 거래소의 대표이사와 사내이사인 피고인들이 **거래소 은행계좌 등에 원화 등의 실제 입금 없이 거래시스템에서 생성한 차명계정에 원화 포인트 등을 입력한 행위는** 거래시스템을 설치·운영하는 코미드와의 관계에서 그 권한을 남용하여 허위의 정보를 입력함으로써 코미드의 의사에 반하는 전자기록을 생성한 경우로서 **사전자기록 등 위작죄에서 정한 '위작'에 해당한다**[대판 2020.8.27, 2019도11294(전합) **가상화폐거래량 허위입력 사건**].

06 공정증서원본 등 부실기재죄

> **형법**
>
> 제228조【공정증서원본 등의 부실기재】① 공무원에 대하여 **허위신고**를 하여 공정증서원본 또는 이와 동일한 전자기록 등 특수매체기록에 **부실의 사실을 기재** 또는 **기록하게 한 자**는 5년 이하의 징역 또는 1천만원 이하의 벌금에 처한다.
> ② 공무원에 대하여 허위신고를 하여 **면허증, 허가증, 등록증** 또는 **여권**에 부실의 사실을 기재하게 한 자는 3년 이하의 징역 또는 700만원 이하의 벌금에 처한다.

> **⚖️ 판례 | 공정증서원본 등 부실기재죄 관련 판례**
>
> **1** 등기부의 기재가 확정판결에 의하여 되었다 하더라도 피고인이 그 확정판결의 내용이 진실에 반하는 것임을 알면서 **이에 기하여 등기공무원에게 등기신청을 하는 것**은 형법 제228조의 소위 공무원에 대하여 **허위신고를 하는 것에 해당한다**(대판 1996.5.31, 95도1967).
>
> **2** 공정증서원본부실기재죄에 있어서 **부실의 기재는 당사자의 허위신고에 의하여 이루어져야 하므로 법원의 촉탁에 의하여 이루어진 경우에는** 가령 그 전제절차에 허위적 요소가 있다 하더라도 그것은 법원의 촉탁에 의하여 이루어진 것이지 당사자의 허위신고에 의하여 이루어진 것이 아니므로 공정증서원본부실기재죄를 구성하지 않는다(대판 1983.12.27, 83도2442). 12·17. 경찰간부
>
> **3** 형법 제228조 제1항에서 말하는 '공정증서'란 권리의무에 관한 공정증서만을 가리키는 것이고 사실증명에 관한 것은 이에 포함되지 아니한다(대판 2010.6.10, 2010도1125 **자동차운전면허대장 사건**).
>
> **4** 형법 제228조 제1항에서 말하는 '**공정증서원본**'은 그 성질상 허위신고에 의해 부실한 사실이 그대로 기재될 수 있는 공문서이어야 한다(대판 2010.6.10, 2010도3232 **임야분할 조정조서 사건**).
>
> **5** 형법 제228조 제2항에 말하는 '**등록증**'은 공무원이 작성한 모든 등록증을 말하는 것이 아니라, 일정한 자격이나 요건을 갖춘 자에게 **그 자격이나 요건에 상응한 활동을 할 수 있는 권능 등을 인정하기 위하여 공무원이 작성한 증서를 말한다**(대판 2005.7.15, 2003도6934 **사업자등록증 사건**).
>
> **6** 공정증서원본 등 부실기재죄에서 '부실한 사실'의 기재라 함은 **객관적 진실에 반하는 사실의 기재를 의미하는 것이지** 절차상의 하자를 문제삼는 것이 아니다(대판 1996.10.15, 96도1225).

7 공정증서원본 등 부실기재죄에서 '부실의 기재'라고 함은 객관적인 진실에 반하여 **존재하지 아니하는 사실을 존재하는 것으로 하거나 존재하는 사실을 존재하지 아니하는 것으로 기재하는 것을 말한다**(대판 2004. 10.15, 2004도3584 **동신아파트 재건축조합 사건**). 18. 경찰간부

8 공정증서원본에 기재된 사항이 부존재하거나 외관상 존재한다고 하더라도 무효에 해당되는 하자가 있다면 그 기재는 부실기재에 해당하는 것이나, 기재된 사항이나 그 원인된 법률행위가 **객관적으로 존재하고, 다만 거기에 취소사유인 하자가 있을 뿐인 경우** 취소되기 전에 공정증서원본에 기재된 이상 그 기재는 **공정증서원본의 부실기재에 해당하지 않는다**(대판 2004.9.24, 2004도4012 **공동상속인 기망 사건**). 12. 법원직 9급, 13. 경찰채용, 17. 법원행시

9 공전자기록 등 부실기재죄에 있어서의 실행의 착수시기는 공무원에 대하여 허위의 신고를 하는 때라고 보아야 하므로, 피고인이 위장결혼의 당사자 및 중국 측 브로커와의 공모하에 허위로 결혼사진을 찍고, 혼인신고에 필요한 서류를 준비하여 위장결혼의 당사자에게 건네준 것만으로는 아직 공전자기록 등 부실기재죄에 있어서 실행에 착수한 것으로 보기 어렵다(대판 2009.9.24, 2009도4998 **사진찍고 서류준비만 사건**). 12. 변호사, 14·16. 사법시험, 16. 경찰채용·법원행시

판례비교

공정증서 등에 해당하는 경우	공정증서 등에 해당하지 않는 경우
공증사무 취급이 인가된 합동법률사무소 명의로 작성된 공증에 관한 문서는 형법상 공정증서 기타 공문서에 해당한다(대판 1977.8.23, 74도2715).	① **자동차운전면허대장은** 사실증명에 관한 것에 불과하므로 **공정증서원본이라고 볼 수 없다**(대판 2010.6.10, 2010도1125 **자동차운전면허대장 사건**). 11. 경찰승진, 11·17. 법원행시, 12. 법원직 9급, 15·17. 경찰채용
	② 민사조정법상 조정신청에 의한 **조정조서는** 허위신고에 의해 부실한 사실이 그대로 기재될 수 있는 공문서로 볼 수 없어 공정증서원본에 해당하는 것으로 볼 수 없다(대판 2010.6.10, 2010도3232 **임야분할 조정조서 사건**). 11·13·17. 법원행시, 12. 법원직 9급, 12·15. 경찰간부, 14. 사법시험, 15. 경찰채용
	③ **토지대장은 공정증서원본이라고는 할 수 없다**(대판 1988.5.24, 87도2696 **토지대장 사건**). 12. 법원행시·경찰간부, 15. 법원직 9급·경찰채용, 17. 경찰승진
	④ 세무서장이 교부하는 **사업자등록증은** 단순한 사업사실의 등록을 증명하는 증서에 불과하고 그에 의하여 사업을 할 수 있는 자격이나 요건을 갖추었음을 인정하는 것은 아니므로 형법 제228조 제2항 소정의 등록증에 해당하지 않는다(대판 2005.7.15, 2003도6934 **사업자등록증 사건**). 11·14. 사법시험, 12·15. 경찰간부, 15. 경찰채용·법원직 9급

공정증서원본 등 부실기재죄가 성립하는 경우	공정증서원본 등 부실기재죄가 성립하지 않는 경우
① 비록 종중 소유의 부동산은 종중 총회의 결의를 얻어야 유효하게 처분할 수 있다 하더라도 거래상대방으로서는 부동산등기부상에 표시된 종중 대표자를 신뢰하고 거래하는 것이 일반적이라는 점 등에 비추어 보면, 종중 대표자의 기재는 당해 부동산의 처분권한과 관련된 중요한 부분의 기재로서 이에 대한 공공의 신용을 보호할 필요가 있으므로 이를 허위로 등재한 경우에는 공정증서원본부실기재죄의 대상이 되는 부실의 기재에 해당한다(대판 2006.1.13, 2005도4790 **종중대표자 허위등기 사건**). 15. 경찰채용·사법시험, 17. 법원행시 ② 피고인 甲이 乙과 사이에 **토지거래허가구역 안에 있는 토지에 관하여 실제로는 매매계약을 체결하고서도 처음부터 토지거래허가를 잠탈하려는 목적으로 등기원인을 실제와 달리 '증여'로 한 乙 명의의 소유권이전등기를 경료한 경우**, 토지거래계약은 확정적 무효이고 이에 터 잡은 소유권이전등기는 실체관계에 부합하지 아니하며, 비록 甲과 乙 사이에 토지에 관하여 실제의 원인과 달리 '증여'를 원인으로 한 소유권이전등기를 경료시킬 의사의 합치가 있더라도 공정증서원본에 **부실의 사실을 기재하게 한 때에 해당한다**(대판 2007.11.30, 2005도9922 **토지거래허가 잠탈목적 사건**). 11. 사법시험, 12· 13. 경찰채용, 15. 경찰간부, 17. 경찰승진·법원행시 ③ **부동산매수인이 매도인과 사이에 부동산의 소유권이전에 관한 물권적 합의가 없는 상태에서**, 소유권이전등기신청에 관한 대리권이 없이 단지 소유권이전등기에 필요한 서류를 보관하고 있을 뿐인 **법무사를 기망하여 매수인 명의의 소유권이전등기를 신청하게 한 경우**, 이는 단지 소유권이전등기신청절차에 하자가 있는 것에 불과한 것이 아니라 허위의 사실을 신고한 것이라고 보아야 하므로 **공정증서원본부실기재죄가 성립한다**(대판 2006.3.10, 2005도9402 **법무사 기망 사건 Ⅱ**). 15. 사법시험, 17. 경찰승진	① 부동산의 거래당사자가 **거래가액을 시장 등에게 거짓으로 신고하여 신고필증을 받은 뒤 이를 기초로 사실과 다른 내용의 거래가액이 부동산등기부에 등재되도록 하였다면** 공인중개사법에 따른 과태료의 제재를 받게 됨은 별론으로 하고 공정증서원본부실기재 및 동행사죄는 성립하지 아니한다(대판 2013.6.27, 2013도3246 **미등기 빌라 전매 사건**). 13·16. 경찰채용, 14. 변호사, 14·16. 사법시험, 16. 경찰간부, 16·17. 법원행시 ② **부동산을 관리·보존하는 방법으로 이를 타에 신탁하는 의사로서 그 소유권이전등기를 한 경우에는 그 원인을 매매로 가장하였다 하더라도** 이는 공정증서원본부실기재죄에 해당하지 아니한다(대판 2011.7.14, 2010도1025 **아파트 가장증여 사건**). 12. 경찰채용, 15. 법원행시 ③ 피고인이 부동산에 관하여 **가장매매를 원인으로 소유권이전등기를 경료하였더라도** 그 당사자 사이에는 소유권이전등기를 경료시킬 의사는 있었다고 할 것이므로 공정증서원본부실기재 및 동행사죄는 **성립하지 않는다**(대판 2011.7.14, 2010도1025 **아파트 가장증여 사건**). 12. 경찰채용, 14. 법원직 9급, 16. 법원행시 ④ 근저당설정등기는 등기권리자인 채권자와 등기의무자인 근저당권설정자와의 합의를 기초로 이루어지는 것이므로 **설사 등기의 편의상 진정한 채무자가 아닌 제3자를 채무자로 등기부상 등재하게 하였다 하더라도 그것이 계약당사자간의 합의에 의하여 이루어진 것이라면** 당사자 사이에 이와 같은 등기를 경료하게 할 의사가 있었던 것이므로 공정증서원본부실기재죄는 성립되지 않는다(대판 1985.10.8, 84도2461). 16. 경찰간부 ⑤ 부동산에 관하여 경료된 소유권이전등기나 보존등기가 절차상 하자가 있거나 등기원인이 실제와 다르다 하더라도 등기가 실체적 권리관계에 부합하는 유효한 등기인 경우에는 공정증서원본부실기재, 동행사죄의 구성요건 해당성이 없게 된다(대판 2000.3.24, 98도105). 12·15. 경찰간부, 15. 경찰채용

공정증서원본 등 부실기재죄가 성립하는 경우	공정증서원본 등 부실기재죄가 성립하지 않는 경우
④ 근저당권은 근저당물의 소유자가 아니면 설정할 수 없으므로 타인의 부동산을 자기 또는 제3자의 소유라고 허위의 사실을 신고하여 소유권이전등기를 경료한 후 나아가 그 부동산이 자기 또는 당해 제3자의 소유인 것처럼 가장하여 그 부동산에 관하여 자기 또는 당해 제3자 명의로 채권자와의 사이에 근저당권설정등기를 경료한 경우에는 공정증서원본부실기재 및 동행사죄가 성립한다(대판 1997.7.25, 97도605). 14. 법원직 9급, 16. 경찰간부 ⑤ 피고인들이 **중국 국적의 조선족 여자들과 참다운 부부관계를 설정할 의사 없이 단지 그들의 국내 취업을 위한 입국을 가능하게 할 목적으로 형식상 혼인하기로 한 것이라면**, 피고인들의 혼인은 우리나라의 법에 의하여 혼인으로서의 실질적 성립요건을 갖추지 못하여 그 효력이 없고, 따라서 피고인들이 중국에서 중국의 방식에 따라 혼인식을 거행하였다고 하더라도 효력이 없는 혼인의 신고를 한 이상 피고인들은 공정증서원본부실기재 및 동행사죄의 죄책을 면할 수 없다(대판 1996.11.22, 96도2049 **국내취업용 위장결혼 사건**). 17. 경찰간부 ⑥ 비록 혼인의 계출 자체에 관하여 당사자간에 의사의 합치가 있고 나아가 당사자간에 일응 법률상의 부부라는 신분관계를 설정할 의사는 있었다고 인정되는 경우라도 그것이 단지 다른 목적을 달성하기 위한 방편에 불과한 것으로서 그들간에 참다운 부부관계의 설정을 바라는 효과의사가 없는 경우에는 그 혼인은 무효라고 할 것이어서 **해외이주의 목적으로 위장결혼을 하고 혼인신고를 하여 그 사실이 호적부에 기재되었다면 공정증서원본부실기재죄를 구성한다**(대판 1985.9.10, 85도1481 **해외이주용 위장결혼 사건**). 12. 경찰채용, 15. 경찰간부	⑥ 공동상속인 중의 1인이 다른 공동상속인들과의 **합의 없이 법정상속분에 따른 공동상속등기를 마쳤다고 하더라도 그것이 실체적 권리관계에 부합되는 것이라면 이를 부실의 등기라고는 할 수 없다**(대판 1995.11.7, 95도898 **계모로부터 법정상속분 확보 사건**). 11. 경찰승진 ⑦ 피고인이 사망한 부동산등기명의인을 상대로 매매를 원인으로 하는 소유권이전등기절차 이행청구의 소를 제기하여 **의제자백에 의한 승소판결**을 받고 이에 기하여 피고인 명의로 소유권이전등기를 경료하였다고 하여도 동 등기가 실체적 권리관계에 부합하는 유효한 등기라면 그 등기원인이 다르다 하여도 부실의 등기라고 할 수 없다(대판 1982.1.12, 81도1702). 11. 사법시험, 17. 경찰간부 ⑧ 협의상 이혼의 의사표시가 기망에 의하여 이루어진 것일지라도 그것이 취소되기까지는 유효하게 존재하는 것이므로, **협의상 이혼의사의 합치에 따라 이혼신고를 하여 호적에 그 협의상 이혼사실이 기재되었다면 이는 공정증서원본부실기재죄에 정한 부실의 사실에 해당하지 않는다**(대판 1997.1.24, 95도448 **기망에 의한 이혼 사건**). 14. 법원직 9급 ⑨ 공증인이 채권양도·양수인의 촉탁에 따라 그들의 진술을 청취하여 채권의 양도·양수가 진정으로 이루어짐을 확인하고 채권양도의 법률행위에 관한 공정증서를 작성한 경우 그 공정증서가 증명하는사항은 채권양도의 법률행위가 진정으로 이루어졌다는 것일 뿐 그 공정증서가 나아가 양도되는 채권이 진정하게 존재한다는 사실까지 증명하는 것으로 볼 수는 없으므로, 양도인이 허위의 채권에 관하여 그 정을 모르는 양수인과 실제로 채권양도의 법률행위를 한 이상, 공증인에게 그러한 채권양도의 법률행위에 관한 공정증서를 작성하게 하였다고 하더라도 그 공정증서가 증명하는 사항에 관하여는 부실의 사실을 기재하게 하였다고 볼 것은 아니다(대판 2004.1.27, 2001도5414 **허위채권 양도 공증 사건**). 11. 경찰승진·사법시험, 12. 경찰채용

⑦ 발행인과 수취인이 통모하여 진정한 어음채무의 부담이나 어음채권의 취득에 관한 의사 없이 단지 발행인의 채권자로부터 채권의 추심이나 강제집행을 받는 것을 회피하기 위하여 형식적으로만 약속어음의 발행을 가장한 경우 이러한 어음발행행위는 통정허위표시로서 무효이므로, 이와 같이 **발행인과 수취인 사이에 통정허위표시로서 무효인 어음발행행위를 공증인에게는 마치 진정한 어음발행행위가 있는 것처럼 허위로 신고함으로써 공증인으로 하여금 그 어음발행행위에 대하여 집행력 있는 어음공정증서원본을 작성하게 하고 이를 비치하게 하였다면 공정증서원본부실기재 및 동행사죄가 성립한다**(대판 2012.4.26, 2009도5786 **무효 어음발행 공증 사건**). 14. 법원직 9급, 16·17. 법원행시, 17. 경찰승진

⑧ 주금가장납입의 경우 현실적으로 주금액에 상당한 금원의 납입이라는 사실이 존재하기는 하나, 그 납입은 오로지 증자에 즈음하여 등기를 하기 위한 편법에 지나지 아니하고 **실질적으로는 주금의 납입이 없는 가장납입으로서 이를 숨기고 마치 주식인수인에 의한 납입이 완료된 것처럼 등기공무원에 대하여 허위신고를 하여 증자를 한 취지의 등기신청을 함으로써 상업등기부 원본에 그 기재를 하게 하였다면 이는 공정증서원본부실기재 및 동행사죄가 성립한다**(대판 1987.11.10, 87도2072). 17. 경찰간부

⑨ 임원의 사임서나 이에 따른 **이사사임등기**는 위와 같은 주주총회나 이사회의 결의 또는 1인주주의 의사와는 무관하고 오로지 당해 임원의 의사에 따라야 하는 것이므로 당해 임원의 의사에 기하지 아니한 사임서의 작성이나 이에 기한 등기부의 기재를 하였다면 이는 사문서위조 및 **공정증서원본불실기재의 죄책을 면할 수 없다**(대판 1992.9.14, 92도1564).

⑩ **주식회사의 신주발행의 경우 신주발행에 법률상 무효사유가 존재한다고 하더라도 그 무효는 신주발행무효의 소에 의해서만 주장할 수 있는 것이고,** 신주발행무효의 판결이 확정되더라도 그 판결은 장래에 대하여만 효력이 있는 것이므로 그 신주발행이 판결로써 무효로 확정되기 이전에 신주발행사실을 담당 공무원에게 신고하여 법인등기부에 기재하게 하였다고 하여 그 행위가 공무원에 대하여 허위신고를 한 것이라거나 그 기재가 **부실기재에 해당하는 것이라고 할 수는 없다**(대판 2007.5.31, 2006도8488). 16. 경찰간부

⑪ 주식회사의 임시주주총회가 법령 및 정관상 요구되는 이사회의 결의나 소집절차 없이 이루어졌다고 하더라도, **주주 전원이 참석하여 총회를 개최하는 데 동의하고 아무런 이의 없이 만장일치로 결의가 이루어졌다면 그 결의는 특별한 사정이 없는 한 유효하고, 그 결의에 따른 등기는 실체관계에 부합하는 것으로 이를 부실의 사항을 기재한 등기라고 할 수 없다**(대판 2014.5.16, 2013도15895). 16. 경찰간부

⑫ 피고인이 **회사원 명의 주주 전원의 위임을 받아 기존 이사 및 감사를 해임하고 새로운 이사 및 감사를 선임한 내용의 결의가 있었던 것으로 임시주주총회 의사록을 작성한 이상,** 비록 피고인이 적법한 주주총회 소집절차를 거치지 않았을 뿐 아니라 실제로 주주총회를 개최하지도 않았지만 주주 전원의 의사에 따라 그 내용의 유효한 결의가 있었던 것으로 보아야 하므로, **그 결의에 따른 등기는 실체관계에 부합하는 것으로 이를 부실의 사항을 기재한 등기라고 할 수 없다**(대판 2008.6.26, 2008도1044 **이사·감사 해임·선임등기 사건**). 16. 경찰간부

⑬ 발기인 등이 회사를 설립할 당시 회사를 **실제로 운영할 의사 없이 회사를 이용한 범죄 의도나 목적이 있었다거나, 회사로서의 인적·물적 조직 등 영업의 실질을 갖추지 않았다는 이유만으로 불실의 사실을 법인등기부에 기록하게 한 것으로 볼 수 없다**(대판 2020.2.27, 2019도9293).

07 위조 등 문서행사죄

형법

제229조 【위조 등 공문서의 행사】 제225조 내지 제228조의 죄에 의하여 만들어진 문서, 도화, 전자기록 등 특수매체기록, 공정증서원본, 면허증, 허가증, 등록증 또는 여권을 행사한 자는 그 각 죄에 정한 형에 처한다.

제234조 【위조사문서 등의 행사】 제231조 내지 제233조의 죄에 의하여 만들어진 문서, 도화 또는 전자기록 등 특수매체기록을 행사한 자는 그 각 죄에 정한 형에 처한다.

⚖ 판례 | 위조 등 문서행사죄 관련 판례

1 위조문서행사죄에 있어서의 행사는 위조된 문서를 진정한 것으로 사용함으로써 문서에 대한 공공의 신용을 해칠 우려가 있는 행위를 말하므로, 행사의 상대방에는 아무런 제한이 없고 위조된 문서의 작성명의인이라고 하여 행사의 상대방이 될 수 없는 것은 아니며, 다만 문서가 위조된 것임을 이미 알고 있는 공범자 등에게 행사하는 경우에는 위조문서행사죄가 성립될 수 없다(대판 2005.1.28, 2004도4663 **입점자각서 송부 사건**). 12. 경찰채용, 14. 사법시험·국가직 9급, 16. 경찰간부, 20. 법원직 9급

2 피고인 甲이 이미 자신이 위조한 휴대전화 신규 가입신청서를 스캐너로 읽어 들여 이미지화한 다음, 그 이미지 파일을 乙에게 이메일로 전송하여 컴퓨터 화면상에서 보게 한 경우, 스캐너로 읽어 들여 이미지화한 것은 문서에 관한 죄에 있어서의 '문서'에 해당하지 않는다고 하더라도, 자신이 이미 위조한 휴대전화 신규 가입신청서를 행사한 것에 해당하여 **위조문서행사죄가 성립한다**(대판 2008.10.23, 2008도5200 **휴대폰가입신청서 스캔·전송 사건**). 12. 사법시험·변호사, 12·15. 국가직 9급, 12·17. 경찰채용, 14. 법원행시, 20. 법원직 9급

3 위조문서행사죄에 있어서의 행사는 위조된 문서를 진정한 문서인 것처럼 타인에게 제시함으로써 성립하는 것이므로 **위조된 매매계약서를 피고인으로부터 교부받은 변호사가 복사본을 작성하여** 원본과 동일한 문서임을 인증한 다음, 소장에 첨부하여 법원에 제출함으로써 위조문서행사죄는 성립된다(대판 1988.1.19, 87도1217). 12. 경찰채용

4 위조문서행사죄에 있어서의 행사는 **상대방으로 하여금 위조된 문서를 인식할 수 있는 상태에 둠으로써 기수가 되고 상대방이 실제로 그 내용을 인식하여야 하는 것은 아니므로**, 위조된 문서를 우송한 경우에는 그 문서가 상대방에게 도달한 때에 기수가 되고 상대방이 실제로 그 문서를 보아야 하는 것은 아니다(대판 2005.1.28, 2004도4663 **입점자각서 송부 사건**). 12. 경찰채용·변호사, 15. 법원행시, 17. 경찰승진

---

08 공문서부정행사죄·사문서부정행사죄

형법

제230조 【공문서 등의 부정행사】 공무원 또는 공무소의 문서 또는 도화를 **부정행사**한 자는 2년 이하의 징역이나 금고 또는 500만원 이하의 벌금에 처한다.

제236조 【사문서의 부정행사】 권리·의무 또는 사실증명에 관한 타인의 문서 또는 도화를 **부정행사**한 자는 1년 이하의 징역이나 금고 또는 300만원 이하의 벌금에 처한다.

⚖ 판례 | 문서부정행사죄 관련 판례

1 **공문서부정행사죄**는 공문서의 사용에 대한 공공의 신용을 보호법익으로 하는 범죄로서 **추상적 위험범이다** (대판 2022.10.14, 2020도13344 **국가유공자증 사건**) (同旨 대판 2022.9.29, 2021도14514 **실효된 장애인사용자 동차표지 비치사건**).

2 **사문서부정행사죄**는 사용권한자와 용도가 특정되어 작성된 권리의무 또는 사실증명에 관한 타인의 사문서 또는 사도화를 **사용권한 없는 자가 사용권한이 있는 것처럼 가장하여 부정한 목적으로 행사하거나 권한 있는 자라도 정당한 용법에 반하여 부정하게 행사하는 경우에 성립한다**(대판 2007.3.30, 2007도629 **차용 증 · 이행각서 사건**).

3 **공문서부정행사죄**는 사용권한자와 용도가 특정되어 작성된 공문서 또는 공도화를 사용권한 없는 자가 **사용 권한이 있는 것처럼 가장하여 부정한 목적으로 행사하거나 또는 권한 있는 자라도 정당한 용법에 반하여 부정하게 행사하는 경우에 성립한다**(대판 1999.5.14, 99도206 **주민등록등본 사용 사건**). 15. 경찰간부

4 **주민등록표등본**은 주민등록법 소정의 주민등록사항이 기재된 개인별 · 세대별 주민등록표의 기재내용 그 대로를 인증하여 사본 · 교부하는 문서로서 **그 사용권한자가 특정되어 있다고 할 수 없고 또 용도도 다양하 며**, 반드시 본인이나 세대원만이 사용할 수 있는 것이 아니므로 타인의 주민등록표등본을 그와 아무런 관련 없는 사람이 마치 자신의 것인 것처럼 행사하였다고 하더라도 **공문서부정행사죄가 성립되지 아니한다**(대 판 1999.5.14, 99도206 **주민등록등본 사용 사건**). 13. 국가직 9급, 14. 변호사, 15. 경찰채용

5 **인감증명서**와 같이 사용권한자가 특정되어 있지도 않고 그 용도도 다양한 공문서는 그 명의자 아닌 자가 그 명의자의 의사에 반하여 함부로 행사하더라도 문서 본래의 취지에 따른 용도에 합치된다면 **공문서 등 부 정행사죄는 성립되지 않는다**(대판 1983.6.28, 82도1985 **인감증명서 사용 사건**).

6 **사문서부정행사죄**에 있어서의 부정사용이란 사문서를 사용할 권원없는 자가 그 문서명의자로 가장행세하여 이를 사용하거나 또는 사용할 권원이 있다 하더라도 문서를 본래의 작성 목적 이외의 다른 사실을 직접 증명하 는 용도에 이를 사용하는 것을 말하는 것이므로 **현금보관증이 자기 수중에 있다는 사실 자체를 증명하기 위하 여 증거로서 법원에 제출하는 행위는 사문서의 부정행사에 해당되지 아니한다**(대판 1985.5.28, 84도2999).

판례비교

문서부정행사죄가 성립하는 경우	문서부정행사죄가 성립하지 않는 경우
① [1] 사용자에 관한 각종 정보가 전자기록되어 있는 자기띠가 카드번호와 카드발행자 등이 문자로 인쇄 된 플라스틱 카드에 부착되어 있는 전화카드의 경 우 그 자기띠 부분은 카드의 나머지 부분과 불가분 적으로 결합되어 전체가 하나의 문서를 구성한다. [2] **절취한 전화카드를 공중전화기에 넣어 사용한 것은 권리의무에 관한 타인의 사문서를 부정행사 한 경우에 해당한다**(대판 2002.6.25, 2002도461). 11. 경찰승진, 12. 법원행시, 13. 국가직 9급 ② 피고인이 제3자로부터 신분확인을 위하여 **신분증 명서의 제시를 요구받고 다른 사람의 운전면허증 을 제시한 행위는 그 사용목적에 따른 행사로서 공 문서부정행사죄에 해당한다**[대판 2001.4.19, 2000 도1985(전합) **타인 운전면허증 제시 사건**]. 11. 경찰승 진, 11·13. 사법시험, 11·15. 경찰채용, 13. 국가직 9급, 14·16. 변호사, 15. 경찰간부, 16. 법원직 9급	① [1] **선박국적증서**는 한국선박으로서 등록하는 때 에 선박번호, 국제해사기구에서 부여한 선박식별번 호, 호출부호, 선박의 종류, 명칭, 선적항 등을 수록 하여 발급하는 문서이고, **선박검사증서**는 선박정기 검사 등에 합격한 선박에 대하여 항해구역 · 최대승 선인원 및 만재흘수선의 위치 등을 수록하여 발급 하는 문서이다. [2] 따라서 **어떤 선박이 사고를 낸 것처럼 허위로 사고신고를 하면서 그 선박의 선박 국적증서와 선박검사증서를 함께 제출하였다고 하더라도 선박국적증서와 선박검사증서는 선박의 국적과 항행할 수 있는 자격을 증명하기 위한 용도 로 사용된 것일 뿐 그 본래의 용도를 벗어나 행사된 것으로 보기는 어려우므로 공문서부정행사죄에 해당하지 않는다**(대판 2009.2.26, 2008도10851 **선 박국적 · 검사증서 사건**). 11. 경찰승진, 12. 국가직 9급, 13·15. 경찰채용, 14·20. 변호사, 20. 해경채용

③ 피고인 甲이 乙인 양 허위신고하여 甲의 사진과 지문이 찍힌 乙 명의의 주민등록증을 발급받은 이상 주민등록증의 발행목적상 甲에게 위 주민등록증에 부착된 사진의 인물이 乙의 신원상황을 가진 사람이라는 허위사실을 증명하는 용도로 이를 사용할 수 있는 권한이 없다는 사실을 인식하고 있었다고도 할 것이므로 **이를 검문경찰관에게 제시하여 이러한 허위사실을 증명하는 용도로 사용한 것은 공문서부정행사죄를 구성한다**(대판 1982.9.28, 82도1297). 11. 경찰승진

② 피고인이 기왕에 습득한 타인의 주민등록증을 피고인 가족의 것이라고 제시하면서 그 주민등록증상의 명의 또는 가명으로 이동전화 가입신청을 한 경우, **타인의 주민등록증을 본래의 사용용도인 신분확인용으로 사용한 것이라고 볼 수 없어 공문서부정행사죄가 성립하지 않는다**(대판 2003.2.26, 2002도4935 **엄마허락 누나심부름 사건**). 14. 사법시험·

변호사·국가직 9급, 15. 경찰채용, 16. 법원직 9급

③ 실질적인 채권채무관계 없이 당사자간의 합의로 작성한 '**차용증 및 이행각서**'는 그 작성명의인들이 자유의사로 작성한 문서로 그 사용권한자가 특정되어 있다고 할 수 없고 또 그 용도도 다양하므로, 설령 피고인이 그 작성명의인들의 의사에 의하지 아니하고 위 '차용증 및 이행각서'상의 채권이 실제로 존재하는 것처럼 그 지급을 구하는 민사소송을 제기하면서 소지하고 있던 위 '차용증 및 이행각서'를 법원에 제출하였다고 하더라도 그것이 **사문서부정행사죄에 해당하지 않는다**(대판 2007.3.30, 2007도629).

④ 자동차 등의 운전자가 경찰공무원에게 **다른 사람의 운전면허증 자체가 아니라 이를 촬영한 이미지파일을 휴대전화 화면 등을 통하여 보여주는 행위는 운전면허증의 특정된 용법에 따른 행사라고 볼 수 없는 것이어서 그로 인하여 경찰공무원이 그릇된 신용을 형성할 위험이 있다고 할 수 없으므로 이러한 행위는 결국 공문서부정행사죄를 구성하지 아니한다**(대판 2019.12.12, 2018도2560 **운전면허 촬영사진 제시 사건**). 20. 법원행시

⑤ 조세범처벌법위반 사건으로 조사를 받으면서 다른 사람인 것처럼 행사하기 위하여 다른 사람 명의 국가유공자증을 조사관에게 제시하였는바, **국가유공자증의 본래 용도는 제시인이 국가유공자법에 따라 등록된 국가유공자로서 관련혜택을 받을 수 있는 자격이 있음을 증명하는 것이고 신분의 동일성을 증명하는 것이 아니므로 공문서부정행사죄는 성립하지 않는다**(대판 2022.10.14, 2022도13344 국가유공자증 사건).

⑥ 장애인사용자동차표지를 사용할 권한이 없는 사람이 **장애인전용주차구역이 아닌 장소에 주차하면서 자동차에 비치하였더라도 장애인사용자동차표지를 본래의 용도에 따라 사용했다고 볼 수 없어 공문서부정행사죄가 성립하지 않는다**(대판 2022.9.29, 2021도14514).

제4절 인장에 관한 죄

01 공인 등 위조·부정사용죄, 사인 등 위조·부정사용죄

> **형법**
>
> 제238조【공인 등의 위조·부정사용】① **행사할 목적**으로 공무원 또는 공무소의 인장, 서명, 기명 또는 기호를 위조 또는 부정사용한 자는 5년 이하의 징역에 처한다.
>
> 제239조【사인 등의 위조·부정사용】① **행사할 목적**으로 타인의 인장, 서명, 기명 또는 기호를 위조 또는 부정사용한 자는 3년 이하의 징역에 처한다.

02 위조·부정사용공인 등 행사죄, 위조·부정사용사인 등 행사죄

> **형법**
>
> 제238조【공인 등의 위조·부정사용】② 위조 또는 부정사용한 공무원 또는 공무소의 인장, 서명, 기명 또는 기호를 행사한 자도 전항의 형과 같다.
>
> 제239조【사인 등의 위조·부정사용】② 위조 또는 부정사용한 타인의 인장, 서명, 기명 또는 기호를 행사한 때에도 전항의 형과 같다. 20. 법원직 9급

⚖️판례 | 사인 등 위조죄의 성립요건

1 사인위조죄는 그 명의인의 의사에 반하여 위법하게 행사할 목적으로 권한 없이 타인의 인장을 위조한 경우에 성립하므로 타인의 인장을 조각할 당시에 그 명의자로부터 **명시적이거나 묵시적인 승낙 내지 위임을 받았다면 인장위조죄가 성립하지 않는다**(대판 2014.9.26, 2014도9213 **공대출 사건**). 16·18. 경찰간부, 17. 국가직 7급

2 어떤 문서에 권한 없는 자가 타인의 서명 등을 기재하는 경우에는 그 문서가 완성되기 전이라도 일반인으로서는 그 문서에 기재된 타인의 서명 등을 그 명의인의 진정한 서명 등으로 오신할 수도 있으므로, **일단 서명 등이 완성된 이상 문서가 완성되지 아니한 경우에도 서명 등 위조죄는 성립한다**(대판 2011.3.10, 2011도503 **피신조서 타인서명 사건**). 16. 변호사

3 **부정사용한 공기호인 자동차등록번호판의 용법에 따른 사용행위인 행사라 함은** 이를 자동차에 부착하여 운행함으로써 일반인으로 하여금 자동차의 동일성에 관한 오인을 불러일으킬 수 있는 상태 즉 그것이 **부착된 자동차를 운행함을 의미**한다고 할 것이고, 그 운행과는 별도로 부정사용한 자동차등록번호판을 타인에게 제시하는 등 행위가 있어야 그 행사죄가 성립한다고 볼 수 없다(대판 1997.7.8, 96도3319).

4 위조인장행사죄에 있어서 '행사'라 함은 위조된 인장을 진정한 것처럼 용법에 따라 사용하는 행위를 말한다 할 것이므로 위조된 인영(印影)을 타인에게 열람할 수 있는 상태에 두든지, 인과(印顆)의 경우에는 날인하여 일반인이 열람할 수 있는 상태에 두면 그것으로 행사가 되는 것이고, **위조된 인과 그 자체를 타인에게 교부한 것만으로는 위조인장행사죄를 구성한다고 할 수 없다**(대판 1984.2.28, 84도90 **위조인장 교부사건**). 20. 경찰간부

5 아파트 동대표로 당선된 甲이 사실은 **대학을 졸업하지 않았음이** 사립대학 교무처장 명의로 된 학력조회 회보서를 통해 확인되자 아파트 주민대표회 간부들이 甲의 허위학력 사실을 아파트 주민들에게 공고문 형식으로 알리면서 그 공고문의 신뢰성 제고를 위해 공고문 안에 **대학 교무처장 명의의 직인을 함께 나타낸 경우에는 사인위조죄가 성립한다**(대판 2010.1.14, 2009도5929). 20. 경찰간부

제3장 공중의 건강에 대한 죄

제1절 먹는 물에 관한 죄

01 먹는 물 사용방해죄·먹는 물 유해물혼입죄

> **형법**
>
> 제192조【먹는 물의 사용방해】① 일상생활에서 먹는 물로 사용되는 물에 **오물을 넣어** 먹는 물로 쓰지 못하게 한 자는 1년 이하의 징역 또는 500만원 이하의 벌금에 처한다.
> ② 제1항의 먹는 물에 **독물이나 그 밖에 건강을 해하는 물질을 넣은 사람**은 10년 이하의 징역에 처한다.

02 수돗물사용방해죄·수돗물유해물혼입죄

> **형법**
>
> 제193조【수돗물의 사용방해】① 수도(水道)를 통해 공중이 먹는 물로 사용하는 물 또는 그 수원(水原)에 오물을 넣어 먹는 물로 쓰지 못하게 한 자는 1년 이상 10년 이하의 징역에 처한다.
> ② 제1항의 먹는 물 또는 수원에 독물 그 밖에 건강을 해하는 물질을 넣은 사람은 2년 이상의 유기징역에 처한다.

03 먹는 물 혼독치사상죄

> **형법**
>
> 제194조【먹는 물 혼독치사상】제192조 제2항 또는 제193조의 제2항의 죄를 범하여 사람을 상해에 이르게 한 경우에는 무기 또는 3년 이상의 징역에 처한다. 사망에 이르게 한 경우에는 무기 또는 5년 이상의 징역에 처한다.

04 수도불통죄

> **형법**
>
> 제195조【수도불통】공중이 먹는 물을 공급하는 수도 그 밖의 시설을 **손괴**하거나 그 밖의 방법으로 불통(不通)하게 한 자는 1년 이상 10년 이하의 징역에 처한다.

1 비록 절차를 밟지 아니한 수도라 할지라도 그것이 현실로 공중생활에 필요한 음용수를 공급하고 있는 시설로 되어있는 이상 해시설을 불법하게 손괴하여서 수도를 불통하게 하였을 때에는 수도불통으로 봄이 타당하다(대판 1957.2.1, 4289형상317).

2 사설특수가압수도시설은 피고인이 관계당국으로부터 그 명의의 설치허가를 받아 사재로써 시의 상수도관에다가 특수가압간선을 시설한 것으로서 그 시설에 의한 급수를 받고자 하는 자는 시설자와의 계약에 의하여 시설운영위원회에 가입한 후 시의 급수승인을 받아야 하고 그러한 절차를 거치지 않는 자에 대하여는 시설자가 마음대로 단수조치를 할 수 있는 것이므로 그 시설인 피고인이 불법이용자에 대한 단수조치로서 급수관을 발굴·절단하였다 하여도 수도불통죄에 해당하는 행위라고 할 수 없다(대판 1971.1.26, 70도2654).

3 주상복합아파트 입주자대표회의 회장인 피고인이 상가입주자들과의 수도관리비 인상 협상이 결렬되자 **상가입주자들이 상가 2층 화장실에 연결하여 이용 중인 수도배관을 분리하여 불통하게 하고 즉각 단수조치를 취한 경우**, 원래 화장실 용수 공급용으로 설치되었으나 **현실적으로 불특정 또는 다수인이 음용수 공급용으로도 이용 중인 수도배관이라면 수도불통죄의 대상에 해당한다**(대판 2022.6.9, 2022도2817 수도관리비 협상 결렬사건).

제2절 아편에 관한 죄

01 아편 등 제조 등 죄

> **형법**
> 제198조【아편 등의 제조 등】아편, 몰핀 또는 그 화합물을 제조, 수입 또는 판매하거나 판매할 목적으로 소지한 자는 10년 이하의 징역에 처한다.

02 아편흡식기제조 등 죄

> **형법**
> 제199조【아편흡식기의 제조 등】아편을 흡식하는 기구를 제조, 수입 또는 판매하거나 판매할 목적으로 소지한 자는 5년 이하의 징역에 처한다.

03 세관공무원아편수입 등 죄

> **형법**
> 제200조【세관공무원의 아편 등의 수입】세관의 공무원이 아편, 몰핀이나 그 화합물 또는 아편흡식기구를 수입하거나 그 수입을 허용한 때에는 1년 이상의 유기징역에 처한다.

04 아편흡식죄 · 아편흡식장소제공죄

> **형법**
>
> 제201조【아편흡식 등, 동장소 제공】① 아편을 흡식하거나 몰핀을 주사한 자는 5년 이하의 징역에 처한다.
> ② 아편흡식 또는 몰핀 주사의 장소를 제공하여 이익을 취한 자도 전항의 형과 같다.

05 상습아편흡식 등 죄

> **형법**
>
> 제203조【상습범】상습으로 전 5조의 죄를 범한 때에는 각 조에 정한 형의 2분의 1까지 가중한다.

06 아편 등 소지죄

> **형법**
>
> 제205조【아편 등의 소지】아편, 몰핀이나 그 화합물 또는 아편흡식기구를 소지한 자는 1년 이하의 징역 또는 500만원 이하의 벌금에 처한다.

제4장 사회의 도덕에 대한 죄

제1절 성풍속에 관한 죄

01 음행매개죄

> **형법**
>
> 제242조【음행매개】 **영리의 목적**으로 사람을 매개하여 **간음하게 한 자**는 3년 이하의 징역 또는 1천500만원 이하의 벌금에 처한다.

02 음화반포 등 죄

> **형법**
>
> 제243조【음화반포 등】 음란한 문서, 도화, 필름 기타 물건을 반포, 판매 또는 임대하거나 **공연히** 전시 또는 상영한 자는 1년 이하의 징역 또는 500만원 이하의 벌금에 처한다.

> **판례 | 음란반포죄 등 관련 판례**
>
> 1 음란한 영상화면을 수록한 **컴퓨터 프로그램파일**을 컴퓨터 통신망을 통하여 전송하는 방법으로 판매한 행위에 대하여 전기통신기본법 제48조의2의 규정을 적용할 수 있음은 별론으로 하고, **형법 제243조의 규정을 적용할 수 없다**(대판 1999.2.24, 98도3140). 18. 경찰채용
>
> 2 음란한 부호 등이 불특정·다수인이 **링크**를 이용하여 별다른 제한 없이 음란한 부호 등에 바로 접할 수 있는 상태가 실제로 조성되었다면, 그러한 행위는 전체로 보아 **음란한 부호 등을 공연히 전시한다는 구성요건을 충족한다**(대판 2003.7.8, 2001도1335 **팬티신문 사건**). 18. 경찰채용

03 음화제조 등 죄

> **형법**
>
> 제244조【음화제조 등】 제243조의 행위에 공할 목적으로 음란한 물건을 제조, 소지, 수입 또는 수출한 자는 1년 이하의 징역 또는 500만원 이하의 벌금에 처한다.

04 공연음란죄

> **형법**
> 제245조【공연음란】공연히 음란한 행위를 한 자는 1년 이하의 징역, 500만원 이하의 벌금, 구류 또는 과료에 처한다.

⚖️ 판례 | 음란물죄 관련 판례

1 형법 제243조에 규정된 '음란한 문서 또는 도화'라 함은 성욕을 자극하여 흥분시키고 일반인의 정상적인 성적 정서와 선량한 사회풍속을 해칠 가능성이 있는 도서를 말하며 그 음란성의 존부는 작성자의 주관적 의도가 아니라 객관적으로 도서 자체에 의하여 판단되어야 한다(대판 1991.9.10, 91도1550 **부부라이프 사건**). 14. 경찰간부

2 형법 제243조에서 규정하고 있는 '**음란한 물건**'이라 함은 성욕을 자극하거나 흥분 또는 만족하게 하는 물건들로서 일반인의 정상적인 성적 수치심을 해치고 선량한 성적 도의관념에 반하는 것을 의미하며, 어떤 물건이 음란한 물건에 해당하는지 여부는 행위자의 주관적 의도나 반포·전시 등이 행하여진 상황에 관계없이 그 물건 자체에 관하여 객관적으로 판단하여야 한다(대판 2003.5.16, 2003도988 **자위기구 체이시 사건**). 11. 경찰승진

3 형법 제245조 소정의 '음란한 행위'라 함은 일반 보통인의 성욕을 자극하여 성적 흥분을 유발하고 정상적인 성적 수치심을 해하여 성적 도의관념에 반하는 것을 가리킨다고 할 것이고, 위 죄는 주관적으로 성욕의 흥분·만족 등의 성적인 목적이 있어야 성립하는 것은 아니고 그 행위의 음란성에 대한 의미의 인식이 있으면 족하다(대판 2004.3.12, 2003도6514 **똥구멍에 술을 부어라 사건**). 11. 사법시험, 12·13. 경찰승진, 14. 법원행시, 17. 국가직 9급, 21. 경찰간부

4 문학작품이라고 하여 무한정의 표현의 자유를 누려 어떠한 성적 표현도 가능하다고 할 수는 없고 그것이 건전한 성적 풍속이나 성도덕을 침해하는 경우에는 형법규정에 의하여 이를 처벌할 수 있다(대판 1995.6.16, 94도2413 **소설 <즐거운 사라> 사건**). 14. 경찰간부

5 예술성과 음란성은 차원을 달리하는 관념이고 어느 예술작품에 예술성이 있다고 하여 그 작품의 음란성이 당연히 부정되는 것은 아니라 할 것이며, 다만 그 작품의 예술적 가치, 주제와 성적 표현의 관련성 정도 등에 따라서는 그 음란성이 완화되어 결국은 처벌대상으로 삼을 수 없게 되는 경우가 있을 뿐이다(대판 2005.7.22, 2003도2911 **미술교사 누드사진 게재 사건**).

6 '음란'이라는 개념 자체가 사회와 시대적 변화에 따라 변동하는 상대적이고도 유동적인 것이고, 그 시대에 있어서 사회의 풍속, 윤리, 종교 등과도 밀접한 관계를 가지는 추상적인 것이므로 결국 **구체적인 판단에 있어서는 사회통념상 일반 보통인의 정서를 그 판단의 규준으로 삼을 수밖에 없다고 할지라도**, 이는 법관이 일정한 가치판단에 의하여 내릴 수 있는 규범적인 개념이라 할 것이어서 **그 최종적인 판단의 주체는 어디까지나 당해 사건을 담당하는 법관이라 할 것이니**, 음란성을 판단함에 있어 법관이 자신의 정서가 아닌 일반 보통인의 정서를 규준(規準)으로 하여 이를 판단하면 족한 것이지 법관이 일일이 일반 보통인을 상대로 과연 당해 문서나 도화 등이 그들의 성욕을 자극하여 성적 흥분을 유발하거나 정상적인 성적 수치심을 해하여 성적 도의관념에 반하는 것인지의 여부를 묻는 절차를 거쳐야만 되는 것은 아니다(대판 1995.2.10, 94도2266 **소설 <꿈꾸는 열쇠> 사건**). 14. 경찰간부

7 공연윤리위원회의 심의를 마친 영화작품이라 하더라도 이것을 관람객의 범위가 제한된 영화관에서 상영하는 것이 아니고 관람객을 유치하기 위하여 영화장면의 일부를 포스터나 스틸사진 등으로 제작하였고, 제작된 포스터 등 도화가 그 영화의 예술적 측면이 아닌 선정적 측면을 특히 강조하여 그 표현이 과도하게 성욕을 자극시키고 일반인의 정상적인 성적 정서를 해치는 것이어서 **건전한 성풍속이나 성도덕관념에 반하는 것이라면 그 포스터 등 광고물은 음화에 해당한다**(대판 1990.10.16, 90도1485 **영화 <사방지> 사건**). 11. 사법시험, 16. 법원행시

8 성기·엉덩이 등 신체의 주요한 부위를 노출한 행위가 있었을 경우 그 일시와 장소, 노출 부위, 노출 방법·정도, 노출 동기·경위 등 구체적 사정에 비추어, 그것이 단순히 다른 사람에게 부끄러운 느낌이나 불쾌감을 주는 정도에 불과하다면 경범죄 처벌법 제3조 제1항 제33호(과다노출)에 해당할 뿐이지만, 그와 같은 정도가 아니라 **일반 보통인의 성욕을 자극하여 성적 흥분을 유발하고 정상적인 성적 수치심을 해하는 것이라면 형법 제245조의 '음란한 행위'에 해당한다**(대판 2020.1.16, 2019도14056 **참전비 성기 노출 사건**). 20. 법원행시, 21. 경찰간부

판례비교

음란행위에 해당하는 경우	음란행위에 해당하지 않는 경우
① 나이트클럽 무용수인 피고인이 무대에서 공연하면서 겉옷을 모두 벗고 **성행위와 유사한 동작을 연출**하거나 속옷에 부착되어 있던 모조 성기를 수차례 노출한 경우, 풍속영업법 제3조 제1호의2(개정법 제2호)에서 정한 음란행위에 해당한다(대판 2011.9.8, 2010도10171 **나이트클럽 모조성기 노출 사건**).	① 유흥주점 여종업원들이 웃옷을 벗고 브래지어만 착용하거나 치마를 허벅지가 다 드러나도록 걷어 올리고 가슴이 보일 정도로 어깨끈을 밑으로 내린 채 손님을 접대한 경우, 위 종업원들의 행위는 풍속영업법 제3조 제1호(개정법 제2호)에 정한 '음란행위'에 해당한다고 보기 어렵다(대판 2009.2.26, 2006도3119 **야한 노래방도우미 사건**). 13. 경찰승진
② **요구르트 제품의 홍보를 위하여** 전라의 여성 누드 모델들이 일반 관람객과 기자 등 수십명이 있는 자리에서, 알몸에 밀가루를 바르고 무대에 나와 분무기로 요구르트를 몸에 뿌려 밀가루를 벗겨내는 방법으로 알몸을 완전히 드러낸 채 음부 및 유방 등이 노출된 상태에서 무대를 돌며 관람객들을 향하여 요구르트를 던진 경우 공연음란죄가 성립한다(대판 2006.1.13, 2005도1264 **요구르트 홍보 사건**). 11. 경찰승진, 16. 법원행시, 21. 경찰간부	② 피고인 甲이 A와 말다툼을 한 후 이를 항의하기 위하여 A가 경영하는 상점으로 찾아가서, 상점 카운터를 지키고 있던 A의 딸인 B를 보고 소리를 지르다가 등을 돌려 엉덩이가 드러날 만큼 바지와 팬티를 내린 다음 엉덩이를 들이밀며 "똥구멍으로 어떻게 술을 먹느냐, 똥구멍에 술을 부어 보아라."라고 말한 경우, 이는 보통인의 성욕을 자극하여 성적 흥분을 유발하거나 **정상적인 성적 수치심을 해할 정도에 해당한다고 보기는 어렵다**(대판 2004.3.12, 2003도6514 **똥구멍에 술을 부어라 사건**). 13. 경찰채용, 14·16. 법원행시
③ 피고인 甲이 고속도로에서 승용차를 운전하여 가던 중 A 운전의 승용차가 진로를 비켜주지 않는다는 이유로 그 차를 추월하여 정차하게 한 다음, 승용차를 손괴하고 안에 타고 있던 B를 때려 상해를 가하는 등의 행패를 부리다가 신고를 받고 출동한 경찰관이 이를 제지하려고 하자, 시위조로 주위에 운전자 등 사람이 많이 있는 가운데 옷을 모두 벗어 알몸의 상태로 바닥에 드러눕거나 돌아다닌 경우, 그 행위는 음란한 행위이고 또한 피고인에게 타인의 정상적인 성적 수치심을 해하는 **음란한 행위라는 인식도 있었다고 보아야 한다**(대판 2000.12.22, 2000도4372 **고속도로 나체쇼 사건**). 11. 사법시험, 13. 경찰채용, 14·21. 경찰간부, 15. 경찰승진, 16. 법원행시	

④ 피고인이 인터넷사이트에서 집단 성행위(일명 '스와핑') 목적의 카페를 개설·운영하면서 남녀 회원을 모집한 후 특별모임을 빙자하여 **집단으로 성행위를 하고 그 촬영물이나 사진 등을 카페에 게시한 경우,** 비록 위 카페가 회원제로 운영되는 등 제한적이고 회원들 상호간에 음란물을 게시, 공유하여 온 사정이 있다 하여도 **음란물을 공연히 전시한 것에 해당한다**(대판 2009.5.14, 2008도10914 **스와핑카페 운영자 사건**). 13·18. 경찰승진

⑤ 피고인이 다수의 사람들이 통행하고 있었던 참전비 앞길에서 **바지와 팬티를 내리고 성기와 엉덩이를 노출한 채 참전비를 바라보고 서 있었고** 참전비의 한쪽 끝 방향으로 걸어가다가 돌아서서 걷기도 하는 등 위와 같이 노출한 상태에서 참전비 앞에 서 있거나 그 주위를 서성거렸는 바, 이는 비록 성행위를 묘사하거나 성적인 의도를 표출한 것은 아니라고 하더라도 공연히 음란한 행위를 한 것에 해당한다 (대판 2020.1.16, 2019도14056 **참전비 성기 노출 사건**).

제2절 도박과 복표에 관한 죄

01 도박죄·상습도박죄

형법

제246조【도박·상습도박】① 도박을 한 사람은 1천만원 이하의 벌금에 처한다. 다만, **일시오락 정도에 불과한 경우에는 예외로 한다.**

② 상습으로 제1항의 죄를 범한 사람은 3년 이하의 징역 또는 2천만원 이하의 벌금에 처한다.

⚖️판례 | 도박죄 관련 판례

1 도박은 2인 이상의 자가 서로간에 재물을 걸고 우연에 의하여 재물의 득실을 결정하는 것을 의미한다. 여기서 우연이란 주관적으로 당사자가 확실히 예견 또는 자유로이 지배할 수 없는 사실에 관하여 승패를 결정하는 것을 말하고, 객관적으로 불확실할 것을 요구하지 아니한다. 따라서 **당사자의 능력이 승패의 결과에 영향을 미친다고 하더라도 다소라도 우연성의 사정에 의하여 영향을 받게 되는 때에는 도박죄가 성립할 수 있다**(대판 2014.6.12, 2013도13231 **사설경마장 사건**). 11·12. 경찰승진, 14. 국가직 9급

2 사기도박과 같이 도박당사자의 일방이 사기의 수단으로써 승패의 수를 지배하는 경우에는 도박에서의 우연성이 결여되어 **사기죄만 성립하고 도박죄는 성립하지 아니한다**(대판 2011.1.13, 2010도9330 **보령 사기도박 사건**). 11. 사법시험, 12. 변호사·법원행시, 13. 경찰간부, 16. 경찰승진

3 사기죄는 편취의 의사로 기망행위를 개시한 때에 실행에 착수한 것으로 보아야 하므로, 사기도박에서도 사기적인 방법으로 도금을 편취하려고 하는 자가 **상대방에게 도박에 참가할 것을 권유하는 등 기망행위를 개시한 때에 실행의 착수가 있는 것으로 보아야 한다**(대판 2011.1.13, 2010도9330 **보령 사기도박 사건**). 12. 변호사, 12·17. 국가직 9급, 13·15. 경찰채용, 14. 경찰간부, 14·15. 경찰승진, 17. 법원행시·법원직 9급

4 피고인 등이 사기도박에 필요한 준비를 갖추고 그러한 의도로 피해자들에게 도박에 참가하도록 권유한 때 또는 늦어도 그 정을 알지 못하는 피해자들이 도박에 참가한 때에는 이미 사기죄의 실행에 착수하였다고 할 것이므로, 피고인 등이 그 후에 **사기도박을 숨기기 위하여 얼마간 정상적인 도박을 하였더라도 이는 사기죄의 실행행위에 포함되는 것이어서 피고인에 대하여는 피해자들에 대한 사기죄만이 성립하고 도박죄는 따로 성립하지 아니한다**(대판 2011.1.13, 2010도9330 **보령 사기도박 사건**). 12. 변호사, 13. 사법시험, 13·14·15. 경찰간부, 14. 국가직 9급, 15·17. 법원행시, 17. 경찰채용

5 [1] 피해자의 도박이 피고인들의 기망행위에 의하여 이루어졌다면 그로써 사기죄는 성립하며, 이로 인하여 피고인들이 **취득한 재물이나 재산상 이익은 도박 당일 피해자가 잃은 도금(賭金) 상당액이다.** [2] 사기도박에 있어서는 피해자가 그날의 게임을 통하여 잃은 금액 전부에 대하여 사기죄가 성립하고, 또한 피해자들이 5%의 뱅커 커미션을 카지노에 지급하였다고 하더라도 그 금액을 편취액에서 제외할 것도 아니다(대판 2015.10.29, 2015도10948 **해외원정 사기도박단 사건**).

6 피고인들이 각자 핸디캡을 정하고 홀마다 또는 9홀마다 별도의 돈을 걸고 총 26 내지 32회에 걸쳐 내기 골프를 한 행위는 도박에 해당한다(대판 2008.10.23, 2006도736 **내기 골프 사건**). 13. 경찰간부

02 도박장소 등 개설죄

형법
제247조【도박장소 등 개설】**영리의 목적**으로 도박을 하는 장소나 공간을 개설한 사람은 5년 이하의 징역 또는 3천만원 이하의 벌금에 처한다.

⚖ 판례 | 도박장소 등 개설죄 관련 판례

1 도박개장죄는 영리의 목적으로 스스로 주재자가 되어 그 지배하에 도박장소를 개설함으로써 성립하는 것으로서 도박죄와는 별개의 독립된 범죄이고, '도박'이라 함은 참여한 당사자가 재물을 걸고 우연한 승부에 의하여 재물의 득실을 다투는 것을 의미하며, '영리의 목적'이란 도박개장의 대가로 불법한 재산상의 이익을 얻으려는 의사를 의미하는 것으로, 반드시 도박개장의 직접적 대가가 아니라 도박개장을 통하여 간접적으로 얻게 될 이익을 위한 경우에도 영리의 목적이 인정되고 또한 **현실적으로 그 이익을 얻었을 것을 요하지는 않는다**(대판 2008.10.23, 2008도3970 **PC방 아마존게임 사건**). 11. 사법시험·법원직 9급, 12. 경찰채용, 15. 경찰간부

2 도박개장죄는 영리의 목적으로 도박을 개장하면 기수에 이르고 현실로 도박이 행하여졌음은 묻지 않는바, 영리의 목적으로 인터넷 도박게임 사이트를 개설하여 운영하는 경우, 현실적으로 게임이용자들로부터 돈을 받고 게임머니를 제공하고 게임이용자들이 도박게임 사이트에 접속하여 도박을 하여, 게임으로 획득한 게임머니를 현금으로 환전해 주는 방법 등으로 **게임이용자들과 게임회사 사이에 있어서 재물이 오고갈 수 있는 상태에 있으면 게임이용자가 도박게임 사이트에 접속하여 실제 게임을 하였는지 여부와 관계없이 도박개장죄의 기수에 이른다**(대판 2009.12.10, 2008도5282 **머니머니썬 PC방 사건**). 11. 법원직 9급, 11·12·16. 경찰승진, 13. 변호사, 13·14. 경찰간부

3 피고인이 단순히 가맹점만을 모집한 상태에서 도박게임 프로그램을 시험가동한 정도에 그친 것이 아니라, **가맹점을 모집하여 인터넷 도박게임이 가능하도록 시설 등을 설치하고** 도박게임 프로그램을 가동하던 중 문제가 발생하여 더 이상의 영업으로 나아가지 못한 것으로 볼 여지가 있다면 **이로써 도박개장죄는 이미 '기수'에 이르렀다고 볼 수 있고,** 나아가 피고인이 모집한 PC방의 업주들이 그곳을 찾은 이용자들에게 피고인이 개설한 도박게임 사이트에 접속하여 도박을 하게 한 사실이 없다고 하여 도박개장죄의 성립이 부정된다고 할 수 없다(대판 2009.12.10, 2008도5282 **머니머니썬 PC방 사건**). 11. 경찰승진, 11·12·13. 경찰채용, 15. 경찰간부

4 피고인이 **실내낚시터를** 운영하면서, 물고기 1,700여 마리를 구입하여 그중 600마리의 등지느러미에 1번부터 600번까지의 번호표를 달고 나머지는 번호표를 달지 않은 채 대형 수조에 넣고, 손님들로부터 시간당 3만원 내지 5만원의 요금을 받고 낚시를 하게 한 후, **손님들이 낚은 물고기에 부착된 번호가 시상번호와 일치하는 경우 손님들에게 5천원 내지 3백만원 상당의 문화상품권이나 주유상품권을 지급하는 방식으로 영업한 경우,** 손님들이 내는 입장료는 낚시터에 입장하기 위한 대가로서의 성격과 경품을 타기 위해 미리 거는 금품으로서의 성격을 아울러 지니고 있다고 볼 수 있고, 손님들에게 경품을 제공하기로 한 것은 '재물을 거는 행위'로 볼 수 있으므로 피고인은 영리의 목적으로 도박장소인 낚시터를 개설하였다고 봄이 상당하다(대판 2009.2.26, 2008도10582 **경품낚시터 사건**). 11. 경찰승진, 12. 경찰채용, 14. 경찰간부·국가직 9급

5 피고인이 성인PC방에서 손님들을 상대로 도박에 사용되는 손님 아이디로 현금을 충전해 주고, **현금을 충전받은 손님들이 이를 이용해 게임머니를 구입하여 '아마존' 도박게임을 이용하게 하고, 게임종료 후 남은 게임머니를 환전 사이트에서 환전을 받게 하며,** 손님들이 게임머니를 구입한 금액의 5%를 수수료 명목으로 지급받아 이익을 취한 경우 **도박개장죄가 성립한다**(대판 2008.10.23, 2008도3970 **PC방 아마존게임 사건**). 14. 경찰간부

6 피고인들이 인터넷 고스톱게임 사이트를 유료로 전환하는 과정에서 사이트를 홍보하기 위하여 고스톱대회를 개최하여, 참가자들로부터 참가비 합계 387만원의 수입을 얻고 대회 입상자에 대한 상금으로 420만원을 지출한 경우, 비록 고스톱대회를 개최하게 된 직접적인 목적이 인터넷 사이트를 유료로 전환하는 과정에서 홍보를 위한 것이었고 고스톱대회를 개최한 결과 이득을 보지 못하고 오히려 손해를 보았다고 하더라도, 피고인들로서는 인터넷 사이트를 홍보함으로써 궁극적으로는 사이트의 유료 수입을 극대화하려는 목적으로 고스톱대회를 개최한 것이고 또한 피고인들이 고스톱대회를 개최한 결과 손해를 보았다는 사정은 대회 참가자의 수가 적었다는 우연한 사정으로 발생한 것에 불과하므로 **피고인들에게 있어서 '영리의 목적'은 인정되므로 도박개장죄가 성립한다**(대판 2002.4.12, 2001도5802 **고스톱대회 사건**). 13. 경찰채용, 18. 경찰간부

03 복표발매 등 죄

형법

제248조 【복표의 발매 등】 ① 법령에 의하지 아니한 복표를 발매한 사람은 5년 이하의 징역 또는 3천만원 이하의 벌금에 처한다.
② 제1항의 복표발매를 중개한 사람은 3년 이하의 징역 또는 2천만원 이하의 벌금에 처한다.
③ 제1항의 복표를 취득한 사람은 1천만원 이하의 벌금에 처한다.

신앙에 관한 죄

01 장례식 등 방해죄

> **형법**
>
> 제158조【장례식 등의 방해】 장례식, 제사, 예배 또는 **설교**를 방해한 자는 3년 이하의 징역 또는 500만원 이하의 벌금에 처한다.

> **⚖ 판례 | 장례식 등 방해죄가 성립하지 않는 경우**
>
> 1 피고인이 경복궁 앞뜰에서 열린 노무현 전대통령의 국민장 영결식장에서 **헌화하던 이명박 대통령 부부를 향해 "사죄하라, 어디서 분향을 하느냐."라고 크게 소리친 경우라도**, 주위의 경호원들이 곧바로 제압함으로써 피고인이 걸음을 몇 발짝 옮기고 짧게 소리를 지르는 외에 별다른 행동을 하지 못하였고, 이명박 대통령은 피고인이 소리를 지르자 잠깐 그쪽을 바라보기만 하였을 뿐 어떤 동요가 있었다고 보이지 않고, 나아가 **그로 인해 헌화 등 장례절차의 진행에 지장이 초래될 만한 상황은 일어나지 않았다면 장례식방해죄는 성립하지 아니한다**(대판 2013.2.14, 2010도13450 **노무현 전 대통령 영결식 소란 사건**).
>
> 2 **교회의 교인이었던 사람이 교인들의 총유인 교회 현판, 나무십자가 등을 떼어 내고 예배당 건물에 들어가 출입문 자물쇠를 교체하여 7개월 동안 교인들의 출입을 막은 경우**, 장기간 예배당 건물의 출입을 통제한 위 행위는 교인들의 예배 내지 그와 밀접불가분의 관계에 있는 준비단계를 계속하여 방해한 것으로 볼 수 없어 **예배방해죄가 성립하지 않는다**(대판 2008.2.1, 2007도5296 **풍성교회 사건**). 11. 경찰승진, 16·18. 경찰간부

02 시체 등 오욕죄

> **형법**
>
> 제159조【시체 등의 오욕】 시체, 유골 또는 유발을 오욕한 자는 2년 이하의 징역 또는 500만원 이하의 벌금에 처한다.

03 분묘발굴죄

> **형법**
>
> 제160조【분묘의 발굴】 분묘를 발굴한 자는 5년 이하의 징역에 처한다.

04 시체유기 등 죄

형법

제161조 【시체 등의 유기 등】 ① 시체, 유골, 유발 또는 관 속에 넣어 둔 물건을 손괴, 유기, 은닉 또는 영득한 자는 7년 이하의 징역에 처한다.

② 분묘를 발굴하여 제1항의 죄를 지은 자는 10년 이하의 징역에 처한다.

⚖ 판례 | 시체은닉죄 관련 판례

1 '사체은닉'이라 함은 사체의 발견을 불가능 또는 심히 곤란하게 하는 것을 구성요건으로 하고 있으나 살인·강도살인 등의 목적으로 사람을 살해한 자가 그 살해의 목적을 수행함에 있어 사후 사체의 발견이 불가능 또는 심히 곤란하게 하려는 의사로 인적이 드문 장소로 피해자를 유인하거나 실신한 피해자를 끌고 가서 그 곳에서 살해하고 사체를 그대로 둔 채 도주한 경우에는 비록 결과적으로 사체의 발견이 현저하게 곤란을 받게 되는 사정이 있다 하더라도 **별도로 사체은닉죄가 성립되지 아니한다**(대판 1986.6.24, 86도891 **만경산 강도살인 사건**). 12. 변호사, 12·15. 법원행시, 13. 경찰간부

2 피고인이 관리하는 과수원에서 노무자로서 종사하던 자가 자살한 경우에 비록 법률상 또는 계약상의 의무는 아니라 할지라도 의당 관할관서에의 신고 또는 그 유가족에의 통보 연락 등 상당한 조처를 취하였어야 할 조리상의 의무를 기대할 수 있는 것인 바, 피고인이 이에 반하여 **임의로 사체를 지하에 매몰한 행위는 사체유기죄가 성립한다**(대판 1961.1.18, 60도859). 13. 경찰간부

3 범행을 은폐할 목적으로 피해자의 시신을 화장하였더라도 **일반 화장절차에 따라 장제의 의례를 갖추었다면** 사체유기죄가 성립하지 않는다(대판 1998.3.10, 98도51). 18. 경찰채용

---

05 변사체검시방해죄

형법

제163조 【변사체검시방해】 **변사자**의 시체 또는 **변사로 의심되는 시체**를 은닉 또는 변경하거나 그 밖의 방법으로 검시를 방해한 자는 700만원 이하의 벌금에 처한다.

⚖ 판례 | 변사체검시방해죄 관련 판례

범죄로 인하여 사망한 것이 명백한 자의 사체는 같은 법조 소정의 변사체검시방해죄의 객체가 될 수 없다(대판 2003.6.27, 2003도1331). 18. 경찰간부

police.Hackers.com

2024 해커스경찰
갓대환 형사법 핵심요약집
형법

제3편

국가적 법익에 대한 죄

제1장 ㅣ 국가의 존립과 권위에 대한 죄
제2장 ㅣ 국가의 기능에 대한 죄

제1장 국가의 존립과 권위에 대한 죄

제1절 내란의 죄

01 내란죄

> **형법**
>
> 제87조 【내란】 대한민국 영토의 전부 또는 일부에서 국가권력을 배제하거나 국헌을 문란하게 할 목적으로 폭동을 일으킨 자는 다음 각 호의 구분에 따라 처벌한다.
> 1. 우두머리는 사형, 무기징역 또는 무기금고에 처한다.
> 2. 모의에 참여하거나 지휘하거나 그 밖의 중요한 임무에 종사한 자는 사형, 무기 또는 5년 이상의 징역이나 금고에 처한다. 살상, 파괴 또는 약탈 행위를 실행한 자도 같다.
> 3. 부화수행(附和隨行)하거나 단순히 폭동에만 관여한 자는 5년 이하의 징역 또는 금고에 처한다.
>
> 제91조 【국헌문란의 정의】 본장에서 국헌을 문란할 목적이라 함은 다음 각 호의 1에 해당함을 말한다.
> 1. 헌법 또는 법률에 정한 절차에 의하지 아니하고 헌법 또는 법률의 기능을 소멸시키는 것
> 2. 헌법에 의하여 설치된 국가기관을 강압에 의하여 전복 또는 그 권능행사를 불가능하게 하는 것

02 내란목적살인죄

> **형법**
>
> 제88조 【내란목적의 살인】 대한민국 영토의 전부 또는 일부에서 국가권력을 배제하거나 국헌을 문란하게 할 목적으로 사람을 살해한 자는 사형, 무기징역 또는 무기금고에 처한다.

> **⚖ 판례 | 내란죄 관련 판례**
>
> **1** 내란선동죄에 있어 '국헌문란의 목적'은 범죄 성립을 위하여 고의 외에 요구되는 초과주관적 위법요소로서 엄격한 증명사항에 속하나 **확정적 인식임을 요하지 아니하며, 다만 미필적 인식이 있으면 족하다**[대판 2015.1.22, 2014도10978(전합) **이석기 의원 사건**]. 14·20. 법원행시, 18. 경찰간부
>
> **2** **국헌문란의 목적**을 가지고 있었는지 여부는 외부적으로 드러난 행위와 그 행위에 이르게 된 경위 및 그 행위의 결과 등을 **종합하여 판단하여야 한다**[대판 1997.4.17, 96도3376(전합) **신군부 내란 사건**]. 13. 경찰간부
>
> **3** 내란죄의 구성요건인 **폭동의 내용으로서의 폭행 또는 협박**은 일체의 유형력의 행사나 외포심을 생기게 하는 해악의 고지를 의미하는 **최광의의 폭행·협박을 말하는 것으로서** 이를 준비하거나 보조하는 행위를 전체적으로 파악한 개념이며, 그 정도가 한 지방의 평온을 해할 정도의 위력이 있음을 요한다[대판 2015.1.22, 2014도10978(전합) **이석기 의원 사건**]. 12·13. 경찰간부

4 내란죄의 주체는 국토를 참절하거나 국헌을 문란할 목적을 이룰 수 있을 정도로 조직화된 집단으로서 다수의 자이어야 하고, 그 역할도 수괴, 중요한 임무에 종사한 자, 부화수행한 자 등으로 나뉜다. 또한, 실행행위인 **폭동행위는 살상, 파괴, 약탈, 단순 폭동 등 여러 가지 폭력행위가 혼합되어 있고, 그 정도가 한 지방의 평온을 해할 정도의 위력이 있음을 요한다**[대판 2015.1.22, 2014도10978(전합) **이석기 의원 사건**].

5 내란의 실행과정에서 폭동행위에 수반하여 개별적으로 발생한 살인행위는 내란행위의 한 구성요소를 이루는 것이므로 내란행위에 흡수되어 내란목적살인의 별죄를 구성하지 아니하나, 특정인 또는 일정한 범위 내의 한정된 집단에 대한 살해가 내란의 와중에 폭동에 수반하여 일어난 것이 아니라 그것 자체가 의도적으로 실행된 경우에는 이러한 살인행위는 내란에 흡수될 수 없고 내란목적살인의 별죄를 구성한다[대판 1997.4.17, 96도3376(전합) **신군부 내란 사건**]. 12. 경찰간부, 14·16. 법원행시

6 내란죄는 국토를 참절하거나 국헌을 문란할 목적으로 폭동한 행위로서, **다수인이 결합하여 위와 같은 목적으로 한 지방의 평온을 해할 정도의 폭행·협박행위를 하면 기수가 되고,** 그 목적의 달성 여부는 이와 무관한 것으로 해석되므로, 다수인이 한 지방의 평온을 해할 정도의 폭동을 하였을 때 이미 내란의 구성요건은 완전히 충족된다고 할 것이어서 상태범으로 봄이 상당하다[대판 1997.4.17, 96도3376(전합) **신군부 내란 사건**]. 12·13. 경찰간부, 14. 변호사, 14·20. 국가직 9급, 14·16. 법원행시

7 [1] 음모는 실행의 착수 이전에 2인 이상의 자 사이에 성립한 범죄실행의 합의로서, 합의 자체는 행위로 표출되지 않은 합의당사자들 사이의 의사표시에 불과한 만큼 실행행위로서의 정형이 없고, 따라서 합의의 모습 및 구체성의 정도도 매우 다양하게 나타날 수밖에 없다. 그런데 어떤 범죄를 실행하기로 막연하게 합의한 경우나 특정한 범죄와 관련하여 단순히 의견을 교환한 경우까지 모두 범죄실행의 합의가 있는 것으로 보아 음모죄가 성립한다고 한다면 음모죄의 성립범위가 과도하게 확대되어 국민의 기본권인 사상과 표현의 자유가 위축되거나 그 본질이 침해되는 등 죄형법정주의 원칙이 형해화될 우려가 있으므로, 음모죄의 성립범위도 이러한 확대해석의 위험성을 고려하여 엄격하게 제한하여야 한다. [2] 내란음모죄에 해당하는 합의가 있다고 하기 위해서는 단순히 내란에 관한 범죄결심을 외부에 표시·전달하는 것만으로는 부족하고 객관적으로 내란범죄의 실행을 위한 합의라는 것이 명백히 인정되고, 그러한 합의에 실질적인 위험성이 인정되어야 한다[대판 2015.1.22, 2014도10978(전합) **이석기 의원 사건**]. 16. 경찰채용·경찰간부, 16·20. 법원행시, 17. 법원직 9급

8 [1] 내란선동죄는 내란이 실행되는 것을 목표로 선동함으로써 성립하는 독립한 범죄이고, 선동으로 말미암아 피선동자들에게 반드시 범죄의 결의가 발생할 것을 요건으로 하지 않는다. [2] **내란선동이라 함은** 내란이 실행되는 것을 목표로 하여 **피선동자들에게 내란행위를 결의·실행하도록 충동하고 격려하는 일체의 행위를 말한다.** 내란을 실행시킬 목표를 가지고 있다 하여도 단순히 특정한 정치적 사상이나 추상적인 원리를 옹호하거나 교시하는 것만으로는 내란선동이 될 수 없고, **그 내용이 내란에 이를 수 있을 정도의 폭력적인 행위를 선동하는 것이어야 하고,** 나아가 피선동자의 구성 및 성향, 선동자와 피선동자의 관계 등에 비추어 **피선동자에게 내란 결의를 유발하거나 증대시킬 위험성이 인정되어야만 내란선동으로 볼 수 있다**[대판 2015.1.22, 2014도10978(전합) **이석기 의원 사건**]. 16·20. 법원행시, 17. 법원직 9급

외환의 죄

01 외환유치죄

> **형법**
>
> 제92조【외환유치】 외국과 통모하여 대한민국에 대하여 전단을 열게 하거나 외국인과 통모하여 대한민국에 항적한 자는 사형 또는 무기징역에 처한다.

02 여적죄

> **형법**
>
> 제93조【여적】 적국과 합세하여 대한민국에 항적한 자는 **사형**에 처한다.

03 모병이적죄

> **형법**
>
> 제94조【모병이적】 ① 적국을 위하여 모병한 자는 사형 또는 무기징역에 처한다.
>   ② 전항의 모병에 응한 자는 무기 또는 5년 이상의 징역에 처한다.

04 시설제공이적죄

> **형법**
>
> 제95조【시설제공이적】 ① 군대, 요새, 진영 또는 군용에 공하는 선박이나 항공기 기타 장소, 설비 또는 건조물을 적국에 제공한 자는 사형 또는 무기징역에 처한다.
>   ② 병기 또는 탄약 기타 군용에 공하는 물건을 적국에 제공한 자도 전항의 형과 같다.

05 시설파괴이적죄

> **형법**
>
> 제96조【시설파괴이적】 적국을 위하여 전조에 기재한 군용시설 기타 물건을 파괴하거나 사용할 수 없게 한 자는 사형 또는 무기징역에 처한다.

06 물건제공이적죄

> **형법**
>
> 제97조 【물건제공이적】 군용에 공하지 아니하는 병기, 탄약 또는 전투용에 공할 수 있는 물건을 적국에 제공한 자는 무기 또는 5년 이상의 징역에 처한다.

07 간첩죄

> **형법**
>
> 제98조 【간첩】 ① 적국을 위하여 **간첩**하거나 적국의 **간첩을 방조**한 자는 사형, 무기 또는 7년 이상의 징역에 처한다.
> ② **군사상의 기밀**을 적국에 누설한 자도 전항의 형과 같다.

⚖️ 판례 | 간첩죄 관련 판례

1 국가보안법 제4조 제1항 제2호 나목에 규정된 **'국가기밀'**은 그 기밀이 정치, 경제, 사회, 문화 등 각 방면에서 **반국가단체에 대하여 비밀로 하거나 확인되지 아니함이 대한민국의 이익이 되는 모든 사실, 물건 또는 지식으로서, 그것들이 국내에서 적법한 절차 등을 거쳐 이미 일반인에게 널리 알려진 공지의 사실, 물건 또는 지식에 속하지 아니한 것이어야 하고, 또 그 내용이 누설되는 경우 국가의 안전에 위험을 초래할 우려가 있어 기밀로 보호할 실질가치를 갖춘 것이어야 한다**(대판 2013.7.26, 2013도2511 왕재산 간첩단 사건). 12. 경찰간부

2 형법 제98조 제1항에서 **간첩이라 함**은 적국에 제보하기 위하여 은밀한 방법으로 우리나라의 군사상은 물론 정치, 경제, 사회, 문화, 사상 등 **기밀에 속한 사항 또는 도서·물건을 탐지·수집하는 것을 말한다**[대판 2011.1.20, 2008재도11(전합) 진보당 조봉암 재심 사건]. 13. 경찰간부

3 형법 제98조 제1항의 **간첩이라 함은 적국을 위하여 적국의 지령사주 기타 의사의 연락하에 군사상 기밀사항 또는 도서물건을 탐지·모집하는 것을 의미하는 것**이므로 북괴의 지령사주 기타의 의사의 연락 없이 단편적으로 지득하였던 군사상의 기밀사항을 북괴에 납북된 상태하에서 제보한 행위는 간첩죄에 해당하지 아니하고, 다만 반공법 제4조 제1항 소정의 반국가단체를 이롭게 하는 행위에 해당한다(대판 1975.9.23, 75도1773). 12. 경찰간부, 13. 경찰채용

4 간첩방조죄는 정범인 간첩죄와 대등한 독립죄로서 간첩죄와 동일한 법정형으로 처단하게 되어 있어 형법 총칙 제32조 소정의 감경대상이 되는 종범과는 그 실질이 달라 종범감경을 할 수 없다(대판 1986.9.23, 86도1429 학원침투간첩단 사건). 13·18. 경찰간부, 17. 법원행시

5 단순히 숙식을 제공한다거나 또는 무전기를 매몰하는 행위를 도와주었다거나 하는 사실만으로서는 간첩방조죄가 성립할 수 없다(대판 1986.2.25, 85도2533). 13. 경찰간부, 14. 법원직 9급, 16. 사법시험

6 **직무에 관하여** 군사상 기밀을 지득한 자가 이를 적국에 누설한 경우에는 **형법 제98조 제2항에**, **직무와 관계 없이** 지득한 군사상 기밀을 적국에 누설한 경우에는 **형법 제99조에 각 해당한다**(대판 1982.11.23, 82도2201 유학 위장간첩 사건). 13. 경찰채용

7 간첩의 목적으로 외국 또는 북한에서 국내에 침투 또는 월남하는 경우에는 기밀탐지가 가능한 국내에 침투 상륙함으로써 간첩죄의 실행의 착수가 있다고 할 것이다(대판 1984.9.11, 84도1381 **간첩 하원차량 사건**). 11. 국가직 7급, 14. 법원행시, 15. 경찰승진, 18. 경찰간부

8 간첩행위는 기밀에 속한 사항 또는 도서·물건을 탐지·수집한 때에 기수가 되는 것이므로 간첩이 이미 탐지·수집하여 지득하고 있는 사항을 타인에게 보고·누설하는 행위는 간첩의 사후행위로서 간첩행위 자체라고 할 수 없다[대판 2011.1.20, 2008재도11(전합) **진보당 조봉암 재심 사건**]. 11. 사법시험, 13. 경찰채용·경찰간부, 14. 법원행시·법원직 9급

08 일반이적죄

> **형법**
>
> 제99조【일반이적】전 7조에 기재한 이외에 대한민국의 군사상 이익을 해하거나 적국에 군사상 이익을 공여한 자는 무기 또는 3년 이상의 징역에 처한다.

09 전시군수계약불이행죄

> **형법**
>
> 제103조【전시군수계약불이행】① 전쟁 또는 사변에 있어서 정당한 이유 없이 정부에 대한 군수품 또는 군용공작물에 관한 계약을 이행하지 아니한 자는 10년 이하의 징역에 처한다.
> ② 전항의 계약이행을 방해한 자도 전항의 형과 같다.

제3절 국기에 관한 죄

01 국기·국장모독죄

> **형법**
>
> 제105조【국기·국장의 모독】대한민국을 모욕할 목적으로 국기 또는 국장을 손상, 제거 또는 오욕한 자는 5년 이하의 징역이나 금고, 10년 이하의 자격정지 또는 700만원 이하의 벌금에 처한다.

02 국기·국장비방죄

> **형법**
>
> 제106조【국기·국장의 비방】전조의 목적으로 국기 또는 국장을 비방한 자는 1년 이하의 징역이나 금고, 5년 이하의 자격정지 또는 200만원 이하의 벌금에 처한다.

제4절 국교에 관한 죄

01 외국원수폭행 등 죄

> **형법**
>
> 제107조【외국원수에 대한 폭행 등】① 대한민국에 체재하는 **외국의 원수**에 대하여 **폭행** 또는 **협박**을 가한 자는 7년 이하의 징역이나 금고에 처한다.
> ② 전항의 **외국원수**에 대하여 **모욕**을 가하거나 **명예를 훼손**한 자는 5년 이하의 징역이나 금고에 처한다.

02 외국사절폭행 등 죄

> **형법**
>
> 제108조【외국사절에 대한 폭행 등】① 대한민국에 파견된 **외국사절**에 대하여 **폭행** 또는 **협박**을 가한 자는 5년 이하의 징역이나 금고에 처한다.
> ② 전항의 **외국사절**에 대하여 **모욕**을 가하거나 **명예를 훼손**한 자는 3년 이하의 징역이나 금고에 처한다.

> **⚖️ 판례 | 외국사절폭행죄 관련 판례**
>
> 외국사절의 숙소 앞에서 시위를 벌이다가 숙소에서 나오던 외국사절을 태운 승용차를 발견하고 5m도 되지 않는 거리에서 위 승용차를 향하여 연이어 계란 4개를 던져 그중 2개를 위 **승용차 운전석 유리창 및 본넷트에 맞힌 행위**는 외국사절 폭행죄에서의 폭행에 해당한다(대판 2003.7.11, 2003도1800). 12·18. 법원행시

03 외국국기·국장모독죄

> **형법**
>
> 제109조【외국의 국기·국장의 모독】외국을 모욕할 목적으로 그 나라의 공용에 공하는 국기 또는 국장을 손상, 제거 또는 오욕한 자는 2년 이하의 징역이나 금고 또는 300만원 이하의 벌금에 처한다.

04 외국에 대한 사전죄

> **형법**
>
> 제111조【외국에 대한 사전】 ① 외국에 대하여 사전(私戰)한 자는 1년 이상의 유기징역에 처한다.

05 중립명령위반죄

> **형법**
>
> 제112조【중립명령 위반】 외국간의 교전에 있어서 중립에 관한 명령에 위반한 자는 3년 이하의 금고 또는 500만원 이하의 벌금에 처한다.

06 외교상기밀누설죄

> **형법**
>
> 제113조【외교상 기밀의 누설】 ① **외교상의 기밀을 누설**한 자는 5년 이하의 징역 또는 1천만원 이하의 벌금에 처한다.
> ② 누설할 목적으로 외교상의 기밀을 탐지 또는 수집한 자도 전항의 형과 같다.

제2장 국가의 기능에 대한 죄

제1절 공무원의 직무에 관한 죄 I

01 직무유기죄

> **형법**
>
> 제122조 【직무유기】 공무원이 정당한 이유 없이 그 **직무수행을 거부**하거나 그 **직무를 유기**한 때에는 1년 이하의 징역이나 금고 또는 3년 이하의 자격정지에 처한다.

⚖️ 판례 | 직무유기죄의 성립요건 등

1 직무유기죄는 구체적으로 그 직무를 수행하여야 할 작위의무가 있는데도 불구하고 이러한 직무를 저버린다는 인식하에 그 작위의무를 수행하지 아니함으로써 성립한다(대판 2010.1.14, 2009도9963 **평창 보전산지 ➡ 준보전산지 사건**). 11. 법원행시, 14. 경찰승진

2 직무유기죄에서 **'직무를 유기한 때'라 함은 공무원이 직장의 무단이탈, 직무의 의식적인 포기 등과 같이** 그것이 국가의 기능을 저해하며 국민에게 피해를 야기시킬 가능성이 있는 경우를 말한다(대판 2010.1.14, 2009도9963 **평창 보전산지 ➡ 준보전산지 사건**). 15. 국가직 9급

3 공무원이 태만·분망 또는 착각 등으로 인하여 **직무를 성실히 수행하지 아니한 경우나** 형식적으로 또는 소홀히 직무를 수행한 탓으로 적절한 직무수행에 이르지 못한 것에 불과한 경우에는 직무유기죄는 성립하지 **아니한다**(대판 2014.4.10, 2013도229 **전북교육감 사건**). 15. 국가직 9급, 18. 경찰간부

4 **직무집행의 의사로 자신의 직무를 수행한 경우에는** 그 직무집행의 내용이 위법한 것으로 평가된다는 점만으로 **직무유기죄의 성립을 인정할 것은 아니다**(대판 2014.4.10, 2013도229 **전북교육감 사건**). 12·18. 법원직 9급, 15. 국가직 9급, 20. 경찰채용

5 직무유기죄는 그 직무를 수행하여야 하는 작위의무의 존재와 그에 대한 위반을 전제로 하고 있는바, 그 작위의무를 수행하지 아니함으로써 구성요건에 해당하는 사실이 있었고 그 후에도 계속하여 그 작위의무를 수행하지 아니하는 위법한 부작위상태가 계속되는 한 가벌적 위법상태는 계속 존재하고 있다고 할 것이며 형법 제122조 후단은 이를 전체적으로 보아 일죄로 처벌하는 취지로 해석되므로 이를 즉시범이라고 할 수 없다 (대판 1997.8.29, 97도675 **교통사고 미입건 사건**). ➡ 직무유기죄는 즉시범이 아니라 계속범으로 공무원이 같은 사안에 관하여 여러 차례에 직무를 유기하더라도 포괄하여 일죄만 성립한다는 취지의 판례이다. 20. 국가직 9급·법원행시·변호사, 21. 경찰간부

6 **무단이탈로 인한 직무유기죄 성립 여부는** 결근 사유와 기간, 담당하는 직무의 내용과 적시 수행 필요성, 결근으로 직무 수행이 불가능한지, 결근 기간에 국가기능의 저해에 대한 구체적인 위험이 발생하였는지 등을 **종합적으로 고려하여 신중하게 판단해야 한다.** 특히 근무기간을 정하여 임용된 공무원의 경우에는 근무기간 안에 특정 직무를 마쳐야 하는 특별한 사정이 있는지 등을 고려할 필요가 있다(대판 2022.6.22, 2021도8361 **중학교 기간제 교원 결근사건**). 23. 법원행시

직무유기죄가 성립하는 경우	직무유기죄가 성립하지 않는 경우
① 사법경찰관리도 검사의 지휘를 받아 벌금미납자에 대한 노역장유치의 집행을 위하여 형집행장의 집행 등을 할 권한이 있으므로 이 경우 벌금미납자에 대한 검거는 사법경찰관리의 직무범위에 속한다. 경찰관인 피고인 甲이 벌금미납자로 지명수배되어 있던 乙을 세 차례에 걸쳐 만나고도 그를 검거하여 검찰청에 신병을 인계하는 등의 필요한 조치를 취하지 않은 경우 직무유기죄가 성립한다(대판 2011. 9.8, 2009도13371 **지명수배자 미검거 사건**). 14. 경찰승진, 15. 경찰채용, 20. 해경채용	① [1] 교육기관·교육행정기관·지방자치단체 또는 교육연구기관의 장이 징계의결을 집행하지 못할 법률상·사실상의 장애가 없는데도 징계의결서를 통보받은 날로부터 법정시한이 지나도록 집행을 유보하는 모든 경우에 직무유기죄가 성립하는 것은 아니고, 그러한 유보가 직무에 관한 의식적인 방임이나 포기에 해당한다고 볼 수 있는 경우에 한하여 직무유기죄가 성립한다. [2] 시국선언에 참여한 교사들에 대한 형사재판의 진행 경과 및 시국선언 참여 행위의 정당성 여부에 관한 찬반양론이 대립하였고, 전임 교육감이 재직 당시 교사들에 대한 징계의결의 집행 유보를 선언하였던 사정 등이 있어, 전라북도 교육감인 피고인이 교사 시국선언에 적극 참여한 전라북도 소속 3명의 교사에 대한 징계의결서의 통보를 받고도 법정시한이 지나도록 징계를 유보한 행위를 직무의 의식적인 방임이나 포기로 볼 수 없다(대판 2014.4.10, 2013도229 **전북교육감 사건**). 15. 경찰채용·법원행시·국가직 9급
② 피고인들을 비롯한 경찰관들이 현행범으로 체포한 도박혐의자 17명에 대해 현행범인체포서 대신에 임의동행동의서를 작성하게 하고, **그나마 제대로 조사도 하지 않은 채 석방하였으며,** 현행범인 석방사실을 검사에게 보고도 하지 않았고, 석방일시·사유를 기재한 서면을 작성하여 기록에 편철하지도 않았으며, 압수한 일부 도박자금에 관하여 압수조서 및 목록도 작성하지 않은 채 검사의 지휘도 받지 않고 반환하였고, 일부 도박혐의자의 **명의도용사실과 도박 관련 범죄로 수회 처벌받은 전력을 확인하고서도 아무런 추가조사 없이 석방한 경우,** 이는 단순히 업무를 소홀히 수행한 것이 아니라 정당한 사유 없이 의도적으로 수사업무를 방임 내지 포기한 것이라고 봄이 상당하다(대판 2010.6.24, 2008도11226 **김해 도박단 봐주기 사건**). 12. 경찰간부·사법시험, 15. 법원행시	② 교도소 보안과 출정계장과 감독교사가 호송지휘관 및 감독교사로서 **호송교도관 5명을 지휘하여 재소자 25명을 전국의 각 교도소로 이감하는 호송업무를 수행함에 있어서,** 시간이 촉박하여 호송교도관들이 피호송자 개개인에 대하여 검신 등의 절차를 철저히 이행하지 아니한 채 호송하는 데도 호송교도관들에게 호송업무 등을 대강 지시한 후 구체적인 확인·감독을 하지 아니한 잘못으로 말미암아 피호송자들이 집단도주하는 결과가 발생한 경우, 출정계장과 감독교사가 성실하게 그 직무를 수행하지 아니하여 충근의무에 위반한 잘못은 인정되나 고의로 호송계호업무를 포기하거나 직무 또는 직장을 이탈한 것이라고는 볼 수 없으므로 직무유기죄를 구성하지 아니한다(대판 1991.6.11, 91도96 **지강헌 사건**). 12. 경찰간부
③ 파출소 부소장인 피고인 甲이 순찰 중이던 경찰관들에게 "지동시장 내 동북호프에 불법체류자가 있으니 출동하라."라는 무전지령을 하여 그들로 하여금 그곳에 있던 불법체류자 5명을 파출소로 연행해 오도록 하였음에도, 평소 친하게 지내오던 乙의 전화부탁을 받은 후 연행된 자들의 신병을 출입국관리사무소에 인계하거나 경찰서 외사계에 보고하지 않은 채, 근무일지에 단지 '손님 3명, 여자 2명을 조사한 바 꼬치구이 종업원으로 혐의점 없어 귀가시킴'이라고 허위의 사실을 기재하고 이들을 훈방한 경우 직무유기죄에 해당한다(대판 2008.2.14, 2005도4202 **불법체류 조선족 훈방 사건**). 11·14·15·16. 경찰승진, 12. 경찰간부, 14·15. 법원행시, 15. 경찰채용·국가직 9급	

④ 경찰관이 **여러 번 오토바이를 오토바이 상회운영자에게 보관시키고도** 경찰관 스스로 소유자를 찾아 반환하도록 처리하거나 상회운영자에게 반환 여부를 확인한 일이 전혀 없고, 상회운영자로부터 오토바이를 보내준 대가 또는 그 처분대가로 돈까지 지급받았다면, 경찰관의 이와 같은 행위는 상회운영자에게 그 습득물에 대한 임의적인 처분까지 용인한 것으로서 습득물 처리지침에 따른 직무를 의식적으로 방임 내지 포기하고 **정당한 사유 없이 직무를 수행하지 아니한 경우에 해당한다**(대판 2002.5.17, 2001도6170 **오토바이 무단처분 사건**). 12. 경찰간부, 12·16. 국가직 7급, 14. 법원행시, 15. 경찰채용, 16. 경찰승진

⑤ 학생군사교육단의 당직사관으로 주번근무를 하던 육군 중위가 당직근무를 함에 있어서 훈육관실에서 학군사관후보생 2명과 함께 술을 마시고 내무반에서 학군사관후보생 2명 및 애인 등과 함께 화투놀이를 한 다음, 애인과 함께 자고 난 뒤 교대할 당직근무자에게 당직근무의 인계·인수도 하지 아니한 채 퇴근하였다면 **직무유기죄가 성립된다**(대판 1990.12.21, 90도2425 **ROTC 당직사관 사건**). 16. 경찰승진

⑥ 공무원이 어떠한 위법사실을 발견하고도 직무상 의무에 따른 적절한 조치를 취하지 아니하고 위법사실을 적극적으로 은폐할 목적으로 허위공문서를 작성·행사한 경우에는 직무위배의 위법상태는 허위공문서작성 당시부터 그 속에 포함되는 것으로 작위범인 허위공문서작성, 동행사죄만이 성립하고 부작위범인 직무유기죄는 따로 성립하지 아니하나, 위 복명서 및 심사의견서를 허위작성한 것이 농지일시전용허가를 신청하자 이를 허가하여 주기 위하여 한 것이라면 직접적으로 농지불법전용 사실을 은폐하기 위하여 한 것은 아니므로 위 허위공문서작성, 동행사죄와 직무유기죄는 실체적 경합범의 관계에 있다(대판 1993.12.24, 92도3334 **농지불법전용 사건**).

⑦ 가축검사원으로 재직하는 공무원이 퇴근시 **소 계류장의 시정·봉인조치를 취하지 아니하고 그 관리를 도축장 직원에게 방치한 경우** 직무유기죄가 성립한다(대판 1990.5.25, 90도191 **가축검사원 사건**). 20. 해경간부

③ 공무원이 **어떠한 위법사실을 발견하고도 직무상 의무에 따른 적절한 조치를 취하지 아니하고 위법사실을 적극적으로 은폐할 목적으로 허위공문서를 작성·행사한 경우**에는 직무위배의 위법상태는 허위공문서 작성 당시부터 그 속에 포함되는 것으로 작위범인 허위공문서작성 및 그 행사죄만이 성립하고 부작위범인 직무유기죄는 따로 성립하지 아니한다(대판 2010.6.24, 2008도11226 **김해 도박단 봐주기 사건**). 13. 경찰채용, 15. 법원행시·국가직 9급, 16. 법원직 9급, 21. 경찰간부

④ 경찰서 방범과장이 부하직원으로부터 음반·비디오물 및 게임물에 관한 법률 위반 혐의로 오락실을 단속하여 증거물로 오락기의 변조기판을 압수하여 보관 중임을 보고받았음에도, 압수물을 수사계에 인계하고 검찰에 송치하여 범죄 혐의의 입증에 사용하도록 하는 등의 적절한 조치를 취하지 않고, 오히려 부하직원에게 압수한 변조기판을 돌려주라고 지시하여 오락실업주에게 이를 돌려준 경우, 작위범인 증거인멸죄만이 성립하고 부작위범인 직무유기(거부)죄는 따로 성립하지 아니한다[대판 2006.10.19, 2005도3909(전합) **변조기판 환부 사건**]. 11. 경찰채용, 11·12·20. 법원직 9급, 11·14·15. 법원행시, 12. 경찰간부, 14. 경찰승진, 15. 변호사, 20. 국가직 7급

⑤ 보령경찰서 형사인 피고인 甲이 검사로부터 乙을 검거하라는 지시를 받고서도 乙에게 전화를 걸어 "형사들이 나갔으니 무조건 튀어라."라고 도피를 권유하여 그를 도피하게 한 경우, 직무위배의 위법상태가 범인도피행위 속에 포함되어 있는 것으로 보아야 하므로 작위범인 범인도피죄만이 성립하고 부작위범인 직무유기죄는 따로 성립하지 아니한다(대판 1996.5.10, 96도51 **무조건 튀어라 사건**). 11. 경찰승진·국가직 9급, 11·17. 경찰채용, 14. 법원행시, 15. 사법시험

⑥ 예비군 중대장이 **예비군대원의 훈련불참사실을 고의로 은폐할 목적으로 당해 예비군대원이 훈련에 참석한 양 허위내용의 학급편성명부를 작성·행사**하였다면, 직무위배의 위법상태는 허위공문서작성 당시부터 그 속에 포함되어 있는 것이고 그 후 소속대대장에게 보고하지 아니하였다 하더라도 당초에 있었던 직무위배의 위법상태가 그대로 계속된 것에 불과하다고 보아야 하고, 별도의 직무유기죄가 성립하여 양죄가 실체적 경합범이 된다고 할 수 없다(대판 1982.12.28, 82도2210). 16. 경찰승진

직무유기죄가 성립하는 경우	직무유기죄가 성립하지 않는 경우
	⑦ 공무원이 신축건물에 대한 착공 및 준공검사를 마치고 관계서류를 작성함에 있어 그 허가조건 위배사실을 숨기기 위하여 허위의 복명서를 작성·행사하였을 경우에는 작위범인 허위공문서작성·동행사죄만이 성립하고 부작위범인 직무유기죄는 성립하지 아니한다(대판 1972.5.9, 72도722). 11. 경찰승진·사법시험
	⑧ 세무공무원이 범칙 사건을 수사하고 관계서류를 작성함에 있어 **그 혐의사실을 고의로 은폐하기 위하여 내용허위의 전말서나 진술조서 등을 작성하였다면 허위공문서작성 및 동행사죄만이 성립되고** 직무유기죄는 성립하지 않는다(대판 1971.8.31, 71도1176). 11. 경찰승진
	⑨ 피고인의 직속부하인 경찰관이 그 관내에서 총기를 무차별 난사하여 수십명을 헤아리는 사상자가 발생하는 미증유의 사태에서 피고인이 망연자실하여 거의 정상적인 사고력을 잃은 정도였고, **피고인이 궁유지서에 도착한 당일 01:30경은 이미 범인이 총기 난사를 끝내고 은신하고 있을 때라는** 사실 등에 비추어 보면, 특수범 진압조직으로 대처하지 않았다는 점 등 피고인의 대응조치가 적절하지 못하였다는 사정만으로서는 형법상 직무유기죄가 성립한다고 볼 수 없다(대판 1983.1.18, 82도2624 **우범곤순경 사건**). 20. 해경간부

02 직권남용죄

> **형법**
>
> 제123조 【직권남용】 공무원이 **직권을 남용**하여 사람으로 하여금 **의무 없는 일을 하게 하거나** 사람의 **권리행사를 방해**한 때에는 5년 이하의 징역, 10년 이하의 자격정지 또는 1천만원 이하의 벌금에 처한다.

⚖ 판례 | 직권남용죄(직권남용권리행사방해죄) 관련 판례

1 직권남용죄에서 '**직권남용**'이란 공무원이 그 일반적 권한에 속하는 사항에 관하여 그것을 불법하게 행사하는 것, 즉 형식적·외형적으로는 직무집행으로 보이나 실질적으로는 정당한 권한 외의 행위를 하는 경우를 의미하고, 공무원이 그의 일반적 권한에 속하지 않는 행위를 하는 경우인 지위를 이용한 불법행위와는 구별된다(대판 2014.12.24, 2012도4531 **해병대 사령관 음해 사건**). 12. 경찰승진·법원행시

2 직권남용죄에서 '**권리**'는 법률에 명기된 권리에 한하지 않고 법령상 보호되어야 할 이익이면 족한 것으로서 공법상의 권리인지 사법상의 권리인지를 묻지 않으므로, 경찰관의 범죄수사권도 직권남용죄에서 말하는 '권리'에 해당한다(대판 2010.1.28, 2008도7312). 11. 법원직 9급, 12. 경찰승진·법원행시, 18·21. 경찰간부, 20. 변호사

3 직권남용죄에서 말하는 '**의무**'란 법률상 의무를 가리키고, 단순한 심리적 의무감 또는 도덕적 의무는 이에 해당하지 아니한다(대판 2009.1.30, 2008도6950). 12. 경찰승진, 18. 경찰간부

4 직권남용죄에서 '**권리행사를 방해한다**'함은 법령상 행사할 수 있는 권리의 정당한 행사를 방해하는 것을 말한다고 할 것이므로 이에 해당하려면 구체화된 권리의 현실적인 행사가 방해된 경우라야 할 것이고, 따라서 공무원의 직권남용행위가 있었다 할지라도 현실적으로 권리행사의 방해라는 결과가 발생하지 아니하였다면 본죄의 기수를 인정할 수 없다(대판 2008.12.24, 2007도9287 **포항 폐기물처리장 부지 사건**). 12. 경찰승진·사법시험, 16. 경찰간부, 20. 법원직 9급·변호사

5 공무원이 자신의 직무권한에 속하는 사항에 관하여 실무 담당자로 하여금 직무집행을 보조하는 사실행위를 하도록 하더라도 직무집행의 기준과 절차가 법령에 구체적으로 명시되어 있고 실무 담당자에게도 직무집행의 기준을 적용하고 절차에 관여할 고유한 권한과 역할이 부여되어 있다면 **실무 담당자로 하여금 그러한 기준과 절차를 위반하여 직무집행을 보조하게 한 경우에는 '의무 없는 일을 하게 한 때'에 해당한다**(대판 2020.1.9, 2019도11698 **안태근 검찰국장 사건**). 20. 경찰채용

6 '**사람으로 하여금 의무 없는 일을 하게 한 것**'과 '**사람의 권리행사를 방해한 것**'은 형법 제123조가 규정하고 있는 객관적 구성요건요소인 '결과'로서 둘 중 어느 하나가 충족되면 직권남용권리행사방해죄가 성립한다. 이는 '공무원이 직권을 남용하여'와 구별되는 별개의 범죄성립요건이다. 따라서 공무원이 한 행위가 직권남용에 해당한다고 하여 그러한 이유만으로 상대방이 한 일이 '의무 없는 일'에 해당한다고 인정할 수는 없다. '의무 없는 일'에 해당하는지는 직권을 남용하였는지와 별도로 상대방이 그러한 일을 할 법령상 의무가 있는지를 살펴 개별적으로 판단하여야 한다. 직권을 남용한 행위가 위법하다는 이유로 곧바로 그에 따른 행위가 의무 없는 일이 된다고 인정하면 '의무 없는 일을 하게 한 때'라는 범죄성립요건의 독자성을 부정하는 결과가 되고, '권리행사를 방해한 때'의 경우와 비교하여 형평에도 어긋나게 된다[대판 2020.1.30, 2018도2236(전합) **블랙리스트 사건**]. 21. 경찰간부·국가직 9급

7 공무원이 한 행위가 직권남용에 해당한다고 하여 그러한 이유만으로 상대방이 한 일이 '의무 없는 일'에 해당한다고 인정할 수는 없다. '의무 없는 일'에 해당하는지는 직권을 남용하였는지와 별도로 상대방이 그러한 일을 할 법령상 의무가 있는지를 살펴 개별적으로 판단하여야 한다. 직권남용 행위의 상대방이 일반 사인인 경우 특별한 사정이 없는 한 직권에 대응하여 따라야 할 의무가 없으므로 그에게 어떠한 행위를 하게 하였다면 '의무 없는 일을 하게 한 때'에 해당할 수 있다(대판 2020.2.13, 2019도5186 **화이트리스트 사건**). 20. 법원행시, 21. 법원직 9급

8 공무원이 자신의 직무권한에 속하는 사항에 관하여 실무담당자로 하여금 그 직무집행을 보조하는 사실행위를 하도록 하더라도 이는 공무원 자신의 직무집행으로 귀결될 뿐이므로 원칙적으로 의무 없는 일을 하게 한 때에 해당한다고 할 수 없다(대판 2021.9.16, 2021도2748 **민정수석 사건**). 22. 법원직 9급

직권남용죄(직권남용권리행사방해죄)가 성립하는 경우	직권남용죄(직권남용권리행사방해죄)가 성립하지 않는 경우
① 시장인 피고인 甲이 행정과장 乙과 공동하여, 평정대상 공무원에 대한 평정단위별 서열명부가 작성되고 이에 따라 평정순위가 정해졌는데도 **평정권자나 실무담당자 등에게 특정 공무원들에 대한 평정순위 변경을 구체적으로 지시하여 평정단위별 서열명부를 새로 작성하도록 한 경우**, 이는 공무원이 일반적 직무권한에 속하는 사항에 관하여 직권을 남용하여 평정권자나 실무담당자 등으로 하여금 의무 없는 일을 하도록 한 것에 해당하여 **직권남용죄가 성립한다**(대판 2012.1.27, 2010도11884 **용인시 근평 조작 사건**). 14. 경찰간부	① 공무원이 직무와는 상관없이 단순히 개인적인 친분에 근거하여 문화예술 활동에 대한 지원을 권유하거나 협조를 의뢰한 것에 불과한 경우까지 직권남용에 해당한다고 할 수는 없으므로, 대통령비서실 정책실장인 피고인이 **임원들과 개인적 친분이 있는 기업체들에 대하여 기업 메세나(Mecenat) 활동의 일환인 미술관 전시회 후원을 요청한 행위는 직권남용죄에 해당하지 않는다**(대판 2009.1.30, 2008도6950). 12. 경찰간부
② 서울시 교육감인 피고인 甲이 **장학관 A에게 승진후보자명부상 3배수에 들지 않는 乙을 승진시키도록 지시하여,** A가 인사실무위원회에 참석하여 乙을 승진후보자로 추천하는 안건을 제안하는 식으로 **乙에 대한 승진인사가 발령되게 하고, 또 장학사 B·C에게 승진 및 자격연수대상이 될 수 없는 丙 등을 승진 및 자격연수 대상자가 되도록 지시하여,** B·C가 임의로 평정점을 조정하여 **丙 등을 승진 및 자격연수 대상자가 되도록 하게 한 경우** 甲의 이러한 행위는 정당한 권한행사를 넘어 직무의 행사에 가탁(假託)한 부당한 행위라고 할 것이고, 장학관이나 장학사로 하여금 법령상 의무 없는 일을 하게 한 것에 해당하여 **직권남용죄가 성립한다**(대판 2011.2.10, 2010도13766). 12. 사법시험	② 대검찰청 공안부장인 피고인이 고등학교 후배인 한국조폐공사 사장에게 공사의 쟁의행위 및 구조조정에 관하여 전화통화를 한 경우, 그것이 피고인의 일반적 직무권한에 속하는 사항이라고 볼 수 없어 직권남용죄는 성립하지 않는다(대판 2005.4.15, 2002도3453 **조폐공사 파업 유도 사건**). 12. 경찰간부
③ [1] 전(前) 경찰청장인 피고인 甲이 남대문경찰서장 乙과 공모하여 남대문경찰서의 수사를 중단시켜 A 등의 범죄수사에 관한 권리행사를 방해하고, 丙 등과 공모하여 광역수사대의 수사를 중단시키고 남대문경찰서에 이첩시킴으로써 B 등의 범죄수사에 관한 권리행사를 방해한 경우 직권남용죄가 성립한다. [2] '권리행사를 방해함으로 인한 직권남용권리행사방해죄'만 성립하고 '의무 없는 일을 하게 함으로 인한 직권남용권리행사방해죄'는 따로 성립하지 아니하는 것으로 봄이 상당하다(대판 2010.1.28, 2008도7312). 18. 경찰간부, 19. 경찰승진, 20. 경찰채용	③ 법무부 검찰국장인 피고인이, 검찰국이 마련하는 인사안 결정과 관련한 업무권한을 남용하여 검사인 사담당 검사 甲으로 하여금 2015년 하반기 검사인사에서 부치지청에 근무하고 있던 경력검사 乙을 다른 부치지청으로 다시 전보시키는 내용의 인사안을 작성하게 함으로써 의무 없는 일을 하게 하였다고 하여 직권남용권리행사방해로 기소된 사안에서, 피고인이 甲으로 하여금 위 인사안을 작성하게 한 것을 두고 피고인의 직무집행을 보조하는 甲으로 하여금 그가 지켜야 할 직무집행의 기준과 절차를 위반하여 **법령상 의무 없는 일을 하게 한 때에 해당**한다고 보기 어렵다(대판 2020.1.9, 2019도11698). 20. 경찰채용
	④ **세무공무원이 세금미납자를 감금하는 것은 직권남용권리행사방해죄가 성립하지 않는다.** 직권남용은 공무원이 그의 일반적 권한에 속하는 사항에 관하여 그것을 불법하게 행사하는 것, 즉 형식적, 외형적으로는 직무집행으로 보이나 실질적으로는 정당한 권한 이외의 행위를 하는 경우를 의미하고, 공무원이 그의 일반적 권한에 속하지 않는 행위를 하는 경우인 지위를 이용한 불법행위와는 구별된다(대판 2014.12.24, 2012도4531 **해병대 사령관 음해 사건**). ➡ 세무공무원이 세금미납자를 감금하는 것은 그의 일반적 권한에 속하지 않는 행위를 한 것이므로 (감금죄가 성립할 수는 있어도) 직권남용권리행사방해죄는 성립하지 아니한다. 21. 해경승진

④ 대통령비서실 정책실장인 피고인이 행정자치부 및 울주군과 과천시의 특별교부세 담당 공무원으로 하여금 특별교부세 교부대상이 아닌 흥덕사와 보광사의 증·개축사업에 특별교부세를 교부하기 위하여, 지방자치단체의 재원으로 흥덕사와 보광사의 증·개축사업을 지원하도록 특별교부세 교부신청 및 교부결정을 하도록 하게 한 행위는 직권을 남용하여 행정자치부 및 울주군과 과천시의 특별교부세 담당 공무원으로 하여금 의무 없는 일을 한 것에 해당한다(대판 2009.1.30, 2008도6950). 12. 경찰간부

⑤ 2001년도, 2002년도, 2003년도 5급사무관 승진예비심사 당시 인사계장 또는 총무과장이던 피고인 甲이 직접 또는 乙을 통하여 사전에 예비심사위원들에게 특정 승진대상자들에게 높은 점수를 주거나 낮은 점수를 주도록 부탁하여 인사상 불이익을 당할 것을 우려한 예비심사위원들로 하여금 그와 같은 부탁대로 심사평정을 하게 한 경우 직권남용죄가 성립한다(대판 2007.7.13, 2004도3995 충남교육감 사건).

⑥ 대검찰청 차장검사 혹은 검찰총장인 피고인 甲이 평소 친분관계가 있는 乙의 부탁을 받고 면담 혹은 전화 통화 등의 방법으로 울산지방검찰청 검사장 A에게 (가)회사에 대한 내사보류와 종결을 지시하여, 담당 검사 B로 하여금 (가)회사 내지 丙시장에 대한 내사를 중도에서 그만두고 종결처리하도록 한 행위는 직권을 남용하여 담당 검사 B로 하여금 의무 없는 일을 하게 한 행위에 해당하여 직권남용죄가 성립한다(대판 2007.6.14, 2004도5561). 12. 경찰간부

⑦ 대통령비서실장인 피고인 甲, 정무수석비서관인 乙 등이 전국경제인연합회(이하 '전경련')에 특정 정치성향 시민단체에 대한 자금지원을 요구한 행위는 대통령비서실장과 정무수석비서관실의 일반적 직무권한에 속하는 사항으로서 직권을 남용한 경우에 해당하고, 전경련 부회장은 위 직권남용 행위로 인하여 전경련의 해당 보수 시민단체에 대한 자금지원 결정이라는 의무 없는 일을 하였으므로 직권남용권리행사방해죄가 성립한다(대판 2020.2.13, 2019도5186 화이트리스트 사건).

⑤ 지방자치단체의 장이 승진후보자명부 방식에 의한 5급 공무원 승진임용 절차에서 인사위원회의 사전심의·의결 결과를 참고하여 승진후보자명부상 후보자들에 대하여 승진임용 여부를 심사하고서 최종적으로 승진대상자를 결정하는 것이 아니라 미리 승진후보자명부상 후보자들 중에서 승진대상자를 실질적으로 결정한 다음 그 내용을 인사위원회 간사, 서기 등을 통해 인사위원회 위원들에게 '승진대상자 추천'이라는 명목으로 제시하여 인사위원회로 하여금 자신이 특정한 후보자들을 승진대상자로 의결하도록 유도하는 행위는 인사위원회 사전심의 제도의 취지에 부합하지 않다는 점에서 바람직하지 않다고 볼 수 있지만 그것만으로는 직권남용권리행사방해죄의 구성요건인 '직권의 남용' 및 '의무 없는 일을 하게 한 경우'로 볼 수 없다(대판 2020.12.10, 2019도17879 기장군수 사건). 22. 경찰채용

직권남용죄(직권남용권리행사방해죄)가 성립하는 경우	직권남용죄(직권남용권리행사방해죄)가 성립하지 않는 경우
⑧ 문화체육관광부 공무원이 한국문화예술위원회·영화진흥위원회·한국출판문화산업진흥원 직원들로 하여금 예술위원장, 예술위원에게 배제지시를 전달하는 행위, 지원배제 방침이 관철될 때까지 사업진행 절차를 중단하는 행위, 지원배제 대상자에게 불리한 사정을 부각시켜 심의위원에게 전달하는 행위 등을 하게 한 것은 모두 위원들의 독립성을 침해하고 자율적인 절차진행과 운영을 훼손하는 것으로서 한국문화예술위원회·영화진흥위원회·한국출판문화산업진흥원 직원들이 준수해야 하는 법령상 의무에 위배되므로 '의무 없는 일을 하게 한 때'에 해당한다[대판 2020.1.30, 2018도2236(전합) 문화계 블랙리스트 사건]. 20. 법원행시, 21. 경찰간부	

03 불법체포·감금죄

> **형법**
>
> 제124조 【불법체포·불법감금】 ① 재판, 검찰, 경찰 기타 인신구속에 관한 **직무를 행하는 자 또는 이를 보조하는 자**가 그 직권을 남용하여 사람을 체포 또는 감금한 때에는 7년 이하의 징역과 10년 이하의 자격정지에 처한다.

⚖ 판례 | 불법체포감금죄(직권남용체포감금죄) 관련 판례

1 형사소송법이나 경찰관 직무집행법 등의 법률에 정하여진 구금 또는 보호유치요건에 의하지 아니하고는 즉결심판 피의자라는 사유만으로 피의자를 구금·유치할 수 있는 아무런 법률상 근거가 없고, 경찰업무상 그러한 관행이나 지침이 있었다 하더라도 이로써 원칙적으로 금지되어 있는 인신구속을 행할 수 있는 근거로 할 수 없다(대판 1997.6.13, 97도877 **즉결대상자 강제유치 사건**). 15. 경찰승진

2 수사기관이 피의자를 수사하는 과정에서 구속영장 없이 피의자를 함부로 구금하여 피의자의 신체의 자유를 박탈하였다면 직권을 남용한 불법감금의 죄책을 면할 수 없고, 수사의 필요상 피의자를 임의동행한 경우에도 조사 후 귀가시키지 아니하고 그의 의사에 반하여 경찰서 조사실 또는 보호실 등에 계속 유치함으로써 신체의 자유를 속박하였다면 이는 구금에 해당한다(대결 1985.7.29, 85모16 **진주경찰서 6일 구금 사건**). 15. 경찰채용

3 감금죄에 있어서의 **감금행위는 사람으로 하여금 일정한 장소 밖으로 나가지 못하도록 하여 신체의 자유를 제한하는 행위를 가리키는 것이고**, 그 방법은 반드시 물리적·유형적 장애를 사용하는 경우뿐만 아니라 심리적·무형적 장애에 의하는 경우도 포함되는 것인바, 설사 피해자가 경찰서 안에서 식사도 하고 사무실 안팎을 내왕하였다 하여도 피해자를 경찰서 밖으로 나가지 못하도록 그 신체의 자유를 제한하는 유형·무형의 억압이 있었다면 이는 바로 감금행위에 해당할 수도 있다(대결 1991.12.30, 91모5 **용산경찰서 82시간 구금 사건**). 11. 경찰승진·경찰간부

4 노동조합 파업현장에서 경찰을 지휘하던 지휘관인 **피고인이 체포된 근로자를 접견하게 해 달라고 요구하며 호송차량의 진행을 막은 변호사인 피해자를 공무집행방해죄의 현행범으로 체포한 경우,** 이는 체포 당시 상황을 고려하여 경험칙에 비추어 현저하게 합리성을 잃지 않은 채 판단하면 체포요건이 충족되지 아니함을 충분히 알 수 있었는데도, 자신의 재량범위를 벗어난다는 사실을 인식하고 그와 같은 결과를 용인한 채 피해자를 체포한 것이므로 **직권남용체포죄와 직권남용권리행사방해죄가 성립한다**(대판 2017.3.9, 2013도16162 **쌍용차사태 변호사 불법체포 사건**). 17. 경찰채용

5 경찰관인 피고인 甲이 피해자 A의 정당한 귀가요청을 거절한 채 경찰서 보호실 직원에게 A의 신병을 인도하고 다음 날 즉결심판법정이 열릴 때까지 **A를 경찰서 보호실에 강제유치시키려고 함으로써 A를 즉결피의자 대기실에 10~20분 동안 있게 하고,** 이로 인하여 A를 보호실에 밀어넣으려 하는 과정에서 **A로 하여금 우견갑부좌상 등을 입게 한 경우** 특가법 제4조의2 제1항, 형법 제124조 제1항의 죄가 성립한다(대판 1997.6.13, 97도877 **즉결대상자 강제유치 사건**). 11. 경찰승진

6 용산경찰서 조사계장 및 조사계원인 피고인들이 **피해자 A에 대한 신병인수시부터 구속영장이 집행될 때까지 약 82시간 동안 경찰서 조사계 사무실 및 형사피의자 대기실 등에 있게 하면서 조사를 한 경우,** 형사피의자 대기실에서 대기하였던 몇 시간을 제외하고는 A가 위 사무실에서 직장동료인 피고인들과 어울려 함께 식사도 하고 사무실 내외를 자유로이 통행하였다고 하더라도 **불법감금죄가 성립할 수 있다**(대결 1991.12.30, 91모5 **용산경찰서 82시간 구금 사건**).

04 폭행·가혹행위죄

형법

제125조 【폭행·가혹행위】 재판, 검찰, 경찰 그 밖에 인신구속에 관한 직무를 행하는 자 또는 이를 보조하는 자가 그 직무를 수행하면서 형사피의자 또는 그 밖의 사람에 대하여 폭행 또는 가혹행위를 한 경우에는 5년 이하의 징역과 10년 이하의 자격정지에 처한다.

05 피의사실공표죄

형법

제126조 【피의사실공표】 검찰, 경찰 그 밖에 범죄수사에 관한 직무를 수행하는 자 또는 이를 감독하거나 보조하는 자가 그 직무를 수행하면서 알게 된 피의사실을 **공소제기 전에 공표(公表)**한 경우에는 3년 이하의 징역 또는 5년 이하의 자격정지에 처한다.

06 공무상비밀누설죄

형법

제127조 【공무상 비밀의 누설】 공무원 또는 공무원이었던 자가 법령에 의한 **직무상 비밀을 누설**한 때에는 2년 이하의 징역이나 금고 또는 5년 이하의 자격정지에 처한다.

⚖️ 판례 | 공무상비밀누설죄에서 '법령에 의한 직무상 비밀'의 의미

1 공무상비밀누설죄에서 '법령에 의한 직무상 비밀'이란 반드시 법령에 의하여 비밀로 규정되었거나 비밀로 분류 명시된 사항에 한하지 아니하고, 정치·군사·외교·경제·사회적 필요에 따라 비밀로 된 사항은 물론 **정부나 공무소 또는 국민이 객관적·일반적인 입장에서 외부에 알려지지 않는 것에 상당한 이익이 있는 사항도 포함하는 것이나, 실질적으로 그것을 비밀로서 보호할 가치가 있다고 인정할 수 있는 것이어야 하고,** 본죄는 비밀 그 자체를 보호하는 것이 아니라 공무원의 비밀엄수의무의 침해에 의하여 위험하게 되는 이익, 즉 비밀의 누설에 의하여 위협받는 국가의 기능을 보호하기 위한 것이다(대판 2012.3.15, 2010도14734 **차량소유정보 사건**). 11·12. 법원행시, 13. 경찰간부, 17. 국가직 9급

2 공무원이 직무상 알게 된 비밀을 그 직무와의 관련성 혹은 필요성에 기하여 해당 직무의 집행과 관련 있는 다른 공무원에게 직무집행의 일환으로 전달한 경우에는, 관련 각 공무원의 지위 및 관계, 직무집행의 목적과 경위, 비밀의 내용과 전달 경위 등 제반 사정에 비추어 비밀을 전달받은 공무원이 이를 그 직무집행과 무관하게 제3자에게 누설할 것으로 예상되는 등 국가기능에 위험이 발생하리라고 볼 만한 특별한 사정이 인정되지 않는 한, 위와 같은 행위가 비밀의 누설에 해당한다고 볼 수 없다(대판 2021.11.25, 2021도2486). 22. 경찰채용

판례비교

공무상비밀누설죄에서 '직무상 비밀'에 해당하는 경우	공무상비밀누설죄에서 '직무상 비밀'에 해당하지 않는 경우
① 대통령 당선인 박근혜의 비서실 소속 공무원인 피고인이 **대통령 당선인을 위하여 중국에 파견할 특사단 추천 의원을 정리한 문건은** 사전에 외부로 누설될 경우 당선인의 인사 기능에 장애를 초래할 위험이 있으므로 종국적인 의사결정이 있기 전까지는 외부에 누설되어서는 아니 되는 비밀로서 보호할 가치가 있는 **직무상 비밀에 해당한다**(대판 2018.4.26, 2018도2624 **정호성 비서관 사건**).	① **'자동차의 소유자에 관한 정보'는 공무상비밀누설죄의 '법령에 의한 직무상 비밀'에 해당하지 아니하고,** 이는 경찰청 소속 차량으로 잠복수사에 이용될 수도 있고 그 소속이 외부에 드러나지 말아야 할 사실상의 필요성이 있다고 하더라도 달리 볼 것은 아니다(대판 2012.3.15, 2010도14734 **차량소유정보 사건**). 13. 경찰간부
② 검사가 수사의 대상, 방법 등에 관하여 사법경찰관리에게 지휘한 내용을 기재한 수사지휘서는 당시까지 진행된 수사의 내용뿐만 아니라 향후 수사의 진행방향까지 가늠할 수 있게 하는 수사기관의 내부 문서로서, **수사지휘서의 기재 내용과 이에 관계된 수사 상황은** 해당 사건에 대한 종국적인 결정을 하기 전까지는 외부에 누설되어서는 안 될 **수사기관 내부의 비밀에 해당한다**(대판 2018.2.13, 2014도11441 **지능범죄수사과 경위 사건**). 19. 국가직 9급, 20. 법원행시	② 감사원 감사관이 공개한 **기업의 비업무용 부동산 보유실태에 관한 감사원 보고서의 경우,** 그 내용 중 은행감독원의 자료는 이미 국회에 제출되어 공개된 것이고, 법령상 개선사항은 추상적 의견에 불과한 것이어서 **비밀이라 할 수 없으며,** 나머지 개별기업의 비업무용 부동산 보유실태 역시 일반에게 알려지지 않은 **비밀이라고 보기 어렵다**(대판 1996.5.10, 95도780).
③ 지방자치단체의 장 또는 계약담당 공무원이 수의계약에 부칠 사항에 대하여 당해 규격서 및 설계서 등에 의하여 결정한 **'예정가격'은 공무상 비밀에 해당한다**(대판 2008.3.14, 2006도7171 **수의계약 예정가격 사건**).	

④ 검찰 등 수사기관이 특정 사건에 대하여 수사를 진행하고 있는 상태에서 **수사기관이 현재 어떤 자료를 확보하였고, 해당 사안이나 피의자의 죄책, 신병처리에 대하여 수사책임자가 어떤 의견을 가지고 있는지** 등의 정보는, 해당 사건에 대한 종국적인 결정을 하기 전까지는 외부에 누설되어서는 안 될 **수사기관 내부의 비밀에 해당한다**(대판 2007.6.14, 2004도5561 **신승남 검찰총장 사건**). 11. 경찰승진·법원행시, 13. 경찰간부

⑤ 경찰관 甲이 간통고소사건을 수사하면서 간통을 부인하는 피의자 乙의 이익을 위하여 고소인 丙이 제출한 간통장면을 촬영한 CD를 乙에게 보여준 경우 **공무상비밀누설죄에 해당한다**(대판 2005.9.15, 2005도4843). 12. 경찰간부

07 선거방해죄

> **형법**
>
> 제128조【선거방해】검찰, 경찰 또는 군의 직에 있는 공무원이 법령에 의한 선거에 관하여 선거인, 입후보자 또는 입후보자 되려는 자에게 협박을 가하거나 기타 방법으로 선거의 자유를 방해한 때에는 10년 이하의 징역과 5년 이상의 자격정지에 처한다. 20. 법원직 9급

제2절 공무원의 직무에 관한 죄 II

01 뇌물죄의 일반이론

뇌물	뇌물이란 직무와 관련된 부정한 보수로의 이익을 의미함 ① 직무: 공무원이 그 지위에 수반하여 공무로서 처리하는 일체의 직무 ② 공무원의 직무와 전체적으로 **대가관계에 있으면 뇌물에 해당함** ③ 이익: 사람의 수요·욕망을 충족시키기에 충분한 일체의 유형·무형의 것

종류	주체	행위
수뢰죄	공무원 또는 중재인	직무에 관하여 뇌물을 수수·요구·약속
사전수뢰죄	공무원 또는 중재인이 될 자	담당할 직무에 관하여 **청탁**을 받고 뇌물을 수수·요구·약속
제3자뇌물제공죄	공무원 또는 중재인	직무에 관하여 **부정한 청탁**을 받고 제3자에게 뇌물을 공여·요구·약속
수뢰 후 부정처사죄	공무원 또는 중재인	수뢰, 사전수뢰, 제3자뇌물제공 후 부정행위
부정처사 후 수뢰죄	공무원 또는 중재인	부정행위 후 뇌물을 수수·요구·약속 또는 제3자에게 뇌물을 공여·요구·약속
사후수뢰죄	공무원 또는 중재인이었던 자	재직 중 청탁을 받고 부정행위 후 (퇴직 후) 뇌물을 수수·요구·약속
알선수뢰죄	공무원	다른 공무원의 직무에 속한 사항의 알선에 관하여 뇌물을 수수·요구·약속

02 수뢰죄·사전수뢰죄

형법

제129조 【수뢰, 사전수뢰】 ① 공무원 또는 중재인이 그 직무에 관하여 뇌물을 수수, 요구 또는 약속한 때에는 5년 이하의 징역 또는 10년 이하의 자격정지에 처한다.

② 공무원 또는 중재인이 될 자가 그 담당할 직무에 관하여 **청탁**을 받고 뇌물을 수수, 요구 또는 약속한 후 공무원 또는 중재인이 된 때에는 3년 이하의 징역 또는 7년 이하의 자격정지에 처한다.

판례비교

뇌물죄의 주체인 '공무원'에 해당하는 경우	뇌물죄의 주체인 '공무원'에 해당하지 않는 경우
① 법령에 기한 임명권자에 의하여 임용되어 공무에 종사하여 온 사람이 나중에 그가 임용결격자이었음이 밝혀져 당초의 임용행위가 무효라고 하더라도 그가 임용행위라는 외관을 갖추어 실제로 공무를 수행한 이상 공무수행의 공정과 그에 대한 사회의 신뢰 및 직무행위의 불가매수성은 여전히 보호되어야 하므로 이러한 사람은 형법 제129조에서 규정한 공무원으로 봄이 상당하고, **그가 그 직무에 관하여 뇌물을 수수한 때에는 수뢰죄로 처벌할 수 있다**(대판 2014.3.27, 2013도11357 **태백시청 과장 수뢰 사건**). 14·20. 경찰채용, 14·15·16·20. 법원행시, 15·20. 법원직 9급, 16. 국가직 7급, 17. 변호사, 21. 경찰간부 ② 형법 제129조 내지 제132조에서 정한 **'공무원'**이란 국가공무원법과 지방공무원법상 공무원 및 다른 법률에 따라 위 규정들을 적용할 때 공무원으로 간주되는 자 외에 법령에 기하여 국가 또는 지방자치단체 및 이에 준하는 공법인의 사무에 종사하는 자로서 노무의 내용이 단순한 기계적·육체적인 것에 한정되어 있지 않은 자를 말한다(대판 2012.7.26, 2012도5692 **울산시 건축위원회 위원 사건**).	① 서울시 후생복지심의위원회 위원장에 의해 서울시청 구내식당 소속 시간제 종사원으로 고용된 자는 뇌물수수죄 및 허위공문서작성·행사죄의 주체인 **공무원에 해당한다고 할 수 없다**(대판 2012.8.23, 2011도12639 **서울시 구내식당 종업원 사건**). ② **집행관사무소의 사무원**이 집행관을 보조하여 담당하는 사무의 성질이 국가의 사무에 준하는 측면이 있다는 사정만으로는 형법 제129조 내지 제132조 및 변호사법 제111조에서의 **'공무원'에 해당한다고 보기 어렵다**(대판 2011.3.10, 2010도14394 **집행관사무소 사무원 사건**). 13·17. 경찰간부 ③ 뇌물수수죄는 공무원 또는 중재인이 그 직무에 관하여 뇌물을 수수한 때에 성립하는 것이어서 그 주체는 현재 공무원 또는 중재인의 직에 있는 자에 한정되므로, 공무원이 직무와 관련하여 뇌물수수를 약속하고 퇴직 후 이를 수수하는 경우에는 뇌물약속과 뇌물수수가 시간적으로 근접하여 연속되어 있다고 하더라도 **뇌물약속죄 및 사후수뢰죄가 성립할 수 있음은 별론으로 하고 뇌물수수죄는 성립하지 않는다**(대판 2010.10.14, 2010도387 **외환은행 매각 사건**). 11. 국가직 9급, 11·12. 사법시험, 11·20. 경찰채용, 11·21. 경찰간부

③ 정비사업조합의 임원이 그 정비구역 안에 있는 토지 또는 건축물의 소유권 또는 그 지상권을 상실함으로써 조합임원의 지위를 상실한 경우나 임기가 만료된 정비사업조합의 임원이 관련 규정에 따라 그 후임자가 선임될 때까지 계속하여 그 직무를 수행하다가 후임자가 선임되어 그 직무수행권을 상실한 경우, **그 조합 임원이 그 후에도 조합의 법인등기부에 임원으로 등기되어 있는 상태에서 계속하여 실질적으로 조합 임원으로서의 직무를 수행하여 왔다면** 그 조합 임원은 임원의 지위 상실이나 직무수행권의 상실에도 불구하고 도시정비법 제84조에 따라 형법 제129조 내지 제132조의 적용에 있어서 **공무원으로 보아야 한다**(대판 2016.1.14, 2015도15798 **지위 상실 주택재개발조합 임원 사건**). 16. 경찰채용, 17. 법원직 9급

④ 배임수재자가 배임증재자에게서 그가 무상으로 빌려준 물건을 인도받아 사용하고 있던 중에 공무원이 된 경우, 그 사실을 알게 된 배임증재자가 배임수재자에게 앞으로 물건은 공무원의 직무에 관하여 빌려주는 것이라고 하면서 뇌물공여의 뜻을 밝히고 물건을 계속하여 배임수재자가 사용할 수 있는 상태로 두더라도, 처음에 배임증재로 무상대여할 당시에 정한 사용기간을 추가로 연장해 주는 등 새로운 이익을 제공한 것으로 평가할 만한 사정이 없다면, 이는 종전에 이미 제공한 이익을 나중에 와서 뇌물로 하겠다는 것에 불과할 뿐 새롭게 뇌물로 제공되는 이익이 없어 뇌물공여죄가 성립하지 않는다(대판 2015.10.15, 2015도6232 **제주 판타스틱 아트시티 비리 사건**). 16. 사법시험·법원행시, 17. 법원직 9급, 20. 경찰승진

⚖ **판례 | 사전수뢰죄의 주체**

형법 제129조 제2항에 정한 '**공무원 또는 중재인이 될 자**'란 공무원채용시험에 합격하여 발령을 대기하고 있는 자 또는 선거에 의해 당선이 확정된 자 등 공무원 또는 중재인이 될 것이 예정되어 있는 자뿐만 아니라 **공직취임의 가능성이 확실하지는 않더라도 어느 정도의 개연성을 갖춘 자를 포함한다**(대판 2010.5.13, 2009도7040 **조합장 선출확실 사건**). 11. 경찰승진, 13. 사법시험

⚖ **판례 | 뇌물죄 관련 판례**

1 뇌물의 내용인 이익이라 함은 금전, 물품 기타의 재산적 이익뿐만 아니라 사람의 수요·욕망을 충족시키기에 족한 일체의 유형·무형의 이익을 포함하며 **제공된 것이 성적 욕구의 충족이라고 하여 달리 볼 것이 아니다**(대판 2014.1.29, 2013도13937 **피의자와 성관계 검사 사건**). 15. 법원행시, 15·16·17. 경찰채용, 15·17. 법원직 9급, 16·17. 경찰간부

2 뇌물의 내용인 이익이라 함은 금전, 물품 기타의 재산적 이익뿐만 아니라 사람의 수요·욕망을 충족시키기에 족한 일체의 유형·무형의 이익을 포함한다고 해석되고, **투기적 사업에 참여할 기회를 얻는 것도 이에 해당한다.** 또 공무원이 뇌물로 투기적 사업에 참여할 기회를 제공받은 경우, **뇌물수수죄의 기수시기는 투기적 사업에 참여하는 행위가 종료된 때로 보아야 하며,** 그 행위가 종료된 후 경제사정의 변동 등으로 인하여 당초의 예상과는 달리 그 사업 참여로 아무런 이득을 얻지 못한 경우라도 뇌물수수죄의 성립에는 영향이 없다(대판 2002.11.26, 2002도3539 **조합아파트 분양 뇌물 사건**). 11. 경찰승진·경찰간부·사법시험, 12. 변호사, 12·16. 국가직 7급, 14. 법원행시, 17. 경찰채용·국가직 9급

3 뇌물죄에 있어서 금품을 수수한 장소가 공개된 장소이고, **금품을 수수한 공무원이 이를 부하직원들을 위하여 소비하였을 뿐** 자신의 사리를 취한 바 없다 하더라도 그 뇌물성이 부인되지 않는다(대판 1996.6.14, 96도865 **부산 주차관리공단 과장 사건**). 12·15. 경찰채용

4 뇌물죄에 있어서 금품을 수수한 장소가 공개된 공사현장이었고 금품을 **수수한 공무원이 이를 공사현장 인부들의 식대 또는 공사의 홍보비 등으로 소비하였을 뿐** 자신의 사리를 취한 바 없다 하더라도 그 뇌물성이 부인되는 것은 아니다(대판 1985.5.14, 83도2050).

5 뇌물로 공여된 **당좌수표가 수수 후 부도가 되었다** 하더라도 뇌물죄의 성립에는 아무런 소장이 없다(대판 1983.2.22, 82도2964). 11 · 16. 경찰승진, 14. 사법시험

6 피고인이 공사업자 등과 적정한 금액 이상으로 계약금액을 부풀려서 계약하고 그만큼 되돌려 받기로 사전에 약정한 다음, 그에 따라 수수된 경우 이는 성격상 뇌물이 아니고 **횡령금에 해당한다**(대판 2007.10.12, 2005도7112 **부풀린 계약금 사건**). 11 · 12 · 13. 법원행시, 11 · 13. 사법시험, 11 · 14 · 15 · 16. 경찰채용, 17. 경찰승진, 17 · 21경찰간부

7 뇌물죄에서 직무라 함은 공무원이 법령상 관장하는 직무 그 자체뿐만 아니라 그 직무와 밀접한 관계가 있는 행위 또는 관례상이나 사실상 소관하는 직무행위 및 결정권자를 보좌하거나 영향을 줄 수 있는 직무행위도 포함된다(대판 2011.6.10, 2011도4260 **수방사 공사담당관 사건**). 11. 경찰간부 · 국가직 9급, 12. 경찰채용 · 사법시험 · 국가직 7급, 13. 법원행시, 15. 법원직 9급

8 뇌물죄에서 직무라 함은 법령에 정하여진 직무뿐만 아니라 그와 관련 있는 직무, 과거에 담당하였거나 장래에 담당할 직무 외에 사무분장에 따라 현실적으로 담당하지 않는 직무라도 법령상 일반적인 직무권한에 속하는 직무 등 공무원이 그 직위에 따라 공무로 담당할 일체의 직무를 포함한다(대판 2013.11.28, 2013도9003 **광주 총인처리시설 입찰비리 사건**). 11. 법원직 9급, 12. 경찰승진, 14. 경찰채용 · 변호사, 17. 국가직 9급

9 뇌물죄는 공무원의 직무집행의 공정과 이에 대한 사회의 신뢰 및 직무행위의 불가매수성을 그 보호법익으로 하고 있고, 직무에 관한 청탁이나 부정한 행위를 필요로 하는 것은 아니기 때문에 수수된 금품의 뇌물성을 인정하는 데 특별한 청탁이 있어야만 하는 것은 아니며, 또한 금품이 직무에 관하여 수수된 것으로 족하고 개개의 직무행위와 대가적 관계에 있을 필요는 없다(대판 2014.10.15, 2014도8113 **조합장 겸 보험설계사 수뢰 사건**). 11. 법원행시, 11 · 16 · 17. 경찰간부, 12. 국가직 7급, 12 · 14 · 17. 경찰채용, 17. 국가직 9급

10 공무원이 얻은 어떤 이익이 직무와 대가관계가 있는 부당한 이익으로서 **뇌물에 해당하는지 여부**는 당해 공무원의 직무내용, 직무와 이익제공자의 관계, 쌍방간에 특수한 사적인 친분관계가 존재하는지 여부, 이익의 다과, 이익을 수수한 경위와 시기 등의 **제반사정을 참작하여 결정하여야 하고**, 뇌물죄가 직무집행의 공정과 이에 대한 사회의 신뢰 및 직무행위의 불가매수성을 보호법익으로 하고 있는 점에 비추어 볼 때, 공무원이 이익을 수수하는 것으로 인하여 사회일반으로부터 직무집행의 공정성을 의심받게 되는지 여부도 뇌물죄의 성립 여부를 판단할 때에 기준이 된다(대판 2014.10.15, 2014도8113 **조합장 겸 보험설계사 수뢰 사건**). 12 · 17. 경찰채용

11 뇌물은 직무에 관한 행위의 대가로서의 불법한 이익을 말하므로 직무와 관련 없이 단순히 사교적인 예의로서 하는 증여는 뇌물이라고 할 수 없으나, **직무행위와의 대가관계가 인정되는 경우에는 비록 사교적 예의의 명목을 빌더라도 뇌물성을 부정할 수 없다**(대판 1999.7.23, 99도390 **한국컴퓨터산업중앙회 이사 사건**). 11. 경찰승진 · 국가직 9급, 12. 경찰채용

12 공무원이 수수한 이익에 직무행위에 대한 대가로서의 성질과 직무 외의 행위에 대한 사례로서의 성질이 불가분적으로 결합되어 있는 경우에는 그 전부가 직무행위에 대한 대가로서의 성질을 가진다(대판 2013.4.11, 2012도16277 **문광부차관 사건**). 14. 경찰간부

13 뇌물약속죄에 있어서 뇌물의 '약속'은 양 당사자 사이의 뇌물수수의 합의를 말하고, 여기에서 '합의'란 그 방법에 아무런 제한이 없고 명시적일 필요도 없지만, 장래 공무원의 직무와 관련하여 뇌물을 주고받겠다는 양 당사자의 의사표시가 확정적으로 합치하여야 한다(대판 2012.11.15, 2012도9417 **스파힐스 골프장 사건**). 14. 경찰간부, 17. 법원직 9급

14 뇌물약속죄에 있어서 **뇌물의 목적물인 이익은 약속 당시에 현존할 필요는 없고** 약속 당시에 예기할 수 있는 것이라도 무방하며, 뇌물의 목적물이 이익인 경우에는 그 가액이 확정되어 있지 않아도 뇌물약속죄가 성립하는 데는 영향이 없다(대판 2001.9.18, 2000도5438 **안성토지 강화토지 사건**). 11 · 13. 경찰승진, 17. 법원직 9급

15 공무원이 그 직무에 관하여 금전을 무이자로 차용한 경우에는 그 차용 당시에 금융이익 상당의 뇌물을 수수한 것으로 보아야 하므로 공소시효는 금전을 무이자로 차용한 때로부터 기산한다(대판 2012.2.23, 2011도7282 **1억 무이자 차용 사건**). 13. 경찰채용 · 법원직 9급, 13 · 16. 경찰승진, 14. 법원행시, 16. 경찰간부

16 수인이 공동하여 뇌물수수죄를 범한 경우에 공범자는 자기의 수뢰액뿐만 아니라 **다른 공범자의 수뢰액에 대하여도 그 죄책을 면할 수 없는 것이므로**, 특가법 제2조 제1항의 적용 여부를 가리는 수뢰액을 정함에 있어서는 그 공범자 전원의 수뢰액을 합한 금액을 기준으로 하여야 할 것이고, 각 공범자들이 실제로 취득한 금액이나 분배받기로 한 금액을 기준으로 할 것이 아니다(대판 1999.8.20, 99도1557). 11. 경찰승진, 12. 경찰채용, 14. 사법시험

17 [1] 뇌물수수죄에서 말하는 '수수'란 받는 것, 즉 뇌물을 취득하는 것이고 여기에서 취득이란 뇌물에 대한 사실상의 처분권을 획득하는 것을 의미하고, 뇌물인 물건의 법률상 소유권까지 취득하여야 하는 것은 아니다. [2] 뇌물수수자가 법률상 소유권 취득의 요건을 갖추지는 않았더라도 뇌물로 제공된 물건에 대한 점유를 취득하고 뇌물공여자 또는 법률상 소유자로부터 반환을 요구받지 않는 관계에 이른 경우에는 그 물건에 대한 실질적인 사용·처분권한을 갖게 되어 그 물건 자체를 뇌물로 받은 것으로 보아야 한다. 뇌물수수자가 뇌물공여자에 대한 내부관계에서 물건에 대한 실질적인 사용·처분 권한을 취득하였으나 뇌물수수 사실을 은닉하거나 뇌물공여자가 계속 그 물건에 대한 비용 등을 부담하기 위하여 소유권 이전의 형식적 요건을 유보하는 경우에는 뇌물공여자와 뇌물수수자 사이에서는 소유권을 이전받은 경우와 다르지 않으므로 그 물건을 뇌물로 받았다고 보아야 한다[대판 2019.8.29, 2018도13792(전합) **국정농단 최순실 사건**]. 20. 법원행시

18 자동차를 뇌물로 제공한 경우 자동차등록원부에 뇌물수수자가 그 소유자로 등록되지 않았다고 하더라도 자동차의 사실상 소유자로서 자동차에 대한 실질적인 사용 및 처분권한이 있다면 자동차 자체를 뇌물로 취득한 것으로 보아야 한다(대판 2006.5.26, 2006도1716 **뇌물 BMW 사건 Ⅱ**). 19. 국가직 9급

19 부대장이 수뢰한 금품의 용도를 개인의 용도에 사용하였건 부대의 행정에 소요되는 비용에 충당하였건 뇌물죄의 성립에는 영향이 없다(대판 1984.2.14, 83도3218).

20 뇌물죄는 공여자의 출연에 의한 수뢰자의 영득의사의 실현으로서 공여자의 특정은 직무행위와 관련이 있는 이익의 부담 주체라는 관점에서 파악하여야 할 것이므로 **금품이나 재산상 이익 등이 반드시 공여자와 수뢰자 사이에 직접 수수될 필요는 없다**(대판 2020.9.24, 2017도12389 **새우젓 선물 사건**).

판례비교

수뢰죄가 성립하는 경우	수뢰죄가 성립하지 않는 경우
① 국회의원인 피고인 甲이 치과의사협회장인 乙로부터 의과병원의 비급여율과 관련된 의료보수표의 제공을 부탁받고 후원금 명목으로 1천만원을 지급받은 경우, 이 1천만원은 **甲의 직무권한 행사에 대한 대가로서의 실체를 가진다**(대판 2009.5.14, 2008도8852). 11. 국가직 7급, 12. 경찰간부 ② 경찰관 甲이 재건축조합 직무대행자인 A에 대한 진정 사건을 수사하면서 진정인 측에 의하여 재건축 설계업체로 선정되기를 희망하던 건축사사무소 대표 乙로부터 금원을 수수한 경우, 乙이 甲에게 금원을 교부한 데에는 진정인 측으로부터 설계용역을 수주받을 수 있는 유리한 방향으로 A에 대한 사건처리를 해 달라는 취지가 전제 내지 포함되었다고 보아야 할 것이므로 **금원의 수수와 甲의 진정 사건 수사와의 관련성을 배척할 수 없다**(대판 2007.4.27, 2005도4204 **재건축조합 진정 사건**). 11·15. 경찰승진, 12. 경찰간부	① 해운정책과의 업무는 대한민국 국적 선사의 선박에 관한 것일 뿐 외국 국적 선사의 선박에 대한 행정처분에 관한 것은 포함되어 있지 않고 또한 외국 국적 선사의 선박에 대한 구체적인 행정처분은 해운정책과 소속 공무원에게 이를 좌우할 수 있는 어떠한 영향력이 있다고 할 수도 없으므로, 해운정책과 소속 공무원인 피고인 甲이 乙 등으로부터 중국 국적 선사인 단동국제항운 유한공사의 선박에 대한 운항허가를 받을 수 있도록 노력해 달라는 부탁을 받고 금원을 수수하였다고 하더라도 직무관련성이 없어 **수뢰죄는 성립하지 아니한다**(대판 2011.5.26, 2009도2453 **해운정책과 과장 수뢰 사건**). 12. 경찰간부, 13·14. 경찰채용

수뢰죄가 성립하는 경우	수뢰죄가 성립하지 않는 경우
③ 경찰관인 피고인이 **도박장개설 및 도박 범행을 묵인하고 편의를 봐주는 데 대한 사례비 명목으로 금품을 수수하고 나아가 이를 단속하지 아니하였다면, 이는 경찰관으로서 직무에 위배되는 부정한 행위를 한 것이라 할 것이고**, 비록 피고인이 경찰서 교통계에 근무하고 있어 도박 범행의 수사 등에 관한 구체적인 사무를 담당하고 있지 아니하였다 하여도 달리 볼 것은 아니다(대판 2003.6.13, 2003도1060 **교통계 경찰 도박 범행 묵인 사건**). 14. 사법시험·변호사	② **경찰청 정보과에 근무하는 경찰관(경감)인 피고인 甲이 乙로부터 그가 경영하는 회사가 중소기업협동조합중앙회 회장인 丙에 의하여 외국인산업연수생에 대한 국내관리업체로 선정되는 데 힘써 달라는 부탁을 받고 금전 및 각종 향응을 받았다고 하더라도, 甲이 직무를 통하여 위 국내관리업체 선정에 어떠한 영향을 준다고는 할 수 없으므로** 중소기업협동조합중앙회장의 국내관리업체 선정은 甲의 직무와 관련성이 있다고 할 수 없다(대판 1999.6.11, 99도275 **경찰청 정보과 경감 사건**). 11. 경찰승진, 14. 경찰채용
④ **의장선거에서의 투표권을 가지고 있는 군의원들이 이와 관련하여 금품 등을 수수할 경우 이는 군의원으로서의 직무와 관련된 것이라 할 것이므로 뇌물죄가 성립한다**(대판 2002.5.10, 2000도2251 **성주군의회 의장선거 사건**). 11·15. 경찰승진	③ 국립대학교 부설 연구소가 국가와는 별개의 지위에서 연구소라는 단체의 명의로 체결한 어업피해조사 용역계약상의 과업내용에 의하여 **국립대학교 교수가 위 연구소 소속 연구원으로서 수행하는 조사용역업무는 교육공무원의 직무 또는 그와 밀접한 관계가 있거나 그와 관련된 행위에 해당한다고 볼 수 없다**(대판 2002.5.31, 2001도670 **해양산업연구소 연구원 사건**). 11. 경찰채용
⑤ **경찰서 경비과 교통지도계 경찰관인 피고인 甲이 피단속자인 乙로부터 운전면허가 취소되지 않도록 하여 달라는 청탁을 받고 금원을 교부받은 경우 甲은 직무와 관련하여 뇌물을 수수한 것이라고 할 것이고**, 운전면허취소업무가 甲이 현실적으로 담당하지 않은 직무라거나 금원의 수수시기가 甲이 단속에 관하여 작성한 서류를 인계한 후라고 하더라도 직무와의 관련성을 부정할 수 없다(대판 1999.11.9, 99도2530 **면허취소 관련 수뢰 사건**). 11·15. 경찰승진, 12. 경찰간부, 16. 경찰채용	④ 교과서의 내용검토 및 개편수정은 발행자나 저작자의 책임에 속하는 것이고 이를 문교부 편수국(編修局) 공무원인 피고인들의 직무에 속한다고 할 수 없으므로 **피고인들이 교과서의 내용검토 및 개편수정 작업을 의뢰받고 그에 소요되는 비용을 받았다 하더라도 이를 직무에 관한 뇌물로써 부정하게 수수한 것이라고 볼 수 없다**(대판 1979.5.22, 78도296). 12. 경찰간부, 15. 경찰승진
⑥ 피고인이 일단 영득의 의사로 뇌물을 수수하였지만 그 액수가 너무 많아서 나중에 반환할 의사로 보관하였다 하더라도 **뇌물죄의 성립에는 영향이 없고** 또한 뇌물을 수수한 후 자신의 편의에 따라 그중 일부를 타인에게 교부하였어도 뇌물 전액을 수수하였다고 보아야 한다(대판 1992.2.28, 91도3364 **수서택지 특혜분양 사건**).	⑤ 뇌물을 수수한다는 것은 영득의 의사로 받는 것을 말하므로 **영득의 의사가 없으면 뇌물을 수수하였다고 할 수 없다**(대판 2012.2.23, 2011도7282 **1억 무이자 차용 사건**). 15. 경찰간부
⑦ 공무원인 피고인 甲이 부동산업자 乙로부터 토지에 관하여 건축허가를 내 줄 것을 부탁받고 그로부터 1~2일 후 만나 **3천만원권 자기앞수표가 든 봉투를 건네받는데, 그 후 乙과 수시로 통화하면서도 이를 즉시 乙에게 돌려주지 않고 자기앞수표를 10일가량 가지고 있다가 돌려준 경우**, 이는 영득의 의사로 자기앞수표를 수수하였다가 공무원으로서 고액의 수표를 사용하는 것이 용이하지 아니하고 문제가 될 수도 있다는 생각에 반환한 것으로 보아야 하므로 **수뢰죄가 성립한다**(대판 2012.8.23, 2010도6504 **을왕동 토지 매수 사건**). 14. 사법시험	⑥ 피고인 乙이 미필적으로나마 피고인 甲에 대한 뇌물공여의 의사로 금원을 교부하였다 하더라도, 甲이 평소 도움을 주고받으며 돈독하게 지내야 할 乙이 교부하는 금원을 불우이웃돕기 성금이나 춘천연극제에 전달할 의사로 받은 것에 불과하다면, 이를 자신이 영득할 의사로 수수하였다고 보기는 어려워 **뇌물수수죄는 성립하지 아니한다**(대판 2010.4.15, 2009도11146 **춘천시장 사건**). 12. 경찰승진

⑧ 군에서 일차진급 평정권자가 그 평정업무와 관련하여 진급대상자로 하여금 자신의 **은행대출금채무에 연대보증**하게 한 행위는 직무에 관련하여 이익인 뇌물을 받은 것에 해당된다(대판 2001.1.5, 2000도4714).

⑨ 피고인이 그 소유의 안성 토지와 상대방 소유의 강화 토지를 교환하는 계약을 체결한 경우, 안성 토지의 시가가 강화 토지의 시가보다 비싸다고 하더라도 피고인으로서는 **오랫동안 처분을 하지 못하고 있던 안성 토지를 처분하는 한편**, 매수를 희망하였던 전원주택지로 앞으로 개발이 되면 가격이 많이 **상승할 강화 토지를 매수하게 되는 무형의 이익을 얻었다면 뇌물약속죄가 성립한다**(대판 2001.9.18, 2000도5438 **안성토지 강화토지 사건**). 20. 해경간부

⑩ 유흥업소를 경영하는 사람으로부터 구청위생계장이 건물용도변경허가와 관련하여 금품을 수수한 것은 **직무와 관련하여 교부받은 것이라고 인정한 원심의 조처는 정당하다**(대판 1989.9.12. 89도597). 21. 해경간부

⑦ 피고인이 택시를 타고 떠나려는 순간 뒤쫓아 와서 돈뭉치를 창문으로 던져 넣고 가버려 **의족을 한 불구의 몸인 피고인으로서는** 도저히 뒤따라가 돌려줄 **방법이 없어** 부득이 그대로 귀가하였다가 다음날 바로 다른 사람을 시켜 이를 반환한 경우 피고인에게는 **뇌물을 수수할 의사가 있었다고는 볼 수 없다**(대판 1979.7.10, 79도1124 **의족 공무원 사건**).

⑧ 법원의 참여주사가 공판에 참여하여 양형에 관한 사항의 심리내용을 공판조서에 기재한다고 하더라도 이를 가지고 **형사사건의 양형이 참여주사의 직무와 밀접한 관계가 있는 사무라고는 할 수 없으므로** 참여주사가 형량을 감경해 달라는 청탁과 함께 금품을 수수하였다고 하더라도 뇌물수수죄의 주체가 될 수 없다(대판 1980.10.14, 80도1373). 18. 경찰채용

⚖️ 판례 ┃ 뇌물의 몰수와 추징

1 형법 제134조는 뇌물에 공할 금품을 필요적으로 몰수하고 이를 몰수하기 불가능한 때에는 그 가액을 추징하도록 규정하고 있는바, 몰수는 특정된 물건에 대한 것이고 추징은 본래 몰수할 수 있었음을 전제로 하는 것임에 비추어 **뇌물에 공할 금품이 특정되지 않았던 것은 몰수할 수 없고 그 가액을 추징할 수도 없다**(대판 1996.5.8, 96도221). 17. 국가직 9급

2 공소시효는 범죄행위를 종료한 때로부터 진행하는데(형사소송법 제252조 제1항), 공무원이 직무에 관하여 금전을 무이자로 차용한 경우에는 차용 당시에 **금융이익 상당의 뇌물을 수수한 것**으로 보아야 하므로, 공소시효는 금전을 무이자로 차용한 때로부터 기산한다(대판 2012.2.23, 2011도7282). 13. 경찰채용·법원직 9급, 13·16. 경찰승진

3 수뢰자가 뇌물을 그대로 보관하였다가 증뢰자에게 반환한 때에는 **증뢰자로부터 몰수·추징할 것이므로 수뢰자로부터 추징함은 위법하다**(대판 1984.2.28, 83도2783). 13. 경찰간부, 13·14. 국가직 7급, 13·17. 국가직 9급

4 자기앞수표를 뇌물로 받아 이를 **생활비로 소비**한 후 자기앞수표 상당액을 증뢰자에게 반환하였다 하더라도 뇌물 그 자체를 반환한 것은 아니므로 이를 몰수할 수 없고 그 **가액을 추징하여야 한다**(대판 1983.4.12, 82도2462).

5 공무원의 직무에 속한 사항의 알선에 관하여 금품을 받고 그 금품 중의 일부를 받은 **취지에 따라** 청탁과 관련하여 관계 공무원에게 뇌물로 공여하거나 다른 알선행위자에게 청탁의 명목으로 교부한 경우에는 그 부분의 이익은 실질적으로 범인에게 귀속된 것이 아니어서 **이를 제외한 나머지 금품만을 몰수하거나 그 가액을 추징하여야 한다**(대판 2002.6.14, 2002도1283). 12. 경찰승진·법원직 9급

6 수인이 공모하여 뇌물을 수수한 경우에 몰수불능으로 그 가액을 추징하려면 **개별적으로 추징하여야 하고** 수수금품을 개별적으로 알 수 없을 때에는 평등하게 추징하여야 한다(대판 1975.4.22, 73도1963). 13. 경찰간부

7 공무원이 뇌물을 받음에 있어서 그 취득을 위하여 상대방에게 뇌물의 가액에 상당하는 금원의 일부를 비용의 명목으로 출연하거나 그 밖에 경제적 이익을 제공하였다 하더라도, 이는 뇌물을 받는 데 지출한 부수적 비용에 불과하다고 보아야 할 것이므로, 그 공무원으로부터 뇌물죄로 얻은 이익을 몰수·추징함에 있어서는 그 받은 뇌물 자체를 몰수하여야 하고, 그 뇌물의 가액에서 위와 같은 지출을 공제한 나머지 가액에 상당한 이익만을 몰수·추징할 것은 아니다(대판 1999.10.8, 99도1638). 12. 법원직 9급, 18. 경찰간부

8 피고인이 증뢰자와 함께 향응을 하고 증뢰자가 이에 소요되는 금원을 지출한 경우 이에 관한 피고인의 수뢰액을 인정함에 있어서는 먼저 피고인의 접대에 요한 비용과 증뢰자가 소비한 비용을 가려내어 전자의 수액을 가지고 피고인의 수뢰액으로 하여야 하고 만일 각자에 요한 비용액이 불명일 때에는 이를 평등하게 분할한 액을 가지고 피고인의 수뢰액으로 인정하여야 할 것이고, 피고인이 향응을 제공받는 자리에 피고인 스스로 제3자를 초대하여 함께 접대를 받은 경우에는, 그 제3자가 피고인과는 별도의 지위에서 접대를 받는 공무원이라는 등의 특별한 사정이 없는 한 그 제3자의 접대에 요한 비용도 피고인의 접대에 요한 비용에 포함시켜 피고인의 수뢰액으로 보아야 한다(대판 2001.10.12, 99도5294). 12. 법원직 9급, 16. 경찰간부

03 제3자뇌물제공죄

> **형법**
>
> 제130조【제3자뇌물제공】공무원 또는 중재인이 그 직무에 관하여 **부정한 청탁**을 받고 제3자에게 뇌물을 공여하게 하거나 공여를 요구 또는 약속한 때에는 5년 이하의 징역 또는 10년 이하의 자격정지에 처한다.

> ⚖ **판례 | 제3자뇌물제공죄 관련 판례**
>
> **1** 공무원이 직접 뇌물을 받지 아니하고 **증뢰자로 하여금 다른 사람에게 뇌물을 공여하도록 한 경우라도** 다른 사람이 공무원의 사자(使者) 또는 대리인으로서 뇌물을 받은 경우 등과 같이 사회통념상 다른 사람이 뇌물을 받은 것을 공무원이 직접 받은 것과 같이 평가할 수 있는 관계가 있는 경우에는 형법 제129조 제1항 **뇌물수수죄**가 성립한다(대판 2011.11.24, 2011도9585 **정비사업전문관리업체 비리 사건**). 12. 변호사, 12·13. 경찰채용, 13. 법원직 9급, 17. 경찰승진
>
> **2** 공무원이 뇌물공여자로 하여금 공무원과 뇌물수수죄의 공동정범 관계에 있는 비공무원에게 뇌물을 공여하게 한 경우에는 공동정범의 성질상 공무원 자신에게 뇌물을 공여하게 한 것으로 볼 수 있고, 공무원과 공동정범 관계에 있는 비공무원은 제3자뇌물수수죄에서 말하는 제3자가 될 수 없으므로, 공무원과 공동정범 관계에 있는 비공무원이 뇌물을 받은 경우에는 공무원과 함께 뇌물수수죄의 공동정범이 성립하고 제3자뇌물수수죄는 성립하지 않는다[대판 2019.8.29, 2018도13792(전합) **국정농단 최순실 사건**].
>
> **3** 제3자뇌물수수죄에서 뇌물을 받는 제3자가 뇌물임을 인식할 것을 요건으로 하지 않는다[대판 2019.8.29, 2018도13792(전합) **국정농단 최순실 사건**].
>
> **4** 정비사업전문관리업체인 A회사의 대표이사인 피고인 甲이 여러 건설회사들로부터 재개발정비사업 시공사로 선정되도록 도와달라는 취지의 부탁을 받고, 그들로 하여금 자신이 실질적으로 장악하고 있는 B컨설팅회사와 형식적인 용역계약을 체결하도록 하고 B컨설팅회사 계좌로 뇌물을 입금하도록 한 경우, 이는 사회통념상 甲에게 직접 뇌물을 공여한 것과 동일하게 평가할 수 있으므로 형법 제129조 제1항의 **뇌물수수죄가 성립한다**(대판 2011.11.24, 2011도9585 **정비사업전문관리업체 비리 사건**). 13. 법원행시, 15. 경찰간부

5 乙이, 공무원 甲이 제공한 명단 기재 대상자들(329명)에게 택배를 이용하여 '甲의 명의로' 총 11,186,000원 상당의 새우젓을 선물로 발송한 경우, 乙은 배송업무를 대신하여 주었을 뿐이고 새우젓을 받은 사람들은 새우젓을 보낸 사람을 乙이 아닌 甲으로 인식하였으며 한편 甲과 乙 사이에 새우젓 제공에 관한 의사의 합치가 존재하고 위와 같은 제공방법에 관하여 甲이 양해하였다고 보이므로 乙의 새우젓 출연에 의한 甲의 영득의 의사가 실현되어 형법 제129조 제1항의 뇌물공여죄 및 뇌물수수죄가 성립한다(대판 2020.9.24, 2017도12389 **새우젓 선물 사건**). 21. 경찰채용

04 수뢰 후 부정처사죄, 부정처사 후 수뢰죄

형법

제131조【수뢰 후 부정처사, 사후수뢰】① 공무원 또는 중재인이 전 2조의 죄를 범하여 **부정한 행위**를 한 때에는 1년 이상의 유기징역에 처한다.
② 공무원 또는 중재인이 그 직무상 **부정한 행위**를 한 후 뇌물을 수수, 요구 또는 약속하거나 제3자에게 이를 공여하게 하거나 공여를 요구 또는 약속한 때에도 전항의 형과 같다.

05 사후수뢰죄

형법

제131조【수뢰 후 부정처사, 사후수뢰】③ 공무원 또는 중재인이었던 자가 그 재직 중에 **청탁**을 받고 직무상 부정한 행위를 한 후 뇌물을 수수, 요구 또는 약속한 때에는 5년 이하의 징역 또는 10년 이하의 자격정지에 처한다.

06 알선수뢰죄

형법

제132조【알선수뢰】**공무원**이 그 지위를 이용하여 다른 공무원의 직무에 속한 사항의 알선에 관하여 뇌물을 수수, 요구 또는 약속한 때에는 3년 이하의 징역 또는 7년 이하의 자격정지에 처한다.

⚖️ 판례 | 알선수뢰죄 관련 판례

1 알선수뢰죄에서 '공무원이 그 지위를 이용하여'라 함은 당해 직무를 처리하는 공무원과 직접·간접의 연관관계를 가지고 법률상 또는 사실상 영향력을 미칠 수 있는 지위에 있는 공무원이 그 지위를 이용하는 경우를 말한다고 할 것이고 단지 공무원의 신분만 있으면 족하다고는 할 수 없다(대판 1983.8.23, 82도956 **경북 사회체육과 보건계 ➡ 경북 보건과 식품위생계 사건**). 16. 변호사, 17. 국가직 7급

2 알선수뢰죄에서 '공무원이 그 지위를 이용하여'라 함은 친구, 친족관계 등 사적인 관계를 이용하는 경우에는 이에 해당한다고 할 수 없으나, 다른 공무원이 취급하는 사무의 처리에 법률상이거나 사실상으로 **영향을 줄 수 있는 관계에 있는 공무원이 그 지위를 이용하는 경우에는 이에 해당하고**, 그 사이에 **상하관계, 협동관계, 감독권한 등의 특수한 관계가 있음을 요하지 않는다**(대판 2006.4.27, 2006도735 **광주시 의원 ➔ 광주시 의원과 공무원 사건**). 11. 법원직 9급, 13. 경찰채용, 17. 법원행시

3 알선수뢰죄에서 '다른 공무원의 직무에 속한 사항의 알선에 관하여 뇌물을 수수한다'고 함은 다른 공무원의 직무에 속한 사항을 알선한다는 명목으로 뇌물을 수수하는 행위로서, **반드시 알선의 상대방인 다른 공무원이나 그 직무의 내용이 구체적으로 특정될 필요까지는 없다.** 또한 여기서 말하는 알선행위는 장래의 것이라도 무방하므로 알선뇌물수수죄가 성립하기 위하여는 **뇌물을 수수할 당시 반드시 상대방에게 알선에 의하여 해결을 도모하여야 할 현안이 존재하여야 할 필요가 없다**(대판 2013.4.11, 2012도16277). 11 · 15. 법원직 9급, 12. 경찰채용 · 국가직 7급, 14. 경찰간부, 17. 법원행시

4 상대방으로 하여금 뇌물을 수수하는 자에게 잘 보이면 어떤 도움을 받을 수 있다거나 손해를 입을 염려가 없다는 정도의 **막연한 기대감을 갖게 하는 정도에 불과**하고, 뇌물을 수수하는 자 역시 상대방이 그러한 기대감을 가질 것이라고 짐작하면서 수수하였다는 사정만으로는 알선뇌물수수죄가 성립하지 않는다(대판 2017.12.22, 2017도12346 **검사장 사건**). 19. 국가직 9급, 20. 법원직 9급

07 증뢰죄 · 증뇌물전달죄

> **형법**
> 제133조【뇌물공여 등】 ① 제129조부터 제132조까지에 기재한 뇌물을 약속, 공여 또는 공여의 의사를 표시한 자는 5년 이하의 징역 또는 2천만원 이하의 벌금에 처한다.
> ② 제1항의 행위에 제공할 목적으로 제3자에게 금품을 교부하거나 그 사정을 알면서 교부를 받은 자도 제1항의 형에 처한다.

> **⚖ 판례 | 증뇌물전달죄 관련 판례**
> 형법 제133조 제2항의 제3자의 증뢰물전달죄는 제3자가 증뢰자로부터 교부받은 금품을 수뢰할 사람에게 전달하였는지의 여부에 관계 없이 제3자가 그 정을 알면서 금품을 교부받음으로써 성립하는 것이며, 나아가 **제3자가 그 교부받은 금품을 수뢰할 사람에게 전달하였다고 하여 증뢰물전달죄 외에 별도로 뇌물공여죄가 성립하는 것은 아니다**(대판 1997.9.5, 97도1572). 11. 국가직 7급, 12. 경찰승진, 12 · 16. 변호사, 14. 법원행시, 15 · 16. 사법시험, 16. 경찰간부 · 법원직 9급

제3절 공무방해에 관한 죄

01 공무집행방해죄

> **형법**
>
> 제136조【공무집행방해】① 직무를 집행하는 공무원에 대하여 폭행 또는 협박한 자는 5년 이하의 징역 또는 1천만원 이하의 벌금에 처한다.

	주체	아무런 제한이 없음
객관적 구성요건	객체	직무를 집행하는 공무원 ① '직무를 집행하는'이란 공무원이 직무수행에 직접 필요한 행위를 현실적으로 하고 있는 때뿐만 아니라, **직무수행을 위하여 근무 중인 상태도 포함**됨 ② 공무집행방해죄는 직무집행이 적법한 경우에 한하여 성립하므로 그 행위가 공무원의 추상적 권한에 속할 뿐 아니라 구체적 직무집행에 관한 법률상 요건과 방식을 갖추어야 함
	행위	① 폭행: 공무원에 대한 직접적인 유형력의 행사뿐 아니라 간접적인 유형력의 행사도 포함됨 ② 협박: 공무원에게 공포심을 일으킬 목적으로 해악을 고지하는 것

⚖ 판례 | 공무집행방해죄 관련 판례

1 형법상 공무원이라 함은 법령의 근거에 기하여 국가 또는 지방자치단체 및 이에 준하는 공법인의 사무에 **종사하는 자로서** 그 노무의 내용이 단순한 기계적·육체적인 것에 한정되어 있지 않은 자를 말한다(대판 2015.5.29, 2015도3430 **국민권익위 기간제근로자 사건**).

2 공무집행방해죄는 공무원의 직무집행이 적법한 경우에 한하여 성립하고, 여기서 적법한 공무집행이란 그 행위가 공무원의 추상적 권한에 속할 뿐 아니라 구체적 직무집행에 관한 법률상 요건과 방식을 갖춘 경우를 가리킨다(대판 2011.5.26, 2011도3682 **서교동 불심검문 사건**). 11·13·14. 경찰채용, 11·18·21. 경찰간부, 12. 법원행시, 12·16. 경찰승진

3 공무집행방해죄에 있어서 **'직무를 집행하는'**이라 함은 공무원이 직무수행에 직접 필요한 행위를 현실적으로 행하고 있는 때만을 가리키는 것이 아니라 공무원이 직무수행을 위하여 근무 중인 상태에 있는 때를 포괄한다(대판 2009.1.15, 2008도9919 **야간당직 청원경찰 폭행 사건**). 15. 경찰채용

4 공무집행방해죄는 공무원의 적법한 공무집행이 전제로 되는바, 추상적인 권한에 속하는 **공무원의 어떠한 공무집행이 적법한지 여부는 행위 당시의 구체적 상황에 기하여 객관적·합리적으로 판단하여야 하고 사후적으로 순수한 객관적 기준에서 판단할 것은 아니다.** 마찬가지로 현행범 체포의 적법성은 체포 당시의 구체적 상황을 기초로 객관적으로 판단하여야 하고, 사후에 범인으로 인정되었는지에 의할 것은 아니다(대판 2013.8.23, 2011도4763 **화전민식당 사건**). 11·12·15. 경찰채용, 15·20. 법원행시

5 특수공무집행방해치상죄는 단체 또는 다중의 위력을 보이거나 위험한 물건을 휴대하여 직무를 집행하는 공무원에 대하여 폭행 또는 협박하여 공무원을 상해에 이르게 함으로써 성립하는 범죄이고, 여기에서의 **폭행은 유형력을 행사하는 것**을 말한다(대판 2010.12.23, 2010도7412 **쌍용차 평택공장 점거 사건 Ⅰ**).

6 [1] 공무집행방해죄에서 폭행이라 함은 공무원에 대하여 직접적인 유형력의 행사뿐만 아니라 간접적으로 유형력을 행사하는 행위도 포함하는 것이고, 음향으로 상대방의 청각기관을 직접적으로 자극하여 육체적·정신적 고통을 주는 행위도 유형력의 행사로서 폭행에 해당할 수 있다. [2] 공무원의 직무수행에 대한 비판이나 시정 등을 요구하는 집회·시위과정에서 일시적으로 상당한 소음이 발생하였다는 사정만으로는 이를 공무집행방해죄에서의 음향으로 인한 폭행이 있었다고 할 수는 없을 것이나, 그와 같은 의사전달수단으로서 합리적 범위를 넘어서 상대방에게 고통을 줄 의도로 음향을 이용하였다면 이를 폭행으로 인정할 수 있다(대판 2009.10.29, 2007도3584 **용산구청 앞 시위 사건**). 11·12. 경찰간부·국가직 7급, 11·16. 사법시험, 13. 경찰채용, 14. 법원직 9급

7 공무집행방해죄에서 **협박이라 함은 상대방에게 공포심을 일으킬 목적으로 해악을 고지하는 행위를 의미하는 것**으로서 고지하는 해악의 내용이 그 경위, 행위 당시의 주위상황, 행위자의 성향, 행위자와 상대방과의 친숙함의 정도, 지위 등의 상호관계 등 행위 당시의 여러 사정을 종합하여 객관적으로 상대방으로 하여금 공포심을 느끼게 하는 것이어야 하고, 그 협박이 경미하여 상대방이 전혀 개의치 않을 정도인 경우에는 협박에 해당하지 않는다(대판 2011.2.10, 2010도15986). 11. 경찰승진, 12. 법원행시, 14. 국가직 9급, 15·20. 경찰채용

8 공무집행방해죄에 있어서의 **범의는 상대방이 직무를 집행하는 공무원이라는 사실, 그리고 이에 대하여 폭행 또는 협박을 한다는 사실을 인식하는 것**을 그 내용으로 하고, 그 인식은 불확정적인 것이라도 소위 미필적 고의가 있다고 보아야 하며, 그 직무집행을 방해할 의사를 필요로 하지 아니한다(대판 2012.5.24, 2010도11381 **망원 송전탑 + 이화여대 사건**). 11. 경찰간부, 11·12. 경찰승진, 15. 사법시험, 15·16·20. 경찰채용

9 공무집행방해죄에서 '폭행'은 사람에 대한 유형력의 행사로 족하고 반드시 그 신체에 대한 것임을 요하지 아니하며 또한 추상적 위험범으로서 구체적으로 직무집행의 방해라는 결과발생을 요하지도 아니한다(대판 2018.3.29, 2017도21537 **주차장 행패 사건**). 18. 경찰채용

판례비교

공무집행방해죄가 성립하는 경우	공무집행방해죄가 성립하지 않는 경우
① 야간당직 근무 중인 청원경찰이 불법주차 단속요구에 응하여 현장을 확인만 하고 주간 근무자에게 전달하여 단속하겠다고 했다는 이유로 민원인이 청원경찰을 폭행한 경우, 야간당직 근무자는 불법주차 단속권한은 없지만 민원 접수를 받아 다음 날 관련 부서에 전달하여 처리하고 있으므로 불법주차 단속업무는 야간당직 근무자들의 민원업무이자 경비업무로서 공무집행방해죄의 '직무집행'에 해당하여 공무집행방해죄가 성립한다(대판 2009.1.15, 2008도9919 **야간당직 청원경찰 폭행 사건**). 14. 경찰채용·사법시험	① 국민권익위원회 위원장과 근로계약을 체결한 기간제 근로자로서 청사 안전관리 및 민원인 안내 등의 사무를 담당한 것에 불과한 사람은 법령의 근거에 기하여 국가 등의 사무에 종사하는 형법상 공무원이라고 보기 어렵다(대판 2015.5.29, 2015도3430 **국민권익위 기간제 근로자 사건**).
② 노동조합 관계자들과 사용자 측 사이의 다툼을 수습하려 하였으나 노동조합 측이 지시에 따르지 않자 **경비실 밖으로 나와 회사의 노사분규 동향을 파악하거나 파악하기 위해** 대기 또는 준비 중이던 근로감독관을 폭행한 행위는 공무집행방해죄를 구성한다(대판 2002.4.12, 2000도3485 **근로감독관 폭행 사건**). 15. 법원직 9급	② 국민기초생활보장법 제15조 제1항 제4호 등에 따라 자활근로자로 선정되어 사회복지담당 공무원의 복지도우미로 근무하는 사람은 공무원으로서 공무를 담당하고 있었다고 볼 수 없다(대판 2011.1.27, 2010도14484 **복지도우미 사건**). 13. 경찰간부

③ 불법주차단속원 A가 피고인 甲의 차량에 **불법주차 스티커를 붙였으나 甲이 휠체어를 탄 장애인이라는 것을 알고서 그 스티커를 다시 떼어 냈음에도, 甲이 과태료 스티커를 붙였다는 이유로 A의 치마를 양손으로 잡아당겨 찢고 휠체어로 다리를 부딪치게 하여 상해를 가한 경우, 甲의 폭행 당시 A는 일련의 직무수행을 위하여 근무 중인 상태에 있었다고 봄이 상당하다**(대판 1999.9.21, 99도383 **주차단속원 폭행 사건**). 13·14. 경찰채용, 14. 법원직 9급, 16. 경찰승진

④ 의무경찰이 직진하여 오는 택시의 운전자에게 좌회전 지시를 하였음에도 택시의 운전자가 계속 직진하여 와서 택시를 세우고는 항의하므로 그 의무경찰이 택시 약 30cm 전방에 서서 이유를 설명하고 있는데, 운전자가 신경질적으로 갑자기 좌회전하는 바람에 택시 우측 앞 범퍼 부분으로 의무경찰의 무릎을 들이받은 경우, **택시운전자에게는 불과 30cm 앞에서 서 있던 의무경찰을 충격하리라는 사실을 쉽게 알고도 이러한 결과발생을 용인하는 내심의 의사, 즉 미필적 고의가 있었다고 봄이 경험칙상 당연하다**(대판 1995.1.24, 94도1949 **신경질적인 좌회전 사건**). 12. 국가직 9급, 15·16. 경찰승진

⑤ 불심검문에 있어 검문하는 사람이 경찰관이고 검문하는 이유가 범죄행위에 관한 것임을 피고인이 충분히 알고 있었다고 보이는 경우에는 **신분증을 제시하지 않았다고 하여 그 불심검문이 위법한 공무집행이라고 할 수 없다**(대판 2014.12.11, 2014도7976 **카페 불심검문 사건**). 15. 국가직 9급, 16. 경찰채용

⑥ 정당한 사유 없이 **보도에 천막을 설치하여 교통에 지장을 끼치는 등 도로법 제45조에 규정된 금지행위를 하는 데 대하여 도로 관리청 소속 공무원이 이를 제지하고 시설물의 설치를 완성하지 못하도록 막는 등의 행위는 도로의 본래 목적을 달성하도록** 하기 위한 합리적 상당성이 있는 조치로서 포괄적인 도로관리권의 행사 범주에 속하므로, **그와 같이 공무집행을 하는 공무원에 대하여 폭행 등을 가한 행위는 공무집행방해죄를 구성한다**(대판 2014.2.13, 2011도10625 **평택시청 천막철거 사건**). 14. 경찰채용, 15. 법원행시

③ 쌍용자동차 공장을 점거·농성 중이던 조합원 6명이 공장 밖으로 나오자, 전투경찰대원들이 '고착관리'라는 명목으로 조합원을 방패로 에워싸 이동하지 못하게 한 것은 형사소송법상 체포에 해당함에도 **전투경찰대원들이 체포 후 30~40분이 지난 후 피고인 등의 항의를 받고 나서야 비로소 체포의 이유 등을 고지한 것은 적법한 공무집행이라고 볼 수 없으므로 피고인이 전투경찰대원들의 방패를 손으로 잡아당기거나 전투경찰대원들을 발로 차고 몸으로 밀었다고 하더라도 공무집행방해죄는 성립하지 아니한다**(대판 2017.3.15, 2013도2168 **쌍용차사태 권영국 변호사 사건**).

④ 피고인들(민주당과 민주노동당 보좌진들)이 **국회 외교통상 상임위원회 회의장 출입문 앞에 배치되어 출입을 막고 있던 국회 경위들을 밀어내기 위해 경위들의 옷을 잡아당기거나 밀치는 등의 행위를 한 경우,** 피고인들의 행위는 적법성이 결여된 직무행위를 하는 공무원에게 대항하여 한 것에 지나지 아니하여 **공무집행방해죄가 성립하지 않는다**(대판 2013.6.13, 2010도13609 **한미FTA 비준동의안 심의방해 사건 Ⅰ**). 14. 경찰채용

⑤ [1] 사법경찰관리가 벌금형을 받은 이를 그에 따르는 노역장 유치의 집행을 위하여 구인하려면, 검사로부터 발부받은 형집행장을 그 상대방에게 제시하여야 한다. [2] 경찰관 등이 **형집행장을 소지하지도 아니한 채** 피고인을 구인할 목적으로 피고인의 주거지를 방문하여 임의동행의 형식으로 데리고 가다가 피고인이 아파트 1층에서 임의동행을 거부하면서 다른 곳으로 가려는 것을 제지하면서 체포·구인하려고 한 것은 노역장 유치의 집행에 관한 법 규정에 반하는 것으로서 **적법한 공무집행 행위라고 할 수 없다**(대판 2010.10.14, 2010도8591 **울산 형집행장 불제시 사건**). 11·13. 경찰승진, 14·17. 법원행시

공무집행방해죄가 성립하는 경우	공무집행방해죄가 성립하지 않는 경우
⑦ [1] 경찰관은 불심검문 대상자에게 질문을 하기 위하여 범행의 경중, 범행과의 관련성, 상황의 긴박성, 혐의의 정도, 질문의 필요성 등에 비추어 그 목적 달성에 필요한 최소한의 범위 내에서 사회통념상 용인될 수 있는 상당한 방법으로 그 대상자를 정지시킬 수 있고 질문에 수반하여 흉기의 소지 여부도 조사할 수 있다. [2] 인근에서 자전거를 이용한 날치기 사건이 발생한 직후 검문을 하던 경찰관들이 날치기 사건의 범인과 흡사한 인상착의인 피고인을 발견하고 앞을 가로막으며 진행을 제지한 행위는 목적 달성에 필요한 최소한의 범위 내에서 사회통념상 용인될 수 있는 상당한 방법에 의한 것으로 **적법한 공무집행에 해당한다**(대판 2012.9.13, 2010도6203 **인천 부평 불심검문 사건**). 13 · 14. 경찰채용, 17. 법원행시	⑥ [1] 출입국관리공무원 등이 출입국관리법 제81조 제1항에 근거하여 제3자의 주거 또는 일반인의 자유로운 출입이 허용되지 아니한 사업장 등에 들어가 외국인을 상대로 조사하기 위해서는 그 주거권자 또는 관리자의 사전 동의가 있어야 한다. [2] 법무부 의정부출입국관리소 소속 공무원 A 등이 공장장인 乙의 동의나 승낙 없이 공장에 들어가 그 공장 내에서 일하고 있던 甲 등을 상대로 **불법체류자 단속업무를 개시한 경우, 이 불법체류자 단속업무는 적법한 공무집행행위로 볼 수 없어 甲이 A를 칼로 찌른 행위는 특수공무집행방해죄를 구성하지 않는다**(대판 2009.3.12, 2008도7156 **불법체류 방글라데시인 사건**). 11 · 14. 사법시험, 14. 경찰채용
⑧ **체포장소와 시간, 체포사유 등 경찰관의 현행범인 체포경위 및 그에 대한 현행범인체포서와 범죄사실의 기재에 다소 차이가 있다고 하더라도** 그러한 차이가 체포대상이 된 일련의 피고인의 범행이 장소적 · 시간적으로 근접한 것에 기인한 것으로서 그 장소적 · 시간적인 동일성을 해치지 아니하는 정도에 불과하다면 논리와 경험칙상 그러한 사유로 **경찰관의 현행범인 체포행위를 부적법한 공무집행이라고는 할 수 없다**(대판 2008.10.9, 2008도3640 **내성지구대 사건**). 16. 경찰간부	⑦ [1] 비록 장차 특정 지역에서 위법한 집회 · 시위가 개최될 것이 예상된다고 하더라도, 이와 시간적 · 장소적으로 근접하지 않은 다른 지역에서 그 집회 · 시위에 참가하기 위하여 출발 또는 이동하는 행위를 함부로 제지하는 것은 행정상 즉시강제인 경찰관의 제지의 범위를 명백히 넘어서는 것이어서 허용될 수 없으므로, 이러한 제지행위는 공무집행방해죄의 보호대상이 되는 공무원의 적법한 직무집행에 포함될 수 없다. [2] 경찰이, **서울시청 앞 광장 등에서 개최될 예정이었던 집회에 참여하기 위하여 제천시 봉양읍 주민자치센터 앞마당에서 출발하려고 하는 행위를 제지한 행위는 적법한 직무집행에 해당한다고 할 수 없다**(대판 2008.11.13, 2007도9794 **상경시위 저지 사건 Ⅰ**). 11. 국가직 7급, 14. 사법시험, 16. 경찰채용
⑨ 법외 단체인 전국공무원노동조합 지역본부가 임의로 점유해 오던 시(市) 청사시설인 사무실에 대하여 **시장이 자진폐쇄 요청 후 행정대집행법에 따라 행정대집행을 하였는데,** 피고인들과 노동조합 소속 공무원들이 대집행을 행하던 공무원들에 대항하여 폭행 등 행위를 한 경우, 위 행정대집행은 적법한 공무집행에 해당하므로 피고인들은 **특수공무집행방해의 죄책을 진다**(대판 2011.5.26, 2010도10305 **전공노 부산본부 사무실 폐쇄 사건**).	⑧ 피고인이 노조원들과 함께 경찰관들이 파업투쟁 중인 공장에 진입할 경우에 대비하여 **그들의 부재 중에 미리 윤활유나 철판조각을 바닥에 뿌려 놓아 경찰관들이 이에 미끄러져 넘어지거나 철판조각에 찔려 다친 경우,** 피고인 등이 윤활유나 철판조각을 경찰관들의 면전에서 공무집행을 방해할 의도로 뿌린 것이라는 등의 특별한 사정이 있는 경우는 별론으로 하고 이를 가리켜 경찰관들에 대한 유형력의 행사, 즉 폭행에 해당하는 것으로 볼 수 없어 **특수공무집행방해치상죄는 성립하지 아니한다**(대판 2010.12.23, 2010도7412 **쌍용차 평택공장 점거 사건 Ⅰ**). 13. 경찰채용, 13 · 17. 경찰승진

⑩ 법외 단체인 전국공무원노동조합의 지부가 당초 공무원 직장협의회의 운영에 이용되던 군(郡) 청사시설인 사무실을 임의로 사용하자 지방자치단체장이 자진폐쇄 요청 후 행정대집행법에 따라 행정대집행을 하였는데, 지부장 등인 피고인들과 지부 소속 군청 공무원들이 위 집행을 행하던 공무원들에게 대항하여 폭행 등 행위를 한 경우, 위 행정대집행은 주된 목적이 조합의 사무실에 대한 사실상 불법사용을 중지시키기 위하여 사무실 내 조합의 물품을 철거하고 사무실을 폐쇄함으로써 군(郡) 청사의 기능을 회복하는 데 있으므로, 전체적으로 대집행의 대상이 되는 대체적 작위의무인 철거의무를 대상으로 한 것으로 적법한 공무집행에 해당한다고 볼 수 있어 **특수공무집행방해죄에 해당한다** (대판 2011.4.28, 2007도7514 **전공노 연기군지부 사무실 폐쇄 사건**). 13. 경찰승진

⑪ 수산업협동조합 조합장을 7년 이상 역임했고 지역사회에 상당한 영향력을 행사하고 있었던 피고인 **甲이 수사에 대하여 강하게 항의하면서 검찰청 또는 해양경찰청 고위 간부들과의 친분관계를 과시하며 경찰관 A에게 인사상 불이익을 가하겠다는 식의 폭언을 한 경우,** 이는 객관적으로 보아 A로 하여금 공포심을 느끼게 하기에 충분한 해악의 고지에 해당하므로 **공무집행방해죄가 성립한다**(대판 2011.2.10, 2010도15986). 13. 경찰승진

⑫ 음주운전 신고를 받고 출동한 경찰관이 만취한 상태로 시동이 걸린 차량 운전석에 앉아있는 피고인을 발견하고 음주측정을 위해 하차를 요구한 경우 도로교통법 제44조 제2항이 정한 음주측정에 관한 직무에 착수하였다고 할 것이고, 피고인이 차량을 운전하지 않았다고 다투자 경찰관이 지구대로 가서 차량 블랙박스를 확인하자고 한 것은 음주측정에 관한 직무 중 '운전' 여부 확인을 위한 임의동행 요구에 해당하고, 피고인이 차량에서 내리자마자 도주한 것을 임의동행 요구에 대한 거부로 보더라도 **경찰관이 음주측정에 관한 직무를 계속하기 위하여 피고인을 추격하여 도주를 제지한 것은 도로교통법상 음주측정에 관한 일련의 직무집행 과정에서 이루어진 행위로써 정당한 직무집행에 해당한다** (대판 2020.8.20, 2020도7193 **음주운전자 도주 사건**). 21. 경찰채용

⑨ 경찰관의 임의동행을 요구받은 피고인이 자기 집 안방으로 피하여 문을 잠갔다면 이는 임의동행 요구를 거절한 것이므로 피요구자의 승낙을 조건으로 하는 임의동행하려는 직무행위는 끝난 것이고, 피고인이 문을 잠근 방 안에서 **면도칼로 앞가슴 등을 그어 피를 보이면서 자신이 죽어버리겠다고 불온한 언사를 농하였다** 하여도 이는 자해자학행위는 될지언정 경찰관에 대한 유형력의 행사나 해악의 고지표시가 되는 **폭행 또는 협박으로 볼 수 없다**(대판 1976.3.9, 75도3779). 16. 경찰승진

⑩ 면사무소에 설계도면을 제출할 의무나 설계에 필요한 금원을 지급할 의무가 없다면 면사무소 공무원으로서도 이를 적법하게 강제할 권한이 없는 것이므로 면사무소 **공무원이 자신의 행정사무의 편의를 위한 목적으로 설계도의 제출을 요구한 행위는 공무집행방해죄에 있어서의 공무집행에 해당한다고 단정할 수는 없다**(대판 1982.11.23, 81도1872).

공무집행방해죄가 성립하는 경우	공무집행방해죄가 성립하지 않는 경우
⑬ 경찰관들이 112신고를 받고 출동하여 피고인을 만나려 하였으나 피고인은 문조차 열어주지 않고 소란행위를 멈추지 않은 상황이라면 경찰관들이 피고인의 집으로 통하는 전기를 일시적으로 차단한 것은 피고인을 집 밖으로 나오도록 유도한 것으로서, 피고인의 범죄행위를 진압·예방하고 수사하기 위해 필요하고도 적절한 조치로 보이고, 경찰관 직무집행법 제1조의 목적에 맞게 제2조의 직무 범위 내에서 제6조에서 정한 즉시강제의 요건을 충족한 **적법한 직무집행으로 볼 여지가 있다**(대판 2018.12. 13, 2016도19417 **꼴통 아줌마 사건**). 21. 경찰채용	

02 직무·사직강요죄

형법

제136조【공무집행방해】② 공무원에 대하여 그 직무상의 행위를 강요 또는 조지하거나 그 직을 사퇴하게 할 목적으로 폭행 또는 협박한 자도 전항의 형과 같다.

03 위계공무집행방해죄

형법

제137조【위계에 의한 공무집행방해】**위계**로써 공무원의 직무집행을 방해한 자는 5년 이하의 징역 또는 1천만원 이하의 벌금에 처한다.

⚖ **판례 | 위계공무집행방해죄 관련 판례**

1 위계에 의한 공무집행방해죄가 성립되려면 자기의 위계행위로 인하여 **공무집행을 방해하려는 의사가 있을 경우에 한한다고 보는 것이 상당하다**(대판 1970.1.27, 69도2260). 12. 경찰채용, 13. 경찰간부, 17. 경찰승진

2 위계에 의한 공무집행방해죄에서 공무원의 직무집행이란 법령의 위임에 따른 공무원의 적법한 직무집행인 이상 공권력의 행사를 내용으로 하는 권력적 작용뿐만 아니라 **사경제주체로서의 활동을 비롯한 비권력적 작용도 포함된다**(대판 2003.12.26, 2001도6349 **감척어선 사건**). 12. 경찰간부, 12·17. 경찰승진, 13. 법원행시, 15·17. 경찰채용

3 위계에 의한 공무집행방해죄는 행위목적을 이루기 위하여 **상대방에게 오인·착각·부지를 일으키게 하여 이를 이용함으로써** 법령에 의하여 위임된 **공무원의 적법한 직무에 관하여 그릇된 행위나 처분을 하게 하는 경우에 성립한다**(대판 2012.1.27, 2010도11884 **용인시 근평조작 사건**).

4 **위계에 의한 공무집행방해죄는** 상대방의 오인·착각·부지를 일으키고 이를 이용하는 위계에 의하여 상대방으로 하여금 그릇된 행위나 처분을 하게 함으로써 **공무원의 구체적이고 현실적인 직무집행을 방해하는 경우에 성립한다**(대판 2011.9.8, 2010도7034 **화물운송주선 사업자 사건 Ⅱ**). 17. 법원직 9급

5 위계에 의한 공무집행방해죄에 있어서 위계라 함은, 행위자의 행위목적을 이루기 위하여 상대방에게 오인·착각·부지를 일으키게 하여 그 오인·착각·부지를 이용하는 것을 말하는 것으로 상대방이 이에 따라 그릇된 행위나 처분을 하여야만 이 죄가 성립하는 것이고, 만약 그러한 행위가 구체적인 직무집행을 저지하거나 현실적으로 곤란하게 하는 데까지는 이르지 않은 경우에는 위계에 의한 공무집행방해죄로 처벌할 수 없다 (대판 2009.4.23, 2007도1554 **광주교대 학과장 사건**). 11. 경찰승진, 16·17. 경찰채용

6 경범죄 처벌법 제3조 제3항 제2호에서 정한 거짓신고 행위가 원인이 되어 상대방인 공무원이 범죄가 발생한 것으로 오인함으로 인하여 공무원이 그러한 사정을 알았더라면 **하지 않았을 대응조치를 취하기에 이르렀다면, 이로써 구체적이고 현실적인 공무집행이 방해되어 위계에 의한 공무집행방해죄가 성립하지만**(대법원 2016.10.13. 선고 2016도9958 판결 참조), 이와 같이 경범죄처벌법 제3조 제3항 제2호의 **거짓신고가 '위계'의 수단·방법·태양의 하나가 된 경우에는 거짓신고로 인한 경범죄 처벌법 위반죄가 위계에 의한 공무집행방해죄에 흡수되는 법조경합 관계에 있으므로, 위계에 의한 공무집행방해죄만 성립할 뿐 이와 별도로 거짓신고로 인한 경범죄 처벌법 위반죄가 성립하지는 않는다**(대판 2022.10.2, 2022도10402).

판례비교

위계공무집행방해죄가 성립하는 경우	위계공무집행방해죄가 성립하지 않는 경우
① 행정관청이 출원에 의한 인·허가처분을 함에 있어서는 그 출원사유가 사실과 부합하지 아니하는 경우가 있음을 전제로 하여 인·허가할 것인지의 여부를 심사, 결정하는 것이므로 [1] 행정관청이 사실을 충분히 확인하지 아니한 채 출원자가 제출한 허위의 출원사유나 허위의 소명자료를 가볍게 믿고 인가 또는 허가를 하였다면 이는 **행정관청의 불충분한 심사에 기인한 것으로서 출원자의 위계가 결과 발생의 주된 원인이었다고 할 수 없어 위계에 의한 공무집행방해죄를 구성하지 않는다고 할 것이지만** [2] 출원자가 행정관청에 허위의 출원사유를 주장하면서 이에 부합하는 허위의 소명자료를 첨부하여 제출한 경우 허가관청이 관계 법령이 정한 바에 따라 **인·허가요건의 존부 여부에 관하여 나름대로 충분히 심사를 하였으나 출원사유 및 소명자료 허위임을 발견하지 못하여 인·허가처분을 하게 되었다면** 이는 허가관청의 불충분한 심사가 그의 원인이 된 것이 아니라 출원인의 위계행위가 원인이 된 것이어서 **위계에 의한 공무집행방해죄가 성립된다**(대판 2009.3.12, 2008도1321 **산업기능요원 부정편입 사건**). 14. 국가직 9급, 15. 법원직 9급, 16. 경찰간부·법원행시	① [1] 법령에서 어떤 행위의 금지를 명하면서 이를 위반하는 행위에 대한 벌칙을 두는 한편, 공무원으로 하여금 그 금지규정의 위반 여부를 감시·단속하게 하고 있는 경우 그 공무원에게는 금지규정 위반행위의 유무를 감시하여 확인하고 단속할 권한과 의무가 있으므로 **단순히 공무원의 감시·단속을 피하여 금지규정에 위반하는 행위를 한 것에 불과하다면** 그에 대하여 벌칙을 적용하는 것은 별론으로 하고 그 행위가 위계에 의한 공무집행방해죄에 해당하는 것이라고는 할 수 없다. [2] 수용자가 교도관의 감시·단속을 피하여 규율 위반행위를 하거나 수용자가 아닌 자가 **교도관의 검사 또는 감시를 피하여 금지물품을 교도소 내로 반입되도록 하였다고 하더라도 위계에 의한 공무집행방해죄에 해당하는 것으로 볼 수 없다**(대판 2004.4.9, 2004도272 **수용자 규율 위반 사건 Ⅱ**). 11. 경찰간부, 17. 경찰채용
	② 이미 허가를 받아 적법하게 화물자동차 운송주선사업을 영위하는 피고인이 신고를 하는 과정에서 신고서에 허위사실을 기재하고 그에 관한 허위의 서류를 첨부하여 제출하였다고 하더라도 그로써 곧 **구체적이고 현실적인 직무집행이 방해받았다고 볼 수 없을 뿐 아니라**, 행정청이 신고 내용의 진실성이나 첨부자료의 진위 여부를 조사하지 아니하여 허위신고에 대한 적정한 행정권의 행사에 나아가지 못하였다고 하더라도 그러한 결과가 허위신고로 인한 것이라고 보기도 어렵다(대판 2011.9.8, 2010도7034 **화물운송주선 사업자 사건 Ⅱ**). 12. 경찰간부, 15·17. 경찰채용, 16. 법원행시

위계공무집행방해죄가 성립하는 경우	위계공무집행방해죄가 성립하지 않는 경우

② 외국 주재 한국영사관의 비자발급업무와 같이 **신청인이 업무담당자에게 허위의 주장을 하면서 이에 부합하는 허위의 소명자료를 첨부하여 제출한 경우** 그 수리 여부를 결정하는 **업무담당자가 관계규정이 정한 바에 따라 그 요건의 존부에 관하여 나름대로 충분히 심사를 하였으나 신청사유 및 소명자료가 허위임을 발견하지 못하여 그 신청을 수리하게 될 정도에 이르렀다면**, 이는 업무담당자의 불충분한 심사가 아니라 신청인의 위계행위에 의한 것으로서 **위계에 의한 공무집행방해죄가 성립된다**(대판 2011.4.28, 2010도14696 **조선족 신분세탁 사건 Ⅱ**). 11·15·16. 법원행시, 12. 경찰간부, 17. 법원직 9급

③ 등기신청은 단순한 '신고'가 아니라 그 신청에 따른 등기관의 심사 및 처분을 예정하고 있는 것이므로, **등기신청인이 제출한 허위의 소명자료 등에 대하여 등기관이 나름대로 충분히 심사를 하였음에도 이를 발견하지 못하여 그 등기가 마쳐지게 되었다면 위계에 의한 공무집행방해죄가 성립할 수 있다.** 등기관이 등기신청에 대하여 부동산등기법상 그 등기신청에 필요한 서면이 제출되었는지 여부 및 제출된 서면이 형식적으로 진정한 것인지 여부를 심사할 권한은 갖고 있으나 그 등기신청이 실체법상의 권리관계와 일치하는지 여부를 심사할 실질적인 심사권한은 없다고 하여 달리 보아야 하는 것은 아니다(대판 2016.1.28, 2015도17297 **등기확인서면 허위무인 사건**). 16·17. 법원행시, 17. 법원직 9급·국가직 7급, 18. 경찰간부

④ [1] **수사기관이 충분한 수사를 하지 아니한 채 이와 같은 허위의 진술과 증거만으로 증거의 수집·조사를 마쳤다면**, 이는 수사기관의 불충분한 수사에 의한 것으로서 피의자 등의 위계에 의하여 수사가 방해되었다고 볼 수 없어 **위계에 의한 공무집행방해죄가 성립된다고 할 수 없다.** [2] 그러나 피의자 등이 적극적으로 허위의 증거를 조작하여 제출하고 그 증거 조작의 결과 수사기관이 그 진위에 관하여 나름대로 충실한 수사를 하더라도 제출된 증거가 허위임을 발견하지 못할 정도에 이르렀다면, 이는 위계에 의하여 수사기관의 수사행위를 적극적으로 방해한 것으로서 **위계에 의한 공무집행방해죄가 성립된다**(대판 2011.2.10, 2010도15986). 14. 법원행시·국가직 7급, 17. 경찰채용

③ **개인택시 운송사업면허 신청**은 출원에 의한 행정관청의 일반적인 인·허가처분과 마찬가지로 행정관청이 면허요건에 해당하는 여부를 심리하여 면허여부를 결정하는 것이고 그 신청서에 첨부된 소명자료가 진실한 것인지를 가리지 않고 면허를 결정하는 것이 아니므로 **그 면허신청서에 허위의 소명자료를 첨부한 소위는 위계에 의한 공무집행방해죄에 해당하지 않는다**(대판 1988.9.27, 87도2174 **개인택시면허 취득 사건 Ⅱ**). 12. 경찰간부

④ 피고인 甲이 乙 등 3인과 공모하여 **개인택시 운송사업면허를 받는 데 필요한 운전경력증명서를 허위로 발급받게 해주고 이를 면허관청에 소명자료로 제출하게 하여 시장으로부터 개인택시 운송사업면허를 받게 한 경우**, 이는 담당 공무원이 출원사유를 충분히 심사하지 못한 결과에 다름없는 것이고 **甲의 행위로 인하여 담당 공무원의 심사결정업무집행이 방해되었다고 할 수 없다**(대판 1988.5.10, 87도2079 **개인택시면허 취득 사건 Ⅰ**). 12. 경찰채용

⑤ 피의자나 참고인이 아닌 자가 **자발적이고 계획적으로 피의자를 가장하여 수사기관에 대하여 허위사실을 진술하였다 하여 바로 이를 위계에 의한 공무집행방해죄가 성립된다고 할 수 없다**(대판 1977.2.8, 76도3685). 11·13. 법원행시

⑥ 구치소 수용자인 피고인 甲이 교도관인 A 또는 B·C 등과 공모하여 그들로부터 **담배를 교부받아 이를 흡연하거나 같은 수용자인 乙·丙에게 건네주어 피우게 하거나 B로부터 휴대폰을 건네받아 외부와 전화통화를 한 경우**, 위계에 의하여 교도관 또는 구치소장의 공무집행을 방해하였다고 할 수 없다(대판 2003.11.13, 2001도7045 **수용자 규율 위반 사건 Ⅰ**). 11. 경찰승진, 17. 법원행시

⑦ 수사기관에 대하여 **피의자가 허위자백을 하거나 참고인이 허위의 진술을 한 것만으로는 위계에 의한 공무집행방해죄가 성립된다고 할 수 없다**(대판 1971.3.9, 71도186). 11. 법원행시, 14. 국가직 7급

⑤ 피고인 甲과 법무사인 피고인 乙이 공모하여 **등기신청에 필요한 확인서면에 등기의무자인 A의 무인 대신 甲의 무인을 찍어 이를 등기관에게 제출하였고, 이에 따라 등기가 마쳐지게 된 이상 위계에 의한 공무집행방해죄가 성립한다**(대판 2016.1.28, 2015도17297 **등기확인서면 허위무인 사건**).

⑥ 병역법상의 지정업체에서 산업기능요원으로 근무할 의사가 없음에도 해당 지정업체의 장과 공모하여 허위내용의 편입신청서를 제출하여 관할 관청으로부터 산업기능요원 편입을 승인받고, 나아가 관할 관청의 실태조사를 회피하기 위하여 허위서류를 작성·제출하는 등의 방법으로 파견근무를 신청하여 관할 관청으로부터 파견근무를 승인받았다면, 이러한 파견근무의 승인 등은 관할 관청의 불충분한 심사가 원인이 된 것이 아니라 출원인의 위계행위가 원인이 된 것이어서 **위계에 의한 공무집행방해죄가 성립한다**(대판 2009.3.12, 2008도1321 **산업기능요원 부정편입 사건**). 11. 경찰간부, 16. 법원직 9급

⑦ **감척어선(減隻漁船)** 제한경쟁입찰에 참가할 자격이 없는 피고인 甲이, 감척어선을 낙찰받아 어업을 계속할 의도에서 새로이 매수한 노후어선을 乙 앞으로 소유권을 형식적으로 이전한 다음, **마치 乙이 감척어선 입찰에 직접 참가하는 것처럼 가장하여 입찰참가신청서를 작성·제출하고, 乙의 대리인 자격으로 입찰에 참가하여 감척어선을 낙찰받아 그 어선에 대한 실질적인 소유권을 취득한 경우, 일련의 직무집행을 위계로써 방해한 것으로 볼 수 있다**(대판 2003.12.26, 2001도6349 **감척어선 사건**). 14. 경찰승진

⑧ A회사가 광주시가 발주하는 염주종합경기장 입찰에 대한 참가자격을 갖추지 못하였음에도, 피고인들이 **공사실적에 관련된 사문서를 변조한 다음, 이를 첨부한 실적증명발급요청서를 해외건설협회에 제출하여 위 입찰참가자격에 적합한 실적증명서을 받아내고, 이를 입찰참가신청서에 첨부하여 제출함으로써 A회사가 낙찰자로 결정되고 공사계약을 체결하게 된 경우 위계에 의한 공무집행방해죄가 성립한다**(대판 2003.10.9, 2000도4993 **금호산업 허위실적증명 사건**). 14. 경찰승진

⑧ 법원은 당사자의 허위 주장 및 증거 제출에도 불구하고 진실을 밝혀야 하는 것이 그 직무이므로, **가처분신청시 당사자가 허위의 주장을 하거나 허위의 증거를 제출하였다 하더라도 그것만으로 법원의 구체적이고 현실적인 어떤 직무집행이 방해되었다고 볼 수 없으므로 이로써 바로 위계에 의한 공무집행방해죄가 성립한다고 볼 수 없다**(대판 2012.4.26, 2011도17125 **가처분신청 사건**). 13·15·16·17. 법원행시, 14. 변호사, 16. 법원직 9급, 17. 경찰채용·국가직 7급, 20. 경찰승진

⑨ 과속으로 인하여 **과속단속카메라에 촬영되더라도 불빛을 반사시켜 차량 번호판이 식별되지 않도록 하는 기능이 있는 이 사건 '파워매직세이퍼'를 차량 번호판에 뿌린 상태로 차량을 운행한 행위만으로는 교통단속업무를 구체적이고 현실적으로 수행하는 경찰공무원에 대하여 그가 충실히 직무를 수행한다고 하더라도 통상적인 업무처리과정하에서는 사실상 적발이 어려운 위계를 사용하여 그 업무집행을 하지 못하게 한 것이라고 보기 어렵다**(대판 2010.4.15, 2007도8024 **파워매직세이퍼 사건**). 11. 사법시험·법원직 9급, 12. 경찰채용, 17. 국가직 7급, 20. 경찰승진

⑩ 국립대학교의 전임교원 공채심사위원인 학과장 甲이 지원자 乙의 부탁을 받고 이미 논문접수가 마감된 학회지에 乙의 논문이 게재되도록 돕고, 연구실적심사의 기준을 강화하자고 제안하여 이에 따라 결국 乙이 최종 선발된 경우, 甲이 심사기준을 강화하는 제안을 한 것은 전임교원을 새로 임용하려는 목적에 부합하는 것으로서 전문성을 가진 모든 사람에게 가점을 주는 공정한 경우에 해당하고 또한 乙이 논문을 추가게재할 수 있도록 도운 행위가 다소 부적절한 행위라고 볼 측면이 없지 않다고 하더라도 乙로서는 자신의 노력에 의한 연구결과물로써 그러한 심사기준을 충족한 것이고 이후 어학시험, 교수능력심사, 면접심사 등의 전형절차를 거쳐 최종 선발된 것이므로, **甲·乙의 행위가 위계로써 공채관리위원회 위원들로 하여금 乙의 자격에 관하여 오인이나 착각·부지를 일으키게 하였다거나 그로 인하여 그릇된 행위나 처분을 하게 한 경우에 해당하지 않는다**(대판 2009.4.23, 2007도1554 **광주교대 학과장 사건**). 11·13. 경찰채용, 14. 법원행시, 20. 경찰승진

위계공무집행방해죄가 성립하는 경우	위계공무집행방해죄가 성립하지 않는 경우

⑨ 피고인들은 개인택시 운송사업면허를 받은 지 5년이 지나지 아니하여 원칙적으로 개인택시 운송사업을 양도할 수 없는 사람 등과 공모하여, 질병이 있는 노숙자들로 하여금 그들이 개인택시 운송사업을 양도하려고 하는 사람인 것처럼 위장하여 의사의 진료를 받게 한 뒤 의사로부터 개인택시 운송사업의 양도인이 1년 이상의 질병에 걸려 있는 것으로 된 허위진단서를 발급받고 이를 소명자료로 삼아 개인택시 운송사업의 양도·양수 인가신청을 하여 행정청으로부터 인가처분을 받았다면, 피고인들의 위와 같은 행위는 위계에 의한 공무집행방해죄에 해당한다(대판 2002.9.10, 2002도2131 **개인택시면허 양도·양수 사건 Ⅱ**). 11·15. 경찰채용, 14. 변호사, 15. 경찰승진, 17. 경찰간부

⑩ 불법체류를 이유로 강제출국당한 중국 동포인 피고인이 중국에서 이름과 생년월일을 변경한 호구부(戶口簿)를 발급받아 중국 주재 대한민국 총영사관에 제출하여 변경된 명의로 입국사증을 받은 다음, 다시 입국하여 그 명의로 외국인등록증을 발급받고 귀화허가신청서까지 제출한 경우 위계에 의한 공무집행방해죄가 성립한다(대판 2011.4.28, 2010도14696 **조선족 신분세탁 사건 Ⅱ**). 16. 법원직 9급

⑪ 피고인이 타인의 소변을 마치 자신의 소변인 것처럼 건네주어 필로폰 음성반응이 나오게 한 행위는, 단순히 피의자가 수사기관에 대하여 허위사실을 진술하거나 자신에게 불리한 증거를 은닉하는 데 그친 것이 아니라 수사기관의 착오를 이용하여 적극적으로 피의사실에 관한 증거를 조작한 것이므로 위계에 의한 공무집행방해죄가 성립한다(대판 2007.10.11, 2007도6101 **필로폰 투약자 타인소변 제출 사건**).

⑫ 피고인이 교통사고 조사담당 경찰관에게 타인의 혈액을 마치 자신의 혈액인 것처럼 건네주어 그것으로 국립과학수사연구소에 의뢰하여 혈중알콜농도를 감정하게 하고 그 결과에 따라 음주운전 혐의에 대하여 공소권 없음의 의견으로 송치하게 한 경우, 단순히 피의자가 수사기관에 대하여 허위사실을 진술하거나 자신에게 불리한 증거를 은닉하는 데 그친 것이 아니라 수사기관의 착오를 이용하여 적극적으로 피의사실에 관한 증거를 조작한 것이므로 위계에 의한 공무집행방해죄가 성립한다(대판 2003.7.25, 2003도1609 **음주운전자 타인혈액 제출 사건**). 11·15·16·17. 법원행시, 13·17. 경찰간부, 14·15. 경찰승진

⑪ 범죄행위가 법원경매업무를 담당하는 집행관의 구체적인 직무집행을 저지하거나 현실적으로 곤란하게 하는 데까지는 이르지 않고 입찰의 공정을 해하는 정도의 행위라면 형법 제315조의 경매·입찰방해죄에만 해당될 뿐, 형법 제137조의 위계에 의한 공무집행방해죄에는 해당되지 않는다(대판 2000.3.24, 2000도102 **신동성로파 사건**). 12. 경찰채용, 16. 사법시험

⑫ 민사소송을 제기함에 있어 피고의 주소를 허위로 기재하여 법원공무원으로 하여금 변론기일소환장 등을 허위주소로 송달하게 하였다는 사실만으로는 이로 인하여 법원공무원의 구체적이고 현실적인 어떤 직무집행이 방해되었다고 할 수는 없으므로 이로써 바로 위계에 의한 공무집행방해죄가 성립한다고 볼 수는 없다(대판 1996.10.11, 96도312 **피고 주소를 허위로 사건**). 11. 법원행시, 11·13. 경찰간부, 11·14·15. 경찰승진, 12. 사법시험, 12·15. 경찰채용

⑬ 자가용차를 운전하다가 교통사고를 낸 사람이 경찰관서에 신고함에 있어 가해차량이 자가용일 경우 피해자와 합의하는 데 불리하다고 생각하여 영업용 택시를 운전하다가 사고를 내었다고 허위신고를 하였다 하더라도 이 사실만으로 공무원의 직무집행을 방해할 의사가 있었다고 단정하기 어려우므로 위계로 인한 공무집행방해죄가 성립하지 않는다(대판 1974.12.10, 74도2841). 14. 경찰채용

⑭ 건물점유자로서 명도집행을 저지할 수 있는 정당한 기능이 있는 자가 그 점유사실을 입증하기 위한 수단으로 임대차계약서 사본을 제시하면서 그 실효된 사실을 고지하지 아니하고 자신이 정당한 임차인인 것처럼 주장하였다고 하더라도 이로써 형법 제137조 소정의 위계에 해당한다고는 볼 수 없다(대판 1984.1.31, 83도2290).

⑮ 초등학교를 졸업하였음에도 초등학교 중퇴 이하의 학력자라는 허위 내용의 인우보증서를 첨부하여 운전면허 구술시험에 응시하였다는 사실만으로는 위계에 의한 공무집행방해죄가 성립하지 않는다(대판 2007.3.29, 2006도8189).

⑯ 허위의 재직증명서를 첨부하여 가입청약을 하고 전화를 가설 하였다 하더라도 전화가입 청약에 대하여는 전화관서가 그 승낙순위에 해당하는 여부를 결정하는 것이므로 이로서는 위계에 의한 공무집행방해죄는 성립되지 아니한다(대판 1977.12.27, 77도3199).

⑬ 변호인으로 선임된 것도 아니고 변호인이 될 의사도 없는 피고인 甲이 휴대전화와 증권거래용 단말기를 구치소 내로 몰래 반입하고, 교도관에게 적발되지 않기 위해 휴대전화의 핸즈프리를 상의 호주머니 속에 숨긴 다음, 수용인 乙 등과 머리를 맞대고 상담하는 것처럼 보이게 하거나 가방을 세워두어 통화모습을 가리는 등의 방법으로 상담하고 있는 것처럼 가장한 경우, 구체적이고 현실적으로 접견호실통제업무를 담당하는 교도관들에 대하여 위계를 사용하여 그 직무집행에 지장을 주거나 곤란하게 하는 행위에 해당한다(대판 2005.8.25, 2005도1731 **집사 변호사 사건**). 13. 경찰채용, 13·17. 법원행시, 15. 경찰승진

⑭ 피고인들이 담당 공무원으로 하여금 **근무성적평정표를 조작하여 근무성적평정위원회에 제출하도록 하여** 이에 속은 근무성적평정위원회가 조작된 근무성적평정표에 따라 평정대상 공무원들의 순위와 평정점을 심사·결정하도록 한 것은 **위계에 의한 공무집행방해죄에 해당한다**(대판 2012.1.27, 2010도11884 **용인시 근평조작 사건**).

⑮ 피고인이 마치 그의 형인 양 시험감독자를 속이고 **원동기장치 자전거운전면허시험에 대리로 응시하였다면** 피고인의 소위는 위계에 의한 공무집행방해죄가 성립한다(대판 1986.9.9, 86도1245). 12. 경찰채용, 17. 경찰간부·법원행시

⑯ 국가정보원 고위 간부인 피고인이 검찰의 국가정보원에 대한 압수·수색에 대비하여 심리전단 사무실을 새롭게 조성하고, 허위 문건을 작출하여 비치하는 한편, 존재하지 않는다거나 국가기밀에 해당한다는 이유를 내세워 국가정보원이 보관하고 있는 자료의 제출을 거부하여 검찰 공무원들이 압수·수색을 하지 못한 경우, 피고인들의 행위는 위계에 의한 공무집행방해죄에 해당한다(대판 2019.3.14, 2018도18646 **국정원 댓글 수사방해 사건**). 19. 5급승진, 20. 경찰채용·법원직 9급·법원행시·변호사

⑰ 국적법 제3조 제1호에 따라 대한민국 국적을 취득하지 않았는데도 대한민국 국적을 취득한 것처럼 인적 사항을 기재하여 대한민국 여권을 발급받은 다음 이를 출입국심사 담당공무원에게 제출하였다면 위계로써 출입국심사업무에 관한 정당한 직무를 방해함과 동시에 부실의 사실이 기재된 여권을 행사한 것으로 볼 수 있다(대판 2022.4.28, 2020도12239 **완전한 타인 조선족 사건**). ➡ 물론 여권부실기재죄도 당연히 성립한다.

⑰ [1] 피고인이 이 사건 접견변호사들에게 지시한 접견이 변호인에 의한 변호활동이라는 외관만을 갖추었을 뿐 실질적으로는 형사사건의 방어권 행사가 아닌 다른 주된 목적이나 의도를 위한 행위로서 접견교통권 행사의 한계를 일탈한 경우에 해당할 수는 있겠지만, 그 행위가 '위계'에 해당한다거나 그로 인해 교도관의 구체적이고 현실적인 직무집행이 방해되었다고 보기 어렵다. [2] 서울구치소에 수감된 피고인은 모두 6명의 집사변호사를 고용하여 총 51회에 걸쳐 변호인 접견을 가장하여 개인적인 업무와 심부름을 하게 하고 소송 서류 외의 문서를 수수함으로써 위계로써 서울구치소의 변호인 접견 업무 담당 교도관의 변호인 접견 관리 등에 관한 정당한 직무집행을 방해하였다."라는 공소사실에 대하여 유죄로 판단하였는바 원심의 이러한 판단은 그대로 수긍하기 어렵다(대판 2022.6.22, 2021도244 **6명의 집사변호사 사건**).

04 법정·국회회의장모욕죄

> **형법**
>
> 제138조【법정 또는 국회회의장모욕】법원의 재판 또는 국회의 심의를 방해 또는 위협할 목적으로 법정이나 국회회의장 또는 그 부근에서 모욕 또는 소동한 자는 3년 이하의 징역 또는 700만원 이하의 벌금에 처한다.

05 인권옹호직무방해죄

> **형법**
>
> 제139조【인권옹호직무방해】경찰의 직무를 행하는 자 또는 이를 보조하는 자가 **인권옹호에 관한 검사의 직무집행을 방해**하거나 그 **명령을 준수하지 아니한 때**에는 5년 이하의 징역 또는 10년 이하의 자격정지에 처한다.

06 공무상표시무효죄

> **형법**
>
> 제140조【공무상비밀표시무효】① 공무원이 그 직무에 관하여 실시한 봉인 또는 압류 기타 강제처분의 표시를 **손상** 또는 **은닉**하거나 기타 방법으로 그 효용을 해한 자는 5년 이하의 징역 또는 700만원 이하의 벌금에 처한다.

🔨판례 | 공무상표시무효죄 관련 판례

1 공무상표시무효죄가 성립하기 위하여는 행위 당시에 강제처분의 표시가 현존할 것을 요하는 것인데, 집달관이 가처분집행 당시 게시한 가처분결정문이 현존하고 있지 않다면 공무상표시무효죄는 성립하지 아니한다(대판 1997.3.11, 96도2801 **서울폐차주식회사 사건**). 12. 법원직 9급, 15. 경찰간부

2 집행관이 법원으로부터 피신청인에 대하여 부작위를 명하는 가처분이 발령되었음을 고시하는 데 그치고 나아가 **봉인 또는 물건을 자기의 점유로 옮기는 등의 구체적인 집행행위를 하지 아니하였다면**, 단순히 피신청인이 가처분의 부작위명령을 위반하였다는 것만으로는 공무상표시의 효용을 해하는 행위에 해당하지 **않는다**(대판 2010.9.30, 2010도3364 **문학컨벤션센터 경영권 분쟁 사건**). 12. 법원행시·법원직 9급, 15. 경찰간부

3 [1] 공무원이 그 직권을 남용하여 **위법하게 실시한 봉인 또는 압류 기타 강제처분의 표시임이 명백하여 법률상 당연무효 또는 부존재라고 볼 수 있는 경우에는 그 봉인 등의 표시는 공무상표시무효죄의 객체가 되지 아니하여** 이를 손상 또는 은닉하거나 기타 방법으로 그 효용을 해한다하더라도 공무상표시무효죄가 성립하지 아니한다 할 것이지만 [2] 공무원이 실시한 **봉인 등의 표시에 절차상 또는 실체상의 하자가 있다고** 하더라도 객관적·일반적으로 그것이 공무원이 그 직무에 관하여 실시한 봉인 등으로 인정할 수 있는 상태에 있다면 **적법한 절차에 의하여 취소되지 아니하는 한 공무상표시무효죄의 객체로 된다**(대판 2007.3.15, 2007도312 **가처분 후 특허무효 사건**). 12. 경찰승진, 12·17. 법원행시, 17. 경찰간부

4 공무원이 그 직무에 관하여 실시한 봉인 등의 표시를 손상 또는 은닉 기타의 방법으로 그 효용을 해함에 있어서 그 봉인 등의 표시가 법률상 효력이 없다고 믿은 것은 법규의 해석을 잘못하여 행위의 위법성을 인식하지 못한 것이라고 할 것이므로 그와 같이 믿은 데에 정당한 이유가 없는 이상, 그와 같이 믿었다는 사정만으로는 **공무상표시무효죄의 죄책을 면할 수 없다**(대판 2000.4.21, 99도5563 **가압류 기계 임의처분 사건**). 12.

국가직 9급, 12·16. 경찰간부, 13·15. 경찰채용, 17. 법원행시

판례비교

공무상표시무효죄가 성립하는 경우	공무상표시무효죄가 성립하지 않는 경우
① 법원이 입주자대표회의를 피신청인으로 하여 **시설물에 대한 사용금지 가처분결정**을 하고 집행관이 시설물을 사용하지 말도록 가처분의 집행을 하고 그 표시를 하였으며 가처분의 집행 및 표시가 취소된 바가 없음에도, 입주자대표회의의 회장인 피고인이 **여전히 시설물의 사용을 중단할 어떠한 조치도 취하지 아니하고 이를 계속 사용한 경우** 피고인의 행위는 **공무상표시의 효용을 해하는 것이라 아니할 수 없다**(대판 2005.6.9, 2005도1085).	① [1] 가처분은 가처분 채무자에 대한 부작위명령을 집행하는 것으로 그 가처분의 채무자로 되지 아니한 제3자의 그 부작위를 위반한 행위는 그 가처분집행표시의 효용을 해한 것으로 볼 수 없다. [2] 온천수사용금지 가처분결정이 있기 전부터 온천이용허가권자인 가처분 채무자로부터 이를 양수하고 임대차계약의 형식을 빌어 온천수를 이용하여 온 피고인이 위 금지명령을 위반하여 계속 온천수를 사용한 경우, 피고인이 가처분 사건 당사자 사이의 권리관계내용을 잘 알고 있었다거나 그가 실질적으로는 가처분 채무자와 같은 당사자 위치에 있었다는 등의 사정이 있다 하여도 위 위반행위는 **공무상표시무효죄를 구성하지 않는다**(대판 2007.11.16, 2007도5539 **온천수사용금지 가처분 사건**). 15. 경찰간부, 17. 법원행시
② 피고인 甲이 **집행관이 기계에 대하여 유체동산 가압류집행을 실시하고 그 뜻을 기재한 표시를 하였음을 전해 들어 알고 있으면서 乙로 하여금 기계들을 가져가도록 한 경우**, 비록 가압류집행 이전에 甲이 乙에게 기계를 양도하기로 하는 합의가 있었더라도 그와 같은 사정만으로 乙이 기계의 소유자가 되었다고 할 수 없을 뿐만 아니라 집행관이 甲의 소유에 속한 것이라고 판단하여 가압류집행을 실시한 이상 이를 당연무효라고 할 수 없으므로 **공무상표시무효죄가 성립한다**(대판 2000.4.21, 99도5563 **가압류 기계 임의처분 사건**). 14. 사법시험	② 집행관이 가처분결정의 취지를 고시한 **공시서를 게시하였을 뿐 어떠한 구체적 집행행위를 하지 않은 경우**, 집행관이 고시한 가처분에 의하여 부과된 **부작위명령을 피고인이 위반하였다고 하더라도 공무상표시무효죄는 성립하지 아니한다**(대판 2010.9.30, 2010도3364 **문학컨벤션센터 경영권 분쟁 사건**).
③ 직접 점유자에 대한 점유이전금지가처분결정이 집행된 후 그 피신청인인 직접점유자가 가처분 목적물의 **간접점유자에게 그 점유를 이전한 경우**에는 그 가처분표시의 효용을 해한 것이 된다(대판 1980.12.23, 80도1963). 12. 법원행시	③ **출입금지 가처분**은 그 성질상 가처분 채권자의 의사에 반하여 건조물 등에 출입하는 것을 금지하는 것이므로 비록 가처분결정이나 그 결정의 집행으로서 집행관이 실시한 고시에 그러한 취지가 명시되어 있지 않다고 하더라도 **가처분 채권자의 승낙을 얻어 그 건조물 등에 출입하는 경우에는 출입금지 가처분표시의 효용을 해한 것이라고 할 수 없다**(대판 2006.10.13, 2006도4740 **채권자의 승낙을 얻어 사건**). 12. 법원직 9급, 12·17. 법원행시
④ 압류물을 집달관의 승인 없이 임의로 그 **관할구역 밖으로 옮긴 경우**에는 압류집행의 효용을 해하게 된다(대판 1992.5.26, 91도894).	
⑤ 건물의 점유이전금지가처분 채무자가 그 가처분의 집행 취지가 기재된 고시문이 그 가처분 목적물에 부착된 이후 **제3자로 하여금 그 건물 중 일부에서 영업을 할 수 있도록 한 경우**, 공무상표시무효죄가 성립한다(대판 2004.10.28, 2003도8238).	

제2장 국가의 기능에 대한 죄 **555**

공무상표시무효죄가 성립하는 경우	공무상표시무효죄가 성립하지 않는 경우
⑥ 집행관이 유체동산을 가압류하면서 이를 채무자에게 보관하도록 한 경우 그 가압류의 효력은 압류된 물건의 처분행위를 금지하는 효력이 있으므로, 채무자가 가압류된 유체동산을 **제3자에게 양도하고 그 점유를 이전한 경우**, 이는 가압류집행이 금지하는 처분행위로서 특별한 사정이 없는 한 **가압류표시 자체의 효력을 사실상으로 감쇄 또는 멸각시키는 행위에 해당한다**. 이는 채무자와 양수인이 가압류된 유체동산을 **원래 있던 장소에 그대로 두었다고 하더라도 마찬가지이다**(대판 2018.7.11, 2015도5403 **가압류 동산 양도 사건**). 19. 5급승진, 20. 법원행시	④ 집행관이 그 점유를 옮기고 압류표시를 한 다음, 채무자에게 보관을 명한 유체동산에 관하여 **채무자가 이를 다른 장소로 이동시켜야 할 특별한 사정이 있고, 그 이동에 앞서 채권자에게 이동사실 및 이동장소를 고지하여 승낙을 얻은 때에는** 비록 집행관의 승인을 얻지 못한 채 압류물을 이동시켰다 하더라도 형법 제140조 제1항 소정의 **'기타의 방법으로 그 효용을 해한 경우'에 해당한다고 할 수 없다**(대판 2004.7.9, 2004도3029 **압류 자동차용품 이전 사건**). 15. 경찰간부
	⑤ 남편을 채무자로 한 출입금지가처분 명령의 효력은 그 처에게는 미치지 아니하므로 그 **처가 이를 무시하고 출입금지된 밭에 들어가 작업**을 한 경우에 공무원이 직무에 관하여 실시한 강제처분표시의 효용을 해한 것이라고는 할 수 없다(대판 1979.2.13, 77도1455).
	⑥ 민사소송법 기타 공법의 해석을 잘못하여 압류물의 효력이 없어진 것으로 착오하였거나 또는 봉인 등을 손상 또는 효력을 해할 권리가 있다고 오신한 경우에는 형벌법규의 부지와 구별되어 **범의를 조각**한다고 해석할 것이다(대판 1970.9.22, 70도1206).

07 공무상비밀침해죄

형법

제140조【공무상비밀표시무효】② 공무원이 그 직무에 관하여 봉함 기타 비밀장치한 문서 또는 도화를 개봉한 자도 제1항의 형과 같다.
　③ 공무원이 그 직무에 관하여 봉함 기타 비밀장치한 문서·도화 또는 전자기록 등 특수매체기록을 기술적 수단을 이용하여 그 내용을 알아낸 자도 제1항의 형과 같다.

08 부동산강제집행효용침해죄

형법

제140조의2【부동산강제집행효용침해】강제집행으로 **명도** 또는 **인도된 부동산**에 침입하거나 기타 방법으로 강제집행의 효용을 해한 자는 5년 이하의 징역 또는 700만원 이하의 벌금에 처한다.

1 A가 토지 및 건물을 강제경매절차에서 매수하고 인도집행을 마쳤는데, 그 토지 및 건물에서 어린이집을 운영하던 피고인이 **건물의 정문 쪽 철제 울타리 부분에 시멘트 벽돌담을 설치하여 건물의 이용자들이 건물과 그 옆 건물 사이에 생긴 좁은 공간을 통하여 출입할 수밖에 없었던 경우,** 이는 권리자인 A가 건물을 그 용도에 따라 사용·수익하거나 권리행사를 하는 데 지장을 초래하는 침해행위에 해당하므로 **강제집행효용침해죄가 성립한다**(대판 2014.1.23, 2013도38 **완도 어린이집 사건**).

2 부동산강제집행효용침해죄의 객체인 **강제집행으로 명도 또는 인도된 부동산**에는 강제집행으로 퇴거집행된 부동산을 포함한다고 해석되므로, 퇴거집행이 된 지상주차장에 침입한 피고인의 행위는 부동산강제집행효용침해죄를 구성한다(대판 2003.5.13, 2001도3212 **퇴거집행 주차장 사건**). 11. 경찰승진, 12. 법원직 9급

09 공용서류 등 무효죄

형법

제141조 【공용서류 등의 무효】 ① 공무소에서 사용하는 **서류 기타 물건 또는 전자기록 등 특수매체기록**을 손상 또는 은닉하거나 기타 방법으로 그 효용을 해한 자는 7년 이하의 징역 또는 1천만원 이하의 벌금에 처한다.

10 공용물파괴죄

형법

제141조 【공용물의 파괴】 ② 공무소에서 사용하는 건조물, 선박, 기차 또는 항공기를 파괴한 자는 1년 이상 10년 이하의 징역에 처한다.

11 공무상보관물무효죄

형법

제142조 【공무상보관물의 무효】 공무소로부터 보관명령을 받거나 공무소의 명령으로 타인이 관리하는 자기의 물건을 **손상** 또는 **은닉**하거나 기타 방법으로 그 효용을 해한 자는 5년 이하의 징역 또는 700만원 이하의 벌금에 처한다.

12 특수공무집행방해죄 · 특수공무집행방해치사상죄

> **형법**
>
> 제144조 【특수공무방해】 ① **단체 또는 다중의 위력을 보이거나 위험한 물건을 휴대**하여 제136조, 제138조와 제140조 내지 전조의 죄를 범한 때에는 각 조에 정한 형의 2분의 1까지 가중한다.
>
> ② 제1항의 죄를 범하여 공무원을 상해에 이르게 한 때에는 3년 이상의 유기징역에 처한다. 사망에 이르게 한 때에는 무기 또는 5년 이상의 징역에 처한다.

> **판례 | 특수공무집행방해치사상죄 관련 판례**
>
> **특수공무집행방해치상죄**는 원래 결과적 가중범이기는 하지만, 이는 중한 결과에 대하여 예견가능성이 있었음에도 불구하고 예견하지 못한 경우에 벌하는 진정결과적 가중범이 아니라 그 결과에 대한 예견가능성이 있었음에도 불구하고 예견하지 못한 경우뿐만 아니라 **고의가 있는 경우까지도 포함하는 부진정결과적 가중범이다**(대판 1995.1.20, 94도2842). 11 · 12. 경찰승진, 13. 국가직 7급, 16. 경찰채용

제4절 도주와 범인은닉의 죄

01 도주죄

> **형법**
>
> 제145조 【도주】 ① 법률에 따라 **체포되거나 구금된 자**가 도주한 경우에는 **1년 이하의 징역**에 처한다.

> **판례 | 도주죄 관련 판례**
>
> **1** 사법경찰관이 피고인을 수사관서까지 동행한 것이 사실상의 강제연행, 즉 불법체포에 해당하고 불법체포로부터 6시간 상당이 경과한 후에 이루어진 긴급체포 또한 위법하다면, 피고인은 불법체포된 자로서 형법 제145조 제1항에 정한 '법률에 의하여 체포 또는 구금된 자'가 아니어서 **도주죄의 주체가 될 수 없다**(대판 2006.7.6, 2005도6810 **화천 절도피의자 강제연행 사건**). 14. 법원행시, 15. 사법시험 · 변호사, 17. 경찰간부
>
> **2** 도주죄는 즉시범으로서 범인이 간수자의 실력적 지배를 이탈한 상태에 이르렀을 때에 기수가 되어 도주행위가 종료하는 것이고, 도주원조죄는 도주죄에 있어서의 범인의 도주행위를 야기시키거나 이를 용이하게 하는 등 그와 공범관계에 있는 행위를 독립한 구성요건으로 하는 범죄이므로 도주죄의 범인이 도주행위를 하여 기수에 이른 이후에 범인의 도피를 도와주는 행위는 범인도피죄에 해당할 수 있을 뿐 도주원조죄에는 해당하지 아니한다(대판 1991.10.11, 91도1656 **병원탈출 동생 사건**). 11 · 13 · 20. 경찰승진, 15. 법원행시, 20. 변호사
>
> **3** 피고인 甲이, 수감되어 있던 용병원에서 간수자를 폭행하고 병원에서 탈주에 성공한 동생 乙이 보다 멀리 서울로 도피할 수 있도록 乙 소유의 승용차를 인도하여 준 것은 도주원조죄에 해당하지 아니한다(대판 1991.10.11, 91도1656 **병원탈출 동생 사건**). 12. 국가직 9급, 15. 사법시험, 17. 경찰간부

02 집합명령위반죄

> **형법**
>
> 제145조【집합명령 위반】② 제1항의 구금된 자가 천재지변이나 사변 그 밖에 법령에 의하여 잠시 석방된 경우에 정당한 이유 없이 그 집합명령에 위반한 경우에도 제1항의 형에 처한다.

03 특수도주죄

> **형법**
>
> 제146조【특수도주】 수용설비 또는 기구를 손괴하거나 사람에게 폭행 또는 협박을 가하거나 2인 이상이 합동하여 전조 제1항의 죄를 범한 자는 7년 이하의 징역에 처한다.

04 도주원조죄

> **형법**
>
> 제147조【도주원조】 법률에 의하여 구금된 자를 탈취하거나 도주하게 한 자는 **10년 이하의 징역**에 처한다.

05 간수자도주원조죄

> **형법**
>
> 제148조【간수자의 도주원조】 법률에 의하여 구금된 자를 간수 또는 호송하는 자가 이를 도주하게 한 때에는 1년 이상 10년 이하의 징역에 처한다.

06 범인도피·은닉죄

> **형법**
>
> 제151조【범인은닉과 친족간의 특례】① **벌금 이상의 형**에 해당하는 죄를 범한 자를 은닉 또는 도피하게 한 자는 3년 이하의 징역 또는 500만원 이하의 벌금에 처한다.
> ② 친족 또는 동거의 가족이 본인을 위하여 전항의 죄를 범한 때에는 처벌하지 아니한다.

⚖ 판례 | 범인도피·은닉죄 관련 판례

1 공동정범 중의 1인이 다른 공동정범을 은닉한 경우에도 그것이 일반적으로 형사사법작용을 방해하는 위험을 초래하는 성질을 가지는 때에는 **범인은닉죄가 성립한다**(대판 2011.9.8, 2011도7262 **세고엔터테인먼트 사건**). 12. 경찰채용

2 공범자의 범인도피행위 도중에 그 범행을 인식하면서 그와 공동의 범의를 가지고 기왕의 범인도피상태를 이용하여 스스로 범인도피행위를 계속한 자에 대하여는 범인도피죄의 공동정범이 성립한다(대판 1995.9.5, 95도577). 12. 경찰간부, 12·13. 국가직 9급, 12·15·16. 경찰채용, 14. 경찰승진·법원행시, 16. 법원직 9급

3 형법 제151조 제2항 및 제155조 제4항은 친족 또는 동거의 가족이 본인을 위하여 범인도피죄, 증거인멸죄 등을 범한 때에는 처벌하지 아니한다고 규정하고 있는바, 사실혼관계에 있는 자는 민법 소정의 친족이라 할 수 없어 위 조항에서 말하는 친족에 해당하지 않는다(대판 2003.12.12, 2003도4533 **내연남 외국도피 사건**). 11. 법원행시, 11·13. 경찰승진, 13. 국가직 7급, 14. 경찰채용, 14·15. 사법시험

4 범인도피죄에서 '죄를 범한 자'라 함은 범죄의 혐의를 받아 수사대상이 되어 있는 자를 포함하며, 나아가 벌금 이상의 형에 해당하는 죄를 범한 자라는 것을 인식하면서도 도피하게 한 경우에는 그 자가 당시에는 아직 수사대상이 되어 있지 않았다고 하더라도 범인도피죄가 성립한다(대판 2003.12.12, 2003도4533 **내연남 외국도피 사건**). 11·12·13. 경찰간부, 11·13. 경찰승진, 14. 경찰채용

5 범인도피죄에서 '죄를 범한 자'는 범죄의 혐의를 받아 수사대상이 되어 있는 사람이면 그가 진범인지 여부를 묻지 않고 이에 해당한다(대판 2014.3.27, 2013도152 **유사석유판매 주유소 사건**). 13. 법원행시

6 범인도피죄에서 '벌금 이상의 형에 해당하는 자'에 대한 인식은 실제로 벌금 이상의 형에 해당하는 범죄를 범한 자라는 것을 인식함으로써 족하고 그 법정형이 벌금 이상이라는 것까지 알 필요는 없다(대판 2000.11.24, 2000도4078 **허위 교통사고 자백 사건**). 14. 경찰승진

7 범인도피죄에서 '도피하게 하는 행위'는 은닉 이외의 방법으로 범인에 대한 수사·재판 및 형의 집행 등 **형사사법의 작용을 곤란 또는 불가능하게 하는 일체의 행위로서 그 수단과 방법에는 아무런 제한이 없다**(대판 2013.1.10, 2012도13999 **진술번복 게임장 바지사장 사건**). 12. 법원행시, 20. 해경채용

8 범인도피죄는 위험범으로서 현실적으로 형사사법 작용을 방해하는 결과를 초래할 필요는 없으나 적어도 함께 규정되어 있는 은닉행위에 비견될 정도로 수사기관의 발견·체포를 곤란하게 하는 행위, 즉 **직접 범인을 도피시키는 행위 또는 도피를 직접적으로 용이하게 하는 행위에 이르러야 성립하므로, 그 자체로는 도피시키는 것을 직접적인 목적으로 하였다고 보기 어려운 어떤 행위를 한 결과 간접적으로 범인이 안심하고 도피할 수 있게 한 경우는 여기에 포함되지 않는다**(대판 2011.4.28, 2009도3642 **체포영장발부자 명단 사건**). 11. 경찰간부, 12. 법원행시, 20. 경찰채용

범인도피죄가 성립하는 경우	범인도피죄가 성립하지 않는 경우
① 게임장의 바지사장인 甲이 검찰수사에 임하여 **자신이 게임장 실제 업주라고 하면서 게임장 운영경위, 자금 출처, 게임기 구입경위, 건물의 임대차계약 체결경위에 관하여 허위로 진술한 경우,** 이는 실제 업주인 乙을 도피시키기 위하여 자신을 실제 업주로 내세우는 허위 진술로서 적극적으로 수사기관을 기만하여 착오에 빠지게 함으로써 범인의 발견 또는 체포를 곤란 내지 불가능하게 할 정도에 이르렀다고 봄이 상당하므로 **甲에게 범인도피죄가 성립하고 이를 교사한 乙에게 범인도피교사죄가 성립한다**(대판 2010.1.28, 2009도10709 **불법게임장 바지사장 역할 사건**).	① **참고인이 수사기관에서 범인에 관하여 조사를 받으면서 그가 알고 있는 사실을 묵비하거나 허위로 진술하였다고 하여도 그것이 적극적으로 수사기관을 기만하여 착오에 빠지게 함으로써 범인의 발견 또는 체포를 곤란 내지 불가능하게 할 정도의 것이 아니라면 범인도피죄를 구성하지 않는다**(대판 2008.6.26, 2008도1059 허위무인 진술 사건). 12. 변호사·법원직 9급, 13. 경찰승진, 21. 경찰간부
② 피고인 甲이 **범인 乙이 기소중지자임을 알고도 乙의 부탁으로 자기 처 丙 명의로 대신 임대차계약을 체결해 준 경우,** 비록 임대차계약서가 공시되는 것은 아니라 하더라도 수사기관이 탐문수사나 신고를 받아 범인을 발견하고 체포하는 것을 곤란하게 하는 것이어서 **범인도피죄에 해당한다**(대판 2004.3.26, 2003도8226 **처 명의 임대차계약 체결 사건**). 12. 경찰간부·법원직 9급, 14·15. 법원행시, 14·16·20. 경찰승진, 15. 사법시험, 16. 경찰채용	② **참고인이 수사기관에서 범인에 관하여 조사를 받으면서 그가 알고 있는 사실을 묵비하거나 허위로 진술하였다고 하더라도 그것이 적극적으로 수사기관을 기만하여 착오에 빠지게 함으로써 범인의 발견 또는 체포를 곤란 내지 불가능하게 할 정도가 아닌 한 범인도피죄를 구성하지 않는 것이고, 이러한 법리는 피의자가 수사기관에서 공범에 관하여 묵비하거나 허위로 진술한 경우에도 그대로 적용된다**(대판 2010.2.11, 2009도12164 **불법게임장 공범 묵비 사건 Ⅱ**). 12·15. 법원행시, 16. 법원직 9급
③ **범인 아닌 자가 수사기관에서 범인임을 자처하고 허위사실을 진술하여 진범의 체포와 발견에 지장을 초래하게 한 행위는 범인은닉죄에 해당한다**(대판 1996.6.14, 96도1016). 12. 경찰채용, 12·21. 경찰간부, 16. 법원직 9급·경찰승진	③ 참고인이 수사기관에서 범인에 관하여 조사를 받으면서 그가 알고 있는 사실을 묵비하거나 허위로 진술하였다고 하더라도 그것이 적극적으로 수사기관을 기만하여 착오에 빠지게 함으로써 범인의 발견 또는 체포를 곤란 내지 불가능하게 할 정도의 것이 아니라면 범인도피죄를 구성하지 않는다. 이러한 법리는 **게임장 등의 실제 업주가 아니라 종업원임에도 불구하고 자신이 실제 업주라고 허위로 진술하는 경우에도 마찬가지이다**(대판 2013.1.10, 2012도13999 **진술번복 게임장 바지사장 사건**). 14. 경찰채용·사법시험·법원행시
④ 부정수표 단속법 제2조 제2항 위반의 범죄는 예금부족으로 인하여 제시일에 지급되지 아니할 것이라는 결과발생을 예견하고 수표를 발행한 때에 바로 성립하는 것이고 수표소지인의 제시일에 수표금의 지급이 거절된 때에 비로소 성립하는 것은 아니므로, **피고인이 수표발행인을 은닉한 것이 그 수표가 부도나기 전날이라고 하더라도** 그 수표가 부도날 것이라는 사정과 수표발행인이 부정수표 단속법 위반으로 수사관서의 수배를 받게 되리라는 사정을 알았다면 **범인은닉에 관한 범의가 없다고 할 수는 없다**(대판 1990.3.27, 89도1480). 11. 경찰승진	④ **참고인이 실제의 범인이 누군지도 정확하게 모르는 상태에서** 수사기관에서 실제의 범인이 아닌 어떤 사람을 범인이 아닐지도 모른다고 생각하면서도 그를 범인이라고 지목하는 허위의 진술을 한 경우에는 참고인의 허위진술에 의하여 범인으로 지목된 사람이 구속기소됨으로써 실제의 범인이 용이하게 도피하는 결과를 초래한다고 하더라도 그것만으로는 참고인에게 적극적으로 실제의 범인을 도피시켜 국가의 형사사법의 작용을 곤란하게 할 의사가 있었다고 볼 수 없어 **범인도피죄로 처벌할 수는 없다**(대판 1997.9.9, 97도1596 **엉뚱한 강간범 지목 사건**). 14. 경찰채용, 16. 경찰승진, 21. 경찰간부

범인도피죄가 성립하는 경우	범인도피죄가 성립하지 않는 경우
⑤ 피의자가 실제 업주로부터 금전적 이익 등을 제공받기로 하고 단속이 되면 실제 업주를 숨기고 자신이 대신하여 처벌받기로 하는 역할(이른바 '바지사장')을 맡기로 하는 등 수사기관을 착오에 빠뜨리기로 하고, **단순히 실제 업주라고 진술하는 것에서 나아가** 게임장 등의 운영경위, 자금 출처, 게임기 등의 구입경위, 점포의 임대차계약 체결경위 등에 관하여서까지 적극적으로 허위로 진술하거나 허위자료를 제시하여 그 결과 수사기관이 실제 업주를 발견 또는 체포하는 것이 곤란 내지 불가능하게 될 정도에까지 이른 것으로 평가되는 경우 등에는 범인도피죄를 구성할 수 있다(대판 2012.8.30, 2010도13694 **불법게임장 비호 경찰관 사건**). 14. 경찰채용·사법시험·법원행시 ⑥ 공범이 더 있다는 사실을 숨긴 채 허위보고를 하고 조사를 받고 있는 범인에게 **다른 공범이 더 있음을** 실토하지 못하도록 하는 등의 행위를 하였다면 도피행위에 대한 고의가 있었다(대판 1995.12.26, 93도904).	⑤ **참고인이 수사기관에서 진술을 함에 있어 단순히 범인으로 체포된 사람과 동인이 목격한 범인이 동일함에도 불구하고 동일한 사람이 아니라고 허위진술을 한 정도의 것만으로는** 참고인의 그 허위진술로 말미암아 증거가 불충분하게 되어 범인을 석방하게 되는 결과가 되었다 하더라도 바로 **범인도피죄를 구성한다고 할 수는 없다**(대판 1987.2.10, 85도897 **절도범인이 아니다 사건**). 11·14. 경찰승진 ⑥ 게임법 위반의 혐의로 수사기관에서 조사받는 피의자가 사실은 게임장·오락실·피씨방 등의 실제 업주가 아니라 그 종업원임에도 불구하고 자신이 실제 업주라고 허위로 진술하였다고 하더라도 그 자체만으로 범인도피죄를 구성하는 것은 아니다(대판 2012.8.30, 2010도13694 **불법게임장 비호 경찰관 사건**). 14. 경찰채용·사법시험·법원행시 ⑦ 피고인 甲이 음주운전 등으로 **현행범 체포된** 乙이 A의 인적 사항을 모용하면서 타인 행세를 하고 있다는 사실을 알면서도 평소 외우고 있던 타인의 주민등록번호 및 허위의 주소 등을 신원보증서에 기재하고 乙의 신원을 보증하여 석방되도록 한 경우, 그와 같은 사실만으로는 직접 범인을 도피시키거나 도피를 직접 용이하게 하였다고 하기는 어렵다(대판 2003.2.14, 2002도5374 **허위 신원보증서 사건**). 11. 경찰승진·경찰간부, 15. 사법시험 ⑧ 피고인이 절도 사건과 관련하여 사법경찰리로부터 조사받는 과정에서 **공범들의 이름을 단순히 묵비하였다** 하여 절도범인을 도피하게 하였다고는 볼 수 없다(대판 1984.4.10, 83도3288). 11. 경찰승진 ⑨ 주점 개업식 날 찾아 온 범인에게 "도망다니면서 이렇게 와 주니 고맙다. 항상 몸조심하고 주의하여 다녀라. 열심히 살면서 건강에 조심하라."라고 말한 것은 단순히 안부인사에 불과한 것으로 범인을 도피하게 한 것으로 볼 수 없다(대판 1992.6.12, 92도736). 20. 경찰채용 ⑩ 甲, 乙이 강제집행을 피하기 위하여 丙에게 콜라텍을 허위로 양도하여 **甲, 乙, 丙이 강제집행면탈죄의 공동정범의 관계에 있는 경우,** 甲과 乙에 대한 고소 사건에서 **丙이 콜라텍을 실제 양수하여 운영하고 있다고 허위로 진술하고 그에 관한 허위 자료를 제출하였고 그것이 甲과 乙을 도피하게 하는 결과가 되더라도 범인도피죄가 성립할 수 없고,** 따라서 甲과 乙이 이러한 행위를 교사하였다고 하더라도 범인도피교사죄는 성립하지 않는다(대판 2018.8.1, 2015도20396 **콜라텍 허위양도 사건**). 20. 경찰승진·해경채용

범인도피교사·방조죄가 성립하는 경우	범인도피교사·방조죄가 성립하지 않는 경우
① 범인도피죄에서 형법 제151조 제1항에서 정한 '죄를 범한 자'가 자신을 위하여 타인으로 하여금 범인도피죄를 범하게 하는 행위는 방어권의 남용으로 범인도피교사죄에 해당한다(대판 2014.3.27, 2013도 152 유사석유판매 주유소 사건). 11. 경찰간부, 11·12·14· 15. 경찰승진, 12. 국가직 9급, 14. 법원행시, 16. 사법시험 ② 범인이 자신을 위하여 타인으로 하여금 허위의 자백을 하게 하여 범인도피죄를 범하게 하는 행위는 방어권의 남용으로 범인도피교사죄에 해당하는 바, 이 경우 그 타인이 형법 제151조 제2항에 의하여 처벌을 받지 아니하는 친족 또는 동거 가족에 해당한다 하여 달리 볼 것은 아니다(대판 2006.12.7, 2005도3707 동생 허위자백 사건). 11·12·13·14·15· 16. 법원행시, 12·14. 변호사, 13. 사법시험, 13·17. 국가직 7급, 16. 경찰승진·법원직 9급, 21. 경찰간부 ③ 피고인 甲이 수사 과정에서 乙로 하여금 (가)주유소의 실제 업주이며, 丙으로 하여금 (나)주유소의 실제 업주이며, 丁으로 하여금 甲에게 석유를 공급하였는데 자신도 유사석유임을 몰랐다는 내용으로 각 허위진술하도록 한 경우, 甲이 판매·공급한 휘발유가 유사석유임을 알았다고 인정할 증거가 부족하여 甲에 대하여 석유사업법 위반죄를 인정할 수 없다고 하더라도 甲에 대하여 범인도피죄교사죄가 성립한다(대판 2014.3.27, 2013도152 유사석유판매 주유소 사건). ④ 무면허상태로 교통사고를 낸 피고인 甲이 동생 乙에게 "네가 대신 교통사고를 내었다고 조사를 받아 달라."라고 부탁하여, 이를 승낙한 乙이 경찰서에서 "내가 승용차를 운전하고 가다가 교통사고를 낸 사람이다."라고 허위진술한 경우, 甲에 대하여 범인도피죄교사죄가 성립한다(대판 2006.12.7, 2005도3707 동생 허위자백 사건). 12·13·17. 변호사, 12·15. 법원행시, 17. 경찰승진 ⑤ 피고인 乙이 수사기관 및 법원에 출석하여 丙 등의 사기 범행을 자신이 저질렀다는 취지로 허위자백하였는데, 그 후 乙의 사기 피고사건 변호인으로 선임된 甲이 乙의 결의를 강화하여 진범 丙 등을 은폐하는 허위자백을 유지하게 한 경우 甲에 대하여 범인도피방조죄가 성립한다(대판 2012.8.30, 2012도6027). 22. 경찰간부	피고인 甲이 평소 가깝게 지내던 후배 乙에게 요청하여 대포폰을 개설하여 받고, 乙에게 전화를 걸어 자신이 있는 곳으로 오도록 한 다음 乙이 운전하는 자동차를 타고 청주시 일대를 이동하여 다닌 경우, 甲의 이러한 행위는 형사사법에 중대한 장애를 초래한다고 보기 어려운 통상적 도피의 한 유형으로 볼 여지가 충분하여 범인도피교사죄는 성립하지 아니한다(대판 2014.4.10, 2013도12079 후배에게 도움요청 사건). 15. 사법시험·법원행시, 20. 경찰채용·해경채용

제5절 위증과 증거인멸의 죄

01 위증죄·모해위증죄

> **형법**
>
> 제152조 【위증, 모해위증】 ① 법률에 의하여 **선서한 증인**이 허위의 진술을 한 때에는 5년 이하의 징역 또는 1천만원 이하의 벌금에 처한다.
>
> ② 형사 사건 또는 징계 사건에 관하여 피고인, 피의자 또는 징계혐의자를 **모해할 목적**으로 전항의 죄를 범한 때에는 10년 이하의 징역에 처한다.

객관적 구성요건	주체	법률에 의하여 **선서한 증인**(진정신분범) 13. 경찰채용, 15. 경찰승진 ① 법률에 의한 선서이어야 하므로 법적인 근거 없이 선서를 한 자는 위증죄의 주체가 될 수 없음 ② 증인: 법원 또는 법관에 대하여 자기가 과거에 체험한 사실을 진술하는 제3자
	행위	허위의 진술을 하는 것 ① 허위: 증인이 **자기의 기억에 반하는 진술**을 하는 것을 의미하며 진술내용이 객관적 사실과 일치되는지 여부는 불문함(**주관설·통설·판례**). 증인이 기억에 반하는 진술을 한 이상 그것이 객관적 사실에 부합하여도 위증죄가 성립함 ② 진술: 증인이 경험한 사실을 표명하는 것으로 진술의 대상은 사실에 한정되며 이에 대한 가치판단은 포함되지 않음
	기수	기수시기는 신문이 종료되어 **증언을 철회할 수 없는 단계**에 이르렀을 때. 다만, 증언 후 선서한 경우에는 선서가 종료된 때가 기수

> ⚖️ **판례 | 위증죄 관련 판례**
>
> **1** 위증죄에 있어서의 허위의 공술이란 증인이 자기의 기억에 반하는 사실을 진술하는 것을 말하는 것으로서 그 내용이 객관적 사실과 부합한다고 하여도 위증죄의 성립에 장애가 되지 않는다(대판 1989.1.17, 88도580).
> 11·12·13. 경찰채용, 11·14·20. 법원직 9급, 13. 변호사, 15. 경찰승진, 17. 경찰간부, 20. 국가직 7급
>
> **2** 증인의 증언은 그 전부를 일체로 관찰·판단하는 것이므로 선서한 증인이 일단 기억에 반하는 허위의 진술을 하였더라도 그 신문이 끝나기 전에 그 진술을 철회·시정한 경우 위증이 되지 아니한다(대판 2008.4.24, 2008도1053). 11·14. 법원직 9급, 12. 법원행시, 16. 국가직 7급
>
> **3** 증언의 전체 취지에 비추어 원고대리인 신문시에 한 증언을 **피고대리인과 재판장 신문시에 취소·시정한 것으로 보여진다면 앞의 증언 부분만을 따로 떼어 위증이라고 보는 것은 위법하다**(대판 1984.3.27, 83도2853). 12. 경찰간부

4 증인의 증언은 그 전부를 일체로 관찰·판단하는 것이므로 선서한 증인이 일단 기억에 반하는 허위의 진술을 하였더라도 그 신문이 끝나기 전에 그 진술을 철회·시정한 경우 위증이 되지 아니한다고 할 것이나, 증인이 1회 또는 수회의 기일에 걸쳐 이루어진 1개의 증인신문절차에서 허위의 진술을 하고 그 진술이 철회·시정된 바 없이 그대로 증인신문절차가 종료된 경우 그로써 위증죄는 기수에 달하고, 그 후 별도의 증인신청 및 채택 절차를 거쳐 그 증인이 다시 신문을 받는 과정에서 종전 신문절차에서의 진술을 철회·시정한다 하더라도 그러한 사정은 형법 제153조가 정한 형의 감면사유에 해당할 수 있을 뿐, 이미 종결한 종전 증인신문절차에서 행한 위증죄의 성립에 어떤 영향을 주는 것은 아니다. 위와 같은 법리는 증인이 별도의 증인신문절차에서 새로이 선서를 한 경우뿐만 아니라 종전 증인신문절차에서 한 선서의 효력이 유지됨을 고지받고 진술한 경우에도 마찬가지로 적용된다(대판 2010.9.30, 2010도7525 **9회와 21회 공판기일 증언 사건**). 12. 경찰간부, 12·16·20. 법원직 9급, 13·14. 사법시험, 14·20. 경찰승진, 15. 법원행시, 17. 국가직 7급

5 위증죄는 법률에 의하여 선서한 증인이 허위의 공술을 한 때에 성립하는 것으로서, 그 공술의 내용이 당해 사건의 요증사실에 관한 것인지의 여부나 판결에 영향을 미친 것인지의 여부는 위증죄의 성립과 아무런 관계가 없다(대판 1990.2.23, 89도1212). 11. 법원직 9급, 12·15. 경찰채용, 13. 변호사, 13·15·16. 경찰승진, 17. 경찰간부·법원행시

6 자기의 형사 사건에 관하여 타인을 교사하여 위증죄를 범하게 하는 것은 이러한 방어권을 남용하는 것이라고 할 것이어서 교사범의 죄책을 부담하게 함이 상당하다(대판 2004.1.27, 2003도5114). 11. 국가직 9급, 12·13. 사법시험, 12·16·20. 법원직 9급, 13. 경찰채용, 13·17·20. 변호사, 15. 경찰간부, 16. 경찰승진

7 공범인 공동피고인은 당해 소송절차에서는 피고인의 지위에 있어 다른 공동피고인에 대한 공소사실에 관하여 증인이 될 수 없으나, 소송절차가 분리되어 피고인의 지위에서 벗어나게 되면 다른 공동피고인에 대한 공소사실에 관하여 증인이 될 수 있다(대판 2012.12.13, 2010도10028 **허위 살인자백 사건**). 12. 경찰채용, 12·13·14·16·17. 변호사, 13·14·15. 국가직 9급, 13·15·17. 경찰간부, 14·15. 법원직 9급, 16. 국가직 7급

8 모해의 목적은 허위의 진술을 함으로써 피고인에게 불리하게 될 것이라는 인식이 있으면 충분하고 그 결과의 발생까지 희망할 필요는 없다(대판 2007.12.27, 2006도3575). 20. 법원행시

9 위증죄에 있어서 형의 감면 규정은 재판 확정 전의 자백을 형의 필요적 감면 사유로 한다는 것이고, 자발적인 고백은 물론 **법원이나 수사기관의 심문에 의한 고백도 위 자백의 개념에 포함된다**(대판 1973.11.27, 73도1639). 20. 경찰승진

판례비교

위증죄가 성립하는 경우	위증죄가 성립하지 않는 경우
① [1] 증인신문절차에서 **법률에 규정된 증인보호를 위한 규정이 지켜진 것으로 인정되지 않은 경우**에는 증인이 허위의 진술을 하였다고 하더라도 위증죄의 구성요건인 '법률에 의하여 선서한 증인'에 해당하지 아니한다고 보아 이를 **위증죄로 처벌할 수 없는 것이 원칙이다.** [2] 다만, 법률에 규정된 증인보호절차라 하더라도 개별 보호절차규정들의 내용과 취지가 같지 아니하고, 당해 신문과정에서 지키지 못한 절차규정과 그 경위 및 위반의 정도 등 제반 사정이 개별 사건마다 각기 상이하므로, 이러한 사정을 전체적·종합적으로 고려하여 볼 때 **당해 사건에서 증인보호에 사실상 장애가 초래되었다고 볼 수 없는 경우에까지 예외 없이 위증죄의 성립을 부정할 것은 아니다**[대판 2010.1.21, 2008도942(전합) **해운대 노점 싸움 사건**]. 11. 국가직 9급, 13. 사법시험·변호사, 16. 경찰간부, 17. 법원행시, 20. 국가직 7급	① 제3자가 심문절차로 진행되는 '가처분신청 사건'에서 증인으로 출석하여 선서를 하고 진술함에 있어서 허위의 공술을 하였다고 하더라도 그 선서는 법률상 근거가 없어 무효라고 할 것이므로 **위증죄는 성립하지 않는다**(대판 2003.7.25, 2003도180 **SBS 방영 등 금지 가처분 사건**). 11·16·17. 경찰채용, 12·14. 법원직 9급, 16. 경찰간부, 17. 경찰승진 ② 제3자가 심문절차로 진행되는 '소송비용 확정신청 사건'에서 증인으로 출석하여 선서를 하고 진술함에 있어서 허위의 공술을 하였다고 하더라도 그 선서는 법률상 근거가 없어 무효라고 할 것이므로 **위증죄는 성립하지 않는다**(대판 1995.4.11, 95도186 **소송비용 확정신청 사건**).

위증죄가 성립하는 경우	위증죄가 성립하지 않는 경우
② 피고인 甲을 공동피고로 한 민사 사건에서 甲이 의 제자백에 의해 분리되고, 乙만이 피고로 남았다면 이는 타인 사이의 사건이라고 할 것이므로 그 사건 에서 **甲이 한 증언이 기억에 반한 것인 이상 위증죄 에 해당한다**(대판 1983.10.25, 83도1318). 11. 경찰승진 ③ (형사소송절차와는 달리 증언거부권 고지규정을 두 지 아니한) 민사소송절차에서 재판장이 증인에게 증언거부권을 고지하지 아니하였다 하여 절차 위 반의 위법이 있다고 할 수 없고, 따라서 적법한 선서 절차를 마쳤음에도 허위진술을 한 증인에 대해서 는 달리 특별한 사정이 없는 한 위증죄가 성립한다 (대판 2011.7.28, 2009도14928 **농약 판매사원 위증 사건**). 13. 법원행시, 16. 변호사, 16·18. 경찰간부 ④ 타인으로부터 전해들은 금품의 전달사실을 마치 증인 자신이 전달한 것처럼 진술한 것은 증인의 기 억에 반하는 허위진술이라고 할 것이므로 그 진술 부분은 위증에 해당한다(대판 1990.5.8, 90도448). 11. 경찰채용, 11·15. 경찰승진, 14. 사법시험 ⑤ 증인이 선서를 하고서 진술한 증언내용이 자신이 그 증언내용 사실을 잘 알지 못하면서도 잘 아는 것 으로 증언한 것이라면 그 증언은 기억에 반한 진술 이어서 **위증죄가 성립된다**(대판 1986.9.9, 86도57). 11·16. 경찰승진, 15 경찰간부 ⑥ 상세한 내용의 증인신문사항에 대하여 증인이 그 신문사항 내용을 파악하지 못하였거나 또는 기억 하지 못함에도 불구하고 이를 그대로 긍정하는 취 지의 답변을 하였다면 기억에 반하여 허위의 진술 을 한 것이라고 볼 것이다(대판 1981.6.23, 81도118). 11. 경찰승진	③ 민사소송의 당사자는 증인능력이 없으므로 증인 으로 선서하고 증언하였다고 하더라도 위증죄의 주체가 될 수 없고, 이러한 법리는 민사소송에서의 당사자인 법인의 대표자의 경우에도 마찬가지로 적 용된다(대판 2012.12.13, 2010도14360 **건축사사무소 대표 허위진술사건**). 12·16. 법원직 9급, 13·17. 경찰승진, 15. 경찰채용·법원행시, 16·17. 경찰간부, 17. 국가직 7급 ④ 헌법 제12조 제2항에 정한 불이익 진술의 강요금지 원칙을 구체화한 자기부죄거부특권에 관한 것이거 나 기타 증언거부사유가 있음에도 증인이 증언거부 권을 고지받지 못함으로 인하여 그 증언거부권을 행사하는 데 사실상 장애가 초래되었다고 볼 수 있 는 경우에는 위증죄의 성립을 부정하여야 한다[대 판 2010.1.21, 2008도942(전합) **해운대 노점 싸움 사 건**]. 11. 법원직 9급, 11·14. 경찰승진·국가직 9급, 12·16·18. 경찰간부, 14. 사법시험, 15. 법원행시, 16. 변호사 ⑤ 증인이 법정에서 선서 후 증인진술서에 기재된 구 체적인 내용에 관하여 진술함이 없이 단지 그 증인 진술서에 기재된 내용이 사실대로라는 취지의 진 술만을 한 경우에는 그것이 증인진술서에 기재된 내용 중 특정 사항을 구체적으로 진술한 것과 같이 볼 수 있는 등의 특별한 사정이 없는 한 증인이 그 증 인진술서에 기재된 구체적인 내용을 기억하여 반복 진술한 것으로는 볼 수 없으므로, **가사 거기에 기재 된 내용에 허위가 있다 하더라도 그 부분에 관하여 법정에서 증언한 것으로 보아 위증죄로 처벌할 수 는 없다**(대판 2010.5.13, 2007도1397 **증인진술서 진 정성립 인정 사건**). 13·17. 국가직 7급, 14·16. 사법시험 ⑥ 증인의 진술이 경험한 사실에 대한 **법률적 평가이 거나 단순한 의견에 지나지 아니하는 경우에는 위 증죄에서 말하는 허위의 공술이라고 할 수 없으며**, 경험한 객관적 사실에 대한 증인 나름의 법률적·주 관적 평가나 의견을 부연한 부분에 다소의 오류나 모순이 있더라도 위증죄가 성립하는 것은 아니다 (대판 2009.3.12, 2008도11007 **우리들가정의학과 병 원장 사건**). 13. 변호사 18. 경찰승진

02 허위감정·통역·번역죄, 모해허위감정·통역·번역죄

> **형법**
>
> 제154조【허위의 감정·통역·번역】 법률에 의하여 선서한 감정인, 통역인 또는 번역인이 허위의 감정, 통역 또는 번역을 한 때에는 전 2조(위증죄·모해위증죄)의 예에 의한다.

03 증거인멸죄, 모해증거인멸죄, 증인은닉·도피죄, 모해증인은닉·도피죄

> **형법**
>
> 제155조【증거인멸 등과 친족간의 특례】 ① 타인의 형사 사건 또는 징계 사건에 관한 증거를 인멸, 은닉, 위조 또는 변조하거나 위조 또는 변조한 증거를 사용한 자는 5년 이하의 징역 또는 700만원 이하의 벌금에 처한다.
> ② 타인의 형사 사건 또는 징계 사건에 관한 증인을 은닉 또는 도피하게 한 자도 제1항의 형과 같다.
> ③ 피고인, 피의자 또는 징계혐의자를 모해할 목적으로 전 2항의 죄를 범한 자는 10년 이하의 징역에 처한다.
> ④ 친족 또는 동거의 가족이 본인을 위하여 본조의 죄를 범한 때에는 처벌하지 아니한다.

> **⚖️ 판례 ∣ 증거인멸죄 관련 판례**
>
> **1** 증거인멸 등 죄는 위증죄와 마찬가지로 국가의 형사사법작용 내지 징계작용을 그 보호법익으로 하므로, 형법 제155조 제1항에서 말하는 '**징계 사건**'이란 국가의 징계 사건에 한정되고 사인(私人)간의 징계 사건은 포함되지 않는다(대판 2007.11.30, 2007도4191 **변조 교사일지 제출 사건**). 11. 법원행시, 11·14. 경찰승진, 21. 경찰간부
>
> **2** 증거인멸죄에 있어서 '타인의 형사 사건 또는 징계 사건'이란 **인멸행위시에 아직 수사 또는 징계절차가 개시되기 전이라도 장차 형사 또는 징계 사건이 될 수 있는 것까지를 포함한다**(대판 2013.11.28, 2011도5329 **공직윤리지원관실 불법사찰 사건 Ⅱ**). 13. 경찰채용, 15·16. 법원행시
>
> **3** 증거위조죄에서 타인의 형사 사건이란 **증거위조행위시에 아직 수사절차가 개시되기 전이라도 장차 형사 사건이 될 수 있는 것까지 포함하고, 그 형사 사건이 기소되지 아니하거나 무죄가 선고되더라도 증거위조죄의 성립에 영향이 없다**(대판 2011.2.10, 2010도15986). 12. 사법시험, 15. 변호사, 17. 경찰채용, 21. 경찰간부
>
> **4** 증거인멸죄에서 '**증거**'라 함은 타인의 형사 사건 또는 징계 사건에 관하여 수사기관이나 법원 또는 징계기관이 국가의 형벌권 또는 징계권의 유무를 확인하는 데 관계있다고 인정되는 **일체의 자료를 의미하고, 타인에게 유리한 것이건 불리한 것이건 가리지 아니하며 또 증거가치의 유무 및 정도를 불문한다**(대판 2013.11.28, 2011도5329 **공직윤리지원관실 불법사찰 사건 Ⅱ**). 11. 경찰승진, 11·16. 법원행시, 15. 국가직 9급, 18. 경찰간부
>
> **5** 증거위조죄에서 '**위조**'란 문서에 관한 죄에 있어서의 위조개념과는 달리 **새로운 증거의 창조를 의미하는 것**이므로 존재하지 아니한 증거를 이전부터 존재하고 있는 것처럼 작출하는 행위도 증거위조에 해당하며, 증거가 문서의 형식을 갖는 경우 증거위조죄에 있어서의 증거에 해당하는지 여부가 그 작성권한의 유무나 내용의 진실성에 좌우되는 것은 아니다(대판 2011.7.28, 2010도2244 **참고인 허위진술서 제출 사건**). 11. 경찰승진·법원행시, 12. 사법시험, 15. 변호사, 18. 경찰간부

6 자기의 형사 사건에 관한 증거를 인멸하기 위하여 타인을 교사하여 죄를 범하게 한 자에 대하여는 증거인 멸교사죄가 성립한다(대판 2000.3.24, 99도5275). 11. 경찰채용, 11·13. 법원직 9급, 13. 사법시험, 13·14. 경찰승진, 13·15·16·20. 법원행시, 15. 변호사

7 피의자에 대한 모해목적의 증거위조죄에서 '피의자'에는 수사 개시 이전의 단계에서 장차 형사입건될 가능 성이 있는 대상자는 포함되지 않는다(대판 2010.6.24, 2008도12127 **피의자신분 획득전 사건**). 17. 국가직 9급, 21. 경찰간부

8 증거위조죄에서 말하는 '**증거**'라 함은 타인의 형사사건 또는 징계사건에 관하여 수사기관이나 법원 또는 징 계기관이 국가의 형벌권 또는 징계권의 유무를 확인하는 데 관계있다고 인정되는 **일체의 자료**를 뜻한다. 따 라서 범죄 또는 징계사유의 성립 여부에 관한 것뿐만 아니라 **형 또는 징계의 경중에 관계있는 정상을 인정 하는 데 도움이 될 자료까지도 본조가 규정한 증거에 포함**된다(대판 2021.1.28, 2020도2642 **허위 입금확인 증 사건**).

판례비교

증거위조죄가 성립하는 경우	증거위조죄가 성립하지 않는 경우
① **참고인이 타인의 형사 사건 등에 관하여 제3자와 대화를 하면서 허위로 진술하고 위와 같은 허위진 술이 담긴 대화내용을 녹음한 녹음파일 또는 이를 녹취한 녹취록을 만들어 수사기관 등에 제출하는 것**은 (참고인이 타인의 형사 사건 등에 관하여 수사 기관에 허위의 진술을 하거나 이와 다를 바 없는 것 으로서 허위의 사실확인서나 진술서를 작성하여 수 사기관 등에 제출하는 것과는 달리) **증거위조죄를 구성한다**(대판 2013.12.26, 2013도8085). 14·16. 법원행 시, 15. 변호사, 17. 국가직 9급 ② 타인의 형사 사건과 관련하여 수사기관이나 법원에 제출하거나 현출되게 할 의도로 **법률행위 당시에는 존재하지 아니하였던 처분문서, 즉 그 외형 및 내 용상 법률행위가 그 문서 자체에 의하여 이루어진 것과 같은 외관을 가지는 문서를 사후에 그 작성일 을 소급하여 작성하는 것은** 가사 그 작성자에게 해 당 문서의 작성권한이 있고, 또 그와 같은 법률행위 가 당시에 존재하였다거나 그 법률행위의 내용이 문서에 기재된 것과 큰 차이가 없다 하여도 **증거위 조죄의 구성요건을 충족시키는 것이라고 보아야 한다**(대판 2007.6.28, 2002도3600 **국민고충처리위 원회장 사건**). 13·17. 경찰채용, 14·16. 법원행시, 17. 국가직 9급	① 증거인멸죄는 타인의 형사 사건 또는 징계 사건에 관한 증거를 인멸하는 경우에 성립하는 것으로서, 피고인 자신이 직접 형사처분이나 징계처분을 받 게 될 것을 두려워한 나머지 자기의 이익을 위하여 그 증거가 될 자료를 인멸하였다면, 그 행위가 동시 에 다른 공범자의 형사 사건이나 징계 사건에 관한 증거를 인멸한 결과가 된다고 하더라도 이를 **증거 인멸죄로 다스릴 수 없다**(대판 2013.11.28, 2011도 5329 **공직윤리지원관실 불법사찰 사건 II**). 15. 변호 사, 15·16·20. 법원행시 ② 증인도피죄는 타인의 형사 사건 또는 징계 사건에 관한 증인을 은닉·도피하게 한 경우에 성립하는 것 으로서, 피고인 자신이 직접 형사처분이나 징계처 분을 받게 될 것을 두려워한 나머지 자기의 이익을 위하여 증인이 될 사람을 도피하게 하였다면, 그 행 위가 동시에 다른 공범자의 형사 사건이나 징계 사 건에 관한 증인을 도피하게 한 결과가 된다고 하더 라도 이를 **증인도피죄로 처벌할 수 없다**(대판 2003. 3.14, 2002도6134 **홍성식구파 사건**). 12. 국가직 7급, 12· 13. 법원직 9급, 14. 법원행시 ③ 증거위조죄에서 '증거를 위조한다' 함은 증거 자체 를 위조함을 말하는 것이고, 참고인이 수사기관에 서 허위의 진술을 하는 것은 이에 포함되지 아니한 다(대판 1995.4.7, 94도3412 **참고인 허위진술 사건**). 12. 사법시험, 13. 법원행시, 14. 변호사

④ 증거위조죄에서 '증거를 위조한다' 함은 증거 자체를 위조함을 말하는 것으로서, 선서무능력자로서 범죄현장을 목격하지도 못한 사람으로 하여금 형사법정에서 범죄현장을 목격한 양 허위의 증언을 하도록 하는 것은 증거위조죄를 구성하지 아니한다(대판 1998.2.10, 97도2961 **선서무능력자 허위증언 사건**). 11. 경찰승진, 12·13. 경찰채용, 13. 법원행시, 17. 국가직 9급

⑤ **변호사인 甲이 乙 명의 은행 계좌에서 X회사 명의 은행 계좌에 금원을 송금하고 다시 되돌려 받는 행위를 반복한 후 그중 송금자료만을 발급받아 이를 3억 5,000만원을 변제하였다는 허위 주장과 함께 법원에 제출한 행위는** 형법상 증거위조죄의 보호법익인 사법기능을 저해할 위험성이 있지만, 甲이 제출한 입금확인증 등은 금융기관이 금융거래에 관한 사실을 증명하기 위해 작성한 문서로서 **그 내용이나 작성명의 등에 아무런 허위가 없는 이상 이를 증거의 '위조'에 해당한다고 볼 수 없고, 나아가 '위조한 증거를 사용'한 행위에 해당한다고 볼 수도 없다**(대판 2021.1.28, 2020도2642 **허위 입금확인증 사건**). 21. 법원행시

제6절 무고의 죄

형법

제156조 【무고】 타인으로 하여금 형사처분 또는 징계처분을 받게 할 목적으로 공무소 또는 공무원에 대하여 허위의 사실을 신고한 자는 10년 이하의 징역 또는 1천500만원 이하의 벌금에 처한다.

	주체	주체에는 아무런 제한이 없고, 공무원도 주체가 될 수 있음
	행위대상	형사처분이나 징계처분에 대하여 직권행사를 할 수 있는 공무원이나 공무소
객관적 구성요건	행위	① 허위의 사실: **객관적 진실에 반하는 사실을 의미함**(객관설·통설·판례). 신고자가 허위라고 믿고 신고한 경우에도 그것이 객관적인 사실에 부합하는 경우에는 무고죄가 성립하지 않음 ② **신고는 자발적**이어야 하므로 수사기관의 신문에 대하여 허위의 진술을 하는 것은 신고가 아님
	기수	기수시기는 공무소 또는 공무원에 대하여 허위의 사실을 신고한 때이고, 이후의 수사개시 여부 등은 무고죄 성립에 영향이 없음

⚖️ 판례 | 무고죄 관련 판례

1 비록 외관상으로는 타인 명의의 고소장을 대리하여 작성하고 제출하는 형식으로 고소가 이루어진 경우라 하더라도 그 명의자는 고소의 의사가 없이 이름만 빌려준 것에 불과하고 **명의자를 대리한 자가 실제 고소의 의사를 가지고 고소행위를 주도한 경우라면 그 명의자를 대리한 자를 신고자로 보아 무고죄의 주체로 인정하여야 한다**(대판 2007.3.30, 2006도6017). 12. 경찰승진, 13. 경찰간부, 20. 변호사

2 무고죄에서 허위사실의 신고방식은 구두에 의하건 서면에 의하건 관계가 없고, 서면에 의하는 경우에도 그 신고내용이 타인으로 하여금 형사처분 또는 징계처분을 받게 할 목적의 허위사실이면 충분하며 **그 명칭을 반드시 고소장이라고 하여야만 무고죄가 성립하는 것은 아니다**(대판 2014.12.24, 2012도4531 **해병대 사령관 음해 사건**). 17. 법원직 9급

3 무고죄에 있어서의 신고는 자발적인 것이어야 하고 수사기관 등의 추문(推問)에 대하여 허위의 진술을 하는 것은 무고죄를 구성하지 않는 것이지만, **당초 고소장에 기재하지 않은 사실을 수사기관에서 고소보충 조서를 받을 때 자진하여 진술하였다면 이 진술 부분까지 신고한 것으로 보아야 한다**(대판 1996.2.9, 95도2652). 13. 경찰승진, 14. 경찰채용, 15. 법원직 9급, 16. 사법시험

4 수표발행인인 피고인이 은행에 지급제시된 수표가 위조되었다는 내용의 허위의 신고를 하여 정을 모르는 은행 직원이 수사기관에 고발을 함에 따라 수사가 개시되고 피고인이 경찰에 출석하여 수표위조자로 특정인을 지목하는 진술을 한 경우, 이는 피고인이 위조수표에 대한 부정수표 단속법 제7조의 고발의무가 있는 은행원을 도구로 이용하여 수사기관에 고발을 하게 하고 이어 수사기관에 대하여 특정인을 위조자로 지목함으로써 **자발적으로 수사기관에 대하여 허위의 사실을 신고한 것으로 평가하여야 한다**(대판 2005.12.22, 2005도3203 **은행원을 통한 무고 사건**). 12. 경찰채용, 12·13. 법원행시

5 무고죄에서 신고자가 그 신고내용을 허위라고 믿었다 하더라도 그것이 객관적으로 진실한 사실에 부합할 때에는 허위사실의 신고에 해당하지 않아 무고죄는 성립하지 않는다(대판 1991.10.11, 91도1950). 12·17. 경찰채용, 13. 경찰승진

6 무고죄에서의 **허위사실 적시의 정도**는 수사관서 또는 감독관서에 대하여 **수사권 또는 징계권의 발동을 촉구하는 정도의 것이면 충분하고** 반드시 범죄구성요건사실이나 징계요건사실을 구체적으로 명시하여야 하는 것은 아니다(대판 2014.12.24, 2012도4531 **해병대 사령관 음해 사건**). 14. 경찰채용·경찰승진, 16. 법원직 9급

7 무고죄에 있어서 범의는 **반드시 확정적 고의임을 요하지 아니하고 미필적 고의로서도 족하다 할 것이므로**, 무고죄는 신고자가 진실하다는 확신 없는 사실을 신고함으로써 성립하고 그 신고사실이 허위라는 것을 확신함을 필요로 하지 않는다(대판 2006.5.25, 2005도4642). 12. 경찰간부, 13. 법원행시, 14. 국가직 7급

8 무고죄는 **진실함의 확신이 없는 사실을 신고함으로써 성립하므로** 그 신고사실이 허위라는 것을 신고자가 확신할 필요는 없다(대판 2014.12.24, 2012도4531 **해병대 사령관 음해 사건**). 15. 경찰간부, 16. 사법시험

9 무고죄는 **진실하다는 확신 없는 사실을 신고함으로써 성립하고** 그 신고사실이 허위라는 것을 확신함을 필요로 하지 않는다고 할 것이고, 또 고소를 한 목적이 상대방을 처벌받도록 하는 데 있지 않고 시비를 가려달라는 데에 있다고 하여 무고죄의 범의가 없다고 할 수는 없다(대판 2007.4.26, 2007도1423). 14. 법원행시

10 무고죄의 허위신고에 있어서 **다른 사람이 그로 인하여 형사처분 또는 징계처분을 받게 될 것이라는 인식이 있으면 족하므로**, 고소당한 범죄가 유죄로 인정되는 경우에 고소를 당한 사람이 고소인에 대하여 '고소당한 죄의 혐의가 없는 것으로 인정된다면 고소인이 자신을 무고한 것에 해당하므로 고소인을 처벌해 달라'는 내용의 고소장을 제출하였다면 설사 그것이 자신의 결백을 주장하기 위한 것이라고 하더라도 방어권의 행사를 벗어난 것으로서 고소인을 무고한다는 범의를 인정할 수 있다(대판 2007.3.15, 2006도9453 **의제 강간 미수 사건**). 11·13·14·17. 경찰승진, 12·15. 경찰채용, 14. 사법시험

11 무고죄는 신고한 사실이 객관적 진실에 반하는 허위사실이라는 점에 관하여는 적극적인 증명이 있어야 하며, 신고사실의 진실성을 인정할 수 없다는 점만으로 곧 그 신고사실이 객관적 진실에 반하는 허위사실이라고 단정하여 무고죄의 성립을 인정할 수 없다(대판 2014.2.13, 2011도15767). 12·14·16·17·20. 경찰채용, 16. 경찰간부·사법시험·법원행시, 17. 경찰승진

12 무고죄에서 **신고한 사실의 허위 여부는** 그 범죄의 구성요건과 관련하여 **신고사실의 핵심 또는 중요 내용이 허위인가에 따라 판단하여 무고죄의 성립 여부를 가려야 한다**(대판 2008.11.27, 2008도7018 **사직권유 사건**). 13. 경찰승진

13 무고죄는 국가의 형사사법권 또는 징계권의 적정한 행사를 주된 보호법익으로 하는 죄이나, 스스로 본인을 무고하는 자기무고는 무고죄의 구성요건에 해당하지 아니하여 무고죄를 구성하지 않는다(대판 2008.10.23, 2008도4852 **자기무고 방조 사건**). 12. 법원행시, 15. 변호사, 17. 경찰채용

14 [1] 무고에 있어서 피무고자의 승낙이 있었다고 하더라도 무고죄의 성립에는 영향을 미치지 못한다. [2] 피고인 甲 등이 A와 그로부터 피해를 당한 사람들 사이의 합의를 주선하기 위하여 자신들도 피해자인 것처럼 행세하기 위한 방편으로 A를 고소하기로 하고 이러한 취지를 A에게도 미리 알린 후 A로부터 차용금 피해를 당한 것처럼 허위사실을 기재하여 A를 고소한 경우, 甲 등이 A에 대한 형사처분이라는 결과발생을 의욕한 것은 아니라 하더라도 적어도 그러한 결과발생에 대한 미필적인 인식은 있었던 것으로 보아야 한다(대판 2005.9.30, 2005도2712 **합의주선용 무고 사건**). 13. 법원행시, 13·14. 변호사, 14·16. 경찰승진, 17. 법원직 9급, 18. 경찰간부, 20. 국가직 9급

15 [1] 자기 자신을 무고하기로 제3자와 공모하고 이에 따라 무고행위에 가담하였다고 하더라도 이는 자기 자신에게는 무고죄의 구성요건에 해당하지 않아 범죄가 성립할 수 없는 행위를 실현하고자 한 것에 지나지 않아 무고죄의 공동정범으로 처벌할 수 없다. [2] 甲이 乙·丙과 공모한 후, 乙이 그 공모에 따라 甲을 처벌하여 달라는 허위 내용의 고소장을 작성하여 제출하였더라도 甲을 乙·丙과 함께 무고죄의 공동정범으로 처벌할 수 없다(대판 2017.4.26, 2013도12592 **자기무고 공모 사건**). 17. 법원행시, 18. 경찰간부, 20. 경찰채용·변호사

16 [1] 피무고자의 교사·방조하에 제3자가 피무고자에 대한 허위의 사실을 신고한 경우에는 제3자의 행위는 무고죄의 구성요건에 해당하여 무고죄를 구성하므로, 제3자를 교사·방조한 피무고자도 교사·방조범으로서의 죄책을 부담한다. [2] 甲·乙이 丙의 사업자금을 조달하는 방편으로 약속어음을 발행·보증하였다가 채권자 A가 甲 소유의 부동산에 강제경매를 신청하자 이를 면하기 위하여, 丙의 승낙 아래 그로부터 허위사실을 기재한 확인서 등을 받고 丙과 A를 유가증권위조 등으로 무고한 경우, 丙은 무고방조죄의 죄책을 부담한다(대판 2008.10.23, 2008도4852). 11·12. 법원행시, 11·12·13·16. 사법시험, 11·13·15. 경찰간부, 12. 국가직 7급, 12·17. 경찰채용, 13·15. 법원직 9급, 17. 변호사

17 허위로 신고한 사실이 무고행위 당시 형사처분의 대상이 될 수 있었던 경우에는 국가의 형사사법권의 적정한 행사를 그르치게 할 위험과 부당하게 처벌받지 않을 개인의 법적 안정성이 침해될 위험이 이미 발생하였으므로 무고죄는 기수에 이르고, 이후 그러한 사실이 형사범죄가 되지 않는 것으로 판례가 변경되었다고 하더라도 특별한 사정이 없는 한 이미 성립한 무고죄에는 영향을 미치지 않는다(대판 2017.5.30, 2015도15398 **고소 후 판례변경 사건**). 17. 경찰채용·법원행시, 18. 경찰간부

18 피고인이 최초에 작성한 허위내용의 고소장을 경찰관에게 제출하였을 때 이미 허위사실의 신고가 수사기관에 도달되어 무고죄의 기수에 이른 것이라 할 것이므로 그 후에 그 고소장을 되돌려 받았다 하더라도 이는 무고죄의 성립에 아무런 영향이 없다(대판 1985.2.8, 84도2215 **횡령착복 자임 사건**). 11. 사법시험, 12. 경찰채용, 13. 경찰간부, 15. 변호사, 16. 경찰승진·국가직 7급

19 성폭행 등의 피해를 입었다는 신고사실에 관하여 불기소처분 내지 무죄판결이 내려졌다고 하여, 그 자체를 무고를 하였다는 적극적인 근거로 삼아 신고내용을 허위라고 단정하여서는 아니 됨은 물론, 개별적·구체적인 사건에서 피해자임을 주장하는 자가 처하였던 특별한 사정을 충분히 고려하지 아니한 채 진정한 피해자라면 마땅히 이렇게 하였을 것이라는 기준을 내세워 성폭행 등의 피해를 입었다는 점 및 신고에 이르게 된 경위 등에 관한 변소를 쉽게 배척하여서는 아니 된다(대판 2019.7.11, 2018도2614 **직장선배 기습키스 사건**).

20 무고죄에 있어서 형의 필요적 감경 또는 면제사유인 자백의 절차에 관해서는 아무런 법령상의 제한이 없으므로 그가 신고한 사건을 다루는 기관에 대한 고백이나 그 사건을 다루는 재판부에 증인으로 다시 출석하여 전에 그가 한 신고가 허위의 사실이었음을 고백하는 것은 물론 무고사건의 피고인 또는 피의자로서 법원이나 수사기관에서의 신문에 의한 고백 또한 자백의 개념에 포함된다(대판 2018.8.1, 2018도7293 **항소심 무고자백 사건**). 20. 경찰채용

21 무고죄에 있어서 형의 필요적 감경 또는 면제사유인 형법 제153조의 **'재판이 확정되기 전'**에는 피고인의 고소사건 수사 결과 피고인의 무고혐의가 밝혀져 **피고인에 대한 공소가 제기되고 피고소인에 대해서는 불기소결정이 내려져 재판절차가 개시되지 않은 경우도 포함된다**(대판 2018.8.1, 2018도7293 **항소심 무고자백 사건**). 20. 경찰채용·경찰간부

22 특정되지 않은 성명불상자에 대한 무고죄는 성립하지 않는다. 공무원에게 무익한 수고를 끼치는 일은 있어도 심판 자체를 그르치게 할 염려가 없으며 피무고자를 해할 수도 없기 때문이다(대판 2022.9.29, 2020도 11754). 24. 경찰승진

판례비교

무고죄가 성립하는 경우	무고죄가 성립하지 않는 경우
① [1] 변호사에 대한 징계처분은 무고죄에서 말하는 '징계처분'에 포함된다고 봄이 상당하고, 구 변호사법 제97조의2 등 관련 규정에 의하여 그 징계 개시의 신청권이 있는 지방변호사회의 장은 '공무소 또는 공무원'에 포함된다. [2] 피고인 甲이 **변호사인 피해자 A로 하여금 징계처분을 받게 할 목적으로 서울지방변호사회에 허위사실의 진정서를 제출한 경우 무고죄가 성립한다**(대판 2010.11.25, 2010도10202 **변호사 무고 사건**). 12·13. 경찰간부, 12·16. 경찰채용, 13. 사법시험·법원행시, 17. 경찰승진	① [1] 학교법인 등의 사립학교 교원에 대한 인사권의 행사로서 징계 등 불리한 처분은 사법적 법률행위의 성격을 가지므로, **사립학교 교원에 대한 학교법인 등의 징계처분은 무고죄에서의 '징계처분'에 포함되지 않는다.** [2] 피고인이 **사립대학교 교원들로 하여금 징계처분을 받게 할 목적으로 국민권익위원회에서 운영하는 범정부 국민포털인 국민신문고에 민원을 제기하였더라도 무고죄가 성립하지 아니한다**(대판 2014.7.24, 2014도6377 **대학교수 시동생 무고 사건**). 15. 경찰채용·법원행시·법원직 9급·국가직 9급
② 국세청장은 조세범칙행위에 대하여 벌금 상당액의 통고처분을 하거나 검찰에 이를 고발할 수 있는 권한이 있으므로, **국세청장에 대하여 탈세혐의사실에 관한 허위의 진정서를 제출하였다면 무고죄가 성립한다**(대판 1991.12.13, 91도2127 **국세청에 진정서 제출 사건**).	② 농업협동조합중앙회나 또는 농업협동조합중앙회장은 무고죄에 있어서의 **공무소나 공무원에 해당되지 아니한다**(대판 1980.2.12, 79도3109). 12. 경찰간부
③ 객관적으로 고소사실에 대한 공소시효가 완성되었더라도 고소를 제기하면서 마치 공소시효가 완성되지 아니한 것처럼 고소한 경우에는 국가기관의 직무를 그르칠 염려가 있으므로 무고죄를 구성한다(대판 1995.12.5, 95도1908). 11. 경찰승진, 13·16. 경찰간부, 14·15. 법원행시, 15. 법원직 9급, 15·20. 변호사, 16. 사법시험	③ 타인에게 형사처분을 받게 할 목적으로 허위의 사실을 신고한 행위가 무고죄를 구성하기 위하여는 신고된 사실 자체가 형사처분의 원인이 될 수 있어야 할 것이어서, **가령 허위의 사실을 신고하였다 하더라도 그 사실 자체가 형사범죄로 구성되지 아니한다면 무고죄는 성립하지 아니한다**(대판 2013.9.26, 2013도6862 **임차보증금을 덜 받았다 사건**). 15. 경찰간부·변호사, 16. 법원직 9급

④ **일부 허위인 사실이** 국가의 심판작용을 그르치거나 부당하게 처벌을 받지 아니할 개인의 법적 안정성을 침해할 우려가 있을 정도로 **고소사실 전체의 성질을 변경시키는 때에는 무고죄가 성립될 수 있다**(대판 2012.5.24, 2011도11500 **에쿠스 담보권자 무고 사건**). 12. 법원행시, 17. 경찰승진

⑤ 금원을 대여한 고소인이 차용금을 갚지 않는 차용인을 사기죄로 고소함에 있어서 피고소인이 차용금의 용도를 사실대로 이야기하였더라면 금원을 대여하지 않았을 것인데 **차용금의 용도를 속이는 바람에 대여하였다고 주장하는 사안이라면** 그 차용금의 실제 용도는 사기죄의 성립 여부에 영향을 미치는 것으로서 고소사실의 중요한 부분이 되고 따라서 **그 실제 용도에 관하여 고소인이 허위로 신고할 경우에는 그것만으로도 무고죄에 있어서의 허위의 사실을 신고한 경우에 해당한다**(대판 2011.9.8, 2011도3489 **용도묵비 차용금사기 고소 사건 Ⅲ**).

⑥ 피고인 甲이 도박현장에서 A에게 120만원을 빌려주었다가 이를 돌려받지 못하게 되자, 도박자금으로 빌려주었다는 사실을 감추고 단순한 대여금인 것처럼 하여 "A가 120만원을 빌려 간 후 변제하지 아니하고 있으니 처벌하여 달라."라는 취지로 고소하였고, 고소보충 진술을 하면서 "A가 사고가 나서 급해서 그러니 120만원을 빌려주면 다음 날 현금서비스를 받아 갚아 주겠다고 하여 금전을 빌려준 것이다."라고 허위로 진술한 경우, 이는 甲이 A에게 도박자금으로 대여하였음에도 불구하고 단순히 그 대여금의 용도를 묵비한 것을 넘어서 그 용도에 대하여 허위로 진술한 것으로서, 수사기관이 甲의 고소내용을 근거로 A의 범행방법을 특정하여 수사권을 발동하고, 사기죄의 기망행위와 편취범의를 조사하여 형사처분을 할 것인지와 어떠한 내용의 형사처분을 할 것인지를 결정하는 데에 직접적인 영향을 줄 정도에 이르는 내용에 관하여 허위의 사실을 고소한 것이므로 무고죄가 성립한다(대판 2004.1.16, 2003도7178 **용도허위 차용금사기 고소 사건**). 11. 사법시험, 15. 변호사

④ 타인으로 하여금 형사처분을 받게 할 목적으로 공무소에 대하여 허위사실을 신고하였다고 하더라도, 신고된 범죄사실에 대한 공소시효가 완성되었음이 신고내용 자체에 의하여 분명한 경우에는 형사처분의 대상이 되지 않는 것이므로 무고죄가 성립하지 아니한다(대판 1994.2.8, 93도3445 **시효완성 사문서위조 고소 사건**). 12. 경찰채용, 15. 법원행시, 16. 경찰승진

⑤ 타인으로 하여금 형사처분을 받게 할 목적으로 공무소에 대하여 허위의 사실을 신고하였다고 하더라도, 그 사실이 친고죄로서 그에 대한 고소기간이 경과하여 공소를 제기할 수 없음이 그 신고내용 자체에 의하여 분명한 때에는 당해 국가기관의 직무를 그르치게 할 위험이 없으므로 무고죄는 성립하지 아니한다(대판 1998.4.14, 98도150 **기간경과 강간 고소 사건**). 15. 법원행시

⑥ 신고내용에 일부 객관적 진실에 반하는 내용이 포함되었다 하더라도 그것이 독립하여 형사처분 등의 대상이 되지 아니하고 **단지 신고사실의 정황을 과장하는 데 불과하거나 허위의 일부사실의 존부가 전체적으로 보아 범죄사실의 성부에 직접 영향을 줄 정도에 이르지 아니하는 내용에 관계되는 것이라면 무고죄가 성립하지 아니한다**(대판 2010.2.25, 2009도1302 **전세자금편취 공범 무고 사건**). 16. 경찰간부, 20. 경찰승진

⑦ [1] **단순히 차용인이 변제의사와 능력의 유무에 관하여 기망하였다는 내용으로 고소한 경우에는** 차용금의 용도와 무관하게 다른 자료만으로도 충분히 차용인의 변제의사나 능력의 유무에 관한 기망사실을 인정할 수 있는 경우도 있을 것이므로, 그 차용금의 실제 용도에 관하여 사실과 달리 신고하였다 하더라도 그것만으로는 범죄사실의 성립 여부에 영향을 줄 정도의 중요한 부분을 허위로 신고하였다고 할 수 없다. 이와 같은 법리는 고소인이 차용사기로 고소함에 있어서 묵비하거나 사실과 달리 신고한 차용금의 실제 용도가 도박자금이었다고 하더라도 달리 볼 것은 아니다. [2] 대여금의 용도에 관하여 '도박자금'으로 빌려준 사실을 감추고 '내비게이션 구입에 필요한 자금'이라고 허위기재하고, 대여의 일시·장소도 사실과 달리 기재하여 甲을 무고하였다는 내용으로 기소된 사안에서 피고인에게 무고죄가 성립하지 않는다(대판 2011.9.8, 2011도3489 **용도묵비 차용금사기 고소 사건 Ⅲ**). 12. 경찰채용, 13. 사법시험·법원행시, 14. 경찰승진

무고죄가 성립하는 경우	무고죄가 성립하지 않는 경우
⑦ 피고인 甲이 먼저 A·B에게 자신을 때려 주면 돈을 주겠다고 하여 A 등이 甲을 때리고 甲으로부터 지갑을 교부받아 그 안에 있던 현금을 가지고 간 것임에도 불구하고, 甲이 A 등이 甲을 성추행범으로 신고하자 이에 대항하기 위하여 "A 등이 나를 폭행한 다음 현금을 빼앗아갔다."라는 취지로 허위사실을 신고한 경우 무고죄가 성립한다(대판 2010.4.29, 2010도2745 나 때리면 돈준다 사건). 11. 경찰승진	⑧ 피고인 甲이 A 등이 변제의사와 능력도 없이 차용금 명목으로 금원을 편취하였으니 사기죄로 처벌하여 달라는 내용으로 고소한 경우, 수사기관으로서는 차용금의 용도와 무관하게 다른 자료들을 토대로 A 등이 변제할 의사나 능력이 없이 금원을 차용하였는지 여부를 인정할 수도 있는 것이므로, 甲이 고소장에 대여 장소를 허위기재함으로써 도박자금으로 대여한 사실을 숨기고 A 등에게 강원랜드에서 금원을 빌린 사실을 묵비하도록 종용하였다는 사정만으로는 사기죄의 성립 여부에 영향을 줄 정도의 중요한 부분을 허위로 신고하였다고 보기는 어렵다(대판 2011.1.13, 2010도14028 용도묵비 차용금사기 고소 사건 Ⅱ). 14. 사법시험
⑧ 피고인 甲이 사실은 경찰관들이 乙을 현행범인으로 체포하는 것을 甲이 몸싸움을 하며 방해하다가 공무집행방해죄의 현행범인으로 체포된 것으로 경찰관들이 甲을 불법으로 체포한 사실이 없었음에도 '경찰관들이 乙을 상해죄의 현행범인으로 체포하려 할 때 저는 이를 방해한 사실이 전혀 없으며, 항의하였다는 이유로 경찰관들이 저를 폭행하고 강제로 수갑을 채워 직권을 남용하여 저를 체포하였다'는 내용의 고소장을 작성·제출한 경우 무고죄가 성립한다(대판 2009.1.30, 2008도8573 현행범체포 경찰관 무고 사건). 11. 경찰승진	⑨ 피고인 자신이 상대방의 범행에 공범으로 가담하였음에도 자신의 가담사실을 숨기고 상대방만을 고소한 경우, 피고인의 고소내용이 상대방의 범행 부분에 관한 한 진실에 부합하므로 이를 허위의 사실로 볼 수 없고, 상대방의 범행에 피고인이 공범으로 가담한 사실을 숨겼다고 하여도 그것이 상대방에 대한 관계에서 독립하여 형사처분 등의 대상이 되지 아니할뿐더러 전체적으로 보아 상대방의 범죄 사실의 성립 여부에 직접 영향을 줄 정도에 이르지 아니하는 내용에 관계되는 것이므로 무고죄가 성립하지 않는다(대판 2010.2.25, 2009도1302 전세자금편취 공범 무고 사건). 12. 법원행시, 12·13. 경찰간부, 13. 국가직 7급, 14. 경찰채용, 15. 변호사, 16. 법원직 9급
⑨ 피고인이 위법성조각사유가 있음을 알면서도 피고소인이 허위사실을 공표하였다며 고소한 경우, 이는 피고소인을 공직선거법 제251조 단서 소정의 위법성조각사유가 적용되지 않는 같은 법 제250조의 허위사실공표죄로 처벌되어야 한다고 주장한 것과 같은 것이므로 무고죄가 성립한다(대판 1998.3.24, 97도2956 동작구청장 사건). 14. 국가직 7급, 16. 경찰간부	⑩ 피고인 甲이 乙로부터 구타를 당한 것이 사실인 이상 이를 고소함에 있어서 입지 않은 상해사실을 포함시켰다 하더라도 이는 고소내용의 정황의 과장에 지나지 않으므로 고소사실에서 상해 부분만 따로 무고죄를 구성한다고 할 수는 없다(대판 1973.12.26, 73도2771). 15. 경찰간부
⑩ 위증으로 고소·고발한 사실 중 위증한 당해 사건의 요증사항이 아니고 재판결과에 영향을 미친 바 없는 사실만이 허위라고 인정되더라도 무고죄의 성립에는 영향이 없다(대판 1989.9.26, 88도1533). 13·16. 경찰승진	⑪ 허위사실을 신고한 것이 아닌 이상 그 신고된 사실에 대한 형사책임을 부담할 자를 잘못 택하였다고 해도 무고죄는 성립하지 아니한다(대판 1982.4.27, 81도2341). 15. 경찰간부
	⑫ '피고소인이 송이의 채취권을 이중으로 양도하여 손해를 입었으니 엄벌하여 달라'는 내용의 고소사실이 횡령죄나 배임죄 기타 형사범죄를 구성하지 않는 내용의 신고에 불과하여 그 신고 내용이 허위라고 하더라도 무고죄가 성립할 수 없다(대판 2007.4.13, 2006도558). 17. 법원직 9급

police.Hackers.com

해커스경찰

police.Hackers.com

부록

형법상 범죄의 정리

미수범 처벌규정

	미수범 처벌규정이 있는 것	미수범 처벌규정이 없는 것	비고
개인	살인, 상해, 체포 · 감금(중체포감금), 협박죄, 약취 · 유인죄, 강간 · 추행죄, 준강간 · 추행죄, **주거침입죄 전부**(퇴거불응죄, 주거 · 신체수색죄등), 강요죄, 인질강요죄, 재산죄 – (점유이탈물횡령, 부당이득, 경계침범, 장물죄, 강제집행면탈, 권리행사방해를 제외한 전부)	유기(학대), 업무방해, **미성년자 · 심신미약자간음죄** · 업무상위력간음죄, 폭행, 낙태, 비밀침해, 명예훼손 · 신용훼손 · 입찰방해죄, 재산죄 중 점유이탈물횡령, 부당이득, 경계침범, **장물죄**, 강제집행면탈, **권리행사방해**(두문자: 유업이 미성년자를 간음해서 폭낙해서 비명을 질렀다, 전부 계장으로 집권 해라)	중~(결과적 가중범은 미수범 규정 없음), **중체포감금죄는 미수범 있음, 인질치사상, 강도치사상, 해상강도치사상, 현주건조물일수치사상은 결과적 가중범인데 미수범 있음, 과실범은 미수 없음, 미성년자의제강간은 판례가 인정**
사회	현공타(방화, 일수) 준방화(폭발성물건파열죄, 가스 등 방류 · 공급방해) 일반교통방해, 기차교통방해 · 전복죄, 먹는 물 관련 죄, 아편관련죄(아편소지죄 ✕), 통화 · 유가증권 · 문서 · 인장, 사체유기죄, 분묘발굴죄	현공타 제외 진화**방해**, 방수**방해**, 수리**방해**, 아편소지죄, **위조통화취득후지정행사죄, 사문서부정행사죄, 소인말소죄**, 음행매개, 음화반포, 공연음란, 도박, 도박개장죄, 복표발매죄, 장례 등 방해죄, 사체 등 오욕죄, 변사체검시방해죄	현공타 이외 구체적 위험범 미수 없음, 통화에서 위조통화취득 후 지정행사죄, 우표인지에서 소인말소죄, 문서에서 사문서부정행사죄만 미수 없음
국가	내란, 외환, **외국 사전**(국교에 관한 죄 중 유일), 폭발물사용죄(폭발물에 관한 죄 중 유일), 불법체포 · **감금**, 공무상비밀표시무효, 부동산강제집행효용침해, 공용서류등무효, 공용물파괴, 공무상보관물무효, 도주, **특수도주**, 집합명령위반, **도주원조죄, 간수자도주원조죄**	국기 · 국교관련죄(외국에 대한 사전죄 제외), 전시공수 · 공수계약불이행, 다중불해산, 범죄단체조직, 소요 · 공무원자격사칭, 전시폭발물제조죄, 공무원직무관련죄(**불법체포감금 제외**), 직무유기, 직권남용, 공무상비밀누설, 각종뇌물죄, 공무집행**방해**, 위계공무집행**방해**, 범인은닉, 증거인멸, **위증, 허위감정, 무고**	결과적 가중범인 특수공무집행방해치사상 미수 없음, 범인은닉, 증거인멸, 위증죄, 허위감정죄, 무고죄는 미수 없음, 공무원직무관련죄는 불법체포 · 감금 제외하고 없음

1. 개인적 법익에서 앞부분에 유업 미성년자 간음 폭낙 비명 미수범 없음
2. 재산죄는 점부계장집권 미수범 없음
3. 결과적 가중범은 미수범 없음(현주건조물일수치사상, (해상)강도치사상, 인질치사상은 있음), 따라서 중~, ~치 들어가는 것은 미수범 없음(중체포·감금은 결과적 가중범이 아니니까 미수범 있음)
4. 과실범은 미수 없음
5. 현공타(준방화 포함)는 예비·음모·미수 있음, 그 이외 구체적 위험범 방화 일수는 예비·음모·미수 없음
6. 통화위조에서는 위조통화취득후지정행사, 우표에서는 소인말소, 문서에서는 사문서부정행사에 미수범 없음
7. 진정부작위범은 미수범 없으나 퇴거불응죄, 집합명령위반죄는 미수범 있음
8. 주거침입죄, 퇴거불은, 특수주거침입, 주거·신체수색죄는 본장의 미수범은 처벌한다.

예비·음모·선동·선전 처벌규정

내란(내란죄, 내란목적살인죄)
외환(외환유치, 간첩죄, 여적죄, ~이적죄 5개)

예비·음모·선동 처벌규정

폭발물사용죄

예비·음모 처벌규정

법익	예비음모 있는 것	비고
개인	살인, 강도, 약취 유인 인신매매, 강간·유사강간 등	3개, 살인죄 형량 이상 있음(존속살해, 살인, 위계·위력살인), 강제추행은 없음
사회	현공타(준방화 포함) 기차교통방해·전복 통화·유가증권·우표·인지(위조·변조·자격모용) 수도불통죄 (수도·음용수 독물 사용방해도 있음)	준방화(폭발성물건파열죄, 가스·전기등 방류, 공급방해) 일반교통방해는 없음 문서는 예비음모 없음, 통화 등은 유형위조(위조·변조·자격모용만 있음)는 예비·음모 있음, 허위유가증권작성죄, 행사죄, 통화유사물제조 등 예비·음모없음
국가	내란, 외환, 외국 사전, (간수자)도주원조	도주, 특수도주는 없음

과실범 처벌규정

법익	과실범 있는 것	비고
개인	치사, 치상, 장물	과실장물죄는 없음, 중과실·업무상과실장물죄는 있음
사회	방화(준방화), 일수, 교통방해	업무상·중과실일수죄 없음, 과실일수죄는 있음 준방화(폭발성물건파열, 가스전기 공급방해·방류) 과실범 있음
국가	없음	

감면·감경규정

	해당 사항
필요적 감면	자수 특례, 중지미수, (장물 본범 친족상도례)
필요적 감경	농아자, 방조
임의적 감면	불능미수, 과잉방위등, 사후적경합범, 자수·자복
임의적 감경	정상참작량감경, 장애미수, 해방감경, 심신미약(범죄단체조직죄)

《주의》 자중, 농방, 불과사자, 작작해미

1. 자수 특례 – 필요적 감면
   - 예비음모 단계 자수: **내란, 외환, 외국 사전, 폭발물사용, 방화**(일수 없음), **통화**(유가증권, 우표·인지 없음)
   - 재판·징계처분 확정 전에 자백, 자수: **허위감정·통역·번역, 무고, 위증**
   《주의》 내외 사방 통하면, 허무위

2. 해방감경
   - 약취, 유인, 인신매매
   - 인질강요(인질상해, 인질치상) 《주의》 인질살해, 인질치사, 인질강도, 체포감금은 없음

가중규정

- 존속가중: **살인, 상해,** 유기·학대, 폭행, 체포감금, 협박
  《주의》 살상(해)유 폭체협(유인 ×)
- 위험한 물건 가중: 공갈, 주거침입, **체포감금, 강요,** 공무집행방해, **폭행, 협박,** 손괴, **상해**
  《주의》 공주체 강공폭협 손상
- 상습 가중: **강도,** 도박, **장물,** 절도, 강간·강제추행, 공갈, **사기, 협박, 상해,** 폭행, 체포, **감금, 아편** / 강도장은 별도의 법정형 규정, 나머지는 장기와 단기 모두 2분의 1 가중
  《주의》 강도장 / 절간공사협상 폭포감아

2024 최신개정판

해커스경찰
갓대환
형사법 형법
핵심요약집

개정 4판 1쇄 발행 2024년 4월 1일

지은이	김대환 편저
펴낸곳	해커스패스
펴낸이	해커스경찰 출판팀

주소	서울특별시 강남구 강남대로 428 해커스경찰
고객센터	1588-4055
교재 관련 문의	gosi@hackerspass.com
	해커스경찰 사이트(police.Hackers.com) 교재 Q&A 게시판
	카카오톡 플러스 친구 [해커스경찰]
학원 강의 및 동영상강의	police.Hackers.com

ISBN	979-11-6999-966-3 (13360)
Serial Number	04-01-01

경찰공무원 1위,
해커스경찰 police.Hackers.com

해커스 경찰

· 정확한 성적 분석으로 약점 극복이 가능한 **합격예측 온라인 모의고사**(교재 내 응시권 및 해설강의 수강권 수록)
· 해커스 스타강사의 **경찰 형법 무료 특강**
· **해커스경찰 학원 및 인강**(교재 내 인강 할인쿠폰 수록)